江泽民主席、李鹏总理1997年11月8日在三峡工程大江截流龙口处亲切慰问建设者　　孙荣刚 摄

江泽民主席 1996 年 6 月 3 日视察小浪底水利枢纽工程　　刘凤翔　摄

乔石委员长 1996 年 6 月视察三峡工程　　黄正平　摄

朱镕基副总理1996年10月28日视察二滩水电站　　宋志评 摄

全国政协主席李瑞环视察三峡工程　　张爱忠 摄

三峡工程大江截流 1997 年 11 月 8 日龙口进占　　张爱忠 摄

三峡工程大江截流 1997 年 11 月 8 日龙口合龙　　王志辉 摄

三峡工程临时船闸混凝土浇筑　　郑 斌 摄

黄河小浪底工程截流后鸟瞰图

梁　君 摄

黄河小浪底水利枢纽工程泄洪、排沙、发电进水口洞群施工全景

刘凤翔 摄

二滩水电站双曲拱坝施工

宋志评 摄

二滩水电站6号机转子吊装　　宋志评 摄

黄河上游李家峡水电站下闸蓄水　　仇光　金荣芳 提供

黄河上游李家峡水电站双排机组布置　　仇光　金荣芳 提供

湖南五强溪水电站大坝全景　　蒋世新　苏锋 摄

四川宝珠寺水电站枢纽全景　　于国彦 摄

北京十三陵抽水蓄能电站上池　　周元庆 摄

北京十三陵抽水蓄能电站压力管道钢岔管水压试验模型

王官振 提供

天生桥一级水电站混凝土面板堆石坝（坝高 178m）施工场景　　黄振诚 摄

浙江天荒坪抽水蓄能电站

沥青混凝土防渗护面的上水库

吴建平 摄

西藏羊卓雍湖抽水蓄能电站

赵秀玲 提供

澜沧江大朝山水电站

1997 年 11 月 10 日截流龙口

甘文鸿 摄

黄河万家寨水利枢纽大坝施工　　姜博飞　摄

黑龙江莲花水电站混凝土面板堆石坝　　于英斌　摄

乌江东风水电站泄洪　　傅学武　摄

黄河上游大峡水电站　　闫海林 摄

贵州普定碾压混凝土拱坝（坝高 75m）施工场景

隆宪民 摄

广东北江白石窑水电站二期截流　　曾新民 摄

新疆大山口水电站厂房　　新疆水电设计研究院 提供

四川东西关水电站首台机组并网发电　　谭登明 摄

福建尤溪水东水电站　　赖诗坤 摄

湖南凌津滩水电站右岸一期工程施工场景

白明发 摄

吉林小山水电站混凝土面板堆石坝面板浇筑　　关志诚　摄

浙江黄坛口水电站扩建工程　　聂跃松　摄

广西百龙滩水电站灯泡贯流式机组（单机容量 32MW）发电机转子安装　　黄启辉　摄

广西百龙滩水电站　　黄启辉　摄

1995—1997

中国水力发电年鉴

李鹏

第五卷

中国水力发电工程学会　主办
中国水力发电年鉴编辑部　编纂

中国电力出版社
一九九八年·北京

图书在版编目（CIP）数据

中国水力发电年鉴　第5卷：1995～1997/中国水力发电年鉴编辑部编．-北京：中国电力出版社，1998.8

ISBN 7-80125-721-9

Ⅰ.中…　Ⅱ.中…　Ⅲ.水力发电-中国-1995～1997-年鉴　Ⅳ.F426.61-54

中国版本图书馆CIP数据核字(98)第11790号

中国电力出版社出版、发行

（北京三里河路6号　100044　http：//www.cepp.com.cn）

北京市地矿印刷厂印刷

各地新华书店经售

*

1998年9月第一版　　1998年9月北京第一次印刷

787毫米×1092毫米　16开本　46印张　1557千字　28插页

印数0001—5070册　　定价 **90.00** 元

《中国水力发电年鉴》第五届
编辑委员会

《中国水力发电年鉴》第五卷
编辑出版工作人员

1996年国际水电会议在北京召开　　　　张博庭 摄

1997年12月26日，国家电力公司水电前期工作周转金管理中心在北京隆重举行揭牌仪式，电力工业部汪恕诚副部长和财政部虞列贵副司长共同为周转金管理中心揭牌

周转金管理中心 提供

中国水力发电工程学会第四次全国会员代表大会主席台　　学会秘书处 提供

中国水力发电工程学会第四次全国会员代表大会会场　　学会秘书处 提供

篇　　目

1　重要文献
2　中国水电建设概况
3　水电建设管理
4　水电经济效益与社会效益
5　大中型水电站
6　小水电与农村水电初级电气化
7　水电发展战略
8　水电工程经济
9　水库移民与环保
10　规　　划
11　勘　　测
12　水　　工
13　机　　电
14　施　　工
15　生产运行
16　科学技术研究成果
17　技术标准
18　教育与出版
19　学术团体及主要活动
20　国际合作与交流
21　机构与人物
22　大事记
附录　国外水电发展水平
内容索引

编 辑 说 明

（一）本卷年鉴的时段为1995年～1997年，按序排列为第五卷。框架结构由篇目、栏目、条目三个层次组成，经多方征求意见，编委会审定，共列22个篇目和2个附录，78个栏目，461个条目。每个篇目以隔页列出，栏目、条目分别用通栏、双栏并铺以不同的网底，以示醒目。

（二）本年鉴属专业性行业年鉴，主要服务对象为全国水电行业从事勘测、规划、设计、科学研究、建设管理、工程施工、设备制造、生产运行、院校教学的工程技术人员、师生和各级领导与干部。

（三）编纂本卷年鉴的指导思想是：以深化水电体制改革，实行两个转变，建立现代企业管理制度，推进科技进步为主体内容，全面反映本时段水电发展情况和各方面的成就，要求做到"大事不漏，小事不上，更好地为中国水电建设事业服务"。

（四）本卷年鉴篇目除按照第四卷篇目相对稳定不变外，为了适应我国深化改革开放新形势的要求和水电事业发展的情况，取消了"水电企事业单位"篇目，增加了"机构及人物"篇目，对各篇目中的栏目有所调整。为了读者对内容查阅方便，本卷增设"内容索引"。

（五）本卷年鉴全面反映了1995年～1997年时段中我国水电建设的发展、成就和经验，也反映了存在的主要问题和教训，对第四卷时段内应反映而未反映的事项也有所补充。力求内容全面，资料准确，整体规范，文字简炼，特别注意了年鉴的实用性、科学性、可读性和连续性。

（六）本卷年鉴所刊登的全国性统计数字未包括我国台湾省。

（七）本卷年鉴实行文责自负。条目内容、数据、资料、插图等，均由撰稿人校核及有关领导部门审定。

（八）本卷年鉴实行责任编辑负责制。"重要文献"、"水电建设管理"、"水电发展战略"、"机电"、"技术标准"等5个篇目的责任编辑为陈叔康；"水电经济效益与社会效益"、"水电工程经济"、"生产运行"、"教育与出版"、"学术团体及主要活动"、"国际合作与交流"、"机构与人物"、"小水电与农村电气化"、"大事记"等9个篇目的责任编辑为陈上奎；"水库移民与环保"、"规划"、"勘测"、"施工"等4个篇目的责任编辑为张培基；"中国水电建设概况"、"大中型水电站"、"水工"、"科学技术与信息"等4个篇目和国外水电发展水平1个附录的责任编辑为吕玉英。

（九）在本卷年鉴编辑过程中，全体编辑出版人员齐心努力，发扬成绩，克服缺点，力求内容与形式的完善；但由于水平有限，不妥和疏漏甚至错误之处在所难免，欢迎读者批评指正。

中国水力发电年鉴编辑部

1998年3月

辉煌的时期 巨大的发展

（代 前 言）

国家电力公司 汪恕诚

我国水力资源得天独厚，可供开发的蕴藏量居世界首位。改革开放使水电事业有了巨大的发展，特别是“八五”以来取得了前所未有的成就，为我国现代化建设做出了巨大的贡献。

一、水电装机达到相当规模，新增装机容量不断加大

1949年新中国成立时，全国水电装机仅有16.3万kW，年发电量7.1亿kW·h。从1950年到改革开放前的1980年的31年间，水电共增加装机容量1995.8万kW，年平均增长64.4万kW。

改革开放使水电得以加速发展，从1981年到1990年的10年间，新增装机容量1592.5万kW，一批大中型水电项目在此期间开工建设。特别是“八五”以来，是我国水电新增装机最多的时期。发电装机容量从1990年的3604.6万kW增长到1995年的5218.4万kW，五年增加1613.8万kW，年平均增长322.8万kW，平均年增长率7.7%（各年增长数分别为138.7、279.8、391.2、446.8、312.3万kW）。年发电量从1990年的1236.5亿kW·h增加到1995年的1867.7亿kW·h，五年增长631.2亿kW·h，平均年增长126.2亿kW·h，年增长率为8.1%。到1997年底，全国水电装机容量达到5973.04万kW。

二、工程规模不断扩大，建设水平逐步提高

随着葛洲坝、龙羊峡等工程的竣工，二滩、李家峡、天生桥一级、广州抽水蓄能、天荒坪等，特别是三峡工程的开工建设，标志着我国水电工程建设迈上了新台阶，跨入了世界先进行列。

我国已经建成或正在建设的装机容量100万kW以上的水电站共有19座，装机总容量4768万kW。其中，三峡工程装机1820万kW是目前世界上装机容量最大的水电站。广州抽水蓄能电站装机240万kW，是目前世界上最大的抽水蓄能电站。

随着工程规模的扩大，我国水电工程建设的科研、设计、施工及工程建设管理水平都有了相当大的进步。建成了世界最高的普定碾压混凝土非对称双曲拱坝（坝高75m），即将建成世界第四高的二滩双曲拱坝（坝高240m）和世界第二高的天生桥一级混凝土面板堆石坝（坝高178m），建成了世界上海拔最高的羊卓雍湖抽水蓄能电站。水力发电机组的单机容量已经达到55万kW，三峡工程的单机容量将达到70万kW。

近年来，按照统一规划、分步实施、典型引导、逐步深化的方针，普及推广了项目法施工。形成了以项目为主体、以项目法为手段，以项目经理负责制为中心，决策层、管理层、作业层分离，生产要素动态优化组合，以创信誉、求效益为目标的新型生产方式。结合引进先进的施工装备和技术，大大提高了水电施工水平、工程质量和劳动生产率。目前，我们的水电施工队伍已掌握了坝高100m级的各类坝型的成套筑坝技术，200～300m级高坝施工及三峡、二滩、小浪底等特大型水电站的大场面、高强度土石方开挖和混凝土浇筑技术；大中型水电机组年装机投产能力已达400万kW以上；大型地下工程施工技术；碾压混凝土筑坝技术；混凝土面板堆石坝技术等推广应用取得了显著成果，有的已达到国际先进水平。

三、前期工作取得新进展，科技工作又上新台阶

水电前期工作取得新进展，1995年～1997年3年间共完成预可研行性研究报告16项3138.3万kW（包括溪落渡和向家坝共1800万kW），完成可行性研究报告19项1715.5万kW。到1997年底，累计已通过审查的可行性研究项目储备31项2530万kW（其中抽水蓄能电站5项404万kW）。

结合前期工作，水电科研工作取得了丰硕成果。在碾压混凝土和混凝土面板堆石坝的筑坝技术、高拱坝设计理论和设计方法以及抽水蓄能电站勘测设计、大容量水力发电机组等方面都取得了突破性的进展。目前在高坝筑坝关键技术的研究方面，结合龙滩200m碾压混凝土重力坝、沙牌132m碾压混凝土拱坝、小湾和溪落渡300m级的高拱坝、水布垭237m混凝土面板堆石坝，开始更上一层楼的技术攻关，已在高面板堆石坝混凝土外加剂、配合比优化、周边缝止水材料和止水结构、坝体应力应变分析等方面都有新的进展。在岩石高边坡科研方面，总结了建国以来水利水电工程边坡处理的经验教训，在岩石边坡分类、滑坡机理、抗剪参数和稳定分析等方面进行了系统研究，解决了李家峡等水电站复杂的高边坡处理问题。

在建设项目中积极引进新技术和科研成果，作好设计优化工作，节约了工程投资，提高了工程质量，缩短了建设工期，均取得了显著成效。

近年来，加大了对老水电厂的技术改造力度，对提高可靠性、延长工程寿命、提高效率、降低消耗、提高自动化水平等做了大量的工作。例如，刘家峡水电厂通过技术改造，单机容量增为30MW，取得了增容、提效、节水、防磨等综合效益。

四、建设体制框架基本形成，建设市场逐步规范

我国水电建设体制在改革开放以前，基本是由施工单位（工程局）作为建设单位或总承包单位，对项目进行施工和管理，也有少量工程由设计单位作为工程的总承包单位。工程建设由上级主管部门作指令性任务安排，工程建成后向生产单位移交。

1984年鲁布革水电站利用世界银行贷款进行建设，工程施工实行国际招标，拉开了水电建设体制改革的序幕。此后，随着我国改革开放的不断深入，社会主义市场经济的逐步建立，水电建设体制逐步完善并形成了以业主责任制、招标承包制、建设监理制为主要内容的建设管理模式。

由于明确了项目业主中心地位，通过招投标选择合格的施工单位和监理单位，以合同的形式明确各方的权利和义务，给工程项目建设提供了良好的条件，出现了一批建设速度快、工程质量好、投资得到有效控制的大型水电工程，如广州抽水蓄能、漫湾、水口、隔河岩、五强溪等，这些工程平均工期比80年代以前建设的类似工程缩短工期一至两年以上，取得了明显的效果。

随着《公司法》的颁布实施，水电建设领域积极推行公司制，按照建立现代企业制度的要求，改造和组建项目法人单位，使其更加规范。先后成立了清江、乌江、桂冠、大朝山、二滩、五凌等一批水电开发公司。这些单位作为主体在水电开发中发挥了重要的作用。

通过近几年的探索，水电建设市场正在逐步规范。在避免不合理竞争、保障施工企业利益、解决合同争议、工程概算管理等方面制定了相应的管理办法和政策法规。同时，实施了适应新的管理体制需要的工程质量管理办法和验收程序。

五、流域梯级滚动综合开发，取得了一定进展

为落实“流域、梯级、滚动、综合”的开发方针，近年来先后在湖北的清江、湖南的沅水、贵州的乌江、四川的雅砻江等流域进行了滚动综合开发工作，取得了一定的进展。

首先是明确了流域开发主体，组建了流域水电开发公司，对流域实行统一规划、滚动开发。例如，清江流域的清江水电开发有限责任公司，在基本完成隔河岩水电站建设的同时，已经开始滚动开发建设下游的高坝洲水电站，并对上游的水布垭电站进行前期投入。沅水上的五凌水电开发有限责任公司，在建设五强溪水电站的同时，已经开始建设下游的凌津滩水电站，并开始对其他电站进行前期工作。乌江水电开发有限公司和雅砻江流域的二滩水电开发有限公司，在建设东风和二滩水电站的同时，积极准备后续工程。

目前，有关部门正在积极努力，争取能使黄河上游水电滚动开发，促进黄河上游的水电发展。

六、投资体制改革见成效，多家办水电的格局形成

随着市场经济的建立，投资体制改革的不断深入，实行多渠道集资办电，大大调动了地方投资办水电的积极性，一改过去单纯由国家单一投资办水电的局面。使水电投资有了很大增长，弥补了水电项目的投资不足，一大批水电项目得以开工建设。

从“七五”以后开工的项目看，大型水电工程都是在集资办电政策的推动下，由中央和地方联合投资建设的，例如，云南的漫湾、福建的水口、广州抽水蓄能、湖北的隔河岩、湖南的五强溪、四川的二滩等水电站。同时，也出现了由几省（区）联合投资办电的工程，例如，天生桥一级水电站就是由广东、广西、贵州、云南等省（区）和国家联合投资建设的。目前，水电投资主体多元化的格局已经形成，在建的大中型工程均采取多家投资的方式。百龙滩、大朝山电站还吸收了社会其他行业的资金，如云南红塔集团在大朝山水电站中的出资比例达30%。

水电前期工作经费一改过去单纯由国家负责的状况，集资办前期的力度正在逐步加强。1995年～1997年的3年间，由项目业主和地方政府集资的前期工作资金比前3年增加了15163万元。现在，水布垭、官地、宝兴河梯级等电站的前期费完全由业主筹措；向家坝和溪落渡两个巨型电站的比选工作经费完全由三峡总公司筹措；云南景洪水电站还开创了中外合资办前期的先例。

七、利用外资初具规模，建设项目取得实效

从1984年鲁布革水电站引进世界银行贷款建设开始，随着改革开放的发展，我国水电利用外资的项目和协议金额有了大幅度的增加。到1995年，水电利用外资的项目共有24项（装机总容量1884万kW），利用外资金额36.92亿美元，占电力项目利用外资协议金额的21%。近年来，水电工程各年度实际利用外资额在完成投资中约占10%。外资主要来源是世界银行、亚洲银行、日本海外协力基金以及有关国家的政府贷款。目前，利用外资最多的水电工程是二滩电站，协议金额近10亿美元。

通过利用外资，一方面缓解了水电建设资金不足的矛盾，另一方面通过引进先进的技术和管理，提高了我们的管理、设计、施工水平，对加快水电发展起了很好的作用。

八、企业改革进一步深入，多种经营得到较快发展

近年来，水电施工和设计单位坚持以改革促发展，以发展保稳定的方针，自力更生，开拓进取，外抓市场，内转机制，经受住了计划经济向市场经济转变过程中的重重困难和磨炼，各项工作取得了新的进展。

项目法施工生产方式的推行和机械化施工程度的提高，使得水电施工企业生产力获得了解放，因而迫切要求企业调整产业结构和人员结构。水电施工企业按照工程建设和多种经营协调发展的经营战略，逐步形成了水电、其他建筑业、多种经营三根支柱。几年来，各单位从实际出发，充分发挥自身优势，大力发展多种经营，积极投身水电以外的一切建筑业，围绕市场经济的需要，作好发展企业多元化产业的文章，收到了明显成效。水电第十一工程局早在1994年就实现了多种经营与建筑业各占总产值50%的目标，多种经营从业人员占全局职工总数近50%。水电第一工程局通过调整多种经营管理机构，层层实行合同管理，经营实体已达百余个，业务涉及国内外贸易、工业、商业、医疗卫生等多个领域。水电第七工程局、第八工程局、第十四工程局多种经营工作都有了较大的突破，取得了多种经营产值超亿元的好成绩。水电总公司系统各工程局多种经营产值3年来累计完成36.23亿元，平均年递增9.2%。

水电设计院系统在实行企业化管理的基础上，努力探索从传统企业向现代企业转换的模式，对经营管理构架进行重组，稳步推进劳动人事、工资分配和社会保险制度改革。3年来，部属七个水电设计院进一步适应日益激烈的竞争，依托业主，两头延伸，多种经营，分别进入了工民建、水利、火电、公路、桥梁、机场、港口码头等勘测设计、工程监理、岩土工程等国内市场，其中五个院取得了对外经营权，积极参加国外工程招投标，1997年承担国外工程24项。近年来，七个水电设计院从市场上争取的主业以外的收入，三年累计超过8.5亿元，占总收入的43.2%。同时，各设计院积极采取减人增效的措施，三年多来减员幅度达17%，共减少约2200人。

九、水电发展任重道远，前途光明

改革开放以来，特别是“八五”以来水电得到了前所未有的发展，为我国的现代化建设做出了巨大的贡献。但是，就整个电力发展来看，水电发展速度相对较慢，存在一些亟待解决的问题。

水电在全国电力中的比例，从装机容量来看，“四五”末曾达到30.9%，以后逐年下降，特别是“七五”、“八五”下降幅度最大。从“五五”末到“八五”末，每个时期水电装机容量占全国电力总装机容量的比重分别为30.8%、30.3%、26.1%、24.0%，到1996年底下降到23.5%。水电发电量占全国发电量的比例也逐年下降，由“六五”的22.5%、“七五”的20.3%、“八五”的18.5%，到1996年底下降为17.3%。从目前情况看，这种下降还将继续下去。电力结构不合理的矛盾将日趋严重。到1996年底，我国水电开发利用程度，按装机容量计算为14.17%，按发电量计算为9.7%，同先进国家相比还有很大差距。目前，世界平均开发水平已达22%左右。

按电力发展规划，到2000年水电装机容量达到8000万kW的目标，现在看来难以实现。按调整计划2000年达到7000万kW的目标，仍须经过努力方可以实现。造成这种情况的主要原因，是“八五”期间水电开工项目严重不足。“八五”期间，由电力部归口管理的水电项目，原计划开工34项总装机容量2401.5万kW，实际开工16项1059.6万kW，比计划少开工18项1341.9万kW，出现了1995年、1996年两年仅开工一个中型水电项目（湖南凌津滩24万kW）的情况。

从“九五”计划开始的前两年看，1996年没有一个项目开工，1997年情况有所好转，大朝山（135万kW）、高坝洲（25.2万kW）批准开工。目前水电仍然存在开工规模严重不足的局面，电力部归口管理的水电在建规模逐年减少，1991年为1993万kW、1995年为1664.5万kW、1997年1406.4万kW。如果今后几年不尽快批准开工一些大型水电工程，根据水电投产计划，到2000年国家电力公司归口管理的水电站将基本投产结束。“十五”期间除三峡和大朝山工程外，将基本上没有大型水电投产项目。

根据2010年电力发展规划，水电装机容量要达到1.25亿kW。如果按李鹏总理2010年水电占电力30%的要求，水电装机应达到1.5亿kW。到2000年水电争取能达到7000万kW，也就是说，在下个世纪的前10年水电要新增加装机容量8000万kW。要实现这一目标，大量的工程应该在“九五”或“十五”期间开工。“九五”期间应完成大量的前期准备工作并保证一定的开工规模。

近年来国家出台的税收等经济政策，没有考虑水电的特点，加重了水电的负担，使得水电发展处于非常不利的地位。例如，统一征收17%的增值税，水电是一次能源和二次能源同时开发，没有上游产品增值税可以抵扣，需要全额缴纳。火力发电可以用煤炭和燃油的增值税抵扣后比水电轻得多。另外，耕地占用税、矿产资源税、进口关税等政策也成为水电造价升高的原因，抑制了投资者投资水电的积极性，影响了水电的发展。

党的十五大报告指出，我国是人口众多、资源相对不足的国家，在现代化建设中必须实施可持续发展战略。可持续发展是以控制人口、节约资源、保护环境作为重要条件的，其目的是使经济发展同人口增长、资源利用和环境保护相适应。

水电是清洁的可再生能源，开发水电资源，既能节约宝贵的煤炭、石油和天然气等矿物资源，又有利于保护环境。我国能源分布不平衡，水电资源大部分集中在中西部地区，通过加快水电的开发可以带动这些地区的经济发展，有利于实现十五大提出的逐步缩小我国东西差距的要求。特别是随着我国电力结构的调整，大力发展水电，逐步提高水电在电力中的比重将势在必行。我们应该认真研究，统一思想，明确任务，逐步落实加快水电发展的具体政策和措施，争取水电建设“九五”计划和2010年远景目标的实现。

目 录

编辑说明
辉煌的时期 巨大的发展（代前言） …………………………… 国家电力公司 汪恕诚

1. 重 要 文 献

重要文件 …………………………………………… 3
电力工业部关于水电站水库淹没实物指标有关问题的通知（1995 年 3 月 11 日 电计［1995］135 号） …………………………… 3
电力工业部关于全面推行峰谷分时电价的实施意见（电安生［1995］288 号附件 1） …… 3
电力工业部贯彻中共中央、国务院《关于加速科学技术进步的决定》的意见（1995 年 7 月 3 日 电办［1995］394 号） ………… 4
中华人民共和国电力法（1995 年 12 月 28 日第八届全国人民代表大会常务委员会第十七次会议通过） ………………………… 5
建设部《工程造价咨询单位资质管理办法（试行）》（1996 年 3 月 6 日 建标［1996］133 号） ……………………………… 9
建设部《〈工程造价咨询单位资质管理办法（试行）〉实施细则》（1996 年 5 月 30 日建标［1996］316 号） ……………………… 11
《中华人民共和国国民经济和社会发展“九五”计划和 2010 年远景目标纲要》有关水电水利内容摘要 ………………………… 13
国家计划委员会 财政部 电力工业部 水利部关于设立水电站水库库区后期扶持基金的通知（1996 年 3 月 22 日 计建设［1996］526 号） ……………………………… 13
国务院办公厅关于建设第三批农村水电初级电气化县有关问题的通知 （1996 年 3 月 28 日 国办通［1996］2 号） ………………… 14
国家计委《关于实行建设项目法人责任制的暂行规定》（1996 年 4 月 6 日计建设［1996］673 号） ……………………………… 15
财政部《水电前期工作周转金管理办法》（1996 年 6 月 3 日 财工字［1997］118 号） ……………………………………… 17
电力工业部贯彻中共中央国务院《关于加速科学技术进步的决定》的实施细则（1996 年 6 月 10 日 电技［1996］361 号） ……… 19
电力工业部水电建设工程竣工验收工作改进意见（1996 年 8 月 15 日） ……………… 21
国家电力公司关于成立国家电力公司水电前期工作周转金管理委员会和国家电力公司水电前期工作周转金管理中心的通知（1997 年 9 月 12 日 国电人劳函［1997］15 号） ……………………………… 22
电力工业部《水电工程建设经济合同争议调解暂行规则》（1996 年 12 月 18 日 电水农［1996］876 号） ………………………… 22
关于《水电工程建设经济合同争议调解暂行规则》的有关说明 ……………………………… 24
电力部关于《水电工程建设监理规定》、《水电工程建设监理单位资质管理办法》、《水电工程监理工程师资质管理办法》的通知（1996 年 12 月 20 日电水农［1996］882 号） …………………………………… 28
国家计委关于《工程咨询单位持证执业管理暂行办法》的通知（1997 年 3 月 11 日计政研［1997］506 号） ……………………… 33
电力工业部关于《水电建设工程质量管理暂行办法》的通知（1997 年 4 月 22 日 电水农［1997］220 号） ……………………… 35
国家基本建设大中型项目实行招标投标的暂行规定（国家计划委员会 1997 年 8 月 18 日发布） …………………………………… 39
电力工业部关于试行《水力发电工程可行性研究报告设计概算编制办法及费用标准》的通知（1997 年 9 月 10 日 电水规［1997］123 号） ………………………………… 41
电力工业部关于颁发《水力发电建筑工程概算定额》、《水力发电设备安装工程概算定额》和《水力发电工程施工机械台时费定额》的通知（1997 年 9 月 10 日 电水规［1997］031 号） ………………………………… 41
电力工业部、水利部、国家工商行政管理局关于颁发《水利水电土建工程施工合同条

件》的通知（1997年9月5日　电办[1997] 359号） …… 42
重要讲话 …… 43
多家办电，多渠道筹资办电——国务院总理李鹏于1995年5月31日在听取国家计委和电力工业部汇报“九五”电力计划和2010年远景目标规划时的谈话 …… 43
电力“九五”计划和2010年发展目标——电力工业部史大桢部长在全国电力工作会议上的报告摘要 …… 45
邹家华副总理谈水电流域滚动开发 …… 47
水电发展的出路何在（1996年7月28日）汪恕诚 …… 48
坚定不移地把电力工业改革进行下去——电力部汪恕诚副部长在水电建设管理专业委员会1996年年会上的讲话（摘要）（1996年11月2日） …… 50
10年来农村水电电气化县建设的回顾及“九五”农村水电电气化县建设的目标——水利部张春园副部长在全国农村水电暨第三批初级电气化县建设工作会议上的讲话（摘要）（1996年5月21日） …… 52
全面推进与深化改革，确立与社会主义市场经济体制相适应的新型电力工业管理体制——电力工业部部长史大桢在全国电力工作会议上的报告（摘要）（1997年1月16日） …… 55
中国的能源政策　李鹏 …… 58
在黄河小浪底水利枢纽工程截流仪式上的讲话（1997年10月28日）李鹏 …… 59
在三峡工程大江截流仪式上的讲话（1997年11月8日）江泽民 …… 60

2. 中国水电建设概况

综述 …… 63
水电建设发展的新情况和存在的主要问题 …… 63
“八五”水电计划完成情况和“九五”水电远景规划概要 …… 64
全国中型水电发展情况 …… 67
1995年～1997年全国抽水蓄能电站发展情况综述 …… 68
全国潮汐电站发展情况 …… 70
全国水电开发公司发展情况 …… 72
集资办水电 …… 74
1995年～1997年集资办水电的情况和经验 …… 74
集资建设大朝山水电站 …… 75
广西桂冠公司集资办百龙滩水电站的情况 …… 76
部分省区中型水电站发展情况和经验 …… 78
四川省地方电力建设概况 …… 78
四川省水力资源经济可开发量界定初步研究 …… 79
贵州地方水电现状及“九五”发展 …… 80
云南“八五”水电投产情况及“九五”计划概要 …… 81
广东“八五”水电完成情况及“九五”计划概要 …… 82
广西“八五”水电完成情况及“九五”计划设想 …… 83
湖南“八五”水电完成情况及“九五”计划概况 …… 84
湖北“八五”水电完成情况及“九五”计划概况 …… 86
福建“八五”水电完成情况及“九五”计划概要 …… 87
江西水电建设现状及发展规划 …… 88
统计资料 …… 89
1996年底全国中型水电开发利用情况表 …… 89
全国分省已建和在建中型水电站表 …… 91
1995年～1997年基本建设投资情况表 …… 95
1995年～1997年全国水电增长情况统计表 …… 96

3. 水电建设管理

勘测设计管理 …… 101
水电勘测设计系统改革新进展 …… 101
1997年底预可研（或原可研）和可研（或原初设）已通过审查项目表 …… 102
1995年～1997年大中型水电站优秀勘察项目和优秀设计项目评选结果 …… 103
1995年～1997年水电水利勘测设计系统部级优秀QC小组评选情况 …… 104
水电水利勘测设计系统质量管理新进展 …… 107
电力部水电水利规划设计总院系统勘测设计单位1995年～1997年生产经营及其效益 …… 108

电力部水电水利规划设计总院系统勘测设计单位推行工资总额与经济效益挂钩的情况与效果…… 111
建设项目管理…… 112
水电建设项目业主责任制的完善和发展…… 112
水利水电土建施工合同条件的规范化…… 114
《水利水电土建工程施工合同条件》编制情况…… 115
三峡工程建设管理体制概述…… 117
三峡工程建设管理的回顾与展望…… 117
二滩水电站建设管理…… 120
广州抽水蓄能电站二期工程项目管理…… 122
莲花水电站项目管理…… 123
中国水利水电第八工程局深化内部改革，向企业集团化迈进…… 124
大峡水电站建设管理…… 128
武警水电部队承建西藏水利水电工程…… 129
施工企业管理…… 131
水电施工企业改革的新情况…… 131
广州抽水蓄能电站二期工程项目施工科学管理…… 132
水电施工企业基地建设…… 135
中国水利水电第二工程局通过 ISO 9000 质量保证体系认证…… 135
华源水电咨询工作十年回顾…… 136
水利水电施工企业资质情况表…… 137
中国水利水电工程总公司系统中心试验室计量认证情况…… 141
水电施工企业养老保险制度改革情况…… 142
水电施工企业多种经营发展情况…… 144
1995 年～1997 年水工机电产品许可证管理情况…… 145
科学技术管理…… 146
水电科技成果…… 146
1995 年～1997 年科技文献数据库建设与检索系统…… 147

4. 水电经济效益与社会效益

水电在电网中的地位、作用与经济、社会效益 …… 151
葛洲坝水力发电厂…… 151
白山梯级水电站…… 152
岩滩水电厂…… 153
水口水力发电厂…… 154
五强溪水力发电厂…… 156
漫湾发电厂…… 156
龙羊峡水电厂…… 157
铜街子水电站…… 158
潘家口抽水蓄能电站…… 159
滇黔桂粤互联电网建设情况及运行效益…… 161
龙羊峡、刘家峡两水库运行对缓解黄河下游断流所起的作用…… 162

5. 大 中 型 水 电 站

新开工的大中型水电站 …… 167
凌津滩水电 …… 167
高坝洲水电站 …… 169
棉花滩水电站 …… 170
珊溪水利枢纽 …… 173
西藏羊卓雍湖抽水蓄能电站 …… 174
大型水利水电工程进展情况 …… 176
三峡工程进展情况概述 …… 176
三峡工程大江截流 …… 177
小浪底水利枢纽工程进展情况 …… 179
小浪底工程截流 …… 181
二滩水电站工程进展情况 …… 182
二滩水电站河床截流 …… 184
大朝山水电站的截流工程设计与施工 …… 186
统计资料 …… 188
1995 年～1997 年全国新开工的 2.5 万 kW 以上水电站主要指标表 …… 188
1995 年～1997 年全国已建成的大型及部分中型水电站主要竣工资料表 …… 196

6. 小水电与农村水电初级电气化

综述 …… 201
“八五”期间全国水利系统水电建设情况及“九五”展望…… 201
1995 年～1997 年全国小水电发展概况 …… 202

第二批农村水电初级电气化县建设完成情况及基本经验…… 203
全国第二批农村水电初级电气化县 209 个县名单…… 204
第三批农村水电初级电气化县建设实施情况…… 205
全国农村水电暨第三批初级电气化县建设工作会议召开…… 207
中国农村水电暨电气化县建设十年成就展…… 208
小水电行业管理 …… 209
小水电电价调整新的进展情况及存在问题…… 209
小水电企业改革情况…… 209
水利系统中小水电技术改造…… 210
农村水电人才培训情况…… 210
编制小水电行业技术标准…… 211
1995 年度水利部农村水电科技进步奖获奖名单…… 211
地方中小水电工程的经验 …… 212
全国第一个农村水电初级电气化地区——广西梧州地区…… 212
广西冬青湾小型抽水蓄能发电工程…… 213
四川大河口水电站工程…… 214
四川普格西普高水头水电站…… 215
贵州大七孔水电站…… 216
福建福鼎桑园水库电站工程…… 217
微型水电开发推广进展情况…… 218
1995 年～1997 年全国小水电增长情况统计表…… 219

7. 水 电 发 展 战 略

水电政策研究 …… 223
水电发展中的政策研讨 …… 223
水电发展战略研究 …… 224
华东电网 2000 年～2020 年一次能源平衡及 2050 年展望战略研究…… 224
金沙江溪落渡、向家坝水电站送电华东研究 …… 226
浅探东北水电资源的开发 …… 227
对当前我国水电建设投资还贷主要问题的分析研究与政策建议 …… 229
改革水电前期工作经费筹措及其管理办法的研究 …… 231
金沙江溪落渡、向家坝两电站开发的前期工作 …… 233
流域梯级滚动综合开发 …… 233
黄河上游综合滚动开发 …… 233
清江流域梯级滚动综合开发 …… 234
沅水流域梯级滚动综合开发 …… 237
马边河流域梯级滚动综合开发 …… 238
四川宝兴河流域梯级滚动综合开发 …… 239

8. 水 电 工 程 经 济

水电工程概预算改革 …… 245
1995 年～1997 年颁发的有关概预算文件 …… 245
水力发电工程造价制度改革…… 246
水电工程造价管理与控制…… 247
电力部对在建 21 个大中型水电工程概算的核查…… 247
水电工程造价分析…… 248
水电工程招标与投资管理…… 253
三峡工程左岸电站 14 台水轮发电机组的国际招标…… 253
黄河小浪底水利枢纽国际招标…… 257
三峡工程的投资控制…… 258
水电工程经济评价 …… 260
清江隔河岩水电工程经济评价…… 260
太平驿水电站经济评价…… 262
抽水蓄能电站的经济评价…… 263
李家峡工程经济合同争议的调解…… 265

9. 水 库 移 民 与 环 保

水库移民工作与淹没处理…… 269
1995 年～1997 年水库移民工作进展情况 …… 269
水电工程移民工作领导机构设置情况…… 270
全国部分省区移民机构设置情况…… 270
水电站和水库库区后期扶持基金的设立…… 271
加大水电工程水库移民前期工作深度的三点意见…… 272
在建水电项目水库淹没处理投资的调整…… 272

水库淹没处理设计信息系统的开发……………… 273
部分大中型水电站水库的移民安置 ……… 274
五强溪水电站水库移民的安置………………… 274
二滩水电站水库移民的安置…………………… 275
莲花水电站水库移民的安置…………………… 275
李家峡水电站水库移民的安置………………… 275
大峡水电站水库移民的安置规划……………… 276
小浪底水利枢纽工程移民安置的实施情况…… 276
万家寨水利枢纽水库移民安置的进展情况…… 277
江垭水利枢纽水库移民安置的进展情况……… 278
三峡工程移民安置规划和移民实施情况……… 278
水口水电站水库移民安置的独立评估工作…… 279
大广坝水利水电工程水库移民的监测与评估…………………………………………… 280
水电站环境影响评价工作和环境保护的实施 ……………………………………… 281
环评机构与证书重新考换发情况……………… 281
环境影响报告书的编制情况…………………… 282
东江水电站环境影响的回顾评价……………… 283
水电站环境保护设施竣工验收………………… 284
岩滩水电站环保竣工验收……………………… 285
隔河岩水电站环保竣工验收…………………… 286
广州抽水蓄能电站环保竣工验收……………… 287
《中国电力建设与湿地保护和合理利用行动计划》概述………………………………… 288
小浪底水利枢纽施工期的环境管理…………… 288
三峡工程库区环境保护………………………… 289
三峡工程施工区的环境保护…………………… 290
统计资料 …………………………………… 291
大中型水电站水库淹没主要指标表…………… 291
抽水蓄能电站水库淹没主要指标表…………… 293

10. 规　　划

河流规划 …………………………………… 297
1995 年～1997 年河流水电规划工作 ………… 297
《雅砻江干流（卡拉至江口河段）水电规划报告》中间审查意见…………………… 297
西藏自治区阿里地区水电规划选点工作……… 298
《夏布曲干流水电规划报告》审查意见……… 298
《美姑河水电规划报告》审查意见…………… 299
《火溪河水电规划报告》审查意见…………… 299
《溇水干流淋溪河以上河段规划报告》审批情况……………………………………… 300
《开都河中游河段水电规划报告》审批情况…………………………………………… 301
《槟榔江干流（胆扎至松山河口）水电规划报告》审查意见…………………………… 301
尤溪街面水电站分溪开发方案审批情况……… 302
水能规划设计 ……………………………… 302
龙滩水电站初期和后期正常蓄水位运行的水能计………………………………………… 302
琅琊山抽水蓄能电站的水能设计……………… 303
水文与泥沙 ………………………………… 304
抽水蓄能电站的水文计算……………………… 304
黄河上中游 1922 年～1932 年连续枯水段调查报告整理定稿………………………… 305
新型推移质采样器（AYT）的研制 ………… 307
抽水蓄能电站的泥沙问题及其解决办法……… 307
长江三峡工程泥沙问题研究概况……………… 308

11. 勘　　测

地球物理勘探 ……………………………… 313
原位岩土体密度测试的研究与应用…………… 313
探洞地震横波测试技术及其应用……………… 314
区域稳定与地震 …………………………… 315
我国水库诱发地震监测台网发展概况………… 315
隔河岩水电站水库诱发地震的预测及验证…… 316
坝基工程地质 ……………………………… 318
瀑布沟水电站深厚覆盖层坝基的工程地质勘测与评价……………………………… 318
宝兴河小关子水电站复杂结构深厚覆盖层建闸工程地质研究…………………………… 319
冶勒水电站深厚覆盖层坝基的勘测与评价…… 320
东风水电站拱坝地基的勘察研究……………… 321
洪家渡水电站坝址工程地质研究与评价……… 322
三峡工程施工地质摄像编录…………………… 323
地下工程地质 ……………………………… 324
棉花滩水电站地下厂房工程地质的勘察与评价…………………………………………… 324
天荒坪抽水蓄能电站地下洞室岩体稳定性研究及处理措施…………………………… 325
张河湾抽水蓄能电站引水发电系统的工程地质研究…………………………………… 326

边坡稳定性研究和处理 …… 328
水口水电站库岸稳定对移民迁建的影响及防护 …… 328
李家峡水电站坝址Ⅱ、Ⅲ号滑坡的稳定性及处理措施 …… 329
岩溶勘测研究 …… 331
清江水布垭枢纽半峡坝址柳山河间地块岩溶渗漏问题及防渗措施建议 …… 331
岩滩水电站库区岩溶洼地内涝勘察研究 …… 332
锦屏二级水电站探洞涌水及涌水封堵 …… 333
隔河岩水电站罗家坳河间地块岩溶渗漏预测与验证 …… 334
蓄能电站上池工程地质 …… 336
十三陵抽水蓄能电站上池工程地质问题及处理措施 …… 336

12. 水　　工

坝工设计 …… 341
三峡工程大坝设计 …… 341
小浪底水利枢纽高土石坝和基础处理设计 …… 342
小湾水电站高混凝土拱坝设计 …… 344
天生桥一级水电站混凝土面板堆石坝设计 …… 346
万家寨水利枢纽混凝土重力坝设计 …… 348
古洞口工程混凝土面板堆石坝设计 …… 349
三板溪水电站混凝土面板堆石坝设计 …… 351
公伯峡水电站混凝土面板堆石坝设计 …… 352
白云水电站混凝土面板堆石坝设计 …… 354
抽水蓄能电站设计 …… 355
响水涧抽水蓄能电站设计 …… 355
琅琊山抽水蓄能电站设计 …… 356
桐柏抽水蓄能电站设计 …… 357
地下工程设计 …… 359
宝兴水电站引水隧洞设计 …… 359
小浪底水利枢纽引水发电系统地下洞室设计 …… 360
广州抽水蓄能电站高压水工隧洞设计 …… 361
泄水建筑物设计 …… 363
沙牌水电站漩涡式竖井消能设计 …… 363
小浪底工程泄洪、排沙和引水隧洞设计 …… 364
通航建筑物设计 …… 365
水口水电站三级船闸和垂直升船机设计 …… 365
五强溪水电站船闸设计 …… 367
安康水电站 100t 级垂直升船机设计 …… 368
岩滩水电站升船机设计 …… 369

13. 机　　电

大中型水轮机及附属设备 …… 373
三峡水电站水轮机 …… 373
二滩水电站水轮机 …… 375
李家峡水电站水轮机 …… 376
五强溪水电站水轮机 …… 377
小浪底水电站水轮机设计特点 …… 379
水轮发电机及高低压电力设施 …… 380
三峡水电站水轮发电机 …… 380
二滩水电站水轮发电机 …… 382
李家峡水电站水轮发电机 …… 385
五强溪水电站水轮发电机 …… 387
小浪底水电站水轮发电机 …… 387
水电站主变压器的应用 …… 388
水轮发电机出口断路器的应用 …… 389
水电站控制保护 …… 390
SSJ 系列计算机监控系统的新发展 …… 390
H9000 系列水电站计算机监控系统 …… 391
水电厂计算机监控系统的工程设计 …… 392
广州抽水蓄能电站一期工程计算机监控系统 …… 393
水电厂值班方式的工程设计 …… 394
特大型水电厂的继电保护设计 …… 396
三峡水电站自动化设计 …… 396
微机型元件继电保护装置 …… 397
水轮发电机组自动监控装置 …… 397
广州抽水蓄能电站一期工程继电保护系统 …… 400
十三陵抽水蓄能电厂的控制保护 …… 401
水轮发电机励磁调节器的新发展 …… 403
大、中型水轮发电机组的灭磁 …… 404
微机调速器的新发展 …… 408
防误技术在水电厂应用 …… 410
机电制造 …… 411
富春江富士电机有限公司 …… 411
水轮发电机组制造进展 …… 412
国内外大型推力轴承结构 …… 413
水力机械自动化元件的新发展 …… 417

金属结构 …………………………… 418
三峡水电站船闸金属结构 ………………… 418
三峡水电站泄洪闸门 …………………… 419
五强溪水电站表孔弧门设计 ……………… 420
羊卓雍湖抽水蓄能电站压力钢管与球阀、蝶阀的联接 …………………………… 421
羊卓雍湖抽水蓄能电站压力钢管制造和安装 …………………………………… 422
十三陵抽水蓄能电站压力钢管制造安装……… 423
机电安装 …………………………… 425
水电机电安装施工企业技术进步和管理现代化 …………………………………… 425
十三陵抽水蓄能电站机组安装与调试 ……… 427
五强溪水电站水轮发电机组安装 ………… 427
二滩水电站水轮发电机组安装 …………… 429
天荒坪抽水蓄能电站机电设备的安装 ……… 431
羊卓雍湖抽水蓄能电站机组安装与调试 …… 432
百龙滩水电站灯泡贯流机组制造与安装 …… 433
统计资料 …………………………… 435
1995 年～1997 年水电机组投产项目表 ……… 435
1995 年～1997 年各种类型水电机组安装工期统计表 ……………………………… 436

14. 施　　工

施工技术 …………………………… 439
三峡工程一期土石围堰的施工 …………… 439
三峡工程纵向围堰的碾压混凝土施工 ……… 440
三峡工程永久船闸一期开挖施工 ………… 441
三峡工程二期围堰右上接头防渗墙试验段的施工 ……………………………… 442
小浪底水利枢纽主坝混凝土防渗墙的施工 …… 443
小浪底工程洞群进水口工程的施工 ……… 444
小浪底工程地下厂房的施工 ……………… 446
二滩水电站地下厂房的开挖及支护 ……… 448
二滩水电站双曲拱坝的混凝土施工 ……… 449
二滩水电站Ⅰ标人工砂石骨料的开采与生产系统布置 ………………………… 451
石板水水电站碾压混凝土重力坝的施工 ……… 452
桃林口水库碾压混凝土坝的施工 ………… 453
天生桥一级水电站混凝土面板堆石坝的施工 ……………………………………… 454
莲花水电站混凝土面板堆石坝的施工 ……… 455
我国混凝土面板堆石坝的发展趋势 ……… 457
天荒坪抽水蓄能电站上库沥青混凝土面板的施工 ……………………………… 457
十三陵抽水蓄能电站上池防渗工程的施工 …… 458
天生桥一级水电站的坝基开挖 …………… 460
汾河水库泄洪隧洞进水口的岩塞爆破 ……… 461
乳化炸药混装车应用技术的研究 ………… 462
化学灌浆技术的新发展和应用情况 ……… 463
灌浆自动记录仪的研制和应用 …………… 464
高压引水隧道斜井施工模板技术的发展 …… 465
广州抽水蓄能电站高压长斜井衬砌的滑模施工 ……………………………………… 466
8000kN 级预应力锚固施工技术 ………… 467
李家峡水电站高边坡现场大型预应力群锚试验 ……………………………………… 468
李家峡水电站右岸导流隧洞的施工 ……… 469
大朝山水电站导流洞的开挖施工 ………… 470
高压定向喷灌技术在白石窑水电站一期围堰工程中的应用 ………………………… 471
天荒坪抽水蓄能电站高压灌浆试验情况 …… 472
天生桥二级水电站Ⅱ号引水隧洞岩溶段管桥施工技术 …………………………… 473
药卷式锚杆粘结剂在天生桥一、二级水电站工程中的应用 ……………………… 475
水电工程质量情况综述 ………………… 475
施工机械 …………………………… 477
水电施工装备现代化中机械管理工作的进展情况 ……………………………… 477
罗泰克皮带机在三峡工程中的应用 ……… 478
统计资料 …………………………… 479
已完建的碾压混凝土坝 ………………… 479
在建的碾压混凝土坝 …………………… 480
设计中的碾压混凝土坝 ………………… 481
已建、在建和拟建的碾压混凝土围堰 ……… 481
已建成的混凝土面板堆石坝 ……………… 482
在建的混凝土面板堆石坝 ……………… 483
拟建的混凝土面板堆石坝（坝高 100m 以上） ………………………………… 484
1995 年在建重点水电工程年度投资及实物工程量完成统计表 …………………… 485
1996 年在建重点水电工程年度投资及实物工程量完成统计表 …………………… 486
1995 年水电施工企业完成产值及工程量表 … 488
1996 年水电施工企业完成产值及工程量表 … 489
1997 年水电施工企业完成产值及工程量表 … 490

15. 生　产　运　行

运行管理 …………………………………… 493
水电厂安全运行…………………………… 493
水电厂防汛………………………………… 495
水电厂“无人值班”（少人值守）……………… 496
水电厂安全文明生产达标与创一流工作……… 497
水库调度自动化工作……………………… 498
水电厂水情自动测报系统的发展和效益……… 499
广州抽水蓄能电站的现代化管理…………… 501
水电厂生活基地的建设…………………… 504
技术改造 …………………………………… 505
水电厂机组技术改造……………………… 505
水电厂尾水清渣工作……………………… 506
大坝安全 …………………………………… 507
大坝安全定期检查………………………… 507
大坝安全自动监测系统的建立和发展……… 508
水电站大坝安全注册……………………… 509
统计资料 …………………………………… 511
1995 年大中型水电厂生产运行情况表 ……… 511
1996 年大中型水电厂生产运行情况表 ……… 515
1997 年大中型水电厂生产运行情况表 ……… 519

16. 科学技术研究成果

科学技术研究成果 …………………………… 525
高坝建设关键技术研究成果………………… 525
坝体、库水和坝基相互作用动、静力分析研究…………………………………… 525
高拱坝快速施工与温度控制研究…………… 526
高强度大体积混凝土材料特性研究………… 526
高水头大流量泄洪消能研究……………… 527
高堆石坝关键技术问题研究……………… 528
混凝土防渗墙墙体材料及接头型式研究…… 528
混凝土防渗墙施工及检测技术研究………… 529
高土石坝抗震关键技术研究……………… 529
勘测关键技术及综合应用研究…………… 530
高土石坝施工水力学问题研究…………… 531
岩质高边坡稳定分析方法和软件系统研究…… 531
岩质高边坡开挖及加固措施研究…………… 532
岩质高边坡勘测及监测技术方法研究……… 533
普定碾压混凝土拱坝筑坝新技术研究……… 533
碾压混凝土拱坝施工机具配套技术研究…… 534
100m 级碾压混凝土拱坝结构设计和新材料研究…………………………………… 534
龙滩碾压混凝土重力坝结构设计与施工方法研究………………………………… 535
高堆石坝优化设计软件系统的研究………… 536
三峡工程和长江治理开发科学技术研究…… 537
统计资料 …………………………………… 538
1995 年～1997 年水电科技获奖成果 ……… 538
国家“九五”水电科技攻关项目表………… 547
计算机开发与应用 ………………………… 552
实现计算机工程的无图板设计…………… 552
微机重力坝 CAD 系统 …………………… 553

17. 技　术　标　准

技术标准管理工作 ………………………… 557
1995 年～1997 年全国电力工业标准化工作情况………………………………… 557
世界标准日………………………………… 558
1995 年～1997 年水电标准制订和修订及其颁布情况………………………………… 559
水电标准宣贯会…………………………… 561
1995 年～1997 年水电勘测设计技术标准概况………………………………… 561
新颁和修订的规程、规范和导则 ………… 563
《水利水电工程动能设计规范》 …………… 563
《水利水电工程结构可靠度设计统一标准》………………………………… 564
《水工建筑物荷载设计规范》 ……………… 565
《水工建筑物抗震设计规范》 ……………… 565
《防洪标准》……………………………… 566
《水电工程水库淹没处理规划设计规范》…… 567
《水利水电工程泥沙设计规范》 …………… 568
《水利水电工程水情自动测报系统设计规定》………………………………… 568
《水工混凝土结构设计规范》 ……………… 569
《混凝土重力坝设计规范》 ………………… 569
《水利水电混凝土面板堆石坝设计导则》………………………………… 570

《水工混凝土掺用粉煤灰技术规范》………… 571
《水轮机金属蜗壳安装焊接工艺导则》……… 572
《混流式水轮机分瓣转轮组装焊接工艺导则》…………………………………………… 573
《立式水轮发电机弹性金属塑料推力轴瓦技术条件》…………………………………… 573

18. 教育与出版

水电教育改革与发展 ………………………… 577
1995年～1997年高校水电类专业教育改革与发展概况…………………………………… 577
设置水电类专业部分高等学校情况表………… 579
水电行业出版的科技图书与期刊 ………… 580
1995年～1997年全国出版水电图书一览表………………………………………………… 580
水电行业科技期刊的现状…………………… 584
有国内统一刊号的水电科技期刊一览表…… 585
有内部准印证的水电科技期刊一览表……… 588

19. 学术团体及主要活动

中国水力发电工程学会主要活动 ………… 595
第四次全国会员代表大会纪要……………… 595
第四次全国会员代表大会向国务院呈送的"关于加快发展水电的建议" ……………… 596
第四届理事会名单…………………………… 597
第四次全国会员代表大会表彰名单………… 597
中国水力发电工程学会会章………………… 599
1995年～1997年主要学术活动的开展与效果………………………………………………… 601
评选优秀学术论文…………………………… 604
统计资料 …………………………………… 610
各省市自治区水力发电工程学会组织情况表………………………………………………… 610
中国水力发电工程学会分支机构情况表…… 613
中国水力发电工程学会1995年～1997年主要学术活动统计表…………………………… 615
中国水力发电工程学会1995年～1997年培训班统计表……………………………………… 618
兄弟学会 …………………………………… 618
中国水利学会………………………………… 618
中国电机工程学会…………………………… 623

20. 国际合作与交流

利用外资开发水电 ………………………… 629
沅水流域利用外资对水电进行梯级滚动开发………………………………………………… 629
开拓国际市场……………………………… 630
水电施工企业开拓国际市场………………… 630
国际交流 …………………………………… 632
1996年国际水电会议 ……………………… 632
中国代表团参加国际大坝委员会第65届年会和第19届大会 ………………………… 633
水电厂技术改造的国际交流………………… 634
水利部与世界银行联合召开地方电力改革与发展研讨会……………………………… 635
赴日水力发电自动化研修…………………… 635

21. 机构与人物

水利水电行业的中国科学院并中国工程院院士……………………………………… 639
严恺…………………………………………… 639
张光斗………………………………………… 639
潘家铮………………………………………… 640
水利水电行业的中国科学院院士 ………… 640
汪闻韶………………………………………… 640
沈珠江………………………………………… 640
林秉南………………………………………… 641
林皋…………………………………………… 641
钱令希………………………………………… 641
黄文熙………………………………………… 642
徐芝纶………………………………………… 642
窦国仁………………………………………… 643
朱显谟………………………………………… 643
汪胡桢………………………………………… 643

水利水电行业的中国工程院院士 ………… 644
文伏波……………………………………… 644
李鹗鼎……………………………………… 644
朱伯芳……………………………………… 644
关君蔚……………………………………… 645
张蔚榛……………………………………… 645
张勇传……………………………………… 645
陈明致……………………………………… 646
陈厚群……………………………………… 646
吴中如……………………………………… 646
郑守仁……………………………………… 646
周君亮……………………………………… 647
钱正英……………………………………… 647
赵国藩……………………………………… 648
饶芳权……………………………………… 648
梁维燕……………………………………… 648
谢鉴衡……………………………………… 649
葛修润……………………………………… 649
谭靖夷……………………………………… 649
水电行业机构………………………… 650
水电建设单位情况一览表……………… 650
水电设计单位情况一览表……………… 651
水电施工单位情况一览表……………… 653
武警水电部队情况一览表……………… 656
水电科研单位情况一览表……………… 656
水电设备制造企业情况一览表………… 658

22. 大 事 记

中国水力发电大事记（1995～1997） …… 661
1995 年 ………………………………… 661
1996 年 ………………………………… 669
1997 年 ………………………………… 677

附录 国外水电发展水平

世界水能资源开发概况…………………… 693
世界 1995 年～1997 年完工和在建的大型常规水电站…………………………… 694
国外几条河流的开发概况……………… 696
马来西亚巴昆水电工程（1996 年 12 月开工） …………………… 697
国外水电站更新改造…………………… 697
国外部分在建抽水蓄能电站…………… 698
国外岩土锚固技术水平及发展方向…… 699
国外灌浆新技术………………………… 700

内 容 索 引

彩色照片插页

江泽民主席、李鹏总理1997年11月8日在三峡工程大江截流龙口处亲切慰问建设者
江泽民主席1996年6月3日视察小浪底水利枢纽工程
乔石委员长1996年6月视察三峡工程
朱镕基副总理1996年10月28日视察二滩水电站
全国政协主席李瑞环视察三峡工程
三峡工程大江截流1997年11月8日龙口进占
三峡工程大江截流1997年11月8日龙口合龙
三峡工程临时船闸混凝土浇筑
黄河小浪底工程截流后鸟瞰图
黄河小浪底水利枢纽工程泄洪、排沙、发电进水口洞群施工全景
二滩水电站双曲拱坝施工
二滩水电站6号机转子吊装
黄河上游李家峡水电站下闸蓄水
黄河上游李家峡水电站双排机组布置
湖南五强溪水电站大坝全景
天生桥一级水电站混凝土面板堆石坝（坝高178m）施工场景
四川宝珠寺水电站枢纽全景
北京十三陵抽水蓄能电站上池
北京十三陵抽水蓄能电站压力管道钢岔管水压试验模型
浙江天荒坪抽水蓄能电站沥青混凝土防渗护面的上水库
西藏羊卓雍湖抽水蓄能电站
澜沧江大朝山水电站1997年11月10日截流龙口
黄河万家寨水利枢纽大坝施工
乌江东风水电站泄洪
黑龙江莲花水电站混凝土面板堆石坝
黄河上游大峡水电站
贵州普定碾压混凝土拱坝（坝高75m）施工场景
湖南凌津滩水电站右岸一期工程施工场景
新疆大山口水电站厂房
四川东西关水电站首台机组并网发电
广东北江白石窑水电站二期截流
福建尤溪水东水电站
吉林小山水电站混凝土面板堆石坝面板浇筑
浙江黄坛口水电站扩建工程
广西百龙滩水电站灯泡贯流式机组（单机容量32MW）发电机转子安装
广西百龙滩水电站
1996年国际水电会议在北京召开
1997年12月26日，国家电力公司水电前期工作周转金管理中心在北京隆重举行揭牌仪式，电力工业部汪恕诚副部长和财政部虞列贵副司长共同为周转金管理中心揭牌
中国水力发电工程学会第四次全国会员代表大会主席台
中国水力发电工程学会第四次全国会员代表大会会场

广　告

中国长江三峡工程开发总公司
二滩水电开发有限责任公司
二滩水电站工程
水利部小浪底水利枢纽建设管理局
小浪底工程咨询有限公司
黄河上游水电工程建设局
建设中的天生桥一级水电站
湖北清江水电开发有限责任公司
松江河发电厂建设管理处负责建管的松江河梯级水电站
中国水利水电建设工程咨询公司
电力部成都勘测设计研究院
电力工业部贵阳勘测设计研究院
电力工业部　水利部　北京勘测设计研究院
水利部　电力工业部　上海勘测设计研究院
哈尔滨电机有限责任公司
东方电机股份有限公司
克瓦纳（杭州）发电设备有限公司
挪威顾问集团
中国水利水电工程总公司
葛洲坝股份有限公司
中国人民武装警察部队水电指挥部（2）
中国人民武装警察部队武警水电第一总队
中国人民武装警察部队武警水电第三总队
中国水利水电第四工程局
中国水利水电第六工程局
中国水利水电第七工程局
中国水利水电第十四工程局
广西岩滩水电站工程建设公司
广西岩滩水力发电厂

广西桂冠电力股份有限公司
广西天化水力发电总厂
广西电力工业勘察设计研究院
《水力发电》编辑部
瑞典斯达芬电力刀闸阀公司
《中国水力发电年鉴》编辑部
四川省高新自动化设备厂
中国水利水电基础工程局
中国电力出版社

重要文献

重要文件

电力工业部关于水电站水库淹没实物指标有关问题的通知

（1995年3月11日　电计［1995］135号）

关于大中型水电站水库淹没实物指标调查和移民安置规划的审查核定，按规定应在项目可行性研究阶段与主体工程设计一并完成。在上报立项可行性研究报告之前，水库淹没实物指标和移民安置规划必须经有关部门审查批准。

凡有中央投资的水电项目，水库淹没实物指标经审查核定后，一般不得再行复查调整。如确因误差过大，必须复查调查的，须经项目董事会同意并报主管部门批准后才能开展工作。各项目建设单位，设计单位和各省、市、自治区移民主管部门不得自行复查调整。凡自行复查调整的，不得以调整后的数量列入移民补偿概算，所需经费由调整单位自行解决。

电力工业部关于全面推行峰谷分时电价的实施意见

（电安生［1995］288号附件1）

1980年，我国在河南郑州、平顶山试点峰谷分时电价，试点取得调整用电负荷的初步效果。1985年，国务院以国发［1985］72号文批转的《关于鼓励集资办电和实行多种电价的暂行规定》，要求全国推行峰谷分时电价，各省（自治区、直辖市）都程度不同地试行了峰谷分时电价。但是，由于种种原因，这项制度没有得到普遍推广，实行范围很小，在调峰方面的效果没有充分发挥出来。改革开放，促使我国经济快速发展，产业结构的调整引起用电构成发生了很大变化，高峰电力需求急剧增加，峰谷差明显拉大，电网负荷率逐年下降，高峰供需矛盾更为突出，全面推行峰谷分时电价，用经济手段激励用户削峰填谷，来缓解高峰缺电，已势在必行。

为促使峰谷分时电价在全国切实、有效、全面推行，现提出以下意见：

一、进一步提高认识

峰谷分时电价是一种深化电价结构改革，用经济办法调节需求的有效措施。实行这种制度的目的在于激励用户削峰填谷，转移高峰需求，多用低谷电力，缓解高峰供需矛盾。用户增加低谷用电，可减少电费支出，电网转移高峰负荷后，可减少或推迟电源开发的投入或进度。这项制度推行得好，对用户、电力部门和社会都有益无弊。各级政府经济综合部门和电力部门要提高全面推行分时电价的自觉性，要把它作为深化电力经营改革，实行商业化运行，实现电力资源优化配置，缓解供需矛盾，支持地方经济发展的重大举措的高度来认识，切实、有效、全面地推行好峰谷分时电价制度。

二、总体目标

准备利用3～4年时间，在全国各大电网内，按省（自治区、直辖市）有计划、分步骤、全面推行峰谷分时电价制度，使电网的峰谷差拉大的势头得到抑制，使电网的负荷率有所提高，低谷电力得到有效地开发利用。全面推行实施后，各网高峰电力转移10%～15%，全国高峰电力累计转移1000万～1200万kW。

三、推行范围

全面推行实施峰谷分时电价制度，不仅对用户要实行峰谷分时电价，而且在电力系统内也要建立发供电量和网间交换电量按峰谷分时考核的体系。对独立核算的发电厂的上网电量也应逐步实行峰谷分时电价。不仅对工业、商业用户要实行峰谷分时电价，而且非工业、农业也要逐步实行峰谷分时电价。有条件的地区，即已实行一户一表的居民用电，应有计划地开发低谷用电，实行峰谷分时电价，以提高电能利用率，提高居民的生活质量。目前，对储热式电热水器等可开放低谷用电。

四、时间要求

1. 已实行分时电价制度的电网，要求在今明两年时间内，扩大分时电价实施范围，建立健全内部分时（峰谷）发供电的考核制度，全面推行实施分时电价制度；

2. 未重新修订批复峰谷分时电价的电网，应积极创造条件，要求今年做好实施分时电价的准备工作，再利用3年时间，在全网范围内有计划、分步骤全面推行实施分时电价制度。

五、实施步骤

1. 在准备阶段，各省应根据多种电价政策实行情况，积极创造条件，推行统一销售电价办法，以减轻峰谷分时电价测算和操作难度，增大分时电价的激励作用；

2. 推行峰谷分时电价应从用电大户或调峰潜力大的用户开始，逐步扩大到中小用户；从工业、商业用户扩大到非工业、农业用电；从需求侧逐步扩大到趸售、上网和互供电量。要求推行分时电价的第一年，实行分时电价的电量不小于总售电量的30%；

3. 各级电力部门的需求侧实行峰谷分时电价的同时，应建立健全发供电量的分时（峰谷）考核机制，以激励发供电企业调峰和改善服务的积极性，确保调峰效益的充分发挥。

六、资金来源

各级电力部门必须拿出一定数量的资金购买计量器具和其他设备，支持峰谷分时电价制度的全面推行实施，同时要争取地方政府支持和利用现有政策，解决好推行峰谷分时电价制度所需的资金问题。

七、分时电能表的选用

分时电能表是实施峰谷分时电价的必要物质基础。分时电能表质量的优劣直接关系到分时电价实施的成效。各省要十分重视分时电能表的选型和质量。选表时，提倡招标选型，公平竞争，不搞行业保护。表源立足国内，但关口表和大用户表可适当引进。选用的表计必须是获得《进网许可证》的产品。

八、宣传工作

各级物价、电力部门要紧紧依靠当地政府的支持，切实做好推行分时电价的必要性、目的、意义和实施方法步骤的宣传工作，提高对推行分时电价的认识。特别要宣传分时电价在电价设计时，按电价总体水平不变的原则，对现有的电价形式和结构进行的调整措施，目的在于调峰，促进资源合理配置，实现用户的公平合理负担，以取得社会各界和广大用户的理解和支持，确保峰谷分时电价顺利推行实施。

九、价差与时段

峰谷价差与时段的划分受多种因素的制约，它们不仅与电网电源结构、用电构成、电网负荷曲线有关，而且还与地区电价基价水平、用户调峰潜力、计划用电管理模式、社会接受程度等因素有关。因此，价差与时段的划分应按国家有关规定，并结合当地的实际情况，因地、因网、因类制宜，不搞一刀切。

十、管理工作

推行峰谷分时电价制度是我国电价管理制度改革的重要内容之一。各地要按照不提高电价总水平，不增加居民电费支出的原则，由物价和电力部门会同有关部门研究制定方案，并按价格管理权限报批。

在实施过程中，要科学划分时段，合理确定峰谷价差，明确实施范围，加强价格管理和监督。物价、各级电力部门一定要重视分析研究，加强管理，执行中出现的问题要随时注意调整，以保证这项制度切实有效的实施。

电力工业部贯彻中共中央、国务院《关于加速科学技术进步的决定》的意见

（1995年7月3日　电办［1995］394号）

实施“科教兴国”是落实科学技术是第一生产力思想的战略决策，是保证国民经济持续、快速、健康发展的根本措施，是实现社会主义现代化宏伟目标的必然抉择，是中华民族振兴的必由之路。为贯彻中共中央、国务院《关于加速科学技术进步的决定》，使电力工业切实转移到依靠科技进步和提高劳动者素质的轨道上来，特提出如下意见：

（一）电力系统各级领导要组织全体职工认真学习《关于加速科学技术进步的决定》、江泽民总书记和李鹏总理在全国科学技术大会上的重要讲话。

（二）加强领导，组建科技工作领导小组，落实第一把手亲自抓第一生产力。部组建由史大桢部长为组长、赵希正、陆延昌副部长、中电联张绍贤理事长、周小谦部总工为副组长的部科技工作领导小组。部党组每年至少两次专门研究科技工作。各网省局、部归口管理单位和直属事业单位都要组建科技工作领导小组。

（三）各网省局的设计、建设、生产、经营的规划、计划必须包括依靠科技进步的内容，并要切实反映到提高工程质量，缩短建设周期，降低造价，提高安全运行水平，降低能耗、改善环境、降低成本、提高劳动生产率上，要制定切实可行的保证措施，有目标，有检查。

（四）充分发挥科技计划、成果信息库的作用，加强信息交流；加速培育技术市场；部要加强宏观指导，统筹协调，组织联合攻关，减少低水平、分散的开发；努力提高科技资金的使用效率。

（五）各电力企业必须把依靠科技进步作为建立现代化企业制度的重要内容，加快成为科技开发、科技成果推广应用及科技投入主体的步伐，全行业的科技投入力争不少于年销售收入的1%。

（六）部每年发布一次重大科技成果推广项目。

（七）重点建设工程、重大引进工程和重大技改工程的技术可行性必须经专家论证，并且要从其经费中提出一定数量的资金用于解决相应的科技问题及技术消化、吸收、创新的工作。

（八）全行业都必须重视加快青年科技人员及跨世纪科技、学科带头人的培养，努力提高青年科技促进费的投入力度，积极创造条件，充分发挥学成回国科技人员作用，鼓励留居海外科技人员回国工作。

（九）加强科普工作，制定科普规划，充分发挥学会、协会、新闻、报刊的作用，提高全行业职工的素质。

（十）深化电力科技体制改革，进一步贯彻“稳住一头、放开一片”的方针，科研院所要按社会主义市场经济规律，坚定不移地走自立发展的道路。

（十一）当前要抓紧落实跨大区电网互联、电力扶贫共富、节能节电、洁净煤发电四项跨世纪电力科研导向工程。

中华人民共和国电力法

（1995年12月28日第八届全国人民代表大会常务委员会第十七次会议通过）

第一章 总 则

第一条 为了保障和促进电力事业的发展，维护电力投资者、经营者和使用者的合法权益，保障电力安全运行，制定本法。

第二条 本法适用于中华人民共和国境内的电力建设、生产、供应和使用活动。

第三条 电力事业应当适应国民经济和社会发展的需要，适当超前发展。国家鼓励、引导国内外的经济组织和个人依法投资开发电源，兴办电力生产企业。

电力事业投资，实行谁投资、谁收益的原则。

第四条 电力设施受国家保护。

禁止任何单位和个人危害电力设施安全或者非法侵占、使用电能。

第五条 电力建设、生产、供应和使用应当依法保护环境，采用新技术，减少有害物质排放，防治污染和其他公害。

国家鼓励和支持利用可再生能源和清洁能源发电。

第六条 国务院电力管理部门负责全国电力事业的监督管理。国务院有关部门在各自的职责范围内负责电力事业的监督管理。

县级以上地方人民政府经济综合主管部门是本行政区域内的电力管理部门，负责电力事业的监督管理。县级以上地方人民政府有关部门在各自的职责范围内负责电力事业的监督管理。

第七条 电力建设企业、电力生产企业、电网经营企业依法实行自主经营、自负盈亏，并接受电力管理部门的监督。

第八条 国家帮助和扶持少数民族地区、边远地区和贫困地区发展电力事业。

第九条 国家鼓励在电力建设、生产、供应和使用过程中，采用先进的科学技术和管理方法，对在研究、开发、采用先进的科学技术和管理方法等方面作出显著成绩的单位和个人给予奖励。

第二章 电力建设

第十条 电力发展规划应当根据国民经济和社会发展的需要制定，并纳入国民经济和社会发展计划。

电力发展规划，应当体现合理利用能源、电源与电网配套发展、提高经济效益和有利于环境保护的原则。

第十一条 城市电网的建设与改造规划，应当纳入城市总体规划。城市人民政府应当按照规划，安排变电设施用地、输电线路走廊和电缆通道。

任何单位和个人不得非法占用变电设施用地、输电线路走廊和电缆通道。

第十二条 国家通过制定有关政策，支持、促进电力建设。

地方人民政府应当根据电力发展规划，因地制宜，采取多种措施开发电源，发展电力建设。

第十三条 电力投资者对其投资形成的电力，享有法定权益。并网运行的，电力投资者有优先使用权；未并网的自备电厂，电力投资者自行支配使用。

第十四条 电力建设项目应当符合电力发展规划，符合国家电力产业政策。

电力建设项目不得使用国家明令淘汰的电力设备和技术。

第十五条 输变电工程、调度通信自动化工程等电网配套工程和环境保护工程，应当与发电工程项目同时设计、同时建设、同时验收、同时投入使用。

第十六条 电力建设项目使用土地，应当依照有关法律、行政法规的规定办理；依法征用土地的，应当依法支付土地补偿费和安置补偿费，做好迁移居民的安置工作。

电力建设应当贯彻切实保护耕地、节约利用土地的原则。

地方人民政府对电力事业依法使用土地和迁移居

民，应当予以支持和协助。

第十七条 地方人民政府应当支持电力企业为发电工程建设勘探水源和依法取水、用水。电力企业应当节约用水。

第三章 电力生产与电网管理

第十八条 电力生产与电网运行应当遵循安全、优质、经济的原则。

电网运行应当连续、稳定，保证供电可靠性。

第十九条 电力企业应当加强安全生产管理，坚持安全第一、预防为主的方针，建立、健全安全生产责任制度。

电力企业应当对电力设施定期进行检修和维护，保证其正常运行。

第二十条 发电燃料供应企业、运输企业和电力生产企业应当依照国务院有关规定或者合同约定供应、运输和接卸燃料。

第二十一条 电网运行实行统一调度、分级管理。任何单位和个人不得非法干预电网调度。

第二十二条 国家提倡电力生产企业与电网、电网与电网并网运行。具有独立法人资格的电力生产企业要求将生产的电力并网运行的，电网经营企业应当接受。

并网运行必须符合国家标准或者电力行业标准。

并网双方应当按照统一调度、分级管理和平等互利、协商一致的原则，签订并网协议；确定双方的权利和义务；并网双方达不成协议的，由省级以上电力管理部门协调决定。

第二十三条 电网调度管理办法，由国务院依照本法的规定制定。

第四章 电力供应与使用

第二十四条 国家对电力供应和使用，实行安全用电、节约用电、计划用电的管理原则。

电力供应与使用办法由国务院依照本法的规定制定。

第二十五条 供电企业在批准的供电营业区内向用户供电。

供电营业区的划分，应当考虑电网的结构和供电合理性等因素。一个供电营业区内只设立一个供电营业机构。

省、自治区、直辖市范围内的供电营业区的设立、变更，由供电企业提出申请，经省、自治区、直辖市人民政府电力管理部门会同同级有关部门审查批准后，由省、自治区、直辖市人民政府电力管理部门发给《供电营业许可证》。跨省、自治区、直辖市的供电营业区的设立、变更，由国务院电力管理部门审查批准并发给《供电营业许可证》。供电营业机构持《供电营业许可证》向工商行政管理部门申请领取营业执照，方可营业。

第二十六条 供电营业区内的供电营业机构，对本营业区内的用户有按照国家规定供电的义务；不得违反国家规定对其营业区内申请用电的单位和个人拒绝供电。

申请新装用电、临时用电、增加用电容量、变更用电和终止用电，应当依照规定的程序办理手续。

供电企业应当在其营业场所公告用电的程序、制度和收费标准，并提供用户须知资料。

第二十七条 电力供应与使用双方应当根据平等自愿、协商一致的原则，按照国务院制定的电力供应与使用办法签订供用电合同，确定双方的权利和义务。

第二十八条 供电企业应当保证供给用户的供电质量符合国家标准。对公用供电设施引起的供电质量问题，应当及时处理。

用户对供电质量有特殊要求的，供电企业应当根据其必要性和电网的可能，提供相应的电力。

第二十九条 供电企业在发电、供电系统正常的情况下，应当连续向用户供电，不得中断。因供电设施检修、依法限电或者用户违法用电等原因，需要中断供电时，供电企业应当按照国家有关规定事先通知用户。

用户对供电企业中断供电有异议的，可以向电力管理部门投诉；受理投诉的电力管理部门应当依法处理。

第三十条 因抢险救灾需要紧急供电时，供电企业必须尽速安排供电，所需供电工程费用和应付电费依照国家有关规定执行。

第三十一条 用户应当安装用电计量装置。用户使用的电力电量，以计量检定机构依法认可的用电计量装置的记录为准。

用户受电装置的设计、施工安装和运行管理，应当符合国家标准或者电力行业标准。

第三十二条 用户用电不得危害供电、用电安全和扰乱供电、用电秩序。

对危害供电、用电安全和扰乱供电、用电秩序的，供电企业有权制止。

第三十三条 供电企业应当按照国家核准的电价和用电计量装置的记录，向用户计收电费。

供电企业查电人员和抄表收费人员进入用户，进行用电安全检查或者抄表收费时，应当出示有关证件。

用户应当按照国家核准的电价和用电计量装置的记录，按时交纳电费；对供电企业查电人员和抄表收费人员依法履行职责，应当提供方便。

第三十四条 供电企业和用户应当遵守国家有关规定，采取有效措施，做好安全用电、节约用电和计划用电工作。

第五章 电价与电费

第三十五条 本法所称电价，是指电力生产企业的上网电价、电网间的互供电价、电网销售电价。

电价实行统一政策，统一定价原则，分级管理。

第三十六条 制定电价，应当合理补偿成本，合理确定收益，依法计入税金，坚持公平负担，促进电力建设。

第三十七条 上网电价实行同网同质同价。具体办法和实施步骤由国务院规定。

电力生产企业有特殊情况需另行制定上网电价的，具体办法由国务院规定。

第三十八条 跨省、自治区、直辖市电网和省级电网内的上网电价，由电力生产企业和电网经营企业协商提出方案，报国务院物价行政主管部门核准。

独立电网内的上网电价，由电力生产企业和电网经营企业协商提出方案，报有管理权的物价行政主管部门核准。

地方投资的电力生产企业所生产的电力，属于在省内各地区形成独立电网的或者自发自用的，其电价可以由省、自治区、直辖市人民政府管理。

第三十九条 跨省、自治区、直辖市电网和独立电网之间、省级电网和独立电网之间的互供电价，由双方协商提出方案，报国务院物价行政主管部门或者其授权的部门核准。

独立电网与独立电网之间的互供电价，由双方协商提出方案，报有管理权的物价行政主管部门核准。

第四十条 跨省、自治区、直辖市电网和省级电网的销售电价，由电网经营企业提出方案，报国务院物价行政主管部门或者其授权的部门核准。

独立电网的销售电价，由电网经营企业提出方案，报有管理权的物价行政主管部门核准。

第四十一条 国家实行分类电价和分时电价。分类标准和分时办法由国务院确定。

对同一电网内的同一电压等级、同一用电类别的用户，执行相同的电价标准。

第四十二条 用户用电增容收费标准，由国务院物价行政主管部门会同国务院电力管理部门制定。

第四十三条 任何单位不得超越电价管理权限制定电价。供电企业不得擅自变更电价。

第四十四条 禁止任何单位和个人在电费中加收其他费用；但是，法律、行政法规另有规定的，按照规定执行。

地方集资办电在电费中加收费用的，由省、自治区、直辖市人民政府依照国务院有关规定制定办法。

禁止供电企业在收取电费时，代收其他费用。

第四十五条 电价的管理办法，由国务院依照本法的规定制定。

第六章 农村电力建设和农业用电

第四十六条 省、自治区、直辖市人民政府应当制定农村电气化发展规划，并将其纳入当地电力发展规划及国民经济和社会发展计划。

第四十七条 国家对农村电气化实行优惠政策，对少数民族地区、边远地区和贫困地区的农村电力建设给予重点扶持。

第四十八条 国家提倡农村开发水能资源，建设中、小型水电站，促进农村电气化。

国家鼓励和支持农村利用太阳能、风能、地热能、生物质能和其他能源进行农村电源建设，增加农村电力供应。

第四十九条 县级以上地方人民政府及其经济综合主管部门在安排用电指标时，应当保证农业和农村用电的适当比例，优先保证农村排涝、抗旱和农业季节性生产用电。

电力企业应当执行前款的用电安排，不得减少农业和农村用电指标。

第五十条 农业用电价格按照保本、微利的原则确定。

农民生活用电与当地城镇居民生活用电应当逐步实行相同的电价。

第五十一条 农业和农村用电管理办法，由国务院依照本法的规定制定。

第七章 电力设施保护

第五十二条 任何单位和个人不得危害发电设施、变电设施和电力线路设施及其有关辅助设施。

在电力设施周围进行爆破及其他可能危及电力设施安全的作业的，应当按照国务院有关电力设施保护的规定，经批准并采取确保电力设施安全的措施后，方可进行作业。

第五十三条 电力管理部门应当按照国务院有关电力设施保护的规定，对电力设施保护区设立标志。

任何单位和个人不得在依法划定的电力设施保护区内修建可能危及电力设施安全的建筑物、构筑物，不得种植可能危及电力设施安全的植物，不得堆放可能危及电力设施安全的物品。

在依法划定电力设施保护区前已经种植的植物妨碍电力设施安全的，应当修剪或者砍伐。

第五十四条 任何单位和个人需要在依法划定的电力设施保护区内进行可能危及电力设施安全的作业时，应当经电力管理部门批准并采取安全措施后，方可进行作业。

第五十五条 电力设施与公用工程、绿化工程和其他工程在新建、改建或者扩建中相互妨碍时，有关单位应当按照国家有关规定协商，达成协议后方可施工。

第八章 监督检查

第五十六条 电力管理部门依法对电力企业和用户执行电力法律、行政法规的情况进行监督检查。

第五十七条 电力管理部门根据工作需要，可以配备电力监督检查人员。

电力监督检查人员应当公正廉洁，秉公执法，熟悉电力法律、法规，掌握有关电力专业技术。

第五十八条 电力监督检查人员进行监督检查时，有权向电力企业或者用户了解有关执行电力法律、行政法规的情况，查阅有关资料，并有权进入现场进行检查。

电力企业和用户对执行监督检查任务的电力监督检查人员应当提供方便。

电力监督检查人员进行监督检查时，应当出示证件。

第九章 法律责任

第五十九条 电力企业或者用户违反供用电合同，给对方造成损失的，应当依法承担赔偿责任。

电力企业违反本法第二十八条、第二十九条第一款的规定，未保证供电质量或者未事先通知用户中断供电，给用户造成损失的，应当依法承担赔偿责任。

第六十条 因电力运行事故给用户或者第三人造成损害的，电力企业应当依法承担赔偿责任。

电力运行事故由下列原因之一造成的，电力企业不承担赔偿责任：

（一）不可抗力；

（二）用户自身的过错。

因用户或者第三人的过错给电力企业或者其他用户造成损害的，该用户或者第三人应当依法承担赔偿责任。

第六十一条 违反本法第十一条第二款的规定，非法占用变电设施用地、输电线路走廊或者电缆通道的，由县级以上地方人民政府责令限期改正；逾期不改正的，强制清除障碍。

第六十二条 违反本法第十四条规定，电力建设项目不符合电力发展规划、产业政策的，由电力管理部门责令停止建设。

违反本法第十四条规定，电力建设项目使用国家明令淘汰的电力设备和技术的，由电力管理部门责令停止使用，没收国家明令淘汰的电力设备，并处五万元以下的罚款。

第六十三条 违反本法第二十五条规定，未经许可，从事供电或者变更供电营业区的，由电力管理部门责令改正，没收违法所得，可以并处违法所得五倍以下的罚款。

第六十四条 违反本法第二十六条、第二十九条规定，拒绝供电或者中断供电的，由电力管理部门责令改正，给予警告；情节严重的，对有关主管人员和直接责任人员给予行政处分。

第六十五条 违反本法第三十二条规定，危害供电、用电安全或者扰乱供电、用电秩序的，由电力管理部门责令改正，给予警告；情节严重或者拒绝改正的，可以中止供电，可以并处五万元以下的罚款。

第六十六条 违反本法第三十三条、第四十三条、第四十四条规定，未按照国家核准的电价和用电计量装置的记录向用户计收电费、超越权限制定电价或者在电费中加收其他费用的，由物价行政主管部门给予警告，责令返还违法收取的费用，可以并处违法收取费用五倍以下的罚款；情节严重的，对有关主管人员和直接责任人员给予行政处分。

第六十七条 违反本法第四十九条第二款规定，减少农业和农村用电指标的，由电力管理部门责令改正；情节严重的，对有关主管人员和直接责任人员给予行政处分；造成损失的，责令赔偿损失。

第六十八条 违反本法第五十二条第二款和第五十四条规定，未经批准或者未采取安全措施在电力设施周围或者在依法划定的电力设施保护区内进行作业，危及电力设施安全的，由电力管理部门责令停止作业、恢复原状并赔偿损失。

第六十九条 违反本法第五十三条规定，在依法划定的电力设施保护区内修建建筑物、构筑物或者种植植物、堆放物品，危及电力设施安全的，由当地人民政府责令强制拆除、砍伐或者清除。

第七十条 有下列行为之一，应当给予治安管理处罚的，由公安机关依照治安管理处罚条例的有关规定予以处罚；构成犯罪的，依法追究刑事责任：

（一）阻碍电力建设或者电力设施抢修，致使电力建设或者电力设施抢修不能正常进行的；

（二）扰乱电力生产企业、变电所、电力调度机构和供电企业的秩序，致使生产、工作和营业不能正常进行的；

（三）殴打、公然侮辱履行职务的查电人员或者抄表收费人员的；

（四）拒绝、阻碍电力监督检查人员依法执行职务的。

第七十一条 盗窃电能的，由电力管理部门责令停止违法行为，追缴电费并处应交电费五倍以下的罚款；构成犯罪的，依照刑法第一百五十一条或者第一百五十二条的规定追究刑事责任。

第七十二条 盗窃电力设施或者以其他方法破坏

电力设施，危害公共安全的，依照刑法第一百零九条或者第一百一十条的规定追究刑事责任。

第七十三条 电力管理部门的工作人员滥用职权、玩忽职守、徇私舞弊，构成犯罪的，依法追究刑事责任；尚不构成犯罪的，依法给予行政处分。

第七十四条 电力企业职工违反规章制度、违章调度或者不服从调度指令，造成重大事故的，比照刑法第一百一十四条的规定追究刑事责任。

电力企业职工故意延误电力设施抢修或者抢险救灾供电，造成严重后果的，比照刑法第一百一十四条的规定追究刑事责任。

电力企业的管理人员和查电人员、抄表收费人员勒索用户、以电谋私，构成犯罪的，依法追究刑事责任；尚不构成犯罪的，依法给予行政处分。

第十章 附 则

第七十五条 本法自1996年4月1日起施行。

附：刑法有关条款

第一百零九条 破坏电力、煤气或者其他易燃易爆设备，危害公共安全，尚未造成严重后果的，处三年以上十年以下有期徒刑。

第一百一十条 破坏交通工具、交通设备、电力煤气设备、易燃易爆设备造成严重后果的，处十年以上有期徒刑、无期徒刑或者死刑。

过失犯前款罪的，处七年以下有期徒刑或者拘役。

第一百一十四条 工厂、矿山、林场、建筑企业或者其他企业、事业单位的职工，由于不服管理、违反规章制度，或者强令工人违章冒险作业，因而发生重大伤亡事故，造成严重后果的，处三年以下有期徒刑或者拘役；情节特别恶劣的，处三年以上七年以下有期徒刑。

第一百五十一条 盗窃、诈骗、抢夺公私财物数额较大的，处五年以下有期徒刑、拘役或者管制。

第一百五十二条 惯窃、惯骗或者盗窃、诈骗、抢夺公私财物数额巨大的，处五年以上十年以下有期徒刑；情节特别严重的，处十年以上有期徒刑或者无期徒刑，可以并处没收财产。

建设部《工程造价咨询单位资质管理办法（试行）》

（1996年3月6日 建标［1996］133号）

第一章 总 则

第一条 为适应社会主义市场经济体制的建立，规范工程造价中介组织行为并充分发挥其作用，保障其依法进行经营活动，维护建设市场的经济秩序，特制定本办法。

第二条 本办法所称工程造价咨询系指面向社会接受委托，承担建设项目的可行性研究投资估算、项目经济评价、工程概算、预算、工程结算、竣工决算、工程招标标底、投标报价的编制和审核、对工程造价进行监控以及提供有关工程造价信息资料等业务工作。

第三条 本办法所称工程造价咨询单位系指取得《工程造价咨询单位资质证书》，具有独立法人资格的企业、事业单位。

第四条 本办法所称工程造价咨询单位的资质系指从事工程造价咨询工作应具备的技术力量、专业技能、人员素质、技术装备、服务业绩，社会信誉、组织机构和注册资金等。

第五条 建设部归口管理全国工程造价咨询单位的资质管理工作。省、自治区、直辖市建设行政主管部门负责本行政区的工程造价咨询单位资质管理工作。国务院有关部门负责本部门所属的工程造价咨询单位的资质管理工作。

第二章 资质等级和业务范围

第六条 工程造价咨询单位的等级分为甲、乙、丙级。各等级的资质标准如下：

一、甲级

1. 具有高级专业技术职称、从事工程造价管理工作10年以上并取得资格证书的专业人员作为单位专职负责人或技术负责人；

2. 具有中级以上专业技术职称、从事工程造价管理工作5年以上并取得资格证书的专业人员不得少于20人，其中高级职称人员不得少于30%，单位专职人员不得少于注册营业人员的40%；

3. 注册资金不少于30万元；

4. 具有正式的办公场所，健全的组织机构，完整可靠的技术资料和微机管理手段，以及严格的管理制度和章程；

5. 近三年已完成5个大型建设项目工程造价的咨询工作，有较高的社会信誉。

二、乙级

1. 具有高级专业技术职称并从事工程造价管理工作7年以上的专业人员作为单位专职负责人或技术负责人；

2. 具有中级以上专业技术职称并从事工程造价管理工作3年以上的专业人员不少于10人，单位专职人员不得少于注册营业人员的40%；

3. 注册资金不少于15万元；

4. 具有正式的办公场所，健全的组织机构，可靠的技术资料和微机管理手段，以及严格的管理制度和章程；

5. 近三年已完成3个中型建设项目工程造价的咨询工作，有良好的社会信誉。

三、丙级

丙级的资质标准由省、自治区、直辖市建设主管部门和国务院有关部门参照本办法规定的甲、乙级标准自行制定。

第七条 工程造价咨询单位的业务范围如下：

一、甲级单位可跨地区、跨部门承担各类建设项目的工程造价咨询业务。

二、乙级单位可在本部门、本地区内承担各类中型以下建设项目的工程造价咨询业务。

三、丙级的范围由省、自治区、直辖市建设主管部门和国务院有关部门制定。

第三章 资质审批

第八条 工程造价咨询单位的资质实行分级审批和管理。建设部负责甲级单位的资质审批和发证工作。甲级单位的审批应先由省、自治区、直辖市建设主管部门和国务院有关部门进行资质审查后，再报建设部审批。

省、自治区、直辖市建设主管部门和国务院有关部门负责本地区、本部门内乙、丙级单位的资质审批和发证工作，并报建设部备案。

第九条 申请资质证书时应提供《工程造价咨询单位资质等级申请书》。申请书包括以下内容及附件：

一、单位名称和地址；

二、法人代表和负责人情况登记表及专业技术职称证书复印件；

三、专业人员情况登记表及专业技术职称证书复印件；

四、单位主管部门名称及批件；

五、单位组建时间、服务业绩及委托方证明材料；

六、单位章程及业务范围；

七、注册资金数额。

第十条 已从事工程造价咨询的单位必须按本办法第八条规定的资质审批要求申请资质审查。经审核批准后，符合第六条规定的，发给相应的《工程造价咨询单位资质证书》。

第十一条 新开办的工程造价咨询单位，凡符合本办法第六条一、二款中1、2、3、4条标准而工程造价咨询经历和业绩达不到相应标准的，各级资质管理部门可按降低一级的资质等级审批。

新开办的工程造价咨询单位，应当在资质审定后，按照《中华人民共和国企业法登记管理条例》的有关规定，办理开业登记，经核准登记后，方可从事工程造价咨询业务。

第十二条 《工程造价咨询单位资质等级申请书》和《工程造价咨询单位资质证书》的式样由建设部统一制定，其副本具有同等效力。

第四章 中外合营、中外合作工程造价咨询单位的资质管理

第十三条 设立中外合营、中外合作工程造价咨询单位，中方合营者或者中方合作者在正式向有关审批机构报批之前，应当按隶属关系先向本办法第八条规定的资质管理部门申请资质审查。

第十四条 申请中外合营、中外合作工程造价咨询单位的资质证书，除必须提供本办法第九条规定的资料外，还应当报送外方合营者或者外方合作者的以下资料：

一、原所在国有关当局颁发的营业执照及有关批准文件；

二、近三年的资产负债表、外方专业人员的学历、资历证明材料及按规定已取得在中国就业许可证；

三、承担工程造价咨询业务的资历与业绩。

经资质管理部门审核批准后，符合本办法第六条有关规定的，发给相应的《中外合营、中外合作工程造价咨询单位资质证书》。

第十五条 中外合营、中外合作工程造价咨询单位，应当按规定在中国的有关银行开立帐户，并接受财务监督。

第十六条 中外合营、中外合作工程造价咨询单位资质管理的其他事项应符合本办法的有关规定。

第五章 资质证书的动态管理

第十七条 甲级单位的资质每三年核定一次；乙级单位的资质每二年核定一次。

第十八条 申请核定资质等级须在核定年的年终前三个月向资质审查管理部门提供下列材料：

一、资质等级申请书；

二、原资质证书和营业执照副本；

三、本办法第九条规定的材料；

四、工程造价咨询业绩及委托方证明材料。

第十九条 各级资质管理部门根据单位提供的资质等级申请书，对其人员素质、专业技能、资金数量和实际业绩审核后，发给相应的资质等级证书。对于不符合原资质等级的咨询单位，予以降级，并收回资质等级证书。

第二十条 已核定登记的工程造价咨询单位在定级后三年的期限内，其实际资质等级确已达到本办法第六条一、二款中1、2、3、4条标准的，能承担上一

资质等级规定的工程造价咨询业务的，须经资质管理部门根据资质条件，实际业绩和工程造价咨询市场的需要予以审批后升级。

第二十一条　工程造价咨询单位承担业务时，应当出示《工程造价咨询单位资质证书》。

第二十二条　遗失《工程造价咨询单位资质证书》必须在有关报纸、广播电视、杂志上声明作废后，方可向发证部门申请补发，并履行补发的有关手续。

第二十三条　工程造价咨询单位发生下列情况之一者，应按下列规定办理手续，再向工商行政管理机关申请办理变更登记：

一、分立或合并，应当向资质管理部门提交申请，交回原《工程造价咨询单位资质证书》，经重新审查分立或合并的资质等级后，取得相应的《工程造价咨询单位资质证书》；

二、停业半年以上、宣布破产或因其他原因终止业务应报原资质等级管理部门备案，并收回其《工程造价咨询单位资质证书》；

三、企业变更名称、地址、法人代表、主要技术负责人，应向原资质等级管理部门办理变更手续。

第二十四条　工程造价咨询单位应对咨询项目进行登记，建立严格的编制、审核制度和完整的资料档案。

第六章　工程造价咨询责任及收费

第二十五条　工程造价咨询单位必须恪守以下原则：

一、遵守国家法律、法规，客观公正；

二、不得参与与委托工程有关单位的经营活动或任职；

三、独立承担受委托的工程造价咨询业务，不得转让其他单位；

四、接受政府主管部门的监督、检查；

五、按照国家法律法规进行经营活动，照章纳税。

第二十六条　工程造价咨询单位的咨询收费标准应根据受委托工程的内容、深度要求等，在国家规定的收费范围内确定并在委托合同内约定。具体收费标准由建设部统一商有关部门另行制定。

第七章　附　　则

第二十七条　省、自治区、直辖市建设主管部门和国务院有关部门可根据本办法制定本地区、本部门的实施细则，并报建设部备案。

第二十八条　本办法由建设部负责解释。

第二十九条　本办法自发布之日起实施。

建设部《〈工程造价咨询单位资质管理办法（试行）〉实施细则》

（1996 年 5 月 30 日　建标［1996］316 号）

《工程造价咨询单位资质管理办法（试行）》（以下简称《资质管理办法》）已经我部发布并试行。为了贯彻落实此办法，切实做好工程造价咨询单位的资质评审和管理工作，提出以下实施细则：

1　工程造价咨询单位资质评审机构及职责

1.1　全国工程造价咨询单位资质评审机构及职责

1. 建设部归口管理全国工程造价咨询单位资质管理工作，并负责甲级单位的资质审批和发证工作。受建设部委托，有关甲级资质评审的具体工作由中国建设工程造价管理协会负责办理。为确保评审工作质量及其公正性，中国建设工程造价管理协会可根据需要组成有各方面专业人员参加的全国工程造价咨询单位资质评审机构（以下简称“全国评审机构”），并接受建设部领导。

2. 全国评审机构的职责是负责对申请甲级资质单位进行评审并提出复审意见。

3. 全国评审机构为非常设机构。日常工作由中国建设工程造价管理协会负责。

1.2　省、自治区、直辖市、国务院有关部门工程造价咨询单位资质评审机构及职责

1. 省、自治区、直辖市、国务院有关部门工程造价咨询单位资质评审机构（以下简称“地区、部门评审机构”）由省、自治区、直辖市建设行政主管部门和国务院有关部门根据本地区、本部门的实际自行确定。

2. 地区、部门评审机构负责本地区、本部门所属甲级单位的资质初审和乙级、丙级单位的资质审定。

2　工程造价咨询单位资质评审程序

2.1　申请

已从事工程造价咨询的单位和新组建的工程造价咨询单位（以下统称“申请单位”），均应按建设部统一印制的《工程造价咨询单位资质等级申请书》填写，并应符合下列要求：

1. 在申请书中应按照《资质管理办法》第六条、第九条规定的有关资质等级标准和业务范围划分，填写拟申请的资质等级。

2. 已从事工程造价咨询的单位须按《资质管理办法》第六条、第八条、第九条有关规定向资质评审机构申请资质等级审定，并出具原批准设立的文件与营业执照复印件、工程造价执业业绩等证件和材料。

3. 新组建的工程造价咨询单位须先申请资质后再办理工商登记手续。申请资质时应按《资质管理办法》第六、第九条规定提交有关文件。

4. 申请单位按《资质管理办法》第八条规定的资质审批管理分工规定，将申请表及应提交的文件材料，呈报地区或部门评审机构，并按规定标准交纳申请费。

2.2 初审

地区、部门评审机构收到申请单位呈报材料后，负责登记编号，检查呈报材料是否齐全并符合规定要求，提出初审意见，报省、自治区、直辖市建设主管部门或国务院有关部门审核；对申请甲级资质的，省、自治区、直辖市建设行政主管部门或国务院有关部门签署初审意见后报建设部，同时抄送中国建设工程造价管理协会。

各地区、各部门对甲级工程造价咨询单位的资质初审定于每年进行一次，并于当年年底之前报建设部，同时抄送中国建设工程造价管理协会。

2.3 复审

中国建设工程造价管理协会对经省、自治区、直辖市建设行政主管部门或国务院有关部门初审后提出的甲级资质申请单位，组织全国评审机构进行复审，复审合格的报建设部。

2.4 审定

建设部对经中国建设工程造价管理协会组织全国评审机构复审通过的甲级工程造价咨询单位进行最后审定。

2.5 发证

甲级证书由建设部颁发，并在《中国建设报》和工程造价管理刊物上发布；乙级、丙级证书由省、自治区、直辖市建设行政主管部门和国务院有关部门颁发，同时将批准文件报建设部备案。

2.6 否定通知

申请单位在初审或复审时如被否决，评审机构应在否决之日起一个月内将否定的原因通知申请单位。

3 资质管理

1. 凡具有独立法人资格，从事工程造价咨询的单位，必须按《资质管理办法》申办《工程造价咨询单位资质证书》，否则不得从事工程造价咨询业务。

2. 证书管理

(1)《工程造价咨询单位资质证书》由建设部统一印制。其他任何单位不得翻印。资质证书分为正本和副本，正本与副本具有同等效力。

(2) 证书采用统一编号，形式为“建〔 〕造资字第（ ）号”，其中〔 〕内填写省、自治区、直辖市或国务院有关部门简称，省、自治区、直辖市及国务院有关部门简称见附件；（ ）内填写流水号。

(3) 资质证书有效期

资质证书有效期按《资质管理办法》规定，甲级为三年，乙级、丙级为两年。到期未经核定或核定未通过的，证书即自行失效。

3. 资质核定

(1) 资质核定的日常工作由工程造价咨询单位资质评审机构承担。各级工程造价咨询单位应在资质证书有效期满三个月前向地区、部门评审机构报送《资质管理办法》第十八条规定的材料和核定申请表。

(2) 甲级咨询单位核定的申请材料，经地区、部门评审机构核查通过签注意见，并经省、自治区、直辖市建设主管部门和国务院有关部门同意后，于有效期满两个月前报建设部，同时抄送中国建设工程造价管理协会，由全国评审机构复审，复审通过单位的材料报建设部批准后，在资质证书上加盖资质核定专用章，注明有效期，于前一有效期期满前发还申请核定单位。

(3) 乙级、丙级咨询单位的核定办法由各地区、各部门确定。

4. 资质监督

建设部和省、自治区、直辖市建设行政主管部门及国务院有关部门应按《资质管理办法》第八条有关资质审批管理分工的规定，分别负责甲级和乙级、丙级工程造价咨询单位的资质监督、受理申诉和协调工作，并配合工商部门进行年检，其年检结果作为资质评审机构的评审依据之一。

4 中外合营、中外合作工程造价咨询单位的资质管理

外资、中外合资以及利用国外金融机构贷款建设的工程造价咨询业务，原则上由国内的工程造价咨询单位承担；如确需国外工程造价咨询单位参加的，也应以中方为主，采取中外合作的方式。国外工程造价咨询单位来我国从事工程造价咨询业务，应经工程所在地区（部门）的资质管理机关批准。

国内投资建设的工程，必须由中国工程造价咨询单位承担咨询业务。

5 附则

各省、自治区、直辖市、国务院有关部门可根据建设部建标［1996］133号文件规定，参照本实施细则，制定本地区、本部门实施细则，并报建设部备案。

《中华人民共和国国民经济和社会发展“九五”计划和2010年远景目标纲要》有关水电水利内容摘要

编者说明：1996年3月17日，第八届全国人民代表大会第四次会议审议批准了《中华人民共和国国民经济和社会发展“九五”计划和2010年远景目标纲要》(以下简称《纲要》)，这是党的十四届五中全会《建议》的深化和具体化。《纲要》作为“九五”和今后15年的行动纲领，把水电水利摆在能源建设的中心和基础设施建设的首位，使之成为国家的意志，全民的意志。现将《纲要》有关水电水利建设的主要内容摘要刊登。

●能源建设以电力为中心，以煤炭为基础，加强石油天然气的资源勘探和开发，积极发展新能源。

●坚持开发与节约并重，依靠技术进步，提高电能利用效率。继续贯彻政企分开、省为实体、联合电网、统一调度、集资办电的方针。贯彻因地制宜、水火并举、适当发展核电的方针，同步发展电网，加快城乡电网改造和建设。

●积极研究和应用远距离超高压输变电技术，促进水电“西电东送”和坑口电站跨区送电。水电要实行流域梯级滚动开发、大中小结合、高低水头并举、综合利用的原则。

●“九五”期间每年新增发电装机容量1600万kW，发电量年均增长7%左右。2000年，全国发电装机容量达到2.9亿kW，发电量1.4万亿kW·h。

●加强水利建设。搞好大江大湖治理，重点建设一批具有综合效益的大中型水利工程，同时要十分重视中小河流治理，坚持标本兼治，提高防洪、抗旱、排涝能力。到2000年，各大江大河力争达到防御建国以来发生的最大洪水标准，全国供水能力增加400亿～500亿m^3。

●下个世纪前10年，集中力量建设一批对国民经济和社会发展具有全局性、关键性作用的工程。主要是，继续建设长江三峡、黄河小浪底等大型水利枢纽工程，兴利除害，基本解决长江、黄河水患；着手建设跨流域的南水北调工程，缓解北方部分地区严重缺水的矛盾。

国家计划委员会 财政部 电力工业部 水利部 关于设立水电站水库库区后期扶持基金的通知

(1996年3月22日 计建设［1996］526号)

为了做好库区移民工作，发展水利水电事业，根据国务院1991年2月15日颁布的《大中型水电工程建设征地补偿和移民安置条例》(国务院第74号令)的规定，并经请示国务院同意，决定从1996年1月1日起，对1986年至1995年投产和1996年以前国家批准开工建设的大中型水电站、水库库区，设立后期扶持基金(以下简称基金)。现将有关问题通知如下：

一、基金用于扶持库区移民发展生产和解决遗留问题。

二、对水电和水利项目的移民，国家实行统一的扶持政策和扶持标准。基金提取的原则是：不降低移民原来的生产、生活水平并逐步有所改善；以国家批准的移民数量作为计算基金提取的基数；根据不同水电站、水库的移民及淹没损失数量、常年电厂供电量、建库后出现问题的严重程度及所在地区扶持水平的不同，按每个移民每年250～400元的标准控制，以水电站和水库所在省为单位，统一核定1986年及以后投产的水电站每千瓦时电量提取基金的多少。从1996年1月1日算起(已经批准开工、尚未投产的水电站，从水电站机组发电之日算起)，共提取10年。

有关省基金提取的具体标准和办法，由各省电力局、水电厅、水利厅商有关部门提出方案，由省级人民政府确定，并报国家计委、财政部、电力部、水利部备案。但年终以省电力局为核算单位，最高提取标准不准超过每千瓦时5厘钱。

三、基金提取标准确定后，进入各水电站的发电成本。

四、基金统一交由水电站和水库所在地的省级人民政府管理。对于跨省(区、直辖市)和界河的水库，基金按国家审批项目可行性研究报告时所确定的移民人数比例分别交有关省、自治区、直辖市人民政府管理和使用。

五、基金必须专款专用。各省级人民政府的有关部门，每年要分别将基金使用计划和上一年的基金使用情况报国家计委、财政部、电力部、水利部和审计署备查。国家有关部门要加强对基金的监督检查和审计工作，以提高资金的使用效益。

六、基金确定后，库区移民生活的安置和生产的扶持由有关省级人民政府负责，出现的问题也由省级人民政府解决。

七、今后新建的水电、水利建设项目，有关建设单位要高度重视移民工作，在征地补偿、移民安置和后期扶持上应统一规划、落实措施，否则不能开工建设。

八、关于以供水、防洪和灌溉为主，发电量很小的水库移民后期扶持基金，按上述办法仍达不到扶持要求的，将另行研究制定办法。

国务院办公厅关于建设第三批农村水电初级电气化县有关问题的通知

（1996年3月28日 国办通［1996］2号）

水利部：

你部《关于第二批农村水电初级电气化县完成情况及建设第三批电气化县的报告》（水电［1995］440号）收悉。经国务院批准，现就有关问题批复如下：

一、同意你部所报的建设第三批300个农村水电初级电气化县的安排意见。具体由你部会同有关部门商地方政府组织实施。实施中，有关部门要加强协调，避免重复建设，重复投资，造成浪费。

二、建设资金继续实行以地方投入为主、中央予以适当补助的政策。中央补助标准按照不低于第二批并有较大幅度提高的原则安排，请水利部商国家计委落实。银行贷款也需比第二批有较大幅度增加，亦请水利部与国家计委、人民银行及有关专业银行商定。

三、同意农村水电及电网企业继续执行缴纳6%增值税的政策。

四、为保持政策的连续性，水利部提出的其他有关问题，原则上仍执行第二批农村初级电气化县建设的有关规定，具体请水利部与有关部门协商办理。

附1：

"九五"期间建设的第三批300个农村水电初级电气化县名单

四川省（59个）

广安县 江津市 合川县 泸 县 合江县
三台县 盐亭县 旺苍县 资中县 巫溪县
忠 县 开 县 马边彝族自治县 沐川县
丹棱县 彭山县 渠 县 达 县 南江县
巴中市 珙 县 兴文县 南充市高坪区
南部县 巫山县 垫江县 丰都县 荣昌县
长宁县 金川县 松潘县 小金县 冕宁县
马尔康县 阿坝县 若尔盖县 黑水县 雷波县
通江县 越西县 喜德县 普格县 盐源县
昭觉县 九龙县 丹巴县 炉霍县 道孚县
甘孜县 巴塘县 得荣县 乡城县 白玉县
酉阳土家族苗族自治县 彭水苗族土家族自治县
黔江土家族苗族自治县 万县市五桥区
万县市天城区 开江县

云南省（40个）

宁蒗彝族自治县 新平彝族傣族自治县
元谋县 腾冲县 武定县 文山县 大姚县
永仁县 禄劝县 龙陵县 普洱县 西畴县
麻栗坡县 富源县 双柏县
孟连傣族拉祜族佤族自治县 丘北县
沧源佤族自治县
马关县 永胜县 威信县 泸水县 水富县
红河县 镇康县 兰坪县 盐津县 大关县
绿春县 景谷县 元阳县 金平县 永平县
永德县 勐海县 鹤庆县 漾濞县 昌宁县
贡山县 德钦县

陕西省（25个）

镇坪县 太白县 延长县 佛坪县 山阳县
紫阳县 眉 县 商南县 平利县 镇巴县
泾阳县 周至县 洋 县 宜川县 柞水县
石泉县 西乡县 岚皋县 澄城县 礼泉县
宁强县 千阳县 白水县 南郑县 宜君县

广西壮族自治区（22个）

天等县 上林县 隆安县 象州县 武宣县
融水苗族自治县 忻城县 灵川县 永福县
平乐县 平南县 北流县 田东县 德保县
乐业县 田林县 宜州市 罗城仫佬族自治县
环江毛南族自治县 防城港市东兴区
防城港市防城区 钦州市钦北区

江西省（20个）

万载县 莲花县 泰和县 分宜县 贵溪县
余江县 信丰县 安远县 龙南县 瑞金县
修水县 上高县 上饶县 弋阳县 吉安县
吉水县 萍乡市湘东区 南城县 南丰县
乐安县

甘肃省（20个）

临夏县 积石山保安族东乡族撒拉族自治县
康乐县 临潭县 卓尼县 舟曲县 碌曲县
武山县 清水县 肃北蒙古族自治县
东乡族自治县 张掖市 肃南裕固族自治县
民乐县 临洮县 漳 县 文 县 礼 县
两当县 金昌市金昌区

福建省（19个）

福鼎县 福安市 古田县 霞浦县 建宁县
宁化县 浦城县 仙游县 莆田县 平和县
云霄县 诏安县 漳浦县 东山县 龙岩市
漳平市 长汀县 惠安县 连江县

新疆维吾尔自治区（18个）
阿瓦提县 英吉沙县 昭苏县 青河县 沙雅县
伊吾县 精河县 温泉县 且末县 塔城市
麦盖提县 巩留县 于田县 特克斯县
裕民县 布尔津县 吉木乃县 皮山县

广东省（13个）
郁南县 罗定县 陆河县 丰顺县 连州市
紫金县 连平县 和平县 东源县 阳春县
英德县 梅 县 潮安县

湖南省（11个）
耒阳市 桃源县 沅陵县 桂阳县 临武县
嘉禾县 新化县 江永县 宁远县 武冈县
张家界市永定区

贵州省（10个）
兴仁县 普安县 紫云苗族布依族自治县
岑巩县 天柱县 锦屏县 荔波县 长顺县
盘县特区 正安县

河南省（10个）
鲁山县 南召县 淅川县 西峡县 灵宝县
嵩 县 汝阳县 栾川县 沁阳县 济源县

青海省（6个）
河南蒙古族自治县 玉树县 贵南县 班玛县
泽库县 都兰县

辽宁省（5个）
凤城满族自治县 新宾满族自治县 凌源市
铁岭县 宽甸满族自治县

安徽省（6个）
祁门县 太湖县 黟 县 休宁县 潜山县
青阳县

湖北省（4个）
郧西县 竹山县 咸丰县 通山县

山西省（4个）
陵川县 阳城县 晋城市郊区 垣曲县

吉林省（3个）
龙井市 白山市三岔子区 白山市八道江区

内蒙古自治区（3个）
多伦县 翁牛特旗 扎赉特旗

新疆生产建设兵团（2个）
阿克苏垦区 霍尔果斯垦区

黑龙江省（1个）
伊春市红星区

河北省（1个）
张家口市赵家蓬区

附2：

水利部转发国务院办公厅关于建设第三批农村水电初级电气化县有关问题的通知

（1996年4月24日 水电[1996]187号）

各省（自治区、直辖市）、计划单列市、新疆生产建设兵团水利（水电）厅（局）、各流域机构、杭州农村电气化研究所：

全国第三批300个农村水电初级电气化县建设任务已经国务院批准，现将《国务院办公厅关于建设第三批农村水电初级电气化县有关问题的通知》（国办通[1996] 2号）转发给你们。为确保在“九五”期间完成第三批电气化县的建设任务，现提出以下要求，请遵照执行。

一、各有关部门要切实加强对电气化建设工作的领导，积极提供技术、资金和政策方面的支持。

二、继续发扬自力更生、艰苦奋斗精神，广泛发动群众，因地制宜搞好农村电气化县建设。

三、多渠道筹集资金，拓宽水电建设资金来源，加大地方配套电气化建设资金的比例。要按照比第二批有较大幅度增加的原则安排地方补助资金。

四、进一步落实农村水电各项政策。各地要对国家给予农村水电初级电气化县建设有关优惠政策的执行情况作一次全面检查，没有落实的应予以落实。

五、鉴于各电气化县的规划已经省（自治区）计委和水利（水电）厅审批通过，为加快电气化建设速度，在电气化建设中的各单项工程，可直接进入初步设计阶段。

国家计委《关于实行建设项目法人责任制的暂行规定》

（1996年4月6日计建设［1996］673号）

总 则

第一条 为了建立投资责任约束机制，规范项目法人的行为，明确其责、权、利，提高投资效益，依据《公司法》，特制定本规定。

第二条 国有单位经营性基本建设大中型项目在建设阶段必须组建项目法人。项目法人可按《公司法》的规定设立有限责任公司(包括国有独资公司)和股份有限公司形式。

第三条 实行项目法人责任制，由项目法人对项目的策划、资金筹措、建设实施、生产经营、债务偿还和资产的保值增值，实行全过程负责。

项目法人的设立

第四条 新上项目在项目建议书被批准后，应及时组建项目法人筹备组，具体负责项目法人的筹建工作，项目法人筹备组应主要由项目的投资方派代表组成。

第五条 有关单位在申报项目可行性研究报告时，须同时提出项目法人的组建方案。否则，其项目可行性研究报告不予审批。

第六条 项目可行性研究报告经批准后，正式成立项目法人，并按有关规定确保资本金按时到位，同时及时办理公司设立登记。

第七条 国家重点建设项目的公司章程须报国家计委备案。其他项目的公司章程按项目隶属关系分别报有关部门、地方计委备案。

第八条 项目法人组织要精干。建设管理工作要充分发挥咨询、监理、会计师和律师事务所等各类社会中介组织的作用。

第九条 由原有企业负责建设的基建大中型项目，需新设立子公司的，要重新设立项目法人，并按上述规定的程序办理；只设分公司或分厂的，原企业法人即是项目法人。对这类项目，原企业法人应向分公司或分厂派遣专职管理人员，并实行专项考核。

组织形式和职责

第十条 国有独资公司设立董事会。董事会由投资方负责组建。

国有控股或参股的有限责任公司、股份有限公司设立股东会、董事会和监事会。董事会、监事会由各投资方按照《公司法》的有关规定进行组建。

第十一条 各类建设项目的董事会在建设期间应至少有一名董事常驻现场。

董事会应建立例会制度，讨论项目建设中的重大事宜，对资金支出进行严格管理的并以决议形式予以确认。

第十二条 根据《公司法》的规定，结合建设项目的特点，建设项目的董事会具体行使以下职权：

（一）负责筹措建设资金；

（二）审核、上报项目初步设计和概算文件；

（三）审核、上报年度投资计划并落实年度资金；

（四）提出项目开工报告；

（五）研究解决建设过程出现的重大问题；

（六）负责提出项目竣工验收申请报告；

（七）审定偿还债务计划和生产经营方针，并负责按时偿还债务；

（八）聘任或解聘项目总经理，并根据总经理的提名，聘任或解聘其他高级管理人员。

第十三条 国有控股或参股项目的监事会依照《公司法》的规定行使职权。

第十四条 按照《公司法》的规定，根据建设项目的特点，项目总经理具体行使以下职权：

（一）组织编制项目初步设计文件，对项目工艺流程、设备选型、建设标准、总图布置提出意见，提交董事会审查；

（二）组织工程设计、施工监理、施工队伍和设备材料采购的招标工作，编制和确定招标方案、标底和评标标准，评选和确定投、中标单位。实行国际招标的项目，按现行规定办理；

（三）编制并组织实施项目年度投资计划、用款计划、建设进度计划；

（四）编制项目财务预、决算；

（五）编制并组织实施归还贷款和其他债务计划：

（六）组织工程建设实施，负责控制工程投资、工期和质量；

（七）在项目建设过程中，在批准的概算范围内对单项工程的设计进行局部调整（凡引起生产性质、能力、产品品种和标准变化的设计调整以及概算调整，需经董事会决定并报原审批单位批准）；

（八）根据董事会授权处理项目实施中的重大紧急事件，并及时向董事会报告；

（九）负责生产准备工作和培训有关人员；

（十）负责组织项目试生产和单项工程预验收；

（十一）拟订生产经营计划、企业内部机构设置、劳动定员定额方案及工资福利方案；

（十二）组织项目后评价，提出项目后评价报告；

（十三）按时向有关部门报送项目建设、生产信息和统计资料；

（十四）提请董事会聘任或解聘项目高级管理人员。

任职条件和任免程序

第十五条 董事长及总经理的任职条件，除按《公司法》的规定执行以外，还应具备以下条件：

（一）熟悉国家有关投资建设的方针、政策和法规，有较强的组织能力和较高的政策水平；

（二）具有大专以上学历；

（三）总经理还应具有建设项目管理工作的实际经验，或担任过同类建设项目施工现场高级管理职务，并经实践证明是称职的项目高级管理人员。

第十六条 建立项目高级管理人员培训制度。总经理、副总经理在项目批准开工前，应经过国家计委或有关部门、地方计委专门培训。未经培训不得上岗。

第十七条 国有独资和控股项目董事长的任免，先由主要投资方提出意见，在报经项目主管政府部门批准后，由主要投资方任免；国家参股项目，其董事长在任免前须报项目主管政府部门认可。

第十八条 国有独资和控股项目总经理的任免，由董事会提出意见，经项目主管政府部门批准后，由董事会聘任或解聘；国家参股项目的总经理，董事会在聘任或解聘前须报项目主管政府部门认可。

第十九条 国家重点建设项目的董事会、监事会成员及所聘请的总经理须报国家计委备案，同时抄送有关部门或地方计委（计经委）。

第二十条 在项目建设期间，总经理和其他高级管理人员应保持相对稳定。

董事会成员可以兼任总经理。

第二十一条 国家公务人员不得兼任项目法人的领导职务。

考核和奖惩

第二十二条 建立对建设项目和有关领导人的考核和监督制度。项目董事会负责对总经理进行定期考核；各投资方负责对董事会成员进行定期考核。国务院各有关部门、各地计委负责对有关项目进行考核。必要时国家计委组织有关单位进行专项检查和考核。考核的主要内容包括：

（一）国家发布的固定资产投资与建设的法律、法规的执行情况；

（二）国家年度投资计划和批准设计文件的执行情况；

（三）概算控制、资金使用和工程组织管理情况；

（四）建设工期、施工安全和工程质量控制情况；

（五）生产能力和国有资产形成及投资效益情况；

（六）土地、环境保护和国有资源利用情况；

（七）精神文明建设情况；

（八）其他需要考核的事项。

第二十三条 根据对建设项目的考核结论，由投资方对董事会成员进行奖罚；由董事会对总经理进行奖罚。

第二十四条 建立对项目董事长、总经理的在任和离任审计制度。审计办法由审计部门负责另行制定。

第二十五条 根据对项目的考核，在工程造价、工期、质量和施工安全得到有效控制的前提下，经投资方同意，董事会可决定对为项目建设做出突出成绩的领导和有关人员进行适当奖励。奖金可从工程投资结余或按项目管理费的一定比例从项目成本中提取；对工期较长的项目，可实行阶段性奖励，奖金从单项工程结余中提取。

第二十六条 凡在项目建设管理和生产经营管理中，因人为失误给项目造成重大损失浪费以及在招标中弄虚作假的董事长、总经理，应分别予以撤换和解聘，同时要给予必要的经济和行政处罚，并在三年内不得担任国有单位投资项目的高级管理职务。构成犯罪的，要追究法律责任。

第二十七条 按本规定，凡应实行项目法人责任制而没有实行的建设项目，投资计划主管部门不予批准开工，也不予安排年度投资计划。

附 则

第二十八条 各部门、各地方可按本规定制定实施细则。

第二十九条 在建国有单位经营性基本建设大中型项目原则上应按本规定执行。

第三十条 非经营性大中型和小型基本建设项目可参照本规定执行。

第三十一条 本规定由国家计委负责解释。

第三十二条 本规定自发布之日起施行。国家计委计建设〔1992〕2006号《关于建设项目实行业主责任制的暂行规定》同时废止。有关项目法人责任制的有关规定，凡与本规定不符的，一律按本规定执行。

财政部《水电前期工作周转金管理办法》

（1996年6月3日 财工字［1997］118号）

附件：

水电前期工作周转金管理办法

为适应社会主义市场经济体制的需要，提高水电前期工作经费的使用效益，进一步推动水电前期工作，根据国务院《关于加强预算外资金管理的决定》、财政部《预算外资金管理实施办法》及《财政部专项周转金管理办法》等文件规定，制定本办法。

第一条 水电前期工作周转金(以下简称周转金)是国家用于水电前期工作的专项资金，周转金是国家财政性资金，实行预算外资金管理。

第二条 周转金的来源

（一）国家专项安排的水电前期工作经费；

（二）按有关规定已回收和应回收的水电前期工作

经费；

（三）收取的资金占用费和逾期占用费；

（四）周转金存款利息；

（五）其他用于水电前期工作的经费。

第三条 周转金的使用原则

（一）按照有偿方式投放，到期收回，周转使用；

（二）符合水电发展规划，确保周转金专款专用，促进水电前期工作；

（三）实行项目管理，优先扶持效益好、有偿还能力的项目或单位；

（四）遵守国家的有关法律、行政法规和财务规章制度，不以盈利为目的，不搞商业性金融活动，不直接或间接用于股票、证券、期货、房地产等项目。

第四条 周转金使用对象和范围

（一）周转金用于水电项目前期工作，包括河流河段规划、预可行性研究、可行性研究等。

（二）周转金借款单位为水电项目业主或水电项目的主管单位。

第五条 周转金借款条件

（一）借款项目具有可行性。借款项目经过充分论证，技术上可行且具有较好的经济效益。

（二）借款项目须由有债务承担能力的单位提供的经济担保，或由借款单位的主管部门作出在借款人不能还款时代其偿还债务的承诺。

（三）借款单位必须有较稳定的经济收入，能为水电项目前期工作提供一定数额的配套资金；

（四）借款单位领导和财务人员责任心强，财务管理制度健全。

第六条 周转金借款的申请和审批

（一）符合借款条件的单位可向周转金管理部门申请周转金借款。申请单位应以国家确定的河流规划、建设任务为依据，按项目提出申请，并上报该项目前期工作的论证分析报告及有关技术资料（包括已完成的前期工作内容及有关批文）和分年用款、还款计划。

（二）电力工业部按照客观公正的原则，具体负责对申请项目的审查和评估工作。

（三）对符合条件的项目，电力工业部与借款单位签订借款合同，明确双方责任和义务。

第七条 周转金借款的期限

周转金借款期限一般为三年，最多不超过五年。

第八条 周转金借款的占用费

按照有偿使用的原则，周转金借款要收取占用费。具体占用费率由电力工业部按不高于中国人民银行规定的同期贷款利率确定。

第九条 周转金借款的偿还

（一）借款单位必须按合同按期偿还周转金及占用费。工程立项开工的，周转金及使用费列入工程概算，从工程的基建投资中偿还；以前未列入工程概算的，可以补列概算或从工程的不可预见费中偿还。有关建设单位要在本年度基建投资计划中列入应偿还资金并按计划拨付。工程尚未立项开工的，借款单位要做好还款安排，按期归还周转金借款。

（二）借款到期后，借款单位不能按期偿还周转金及占用费的，由担保单位或借款单位主管部门负责偿还。

第十条 周转金借款的违约处理

（一）逾期不还的，按周转金本金余额每天加收千分之一的逾期占用费，并在借款未还清之前不再安排新的周转金借款。

（二）对擅自挪用所借周转金的，除收回本金、占用费外，不得向挪用单位发放新的周转金借款。

第十一条 周转金借款的管理与监督

（一）电力工业部应按财政部《预算外资金管理实施办法》的有关规定，在指定的银行开设预算外资金收入过渡户和支出帐户，要加强周转金管理，将周转金纳入中央财政专户，实行收支两条线管理，核算周转金的发放及回收情况。每年年初将编制的周转金收支计划，并入电力工业部预算外资金收支计划，报经财政部批准后作为缴存、核拨资金的依据；年度终了，按规定编制周转金收支决算，并入电力工业部预算外资金收支决算报财政部审批。

（二）电力工业部应按财政部批准的预算外资金收支计划发放周转金借款，并建立周转金项目跟踪反馈制度，及时了解周转金借款项目执行情况，确保周转金合理使用。对周转金呆帐要定期清理，并按规定程序处理。

（三）电力工业部可授权有关单位作为周转金日常管理机构，具体负责周转金的立项、投放、回收、财务管理和会计核算等工作。

（四）借款单位应完善本单位周转金管理及核算制度，健全内部监督约束机制，确保周转金专款专用。

（五）负责管理和使用周转金的有关人员，应严格遵守国家政策法规和财经纪律，坚持原则，秉公办事，违者将依法追究其责任。

第十二条 财政部驻当地财政监察专员办事机构对发放、使用水电前期工作周转金的单位和项目实行不定期的检查，并将检查中发现的问题及加强管理建议报告财政部。

第十三条 电力工业部可根据本办法制定实施细则。

第十四条 本办法从一九九七年一月一日起执行。

电力工业部贯彻中共中央国务院《关于加速科学技术进步的决定》的实施细则

（1996 年 6 月 10 日　电技［1996］361 号）

为贯彻《中共中央国务院关于加速科学技术进步的决定》和全国电力科技工作会议精神，进一步做好部“关于加快科技进步的决定”和部“贯彻中共中央、国务院《关于加速科学技术进步的决定》的意见”的贯彻执行工作，促进电力工业切实转移到依靠科技进步和提高劳动者素质的轨道上来，制定本实施细则。

第一条　中共中央、国务院《关于加速科学技术进步的决定》是指导我国科技事业发展的纲领性文件，电力系统各级领导干部和广大职工特别是各级科技管理部门要认真学习、领会《决定》和全国科技大会精神，并结合本单位的实际贯彻实施。

第二条　各网省局（公司）、部归口管理单位和有行政管理职能的直属单位都要组建由第一把手任组长、各有关职能部门参加的科技工作领导小组。各单位科技领导小组的职责是：

·部署和审定科技发展规划、年度重大科技攻关计划和科技成果推广计划；

·审定、核发科技管理的办法和规定；

·决定重大科技奖励事宜；

·确保科技投入随经济的增长逐年增加；

·协调解决本单位设计、建设、施工、生产、制造、经营全过程依靠科技进步的具体问题。

各单位科技领导小组每年召开 1～2 次会议，专门听取科技工作的汇报，研究解决科技工作的问题。

第三条　促进电力设计、建设、施工、生产、制造和经营全过程的依靠科技进步。

（一）各单位重大科技项目的可行性方案，应增加项目对于提高行业和本企业综合生产能力与经济效益的内容，年综合投入产出比一般应达到 1：5 以上。

（二）各单位的设计、建设、施工、生产、制造、经营以及引进项目、技改工程的规划、计划，应对提高工程质量、缩短建设周期、降低造价、提高安全运行水平、节能降耗、改善环境、降低成本、提高劳动生产率等方面的项目优先立项和安排资金，并应单独列出围绕上述内容的科研和科技成果推广应用项目，适时纳入本单位科技计划。

（三）各单位规划建设项目应积极采用先进成熟的新技术、新工艺、新方法、新机具，以降低成本，提高工程质量。所需资金按实际需要分别列入工程概算和工程总费用。

（四）各网省局（公司）和直属企业要指导科技管理部门和基层企业工会，积极组织大力开展群众性的合理化建议与技术改进活动，增强群体科技意识，搞好技术革新，提高本单位安全经济水平。

第四条　大力促进先进、成熟科技成果的推广应用。

（一）部建立两级科技成果推广计划：部年度指导性推广计划和网省局（公司）、直属企业推广计划。

（二）部科技经费适当加大有偿使用力度，支持科研（院）所有较高科技含量的科技成果尽快实现商品化、产业化，减少转化环节。

（三）各网省局（公司）和直属企业要把科技成果推广工作做为一项突出的重点工作抓紧、抓好、抓出实效。各单位要做好现有成果的分类统计，有重大经济效益的及时落实推广计划，有较好应用前景的继续开发、进一步完善。

各单位均应建立或安排推广经费，做为重大推广项目的二次开发、中间试验、人员培训、科技产业化的引导资金等。

（四）先进成熟的成果和技术应及时纳入规程规范，尚未纳入规程规范的，在设计、施工中也要积极采用。

（五）对从事成果推广工作人员的业绩考核主要应考核其在成果转化、推广方面做出的成绩。在评定职称、住房等待遇方面，应与科研人员做出成绩同等对待。

（六）要进一步加大对重大推广应用项目的奖励比重和奖励力度，鼓励科技成果尽快应用于生产实际。

第五条　加速培育电力技术市场。

（一）要继续贯彻国务院对技术市场提出的“放开、搞活、扶植、引导”的方针，充分调动并鼓励院（所）、高校、企业、学会等进入技术市场，通过各种形式的技贸活动，促进科研与企业多种形式的结合。

（二）各级科技主管部门归口管理技术市场，要把领导和组织技术市场工作做为重要的任务和职责。各网、省局，部直属的企事业单位的科技主管部门应配备专（兼）职人员负责本单位技术市场的具体工作。全国电力技术市场协会及其会员单位要积极参与和协助各部门稿好技术市场的组织工作。

（三）电力技术市场管理机构要根据需要通过不定期地举办各种信息发布会、科技成果展览会、新技术推广会等活动，定期发布和电力行业有关的技术信息。

第六条　发挥优势统一协调集中力量联合攻关。

（一）电力工业是技术密集型的行业，各电力企业在发展过程中面临的共性科技问题和关系到全行业技术水平提高的战略性、储备性等重大技术问题，必须在国家和部科技管理部门的统一规划和指导下，发挥设计、科研、高校、企业、学会的优势，集中力量，突出重点联合攻关，共同完成。

（二）各网省局（公司）、部归口管理单位和有行政管理职能的直属单位可根据部颁的重大科技攻关项目指南并结合各自的情况，向部提出主办或参加联合攻关的申请。部科技管理部门进行协调并确定负责和具体参与联合攻关的单位。各承担单位必须优先安排部下达的项目，积极组织力量按时保质完成。

（三）各单位在进行新开课题论证时，应首先在部科技计划项目库和成果库中进行查询，对已有的成熟技术，鼓励通过技术市场转让获得。

（四）进行联合攻关的项目，其成果的归属按知识产权的有关规定及有关协议确定。

第七条　重大建设工程必须加大科技进步的力度。

（一）重大建设工程的可研和初步设计阶段应明确依靠科技解决的问题，提出科研项目的课题清单（课题可由设计者、合同者或业主委托的科研咨询单位提出），并列为工程可研论证内容之一。

（二）对工程可行性论证报告进行审查时，应同时邀请科技管理部门和有关专家对涉及工程重大技术问题的科技攻关项目进行论证和审查，并在此基础上形成工程重点攻关课题。

（三）纳入工程的重点攻关课题，所需费用应列入工程投资总概算中。

（四）重大工程科研项目，应通过投标、招标方式组织国内设计、科研单位及高校，联合攻关。

第八条　重大引进工程必须重视关键技术的消化吸收和创新。

在设计、施工、运行中必须组织力量通过各种方式消化吸收引进项目的关键技术并根据国情完善创新，对有推广价值的先进技术，还应适时的列入推广计划，组织推广应用。

各业主单位要确立立足国内、发展民族工业的指导思想，在工程中优先采纳国内已有的成熟技术和设备。

第九条　重大技改工程必须积极采纳先进成熟的科技成果。

（一）对重大技改工程应组织专家进行经济技术方案比较，确定应采用的先进成果和应进行的科研工作。

（二）技改工程应充分利用先进成熟的科技成果，提高科技含量，加速技改过程。所需费用列入工程投资。

第十条　多层次多渠道地增加科技经费，力争全行业科技投入不少于年销售收入的1%。

（一）各网省局和直属企业的科技投入要随着经济的增长逐年增加，应不少于年销售收入的1%。

（二）高校应按国家的有关规定，在保证正常教学任务的前提下，从教育事业费、自有资金中列支一定比例的科研费用。

（三）部直属科研单位要从自有资金中安排5%～7%用于前期研究工作，随着经济效益的增长，自列课题的投入经费要逐年增加。

（四）规划、设计单位的科技经费应不少于年勘测设计收入的6%～8%，专项用于勘测设计方面的科技工作。

（五）施工企业的科技投入应不少于年施工总收入的1.0%，用于施工新技术、新工艺、新机具的研究与推广应用等科技工作。

（六）修造企业要重视新产品的开发与新产品的更新换代，保证科技投入不少于年销售收入的1.5%。

（七）部科技管理部门要做好重大科技项目的前期论证和拟开项目的课题储备工作，积极争取国家重大攻关项目和有关部委的经费资助。

（八）组织力量、努力做好重大攻关项目与工程的结合，在工程中争取更多的经费支持。

（九）继续加强国际间的交往和科技合作，积极争取国际科技合作项目和经费资助。

（十）部继续筹集科技经费，用于全行业重大、共性科研项目的攻关。

第十一条　加快信息网络建设加强信息资源的开发和传递。

（一）充分发挥现有科技计划、成果信息库的作用。各单位要按部的要求按时上报科技计划软盘和进行科技成果登记，部进行宏观指导并组织合成后，将信息软盘按时反馈给各单位。

（二）部定期发布科技项目指南和部指导性推广计划，指导企事业单位的选项和立项工作。各网省局也要制定相应措施，加强对所属单位科技立项的指导和协调工作，减少低水平重复立项和重复研究的现象。

（三）对电力工业发展有重大意义的基础性文献数据库，部给予适当的支持，促其向连续、稳定、规模化方向发展。

（四）加强对科研立项、成果鉴定的查新。建立健全查新制度、专家审核制度和用户反馈制度，不断提高查新质量。电力系统建立两级查新机构，部信息研究所、武汉水利电力大学为部级查新单位。在已建国际联机检索终端的检索点，根据条件建立二级查新站。各查新机构要积极热忱地为电力系统各单位提供优质服务。

第十二条　加强人才培养，造就跨世纪人才队伍。

（一）部制定具体的人才培养计划和措施，到本世纪末在全国电力系统重点专业领域培养出进入世界科技前沿的杰出专家；代表国内先进水平的专业技术带头人；在各自专业领域起骨干和核心作用的技术带头人和一大批有培养前途的后备技术人才。

(二)建立部科技人才数据库，掌握各类人才信息，建立跨世纪青年专家和专业技术带头人及后备人才队伍。对列入培养计划的人选，引入竞争机制，实施动态管理，根据需要进行增补替换。

(三)建立奖励制度，鼓励、奖励做出突出成绩的培养人员。

(四)积极吸收列入培养计划的人员参与国家、行业的重大科研攻关项目，通过科研实践促其迅速成长。

创造条件为优秀青年科技人才提供更多参与国际交流、出国考察等活动的机会。对进入科技前沿水平的专家，有计划地送到国外一流科技水平的环境中去锻炼提高。

(五)对已有显著成就，学有专长，确有潜力和真才实学的学成回国的青年尖子人才，要创造条件，落实课题，配备助手，让他们在前沿科技领域潜心研究，施展才干。

(六)进一步做好部青年科技促进费的筹集工作，逐年增加投入力度，并做好选项立项工作，给青年科技人才更多的独立组织和承担科研项目的机会。

(七)各企事业单位均应制定本单位培养跨世纪学术带头人和科技人才的规划和具体措施，对有培养前途的优秀人才重点掌握，加速培养。

第十三条 加强科普工作是今后科技工作的一项长期任务。

(一)根据《中共中央国务院关于加强科学技术普及工作的若干意见》的精神制订部“电力科学技术普及规划”。各网、省电力部门要根据全国电力科普规划，结合本部门实际情况，制订切实可行的科普工作规划并纳入本部门的科技发展规划。科普工作所需资金要专项列入年度计划，并逐年增加对科普工作的投入。

(二)部科普工作由中国电机工程学会、中国水力发电工程学会组织实施，并统筹协调和组织电力系统科普工作的开展。

(三)要充分发挥挂靠在各级电力部门的学会、协会、工会、共青团、妇联等群众团体在科普工作中的作用，通过举办科技发展专题报告会、组织科普知识竞赛、开办科普画廊和电力科普报刊、编辑科普丛书等各种群众喜闻乐见的形式，广泛、深入、持久地开展电力科普工作，提高广大电力职工的科技素质。

(四)加强对各级领导干部电力科技新技术的普及工作。要制定计划，请专家重点讲授，使各级电力部门领导干部系统地掌握电力科技发展动态，提高科学决策水平。

第十四条 加强对企业科技工作的考核。

为促进各企业加快成为科技投入、技术开发和科技成果推广应用的主体的步伐，部对企业科技工作进行考核（办法另文下发）。

第十五条 直属科研单位要进一步适应社会主义市场经济体制的需要，走自立发展的道路。

(一)各单位要按照“稳住一头、放开一片”的原则进一步调整内部机构设置和合理配置各方面的力量，使整体运行机制更有利于科研事业的发展和符合市场经济的规律。

(二)发展自身的科技产业是促进科技成果迅速转化为生产力、增加院所经济实力的有效途径，各单位应千方百计地筹集资金，开发生产高新技术产品。对于靠自身力量难以形成规模产业的科技成果和产品，要积极寻求多种形式的合作方式，促其尽快在电力生产建设中得到广泛应用。

(三)各单位要重视和加强知识产权保护，逐步理顺内部管理关系，规范技术经济行为。

(四)要进一步加强科学研究和技术储备工作。各单位每年用于自选课题、自置固定资产的经费投入随院所效益的增加逐年增加。

第十六条 电力试验研究院(所)要发挥企业技术中心的全方位作用。

各网省局电力试验研究院(所)要围绕生产、基建中的技术问题开展科研工作，搞好为现场的技术服务和促进先进技术和成熟成果的实施和推广应用，为加快企业成为“三个主体”的步伐，发挥企业技术中心的全方位作用。

第十七条 办好部属高校发挥其在科研工作中的作用。

(一)各高校应努力满足电力工业科技发展的需要，培养高层次、高质量的电力科技专门人才，同时要多种形式办学，为提高电力系统职工文化水平服务。

(二)要结合教学大力开展科学研究，特别是应用基础研究和高新技术研究，并不断增加科技投入和改善科研环境，促进教学工作水平的提高。

电力工业部水电建设工程竣工验收工作改进意见

（1996 年 8 月 15 日）

一、水电站建设工程竣工验收可按枢纽工程、过木工程、通航工程、库区移民、工程档案、消防、劳动安全卫生、环保等若干专项，分项进行专项验收。各工程项目可根据具体情况对上述专项的设置进行适当的增减。

二、工程竣工整体验收委员会下设上述各专项的专项验收组，各专项验收组组长由验收委员会有关主要成员兼任。

三、各专项验收组代表验收委员会负责完成本专项的验收工作，提出工程竣工专项验收鉴定书。专项验收组所有成员均应在专项验收鉴定书上签字。专项验收鉴定书报送主任委员和各副主任委员，必要时，由主任委员商有关副主任委员后，以主任委员单位的名义批复，提前生效执行。

四、在工程竣工整体验收中，不再进行初验环节，实行正式竣工验收一步到位，原有的有关初验具体工作可视各专项验收的具体情况在各自的专项验收中体现。

五、在枢纽工程专项验收中，以进行工程质量鉴定（含大坝安全鉴定）工作代替原有的初验工作。

六、专项验收工作的开展应统筹安排，保持基本同步。

七、工程竣工决算及审计，作为竣工验收的一项重要内容，应按有关规定进行编制和审批。

八、各专项验收及竣工决算等项工作完成后，召开工程竣工整体验收委员会。验收委员会负责：(1)确认已由主任委员单位批复的各专项验收鉴定书；(2)研究处理各专项验收组未能涉及的有关问题；(3)解决各专项验收组提请验收委员会解决的问题；(4)协调各专项验收组之间可能存在的矛盾；(5)提出工程竣工整体验收鉴定书。

九、各专项验收鉴定书及整体验收鉴定书的格式可参照《水电站基本建设工程验收规程》（SDJ275—88）及有关部门的规定执行。

（本文件系《水电站基本建设工程验收规程（SDJ275—88）》的补充和局部修订。该验收规程刊载于本年鉴第三卷（1989～1991）第4～9页）

国家电力公司关于成立国家电力公司水电前期工作周转金管理委员会和国家电力公司水电前期工作周转金管理中心的通知

（1997年9月12日　国电人劳函[1997]15号）

为了更好地贯彻执行财政部《水电前期工作周转金管理办法》，管好用好水电前期工作周转金，根据电力工业部《关于授权国家电力公司管理水电前期工作周转金的通知》（电综［1997］441号）精神，经研究，决定成立国家电力公司水电前期工作周转金管理委员会(以下简称周转金管委会)和国家电力公司水电前期工作周转金管理中心（以下简称周转金管理中心）。现将有关事项通知如下：

一、周转金管委会和周转金管理中心的主要职责

周转金管委会是水电前期工作周转金使用和管理的决策机构，主要负责水电前期工作周转金的投向、占用费率的确定、年度预算和决算的审批及其他重大事项的决策。周转金管理中心为周转金管理委员会下设的独立办事机构，具体负责水电前期工作周转金的投放和回收、年度预算和决算的编制、财务管理和会计核算等日常工作。

二、周转金管理委员会的组成

主 任 委 员：汪恕诚（国家电力公司副总经理）
副主任委员：冉莹（国家电力公司总工程师）
叶继善（国家电力公司总会计师）
委员：张学知（国家电力公司水新局局长）
黄永达（国家电力公司财经部副主任）
程念高（国家电力公司计划部副主任）
高安泽（水电规划设计总院院长）

三、其他事项

按照精干高效的原则，周转金管理中心挂靠水规总院，与水规总院所属高峡水力发电开发中心合署办公。周转金管理中心主任由水规总院院长高安泽兼任，副主任由主任提名并报经国家电力公司批准后确定。

按照《水电前期工作周转金管理办法》的有关要求，水电前期工作周转金要作为预算外资金纳入中央财政专户，实行收支两条线管理，周转金管理中心要单独设帐，对周转金实行单独核算和管理。周转金管理中心要尽快制定实施细则，报电力部审批，并且建立健全内部经济责任制和其他管理制度，保证周转金专款专用和按期回收。

电力工业部《水电工程建设经济合同争议调解暂行规则》

（1996年12月18日　电水农［1996］876号）

第一章　总　　则

第一条　为了公正调解水电工程建设经济合同争

议，维护争议双方当事人的正当权益，促进水电工程建设顺利进行，推动水电建设事业发展，根据《经济合同法》的有关规定和水电建设实际情况，制定本规则。

第二条 凡水电工程建设的当事人之间发生经济合同争议，真诚寻求友好解决并同意适用本规则时，本规则得以适用。

第三条 水电工程建设经济合同争议调解，必须在调查研究查清事实的基础上，依据国家的法律法规和双方的合同约定，遵循客观正义的原则，以中立和公正的态度，进行公平合理的调解处理，努力促进双方当事人达成和解协议，力求友好地解决争议。

第四条 争议调解实行一次调解制度，已经调解处理的不再重新受理。

第五条 调解处理争议纠纷遵循当事人自愿原则，当事人应当按照合同要求，自愿申请调解，承诺履行和解协议。

第六条 凡是争议调解机构可作调解的争议，水电建设行政主管部门一般不作调解处理。对于争议调解机构按照正常程序调解达成的和解协议，国家水电建设行政主管部门和工程项目贷款金融机构予以尊重和支持。

第二章 机 构

第七条 由国家水电建设行业主管部门组织设立全国水电工程建设经济合同争议调解委员会（以下简称争议调解委员会）和各水电工程建设项目甲乙方协商聘请成立的工程建设项目经济合同争议评审调解组（以下简称项目争议评审组），负责水电工程建设经济合同争议的调解处理。

第八条 争议调解委员会由主任一人、副主任二人和委员若干人组成。主任、副主任和委员由水电建设行业主管部门从具有专业知识和实际经验的人员中选派担任。

第九条 争议调解委员会根据工作需要，可以聘请社会知名人士、专业技术人员和法律工作者担任调解员（设立调解员名册）。

第十条 争议调解委员会下设秘书处，负责处理争议调解委员会日常事务。

第十一条 各水电工程建设项目根据工程建设实际需要，由甲乙双方协商聘请成立项目争议评审组。每一工程项目只能成立一个项目争议评审组。

项目争议评审组由组长一人、组员二人组成。在互相征得对方同意的情况下，工程建设甲乙方各推荐一名组员，组长由双方协商共同推选。

争议调解委员会可向项目争议评审组推荐人选。

第十二条 项目争议评审组成立后，应当向水电建设行业主管部门、争议调解委员会和工程建设甲乙双方的主管单位（或股东方）备案。

第十三条 争议调解委员会与各项目争议评审组之间没有隶属关系，但可以从事指导协助业务。

第十四条 争议调解机构在调解处理活动中，接受水电建设行业主管部门的监督。

第三章 调 解

第十五条 水电工程建设经济合同争议调解的一般程序：争议调解的提出；项目争议评审组的评审；争议调解委员会的调解；争议调解的终止。

争议双方当事人对于争议调解一般程序可以选择、中断和终止。

一、争议调解的提出

第十六条 在履行合同中，双方当事人发生争议，应本着互谅互让的精神进行友好协商，并征求监理单位的意见，协商不成或不接受监理单位的意见，可将争议提交项目争议评审组审议或争议调解委员会调解。

二、项目争议评审

第十七条 合同履行发生争议，争议任何一方可将争议提交项目争议评审组评审。

第十八条 项目争议评审组按照有关水电工程施工合同条款的规定，与工程建设项目甲乙双方共同签定争议评审工作协议，方可进行评审。

第十九条 争议调解三方协议应当包括以下内容：

(一)双方当事人名称和法定代表人的姓名、职务，工程建设项目名称，项目争议评审组调解员姓名；

(二)项目争议评审组的工作范围，争议调解的工作方式及程序；

(三)项目争议评审组与甲乙双方各自的责任及法律关系；

(四)争议调解费用的支付，甲乙双方提供的必要的工作条件和物质保证。

第二十条 项目争议评审组应当根据协议规定，制定争议调解工作计划，在争议双方的积极配合下，深入了解工程建设情况，及时提出评审意见，妥善处理争议。

三、争议调解委员会的调解

第二十一条 合同履行发生争议或合同争议任何一方不接受项目争议评审组的评审调解意见，可将争议提交争议调解委员会调解。

第二十二条 争议调解委员会调解程序的开始：

(一) 当事人向争议调解委员会提交书面调解申请及副本（一式三份），并应附有有关合同文件和证明材料；

（二）争议调解委员会收到调解申请书之日起十日内，认为符合受理条件的，应当受理，并书面通知当事人；认为不符合受理条件的，应当书面通知当事人不予受理，并说明理由；

（三）争议调解委员会将调解申请书副本递交争议对方当事人；

（四）对方当事人同意接受调解，调解程序开始；

（五）争议条件委员会决定受理的争议，通知申请人按规定预交受理费；

（六）对方当事人明示拒绝调解或者在接到调解申请书副本之日起三十日内未予答复的，视为拒绝，调解程序不得开始。

第二十三条 调解申请书应当载明下列事项：

（一）当事人的名称、住所和法定代表人或者主要负责人的姓名、职务；

（二）请求调解的事实、理由；

（三）当事人的主张、要求。

第二十四条 争议调解委员会根据争议情况组织若干名调解员成立调解工作组，并指定首席调解员。

第二十五条 调解员的任务

（一）调解员应以独立公正的态度协助双方当事人，努力促使当事人之间的争议得以友好解决。

（二）认真审阅争议双方提交的材料，耐心听取当事人的陈述，深入进行调查研究。

（三）调解员应遵循公平和正义原则，在查明事实的基础上，采取适当的方式，征询当事人意见，提出解决争议的建议。

第二十六条 在调解调查中，调解员可向有关单位查阅与争议有关的文件、档案、资料，有关单位应当如实提供材料，协助进行调查。

第二十七条 争议调解委员会应当认真听取调解工作组的调查情况介绍和处理意见，充分进行研究讨论，确定调解建议、方案，反复征询争议双方意见，进行公平合理的调解，促使当事人互相谅解，达成和解协议。

四、争议调解的终止

第二十八条 当事人申请调解后，可以自行和解。双方和解的，可以请求争议调解委员会根据和解意愿作出和解协议书，也可以撤回调解申请。

在调解期间，双方当事人不得将争议提交仲裁或提起诉讼。

第二十九条 每项争议调解申请，争议调解机构应在确定的时间内调解争议双方达成和解协议；经调解未达成和解协议的，由当事人自行通过其他途径解决。

第三十条 经调解达成协议的，由争议调解委员会制作和解协议书。协议书内容由双方当事人商定。协议书经双方代表和首席调解员共同签名，加盖各方印章后生效。

第三十一条 调解达成和解协议后，双方当事人应当履行。调解不能达成协议的或调解达成协议后三个月仍不履行的双方当事人可自行将争议提交仲裁或提起诉讼。

第四章 附 则

第三十二条 双方当事人应当按照规定交纳调解费用。调解费用包括调解受理费和调解处理费。调解受理费按件计收，具体收取标准本着保证争议调解机构正常运行的原则，由争议调解机构制订，经工商行政管理部门核准后执行。调解处理费按实际开支收取。全部调解费用由争议双方平均负担。

第三十三条 本规则由水电建设行业主管部门解释。

第三十四条 本规则自发布之日起施行。

关于《水电工程建设经济合同争议调解暂行规则》的有关说明

一、宗旨

《水电工程建设经济合同争议调解暂行规则》（以下简称《调解规则》）第一条规定："为了公正调解水电工程建设经济合同争议，维护争议双方当事人的正当权益，促进水电工程建设顺利进行，推动水电建设事业发展，根据《经济合同法》的有关规定和水电建设实际情况，制定本规则。"本规则开宗明义说明了制定《调解规则》的宗旨和根据。

经济合同制度是我国社会主义市场经济不可缺少的法律制度之一。近年来，随着市场经济的不断发育和发展，经济合同争议纠纷逐年增加，为解决争议纠纷，国家和当事人都花费了大量的人力、物力和财力。

我国《经济合同法》第四十二条规定："经济合同发生纠纷时，当事人可以通过协商或者调解解决。当事人不愿通过协商、调解解决或者协商、调解不成的，可以依据合同中的仲裁条款或者事后达成的书面仲裁协议，向仲裁机构申请仲裁。当事人没有在经济合同中订立仲裁条款，事后又没有达成书面仲裁协议的，可以向人民法院起诉。"《经济合同法》的规定为制定《调解规则》提供了法律根据，规定指明解决经济合同争议纠纷的途径有四种：当事人自行协商；通过某个组织或上级行政主管机关或某个人进行调解；将争议纠纷变成仲裁请求，提交仲裁委员会进行仲裁；将争议纠纷变成诉讼请求，向人民法院提起诉讼，通过审判来解决。究竟采用哪一种途径来解决争议纠纷，当事人可以自己选择。

争议最初一般是由一方当事人提出争议的意见而产生，而后果则根据争议的发展而有所不同。如果当事人一方或双方将争议变成诉因和请求向人民法院提起了诉讼，那么该项争议就变成了一桩经济合同诉讼案件。如果当事人一方或双方根据在经济合同中约定的条款向某个仲裁机构提出仲裁申请，那么该项争议就变成了经济合同仲裁案件。如果合同的当事人通过自行协商或合同双方以外的第三方的调解，克服了双方之间的矛盾，平息了争议，那么该项争议就不会再转变为诉讼案件或仲裁案件了。

调解与仲裁或诉讼相比较，调解具有程序简单，随意灵活，能及时、迅速解决争议纠纷的特点。对于双方当事人来说，比较节省时间、人力和财力，而且能够不伤感情，维护和睦关系；对于工程建设来说，能够不因争议而造成工程停顿延误建设工期，从而有利于工程建设的顺利进行。

总之，为了公正调解水电工程建设经济合同争议，维护争议双方当事人的正当权益，促进水电工程建设顺利进行，推动水电建设事业发展，根据《经济合同法》的有关规定和水电建设实际情况，制定本规则。

二、指导思想

水电工程建设经济合同争议调解总的指导思想是：坚持市场经济的原则，按照市场经济规律办事，积极发挥中介组织的作用，依靠水电建设行业自己的力量，充分运用民间调解方式，公正合理调解处理争议纠纷，力争水电建设行业内部解决争议，尽量避免通过诉讼或仲裁解决争议，建立和形成一套既符合水电工程建设实际又与国际惯例接轨的争议调解制度，维护水电建筑市场的正常秩序，促进水电建设健康稳定地发展。

水电工程建设开展经济合同争议调解工作的客观要求及其必要性为：

1. 水电工程建设的实际需要

自1984年鲁布革水电站国际招标开始，十几年以来，我国水电建设管理体制改革以业主（项目法人）负责制、建设监理制和招标承包制为基本框架，确立了新的管理体制，在水电工程建设中，形成甲乙方经济关系，促进了水电建设的不断发展。但是，与此同时由于市场体系不完善，市场机制不健全，市场主体不成熟，市场行为不规范，建立和培育水电建筑市场需要一个较长的过程，工程建设不可避免地出现了大量的经济合同争议纠纷，而且一些争议金额较大，难以处理，久拖未决，由此造成工程建设甲乙双方的矛盾，困扰和影响了水电工程建设的顺利进行。

在市场经济条件下，经济建设越发展，经济合同运用越广泛，经济合同争议纠纷相对就会越多。为了适应市场经济发展的形势，满足水电建设改革和发展的需要，开展争议调解工作成为健全和规范水电建筑市场的一项极为重要内容。

2. 电力工业管理体制改革的需要

水电建设管理体制改革以来，工程建设甲乙双方发生争议纠纷时，一般都由行政主管部门调解处理，在过去一个时期，这种行政调解方式起到了一定的作用。但是，应当看到随着我国市场经济体制的逐步建立和健全，政府主管部门不断转变职能和改变管理方式，再单纯依靠政府部门的行政调解处理解决争议纠纷，已经愈来愈不能完全适应市场经济的要求。尤其当前，党中央和国务院已决定对我国电力工业管理体制实行重大的改革。根据改革实施方案，按照转变政府职能和实行政企职责分开的原则，组建了国家电力公司。

目前，电力部继续行使对电力工业的行政管理职能。但是，根据转变政府职能的原则，电力部将不再处理水电工程建设过程中出现的具体问题，工作精力不可能也不应该过多和直接介入大量的工程管理事务。

国家电力公司主要承担国有资产经营职能和企业经营管理职能，不再行使政府行政管理职能和行业管理职能，为此客观上已不具备从事争议纠纷行政调解的必要条件。电力部与电力企业之间的关系也将发生很大的变化，国家电力公司及其所属企业以资本为纽带，形成层层母子关系，国家电力公司与非所属电力企业，则通过必要的形式，形成一定的关联关系。特别是在多家办电的格局中，在独立发电公司不断涌现和持续发展的形势下，国家电力公司及其所属企业只是水电工程建设项目的出资人之一，或者不是工程项目的出资人。客观情况表明，作为改革产物的国家电力公司不适宜于承担争议调解任务。

因此，为了适应电力工业体制改革，水电工程建设必须改变过去单纯依赖行政调解处理解决争议纠纷的做法，积极发挥中介组织的作用，充分运用民间调解方式，建立和形成一套既符合水电工程建设实际又与国际惯例接轨的争议调解制度，促进水电建设正常有序地进行。

3. 全面与国际惯例接轨的需要

对外开放是建设有中国特色社会主义的一项基本国策，吸收和借鉴世界各国先进的科学技术、经营管理方法以及其他一切有益的知识和文化，是对外开放的重要内容。国际惯例是在一定时期内国际市场上被广泛认可和普遍采用的一些通用做法、办法，是国际市场经济长期发展的结果，它经历了国际市场的较长期的实践和不断的补充完善、修改。与国际惯例接轨实际上体现了按市场经济规律办事的原则。水电工程建设管理与国际惯例接轨，是水电建设改革与发展的一项重要战略任务。

二滩水电工程为世界银行贷款项目，工程建设采取国际招标。按照世行要求，工程建设项目甲乙双方协商聘请成立了争议评审组（DRB）。在工程建设中，争议评审组（DRB）调解处理了一批争议纠纷，维护了甲乙双方的正当权益，对工程建设的稳定顺利进展起到了积极的作用。实践证明，组建调解机构，运用技术专家进行工程建设项目的争议调解，是一种较为有效的方式、办法。二滩工程在此方面采用国际惯例取得了良好的效果，它的经验值得水电建设行业学习、推广和应用。

吸收和利用外资是我国加快现代化建设的重要条件。根据水电建设中长期发展规划，今后若干年一批大中型、特大型水电工程项目陆续开工建设，为了弥补国内建设资金的不足，许多水电项目仍将继续利用外资进行工程建设。按照世界银行新版的菲迪克合同条款规定，工程项目都必须设立争议评审组。因此，适应这一客观形势，在水电工程建设领域开展工程项目争议调解工作，也是水电建设全面与国际惯例接轨的迫切需要。

三、基本原则

根据《调解规则》的规定，争议调解机构在进行调解时，应当依据和采用以下原则：

（一）坚持合法合理原则

争议调解必须在国家法律法规的规定和双方合同约定的范围内进行，否则调解就会变成无原则的调解。在坚持合法合理原则的基础上，适当考虑合情。

（二）坚持自愿原则

只有在双方当事人自愿接受调解的基础上，调解方可进行，否则调解就会毫无意义。《调解规则》充分体现了自愿原则：

首先，《调解规则》第二条规定：“凡水电工程建设的当事人之间发生经济合同争议，真诚寻求友好解决并同意适用本规则时，本规则得以适用。”明确规定了调解处理争议纠纷的前提条件。

其次，调解处理争议纠纷遵循当事人自愿原则，当事人应当自愿申请调解，自觉履行和解协议。

再次，争议双方当事人对于争议调解一般程序可以选择、中断和终止。可以选择争议评审组，也可以选择争议调解委员会。已选择争议评审组但又不同意其评审的，可以中断再行选择争议调解委员会的调解。充分体现当事人自愿原则。

第四，当事人申请调解后，可以自行和解。双方和解的，可以请求争议调解委员会根据和解意愿作出和解协议书，也可以撤回调解申请。

最后，调解达成和解协议后，双方当事人应当履行。调解不能达成协议的或调解达成协议后三个月仍不履行的，双方当事人可自行将争议提交仲裁或提起诉讼。

但是，凡事先按照《水利水电工程施工合同范本》的要求，已在合同中同意并订立通过调解方式解决争议条款的，当合同发生争议时，当事人一方根据合同约定的条款向争议调解机构提出调解申请，另一方应当遵守约定，同意调解。争议调解机构可根据当事人一方的申请，进行调解。

（三）坚持公平原则

调解必须公平维护合同争议当事人双方的正当权益，争议调解机构应当站在双方的立场上，不偏不倚，对双方当事人作同样的说服工作，促使双方当事人自愿接受调解，达成一致意见。

水电工程建设经济合同争议调解，必须在调查研究查清事实的基础上，根据国家的法律法规规定和双方的合同约定，遵循客观正义的原则，以中立和公正的态度，进行公平合理的调解处理，保障当事人平等地行使权利，努力促进双方当事人达成和解协议，力求友好地解决争议。

（四）坚持一次调解原则

调解争议实行一次调解制度，已经调解处理的不再重新受理。调解的特点是简易、迅速，如果一项争议调解之后不履行，而是再次申请调解，以至形成一而再、再而三的多次调解，耗费较多人力、物力，一次调解带有“一锤定音”感觉，可以避免长时间的调解，增强调解的权威性，充分发挥调解的优越性。

四、适用范围

在水电工程建设过程中，因各种原因产生的争议纠纷范围广泛，数量较多，情况复杂，一方面所有争议纠纷不可能都靠中介组织处理解决，水电争议调解机构也无此力量，另一方面确定争议调解范围，便于当事人及时正确地提出争议申请，有利于争议调解机构尽其职责，防止自定范围、随意受理问题的发生。因此，事先明确水电工程建设争议调解工作的范围很有必要。

（一）水电工程项目经济合同争议调解范围，顾名思义，一是主要从事水电工程建设争议调解。对于与水电工程相类似的其他工程项目，在条件允许的情况下，也可进行。二是专门调解经济合同争议纠纷。经济合同是形成工程建设甲乙双方经济法律关系的基础，争议调解以双方的合同约定为依据，凡因合同而发生的争议纠纷，争议调解机构予以调解处理。对于经济合同方面以外发生的各种问题和矛盾，争议调解机构不负责处理解决。

同时，根据开展争议调解工作的指导思想，《调解规则》规定：“凡是争议调解机构可作调解的争议，水电建设行政主管部门一般不作调解处理。”在调解范围上，尽量避免和减少因范围不清而政出多门或互相推诿现象的发生。

(二)水电建设争议调解机构在争议调解的范围划分上，项目争议评审组主要负责单一工程项目(即本工程项目)的争议调解；争议调解委员主要负责水电建设行业的争议调解。

争议调解机构一般应在规定的范围内调解处理水电工程建设经济合同争议。但是，对于水电工程建设来说，由中介组织机构进行争议调解是一件新生事物，还有待于摸索实践和积累经验，因此，目前《调解规则》没有对争议调解机构之间的调解范围作出明确的规定。

《调解规则》原则上只适用于水电工程项目建设各方法人之间的争议调解。

五、调解程序

根据《调解规则》的规定，水电工程建设经济合同争议调解的一般程序为：争议调解的提出；项目争议评审组的调解；争议调解委员会的调解；争议调解的终止。

(一) 争议调解的提出

在履行合同中，双方当事人发生争议，应本着互谅互让的精神进行友好协商，并征求监理单位的意见。协商不成或不接受监理单位的审议决定，可将争议提交争议调解机构调解。

(二) 项目争议评审组的调解

工程建设项目已聘请成立争议评审组的，当合同履行发生争议时，争议任何一方可将争议提交项目争议评审组调解。

项目争议评审组首先按照有关合同条款的规定与工程建设项目甲乙双方共同签定争议调解工作协议，然后根据争议评审三方协议的内容规定，进行评审调解。

(三) 争议调解委员会的调解

凡合同履行发生争议或合同争议任何一方不接受项目争议评审组的评审调解意见，可将争议提交争议调解委员会调解。

争议调解委员会的主要调解程序与步骤是：

1. 争议当事人双方按照争议调解委员会的规定，提出调解申请。

2. 争议调解委员会同意受理的争议，申请人按规定预交调解受理费。

3. 争议调解委员会根据争议情况组织若干名调解员成立调解工作组，进行调查研究。

4. 争议调解委员会听取调解工作组的调查情况介绍和处理意见，讨论研究确定调解建议、方案。

5. 按照调解方案，反复征询争议双方意见，促使当事人互相谅解，达成和解协议。

(四) 争议调解的终止

当事人申请调解后，可以自行和解。双方和解的，可以请求争议调解委员会根据和解意愿作出和解协议书，也可以撤回调解申请。

经调解达成协议的，争议调解委员会主持当事人双方签订和解协议书。和解协议签订后，双方当事人应当履行。

调解不能达成协议的或调解达成协议后三个月仍不履行的，双方当事人可自行通过其他途径解决。

为了充分体现争议调解的自愿原则，《调解规则》明确规定，争议双方当事人对于争议调解一般程序可以选择、中断和终止。同时，为了保证争议调解活动严肃、认真、有效地进行，《调解规则》规定，在调解期间，双方当事人不得将争议提交仲裁或提起诉讼。

六、调解效力

(一)通过调解产生的协议与仲裁裁决书的法律效力不同。调解协议由双方当事人自动履行，不具有强制执行的法律效力。

调解的最圆满的结果就是产生一个双方共同接受和认同的解决争议的方案，这个方案在最大程度上满足双方当事人的愿望。因此，经调解达成的协议，一般当事人会自觉、主动履行。当然也有的当事人翻悔已签署的协议，不履行协议条款。但是，协议已经成立，即使争议纠纷被提请仲裁机关或人民法院仲裁、审判，只要调解达成的协议无违法或其他不当之处，仍会成为仲裁机关或人民法院处理争议纠纷的依据。也就是说调解不具有直接的法律效力，但有重要的间接作用。

(二)《调解规则》第六条规定：“凡是争议调解机构可作调解的争议，国家水电建设行政主管部门一般不作调解处理。对于争议调解机构按照正常程序调解达成的和解协议，国家水电建设行政主管部门和工程项目贷款金融机构予以尊重和支持。”对于争议调解机构按照正常程序调解达成的和解协议，除争议调解机构在调解处理活动中发生违法行为造成重大失误的以外，国家水电建设行政主管部门和工程项目贷款金融机构则站在争议调解机构的立场上，尊重和支持争议调解机构作出的调解方案。如有的当事人不履行协议，国家水电建设行政主管部门和有关金融机构，必要时可发挥职能作用，采取相应措施，促使双方当事人履行协议。

七、取费标准

《调解规则》第三十条规定:"双方当事人应当按照规定交纳调解费用。调解费用包括调解受理费和调解处理费。调解受理费按件计收,具体收取标准本着保证争议调解机构正常运行的原则,由争议调解机构制订,经工商行政管理部门核准后执行。调解处理费按实际开支收取。全部调解费用由争议双方平均负担。"

《调解规则》明确规定争议调解收取调解费用的意义在于:

一是可以保证争议调解工作长期稳定的开展。争议调解机构调解争议纠纷要投入必要的人力、物力,需要耗费一定的费用。由于争议调解机构不是行政机构,不是事业单位,是市场经济中的中介组织,实行独立核算,自负盈亏。调解费用没有其他来源,只能依靠争议当事人的交纳。争议由当事人引起,所有调解费用由当事人自已负担(争议双方平均负担),既是合情合理的,也是必要的。只有这样,才能保证争议调解工作的顺利进行。

二是可以增加争议调解机构的责任感,提高服务意识和工作质量,促使争议调解机构认真负责地调解争议纠纷。

三是可以增强当事人的法制观念,促使当事人以严肃、慎重的态度对待自己的行为,提高执行合同的责任心,有利于当事人主动履行义务。

四是收取调解费用实际上是一种经济上的约束,可以防止某些不正当行为导致的人力、物力浪费,尽量减少一些完全不必要的调解,有利于当事人双方协商和解。

由于水电工程建设具有投资巨大,合同标的价额较大的特点,调解受理费如照搬诉讼与仲裁实行的依率计收方法,即根据争议价额的大小不同,按照不同的比例收取,必然造成调解费用偏高,这样既增加当事人的经济负担,也不利于争议调解工作的广泛开展。因此,争议调解收费方法要体现水电建设争议调解的宗旨、目的,《调解规则》规定,调解受理费采取按件计收的方法收取。同时,争议调解机构制订具体收费标准时,只能本着保证组织机构正常运转的原则,不应制订过高的收费标准,收费标准要按照程序经工商行政管理部门核准,收费标准、项目要公开,不能变相多收费。

八、有关词语含义

(一)争议

经济合同争议是指在合同订立至完全履行之前,合同当事人因对合同条款理解产生歧义或因当事人违反合同的约定,不履行合同中应承担义务等原因而产生的纠纷。

(二)调解

调解是指第三者(调解人)应合同争议纠纷当事人的请求,根据有关法律的规定和合同的约定,就双方当事人的合同争议纠纷对双方当事人进行说服教育,以说服当事人在互相谅解、互相让步的基础上达成协议,解决合同争议。

(三)争议评审三方协议

工程建设项目甲乙双方根据工程建设实际需要,事先按照水电工程施工合同条款和水电工程建设经济合同争议调解暂行规则的规定,选择项目争议评审组调解方式,双方协商聘请成立项目争议评审组(即合同履行前聘请设立的第三者),并与项目争议评审组共同签订争议评审工作协议,以此建立经济法律关系,确立各方的权利义务。项目争议评审组根据三方协议内容,对双方合同履行中的争议进行评审。

电力部关于《水电工程建设监理规定》、《水电工程建设监理单位资质管理办法》、《水电工程监理工程师资质管理办法》的通知

(1996年12月20日电水农[1996]882号)

为加强水电工程建设管理,深化改革,规范水电监理市场,根据国家有关规定,结合水电工程建设特点,部组织有关单位、专家重新修订了《水电工程建设监理规定》、《水电工程建设监理单位资质管理办法》、《水电工程监理工程师资质管理办法》,印发给你们,请遵照执行,原能源水电(1993)49号文废止。

执行中的问题和意见请及时告部水电农电司。

水电工程建设监理规定

第一章 总 则

第一条 为了确保水电工程建设质量,提高投资效益和工程建设水平,加强水电工程建设监理(以下简称水电监理)的管理,促进水电监理事业健康发展,根据建设部、国家计委《工程建设监理规定》,结合水电工程建设特点,特制定本规定。

第二条 在中华人民共和国境内进行水电工程建设的项目,必须实行建设监理制和遵守本规定。

第三条 本规定所称水电监理是指监理单位受项目法人的委托,依据国家有关工程建设的法律、法规和技术标准,批准的工程建设文件,工程建设合同及监理合同等,对水电工程建设实施的管理。

第四条 从事水电监理活动，应当遵循守法、诚信、公正、科学的准则。

第二章 水电监理的管理机构及职责

第五条 电力工业部及其授权机构归口管理全国水电工程建设监理工作。

电力工业部的主要职责：

（一）贯彻执行国家建设监理的法律、法规和方针政策，制定水电监理的有关法规，并监督实施；

（二）审批全国水电工程建设监理单位资质，初审并向建设部推荐国家甲级监理单位；

（三）管理全国水电监理工程师的培训和资格考试、考核、审批、发证、注册管理等工作；

（四）指导、监督和协调全国水电监理工作；

（五）组织全国水电监理工作总结和经验交流。

第六条 各省、自治区、直辖市电力（管）局归口管理本行政区域内水电监理工作，其主要职责：

（一）贯彻执行水电监理规定、办法等，并组织实施；

（二）指导和管理所辖范围水电监理工作；

（三）组织所辖范围内水电监理工作经验交流；

（四）协助电力部对监理单位、监理人员资质进行管理；

（五）完成电力部交给的其他有关任务。

第三章 工程建设监理范围及内容

第七条 水电监理的范围

（一）大中型水电工程项目；

（二）外资、中外合资、国外贷款、赠款、捐款建设的大中型水电工程项目；

（三）限额以上技改水电工程项目；

（四）小型水电工程项目可参照执行。

第八条 水电监理的主要内容是依据工程合同控制工程的质量、投资和工期，进行工程合同管理并协调有关方面的工作关系。

第九条 水电监理是全过程，包括设计阶段、施工阶段的监理。提倡有条件的项目实行设计阶段监理。不同的监理单位可以分别承担不同的工程部位和监理内容。施工阶段系指从工程招标、施工准备、正式开工至竣工的阶段。

第四章 水电监理合同与监理程序

第十条 项目法人一般通过招标投标方式择优选定监理单位，并报电力部备案。参加投标的监理单位应具备合格的资质和业绩。

第十一条 监理单位承担监理业务，应当与项目法人签订书面的工程监理合同。监理合同内容应包括监理的工作范围、内容及时间，双方权利与义务，监理费用的计取与支付，工作条件，争议的解决方式，违约责任和双方约定的其他事项，参照《水电工程建设监理合同示范文本》。

第十二条 监理费在工程概算中专项列支。监理合同价格应遵守国家取费规定。

第十三条 监理单位应根据所承担的监理任务及监理合同要求，组建专业配套高效的监理机构。监理机构一般由总监理工程师、监理工程师和其他监理人员及必备的检测设备手段组成。承担工程施工阶段的监理，监理机构应进驻施工现场。

第十四条 工程建设监理一般应按下列程序进行：

（一）编制工程建设监理规划；

（二）以工程承建合同文件为依据，按工程建设进度、分专业和分项工程项目编制工程监理细则或监理的工作规程；

（三）按照建设监理细则或监理工作规程进行监理；

（四）组织、主持或参与中间、阶段、分部、单位工程验收及工程竣工预验收，并签署监理意见；

（五）监理业务完成后，向项目法人提交工程建设监理档案资料和工作总结报告。

第十五条 实施监理前，项目法人应当将委托的监理单位、监理的范围及内容、总监理工程师姓名及所授予的权限，书面通知被监理单位及相应的方面。其授予监理单位的职责与权限应在与被监理单位签订的工程建设合同中予以明确。

第十六条 水电监理过程中，被监理单位应当按照与项目法人签订的工程建设合同的规定接受监理，并为监理工作提供方便，按规定提供完整的有关施工技术经济资料。

第十七条 项目法人与承包单位在执行合同中发生争议，应首先提交总监理工程师协调解决，总监理工程师应尽快调查研究，公正处理并书面通知双方。

第十八条 监理单位与项目法人之间是被委托与委托合同关系，项目法人应根据工程情况和需要在监理合同中明确授予监理单位的责权。为保证施工现场及时、有效、公正地监理，应授予监理单位该监理目标的质量否决权，签发付款凭证和开工、停工、返工、复工令权。

监理单位依据合同中项目法人授予的责权开展监理工作，一般情况下监理机构应是该监理项目唯一的现场施工管理者，项目法人的决策和意见应通过监理单位贯彻执行，以避免现场指挥混乱。

第十九条 监理单位在执行工程施工阶段监理合同的过程中，应贯彻设计意图，提出设计修改和优化意见，管理项目法人签订的设计合同。设计变更应按合同及有关规定办理。

设计的有关通知、图纸、文件等须通过监理单位，下达到施工单位。要求变更设计时，须通过监理单位向设计单位提出。

第二十条 监理单位要按规定定期向项目法人报告工程情况；监理单位未经授权无权变更项目法人与被监理的承包单位的施工承包合同；对涉及工程工期、质量和成本等重大变更时，应及时向项目法人报告，由项目法人最后决定并按国家规定的基建程序办理。

第二十一条 水电监理实行总监理工程师负责制。总监理工程师行使合同赋予监理单位的权限，全面负责受委托的监理工作。承担大中型水电项目的总监理工程师，应具备相应的资质条件。

总监理工程师变更时，应经项目法人同意，并通知被监理单位。

第二十二条 总监理工程师在授权范围内发布有关指令，项目法人不得擅自变更总监理工程师的指令。

总监理工程师有权建议中止工程承建单位合同，撤换承建单位项目负责人及其他主要人员。

第五章 工程建设监理单位与监理工程师

第二十三条 监理单位实行资质审批制度。

设立水电监理单位，须经电力部批准，工商管理部门登记注册，方可承担与其资质等级相应的水电工程项目的监理任务。

水电监理单位的开业和资质的审批，依照《水电工程建设监理单位资质管理办法》执行。

第二十四条 水电监理单位是水电建设市场的主体之一，水电监理是一种高智能的有偿技术服务。水电监理单位应严格遵照资质等级和监理范围承接监理业务。正确执行国家法规政策和水电监理的有关规定。按照“公正、独立、自主”的原则，开展工程建设监理工作，公正地维护项目法人和被监理单位的合法权益。

第二十五条 监理单位必须遵守下列规定：

(一) 不得与监理的工程项目的施工承包单位、设备制造和材料供应单位有经营性隶属关系或合伙关系；

(二) 监理单位成员不得在政府机关兼职，不得是所监理工程项目的施工承包单位、设备制造或材料供应单位的人员；

(三) 监理业务原则上不得分包，如确需分包，须经项目法人的书面同意，并签订分包合同；

(四) 兼承监理业务的单位，其监理机构和主要人员必须相对独立和稳定。

第二十六条 监理单位在监理过程中因自身过失造成工作重大损失的，应承担一定经济责任和法律责任。

第二十七条 大中型水电工程项目法人组建监理机构进行监理时，必须具备以下条件：

(一) 组建相对独立的专业化监理机构，并签订内部管理办法，明确监理的责权利；

(二) 电力部申请监理的资格，经审查合格后，应取得相应的资质等级证书；

(三) 电力部单项申报监理的工程项目范围、内容及其监理负责人，取得批准后方可进行。

第二十八条 监理工程师实行注册制度，监理工程师的资质管理按《水电工程监理工程师资质管理办法》执行。

监理工程师不得出卖、出借、转让、涂改《监理工程师证书》。

监理工程师必须遵循守法、公正、科学、服务为宗旨的职业准则。

第六章 外资、中外合资和国外贷款、赠款、捐款建设的工程建设监理

第二十九条 国外公司或社团组织在中国境内独立投资的水电工程项目，如果需要委托国外监理单位承担建设监理业务时，应当聘请中国水电监理单位参加，进行合作监理。

中国监理单位能够监理的中外合资的水电工程建设项目，应当委托中国水电监理单位监理。若有必要，也可以委托与该工程项目建设有关的国外监理单位参与监理或者聘请其为监理顾问。

国外贷款、赠款、捐款建设的水电工程项目，应由中国水电监理单位负责建设监理。

第三十条 外资、中外合资建设的工程项目的监理费用计取标准及付款方式，参照有关规定和国际惯例由双方协商确定。

第七章 奖 罚

第三十一条 监理单位违反本规定，有下列行为之一的，可由电力部给予通报批评、警告、责令停业、降低资质等级、吊销资质证书的处罚，并可处以罚款。

(一) 未经批准而擅自开业；

(二) 超出批准的业务范围从事水电监理活动；

(三) 非法转让监理业务；

(四) 故意损害项目法人、承包商利益；

(五) 因工作失误造成重大损失；

(六) 通过不正当竞争手段，骗取监理合同的。

第三十二条 监理工程师违反本规定，有下列行为之一的，由水电监理主管部门没收其非法所得，收缴《监理工程师证书》，并可处以罚款。

（一）假借监理单位的名义从事监理工作；

（二）出卖、出借、转让、涂改《监理工程师证书》；

（三）在影响公正执行监理业务的单位兼职；

（四）违反职业道德。

第三十三条 水电监理单位及人员，对原设计或施工方案提出合理化建议并被采纳的，可参照国家有关规定或监理合同予以奖励。

由于工程提前发电、节约投资业主取得效益，业主应参照国家有关规定或监理合同给予奖励。

第三十四条 在工程建设中，由于监理单位责任而造成的经济损失，由监理单位负相应的经济责任。具体的内容由双方在监理合同中协商确定。

第八章 附 则

第三十七条 本规定由电力工业部负责解释。

第三十八条 本规定自颁布之日起施行。原能源部能源水电〔1993〕49号文颁发《水电工程建设监理暂行规定》同时废止。

水电工程建设监理单位资质管理办法

第一章 总 则

第一条 为加强水电工程建设监理单位的资质管理，促进水电工程建设监理（以下简称水电监理）工作的健康开展，根据《水电工程建设监理规定》特制定本办法。

第二条 本办法适用于从事水电监理业务的各类监理单位。

第三条 水电监理单位资质是指：该单位应具备的人员数量、素质、监理手段、资金数量、专业技能、管理水平和监理业绩等条件。

第四条 电力工业部及其授权机构归口管理全国水电监理单位的资质管理工作。

第二章 水电监理单位的设立、变更和停业

第五条 监理单位应具备以下条件，方可开展监理业务。

（一）有合法的名称、组织机构和工作场所；

（二）有与监理业务相适应的资金、技术和经济管理人员，以及必要的设备和检测手段；

（三）经电力部审查合格并发给的《监理单位资质等级证书》。

（四）根据《中华人民共和国企业法人登记条例》，取得法人资格。

第六条 设立水电监理单位，必须填写《监理单位设立申请书》，并向水电监理主管部门申请资质审批，合格后取得《监理单位资质等级证书》，同时向工商部门申请注册登记，领取营业执照。新设立的监理单位二年内暂不定级，只核发临时《监理单位资质等级证书》在有一定业绩后方可申请办理定级。

第七条 申请水电监理单位资质应当具备以下条件，并填写统一的《监理单位定级申请书》。

（一）单位《企业法人营业执照》副本；

（二）法定代表人和技术负责人专业资格证明文件及工作简历；

（三）取得监理工程师证书的人员一览表，包括姓名、年龄、专业、职称和监理工程师证书号等；

（四）单位组织章程；

（五）监理业绩及证明材料；

（六）注册资金证明；

（七）主要监理手段；

（八）拟申报的监理业务范围及等级。

第八条 向水电监理主管部门申请升级时，需报送以下材料：

（一）升级申请书；

（二）原《监理单位资质等级证书》和《营业执照》副本；

（三）法定代表人与技术负责人的有关证件；

（四）《监理业务手册》及业绩说明；

（五）其他有关证明文件。

第九条 水电监理单位发生以下情况之一的，应当先向原资质审批部门申请办理有关手续后，再向工商行政管理机关申请办理变更登记或注销登记。

（一）分立或者合并，应当向原资质审批部门交回原《监理单位资质等级证书》，经重新审查资质或者核定等级后，取得相应的《监理单位资质等级证书》；

（二）法人代表人变更，或技术负责人变更应向原资质管理部门申请办理变更手续；

（三）监理单位歇业或者因其他原因终止业务的，应当报资质审批部门备案，并交回其《监理单位资质证书》。

水电监理单位分立、合并或终止时，必须保护其财产，依法清理债权、债务。

第三章 水电监理单位的资质等级与监理范围

第十条 水电监理单位的资质等级分甲、乙、丙三级和专业监理，相应的资质条件如下：

（一）甲级

1. 法定代表人和技术负责人由取得水电工程监理工程师资格证书的具有高级专业职称的人担任；

2. 取得监理工程师资格证书的工程技术与经济

的专业人员不少于50人，且人员专业配套，其中高级工程师不少于10人，高级经济师不少于3人。各专业负责人应具有高级专业职称；

3. 拥有健全的组织机构，完善的管理制度，先进的管理手段和方法；

4. 监理过一个装机容量75万千瓦以上或两个装机容量75万～25万千瓦的大型水电工程；

5. 监理单位注册资金100万元以上。

（二）乙级

1. 法定代表人和技术负责人由取得水电工程监理工程师资格证书的具有高级专业职称的人担任；

2. 取得监理工程师资格证书的工程技术与经济的专业人员不少于30人，且人员专业配套，其中高级工程师不少于5人，高级经济师不少于2人。各专业负责人应具有高级专业职称；

3. 拥有健全的组织机构，完善的管理制度，先进的管理手段和方法；

4. 监理过一个装机容量25万～75万千瓦的大型水电工程或二个中型水电工程；

5. 注册资金50万元以上。

（三）丙级

1. 法定代表人或技术负责人由取得监理工程师资格证书的具有高级专业职称的人担任；

2. 取得监理工程师资格证书的工程技术与专业人员不少于10人，其中高级工程师不少于2人，高级经济师不少于1人，且各专业负责人应具有中级专业职称，同时人员专业配套；

3. 拥有健全的组织机构，完善的管理制度，较先进的管理手段和方法。

4. 监理过一个中型水电工程；

5. 注册资本金不少于25万元。

（四）专业监理

1. 技术负责人由取得监理工程师证书的具有高级专业职称的人员担任；

2. 具有足够的专业技术人员和先进的管理监测手段和方法；

3. 具有丰富的本专业监理经验；

4. 注册资金不少于25万元。

第十一条 各等级专业监理单位的监理业务范围如下：

（一）甲级单位可以监理各类水电工程；

（二）乙级单位可以监理75万千瓦及以下各类水电工程；

（三）丙级可以监理中型及以下各类水电工程；

（四）专业监理，可以在核定的专业监理范围内从事监理业务工作。或针对具体工程项目的专业范围核发《监理单位资质等级证书》。

第四章 水电监理单位资质的监督管理与奖罚

第十二条 水电监理单位的资质等级二年核定一次。凡达到上一等级条件的，可以申请升级，不能维持原等级条件的，应予以降级。在不满二年期限内，也可视监理业绩经水电监理主管部门批准，暂承担上一级的监理业务。

第十三条 全国水电工程监理资质评审委员会负责审定水电监理单位的监理资质，由电力部核批颁发《监理单位资质等级证书》。

第十四条 水电监理单位必须在资质等级规定或者批准的监理范围内从事监理业务活动，不得越级承担监理业务。

第十五条 水电监理单位应当建立《监理业务手册》，记录本单位承接的监理业务和经营实绩。必要时资质主管部门可随时通知有关的监理单位送验。《监理业务手册》内容与管理由主管机关统一制定。

第十六条 监理单位有下列行为之一的，由水电监理主管部门根据情节轻重，分别给予通报批评、警告、罚款、降低资质等级、责令停业整顿直至收缴资质证书等处罚。

（一）申请开业或申请资质等级时隐瞒真实情况，弄虚作假；

（二）未经批准擅自从事监理活动的，超出资质等级规定或者批准的监理范围从事监理活动的；

（三）聘用不合格监理人员承担监理业务的；

（四）涂改、出租、出借、转让、出卖《资质等级证书》的；

（五）损害委托单位或承建单位利益的；

（六）因监理过失造成事故的。

第十七条 监理单位对处罚不服的，接到通知十五日内，可向水电监理主管部门申请复议，过期未申请复议的，处罚决定生效。

第十八条 监理单位在监理工作中取得显著成绩的，水电监理主管部门将视情况给予表彰和奖励。

第五章 附 则

第十九条 本办法由电力部工业部负责解释。

第二十条 本办法自颁布之日起施行，原试行办法废止。

水电工程监理工程师资质管理办法

第一章 总 则

第一条 为加强对水电工程监理工程师的资格考

试、考核和注册工作管理，保证水电工程建设监理（以下简称水电监理）工作的正常开展，根据《水电工程建设监理规定》特制定本办法。

第二条　从事水电监理工作各专业的监理工程师，均适用于本办法。

水电工程监理工程师系岗位职务和执业资格，是指取得水电工程监理工程师资格证书，并经有效注册的可依法从事水电监理业务的人员。

第三条　申请水电工程监理工程师资格考试、考核和注册，由申请者所在的单位统一向电力工业部提出书面申请。

第四条　未取得监理工程师资格证书和未经有效注册的人员均不得以监理工程师的名义从事建设监理业务。

第五条　电力工业部及其授权机构归口管理全国水电工程监理工程师的资格考试、考核和注册管理工作。

第二章　监理工程师资格考试

第六条　水电工程监理工程师资格考试工作，在全国监理工程师资格考试委员会的指导下，由全国水电工程监理资质评审委员会负责实施，原则上每二年进行一次。

第七条　水电工程监理资质评审委员会每次考试主要任务：

（一）发布水电工程监理工程师资格考试公告；

（二）受理考试申请，审查参考资格；

（三）提出考试命题和合格标准，组织考试；

（四）组织阅卷评分与评定，提出资格合格人员名单；

（五）向水电工程监理主管部门书面报告考试结果；

（六）向全国监理工程师考试委员会报告工作。

第八条　申请参加监理工程师资格考试人员，必须具备以下条件：

（一）具有高级专业职称，或取得中级专业职称后具有三年以上水电监理工作实践经验；

（二）在水电监理主管部门认定的培训单位经过监理业务培训并取得合格结业证书。

第九条　经监理工程师资格考试合格者，需填写《资格申请表》，由单位组织申报，经批准后由水电工程监理主管部门核发水电工程监理工程师资格证书，并公布名单。

第十条　水电工程监理工程师资格证书，自核发之日起，五年内未经注册，证书失效。

第三章　监理工程师注册

第十一条　申请监理工程师注册，应同时具备以下条件：

（一）热爱中华人民共和国，拥护社会主义制度，遵纪守法，遵守职业道德，身体健康；

（二）已取得水电工程监理工程师资格证书；

（三）已被监理单位聘为上岗的监理工程师（聘书或单位证明），胜任工程建设监理工作。

第十二条　水电工程监理资质评审委员会收到由监理单位组织申报的注册申请后，依据第十一条进行审查，合格的予以注册。持注册后证书的监理工程师具有监理工程师业务权，但不得以个人名义承接监理业务。

第十三条　监理工程师资格三年复查一次。凡复查不合格者，不予注册或核销其监理工程师资格证书。

第十四条　要求再次从事监理业务的，未注册者应重新申请注册；需重新申请资格者应重新进行考试。

第四章　罚　　则

第十五条　对于以虚假或不正当手段获得监理工程师资格证书和注册的，主管部门将注销其证书，并在三年内不得再申请。

第十六条　对于未经注册便以监理工程师名义从事监理工程师业务的，由监理主管部门责令其停止执业，并取消其在三年内再申请资格；对其所在监理单位可以据情节，给予通报批评、罚款、降低资质直至收缴单位资质证书等处罚。

第十七条　当事人对行政处罚决定不服的，可在接到处罚通知之日起十五日内，向主管机关申请复议，过期未申请复议的，处罚决定生效。对复议决定不服的，可在收到复议决定之日起十五日内向人民法院起诉。

第五章　附　　则

第十八条　本办法由电力工业部负责解释。

第十九条　本办法自颁布之日起施行，原试行办法废止。

国家计委关于《工程咨询单位持证执业管理暂行办法》的通知

（1997 年 3 月 11 日　计政研［1997］506 号）

为规范工程咨询市场，加强工程咨询单位持证执业的管理，我委制定了《工程咨询单位持证执业管理暂行办法》，现印发给你们，请结合本部门、本地方的实际情况认真贯彻执行。

工程咨询单位持证执业管理暂行办法

第一章　总　则

第一条　为了进一步贯彻实施《工程咨询管理暂行办法》和《工程咨询单位资格认定暂行办法》，加强对工程咨询单位的管理，进一步规范工程咨询市场行为，特制定本办法。

第二条　本办法所称工程咨询单位持证执业，是指工程咨询单位必须以《工程咨询资格证书》为执业依据，并按照《工程咨询资格证书》认定的资格等级、专业和服务范围从事相应的工程咨询业务。

第三条　工程咨询单位持证执业的监督检查工作，实行由中国工程咨询协会统一指导，中国工程咨询协会与省、自治区、直辖市、计划单列市工程咨询协会（以下简称"地方协会"）分级管理的原则。

甲级工程咨询单位持证执业的监督检查与处理，由中国工程咨询协会负责；乙级单位持证执业的监督检查，由中国工程咨询协会委托地方协会或地方计委指定的单位负责，发现问题需要处理时，须报经中国工程咨询协会核准后实施；丙级单位持证执业的监督检查和处理，由地方协会或地方计委指定的单位负责。

第四条　外国工程咨询机构在中国从事工程咨询业务，应遵守《工程咨询单位持证执业管理暂行办法》，以及我国有关法律、法规的规定。

第二章　持证和执业范围

第五条　工程咨询单位所持证书是指按国家计委颁布的《工程咨询单位资格认定暂行办法》的规定，由国家计委审定签发的甲、乙级《工程咨询资格证书》，以及由各省、自治区、直辖市、计划单列市计委（计经委）审定签发的丙级《工程咨询资格证书》。

《工程咨询资格证书》含正本一份、副本两份。

第六条　各级工程咨询单位的执业范围如下：

甲级工程咨询单位可按《工程咨询资格证书》认定的专业和咨询服务范围，承担全国范围内的经济建设规划或专题咨询，以及大、中型基本建设项目或技术改造项目的工程咨询业务。

乙级工程咨询单位可按《工程咨询资格证书》认定的专业和咨询服务范围，承担所在地区内区域规划或专题咨询，承担中、小型基本建设项目或技术改造项目的工程咨询业务。

丙级工程咨询单位可按《工程咨询资格证书》认定的专业和咨询服务范围，承担所在地区小型基本建设项目或技术改造项目的工程咨询业务。

第三章　验　证

第七条　工程咨询单位在与工程咨询委托方洽谈或签订咨询合同时，须主动出示本单位的《工程咨询资格证书》副本和企业法人营业执照（或事业法人营业执照）。工程咨询委托方有权查验工程咨询单位的资格证书。

第八条　工程咨询单位完成委托咨询任务，报送咨询成果时，须将本单位《工程咨询资格证书》正本缩印件作为工程咨询报告的组成部分，一并报送。

《工程咨询资格证书》正本缩印件的统一规格为黑白 25 厘米×18 厘米。

第九条　工程咨询单位在接受委托对项目建议书、可行性研究报告、初步设计等提供评估咨询时，对无资格证书或超越资格等级的工程咨询单位编制的上述相应文件，不予评估。

项目审批部门在审批工程项目时，对由无相应工程咨询资格证书或超越认定的专业、服务范围和资格等级的工程咨询单位编制的有关报告、文件、设计、不予审批。

第十条　项目法人、项目审批部门在选择有资格的工程咨询单位时，可向中国工程咨询协会或地方协会查询。工程咨询协会应提供有关资料。

第十一条　具有不同资格等级的两个以上工程咨询单位合作承担工程咨询业务，报送咨询成果时，须同时报送参与合作的各工程咨询单位的资格证书正本缩印件。

第四章　监督检查

第十二条　工程咨询单位持证执业的监督检查采取工程咨询单位自查，中国工程咨询协会和地方协会按分级管理原则随机抽查、定期普查三种方式。具体实施办法由中国工程咨询协会另行规定。

第十三条　工程咨询单位持证执业实行社会监督。公民和其他社会组织对违反本办法规定的工程咨询单位，可以向中国工程咨询协会或地方协会举报。

第五章　罚　则

第十四条　国家计委委托中国工程咨询协会对违反本办法规定的甲、乙级工程咨询单位作出行政处罚的决定。违反本办法的丙级工程咨询单位由地方计委委托地方协会作出行政处罚的决定。

造成投资者严重损失的，应依法承担民事、刑事责任。

第十五条　工程咨询单位有下列行为之一者，根据其情节轻重，依法给予警告、降低资格等级、取消资格并收回资格证书等处罚。

1. 申请资格等级或升级时隐瞒真实情况，弄虚作假；

2. 超越资格等级证书规定的专业、服务范围承担工程咨询业务；

3. 伪造、涂改、拼凑、出租、出借、转让、出卖《工程咨询资格证书》；

4. 不遵守本办法第七条、第八条和第九条第一款规定；

5. 变更或终止业务，不及时办理核批或备案手续。

第十六条 未获得工程咨询资格证书的单位，不得从事工程咨询业务，违者依法追究责任。

第十七条 当事人对上述行政处罚决定不服的，可在收到处罚通知之日起15日内，甲、乙级工程咨询单位向国家计委申请复议，丙级工程咨询单位向省市计委（计经委）申请复议。

第六章 附 则

第十八条 本办法由国家计委会负责解释。

第十九条 本办法自1997年5月1日起施行。

电力工业部关于《水电建设工程质量管理暂行办法》的通知

（1997年4月22日 电水农［1997］220号）

为适应水电体制改革和建设发展的需要，规范和加强水电建设工程质量管理工作，切实保证工程质量，根据国家有关规定，结合水电建设的实际，部制定了《水电建设工程质量管理暂行办法》。现予颁发，请认真贯彻执行。

水电建设工程质量管理暂行办法

第一章 总 则

第一条 为加强水电建设工程质量管理，规范项目法人、监理、设计、施工（含安装）等建设各方的行为，明确各方职责，保证工程质量，依据国家有关法规，结合水电建设的实际，制定本办法。

第二条 本办法适用于电力工业部管理的全国大中型水电基本建设工程，其他水电工程可参照执行。

第三条 水电工程建设必须遵守国家有关质量管理的法律、法规和政策，并应在有关文件、合同中予以具体体现。

第四条 各方均应按合同约定的质量标准履行自己的义务。合同中有关质量约定不明确，按照合同条款内容不能确定，当事人又不能通过协商达成协议的，按国家质量标准履行，没有国家质量标准的，按同行公议标准履行。

第五条 水电建设工程质量监督总站（下称质监总站）具体负责水电建设工程的质量监督管理工作。

第二章 建设各方职责

第六条 可行性研究及以前阶段的勘测、规划设计等前期工作中的工程质量由设计单位负责，设计审查单位负审查责任。

第七条 工程建设实施过程中的工程质量由项目法人负总责。监理、设计、施工、材料和设备的采购、制造等单位按照合同及有关规定对所承担的工作质量负责。项目法人组建的建设单位在质量工作方面的职责，由项目法人予以明确。

第八条 项目法人应认真履行以下职责：1. 建立健全有效的工程质量保证体系；2. 进行资格审查，选择有质量保证能力的监理、设计、施工、材料和设备的采购、制造等单位；3. 在招标文件及合同文件中，明确工程、材料、设备等的质量标准以及合同双方的质量责任；4. 组织或委托专门机构负责设备监造、出厂验收和设备运输监督；5. 按本办法及有关规定组织或参加工程安全鉴定、工程质量检查、工程质量事故调查和处理、工程验收工作；6. 负责向质监总站报告工程质量工作；7. 组织好资金供应，保证合同规定的工程款到位，不得因资金短缺降低工程质量标准和影响工程安全。

第九条 监理单位对工程建设过程中的设计与施工质量负监督与控制责任，对其验收合格项目的施工质量负直接责任。监理单位应认真履行以下职责：1. 审批施工单位的施工组织设计、施工技术措施、施工详图；2. 签发设计单位的施工设计文件（包括施工详图）；3. 组织设计交底；4. 按规定负责进行施工质量监督与控制；5. 协助项目法人进行施工单位资格审查；6. 按本办法及有关规定组织或参加工程安全鉴定、工程质量检查、工程质量事故调查和处理、工程验收工作。

第十条 设计单位对设计质量负责。设计单位应认真履行以下职责：1. 建立健全质量保证体系，按规定履行设计文件的校审和核签制度，确保设计成果的正确性；2. 协助项目法人按国家批准的设计任务书中的质量标准确定合同条款和技术规范中的质量要求；3. 按合同和年度供图计划，保证供图的进度和质量；4. 按有关的规程规范和设计合同要求，开展施工地质预报和地质资料编录工作，根据现场施工试验或开挖揭露的地质条件，做好现场跟踪设计；5. 收集施工反馈信息，检查现场地质、施工成果是否符合设计假定、设计要求，对存在的问题向项目法人或监理单位反映意见和提供技术支持；6. 进行设计交底；7. 按本办法及有关规定参加工程安全鉴定、工程质量检查、工程质量事故调查和处理、工程验收工作。

第十一条 施工单位对所承包项目的施工质量负责，在监理单位验收前对施工质量负全部责任，在监理单位验收后，对其隐瞒或虚假部分负直接责任。施工单位应认真履行以下职责：1. 建立健全质量保证体系，建立健全权责相称的质量检测、质量管理机构；2. 在施工组织设计中，制定保证质量的技术措施；3. 组织本单位职工（包括临时合同工）的技术培训，提高职工的质量意识和保证施工质量的能力；4. 对本单位的分包单位及使用的临时合同工进行管理和监督，并对其承担工程的施工质量负责；5. 按本办法及有关规定参加工程安全鉴定、工程质量检查、工程质量事故调查和处理、工程验收工作。

第十二条 工程主要材料、设备，应由合同规定的采购单位负责招标采购，选定材料、设备的供货厂家，并负责材料、设备的检验、监造工作，对其质量负责；其他单位不得干预采购单位按规定进行自主采购的权利而指定供货厂家或产品。

第十三条 建设各方都应使现场技术力量、质量保证体系符合保证工程质量的要求。

第十四条 建设项目的项目法人、监理、设计、施工单位的行政正职，对本单位的质量工作负领导责任。各单位在工程项目现场的行政负责人对本单位在工程建设中的质量工作负直接领导责任。监理、设计、施工单位的工程项目技术负责人（总监、设总、总工）对质量工作负技术责任。具体工作人员为直接责任人。

各单位的行政正职和现场行政负责人，应采取措施，保证其质量的检测、控制和管理部门能独立行使职能。

第十五条 建设各方应定期进行工程质量总结。项目法人应将年终工程质量总结报质监总站。

总结的内容应包括：当期施工项目的质量情况；主要质量通病、质量事故发生的情况、原因及处理结果；质量管理方面的情况等。

第十六条 建设各方均有责任、有权利直接向质监总站和有关管理部门反映工程质量问题。

第三章 设计质量管理

第十七条 承担水电建设项目设计任务的单位，必须持有国家有关部门正式颁发的并与工程项目的建设规模相适应的水电勘测设计资质证书；严禁无证设计或越级设计。

第十八条 工程的勘测设计，必须按有关规定，由项目法人与设计单位签订勘测设计合同。

第十九条 项目法人可以实行设计进度质量保留金制度。在设计经费按合同及时支付的条件下，设计进度质量保留金按设计费的3%～5%扣留，在第一台机组投产时返还保留金的60%，项目竣工时返还剩余部分。因勘测设计责任造成工程质量事故的，项目法人有权扣除部分以至全部保留金。

第二十条 招标设计和施工图设计，必须按照国家有关部门批准的可行性研究报告或初步设计报告的原则进行。

工程规模、安全设防标准、枢纽总体布置、主要建筑物型式、施工期渡汛标准及其他涉及工程安全的重大问题的设计原则、标准和方案发生重大变更时，必须由项目法人组织设计单位编制相应的设计文件，并由项目法人报原设计审批部门审查批准。

第二十一条 对于项目法人、监理、施工等单位和个人提出的一般设计变更建议，设计单位应认真听取并加以论证，积极采纳合理化建议，并对采纳建议所作的设计质量负责。对于设计单位不同意采纳的设计变更建议，项目法人有权作出一般设计变更的决策，并对决策方案的正确性负责，设计单位受项目法人委托进行变更设计时对自己所作的设计成果负责。

第二十二条 设计优化及采用新材料、新工艺、新型结构必须以保证工程质量为前提，应进行技术经济论证，并充分考虑当前施工水平对工程安全的影响。

第二十三条 承担工程项目主体工程设计的设计单位是工程项目的总体设计单位。由两个或两个以上设计单位承担主体工程设计工作的，应组成联营体。联营体的责任方是工程项目的总体设计单位。

总体设计单位对工程项目中的对外交通、环境保护、水土保持、移民安置、水情测报、地震监测、大坝观测、过船过木等分项工程的勘测设计，负有总体规划、制定标准、组织协调和参与审查的责任。

第二十四条 设计单位应派出现场设计代表机构。现场设计代表机构应做到专业配套，人员相对稳定，至少应有一名负责人常驻工地。设计代表机构负责人一般应由设计项目经理或设计总工程师(含副职)担任。设计代表机构人员不得在监理单位和施工单位兼职。

第二十五条 设计单位推荐材料、设备时应遵循“定型不定厂”的原则，不得指定供货厂家或产品。

第二十六条 设计单位应在重点建设项目上优先推行项目管理，健全和完善内部质量保证体系，落实各级技术岗位责任制和质量奖惩制度。各类设计文件，包括试验任务书、设计计算书、技术说明书、科研试验报告、地质素描编录、施工图纸和设计变更通知，必须按规定进行校审和核签，并做好归档工作。

第四章 施工质量管理

第二十七条 招标时，项目法人应对投标施工单位的以下方面进行详细了解、审查、分析判断，以确保施工单位的能力满足保证工程质量的要求：1. 施工单位的资质及质量保证体系；2. 施工单位以往的相关工程业绩；3. 施工单位以往的施工质量情况；4. 施工单位对本工程所作的施工组织设计、施工方法和措施，投入本工程的项目经理人选、主要技术力量及设备的情况。

第二十八条 施工单位在近五年内工程发生重大及以上质量事故的，应视其整改情况决定取舍；在近一年内工程发生特大质量事故的，不得独立中标承建大型水电站主体工程的施工任务。

第二十九条 评标时，应认真分析施工单位的报价水平。不得选择以低价材料、不提折旧等方式进行"抢标"或以其他不利于保证工程质量的低报价方式投标的施工单位。

第三十条 转包和分包

一、禁止转包。

二、施工单位进行分包时，必须经监理单位同意并审查分包施工单位保证工程质量的能力，出具书面意见报项目法人批准。分包部分不宜超过合同工作量的30%。分包施工单位不得再次进行分包。项目法人不得违反合同和有关规定强令施工单位进行分包。

第三十一条 临时合同工应作为劳务由施工单位统一管理。临时合同工一般应用于承担非技术工种；需用于承担技术工种的，施工单位应对其进行质量教育和技能培训，持证上岗，并报监理单位备案。

第三十二条 非水电专业施工单位，不能独立或作为联营体责任方承担具有水工专业特点的工程项目。

第三十三条 施工单位的质量保留金依合同按月进度付款的一定比例逐月扣留。因施工原因造成工程质量事故的，项目法人有权扣除部分以至全部保留金。

第五章 施工质量检查与工程验收

第三十四条 施工准备工程质量检查，由施工单位负责进行，监理单位应对关键部位（或项目）的施工准备情况进行抽查。

第三十五条 单元工程的检查验收，施工单位应按"三级检查制度"（班组初检、作业队复检、项目部终检）的原则进行自检，在自检合格的基础上，由监理单位进行终检验收。

经监理单位同意，施工单位的自检工作分级层次可以适当简化。

第三十六条 监理单位对隐蔽工程和关键部位进行终检验收时，设计单位应参加并签署意见。监理单位签署终检验收结论时，应认真考虑设计等单位的意见。

第三十七条 分部分项工程验收签证，应在施工单位进行一次系统的整体检查验收的基础上，由监理单位组织进行联合检查验收。设计、运行等单位均应在分部分项工程验收签证上签字或签署意见，监理单位签署验收结论。

第三十八条 在工程阶段验收和竣工验收时，项目法人、监理、设计、施工、运行等单位应在提供的文件中，对工程质量进行详实的介绍和评价，并对存在的质量问题提供自检资料。

第三十九条 水库蓄水验收及工程竣工验收前，应按有关规定进行工程安全鉴定。

第六章 质量监督

第四十条 水电建设工程质量监督总站负责水电建设工程的质量监督归口管理工作，并直接负责大型水电工程的质量监督。质监总站对工程质量的监督属监察性质，不代替项目法人和监理单位的工作，不参与日常质量管理。其职责是：1. 根据电力工业部授权制定有关质量管理规章；2. 监督有关质量管理办法、规定的实施；3. 监督、指导工程安全鉴定工作和质量事故的调查、处理工作；4. 组织重大、特大事故调查，向有关部门提出有关事故责任的处理意见；5. 参加重要工程的蓄水验收和竣工验收。

第四十一条 质监总站设质量巡视员，对工程质量进行不定期巡视，一般每半年巡视一次，重要施工阶段应增加巡视次数。

第四十二条 质量巡视员的职责是了解、掌握工程质量管理方面的情况以及工程质量动态，指出工程建设中存在的质量问题，为质监总站履行质量监督职责提供信息和依据。质量巡视员不参与本工程的技术咨询工作。

第四十三条 质监总站设立水电建设工程质量检测中心，质量检测中心承担以下工作：1. 承担工程质量事故调查和工程安全鉴定的有关检测工作；2. 承担试验室等级及仪器仪表检测鉴定工作；3. 对工程质量试验成果进行鉴定。

第四十四条 根据国家计委国计施[86]307文规定的精神，质监总站收取一定的质量监督费用，主要用于：质量事故调查工作费、质监总站聘请质量巡视员、专家等工作费用。收取的质量监督费用进入工程概算。

第四十五条 水电建设工程质量监督中心站可参照质监总站的工作原则承担中小型工程以及质监总站委托的大型工程的工程质量监督。

第七章 工程质量事故

第四十六条 水电工程建设过程中，由于建设管理、设计、施工、材料、设备等原因造成工程质量不符合规程规范和合同规定的质量标准，影响工程使用寿命和正常运行，需返工或采取补救措施的，统称为工程质量事故。

工程质量事故按对工程的耐久性、可靠性和正常使用的影响程度，检查、处理事故对工期的影响时间长短和直接经济损失的大小，分为一般质量事故、较大质量事故、重大质量事故、特大质量事故四类。分类标准见附录。

第四十七条 工程质量事故报告

一、工程质量事故发生后，当事方应立即报项目法人、监理单位，同时按隶属关系报上级部门。

二、项目法人负责向质监总站进行事故报告：

较大及以上事故，在事故发生后1天内报告事故概况，15天内报告事故详细情况（包括发生的时间、部位、经过、损失估计和事故原因初步判断等）；事故调查处理完成后1个月内，报告事故发生、调查、处理情况及处理结果；事故处理时间超过2个月的，应逐月报告事故处理的进展情况。

一般质量事故可在事故处理完成之后报告或在年终工程质量总结中说明。

第四十八条 项目法人、监理、设计和施工单位应对事故经过作好记录，并根据需要对事故现场进行录像，为事故调查、处理提供依据。

第四十九条 当质量事故危及施工安全，或不立即采取措施会使事故进一步扩大甚至危及工程安全时，应立即停止施工并立即上报。项目法人应立即组织监理、设计、施工、运行等单位和有关专家进行研究，提出临时处理措施，避免造成更为严重的后果。

第五十条 事故调查应查清事故原因、主要责任单位、责任人，并遵循“三不放过”，即事故原因不查清不放过，主要事故责任者和职工未受到教育不放过，补救和防范措施不落实不放过的原则。

第五十一条 事故调查权限

一、一般事故由项目法人或监理单位负责调查。

二、较大事故由项目法人负责组织专家组进行调查。

三、重大事故和特大事故由质监总站负责组织专家组进行调查。

四、质监总站有权根据质量巡视员的报告，对特定质量问题或质量管理情况进行调查。

第五十二条 事故的处理方案

一、一般事故的处理方案，由造成事故的单位提出，报监理单位批准后实施。

二、较大事故的处理方案，由造成事故的单位提出（必要时项目法人可委托设计单位提出），报监理单位审查、项目法人批准后实施。

三、重大及特大事故的处理方案，由项目法人委托设计单位提出，项目法人组织专家组审查批准后实施，必要时由上级部门组织审批后实施。

第五十三条 事故责任

一、应根据事故大小和情节轻重，对事故责任人给予经济、行政处罚；对事故责任单位给予通报批评、限期整改以及经济处罚；对发生特大质量事故的或重大质量事故情节严重的企业给予资质降级或扣发资质证书的处罚。

二、发生工程质量事故造成损失的，责任方应按合同规定赔偿损失。

三、因工程质量事故危害社会公共利益和安全，构成犯罪的，由司法机关依法追究刑事责任。

第五十四条 发生工程质量事故，并有下列行为，应视情节轻重，对责任者加重行政、经济处罚：1. 施工中粗制滥造、偷工减料、伪造记录的；2. 在工程质量检查验收中，提供虚假资料的；3. 发现工程质量事故隐瞒不报或谎报的；4. 对按规定进行质量检查、事故调查设置障碍的；5. 在履行职责中玩忽职守的；6. 其他严重违犯本办法及有关质量管理规定的。

第五十五条 工程质量管理长期处于混乱和失控状态，工程频繁发生质量事故或出现特大质量事故造成工程安全问题的，除事故直接责任单位应负直接责任外，项目法人应负管理上的重大责任。

第五十六条 质量事故中出现人身伤亡事故的，按《水电建设工程施工安全管理暂行办法》执行。

第八章 经济奖罚

第五十七条 质量工作应贯彻质量与经济挂钩的原则。

第五十八条 质量保留金

设计单位的进度质量保留金按第十九条执行；施工单位的质量保留金按第三十三条执行；监理单位的质量保留金按监理合同总价的3%扣留。

第五十九条 鼓励项目法人对设计、施工、监理等单位的质量工作给予经济奖罚，并在合同中明确奖罚办法。设计、施工、监理等单位根据施工进一步揭露的地质条件和设备制造技术的进步，对设计进行优化或提出合理化建议，经按规定程序获准实施后，确有技术经济效益并保证工程质量的，项目法人可给予适当奖励。奖金来源在该项目节约投资中列支。

第六十条 质监总站负责实施项目法人的质量奖罚，对质量工作有成绩的单位和个人给予奖励；对于出现重大及以上质量事故的，质监总站有权对项目法人处以罚款。

第六十一条 各单位内部质量管理应制定经济奖罚办法，实行奖优罚劣。企业内部人员和下属单位由企业给予奖罚，企业领导由上级主管单位或企业职代会给予奖罚。施工企业可提取工资总额的1%～5%作为质量奖励基金，奖励在施工质量和质量管理工作中成绩优异的基层单位和个人，对违规、违纪、工作失职等导致质量事故发生或质量低劣的责任单位和个人予以经济处罚，罚款并入质量奖励基金。

第九章　附　　则

第六十二条 本办法由电力工业部负责解释。

第六十三条 本办法自颁发之日起实行。

附录

质量事故分类表

情况 \ 事故分类		有以下情况之一者为特大质量事故	有以下情况之一者为重大质量事故	有以下情况之一者为较大质量事故	有以下情况之一者为一般质量事故
（一）事故处理所需要的物资器材和设备、人工等直接费用损失金额（万元）	对大体积混凝土、金属结构、机电安装工程	>5000	>500、≤5000	>100、≤500	>20≤100
	对土石方工程、混凝土薄壁工程	>100	>100≤1000	>30≤100	>10≤30
（二）事故处理所需时间（个月）		>6	>3≤6	>1≤3	
（三）处理后的后果		影响工程正常使用，需限制条件运行	不影响正常使用，但对工程寿命有较大影响	不影响正常使用，但对工程寿命有一定影响	

注 小于一般事故的质量问题称为质量缺陷。

国家基本建设大中型项目实行招标投标的暂行规定

（国家计划委员会　1997年8月18日发布）

第一章　总　　则

第一条 根据党的十四届五中全会关于要全面推行建设项目法人责任制和招标投标制度，把市场竞争机制引入投资领域的要求，为了推进社会主义市场经济体制的建立，深化投资体制改革，规范基本建设大中型项目（以下简称建设项目）的招标投标活动，保护招标投标当事人的合法权益，强化项目管理，建立招标投标市场的正常秩序，提高投资效益，制定本暂行规定。

第二条 本规定适用于经国务院或国家计委批准的国家计划内基本建设大中型项目。

第三条 建设项目主体工程的设计、建筑安装、监理和主要设备、材料供应、工程总承包单位以及招标代理机构，除保密上有特殊要求或国务院另有规定外，必须通过招标确定。其中设计招标可按行业的特点和专业性质，采取不同阶段的招标。

建设项目及其项目法人的确定，不涉及特定地区或不受资源限制的项目建设地点的选定和项目前期评估咨询单位的确定，具备条件的也应当通过招标进行。

第四条 招标投标应当遵循公开、公平、公正、择优和诚实守信的原则。

第五条 招标投标不受地区、部门、行业的限制，任何地区、部门和单位不得进行保护。

第六条 国家计委会同国务院各有关行业主管部门和各省、自治区、直辖市及计划单列市计委（计经委）负责对建设项目的招标投标活动进行管理和监督。

第二章　招　标　投　标

第七条 项目法人可以自行组织招标。项目法人缺乏专业技术力量以及因其他原因不能自行组织招标的，应当委托具有相应资质的招标代理机构招标。

承担建设项目招标的代理机构，其资质须经国家计委或国家计委授权的单位审定。

第八条 建设项目招标可采用公开招标、邀请招标和议标方式进行。

第九条 公开招标应同时在一家以上的全国性报刊上刊登招标通告，邀请所有潜在的有关单位参加投标。

邀请招标，应向有资格的三家以上的有关单位发出投标邀请书，邀请其参加投标。

议标主要是通过一对一协商谈判方式确立中标单位。参加议标的单位不得少于两家。

第十条 建设项目主体工程的设计、建筑安装和监理，以及主要设备、材料采购的招标必须采用公开招标或邀请招标方式。符合下列条件之一的，可采用议标方式：

(一)只有少数几家具备资格的投标单位可供选择的；

(二)涉及专利权保护或受自然地域环境限制的；

(三)招标费用与项目价值相比，不值得的；

(四)采购规格事先难以确定的；

(五)国家另有规定的。

第十一条 建设项目主体工程的设计、建筑安装和监理，以及主要设备、材料采购的招标，在招标前，需按项目隶属关系将招标方案报各行业主管部门或省级地方计委（计经委）核备。各行业主管部门和省级地方计委（计经委）认为有违反本规定的，有权要求项目法人修改招标方案。国家计委进行抽查。

第十二条 国家计委会同国务院各行业主管部门，各省、自治区、直辖市及计划单列市计委（计经委）对项目招标活动进行监督检查，凡违反第三条、第十条规定的或不按照核备的招标方案执行的，一经查出，未开工的项目不予批准开工，已开工的项目暂停安排建设投资，同时对其项目的概算不予审批或调整。

第十三条 参加建设项目主体工程的设计、建筑安装和监理，以及主要设备、材料供应等投标的单位，必须具备下列条件：

(一)具有招标文件要求的资质证书，并为独立的法人实体；

(二)承担过类似建设项目的相关工作，并有良好的工作业绩和履约记录；

(三)财务状况良好，没有处于财产被接管、破产或其他关、停、并、转状态；

(四)在最近3年内没有与骗取合同有关以及其他经济方面的严重违法行为；

(五)近几年有较好的安全记录，投标当年内没有发生重大质量和特大安全事故。

第十四条 对投标单位的条件，项目法人可以采用资格预审程序加以确认。投标单位应向项目法人提交证明第十三条所规定事项的有关文件。

第十五条 项目法人根据招标项目的要求编制招标文件。

招标文件中规定的各项技术规格应符合国家有关规定、规范和规程的要求，不得有针对某一潜在投标单位或排斥某一潜在投标单位的内容。

第十六条 招标数额较大或采取国际招标的建设项目，项目法人应当聘请有资格的律师对有关招标文件和合同文本出具法律咨询意见。

第十七条 项目法人根据批准的初步设计及概算、国家有关规定并结合市场供求状况，自主确定招标项目的标底价格。

任何部门和单位不得随意干预项目法人对招标项目标底的确定。标底必须保密。

第十八条 标底价格要公正合理，综合考虑投资、工期与质量三者的关系。项目概算经审批后，在招标阶段，对部门和地方颁布的有关定额取费的规定，项目法人可以根据项目所在地区和项目的实际情况，在招标过程中参考执行。

第十九条 投标单位应按招标文件的要求编制投标文件。投标报价由投标单位根据招标项目的特点，结合市场情况和自身竞争能力自主确定。联合投标的，应确定一个投标总负责单位。

第三章 开标 评标 定标

第二十条 建设项目的开标由项目法人主持，邀请投资方、投标单位、政府主管部门和其他有关单位代表参加。

第二十一条 评标委员会负责评标。

项目法人负责组建评标委员会。评标委员会应由项目法人、主要投资方、招标代理机构的代表以及受聘的技术、经济、法律等方面的专家组成，总人数为5人以上单数，其中受聘的专家不得少于2/3。

与投标单位有利害关系的人员不得进入评标委员会。

第二十二条 评标委员会须依据招标文件的要求对投标文件进行综合评审和比较，并按顺序向项目法人推荐2～3个中标候选单位。

第二十三条 项目法人应当从评标委员会推荐的中标候选单位中择优确定中标单位。

第二十四条 中标单位确定后，项目法人应正式发出《中标通知书》，并将全部评标结果（包括评标的方式与方法等），按项目隶属关系，报各行业主管部门和省级计委（计经委）备案。

第二十五条 项目法人与中标单位应在《中标通知书》发出后30日内签订书面合同。对未中标单位，项目法人应在《中标通知书》发出后7日内退还其投标保证金。

第二十六条 《中标通知书》发出后，中标单位拒绝签订合同的，其投标保证金不予退还，给项目法人造成损失的，由中标单位负责赔偿。

第二十七条 合同中确定的建设标准、建设内容、合同价格应控制在批准的初步设计及概算文件范围内，超出规定范围的，须在中标合同签订前，报原初步设计及概算审核部门审查同意。凡应报经审查而未报的，在初步设计及概算调整时，审核部门一律不予承认。

第二十八条　中标合同不得转让。合同分包需在投标文件中予以说明，并需经项目法人同意。主体工程不得分包。合同分包量不得超过中标合同价的30%，且只能分包一次。否则，项目法人有权取消中标单位的资格。

第二十九条　项目法人或其招标代理机构在招标和评标过程中，凡串通某一投标单位排斥其他投标单位的，一经查出，其招标结果无效，并对招标代理机构的资质予以取消。构成犯罪的，由司法部门依法追究刑事责任。

第三十条　投标单位在投标过程中串通投标或与项目法人串通，以排斥其他投标单位的，一经查出，其投标结果无效。

第三十一条　关于合同纠纷的解决，合同双方事先应有约定的协商解决方式。在合同履行过程中，如果发生合同纠纷，合同双方应首先按合同约定的方式协商解决；通过协商难以解决的，可按建设项目隶属关系，向有关行业主管部门或省级地方计委（计经委）直到国家计委申请调解；协商和调解无效的，可依法申请仲裁或向法院起诉。

第三十二条　各行业主管部门和省级地方计委（计经委）应对中标人履约情况进行监督和抽查，其中国家重点建设项目由国家计委或国家计委委托有关单位进行监督和抽查，并将检查结果予以公布。对履约记录差的中标单位，可给予取消一定时期、一定范围投标资格等处罚。

第三十三条　招标数额较大或采取国际招标的建设项目，在开标和合同签订时，一般应请公证部门参加。

第四章　附　　则

第三十四条　本规定自发布之日起实施。凡其他有关基本建设大中型项目招标投标规定与本规定有抵触的，一律按本规定执行。

第三十五条　特大型项目和国务院另有规定项目的评标和定标，须报国务院批准。

第三十六条　国务院各行业主管部门，各省、自治区、直辖市及计划单列市计委（计经委）可根据本规定制定基本建设项目招标投标管理的实施细则，报国家计委备案。

第三十七条　经批准建设项目采取国际招标的，除按本规定执行外，还应遵从国家有关对外经济贸易的法律、法规。

第三十八条　利用国际金融组织或外国政府贷款的项目，贷款方对招标有特殊规定的从其规定。

第三十九条　外商独资或外商控股的建设项目可参照本规定执行。

第四十条　本规定由国家计划委员会负责解释。

电力工业部关于试行《水力发电工程可行性研究报告设计概算编制办法及费用标准》的通知

（1997年9月10日　电水规［1997］123号）

为了适应社会主义市场经济及基本建设投资管理体制改革的需要，合理确定水力发电工程投资，统一设计概算编制办法，提高设计概算编制质量，根据国家有关文件精神，结合水力发电工程特点，现将《水力发电工程可行性研究报告设计概算编制办法及费用标准》颁发试行，自发文之日起执行。原能源部、水利部《水利水电工程初步设计概算编制办法》（能源水规［1991］527号）、《水利水电工程设计概（估）算费用构成及计算标准》（能源水规［1989］971号）及电力工业部《水电工程设计概（估）算编制若干具体问题的处理意见》（电水规［1995］170号）同时废止。

新的设计概算编制办法及费用标准适用于利用国内资金建设的大、中型水力发电工程可行性研究报告阶段设计概算的编制，其他水力发电工程建设项目可参照执行。

附件：水力发电工程可行性研究报告设计概算编制办法及费用标准（略）

一九九七年九月十日

电力工业部关于颁发《水力发电建筑工程概算定额》、《水力发电设备安装工程概算定额》和《水力发电工程施工机械台时费定额》的通知

（1997年9月10日　电水规［1997］031号）

为适应社会主义市场经济和水力发电工程建设体制改革的需要，进一步加强水力发电工程造价管理，合理确定和有效控制水力发电工程建设投资，提高投资效益，由我部水电建设定额站组织编制的《水力发电建

筑工程概算定额》、《水力发电设备安装工程概算定额》和《水力发电工程施工机械台时费定额》经审查核定，作为行业指导性定额，现予颁发，自发文之日起执行。由原水利电力部、原能源部于1988年颁发的《水利水电建筑工程概算定额》、1986年颁发的《水利水电设备安装工程概算定额》和1991年颁发的《水利水电工程施工机械台班费定额》同时废止。

本套定额适用于大、中型水力发电工程建设项目。中小型水力发电工程建设项目，由各省、自治区、直辖市电力(水电)局(厅)组织编制适用于本地区的定额，并报部核备。

本套定额由我部水电建设定额站负责解释和管理。

电力工业部、水利部、国家工商行政管理局关于颁发《水利水电土建工程施工合同条件》的通知

(1997年9月5日 电办[1997]359号)

为加强水利水电建设市场的管理，提高招投标工作和合同管理的规范化水平，切实保障发、承包双方的合法权益，确保水利水电工程的建设管理和工程招投标在公正公平的基础上健康有序地进行，特制定颁发《水利水电土建工程施工合同条件》(以下简称《合同条件》)，并作如下规定：

一、凡列入国家或地方建设计划的大中型水利水电土建工程应使用本《合同条件》。小型水利水电土建工程可参照使用。

二、《合同条件》分为“通用合同条款”和“专用合同条款”两部分。“通用合同条款”应全文引用，“专用合同条款”则应按其条款编号和内容，根据工程实际情况进行修改和补充。

三、除本《合同条件》的“专用合同条款”中所列编号的条款外，“通用合同条款”中的条款内容不得更动。若确因本《合同条件》未能涵盖的情况或工程的特殊条件需要变更其内容时，应按工程管理的隶属关系报送电力工业部、水利部、国家工商行政管理局批准。

四、各水利水电土建工程的项目法人单位(以下称发包方)在编制招标文件的技术条款和其他文件时，应注意与本《合同条件》相衔接并不违反《合同条件》中公正公平的原则。

五、水利水电土建工程的建设管理应按国家有关规定全面推行建设监理制，发包方应委托具有水利水电工程监理资质的单位承担监理工作。监理单位应在发包方授权范围内严格按本《合同条件》的规定公正地履行其职责。

六、根据我国当前水利水电施工企业普遍存在的流动资金不足的现状，为确保工程按合同计划顺利开工建设，发包方应按本《合同条件》的规定及时拨付工程预付款，不得要求或变相要求承包方带资承建。

工程预付款的额度应由发包方在工程招标时通过编制工程的施工规划和资金流予以科学测定。其预付款总金额应为合同总价的10%～20%，第一次预付款金额应不小于预付款总金额的50%。

七、工程所需的材料和施工设备原则上应由承包方负责采购、验收、运输和保管。今后为避免材料供应方面的责任交叉而导致合同管理的复杂性，不宜由发包方自行采购材料后向承包方供应。若确因工程的特殊需要，发包方可指定材料的供应来源，而由承包方直接与供货厂家签订合同，但发包方还应承担由于指定材料供应来源引起承包方费用增加和工期延误的责任。

八、发包方应妥善解决好工程建设过程中的价格调整问题，原则上应采用本《合同条件》规定的公式法调价，应按合理分担价格波动风险的原则确定可调因子、定值权重和变值权重。

若确因工程的具体情况难于采用公式法调价时，应在“专用合同条款”中详细提出能予科学操作的调价办法。

九、由于水利水电工程的复杂性，在工程建设过程中发生变更、违约和索赔等均属合同有序管理的正常范畴，应认真按本《合同条件》规定的程序公正公平地及时予以处理，以避免问题积累而增加后处理的难度。

十、本《合同条件》吸取了国际和国内一些工程解决合同争议的有益经验，引入了合同争议评审、调解机制。当监理单位的决定无法使合同双方或其中任一方接受而形成争议时，通过由双方自愿聘请的争议评审组或行业经济合同争议调解机构进行调解，以寻求争议的合理解决，确保工程顺利施工。

十一、鉴于水利水电工程建设具有风险较大的特征，发包方和承包方均应按本《合同条件》的规定进行保险以增加抗风险能力。

十二、本《合同条件》的解释权属电力工业部、水利部和国家工商行政管理局。参建各方应在工程实践过程中及时将本《合同条件》施行中遇到的问题和意见及时反馈至上述部门以利于在今后的修订版中补充完善其内容。

十三、本《合同条件》自1997年10月1日起施行。

重 要 讲 话

多家办电，多渠道筹资办电

——国务院总理李鹏于1995年5月31日在听取国家计委和电力工业部汇报"九五"电力计划和2010年远景目标规划时的谈话

电力是国民经济的先行。根据中国能源资源的分布状况，电力工业的发展贯彻因地制宜、水火并举、适当发展核电，同步发展电网，多家办电，多渠道筹资办电的方针。实践证明，这条方针是正确的。"八五"时期电力工业发展速度比较高，增加了7500万kW装机容量，与经济发展基本同步。电力的快速增长，初步缓和了长期困扰我国经济发展的缺电局面。

"九五"时期电力建设要搞多大规模？这首先需要对全国电力需求有一个共识。从目前经济增长势头看，"九五"时期经济增长速度可能会达到8%。发达国家发展过程中的资料表明，电力弹性系数(即电力增长速度与国民经济增长速度之比)一般都在1以上。我国电力需求弹性系数，考虑到经济体制改革和经济增长方式转变中电力资源的进一步合理配置和节约用电的因素，"九五"时期大体上应该保持在0.8。按此推算，"九五"期间需要新增装机8000万kW左右，每年需要新增装机1600万kW左右，以基本缓解"拉闸限电"的状况，适应国民经济、社会发展和人民生活对电力的需求。

电力建设能否跟得上去，既要看资金到位情况，也取决于在建设中能否做到工期短、质量好和效益高。"九五"时期电力建设所需要的投资，按照多年来行之有效的"多家办电，多渠道筹资办电"的办法，可以考虑，电力建设的资金大体上中央出40%，地方出40%，利用外资20%。

电力建设投资怎么解决？关键是要进一步推进投资体制改革，在坚持基本建设投资实行有计划配置的条件下，进一步完善集资办电政策。除了充分利用好银行政策性贷款、商业银行贷款等资金外，具体办法有五条：

一是"九五"期间开征新的电力建设基金，执行每千瓦时电加收2分钱，1分钱作为电源建设基金，1分钱作为电网建设基金，分别在中央和地方的财政预算中实收实支。现在一些经济发展比较快的地区，每千瓦时电已经加5分钱，也有加到1角钱作为电力建设资金的。当然，这需要尽快规范。现在从全国范围看，平均电价尚低于国际水平，不少地方还低很多，还有加价的潜力。但是国家必须考虑提高电价对整个物价的影响。如果电加价，铁路加价，油和煤也要提一点价，粮价还要调，"九五"时期每年调价就要达到3个百分点，整个物价上涨能不能控制在合理的范围内？所以加价和征收电力建设基金的幅度必须看整个物价形势，谨慎从事。为了保持宏观经济的稳定，必须控制物价上涨幅度，首先要努力做到使物价涨幅低于经济增长速度。电不加价有利于控制物价，但电力供应跟不上，供电停三开四，整个经济效益就会大为下降，所以需要统筹兼顾。

二是积极扩展电力企业资本金的筹措，可以利用企业依法提取的折旧资金、出售用电权和盘活国有资产存量等渠道。这方面的潜力是比较大的。

三是利用外资，除了国际金融组织和外国政府提供的买方信贷等间接利用外资的形式外，还可以引导和鼓励外商直接投资。国家控制电网，控制大部分电厂的资产和管理权，在控制整个电力命脉的前提下，电厂可以多吸引一点外资来办。可以采取多种利用外资形式，合作、合资、独资都可以。如果"九五"期间有20%的新增装机容量吸引外资，即一年300万kW，其中大部分电厂是由中方人员管理，这样做不会影响国家对经济的调控能力。在进行电力建设时还要鼓励外资购买中国的设备，以促进我国机械工业发展。由于电力有广阔的市场，电力收益比较稳定，国外投资者是有积极性的。

四是利用国家的外汇储备和中国银行的头寸来办电。外汇储备和银行存款为了保值，现行办法是分别存在国外银行或者购买外国债券，利息很低，比中国借外债利息要低得多。能不能从这笔资金中划出一定数额，直接投资用于电站建设，这个问题应好好研究一下。(注：此问题国务院已批准，国家计委已提出具体方案，目前正在组织实施)用自己的钱买国产设备，比利用国外的钱买国外的设备，代价要低得多。我们还是要大力提倡买国产设备。国际市场由于激烈竞争，现在发电设备价格下来了，但比国产设备价格还是高的。如果买国内的设备，电力成本就会降低，可以取得少花钱、多办事的效果。但要注意，这种使用国家外汇储备向电厂建设贷款的方式，只能用于有还款能力、有良好信誉的电力项目。

五是办得好的电厂在海外上市，或者在国内上市，也可以通过盘活现有电厂的资产与外商合资上市的办法，这些都可以试验，用这种机制也可以筹集到一批建设资金。

现在我国的电力结构是以火电为主，占总装机容量75%左右，水电占24%，核电刚刚起步，不到1%。"九五"期间，火电要加大坑口电站的比重，加大到占火电总量的40%左右。建设坑口电站有许多好处，有利于减少煤炭运输，增加煤炭产地的经济效益，还可以减少大城市电厂过分集中，由于烧煤而带来的污染。内蒙古的电送到北京，山西的电送到华东，送电稍远一点不怕，只要电价合理。当然，建坑口电站也需要一定条件，主要是冷却水。寒冷缺水的地方，可以用风冷代替水冷。其余大约60%的火电建在沿海港口、铁路口等交通方便的地方，以港口为主。煤炭资源不会有大问题。跨省煤的供应主要靠山西、内蒙古和陕西的神木、府谷。要建设西煤东运的第二通道，即从神木出发经山西、河北的通道，先接上京九线，解决华中、华东电厂的用煤问题。东北的用煤现在还不太落实，只靠东北本地煤发电可能不够。东北用电中心在辽宁，可以把大同煤运一部分到辽宁，把内蒙古西部的煤经过新建的集通铁路运到通辽，在那里建设电厂。

关于水电建设，"九五"期间要为下世纪前10年做准备，努力加大水电的比重。水电建设要坚持两条方针：一是防洪与发电结合；二是实行大中小结合。现在看得比较明显的水电"富矿"，除了正在建设的三峡工程外，长江上游还有向家坝、溪落渡等。黄河除了正在建设的李家峡、大峡和小浪底外，还有拉西瓦、公伯峡等。水电要走出一条"以电养电"、流域梯级滚动发展的路子。三峡建设的一部分资金是靠葛洲坝的利润和折旧提供的，另一部分资金来源是每千瓦时电加4厘钱，"九五"期间直接受益和经济较发达的地区再加3厘钱，这体现全国人民支援三峡，使三峡有了建设的资本金。下个世纪前10年，三峡的1820万kW装机将先后投产，每年有巨大的利润，可以用这笔资金建设上游的水电站。"九五"期间，要开展向家坝和溪落渡水电站的可行性研究，下世纪前10年，要建设其中一座水电站，然后再开发另一座。三峡工程和二滩工程投产后，将更有条件对长江上游干、支流水力资源实行梯级滚动开发。水电上网电价要和火电实行同网同电同价，这样水电就可以自我滚动发展。三大河流，黄河要全面开发，长江要重点开发，红水河也要全面开发。四川的中小水电梯级开发效果很好，为我国利用水电资源提供了很好的经验。在建设水电站过程中，必须认真处理好移民问题。不能用牺牲移民利益的办法建水电站，也不能搞单纯的补偿式移民，而应该实行开发式移民，使移民区经济得到发展，人民生活水平得到提高。下世纪前10年，力争把全国水电的比重提高到30%。

现在有些地区电价比较乱，要加以整顿，用法律形式加以规范。现在每千瓦时电加收几分钱作为电力建设基金，是促进电力工业发展的重要手段，关键是要适度，使企业能承受，群众能承受，又能把物价涨幅控制在国家宏观调控要求的总水平之内。过去电站都是国家投资，不用支付银行贷款本息，折旧年限很长，电价定得很低。我在丰满电站工作时，每千瓦时电成本只有5厘钱。水电价格过低，不利于水电的发展。国外是按平均投资回报率来确定电价的，这比较合理。中国也要有一个明确的电价政策，要按照合理成本、合理收益、计入税金和公平负担的原则确定电价。同时要推行峰谷分时电价，高峰用电实行高电价，低谷用电实行低电价。这样，用于调峰的中小机组、燃油机组、抽水蓄能机组的成本就可以消化，有利于提高高峰用电的可靠性，提高电网负荷率，达到减少备用电力容量的效果。

要大力进行老电厂旧机组的改造。一部分低效、高污染的中低压旧机组要坚决淘汰，一部分旧机组可以改造成供热机组，一部分暂时留下来调峰。可以考虑，东部地区上了大机组后，把一些中小机组无偿支援中西部有煤的地区。东北有的电厂有不少5万kW的机组，可以把这些机组换下来，上几套大型机组，效率马上可以提高，用同样数量的煤就可以发更多的电，这也是一种规模经营。小机组可以换到内地，也可以换到辽宁某些资源快要枯竭的煤矿，建立坑口电站，实行以电养煤。这样做，发电机不要花钱，锅炉要重新配，辅机大部分可以利用。当然这样做也并不容易，有些设备老旧，缺陷多，能否安全运行也是个问题。所以，这只是一种设想，是否可行还有待实践证明。有些在市区的电厂，可以通过转让土地使用权，利用级差地租，在市外建新厂，易地改造，还可以减少城市污染。

要特别重视节约能源。按照测算，1994年全国发电平均煤耗每千瓦时比1980年降低32克，一年可以节约煤炭2400万吨。更为重要的是，通过减少直接使用一次能源，提高使用电力的比例，提高了能源的利用效率。现在大型火电机组的效率可以达到30%以上，一般低压供热锅炉利用系数只有10%，至于家庭用的煤球炉，热效率在10%以下。因此，提高电能消费比重是提高能源利用效率的重要途径之一。我国1980年电力消费能源在一次能源中的比重是20%，1994年提高到29%。当然，在工农业用电和家庭用电中，采取节电措施，用先进设备代替落后设备，合理使用电力，也是节约能源的重要方面。要把怎样在各行各业节约电力的问题作为一个重要的专题来研究，努力把电力需求弹性系数降下来。

努力降低电力工程造价，是节约资金的主要手段。降低造价最有效的办法，是按合理工期施工。这就要求资金、设备都能按时到位。建设火电已经积累了丰富的经验，山东火电建设公司从开工建设到第一台30万kW机组建成，24个月之内就可以做到。搞建设要进行改革，实行项目法人责任制和设计施工招标、投标制。过去有的建设单位吃大锅饭、吃项目饭，工期拖得很长。当然也存在资金、设备不能按时到位，生产和基建双方扯皮，出了问题找不到责任者的问题。实行招标制度以后，这些不良现象才能根本改观。

核电是一种可靠的、清洁的能源，要适当发展。在“九五”期间只能作为一种补充能源，到下世纪可以加大发展的力度。我国建成的和在建核电站采用了技术成熟、安全可靠的压水堆。在充分利用我国已有条件的基础上，要重视吸收国际上的先进核电经验，比如重水堆可以使用天然铀，是一大优点。通过积极引进新技术，为下世纪核电发展打下一个良好基础。

今后15年，我国电力仍会有较大的发展。在电力建设的结构上，根据环境保护的要求，需要有所调整。火电比重要下降，水电比重要提高，适当发展核电和燃气蒸汽联合循环机组。由于能源资源，不论是煤炭还是水电，多分布在西部，西电东送是一个大趋势。火电应多建坑口电站，以输电代替部分输煤，减少运煤的压力，也有利于西部经济的发展。

电力管理体制要深化改革。根据电力具有产、供、销同时完成的特点，建设大电网有利于保证供电的可靠性和提高电的利用效益。可以预见，随着三峡工程的建成，将形成一个基本覆盖全国大部分地区的全国统一的联合电网。电力机构改革要适应这种新情况。凡是参加全国联合电网的，可以组织经济实体，有些省级电网仍可保持独立性，但可以与全国电网建立统一调度的送受电力的合同关系。总之，只有深化改革，才能进一步促进电力事业发展。只有实行“国家办电网，大家办电厂”，才能为电力发展筹集更多的资金。只有遵循电力工业发展的规律，实行“电网集中统一调度”，才能保证供电的安全可靠性。只有大力开展各行各业和生活领域的节约和合理用电，才能最大限度地有效利用能源资源。

电力“九五”计划和2010年发展目标

——电力工业部史大桢部长在全国电力工作会议上的报告摘要

编者说明：1995年12月26日，全国电力工作会议在北京召开，史大桢部长在会上作了《认真贯彻党的十四届五中全会精神，为胜利实现电力“九五”计划和2010年目标而奋斗》的报告。《报告》分四部分：一、“八五”期间电力改革与发展的基本实践；二、“九五”和2010年电力工业的发展规划；三、深化改革，逐步实现由计划经济体制向市场经济体制的转变，建立现代企业制度；四、发挥党的政治优势，促进两个文明建设协调发展。这里刊登的主要是第二部分的摘要。

指导思想：坚持邓小平同志建设有中国特色社会主义理论和党的基本路线，全面贯彻党的十四届五中全会精神，围绕我国实现现代化分三步走的发展战略，电力工业的发展必须与国民经济和社会发展相适应，符合国家实行经济体制和经济增长方式的根本转变和可持续发展的总战略，为国民经济和社会发展服务。

●“九五”期间电力工业发展的基本原则

按照党的十四届五中全会提出的国民经济和社会发展“九五”计划和2010年远景目标的《建议》要求，电力经济增长方式的转变、调整内部的结构、努力实现规模经济的条件下，必须保持与国民经济同步发展。

按照《90年代国家产业政策纲要》和《建议》的精神，能源发展必须贯彻以电力为中心、以煤炭为基础的方针。我们认为，**电力工业的发展，要大力发展水电，继续发展火电，适当发展核电，积极发展新能源发电，同步发展电网，促进全国联网。**

坚持电力开发与节约并举，要把节约放在首位。充分注意保护环境，依靠科技进步，加大电力工业“以大代小”技术改造的力度，合理配置资源，提高资源利用率，使电力工业与经济、社会、环境协调发展。

坚持改革开放，鼓励多家办电。规范、合理、有效地利用外资。发电领域逐步引入竞争机制。把电力行业的发展同支持国内机电工业的发展相联系，促进国内机电设备进一步发展。

对中西部地区的电力发展应采取必要倾斜的政策，加快开发中西部地区的能源资源和能源基地的建设，加大水电开发力度，促进中西部地区经济发展。

把电力为农业、农村、农民的服务提到更加重要的议事日程。

坚持实施科教兴电战略，形成推动企业技术进步的机制，使科技进步贡献率有明显提高。

●“九五”和2010年电力工业发展的主要目标

——到本世纪末，发电装机达到3亿kW左右，年发电量达到1.4万亿kW·h，全国220kV及以上输电线路达到17.12万km。水电要开发黄河中上游、长江干支流、红水河、澜沧江和乌江等重点水电资源，适当建设抽水蓄能电站。火电则要开发山西、陕西、内蒙古、河南、云南、贵州、宁夏等能源基地，建设坑口电厂远距离输电，再适当建设部分路口、港口电厂。在沿海省份争取开工部分核电。开发风电100万kW。

——“九五”期间，“以大代小”新建1200万kW顶替800万kW。加强城市电网和农村电网改造，把线损率降到7.8%。改造老机组提高安全可靠性和经济性。全社会节电目标是产值电耗下降8%～10%。转移高峰负荷1000万～1200万kW。全国降低供电煤耗34g/kW·h。

——到2000年，解决7000万无电农村人口的用电问题，消灭无电县，建成电气化1000个。

——“九五”对环保要求更高，烟尘排放总量保持在1992年的水平。投入运行和在建的拥有脱硫设备的发电总容量达到1000万～1200万kW。水电站建设要切实减少对生态环境的影响。

——根据“九五”总体目标，各地区在电源与电网布局上作如下安排：

华北电网要充分考虑解决首都长期问题。京津唐电网应有足够的电源支撑。加快山西、内蒙古等能源基地建设。适当建设抽水蓄能电站以解决调峰。建设较完备的500kV网络，同时为三峡与华北联网做好前期工作。

东北电网要在充分开发内蒙古东部和黑龙江东部坑口电厂的同时，着力加强东北500kV网架的建设，并考虑抽水蓄能电站的建设。

华东电网一方面要继续靠“三西”供应煤炭建设港口电厂，一方面要积极参与跨大区办电，抓紧核电前期工作。此外还可以研究用进口油气发展适当规模的联合循环机组。电网的发展要充分考虑与华中联网，发展500kV主网架。

华中电网应以三峡工程为中心，布局500kV电网网架。河南要发展火电向南送电。湖南、湖北水火并举，在充分利用本省资源的同时，与周边省合作开发水电或火电。江西沿铁路走向分布电源。

西北电网采取水火并举方针，加大开发力度。滚动开发黄河上游几座水电站，并在陕西、宁夏建设大型火电站。根据上述电源特点，扩大并强化330kV主网架，为实现东西水火联调奠定基础。

南方四省互联电网要在各省区电力平衡的基础上，着力加大火电开发力度，改善水火比例。同时加强联合电网的建设，使四省联系更加紧密。沿海地区也可考虑适当建设联合循环机组。

山东、福建等电网在安排好电源及电网建设的同时，开展研究与相邻跨省电网互联的可行性。四川电网应适当加大火电开发和加大从区外受电的力度。随着二滩水电站建设和三峡输变电工程建设的进行，在四川将初步形成由东至西的500kV网架。其他各网也应根据自己的特点，安排好电源与电网发展。

——2010年远景目标：全国发电装机容量按与国民经济发展同步考虑应达到5.5亿～6亿kW左右，形成以三峡电站为中心的全国联合电网，农村基本实现电气化，电力的技术经济指标与国际先进水平靠拢。

●以实施九项重点工程推动“九五”计划的全面完成

1. 开发能源基地实现远距离输电工程

“九五”期间将集中资金，大力开发山西、陕西、内蒙古、河南、云南、贵州、宁夏等能源基地，续建和即将开工建设黄河中上游、长江干支流、澜沧江、红水河、乌江等流域的19项重点水电工程和6座抽水蓄能电站。计划投产坑口电厂2700万kW左右、港口电厂2400万kW左右，实现超高压线路远距离向负荷中心送电。

2. 三峡枢纽及输变电工程

举世瞩目的三峡工程全面开工，进展顺利。三峡枢纽及输变电工程是三峡工程的重要组成部分。国务院决定，组建国家电网建设总公司，筹集资金，建设此项工程。包括9100km500kV交直流线路，2475万kVA变电容量。工程建设要实行项目法人责任制，采用招投标办法，严格质量管理，创建一流跨世纪工程。各单位要支持三峡工程建设，做好各自的工作。

3. 全国联网工程

随着三峡工程的进展和三峡枢纽及输变电工程的逐步完善，全国联网提到重要的议事日程。首先实现华中与华东、四川联网，进而创造条件推进三峡与华北、华南联网。实现东北与华北联网以及几个独立省电网与周边跨省电网的联网。

4. 农村扶贫共富工程

“九五”期间仍要把实施电力扶贫共富工程放在十分重要的地位安排。把“八五”期间推行集资办电的成功经验移植、扩展、延伸到农电事业，实行谁投资谁用电谁拥有产权谁得利的政策。建立资产纽带，以调动各方积极性，大力兴办农电事业。推行县（局）为实体的改革。分类指导、因地制宜，通过各种办法实现农村电气化的各项目标。

5. 节能节电工程

节能节电是电力工业长期遵循的一项基本方针，也是实现经济增长方式转变的重大措施。主要应做好两方面的工作：一是电力工业本身实现降耗目标。为此，要大力调整电力工业本身的结构，增加大机组比重，对老旧机组进行技术改造，控制、限制小火电的发展。加强电网建设，采用高新设备实施经济调度，降低线路损耗。“九五”期间供电煤耗再降34g/kW·h，线损率下降1%。二是全社会节能节电。建立健全节能节电法规体系。制定规划，重点突破。建立节电资金投入机制。加强用电负荷管理。发展高效节能设备。强化节电措施。争取“九五”在重点行业降低电耗有突破性进展。

6. 技术改造工程

重点是对180台20万和30万火电机组进行节能降耗、合理提高出力、减少环境污染的改造。水电厂重点是对部分运行20年以上的约80台机组通过采用新技术以提高效率、挖掘潜力的改造。改造变电站自动控制监测设备，逐步实现无人值班运行。要基本完成35个重点城市的电网改造，加强主网架，减少电磁环网。加强农村电网改造，降低线路损耗。在主要城市初步建立负荷控制系统，实现抄收自动化与银行计算机联网。建立和完善全国电力信息网络系统。完成大区及省级电网计算机监控调度。全面普查各系统出力匹配，挖掘受阻出力250万kW。

7. 电力“以大代小”工程

“九五”期间，计划新开工“以大代小”工程38项、1094.2万kW。其中水电5项、61.2万kW、火电33项、1033万kW。“八五”结转“九五”17项、321.4万kW。

8. 洁净煤燃烧发电工程

9. 电力人才工程

“九五”期间，重点办好华北电力大学、武汉水利电力大学和3所示范性电力高等专科学校、30所左右重点中等职业技术学校，以带动整个电力教育体系的共同发展。

●积极推进水电滚动开发机制、核电滚动开发机制、利用外资机制、新的电价机制等四种机制的落实与完善。认真落实国务院领导提出的建立水电流域综合梯级滚动开发机制的指示。“九五”期间，改造和完善清江、乌江流域开发的滚动机制，推进黄河中上游水电滚动开发机制的形成，选择几条调节性能好、电能质量高的中型河流，试点滚动开发。

●无论实施水电、核电滚动开发机制，还是利用外资的新机制，都必须以新的电价机制作为依托。新的电价机制要求按市场经济法则来确定电价，国家为了保证对电价的宏观调控，有权审查企业报告成本的真实性。在此基础上放开企业经营。

邹家华副总理谈水电流域滚动开发

1996年1月24日，邹家华副总理在国务院第三会议室主持会议，听取了湖北省关于清江流域水电滚动开发的专题汇报。国家计委、电力部、开发银行、建设银行等单位的负责人参加了会议。

会议首先由湖北清江水电开发有限责任公司董事长汪定国作专题汇报。邹家华副总理在听取汇报和各单位发言后作了重要讲话，其主要内容如下：

一、根据目前国家经济发展状况，党的十四届五中全会提出了加快中西部地区发展的方针。加快基础设施建设，是从宏观上考虑加快中西部发展问题的基本出发点。这里就有一个电力的发展问题。电力发展是“九五”计划中的一个重点。电力的发展方针已经非常明确，那就是水火并举、因地制宜、适当发展核电。当前，从全国来说，要加快水电的发展，特别对一些水力资源丰富的地区，更应如此。我国水电资源非常丰富，但目前开发程度仅为13%左右，因此必须加快水电开发。

发展水电要采取“流域、梯级、滚动、综合”开发的八字方针，这已被实践证明是符合实际的。在水电开发中，要一条河一条河地整体规划，不要在这条河上建一个梯级，又到另一条河上建一个梯级，致使整体效益不能发挥。要选择一些有条件的河流，整条河流实行全流域滚动开发。水电开发八字方针要在清江很好地贯彻。清江走得比较好，隔河岩水电站已经建成，成立了清江水电开发有限责任公司，体制上比较顺。电力部要对清江流域滚动开发专门抓一下，叫试点也可以，要通过试点总结出经验，抓出结果。

二、要着重研究并抓紧实施清江第二个梯级开发，清江要走出去，程序上要加快。高坝洲应尽早上马，尽快按程序办。抓清江流域开发，还有一条重要理由，就是贯彻党的民族政策。清江流域是少数民族聚居的地区，通过清江水电流域开发，以支持当地经济发展，体现党的民族政策，具有重要的政治意义。

三、试点就是要走出一条路。工程建设不能再完全依靠贷款。贷款太多，银行利息这么高，再加上利滚利，企业是吃不消的。现在电费收入主要拿去还贷，就无法用电费收入再去建设第二个梯级，也就是说无法实行滚动。因此要下决心研究减少贷款、靠增加自有资金求得自身滚动发展的问题，要走出一条路子。第一个梯级作为母体梯级，最好不用贷款或者尽量减少用贷款来建设，争取用资本金来筹措资金建设，这样才能滚动起来。滚动的意思指的是靠电站收益即靠自我积累来滚动，要走出这么一条路！清江完全有这种可能，电力部和湖北省要给予帮助。

对于清江流域的滚动开发，当前还需要政策保驾。关于清江滚动开发提出的政策要求，这次会议研究确定：一是将清江开发中的经营基金转作资本金投入。二是可以实行边还边贷的政策。至于是展期还是还了再贷，请建设银行研究。指导思想上要少贷，政策上要保一下。三是税赋。请电力部整理一份材料报国务院，以几个水电站为例，反映一下全国水电增值税变化情况及存在的主要问题。水电是国家鼓励发展的行业，税制改革中不应将水电税赋增长这么多倍，有关情况国家税务总局应该研究。增值税是按小水电的税率还是实行先征后返的办法，请电力部提出具体建议报国务院。四是调峰电价。现在清江电价已经很高，而且目前峰谷电价是用于用户方面，还没有发电方面的。此事可与电力部商量。五是赋予融资权的问题暂时不提。这关系到国家大的方面，是国家的大事情，要全盘考虑，以后再研究。六是高坝洲开工，各部门要按程序加快办理。

最后，希望清江水电按“流域、梯级、滚动、综合”开发的八字方针，走出一条路子，作出样板。

水电发展的出路何在

（1996 年 7 月 28 日）

汪 恕 诚

“八五”期间，我国的电力生产得到了令世界瞩目的发展，超过俄罗斯、日本，位居世界第二。全国发电装机容量从 1990 年的 13789.0 万 kW 增长到 1995 年的 21722.4 万 kW，5 年增长 7933.4 万 kW，平均年增长近 1600 万 kW，年增长率为 9.5%。年发电量从 1990 年的 6213.18 亿 kW・h 增长到 1995 年的 10069.48 亿 kW・h，平均年增长率为 10.1%。

同样，“八五”期间，我国的水电建设也得到了很大的发展。水电装机容量从 1990 年的 3604.6 万 kW，增长到 1995 年的 5218.4 万 kW，5 年增长 1613.8 万 kW，平均年增长 320 万 kW，年增长率为 7.7%（各年增长数分别为 183.7、279.8、391.2、446.8、312.3 万 kW）。水电年发电量从 1990 年的 1236.50 亿 kW・h 增长到 1995 年的 1867.72 亿 kW・h，5 年增长 631.22 亿 kW・h，平均年增长 126 亿 kW・h，年增长率为 8.1%。

但是，水电在电力生产中的比例不断下降，尤其是“八五”期间水电开工项目严重不足，甚至出现了 1995 年、1996 年仅开工一个中型水电项目（湖南凌津滩）的严重情况，引起社会各界许多有识之士的关注。水电装机容量占全国总装机容量的比例，由“四五”末的 30.9%、“五五”末的 30.8%、“六五”末的 30.3%下降至“七五”末的 26.1%，“八五”末继续下降为 24.0%。水电发电量占全国发电总量的比例也由“六五”的 22%，“七五”的 20%下降至“八五”时期的 18%左右。从这几年的开工规模看，这种下降趋势还将继续下去。“八五”期间，全国大中型水电共开工 16 项计 1059.58 万 kW，开工规模竟小于投产容量，而且有一半项目是 1991 年开工建设的，为 506 万 kW。此后几年的情况是，1992 年开工 87 万 kW，1993 年开工 286.58 万 kW，1994 年降到 156 万 kW，1995 年仅仅开工了 24 万 kW。今年是“九五”的第一年，到 7 月份，水电开工还没有实现零的突破。“八五”期间，三峡水电站的开工是水电建设史上的一件大事，但因其工期较长，2003 年第一批机组才能发电，即使至 2007 年 1820 万 kW 全部投产，也不会改变水电比例继续下降的局面。

难道水电真的走入绝境了吗？水电发展的出路何在？本文想就此问题，从宏观上谈点看法。

一、100 万 kW 以上大型水电站要由国家为主兴建，并实现远距离西电东送

在宏观上，从全国来讲，水电建设必须加快发展，尽快扭转水电下降趋势。但微观上，即从各省、各地区来看，主要电力负荷集中的经济高速发展的东部沿海地区，缺乏水电资源，不具备水电开发条件。而我国水电资源比较丰富的中西部地区，原来就十分注重水电的开发，水电装机已在电力总装机中占有相当大的比例。譬如，西南地区的四川占 46.0%，贵州占 48.2%，广西占 60.7%，云南占 74.7%；华中地区的湖北占 62.9%，湖南占 54.3%，全华中电网占 37.42%；西北地区的青海占 75.0%，甘肃占 51.0%，全西北电网占 39.9%。基于地区电力结构情况，从本地区需要出发，目前这些地区都在提高火电比重。国家的宏观需要和地区的微观现实发生矛盾，因而国家大力发展水电的方针就不可能落实。

在市场经济条件下，水电建设的经济效益，即投入产出状况（投入，包括资本金注入和贷款的筹集；产出，包括发电量销售和电价的承受能力），将在很大程度上影响水电的发展。我国的水电资源集中分布在西部山区，正是我国经济相对落后的地区，既缺资金投入，又无必须的电价承受能力，而这两者又缺一不可。为解决这个矛盾，除国家采取必要的向西部倾斜的政策外，要吸引东部经济发达地区到西部投资，得到的电力电量输送东部地区销售，这是我国水电建设进一步发展的战略任务。实际上，这也是一个市场资源配置问题。

就我国水电发展的布局而言，西、中、东部应有不同的发展重点。西部应发展一批大型、特大型主力水电站，中部发展一批中型（特别是贯流机组）水电站，东部发展一批抽水蓄能电站，而广大农村则要鼓励发展小水电站。国家支持的重点应是 100 万千瓦以上的大型主力水电站，以及远距离西电东送电网工程。总之，基于中国能源资源分布和电力负荷分布不均衡这一国情，如果没有全国电力结构的调整，没有国家对水电的直接支持，没有全国联网、西电东送，水电的大发展就

将是一句空话。

二、真正实行同电同价，为水电发展筹集资金

国家对水电的支持表现为资金和政策的支持。资金从何而来?在市场经济条件下，要通过市场来实现资源优化配置，世界许多实行市场经济的国家都首先开发水电，说明市场经济条件下水电是可以也是能够得到大的发展的。当前，我们首先要办的事就是真正实行同电同价。

以1995年四川省电力局有关发电厂发电成本为例：龚嘴发电总厂（水电）发电单位成本为46.02元/千kW·h，铜街子发电厂（水电）为67.07元/千kW·h，黄桷庄发电厂（火电）为166.72元/千kW·h（其中燃料费占76.87元/千kW·h），江油发电厂老火电机组（4×5万kW）为160.96元/千kW·h（其中燃料费占110.75元/千kW·h），江油发电厂新火电机组（2×33万千瓦）为191.47元/千kW·h（其中燃料费占82.00元/千kW·h）。

水电与火电的成本每千瓦时相差0.1元以上，这样的估计不会高。今后随着燃煤价格和运输费用的上涨以及环境保护要求的提高，这个差距还将进一步加大。如果实行同电同价，水电上网电价就应提高到和火电一样，也就是说水电电价每千瓦时要提高0.1元。现在，水电发电量约占总电量的20%，水电提价水平即相当于总发电量每千瓦时提价2分钱。如果能够在中央电力企业实行这项政策，中央就可以筹集到一笔资金用于水电开发和西电东送工程，这将会成为我国经济实行可持续发展战略的一项重大举措。

那么，提高中央电力企业售电价格将对整个市场物价产生怎样的影响呢？根据国家计委物价研究所1994年6月的研究材料，对价格出台分别设定了三种情况：(1)利税与物耗性支出同比例上升，简称“高限值”；(2)利税不变，但电价上涨导致的成本增支全部转嫁出去，简称“中间值”；(3)利税不变，电费增支只转嫁70%，简称“低限值”。初步预测，中央电力企业售电价格每千瓦时提高1分钱，对几项综合性物价指标的影响是：零售物价上升的高限值为0.34%、中间值为0.28%、低限值为0.20%；消费品价格上升的高限值为0.34%、中间值为0.27%、低限值为0.20%；农业生产资料价格上涨的高限值为0.37%、中间值为0.27%、低限值为0.19%；职工生活费用上升的高限值为0.45%、中间值为0.40%、低限值为0.25%。

三、国家通过信贷和税收政策调整，为加快水电发展创造良好的资源优化配置条件

由于水电建设一次性投资大，施工期相对较长，近年来相继出台的统一的无区别的信贷、税收办法和政策，使水电发展处于非常不利的窘境，抑制了投资者投资水电站建设的积极性，严重影响了水电的发展。

如建设期贷款利息。原建设期贷款利息按挂息处理，电站投产后偿还本息。而从1991年起，建设期贷款利息需当年扣除，这一办法大大增加了水电概算总额。由于水电工程工期相对较长，还贷利息在总投资中占很大比例。按1994年底价格水平编制概算的7个工程综合测算表明，建设期还贷利息约占总投资的30%。以国务院领导和有关部门都十分关注的二滩工程（装机容量330万千瓦）为例，1986年概算为54.17亿元，1995年估算为327亿元，共增加273亿元。概算的增加可归纳为5个方面的原因：建设期内资贷款利息增加82.25亿元，占30%；外资因素126.6亿元（主要有两项：1989年汇率由3.7314逐步提高到8.7，汇率损失46.2亿元；建设期外资贷款利息49.1亿元），占46%；价格变动50.8亿元，占19%；工程变动8.3亿元，占3%；水库费增加5.2亿元，占2%。如果建设期内外资贷款利息一起计算，共131亿元，竟占概算的40%。

如贷款利率、贷款还款期。在我国，作为一次能源的水电，并没有享受到什么优惠政策，贷款利率、还款期与火电几乎没有什么区别。1991年利率由8.28%提高到9.9%，1993年7月11日起调为11.16%，1995年1月1日起又取消了差别利率，进一步调整为14.76%。这样的贷款条件，使水电的还本付息负担过重，还款期上网电价过高，用户难以承受，这就使资金流向火电，由此而造成水电比重的不断下降。

如资本金比例。目前，要求电力项目资本金比例均为25%，在当前电力企业实力还不够强大的情况下，火电项目都难以承受，对于水电项目则更是难上加难了。一个100万kW的水电站，总投资100亿元，资本金需要25亿元。这么大的一次性投入，谁能有这样强的实力呢？

如发电增值税。水力发电是一次能源，无上游产品增值税可以抵扣，需全额缴纳17%的增值税。而火力发电用燃煤、燃油发电，经抵扣后火电增值税反而比水电轻得多。

如耕地占用税。水电站在建设过程中对淹没土地进行了补偿，建成后对库区还实行后期扶持政策，形成水库后对下游地区的防洪和耕地保护发挥了重要作用。对水库再征收耕地占用税，加大了水电建设投资，制约了有防洪、灌溉等综合效益作用的水电站建设，这实际上影响了对耕地的有效保护。

如矿产资源税。对矿产资源的开发和利用，应当按法纳税，但如果对任何石方开挖都要征收矿产资源税

的话，和大自然作斗争的水电建设可真是步步难行了，原来被认为工期快、投资省的当地材料坝，也要打个问号了。

如进口关税。目前，我国水力发电机组的设备制造能力还很低，高水头大容量的抽水蓄能机组和低水头大容量的贯流式机组还不能生产而需要进口。另外，使用世界银行、亚洲开发银行、日本海外协力基金组织等机构贷款，必须采用国际公开招标方式采购，也需进口。这样，进口关税也成为水电建设造价升高的原因之一。

总之，在我国由计划经济体制向社会主义市场经济体制转变的过程中，国家在进行投资体制、财税体制、金融体制、外贸体制等改革中，要充分重视我国中西部地区的发展和产业结构的合理调整问题。就水电建设而言，国家应该而且可以通过信贷和税收政策的调整，为其创造良好的资源优化配置条件，以推动我国水电的高速发展。

坚定不移地把电力工业改革进行下去

——电力部汪恕诚副部长在水电建设管理专业委员会1996年年会上的讲话（摘要）

（1996年11月2日）

我想谈两个方面的内容：第一个内容是电力工业体制改革，第二个内容是水电建设体制改革。

第一部分 电力工业体制改革

电力工业的改革方案大致可以分成三大部分来讲：第一部分讲企业，第二部分讲政府，第三部分讲市场。

一、关于电力企业

先讲企业。电力企业包括电力生产企业及送电、供电企业。怎样建立适应我国社会主义市场经济体制的电力企业呢？从历史上来讲，中央出台了两分钱的政策，对我国电力工业的发展起到了极大的推动作用。现在，几乎各省都有自己的投资公司来管这两分钱，这是由经济关系、生产关系决定的，是必然的结果。在这种情况下，用什么方式来保证出资人的权益呢？这就是国际上所谓的“独立电厂”。

独立电厂是独立法人，和电网之间是买卖电的关系，是企业，是独立的经济实体。当前世界上许多国家电力工业都在搞改革，而所有的改革最核心的问题就是独立电厂，也叫独立发电公司、民营电厂。在发达的资本主义国家、在发展中国家、在原社会主义国家，电力体制的改革都是围绕独立电厂来进行的。

我国电力改革的特点是什么？和这些国家的私有化有什么不同？我们是把改革的重点放在新建电厂上，新建电厂推行独立电厂，这些新建电厂的中央投资、地方投资都是全民所有制的。因此讲，独立电厂并没有改变全民所有制性质，但其经营方式采用了国际上通用的先进的经营方式。独立电厂就其经营方式而言，和资本主义国家私有化体制下的电厂是没有区别的，我们搞独立电厂不是按私有化方式进行，而是按建立现代企业制度的方式进行，社会主义公有制性质并没有改变，认识这一点是非常重要的。而对于老电厂，用拨款方式建的电厂是否也要搞成独立电厂呢？我看不见得，如果那样的话，改革就乱了。当然，可以通过股票上市或中外合资等方式盘活存量，而这不是我国电力企业改革的主要方式。许多国家通过股票上市实行私有化，我国只是试点，不是主要方式。水电的改革进展较早，开始重点放在建设体制改革上，随着业主责任制的深化，公司制的推行，我们现在按现代企业制度建立了大量的有限责任公司，应该说70％～80％的项目完成了改造的任务，比如清江、五凌、大朝山、二滩。但也有因某种原因还没有改造的，这些迟早要改造。所有这些新组建的有限责任公司，其基本性质仍然是全民所有制的。问题从这里引出，作为独立电厂，在中国也出现了。独立电厂是企业的概念，绝不是车间的概念，独立发电公司也可以拥有若干个电厂，而这个公司与电厂的关系仍然是与车间的关系，或者内部核算的关系。我认为，中国电力企业改革的核心问题是对独立电厂的认识问题。组建省一级的电力有限责任公司有两个条件。第一个是必要条件，就是省电力公司的中央资产出资人代表是明确的，如果没有这一条，省一级公司就不可能组建，在国家电力公司成立以前，各独立省局都没有中央资产出资人代表，电力部作为政府不能作为出资人代表，所以不可能搞省公司的现代企业制度改造。第二个是充分条件，只有当中央出资人以外的其他出资人在全部资产中占有相当比例的时候，才能够有组建有限责任公司的要求。

当省一级搞成有限责任公司以后，就会提出大电网级的有限责任公司的组建问题，同样，电网公司上面也必须有一个中央电力资产出资人代表。这样，组建一个中央电力资产出资人代表——国家电力公司，就成为电力工业改革不断深化的必然结果。国家电力公司由国务院授权代表中央电力资产，它就是各地区公司或者叫网公司、独立省公司的出资人代表，网公司就是它所属的省公司的中央资产的出资人代表，省公司就是独立电厂的中央电力资产的出资人代表，省公司和独立电厂之间就是独资或参股控股关系，这样，就构成了全国以资产为纽带，采用现代企业制度的结构形式组建的新型电力企业群体。这就是电力企业组建的基本思路。国家电力公司是中央电力资产出资人总代表，与网公司是母子公司关系，网公司与省公司也是母子公司关系，省公司和电厂是独资或参股控股关系。

为什么要成立国家电力公司？中央资产为什么不能直接授权给网公司，日本的九大电力公司不是也挺好的吗？这个问题非常重要，必须在理论上给予回答。这个问题是由中国的国情决定的。中国是个大国，其资源分布和电力负荷分布极不平衡，一次能源煤炭主要分布在山西、陕西、蒙西地区，水电资源主要分布在西北、西南、西部地区，而电力负荷集中在东部沿海经济发达地区。这个状况和日本是截然不同的。日本是海岛国家，本身没有能源资源，靠海上运输获得能源，什么地方需要电，就在什么地方建码头、建电厂，有8个地区性公司是可以的。再看加拿大，加拿大也是大国，资源分布也不平衡，大水电站都在北部，而经济发达地区全在南部，但其分省省界是南北方向切的，电由北往南送，每个省的电网是平衡的，负荷和资源是平衡的，因此可以没有全国性公司。中国如果没有全国性总公司，西部丰富的水电资源，尤其是大型、特大型水电站就很难得到开发，而东部经济发达地区则需从国外进口煤炭石油，“三西”地区煤炭基地的大型坑口电站建设就会成为空话，全国联网工程也难以实现。由于中国资源和负荷分布的不平衡，决定了中国要成立全国性的电力公司。反过来，也就决定了国家电力公司的性质、任务，它是搞地区性公司没有能力完成的事，比如说全国联网，发展西部的大水电，发展坑口电站，实现远距离送电。如果组建后的国家电力公司不是把重点放在这上面，而是放在把地区性公司能够完成任务的权利收回来，那改革就有问题了。成立国家电力公司有利于全国电力资源的优化配置，只有这样，五大集团公司才能得到进一步发展，优势才能进一步互补。

改革的模式世界上有两种：一种是发送供电为一体，仍由一个公司完成；另一种是国家将发送供三个环节切开，成立独立发电公司、独立电网公司、独立供电公司。我国电力工业每年以新增装机1500万～1600万kW的速度发展，增长速度大体为8%～9%。虽然发展很快，但从总体上讲中国仍然缺电。因此，解决缺电问题仍然是电力工业的最大任务。改革是调整生产关系，发展生产力，电力工业首先要保证电的供应。因此，我们电力工业当前的改革重点一定要放在发电环节。发电环节改革的重点是搞独立电厂，其目的是调动各方办电的积极性，达到筹集资金多家办电的目的。这是电力工业改革的关键。如果现在改革重点不是放在发电上，而是在送电、供电环节都搞公司，都强调盈利，结果是电价上去了，供电情况却没有好转，老百姓马上就会骂街，改革立刻会出现挫折。中国的改革是有领导、有步骤地进行的，发送供电环节上，应先搞发电环节，解决缺电局面。解决了发电环节，有了备用容量，那时候再把改革转向送电和供电上。

二、关于政企分开

中国是学苏联的办法来建立国家机器的，社会主义国家是以计划来实现资源优化配置的，资源的配置通过计划的手段进行。既然是计划手段，各行各业都设有主管部门，50多个部委就这样出现了。工业部委有7个还是8个，每个工业部门都有自己的主管部，政企不分也就发生了。当电力工业实施政企分开后，国家机器怎么办，电力的主管部门，或者说政府职能由谁来承担。从世界各国的情况来分析，可以归纳为四种类型：一种是电力部，就是有专门的政府部门来管电力工业；第二种是能源部，这种形式的国家较多一些；第三种更扩大一点，把能源和地质矿产自然资源等结合起来管。象巴西、土耳其都属于这一类；第四种就是象日本的通产省，工业全由一家管。原来研究的改革方案，经过北戴河会议讨论，中央常委会讨论，就是根据五中全会精神，把工业部门的政府职能交到国务院的综合部门，实际上是走的“通产省模式”，也就是第四种模式。为慎重起见，又经过两个常委会同意，定了要分两步走：保留电力部，同时组建国家电力公司。现在我们正在研究具体方案。我反复地强调电力企业改革的重点是独立电厂，这是当前发展电力工业的要害。政企分开，一方面可以让国家电力公司在市场经济条件下具有更大的实力和活力，推进电力工业的发展；另一方面更有利于发展独立电厂，更好地调动大家办电的积极性。

三、关于电力市场

电力商品和其他商品有所区别，要通过电网实行交换，买卖同时进行。可以用三句话来形容电力市场：电力市场的硬件是电网，电力市场的软件是调度，电力市场起作用的手段是电价。从电力工业特点出发，研究电力市场问题应包括两个内容：一是电力市场本身的建立，二是各级电力企业都要直接拥有相应的电网和调峰调频主力电站。国家电力公司应拥有并调度地区性公司之间的联络线，比如从云南送到广东的线，三峡的送出线等线路是国家电力公司要管的。网公司管理网内的骨干电网，省公司管理省内电网，为了调度，自己还拥有或直接调度一定容量的电站。

归纳一下，电力工业改革有四个要点：第一个是企业，以资产为纽带，以现代企业制度为形式组建；第二个是政府；第三个以电价为重点建立电力市场；第四个是各级都要拥有相应的电网和一定容量的电站。前三点是中国其他工交部门改革的一般内容。说明政府、企业、市场之间的关系。第四点是电力工业所特有的内容，说明电网调度的重要性。这四点构成了电力工业改革的主体框架，再加上计划投资、引进外资、基建体制、设计改革、科教改革、环境保护、水电核电、社会节电、农电改革、分配和社会保障、法规制度、精神文明建设等改革内容，构成了电力工业改革的基本框架。

第二部分 水电建设体制改革

电力工业改革的要害是独立电厂，独立电厂大多以有限责任公司的形式出现，在建设阶段必然引出项目业主责任制。基本框架中强调独立电厂的地位，实际上也就强调了在建设领域里业主的地位，有了业主责任制必然要搞招标承包制和建设监理制。

如何组建和确定业主？流域滚动开发公司也是独立发电公司，这个独立发电公司拥有整条河流梯级项目开发权利。流域公司是发展水电的好形式、好体制，应该积极推行。但任何事物都是辩证的，是否流域开发公司的旗帜一举，水电就发展了？如果不解决国家的进一步投入问题，水电还是发展不起来。如果舆论造过头，各级领导和有关部门都认为流域滚动体制一建立水电就发展了，那我们水电倒真的发展不了了。这里我想讲两句话：一句话是流域滚动开发公司一定要抓紧建立，因为这种独立发电公司肯定是有利于生产力发展的；第二句话，一定要争取国家的支持，没有国家的投入，水电就发展不起来。

《中国电力报》7月18日发表了李鹏总理的《多家办电，多渠道筹资办电》的文章，我19日就赶写完《水电发展的出路何在?》，电力报27日发表。这篇文章我想说明三个问题：第一个问题是想告诉水利水电单位，尤其是施工企业，水电现在是在困难之中，对新开项目不要寄予太大的希望，要做好迎接困难的思想准备，踏踏实实地到社会上去找活干，这个目的看来是达到了。今年4月在水电总公司工作会议上，我提出过水电施工企业的3个1/3：1/3的现职领导抓多种经营，1/3的职工在多种经营岗位上，1/3的产值来自多种经营。现在水电面临的形势越来越严峻，我看要提1/2了，去年只开工了24万kW，今年到现在为止一个项目没有批。第二个目的是从正面希望国务院领导和有关部门能从政策上给水电一条出路。国家刚搞市场经济，需要把转轨的大框架先搭起来，比如财税体制改革，调整中央财税与地方财税比例，投资体制改革要讲投入与产出，不再是以前的投贷不分等等，现在还顾不上研究更深层次、更具体的问题，譬如如何利用经济杠杆落实产业政策的问题。但如果水火电都在同一个政策水平上竞争，水电发展就成了大问题。第三个意思是想说明在市场经济体制下，国家机器应该怎样去运作，促进经济和社会的全面发展。随着市场经济的建立，当国家机器的运作已经能够用经济杠杆去调整产业结构，去落实中央的一些口号的时候，水电才会有较大的发展。比如说向中西部倾斜，两届政府工作报告都写了，这些战略性口号怎样才能落实?落实需要靠国家机器，而现在国家机器仍然是按计划经济方式运作，还没有用经济的方法让市场实现资源优化配置。

水电建设项目已推行三项管理制度：业主责任制、建设监理制、招标承包制。这是我们水电改革的经验总结，现在已在全国基本建设领域广泛推行。李鹏、邹家华同志的讲话只要谈基本建设都要讲这三项制度。

回顾一下水电的改革，首先进入市场的是水电施工企业，一搞招标投标，水电施工企业立即进入市场。第二步，是设计改革提上议程，开始进入市场。第三步，在建立现代企业制度过程中，业主单位被重新改组改造。到第四步，政企分开，电力部自身成了改革对象。电力部的改革是自上而下进行的，电力部、网局、省局，直到独立电厂，全方位改革。不符合市场经济的东西都将成为改革的对象。我们将要继续研究明年干哪几件规范市场的事情，进一步完善市场。这个改革希望得到各位的支持，被动改革不如主动改革，我们的改革要坚定不移地进行下去。

今天主要讲了两点：一是电力工业改革，不要因为方案有些局部的调整而影响我们全盘改革的决心；二是不要因为水电市场的不景气而影响我们改革的步伐。总的题目是：坚定不移地把电力工业改革进行下去！

10年来农村水电电气化县建设的回顾及“九五”农村水电电气化县建设的目标

——水利部张春园副部长在全国农村水电暨第三批初级电气化县建设工作会议上的讲话（摘要）

（1996年5月21日）

编者说明：1996年5月21至23日，国家计委、水利部联合在北京召开了全国农村水电暨第三批初级电气化县建设工作会议，水利部副部长张春园在会上作了《统一认识、齐心协力，为夺取“九五”农村水电及电气化县建设新的胜利而努力》的讲话。《讲话》分三部分：一、10年来农村水电及电气化县建设的回顾；二、“九五”农村水电电气化县建设的目标；三、完成第三批农村水电初级电气化县建设，当前需要重点抓的几项工作。这里刊登的是第一、二两部分的摘要。

一、10年来农村水电及电气化县建设的回顾

经国务院批准，从1985年开始实施的农村水电初级电气化县建设工作，10年来，累计投入资金543.5亿元，完成了318个农村水电初级电气化县建设，全国农村水电完成装机1141万kW，灌溉面积净增加700万亩，解决了1700万群众的饮水困难，使9300万群众用上了电。山区缺电、缺水问题的解决带来了农业、工业、乡镇企业、家庭副业以及精神文明建设的全面发展。

（一）促进了山区用电问题的解决

第一批建设的109个初级电气化县，10年间农村水电装机增长1.43倍，年发电量增长2.7倍，人均年用电量由121kW·h增长到412kW·h，户通电率由69.1%提高到97.9%。第二批达标的209个县，年发电量从93.92亿kW·h增加到182.57亿kW·h，5年翻了一番；人均年用电量从144kW·h增加到302kW·h；户通电率由79.88%上升到96.58%。农村水电电气化县建设的成功，带动了全国山区农村水电的发展。到1995年底，全国已有近一半国土面积、793个县约3亿人口主要靠农村水电供电。农村水电总装机已达2264万kW，10年翻了一番。发电量增加到730亿kW·h，增长一倍多，使9300万人口告别了无电历史。全国农村水电装机超100万kW的省（区）依次为四川（354万kW）、广东（253万kW）、福建（213万kW）、湖南（208万kW）、广西（185万kW）、云南（170万kW）、湖北（118万kW）。1995年，全国农村水电投资132亿元，投产发电装机143万kW，其中福建34.6万kW，四川28万kW。全国农村水电在建规模超过750万kW。1995年售电收入超过169亿元，创利税近30亿元，累计形成固定资产近700亿元。

（二）促进了农业发展

10年间。农村水电供电区通过水利水电建设，增加水库库容71亿m^3，净增灌溉面积700万亩。第一批电气化县，10年粮食产量由89亿kg增加到122.9亿kg，增长38%，比全国同期增长率高出6.5个百分点；第二批电气化县“八五”期间，粮食产量在全国徘徊不前的情况下，由261.02亿kg上升到297.02亿kg，增产36亿kg，增长了13.8%。此外，电气化建设10年间还解决了1700万人口以及1230万头牲畜的饮水问题。

（三）促进了乡镇企业、地方工业发展

第一批电气化县实现了“10年电气化，经济翻两番”。工农业总产值增长5.58倍，工业产值占工农业总产值的比重由35.96%上升到70.08%；乡镇企业产值增长24.4倍。第二批209个电气化县实现了5年经济翻一番。工农业总产值由1070.4亿元增长到2595亿元，年均递增19.37%，工业产值占工农业总产值的比重由55.94%上升到72%；乡镇企业产值增长3.8倍。水电的开发使山区的矿产资源优势得以发挥。据统计，目前农村水电地区的铁合金产量占全国同类产品产量的三分之二，占市场流通量的70%，产品远销日本和欧美市场。

（四）促进了县财政收入稳定增长，农民收入提高

第一批电气化县，10年间县财政收入增长8.8倍；农民人均纯收入增长5.3倍，1994年达到1290元，超过全国1220元的水平。第二批电气化县，5年间县财政收入由54.39亿元上升到103.49亿元；农民人均纯收入由550元上升到1150元。

（五）促进了生态环境的改善

随着农村用电普及，农民生活不断改善，利用丰水电能以电代柴、实行电炊的农户越来越多，有效地遏制了乱砍滥伐，对保护森林资源、改善生态环境、治理水土流失等，起到了明显作用。据统计，全国农村水电供电区约1200万农户使用电炊，一年节约的木材相当于两座小兴安岭一年的木材产量。第一批电气化县的森林覆盖率10年增长了8个百分点，第二批电气化县5年提高了4个百分点。

（六）促进了山区精神文明建设和教育教学条件的改善

已达标的300多个电气化县的电视覆盖率已达89%以上，百人电视机保有量达到15台。电给偏僻的山村带来了现代生活的气息，农民从此告别了传统的日出而作、日落而息的生活方式，对普及科学文化知识，加强农村精神文明建设，推进计划生育，改变贫困山区落后面貌，缩小城乡差别，保持农村社会稳定，有着不可估量的潜移默化的作用。教育教学条件也随着电的普及不断改善，第二批电气化县的儿童入学率5年提高了7.8个百分点，电化教育也开始走进边远的山区。

通过农村电气化建设为山区锻炼和造就了一批建设人才。318个电气化县通过培训、人才引进等多种措施，技术队伍达2.3万人。

（七）促进了民族团结和边疆的稳定

已达标的300多个电气化县中，有三分之一处在少数民族地区，紧靠国境的边疆县有26个。据其中的长白、爱辉、大新、呼玛、瑞丽、景洪、屏边、温宿、富蕴、博乐等10个县的资料统计，5年工农业总产值由21.37亿元上升到49.53亿元，增长了131%；财政收入由1.92亿元上升到3.48亿元，增长了81%；农民人均收入由710元上升到1103元，增长了55%；粮

食产量由6.65亿kg上升到9.18亿kg，增长了38%。电气化建设促进了边境地区的稳定和发展，促进了民族团结。

我国农村水电及电气化建设的成功引起了世界各国和联合国有关机构的高度重视，于1994年12月在杭州正式成立了由22个国际组织、40多个国家参加的联合国国际小水电中心，其主要目的就是借鉴中国的经验，加速世界特别是发展中国家小水电的发展。这也为我国小水电跨出国界、走向世界创造了更有利的条件。10年来，我国已向30多个国家出口了小水电设备，小水电已成为我国对外合作援助的一个主要内容。

10年来，农村水电及电气化建设取得了很大的成绩，但是，我们要清醒地看到，仍然存在着不可忽视的矛盾和问题，亟需在“九五”期间给予足够的重视并逐步加以解决。

首先是电力供应不足、水利条件差仍然制约着广大山区经济和社会的发展。全国水利系统负责供电的近800个县3亿人口中，人均用电量只有268kW·h，与全国农村人均378kW·h相差近三分之一。还有3.6%的乡、6.98%的村、10.3%的农户、约3000多万人至今还没有通电。山区大部分的中小河流有待治理开发，尚有6500万群众温饱和吃水困难问题没有得到解决。即使实现了初级电气化的县，虽然经济发展速度大大加快了，赶上了全国的发展速度，但与全国，特别与发达地区的绝对差距仍在继续扩大。“山区要想变，先办小水电”，“加快发展中西部，水利水电先开路”，广大山区干部、群众热切希望加大农村水电开发的力度。

其次是投入不足、资金缺口大。现在农村水电在建规模已达700多万kW，按合理工期，每年需投资200亿元以上，去年只投入130亿，缺口70亿，有些工程只好暂缓，有些项目放慢速度。骨干电站普遍存在地方自筹资金比例少，电站缺乏自我积累能力的问题，加上物价上涨，造价猛增，加剧了建设资金短缺的矛盾。

三是电价偏低。1995年底全国农村水电综合平均售电价为0.235元/kW·h，与大电网相差甚远。电价偏低直接影响国内、国外资金对水电的投入，影响水利水电自我滚动发展的能力。

四是水电企业普遍存在政企不分、产权不清、权责不明、管理粗放、人浮于事，企业缺乏自主经营、自负盈亏、自我积累、自我发展的能力。一些领导靠“电饭碗”有饭吃、有钱花，安于现状，不求进取，改革开拓意识不强，企业管理缺少谋略、措施和章法，企业缺乏活力。

二、“九五”农村水电电气化县建设的目标

“九五”期间完成国务院下达的第三批300个农村水电初级电气化县建设任务。国务院批准的第三批300个农村水电初级电气化县，是在1994年底开始进行选点规划。由各地上报的384个县中，经过规划审查和与省人民政府有关部委协商最后确定下来的。这些县分布在22个省、自治区内，大部分在中西部的老、少、山、边、穷地区。其中四川省59个，云南省40个，广西自治区22个，陕西省24个，江西省20个，甘肃省20个，福建省19个，新疆自治区18个，广东省13个，湖南省11个，贵州省和河南省各10个。第三批300个农村水电初级电气化县中，属少数民族、全国“八七”扶贫攻坚县、省重点扶贫县以及革命老区县有245个，占78.3%。这300个县共计人口1.15亿，面积131.8万km^2，可开发水电资源5621万kW。根据各县规划汇总，达到农村初级电气化标准，需增加发电装机360.1万kW，解决1650万无电人口用电，增加年发电量177亿kW·h，人均年用电量从136kW·h增加到273kW·h，需要总投资255亿元，计划5年完成。

实现水利系统新增水电装机1000万kW。到2000年水利系统水电装机将超过3000多万kW，年发电量达到1000亿kW·h。小浪底、万家寨、江垭、飞来峡等一批具有综合利用效益的大型水利水电项目建成投产发电。积极推广“流域、梯级、综合、滚动”开发机制；在农村水电供电区内要集中力量建设一批有调节能力的中型骨干水电站；在严格控制小火电发展的同时，在有条件的区域电网内，适当修建一些坑口火电厂和抽水蓄能电站以解决丰枯差、峰谷差的矛盾。

继续加强农村水电供电区内的电网建设，完善县电网，积极发展区域电网。到2000年，全国农村水电供电区35kV以上输电线路达到16万km，35kV以上变电容量达到4600万kVA；区域电网联网县将达到350个。

农村水电供电区内要基本消灭无电乡，使绝大部分无电村用上电，解决2100万无电农村人口的用电问题；使西藏6个无电县尽快用上电。在深山区要积极推广微型水电解决无电问题。

要加大电站及电网技术改造的力度，在新建工程中大力推广新技术。大力推广高效水轮机转轮，改造一批老机组。加强电网改造，把网损率降到8%左右。积极推广节能型配变电、用电设备，提高农村电网自动化水平。

实现“九五”的目标，全国的农村水电及电气化县建设将再上一个大台阶，水利基础产业将进一步得到壮大，农村水电供电区内大部分县将实现农村水电初级电气化，基本上解决群众用不上电的问题，广大山区水利、农业、经济将进一步得到发展，人民群众生活将进一步得到改善，并为下一世纪初的全面发展奠定一个坚实的基础。

全面推进与深化改革，确立与社会主义市场经济体制相适应的新型电力工业管理体制

——电力工业部部长史大桢在全国电力工作会议上的报告（摘要）

（1997年1月16日）

编者说明：1997年全国电力工作会议于1月16日至18日在北京召开。电力工业部部长史大桢在会上作了《推进“两个根本性转变”，加强精神文明建设，齐心协力完成电力工业管理体制的重大改革》的报告。《报告》分四部分：一、1996年是电工业改革与发展卓有成效的一年；二、全面推进与深化改革，确立与社会主义市场经济体制相适应的新型电力工业管理体制；三、努力把电力系统精神文明建设提高到一个新水平；四、1997年电力工业的主要工作。这里刊登的是《报告》的第二部分。

（一）改革电力工业管理体制，是电力工业为顺利跨入21世纪、全国实现“两个根本性转变”必须采取的重大战略步骤

从建国到1978年，我们用了29年时间，使发电装机容量达到5700万kW。而改革开放以后，我们分别用了9年和8年时间，就使发电装机容量连续跨上了1亿kW和2亿kW两个台阶。电力工业之所以能够取得历史性的成就，关键在于我们始终坚持以邓小平建设有中国特色社会主义理论为指导，全面落实能源发展“以电力为中心”的产业政策，认真贯彻了“政企分开、省为实体、联合电网、统一调度、集资办电”和“因地、因网制宜”的方针，调动了中央、地方及内资、外资等各方面办电的积极性，成功地走出了一条具有中国特色的多家办电、多渠道筹资办电的发展道路。实践证明，坚持改革开放的方针，打破独家办电的管理体制，通过改革解放生产力，这是电力工业能够保持快速发展的最重要的内在原因。

综观电力工业目前面临的形势，机遇与挑战并存。我们处于承前启后、继往开来的重要历史时期。到本世纪末，电力工业要初步建立现代企业制度，实现与国民经济协调发展，任务非常艰巨。

当前电力改革与发展中仍然面临许多突出矛盾：

1. 缺电局面尚未根本缓解，电力仍然是制约国民经济发展的“瓶颈”。 全国性缺电问题尚未根本解决，部分地方缺电仍很严重，高峰缺电问题相当突出。“九五”期间，国家计划安排投产发电项目8000万kW，平均每年投产1600万kW，但目前在建规模只有5700多万kW，每年只能投产1200万kW左右，完成“九五”计划难度很大，“九五”中后期电力供需矛盾将更加突出。

2. 电力工业改革滞后于电力发展的要求，滞后于实现“两个根本性转变”的形势。 我国电力工业长期以来一直沿用计划经济条件下的资源配置模式，国家所有者代表缺位，投资者权益得不到有效的保护，投资效益低，运营效率低，国有资产保值增值责任难以落实。更为突出的是，无法实现公平竞争和资源优化配置。其重要原因就在于尚未建立起统一、开放、竞争、有序的电力市场，改革已滞后于发展的形势。

3. 我国东西部经济发展不平衡和能源资源分布不均衡的矛盾，已经成为制约电力工业发展的重要因素。我国一次能源资源主要蕴藏在经济欠发达的中西部地区，而经济较发达的东南沿海地区则电力负荷集中，但是缺乏一次能源。目前沿海地区电力需求增长很快。电力发展却受到资源、环境、运输条件的制约；而中西部丰富的水力、煤炭资源由于缺乏资金，开发缓慢。从长远观点来看，继续按行政区域进行电力建设，已经难以适应生产力布局的战略调整。

4. 国有电力企业缺乏竞争意识和竞争能力，已经成为电力工业改革和发展中的重要问题。 长期以来，电力企业一直实行高度集中的计划经济体制和政企不分的管理模式，形成了发展靠国家、效益靠政策、管理靠行政手段的经营意识，以经济效益为中心的经营思想尚未根本确立，企业内部粗放经营的管理方式依然存在，“吃大锅饭”的管理体制尚未根本破除。突出表现在：企业内部投资需求和消费膨胀欲望相当强烈，企业管理中追求短期效益，有的企业甚至虚盈实亏。追求高消费，花钱大手大脚的问题相当突出。近年来电力生产成本和基本建设造价逐年攀升，其中固然有客观原因，但思想观念滞后、经营机制扭曲也是推动其上升的重要原因。观念滞后，机制不活，管理不严，效率不高，自我发展机制尚未形成，忧患意识不强，是目前电力企业普遍存在的问题。

进一步改革电力工业管理体制，就是在这样的历史背景和形势下提出的，其主要目的是：按照建立社会主义市场经济体制的要求，遵循生产关系要适应于生产力、上层建筑要适应于经济基础这一马克思主义的基本原理，从调整生产关系入手，进一步理顺各方面的经济关系，建立新的经济运行机制和经济秩序，以适应生产力的发展。因此，从根本上讲，这一次电力工业管理体制改革，是电力工业适应社会主义市场经济体制，在全面推进“两个根本性转变”上迈出的实质性的步

伐，是为电力工业顺利跨入21世纪在体制改革上所做的必要准备。国务院［1996］48号文件批准的《国家电力公司组建方案》确定的基本原则和政策，是今后一个时期加快电力改革与发展的重要行动纲领。

（二）深刻领会这次电力工业管理体制改革的基本思路，全面完成各项改革任务

这次电力工业管理体制改革，是在党中央、国务院直接领导下进行的一次具有全局性、根本性意义的重大经济体制改革，关系到电力工业今后一个时期的发展。这次改革得到了党中央、国务院的关怀和重视，得到了国家有关部门、各省（直辖市、自治区）政府的热情关注和支持，得到了电力战线广大干部和工人的积极支持和拥护。

1．改革的指导思想和基本原则　这次改革的指导思想是：以转变政府职能、转换企业经营机制为重点，改革电力工业管理体制，建立现代企业制度，加强和完善行业管理，建立政府宏观管理、企业自主经营、行业协会提供服务，适应社会主义市场经济体制和电力生产特点的新型电力工业管理体制。

这次改革是涵盖整个电力工业的一次综合性改革试点，必须遵循下列原则：

（1）坚持政企职能分开的原则。改革现行的政企不分的电力管理模式，实行政企职能分开。

（2）坚持集资办电和多家办电、多渠道筹资办电的方针。引入市场机制，保护公平竞争，充分发挥各方面办电的积极性，依法维护投资者的合法权益。

（3）坚持"大家办电厂，国家管电网"的原则。鼓励国内外投资者兴办电源，国家对电网实行统一规划、统一建设、统一调度、统一管理。

（4）坚持以公有制为主体的原则。确保国有企业在电力工业中的主导地位，加强国有资产管理，建立"国家统一所有、企业自主经营、政府监督管理"的国有资产运营机制，落实国有资产保值增值的责任。

（5）坚持"人民电业为人民"的宗旨。正确处理企业利益与国家利益、经济效益与社会效益的关系。

（6）坚持积极推进、平稳过渡的原则。正确处理改革、发展、稳定的关系，确保电力生产、建设和经营秩序的稳定。

2．改革的主要内容

（1）转变电力部职能

对电力部现有职能进行分解：电力部继续行使政府管理职能；将行业管理职能移交给中国电力企业联合会；将国有资产经营职能和企业经营管理职能转移到国家电力公司。

（2）组建国家电力公司

根据国务院批准的《国家电力公司组建方案》，新组建的国家电力公司，由国务院出资设立，采取国有独资的形式，是国务院界定范围内企事业单位国有资产的出资者，是国务院授权的投资主体与资产经营主体，是经营跨区送电的经济实体和统一管理国家电网的企业法人。

国家电力公司的主要任务是：依据国家法律和政策，制定公司经营发展目标，组织电力生产、建设和经营；经营界定范围内的国有资产，提高国有资产的运营效率，承担保值增值的责任；依法对国家电网实行统一规划、统一建设、统一调度、统一管理，监督全国电网安全、稳定、经济、优质运行；决定全资子公司的经营方针、重大产权变更、分配方式、主要经营者任免等重大事项；指导全公司系统精神文明建设和思想政治工作。

国家电力公司按企业集团模式进行经营管理。7个集团公司、6个独立省电力公司是其全资子公司，各企业集团参加国家的集团改革试点不变，通过国家电力公司在国家计划单列。电力部所属的设计、施工、修造及其他企业，改制为国家电力公司的全资（或控股）子公司；电力部所属的科研、教育等事业单位，由国家电力公司管理。

（3）加强和完善中国电力企业联合会

中国电力企业联合会作为全国电力行业协会组织，履行行业管理与服务的职能，要面向全行业、全社会，充实、完善其功能。中国电力企业联合会以服务为宗旨，接受政府委托，为政府和社会服务；根据行业约规，为行业服务；按照会员要求，为企业服务。要发挥好沟通政府与电力企业、电力企业与社会用户联系的桥梁作用。

（4）积极稳妥地推进各电管局（集团公司）、省（直辖市、自治区）电力局（公司）及所属单位的改革

各电管局（集团公司）、省电力局（公司）的改革进程与电力部改革进程相一致。按照政企分开和精兵简政的原则，在条件成熟时，将现承担的行政管理职能移交给地方政府综合经济管理部门，同时接受地方政府的指导与监督。按照国务院［1996］48号文件精神，地方各级政府均不再设电力专业管理部门。

按照建立现代企业制度的要求，构筑国家电力公司所属企业法人治理结构，建立与社会主义市场经济体制相适应的国有资产出资人制度和法人财产制度，使国家电力公司、电力集团公司、省电力公司、独立发电公司及其他子公司组成由资本纽带和生产调度纽带紧密联系的有机体系，同时又是各自独立的法人实体和市场主体。

（三）牢牢把握改革、发展、稳定的全局，促进电力工业持续、快速、健康发展

1．继续贯彻电力工业改革与发展方针　电力工业改革与发展要继续坚持这样的指导思想：坚持邓小平建设有中国特色的社会主义理论和党的基本路线，

贯彻“抓住机遇、深化改革、扩大开放、促进发展、保持稳定”的工作方针，全面落实党的十四大以来确定的改革和发展战略，认真实施科教兴电战略和可持续发展战略，积极推进“两个根本性转变”，努力实现电力工业与国民经济和社会进步协调发展，为实现国民经济分三步走的战略目标服务。

(1) 继续贯彻能源发展“以电力为中心”的方针，坚持开发与节约并举，大力发展水电，继续发展火电，适当发展核电，积极发展新能源发电，同步发展电网，促进全国联网。

(2) 适应我国一次能源和经济发展状况，积极发展坑口、路口、港口电厂和负荷中心电厂，加快中西部的能源资源的开发和能源基地建设，对中西部地区实行必要的政策倾斜。

(3) 继续坚持多家办电、多渠道筹资办电。要继续改善投资环境，积极、有效、合理地利用外资。要积极采用国产电力设备，大力支持民族工业，努力实现电力工业与机电工业协调发展。

(4) 继续推动水电和核电滚动开发，继续推进农村扶贫共富、节能节电、远距离输电、全国联网、以大代小、洁净煤燃烧发电等跨世纪工程。

2. 全面构筑与电力工业特点相适应的市场体系、宏观调控体系和法规体系　电力工业改革是建立社会主义市场经济体制的重要组成部分，在电力体制改革中，必须非常重视电力市场的建设和市场行为的规范，必须致力于形成一个有利于电力工业健康发展的市场机制。

(1) 积极培育市场体系。进一步打破独家办电的体制和观念，按照建立现代企业制度的要求，逐步把各电力集团公司、省电力公司塑造成为市场主体，逐步在电力工业内部形成一个相互竞争、共同发展的市场格局。要按照“大家办电厂、国家管电网”的原则，鼓励投资者兴办电厂，并逐步按“同网同质同价”的改革方向，在发电环节中引入竞争机制。集团公司和省电力公司作为国家赋予权力管理电网的企业，要依法对电网实行统一规划、统一建设、统一调度、统一管理，并依法在电网内组织公平竞争，公开、公正、公平地进行电网调度，维护各投资方和电力企业的合法权益。要努力规范市场行为和市场秩序，打破部门垄断，开放设计、施工、资金等生产要素市场。要全面引入竞争机制，形成一个有利于提高效率、节约资源、公平竞争，有利于投资者控制造价、生产者降低成本、消费者减轻负担，能够促进电力工业持续发展的市场环境。

(2) 加强和改善宏观调控。要在政企职能分开的基础上，改善政府对企业的监督和管理，逐步将政府对电力企业的监督管理重点转到发展机制和发展速度、电价机制和电价水平、国有资产保值增值、应承担的社会责任(包括环境保护、资源利用、供电质量和保障程度等)、经营行为(包括是否有非法的垄断行为)等方面来。电力部作为国务院主管电力工业的职能部门，今后要进一步转变职能，主要管方针政策、发展规划、行政监督和协调服务，并协同国家有关综合部门进行宏观调控。

(3) 加强电力法制建设。要以贯彻《电力法》为主线，建立既符合市场经济体制，又符合电力生产特殊规律的完整的电力法规体系，形成依法办电、依法管电、依法用电的法制环境和市场秩序。为保护电力投资者、经营者、使用者的合法权益，规范市场行为提供法律依据和保障，要加快与《电力法》相配套的实施性法规的建设，加强行业约规、技术标准和管理规程的建设，加强市场载体的建设。

3. 全面推进“公司制改组、商业化运营、法制化管理”的改革战略，努力把国家电力公司创建成为符合中国国情的一流管理水平的电力公司　成立国家电力公司，是我国电力工业改革与发展的重要里程碑。为把国家电力公司创建成为符合中国国情的一流管理水平的电力公司，今后一个时期我们要重点抓好以下工作：

(1) 加快对现有电力企业进行改组和改制。按照“产权清晰、权责明确、政企分开、管理科学”的基本特征，建立现代企业制度，以资本为纽带，逐步将现有企业改革成为以财产关系为基础的层层控股参股的公司制的企业组织结构，努力把电力企业改革成为“自主经营、自负盈亏、自我发展、自我约束”的市场竞争主体。

(2) 制定和优化经营发展战略。按照实现“两个根本性转变”的要求，把优化国有资产分布结构、企业组织结构、投资结构、企业法人治理结构有机地结合起来，把优化企业经营目标同优化产业布局、资本结构、财务结构、投资方向有机地结合起来，努力实现增长方式从主要依靠生产要素扩张，转到依靠科技进步、提高劳动者素质，转到加强企业管理、提高劳动生产率和资源利用效率上来。

(3) 积极培育企业投融资功能。要充分利用好国家赋予的政策和渠道，努力增强投融资功能；盘活国有资产存量，推动国有资本流动；要征收使用好现有电力建设基金和贴费，争取国家适时再开征电力建设基金；要巩固和发展银企合作的成果，积极争取商业银行贷款；要积极探索企业股票上市、发行公司债券、投资基金、项目融资、联合融资等新的融资方式。

(4) 大力强化企业管理。要在进一步提高安全生产和现代化管理水平的同时，特别重视加强企业的经营管理。国家电力公司要抓紧制定重大的内部管理制度，重点落实好重大决策、资产受益和选择经营者等出资者的基本权利；要按照所有权与经营权分离的原则，科学地确定国家电力公司及所属单位的管理层面及经济关系；要积极改善财务状况，提高经济实力和市场竞争能力；要按照市场经济体制的要求，抓紧建立科学的企业管理体系，加强内部监督机制和约束机制，全面提高企业管理水平。

(5) 推动和深化各个层次的内部配套改革。电力生产要继续开展安全文明双达标和创一流活动；电力建设要继续推进项目法人责任制、招标投标制、工程监理制改革，实现合理工期、控制工程造价、做到达标投产；科研、教育、设计、施工、农电等单位，要巩固现有改革成果并积极探索新的改革与发展模式；要继续推行“减人增效”和“新厂新办法”；要认真抓好行业养老保险、医疗、住房等社会保障制度改革。

中国的能源政策

李 鹏

编者说明：本文原载《求是》1997年第十一期。全文共分六个部分：一、煤炭工业要坚持大中小并举的方针；二、石油工业要坚持稳定东部、发展西部的方针；三、多家办电，多渠道筹资办电；四、核电是一种安全可靠清洁的能源；五、能源开发与节约并重，把节约放在优先地位；六、能源开发与可持续发展战略。现将第三部分全文转载，其余部分省略。

多家办电，多渠道筹资办电

电力工业是国民经济的先行，现代社会生活的标志。根据我国能源资源分布的状况，电力工业应实行因地制宜、水火（电）并举，适当发展核电，同步发展电网的方针。1979—1996年，我国发电量平均每年递增8.3%，大体上与国民经济保持了同步增长。“八五”期间，每年增加装机容量1500万千瓦以上。发展速度之快，在世界电力发展史上也是少有的。我国电力工业能够保持较快的增长速度，根本原因是执行了一整套发展电力工业的正确政策。集中到一点，就是改变了过去独家办电的格局，调动了中央、地方、企业，内资和外资等各个方面办电的积极性，形成多家办电，多渠道集资办电的新格局。这是符合社会主义市场经济原则的，是改革开放的一个明显成果。

电力工业有其自身的客观规律。电力工业是带有一定垄断性的社会公益性事业，电力产品具有产供销同时完成的特点。单独运行的发电厂很难有效完成向用户稳定供电的任务，必须通过电网向广大用户供电。因此，在鼓励大家办电厂的同时，必须由国家办电网，集中管理电网。要依法办电，依法管电，不断提高电网的完全可靠程度，保护电力投资者、经营者和用户的合法权益。

这些年电力工业的发展，也得益于电力建设基金的建立。经中央批准，“七五”开始每千瓦时电费中加收2分钱（约占平均电价的7%），作为电力建设的资金来源。缓解了电力建设资金不足的矛盾。但是有个别地方，擅自加大电力建设资金的征收标准，增加企业和居民的负担，甚至把这笔基金挪作他用，这种状况亟待整顿和规范。

在“九五”期间和下世纪头十年，电力工业仍然应该保持一定的增长速度。考虑到经济增长方式的转变，节约用电措施的广泛采用，电力的弹性系数（即电力增长速度与国内生产总值增长速度的比例）可略低一些，“九五”期间预计将保持在0.8左右。按此推算，“九五”期间需要新增装机容量8000万kW，每年1600万kW左右，才能基本适应国民经济、社会发展和人民生活对电力的需求。发展电力工业应该采取以下方针：

继续实行水火（电）并举的方针。火电建设投资省、周期短，“九五”期间火电仍将占有75%的比例。但火电带来环境污染，又需要大量的运输煤炭，今后不宜在大中城市继续大量发展。应该多建设坑口电站，同时研究和开发洁净煤发电技术。我国有极其丰富的水力发电资源，水电又是一种清洁的再生能源，应该充分开发利用。由于水电建设周期长，投资大，往往伴随复杂的移民搬迁问题，以致一段时期以来水电在我国电力工业中的比重不断下降，这种状况必须改变。发展水电的关键，是实行合理的电价政策，实行新电新价和同电同价，即水电与火电实行相同的上网电价，这样水电不但具有还款能力，而且可以做到滚动开发。三峡水电站全部建成之日，就是还清贷款之时，之后的利润就可作为其他大型水电站的开发资金。要逐步提高水电的比重，逐步使水电的比重达到30%左右。

国家办电网，大家办电厂。大电网的形成和不断发展是电力工业现代化的必然趋势。现在我国已经形成六个跨地区电网和若干独立的省级电网。在部分跨地区电网之间及省级电网之间要建立输电线的联系，以增加电力供应的安全可靠程度和取得联网的经济效益。以三峡水电站的建设为契机，将逐步形成建立全国统一联合电网的局面。大电网的建设有许多优越性，可以统一规划合理布局，避免电力建设“大而全”、“小而全”的局面。采用大容量高参数的机组，具有单位投资省、效率高、建设周期短的优势。大电网是电力工业规模经营的体现，合乎增长方式转变的要求。大电网的形成也带来管理上的难度，需要用先进的技术装备来管理电网，以保证安全。信息工程必将在电网管理上得到广泛应用，对保证电网的安全和提高经济效益发挥重要的作用。

大规模电力建设需要大量资金。办法还是多渠道筹集资金办电，国家出一点，地方出一点，企业（包括电力以外的企业）出一点，银行贷一点。由于电力企业有良好的信誉和稳定的市场，可以进入国内外资金市场筹集资金。欢迎国外和境外资金来办电厂，方式灵活多样，可以是合资企业，也可以是合作企业，也可以用BOT方式。电力工业是国家的基础产业，又有比较稳定的投资回报率，对于中外合资的大型电站，中方一般要保持必要的控股权。

今后利用外资办电，特别是利用国际金融组织的资金或市场筹集的资金，要尽可能购买国产发电设备。同时，国产设备要努力提高质量和配套能力，做好售后服务，提高竞争能力。

在电力建设中，存在不重视输变电建设，“重发、轻供、不管用”的毛病。建了电厂，输电线路不能同步建设，有电送不出来。供电设备是一个系统工程。许多地区电网的发电能力充足，但城乡供电设备的建设不配套，使供电受到限制。有的供电网络可靠性不高，存在单路供电的情况。因为一个用户或一条线路发生意外事故造成大面积停电的事，时有发生。用户内部的配电设备和线路不能满足日益增长的电力需求，是一个很普遍的问题，在一些老的居民区、居民楼更为突出。人民生活水平提高了，家用电器增加了，空调和电冰箱都是用电较大的装置，原有的线路容量不足或设备老化，经常发生用户内部的停电事故。今后除重视增加发电能力外，必须采取国家、单位、个人共同负担的办法，加强电网建设和供配电设备的配套建设。

目前电价还比较混乱，不太合理。也存在腐败现象，有些供电部门利用手中掌握的权力，向用户索取高价电费、价外加价，增加了用户负担。由于电源结构不同，输电距离不同，不能要求全国只有一种电价。由于各行各业用电性质不同，所收取电费也应该有所不同，应该实行合理的电费差价。为了整顿目前电力收费的混乱现象，国家要根据合理成本，合理收益，计入税金和公平负担的原则制定电价，任何地方和电力部门都不得随意加价。为提高电力利用效率，应该逐步实行用电的峰谷差价、季节差价和节日差价。电力是一种公益事业，电力行业要加强精神文明建设，发扬人民电业为人民的良好职业道德，纠正行业不正之风，推广对用户的承诺制，提高服务水平和质量，接受广大用户的监督。

国家已对电力工业管理体制进行了重大改革，成立了国家电力公司，实行政企分开，逐步把政府管电的职能转交给综合部门。国家电力公司是国务院授权的投资主体和资产经营主体，是经营跨地区送电的经济实体和统一管理国家电网的企业法人。要发挥中国电力协会作为电力企业自愿参加的行业联合组织的作用。由于水电和煤炭资源多在西部，而用电负荷多在东部，将长期存在西电东送的格局。进一步形成全国电网是一种必然趋势，国家电力公司要承担起这个任务。对于所属跨地区电网和省电力公司，要放手让它们独立经营，自负盈亏，不能收回电网已有的管理权力和承担的责任。电网和省电力公司对所属电厂和供电局，包括自备电厂、合资电厂在内，都要按经济原则实行管理，在服从电网统一调度的前提下自主经营。

小水电是边远山区一种重要的能源资源。改革开放以来，按照“自建自用自营”的原则，小水电有了快速发展，为发展农村和地方经济，帮助农民脱贫致富，发挥了重要作用。目前已完成了两批以小水电供电为主的200个初级电气化试点县任务，“九五”期间将继续完成第三批300个试点县任务。这项试点计划是由水利部门负责，电力部门配合实施的。今后各级电力部门仍然要大力支持小水电的建设，在小水电联网方面给予大力支持，双方按合同办事，以促进小水电事业进一步发展。

在黄河小浪底水利枢纽工程截流仪式上的讲话

（1997年10月28日）

李　鹏

今天，小浪底工程成功地实现了按期截流，这标志着小浪底工程取得了重要的阶段性成果，也表明了我国在治理黄河的道路上又迈出了可喜的一步。我代表党中央、国务院对截流成功表示热烈的祝贺！对小浪底工程全体中外建设者表示亲切的慰问！对河南、山西两省广大人民群众对工程的支持表示诚挚的感谢！

1997年是我国历史上极不平凡的一年，香港回归祖国，亿万人民欢欣鼓舞。党的十五大胜利召开，对我国改革开放和现代化建设跨世纪的发展提出了奋斗目标，作出了全面部署。当前，全国各族人民正在高举邓小平理论的伟大旗帜，认真学习和贯彻落实十五大精神，进一步解放思想，实事求是，抓住机遇，开拓进取，把建设有中国特色的社会主义事业全面推向21世纪。

我国正处在社会主义初级阶段，大力发展生产力是我们的根本任务。水利作为国民经济的基础设施和基础产业，在促进国民经济发展、保持社会稳定中发挥着越来越重要的作用。黄河是我国的第二条大河，是中华文明的发祥地。然而黄河水患曾给我们带来了无数的灾难，是中华民族的心腹大患。治理黄河水患、开发黄河水利，历来是党中央、国务院十分关注的大事。兴建小浪底水利枢纽工程正是党和政府为此而采取的重要举措。小浪底工程是一项具有防洪、防凌、减淤、灌溉、供水、发电等综合效益的水利枢纽工程。小浪底工程的建成将使黄河中下游防洪由现在防御60年一遇洪水的标准，提高到防御千年一遇洪水的标准，并且为下游河道整治争取宝贵的时间，为开展黄土高原水土保持提供良好的机遇，也为黄河中下游经济发展打下坚实的基础。

希望你们再接再厉，顽强拼搏，努力争创一流的设计，一流的质量，一流的管理，一流的效益，为小浪底工程1999年发电，为夺取工程建设的全面胜利，为我国社会主义现代化建设作出新的贡献。

在三峡工程大江截流仪式上的讲话

（1997年11月8日）

江　泽　民

今天，举世瞩目的三峡水利枢纽工程胜利实现了大江截流，这是我国现代化建设的一件大事，也是人类改造和利用自然史上的一个壮举。这必将给正在满怀信心地进行改革开放和现代化建设的全国各族人民，以巨大的鼓舞。

我代表党中央、国务院，向三峡工程的广大建设者、科技工作者和库区的广大干部群众，表示热烈祝贺和亲切慰问！向支援三峡工程的全国各族人民，向关心三峡工程的香港特别行政区、澳门、台湾同胞和海外侨胞以及国际友好人士，表示衷心感谢！

70年前，我国民主主义革命的伟大先行者孙中山先生，就曾提出利用三峡水力和电力资源的设想。新中国成立后，毛泽东同志、邓小平同志和其他老一辈无产阶级革命家，为兴建三峡工程，倾注了大量心血。我国几代科学家，为三峡工程付出了辛勤的劳动和智慧。改革开放以来，我国经济快速发展，综合国力大大增强，为建设这一史无前例的世纪工程提供了充分的条件。多少代中国人开发和利用三峡资源的梦想，今日正在变为现实。这再次生动地说明，社会主义具有能够集中力量办大事的优越性。

自古以来，中华民族就进行了征服、开发和利用自然的壮阔历史活动。精卫填海、愚公移山的传说，大禹治水的故事，表达了远古时代中国人民改造自然、人定胜天的顽强奋斗精神。两千多年前建成的都江堰和隋代开凿的大运河等水利工程，对当时的经济和社会发展起到了重要作用。今天，我们在长江三峡兴建的这一世界上规模最大、综合效益最广泛的水利水电工程，将对我国国民经济的发展起到重大促进作用。它是一项造福今人、泽被子孙的千秋功业。它体现了中华民族艰苦创业、自强不息的伟大精神，展示了中国人民在改革开放中改天换地、创造未来的宏伟气魄。

大江截流成功，标志着三峡水利枢纽一期工程顺利完成，并转入二期施工。参加建设的各个单位，要切实加强管理，保证工程质量，继续搞好科研攻关和试验，确保2003年实现首批机组发电。在三峡工程建设中，要坚持按社会主义市场经济规律办事，同时大力发扬社会主义团结协作精神；坚持独立自主、自力更生的方针，同时积极开展国际合作与交流。既要调动外国投资企业的积极性和利用它们的资金技术优势，更要充分发挥我国企业的各种优势和潜力，使它们为三峡工程作出更多的贡献，并促使它们的发展水平得到新的提高。

做好移民工作，是关系三峡工程进展和成功的关键。它涉及百万移民，是一项艰巨细致的工作，库区各级党委和政府要总结、发扬已经取得的好经验，自始至终地把这一工作做好。要坚持开发性移民的方针，抓住三峡工程兴建带来的发展机遇，正确处理搬迁与发展的关系，切实安置好移民群众的生产和生活，引导他们走上致富的道路。中央各有关部门和有关省市，要继续做好对口支援工作。可以坚信，随着三峡工程的建成，这一地区将会成为经济繁荣、环境优美、人民安居乐业的新型经济区。

在三峡工程建设中，保护好流域的生态环境极为重要。库区两岸特别是长江上游地区，一定要大力植树造林，加强综合治理，不断改善生态环境，防止水土流失，这是确保库区和整个长江流域的长治久安和可持续发展的重要前提条件，是功在当代、利在千秋的大事，务必年复一年地抓紧抓好，任何时候都不能疏忽和懈怠。总之，要统筹兼顾，着眼长远，科学规划，采取切实可行的措施，努力实现经济、社会和生态环境的协调发展。

长江流域是中华文明的发祥地之一，在库区留下了丰富灿烂的文化遗产。要按照“重点保护、重点发掘”的原则，认真做好库区文物保护工作。

参加三峡工程建设和在库区工作的各级领导干部，要发扬无私奉献、廉洁奉公的精神，带领广大群众艰苦奋斗，开拓进取，把三峡工程建成世界上一流的水利水电工程，同时培养造就出一大批优秀人才。

同志们，建设好三峡工程，是我们的重大历史责任，也是我们的无尚光荣。让我们在党的十五大精神指引下，高举邓小平理论伟大旗帜，团结奋斗，为推进三峡工程建设，为实现社会主义现代化和振兴中华的伟大事业作出新的更大的贡献！

中国水电建设概况

2

综　　述

水电建设发展的新情况和存在的主要问题

（一）水电建设发展的新情况

近年来，我国水电建设取得了较大进展，水电装机容量达到相当规模，建设水平不断提高。“八五”期间是我国水电新增装机容量最多的时期，从1990年的3604.6万kW增长到1995年的5218.4万kW，各年增长数分别为183.7万kW、279.8万kW、391.2万kW、446.8万kW、312.3万kW，平均年增长率为7.7%。年发电量从1990年的1236.5亿kW·h增长到1995年的1867.7亿kW·h，平均年增长率为8.1%。到1996年底，全国水电装机容量达到5557.8万kW，年发电量达到1869.2亿kW·h。我国水电装机容量居世界第四位。

我国水电建设技术水平得到很大发展，一批高坝、新坝型、大容量机组电站的投入运行和建设如广州、十三陵抽水蓄能和二滩、天生桥一级等水电站，尤其是长江三峡工程和黄河小浪底工程截流的成功，标志着我国常规水电站和抽水蓄能水电站的建设达到了一个新的水平。不论是工程设计、施工技术水平，还是建设管理水平都具备了在各种复杂的条件下，自行设计和修建各种类型水电站的能力。

1．水电建设管理体制确立基本框架，规范市场的法规建设形成初步体系　1984年以来水电建设体制改革逐步完善并形成了以业主责任制、建设监理制、招标承包制为主要内容的建设管理体制，并在全国水电建设领域得到普遍推行，其内涵也得到进一步的充实和完善。1993年《公司法》颁布前后，水电建设领域积极推行公司制，按照建立现代企业制度的要求，组建和改组项目法人单位，成立了桂冠股份有限公司以及大朝山、二滩、五凌、清江等一批水电开发有限责任公司。

为适应水电建设体制改革的要求，电力部颁发了有关规范水电建设市场的法规性文件，如《水利水电土建工程施工合同条件》、《水电工程建设经济合同争议调解暂行规定》、《水电建设工程质量管理暂行办法》、《水力发电工程可行性研究报告设计概算编制办法及费用标准》等。

2．水电流域梯级滚动综合开发取得初步进展

沅水、清江、雅砻江等一些流域在明确了开发主体后，流域梯级滚动综合开发的工作已取得一定进展。五凌水电开发有限责任公司，在基本完成五强溪水电站建设的同时，已在连续开发建设下游的凌津滩。清江水电开发有限责任公司，在基本完成隔河岩水电站建设的同时，已在连续开发建设下游的高坝洲，并对上游的水布垭进行了前期投入。二滩水电开发有限责任公司在建设二滩水电站的同时，也正在准备后续工程，对锦屏一级、锦屏二级、官地、桐子林等4个梯级水电站已投入1.4亿元，进行前期工作。

3．多家办水电的格局形成，利用外资取得实效

投资体制改革，实行集资办电政策，调动了中央特别是地方的积极性。如漫湾、隔河岩、水口、广蓄、岩滩、五强溪等一批百万kW级以上水电站，就是在当时集资办电政策的推动作用下实现开工建设的。这一批“七五”开工的水电站后来成为“八五”水电投产的主力，使“八五”成为水电投产容量最多的时期。目前，投资主体多元化的格局已经形成，除西藏地区以及自营体制下开工的个别水电站外，在建的大中型水电站均采取了多家办电的方式。百龙滩、大朝山在多家办电中，还吸收了电力行业以外企业的投资，如云南红塔集团在大朝山水电站中出资30%。

1979年～1995年，水电利用外资的项目共24项（装机容量总计1884万kW），利用外资协议金额36.92亿美元，占电力利用外资协议金额的21%。近年来，水电各年度实际利用外资额在水电年度完成总投资中约占10%。外资主要来源是世界银行、亚洲银行、日本海外协力基金以及有关国家的政府贷款。外资利用对缓解建设资金不足，加快水电发展，提高工程建设水平起到了很好的作用。

（二）水电发展中存在的主要问题

1．水电比重逐年下降，开发利用程度低　改革开放以来，水电取得了前所未有的大发展，但和全国经济发展及整个电力对比，水电的发展速度相对较慢。从1984年以后，水电在电力中的比重逐年下降。“六五”末、“七五”末、“八五”末和1996年底，水电装机容量占电力总装机容量的比重，分别为30.3%、26.1%、24.0%和23.5%；水电发电量占电力总发电量的比重，分别为22.5%、20.3%、18.5%和17.3%。

1996年底，我国水电开发利用程度，按装机容量

计算为14.7%；若按发电量计算，我国水电开发利用程度为9.7%，而世界平均水平为22%。

2. 水电开工规模严重不足，影响规划目标实现 “八五”期间全国大中型水电新开工25项，3263.98万kW，其中电力部归口16项，1059.58万kW，水利部归口8项384.4万kW，三峡水电站1820万kW。电力部归口水电项目新开工只完成计划规模2401.5万kW的44%。1995年只有凌津滩（24万kW）一项开工，“九五”第一年1996年无一项目开工，1997年出现了一些转机，已批准开工了大朝山（135万kW）、高坝洲（25.2万kW），但尚未能扭转水电开工规模严重不足的局面。

1997年大中型水电投产为252.5万kW，1998年、1999年、2000年水电投产预安排分别为278.75万kW、477.4万kW、141.8万kW。根据这一安排，原计划到2000年水电装机容量达到8000万kW的目标，已难以实现。按调整后2000年达到7000万kW的目标，经努力尚可实现。

在2000年后，目前在建的电力部归口水电项目只剩大朝山一个投产项目（其他在建项目2000年前已全部投产完毕）。将三峡（1820万kW）、水利及地方口的水电投产计算在内，距2010年达到水电装机1.25亿kW的目标仍有相当差距。如果不在近几年加大开工规模，那么水电投产将进一步减少，水电在电力中的比重将继续下降，电力结构将更趋不合理。

3. 水电建设资金筹措困难，使一些工程不能按时开工 1985年征收电力建设资金、实行集资办电和多种电价政策，地方办电能力和资金相对提高，中央办电能力和资金相对减小，而地方（特别是水力资源集中而经济发展较慢的中西部地区）的办电能力和资金，也随着当地一些大水电项目的开工建设而减小，筹集资金继续投资大型水电的难度加大。由于资金筹措困难，致使一些项目，如广西龙滩（420万kW）、四川南桠河（55万kW）、贵州洪家渡（54万kW）、福建棉花滩（60万kW）等，未能在“八五”按期开工。

4. 现行信贷、税收政策加重了水电负担，制约了水电的发展 近年来国家出台的统一的无区别的信贷、税收等方面的政策，没有考虑水电的特点，加重了水电的负担，制约了水电的发展。如水电还款期电价，据测算，在财税改革后平均上涨61.5%，高于火电1倍，电价过高，用户难以承受，势必影响投资者投资水电的积极性，进而影响水电的发展。

（国家电力公司 张学知）

“八五”水电计划完成情况和“九五”水电远景规划概要

一、“八五”回顾

（一）“八五”水电指标和完成情况

根据党的“十四大”精神，我国“八五”及1991年～2000年GNP年均增长速度调整为8%～9%，为满足国民经济发展的需要，1992年国家计委对“八五”计划及10年规划进行了调整。调整后水电的主要指标是：5年新开工大中型水电项目（不含三峡1820万kW）45项，共2886.9万kW，其中：电力部归口的有34项，2401.5万kW，5年投产大中型水电机组1164.4万kW，其中：电力部归口的有1149.4万kW。

“八五”期间，大中型水电新开工25项，共3263.98万kW，其中：电力部归口的有16项，1059.58万kW，水利部归口的有8项384.4万kW，三峡水电站1820万kW。“八五”大中型水电机组投产1118.04万kW，其中：电力部归口的有1110.54万kW。“八五”结转“九五”大中型水电建设规模3646.44万kW，其中：电力部归口的有1449.54万kW，水利部归口的有376.9万kW，三峡水电站1820万kW。“八五”大中型水电项目新开工和投产情况见下表。

“八五”大中型水电项目新开工和投产情况表 （万kW）

地区	“八五”新开工		“八五”投产	
	合计	项目	合计	项目
全国合计	3263.98		1118.04	
华北地区	108	#万家寨6×18	41	潘家口21，十三陵20
东北地区	134	莲花4×13.75，松江河2×14+2×8+2×3.5，丰满三期2×14	60	白山二期60

续表

地　区	"八五"新开工		"八五"投产	
	合　计	项　　目	合　计	项　　目
华东地区	212	天荒坪 6×30，响洪甸 2×4，#珊溪 4×6		
华中地区	2072.4	凌津滩 3×8，#小浪底 6×30，#三门峡扩 1×7.5，#江垭 3×10，#王甫洲 5×2.18，三峡 26×70	233.6	小东江 4.1，万安 30，隔河岩 120，五强溪 72，#三门峡扩 7.5
西北地区	30	大峡 4×7.5	68	安康 60，大山口 8
四川省	388	二滩 6×55，太平驿 4×6.5，东西关 4×4.5，宝兴河一期 7×2	90	铜街子 60，太平驿 19.5，东西关 4.5，铜头 4，雨城 2
贵州省			51	东风 51
云南省	10.5	漫湾小机 1×10.5	150.5	鲁布革 15，漫湾 125，漫湾小机 10.5
西　藏	1.08	查龙 4×0.27	0.54	查龙 0.54
福建省			100	水口 100
广东省	134	广蓄二期 4×30，#飞来峡 4×3.5	134.4	青溪 14.4，广蓄 120
广西省			121	岩滩 121
海南省			24	大广坝 24
不分区	174	天生桥二级二期 2×22，天生桥一级 4×30，#响水 2×5	44	天生桥二级一期 44

注　#表示水利部归口项目。

"八五"期间，除三峡和水利部归口项目外，全国水电完成投资 640.3 亿元。

水电建设在"八五"期间取得了举世瞩目的成就。到"八五"末，水电装机容量 5218.4 万 kW，年发电量 1867.72 亿 kW·h，均居世界第三位。在全部装机容量中，大型水电为 2367 万 kW（占 45.4%）、中型水电为 1133 万 kW（占 21.7%）、小型水电为 1718 万 kW（占 32.9%）。

（二）简要分析

"八五"期间，全国大中型水电新开工规模为计划开工规模的 1.13 倍，比"七五"开工 938.2 万 kW 多 2325.78 万 kW。计划内项目实际开工 1410.4 万 kW，占"八五"实际开工的 43.2%，占原"八五"计划的 48.9%，其中电力部归口的项目为 1026 万 kW，占原计划的 42.7%。计划外项目开工 1853.58 万 kW，占"八五"实际开工的 56.8%。

"八五"新增大中型水电装机容量是"七五"投产 583.85 万 kW 的 1.9 倍，为"八五"计划投产容量的 96%。计划内实际投产容量 1041.9 万 kW，占"八五"实际完成的 93.2%，占原计划的 89.5%，其中：电力部归口的为 1034.4 万 kW，完成计划的 93.2%。全国全口径水电装机容量 5 年增长 1613.8 万 kW，年均增长率为 7.7%；水电年发电量 5 年增长 631.22 亿 kW·h，年均增长率为 8.1%。"八五"水电装机占电力总装机的比重，由"七五"末的 26.1% 下降到"八五"末的 24%，下降了 2.1 个百分点。

总的来说，"八五"是我国水电建设史上最好的时期，特别是"八五"后 3 年连续年投产装机超过 300 万 kW，1993 年隔河岩、漫湾实现了 1 年"双投"（即 1 年投产两台机组），广蓄创造了 1 年"三投"的纪录，1994 年创造了我国水电史上年新增装机容量的最高纪录，达到 446.8 万 kW。同时，由于天-广 500kV 交流一回的建成投运，加上葛-上 500kV 直流的安全运行，我国水电"西电东送"已初具规模。到 1995 年底，云、贵、桂送广东电量累计 74.54 亿 kW·h，其中：1995 年送电量为 30.04 亿 kW·h。1989 年～1995 年年底累计华中送华东电量 72.38 亿 kW·h，华东送华中电量 11.9 亿 kW·h。"八五"水电建设为水电发展积累了许多宝贵经验，主要有：

（1）实行了多层次、多渠道集资办电政策。地方参与集资办水电的积极性进一步提高。"八五"期间地方集资 170.88 亿元，比"七五"期间的 32.96 亿元增加了 4.18 倍，占水电总投资的比例由"七五"的 17.91% 提高到"八五"的 26.69%。水电建设利用外资的步伐加快。“八五”期间，共利用外资73.33亿元，比“七五”利用外资13.05亿元增加了4.62倍，占总投资的比例由“七五”的7.09%提高到“八五”的11.45%。利用外资的主要方式是借用国际金融组织和国外政府贷款。

(2) 进一步深化水电建设管理体制的改革。“八五”期间，按现代企业制度要求组建、改建了一批水电独立发电公司，如清江、五凌、广州抽水蓄能电站、二滩等有限责任公司和广西桂冠电力股份有限公司，这些独立发电公司建管结合，明确了其作为项目法人的责任。随着项目法人责任制的明确，建设监理制和招标承包制等的完善，极大地促进了水电的发展，涌现出一批建设速度快、施工质量好、投资得到一定控制的建设项目。被誉为“五朵金花”的水口、隔河岩、漫湾、广州抽水蓄能和岩滩水电站，从主体工程开工到第一台机组发电，工期都在5～7年左右，有几座中型水电站从开工到第1台机组发电，只用了2～3年时间。

(3) 保持适量的建设规模。由于水电建设周期相对较长，只有保持适量的建设规模才能取得较好的水电投产形势。“六五”末、“七五”初新开工的一批大型水电站在“八五”投产中发挥了骨干作用。

我们在看到“八五”水电建设好形势的同时，也应充分认识到计划内开工项目完成情况不理想、前期工作结转规模少、水电装机占电力总装机比重继续下降、电源结构调整任务重等严峻形势。虽然目前大中型水电在建规模达到历史最高水平，但由于三峡建设工期较长，2003年第一批机组才能发电。因此，目前这种状况已直接影响“九五”的投产规模，导致不能实现邹家华副总理提出的到2000年水电装机容量达到8000万kW的目标。如果这种状况继续下去，也将不能满足李鹏总理提出的到2010年水电占电力总装机容量30%的要求。造成这种局面除现行税收、信贷政策不利于水电发展，水电投资承担了综合利用枢纽的全部投资，降低了投资者积极性等重要原因外，主要原因是建设资金不足。

“八五”期间水电投资总额虽有较大增长，但由于同期物价上涨及政策性因素等原因造成工程造价大幅度上升，加之从1991年开始实行建设期付息制度，使“八五”水电建设资金仍严重短缺，一批原计划“八五”投产的机组不能按期投产，有些项目施工进度受影响。一批社会经济效益较好的项目由于资金筹措困难，尤其是项目资本金筹措困难及国家采取了各项宏观调控措施，使其未能按期开工，如：龙滩、大朝山、高坝洲、棉花滩、洪家渡、公伯峡和三板溪等水电站。尤其是龙滩水电站，1993年已被国家批准列为预备开工项目，同时也被国务院批准列为世行1997年财政贷款备选项目，但由于国内资金落实有困难，至今未能正式开工。由于“八五”前期经费总额缺口较大，为保原“八五”计划新开工需要，尽可能先满足可研安排的要求，致使“八五”新开预可研规模偏小，河流（河段）水电规划滞后，直接影响“九五”、乃至“十五”前期项目的安排。

应该指出，我国水力资源开发程度还比较低。“八五”末水电装机容量只占可开发水能资源的13.8%，按年发电量计算仅占9.7%，低于世界平均水平，远低于工业发达国家的开发水平，所以水电建设前景广阔，任重道远。

二、“九五”水电和2010年水电远景规划概要

（一）发展目标

根据我国水能资源条件，为满足电力发展需求，改善能源结构，并为“十五”水电发展打下一定基础，我们建议：“九五”期间由电力部归口的大中型水电项目新开工26项，共约1766万kW，投产约1476万kW。“九五”结转“十五”建设规模约1740万kW，2000年全国全口径水电装机容量达到7000万kW左右。

李鹏总理提出，下世纪前10年，力争把全国水电的比重提高到30%。到2010年底，我们设想水电装机容量达到14000万～16500万kW，占可开发水能资源的37%～43%。

（二）基本思路

(1) 加强宏观调控，优先发展水电。由于水电是一次能源开发和二次能源转换同时完成的，而且还要担负防洪、航运、灌溉、供水等其他综合利用的任务，因而建设周期相对较长，一次性投资相对较大。同时，水能资源是一种清洁的可再生能源，且其开发对当地社会经济发展具有极大促进作用，社会效益显著。因此，政府应采取宏观调控措施，从各方面为水电优先发展创造必要条件。

(2) 实行多家办电，多渠道筹集建设资金，积极促进“西电东送”。国家应制定有关法律、法规和政策，使资源省和用电省各自的利益得到保证；正确引导水电资源开发与扶持，使中西部地区经济发展密切结合起来。水电资源省和用电省应进一步树立区域市场和全国市场观念，在中央的大力支持下，充分利用资源省的资源优势和用电省的市场及财力优势，联合建设水电站，实施“西电东送”。

(3) 优化水电结构，发展调峰电源。我国人口众多，土地资源有限，针对这一特点，我国水电建设今后将在河流的上、中游建设大型水库，其下游梯级基本是径流式开发。结合各地特点，“九五”期间应选择一批调节性能较好的水电站开工建设。水电“西电东送”应该以输送基荷电量和一部分季节性电能为主。而东部

地区要在加强电网调峰规划的基础上，选择优良站址，适当建设抽水蓄能水电站，以增强电网的调峰能力，提高供电质量。

(4) 坚持因地制宜，大、中、小水电并举。国家建设水电项目的重点是长江中上游的干支流、黄河上游、红水河、澜沧江中下游和乌江上的大中型水电站。长江三峡枢纽、红水河龙滩和澜沧江小湾等水电站是我国水电工程中的重中之重，要在“九五”、“十五”抓紧建设。对于解决地方用电而建设的中小水电，应在电力行业规划的指导下，调动各方面的积极性，以地方为主投资兴建。国家鼓励在缺煤、缺电、铁路运力紧张，而水能资源比较丰富的地区，建设调节性能好的中型水电站。但在季节性电能已经很多，网内大中型水电已有弃水调峰现象的地区，修建调节性能差的中小型水电站要进行极其慎重的论证。结合实施“电力扶贫共富工程”，2000年前准备在偏远有水资源的地区，建设一批农村小水电，解决部分无电地区的用电问题。

(5) 流域梯级连续开发，建立滚动开发机制。要按现代企业制度的要求组建流域开发有限责任公司（或股份有限公司）。“九五”期间拟先改造和按规范运营的清江、五凌、乌江公司，使其形成滚动开发的机制，并在此基础上总结经验，推动黄河上游水电的滚动开发。同时，在全国范围内，挑选一批调节性能好、电能质量高的中型河流进行梯级滚动开发。

(6) 盘活现有水电存量资产，增加水电筹资能力。至 1995 年底，我国水电装机容量已达到 5218.4 万 kW，将其中部分水电站的资产用来参股，吸引新的投资者，共同组建有限责任公司，开发新的水电站。

（电力部　王信茂）

全国中型水电发展情况

（一）全国中型水电资源情况

根据 1981 年 9 月《中华人民共和国水力资源普查成果》统计，全国可能开发的中型水电站共 928.5 座，装机容量 65968MW，年发电量 3184 亿 kW·h。随着勘测设计、河流规划等前期工作的深入，根据 1994 年能源部水利部水利水电规划设计总院《中国大中型水电站规划图集》，全国（不含台湾省）可能开发的中型水电站有 1136.5 座，装机容量为 78776MW，年发电量为 3485 亿 kW·h，分别占全国可开发水力资源的 20.81%和 18.12%。从各省区拥有的中型水电资源看，占全国比重较高的有四川、新疆、云南、贵州、青海、湖南、甘肃、广西和西藏等省区，其中四川省（含重庆市）所占比重最高，约占全国资源的 1/4；从各省区资源分级规模结构看，中型水电资源占各省区水力资源比重较高的省区是：新疆、京津河北、海南、内蒙、安徽、辽宁、广东、湖南、江西和福建等。

（二）中型水电的开发优势和作用

(1) 中型水电的开发优势。全国 1136.5 座中型水电站平均装机容量为 69MW，这类电站建设规模适合“以地方为主”建设的当地承载能力。中型水电具有建设规模适中、工期短、见效快、投资省、技术简单、库区淹没相对较少等优点。

(2) 中型水电的发展地位。根据国家电力建设“因地制宜、水火并举”和水电建设“大中小结合”的方针，结合当地能源结构情况积极发展中型水电，可适应社会经济对能源、电力的需求，尤其对沿海地区的电力紧张状况将起到有力的缓解作用。

(3) 中型水电的作用。发展中型水电可以起到电网的延伸和电力电量补充作用，是农村脱贫致富和实现山区农村电气化的重要保证，对地方经济的发展可起到积极促进作用，促进农村精神文明的建设，尤其对老少边穷地区的经济和社会发展起到举足轻重的作用。

（三）中型水电的开发现状

建国近 50 年来，中型水电的发展取得了可喜成绩，装机容量由建国初期的 36MW 发展到 1996 年底的 9914MW。从历史上看，中型水电的发展大致经过了两个阶段：第一阶段是 80 年代中期，受国家财力和地方财力的限制，基本上由国家拨款建设中型水电；第二阶段是 80 年代中期以后，随着国家和地方经济实力的增加，国家提倡集资办电，国家在重点开发大型水电的同时，采取定额投资政策，并实行“谁投资，谁用电，谁得利”的原则，形成了以地方为主开发中型水电的局面，在南方缺煤而水力资源丰富的省（区）先后建成或开工建设一批中型水电站。

1996 年底，全国已建成中型水电站 158 座，装机容量 9914.2MW，年发电量 417.3 亿 kW·h；在建的中型水电站（含部分投产电站）有 64 座，装机容量 3741.6MW，年发电量 148.88 亿 kW·h。两者合计共开发中型水电站 222 座，装机容量为 13656MW，年发电量 562 亿 kW·h，分别占资源容量的 17.3%和电量的 16.1%。

从各省（区）的资源开发利用情况来看，开发程度较高的省（区）有：安徽、辽宁、海南、山西、京津、河北、吉林、福建、广西、浙江和湖北等；开发程度较低的省区有：内蒙、西藏、青海、新疆、甘肃、黑龙江和贵州等。从全国各省（区）的实际开发看：中型水电开发最多的是占资源比重最高的四川省，已开发了 36 座，装机容量达 2092MW，年发电量 117 亿 kW·h，占全国电量开发的1/5；电量开发占全国比重较高的还有广西、福建、云南、湖南、广东和湖北等。从上述开发情况看，经济较为发达和沿海开放省区，煤炭资源比较缺乏，中型水电的开发利用较高；而经济相对比较落后、煤炭资源又比较丰富的省区，中型水电的开发利用较低。

全国待开发的中型水电资源(不含在建电站)装机容量65120MW，年发电量2923亿kW·h，开发前景广阔。在南方缺煤而水力资源丰富的省区（如浙江、福建、湖北、湖南、广东、广西、四川、贵州、云南等）应根据水电"大中小结合"的方针，继续大力发展中型水电；而对于中型水电资源比重较高的内蒙、黑龙江、甘肃、青海和新疆等东北和西北地区，应适当开发条件较好的中型水电资源，以改善能源结构和缓解电力紧缺矛盾。

（四）中型水电的发展经验

（1）中央对中型水电参与投资，起到了投资导向作用，吸引了地方闲散资金用于国家基础设施建设，促进了地方电力发展。

（2）开发中型水电必须走多家集资联合办电的路子，地县参与工程建设有利于电站的征地和移民安置工作。

（3）中小流域梯级滚动开发促进了中型水电的发展。由几个投资方组建一个项目法人，负责开发一条流域，简化了项目的开发程序，有利于建设资金的筹集和项目的经营管理，加快了梯级电站的开发。

（4）推行项目法人责任制、建设监理制和招标承包制，使得中型水电站的建设工期短、投资省、见效快。

（5）利用外资加快中型水电开发。中型水电开发条件相对较好，对于外商中的中小投资者具有较大吸引力，近几年，湖南、浙江、广东、福建等省利用外资开发了一批项目，这些项目的开发除促进了中型水电的发展外，还使中型水电在技术和管理水平上得到进一步提高。

（五）发展中型水电存在的问题和建议

（1）在政策上给予支持。建立合理的电价机制，使独立发电企业能够按期还本付息和具有扩大再生产的能力，上网电价应与电网内其他上网电源享受同质同价待遇；应继续发挥中央投资导向作用，吸引地方资金用于基础产业发展，在政策性贷款上要适当延长还款期限；水电开发作为清洁能源和基础产业，应在各种税费、土地征用等方面享受公路和机场等先行工程的优惠政策。

（2）进一步推进建设项目法人责任制、建设监理制和招标承包制。工程招标承包制已比较广泛推行；项目法人责任制近几年刚刚开始实行，法人治理结构还有待于进一步健全和规范；地方为主建设中型水电，其技术力量和管理水平都不及大型电站，应大力推广建设监理制，以较好地控制项目进度、工程质量和造价。

（3）在今后新项目开发中应优先选择流域梯级或有调节性能的电源点进行开发。随着国民经济的发展，对电力发展的要求越来越高，电网的峰谷差将越来越大，而过去已建的中型水电站大多数为库容小没有调节性能的径流式电站，致使中小水电的汛期电能不能很好消化，同时也不利于电网的安全运行和电力电量平衡。在今后的新项目开发中，应优先选择前期工作准备充分、开发条件较好的中小流域进行梯级滚动开发，或选择有调节性能的单个电源点进行开发。

（4）重视移民安置问题。中型水电站的移民安置一般均由地方政府负责按照批准的概算包干，移民安置相对大型电站来说比较容易，但在具体移民规划、移民安置选点、生产性开发项目以及总费用的使用等方面业主往往对其监督不够，致使一些电站的移民安置问题没有得到很好解决，给电站的生产经营带来不利影响。项目法人应加强对移民安置工作的监督和管理，象对待主体工程一样重视移民安置工作。

（5）加强对在建项目的管理。1996年底全国在建中型水电站有64座，装机容量达3742MW，详见1996年底全国中型水电开发利用情况表，见本卷第89页。这在中型水电发展史上是最好的一年，各级电力主管部门和政府综合部门应加强对项目的管理，在资金安排上适当倾斜，使在建项目能尽快投产发电、尽快发挥效益。

（国投中型水电公司　张元领）

1995年～1997年全国抽水蓄能电站发展情况综述

1995年～1997年期间，我国抽水蓄能电站（以下简称抽蓄电站）建设、运行管理和勘测设计均有明显发展。继1994年广州抽水蓄能电站一期4台机组全部投产后，十三陵抽蓄电站于1997年全部投产，西藏羊卓雍湖抽蓄电站亦于1997年6月投产发电。各地区仍积极开展规划选点和勘测设计工作。截至1997年底，全国大中型抽蓄电站已投产4座，装机2360MW；在建4座，3160MW；已完成可行性研究11座，7316MW；已完成预可行性研究23座，13650MW。

（一）华北地区

京津唐电网十三陵抽蓄电站（4×200MW）第1台机组于1995年12月投产，至1997年6月，4台机组已全部建成投产。

1996年2月，电力部水电水利规划设计管理局会同北京市计委、首都规划建设委员会办公室和华北电业管理局主持审查了板桥峪抽蓄电站预可行性研究报告，电站装机1200MW；1996年9月，又会同内蒙古自治区计委审查了装机1200MW的内蒙古呼和浩特抽蓄电站可行性报告（第一阶段）。

1996年9月，电力部水电水利规划设计管理局会同天津市计委主持审查了天津地区抽水蓄能规划选点报告和桃花寺抽蓄电站预可行性研究报告。桃花寺抽蓄电站以已建的于桥水库为下库，装机500MW。

河北省南部电网的张河湾抽蓄电站（装机1000MW），由电力部水电水利规划设计管理局会同河北省计委于1995年1月主持审查通过了初步设计报告。

在此期间，山西省西龙池抽蓄电站继续进行可行性研究阶段的工作。1996年3月，水电水利规划设计管理局会同山西省计委主持站址选择补充报告的审查，确定采用西龙池—西河村站址方案。1996年10月和12月，对山西省电网建设抽蓄电站的必要性和经济性进行了两次专题讨论。

（二）东北地区

在1993年审查通过蒲石河和荒沟两座装机均为1200MW的抽蓄电站原可行性研究报告后，继续进行初步设计工作（相当于目前的可行性研究）。1995年12月，完成蒲石河抽蓄电站的初步设计，1997年9月又提出了蒲石河抽蓄电站二期（装机为1200MW）的预可行性研究报告。

由于荒沟抽蓄电站系利用位于牡丹江干流在建的莲花水电站水库作下库，为此，先行确定荒沟下库进出水口设计方案，并与莲花水电站同时施工，为今后荒沟抽蓄电站建设创造有利条件。

东北电力集团公司为充分发挥白山水电站调峰作用，提出利用红石水库作为下库，建设泵站，在低谷期间向白山水库抽水。1995年2月，电力部水电水利规划设计管理局主持审查了白山泵站预可行性研究报告。该泵站将安装2台单机容量150MW（总容量300MW）的大型水泵。

（三）华东地区

浙江省装机1800MW的天荒坪抽蓄电站仍在施工中，计划于1998年第一台机组投产。

浙江省宁波市溪口抽蓄电站（装机80MW）预计于1998年投产。

安徽省响洪甸混合式抽蓄电站在1994年12月正式开工。该电站系利用已建的响洪甸水电站水库为上库，在其下游建下库，安装2台40MW抽蓄机组，与原有40MW常规水电机组共同组成总装机120MW的抽蓄电站。

1996年1月，电力部水电水利规划设计管理局会同安徽省计委主持召开安徽琅琊山抽蓄电站可行性研究报告审查会，同意装机容量由原可行性研究阶段的400MW加大到600MW。

1996年6月和12月，电力部水电水利规划设计管理局先后会同安徽省计委和浙江省计委主持审查安徽省响水涧（装机1000MW）和浙江省桐柏（装机1200MW）两抽蓄电站可行性研究报告。华东电力集团公司对两电站的建设次序组织研究工作，以明确天荒坪抽蓄电站的后续项目。

在此期间，浙江省内还有6座中型抽蓄电站通过了预可行性研究或可行性研究报告的审查。

1995年8月，审查通过浙江省宁波市宁海县境内的双峰（装机160MW）和绍兴市嵊县境内的舜皇山（装机100MW）两座抽蓄电站的预可行性研究报告。舜皇山抽蓄电站利用已建的清风水库为下库。

1996年5月，审查通过浙江省八达国湖抽蓄电站可行性研究报告。该电站利用已建的国湖水库为下库，装机48MW。

1996年6月，审查通过浙江省鄞县龙观抽蓄电站可行性研究报告。该电站利用已建的外牌楼水库加固扩建后作为下库，装机80MW。

1996年7月，审查通过浙江省东阳抽蓄电站预可行性研究报告。该电站利用已建的横锦水库为下库，装机50MW。

继1995年8月审查通过浙江省义乌市金光顶抽蓄电站预可行性研究报告后，1996年9月又审查通过了该电站的可行性研究报告。该电站装机48MW。

考虑到江苏省境内核电的建设，江苏省已抓紧抽蓄电站的前期工作。1997年7月，电力部水电水利规划设计管理局会同江苏省计委与经委主持召开江苏省大型抽蓄电站规划选点报告审查会，同意铜官山抽蓄电站为近期工程。该电站装机800MW。

江苏省还进行了中型抽蓄电站的前期工作。1996年6月，江苏省溧阳沙河抽蓄电站可行性研究报告通过审查。该电站利用已建的沙河水库为下库，装机100MW。

山东省泰安抽蓄电站（装机800MW）可行性研究报告于1997年11月完成。

江西省电网为华中电网的组成部分，为解决调峰能力不足问题，开展了抽蓄电站前期工作。1997年7月，水电水利规划设计管理局和江西省计委共同主持召开江西省抽蓄电站规划选点报告审查会。审查会推荐洪屏为江西省抽蓄电站的首期开发工程。报告推荐该电站最终规模总装机为2400MW，分两期建设。审查会认为对一期和最终装机规模尚需在下阶段工作中加以研究。

福建省水利水电勘测设计研究院于1996年12月提出《福建省闽东南地区抽水蓄能电站规划选点报

告》，建议安排鼓岭等抽蓄电站的勘测设计工作。在此之前，该院于1994年12月提出鼓岭抽蓄电站预可行性研究报告。报告建议该电站装机600MW。

（四）中南地区

广州抽蓄电站二期（装机1200MW）于1994年9月正式开工。

广州抽蓄电站一期（装机1200MW）投产后，两台300MW机组由香港中华电力公司使用，供香港电网调峰填谷运行，获得明显的经济效益并提高了香港电网调度运行灵活性；另两台300MW机组供广东电网调度运行。经过实际运行，分析抽蓄电站在电力系统中显著的调峰、填谷与备用等容量效益，经广东省电力局和广东抽水蓄能电站联营公司研究，鉴于对广州抽蓄电站按电量进行财务结算不能反映容量效益，决定采取以容量效益为主、以电量效益为辅的结算方式，以保证抽蓄电站具有还贷能力和合理利润，从而进一步提高广州抽蓄电站（一期）在保证广东电网安全、经济运行中的作用。这种运营方式为提高独立核算的抽蓄电站经济上的活力提供了宝贵经验。

1995年10月，电力部水电水利规划设计管理局会同河南省计委主持河南省宝泉抽蓄电站预可行性研究报告（装机1200MW）；1996年6月，又共同主持召开选坝报告技术讨论会，确定以已建的宝泉水库为下库，并适当加高其大坝；1996年12月，对宝泉水库加高方案召开了讨论会。

1995年10月，电力部水电水利规划设计管理局会同湖北省计委主持审查了湖北天堂抽蓄预可行性研究报告。该电站装机70MW。

1995年7月，电力部中南勘测设计研究院受湖北省电力局委托，提出《湖北白莲河抽水蓄能电站预可行性研究报告》。该电站以已建的白莲河水电站水库为下库，预可研报告建议分两期建设，一期装机660MW（3×220MW），二期再建660MW，最终规模1320MW。华中电力集团公司和湖北省电力局分别组织华中电网和湖北省电网建设抽蓄电站必要性和经济性的论证工作。

广西电力局委托广西电力设计院对广西电网建设蓄能电站必要性和经济性进行专题研究，并开展规划选点工作。

（五）西北地区

1995年1月，水电水利规划设计院会同新疆自治区计委审查天池抽蓄电站预可行性研究报告，初步同意该电站装机600MW。

（六）西南地区

西藏羊卓雍湖抽蓄电站（4×22.5MW），1997年6月首台机组并网发电。

成都华西电力（集团）公司委托成都勘测设计研究院进行李家山抽蓄电站（一期）预可行性研究工作。1995年1月，水电水利规划设计总院会同四川省计委主持审查会，通过了该电站的预可行性研究报告。该电站以已建的九泷滩水库为下库，初选装机200MW。

（水电水利规划设计总院　赵毓昆）

全国潮汐电站发展情况

（一）潮汐能资源及其开发

据1985年潮汐能资源普查结果，我国潮汐能技术蕴藏量为622亿kW·h/年，相应装机容量为21730MW。浙、闽两省港湾多，潮差大，分别占我国潮汐能资源的42.8%和45.6%，可建设大型潮汐电站的地址也集中在这两省，其余部分按所占比例依次分布于长口北口、辽宁、广东、广西和山东各省。

由于1958年我国首次潮汐发电会议的推动，在50年代末期我国出现了40余座容量为几千瓦至几十千瓦的简易潮汐电站，但没有多久，就分别由于设备损坏、泥沙淤积严重或与排灌、通航有矛盾等原因而废弃，其中也有个别的站通过不断维修而坚持运行到90年代初期。在70年代后期至80年代，我国又建成了八座100kW级和1000kW级的较正规的潮汐电站。现存的和曾经过较长时期运行的潮汐电站有以下8座，见表1。

表1　　我国已建的潮汐电站

站名	地点	水库面积（km²）	平均潮差（m）	运行方式	装机容量（MW）	年发电量（万kW·h）	投产日期	特点及情况
沙山	浙江温岭	0.05	5.08	单库单向	0.04	9.3	1961	设备简陋，但运行长达30余年
岳浦	浙江象山	0.19	3.6	单库单向	0.30	16	1971.11	运行10年后停产，更新设备后又恢复
海山	浙江玉环	上0.25 下0.03	4.91	双库单向	0.15	33.4	1975.12	与小型抽水蓄能电站联合运行，为海岛持续供电

续表

站名	地点	水库面积 (km^2)	平均潮差 (m)	运行方式	装机容量 (MW)	年发电量 (万 kW·h)	投产日期	特点及情况
浏河	江苏太仓	感潮河道	2.07	单库双向	0.15	15	1976.3	运行自动化，无人值班
果子山	广西钦州		2.49	单库单向	0.04	2	1977.2	原供岛上照明及农业加工，现仅以水轮机作为动力加工站
白沙口	山东乳山	3.20	2.36	单库单向	0.96	231	1978.8	海浪挟沙经常阻断尾水，妨碍正常运行
江厦	浙江温岭	1.40	5.08	单库双向	3.20	570	1980.5	为试验电站，规模现居国内首位、世界第三位
幸福洋	福建平潭	0.66	4.54	单库单向	1.28	315	1989.5	运行基本正常，但与水库养殖有矛盾

(二) 江厦潮汐试验电站及其运行情况

江厦潮汐试验电站现已经过17年的运行考验，能体现我国潮汐电站的目前水平，其概况如下：

江厦潮汐试验电站是我国目前最大的潮汐电站，位于浙江省乐清湾江厦港口部。江厦港为一狭长形浅水海湾，长约9km，坝址处宽约680m，最大潮差8.39m，平均潮差5.08m，潮型属正规半日潮。坝址以上集水面积$29km^2$，其中高潮位时海湾水面面积为$5.3km^2$。海湾两侧海涂十分发育，中、低潮位时出露面积约达$4km^2$，约占高潮水面面积的70%，呈阶地状。

70年代初，地方上为围垦海涂先已在江厦坝址着手建坝，其后由水电部接收，利用此海湾建设潮汐发电试验电站，但仍能满足地方上围涂造田的要求。因此，江厦潮汐试验电站水库的设计水位大体上按海涂表面平均高程确定，并在水库周边海涂上修建矮堤，以求在满足造田需要的同时获得较多电量。在此条件下电站涨潮落差与落潮落差较为接近，故采取了涨、落潮双向发电的运行方式。水库利用海湾面积$1.4km^2$，电站采用6台双向贯流灯泡式水轮发电机组，可有正、反双向发电和正、反双向空载泄水共四种运行工况。为了进行试验研究，对于各台机组赋予了不同特性参数，诸如不同的单机容量、叶型、传动方式、额定水头、额定转速等。目前已安装5台机组，总容量3.20MW，第6台机组只完成了土建工程，留待进一步研究新机组，电站最终装机规模可能达到3.90MW。该电站的第1台机组投产于1980年，第5台机组于1985年投产。第1、2两台机组在水轮机和发电机之间装有行星齿轮增速器，第3～5台机组未设增速器，因此利用空出的灯泡体空间而加长发电机磁极，并取用稍高的设计水头，其单机额定容量反而较前两台机组大。已安装的5台机组主要特性如表2。

表2　江厦潮汐试验电站的机组特性

机组序号	NO.1	NO.2	NO.3～5
水轮机			
转轮直径 (m)	2.5	2.5	2.5
额定容量 (kW)			
正向*	545	659	773
反向	545	600	617
额定水头 (m)			
正向	2.5	3.0	3.0
反向	3.4	3.5	3.4
额定转速 (r/min)	118	118	125
最高效率 (%)			
正向	84.8	84.8	83.6
反向	77	77	69.5
发电机			
额定容量 (kW)	500	600	700
功率因数	0.9	0.9	0.93
额定转速 (r/min)	500	500	125

注　第6号机组有待研制新型机组。

*　以水流自水库入海为正向，反之为反向。

江厦潮汐试验电站的设计、施工和设备的研制均由我国自行完成。

电站建成初期仅向地方电网供电，后联入大电网，其不连续不均的电量均可由大、小电网充分吸收，5台机组全部投运后年发电量最高达到646万kW·h，最低为504万kW·h，多年平均约570万kW·h，只达到设计值的53%，其原因是多方面的，除第6台机尚未安装外，主要是水轮机效率未达到设计值，水库和厂房两侧进、出水渠道存在水面比降形成水头损失；由于海水的腐蚀和海生物的附着，因此，机组在海水中运行比在河川中需要更多的维修时间，对这些不利因素在设计中考虑不足；2号机行星齿轮因自身质量问题多次损坏，也减少了电站容量的利用率。

为了防止海水对水下金属结构的腐蚀和海生物在水下金属结构和混凝土表面的附着，每台机组均采用外加电流阴极保护和刷防附着涂料的措施，其效果是显著的，但所需材料费用约占经常性维修材料费的1/2，防附涂料的重新涂刷通常也控制着大修进度。

江厦潮汐电站的大坝为粘土心墙堆石坝，全长670m，占有坝址处海湾的全部宽度，最大坝高15.5m，基础是厚达46m的海相沉积淤泥质粘土层，其承载力小于0.1kg/cm²，且坝体交替承受海侧和库侧水压，两侧水位每日各有两次大起大落，根据大坝稳定的需要，海侧坝面平均坡度为1∶5.75，库侧为1∶5.00，最大底宽172m，顶宽5.5m。大坝施工时先在左岸坝肩基岩上建设电站的泄水闸，借以平衡海、库两侧水位以利合龙，同时在坝基上抛石形成对海底粘土层的镇压层，然后逐步分层抛筑库、海两侧的堆石坝体和中间的粘土心墙，避免因一次加高过多过快引起坝基整体滑动。堆筑面在平均潮位以下时采用平堵法，即以翻底船沿堆筑层平面抛筑，待堆石体超出平均高潮位后则改用立堵法自两岸向中间进占。大坝于1975年建成，其后几年曾有不同程度的沉降，至1982年已基本稳定，累计沉降量一般为60cm，均在例行维修时予以补充填筑。

泄水闸为平底胸墙孔口式，闸门双向挡水，共5孔，净宽共计15m，对电站发电量有重要影响。

电站厂房位于泄水闸与左岸山丘之间，建在良好的凝灰岩基础上，亦为双向挡水建筑物，全长56.9m，宽25m，高25.2m，机组中心线间距7.5m，厂房两侧均为人工开挖明渠，分别与水库和海湾相连。

电站投产后的17年的运行情况表明，水库内泥沙淤积变化不明显，不会威胁到电站的长期运行。

江厦潮汐电站建成后，江厦港内的水位从天然大潮时的8.39m下降到水库内控制运用的2.8m。在港内海涂上造田约5800亩，目前主要种植水稻（平均亩产达750kg）和柑桔（亩产约1500kg），并在其中230余亩土地上建塘养殖对虾，每年亩产约150kg。又由于水库与海洋有电站和大坝相隔，库内水面平静，水面人工养殖产量较天然情况有明显增多。上述各项农业和水产效益按1995年价格计算约为960万元/年，高于售电收入。由此可见，江厦潮汐试验电站具有发电、农业、水产综合效益。1985年第5台机投产时，电站累计总投资为1100万元，早已回收。

（三）近年拟开发的潮汐电站的前期工作

对潮汐能资源富集的浙、闽两省，1991年由电力部华东勘测设计研究院提出了潮汐电站规划选点报告，推荐先开发浙江省三门湾健跳港和福建省福鼎县百尺门两个站点，其后又根据电力部1995年《中国电力工业1995年～2000年综合规划纲要》关于在东南沿海建设10000kW级潮汐能示范电站的要求，分别进行了健跳港和百尺门两座潮汐电站的预可行性研究，其装机容量分别为20MW和36MW，年发电量分别为5100万kW·h和1亿kW·h。

（华东勘测设计研究院　李泰然）

全国水电开发公司发展情况

水电建设体制改革的第一步是打破自营体制，组建项目建设单位，实行施工招标，建设监理。建设单位只承担建设管理责任，不拥有固定资产，不管运行，项目建成以后建设单位解散或者转入其他项目继续从事建设管理。近年，随着投资体制改革，水电建设体制改革的第二步向项目法人责任制发展，也就是组建水电开发公司、有限责任公司或股份有限公司。公司作为项目法人既负责项目建设又负责项目筹资、还贷，并拥有固定资产，进行运行管理，公司从自身的责任和利益出发，以最合理的投资尽快获得最大的经济效益。在众多的水电开发公司中，又可分为三类：第一类是国家独资公司，如长江三峡水电开发公司；第二类是产权尚不明晰的公司，如乌江水电开发公司、南方电力联营公司的天生桥一级水电站；第三类是产权明晰，多个股东集资办电的公司，如清江水电开发有限责任公司。目前新成立的水电开发公司基本上都是产权明晰的股份制企业；原有产权模糊的水电开发公司也在逐步进行改造。实行项目法人责任制的水电开发公司最初是以单一水电站开发为目的的独立电源企业，电站建成以后，大多数开发公司又以建成的电站作为依托的母体，进行流域梯级或地域多个水电站的滚动开发。

1. **广西桂冠电力股份有限公司**　广西桂冠电力股份有限公司是广西的第一家股份制企业，也是全国水电第一家股份制公司。公司由广西电力公司、广西投资公司、广西建设银行共同出资组建，电力公司控股。同时桂冠公司向社会发行5亿元内部股票凭证。电力公司的大化水电站作为股本资产划入桂冠公司。桂冠公司依靠大化电站的收入、股本金以及银行的地方贷款，而没有用中央资金建成了百龙滩水电站。今后计划进一步争取国内股票上市和国内外币H股股票上市，募集资金扩建恶滩水电站。

2. 湖北省清江水电开发有限责任公司　湖北省清江水电开发有限责任公司由湖北省清江投资公司和华中电力集团共同出资组建，股份比例为68∶32。在完成隔河岩水电站的建设以后，双方又合资建设装机容量25.2万kW的高坝洲水电站，并由公司组织水布垭水电站的前期工作，将来还准备合资建设水布垭水电站。省政府和电力部对公司的发展给予全力支持。公司领导得力，资金到位较好，隔河岩水电站顺利地实施了还贷电价并和电网签订了合理的电量销售协议，公司运转顺利。

3. 贵州乌江水电开发公司　贵州乌江水电开发公司由原能源部和贵州省政府共同组建，进行乌江流域水电资源开发。现经营管理乌江渡和东风两座水电站。贵州省政府和电力部对于两座电站的产权划分存在争议。由于资产划分问题没有解决，公司体制一直未能理顺，贵州省电力局和乌江公司之间未能签署购售电合同及并网协议，并且在电力电量调度及电价上存在争议，不仅造成水电站大量弃水，而且电费收入难以兑现。公司运转和经营情况不好。乌江的下一个梯级，洪家渡水电站的建设也因此遇到了阻力。贵州省政府正把乌江水电开发公司和铝业组合在一起，成立了乌江集团公司，利用贷款和乌江的电力发展炼铝工业，并且准备把乌江集团公司的股票在境内外上市，以获取资金建设洪家渡水电站。

4. 广州抽水蓄能电站联营公司　广州抽水蓄能电站联营公司由广东电力局和香港中华电力公司合资组建，高速、高效建成了广州抽水蓄能电站一期工程，目前正在进行二期120万kW扩建工程的建设。在电站的经营初期采用计价消费低谷电和销售高峰电的方式运营，由于广东电力公司指定其消费核电站的高价电，引起公司亏损。后采取将其机组“租赁”给广东和香港电网使用的方式解决了亏损问题，使电站在广东电网和香港电网的运行中均充分发挥了调峰填谷作用，有力地配合了核电站的运行。

5. 中国南方电力联营公司　南方电力联营公司经营和建设天生桥一级水电站和二级水电站及贵州到广东的500kV高压输电线路。天生桥二级水电站由公司独资建设。天生桥一级水电站由国家电力公司和广东、广西、贵州四方合资建设，由该公司负责建设管理。目前天生桥一级电站投资四方以“理事会”的方式行使投资者权利，近期拟按“公司法”对其体制进行规范，以股份制的方式组建天生桥一级水电站有限责任公司，按各自资本金的比例组成公司“董事会”，对电站的建设和经营进行管理。

6. 大朝山水电有限责任公司　为了尽快开发云南省澜沧江丰富的水电资源，1994年国家开发投资公司、云南红塔集团总公司、云南省投资公司、云南电力公司四方按5∶3∶1∶1的出资比例，按股份制的方式组建“云南大朝山水电有限责任公司”建设装机135万kW的大朝山水电站，有限责任公司负责电站的建设管理和投产后的经营管理。大朝山水电站已于1992年开始进行施工前期准备工作，1997年正式开工建设，1997年11月截流，预计2000年发电。

7. 湖南五凌水电开发有限责任公司　成立于1995年6月，公司由湖南省电力公司、湖南省经济建设投资公司、华中电力集团公司共同出资设立，三方的出资比例为60.52∶28.92∶10.56。已经建成的五强溪水电站资产、债务由湖南省电力公司划出，划入该公司，凌津滩水电站由该公司出资建设，今后主要从事沅水流域水电开发。

8. 二滩水电开发有限责任公司　由原二滩水电开发公司改制而成。公司由国家开发投资公司、四川省投资公司、四川省电力公司3个股东出资设立，出资比例为48∶48∶4。公司当前负责二滩水电站的建设和运营，今后继续开发雅砻江其他水力发电资源，正在抓紧进行官地、铜子林、锦屏一级、锦屏二级的前期设计工作。公司优选的下一个开发项目是官地水电站。

9. 四川华能水电开发公司　四川华能水电开发公司是华能集团公司的成员公司，在四川从事水电开发。与阿坝洲合资建成了太平驿水电站；与雅安地区合资开发宝兴河，已建成铜头等水电站；与地方合资建成了东西关水电站。

10. 李家峡水电站有限责任公司　李家峡水电站有限责任公司由国家和青海、甘肃、宁夏、陕西四省区有关投资企业合资成立，已经建成李家峡水电站。其中国家股份占80%、四省区股份占20%。国家股的代表单位尚未明确，目前暂时由西北电力公司行使国家股职权。国家计划在黄河上游成立“黄河上游水电开发公司”，但是由于有关各方分歧较大，工作进展不快。

11. 中国长江三峡工程开发总公司　中国长江三峡工程开发总公司是由国务院设立的国家独资公司，行政上直接隶属于国务院。三峡水电站的建设资金主要来自于电费中的“三峡建设基金”、国家开发银行每年30亿元贷款和葛洲坝水电站每年的电费收入。该公司除组织三峡建设以外，还进行金沙江上的溪落渡和向家坝水电站的前期设计工作。

除了以上水电开发公司以外，各地还陆续成立了北京水电开发公司、福建棉花滩水电开发有限责任公司、四川南桠河流域水电开发有限责任公司等等。

（国家电力公司　毛亚杰）

集资办水电

1995年～1997年集资办水电的情况和经验

1995年～1997年期间，水电基建投资继续逐年增长，3年分别为274.08亿元、328.73亿元和371.79亿元（其中三峡、小浪底、万家寨3个项目3年分别为108.23亿元、125.50亿元和126.40亿元），总计974.60亿元。

（一）集资办水电的新举措与特点

1. 继续执行多家办电、多渠道筹资办电的方针，并适当调整了个别大型项目的资金结构　1995年～1997年期间，新开工的水电项目少，资金主要用于原来的在建项目，包括：投产项目（如李家峡、宝珠寺、水口、五强溪、莲花、大峡等水电站、十三陵抽水蓄能电站等）、收尾项目（如漫湾、岩滩、隔河岩等水电站）、资金需求进入高峰的大型水电项目（如二滩、天生桥一级水电站、天荒坪抽水蓄能电站等）及其他在建的水电项目。其资金基本上仍执行原来有关协议的安排，继续执行多家办电、多渠道筹资办电的方针，由国家、地方、企业提供建设资金，部分项目继续利用国际金融组织贷款。

有些项目特别是大型水电项目，地方资金筹措有些困难，以前年度资金到位率低，为了确保这些项目能按时投产，国家采取了一些措施，适当调整了几个大型水电项目的资金结构，例如天生桥一级水电站，由国家（国家电力公司为出资人）、广东、广西、贵州省四个投资方按原来的投资比例（即分别为20%、50%、20%、10%）只认缴资本金共40亿元人民币，内资融资部分由国家开发银行提供硬贷款。又如二滩水电站，拓宽了地方资金的渠道，除电力建设基金外，还使用地方银行贷款规模，由国家开发银行和商业银行提供贷款；四川省还将每年国家安排的国外商业贷款指标3000万美元自1996年至2000年全部集中用于二滩水电项目。

2. 继续征收电力建设基金，并拓宽地方资金渠道

经国务院批准，国家计委发出通知，决定在“九五”期间继续征收电力建设基金，征收标准仍为每千瓦时用电量2分钱，调整了免征、减征范围，并规定1分钱归当地省（市、自治区）政府，作为地方电源建设基金，另1分钱归电网管理部门，用于输变电和主力电站的建设；还规定电力建设基金的使用应按照国家投融资体制改革的要求，实行投贷分开，首先将其用作电站和输变电项目资本金，用作资本金的由股东按分利方式回收，用作贷款的其贷款条件比照同期国家银行贷款条件执行；还规定电力建设基金滚动使用，回收后全部再投入电力建设，1995年以前征收的电力建设基金及其回收资金全部归地方所有。

除电力建设基金外，各省（市、自治区）还都采取了一些措施，拓宽地方资金渠道，包括经国家批准后发行债券、增收地方电力建设基金、使用地方银行贷款等，在使用地方银行贷款方面，除上述二滩水电项目外，1995年～1997年期间还有岩滩、李家峡、天生桥一级、大峡、东西关、莲花等项目，1995年贷款额共为4亿元，1996年为6.2265亿元，1997年为6.15亿元。

就大中型水电项目而言，地方投入的资金（包括地方集资、地方银行贷款、自筹资金等），1995年占当年总资金的26.58%、1996年占24.35%、1997年占21.26%。

3. 投融资体制逐渐规范化，并试行资本金制度

水电建设项目逐步推行现代企业制度，组建股份制企业，建立法人投资和银行信贷的风险责任，相应地投融资体制也逐渐规范化。

水电建设新开工项目自1996年起按照《国务院关于固定资产投资项目试行资本金制度的通知》，建立资本金制度，资本金占总投资的20%及以上。试行资本金制度，有助于建立投资风险约束机制，提高投资效益，促进水电建设事业的发展。1996年以前组建的一些水电建设项目的有限责任公司大部分设置了资本金，但占总投资的比例都不到20%，例如二滩水电站只占6%左右。

资本金是由投资者认缴的出资额，对项目来说是非债务性资金，资本金比率低，项目的负债高，因而利息负担重，风险也大。国家也考虑到大型和特大型水电项目的投资额大，相应的资本金额度也大，为降低资本金的筹措难度，在《通知》中规定：“经国务院批准，对个别情况特殊的国家重点建设项目，可以适当降低资本金比例”。

经国务院批准，国家电力公司已于1997年1月成立。该公司采用国有独资的形式，是国务院界定的国有

资产的出资者和国务院授权的投资主体及资产经营主体；该公司运用国家资本金并开展经批准的公司融资业务，对电力项目进行投资并负责偿还本息；该公司与银行是借贷关系。国家电力公司的成立，有利于进一步促进水电建设项目投融资体制的规范化。

4. 为流域梯级滚动开发积累资金作好了准备

为了贯彻水电发展采取"流域、梯级、滚动、综合"开发的方针，邹家华副总理1996年1月12日、24日和4月9日先后主持召开了关于研究黄河上游、清江流域和沅水流域水电开发问题的会议，这三次会议强调"流域、梯级、滚动、综合"开发要有母体电站作为滚动的基础，还强调流域梯级电站开发项目要有资本金，尽量少用贷款，以电站效益滚动开发。其中清江流域梯级滚动开发初步积累了一些比较成功的经验。隔河岩水电站建成投产后，经批准执行还本付息电价，并成立了"湖北省清江水电投资公司"作为湖北省投资方的出资人，以隔河岩水电站所取得的效益，在对贷款还本付息的同时，为开发下一个梯级电站高坝洲水电站积累资金。同样，在沅水流域，五强溪和凌津滩两个水电站将为近期开发该流域的洪江、碗米坡两个水电站积累资金。还有，以中国华能集团公司为主要投资方的四川宝兴河流域梯级滚动开发，在完成一期工程铜头、雨城两座水电站后，1997年开始二期工程三个水电站中的小关子水电站的建设，并将一期工程所获得的税后利润投入二期工程的开发。可以说，1995年～1997年，已为某些流域的梯级、滚动、综合开发奠定了基础，为资金滚动作好了准备，有的已开始启动。

5. 国家开发银行为水电建设项目提供大量贷款

国家开发银行是政策性银行，按照国家的产业政策和区域发展政策，积极支持水电建设，1995年～1997年，为水电建设项目提供了大量贷款。1995年贷款额为123.2242亿元(其中含三峡、小浪底、万家寨三个项目40.53亿元)，占当年该行全部贷款871亿元的14.15%，为所贷项目当年资金总量的45.48%；1996年贷款额为156.9474亿元(其中含三峡、小浪底、万家寨三个项目45.30亿元)，占当年该行全部贷款999.9亿元的15.70%，为所贷项目当年资金总量的47.70%；1997年贷款额为155.10亿元(其中含三峡、万家寨两个项目的35亿元，小浪底年末使用开行贷款)，占当年该行全部贷款1077.24亿元的14.40%，为所贷项目当年资金总量的48.92%。

国家开发银行贷款的资金能及时到位，对水电建设特别是大型和特大型水电建设项目，如三峡、二滩、天生桥一级等水电站提供了有力的支持。

(二) 利用外资办水电的情况

1995年～1997年，新开工的水电项目只有湖南凌津滩水电站使用亚洲开发银行贷款，贷款金额为1.16亿美元，已于1994年8月签署贷款协议。贷款使用范围主要是机电设备、开关站设备、钢材和咨询等。

利用世界银行贷款的二滩水电项目在1995年签署了二期贷款协议及送出工程贷款协议，二期贷款金额为5.5亿美元，其中1.5亿美元为国际银团提供的联合融资贷款；送出工程贷款金额为2.73亿美元。

1995年～1997年，继续使用世界银行贷款的在建水电项目还有水口、大广坝、天荒坪、小浪底等水电站项目；继续使用亚洲开发银行贷款的在建水电项目还有广州抽水蓄能电站二期工程；继续使用日本海外经济协力基金贷款的水电项目有五强溪、天生桥一级水电站及十三陵抽水蓄能电站等项目。

(国家开发银行能源水利评审局 胡积龄)

集资建设大朝山水电站

(一) 工程概况

大朝山水电站位于云南省澜沧江上，是继漫湾水电站后又一个澜沧江梯级开发项目。该电站以发电为主，水库总库容8.9亿m^3，装6台单机容量为225MW的机组，总容量1350MW；电站保证出力363.1MW，多年平均发电量59.3亿kW·h，待上游小湾电站建成后，多年平均发电量可达70.2亿kW·h。水库淹没耕地12385亩，淹没影响人口6100人，其中直接淹没影响人口为84人。工程枢纽由碾压混凝土重力坝、地下厂房洞室群和长尾水洞三大建筑物组成，最大坝高118m。主要建筑物的工程量：土石方明挖407万m^3，石方洞挖162万m^3，混凝土226万m^3。电站建设工期从截流至第一台机组发电为4年，完建期2年。工程总投资88.7亿元，单位千瓦投资6570元。

(二) 集资筹建大朝山水电站

大朝山水电站是电力体制改革中多家集资办电的典型特例，由国家开发投资公司、云南省红塔集团红塔实业有限责任公司、云南省开发投资公司、云南省电力公司，以5∶3∶1∶1的出资比例投资建设。这是我国电力体制改革中跨行业集资建设水电站的首创。

1. 建设机制　1994年11月4个股东方按中华人民共和国《公司法》组建了云南大朝山水电有限责任公司，成立了董事会和监事会，设置有限责任公司内部机构。这是当时全国新建大型常规水电站中第一个按《公司法》组建的规范的有限公司，并按现代企业制度进行建设管理的项目；也是第一个独立发电厂，即发电厂和电网分开。电站工程由大朝山水电有限责任公司自建、自管、自营，并与云南省电力公司正式签订了“购销电合同”，双方为购销关系。电网、发电厂分开，这是电力体制改革的标志之一。

自大朝山水电有限责任公司成立至今，已召开了六次董事会，就建立资本金制度、工程建设目标、招投标、施工总进度、资金筹集计划、有限责任公司运行机制、内外关系、工程建设中的重大问题等进行决策。

2. 建设资金的筹措　大朝山工程项目从1992年开始进行前期工作，截至1997年上半年，各股东共筹集资金达12亿元。其中红塔实业有限公司占50%。大朝山水电站还没有正式开工，但已完成了12亿元的工程量：导流洞于1993年开始施工，1996年5月已分流过水；场外131km和场内61km的公路已建完；供电、供水、通信、人工砂石料系统工程均投入正常运行；大坝坝基水上部分的土石方已开挖完工，地下厂房工程的交通洞全断面开始洞挖。各股东方积极筹集资金，促使工程正式开工。

（二）集资办电是促进水电建设的有力措施

大朝山水电站从1992年开始筹建，在正准备开工时，遇到国家宏观调控，全国几座大型水电站又正处于施工高峰，都需要国家投入大量资金，因此，该电站正式开工的难度很大。股东方经过分析认为，云南电网目前缺电，“九五”、“十五”仍然缺电，而大朝山电站是解决“十五”电力需求不可替代的项目，因而千方百计筹集资本金，截至1997年上半年资金已筹集了12亿元，从而加速了项目的建设准备工作，为工程的正式开工打下了基础。1997年8月国家计委批准大朝山水电站正式开工。上述情况充分体现了现代企业制度的活力和优势。红塔集团所以投资30%，就是因为有限责任公司是按着“产权明晰、责权明确、政企分开、科学管理”的现代企业制度运作的。

有限公司严格实行项目法人责任制，股东方和董事会十分重视投资效益，严格控制工程造价，1993年审定工程总投资为88.7亿元。董事会以不突破为目标，对工程招标、设备选择、施工进度、优化设计等重大问题及时作出决策。1997年6月，国家计委重点司对大朝山工程总投资进行了审核，仍为88.7亿元。其主要原因：首先，本工程是按现代企业体制进行运作管理的；其次，人的思想观念有了转变。过去，负责工程建设的工程管理局，总希望和争取工程投资大些，而现在的有限责任公司则努力想办法降低投资，保证股东方权益和偿还贷款，从而使有限公司得以生存和发展。人的思想观念的转变，促进了生产力的发展，也促进了机制的完善和发展。

（国家开发投资公司　董述春）

广西桂冠公司集资办百龙滩水电站的情况

（一）百龙滩水电站概况

百龙滩水电站是红水河十个开发梯级中的第七级水电站，其上下游分别与大化和恶滩两座水电厂衔接。该电站总装机容量为192MW（6台32MW灯泡贯流式机组），多年平均发电量近期（岩滩、天生桥一级建成）为11.47亿kW·h、远景（龙滩建成）为13.29亿kW·h。保证出力近期为121.5MW，远景为153.2MW。枯水期发电量占年总发电量的52.6%。年利用小时为6922h。枢纽包括船闸一座，初期可通航250t，船队最终500t。坝址河段有三个小岛，将水分为两叉，右叉河床高于左叉主河槽、枯水期右叉不过流，河床式厂房、船闸、冲沙闸布置在右叉，左叉为坝顶无闸门开敞式溢流碾压混凝土重力坝。

（二）广西桂冠电力股份有限公司的组建

广西水电资源丰富，中央和地方都集中力量开发，1992年正在施工安装和收尾的大中型水电站有天生桥一级（1200MW）、天生桥二级（1320MW）、岩滩（1210MW）、郁江的贵港（120MW）、左江（72MW）、柳江的大埔（90.4MW）和浮石（54MW）、桂江的京南（69MW）、龙江的叶茂（37.5MW），这些电站中相当数量，均因建设资金不能及时到位或缺欠而延长了工期和不能开工。

1992年初，小平同志南巡讲话后，国家陆续出台了股份制试点政策，与此同时原能源部黄毅诚部长视察了百龙滩电站坝址后说，这个工程由广西自己集资，不要向国家要钱，可动员电力系统职工参加投资，也可向社会集资，创造一个按股份制形式办电的新模式。同年8月，广西电力工业局联合中国工商银行广西分行信托投资公司、广西建设投资开发公司、交通银行南宁分行，共同发起，组建广西桂冠电力股份有限公司，1992年9月在广西工商管理局注册登记，首期注册资金2.7亿元，由四个发起单位分别筹集，其中电力局1.0亿元，中国工商银行广西分行信托投资公司和广西建设投资开发公司各0.8亿元，交通银行南宁分行0.1亿元。1993年，经广西自治区政府批准，向内部职工和社会法人募集资金2.5亿元。个人股东共计69320户，法人股东601户。

桂冠公司利用上述资金除经营小规模的游乐场、餐厅、旅馆和房地产外，主营百龙滩水电站建设，是我国第一座按股份制投资建设的水电站。

（三）百龙滩水电站的建设

百龙滩水电站工程以发承包方式签定合同并组织

建设，广西水电工程局、电力勘察设计研究院及其组建的工程监理处分别承担施工、设计、监理责任。施工征地、库区淹没补偿及移民安置，由广西移民开发办公室负责。

由于广西桂冠公司系按《公司法》组建的股份有限公司，为具有经济实体的法人，有筹资能力，百龙滩水电站建设资金除由前述发起组建公司的单位筹集和发行股票外，经政府批准向国外贷款4257万美元低息出口商业信贷，随着工程进度的需要，向国内投资公司、银行和原发起创建公司的单位贷款，还利用了已建成的大化水电厂入股公司后的售电收入，从而保证了百龙滩水电站建设资金及时到位，到1996年5月，共支付电站建设费用10.958亿元，使电站建设按计划顺利进行，如期发电。

百龙滩水电站建设自1992年10月进场准备，1993年2月18日正式开工，1996年2月利用主河槽围堰挡水，1996年2月16日第一台机组投产发电，至1996年9月已有3台机组投入运行。

（四）广西桂冠公司办电经营机制的特点

（1）向多渠道、多层次集资迈进了一大步。我国水电建设资金长期是国家拨款或国家批准银行贷款的单一来源，随着经济体制改革，在多渠道集资办电方针指导下，增加了中央与地方集资组建公司办电的形式。桂冠公司股本金169609万股除属大化电厂国家股型式外，还有发起人股、职工股、社会法人股（即有国家的股、个人的股）。按资金来源分有电力系统内的股，也有电力系统外的股。从而向多渠道多层次集资办电迈进了一大步。

（2）水电开发经营机制的深化改革。桂冠公司自筹资金、自己建设、自己经营生产、自己还贷付息，体现了自主经营、自负盈亏、自我发展、自我约束的经营机制，彻底改变了以往国家拿钱，施工单位建设花钱，另一家经营还贷付息的管电不办电的责、权、利分离的不合理的体制。

（3）大化水电厂入股桂冠公司，增强了公司融资能力，初步体现了河段梯级滚动综合开发的优势。经广西电力局提议将大化水电厂并入桂冠公司，并经公司股东大会通过，电力部和广西自治区政府批准，从1994年1月起，公司接收大化水电厂，净资产8.64亿元、债务3.12亿元、公司股本金16.96亿元。大化水电厂入股公司前，执行目录电价40～50元/（MW·h），入股后提高为254.35元/（MW·h）。由于电价提高，每年折旧费和公积金共约7000万元，可用于百龙滩水电站建设。实际在两年内，桂冠利用大化水电厂发电收入投入或临时周转金约1.0亿元。继百龙滩电站之后，目前正争取实现百龙滩下游梯级装机600MW的恶滩（扩建）水电站的开发。初步实现了河段梯级滚动综合开发。

（4）基本上是政企分开经营。桂冠公司是广西电力局控股，电力局是行业管理领导机构，百龙滩水电站的设计、施工、监理都是电力局所属机构，公司主要人员是由电力局调入，因而公司与电力局有千丝万缕的联系，但公司的企业行为是独立自主的，决策由董事会作出，电力局行使股东职能，间接地影响公司的工作。

（5）极大地调动了人们对水电站建设的积极性。桂冠公司是电力局牵头集资组建的主营百龙滩水电站的公司，电力局为开发红水河的水能资源找到了一条筹措资金的途径，地方政府建设投资后每年可由百龙滩增收2000万元电力建设基金，银行系统投资后每年有4～5亿元进帐。共同的经济利益，把中央和地方的积极性都调动起来了。广西区政府批准大化水电厂电价由入股前40～50元/（MW·h）上调到254.35元/（MW·h），百龙滩水电厂上网电价定为365.64元/（MW·h）。税制改革前还给予减免百龙滩产品税和所得税的优惠政策。

直接参与电站建设的业主与设计、施工安装、监理、科研、征地移民、设备采购等单位人员之间是甲、乙方关系，他们又是内部职工个人股持有者，是股东，是最基本的自营工程者，因此十分有利于调动大家办电的积极性。如大化、百龙滩两水电厂的运行生产，桂冠公司以合同形式委托电力局代管。

非直接参与电站建设但持有桂冠股票的社会各单位、各部门的人士，电站未发电前，能稳定地获得高于银行存款利率的建设期股息，发电后分红，如股票获上市，投资效益更大。工程建设上的问题，较易得到支持、解决。关心百龙滩水电站建设的人比以往任何电站都多，从而改变了我国电力工业是公益性行业无利可图的看法，这对于促进集群众资金办电，意义将更加深远。

桂冠公司股份集资建设百龙滩水电站的实践，为我国集资办电走出了一条新路。

（广西桂冠电力股份有限公司　彭文藻）

部分省区中型水电站发展情况和经验

四川省地方电力建设概况

四川省电力工业由四川省电力工业局所属的国家电力和四川省水利电力厅所属的地方电力，以及“华能”和其他行业的自备发电厂三大块构成，形成的国家、地方电力系统，支持了四川省经济的发展。

（一）四川省地方电力“八五”建设情况

“八五”期间地方电力建设，共新增发电装机142.68万kW(其中中小水电114.77万kW)，累计达到351.9万kW(其中中小水电296.1万kW)。分别为全省新增发电装机332.13万kW的42.96%，累计达到1215.16万kW的28.96%（占水电559.04万kW的52.97%)。

地方电力“八五”建设成绩各年情况如下表：

四川省地方电力“八五”建设成绩各年情况表

项目	单位	到1995年累计达到	“八五”期完成情况					
			合计	1991年	1992年	1993年	1994年	1995年
新增发电装机	万kW	351.9	142.68	34.95	28.82	23.0	28.29	27.62
中小水电装机	万kW	296.1	114.77	28.24	21.68	16.0	23.19	25.66

“八五”期间，四川省有25个县（市）列入全国第二批农村水电初级电气化县试点建设。在各级有关部门共同努力下，5年来共建成农村水电初级电气化达标县（市）27个（它们是：邛崃市、崇州市、铜梁县、潼南县、米易县、平武县、射洪县、夹江县、金口河区、犍为县、蓬安县、大竹县、宣汉县、屏山县、高县、雅安市、名山县、汉源县、西昌市、德昌县、理县、康定县、泸定县、南川县、武隆县、石柱县、秀山县）。这些电气化试点达标县（市）5年中共净增发电装机20.83万kW，架设高压线路5131km，投产供电变压器54.36万kVA。

“八五”期间，在电源建设的同时强化电网建设，5年共新架高压线路23200km，投产供电变压器137.15万kVA。

取得以上成绩的主要措施和经验是：

(1) 坚持基本建设程序，搞好项目前期设计工作，做到项目有储备、有选择，保证在建项目维持在100万～140万kW。到1995年底，中小水电在建规模还有132.73万kW，其中中型水电站14座，装机96.25万kW。

(2) 坚持业主责任制，调动各方办电积极性，实行多渠道、多层次、多元化投资。“八五”期间地方电力建设共完成投资76.27亿元，其中中央和省级由拨款改为贷款、电力建设基金6.85亿元，银行贷款34.13亿元，业主自筹35.29亿元，分别占完成总投资的9%、44.7%、46.3%。

(3) 实行股份制，联合多家办电，开发水电资源。如盐亭县没有水力资源，便投资入股与三台县合作开发涪江，兴办3万kW的文峰电站；华能四川分公司以50%～55%的控股与地方联合建设了6万kW的雅安雨城水电站、8万kW的芦山铜头水电站、18万kW的武胜东西关水电站、26万kW的太平驿水电站。

(4) 坚持开放，积极引进外资和先进设备技术建设中小水电站。如绵竹县引进日本贷款折合人民币400万元建设0.5万kW的金鱼咀电站；引进奥地利伊林公司水轮发电机组建设4.61万kW的蓬安马回水电站和3万kW的合川渭沱水电站，折合人民币分别为1亿元和0.5亿元；黔江地区与香港中贯投资开发公司联合建设7.5万kW的中外合资黔江大河口水电站，港方占股70%。

(5) 继续坚持执行以电养电政策，不断增加地方电力活力，使其尽快走向良性循环。1994年国家实行新税制后，四川省人民政府以川府发（1994）130号文发出了《批转省水电厅、省财政厅关于继续实行以电养电政策请示的通知》，指出：地方电力企业依法缴纳的所得税，由税务部门交同级财政部门并将其中的50%作为支出，于次月10日拨到同级水电部门在财政的以电养电专户，用于发展地方电力；所有地方电力企业都应通过清产核资界定中央、省、地、县水电部门及其他方式的产权，并按有关规定取得收益，这部分取得的收益原则上全部用于发展地方电力。

(6) 省人民政府把执行地方电力发展计划作为对省水电行政主管部门的目标管理，进行考核。在“八五”计划执行中，地方电力建设年年都超额完成计划，年年都受到省人民政府的奖励，累计完成额为计划的143%。

(二) 四川省地方电力“九五”计划安排

重庆改为直辖市以后，新四川省水力资源仍然十分丰富，蕴藏量居全国前列，但开发程度低，目前全省已开发的仅占8%左右。开发中小水电是地方电力的主要任务。

(1) 指导思想。在党的基本路线、方针、政策指引下，实施“治水兴蜀”和“科教兴水”战略，按照两个根本性转变的要求，围绕第三批农村水电初级电气化县试点建设，优先滚动开发具有调节能力的电源点，同时狠抓配套电网建设，做到规模、集约经营，实现效益稳步增长。

(2) 任务目标。计划完成发电装机95万kW(不含重庆直辖市，以下同)，2000年累计达到360万kW以上；建成第三批45个农村水电初级电气化试点县，2000年累计达到81个，占全省177个县(市)的45.8%，并完成雅安地区农村水电初级电气化建设达标。

(3) 实施措施。①调整规划。重庆市改为直辖市以后，四川省情况发生一些变化，地方电力建设重点是骨干水电项目和第三批农村水电初级电气化试点县，按照“流域、滚动、梯级”的原则开发建设，特别是优先开发具有调节能力的水电项目。在开发电源点的同时，巩固和发展县电网，并积极发展跨县区域性电网。②狠抓计划，落实目标管理。“九五”地方电力发展计划任务，根据各地(市)电力建设现状和水力资源情况切块下达，并逐年进行检查考核。③实施“大水利、大集团、大公司”战略，以水电、供水为龙头，以资产、生产经营和技术协作为纽带，把发电、供水、水产和其他多种经营的企业与事业法人单位联合组成水利产业集团，形成多层次的母子公司体系，促进资产资源合理配置，发挥市场机制配置资金的基础性作用，培育新的经济增长点。④继续多渠道引进资金，扩大合作范围，增大水电开发投入，促进中小河流的综合、梯级、滚动开发。如国际华能控股开发涪江中上游水电项目，中国华能四川分公司控股开发宝兴河、嘉陵江水电项目。

(四川省水利电力厅　曹　蓉　邹居昌)

四川省水力资源经济可开发量界定初步研究

四川是一个水能资源大省，多年研究结论表明，水电在满足未来能源需求方面占据重要地位。为此在四川省率先进行的水力资源复查中纳入经济可开发量研究。

水力资源普查的最终目的，是在查明其现状的前提下，探求各地区一定时间、一定经济和环境条件下，已开发和将要开发的水力资源蕴藏量——即经济可开发量。

经济可开发水力资源蕴藏量的评估原则是以与其他电源相比具有竞争力，应以社会需求并得到社会认可，且愿意支付费用的经济承受力为依据。

为适应与世界接轨要求和评述水力资源的完整性，确定其经济有效部分，参考国外评估的经验，结合四川省的实际情况，采取了宏观与微观，定量与定性，精确与模糊相结合的综合分析方法，对全省水力资源进行了较全面、系统的研究，下面就影响水力资源经济可开发量界定的主要因素、标准确定和界定成果分述如下：

(一) 水力资源量和开发条件

根据世界能源协会关于水能资源统计原则和界定标准，水力资源成果包括三项内容：第一理论蕴藏量；第二技术可开发量；第三经济可开发量。第一、第二项内容是水力资源普查的重要成果，也是经济可开发量界定的基础和前提条件。经济可开发量是技术可开发量的一部分，是对技术可开发量进行经济性评估的结果，也是水力资源普查的根本目的。

经此次普查，四川省水力资源理论蕴藏量约1.68亿kW，其中技术可开发量约11049万kW，年发电量5924.37亿kW·h。

(二) 电力需求和水电供需比

根据四川省的自然地理条件和社会环境，开发水能资源是解决不同地区、不同层次的电力供需的主要途径。1994年四川省总装机容量1138万kW，年发电量525亿kW·h，其中水电505万kW，占44%。根据各有关部门中、长期电力规划，2000年、2010年、2020年、2030年、2050年五个水平年，电源构成均需以水电为主，同时配备必要的煤电和核电，才能基本满足电力供需平衡。各时段相应的水电开发规模分别约为1000万kW、2500万kW、5000万kW、7000万kW和9000万kW。水电比重应达到60%～70%。

(三) 经济可开发量评估

四川省大、中、小水电站多达2000座，不可能也无必要逐一对其进行经济评价，由于经济性具有因时因地的可变特性。因此界定的原则是宜粗不宜细，基本技术路线是分类比较、典型测算、定量界定、综合分析、局部调整，界定方法以2030年电力需求量为目标值，以1994年水电的经济指标与相应的替代能源方案进行比较，通过国民经济评价进行定量测算。

1. 基本资料的收集、复核和采用　由于四川省规划的水电站座数多，且工作深度和完成指标计算的时间不同，为了确定统一标准和提高可信度，以收集最新设计资料为原则，进行单位经济指标复核，并均换算到1994年统一的价格水平，对无资料的水电站采用类比、对比等办法，进行了单位投资框算。

2. 界定标准的确定　确定经济可开发量的界定标准，包含两个主要内容，第一是确定在现在经济条件下社会认可的水电站经济指标，第二是确定替代方案的经济指标和有关参数。

为较准确的拟定界定指标，首先采取定性分析的办法，即以通过国民经济评价的水电站为基础，进行统计、分类、对比，分析水、火电可比性指标，以其单位电能投资最大值，进行控制性判别。据约30多座工程的经济评价成果表明，水、火电单位电能投资比最大为2，即水电站的单位电能投资小于或等于2倍火电站单位电能投资的均系经济可行的。结合四川实际，以单位电能投资2元/(kW·h)为极限值分别对具有代表性的大、中、小河流所拟电站进行对比，除极少数电站外，绝大多数电站均属经济可行的。其中以发电为主要开发任务的金沙江、雅砻江、大渡河等，最大单位电能投资为1.2元/（kW·h）；以综合利用为主要开发目标的嘉陵江、涪江、岷江等最大单位电能投资大于2元/（kW·h）的仅占10%以下；其余中小河流，特别是以引水开发为主要开发方式的，其最大单位电能投资均小于1元/（kW·h）。统观全省水电站，单位电能投资小于1.5元/（kW·h）的总量约达90%。

第二步用年费用比判别式进行水、火电站经济性判别。即水电站的年费用小于替代火电的年费用。为提高精度对替代方案的对象和有关参数的合理选择（包括燃料价格）、水电站年费用计算的有关因素均进行了分析、概化、经验系数的探讨。最后采用分类和典型处理进行代表性测算。

3. 环境因素的分析　环境因素包括社会和自然生态两大部分。社会环境影响主要是水库淹没和移民安置，四川省水电站水库淹没实物量和移民人数，在相应规模和条件下，不论总量和相对量均低于全国平均水平，此次拟将水库淹没特别大，移民安置明显有困难，跨经济区矛盾难以协调的少数电站暂不列入经济可开发量。自然生态环境视其破坏和影响程度、能否采取复原措施等分别对待，属自然保护区内的河流，尽可能不开发，个别影响甚微的小水电给予适当考虑。

地质环境特别差的电源点，如高地震区基本烈度在10度以上的暂不列入。

（四）测算成果

测算成果采用国民经济评价的方法，经系统、认真的评估，四川省水力资源经济可开发量为8141.67万kW，4277.53亿kW·h，分别占技术可开发量的73.6%和72.2%。装机利用小时数高达5250h，远大于全国平均水平4340h。

总之，此次评估是参考国外的经验并结合四川省实际情况进行的，评价因素研究的广度和深度尚待进一步拓展，为此，现正在进行深入的工作，力求拟定一个既简便、科学，又能保证精度的操作办法，为全国开展此项工作起到抛砖引玉的作用。

（四川省水力资源普查课题组　宋怀宝）

贵州地方水电现状及“九五”发展

贵州省雨量充沛，河川密布且落差大，水能资源丰富。全省水能资源蕴藏量为1874.5万kW；可开发资源为1683万kW，其中25万kW以下的中小水电资源为674万kW。

贵州地方水电建设经历了从无到有，从小水电到中小水电并举，从单站开发到河流梯级开发，从县级电网到跨县电网或与国家电网联网运行的历程。

“八五”期间，贵州地方水电新增装机19.1万kW、高压线4600km、低压线8052km。建国至1995年底止，累计完成水电装机76.6万kW（含地方电网配套小火电6.7万kW），高压线43735km，低压线61538km，供电变电站容量585040kVA，配电变压器1102213kVA，通电乡为92.7%，通电村为74.7%，通电户为64.2%。全省86个县（市、区）有52个县以地方水电为主供电。

“八五”期间，建成全国第二批农村初级电气化县5个，即关岭、瓮安、江口、罗甸和兴义县，加上“七五”期间建成的赤水、玉屏、镇宁、镇远、铜仁、施秉6个县，累计建成初级电气化县11个。这些县新增水电装机13万kW，新创工业产值15亿元，使318万人步入农村初级电气化，30万人以电代柴、代煤，93%的农户用上了电，人均年用电量300kW·h，实现了电站装机容量、工农业产值、县财政收入翻两番的目标。

“八五”期间，建成了贵州地方电力的第一个中型水电站——安顺县关脚水电站，装机4.8万kW；开工兴建一批骨干水电站，其中有云贵响水水电站，装机10/2万kW；荔波县大七孔水电站，装机4.8万kW；盘县田边寨水电站，装机2.5万kW，为“九五”水电建设项目的投产打下坚实的基础。

根据国家对地方水电发展的要求及《国家八七扶贫攻坚计划》对农村电力发展的要求，结合贵州省具体实际，贵州“九五”期间地方水电发展规划概述如下：

1. 指导思想　大力发展地方中、小水电站和地方电网，搞好农村初级电气化试点县建设，消灭无电县，保证绝大多数贫困乡用上电。

2. “九五”发展目标　地方水电装机净增28万kW；地方水电装机达到106万kW；农村初级电气化试点县新建10个；通电乡率达到90%以上。

3. 工程布局

(1) 电源建设，计划开工建设规模达50万kW。抓紧在建的响水（装机11/2万kW）、田边寨（装机2.5万kW）、大七孔（装机4.8万kW）等重点电站的续建投产；抓好新建电站如王二河水库三岔湾电站（装机3.7万kW）等的建设；抓好第三批农村电气化县电源点的建设。以地方电网为依托，以开发价值优越的中等河流水能资源为基地，以中型水电为主，逐步形成流域梯级连续开发；对边远地区则因地制宜，扶持发展农村小水电。

(2) 电网建设，以流域、地区为中心，建设以110kV为主的地方电网，电源点建设与之相适应。全省分为6个地方电网：①㵲阳河110kV电网，覆盖黔东南八个县；②兴义110kV电网，覆盖黔西南州八个县；③漳江电网，覆盖荔波等4个县；④打帮河—濛江电网，覆盖安顺、惠水等7个县；⑤六盘水电网，覆盖六盘水市；⑥务正道电网，覆盖务川、正安、道真3个县。此外，还将发展一批县级电网。

4. 第三批农村初级电气化试点县建设　经国家批准，贵州省被列为第三批电气化县的有：紫云、普安、荔波、兴仁、盘县、天柱、岑巩、长顺、锦屏、正安等10个，要求“九五”期间完成。计划共建电站16座7.19万kW，35～110kV线路1050km，10kV以下线路6912km，变电容量30万kVA，总投资6.8亿元。至2000年，上述10个县将新增发电量5.1亿kW·h，人均年用电量从79kW·h提高到228kW·h，实现乡乡通电、村村通电，通电户率从64%提高到91%，基本满足所在县工农业生产和人民生活用电的要求。

（贵州省水利电力厅　刘周祥）

云南“八五”水电投产情况及“九五”计划概要

云南省是一个水电能源资源富集的省份，长江上游、澜沧江、怒江、珠江上游及红水河五大水系在云南境内河段都有巨大的水能蕴藏量，可开发的水电容量达9000万kW，年发电量达4500亿kW·h，开发条件有利，资源质量优良。同时云南还有一定数量的煤炭资源，可开发建设火电，以资补偿。因而云南是我国西南水电能源基地的骨干，不仅可以作为西电东送的能源基地，还具有向东南亚输出电能的区位及资源优势。

(一)、“八五”水电投产情况

“八五”期间，云南省抓住机遇，在全国率先采取部省合资的方式，建成省内第一座百万级大型水电站——漫湾水电站（一期工程共125万kW）。紧接着又开创由非电力大型企业——红塔集团参股、以现代企业制度的方式组建了大朝山水电有限责任公司，开始了澜沧江第二座百万千瓦级水电站的建设。与此同时，全省中小型水电建设也在资源优异而缺电的各地区蓬勃发展。“八五”期间，全省建成投产水电装机容量为202.6万kW，其中漫湾电站容量125万kW，其余为中小型水电容量，新增水电年发电量88.5亿kW·h。到“八五”末，全省电力总装机容量达556万kW、年发电量达224亿kW·h，其中水电装机容量422万kW、水电年发电量为164亿kW·h，水电装机容量和年发电量比重分别为75.9%和73.2%。“八五”期间，全省电力年平均增长率达11.6%，超过全省工农业产值的增长率(10%)，使电力供需矛盾有所缓解，还开创了云南电力汛期送往广东的新局面。尤其是水电增长较快，使大小电网内的水电比重急剧增加，一方面增加了电网供电可靠性和调度灵活性；另一方面也加剧了电网丰枯季节供电差别大的矛盾，尤以地方小电网更为突出。

(二)“九五”云南水电计划概要

“九五”电力发展规划根据国家对基建规模的宏观调控、能源投资政策及云南电力供需矛盾的特点反复进行调整。大型水电项目大朝山水电站刚刚批准正式开工；小湾水电站未能获国家批准开工，在这种情况下，“九五”期间已不可能有大型水电投产，根据云南电力丰枯季供需矛盾大的特点，抢建一批大型火电项目乃是必然的对策。与此同时，省政府提出“九五”期间全省择优选点建设100万kW有调节性能的中型水电站的计划也在逐步实施，但由于资金及电价等主要原因，许多项目尚未落实。已开工建设的有螺丝湾(60MW)、老虎山（37MW）、徐村（78MW）、响水(100MW)、户宋河（63MW）、柴石滩（60MW）、红石岩（40MW）、阿鸠田（90MW）等水电工程。这些电站预计均能在“九五”期间建成投产。正准备开工建设的有马鹿塘（460MW）、高桥（75MW）、糯租（75MW）、吊江岩（25MW）、金河（50MW）、雷打滩（120MW）等一批水电站，但大部分均不可能在“九五”期间建成。

为了充分发挥云南水能资源的优势，云南省始终把建设水电能源基地、云电外送作为能源政策的基点，在国家支持下进行了大量水电电源点的前期工作和具备开发条件的大型水电站的建设筹备工作。装机容量1350MW的大朝山水电站于1993年便进入施工准备期，于1997年8月国家正式批准开工，1997年10月胜利截流，争取2001年第一台机组投产。为满足“十五”云南用电的需求。解决云南电网丰枯矛盾的关键工程——澜沧江中下游龙头水库小湾水电站，装机容量4200MW，于1995年完成可行性研究并已审查通过。云南省正积极努力创造条件，争取在“九五”末进行施工准备，“十五”初期开工建设。澜沧江下游装机1500MW的景洪水电站引起泰国有关方面的注意，经过多次洽商，泰国MDX公司愿意投资建设该电站，在征得电力部及云南省政府同意后，MDX公司于1996年与云南电力公司联合成立中泰景洪电站咨询公司（YJC），合资投入景洪水电站的可行性研究阶段勘测设计工作，中泰双方合资比例为52:48，可行性研究阶段勘测设计项目由YJC与电力部昆明勘测设计院签订了合同，于1997年8月20日完成本阶段工作并提出报告。现可行性研究中间报告已通过YJC审查。景洪水电站的建设经营拟采用“两头在外”的模式，即主要由泰方投资（控股）与中方合资，电站建成后80%的电量送往泰国。这是我国大型水电站首次采取“两头在外”的方式建设经营。1996年5月李鹏总理考察景洪时已原则同意按“两头在外”的电力进出口项目进行试点，一待景洪水电站可行性研究报告经双方审查通过后，便将对这一模式操作的一系列政策、措施及管理等问题进行磋商，上报中泰两国政府批准，在达成一致意见后便可进行电站的建设准备工作。若上述程序进展顺利，该电站可望在“九五”末正式开工建设。

马鹿塘水电项目（装机460MW）系云南省文山州的战区恢复重点工程，又是省电网尚未覆盖的大型水电项目，采取混合式开发，具有年调节水库，是一个动能经济指标优越的电源点，前期工作由水利部和文山州出资安排，已进入初步设计阶段的勘设工作。由于管理体制尚未完全理顺，加之建设资金缺口大，进展较慢。省计委决定由省电力公司控股参与组建有限责任公司，承担建设该电站建设经营，目前正在积极落实水利部参股资金及商洽引进外资，一旦资金落实、条件成熟，便可以进行施工准备。

（云南省电力工业局　文宏泽）

广东“八五”水电完成情况及“九五”计划概要

（一）广东“八五”水电完成情况

广东省预计“八五”期间投产的装机0.6万kW以上的11项水电工程已全部投产发电。其中，广州抽水蓄能电站一期4×30万kW，锦江水电站2×1.25万kW，称架一级水电站2×1.25万kW，都平水电站2×1.5万kW，花山水电站3×0.85万kW，青溪水电站4×3.6万kW，八乡一级水电站2×0.6万kW，白沙水电站1×0.85万kW，天堂山水电站3×0.65万kW，南告水电站扩机1×0.65万kW，枕头寨水电站5×0.25万kW，共装机150.85万kW。这些工程在“八五”期间共用去投资211382万元。1995年底，除抽水蓄能电站外，全省常规水电（含装机0.6万kW以下的小水电）总装机达到345.7万kW，约占可开发装机的52%。

“八五”期间在建、结转“九五”的水电项目有：广州抽水蓄能电站二期4×30万kW，白石窑水电站4×1.8万kW，孟洲坝水电站4×1.1万kW，高塘水电站3×1.25万kW，双溪水电站3×1.25万kW，江口水电站2×2万kW，飞来峡水电站4×3.6万kW，共计159.5万kW。这些工程在“八五”期间用去投资231514万元。

以上已投产和在建工程，在“八五”期间共用去投资442896万元，其中，中央投资35442万元，利用外资97973万元，省投资212935万元，市县自筹96546万元。

（二）广东“九五”水电计划概要

“九五”期间，从“八五”结转的7项工程共计159.5万kW，计划全部投产。新开工项目将根据资金筹措情况安排。计划安排投资62.28亿元，其中，中央投资3.74亿元，省投资11.75亿元，市县自筹31.22亿元，利用外资15.57亿元。另外，根据省委、省政府有关文件规定，“九五”期间每年由省电力发展基金划出5000万元，作为扶持贷款，支持山区市县加快开发小水电资源。

（三）广东水电建设情况分析

“八五”期间广东水电建设的主要做法是：

（1）坚持按规划实施。1991年广东省计委审定通过了《广东省中型水电资源开发规划》（简称《规划》）。“八五”期间开工的项目全是《规划》推荐的近期开发项目。审查业主提出的项目可行性研究报告，均以《规划》为依据。以保证充分和合理利用水力资源。

（2）优先梯级开发。北江干流飞来峡以上4个梯级电站，已有孟洲坝、白石窑、飞来峡3个梯级水电站相继开工，“九五”期间将投产发电。北江支流锦江水系龙头电站——锦江水电站建成后，下游丹霞、黄屋等小型梯级电站也随之建成；西江支流贺江水系三级开发，已建成白垢、都平梯级水电站，江口梯级电站“九五”期间也将投产发电。优先梯级开发，不仅使梯级电站固有的调节效益得以发挥，同时也使沿江沿河航道实现渠化，使航运条件和自然环境得到改善，也给旅游事业的发展创造了条件。

（3）多方筹集资金。“八五”期间，在全国税制改革以前，中央给广东以特殊的政策，即全省全部电力税金返回作为电力建设资金，加上地方自筹资金、中央导向性投资、发行电力建设债券、征收电力建设费和利用外资等，基本上满足了水电建设需要的资金。

（广东省电力工业局　郑忠信）

广西"八五"水电完成情况及"九五"计划设想

(一) 广西"八五"水电完成情况

广西"八五"期间大中型水电工程续建项目2个，待装机容量1273MW；新开工项目5个，装机容量507MW。计划在"八五"期间建成装机容量1273MW，已全部实现。新开工的项目都结转到"九五"续建，详见下表。

"八五"期间按全口径水电新增装机容量1500.3MW，其中：1991年31.4MW、1992年389.4MW、1993年349MW、1994年369.6MW、1995年360.9MW，平均年增长率为12.4%；共新增水电发电量69.4亿kW·h，其中：1991年5.2亿kW·h、1992年10.3亿kW·h、1993年26.8亿kW·h、1994年14.5亿kW·h、1995年23.0亿kW·h，平均年增长率为14.9%。

广西"八五"水电工程项目及投产情况表

项目名称	建设规模(MW)	开工年月
一、续建项目		
1.岩滩	4×302.5*	1985.3
2.昭平	3×21*	1990.9
小计	1273*	
二、新开工项目		
1.百龙滩	6×32	1992.9
2.浮石	3×18	1992.9
3.左江	3×24	1992.12
4.京南	2×34.5	1993.9
5.贵港	4×30	1995
小计	507	
三、合计	1780	

* 均已投产。

"八五"期间广西全口径水电新增装机容量占全部新增装机容量2155.8MW的69.6%，水电装机容量所占比重由1990年的55.1%提高到1995年的60.7%。

广西水电比重大，而且大多数是低水头径流式水电站，调节性能较差，丰水期没有调节能力，枯水期保证出力低。例如：1995年在运行的岩滩、大化、西津、麻石、合面狮、恶滩、拉浪和昭平共8座大中型水电站，除岩滩、西津和合面狮3座水电站具有季调节能力外，其余均为日调节，而且丰水期都无调节能力。上述8座大中型水电站总装机容量为2195.4MW，而枯水期保证出力只有479MW，只占总装机容量的21.8%。枯水期水电出力大幅度下降，火电装机又不足，造成电力系统缺电而频繁拉闸限电。在丰水期大中型水电站都没有调节库容，从而使电力系统缺乏调峰电源，水电被迫参与调峰时，又造成大量弃水而减少发电量，这种弃水损失年年都会发生。1995年仅广西电网统调部分就因调峰弃水损失电量达8.37亿kW·h。而"八五"新开工将在"九五"投运的5座中型水电站，仍然都是低水头径流式水电站，枯水期保证出力都很低，水电丰、枯水期出力将更为悬殊。因此，广西今后水电建设宜暂缓开发没有调节能力的、保证出力又低的水电站工程，而应根据电力系统的需要，集中力量开发具有年调节库容的、枯水期保证出力大、综合效益显著的大中型水电站工程项目。

(二) 广西"九五"水电计划设想

根据广西电力发展规划，广西全社会用电量2000年将达到370亿kW·h左右，2010年比2000年须翻一番，即年均增长率"九五"期间约10%、2000年～2010年期间约7.2%。为满足社会用电需求，广西应尽可能优先开发利用本地潜在优势的资源，大力开发水电资源，尤其是尽早建设好红水河水电基地。

"九五"期间广西拟新开工的水电项目主要有：

(1) 恶滩水电站扩建工程。恶滩水电站是红水河上的第8个梯级，原装机60MW，扩建后装机为600MW，多年平均发电量从3.6亿kW·h增加到28亿kW·h。本工程以发电为主，兼有航运、灌溉等综合效益。按1996年价格水平，发电工程静态投资34.5亿元，建设总工期为6.75年，第一台机组投产工期4.5年。还贷期上网电价为0.61元/(kW·h)，还贷后上网电价为0.35元/(kW·h)。本项目是工期短、效益好的电站，拟由广西桂冠电力股份有限公司募集资金进行建设。项目建议书已由电力部上报国家计委待批，争取于1998年开工建设，"十五"全部建成投产。

(2) 龙滩水电站工程。龙滩是红水河规划的第4个梯级，正常蓄水位按400m设计，装机规模为9×600MW。近期按正常蓄水位375m建设，装机为7×600MW，保证出力1234MW，多年平均发电量156.7亿kW·h。并可使下游电站净增保证出力722MW，净增发电量20亿kW·h。龙滩水电站建成后，除了有巨大的发电效益外，还具有显著的防洪和航运等综合效益，可使下游西江和西、北江三角洲防洪标准由20年一遇提高到40年一遇，浔江两岸防洪标准由10年一遇提高到20年一遇。水库蓄水后淹没坝址以上险滩约200处，渠化航道近200km，经水库调节下泄流量可显著改善红水河的通航条件。因此，开发龙滩水电站具有重要的战略意义。根据国家计委通知电力部已将该工程列为1998年国家电力基本建设的预备项目，广西成立了龙滩水电站工程建设公司筹备处，开展了修路、架桥、拉电线等施工准备工作。该工程为特大型工程，建成后效益也十分巨大。

(3)百色水利枢纽工程。该工程位于郁江上游右江上，是郁江规划的第2个梯级，以防洪为主，兼有发电、航运、灌溉及供水等综合效益。其装机为4×135MW，多年平均发电量为16.9亿 kW·h，具有26.2亿 m^3的调节库容，可参与电网调峰。该电站工程由广西水利部门筹建，已上报项目建议书，并通过了初步设计审查，争取1998年开工建设，“十五”期间全部建成。

以上拟建的3个电站均属大型电站，可装机容量达5340MW，其中计划“十五”建成投产1140MW，2010年前后建成4200MW。

为使水电建设顺利发展，适应市场经济的大环境，提出如下建议：

(1)水电工程资金密集，特大型工程需要投资更为巨大，仅靠地方几家来筹资建设实在艰难。因此，建议国家对水电项目尤其特大型项目加大政策性贷款投入比例，同时应降低工程资本金的比例。

(2)水电工程建设工期长、投资额大，但建成后社会综合效益好，对社会贡献大。国家应考虑给水电项目优惠的贷款利率政策和税收政策，以促进水电的顺利发展。

(3)水电站工程，往往不是具有单种效益的工程，而是具有显著的发电、航运、防洪、灌溉及供水等综合效益的工程。建议国家应采取按工程不同的各种效益来分摊投资，不宜一切投资都一律通过发电量来回收本利，这样做势必增大水电的上网电价，用户难以承受，更失去了水电的竞争力，对水电发展很不利。

（广西电力工业局　农甘宝）

湖南“八五”水电完成情况及“九五”计划概况

湖南水力资源丰富，可供开发利用的500kW以上的电站1024处，可装机1083.9万kW，年发电量可达489亿kW·h，居全国第九位，且不同程度地兼有防洪、灌溉、供水、航运、养殖等综合效益。截至1990年底，全省建成大中小型水电站6274座，装机容量299.71万kW、年发电量106.12亿kW·h，分别占全省总装机容量、发电量的55.1%和52.69%。“八五”以来，全省水电又有了新的发展。

（一）“八五”湖南水电完成情况

“八五”期间在中央和湖南省各级领导重视、支持下，在水电建设中推行集资办电，调动了各方办电的积极性，同时积极引进外资及先进技术与设备，在水电工程建设中，推行业主责任制、建设监理制、招标承包制，加快了水电建设管理体制改革的步伐。经过5年的努力，水电获得突破性发展，装机容量、发电量等都是历史上发展速度最快的，截至1995年底，全省大中小型水电站约6400处，装机容量421.13万 kW、发电量157.83亿 kW·h，分别占全省总装机容量、发电量的54.3%和47.68%。5年中净增水电装机容量121.42万 kW、发电量51.71亿 kW·h，较1990年底分别增长40.51%和48.73%，平均年增长率分别为7.04%和8.26%。“八五”期间全省累计完成水电基建投资57.52亿元（不含小水电）。

在“八五”期间，水电建设还大量采用与引进了国内外先进技术、设备与工艺，如在五强溪水电站建设中，坝下消能采用“宽尾墩-底孔-消力池”新型联合消能工；三级船闸最大水头60.9m，单级最大水头42.5m；左岸高边坡治理；综合加工能力1200t/h的石英岩人工砂石料加工系统；坝体混凝土通仓薄层浇筑，最大浇筑仓面约1600m^2；将施工导流方案三期导流改为二期导流，保证了1994年第一台机组投产发电；19m×23m超大型表孔弧型溢洪闸门；主体工程施工采用了从德国引进20t（跨度966m）高塔A型架平移式缆机；德国伏依特公司与哈尔滨电机厂联合体制造转轮直径8.3m混流式水轮机；美国兰的斯公司设计生产全电站计算机监控系统；日本三菱公司与西安高压开关厂生产500kV全封闭组合电器（GIS）；哈尔滨电机厂生产的24万 kW水轮发电机，采用定子机座在工地拼焊后整体叠压定子铁芯及嵌线工艺（铁芯外径17.29m），转子在工地组焊圆盘式转子支架及采用弹性金属氟塑料推力瓦等工艺。

在江垭水电站，采用了全断面碾压混凝土重力坝，中、表孔联合泄洪，地下厂房，斜面升船机等。

（二）“八五”湖南在建和新建的大、中型水电项目

1.“八五”期间在建项目

(1)五强溪水电站位于沅陵县、沅水，装机容量120万kW（5×24万kW），年发电量53.7亿kW·h。该工程是一个以发电为主，兼有防洪、航运、养殖等综合效益的大型枢纽工程，是湖南省最大的水电站。由湖南省与原水利电力部共同集资建设，初设总投资20亿元，并利用日本政府贷款（日本海外经济协力基金）250.9亿日元。工程于1986年9月复工，1988年10月主体工程开工，1994年12月第1台机组发电，1995年2月船闸通航，1995年9月、12月2号、3号机组发电，1996年全部投产发电，1998年竣工验收。

(2) 小东江水电站。位于资兴市、耒水，是东江水电站的反调节电站，装机容量5.5万kW(2×0.7万kW+2×2.05万kW)，年发电量1.54亿kW·h。工程总投资6600万元。1985年开工，1990年1号、2号机组(2×0.7万kW)投产，1991年5月、12月2台2.05万kW机组投产发电。

(3) 南津渡水电站。位于永州市、潇水，属地方项目，装机容量6万kW(3×2万kW)，年发电量2.93亿kW·h。利用奥地利政府贷款2.162亿先令引进机组等设备。1986年工程开工，1991年11月和1992年9月、12月3台机组陆续投产发电。

2. "八五"期间新建项目

(1) 凌津滩水电站。位于桃源县、沅水，是五强溪的反调节电站，装机容量27万kW(9×3万kW)，年发电量12.15亿kW·h。工程总投资32.7亿元(动态)，利用亚洲开发银行贷款1.16亿美元。1995年1月开工，计划1998年底第1台机组发电，2000年全部投产发电。

(2) 江垭水电站。位于慈利县、溇水，装机容量30万kW(3×10万kW)，年发电量8.5亿kW·h，是水利部与湖南省联合治理、开发澧水的以防洪为主的大型水利工程。工程总投资24.6亿元，利用世界银行贷款9700万美元。1995年7月正式开工，计划1998年底第1台机组发电，1999年全部建成。

(3) 鱼潭水电站。位于张家界市、澧水，由湖南华银电力股份有限公司、湖南省经济建设投资公司、张家界市电力开发公司合资兴建。装机容量6万kW(3×2万kW)，年发电量2.29亿kW·h。工程总投资4.5亿元。1991年12月开工，1997年3台机组全部投产发电。

(4) 高滩水电站。位于沅陵县、酉水，属地方项目，装机容量5.7万kW(3×1.9万kW)，年发电量2.8亿kW·h。工程总投资5.6亿元(动态)，利用加拿大政府贷款1520万美元及比利时政府专项贴息贷款2.62亿比利时法郎。1992年9月开工，1996年第1台机组发电，1997年全部投产发电。

(5) 近尾洲水电站。位于衡南县、湘江，属地方项目，装机容量6.3万kW(3×2.1万kW)，年发电量2.92亿kW·h。工程总投资5.9亿元(动态)，利用奥地利政府贷款2.678亿先令。1994年9月开工，计划1998年底第1台机组投产，1999年全部投产发电。

(6) 大源渡航运枢纽电站。位于衡山县、湘江，属交通项目，装机容量12万kW(4×3万W)，年发电量5.6亿kW·h，船闸年通航能力1200万t，过闸船只可达1000t。工程总投资18.9亿元，利用世界银行贷款9000万美元。1995年12月开工，计划1998年12月第1台机组投产，船闸同年通航，1999年全部投产发电。

(7) 潇湘水电站。位于冷水滩市、湘江，属地方项目，装机容量5.2万kW(4×1.3万kW)，年发电量2.153亿kW·h。工程总投资4.974亿元(动态)。1993年8月开工，计划1998年第1台机组发电。

(9) 白云水电站。位于邵阳市城步苗族自治县、巫水，属地方项目，装机容量5.4万kW(3×1.8万kW)，年发电量1.168亿kW·h。工程总投资1.784亿元(动态)。1992年3月开工，计划1998年第1台机组发电。

(三) "九五"湖南水电计划概况

根据湖南省委、省政府确定的目标，到2000年，全省"九五"期间新增水电装机容量(大、中型)为120万kW，新增年发电量52亿kW·h。全省电力装机容量、发电量在"九五"期间年平均增长率为10%及9.9%，这与全省国民经济平均增长10%的计划是相适应的。

"九五"湖南水电发展方针，一是充分利用本省水能资源优势，积极开发水电，与电网火电建设协调发展；二是进行流域梯级开发，实行"一次立项，分期建设，滚动开发，综合利用"；三是调动地方积极性，建设中、小型水电。

"九五"期间以五强溪、凌津滩为母体，滚动开发沅水、酉水梯级水电站，第一期开发洪江、碗米坡、三板溪3个水电站，地方建设贺龙、鱼潭、高滩、白云、近尾洲、大源渡等中型水电站及江垭大型水利水电工程，同时，积极开展抽水蓄能电站的前期工作。

为实现"九五"计划，将进一步深化电力工业改革，引进、完善基本建设市场竞争机制，积极推行项目法人责任制、招标合同制和工程监理制。水电建设试行按流域组建开发公司，1993年2月水利部、湖南省澧水流域水利水电综合开发公司成立。经电力工业部批准，1995年6月成立了湖南五凌水电开发有限责任公司，按流域进行梯级滚动综合开发的机制正在逐步形成与健全。

"九五"建设规模："八五"结转大中型水电项目9项共145.6万kW，"九五"新开工大中型水电项目3项共49.5万kW，总计为195.1万kW。

"九五"新增水电装机容量约147.6万kW、年发电量约60亿kW·h，这些水电项目的投产发电，对促进湖南省国民经济发展将起到积极的推动作用。

1. 新建工程

(1) 洪江水电站工程。位于洪江市、沅水，五凌水电开发有限责任公司为业主单位，装机容量22.5万kW(5×4.5万kW)，年发电量10.54亿kW·h。工程总投资20亿元(动态)。计划1998年开工，2001年第1台机组发电。

(2) 碗米坡水电站。位于保靖县、酉水，五凌水电开发有限责任公司开发项目，装机容量21万kW(3×8万kW)，年发电量7.92亿kW·h。工程总投资19.76亿元。计划1998年开工，2002年第1台机组发电。

(3) 蟒塘溪水电站。位于芷江县、舞水，是湖南省与地方共同集资开发项目，装机容量6万千瓦(3×2万

kW)，年发电量2.68亿 kW·h。工程总投资6亿元。计划1998年开工，2000年底第1台机组发电。

在进行上述新、续建项目的同时，还将开展托口(30万 kW)、铜湾(18万 kW)、安江(15万 kW)等水电站及凤滩(扩机2×16万 kW)、柘溪(扩机2×15万 kW)、东江(扩机2×21万 kW)等水电站扩机的前期工作。另外，要对抽水蓄能电站做好前期选点工作，并逐步加大工作深度。

(湖南省电力工业局 张四维)

湖北"八五"水电完成情况及"九五"计划概况

(一)"八五"湖北水电建设基本情况

"八五"时期是湖北省经济建设成绩最好的一个时期，在电力建设方面也是规模最大、成绩最显著的一个时期。截至1995年底，全省已建成500kW 以上水、火电站共448座，共计装机容量972.48万 kW、发电量437.8亿 kW·h，与1990底相比，总装机容量净增297.48万 kW、发电量增加100.6亿 kW·h，其中水电站394座、装机容量602.37万 kW，发电量247.5亿 kW·h。"八五"期间水电装机容量年平均增长率为6.3%、发电量年增长率为0.7%。

开发治理长江的关键工程——三峡工程，已于1994年12月正式开工。3年多来工程进展顺利，1997年11月导流明渠正式通航，大江截流成功。

清江隔河岩水电站是国家"八五"能源重点建设项目，经过8年奋战，最后一台机组于1994年11月投产发电。工程建设者和决策者坚持改革，勇于探索，走出了一条有特色的水电建设新路子。建设速度快，工程质量好、投资控制有成效，被誉为"清江模式"，与国内其他4座水电站一起，被誉为水电建设的"五朵金花"。同时，在建设管理体制上总结出一套自主经营、自我完善、自我积累的体系，推动了清江流域水电的滚动开发。

"八五"期间，全省已建成的水电站，通过挖潜改造，增加发电容量53675kW，其中6000kW 以上水电站增加容量32750kW。重视当代新技术在水电站的应用，更换陈旧设备，增强电力生产后劲力量，积几十年水电发展的经验，培养出一批具有现代技术和管理水平的人才。

在中央的关怀支持下，在湖北省委、省政府的直接领导下，电力部门贯彻深化改革、扩大开放的方针，在加强行业管理的同时，积极发动社会力量，吸收多方资金，实行业主负责制，充分调动省、地、县各级及社会各界办电的积极性。

(二)"八五"开工和完工的水电工程

"八五"期间开工的中型水电站有王甫洲、长顺、锁金山、朝阳寺、白水峪、过渡湾、陡岭子、天楼地枕、龙洞等9项水电工程。

在"八五"期间建成的大、中型水电站有：隔河岩水电站，位于清江干流，总装机容量121.2万 kW，装机4台，于1993年6月～1994年11月相继投产发电；熊渡水电站，位于清江支流渔洋河，总装机容量2.76万 kW，装机6台，于1990年12月～1992年5月相继投产发电；龙洞水电站，位于清江支流忠建河，总装机容量2.6万 kW，装机4台，于1993年6月～1993年9月相继投产发电；天楼地枕水电站，位于清江干流，总装机容量2.52万 kW，装机4台，于1993年9月～1994年1月相继投产发电；锁金山水电站，位于溇水支流湾潭河，总装机容量4.5万 kW，装机3台，其中两台机组分别于1994年10月和1995年7月投产发电。

另外，在"八五"期间，还建成了一批小型水电站。西北口水电站(1.26万 kW)、白磷岩水电站(1.2万 kW)、鄂西塘水电站(1.5万 kW)、峡口水电站(2万 kW)、晒谷坪水电站(1.1万 kW)分别于1992年～1995年相继投产发电。

(三)"九五"湖北水电建设规划

湖北省"九五"期间电源建设方针是：在积极配合国家建设三峡电站的同时，大力加强火电建设，加快水电开发，支持低质煤发电和热电联产，加强调峰电源建设，适时发展核电。三峡电站规模巨大，初期(2003年～2006年)为围堰挡水发电，库容系数仅2%，基本上常年径流发电，正常运行后，库容系数也只有3%，属季调节，每年汛期有2～4个月基本上径流发电，而枯水期调峰能力在1000万 kW 以上，三峡丰、枯期调峰能力相差悬殊，必将对电网产生重大影响。因此，"九五"期间将继续大力加强火电建设，以配合三峡电站特性，增加调峰及基荷能力。同时加快水电开发，兴建天堂抽水蓄能电站。"九五"期间，将建成高坝洲、王甫洲水电站及一批中型水电站，并做好兴建潘口水电站、水布垭水电站及扩建黄龙滩水电站的工作，继续发挥地县办电的积极性，建设一批中、小型水电工程。

"九五"期间，已经完成建设"八五"开工项目，朝阳寺水电站，总装机容量3×1.5万 kW，于1996年8月～1996年12月并网发电。

"九五"期间，在建和计划兴建的水电工程有：高坝洲水电站，为清江流域梯级开发中最下游的一个梯级，是隔河岩水电站的反调节电站，总装机容量3×8.4万 kW，1997年开工，1999年和2000年分别投产一台机组；王甫洲水电站，为汉江干流梯级，上距丹江口水电站30km，装机容量4×2.725万 kW，1995年开工建设，计划于1998年、1999年各投产2台机组；白水峪水电站总装机3×1.5万kW，第一台机组已于1997年9月投产发电，另外两台机组正在加紧建设；过渡湾水电站(2.55万kW)、陡岭子水电站(6万kW)、长顺水电站(3.0万kW)和古洞口水电站(3.6万kW)也正处于紧张施工阶段。作为湖北省第一座抽水蓄能电站——天堂抽水蓄能水电站(7万kW)，已做好前期工作，进入施工队伍及设备招标阶段，1998年初开工兴建，两年完成工程建设。

在"九五"期间，做好堵河流域骨干工程潘口水电站(51万kW)和清江流域主体工程水布垭水电站(160万kW)的前期工作，争取这两项工程在"十五"开工兴建，并做好黄龙滩水电站的扩建工作。继续发挥地县办电的积极性，建设一批中、小型水电工程。

(湖北省电力工业局　章志平)

福建"八五"水电完成情况及"九五"计划概要

(一) 福建电网水电现状

福建省电力工业在80年代前基础薄弱，发展迟缓，近10多年才有较快的发展，"八五"期间是福建省电力建设历史上发展最快、变化最大的时期，在水电建设上更为突出。"七五"结转"八五"水电建设项目160万kW，"八五"期间新开工建设中小型水电近50万kW。截至1995年，全省装机容量达647万kW，为1990年的1.67倍，"八五"年均增长10.8%。其中水电装机398.6万kW，为1990年的1.83倍，"八五"年均增长12.9%。

福建省"八五"期间水电完成情况见表1。

表1　"八五"(1991年～1995年)福建水电完成情况

年份	全省装机容量(万kW)	水电装机容量(万kW)	水电装机容量所占比重(%)
1990	388.3	217.3	55.9
1991	395.0	223.8	56.7
1992	401.8	230.7	57.4
1993	427.7	254.5	59.5
1994	538.1	336.2	62.5
1995	646.9	398.6	61.6
1996	737.4	439.6	59.6

续表

年份	全省年发电量(亿kW·h)	水电发电量(亿kW·h)	水电发电量所占比重(%)
1990	136.65	77.97	57.1
1991	151.76	62.72	41.3
1992	176.55	94.86	53.7
1993	195.27	89.76	45.9
1994	228.85	121.03	52.9
1995	261.28	153.54	58.8
1996	280.88	141.53	50.4

(二)"八五"期间国民经济、电力负荷和水电建设实绩分析

福建省作为全国首批改革开放省份之一，"八五"期间充分利用中央赋予的特殊政策和灵活措施，使得国民经济、电力负荷和水电建设获得长足发展。经济建设、人民生活、综合经济实力得到加强，相应地电力工业也取得较快发展。其水电分年投产情况和实绩发展情况分析见表2。

表2　"八五"福建水电分年投产情况　(万kW)

	1991年	1992年	1993年
水口水电站			20
中型水电站	1	4.6	2
小型水电站	5.57	2.25	3.83
合　计	6.57	6.85	25.83
	1994年	**1995年**	**新增容量**
水口水电站	60	40	120
中型水电站	10.5	12.25	30.35
小型水电站	9.19	10.12	32.96
合　计	79.69	62.37	181.31

分析"八五"福建水电发展较快的原因，有以下几个方面：

(1) 前期工作准备较充分，流域规划工作做得较早，有3个水电勘测设计单位参与工程设计，储备项目较多，这对促进工程立项开工创造了十分有利的条件。

(2)集资办水电政策的推行，调动地方参与水电建设的积极性，拓宽水电建设资金的来源，由于地方政府

关心和帮助协调水电建设中重大问题（如水库移民等），保证了工程的顺利开展。

(3)引进外资建设电站，水口利用世界银行贷款，通过工程咨询、国际招标、项目评估等方式，引进了国外先进技术、设备和管理经验，使工程水平有很大提高。

(4)大力推广新科技，在设计、施工各领域取得高质量、低成本、缩短工期提前发电的显著效果。

(5)实行建设体制改革，建立和完善业主责任制、建设监理制、招标承包制的新机制，有力地推动了工程建设。

（三）福建电网“九五”计划（水电部分）概要

福建电网“九五”电源发展计划，考虑到本省电网水电比重较大(1995年为61.6%)，调节性能大多较差，丰枯出力差异大，因此以大力建设沿海港口火电厂为主，来改善电源结构。但福建省能源资源比较贫乏，缺油少煤，煤主要靠省外调入，而水力资源较为丰富，水电未开发比重还很大（1995年尚有63%待开发)。因此福建省“九五”电力发展规划的基本指导原则是因地制宜，统一规划，加快水电建设，优先开发调节性能好，建设条件优越的水电站，充分利用港口有利条件，大力发展港口火电厂，鼓励和支持以地方为主开发中型水电，积极开展核电和抽水蓄能电站的前期工作，坚持电网建设和电源建设保持同步，拓宽资金渠道，确保“九五”电力发展计划顺利完成。根据上述原则，“九五”期间水电规划开发调节能力较好的大型水电站3座、经济指标优越的中型水电站14座、配合农村电气化的小型水电6～15万kW。福建省“九五”水电发展计划见表3。

表3 “九五”(1996年～2000年)福建水电发展计划

年份	全省总装机容量(万kW)	水电装机容量(万kW)	水电装机容量所占比重(%)	全省年发电量(亿kW·h)	水电年发电量(亿kW·h)	水电年发电量所占比重(%)
1996	737.39	439.65	59.6	280.88	141.53	50.4
1997	746	448	60.1	320		
1998	817	459	56.2	362		
1999	923	470	50.9	418		
2000	1150	482	41.9	480		

“九五”电力发展计划所列水电项目，部分是“八五”结转项目，有的已投产或尚在续建中，另外还有相当一部分处于已立项开工或即将开工的情况。有关福建省“九五”水电建设电源点情况见表4。当前由于中央宏观调控，造成水电立项艰难，对计划有一定影响，但利用外资、积极招商引资，通过拓宽资金来源也得到了一定的弥补。

表4 “九五”福建水电建设电源点情况

电站名称	预计投产装机容量(万kW)	说明
水口水电站续建	1×20	全部7×20万kW续建投产
穆阳溪梯级电站	2×3.5	梯级总装机40万kW，一级芦山水电站投产
棉花滩水电站	1×15	其余3×15万kW结转“十五”
街面水电站	—	装机2×15万kW，争取“九五”后期开工
中小型水电站	48	“十五”后续工程尚有46万kW，“九五”部分开工
抽水蓄能电站	—	“十五”后续工程60万kW，争取“九五”后期开工
合计	90	

此外，“九五”期间福建电网还将建成水口—泉州500kV，900MVA输变电工程，计划1998年投产，作为福建首项500kV输变电工程起步发展，这对缓解电网输电压力，减少220kV线路走廊，适应今后输电发展要求，有着十分重要的意义。

（福建省电力工业局 唐汉铮）

江西水电建设现状及发展规划

（一）“八五”江西水电建设概况

截至1995年底，江西省已建成大中小型水电站156.9万kW、年发电量55.9亿kW·h，分别占全省电力总装机的34.7%、年发电量的30.9%，这对于促进我省国民经济的发展起了很大的作用。全省拥有统调水电站7座，装机79.1万kW，这些电站多为大中型电站，辖属省电力工业局管理，在江西电网中发挥着极为重要的作用，它不仅为电网提供了电能，重要的是承担了江西电网的调峰、调频和事故备用的任务，是确保江西电网安全、稳定运行的骨干电源点。

“八五”期间，江西省遵照中央关于改革开放、搞活经济的指示精神，贯彻执行了国家集资办电的方针政策，采用了多层次、多形式、多渠道的集资办电的方法。由国家、地方和集体多方筹集资金，新建了大中小型水电站装机47.4万 kW，其中大中型水电站36万 kW，即万安水电站新增装机30万 kW，东津水电站新建装机6万 kW，在建的龙潭水电站装机4万 kW，新建小型水电站11.4万 kW，这些规模较小的水电站多是地、县、乡镇及企业本着自建、自管、自用的原则，自筹资金建设的。其规模虽然不大，但对于发展低压电网、普及乡村及边缘山区用电、发展乡村经济，有十分重要的意义。

（二）“九五”江西水电建设规划安排

江西省是个一次能源贫乏的省份，水能资源相对较为丰富。至1996年底，已建水电站仅占500kW 可开发装机容量的25.8%，占可开发电能的23.5%，水能资源尚有较大的开发潜力。江西的水能资源受地形和水库淹没条件的限制，开发难度大，但从江河综合治理、水资源综合开发利用的角度出发，仍有不少有价值的好电源点。在江西电网中，统调电厂水电装机规模相对偏小，调峰运行相对十分困难。为满足电网调峰的要求，新建一些大中型水电站也是十分必要的。“九五”期间，江西省计划安排结转安装龙潭水电站装机4万 kW；扩建江西柘林水电站新增装机规模24万 kW，扩建后柘林水电站总装机42万 kW；新建江西泰和水电站，装机18万 kW。

（江西省电力局计划处）

统 计 资 料

1996年底全国中型水电开发利用情况表

省、市、区	可能开发的水力资源总量			可能开发的中型水电资源					
	电站总数（座）	装机容量（MW）	年发电量（亿 kW·h）	电站座数（座）	装机容量（MW）	占资源比重（%）	年发电量（亿 kW·h）	占资源比重（%）	占全国比重（%）
合计	11077+26/2	378532.4	19233.04	1136.5	78776.2	20.81	3484.914	18.12	100.0
京、津、河北	178	1837.1	41.77	18	1001.30	54.50	22.837	54.67	0.66
山西	66+9/2	2639.8	106.98	3	241	9.13	9.245	8.64	0.27
内蒙	117+8/2	2442.9	83.50	16.5	1397.2	57.19	42.785	51.24	1.23
辽宁	147+3/2	1633.4	55.85	8	1099.7	67.33	24.260	43.44	0.70
吉林	126+16/2	4329.2	109.55	11	991.8	22.91	21.288	19.43	0.61
黑龙江	183+12/2	6031.9	218.51	28.5	1709.7	28.34	49.407	22.61	1.42
上海、江苏	61	97.5	3.10						
浙江	844+1/2	4655.2	145.63	31	1663	35.72	38.312	26.31	1.10
安徽	221	881.5	26.09	10	495.5	56.21	12.630	48.41	0.36
福建	999+1/2	7051.2	320.20	63	3152	44.70	117.824	36.80	3.38
江西	504	5108.6	190.54	38	2324.2	45.50	73.260	38.45	2.10
山东	89	108.2	2.38						
河南	337+2/2	2928.8	111.63	5	478.1	16.32	13.850	12.41	0.40

续表

省、市、区	可能开发的水力资源总量			可能开发的中型水电资源					
	电站总数	装机容量	年发电量	电站座数	装机容量	占资源比重	年发电量	占资源比重	占全国比重
	(座)	(MW)	(亿 kW·h)	(座)	(MW)	(%)	(亿 kW·h)	(%)	(%)
湖　北	865＋1/2	33094.7	1493.84	38	2437.1	7.36	89.937	6.02	2.58
湖　南	1024	10838.4	488.91	73	4634.9	42.76	188.831	38.62	5.42
广　东	1399	5802.9	215.8	40	2387.5	41.14	85.125	39.45	2.44
海　南		587.0	24.0	5	570.0	97.10	12.800	53.31	0.37
广　西	854＋5/2	14183.1	639.47	46.5	3253.8	22.94	153.300	23.97	4.40
四　川	1045＋17/2	91665.1	5152.91	225	15086.6	16.46	799.985	15.52	22.96
贵　州	616＋19/2	12917.6	652.44	68	4253.4	32.93	210.060	32.20	6.03
云　南	436＋22/2	71167.9	3944.53	112.5	8300.3	11.66	437.108	11.08	12.54
西　藏	72＋6/2	56592.7	3300.48	33.5	3177.0	5.61	151.653	4.59	4.35
陕　西	313＋9/2	5507.1	217.04	26	1644.5	29.86	62.260	28.69	1.79
甘　肃	182＋3/2	9109.7	424.44	42	3064.2	33.64	154.389	36.37	4.43
青　海	166＋6/2	17990.8	772.08	48	4075.5	22.65	196.718	25.48	5.64
宁　夏	11	795	31.62	1	124.8	15.70	6.710	21.22	0.19
新　疆	165	8535.1	459.75	146	11213.2	131.38	510.340	111.00	14.64

省、市、区	1996年底中型水电开发情况									
	全部投产电站			在建项目（含部分投产）			容量开发	容量开发率	电量开发	电量开发率
	(座)	(MW)	(亿 kW·h)	(座)	(MW)	(亿 kW·h)	(MW)	(%)	(亿 kW·h)	(%)
合　计	158.0	9914.2	417.30	64.0	3741.6	144.88	13655.8	17.33	562.18	16.13
京、津、河北	6	405.6	12.02		0.0	0.00	405.6	40.51	12.02	52.63
山　西	1.5	99.0	4.94		0.0	0.00	99.0	41.08	4.94	53.38
内　蒙	0	0.0	0.00		0.0	0.00	0.0	0.00	0.00	0.00
辽　宁	6	619.7	17.11		0.0	0.00	619.7	56.35	17.11	70.53
吉　林	1	200.0	4.40	3	245.0	6.02	445.0	44.87	10.42	48.95
黑龙江	2	132.0	4.08		0.0	0.00	132.0	7.72	4.08	8.26
上海、江苏										
浙　江	4	187.0	5.06	5	396.0	8.31	583.0	35.06	13.37	34.88
安　徽	7	360.0	9.79		0.0	0.00	360.0	72.65	9.79	77.51
福　建	19	993.5	42.50	10	417.8	13.16	1411.3	44.77	55.66	47.24
江　西	6	412.7	13.81	2	63.8	1.95	476.5	20.50	15.76	21.51
山　东										
河　南	1	60.0	1.82		0.0	0.00	60.0	12.55	1.82	13.14
湖　北	9	433.0	18.19	7	352.5	12.37	785.5	32.23	30.56	33.98
湖　南	15	738.4	31.56	6	308.0	10.68	1046.4	22.58	42.24	22.37
广　东	12	741.0	25.06	7	394.0	13.96	1135.0	47.54	39.02	45.84

续表

省、市、区	1996年底中型水电开发情况									
	全部投产电站			在建项目（含部分投产）			容量开发	容量开发率	电量开发	电量开发率
	（座）	（MW）	（亿kW·h）	（座）	（MW）	（亿kW·h）	（MW）	（%）	（亿kW·h）	（%）
海　南	2	320.0	8.01	0	0.0	0.00	320.0	56.14	8.01	62.58
广　西	11	756.4	35.79	5	525.0	27.05	1281.4	39.38	62.84	40.99
四　川	26	1592.5	92.17	9	499.2	25.22	2091.7	13.86	117.39	14.67
贵　州	5	300.0	12.12	1.5	98.0	6.01	398.0	9.36	18.13	8.63
云　南	13	833.5	41.84	4.5	288.0	13.76	1121.5	13.51	55.60	12.72
西　藏		0.0	0.00		0.0	0.00	0.0	0.00	0.00	0.00
陕　西	2.5	239.5	11.09	1	43.6	1.70	283.1	17.21	12.79	20.54
甘　肃	1	180.0	10.50	1	25.5	1.29	205.5	6.71	11.79	7.64
青　海	1	32.0	1.94	0	0.0	0.00	32.0	0.79	1.94	0.99
宁　夏		0.0	0.00	0	0.0	0.00	0.0	0.00	0.00	0.00
新　疆	7	278.4	13.51	2	85.2	3.40	363.6	3.24	16.91	3.31

注 1.本表可能开发的水力资源总量摘自1981年9月《中华人民共和国水力资源普查成果》。

2.本表可能开发的中型水电资源摘自1994年能源部水利部水利水电规划设计总院《中国大中型水电站规划图集》。

3.本表所列开发程度以全部投产和在建项目（含部分投产）之和计算。

4.根据年发电量计算占全国比重。

（国投中型水电公司　张元领）

全国分省已建和在建中型水电站表

项 目 名 称	全部投产项目		在建项目（含部分投产）	
	装机容量	年发电量	装机容量	年发电量
	（万kW）	（亿kW·h）	（万kW）	（亿kW·h）
北京市	21.30	5.47	0.00	0.00
官厅	3.00	0.91		
下马岭	6.50	2.21		
下苇甸	3.00	1.20		
密云	8.80	1.15		
河北省	19.26	6.55	0.00	0.00
岗南	4.26	0.85		
潘家口一期	15.00	5.70		
山西省	9.90	4.94	0.00	0.00
天桥（1/2）	6.40	3.04		

续表

项 目 名 称	全部投产项目		在建项目（含部分投产）	
	装机容量	年发电量	装机容量	年发电量
	（万kW）	（亿kW·h）	（万kW）	（亿kW·h）
栓驴泉	3.50	1.90		
内蒙古自治区	0.00	0.00	0.00	0.00
辽宁省	61.97	17.11	0.00	0.00
太平湾（1/2）	9.50	3.60		
桓仁	22.25	4.97		
太平哨	16.10	4.30		
大伙房	3.20	0.70		
参窝	3.72	0.80		
回龙山	7.20	2.74		
吉林省	20.00	4.40	24.50	6.02
红石	20.00	4.40		
两江			6.00	1.93
小山（松江河梯级）			16.00	3.24
满台城			2.50	0.85

续表

项目名称	全部投产项目 装机容量（万kW）	全部投产项目 年发电量（亿kW·h）	在建项目（含部分投产） 装机容量（万kW）	在建项目（含部分投产） 年发电量（亿kW·h）
黑龙江省	13.20	4.08	0.00	0.00
镜泊湖（含扩建）	9.60	3.13		
西沟	3.60	0.95		
浙江省	18.70	5.06	39.60	8.31
黄坛口（含扩机）	5.20	1.75		
百丈际一级	2.50	0.70		
枫树岭	3.20	0.72		
石塘	7.80	1.89		
玉溪			4.00	0.97
珊溪			24.00	4.34
北溪			3.60	0.76
三插溪			4.00	1.20
青山殿			4.00	1.04
安徽省	36.00	9.79	0.00	0.00
梅山	4.00	1.10		
响洪甸	4.00	1.07		
佛子岭	3.10	1.24		
毛尖山	2.50	0.48		
陈村	15.00	3.15		
纪村	3.40	1.73		
花凉亭	4.00	1.02		
福建省	99.35	42.50	41.78	13.16
古田溪一级	6.20	3.34		
古田溪二级（龙亭）	13.00	4.78		
古田溪三级（高洋）	3.30	1.05		
古田溪四级（宝湖）	3.40	1.34		
山美	3.00	1.10		
安砂	11.50	6.14		
池潭	10.00	5.08		
南靖二级	2.50	0.97		
华安	6.00	3.96		
良浅	3.00	1.23		
范厝	3.60	1.58		
万安溪	4.50	1.36		

续表

项目名称	全部投产项目 装机容量（万kW）	全部投产项目 年发电量（亿kW·h）	在建项目（含部分投产） 装机容量（万kW）	在建项目（含部分投产） 年发电量（亿kW·h）
龙门滩二级	2.60	1.00		
高砂	5.00	2.00		
水东	8.00	2.52		
谟武	3.00	1.32		
山仔	4.50	1.70		
桑园	3.75	1.10		
兰田	2.50	0.93		
斑竹溪			4.13	1.66
山美扩机			3.00	0.42
黄兰溪二级			3.00	1.09
雍口			5.00	1.46
孔头			4.05	1.71
六角宫			2.50	0.77
峡阳			3.90	1.83
金山			4.00	1.26
涌溪			5.20	1.51
芹山			7.00	1.45
江西省	41.27	13.81	6.38	1.95
上犹江	6.00	2.90		
江口	3.52	1.40		
柘林	18.00	6.30		
洪门	3.75	1.17		
东津	6.00	1.16		
龙潭	4.00	0.88		
大坳			2.63	0.77
斗晏			3.75	1.18
河南省	6.00	1.82	0.00	0.00
故县	6.00	1.82		
湖北省	43.30	18.19	35.25	12.37
黄龙滩	15.00	7.59		
富水	3.40	1.41		
白莲河	4.50	1.03		
陆水	3.52	1.12		
熊渡	2.76	0.78		

续表

项 目 名 称	全部投产项目		在建项目（含部分投产）	
	装机容量（万kW）	年发电量（亿kW·h）	装机容量（万kW）	年发电量（亿kW·h）
天楼地枕	2.52	1.35		
龙洞	2.60	0.86		
锁金山	4.50	1.91		
朝阳寺	4.50	2.14		
白水峪			4.50	1.76
过渡湾			2.55	0.78
王甫洲			10.90	4.18
长顺			3.00	1.36
小溪口			3.00	1.02
陡岭子			6.00	2.08
古洞口			5.30	1.19
湖南省	73.84	31.56	30.80	10.68
马迹塘	5.55	2.76		
双牌	13.50	6.20		
欧阳海	3.60	1.99		
满天星	3.00	1.29		
花木桥	5.40	3.28		
水府庙	3.00	1.09		
内下二级	2.60	1.30		
小东江	5.50	1.54		
石面坦	2.82	1.12		
南津渡	6.00	2.93		
永兴	2.50	1.02		
遥田	5.00	2.21		
三江口	6.25	2.43		
春阳滩	3.52	1.59		
高滩	5.60	2.80		
艳洲			3.20	1.15
白云			5.40	1.17
鱼潭			7.00	2.29
贺龙			4.00	1.04
萧湘			5.20	2.11
近尾洲			6.00	2.92
广东省	74.10	25.06	39.40	13.96

续表

项 目 名 称	全部投产项目		在建项目（含部分投产）	
	装机容量（万kW）	年发电量（亿kW·h）	装机容量（万kW）	年发电量（亿kW·h）
枫树坝	16.00	5.50		
流溪河	4.20	1.55		
南水	7.50	2.92		
潭岭	3.75	1.43		
长湖	7.20	2.80		
长潭	6.00	1.58		
南告	4.50	1.66		
秤架一级	2.50	1.10		
青溪	14.40	3.73		
锦江	2.50	0.94		
都平	3.00	1.28		
花山	2.55	0.57		
江口			3.60	1.22
大河			3.00	0.82
双溪			3.60	0.97
白石窑			7.20	2.57
高塘			3.60	0.96
飞来峡			14.00	5.44
孟洲坝			4.40	1.98
海南省	32.00	8.01	0.00	0.00
牛路岭	8.00	2.81		
大广坝	24.00	5.20		
广西自治区	75.64	35.79	52.50	27.05
西津	23.44	10.93		
澄碧河	2.60	1.09		
洛东	4.00	2.36		
拉浪	5.10	2.41		
麻石	10.00	4.55		
合面狮	6.80	3.60		
恶滩	6.00	3.28		
昭平	6.30	3.05		
叶茂	3.75	1.87		
天湖	3.00	1.00		
桂平（马溜滩）	4.65	1.65		

续表

项目名称	全部投产项目		在建项目（含部分投产）	
	装机容量（万kW）	年发电量（亿kW·h）	装机容量（万kW）	年发电量（亿kW·h）
百龙潭			19.20	9.85
贵港			12.00	6.91
大埔			9.00	4.53
京南			6.90	2.88
浮石			5.40	2.88
四川省	159.25	92.17	49.92	25.22
狮子滩（龙溪河一级）	4.80	2.06		
下硐（龙溪河四级）	3.00	1.70		
跳鱼坑（大洪河）	3.50	1.10		
磨坊沟二级	3.75	2.34		
渔子溪一级	14.80	9.60		
渔子溪二级	16.00	8.90		
映秀湾	13.50	7.13		
南瓜桥（南桠河三级）	12.00	8.67		
草坡	3.00	2.15		
甘堡	3.00	1.84		
湄沱	3.00	1.63		
安居	3.00	1.78		
文峰	3.00	1.66		
螺丝池	3.15	1.93		
马回	4.61	3.52		
四九滩	2.55	1.32		
江口	5.10	2.10		
漕鱼滩	7.50	4.17		
黄丹	4.50	2.00		
西河	4.00	2.39		
铜头	8.00	4.79		
雨城	6.00	3.11		
东西关	18.00	11.40		
凤鸣桥	3.69	1.47		
磨坊沟一级	2.50	1.43		
理县	3.30	1.98		
胜利			2.52	1.66
金华			4.50	2.40
城东			7.50	4.10
明台			3.60	2.03
石板水			9.90	4.63
大桥			9.00	3.50
大河口			6.90	3.75
沙牌			3.00	1.47
赶场			3.00	1.68
云南省	83.35	41.84	28.80	13.76
盐水沟（以礼河三级）	14.40	7.16		
小江口（以礼河四级）	14.40	7.19		
绿水河	6.55	3.31		

续表

项目名称	全部投产项目		在建项目（含部分投产）	
	装机容量（万kW）	年发电量（亿kW·h）	装机容量（万kW）	年发电量（亿kW·h）
六郎洞	2.50	1.49		
西洱河一级	10.50	4.41		
西洱河二级	5.00	2.20		
西洱河三级	5.00	2.23		
西洱河四级	5.00	2.34		
大寨	6.00	3.63		
洛泽河（锅圈岩）	2.50	1.49		
依萨河二级	2.50	0.85		
腊庄	6.00	3.30		
三江口	3.00	2.24		
响水（1/2）			5.00	3.01
户宋河			6.30	2.76
螺丝湾			6.00	2.89
老虎山			3.70	1.75
徐村			7.80	3.35
贵州省	30.00	12.12	9.80	6.01
窄巷口（猫跳河四级）	4.50	1.61		
红林（猫跳河五级）	10.20	3.83		
红岩（猫跳河六级）	3.00	1.43		
普定	7.50	3.40		
关脚	4.80	1.85		
响水（1/2）			5.00	3.01
大七孔			4.80	3.00
西藏自治区	0.00	0.00	0.00	.0.00
陕西省	23.95	11.09	4.36	1.70
天桥（1/2）	6.40	3.05		
石泉	13.50	6.50		
石门	4.05	1.54		
天生桥（二郎坝）			4.36	1.70
甘肃省	18.00	10.50	2.55	1.29
八盘峡	18.00	10.50		
三甲			2.55	1.29
青海省	3.20	1.94	0.00	0.00
小干沟	3.20	1.94		
宁夏自治区	0.00		0.00	
新疆自治区	27.84	13.51	8.52	3.40
红山嘴（玛纳斯河三级）	2.63	1.45		
铁门关	4.38	2.42		
西大桥	2.60	1.50		
克孜尔（黑孜）	2.60	1.34		
托海	5.00	2.48		
大山口	8.00	3.10		
喀什二级	2.64	1.22		
山口			2.52	1.14
乌鲁瓦提			6.00	2.26
原为中型水电站扩建后变为大型水电站				
湖南镇	17.00	5.40		
湖南镇扩建			10.00	0.15

（国投中型水电公司　张元领）

1995年～1997年基本建设投资情况表

（亿元，%）

全国及各省、自治区、直辖市	1995年				1996年				1997年			
	电力投资	增长率	水电投资	增长率	电力投资	增长率	水电投资	增长率	电力投资	增长率	水电投资	增长率
全　国	833.03	14.75	166.57	－0.33	974.19	16.95	203.23	22.01	1339.43	37.49	244.08	20.10
北京市	37.45	52.24	9.77	11.91	37.23	－0.59	9.84	0.72	43.51	16.87	1.84	－81.30
天津市	17.85	60.81			29.17	63.42			29.16	－0.03		
河北省	45.34	60.50			56.60	24.83			66.24	17.03		
山西省	16.42	－26.47			21.33	29.90			50.62	137.32		
内蒙古	35.16	－3.33		－100.00	49.74	41.47			55.69	11.96		
辽宁省	29.37	7.03			39.69	35.14			78.62	98.09		
吉林省	13.62	19.47	2.15	26.47	17.52	28.63	4.67	117.21	18.35	4.74	6.95	48.82
黑龙江	15.11	－22.79	5.83	15.90	31.10	105.82	10.04	72.21	61.16	96.66	12.92	28.69
上海市	31.73	2.09			26.57	－16.26	0.01		20.05	－24.54		－100.00
江苏省	44.00	63.69			55.13	25.30			79.54	44.28		
浙江省	26.72	34.54	4.60	38.55	56.17	110.22	10.29	123.70	77.41	37.81	17.79	72.89
安徽省	18.98	53.31	0.11	175.00	18.45	－2.79	0.10	－9.09	33.18	79.84	1.44	1340.00
福建省	28.96	6.08	13.05	3.65	21.58	－25.48	10.47	－19.77	32.12	48.84	12.18	16.33
江西省	18.41	33.99	4.55	31.88	17.48	－5.05	0.70	－84.62	18.71	7.04		－100.00
山东省	47.90	10.67			71.01	48.25			83.12	17.05		
河南省	41.53	83.11			37.67	－9.29			49.87	32.39		
湖北省	44.77	80.23	5.23	－54.08	42.73	－4.56	3.31	－36.71	66.85	56.45	8.21	148.04
湖南省	34.39	16.22	13.90	－20.11	28.62	－16.78	14.62	5.18	42.24	47.59	11.69	－20.04
广东省	95.18	－20.18	5.92	－34.95	60.18	－36.77	8.42	42.23	84.32	40.11	22.00	161.28
广西区	16.96	－13.56	8.72	－16.56	14.02	－17.33	5.22	－40.14	14.21	1.36	6.78	29.89
海南省	6.75	5.63	2.29	－48.42	4.60	－31.85	2.96	29.26	0.37	－91.96		－100.00
重庆市									14.17		0.01	
四川省	51.87	18.80	40.40	17.24	89.98	73.47	68.21		129.06	43.43	80.01	17.30
贵州省	12.62	8.42	5.20	4.84	14.48	14.74	3.19	－38.65	18.67	28.94		－100.00
云南省	17.22	3.99	10.12	11.45	18.65	8.30	3.95	－60.97	30.21	61.98	6.84	73.16
西藏区	6.40	19.63	5.80	9.43	5.13	－19.84	4.02	－30.69	3.90	－23.98	3.80	－5.47
陕西省	18.33	29.54	2.77	61.05	17.39	－5.13			27.46	57.91		
甘肃省	15.71	32.13	2.88	10.77	27.49	74.98	7.11	146.88	27.20	－1.05	8.30	16.74
青海省	14.80	25.74	8.12	23.03	24.04	62.43	18.57	128.69	20.18	－16.06	15.00	－19.22
宁夏区	4.58	－3.58			11.21	144.76			13.11	16.95		
新疆区	6.14	－30.62	0.49	28.95	6.98	13.68	0.63	28.57	6.32	－9.46	0.38	－39.68
不分区	18.75	－3.40	14.68	2.09	22.27	18.77	16.90	15.12	43.81	96.72	27.94	65.33

注　表中数字为项目投资50万元以上的。

（国家电力公司计划投资部）

1995年～1997年全国

全国及各省、自治区、直辖市	1995年						1996		
	装机容量（万kW）			发电量（亿kW·h）			装机容量（万kW）		
	全部	水电	水电增长率（%）	全部	水电	水电增长率（%）	全部	水电	水电增长率（%）
全国总计	21722.00	5218.36	6.36	10069.48	1867.72	11.98	23654.16	5557.79	6.50
华北地区	3246.95	123.98	−2.04	1657.46	24.78	−1.3	3550.04	165.57	34
北京市	299.92	27.09	0	131.45	3.62	51.46	339.79	66.96	147.18
天津市	388.65	0.50	0	131.87	0.21	−4.55	447.93	0.58	16.00
河北省	1103.57	66.19	−3.82	62.01	12.44	−8.86	1176.44	67.22	1.56
山西省	916.01	25.84	0	505.60	7.10	−2.75	960.68	25.91	0.27
内蒙古	588.79	4.36	0	286.53	1.41	−9.03	625.20	4.90	12.39
东北地区	2574.50	444.76	1.0	1216.74	131.70	38	2800.34	457.53	2.9
辽宁省	1087.62	123.25	3.35	543.57	43.04	69.25	1228.09	122.09	−0.94
吉林省	700.49	300.48	0.20	284.88	83.12	35.29	701.52	301.51	0.34
黑龙江省	786.46	21.03	0	388.29	5.54	−30.49	870.73	33.93	61.34
华东地区	6292.19	879.39	9.7	3011.21	300.09	21	6678.98	945.61	7.5
上海市	806.40			407.04			882.08		
江苏省	1500.23	2.79	−18.79	707.11	0.41	−100.00	1388.43	2.79	21.83
浙江省	1012.92	258.18	3.21	407.11	78.08	26.04	1101.15	279.16	8.13
安徽省	593.10	55.58	0.91	310.25	11.32	−7.82	674.16	56.14	1.01
福建省	646.96	398.58	18.55	261.28	153.54	26.86	737.39	437.65	9.80
江西省	451.37	156.89	4.99	180.76	55.86	9.44	478.89	162.91	3.84
山东省	1281.20	7.87	3.83	737.63	0.88	14.29	1416.88	6.96	−11.56
中南地区	5764.48	1959.76	−9.5	2394.15	705.99	8.5	6443.81	2059.57	23
河南省	1006.96	54.52	0	551.24	15.86	−7.25	1106.97	55.48	1.76
湖北省	1000.01	628.75	1.22	441.68	251.45	2.36	1077.49	634.43	0.90
湖南省	775.55	421.13	14.48	331.01	157.83	10.18	889.89	481.82	14.41
广东省	2271.75	465.71	2.50	821.06	131.10	10.57	2630.84	478.50	2.75
广西壮族自治区	558.36	338.92	11.92	217.29	138.30	19.69	582.57	358.41	5.75
海南省	151.85	50.73	7.14	31.88	11.45	15.19	156.05	50.93	0.39
西南地区	2189.88	1173.94	10.4	994.87	479.06	20	2391.82	1273.62	8.5
重庆市							300.25	83.28	
四川省	1215.16	559.04	10.61	575.94	245.34	17.09	1356.94	642.42	0.02
贵州省	427.06	205.87	11.89	201.15	80.66	39.60	464.73	220.90	7.30
云南省	530.01	396.08	9.56	213.52	150.44	18.31	551.64	397.36	0.32
西藏自治区	17.66	12.95		4.27	2.62	0	18.51	12.94	−0.08
西北地区	1610.34	592.03	1.7	766.20	197.25	−13	1745.16	611.89	3.3
陕西省	498.74	118.19	1.19	238.23	26.56	−13.68	545.96	123.36	4.37
甘肃省	455.24	232.32	0.71	237.44	96.24	−9.46	498.60	244.67	5.32
青海省	186.88	140.23	0.61	62.04	42.00	−26.55	199.83	140.97	0.31
宁夏回族自治区	168.73	30.63	10.86	107.73	9.28	−9.55	169.93	30.63	0
新疆维吾尔自治区	300.75	70.66	4.54	120.77	23.17	7.27	330.84	72.26	2.26
不分区	44.00	44.00	0	28.85	28.85	5.22	44.00	44.00	0

注 ①不分区跨省的统计数字；②表中数字为全口径。

水电增长情况统计表

年			1997年					
发　电　量（亿kW·h）			装　机　容　量（万kW）			发　电　量（亿kW·h）		
全　部	水　电	水电增长率（%）	全　部	水　电	水电增长率（%）	全　部	水　电	水电增长率（%）
10793.58	1869.18	0.08	25423.84	5973.04	7.47	11342.04	1945.71	4.09
1784.65	30.77	24	3711.57	206.44	25	1903.42	26.61	－13
141.89	8.43	132.87	379.79	106.96	59.74	144.73	8.99	6.64
146.04	0.22	4.76	447.68	0.58		178.72	0.23	4.55
645.83	13.50	8.52	1257.53	68.33	1.65	691.62	10.62	－21.33
526.89	7.37	4.10	994.32	25.90	－0.04	546.02	5.76	－21.85
324.01	1.25	－11.35	632.25	4.67	－4.69	342.33	1.01	－19.20
1287.04	109.82	－16	2934.31	510.49	11.6	1326.13	79.83	－27
582.81	43.80	1.77	1241.19	122.09		615.00	28.76	－34.34
293.98	60.91	－26.72	749.92	324.61	7.66	280.03	40.67	－33.23
410.25	5.11	－7.76	943.20	63.79	88.00	431.10	10.41	103.72
3218.40	254.05	－15	7388.43	985.04	4.2	3372.29	316.11	24
430.15			956.77			459.62		
756.87	0.49		1465.33	2.86	2.51	776.73	0.53	8.16
448.35	52.31	－33.00	1258.32	296.24	6.12	485.77	61.49	17.55
325.82	11.64	2.83	712.81	56.75	1.09	329.33	9.69	－16.75
280.88	141.83	－7.63	765.35	455.84	4.16	300.72	183.31	29.25
183.29	46.98	－15.90	542.58	166.60	2.27	179.82	60.52	28.82
793.03	0.80	－9.09	1687.27	6.75	－3.02	840.30	0.56	－30.00
2570.26	733.99	4.0	6830.45	2122.90	3.1	2721.12	778.26	6
593.99	16.80	5.93	1173.97	63.58	14.60	630.83	13.30	－20.83
467.24	270.31	7.50	1178.10	639.89	0.86	490.45	245.83	－9.06
341.65	168.43	6.72	909.77	500.99	3.98	347.10	194.08	15.23
908.66	127.56	－2.70	2812.63	498.87	4.26	981.15	153.84	20.60
226.14	138.79	0.35	599.92	368.82	2.90	237.26	156.58	12.8
32.60	12.10	5.68	156.07	50.74	－0.37	34.34	14.63	20.91
1090.39	525.81	9.7	2804.49	1341.03	5.3	1134.60	534.93	1.7
142.47	35.13		310.89	83.56	0.34	148.16	31.38	－10.67
475.53	233.67		1110.74	608.24	8.78	491.97	245.12	4.90
214.05	71.20	－11.73	479.31	217.98	－1.32	235.10	85.85	20.58
253.65	182.45	21.28	574.16	407.48	2.55	253.14	167.63	－8.12
4.70	3.36	28.24	29.38	23.76	83.62	6.23	4.94	47.02
811.82	183.72	－6.8	1966.58	719.14	18	861.27	186.74	1.6
269.79	35.78	34.71	547.76	123.36	0	269.78	22.47	－37.20
232.70	81.58	－15.23	556.30	265.16	8.37	243.38	80.15	－1.75
61.75	33.54	－20.14	281.91	223.78	59.08	84.26	50.20	49.67
111.54	8.33	－10.24	230.23	30.63	0	113.27	7.04	－15.49
136.03	24.49	5.70	350.38	76.22	5.48	150.58	26.88	9.76
31.02	31.02	7.52	88.00	88.00	100.00	23.22	23.22	－25.15

（国家电力公司计划投资部）

水电建设管理

3

勘测设计管理

水电勘测设计系统改革新进展

1995年～1997年间，水电勘测设计系统，在过去取得的改革成果基础上，深化了对设计单位体制改革的研究，继续实行"工效挂钩"，实施了财会制度的改革，规范了水电前期工作周转金的管理，注重内部经营机制转换取得了较好的经济效益。

一、进一步深化对设计单位体制改革的研究

1996年底，国务院以国发［1996］48号文发布了《关于组建国家电力公司的通知》，明确水电前期工作的主管部门——电力部水电水利规划设计总院组建为中国水电水利工程咨询顾问公司，并明确该公司对水电项目评估的结果作为国家批准项目可行性研究报告的依据，同时作为独立的中介机构，参加市场竞争，为业主服务。根据国务院文件精神，水电水利规划设计总院系统，结合自身实际，深入研究了体制改革的深化问题，提出了"按照自上而下、分步实施、加强领导、平稳过渡的原则，实行两个转变，坚持两为服务，处理好两个关系"的指导思想，用以指导水电勘测设计系统的体制改革。

二、继续实施"工效挂钩"

1997年初，人事部、财政部以人函（96）67号文批准部直属设计院从1996年起继续实行"工效挂钩"，其主要内容为：①实行工资总额同实现税利和实现收入复合挂钩办法，其中工资总额的50%与实现税利挂钩，工资总额的50%与实现收入挂钩；②实行分挂总提的办法，即基础工资和新增效益工资均进入成本，且无须进行纳税调整；③对新增效益工资实行总量控制，1996年新增效益工资增长比例控制在8%以内。

三、实施了财会制度的改革

1995年，财政部先后颁发了《关于勘察设计企业执行新财务制度若干问题的通知》和《勘察设计企业会计制度》，对原勘测设计单位财务制度和会计核算方法，按照《企业财务通则》和《企业会计准则》进行了全面的改革和规范。部属勘测设计单位，从1996年1月1日起，执行了新的财会制度，实现了财会制度的改革。其主要内容为：改变了会计核算体系，建立了资本金制度，改革固定资产管理制度，改革成本管理制度，改变营业收入的确认原则，改变利润分配方法，改革会计报告体系等。新的财会制度的执行，为勘测设计单位的体制改革，奠定了一定的基础。

四、规范了水电前期工作周转金的管理

为解决水电前期工作经费合理使用及进一步解决水电前期工作经费短缺问题，财政部以财工字［1997］118号文颁发了《水电前期工作周转金管理办法》，明确了水电前期工作周转金是国家用于水电前期工作的专项资金，并定性为国家财政资金，实行预算外资金管理。其资金来源包括国家专项安排的水电前期工作经费、按有关规定已回收和应回收的水电前期工作经费、收取的资金占用费和逾期占用费、周转金存款利息及其他用于水电前期工作的经费。水电前期工作周转金按照有偿方式投放，到期回收，周转使用，其使用范围为河流河段规划、预可行性研究、可行性研究等。使用对象为水电项目业主或水电项目的主管部门。水电前期工作周转金收取的资金占用费标准，不超过中国人民银行规定的同期贷款利率。水电前期工作周转金的设立，为紧张的水电前期工作经费提供了较为稳定的来源，经过一定时期的运作，相信可以基本解决水电前期经费的供需平衡问题。

五、注重内部经营机制转换，取得了较好的经济效益

1995年～1997年间，各勘测设计单位普遍注重内部经营机制的转换，苦练内功，强化内部管理，不断开拓新的业务领域，发挥自身的人才和技术优势，取得了较好的经济效益，并增强了自我发展的能力。根据水利水电勘测设计会计学会统计分析的资料显示，全国水利水电勘测设计单位的经济效益在1995年～1996年间，均有不同程度的提高，详见下表。

六、存在的问题及今后的改革方向与措施

综上所述，水电勘测设计系统在1995年～1997年间，通过深化改革，加强内部管理，取得了较好的效益。但是，也应该看到，水电勘测设计系统改革的力度

水利水电勘测设计单位1995年～1996年经济效益增长统计表

序号	指标 \ 单位 / 年度	部直属院		流域机构院		省、市院	
		1995年	1996年	1995年	1996年	1995年	1996年
1	营业利润率（%）	2.6	3.6	4.5	5.6	6.09	2.76
2	总资产报酬率（%）	1.46	1.74	4.13	2.9	3.1	2.57
3	资本收益率（%）	1.73	3.9	6.64	6.84	4.1	2.06
4	资产负债率（%）	62.64	62.6	51.5	54.45	36.77	36.5
5	资本保值增值率（%）	104.5	106.6	106.7	113.9	109.6	113.6
6	劳动生产率（万元/人年）	4.49	5.15	5.5	6.28	2.4	2.96

还不大，单位的功能比较单一，勘测设计市场已具雏形但还很不规范，勘测设计任务严重不足，已初具市场意识但还未完全脱离计划经济的束缚，勘测设计手段还比较落后，设备陈旧且无能力更新，缺乏一定的发展后劲等等，这些因素势必制约着水电勘测设计单位的进一步发展。水电勘测设计单位的改革方向，必须以党的十五大精神为指导，加大改革力度，进一步明晰产权关系，使得勘测设计单位每一个职工都关心设计院的生存和发展，使设计院真正成为“自主经营、自负盈亏、自我约束、自我发展”的经济实体。同时水电勘测设计单位除需继续充分发挥技术人才优势，做好勘测设计工作以外，还必须向多功能方向发展，逐步建立投融资功能。相信到本世纪末，水电勘测设计单位定能取得更大成绩。

（电力部水电水利规划设计总院　曹明月）

1997年底预可研（或原可研）和可研（或原初设）已通过审查项目表

序号	项目	设计规模（万kW）	报告完成时间	设计单位
一	预可行性研究（或原可行性研究）			3406.2万kW
①	常规	2716.2		
1	溪落渡	1200	95.12	成都勘测设计研究院
2	向家坝	600	95.06	中南勘测设计研究院
3	官地	180	97.9	成都勘测设计研究院
4	景洪	150	97.8	昆明勘测设计研究院

续表

序号	项目	设计规模（万kW）	报告完成时间	设计单位
5	构皮滩	200	88.3	长江水利委员会
6	水布垭	160	94.1	长江水利委员会
7	光照	81	94.4	贵阳勘测设计研究院
8	平班	40	96	广西电力工业勘察设计研究院
9	福堂坝	36	96.6	成都勘测设计研究院
10	引子渡	24	96.8	贵阳勘测设计研究院
11	察汗乌苏	26	94	西北勘测设计研究、新疆水利水电勘测设计研究院
12	直岗拉卡	19.2	96.6	西北勘测设计研究院
②	蓄能	690		
1	呼和浩特	120	95.6	北京勘测设计研究院、中国水利水电建设工程咨询公司
2	西龙池	120	94.12	北京勘测设计研究院
3	宝泉	120	97.12	黄河水利委员会勘测设计院
4	板桥峪	100	95	北京勘测设计研究院
5	泰安	80	97.11	北京勘测设计研究院、中国水利水电建设工程咨询公司
6	天池	60	94.12	中国水利水电建设工程咨询公司

续表

序号	项　目	设计规模(万kW)	报告完成时间	设　计　单　位
7	桃花寺	50	96	天津勘测设计研究院
8	乌龙山	40	93.9	华东勘测设计研究院
二	可行性研究（或原初步设计）			2479.7万kW
①	常规	2099.7		
1	龙滩	420	87	中南勘测设计研究院
2	小湾	420	95.09	昆明勘测设计研究院
3	瀑布沟	330	93.12	成都勘测设计研究院
4	公伯峡	150	93.6	西北勘测设计研究院
5	三板溪	100	95.6	中南勘测设计研究院
6	积石峡	100	95.9	西北勘测设计研究院
7	思林	100	94.12	贵阳勘测设计研究院
8	宝兴河梯级	73.5	95.1	成都勘测设计研究院、西北勘测设计研究院、四川省水利水电勘测设计院
9	恶滩改建	60	95.5	广西电力工业勘察设计研究院
10	洪家渡	54	92.3	贵阳勘测设计研究院
11	吉林台一级	46	94.7	新疆水利水电勘测设计研究院
12	桐子林	45	94.12	成都勘测设计研究院
13	南垭河梯级	37.2	92.6	成都勘测设计研究院
14	瓦屋山	24	95	四川省水利水电勘测设计院
15	小峡	23	93.12	西北勘测设计研究院
16	洪江	22.5	96	中南勘测设计研究院
17	冷竹关	16.5	95.2	成都勘测设计研究院
18	尼娜	16	92.5	西北勘测设计研究院
19	柳洪	16	95.8	成都勘测设计研究院
20	紫兰坝	10.2	88.6	西北勘测设计研究院
21	直孔	10	89.12	成都勘测设计研究院
22	戈枕	10	94.6	中南勘测设计研究院
23	舟坝	9	95.5	成都勘测设计研究院

续表

序号	项　目	设计规模(万kW)	报告完成时间	设　计　单　位
24	金河	6.4	96.9	成都勘测设计研究院
25	狮泉河	0.4	95.11	成都勘测设计研究院
②	蓄能	380		
1	桐柏	120	96.11	华东勘测设计研究院
2	张河湾	100	94	北京勘测设计研究院
3	响水涧	100	95.11	华东勘测设计研究院、上海勘测设计研究院
4	琅琊山	60	95	安徽省水利水电勘测设计院

（水电水利规划设计总院　刘庆华）

1995年～1997年大中型水电站优秀勘察项目和优秀设计项目评选结果

电力工业部委托水电水利规划设计总院进行大中型水电站优秀工程勘察项目和优秀工程设计项目的评审工作。经部审定后评出部级优秀工程勘察2项、优秀工程设计6项（见表1），并由部统一向建设部推荐第五届全国优秀工程勘察、第七届全国优秀工程设计项目，经行业组织专家初评，由全国优秀工程勘察设计评选委员会最终评定。大中型水电站获奖项目：优秀工程勘察2项，其中金质奖1项、银质奖1项（见表2）；优秀工程设计8项，其中金质奖3项、银质奖2项、铜质奖3项（见表3）。

表1　　1995年度大中型水电站部级优秀工程勘察、优秀工程设计项目

类别	序号	项目名称	获奖等级	设计单位	评选时间
优秀勘察	1	铜街子水电站复杂地基工程地质勘察	部级一等奖	成都勘测设计研究院	1995年10月
	2	福建沙溪口水电站工程地质勘察	部级一等奖	华东勘测设计研究院	1995年10月

续表

类别	序号	项目名称	获奖等级	设计单位	评选时间
优秀设计	1	安康水电站	部级一等奖	北京勘测设计研究院	1995年10月
	2	太平驿水电站	部级一等奖	成都勘测设计研究院	1995年10月
	3	普定水电站碾压混凝土拱坝设计	部级一等奖	贵阳勘测设计研究院	1995年10月
	4	漫湾水电站500kV变电站	部级一等奖	昆明勘测设计研究院	1995年10月
	5	漫湾水电站导流洞工程设计	部级一等奖	昆明勘测设计研究院	1995年10月
	6	依萨河二级水电站工程设计	部级二等奖	昆明勘测设计研究院	1995年10月

表2　全国第五届优秀工程勘察获奖项目

序号	项目名称	获奖等级	设计单位	评选时间
1	铜街子水电站复杂地基工程地质勘察	金质奖	成都勘测设计研究院	1996年12月
2	广州抽水蓄能电站一期工程地质勘察	银质奖	广东省水利电力勘测设计研究院	1996年12月

表3　全国第七届优秀工程设计获奖项目

序号	项目名称	获奖等级	设计单位	评选时间
1	安康水电站	金质奖	北京勘测设计研究院	1996年12月
2	普定水电站碾压混凝土拱坝设计	金质奖	贵阳勘测设计研究院	1996年12月
3	广东省广州抽水蓄能电站一期工程	金质奖	广东省水利电力勘测设计研究院	1996年12月

续表

序号	项目名称	获奖等级	设计单位	评选时间
4	岩滩水电站碾压混凝土高拱坝设计与研究	银质奖	广西电力工业勘察设计院	1996年12月
5	天生桥二级水电站厂区高边坡工程设计	银质奖	贵阳勘测设计研究院	1996年12月
6	漫湾水电站500kV变电站工程设计	铜质奖	昆明勘测设计研究院	1996年12月
7	新疆开都河大山口水电站	铜质奖	新疆水利水电勘测设计研究院	1996年12月
8	依萨河二级水电站工程设计	铜质奖	昆明勘测设计研究院	1996年12月

（水电水利规划设计总院　傅华玲）

1995年～1997年水电水利勘测设计系统部级优秀QC小组评选情况

水电水利勘测设计系统从1990年开始开展QC小组活动，由原水利水电规划设计总院代两部（水利部、能源部）评选部级优秀QC小组，已经举行了8届评选会。自1995年两院分家后，1995年度部级优秀QC小组的评选工作仍联合进行，共评选出一等奖1名，2等奖5名（其中直属院2名），三等奖8名（其中直属院4名），详见表1。

1996年～1997年，由水电水利规划设计总院代电力工业部进行部级优秀QC小组的评选工作。1996年度共评出二等奖5名，三等奖3名，详见表2；1997年度共评出一等奖2名，二等奖3名，三等奖8名，其中有一名为国家级优秀QC小组，详见表3。

QC小组活动的开展，对调动企业职工的积极性、创造性，对提高企业的管理水平和经济效益增长等方面都起到了积极作用。水电水利规划设计总院在进行双文明单位考评时，把QC小组活动作为考评项目之一，是一项很好的举措。由于各种原因，目前开展QC小组活动困难较多，普遍存在滑坡现象，而水电水利规划设计总院系统的QC小组数量近几年略有增加。

表1 水电水利勘测设计系统1995年度部级优秀QC小组名单

获奖等级	编号	单位名称	QC小组名称	课题名称
一等	01	水利部东北勘测设计研究院	平原灰坝加固QC小组	确保平原灰坝消险加固设计质量成果报告
二等	02	湖南省水利水电勘测设计院	“电容器”QC小组	提高电容器铝外壳质量
	03	电力工业部中南勘测设计研究院	东风岩锚吊车梁承载试验监测QC小组	确保东风岩锚吊车梁承载试验监测的质量和速度成果报告
	04	水利部黄河水利委员会规划设计研究院	出口高边坡加固QC小组	小浪底水利枢纽泄水建筑物出口高边坡加固处理设计
	05	天津市水利勘测设计院	图书资料QC小组	跟踪“南水北调”工程做好信息服务
	06	电力工业部华东勘测设计研究院	深圳宝安分部技术档案管理QC小组	建立现场技术档案管理制度
三等	07	水利部天津勘测设计研究院	重力坝三维CAD、QC小组	完善重力坝三维CAD，高质量完成三峡枢纽工程的复核与优化
	08	福建省水利水电勘测设计院	谟武水电站水工QC小组	打破传统设计思路解决河床式水电站清污难题
	09	电力工业部华东勘测设计研究院	科研所高压渗透试验QC小组	确保天荒坪工程高压渗透试验成功
	10	电力工业部成都勘测设计研究院	取水防沙布置试验研究QC小组	山区性多沙河流取水防沙工程布置研究成果报告
	11	水利部东北勘测设计研究院	施工控制网测量QC小组	提高施工控制网野外观测精度成果报告
	12	陕西省水利水电勘测设计院	金刚石钻具防磨接头QC小组	金刚石钻具防磨接头的研制与使用QC成果报告
	13	电力工业部西北勘测设计研究院	人事MIS子系统分析QC小组	人事MIS子系统分析
	14	电力工业部成都勘测设计研究院	西藏羊卓雍湖抽水蓄能电站原型岔管水压试验研究QC小组	高压水下电测技术的质量控制QC成果报告
优秀	15	河北省水利水电勘测设计院	桃林口水库一期工程修改概算QC小组	正确运用TQC方法完成桃林口水库一期工程修改概算
	16	江苏省水利勘测设计院	机修车间QC小组	“射水法”成墙设备改进与研制
	17	水利部黄委规划设计院	经济评价QC小组	通天河调水经济评价主要因素约束控制
	18	电力工业部中南勘测设计研究院	建化QC小组	白水峪水电站混凝土外加剂的选择成果报告
	19	辽宁省水利水电勘测设计院	径流随机模拟研究小组	复州河径流随机模拟研究成果报告
	20	江苏省水利勘测设计院	江阴长江公路大桥南接线山凹口大桥工程勘察QC小组	强化全面管理、确保一流质量

表2 水电水利勘测设计系统1996年度部级优秀QC小组名单

获奖等级	编号	单位名称	QC小组名称	课题名称
二等	01	电力工业部中南勘测设计研究院	灌浆工程微机成图软件开发QC小组	灌浆工程微机开发与应用
	02	电力工业部昆明勘测设计研究院	导流标准研究QC小组	小湾水电站施工导流标准风险分析
	03	广西电力工业勘察设计研究院	水工室百龙滩工程设计QC小组	百龙滩水电站厂房流道顶板施工温控研究
	04	电力工业部成都勘测设计研究院	沙牌电站厂房标、引水隧洞标标书质量控制QC小组	沙牌电站厂房标、引水隧洞标标书质量控制
	05	电力工业部华东勘测设计研究院	科研所陡倾角岩石节理面抗剪试验QC小组	桐柏抽水蓄能电站陡倾角岩石节理面抗剪试验质量控制
三等	06	电力部水利部北京勘测设计研究院	控制工程造价QC小组	关于设计过程中控制工程造价问题
	07	电力工业部成都勘测设计研究院	水库室QC小组	各设计阶段水库工作成果标准化
	08	电力工业部昆明勘测设计研究院	拱坝有限元分析QC小组	提高拱坝整体三维有限元分析效率
表扬	09	电力工业部西北勘测设计研究院	宝珠寺水情自动测报系统设计QC小组	宝珠寺水情自动测报系统设计
	10	电力工业部昆明勘测设计研究院	《泥沙专业工具包》软件开发QC小组	《泥沙专业工具包》软件开发
	11	电力工业部中南勘测设计研究院	提高车辆运行效益QC小组	运用TQC方法，提高车辆运行效益
	12	电力工业部成都勘测设计研究院	消能防冲布置试验研究QC小组	山区性河流闸首泄水工程消能防冲优化布置

表3 水电水利勘测设计系统1997年度部级优秀QC小组名单

获奖等级	编号	单位名称	QC小组名称	课题名称
一等	01	电力工业部华东勘测设计研究院	技术开发部保证网络建设质量QC小组	保证华东院大型服务器及网络的设计、安装、调试质量
	02	电力工业部成都勘测设计研究院	溪落渡水电站沙盘制作QC小组	溪落渡水电站沙盘模型质量控制
二等	03	电力工业部中南勘测设计研究院	五强溪水情自动测报系统软件研制QC小组	软件图表输出质量控制
	04	电力工业部昆明勘测设计研究院	重力坝稳定分析QC小组	台阶型坝基面重力坝稳定及应力分析程序开发
	05	广西电力工业勘察设计研究院	水工三组QC小组	岩滩水电站升船机主机层承重大梁设计改进
三等	06	电力工业部成都勘测设计研究院	红格泵站监理中施工合同鉴定QC小组	红格泵站监理中施工合同鉴定
	07	电力工业部中南勘测设计研究院	基础护理质量管理QC小组	提高基护质量，完善服务态度

续表

获奖等级	编号	单位名称	QC小组名称	课题名称
三等	08	电力工业部华东勘测设计研究院	工程设计五部结构设计总说明标准化QC小组	建立上部结构设计总说明标准数据库
	09	电力工业部昆明勘测设计研究院	反坡式短护坦冲沙消能QC小组	反坡式短护坦设计应用
	10	电力工业部昆明勘测设计研究院	水电站继电保护整定计算QC小组	茄子山水电站继电保护整定计算
	11	电力工业部贵阳勘测设计研究院	洪家渡水电站高压开关站优化设计QC小组	洪家渡水电站高压开关站优化设计
	12	电力工业部中南勘测设计研究院	中南岩土公司电信楼基坑围护锚索施工工地QC小组	抓好工序管理，确保施工质量
	13	电力工业部西北勘测设计研究院	沃卡河一级电站许莫首部枢纽泥沙模型试验研究QC小组	许莫首部枢纽泥沙模型试验研究（制模部分）
表扬	14	电力工业部贵阳勘测设计研究院	钻孔弹测试成果质量控制QC小组	钻孔弹模测试在灌浆质量检测中的应用
	15	电力工业部成都勘测设计研究院	电力部成都院规划处环评室QC小组	水电工程环境保护设计细则
	16	电力工业部西北勘测设计研究院	strata view 地震仪的应用与研究QC小组	strata view 地震仪的应用与研究

（电力部水电水利规划设计总院　万　挺）

水电水利勘测设计系统质量管理新进展

水电水利设计系统从1993年起，部属和省属勘测设计院的质量管理工作，在各院"全面质量管理"达标验收的基础上，开展了贯彻GB/T19000—ISO9000系列标准的宣传、学习、培训以及有关认证方面的工作，对健全完善质量体系以确保产品质量和适应两个根本性转变的需要，起到了积极的作用。

从1995年开始两院分家后，水电水利规划设计总院（以下简称水电总院）采取了以下措施，使质量管理工作取得了新进展。

一、开展多种形式、分层次地进行"贯标"教育培训工作

近年来，水电总院与一些得到国家有关部门认可的培训中心配合，在系统内开展多种形式、分层次的"贯标"教育、培训工作，先后曾多次组织新标准学习班，内审员、外审员、诊断师等培训班，以适应"贯标"、"认证"工作的需要。

1996年7月6日～10日，对水电总院处以上干部、各直属院院长、总工专门举办"贯标"和内审员培训班，经过5天系统学习，并进行了闭卷考试，有32名（其中总院有19名）同志取得了内审员资格。

对中国勘测设计协会的贯标试点单位中南勘测设计研究院（以下简称中南院），水电总院重点进行系统的帮助和服务，先后在中南院和中南院宜昌分院举办内审员培训班和质量体系文件编写研讨班，有45名同志取得了内审员资格。

为了在系统内更有效地开展质量管理工作，必须加强队伍建设，培养人才。1996年12月，在系统内专门组织了外审员培训班，参加培训的20余名同志，其中绝大部分通过了笔试。

目前在水电总院和7个直属院中，已有9人取得国家注册审核员资格，有数百人取得内审员资格，这些同志在各院的质量管理工作中，正发挥着越来越大的作用。

二、尊重企业自主、自愿的原则，搞好认证工作

对各直属院的认证工作，水电总院从加强行业管理和设计院走向市场的需要出发，协助各院选好认证机构，尊重企业自主、自愿的原则，不搞行政命令，不搞一刀切，不定指标。

为使认证工作避虚就实，不搞形式主义，更好地结合水电行业的生产与管理实际，水电总院于1995年

12月在昆明组织了对ISO9001标准中20要素在水电行业中如何转化的研讨会，对每个要素逐一进行了研讨。在此基础上，于1996年10月在贵阳又召开了质量体系程序文件编写工作会。会议针对ISO9001标准中与水电专业关系最密切的13个要素，由各院提供自己编写的程序文件共48份，进行研讨，对于各院结合水电行业特点，健全完善质量体系，编制好质量手册和程序文件起到了积极有效的作用。

截至1997年七个直属院中，西北勘测设计研究院于1995年12月，华东勘测设计研究院于1996年2月通过了质量认证，北京勘测设计研究院（以下简称北京院）定于1997年10月下旬进行质量认证，其他各院大都编写完质量手册和程序文件，有的院已计划在1998年进行质量认证。

三、及时召开质量工作会议，开展对勘测设计单位的质量检查工作

目前全国水电项目前期工作的80%，在建工程的60%均由水电总院系统的7个直属院承担。水电勘测设计的质量多数是好的，但是面临的形势也十分严峻，特别是几个在建工程，陆续出现了不同程度的质量问题。如：天荒坪电站下库边坡发生滑坡；羊卓雍湖电站引水隧洞充水试验放空检查时出现严重质量问题；五强溪电站消力池底板混凝土严重被冲等，质量问题的发生不同程度地延误了工期，增加了投资，影响了水电声誉，给国家带来了损失。水电总院于1996年上半年，在7个直属院部署了质量自检工作，并于1996年7月初在北京召开了水电工程勘测设计质量工作会议，要求各直属院全面开展质量复查补课工作，特别对在建工程的设计质量，进行全面的质量自查补课，各院内部管理着重解决不同程度存在的“差、乱、虚”问题。各直属院结合贯彻建设部建设［1996］504号文《关于对工程勘察设计单位进行质量检查工作的通知》要求，各院院长、总工分工负责，亲临现场，组织领导开展全员参与的质量自查工作。从暴露出来的勘测设计质量问题看，主要的原因不是遇到了技术难题或技术水平与之不相适应，而是质量意识差，管理水平跟不上，从上到下自觉不自觉地存在重经营、轻管理，重产值、轻质量的倾向。7个直属院共对60余个在建工程进行了检查，未发现重大的技术质量问题，工程设计文件的各项质量特性基本符合要求。

今后，对勘测设计质量的自查、水电总院进行抽查将形成制度，按照“对直属勘测设计单位进行质量检查的暂行办法”开展工作，进一步加强质量安全鉴定以及对隐蔽工程工作检查的力度。

四、加强质量管理工作的标准化建设

为提高并有效控制水电水利工程设计文件质量，统一对工程设计文件质量检查和评定的尺度。根据建设部建设（95）111号文的要求，由水电总院主编，北京院协编，各直属院配合，从1996年10月开始，进行了“水电水利工程设计文件质量特性和质量评定实施细则”的编制工作。中间经过多次讨论修改，已于1997年6月完成定稿（试行），决定在1997年第四季度，选择个别院的个别工程项目，由水电总院结合预审工作试行。

（水电水利规划设计总院　万　挺）

电力部水电水利规划设计总院系统勘测设计单位1995年～1997年生产经营及其效益

电力部水电水利规划设计总院系统勘测设计单位有：成都勘测设计研究院、西北勘测设计研究院、中南勘测设计研究院、华东勘测设计研究院、昆明勘测设计研究院、贵阳勘测设计研究院、北京勘测设计研究院等7个院，1997年年末在册职工12398人，离退休6556人，共18954人。七个直属院除了承担国家水电水利重点工程的勘测设计以外，还发挥自身优势，跨越地域和行业积极参与市场竞争，在火电、工民建、公路、桥梁、航运、地铁、机场、港口码头等领域内也占有一定市场。继续推行“一业为主、两头延伸、多种经营、多种功能”的方针，大力发展第三产业。通过广大职工的艰苦奋斗，不仅年年较好地完成了生产任务，而且产值逐年有较大幅度的提高，设计院的实力也得到了大大增强。在抓物质文明的同时，各院认真贯彻党中央关于两个文明一起抓的决定，对干部的廉政建设、党的建设、企业文化建设、职工思想政治工作和职业道德教育也非常重视，取得了很大的成绩。1996年，七个直属院全部被评为总院系统的双文明单位，华东、西北、贵阳三个院被评为电力部双文明单位，受到电力部的表彰。1997年七个直属院都被评为所在省（市）双文明单位，受到所在省（市）的表彰。1996年，建设部勘测设计司对全国工程勘察设计单位统计年报，从勘察设计单位的技术业务能力、营业收入、上缴利税、利润、完成的勘测设计工作量、年末资产、资产的保值增值、微机装备及应用等方面，进行了综合指标评价。评价结果，总院系统七个直属院全部进入全国综合指标前100名行列，其中，前十三名中占了四名。综合实力最强的是西北院，排在第七名。

一、生产经营与效益

总院系统七个直属院主要承担全国大中型水电水利工程的勘测设计工作，包括河流（河段）规划、预可行性研究、可行性研究、招标设计、施工详图等，在1995年～1997年的三年时间内，共完成河流规划11项，预可行性研究16项3138万kW，可行性研究19项1715万kW。三年内，不包括三峡水利水电枢纽工程的水电在建规模（电力系统）2075万kW，其中，直属院承担了1788万kW，投产572万kW，占三年内水电投产的86%。三年完成的水电前期项目勘测设计实物工作量为：规划设计实耗工日75万个，钻探9.57万m，折合为11.98万标准米；洞探4.23万m，折合为5.23万标准米；竖井2480m，折合为1950标准米；坑槽探27.26万m^3，折合为28.26万标准立方米；物探21.56万标准点；地质实耗工日48.42万个；工程测量1424标准平方公里；水文206标准站年；地震监测10.7标准站年。

七个直属院立足于水电建设行业，同时加大开拓市场的力度，向其他行业渗透和积极参与竞争，在设计院内部，则通过转换内部经营机制，不断调动职工的积极性和创造性，使劳动生产率一年一个台阶，每年的生产经营目标都完成较好。1995年～1997年完成总产值见表1。

表1　完成总产值表　（万元）

年 份	总产值	设 计	勘 测	科 研	其 他
1995	54856	21052	15869	5274	12661
1996	64892	24405	18921	6552	14814
1997	85990	31553	26055	7999	20383

从表1可见，1995年～1997年完成总产值20.55亿元，平均每年产值为6.85亿元，人均产值5.32万元。在三年完成的总产值中，按专业分析，设计占37.47%，勘测占29.60%，科研试验占9.65%，其他方面占23.28%。

三年实现财政决算收入和人均收入见表2。

表2　总收入和人均收入表　（万元）

年 份	总收入	年增长率（%）	人均收入	年增长率（%）
1995	58896	14.73	4.39	23.80
1996	63622	8.02	4.95	12.76
1997	70345	10.57	5.67	14.55

从表2可见，1995年～1997年实现收入19.29亿元，平均每年实现收入增长9.29%，年人均收入为5万元；实现收入最高是1997年，达7.03亿元，为1994年的1.37倍；1997年人均收入达5.67万元，为1994年人均收入的1.59倍。

七个院所承担的任务来源为两大块，即国家水电建设项目（一般称水电前期在建项目）和通过市场竞争获得的项目（一般称外协），1995年～1997年实现的水电前期在建项目和外协项目的收入如表3。

表3　水电前期在建项目和外协项目收入表

（万元）

年 份	总收入	前期在建项 目	比 重（%）	外协项目	比 重（%）
1995	58896	30798	52.29	28098	47.71
1996	63622	26157	41.11	37465	58.89
1997	70345	32451	46.13	37894	53.87

从表3可见，三年总产值的构成中，水电工程前期在建项目和外协工程任务的比重分别为46.35%、53.65%。

外协收入逐年有较大增长。1995年创收2.81亿元，占总收入的47.71%。有的院外协完成的收入已超过了前期在建任务的收入，占总收入的60%以上。到1997年，外协收入达3.79亿元，已占年度总收入的53.87%。由于水电在建工程少、开工规模小，水电前期工作也难以有较大的推进，各院在困难面前没有退缩，加大了市场开拓力度，并以信誉和优质服务取胜，从市场要效益，在市场竞争中发展壮大。

二、生产经营的主要经验

三年内，国家大型水电项目开工规模只有三项，187.5万kW，特别是1996年未开工一座大型水电站，而其他行业的设计市场也受到国家宏观调控影响，市场处于任务少、竞争激烈的严峻局面，加上历史原因，各院勘测队伍力量过剩的现象较为突出，非生产人员过多，内部管理缺乏竞争机制，难以发挥职工的积极性，一度影响了市场竞争。为此，各院积极开展“转机制、练内功、抓管理、上水平”的活动，转换内部经营机制，重视经营工作，努力创收。1995年～1997年在生产经营方面取得很大成绩，归纳起来其主要经验是：

1. 依托在建工程，从在建项目中获取更大效益

自水电工程实行项目业主责任制以后，项目业主对工程建设具有举足轻重的作用，通过实践，各院都逐渐接受了这一现实，大大增强了为业主服务的意识。在施工现场，通过加强设代力量，现场搞设计，千方百计搞好现场服务，并为工程建设过程中遇到的问题积极出谋献策，解决问题。各院勘测设计科研人员的工作态度和献身精神得到了项目业主的肯定和赞扬，反过来，他们对设计的困难也能理解，对设计单位的经济效益给予了必要的支持和照顾。通过承担标准外的勘测设计科

研工作和其他任务获得较为可观的收入。此外,各院在工地还与施工承包商关系融洽,配合密切,施工承包商为照顾设计院的利益,转包或分包一些施工任务给设计院,使设计院取得了相应的效益。

2. 工程监理已成为设计院的支柱产业,经济效益也逐步有所提高　直属院技术力量雄厚,从事水电水利建设经验丰富,在水利水电工程监理中具有很大的优势。因此,水电建设项目业主在选择工程监理单位时,把眼光首先盯着设计院,各院在工程监理的竞争中也屡屡中标,包括三峡工程在内的全国大中型水电水利工程的工程监理基本上被直属院包揽。直属院参加工程监理工作的技术人员吃苦耐劳的精神给项目业主留下深刻的印象,对他们给予了很高评价。除了本行业的工程监理外,各直属院在工民建、道路、地铁、机场、码头、铁路、水利工程等工程施工中也承担了监理任务。由于工程监理的收费标准偏低,设计院的利益在一段时期内未得到体现。随着工程监理制的逐步完善,以及广大监理人员在工程建设中发挥作用产生的积极效应,促使项目业主和有关主管部门也在采取措施,逐步提高工程监理的收费标准,维护设计院的利益,使设计院在工程监理中获得的经济效益也逐步有所提高。

3. 岩土工程的发展,使广大勘测设计人员有了用武之地　根据市场的需要,各院相继建立了岩土工程公司,成为自主经营、自负盈亏、照章纳税的独立法人。为了满足岩土工程的需要,各院都投入了一定的资金购置设备、设施。三年来,各岩土工程公司在市场竞争中连连中标,在本行业和系统外拿到了不少任务,完成的产值占勘测总产值相当的比例,也使勘测人员有了用武之地。

4. 以全国为市场,突破地域走出家门,在市场竞争中不断增强设计院的实力　由于我国的市场经济刚刚起步,因此全国的勘测设计市场尚未形成,也远未规范,行业保护和地区封锁壁垒森严,但各院面对现实,勇敢地突破地域进入市场,在市场竞争中经风雨、见世面,在市场的洗礼中得到了锻炼,并逐渐成熟起来。各院虽然在市场中碰了不少钉子,但也有成功的喜悦和收获,今后应加大进入全国大市场的力度。

5. 重视多种经营工作,在提高安置效益的同时,经济效益也逐步提高　据不完全统计,全系统共有多经企业55个,其中集体所有制企业25个,1995年完成营业额和产值10510.33万元,实现利润344.64万元。1996年各院更重视这一工作,不仅加大了投入,而且把得力的干部和技术人员派到多种经营企业中工作,大大增强了多种经营的实力和竞争力。1997年的多种经营额和产值上了一个新台阶。

在剥离后勤生活服务方面,各院已迈开了大步子,成效已有所体现。昆明勘测设计研究院剥离的效果最显著,他们的生活服务公司积极对外创收,产值逐年大幅度提高,大大减轻了院里的负担。

6. 走出国门,在海外更大的市场中求发展　各院参与海外市场竞争的积极性都很高,除成都勘测设计研究院和贵阳勘测设计研究院外,其余5个院均有对外经营权和劳务出口权。到目前为止,直属院共承担了24个国外项目,也取得了一定的经济效益。

7. 减人增效,提高了劳动生产力　1995年直属院职工平均人数比1994年减少了1228人,在此基础上,1996年职工平均人数又减少了569人,使年末人数降到了13000人以下,为12840人,1997年年末人数为12398人,三年共减少2238人。在职职工人数减少了,但生产任务却完成得更好,人均产值一年上一个台阶,规划设计每个工日超过了300元。

各院在减人增效方面注重了人员结构的调整,生产第一线人员的比例有所提高,后勤服务和辅助生产人员的比例有较大幅度的下降。劳动用工制度的改革有了良好的开端,尤其是钻探第一线的用工制度的改革,虽应进一步理顺和完善,但方向是对的,应在有关生产部门和后勤服务、辅助生产中予以推广。

8. 调整生产经营结构,提高经营人员素质　在设计院各项工作中,经营工作是中心,一切工作要围绕经营这个工作转已成为大家的共识。因此,各院党政各级领导都非常重视经营工作,将既有专业知识,又有经营能力的干部调到经营岗位上工作,并对他们给予了充分的理解和信任,使他们信心百倍地为设计院经营劳苦奔波。1995年在生产经营中取得的成绩是与他们的辛勤劳动分不开的。

为了适应市场竞争的需要,大部分院对经营机构进行了调整,基本结构是将计划与经营分离,这样调整是否有利于经营管理工作,有待于今后实践的检验。

9. 执行新的财务会计制度,加强了成本控制　勘测设计行业的财务制度基本是比照企业财务制度的,通过层层培训,广大财务人员已较快地熟悉了业务,并正式投入运行。新财务制度更明确了设计单位的责权利,对国有资产的保值增值的要求更明确,各院都非常重视新的财务制度转换,一把手亲自过问,主管院长帮助财务人员解决在转换过程中遇到的问题。

执行新的财务制度是勘测设计行业财务管理的大变革。1996年起步,各院认真分析研究和经营密切相关的财务工作,使经营管理与新财务制度相适应。

10. 项目管理进一步推广　通过近一两年的探索,勘测设计科研实行项目管理已逐渐被大家接受。1996年,在溪落渡和向家坝两个工程的前期工作中实行了项目管理。成都勘测设计研究院和中南勘测设计研究院各有一名副院长担任项目经理,由经理聘任项目副经理和设计总工程师等项目管理人员,项目经理有职有权。从一年运行的情况看，效果很好。其他院实行了项目管理的勘测设计科研项目，也反映不错。各院正在认真总结经验，进一步推广项目管理。

11. 加强审计监察，建立健全的约束机制 1996年，电力部在全行业进行了工程项目执法监察。根据电力部建设工程项目执法监察办公室的布置和水电总院的具体安排，各直属院对这次工程项目执法监察都非常重视，专门成立了以院长为组长，主管副院长为副组长，计划、财务、审计、监察的主要负责人参加的领导小组，下设工作办公室，并设立举报箱和举报电话，制定了详细、具体的工作计划和安排，认真自查，先后上交了自查报告。1996年直属院小型基建施工面积102317m^2，投资5750万元，购商品房105套、850万元。从自查和重点抽查的情况看，小型基建项目在立项、报批、报建等手续上都是完备的，施工进行了招标，且实行了工程建设监理。工程竣工后，各院组织有关人员认真验收，并对决算进行了严格的审计。中南勘测设计研究院1996年审计小型基建决算时，核减投资232.66万元，从而大大降低了工程造价，节约了投资。在设计资格证书等管理方面，各院都有一套管理办法，重点抽查几个院没有发现无证设计、越级设计、出卖证照和图签等问题。在勘测设计质量方面，各院均认真地对承担的工程进行了剖析，不回避问题，从自身找差距，边自查边整改。

（水电水利规划设计总院 童显武 翁新雄）

电力部水电水利规划设计总院系统勘测设计单位推行工资总额与经济效益挂钩的情况与效果

1984年，勘测设计单位全面实行事业单位企业化管理模式，勘测设计单位从计划经济体制迈入市场经济体制，由单纯的生产型转到生产经营型，财务制度也相应发生了很大的变化。为了适应市场经济的发展，提高勘测设计职工进入市场的自觉性和积极性，从1992年开始，在系统直属的勘测设计研究院推行工资总额与经济效益指标挂钩的技术经济责任制，五年来的实践证明，工效挂钩是行之有效的办法，收到了较显著的效果。

一、工效挂钩的基本情况

水电勘测设计院实行工资总额同经济效益指标挂钩的工作，可追溯到1992年。当时为深化改革、转换经营机制，经请示电力工业部并经人事部、财政部人计函（1993）33号批复，同意电力工业部直属电力（水电和火电）勘测设计院从1992年开始试行工资总额同经济效益指标挂钩的办法，即工资总额同实现利税和实现收入复合挂钩。采取“总挂分提”办法（后改为“总挂总提”），挂钩总比例为1∶0.75，其中工资总额的60%与实现收入挂钩，工资总额的40%与实现利税挂钩，即实现收入每增减1%，工资总额增减0.45%；实现利税每增减1%，工资总额增减0.30%。

电力部以电人教（1993）407号文批复了水电总院管理七个直属院实行工资总额同经济效益挂钩试点实施方案。水电总院下发了《关于在直属水电勘测设计单位实行工资总额同经济效益挂钩试点的通知》对工效挂钩考核指标作了明确规定，并提出了实施方案。

1995年4月，人事部、财政部以人计发（1995）51号文印发《有条件的事业单位实行工资总额同经济效益指标挂钩的暂行办法》的通知，同年5月人事部以人法发（1995）59号文正式明确电力部所属设计院为人事部人事制度改革中工效挂钩的试点单位。

根据人事部、财政部人计发（1995）51号文和人事部人法发（1995）59号文通知精神，为使勘测设计单位工效挂钩更加规范化，在总结上一轮工效挂钩工作的基础上，水电总院向电力部人教司请示要求在所属勘测设计院继续实行工效挂钩。人事部、财政部以人计发（1997）67号函复电力部所属勘测设计院自1996年起继续试行工资总额同实现利税和实现收入复合挂钩办法，挂钩浮动系数为1∶0.70，其中工资总额的50%与实现收入挂钩，工资总额的50%与实现利税挂钩。

二、工效挂钩的实施及效果

工效挂钩的实施办法对工效挂钩的实施范围、挂钩内容、基数的核定、工资总额基数的调整、考核指标及办法、工资总额的结算、工资基金的管理和使用、留利的分配等问题作了明确的规定。

1994年～1997年经人事部和财政部核定的收入、利税、工资三个基数见表1。

表1 工效挂钩基数 （万元）

年 份	收入基数	利税基数	工资基数	备 注
1994	33546.2	1929.3	10450.8	
1995	44691.3	2585.1	12672.6	
1996	51273.0	3129.4	10245.1	本年工资基数根据实发数确定
1997	54166.0	3944.0	11175.0	

实行工资总额与经济效益挂钩办法，调动了设计院的积极性，进一步解放了设计院的生产力，在近几年水电工程项目严重开工不足的情况下，部直属设计院劳动生产率一年一个台阶，增长幅度较大。财政决算收

入和人均收入列见表2。

表2 总收入和人均收入表 (万元)

年份	总收入	年增长率(%)	人均收入	年增长率(%)
1993	33546.2		2.25	
1994	44691.3	33.22	3.49	55.10
1995	51273.0	14.73	4.32	23.80
1996	57373.7	11.90	4.94	14.35

从上表可以看出，总收入1996年为1991年的1.71倍，年均增长19.6%；人均收入（劳动生产率）1996年为1993年的2.196倍，年均增长30%。在水电近几年开工严重不足，勘测设计市场疲软的大环境下，电力部直属勘测设计研究院总收入和人均收入（劳动生产率）增长幅度如此大，一年上一个台阶，是非常不容易的，这是全体勘测设计职工"一业为主、两头延伸、多种经营、多种功能"的结果，也是他们解放思想、勇于开拓、向市场要任务、向市场要效益的结果。随着收入的不断增长，设计院的留利水平也逐年提高，设计院的实力也大大增强，对国家的贡献也一年比一年大，1994年～1996年利税列入表3。

表3 利税表（包括营业税）

年份	利税（万元）	增长率（%）
1994	2585.1	
1995	3129.4	21.06
1996	4125.9	31.84

从表3看出，1996年实现利税是1994年实现利税的1.596倍，年均增长26.33%。

实行工效挂钩，使职工工资总额年年增长，1994年效益工资1237.8万元，占工资总额的11.84%；1995年效益工资1009.2万元，占当年工资总额的7.96%；1996年效益工资819.5万元，占当年工资总额的8.00%。工资总额的增长使职工个人收入有了保障，工资性收入（包括奖金和补贴）也有了较大幅度的提高，从而稳定了职工队伍，扭转了科技人员一度外流的局面。此外，各单位充分注意了职工队伍的盲目增长，走减人增效的路子。1994年平均人数14905，1995年平均人数为13676人，下降了8.25%；1996年平均人数为13109人，又下降了4.15%；1997年平均人数为12645人，比上一年减少了464人。

三、工效挂钩中存在的问题

工效挂钩大推进了勘测设计单位的企业化和经营机制的转换，使他们走上了自主经营、自负盈亏、自我约束、自我发展的良性轨道，但在实施中还存在一些问题：

(1)消费基金增长一度较快，使少数职工对全局利益考虑较少，计较小集团和个人利益；个别领导对单位利益维护较多，而顾及国家的利益较少。

(2)由于物价原因，使勘测设计成本大，成本年上升幅度与总收入增长幅度大致持平，这样，虽然利税也有所增长，但利税与总收入的比几年来相差不大，大约7%～8%。

(3)实行工资总额与收入、利税双挂钩，几年来实行的结果是：收入产生的效益工资多于利税产生的效益工资，对国家贡献大小的利税杠杆作用受到限制，需要对双挂钩这种模式进行必要的改进。

(4)在人事部、财政部人计发（1995）51号文中规定的社会效益考核指标与工资挂钩，未得到落实。

（水电水利规划设计总院 童显武）

建设项目管理

水电建设项目业主责任制的完善和发展

一、按照现代企业制度组建业主单位的工作取得较大进展

1992年8月，经广西壮族自治区体改委批准，广西桂冠电力股份有限公司成立，成为全国开发建设和管理水电站成立比较早和规模比较大的股份制企业，为水电建设实行现代企业制度进行了有益的探索。

1993年12月《中华人民共和国公司法》颁布后，随着业主责任制的深化，公司制的推行，水电建设领域建立了一大批有限责任公司。新建或拟建大中型水电项目，都按现代企业制度要求组建了项目法人（业主单位）。一批在建水电项目也按现代企业制度要求，初步建立起产权清晰、权责明确、政企分开、科学管理的水

电开发经营企业。

云南大朝山水电有限责任公司，于1994年11月正式注册登记。公司由国家开发投资公司、云南红塔（集团）总公司、云南省投资公司、云南省电力公司4个股东出资设立，出资比例为5∶3∶1∶1。公司主营大朝山水电站开发建设以及电厂投运后的经营管理。云南红塔（集团）总公司以自有资金投入云南水电开发，为国内非能源行业投资建设大型水电站开拓了一条新路。

1995年2月，原二滩水电开发公司改制为二滩水电开发有限责任公司。公司由国家开发投资公司、四川省投资公司、四川省电力公司3个股东出资设立，出资比例为48∶48∶4。公司主营二滩水电站的开发建设以及电厂投运后的经营管理。

湖南五凌水电开发有限责任公司，于1995年6月成立。公司由湖南省电力公司、湖南省经济建设投资公司、华中电力集团公司3个股东出资设立，出资比例为60.52∶28.92∶10.56。公司近期以完建五强溪和兴建凌津滩水电站为主，逐步过渡到流域梯级滚动开发。

1995年10月，原湖北省清江水电开发总公司改制为湖北清江水电开发有限责任公司。公司由湖北省清江水电投资公司、华中电力集团公司出资设立。公司资本金比例暂定为68∶32。公司承担清江流域的隔河岩、高坝洲、水布垭电站以及支流上技术经济指标合理的水电站的开发与建设、生产与经营。

1994年以来成立的水电开发有限责任公司还有：四川华能太平驿水电站有限责任公司、福建棉花滩水电开发有限责任公司、四川南桠河流域水电开发有限责任公司等。天生桥一级等一些水电站的有限责任公司的组建工作也正在进行。

国家电力公司成立后，作为中央电力资产出资人代表，将参与其出资项目的业主单位的组建工作，对水电项目按照现代企业制度组建，规范业主单位的工作将起到重要的促进作用。

二、业主开始加快各自开发项目的前期工作

业主开始加快各自开发项目的前期工作，对拟开发水电站进行了前期投入。如：三峡开发总公司在国家明确其为长江中上游水电开发主体后，对向家坝、溪落渡水电站的可行性研究报告阶段的勘测设计工作进行了投资。二滩水电开发有限责任公司对锦屏一级、二级、官地、桐子林4座电站的前期勘察工作进行了投资。清江水电开发有限责任公司在滚动开发建设高坝州的同时，对水布垭的前期工作进行了投资，并在水布垭的前期勘测设计工作中，推行了设计监理。业主介入水电前期工作并进行投资，对业主单位自身发展，对推进水电的改革（尤其是设计体制改革）和促进水电建设的发展将起到重要的作用。

三、配套改革取得一定进展，规范水电建设市场的若干管理办法出台

1996年底以来，电力部相继出台了有关概算编制、合同条件、争议调解、质量管理等规章，使业主责任制的实施以及工程建设管理向法制化、规范化迈出了重要的步伐。

1. 概算编制办法　原水电概算编制办法和定额是计划经济条件下的产物，迫切需要进行改革，与国际接轨。1997年9月，电力部颁发了新的水电工程概算编制办法，在改革概算编制办法，使之适应市场经济条件下水电建设管理的需要方面迈出了重要的一步。

2. 水利水电土建工程施工合同条件（标准文本）　1997年8月，电力部、水利部、国家工商行政管理局等以电办［1997］359号文联合颁发了《水利水电土建工程施工合同条件》。合同管理，是实行业主责任制条件下，保证水电建设顺利进行的重要手段。建立一个业主、监理单位、承包商都认可的、适合中国国情的、较为公正的合同范本，将有利于提高水电工程招标工作和合同管理的规范化水平，保障发、承包双方的合法权益，确保水电站工程的建设管理和工程招标在公平的基础上健康有序地进行。

3. 水电工程建设经济合同争议调解暂行规定　在以往工程建设中出现甲乙方矛盾时，往往是由政府部门来进行协调，这种行政协调方式，随着市场经济的不断发育和完善，已不能很好地发挥作用，一些工程积压了大量的经济合同纠纷和索赔问题。1996年12月，电力部颁发了《水电工程建设经济合同争议调解暂行规定》，旨在发挥中介组织的作用，依靠水电行业自己的力量，充分运用民间调解方式，公正合理地处理经济合同争议。

4. 水电建设工程质量管理暂行办法　原有的水电工程质量管理办法是在1986年制定的，已不能满足现行水电建设管理体制下工程质量管理的要求。1997年4月，电力部颁发了《水电建设工程质量管理暂行办法》，明确了项目法人（业主）、监理、设计、施工等建设各方在工程质量管理中的具体职责。

总之，随着水电系统组建有限责任公司以及规范水电建设市场等项工作取得进展，业主责任制得到了进一步的发展和完善，业主责任制的内涵得到了丰富和充实。组建有限责任公司、规范水电建设市场的工作仍处于起步阶段，需要逐步加以规范，不断加以完善。

（国家电力公司　吴远海）

水利水电土建施工合同条件的规范化

一、颁布规范化的《合同条件》是水利水电建设深化改革的需要

作为《水利水电工程施工合同范本》(以下称《合同范本》)的核心文件,《水利水电土建工程施工合同条件》(以下称《合同条件》)已由电力部、水利部、国家工商局以部门规章的形式在今年8月共同颁布施行,这在水利水电建设系统是一件大事。

水利水电建设系统是全国最早引进工程招投标机制的行业,从1982年开始,以鲁布革、水口、石塘等工程的国际和国内招标为起点,于80年代中期在全国水利水电系统全面推行了招标投标制,到今天已有十几年的实践,积累了大量宝贵经验。随着我国社会主义市场经济体制的逐步完善,以及经济领域的法律体系和制度的逐步健全,为编制《合同范本》提供了坚实的基础。汪恕诚副部长1995年10月在听取《合同范本》起草领导小组工作汇报时,就曾明确指出:编制《合同范本》是一项非常重要的工作,全国已有几十个大中型工程实行招标投标,通过《合同范本》的编制,把十几年这方面改革的成果以法规的形式固定下来。《合同范本》的合同条件就是水利水电系统的"FIDIC条款"。

从十几年推进以市场机制为主导的改革实践来看,如何规范和协调发承包双方的生产关系,是行业主管部门一直思考和工作的重点,尤其是电力部机构改革实行政企分开后,政府部门越来越难于承担大量复杂的工程建设协调任务,况且这种协调也很难反应市场机制的运行要求。另一方面,市场机制的发展完善同样迫切地要求建立与之相适应的科学、明确的运行规则,也就是平常所说的市场经济的法制化,因此我们认为编制《合同范本》既是水利水电行业深化改革的需要,也是现阶段提高工程建设管理和合同管理水平的一项基础工作。

二、编制《合同条件》着重考虑的几个问题

(1)以公正公平原则确立双方的合同关系。公正公平原则是构成合同的基本要素。在目前水利水电行业市场机制发展尚不完善,建设各方的职责行为有待进一步规范的情况下,为保证合同顺利实施,更需要突出强调公正公平原则的重要性。违反公正公平原则的合同,不可避免地要对工程建设造成不利的影响。

(2)《合同条件》的内容应与当前的建设管理体制相接轨。《合同条件》坚持和体现了现行的水利水电建设管理体制,即项目法人责任制、招标承包制和工程监理制。确立了项目法人在建设管理中的中心地位。确定监理单位在合同管理中的主导作用,推行"小"业主、"大"监理相对专业化的工程管理模式,与现行的建设管理体制改革的步调一致。

(3)充分考虑现阶段改革发展中实际问题。《合同条件》从我国国情和水利水电工程建设的实际情况出发,既要照顾到水电队伍的现状,又要对促进市场机制的发展起一定的超前指导作用,如推行公式法调价,引入争议调解机制等。

客观地说《合同条件》出台实施后,项目法人和建设单位在合同中所担负的责任更重、更明确了,比如规定了为承包方施工创造必要的外部条件,安排监理单位实施监理,工程预付款要达到合同总价的10%~20%,适当缩短了结算付款周期等内容。这标志着1997版的"合同条件"具有明显的时代特色,考虑了水利水电施工企业现阶段的困难,但这并不意味着在进度、质量和管理上对施工企业降低要求。随着我国市场经济体制的完善,企业实力不断增强,经营管理更加规范,《合同条件》体现的公正公平原则会更加充分,以促进水利水电工程建设健康发展。

三、实施《合同条件》的重要意义

《合同条件》是规范水利水电招投标市场的重要文件,由三部门共同颁发,既提高了《合同条件》的权威性,也有利于在全国建立统一开放的水利水电建设市场的需要。

从行业主管部门的立场出发,我们认为要实现合理划分双方在合同中的权利和义务,规范双方在招投标和建设管理中的行为,实现市场行为的规范化,从完善合同管理入手是最有效的途径。相对一个企业来看,合同管理水平是企业管理水平的具体体现。我们希望通过推行《合同条件》,为我们的建设管理和企业管理提高水平起到良好的促进作用。

四、关于《合同范本》下一步的工作安排

《合同范本》目前总的进展情况是:除《合同条件》外,《合同范本》的商务部分包括投标须知、合同格式、工程量清单及附录现已完成征求意见稿,将广泛听取意见。《合同范本》应用导则及技术条款仍在编制过程中,预计到1998年底《合同范本》的编写工作将全部完成。

在今后的改革中,电力部综合管理司和国家电力公司水电局无论作为政府部门还是企业,我们都将坚定不移推进《合同范本》的编制、完善和实施工作,并将努力争取国家计委、建设部、水利部、国家工商局、国家开发银行等有关部门的支持和配合,把这项工作

继续进行下去。

（电力部综合管理司巡视员
国家电力公司水电局　张学知）

《水利水电土建工程施工合同条件》编制情况

由电力部水农司和水利部建设司联合组织编写的《水利水电土建工程施工合同范本》(以下简称《合同范本》),经起草领导小组和编写组的共同努力,已完成了其中难度最大的核心部分——《水利水电土建工程施工合同条件》(以下简称《合同条件》),并由电力部、水利部和国家工商行政管理局于1997年8月以部门规章的形式联合颁布施行。《合同范本》的其他文件包括投标须知、合同格式、工程量清单及附录、招标技术条款以及应用导则等尚在编制中,预计在1998年年底前完成。现将编制《合同条件》的有关情况介绍如下。

一、编制《水利水电土建工程施工招标合同范本》的背景

水利水电建设行业是我国最早引进国际招标机制的行业,自1982年开始,以鲁布革、水口和石塘等工程的国际、国内招标为起点,于80年代中期在全国水利水电系统内全面推行了招标投标制。为适应当时招投标市场的需要,水利水电建设总局组织编制出版了SDJ-11-86《水利水电土建工程国内招标及合同文件编制样本》(简称《合同样本》),于1986年9月颁布试行。该《合同样本》在初期对推进招投标竞争机制起了一定的作用。但由于当时我国在工程建设和招投标方面的法律、法规尚不完善,也缺乏在社会主义市场经济体制下进行招投标竞争的经验,该《合同样本》显然不可避免地存在着不少缺陷。经多年实践检验,普遍认为已不能适应我国水利水电建设市场深入发展的需要。由于没有适用的合同范本,各项目业主单位只能结合国内同类工程的经验组织编制招标文件。在施工企业激烈竞争的买方市场下,项目业主处于非常有利的地位,自觉不自觉地在处理合同的公正性方面出现了不少偏差,合同条款难以正常实施,不同程度地影响工程建设的顺利进行。因此,建设各方均迫切希望有一份符合我国现行法律法规、适应社会主义市场经济规律并总结吸收了水利水电系统招投标和建设管理经验的合同范本。

二、编写《合同条件》的指导思想和框架构思

1. 以FIDIC合同条件为蓝本,吸取其精髓,编写符合中国国情的《合同条件》　公正公平的原则是构成合同的基本要素,FIDIC合同条件是被国际工程界公认能公正地保护好合同双方利益并为跨国的投资者和承包者共同接受的合同条件。通过40余年来在世界广大地区国际招标的实践,并经FIDIC委员会始终不间断地跟踪调查和精心修订的FIDIC土建工程合同条件,已成为国际金融机构认可、广泛推行和比较完善的合同版本,其条款内容公正地规定了合同双方的责任,公平地明确了双方的权利、义务以及科学、严密的操作程序,从而保证了在工程建设过程中合同的顺利实施。

本《合同条件》参考FIDIC合同条件的基本框架和条款内容,吸取其公正公平的原则,明确的合同责任以及科学严密的操作程序等方面的精髓,结合我国国情和行业特点编写成水利水电系统的施工合同条件。

2. 遵循我国社会主义的市场经济规律,遵守我国的法律和法规,以国家的法律来保障合同的公正性　在我国社会主义的市场经济体制中,参与水利水电建设的投资方、建设方和承包方基本上均属公有制的企业或实体,他们在工程建设中所处的地位和职能以及在利益分配上的矛盾决定了他们在合同中特有的经济关系,它与国际合同有着明显的差别。为此,我国的合同条件必须运用国家现行的法律、法规和规章作出必要的规定以防止出现不公平的合同和合同管理中的不公正行为。特别是当前我国的建筑市场处于任务不足、求大于供的情况下更需防止这种不公正倾向。

3. 适应我国经济深化改革的需要,与我国当前推行的建设管理体制相接轨　我国近年来在建设体制改革中确立的项目法人责任制、招标投标制和工程监理制,是采取以项目法人授权监理单位作为合同管理的主体对工程建设进行全过程控制的"小"业主、"大"监理管理模式,这一模式与FIDIC土建合同条件红皮本所确立的以工程师为中心的合同管理模式基本一致,也适应我国现阶段建设市场经济初期的现实情况。为此,本《合同条件》吸取FIDIC土建合同条件的基本经验,在发包方的授权下,确立监理单位在合同管理中的主导地位,监理单位除按合同规定履行其三大控制的职责外,还赋予其第三方职能,协调解决发、承包双方的合同争议,并作出公正的决定以保证合同的正常履行。

4. 改进FIDIC合同条件在编制结构上的缺点,按中国人的思维逻辑和汉语表达方式确定编制框架和编写其条款内容　FIDIC土建工程合同条件第四版(红皮本)的编制结构存在着编排顺序和层次不够清楚以及相关内容叙述比较分散的缺点,不适合中国人的阅读习惯。本《合同条件》按中国人的思维逻辑对合同条款进行了分类编排,并按汉语的语言结构和文字表达

方式编写其内容，避免照搬FIDIC合同条件西语中译的文字结构，以使本《合同条件》具有汉语文字的准确寓意。

三、《合同条件》与当前国内招标合同相比的主要差别

1. 确立监理单位在合同管理中的主导地位，建立以监理单位对合同进行全面控制管理的操作程序　针对目前国内招标合同中监理体制尚不够完善以及发包方过多地直接参与现场合同管理而形成“大”业主、“小”监理模式的多层次管理带来的问题。本《合同条件》确立了监理单位在工程合同管理中的主导地位，发承包双方和监理单位为共同实现合同目标的相互合作又相互制约的合同关系，建立一套围绕进度、质量和造价三大控制为主线，并按严格的时限要求运作的操作程序以保证合同有条不紊地实施。

2. 明确划分合同双方的责任、权利和义务　当前国内招标使用的各种版本合同存在的一个普遍性问题是合同双方（包括监理单位）的责任界限不清楚，双方在执行合同过程中往往作出有利于自己的不同解释和出现偏离合同的行为而引起合同争议。

本《合同条件》以专门条款列出合同双方在实施本合同中的一般责任和义务，并在三大控制的操作性条款中以公正公平的原则划清合同双方和监理单位的具体责任界限和各自应尽的义务，详细规定当一方违反合同时，另一方所拥有的权利以及应赋予监理单位公正履行监理职责的权力。

3. 加强工程材料和设备的管理，明确划清对材料和设备不同的提供方式中各方应负的合同责任　本《合同条件》原则上建议由承包方承担工程材料和设备的采购、验收、运输和保管的全部责任。除本《合同条件》规定工程设备应由发包方直接提供外，不推荐由发包方自行采购材料后再向承包方提供以减轻发包方对材料的管理责任，并避免由于材料供应上的责任交叉而形成过多的争议和索赔，防止发生以往材料管理工作中的弊端。若确有必要，发包方可采用指定材料和设备供应来源的方式，但发包方还应承担由于其介入而造成承包方费用增加和工期延误的责任。

4. 改善投标环境，限定工程预付款的最低数额　当前国内一些招标工程，在资金不到位情况下仓促开工而将资金困难转嫁给承包方，常在招标条件中过分压低预付款额度，甚至出现要求承包方带资营建的不合理作法。

鉴于我国水利水电施工企业普遍存在着财务能力薄弱和流动资金不足的现状，本《合同条件》规定了在任何情况下预付款金额不少于10%合同总价及第一次预付款金额应不小于预付款总金额50%的最低限额以保障工程顺利开工建设。

5. 加强承包方的质量责任，制定严格的质量监理程序，强化监理单位的质量否决权　针对我国近年来一些水利水电工程出现严重质量问题的状况以及国内招标工程中质量监理欠严的现象，本《合同条件》从工程材料和设备的采购运输、试验检验、现场检查、工程验收和维修保养等全部施工过程（包括工艺）进行全面的监理，条款中强调了承包方对工程质量的责任。

6. 规范价格调整办法，推荐应用公式法调价　针对当前国内招标工程中普遍采用的证据法调价出现的不规范行为和某些工程不公正地转嫁价格风险的作法，本《合同条件》推荐采用公式法调价，并提出以合理分担价格风险的原则确定可调因子、定值权重和变值权重。由于我国现行的价格指数公布的体制尚不完善，在本《合同条件》施行中同时应选点摸索经验，以进一步完善公式法调价的内容。

7. 加强合同观念，树立对索赔的正确认识，制定公正的违约处罚和合理索赔的管理程序　当前的国内招标合同中普遍缺乏严格的变更、违约和索赔的条款，以致造成在履行合同过程中经常出现发生争议后无章可循的局面，造成问题大量积累而冲击了合同的严肃性和权威性。

本《合同条件》吸取FIDIC合同条件的经验，对变更的定义和程序、违约的责任和制约措施、索赔的前提和处理办法等作了详细的规定以保证合同的正常履行，提高合同的权威性。

8. 引入合同争议评审、调解机制，完善解决合同争议的程序　近年来，在国内招标合同中，某些工程由于发、承包双方的合同争议得不到及时解决而影响了工程的进展，甚至诱发劳资矛盾。

本《合同条件》吸取国际和国内某些工程解决合同争议的经验，引入了合同争议评审、调解机制，当监理单位的决定无法使合同双方或其中一方接受而引成争议时，通过由双方自愿聘请的争议评审组或行业经济合同争议调解机构进行调解和友好协商，进一步寻求合理解决争议的途径，以尽量避免使用仲裁和诉讼手段。

四、《合同条件》颁布施行的重要意义

《水利水电工程土建工程施工合同条件》是电力工业部、水利部和国家工商行政管理局共同颁布的部门规章，是规范水利水电工程招投标市场的重要文件，它的推行有利于维护发、承包双方的合法权益；有利于保证合同的公正性；有利于提高水利水电工程的建设管理水平。从目前我国水利水电工程建设管理的现状看，要全面地施行新《合同条件》还需要行业主管部门、投资者和建设各方统一认识，克服阻力，采取有效措施力

促其实施，并在今后的实施中不断充实完善范本内容和相应的管理制度，以引导水利水电工程的招投标和合同管理在公正公平的基础上健康有序地向前发展。电力工业部已经把《合同条件》的推行确定为深化水利水电建设管理体制改革的一项重要工作，并将会同国家工商局等有关部门跟踪调查《合同条件》的施行情况，同时积极为《合同条件》的施行搞好服务。

（华东勘测设计研究院　陈纪伦
电力工业部水电农电司　郭占池）

三峡工程建设管理体制概述

三峡工程建设的管理体制是党中央、国务院确定的，是在社会主义市场经济体制不断推进和深化改革、扩大开放的大背景下产生的，也是中国基本建设管理体制十多年来改革深化的继续和发展。

这个管理体制分为两个层次，首先明确了项目法人与国家宏观调控的关系。国务院组建了高层次的三峡工程建设委员会，是三峡建设的最高决策机构，但不具体组织指挥工程建设，确立中国长江三峡工程开发总公司为三峡工程建设项目法人，对工程建设向国家总负责；然后明确了项目法人组织工程建设的运行机制，即招投标制、工程监理制与合同管理制，解决了引入竞争机制，择优选择施工承建队伍与材料、设备供应商的问题，使市场对资源配置的基础作用得以发挥。

中国长江三峡开发总公司按照国家关于项目法人在项目筹划、筹资、建设、运营、还贷、资产保值和增值等六个方面所赋予的职责，按照工程实施质量、工期、造价“三控制”的目标，按照国家颁发的“企业法”有关规定，有机地把工程建设与投产后的运营，把工程投资的投入运用与长远的资金运作，把当前三峡建设与长江中上游水能资源的滚动开发，把工程建设与企业经营等结合起来，力求不断完善中央确定的三峡建设管理体制，为中国大型基本建设项目的建设和经营走出一条社会主义市场经济之路。

三峡管理机制运行近五年，已取得丰硕成果。在工程建设方面，资金到位良好，预计至1997年底将筹集资金295.40亿元，其中国家注入资本金为158.50亿元，银行贷款119.00亿元，发行企业债券10亿元，出口信贷近6000万元。枢纽工程和水库移民总计完成固定资产投资284.40亿元，其中枢纽工程静态投资128.80亿元，无论静态还是动态投资均控制在初设概算和预测投资范围内。通过招标，已形成由葛洲坝集团等五家中国最有实力的水电集团组合的施工格局，工程质量和形象进度均满足设计要求，在1997年11月实现大江截流后，顺利转入1998年～2003年的二期工程施工。在长远衔接方面，已着手三峡——葛洲坝水利枢纽的管理、调度的筹备工作，并投资金沙江溪落渡、向家坝两电站的可行性研究工作，为三峡发电后金沙江水能资源开发工作做准备。

（中国长江三峡工程开发总公司　贺　恭）

三峡工程建设管理的回顾与展望

1997年11月8日，三峡工程胜利地高质量地实现了大江截流。至此，三峡工程建设的第一阶段划了一个句号，第二阶段建设拉开了序幕。三峡工程的准备工程阶段基本结束，主体工程的建设将正式开始，我们将向2003年首批机组发电的第二阶段目标前进。

（一）第一阶段的初步总结

1993年～1997年，三峡工程建设取得了巨大成就。对此，国务院三峡建设委员会第一阶段工程验收领导小组已作出这样的结论：工程建设进度满足设计进度要求，并略有提前；工程质量总体良好，满足了设计要求；工程静态、动态投资均控制在国家批准初设概算及预测投资范围内；大江截流准备工作良好，可在11月上旬实现截流；截流后可顺利转入第二阶段工程建设。这“五句话”的结论已得到国务院常务会议的批准。

1．三个小阶段的工作　从工程建设的角度看，五年又可以大体划分为三个小阶段，三段又有交叉。①第一阶段主要是工程的前期准备，如一期围堰填筑、场内外交通、场地平整、供电、供水、房建及一些辅助附属性设施（初期的砂石、拌和系统等），这一阶段主要是1993年～1994年，之后迎来了1994年12月的正式开工。②第二阶段主要是第一阶段的开挖和混凝土浇筑，这是第一阶段工程建设的主要任务，贯穿于第一阶段的全过程，主要集中在1994年中至1995、1996年。几个主要的工程项目在这一阶段全面展开，如导流明渠开挖与纵向围堰混凝土浇筑，临时船闸、升船机及下航道的开挖和混凝土浇筑，永久船闸的开挖（含地下工程的开挖），1#～6#机组厂坝段的预开挖等。③第三阶段着重是大江截流及二期围堰施工的准备，从1996年至1997年集中力量进行准备，主要抓了围堰及截流填筑料的备料，围堰防渗墙造孔成墙的设备及工艺试验及大江截流与明渠导流通航的试验等，保证了大江截流的成功和明渠通航。

2．五年的成果　从工程建设管理的角度首要的是确定并逐步健全了三峡工程建设管理的体制，这里既有宏观控制的体制，也有中观和微观的管理和运行的机制。通常所说的“四制”，即项目法人负责制、招投标制、合同管理制和工程监理制，在实践中摸索了经验，进一步深化并在具体操作机制上有所发展，这就是已经开展并将继续深化的项目管理责任制，它将有机地把设计、监理、施工与项目法人的代表（项目负责人）组合在一起，形成一个依据清楚、职责明确、制度规范、协调有序的运行方式，把每个项目的建设管理目标落在实处，从而保证三峡工程建设的大目标得以实现。这个体制，从宏观上也能保证项目法人对国家负责，国家及宏观管理部门就是要紧紧抓住项目法人，既为其创造外部良好的建设环境，又从总体上指导检查推动其工作，而不需陷于具体的工程业务及建设各方关系的协调上，也只有这样才能把项目法人负责制的体制真正地建立起来。五年的实践已说明，党中央、国务院和国务院三峡建设委员会为三峡工程建设所确定的管理体制以及在实践中进一步丰富、发展的运行机制是完全正确的，是充满了生命力的，其内涵是完全符合社会主义市场经济体制和大型工程建设规律的。虽然在运行中，由于权益和视角的不同，认识不尽统一，运行中也有撞击和摩擦，但方向已确定，步子已迈出，成果已显见，经过进一步的实践，一个具有中国特色的现代科学管理的新模式一定可以在三峡工程中形成。第二，在上述总体制的框架内，围绕着工程建设目标，项目法人——中国长江三峡开发总公司（以下简称三峡总公司）已逐步确立了五个方面的主要管理线路。一是重大技术问题的科学民主决策体系；二是以合理控制投资为中心的静、动态概算投资管理体系；三是以质量为中心的实施进度、质量、造价三控制的工程管理体系；四是物资、设备的后勤保障体系；五是既立足三峡基金，又逐步打开各种渠道的筹资、融资管理体系等。有了这样几方面的管理体系，就使项目法人组织管理工程、落实合同甲方的责任有了保证。五年实践的成果，即本文开头引用的三峡建设委员会验收结论，主要是这些管理体系正常成功运行的结果。第三，在三峡工程建设的指导思想上明确并实施工程建设与环境建设同步；施工管理与社区管理同步；力求使 15.28km² 的三峡坝区的环境在施工期间就朝着未来的总体规划目标前进。工程启动伊始，三峡总公司就从两个方面抓环保工作，一是成立环保管理部门，制定施工环保规划，并主动争取政府环保部门指导；二是在工程实施过程中，将环保内容纳入到合同管理中，使得现场几方合作将环保工作做好。同时，在地方政府的协助支持下，实施作业区封闭管理和社会行政管理及整个坝区的文明小区建设。如今的坝区已是一个工矿式的新型社区，秩序井然、环境优美、功能齐全，已为今后逐步发展成为自然保护和旅游开发区打下了基础，也为大型工程工区的管理提供了经验。实践也使人们深深认识到，可持续发展战略，环保工作是要从细小的工作入手，日积月累的抓起来才能奏效。

3. 存在的问题　三峡工程建设管理还存在不少问题，需进一步解决好。直观的问题和社会上一些舆论主要是两个方面。一是工程质量问题；二是招投标价格问题。如何正视并全面准确地分析这些问题，曾有一段时间，仁者见仁、智者见智，众说纷纭。三峡建设委员会验收组和三峡总公司请来的高级专家检查咨询组已对一期工程的质量问题有了科学的实事求是的评价。工程运行中，总体质量良好，但也确实存在着局部质量缺陷的问题，有些还需进一步检查处理。三峡工程建设的各方面，尤其是施工单位，必须从对国家负责的高度来认识和解决好质量方面的问题。出现质量问题，究其深层次的原因，是在市场经济机制下，一些企业片面追求进度和效益，对质量有所放松，质量管理弱化。因此，必须下决心强化质量管理的自我约束和监督的双重机制。对于招投标价格方面问题，要作客观分析。招投标的目的是通过各种竞争方式择优选择合适的施工承包商，而所谓“优”是对承包商投标的综合评判，包括施工业绩和投标技术方案的科学先进，报价的合理，这些都是要同竞争对手去进行比较的。这样，中标者的价格（即合同价格）已远不能与计划经济年代的敞开花钱及概算包干可比。竞争中标后又通过合同的约束，迫使承包商去优化管理，努力实现自己投标时对管理和价格的承诺。因此，从这一意义上说，招投标的价格不可能高。从三峡工程建设数年实践的情况及与全国水电工程招投标的价格行情水平比，三峡工程的价格水平并不低，有不少还是比较高的。对于招标实施过程中出现的少量项目价格偏低的情况，依据合同变更或索赔程序，根据工程进展的实际，项目法人已采取各种较为宽松的措施予以逐步解决。笔者再作一点深层次的分析，一方面，市场经济机制推开过程中，我们一些企业仍不能正视市场竞争严酷的现实，仍不能从思想观念、管理体制、资源的优化配置等方面去适应新的机制。当然从另一方面分析，市场经济的法则（招投标也是法则之一）确需进一步完善和规范，施工企业的合法、合理、正常的权益应当予以承认和保护。上述两个方面的工作均不能偏废，但前者的解决更为重要。

二、第二阶段工作

三峡工程第二阶段的建设任务就要展开。实际上，截流后二期围堰的填筑和防渗墙的施工、1#～6#厂坝段混凝土陆续开始浇筑，以及为基坑混凝土浇筑所准备的拌和、砂石系统的建设等均已拉开了第二阶段建设的序幕。

（一）十项任务

第二阶段建设从 1998 年至 2003 年共六年，建设任务十分繁重和复杂，是三峡建设 17 年三个阶段中最关键的阶段。这一阶段建设的主要工程项目可列出十项：①大坝及电站厂房的开挖、混凝土浇筑及金属结构制造安装工程；②永久船闸二期开挖及混凝土浇筑（含地下输水系统）；③升船机土建工程（主要是混凝土浇注）；④茅坪防护坝工程；⑤右岸厂坝开挖及混凝土浇筑工程（含地下电站进水口）；⑥导流明渠封堵工程（长江二次截流）；⑦三期碾压混凝土挡水围堰工程；⑧左岸厂房水轮发电机组制造及安装工程；⑨输变电送出工程；⑩永久船闸金属结构及机电制造和安装工程等。除上述项目外，与一期工程相衔接的二期围堰及临时船闸工程也在第二阶段初期要完成。此外，地下电站工程的提前兴建在确定后也将在第二阶段展开。上述项目总的工程量和强度是国内外大型水电建设所空前的。根据初步设计及技术设计后的各类工程量为：土石方开挖 3625 万 m^3，土石方填筑 1594 万 m^3，混凝土浇筑 1978 万 m^3；防渗墙施工 11.5 万 m^2，固结灌浆 40 万 m，帷幕灌浆 23 万 m；金属结构制作安装 24.2 万 t，安装机组（2003 年首批发电）5 台，350 万 kW。年强度为：土石方开挖 1279 万 m^3（出现在 1998 年），土石方填筑 395 万 m^3（出现在 2002 年），混凝土浇注 514 万 m^3（出现在 2000 年），防渗墙 6.84 万 m^2（出现在 1998 年），金属结构安装 6.78 万 t（出现在 2002 年）。经过初步测算，总的动态投资水平大体为 820 亿元，其中静态投资（1993 年 5 月不变价格）为 395 亿元。静态投资中，枢纽静态投资为 246.8 亿元，库区淹没补偿费为 148 亿元。目前，详尽的第二阶段工程实施进度和分年投资计划正在编制之中。

（二）加强现代科学管理

要全面地完成第二阶段的建设任务，必须在总结第一阶段建设的基础上，全面推进现代科学管理，再加上动态优化的设计技术方案和科学合理的施工措施，再加上先进精良的配套施工装备，即把管理、技术、设备三者结合好，那么，完成这阶段的建设任务就有了可靠的保证。

通过对第二阶段工程任务的论证和准备，应当说，技术准备和施工设备的准备是较为充足和及时的，当然在实施过程中，有不少技术问题还需要进一步优化；施工设备还需进一步做好配套，特别要做好设备的运行管理工作。而现代化的科学管理，经过一期工程的实践，虽取得了一些经验，但还需进一步加强和提高。在大型项目的管理中，现代科学管理要遵循和运用几条基本规律或原则，一是社会主义市场经济的规律；二是系统工程的方法；三是投入产出的原则；四是行为科学的基本原理；五是信息工程的运用。通过上述规律和原则的综合运用，使得人、财、物等资源能够优化配置，取得质量、进度和投资控制的最佳成果及获得项目的最终效益。

基于这样的思路，在三峡工程第二阶段建设中，要在合同管理、质量管理和项目管理以及精神文明建设上下功夫，四者的地位和关系应当是：合同是管理的依据，质量是管理的目的，项目管理是管理的形式，精神文明建设是管理的保证。

1. 严格合同管理　经过竞争投标和择优选择而形成的合同，是三峡工程建设市场的基本法则，是甲乙方责任、权利、义务的契约和制约，是工程建设管理的唯一依据，因此，必须按此进行严格管理。除甲乙方自觉接受并执行合同的约束外，监理工程师更应按合同条款进行严格的管理。特别要注意几种情况：一是要坚决杜绝对合同条款进行软化或弱化处理，坚决按规定执行；二是合同的综合管理，即各类相关合同，如土建和安装，建安和设计，建筑和设备等，要协调好相互的关系，防止因相互关系处理不好而影响合同的执行；三是严格把好变更和索赔的关，按条款规定，分清责任，记录好原始资料，必要时还得经公证部门等权威中介或上级部门仲裁。

2. 切实建立健全完整的科学的质量管理体系

在前文中已述及，在计划经济和市场经济转变的过程中，质量有弱化的现象。第一阶段工程出现的质量问题，很大的一部分原因在于此。因此，在全工地要确立以质量为中心的质量、进度、造价三控制的目标，并用健全的质量管理体系来保证这个目标的实现。所谓完整的科学的质量管理体系，包括着自我约束机制、监督机制以及激励（奖、惩）机制，缺一不可。自我约束机制主要是施工企业应当建立健全的机制，要在过去质量“三检制”的基础上进一步拓宽为全员岗位质量责任制。监督机制是以监理工程师履行监理职责为主，加以项目法人、国家质量管理部门进行监督检查的机制。关键是制度、法规、合同条款关于质量的规定要规范和监督检查的严密、严格以及过程中的跟踪检查。激励机制的建立健全是必须的，不仅质量好的要奖，出现了重大质量事故也要坚决地罚。质量管理过程中的各个环节、部门均要落实岗位责任制，把单位行政主要领导质量负责制落实到岗位直至基层。

3. 搞好并强化项目管理　建立各个项目的业主、施工、设计、监理的项目负责联锁责任制是实现质量、工期、造价“三控制”，落实项目合同目标的最重要的组织形式。这个联锁责任制的核心和枢纽是项目法人在该项目的代表，即三峡总公司在该项目的负责人（下步可称之为项目经理）；项目的实施责任者是施工承包企业在该项目的负责人，要负责按项目法组织施工；项目技术保证的责任者是设计单位在该项目的负责人，要对设计方案和技术供应负责；项目监理的责任者是该项目的监理工程师负责人，要对该项目的合同进行全面的监理。建立健全项目管理责任制的理论依据之一是系统工程的管理理论，它将一个大系统分解为若干个小系统（项目）进行管理，并按照网络的方法，又将若干小系统组合为大系统，从而通过小系统（项目）的实现来保证大系统工程的完成；依据之二是竞争机制和激励的原则，每个项目的负责人要落实其应有的责任，授以必要的权利，付予适当的利益，并在项目间的联锁竞争中实现自己的责任，才能彻底改变“大家都负责，实际都没责”的“大锅饭”局面，使项目的目标落到实处。三峡工程既是一个宏大的庞杂的工程，又是有机地将若干项目组合在一起的大系统工程；而项目法人责任制又必须经过分解和延伸，通过逐级逐层的实施来保证项目法人对国家负责的目标，因此，下决心在第一阶段工程中已经初步运行的项目负责制的基础上进一步推进和强化。施工承包企业按项目法组织施工，已有一些企业尝到了资源优化配置，投入少而精，产出多而好的甜头，还有一些企业仍没有完全突破，在第二阶段施工，只有按项目法组织而别无他路。

4. 进一步加强三峡施工作业区和建设者的精神文明建设，形成好的建设环境，造就好的队伍　在三峡工程建设现场，聚集的大多是水利水电行业的精英队伍，在这里，不仅要讲物质，更要讲精神；不仅要讲效益，更要讲奉献；不仅要创造好的环境条件，更要强调艰苦奋斗的精神。在第二阶段建设开始之际，我们要本着这样的境界，按照党的十五大的精神，按照江泽民总书记、李鹏总理在三峡工程大江截流时的重要讲话精神，全面地将三峡工程建设推向一个新的水平，让全国人民放心，在2003年向国家和人民交付更好的答卷。

（中国长江三峡工程开发总公司　贺　恭）

二滩水电站建设管理

二滩水电站位于四川省攀枝花市的雅砻江下游河段。装机总容量330万kW，即六台55万kW的水轮发电机组，多年平均发电量为170亿kW·h，保证出力100万kW，年利用小时5162h。二滩水电站是我国“九五”期间竣工投产的最大水电站。电站建成后是四川省电网的大型骨干电源点，其容量为四川省电网容量的30%，电量占电网总电量的25%。

该电站的工程枢纽包括：国内最高的240m溢流式抛物线型双曲拱坝；水库总库容58亿m^3；地下厂房长280m，宽25.5m，高65m；相关的庞大的地下洞室群；右岸两条泄洪洞和左岸过木机道。

二滩水电站主体工程总工期为9年，到第一台机组投产，工期为7年。主要进度工期为：1991年9月14日主体工程开工；1993年11月26日雅砻江截流；1998年5月水库开始蓄水；1998年7月第一台机组投产，以后每4个月投产一台机组，2000年全部竣工。

二滩水电站由国家和四川省出资建设，并利用世界银行贷款和国外融资共9.3亿美元。二滩水电站建设管理的特点如下。

一、按公司法组建公司，转换经营机制，逐步建立现代企业制度

为建设二滩水电站，在筹建初期，国家计委决定由原水电部和四川省组建二滩水电开发公司，由公司负责项目建设的资金筹集和偿还，成为以水电开发为主的现代企业雏形。1995年初，依据《公司法》将公司改组为二滩水电开发有限责任公司，出资各方（国家开发投资公司、四川省投资集团公司、四川省电力公司）签订合资协议，明确了各投资方的投资比例和投资者权益，制定了符合法律的公司章程，组成了董事会和监事会，形成了二滩公司的决策层；由董事会聘任总经理、副总经理、总工程师和总会计师，形成公司的经营管理层。为保证项目建设和管理的正常运行，有限责任公司按《公司法》所指明的方向及目标逐步建立了适应市场经营要求、产权清晰、责权明确、政企分开、管理科学的现代企业制度。

二、逐步实行企业法人责任制，建立项目业主在工程建设管理中的主导地位

企业法人对项目的策划、资金的筹措、建设的实施、生产运行经营和全部贷款本息的偿还，以及资产的增值和保值负全责。

在项目建设期，各股东方和公司的董事会协调解决筹资问题，落实建设资金，确保工程按合理工期和合同规定的进度实施。在施工期的高峰年，各股东在承诺履行各自所承担的筹资责任的同时，还要充分协商，相互理解和支持，在国家计委的支持下，寻求各种筹资渠道，落实新的筹资政策，缓解资金到位的矛盾，有力地推动了工程的进展。

项目业主全面推行招投标制、工程监理制和合同管理制，并认真履行各有关合同中的业主职责。包括：对项目合理地分标；按世行导则规定的程序进行招标，选择有能力的承包商、供货商和各类服务单位，并与之签约；根据项目目标要求，合理统筹各项合同之间的相互衔接，进行系统工程管理；按合同规定为项目建设提供指定的当地材料和永久设备，以及工程所在地的一系列当地支持条件（施工占地、移民迁置、施工供电、对外交通和通信、现场安全和治安管理等）以及完善和补充合同，处理合同争议等。

三、全面推行各种形式的招投标，坚持公平竞争，选择最优的承包商

由于二滩水电项目利用了较大额度的世界银行贷

款，所以主要工程项目全部采用了国际竞争性招标，其余的相关项目也通过各种形式实行了国内招标。项目业主坚持公平竞争，选择合理报价。

二滩水电项目的招标工作历时8年，自1989年开始，1991年完成价款相当于40亿人民币的主体工程国际竞争性招标工作，使工程开始得以全方位与国际接轨；其他相关的工程和机电安装也逐步完成国内招标；1996年完成水轮机、发电机及附属设备等十项价款共为2.5亿美元的国际采购招标工作，以及数百项价款共为5亿人民币的国内采购招标工作；使中外合作生产的55万kW水轮机组成为现实，使我国的水轮发电机生产从32万kW跃到55万kW的水平。

四、按照国际通用的FIDIC合同机制，实行工程建设监理制

国际通用的FIDIC合同机制的前提是：需要设立相对独立的工程师去管理业主和承包商之间的合同实施，工程师不属于施工承包合同的一方，但他在项目的建设管理中起着很重要的作用。二滩工程公司是二滩水电项目的监理工程师单位，其主要职责是受业主委托，全权监督承包商的施工过程、管理业主与承包商的合同事宜，包括：工程进度控制、质量控制、资源控制和现场协调。

在项目建设期间，监理工程师常驻施工现场，及时向承包商发布信息和指示，评价承包商的施工计划和程序以及各种建议，检验材料和工艺是否符合技术规范，对已完工作进行计量，颁发对承包商的支付签证。同时，工程师要独立公正地处理工程变更和价格调整、评价索赔和延误、决定争议、解释合同中有关规定以及颁发竣工移交证书等。

工程师必须熟悉工程建设的程序和方法，遵循项目建设的动态变化规律，及时且妥当地对现场出现的各种问题作出快速反应，综合权衡和统筹选择有利于进度、质量和成本三项目标的最优决策。

二滩工程规模巨大，技术复杂，场地狭窄，由几个承包商同时施工，工程师依据项目的整体计划及各项工作的优先顺序协调承包商之间的施工交叉、干扰和衔接，使二滩施工现场建立一整套有条不紊的秩序。

由于实行工程建设监理制，二滩工程的主要进度里程碑均按原定目标得以实现；工程建设的质量标准符合规范要求，获得国内外专家的好评；概算目标得到良好的控制。二滩监理工程师的作用获得了国内外承包商和咨询专家的认可，并积累了规范化的监理工作经验。

五、认真实行合同管理制，努力和国际惯例接轨

二滩水电项目的施工、监理设计、供货、咨询以及后勤服务均是以合同的方式来规范双方的行为，明确双方的责任，所以整个项目都是以合同作为杠杆和桥梁来联系各方。各方完成了合同规定的责任，也就得到了合同规定的各方应得的利益。因此，整个项目就变成了一个庞大的合同管理系统，而其中最为重要的是项目中的国际合同。多数国际合同都由业主与外国公司为责任方的中外联营体签订，它明确地规定了合同双方的责任、权利和利益，以及履约的程序和方法。由于合同双方都认真地执行合同，项目建设就有条不紊地进行。

业主、工程师和承包商之间的合作与配合是使合同顺利实施的重要基础。二滩项目合同实施中，业主、工程师和承包商建立了良好的合作关系，在进度和质量的目标上取得共识。尽管合同双方有着各自的经济利益，但仍然是以合作为主的合同对手。

二滩项目在国际合同管理工作中充分发挥了外国咨询专家组的作用，美国HARZA和挪威AGN所组成的二滩咨询专家组自始至终参与了有关合同变更处理、索赔和延误评价、争议听证等合同管理工作，对业主和工程师应用FIDIC合同机制，和国际惯例接轨给予了重要的指导和帮助。

为了公正合理地调解业主和承包商的合同利益，二滩项目在国内首次引进了国际争议评审团(DRB)的机制，争议评审团对合同中出现的重大索赔和争议予以听证后，提出权威性的建议，以避免合同双方步入耗时耗资的仲裁程序。该机制在二滩合同实施中发挥了积极作用，截至1996年底，先后听证了14项争议，并提出许多促进双方合同管理的建议。

六、实行建设、生产、经营和流域开发一体化管理

在项目建设过程中，开发有限责任公司作为独立电力生产企业，建立了有效的工期、质量、成本三大控制体系，同时，统筹研究建设成本、电价以及还贷的相互关系，以满足还贷要求，保障投资者的合法利益，以及缴纳国家规定的税费。

为了保证电站投产后的高效和安全运行生产，1996年二滩水电开发有限责任公司组建了二滩水力发电厂，进行了上岗培训，建立了有关生产规程和制度。

为了提高二滩电站的年发电量及相应的保证率，二滩水电开发有限责任公司专门与国内外有关单位合作，对水库优化调度、电站优化运行作了专题研究，以

便使电站投产后获得最大经济效益。

为了保证按期还贷和企业的发展，在研究四川电力市场的基础上，1995年开发有限责任公司和四川省电力局签订了购销电协议，规定了年销售电量和汛期最低收购电量、电价计算原则、经济责任和奖惩办法。1997年，在研究和测算电价的基础上，进一步着手准备上网协议、电力调度协议和电价结算协议的有关工作。

以二滩水电站为基础，实行"流域、梯级、滚动、综合开发"是二滩水电开发有限责任公司的发展方针。二滩水电开发有限责任公司已对雅砻江所规划的锦屏一级、锦屏二级、官地、桐子林四个梯级电站的前期勘察和设计工作注入了资金，为二滩的后继项目奠定了基础，从而形成了流域滚动开发的新格局。

(二滩水电开发有限责任公司　王音辉)

广州抽水蓄能电站二期工程项目管理

广州抽水蓄能电站(以下简称广蓄)二期工程装机120万kW，1994年9月主体工程正式开工，计划1998年四季度首台机发电，1999年全部建成。目前，工程进展顺利，土建施工已接近尾声，机电设备安装逐步进入高峰。广蓄二期建设管理，在坚持和完善一期建设管理体制改革的基础上，着重在科学管理上下功夫，通过科学实现项目建设的高效益。经过参建各方共同努力，二期工程项目管理水平比一期更前进了一步。其中较突出的是基本做到了均衡生产、文明施工，合同管理水平也有较大提高。

一、优化进度管理，实施均衡生产、文明施工

广蓄一期工程从主体工程开工到第一台机组发电只用了49个月，创造了一流的建设速度。但由于客观上没有准备工期，总工期很紧，进度管理上不是很科学，施工过程中高峰重叠，不得不采取搞会战的方法抢速度。为此，施工单位付出了艰辛的劳动，业主单位也付出了很大的经济代价。

总结一期工程经验教训，充分利用一期工程连续施工，场地、道路等客观条件较好的有利条件，按均衡生产、文明施工的方针组织二期工程施工。

(1)制定科学合理的进度计划。在策划二期工程建设工期时，我们充分考虑了现场的施工条件、施工能力，以及广东电网的发展规划，再结合一、二期工程连续施工，二期机电设备引进合同等工程实际情况，制定了1994年9月开工，1998年底发电，1999年建成的总体施工计划。按照这一总体计划，我们与施工单位一道按照均衡生产的方针优化施工进度计划，尽可能将高峰削低，将土建高峰与安装高峰错开，将两条斜井的施工错开，将引水及尾水钢管的焊接与蜗壳尾水管焊接错开，对施工难度大、工期长的项目(如斜井、尾水洞等)尽早安排开工，避免同时出现一条以上的施工关键路线。

(2)实施全过程目标管理。在工程进度上实施目标管理，是近年来水电建设中广泛采用的管理方法，但过去目标管理主要是由施工单位实施，而业主只着重于总目标，由于施工过程中分项分段目标管理不力，往往造成总进度目标无法按期完成。广蓄二期工程实施过程的目标管理，按总进度目标分解制定每个单项工程及每个主要工序的进度目标，利用先进的计算机网络进度技术随时检查分析当前的进度与总进度目标的差距，发现问题后，及时与施工、监理研究解决措施。在施工承包合同中规定对进度管理实行节点考核，在支付施工单位的进度款时，扣留3%的进度保证金，当施工单位在某一施工项目完成时的进度达到节点考核目标时，则该项目的进度保证金予以退还，若某一项目完成时的进度未达到节点考核目标，则该项目的进度保证金不予退还，直到在后续的工序抢回进度并达到节点考核目标时，进度保证金才予退还。另外，由于在合同价格中施工单位承担了部分价格上涨的风险，工期施工拖后不单是业主有损失，施工单位在经济上也有损失。为了避免或降低风险，施工单位当然是尽力将进度向前赶。到目前为止，工程施工基本上按开工时制定的进度计划实施，部分项目略有提前，没有为抢工期而搞会战，业主也未增加赶工费。

二、完善合同管理，有效控制投资

广蓄一期工程单位千瓦投资2550元(包括输变电工程，仅电站本月2236元)，是近年来同类电站建设投资最低水平。总结一期工程经验教训，在二期工程中改进和完善合同管理，在全面理顺业主与承包商的经济关系，保障施工单位合理利润的前提下，有效控制工程投资。搞好合同管理，就是要使业主承包商的利益统一到工程建设成果上。工程搞得好，业主从减少投资和工程投产后得到经济效益，而承包商则在完成工程施工中取得合理的利润。然而，水电项目施工过程变化因素多，合同不可能包罗万象，搞好合同管理必须妥善处理好各种变化因素的影响。对此，我们的原则是：既坚持合同管理，又实事求是地解决问题；既不作修正概算，又使施工有合理利润。

在制定合同价格时，不死搬硬套概预算定额，而是根据工程实际，合理制定合同价格，在与施工单位议标谈判时，根据工程实际和市场价格等因素，按照利益共享，风险分担的原则商订《广蓄二期工程报价原则》

(以下简称《报价原则》)。该《报价原则》对影响合同价格的人工、材料、机械、风、水、电等基础单价,地下工程超挖超填以及各种费用的计取等都作了详细的规定,以此作为广蓄二期工程合同价格的指导原则,使合同价格更符合工程实际,并不再随定额,或有关政策的调整而变动。几年来的实践证明,《报价原则》制定的合同价格,基本上反映了广蓄二期工程的实际,也充分体现了业主与承包商各自的利益。

实行规范化、表格化及电算化的合同管理,提高合同管理水平。在议标签订合同之前及签订合同的同时,业主与承包商先后签订了《报价原则》及《合同结算办法》,《报价原则》作为合同管理的指导原则,《结算办法》则作为合同管理的操作规程,从而使合同管理有法可依,有规可循。在合同管理中全面实行表格化操作,合同执行过程中每一环节的操作结果都用表格的形式反映,使合同执行过程的操作结果都有清楚的记录,而且双方的记录是完全一致的,从而减少误会或争执。利用计算机辅助进行合同管理,以提高工作效率、保证准确性及减少人为失误。

广蓄二期合同管理水平与一期相比,确实有了较大的提高。开工三年多来,施工单位没有提出任何索赔或补偿要求,合同双方未发生过工程经济争执,将主要精力放在搞好工程建设上。成功的合同管理,既保证了施工单位的利益,也有效地控制了工程投资,主要施工单位水电第十四工程局全员劳动生产率达到10万元/(人·年),施工利润率估计可达8%以上。按目前的情况测算,二期工程单位千瓦投资可望控制在3300元以下(连同输变电工程),仍是较低的水平。

在总工期与一期工程基本相同的情况下,二期工程进度管理上初步实现了均衡生产、文明施工的成果。一期主体工程施工高峰人数近3000人,二期只有1200人;一期主要施工设备三臂台车12台,混凝土搅拌车16台,二期三臂台车只有7台,混凝土搅拌只有10台。二期工程施工基本改变了过去水电工地脏乱差的形象,施工现场整洁干净、井井有条。均衡生产、文明施工使施工单位降低了成本,提高了利润,业主单位有效地控制了投资,双方合作关系良好,虽然是合同甲、乙双方,但体现了社会主义的精神风貌,亲切和谐,大家都为工程优质低耗而共同努力。

(广东抽水蓄能电站联营公司 罗绍基)

莲花水电站项目管理

莲花水电站位于黑龙江省海林市木兰集村下游2km处的牡丹江干流上,距牡丹江市210km。电站装机总容量55万kW,是目前黑龙江省最大的水电站。水库总容积41.8亿m^3。是一座不完全多年调节水库。该工程以发电为主,主要承担黑龙江省电网的调峰、调相及负载事故备用任务。工程总投资47亿元人民币,是国家开发银行和黑龙江省的合作项目,国家开发银行投资占70%,黑龙江省投资占30%。

莲花水电站枢纽工程由混凝土面板堆石坝(大坝),粘土心墙砂砾石坝(二坝),岸坡式溢洪道、地面式厂房、开关站及引水发电系统等构成。大坝坝顶长902m,最大坝高71.8m;二坝坝顶长270m,最大坝高64m;溢洪道布置7个溢流孔;采用两条洞径为13.7m的引水隧洞引水。厂房内设4台水轮发电机组,单机容量13.75万kW。

莲花水电站主体工程于1992年11月13日正式开工,1994年10月26日实现大江截流,1996年12月28日首台机组并网发电。一个总容量为55万kW、地处高寒地区的大型水电站,从筹建到首台机组并网发电只用了5年的时间,这个速度在全国乃至世界也不多见。凡是到莲花水电站视察的各级领导都对莲花水电站的建设速度给予高度评价。电力部副部长汪恕诚同志在莲花工程首台机组投产发电时高兴地将莲花建设者们经常说的莲花精神高度概括为十六个字,即:"团结拼搏、无私奉献、改革创新、敢人为先"。电力部部长史大桢在视察莲花水电站时,对莲花水电站的建设速度给予了高度评价,称赞莲花工程的建设速度改变了我国水电工程"投资大、周期长、见效慢"的观念,为中国水电建设提供了宝贵经验,值得在全国推广。

莲花水电站工程建设之所以能够取得如此骄人的成就,得益于上级各有关部门的关怀与支持,得益于莲花建设者们在工程中发挥了"团结拼搏、无私奉献、改革创新、敢为人先"的莲花精神。更得益于莲花建设者们在工程中推行了目标管理和在工程中引进了业主负责制、招投标制、工程监理制。

一、科学地确定工程建设总目标

莲花水电站工程是1990年8月由原国家能源投资公司和黑龙江省人民政府确定的合资项目。随后,业主单位委托东北勘测设计研究院进行修编初步设计。修编初步设计将莲花水电站的施工工期确定为:1992年开始进行筹建准备工作,1994年主体工程开工,1996年大江截流,1998年首台机组发电。此修编报告得到了国家的批准,即为审定的计划工期。

1992年初,莲花水电站的筹建工作正式开始。筹建之初,黑龙江省电力工业局、黑龙江省水电建设管理局的领导,根据邓小平同志南巡讲话精神,认真分析本项目自身条件及外部环境,根据现场施工场地好、施工干扰少、施工准备工作可同时进行的特点,经过反复研究,确定了"二、四、六"的奋斗目标,即1992年开工，1994年大江截流，1996年首台机组投产发电，这个奋斗目标比原施工计划整整提前两年。按照这个奋斗目标，建设单位制定了莲花水电站工程建设施工进度总网络图。为验证所确定目标的科学性、可行性，特聘请了全国水电专家到现场考察论证。专家考察后认为：莲花施工场地好、施工干扰少，筹建准备工作可同时进行，该奋斗目标可行。这个总目标经上级有关部门审批和国家计委咨询公司评估，正式确认将该施工计划编入莲花水电站招标文件，承包商的投标文件对筹建期和准备期压缩两年的施工计划做出了积极响应。至此，莲花水电站提前两年发电的总目标，得到了中央和地方的大力支持，参建单位也统一了认识。

二、引进先进的管理手段在工程中推行业主负责制、监理制和招投标制

业主负责制的推行使建设单位在工程建设中处于中心地位。业主既要对国家负责，又要对建成后的企业负责，改变了过去水电建设自营式体制的作法，使建设单位利益和工程效益紧密地结合在一起，调动了建设单位高速度、高质量、高效益建设水电站的积极性。

在莲花工程建设中，黑龙江省水电建设管理局代行业主职责。他们在建设过程中紧紧围绕“二、四、六”的奋斗目标，发挥业主职能对工程实行“钢”性管理。当发现工程的某部位拖欠工程，保不了预期桩号时，业主敢于引进其他专业施工队伍，协助原承包商共同完成任务。如在1994年导流洞的开挖和1995年溢洪道的开挖施工中都引进了竞争机制，保证了莲花水电站的高速建设。

做开明业主，是实现“二、四、六”目标的关键。在工程建设中，施工单位在资金、设备出现困难时，建设单位都能够既执行合同，又考虑施工单位的一些合理要求，实事求是地解决，帮其度过难关。如：在引水洞衬砌时，施工单位提出资金紧张，无钱购买钢模台车，建设单位果断为其制作了三台钢模台车，保证了按期截流。几年来，为了保证工程进度如期实现，业主为施工单位购买了多臂钻、振动碾、汽车等设备。

监理制的引进也为莲花工程优质、高速地进行建设起到了保证作用。莲花工程实行全过程监理，监理单位是西北勘测设计研究院，西北勘测设计研究院(以下简称西北院)在莲花设立了工程监理部。监理单位的职能是“三控两管一协调”，即：质量控制、进度控制、投资控制，信息管理、计划管理，协调现场各方的关系。西北院监理部的工程技术人员，发挥自已的专业特长，为保证莲花工程的质量、加快施工进度、节省投资做出了重要贡献。莲花水电站开工后，省水电建设管理局就要求监理单位要把莲花的工程质量按照优质工程的标准来抓。省水电建设管理局每年召开一次有现场各方参加的质量工作会议，对全年的施工质量控制作出安排，对出现的质量问题进行分析，提出整改意见。每年开展一次质量安全月活动。在施工过程中，监理单位实行三检制，行使质量一票否决权，当工程进度与质量发生矛盾时，坚决做到进度服从于质量，特别是大坝的施工质量，是关系到电站百年大计和电站下游国家财产及人民生命安全的大事。几年来，监理人员坚持24小时现场值班，进行旁站监理，对每层的上坝料都进行认真的验收，发现有不合格的地段坚决返工。使大坝施工质量达到了较高水平。在1996年8月22日召开的莲花工程下闸蓄水工作会议上，由电力部组织的专家对大坝进行检测，他们认为大坝施工质量很好，在全国也是一流的。由于业主严格要求，监理人员尽职尽责，莲花工程各部位的质量均达到国家规定的标准。

招、投标制是我国水电建设管理体制改革的一个重要内容。它克服了水电建设计划体制的弊病，引进市场竞争机制。择优选择施工队伍，对于加快水电站建设速度、降低工程造价、保证工程质量，其作用是十分明显的。莲花水电站由于地处寒冷地区，南方的水电施工队伍无寒冷地区施工经验，不适应东北的气候条件，且远距离施工会增加工程成本，故南方的水电施工队伍无意来莲花投标，因此业主单位邀请地处东北的中国水利水电第一工程局、第六工程局两个水电工程局投标。投标单位按投标文件要求认真编制了投标书，经过议标，水电第一工程局以较合理的报价中标。

莲花水电站建设期间正值我国水电建设战线推行业主负责制、监理制、招投标制。这些制度的推行，使业主在工程建设中可以统揽全局，全面考虑建设速度、工程质量和工程造价，可以在上级的领导下，处理好、协商好内外方方面面的关系。所以说莲花水电站的成功建设得益于我国水电建设体制的改革。

目前，莲花水电站已经完成了三台（4号、3号、2号）机组的并网发电任务，预计1998年9月莲花水电站最后一台机组将投产发电。至此，莲花水电站的施工工期将整体提前两年。

莲花水电站的成功建设为黑龙江省水电事业的发展开辟了广阔的前景，受到了上级领导的好评，电力部有关领导将莲花称为我国水电建设的第二代“五朵金花”之一，这是全体莲花建设者们的骄傲，是黑龙江水电人的骄傲！

（黑龙江省水电建设管理局　张建业）

中国水利水电第八工程局深化内部改革，向企业集团化迈进

中国水利水电第八工程局1994年～1996年完建

大中型水利水电工程项目8个，总装机容量139.4万kW，完建工民建大中型项目2个；目前，在建的大中型水利水电项目还有17个（包括三峡、二滩、大朝山联营体），在建工民建项目3个。1995年全局完成企业总产值9.77亿元（其中建筑业产值8.26亿元），比1994年增长6%；实现利润246.7万元，比1994年增长31%。1996年完成企业总产值15.14亿元（其中建筑业产值12.9亿元），比1995年增长35.14%；实现利润899.01万元，比1995年增长263.7%。1997年完成企业总产值16.96亿元，比1996年增长12%，实现利润1747万元，比1996年增长94.76%，其他方面的工作也有一定的发展。1995年水电第八工程局的内部银行管理和劳务管理获全国电力行业管理现代化优秀成果三等奖；1995年～1996年，工程局先后被建设部、电力部中国施工企业协会评为全国先进施工企业，全国电力行业优秀企业，并获“光源奖”；还分别被湖南省委、省政府、中国水利水电工程总公司党组命名为文明建设先进单位，被中国电力企业联合会、全国电力工会评为全国电力行业思想政治工作优秀企业1998年4月被全国总工会授予“五一劳动奖状”。

一、建立模拟集团的管理体制

在深化企业内部改革，转换企业经营机制的过程中，水电第八工程局从项目管理入手，按照建立现代企业制度和项目法管理的要求，来确立自己的管理体制和运行机制。

根据这一原则，水电第八工程局确立了“产业划分，动态管理，市场调配，集约经营”的经营战略。按照项目管理的要求，在管理体制上形成了决策层、管理层和执行层。在决策层中，局党政联席会议是全局的决策中心；局办公室、生产指挥调度中心、政治部、总工程师办公室、总经济师办公室、总会计师办公室、人事部、安委办、全质办、设备物资管理处等十个部门是工程局的决策和参谋部门，为决策中心提供可靠的依据。在管理层中，实现了前线与后线的分离，建立了以生产经营为中心的水电工程分局、基础工程分局、机电制造安装分局、水工机械总厂、建筑工程分局、三产实业总公司、国际合作部、科技发展中心、测绘大队，形成了自己的三大产业——建筑业、机械制造加工业和第三产业；建立了以后勤服务部、教育培训中心、长沙南托、贵阳、东江、常德、武汉基地为主体的后方保障体系。各项目施工局、机械厂、多种经营实体则是工程局的执行层。在运作机制上，按照“以资产为纽带、以效益为中心、抓大再带小、重点管资金”的原则，把全局作为模拟企业集团，按集团公司的方式，按建筑业、机械制造加工业、多种经营业三个产业系统，直线职能制和矩阵式相结合进行运作，为下一步向建立现代企业制度过渡奠定了基础。

在具体运作上，以经济手段为主体来约束与控制各单位和项目，建立工程局内部各方面的经济联系。工程局与各内部核算单位之间的关系，除行政隶属关系以外，主要是资产占有、使用关系。依据所占设备及资金的份额、按比例上交资产占用费（包括经营管理费、后方管理费、离退休管理费、基地管理费）、资产保值费、利润等四项。劳务费、大型设备租赁费以及流动资产占有费及利息，由有关经营管理部门向各单位（项目）收取。这种办法与十五大精神和市场发展要求是相符的，它有利于改变各单位（项目）抢占设备物资或对施工设备用而不管、用而不修的状况；有利于调动各单位（项目）的积极性；有利于企业内部挖潜和国有资产增值。

二、经营机制内部市场化

项目法施工要求生产要素优化组合、动态管理、淡化原固定建制单位的作用。而生产要素优化组合、动态管理的实现，需要通过建立培育企业内部的生产要素市场，把公平竞争、有偿服务、优胜劣汰等机制引入企业内部，使企业内部的经营活动按市场法则进行，促使企业管理科学化。为此，经过几年来的探索和实践，进一步完善了企业的劳务、资金、物资供应、设备租赁、技术五大内部模拟市场，针对市场行为，制定了内部模拟市场的运作规则，为全局更有效地推行项目管理、培育企业内部的生产要素市场创造了条件。

1. *内部劳务及人才市场*　工程局设劳务部，在各后方基地设劳务分部（或劳务站），各劳务分部在各项目设劳务代表处。全局所有劳务（干部、职工）按所属区域划归各劳务分部管理、劳务经营面向局内各项目和生产单位以及社会劳务市场。各项目（单位）所需劳务由用人单位向局劳务部提出用人计划（包括劳务人数、劳务素质、工种等要求），由劳务部组织推荐劳务上岗，用人单位（项目）考核，择优聘用。近两年在中小水电项目管理中，我们注意新开工与尾工项目的相互衔接，尽量按专业分工，成建制（不是计划经济条件下的工程处、工程队建制）地配置转移劳务、按照各阶段工期要求，调整用工规模、努力实现劳务的动态管理与科学配置。各项目及用人单位在使用劳务过程中按规定向劳务部门交付劳务费、待岗劳务，由劳务部统一组织学习培训和管理，并注意及时向局内外输送，基本形成了对劳务的有偿使用。这有利于调动劳务部输送高素质劳务，用人单位考核择优聘用，劳务自身要求提高素质等三方面的积极性。

市场竞争最终表现为人才的竞争。为了增强企业在建筑市场的竞争力，水电第八工程局十分注意培养人才、稳定人才、吸引人才，提高员工的思想素质和业务素质。每年除按工资总额的1.5%提取培训费外，还从劳务费中提取10%用于劳务培训。1995年和1996年两年，选送到清华大学项目经理培训班参加培训的职员达40多名，参加过各级各类专业培训的职员2900人，工人4984人，还有500余人参加过各级党校培训。为留住人才，在解决户口、分配住房，改善待遇等方面对人才、骨干始终实行倾斜政策，对项目经理实行年薪制。近几年来，水电第八工程局每年吸收大中专毕业生达200人左右，目前全局大中专毕业生占全局员工的30%以上，企业整体素质明显提高。现有各类专业技术人员4000多名，其中教授级高级工程师36名、各类高级专业人员474名、中级专业人员1686名、工人高级技师11名、技师383名，有3500余人具有国家统一颁发的特种作业岗位操作证。

2. 内部资金市场及财务管理网络　工程局设内部银行，把正规银行的监督、控制、信贷、结算等机制引入了企业内部。内部银行实行全方位、直线式管理、模拟财务公司运作。在各片区设立分行；在各项目工地设办事处。各施工项目、内部核算单位、经营管理单位、各控股经营公司以及工程局本部财务机构都必须，而且只能在局内部银行开立帐户。各生产经营单位（项目）所需流动资金，由总会办核算，总会计师审定下达占有指标，各单位向内部银行贷款使用，还本付息。各工程项目的预付款都必须纳入全局统一管理，由总会办统一存入内部银行；与业主的资金结算由内部银行进行。局内部银行在进行资金调度时独立行使调度权，各单位在银行的存款，一律由局内部银行统一管理调度。这样就有效地解决了资金失控问题。

3. 物资采购供应市场　物资采购供应由工程局物资总公司对局内各工程项目和经营单位所需的设备材料、配件按照保证质量、优惠价格的原则，与各分局（项目）形成市场供求关系，根据市场法则采购供应。工程局还建立了以设备物资处为首的物资调剂中心（非采购机构）。由物资调剂中心在调剂各单位（项目）库存积压的基础上，平衡下达物资采购通知书，较好地控制了压库，使国有资产能得到充分利用。

4. 内部设备租赁市场　工程局按照“以资产为纽带”的关系，对设备采取分类管理。设立机械化施工分局，掌管使用大型土石方推、挖、装、运等设备，到各项目进行大型土石方工程分包，并实行连人带机作业。对缆机、塔机、拌和系统、人砂系统等专用设备和中小型设备则根据其用途分别划归各分局（总厂）租赁使用，按规定交纳租赁费（资产占用费）。工程局还成立了设备物资处和生产指挥调度中心，加强设备物资的调度与调剂，较好地解决了过去设备调度不灵、用而不管、无人负责、设备折旧、入不敷出等老问题。

5. 内部技术市场　工程局成立了科技发展中心，建立了施工、建材、机电、建筑物安全监测等专业研究所，科技发展中心围绕我局水电及工业民用建筑施工，多种经营项目开展科研，并以开发新工艺、新材料、新机具为主要任务，利用市场机制自我开发、自我发展，实行有偿服务。承揽的国家“九五”科技攻关项目$2000m^3/h$全自动强制式连续式碾压混凝土拌和站已通过省技术鉴定。

三、项目管理制度化

加强企业项目管理，是实现企业由粗放经营的产值型向集约经营的效益型转变的重要途径。我们根据自己的情况，着重加强项目管理的制度化、规范化建设，把大量的例外管理纳入例行管理之中，先后制定了《工程项目管理办法》等各类管理规章制度70余项，基本建立起一套比较适合我局局情的自我约束机制，形成了比较完备的企业内部管理体系。

1. 项目招投标管理　项目的招投标工作是项目管理的第一步，我们制定了《招投标管理办法》，基本规范了对外招投标的各个环节的工作程序。工程局建立了招投标办公室，负责收集工程信息，提供决策预案，实施组织编标书。准备该项目的经理要参加招投标的全过程。在具体操作过程中，坚持两个原则，即对项目的投标报价坚持保本微利的原则和坚持注重项目的社会效应和品牌效应。我们还将招投标机制运用于内部市场，规范项目的分包管理。对于一个项目的某单项工程，局内有多家可以分包的，项目经理可以运用市场机制，实行内部招标，择优选用施工单位，并通过制定《内部分包管理办法》，避免了社会招投标市场出现的种种不良现象。

2. 项目财务管理　项目的财务管理我们从四个方面入手：一抓制度，制定了《财务管理办法》，根据内部银行模拟财务公司运作的体制，明确规定各单位、各项目只能在内部银行开户，并由内部银行负责其对外资金结算；资金需求实行贷款制；明确在内部银行以外的其他地方开设户头一律视为小金库，作违规查处。二抓支出，全局以总会计师办公室为首的财务管理网络，严格资金的运用和控制财务成本支出。无论是投标、设备购置、还是多种经营投资，规定除应由有关专业部门提出初步意见外，还必须由局总会办牵头提供财务可行性报告，才能提交党政联席会研究决策。三抓财务干部，实行财务负责人委任制，各单位（项目）的财务负责人，均由工程局人事部商局总会办委任派驻，并对工程局总会办负责。四抓审计，对顶风违纪和私设小金库的个别单位和部门，一经发现严肃查处。

3. 项目成本管理　按照工程局《成本管理与核算办法》，建立了经济活动分析制度，量化成本控制制度以及项目经理流动资产责任制，通过一年一度签订《项目经理责任状》，将成本指标以责任状的形式下达给各项目，再由各项目分解到工段（车间）、班组和个人，并与项目经理的年薪考核奖惩及职工的经济收入挂钩，使项目上人人都有相应的目标成本责任。各项目对生产经营过程的各项开支实行全过程成本管理，把施工进度、工程质量、安全指标、机械完好率和使用率、文明生产、材料消耗、设备管理、资本占用、内部索赔、人员动态管理，严格人工费定额等都纳入了成本管理的范围。

4. 项目安全质量管理 安全是保障，质量是生命。安全质量问题不仅直接关系到项目的成本效益，而且关系到企业的信誉与市场。我们制定了《质量管理办法》、《安全生产管理办法》，并通过安全质量管理责任制，实行安全、质量一票否决制、考核百分制、安全质量月等工作，努力增强职工的安全质量意识，近几年的工程质量优良率都在80%以上。

四、经营策略多样化

通过几年来的实践，我们提出了“以质量管理为基础，以成本管理为中心，以提高经济效益为目标”的经营管理方针和“走出两门（水电门、国门）、多元经营”的企业发展战略，积极参与市场竞争。

1. 充分发挥自身优势，积极参与市场竞争 水电施工，我们积累了45年的丰富经验，为祖国的水电事业立下了不朽丰碑，在人工砂石、混凝土筑坝、碾压混凝土筑高坝、基础处理、机电制造与安装等方面都创立了自己的优势。在市场经济条件下，我们注意发挥自己的优势，不等不靠，积极参与市场竞争，中标率是比较高的，所承建的项目大部分都能按合同和业主的要求按期保质完成。目前正在承建或参与承建的工程有：三峡、大朝山、二滩、沙牌、凌津滩、大源渡、巴基斯坦巴罗塔等水电工程项目，总合同金额达33.05亿元。

2. 走出水电门、国门，实施多元经营战略 我们按照“走出两门，多元经营”的工作思路，在抓好水电建筑市场的同时，把眼睛转向道路、桥梁、机场、房屋建筑、市政工程等工业民用建筑市场，先后承揽了湖南华天酒店多层车库和大堂改建工程、长潭高速公路、湘耒高速公路部分路段以及零陵机场等11个项目，总合同金额达1.8亿元。我们还积极开拓以东南亚为主的国外建筑市场，目前已与东方集团联合中标承建了巴基斯坦巴罗塔水电站地下厂房工程，和已明确选定为马来西亚里瓦谷水电站的施工总承包商。我们还在加快机电制造安装业与第三产业的发展。1996年，机电制造安装生产值占全局总产值的9.2%，第三产业产值占全局企业总产值的10.9%。

3. 坚持优势互补，走企业联营合作之路 我们按照“强强联合、优势互补”的思路，在企业联营合作，谋求国有资产保值增值方面取得了明显成效。1989年，我局第一次与意大利英波吉诺公司、法国杜美思公司等外国公司合作，组成EJV联营体，中标承建了四川二滩水电站大坝工程。这项工程不仅使我局获得了较好的经济效益，而且使我们直接学到了国外的许多先进科学技术和管理经验，培养了一批管理干部和技术人员，锻炼了一批工人，为我局走出国门承建国外工程打下了良好的基础。目前我局在巴基斯坦巴罗塔水电工程的管理人员、马来西亚里瓦谷水电工程的管理人员，大都是从在二滩工作过的人员中挑选的。我局在二滩的良好形象赢得了世界银行的高度评价，这是我局的一笔可观的无形资产。

近三年来。我们还与水电第三工程局、第七工程局联合组成三峡建设三七八联营总公司，承揽了36亿元的工程项目，与水电第三工程局组成大朝山工程建设八三联营体，承担了大朝山电站碾压混凝土大坝工程的施工任务。我们与湖南三湘集团公司等一些有投资功能的企业进行了各种形式的合作，为企业增强了市场竞争能力。前不久，我局又获得了经国家外经贸部批准的“对外经济技术合作权”，今后可直接与国外公司洽谈承建工程、签订承包工程建设协议、劳务经营协议以及工程需要的机械设备进出口协议等，为我局进一步走出国门提供了更加方便的条件。

五、保障体系区域化

实行项目法施工，必须实现前线与后线分离，以便使项目点上的员工专心致志抓生产经营，这就必须建立后线保障体系和思想政治工作保障体系。我们的做法是：基地建设、房地产开发、离退休管理、学校、医院等后线工作，全部归到后勤服务部统一管理。由于目前一般项目的工期比较短，人员动态管理流动性大，我们则实行劳务关系、党群组织关系区域管理方式，分成常德、东江、贵阳、长沙四个片区，建立区域劳务机构和党群组织，各项目按照就近原则，职工的劳务关系、党群关系划归相应的区域管理，在项目上建立党工委、工会工委、团工委、劳务站等，接受片区党委、工会委员会、团委、劳务分部的领导。由于是精兵强将上一线，项目时间短，各项目点不再办学校，医务站工作人员由局中心医院派遣。各项目点职工的住房按照就近的原则，在各片区基地解决，分房政策由工程局统一制定。这就为项目施工创造了一个良好的后方环境。

项目法施工是水电施工企业的一个重要课题，我们起步较晚，经验不足，做法难免有不足之处，还有待完善。

（中国水利水电第八工程局）

大峡水电站建设管理

一、工程概况

大峡水电站位于甘肃省兰州市和白银市交界的黄河干流上，距兰州市中心河道距离65km，距白银市35km，是黄河龙羊峡至青铜峡河段梯级规划的第十一个梯级电站。

（一）电站规模

电站安装四台75MW轴流转桨式水轮发电机组，设计水头23m，单机最大引用流量390m³/s，总装机容量300MW，电站保证出力143MW，多年年平均发电量14.65亿kW·h，设计年利用小时4880h。以220kV一级电压接入电网，三回出线，其中一回备用。

（二）水工枢纽

大峡水电站为径流式电站。枢纽建筑主要由河床式电站厂房（设四孔排沙孔）、左岸岸边三孔溢洪道、左岸二孔泄水底孔、混凝土副坝、灌溉管、下游护岸工程等组成。混凝土重力坝坝顶全长258m，坝顶高程1482m，最大坝高72m。总库容0.9亿m³，坝前正常蓄水位1480m。

二、工程建设

大峡水电站是甘肃省首次推行项目业主责任制、工程招投标制、工程建设监理制的水电工程建设项目。电站由国家开发投资公司中型水电实业开发公司、甘肃省电力投资公司、甘肃省电力公司按5：3：2比例合资兴建。工程业主单位为三方股东联合设立的甘肃小三峡水电开发有限责任公司。该公司负责黄河小峡、大峡、乌金峡三个水电站工程的滚动开发建设和甘肃省境内水电资源的开发任务。大峡水电站是梯级开发的第一个水电站。

（一）工程分标方案

大峡水电站整个工程分为三标，一标施工导截流工程；二标主体工程；三标工程为机电设备安装。机电设备、金属结构制造采用单项分别招标办法。

（二）工程建设管理模式

大峡工程业主单位试行工程建设管理、工程建设监理、电站建成后的生产运行管理三大职能于一身的“三合一”管理模式，其核心是一家管、管到底。业主单位在工程建设阶段是真正的项目法人；在生产经营阶段是名符其实的独立发电厂；在流域开发上是独立的发电公司，亦即是业主单位从工程项目策划、工程资金筹措、工程建设管理、生产经营管理、债务偿还、资金保值、增值到流域滚动开发全过程负责的管理方式上的尝试和探索。

业主单位下设：①工程管理处。其主要职能是负责协调解决工程建设与地方政府关于征地、拆迁、库区淹没补偿等方面的关系；负责协调解决工程建设各方的关系；负责工程的总体进度计划控制，并对工程建设实施统一指挥，保证各项工程按总进度计划正点实施。②工程监理处。业主单位抽调有监理资格人员，并聘请设计单位和社会上有监理资格的工程技术人员和技经人员联合组成的独立法人。实行监理总工程师负责制。同业主单位签订监理合同，并代表业主利益对工程建设行使“三控制一协调两管理”职能。下设工程办、机电办、综合办等部门，分工负责，协助监理总工程师完成工程建设监理任务。③计划合同处。负责工程和机电设备的招标、合同签订和合同管理工作；负责工程年度计划费用、工程年度进度计划的编制工作；负责工程进度结算及机电设备费用结算等方面的技经工作；负责企业管理方面的工作。④技术管理处。负责工程和机电设备招标阶段技术条款和审定工作，负责重大施工方案、主要技术措施和主要施工详图的审定工作，负责电站生产准备和技术、资料管理方面的工作，负责工程建设和电站生产运行的安全管理工作。⑤财务管理处。负责工程建设资金的筹措，负责工程和机电设备费用结算支付和核算方面的具体工作，负责电站建成后的经济核算和债务偿还等方面的工作，负责所有财务管理方面的工作。⑥劳人职教处。其主要职能为负责劳动、人事、工资、社保、职教等方面的工作。⑦党群工作处。负责党务、群众工作、思想政治工作和精神文明建设方面的工作。⑧前期工作处。负责后续电站的项目策划、方案论证，从选坝、可行性研究到初步设计审查和前期工作。⑨大峡水电厂。负责电站建成后生产运行管理工作，下设运行管理部。工程建设和电站生产运行阶段的生活后勤保障、物资材料供应、电站安全保卫、电站设备检修等均以合同方式委托具有独立法人资格的公司承担。

（三）“三控制”管理

1. 工程质量控制　业主单位提前确定创造优质工程的总体目标。要求设计、施工、建设、监理和各制造厂家明确各自的职责和质量标准；严把设计质量关。坚持施工图会审制度，强化全员质量意识，落实工程建设各方质量保证体系，建立健全原材料、半成品、成品检验制度，隐蔽工程验收制度，关键项目质量保证措施审批制度，质量原始记录，报表审核制度，定期质量分析制度，质量整改复验制度和分部分项工程质量评定签证制度；发挥监理单位在质量控制中的主导作用。拒绝使用质量保证体系不健全的队伍，有权撤换施工质量不合格的队伍，对质量措施不落实的项目不签发开工令或签发停工令，指令停止使用不合格的原材料和半成品，对不符合质量标准和机电设备及工程量的拒绝结算。监理单位对每一个仓号、每一条焊缝实施全方位、全天候跟踪旁站监理。大峡工程质量合格率始终为100%，优良率为86.7%。

2. 工程进度控制　科学编制施工规划报告，超前确定工程建设总进度目标；合理确定分标方案，实现标间的良好衔接；利用招标竞争机制，择优选择有水电施工经验的专业队伍是控制工期的可靠保证；最大限度地压缩工程筹建期和施工准备期，以开工带动和促进工程建设是工期控制的有效手段。大峡工程1991年5月立项，10月15日主体工程开工，创造了工程当年立项、当年开展土地征用、当年开展外围工程建设、施工队伍当年进点、主体工程当年开工，较国家审定的筹建期和施工准备期提前了13个月；实行项目管理，严格计划控制四大环节：①业主单位提前确定总进度目标，编制总进度网络计划。②施工单位编制二、三级施工网络计划。③编制年、季、月施工计划和周作业计划。④监理处严格计划实施，实行动态计划目标控制；实行工期考核价款，严格按合同条款奖惩，使施工单位既有压力，又有动力；发挥设计、施工、监理单位的技术优势，科学地实施各种优化，向科技要进度效益；创造良好的工程建设外部环境，确保总进度目标的实施。以上一系列进度控制措施，不仅抢回了因地质发生重大变化而造成导流明渠左移14.5m而拖后的8个月工期，而且实现了首台机组较国家审定工期提前半年投产发电。

3. 工程投资控制　业主单位合理确定工程总投资和各标标底，充分利用招投标竞争机制，科学评标，坚持合理报价中标，严格控制发包成本；合同签约阶段不留活口，注重合同条款的严密性、价格水平的合理性和政策依据的合法性，保证合同的严肃性；严格工程量审核，规范付款程序，防止造成"寅吃卯粮"现象；严把限额设计关，坚持发包设计和技施设计基本吻合；建设、监理单位同设计、施工单位科学实施优化、降低工程投资；统筹安排临时工程，实施临建和永久建筑相结合，减少临时工程支出；严格资金的计划管理、强化财务管理，合理调度资金，尽量减少一切非生产性开支；控制工期，提前发电是控制投资的根本途径。

（四）工期

大峡水电站设计总工期六年半，其中施工准备期半年，导流明渠开工至第一台机组发电工期为五年半。工程1991年10月15日开工建设，1993年11月20日实现主河床截流，1996年12月8日首台机组投产发电，预计1998年上半年工程全部竣工。

（甘肃小三峡水电开发有限责任公司　丁兰英）

武警水电部队承建西藏水利水电工程

自1989年9月至1997年底武警水电部队先后建成了国内海拔最高的羊卓雍湖抽水蓄能电站和藏北高原的查龙水电站，共投产10.08万kW。

在建的满拉水利枢纽和沃卡河一级水电站两项工程，规模4万kW，预计第一台机组均可在1999年投产发电。以灌溉和发电为主，兼有防洪、旅游等综合效益的大型水利枢纽满拉工程建成后，灌溉面积达40万亩（1亩＝$6.6667\times10^2m^2$），年平均增产粮食3.75万t，使西藏自治区的粮食生产基本实现自给。

上述四项工程全部建成后，五十余万农牧民将结束烧草皮、牛粪、点酥油灯的历史，近期将从根本上解决拉萨、山南、日喀则、那曲地区部分县市的工农业生产用电，使西藏的电力装机增加16.33万kW。

一、羊卓雍湖抽水蓄能电站

羊卓雍湖抽水蓄能电站　（简称羊湖电站）是西藏自治区成立20周年时党中央、国务院向西藏人民送的一份厚礼，是国家"八五"重点建设项目，也是西藏自治区"重中之重"的基础设施工程。该电站的兴建和投产运行，对促进西藏经济社会发展和政治局面的稳定，解决藏中地区严重缺电局面都具有极其重要作用。

羊湖电站的建设倾注了几代水电建设者的心血。为开发利用羊湖水能资源，中国科学院早在70年代初就进藏考察，成都勘测设计研究院1973年开始进行羊湖电站的勘测设计工作，1984年水利电力部在北京召开设计审查会，1985年水电部队进场开始进行施工准备工程，1986年因故停建，1989年8月国家计委批准羊湖电站复工。

羊湖电站位于西藏自治区贡嘎县和浪卡子县境内。该电站是三机式抽水蓄能电站，它利用海拔高程为4440m的高原大型封闭天然湖泊（羊湖）与雅鲁藏布江之间840m的落差进行发电和抽水蓄能，总装机容量为11.25万kW（其中四台为2.25万kW的抽水蓄能机组，预留一台2.25万kW的常规机组）。其主要水工建筑物由进水口、引水隧洞、调压井、压力钢管、发电厂房、尾水渠、开关站、沉沙池等组成。

羊湖电站工程施工条件特殊，受季节影响较大，按照有关的设计原则和主体工程规划，电站复工后，1991年5月实现主体工程开工，1997年6月25日第一台机组发电，至1997年9月19日，四台抽水蓄能机组的发电和抽水工况试验全部完成，均正式投入试生产。

羊湖电站由武警水电指挥部实行总承包，项目建成后，向负责组织管理的西藏自治区人民政府“交钥匙”，由武警水电指挥部指定下属的武警水电三总队任总甲方。设计单位为成都勘测设计研究院。土建工程由武警水电第三总队施工，压力钢管制作及安装由水电第四工程局承担，其余金属结构和机电设备安装由武警水电第二总队承担，至1997年底共完成基建投资186878万元。

二、查龙水电站

那曲地区原为我国仅有的两个无电地区之一。为解决藏北高原那曲地区无电局面，促进那曲地区工农业发展，1993年2月原能源部、国家能源投资公司会同西藏自治区人民政府在成都召开1993年西藏电力重点工程会议，决定兴建查龙水电站。

查龙水电站位于西藏自治区那曲县境内，怒江流域上游、那曲河上，距那曲行署所在地那曲镇30km。电站地处气候多变的藏北高原，海拔4350～4600m。是目前国内海拔最高的混凝土面板砂砾石坝。

该电站枢纽为二等工程，坝址基本地震烈度为8度。多年平均气温－1.9℃，极端最低气温－41.2℃，极端最高气温22.6℃，属高海拔严寒地区。枢纽工程由192m长的钢筋混凝土面板砂砾石主坝，140m长的堆石副坝，56.5m宽的溢洪道，17.8m长的混凝土副坝，7m×7m的城门洞型泄洪放空隧洞，两条发电引水隧洞，坝后式厂房及输变电工程八部分组成。最大坝高39.25m，坝顶高程4388m，坝体采用天然砂砾石料填筑，坝顶宽8m，面板厚度40cm。正常蓄水位4383m，总库容1.38亿m^3，调节库容0.59亿m^3，装机容量4×2700kW。年平均发电量4363万kW·h，保证出力2046万kW·h，年利用小时4040h。该电站由武警水电第三总队实行投资总承包建设管理，电站建成后向西藏自治区“交钥匙”。设计工作由北京勘测设计研究院承担，武警水电第十四支队承担工程施工。

查龙水电站于1993年4月5日开工，同年10月30日顺利提前截流。1995年8月1日水库提前蓄水，8月16日第一台机组比设计工期提前8个月发电，1996年7月四台机组全部提前发电，1996年11月对机组进行了试生产移交，1997年4月工程竣工。电站工程按概算核定数完成投资34714万元。

三、沃卡一级水电站

沃卡一级水电站是中央第三次西藏工作会议确定的62项援藏项目中投资规模第二大建设项目，由国家开发银行作为对口援助单位。工程位于西藏自治区山南地区桑日县境内。电站的建成对拉萨和山南电网的联网，提高供电的可靠性，并作为羊湖抽水蓄能电站一期抽水电源之一，对保证羊湖电站运行，促进山南地区的经济发展都有重要意义。

沃卡一级水电站是一座由许莫、白堆两个首部枢纽、引水渠道、一个发电厂房等建筑物组成，以发电为主的引水式电站，装机容量4×5000kW，年发电量7704万kW·h。其中许莫枢纽最大坝高27.5m，坝顶长度175m。引水渠系总长6593m，除渠道外，还包括五座输水渡槽、一个倒洪吸、六座排山洪渡槽、两条排山洪涵洞及四道排沙蜗管、压力前池及两条压力钢管等组成。

该电站的建设单位为武警水电指挥部，由西北勘测设计研究院和西藏水利电力勘测设计院联合设计，责任单位是西北勘测设计研究院，监理单位为北京勘测设计研究院，施工单位为武警水电第三总队。

该工程于1996年4月20日举行了奠基仪式，1996年10月30日许莫首部枢纽完成截流，1997年10月5日白堆首部枢纽实现截流。初步设计电站部分概算总投资54590万元。

四、满拉水利枢纽

满拉水利枢纽是西藏“一江两河”开发建设的骨干工程，它是中央第三次工作会议确定的62项援藏项目中投资最大的项目，也是西藏水利建设史上规模最大的水利枢纽。年楚河流域素有西藏自治区的粮仓之称，满拉工程建设的主要目的是为了解决西藏自治区粮食生产基本实现自给。

该枢纽是一座以灌溉、发电为主，兼有防洪、旅游等多种经济效益的大型水利工程。坝址位于西藏自治区江孜县的年楚河上，距下游江孜县城28km，距日喀则市118km。枢纽最大库容1.55亿m^3，灌溉面积达40万亩，年平均增产粮食3.75万t。电站装机四台，总装机容量2万kW，年平均发电量6100万kW·h。

该枢纽由粘土心墙堆石坝、右岸引水发电隧洞、调压井、泄洪隧洞、地面发电厂房等水工建筑物组成。粘土心墙堆石坝最大坝高76.3m，坝顶高程4261.3m。整个枢纽工程由水利部委托武警水电指挥部履行主管建设单位职责，设计及工程质量监理由东北勘测设计研究院承担，武警水电第三总队承担施工。

满拉水利枢纽主体工程在西藏自治区成立30周年大庆期间的1995年8月26日正式开工，1996年11月20日实现了大坝围堰截流。初步设计概算投资96405万元。

（武警水电指挥部　高新存）

施 工 企 业 管 理

水电施工企业改革的新情况

水电施工企业适应社会主义市场经济要求，不断完善自身的改革，以项目法施工为基点全方位调整内部治理结构、实施产业多元化发展战略，沿着“组织集团化、资产股份化、产业多元化、经营国际化”的目标发展取得了显著的成果。

一、项目—基地二元格局健全了水电施工企业的科学管理体制

1. 项目法施工得到进一步完善 水电施工企业按照项目法施工的组织模式，在项目上采用科学的动态平衡管理体系，把学广蓄“文明施工、均衡生产、目标考核”与学邯钢“模拟市场核算、实行成本否决”有机结合起来，不断完善项目法施工，改变了以往存在的片面追求产值、速度，忽视质量、效益，“只管干、不管算”的习惯，最大限度地降低了施工生产成本，提高施工企业利润。同时为配合项目法施工的组织和实施，企业普遍建立了劳务、资金、技术、设备、材料五大内部市场，实现了人、财、物的静态管理向动态管理的转变。

2. 后勤服务社会化商业化程度不断提高 几年来，各水电施工企业结合自己的实际情况，按照市场经济的原则，加快了企业后勤服务系统商业化改革的步伐。医疗、学校等企业服务机构设施普遍向社会开放，内部实行承包经营，建立了自收自支或定额补贴、盈亏自负的机制，既调动了后勤服务系统职工的工作积极性，又减轻了企业办社会的负担。

3. 企业内部配套改革得到巩固和深化 劳动人事制度改革真正做到动态用工、合同化管理，人员能进能出、能上能下，坚决杜绝了“一张合同定终身、一纸聘书到退休”的新式“铁饭碗”现象。社会养老保险制度严格执行国家、电力部社会保险管理部门的有关规定，积极探求完善的包括医疗保险、工伤保险在内的各项社会养老保险制度的改革。深化企业内部分配制度改革，认真研究探索贯彻社会主义“按劳分配、效率优先、兼顾公平”原则的具体办法和政策措施，调动了积极因素，发展了企业生产力。

4. 职工住房制度改革的力度逐步加大 水电施工企业各单位历史欠账严重的基地建设在经历了10余年的改革与阵痛之后终于迈出了坚实的步伐，国家、企业、个人共同负担解决职工住房困难的做法深入人心，调动了各方面以改革的精神推进基地建设的积极性。房改工作全面铺开，幅度很大，进展顺利。水电第一工程局、第四工程局等单位在电力部基地解困工程的扶持下，职工“下山”问题开始得到妥善解决；水电第六工程局、第八工程局、第十一工程局等单位在实现职工生活基地生产化方面摸索出了一套成功经验；水电第十三工程局在地方政府支持下搭上了“安居工程”的班车，争取了政策的扶持，取得了明显成效。

各单位在实践的基础上，不断总结企业内部机构重组的经验，逐步探索新的管理方法和机制，企业内部治理结构得到进一步调整和完善，在计划经济体制下形成的企业内部组织形式和制度逐步被新的治理结构和机制所取代，企业日益显示出适应社会主义市场经济的生机和活力。

二、水电工程水电以外建筑业、多种经营三类产业协调发展，探索出了水电施工企业多元化经营的新路子

几年来，水电施工企业认真总结调整产业结构、拓展经营领域的经验，紧紧围绕市场的需要大做产业多元化文章，收到显著成效。1996年，在国家继续实行宏观调控政策，基建规模受到严格控制的情况下，各施工单位广大干部职工经过艰苦努力，各项经济技术指标稳步增长。1996年全系统完成企业总产值77亿元，全员劳动生产率达到50180元/人年，企业经济效益有明显提高。1996年完成水电以外建筑业产值12.4亿元，占企业总产值的16.1%，新承揽水电以外工程200余项，合同金额达30亿元。多种经营经过内部调整向规模化、产业化发展，既注重安置效益又注重了经济效益。1996年全系统共完成工业、第三产业产值12亿元，占企业总产值的15.6%，实现税后利润1199万元，工业、第三产业从业人员达到3.11万人。形成了水电工程、水电以外建筑业和多种经营协调发展的格局，增强了承受市场冲击的能力，从而为企业的长期稳步发展奠定了基础。

三、组织集团化、资产股份化、产业多元化、经营国际化的“四化”方向，为水电施工企业发展开辟了广阔的前景

1. 水电施工企业十多年的改革和发展，为水电施工企业实现规模经营创造了条件和奠定了基础　十几年来，水电总公司与所属水电施工企业在市场经济的风雨中，经历磨难和考验，思想观念不断解放，竞争能力不断增强，无论是组织模式还是生产经营方式都发生了深刻的变化，形成了适应市场经济的“自主经营、自负盈亏、自我发展、自我约束”的法人实体和市场竞争主体。这些年来，水电总公司统一制订了紧密层企业的发展规划、经营战略、经营方针和各项经济技术指标，并与经营者签订了承包经营协议；聘任了一批年富力强的人进入领导班子，实行了任期制；严格了企业用工、工资、固定资产报废的审批制度；实行了全系统社会劳动保险的统一管理以及国际工程承包和劳务出口的统一管理。根据国家电力公司的授权，水电总公司作为各直属企业的出资人和管理者，已经建立了内部集团的资产纽带和生产经营纽带关系，与各层次企业初步形成了一个有机的运营整体。

2. 加快产业结构调整步伐，实施分流减员战略，努力开拓国内国际两个市场　以水电建筑业为依托，积极开拓水电以外建筑市场，同时大力发展工业、第三产业，争取到本世纪末产业结构实现多元、优化的要求。企业的工业、第三产业的产值、利润、从业人员分别达到企业总产值、利润和职工总数的三分之一，到九五末水电以外建筑业产值占企业总产值的25%。根据水电施工企业的实际和市场的需要以及电力部“减人增效”的部署，还将进一步采取措施，精减人员，精干队伍，计划到九五末，水电施工队伍精减到10万人左右，从而达到增强企业的生产能力和竞争能力的目的。同时充分发挥水电总公司科研、设计、施工、制造、安装等整体优势，不断开拓国际市场，努力扩大国际市场占有份额，把水电总公司建设成为国际著名的水电工程集团公司。

3. 实施资本重组，优化资本结构，搞活资本运营　创造条件不断完善水电总公司内部资本市场，通过存量资产的流动和重组，对内部企业实施战略性改组，扩大生产经营规模，提高企业竞争能力。抓住加大内部经济结构调整力度的机遇，以资产为纽带，市场为导向，运用收购、兼并、联合等资本经营形式，盘活企业沉积的存量资产，进而带动水电施工企业内部国有经济结构优化和升级。对具备条件的工程局进行股份制改造，对经营不力、亏损严重的企业实施内部整顿，扶持效益好的企业组建股份有限公司，争取股票上市，寻求资本市场。通过内部改造、改组、改制，在水电总公司的统一部署下分层次管理，集约化经营，专业化分工协作，逐步实现水电施工企业由施工生产经营型向资产经营型转变。

各水电施工企业结合调整企业内部生产力结构和施工生产发展方向，最大限度地挖掘现有设备、设施的生产能力。盘活闲置的固定资产为企业的流动资产，对长期闲置不用的设备、积压材料、备品备件等，要通过企业内部市场流通起来或出租转让，变死物为活钱。加强资金管理，优化资金配置，减少资金沉淀，千方百计加速资金循环，提高资金使用效益。

水电施工企业要大胆进行多样化公有制实现形式的探索和尝试，着眼点是把职工、经营者、企业利益更紧密地联系在一起。只要有利于生产力的发展，经营方式和所有制的实现形式应不拘一格，大胆实践。目前，水电施工企业主要是把内部的多种经营企业作为重点，通过租赁、出售、转让和股份合作制等方式，把职工的利益与企业的利益捆在一起，强化动力机制，推动公有制经济的发展。通过企业内部存量资产的流动和重组，优化企业经济结构，走资本积累和规模经营道路。

（中国水利水电工程总公司　孙玉才）

广州抽水蓄能电站二期工程项目施工科学管理

广州抽水蓄能电站（以下简称广蓄）二期工程与一期工程同等装机规模，装机容量120万kW，工程于1993年8月开工。在一期工程已取得成功经验的基础上，为了推进二期项目法施工再上新台阶，在更高的层次上探索科学、规范、高效的施工管理机制，水电第十四工程局确定了以“建好一流电站，培养一流人才，锤炼一流队伍”为电站建设的总体目标，以“均衡生产，文明施工，确保安全，提高质量，降低成本”为施工管理的具体目标。按照“经营是中心，制度是保障，队伍是灵魂，效益是目的”的思路，进行了全面、深入的改革与探索。

一、改革内部管理体制，让生产力充分发展

针对广蓄二期工程规模大，建设周期长，施工任务重的状况，水电第十四工程局广东分局实行分局、分公司、作业队三级管理、两级核算的模式，在实施项目局长负责制的前提下，层层落实责任制。以分局管理为主体，履行决策、规划、指挥、协调、控制的职能；以分公司管理为保证，履行组织、领导、落实的职能；以作业队管理为基础，履行组织实施各项计划目标的职能。

为此，对内部管理体制作了三个方面的改革。一是对曾参加一期工程建设的11个二级建制单位，精简合并为5个，形成了以两个土建公司为主体，两个直属厂队为辅助的项目管理体系。二是将施工辅助企业由分局直接管辖，交给两个直属专业队营运。主体工程由主力公司大块分包，工程项目分包时尽量减少施工交叉，做到同该单位在一期施工中所承建的项目一致，有利于施工单位总结经验，形成自己的优势项目和技术特长。三是转变物资部的经营、管理双重职能为单一的管理职能，成为分局的职能部门，由分局承担盈亏责任。

改革后的二期工程管理体制，同一期相比，不仅权益明晰，职责清楚，减少了内耗，增强了分公司独立作战能力和分局的宏观调控力度，而且简化了生产关系，优化了资源配置，有利于生产力的发展，提高分局的整体效益。

二、完善经济运行机制，顺应市场经济和价值规律法则

广东分局在建立和完善经济运行机制的实践中，主要遵循“两个法则一个目的”，即顺应市场经济竞争的法则，遵循工程建设客观规律的法则，以寻求最佳经济效益为目的，并采取了以下做法：一是主体工程由主力公司切块单价承包，大临工程费用总价包干，其他临时工程按费率包干；所有单项工程均由二级单位承包经营，独立核算，自负盈亏；各承包单位工作面相对独立，承担完整工序，减少交叉施工的干扰和交叉管理的矛盾。二是施工辅助企业由原来“小而全”的分散管理，改为“大而专”的集中管理，强化了专业性经营。三是把转换经营机制的重点放在作业队上，建立和完善以作业队为基础，以控制直接费成本为目标的经济承包责任制。强化作业队的经济激励和约束机制，使作业队从进度产值型转变为经营效益型。同时，分局致力于为职工创造一个文明施工、心情舒畅的工作条件和环境，充分调动一线职工的生产积极性。四是运用利益激励手段，让生产力要素充分活跃起来，同时又实行直接费成本考核法，有效地控制各种物化的消耗，以增大投入产出比值，获得更多的效益。

分局建立以队为基础，以降低成本为目标的经济运行机制，真正把管理工作渗透到各基层工作面，管理层和作业层互相促进，有利于全面提高企业的总体素质，从企业内部强化了生存发展的功能。

三、建立科学化管理制度，规范生产经营活动

广东分局在转换经营机制的同时，切实加强企业内部法规建设，先后制定了广蓄二期工程《内部预算单价》、《项目施工管理实施细则》、《物资管理办法》、《设备管理办法》等文件，使项目施工管理走向科学化、规范化、制度化的管理轨道，把大量的例外性管理纳入例行性管理之中，以法规、合同、制度来规范企业经营活动和职工生产活动，控制生产过程，协调经济分配。

1. 加强材料管理，形成计消耗、快周转的物资流　分局以86定额标准核定材料消耗定额，编制工料分析软件，对二级单位进行考核。对二级单位材料管理由双轨制改为单轨制运行，从政策上和利益机制上鼓励二级单位千方百计减少材料消耗，防止浪费和外流。为了保障供给，降低库存，分局建立以物资部仓库为中心库的物资流核算体系，设立分库，实行仓库主任负责制。同时，积极推行定额耗量监控、ABC分类、经济批量、最低库存等行之有效的办法，加强储备物资管理，降低费用，提高周转。

2. 建立设备管理保障体系，设备配件调用计费核算　建立健全以分局设备管理组为主的纵向设备管理保障体系，实行机长负责制。坚持日常维修保养，定期检查，状态跟踪监测，做到正确使用，精心维护，科学检修，并将检查考核内容作为评比红旗设备及奖惩的依据。强调设备管理“养、用、管、修”四个环节，最重要的环节是日常的维护保养。

运用经济手段对现有设备实施灵活的调度，使施工单位之间互通有无，优势互补，实行优化配置和动态管理。一是凡支援时段较长的，按完成的工序工作量及机械台班定额与台班费标准，再乘综合系数，作为支援方设备的取费标准。凡零星台班支援的，按工时定额折算成台班数量，再乘台班费1.5的扩大系数。二是设立协作风格奖，其权数占效益分配的10%。三是规定设备完好率和出勤率指标，不达标者从效益分配中扣10%。

在配件管理上，以既能保证生产又尽量减少积压，减少流动资金占用为管理目标。对一期工程留下来的配件进行清理，对机型不在广蓄的配件移库；对全局范围内已不需要的配件投放广东市场流通；对常用易耗件做好记录和分析，按计划采购，适度库存；对不可预见的贵重配件作紧急采购，不挤占资金。这些措施使配件周转率明显加快，周转天数大大缩短。

3. 依靠科技进步，严格质量管理，确保安全施工　积极推广应用新技术、新材料、新工艺，促进了工程质量和经济效益的提高。如：在喷混凝土中掺5%的粉煤灰，改善了和易性，减少了回弹量；优化混凝土配合比，采用复合掺外加剂、掺粉煤灰及90天设计强度，既保证质量又节约大量水泥；在柴油中掺S3添加剂，可节油7%，并减少废气排放量，延长发动机寿命；采用全断面测量仪，及时准确地反馈开挖规格和爆破效率，有效控制超欠挖；完善各种定型模板，提高混凝土外观质量，加快施工进度等。

明确提出"进度是中心,安全是保证,质量是生命,效益是目的",强调"质量兴局"、"质量创誉"。分局建立从总工程师到作业队技术员的质量保证体系,强调质量跟着技术走,依靠科技进步和技术措施保证质量,对重点工程部位成立质量跟踪小组监督。制定了《工程质量奖惩办法》,设立工程质量奖励基金,从月奖或季度奖中留取5%～15%作为质量奖励基金,经单元工程质量评定后,进行奖励或扣罚。开挖阶段以允许超挖的合格率计产值,按超挖的直接费和超填混凝土直接费的15%进行处罚,对质量控制起到了约束作用。

分局制定了《安全生产考核制度》,建立从分局安全领导小组到作业队安全员的安全管理体系,把安全管理融入安全技术措施和文明施工中。十分重视安全教育,形成公司每周一次,分局每月一次的安全教育和安全检查制度,坚持生产例会每会必讲安全,班前5min进行安全交底。

4. 建立成本控制的信息反馈机制,寻求最佳效益

实施成本控制,是强化管理的核心;而建立成本控制的信息反馈机制,又是取得效益的关键。水电施工过程是一个动态的过程,投入与产出也是动态的,只有及时、灵敏地反馈成本运作状态,正确分析影响成本的主要因素并进行有效的调控,才能避免效益的流失。为此,分局首先建立了成本控制的基本模式,即以直接费成本控制为目标,对人工、材料、机械费中的主控因素进行反馈与控制。其次确定成本控制的基本时段,使投入和产出的信息准确及时到位。通过以月为基本时段的成本指标分析,从宏观上摸索代表工程局当前施工水平的实际定额水准。

为了确保成本信息反馈的准确及时,分局建立了较为严格的基础资料反馈制度,并要求各部门按自己职责编制图表,大力推进统计管理工作的图表化,使经济管理信息及时反馈,促进了管理效率。

四、确保均衡生产,坚持文明施工

均衡生产是保证工期、控制质量、降低消耗、提高效益的重要条件;文明施工是加强管理,促进效益,保证安全,改变风貌的重要手段。均衡生产、文明施工就是通过施工方案和施工网络计划,削峰填谷,平衡资源,用相对均衡的投入,组织起紧张而有秩序的施工节奏,获取相对均衡的产值,目的是为了降低成本,提高效益。

广东分局推行均衡生产总的思路是:以均衡的投入产出比,获得最佳的经济效益。首先是根据企业内部资源状况和施工总体目标,在优化施工组织设计的前提下,制定出施工强度均衡,生产要素配置合理的施工总进度网络计划。在具体实施中,严格按照网络计划,分解为不同时段的计划组织施工,实行以日保周、以周保月、以月保季、以季保年的控制方法,确保节点目标的实现。编制计划以总进度要求为依据,以工作面实际情况为基础,在"自下而上和自上而下"的过程中,坚持技术、经营、生产调度密切配合,落到实处。实施计划抓好目标管理,坚持作业队抓循环计划目标,公司抓日计划目标,分局抓周计划目标。坚持每周一次生产调度会,每季度一次干部会,并充分发挥总调度室的施工组织、协调、检查、反馈及快速反应作用。

经过努力,广蓄二期工程的均衡生产已成惯势,基本上避免了潮起潮落的施工状态,施工效率始终保持较高的水平,使分局的生产经营保持持续、稳定增长的良好发展势头。1994年分局共完成产值1.28亿元,1995年完成1.38亿元,1996年完成1.49亿元,全员劳动生产率均超过10万元/人年。累计开挖进尺14.7km,累计完成土石方108.2万m^3。

广东分局把实现文明施工作为降低成本,提高效益,确保安全与提高质量的重要措施,作为各单位的重要考核内容,并就文明施工及奖罚措施作了详细的规定。经过各级严格要求和广大职工的共同努力,二期施工现场比一期有很大改观,得到各级领导及中外专家的高度评价。高岔、斜井工程分别荣获团中央、国家计委、建设部和电力部命名的"首批国家重点建设工程全国青年文明号"、"全国电力系统首批青年文明号"工程称号,两支青年工程队获"优秀青年突击队"称号。

五、"培训、培训、再培训"

企业管理应以人为中心,把开发人的智力,挖掘人的能力,提高人的素质作为企业兴衰的大事来抓。广东分局明确提出了"培训、培训、再培训"的口号,以全员培训为目标,以骨干培训为重点,以提高全体职工素质和造就一批适应市场经济及国际竞争的跨世纪复合型专业人才为目的。为此,分局以培训项目经理和基层队长为重点,开展各类人才的培训,主要有:一是加强对项目经理的培训,提高项目经理的综合素质和管理才能。通过送北京参加项目经理班学习,研究生班学习,回局本部培训,任职期间项目局长传帮带,以及在实践中锻炼成长等各种方式的培训,项目经理的理论修养、思想素质、管理才能、专业知识和领导水平都有很大长进。二是注重培训基层队长。采取办培训班的方式,在项目经理层次上培训队长,帮助他们适应现代化文明施工管理,既能胜任本职,又懂得怎样丰富自己,发展自己。三是对工程技术、经营管理等各种专业人才培训。四是下大功夫培养一批熟练技术工人。二期施工以来,分局多次请设备厂商专家讲课,组织对台车工、装载机工、机械维修工等工种的技术培训,扎扎实实地培养一大批工人技术骨干,以带动整个队伍技术水平

的提高。

（中国水利水电第十四工程局　马洪琪）

水电施工企业基地建设

党的十一届三中全会以后，随着我国水电建设管理体制改革的不断深化，水电施工企业逐步自立于市场，与此同时，依靠改革和政策，水电施工企业基地建设欠账问题也开始受到上级领导的高度重视和关心，并采取了切实措施逐步加以解决。十几年来，水电施工企业的基地建设获得了较快的补偿和发展。

特别是自1995年以来，电力部领导为加快以水电第一工程局白山地区和水电第四工程局龙羊峡库区为代表的部分基地建设特困水电施工企业职工住房搬迁“下山”的步伐，专门设立了基地建设解困工程，按照“自建、群帮、公助”的原则，从1995年～1997年的三年时间内，电力部每年出资4000万元，共计12000万元，投入到基地建设中来。各水电施工企业认真贯彻国家关于住房制度的改革精神，采取了一系列行之有效的改革措施，特别是在群众集资建房、出售公有住房方面加大了改革力度、迈出了较大步伐，在一定程度上改变了传统的福利住房制度，调动了职工群众房改的积极性，为解决职工住房欠账问题，在企业内部，从制度上、资金上建立了一定程度的保障。

至1996年底，水电施工企业的基地建设突出特点是已开始改变传统的生活居住条件，职工家属不再是跟着工程钻山沟了，而是陆续向基地化迈进，即已开始进入大、中城市，按照集生产、生活、教育为一体，多功能开发利用的原则来建设；职工住房也不再是干打垒、油毛毡，而是初步现代化的楼房或平房居室。据不完全统计，至1996年底，中国水利水电工程总公司（以下简称水电总公司）系统已建成永久性基地80余个，总建筑面积600余万m^2，其中住宅420余万m^2，共7.8万套住房。这就是说，水电总公司系统已有7.8万户职工从山沟的临时工棚或危险房屋中搬进永久性住房，占职工总数的70%以上。

但从客观上看，目前水电施工企业基地建设工作仍是任重而道远。面临着一系列严峻的问题。水电施工企业由于长期执行计划经济体制，基地建设一直未放到应有位置，欠账过多；加之每年递增2000多户新婚职工的动态需求，更增加了本已迫切的职工住房建设工作难度。其次，近几年来，由于国家严格控制基建规模，水电施工企业后续工程难以为继，普遍面临工程量严重不足和建设资金不到位的困难局面，难以大量筹集所急需的基地建设资金，导致建设工作后劲不足。

至1996年底，水电总公司系统仍有2.5万户职工未能搬进永久性住房，其中6000余户仍栖身于山沟和库区的危险房屋或临时工棚。解决上述问题，约需新建或改造总建筑面积200万m^2，其中住房建筑面积150万m^2，配套设施建筑面积50万m^2。按目前价格测算，至少需要12亿元建设资金。上述建设资金准备进一步商请国家有关部门多方筹集，以期到本世纪末基本解决好水电施工企业的基地建设问题。

（中国水利水电工程总公司　万迪垂）

中国水利水电第二工程局通过ISO 9000质量保证体系认证

水电第二工程局从1996年3月开始，在全局范围内开展宣传贯彻GB/T 19002—ISO9002标准，并于1997年12月8日取得ISO9002质量保证体系认证，从而成为水电工程局系统中第一家通过认证的企业。

我局的贯标工作经历了以下几个重要阶段。

（一）质量保证体系建立的准备阶段

我局质量保证体系建立的准备阶段工作，重点把握了以下三点：

1. 以正确的管理理念为指导　在首都建筑业市场竞争日益激烈的形势下，深化了我局改革、求变、求新向现代企业制度过渡的思想。深入地进行ISO9000族标准广泛宣传与动员，为我局取得质量体系认证打下了良好的思想基础。

2. 科学合理地建立质量保证体系　我局质量保证体系的建立，始终按照ISO9004《质量体系要素指南》为依据，以质量体系所包括的要素，结构与准则为依托，进行系统宣传贯彻。

根据我局的产业结构和长远发展计划，选择了GB/T 19002—1994 idt ISO9002 1994《质量体系生产、安装和服务的质量保证模式》。按照模式内容进行质量体系建立的准备工作。①成立相应组织、拟定工作计划；②在工程局内部进行大规模、分层次地组织内部与外部相结合的系统知识培训和内部审核员培训；③进行对原有质量体系的调研及诊断，判断其存在的问题，保留其合理部分；④对局质量体系的总体设计，包括确定局质量方针和质量目标，确定管理者代表，确定组织结构，明确与质量有关人员职责权限和相互关系，配备资源，明确质量体系结构和要素的职能分配。

3. 抓好质量体系文件的编写，发布与实施　文件的编写，发布与实施包括体系文件结构的策划、文件的编制和培训、体系文件的编制（包括质量手册、程序文件、质量计划、作业指导书及质量记录）、文件的审核及批准发布。质量体系的实施、运行和保持包括：质量体系实施的教育培训和示范工作。质量体系的运行包括内审计划编制与审批、进行内部质量体系运作审核、纠正预防措施的制定与实施、管理评审、质量改进工作。

（二）质量体系运行与认证

质量体系运行过程是不断学习和加深理解的过程，是不断改进和提高管理水平的过程。

在我局质量体系运行过程中，培训内部质量体系审核员48人，对保证质量体系有效运行起到积极促进和保证作用。局领导三次组织部门领导深入生产施工现场，检查质量体系运行情况；内审小组四次对质量体系进行内部审核；二次召开管理评审会议，就我局质量方针、质量目标的实施与落实进行评审，就运行中存在的问题，提出质量改进意见并加以贯彻和落实。

（三）质量体系认证工作的几点体会

（1）企业领导人高度重视并亲身参与，是建立质量体系成功与否的关键。

（2）以有效性作为质量体系建立的最高准则，灵活理解ISO 9000标准的精神实质，系统综合地运用好要素之间的联系。获得证书是必要的，但它只是建立和完善体系的结果，最为重要的应是体系运行的内在效果，体现在质量改进、成本降低、市场占有率的扩大及不断提高的效益上。

（3）全体总动员，上下一条心，共同参与质量体系的策划、建立与实施，借以形成企业民主管理制度。通过不断地多层次反复培训与编制修改文件，使更多的职工得到多次学习与培训的机会，使企业和职工素质逐步提高，在质量方针的规范下，企业的向心力、凝聚力不断增强。

（4）从顾客角度考虑问题，努力使质量体系满足顾客需求。企业的经营活动根本在于为顾客创造具有价值的产品和服务，始于营销而终于营销的“质量环”过程，企业应根据信息及时组织高效生产和优质服务，赢得顾客的信任与信赖，提高企业的社会知名度，树立良好企业形象，提高企业的市场占有率。

（四）企业认证后应改进的几点意见

（1）在企业认证的全过程中，应始终把根本解决企业的管理意识问题放在首位，特别是对国有大中型企业，和企业的领导来讲，把企业放在社会的什么位置，领导层站在什么角度看待形势与发展，对企业贯标认证工作的成败起着至关重要的作用。

（2）树立永无止境的观念。建立质量体系应反映创新与不断改进的精神，具有适应环境的自我发展机制。当出现问题时，它会自动纠正，找出问题产生原因并控制后果，同时会采取有效措施预防问题的再次发生。当企业的环境发生变化时，其质量体系会自动调整以适应环境。

（3）创新与继承相结合。在不影响所建质量体系运行的前提下，应防止绝对化，防止全盘否定企业原有的管理模式，应尽量保留企业已有效执行的原有制度、文件和标准规范等。这样做会使企业ISO9000标准的宣贯更切合实际，容易进行，并使企业新建体系与原有的体系保持良好的衔接。使新建的体系资源耗费小而效果最大。

（中国水利水电第二工程局　陈应年）

华源水电咨询工作十年回顾

华源水利水电工程咨询公司成立于1988年4月，是在原水利电力部机构体制改革中经部批准建立的。公司的宗旨是：坚持社会主义方向，促进科技进步，坚持优质服务，信誉第一，立足国内，面向基层，竭诚为国内外水利水电建设服务。

公司成立以来，坚持党的基本路线和深化改革、扩大开放的方针，在上级及有关单位的关怀与支持下，通过公司顾问、董事、专家委员和全体员工的积极努力，以及成员公司和兄弟单位的密切合作，得以逐步发展。作为一个智力密集型企业，公司设立专家委员会，聘请60余位国内从事水利水电建设具有丰富设计、施工、管理经验的老专家为委员。并广泛开展横向联合，现已发展成为以华源咨询公司为主体，有13个成员公司所组成的具有承担水利水电工程技术咨询、建设监理和可行性研究、评估、编标、招标、机电安装与设备采购、配套选型、机组监造以及技术培训等综合性服务能力的咨询联合体。同时，还与有关部属设计院、科研院所建立了协作关系。

公司成立以来，已先后同60个水利水电工程项目签订工程咨询或建设监理合同（协议）83项，为37座大中型水电站承担建设监理和工程咨询服务，还与三家国外公司签订了咨询和信息协议。

1．在工程咨询方面　对大型水电工程（含三峡）咨询面达90%，对中型水电工程咨询面达15个省、市、自治区。为25座水电站（装机容量共3147.55万kW）进行咨询，仅对16座大中型水电工程设计优化和采用新技术、新工艺、新材料，就节约工程投资（按原概算）13583万元。水口水电站二期混凝土生产和预冷系统设计，被能源部评为“科学技术进步一等奖”、国家科委评为“科学技术进步二等奖”。广西大浦水电站、湖北朝阳寺水电站两个咨询项目均被中国水电企业协会评为“优秀咨询项目”本公司三次被中国水电企业协会评为“优秀咨询单位”，被北京市科技咨询协会评为首批“北京科技咨询信誉单位”。经北京市咨询业协会培训、考核，批准我公司11位专家为北京市首批注册咨询师。经国家计委核定为首批甲级咨询单位（资格证书号：工咨甲 9406001）。

2. 在建设监理方面　1988 年建设部发出进行建设监理的通知时，水电被列为初期试点部门之一。本公司受原能源部水电开发司的委托，承办了四期监理工程师培训班。为水电建设培训监理工作骨干、提高监理人员素质，奠定了良好基础。同时，选择广西荣地水电站进行监理试点，探索合同管理及“三控制”的程序与制度等。在此基础上，先后承担 21 座大中型水电站（装机容量 1069.4 万 kW）的建设监理任务。通过监理工程师的合理化建议，为工程节约投资 1189 万元。为了推动水电建设监理工作，公司制定了《工程监理的主要工作内容及程序》、《施工监理实施细则》(参考本)及附表格式样本等。它涵盖了监理项目的监理过程、监理依据、监理范围、监理内容与职责；建设、监理、设计、施工四方的职责与相互关系；规定了“三控制”的内容和程序以及报送文件、监理指令文件格式和各种会议制度、报表制度等。为了加强驻地监理机构的内部管理，公司制订有《监理工程师守则》、《施工监理部（处）岗位职责》、《施工监理部（处）档案管理办法》、《监理工程师奖励办法》等。规定各监理处每月编写《施工监理月报》，开展“施工监理处内部管理达标”和“优秀监理工程师”评选活动。公司已探索出一些适合中国特点的监理工作方式，对水电建设监理“三控制”取得了有益的经验。被建设部评为甲级监理单位(资格证书号：建〔建〕监资字第 96129 号)

本公司作为一个智能密集型服务机构，责无旁贷地愿为水利水电建设提高新技术和实用性技术服务和承担建设监理任务，并做好各项培训工作和中介服务，希望得到社会各界的支持与广泛合作。

（华源水利水电工程咨询公司　胡　华）

水利水电施工企业资质情况表

根据建设部令第 48 号《建筑业企业资质管理规定》和建设部建建（1995）666 号《关于印发建筑业企业资质等级标准的通知》要求，从 1995 年底开始，由电力部水农司组织，陆续对电力部系统水利水电施工企业按新的资质标准重新就位，并换发资质证书。经建设部和电力部分别核批，共批准二级以上施工企业 41 家。专业划分为：工程施工总承包一级企业 14 家；水利水电工程施工企业 19 家，其中一级企业 11 家，二级企业 8 家；工业与民用建筑施工企业 3 家，其中一级企业 1 家，二级企业 2 家；地基与基础工程施工一级企业 3 家；送变电工程施工二级企业 2 家。现汇总如下（本表资料截止至 1997 年 8 月）：

水利水电施工企业资质等级一览表

企业名称	企业资质等级 资质证书编号	企业负责人	承包工程范围	
			主　营	增　项
中国水利水电 第一工程局	工程施工 总承包壹级 D220221011101	局　　长：林永强 总工程师：常焕生 总经济师：文俊杰 财务处长：独孤顺	工程施工 总承包壹级	隧道工程施工壹级 地基与基础工程施工壹级 钢结构、网架工程施工壹级
中国水利水电 第三工程局	工程施工 总承包壹级 D612401011101	局　　长：李友仁 总工程师：蔡泽夏 总经济师：刘伟民 总会计师：方　浩	工程施工 总承包壹级	地基与基础工程施工壹级 钢结构、网架工程施工壹级 预应力专项工程施工贰级
中国水利水电 第四工程局	工程施工 总承包壹级 D630101011101	局　　长：王增录 总工程师：袁延举 总经济师：张儒林 总会计师：施朵日	工程施工 总承包壹级	地基与基础工程施工壹级 预应力专项工程施工贰级
中国水利水电 第五工程局	工程施工 总承包壹级 D510802011101	局　　长：杨锡纯 总工程师：李昭畔 总经济师：余竹屏 总会计师：刘生林	工程施工 总承包壹级	地基与基础工程施工壹级 隧道工程施工壹级 土石方工程施工壹级
中国水利水电 第七工程局	工程施工 总承包壹级 D511111011101	局　　长：张　野 总工程师：朱　彤 总经济师：范集湘 总会计师：吴树明	工程施工 总承包壹级	地基与基础工程施工壹级 隧道工程施工壹级 钢结构、网架工程施工壹级 爆破工程施工壹级

续表

企业名称	企业资质等级 资质证书编号	企业负责人	承包工程范围	
			主营	增项
中国水利水电第八工程局	工程施工 总承包壹级 D430103011101	局长：湛世明 总工程师：刘炎生 总经济师：张建人 总会计师：刘义德	工程施工 总承包壹级	地基与基础工程施工壹级 隧道工程施工壹级 钢结构、网架工程施工壹级 爆破工程施工壹级 建筑装饰装修工程施工贰级
中国水利水电第九工程局	工程施工 总承包壹级 D522525011101	局长：袁春炎 总工程师：许以敏 总经济师：林国发 总会计师：向国彪	工程施工 总承包壹级	地基与基础工程施工壹级 钢结构、网架工程施工壹级 隧道工程施工壹级
中国水利水电第十一工程局	工程施工 总承包壹级 D411202011101	局长：王学鲁 总工程师：冯文彬 总经济师：陈国华 总会计师：牛健	工程施工 总承包壹级	地基与基础工程施工壹级 钢结构、网架工程施工壹级 爆破工程施工壹级 建筑装饰装修工程施工贰级
中国水利水电第十二工程局	工程施工 总承包壹级 D330100011101	局长：张介中 总工程师：董润生 总经济师：马如骐 副总会计师：章银先	工程施工 总承包壹级	建筑装饰装修工程施工壹级 地基与基础工程施工壹级
中国水利水电第十四工程局	工程施工 总承包壹级 D530101011101	局长：马洪琪 总工程师：朱镜芳 总经济师：赵正杰 总会计师：陈光黎	工程施工 总承包壹级	地基与基础工程施工壹级 土石方工程施工壹级 钢结构、网架工程施工壹级 隧道工程施工壹级
中国水利水电闽江工程局	工程施工 总承包壹级 D350102011101	局长：容加利 总工程师：陈起舜 总经济师：王芳 总会计师：肖仲谋	工程施工 总承包壹级	地基与基础工程施工壹级 钢结构、网架工程施工壹级 爆破工程施工壹级
中国葛洲坝水利水电工程集团公司 葛洲坝股份公司	工程施工 总承包壹级 D420500011101	总经理：乔生祥 总工程师：孙瑞兴 总经济师：张崇久 总会计师：姚本安	工程施工 总承包壹级	地基与基础工程施工壹级 隧道工程施工壹级 钢结构、网架工程施工壹级 爆破工程施工壹级 土石方工程施工壹级
中国安能建设总公司	工程施工 总承包壹级 D110106011101	总经理：汪成杰 总工程师：许心渊 总经济师：江志岐 总会计师：杨清雪	工程施工 总承包壹级	
中国水利水电工程总公司	工程施工 总承包壹级 D110102011101	总经理：孙玉才 总工程师：傅元初 副总会计师：李才储	工程施工 总承包壹级	
中国水利水电第二工程局	工业与民用 建筑施工壹级 D110102021101	局长：程国清 总工程师：万小伦 总经济师：李启友 总会计师：	工业与民用 建筑施工壹级	水利水电工程施工壹级 设备安装工程施工贰级 钢结构、网架工程施工贰级 市政工程施工叁级

续表

企业名称	企业资质等级 资质证书编号	企业负责人	承包工程范围	
			主　营	增　项
中国水利水电 第六工程局	水利水电 工程施工壹级 D210600051101	局　　长：郑应显 总工程师：李秀卿 总经济师：张再新 总会计师：雷跃华	水利水电 工程施工壹级	隧道工程施工壹级 公路工程施工贰级 市政工程施工贰级 工业与民用建筑施工叁级
中国水利水电 第十工程局	水利水电 工程施工壹级 D510181051101	局　　长：马世绵 总工程师：钟永为 总经济师：邓积瑜 总会计师：刘高峰	水利水电 工程施工壹级	工业与民用建筑施工贰级 公路工程施工贰级 市政工程施工贰级 送变电工程施工贰级
中国水利水电 第十三工程局	水利水电 工程施工壹级 D372401051101	局　　长：张　林 总工程师：李长春 总经济师：黄正宇 总会计师：张训化	水利水电 工程施工壹级	公路工程施工壹级 航道工程施工壹级 工业与民用建筑施工叁级 市政工程施工叁级
中国水利水电 基础工程局	水利水电 工程施工壹级 D120222051101	局　　长：蒋振中 总工程师：高钟璞 总经济师：夏可风 总会计师：杜增明	水利水电 工程施工壹级	地基与基础工程施工壹级 工业与民用建筑施工贰级 预应力专项工程施工贰级
成都华水水电 工程建设公司	水利水电 工程施工壹级 D510100051101	总 经 理：杨经纬 总工程师：王锡佩 总经济师：向国彪 总会计师：刘高峰	水利水电 工程施工壹级	
中国人民 武装警察部队 水电第一总队	水利水电 工程施工壹级 D452631051101	总 队 长：李光强 总工程师：方平德 总经济师：孙志诚 总会计师：严兴华	水利水电 工程施工壹级	隧道工程施工壹级 工业与民用建筑施工叁级 公路工程施工叁级
中国人民 武装警察部队 水电第二总队	水利水电 工程施工壹级 D360500051101	总 队 长：陈业盛 总工程师：梅锦煜 总经济师：林　勉 总会计师：赵永胜	水利水电 工程施工壹级	工业与民用建筑施工壹级 地基与基础工程施工壹级 航务工程施工贰级 公路工程施工贰级
中国人民 武装警察部队 水电第三总队	水利水电 工程施工壹级 D510106051101	总 队 长：冉贤厚 副总工程师：王信 总经济师：何永佳 总会计师：范守明	水利水电 工程施工壹级	工业与民用建筑施工叁级 公路工程施工叁级
葛洲坝集团 第五 工程有限公司	水利水电 工程施工壹级 D420501051101	总 经 理：谷志鲁 总工程师：梁福林 总经济师：薛国经 总会计师：柯光全	水利水电 工程施工壹级 （不含机电安装）	
葛洲坝集团 第六 工程有限公司	水利水电 工程施工壹级 D420501051102	总 经 理：潘华江 总工程师：曾广耀 总经济师：黄其林 总会计师：赵星华	水利水电 工程施工壹级 （不含机电安装）	工业与民用建筑施工叁级
葛洲坝集团 基础 工程有限公司	水利水电 工程施工壹级 D420501051103	总 经 理：张湘生 总工程师：倪士清 总经济师：熊守礼 总会计师：徐　昌	水利水电 工程施工壹级 （不含机电安装）	地基与基础工程施工壹级

续表

企业名称	企业资质等级 资质证书编号	企业负责人	承包工程范围	
			主营	增项
北京振冲工程公司	地基与基础工程施工壹级 D110105221101	总经理：韦伟 总工程师：康景俊 总经济师：卢靖 副总会计师：马依群	地基与基础工程施工壹级	建筑装饰工程施工叁级
五洲基础工程有限公司	地基与基础工程施工壹级 D110102221701	总经理：商树先 总工程师：刘春祥 总经济师：彭蕴周 总会计师：朱燕南	地基与基础工程施工壹级	
杭州华东岩土工程公司	地基与基础工程施工壹级 D330100221101	总经理：何海源 总工程师：吴火才 副总经济师：汤颜若 副总会计师：金玉堂	地基与基础工程施工壹级	隧道工程施工叁级
中国人民武装警察部队水电第一支队	水利水电工程施工贰级 D130324052101	支队长：陈鸿国 总工程师：马青春 总经济师：王炳涛 总会计师：彭文武	水利水电工程施工贰级	工业与民用建筑施工叁级 公路工程施工叁级 市政工程施工贰级
成都水利水电建设工程公司	水利水电工程施工贰级 D510105052101	总经理：周维 总工程师：范适生 总经济师：王蜀康 总会计师：陈兴福	水利水电工程施工贰级（限中小型）	工业与民用建筑施工叁级 公路工程施工叁级 地基与基础工程施工贰级
湖南中南岩土工程有限公司	水利水电工程施工贰级 D430103052101	总经理：张志斌 总工程师：杜伯辉 总经济师：王爱民 总会计师：薛道廉	水利水电工程施工贰级（限基础工）	公路工程施工贰级 地基与基础工程施工贰级 隧道工程施工叁级
西北勘测设计研究院水利水电工程公司	水利水电工程施工贰级 D620102052101	总经理：张庆堂 总工程师：秦湘 总经济师： 总会计师：王若兰	水利水电工程施工贰级（限中小型）	公路工程施工贰级 地基与基础工程施工贰级 建筑防水工程施工贰级
昆明岩土工程公司	水利水电工程施工贰级 D530103052101	经理：罗征均 总工程师：何木章 经营负责：刘笑 财务负责：胡仕祥	水利水电工程施工贰级（限中小型）	地基与基础工程施工贰级 隧道工程施工叁级 工业与民用建筑施工叁级 公路工程施工叁级
西藏水利电力工程有限公司	水利水电工程施工贰级（暂定等级） D540101052101	总经理：郑利民 总工程师：宋玉东 总经济师：张希云 副总会计师：王学文	水利水电工程施工贰级（限中小型）	公路工程施工叁级
贵阳勘测设计研究院岩土工程公司	水利水电工程施工贰级（暂定等级） D520102052101	经理：兰朝富 总工程师：汪泽斌 经营负责：谢朝栋 财务负责：刘朝金	水利水电工程施工贰级（限中小型）	地基与基础工程施工贰级 公路工程施工叁级
湖北三联机械化工程有限公司	水利水电工程施工贰级 D520102052101	总经理：蔡辉 总工程师：彭志绍 总经济师：刘光斌 总会计师：刘莘农	水利水电工程施工贰级（不含机电安装）	机械化施工贰级

续表

<table>
<tr><th rowspan="2">企业名称</th><th rowspan="2">企业资质等级
资质证书编号</th><th rowspan="2">企业负责人</th><th colspan="2">承包工程范围</th></tr>
<tr><th>主　营</th><th>增　项</th></tr>
<tr><td>浙江桐庐
富春江
建筑工程公司</td><td>工业与民用
建筑施工贰级
D330122022101</td><td>经　　理：黄子孟
技术负责：胡幼良
经营负责：薛开元
财务负责：童必文</td><td>工业与民用
建筑施工贰级</td><td>地基与基础工程施工贰级
建筑装饰装修工程施工叁级
公路工程施工叁级</td></tr>
<tr><td>北京东方工程公司</td><td>工业与民用
建筑施工贰级
D110221022101</td><td>总 经 理：骆志强
总工程师：陈家昌
总经济师：丰自明
总会计师：李秀梅</td><td>工业与民用
建筑施工贰级</td><td></td></tr>
<tr><td>中国水利水电
第八工程局
输变电工程处</td><td>送变电工程
施工贰级
D430121122101</td><td>处　　长：谭光辉
总工程师：龙敬善
总经济师：廖万立
总会计师：孙平水</td><td>送变电工程
施工贰级</td><td></td></tr>
<tr><td>葛洲坝集团
电力有限公司</td><td>送变电工程
施工贰级
D420501122101</td><td>总 经 理：张少安
总工程师：姚振祥
总经济师：孔宪勇
总会计师：史英梅</td><td>送变电工程
施工贰级</td><td></td></tr>
</table>

注　1. 各专业等级建筑业企业的具体承包范围见《建筑业企业资质等级标准》。

2. 工程施工总承包企业的工程承包范围不受行业、专业限制，既可以对工程进行施工总承包，也可以自行组织工程施工，不必"增项"各类工业、能源、交通、民用、市政、通信等工程施工企业的承包范围。

（国家电力公司　郭占池）

中国水利水电工程总公司系统中心试验室计量认证情况

计量工作是企业现代化管理的基础，是提高企业素质、保证建筑产品质量、促进技术进步和管理现代化的重要条件。随着水电建设体制改革的深入，业主负责制、建设监理制、招标承包制不断完善，水电建筑市场竞争愈加激烈，施工企业要想在建筑市场竞争中占有利位置，加强基础工作是十分必要的，因此，中国水利水电工程总公司(以下简称水电总公司)系统中心试验室计量认证已势在必行。

水电总公司系统中心试验室进行国家级计量认证从1995年开始起步，由于各级领导重视，试验室干部职工积极配合，认证进展很快，到1997年底，已有9个单位取得了国家级计量认证合格证书(见下表)，除水电第十三工程局(主要从事河道疏浚)外，其他单位都在积极努力，争取尽快通过认证。

水电总公司系统中心试验室认证情况一览表

单　位	设备总台数	人　数	技术人员人数	工程师职称以上人数	计量认证等级	认证时间	所在地点
水电第一工程局中心试验室	120	25	5	4	—	—	吉林省松江河
水电第二工程局中心试验室	60	7	6	4	国家级	1996.7	北京市定福庄
水电第三工程局中心试验室	139	118	80	49	国家级	1997.12	陕西省安康市
水电第四工程局中心试验室	222	108	100	38	国家级	1996.4	青海省李家峡
水电第五工程局中心试验室	146	42	20	9	国家级	1997.10	四川省广元市
水电第六工程局中心试验室	76	28	12	6	国家级	1997.11	山西省偏关县
水电第七工程局中心试验室	116	48	25	12	—	—	四川省郫县

续表

单　　位	设备总台数	人　数	技术人员人数	工程师职称以上人数	计量认证等级	认证时间	所在地点
水电第八工程局中心试验室	62	51	37	9	省级	1997.7	湖南省长沙市
水电第九工程局中心试验室	51	28	14	6	国家级	1996.8	贵州省清镇县
水电第十工程局中心试验室	92	33	6	3	—	—	四川省都江堰市
水电第十一工程局中心试验室	110	35	20	12	国家级	1995.12	河南省三门峡市
水电第十二工程局中心试验室	135	61	38	28	国家级	1996.3	浙江省建德市
水电第十四工程局中心试验室	177	28	16	9	—	—	云南省昆明市
闽江工程局中心试验室	105	18	8	6	国家级	1996.2	福建省南平市
基础工程局中心试验室	310	15	8	7	省级	1995.1	天津市武清县

（中国水利水电工程总公司　许松林）

水电施工企业养老保险制度改革情况

根据国务院《关于企业职工养老保险制度改革的决定》(国发［1991］33号文）和国务院《关于深化企业职工养老保险制度改革的通知》(国发［1995］6号文),电力部组织有关专家历经三年对电力行业职工养老保险改革进行调查研究,反复测算,反复论证,多次修改,多次协调形成了《电力行业职工养老保险制度改革试点方案》(简称《试点方案》)，经劳动部、财政部审定，于1995年12月29日以劳部发［1995］465号批复。电力部党组决定从1996年1月1日起正式实施，水电施工企业统一执行《试点方案》。

一、改革的目标、原则和主要内容

改革的目标是：建立起适应社会主义市场经济体制要求的、适用电力行业全部职工的、资金来源多渠道、保障方式多层次、权力和义务相对应、行业统筹互济和个人帐户相结合、兼有保障和激励功能、管理制度科学化、基本模式一体化的行业养老保险制度。

改革的原则是：保障水平要与电力工业发展和各方面的承受能力相适应；行业统筹共济与自我保障相结合，公平与效率相结合；统一制度、统一标准、统一管理、统一调剂使用资金；行政管理和保险基金经办分开，依法管理。

基本养老保险基金由企业和职工个人共同负担，逐步建立部分积累式的筹资模式，并随着职工个人缴费比例的提高，逐步减轻企业负担。企业缴费比例由财政部核定，职工个人缴费比例由电力部根据职工工资收入增长情况确定，原则上每两年提高一个百分点，由职工个人收入的3%逐步达到8%。

凡参加电力行业职工养老保险制度改革的水电施工企业职工，中国水利水电工程总公司（以下简称水电总公司）社会保险经办机构按照居民身份证号码为其建立一个终身不变的基本养老保险个人帐户。1992年底以前已经参加了电力行业统筹并分别缴纳了养老保险费用的单位和个人，从1993年1月1日起建立“职工个人帐户”。“职工个人帐户”应记载帐号（身份证号）、社会平均工资（目前暂按电力行业平均工资，下同）、本人缴费工资基数、本人缴费额、记帐额、累计储存额、个人帐户记帐利率、利息、连续工龄和缴费年限等，作为职工退休时计发基本养老金的依据。

职工个人帐户的养老保险费按职工本人缴费基数的12%分两部分计入：职工个人缴纳的养老保险费，目前按本人缴费基数的3%；从单位缴纳的基本养老保险统筹费划转记入部分，目前按个人缴费基数的9%。随着个人缴费比例的提高，从单位缴费划转的比例相应降低。职工个人缴费基数的确定以职工个人本人上年月平均工资收入为缴纳基本养老保险费的基数。职工个人缴费基数高于上年电力行业职工月平均工资收入300%的，按300%作为职工个人缴费基数；职工个人缴费基数低于上年电力行业职工月平均工资收入60%的，按60%作为职工个人缴费基数。

《试点方案》实施前参加工作且缴费年限（含视同缴费年限的连续工龄）满10年及以上，或《试点方案》实施后参加工作且个人缴费满15年及以上的职工，符合国家规定离、退休条件的，可以享受按月领取基本养老金待遇，不符合上述条件的职工，按其基本养老保险个人帐户储存额的1.25倍一次支付给本人，同时终止养老保险关系。

符合按月领取基本养老保险金条件的职工，按退休时上一年电力行业月平均工资和职工基本养老保险个人帐户储存额给付基本养老金。计算公式为：

（1）《试点方案》实施后参加工作的职工：

月基本养老金＝电力行业上年月平均工资×20%＋基本养老保险个人帐户储存额÷120

（2）《试点方案》实施前参加工作的职工：

月基本养老金＝电力行业上年月平均工资×20%＋基本养老保险个人帐户储存额×系数÷120

设置系数是为了推算出《试点方案》实施前参加工作的职工本人全部工作年限的储存额，以及合理调整过渡期间不同人员的养老金待遇。

《试点方案》还规定，为保证离退休人员基本生活，从离退休的下一年起，每年7月1日，按照电力行业上年职工平均工资增长率的40%～60%增加离退休职工的基本养老金，即建立基本养老金正常调整制度。

在基本养老保险之外，各水电施工企业可根据自身的经济承受能力，为本单位职工建立企业补充保险和个人储蓄性养老保险。企业补充和个人储蓄性养老保险金可适用有关免征税费的政策。

二、养老保险制度改革方案已全面实施

按照《试点方案》的规定，水电施工企业职工基本养老保险个人帐户从1993年1月1日开始建立，即需要补建1993年～1995年三年个人帐户，补建三年帐户要清理每个职工1992年～1994年三年工资收入，为此，水电总公司于1995年11月召开专业人员会议，全面布置清理职工收入和补建帐户工作。在水电施工企业广大职工的支持和参与下，经过各工程局、厂社保、劳动人事、财务等部门同志一年多的艰苦努力、团结奋战，完成了职工个人收入清理登记、基础资料整编核对、个人帐户核查建立和新老计发办法的对比测算等浩大的工程，水电总公司所属企业14.7万职工的个人帐户已经建立，并经电力部社保局最终确认，已投入正式运作，标志着养老保险制度改革方案已全面实施，与此同时，已有9个单位为4万职工建立了企业补充养老保险和职工个人储蓄性养老保险。

经核查确认水电总公司所属企业1993年～1995年三年缴费工资基数为222665万元，职工个人三年平均缴费工资基数为16025元/人，帐户存储额为33768万元，其中：企业划转25326万元，个人缴费8442万元，职工个人平均存储额为2430元/人。

为保证新老计发办法待遇水平平稳过渡，将实行三年过渡期（1996年～1998年），过渡期实行“影子标准”与《试点方案》规定的新办法同时并存，就高不就低。“影子标准”养老金由两部分构成，即规范的老办法养老金加调剂金。规范的老办法养老金以封在1994年底的32元起点的岗位工资标准，75元起点的技能工资标准为基本工资基数，按国发［1978］104号以及省、市、区人民政府规定的增发比例计算的基本离退休金，加上经核查认定的国家和省、市、区人民政府规定的津补贴和每年1元的工龄津贴。调剂金由两部分组成，第一部分为绝对数，第二部分按职工个人帐户中个人缴费部分的累计储存额除以120计算。新办法养老金：月基本养老金＝上年电力行业月平均工资×20%＋个人帐户储存额×系数÷120。在过渡期间，无论几月份退休，个人缴费和单位缴费划转计入的部分均可缴满一年计算个人帐户储存额。过渡办法规定，三年过渡期间实际按新办法计发的养老金分别不超过“影子标准”数额的105%、108%、112%。

新办法的计算参数参看表1：折算系数表；表2：电力行业年平均工资和职工个人帐户计帐利率。

表1　　折算系数表

连续工龄	实际缴费年限的折算系数				
	2年	3年	4年	5年	6年
10	11.520	7.137	4.945	3.630	2.753
11	12.373	7.739	5.423	4.033	3.106
12	13.208	8.325	5.883	4.418	3.442
13	14.031	8.897	6.331	4.791	3.764
14	14.843	9.460	6.768	5.153	4.076
15	15.625	10.000	7.188	5.500	4.375
16	16.260	10.447	7.540	5.796	4.633
17	16.887	10.885	7.884	6.084	4.883
18	17.507	11.317	8.222	6.365	5.127
19	18.121	11.742	8.553	6.640	5.364
20	18.730	12.163	8.880	6.910	5.597
21	19.335	12.580	9.203	7.176	5.825
22	19.936	12.993	9.521	7.438	6.050
23	20.535	13.403	9.837	7.698	6.271
24	21.130	13.810	10.150	7.954	6.490
25	21.746	14.229	10.471	8.216	6.713
26	22.028	14.434	10.638	8.360	6.841
27	22.306	14.636	10.801	8.500	6.966
28	22.580	14.833	10.960	8.636	7.087
29	22.851	15.028	11.116	8.769	7.205
30	23.120	15.220	11.270	8.900	7.320
31	23.386	15.409	11.421	9.028	7.433
32	23.650	15.597	11.570	9.154	7.543
33	23.912	15.782	11.717	9.278	7.652
34	24.172	15.965	11.862	9.400	7.758

续表

连续工龄	实际缴费年限的折算系数				
	2年	3年	4年	5年	6年
35	24.383	16.116	11.983	9.503	7.850
36	24.479	16.192	12.049	9.563	7.906
37	24.573	16.266	12.113	9.621	7.960
38	24.665	16.339	12.175	9.677	8.012
39	24.756	16.409	12.236	9.732	8.063
40	24.845	16.478	12.295	9.785	8.112
41	24.933	16.546	12.353	9.837	8.159
42	25.019	16.612	12.409	9.887	8.206
43	25.104	16.678	12.464	9.936	8.251
44	25.188	16.742	12.518	9.984	8.295
45	25.271	16.804	12.571	10.031	8.338
46	25.353	16.866	12.623	10.077	8.380
47	25.434	16.927	12.674	10.122	8.421
48	25.514	16.987	12.724	10.166	8.461
49	25.593	17.047	12.773	10.209	8.500
50	25.672	17.105	12.822	10.252	8.539

表2　电力行业年平均工资和职工个人帐户计帐利率

项目＼年份	1992年	1993年	1994年	1995年	1996年	1997年
年平均工资	4074	5222	7202	8949	10983	12379
职工个人帐户计帐利率		12%	16%	20%	12%	12%

（中国水利水电工程总公司　孙宝田）

水电施工企业多种经营发展情况

1995年～1996年期间水电施工企业进一步贯彻中国水利水电工程总公司（以下简称水电总公司）“建筑施工、多种经营、两大支柱、协调发展”的战略方针，多种经营继续保持稳步发展。

一、取得的主要成绩

（1）提高了发展多种经营的认识，健全了多种经营组织机构。通过十几年来在市场经济中的磨练和实践，水电施工企业已深刻认识到大力发展多种经营是企业摆脱困境、走向发展的必由之路。近两年，水电施工企业加大了发展多种经营的力度，加强了领导班子建设，完善了组织机构。由过去的副局（厂）长分管多种经营工作改为局（厂）长或党委书记亲自抓多种经营工作，各单位都成立了相应的多种经营管理机构或实业公司，健全了二级机构的管理体系，理顺了上下关系。把一批政治、业务素质较高，懂经营管理的干部充实到了多种经营岗位，把多种经营工作真正提到了重要的议事日程上。

（2）各项经济指标逐年增长。1995年～1996年多种经营各项指标都有了较大突破，1995年水电总公司系统多种经营产值（其中包括多种经营企业所从事的建筑业产值，以下同）突破了10亿元，达到12.47亿元，1996年达到14.96亿元，分别比1994年的9.79亿元增长了27%和53%。全系统17家单位中产值超过亿元的单位由1994年的4家上升到1996年的6家单位，其中水电第八工程局1996年多种经营产值达到了2.84亿元，成为水电总公司系统内多种经营产值首次突破2亿元的单位。全系统1995年和1996年分别向国家上缴利税3142万元和3980万元，实现税后利润2221万元和1099万元，有近4万人从事多种经营工作，从业人员占全系统职工人数的1/4，为分流企业人员和稳定队伍起到了积极作用。多种经营劳动生产率也有较大的提高，由1994年的2.5万元/人年增长到1996年3.9万元/人年，人均收入也由1994年的4087元/人年增加到1996年的6000元/人年。

（3）多种经营向社会各个领域延伸，逐步从福利型、安置型向效益型转变。水电施工企业多种经营经过十几年的发展，经营的触角已延伸到社会各个领域，涉及到工业机械制造、民用建筑、交通运输业、商业、服务业等各个行业，建成多种经营网点1000多个，遍布全国各地。其中在小水电投资、金属结构制作、机械加工及商品混凝土等水电行业的延伸领域有着得天独厚的优势。多种经营的发展摆脱了过去单一为水电行业安置富余职工和搞好职工福利的位置，而是通过不断深化改革，扩大经营，以获得经济效益为中心目标，在坚持充分就业，尽量安置劳动力的原则下，经营方向上逐步从福利型、安置型向效益型转变。水电第七工程局的技工学校、水电第十工程局的医院及部分工程局的后勤服务系统都已改变了过去由工程局拨款，单一面向工程局的形式，而是面向社会，服务于社会，不但减少了工程局的内部开支，而且取得了可喜的经济效益和社会效益。

（4）多种经营制度不断完善，管理逐步向科学化、规范化、制度化方向发展。1995年总公司制定了《中国水利水电工程总公司多种经营五年发展规划（1996

～2000年)》，明确了到本世纪末多种经营发展的总体目标和基本任务。各施工企业结合自身实际情况，制定了相应的三年或五年规划。同时针对多种经营工作中出现的问题制定了一系列多种经营管理办法，加强了多种经营项目管理、资产管理、财务管理、统计管理等一系列管理。重点关、停、并、转了一批产品无销路、效益低下，没有前途的企业；扶持了一批效益好，有长远发展前途的企业。多种经营制度的建立和完善，使多种经营的发展逐步走上科学化、规范化、制度化的道路。

二、存在的主要问题

(1)多种经营发展不均衡，利润较低。水电施工企业在多种经营的发展还很不均衡。与其他行业和电力系统其他单位相比，水电施工企业多种经营发展起点较低，发展速度也较慢；企业之间也存在着不均衡，一部分工程局起步较快，成为多种经营发展的“带头羊”，如水电第十一工程局多种经营产值已占企业总产值的30%以上，水电第八工程局多种经营产值已超过2亿元。另一部分工程局，由于各方面的原因，发展较缓慢，利润较低，甚至出现连年亏损。从水电施工企业的整体来看，多种经营产值增幅较快，平均每年以20%的比例递增，但利润却始终保持在较低水平，在2000万左右徘徊，产值利润率仅仅在1%左右。这种高产值、低利润主要原因是水电施工企业多种经营大多从事微利行业，利润水平较低，同时一部分亏损严重的企业充抵了大部分利润。

(2)产业结构不合理。目前水电施工企业多种经营产值大约占企业总产值的18%左右，其中很大一部分产值来自工业和多种经营企业所从事的建筑业，分别占多种经营产值的44%和20%，大部分工业如金属结构、机械制造和建筑业都是水电建筑业的附属产业和延伸，过分依赖主业，使多种经营企业并未真正走向市场和适应市场。多种经营中的商业、服务业、交通运输业比重偏低，分别占多种经营产值的6%、6%和8%，这种不合理的产业结构，使施工企业多种经营发展还不能适应市场，自我调控能力较弱，一旦某种行业发展受到制约和影响，将会影响到多种经营发展的全局。

(3)多种经营发展起点低，缺乏骨干产业，还未形成规模经营。水电施工企业多种经营已经发展了十几年，但由于历史方面的原因，施工企业家底薄，多种经营发展起点低，以基地为依托所建立的服务型项目，如小商店、内部招待所大部分是福利型，安置型的项目，很难有大的发展；一些修配厂、安装公司生产设备陈旧、效益低下。多种经营在发展过程中缺乏拳头产品和骨干企业，大都是一些小型分散的企业，很难抵御市场的冲击。而这些多种经营的企业改组、改造需要大量的资金，目前水电施工企业仍处于一个困难时期，很难在多种经营上投入更多的资金，同时多种经营的项目选择、资金投入还带有一定的盲目性，这些都使多种经营还未走上集约化的规模经营道路。

三、今后发展的方向和工作重点

1995年～1996年水电施工企业多种经营虽然有了长足的发展，但离形成支柱型的产业和电力部领导“三个1/3”的要求(1/3的在职局级领导干部抓多种经营，1/3的职工从事多种经营，1/3的产值来自多种经营)还有一定的距离。水电施工企业今后的工作重点是以产业结构的调整为主。水电总公司在1997年工作报告中，着重强调了产业调整的重要性，要求凡是国内水电建筑业以外产值占企业总产值达不到40%的单位，行政一把手要亲自挂帅抓产业结构的调整工作，并把产业结构调整情况作为考核行政一把手是否称职的重要标志。

在做好产业结构调整工作的同时，要进一步加大股份制试点工作力度，按照国家的有关法规要求，在有条件的小型企业和集体企业中开展试点工作，及时总结经验，在积累经验的基础上，再向面上推广。

(中国水利水电工程总公司　贠亮)

1995年～1997年水工机电产品许可证管理情况

1995年～1997年是我国电力建设的发展年。为配合我国的电力建设工作，提供合格的产品，电力工业部电力机械产品生产许可证办公室，加大许可证的管理力度，协同省局对生产许可证进行动态管理。

(1)为适应市场环境的变化，提高生产企业的质保能力，经国家技术监督局的批准，确定了5个产品检测单位及4个《实施细则》，具体情况为：①1995年3月30日，全国工业产品生产许可证办公室(以下简称全许办)以全许办(1995)14号文批准电力部许可办提出的电力金具产品生产许可证换证实施细则及检验单位。②1995年3月30日，全许办以全许办(1995)15号文批准电力部许可办提出的电力用高压管件及中频弯管产品生产许可证换证实施细则及检验单位。③1995年3月30日，全许办以全许办(1995)17号文批准电力部许可办提出的输电铁塔产品生产许可证换证实施细则及检验单位。④1995年7月5日，全许办以全许办(1995)26号文批准电力部许可办提出的岩土工程仪器产品生产许可证换证实施细则及检验单位。

另外，于1995年2月7日，电力部许可办以许可

[1995] 02号文发布:“成立电力工业部电站管道产品质量检验测试中心(站)”。

(2) 电力部许可办依据全许办的有关规定,按期对生产许可证有效期已满的生产企业进行了复查换证工作。1995年～1997年,共换(发)生产许可证248张,涉及115个企业;换(发)混凝土电杆使用许可证491张,涉及177个企业。具体情况如下:①1995年5月15日,电力部以电办[1995]207号文发布“关于发布获电力机械产品生产许可证企业名单的通知”。②1996年10月22日,电力部以电办[1996]701号发布“关于公布电力机械产品生产许可证企业名录的通知”。③1997年3月10日,电力部以电办[1997]130号发布“关于换发第一批水工金属结构产品生产许可证的通知”。④1995年12月22日,电力部以电办[1995]799号文发布“关于发放第三批电力系统混凝土电杆使用许可证的通知”。⑤1996年4月25日,电力部以电办函[1996]46号发布“关于印发电力系统混凝土电杆使用许可证第三批获证企业补充名单的通知”。⑥1997年6月16日,电力部以电办[1997]344号文发布“关于换发电力系统混凝土电杆使用许可证(第一批)的通知”,见下表。

(3)为对我部生产许可证进行动态管理,促进生产企业强化质量管理,由电力部铁塔质量检验测试中心会同四川省电力工业局、四川省工业产品生产许可证办公室有关人员,对四川省六个铁塔生产企业进行了铁塔生产许可证取证资格复检和审检。此次活动达到了预期目的,为电力机械产品生产许可证的动态管理工作积累了经验。

电力系统混凝土电杆使用许可证换发情况

发证产品名称	发证数量	涉及企业数量	换(发)证时间
输电铁塔	3	3	1995.1.15
	31	31	1996.10.22
线路阻滤波器	27	7	1995.1.15
电力金具	30	23	1995.1.15
	32	20	1996.10.22
水工金属结构	125	31	1997.3.10
混凝土电杆使用许可证	161	65	1995.12.22
	20	10	1996.4.25
	310	102	1997.6.16
合 计	739	292	

(电力部电力机械产品生产许可证办公室 张叟治)

科 学 技 术 管 理

水电科技成果推广情况

为了做好科技成果的推广工作,首先应分析以往推广工作难、成果转化数量少、速度慢、转化率低,以及重开发轻推广的原因。通过调查研究,认为主要有五个原因:①科学研究和技术开发与市场需求脱节的状况未从根本上得到改变。在目前体制下,成果产生单位与应用单位缺乏有机联系。在成果产生之初,没有充分考虑成果产生后在生产上的应用状况,而更多地关注研究成果上档次,上水平。另外,目前科研单位和企业普遍缺乏中间试验条件和手段,使得一些重大科技成果技术成熟性不够,配套性不强,工艺性较差,无法直接应用于生产。②作为科技成果转化主体的企业,缺乏成果转化的动力和能力。企业没有将以科技进步为主的内涵式扩大再生产作为自己发展战略的主流,注重短期行为,对采用新技术、吸收科技成果缺乏热情。③政府和部门对科技成果转化工作缺乏强有力的管理,在一些方面协调不力,互相脱节。④科技成果转化投入不足。虽然科技成果推广对企业有效益,但也存在一定风险,也有可能对企业的近期效益不明显,有些科技成果需要进行二次开发,所有这些都需要一定的资金投入。近几年,用于科技成果转化的投入比起研究与开发的投入更加不足。⑤科技成果转化的市场运行不畅。目前,我国科技成果转化的市场机制没有完全建立起来,技术市场发育尚不完善。同时,在科技成果的转化中存在着成果价值和价格严重脱节,以及现场技术人员认为自己开发才能更好地体现自己的才能等,因而挫伤了科技人员的积极性,使得重开发轻推广的现象普遍存在,既不利于成果转化,又给重复开发创造了有利环境。

针对科技成果推广难、转化率低的原因,在科技改革的精神指导下,对科技成果的推广工作采取了四项措施。①在成果产生之初，即在确定科技项目时，首先就要明确应用对象和转化的条件，同时也要兼顾研究成果完成之后的水平和档次。特别是一些重大项目，必须结合工程的需要，解决水电工程设计、施工、运行的关键技术。②以成果转化单位为龙头，组织联合攻关。成果转化单位牵头，实现企业与企业，企业与研究院所、与高校合作攻关是推动推广工作的好形式，这样可调动成果转化单位的积极性，并付予他一定要将成果转化的责任和义务。同时，通过这样的合作形式，可以充分发挥各家的优势，实行技术与资源的互补，从而达到缩短研究开发与推广的周期，降低风险，实现成果共享，共同发展的目的。借助于联合攻关，可以把企业与企业、企业与研究院所或高校联合起来，使各方都从合作中获得更大的利益。③将成果推广与技术改造相结合。因为科技成果转化为现实生产力，必须要有载体，在老的企业中推广应用科技成果只有结合技术改造。由于技术发展的非平衡性，一个企业的落后，并不是所有技术都落后，往往是关键环节上落后，只要用少量投资对关键环节进行改造，在关键环节上使用先进成果，就可以使企业获得新生。利用技术改造，是科技成果转化为现实生产力极为有效的途径。④加大科技推广的投入力度。目的是通过增加成果转化投入力度，实现政府与部门对科技推广工作的指导，与企业共同负担采用新技术的风险，从而促进科技成果的推广。

这几年抓的重点推广项目主要有：碾压混凝土拱坝筑坝技术，高混凝土面板堆石坝筑坝技术，工程地质快速勘测技术，水电站无人值班（少人值守）技术等。

在推广这些技术时，并非原样照搬，而是在原有成果的基础上，有所发展，有所改善，使科技成果在推广应用的同时，有所创新，从而使我国的水电建设达到或超过世界先进水平。如碾压混凝土拱坝筑坝技术方面，我国在1993年建成了普定碾压混凝土拱坝，取得了高水平的科研成果，这些成果有的已在温泉堡和溪柄溪得到应用，而在应用的同时又各自发展了碾压混凝土拱坝的筑坝技术。通过这三座拱坝的建成，解决了高度在100m以下的碾压混凝土拱坝的设计、施工问题。为了更好地推广这一技术，我们又将在砂牌和引子渡水电站推广应用碾压混凝土拱坝筑坝技术。除了快速、经济、优质建成世界最高的碾压混凝土拱坝，取得较大经济效益之外，还将使我国碾压混凝土拱坝在结构布置、温度控制、横缝型式选择及处理，以及质量检测技术更上一个台阶，确保我国碾压混凝土拱坝建设技术继续居于世界领先位置。又如水电工程地质勘测技术，经过十几年的科技攻关，在坝基（肩）软弱层（带）的工程地质特性研究、地下工程围岩工程地质分类方法、高坝坝基勘测新技术研究与应用、高拱坝地基岩体稳定性评价及可利用岩体质量标准研究、岩质高边坡稳定分析方法及软件系统、勘测与监测技术方法研究、勘测关键技术及其综合应用研究等方面都获得了较好的成果，在实际工程应用中也取得了一定成效。为了使这些成果发挥更大效益，我们又组织力量结合溪落渡、小湾水电站的库坝区推广应用工程地质勘测技术，除了综合应用物探、钻探、遥感等新技术及工程地质综合分析技术，将溪落渡的勘探工作周期从常规的7～8年缩短到4～5年完成，以满足2000年完成可行性论证的需要，从而实现加快勘测进度、提高勘测准确度和缩短勘测周期的明显经济、社会效益外，还将使推广的各种仪器设备更加完善、先进，技术方法更加成熟，同时在工程中达到更加实用的程度，并为缩短水电工程建设周期，降低水电工程造价提供强有力的支撑。再如面板堆石坝筑坝技术方面，我国已掌握了100m级的筑坝成套技术，对178m的面板坝也取得了很多成果。面板坝筑坝技术已取得的成果很多，如采用无轨滑模浇筑面板混凝土，采用三复合外加剂提高面板混凝土抗裂性能，接缝止水材料，用碾压砂浆作二期上游坡护面材料，深厚覆盖层上建面板坝等等都有自己的特色。为了更大发挥这一筑坝技术的效益，结合水布椏工程对该筑坝技术进一步推广应用，如水布椏工程采用面板坝方案，将可节约投资2～3亿元，提前发电一年，同时在减少贷款利率和增加发电收入上可取得近20亿元的经济效益。在推广应用的同时，在防渗体系上要取得突破性进展，这又会促进我国一批150m以上高面板坝的建设，对促进我国水电建设起到积极作用。

（电力部 邴凤山 李 新）

1995年～1997年科技文献数据库建设与检索系统

开发、利用、共享科技文献信息资源是1995年～1997年的工作重点。三年来中国电力信息中心作为电力工业部的科技信息归口管理单位，组织建设了全系统若干个数据库，基本概况如下。

一、水利电力科技文献数据库

水利电力科技文献数据库始建于1985年，收集了国内电力行业及相关专业近200种中文期刊上发表的论文，现有数据8万余条。通过该库可迅速地检索出国内某一专业范畴的文献在期刊上的报道量，以利于了解科技发展动态。同时为电力系统各有关单位科研课题的立项、科技成果的查询及技术咨询提供依据。该数据库近年来加快了建库速度，缩短了建库时差，年更新数据1万余条。

二、电力系统自产科技文献信息数据库

电力系统自产科技文献信息数据库是收集电力系统各单位在科研、生产过程中所形成的，具有信息价值的科技文献信息。该数据库建设根据电力工业部科技司1996［56］号文件精神，于1997年初启动建设，各网省局、水电勘测设计院、大专院校、科研机构等近40家单位参加建设。该数据库建设将采取“统一著录规则，统一分类标引，统一检索软件，分散建库，集中合成”的办法，由中国电力信息中心负责组织实施。该数据库将于1997年底集中合成，预计完成数据加工量约2.5万条。数据库建成后将大大促进水利电力科技信息的交流，使信息资源得到充分利用，实现资源共享之目的。

三、电力系统科技成果数据库

电力系统科技成果数据库目前为两个库。一个库是部科技司主持建立的《电力科技成果登记数据库》，该库收录了自1978年以来经过鉴定，由各网局、科研院所、规划总院等部门审查推荐，部科技司核定予以登记的至少具有国内先进水平，经济效益显著的科技成果，1996年开始使用，共有数据3700余条。另一个是获得局级以上科技成果奖的电力成果数据库。目前网省局单位的数据已加工合成，并投入使用。科研院所、大专院校、勘测设计单位的成果数据正由中国电力信息中心负责组织建设，预计1997年底完成1985年～1995年的数据加工。两个数据库的建成，将为科研课题立项、科技成果查新提供主要技术依据。

四、国际水力发电会议论文数据库

国际水力发电会议是由美国能源部与美国陆军工程兵团联合组织召开的一个大型国际会议，自1979年组织召开第一届会议以来，此后每两年召开一次，目前已召开九届。中国电力信息中心收录了自1983年第三届至1995年第九届的全部会议文献。为充分揭示馆藏，1995年组织建成论文数据库，数据约1500条。可从会议论文题目、专业分类、著者、译名、主题词等检索点检索查询。

联机检索与网络建设的发展趋势

目前，中国电力信息中心国际联机检索仍通过卫星线路与美国DIALOG、BRS、西德STN、欧共体ESA—IRS世界四大联机信息检索系统建立信息检索联系。主要服务功能是为电力系统各有关单位申报科研成果评定及成果鉴定提供检索查新报告。

该系统近年来已与中国科技信息研究所、机械部信息研究院、北京图书馆、北京文献服务处等单位联网，可检索近百个数据库的相关内容，还将加入国际互联网——Internet。

随着信息时代的到来，为开创电力工业信息化的新局面，连接全国电力工业内联网一中国电力信息网正在建设之中，1998年将实现与所属网、省局的联网。文献检索系统也将在未来的几年中并入中国电力信息网。

（中国电力信息中心　王秀亭）

水电经济效益与社会效益

4

水电在电网中的地位、作用与经济、社会效益

葛洲坝水力发电厂

至1997年10月4日，葛洲坝水力发电厂投产16年来，累计发电1997亿kW·h，累计工业产值156亿多元，上缴三峡建设基金23亿元。1996年发电量达到158.9694亿kW·h（其中大江电厂发电100.7191亿kW·h，二江电厂发电58.2503亿kW·h），由于长江来水年内分配不均，比上年少发3.7551亿kW·h。全年完成直接工业产值12.56亿元，全员劳动生产率为66.56万元/（年·人），比上年降低4.2%；完成销售电量157.7954亿kW·h，实现电力销售收入96700万元，比上年同期增长10833万元，增长幅度为12.6%。电力生产成本38823万元，亦比上年增加2606万元，增长幅度为7%，单位电量生产成本0.0246元/（kW·h）；实现利润总额46204万元，比上年增长18%；上缴三峡工程建设基金41116万元，占当年三峡工程建设投资费用68.97亿元的6%；国有资产保值增值率达101%，销售利润率达到48%，在全国电力行业中居领先水平。由于全厂职工努力，采取适时提高水库运行水位、合理超铭牌出力等措施，全年节水增发电量8.474亿kW·h，水能利用提高率为5.6%，发电耗水率20.69m^3/（kW·h）；机组发电设备年平均利用小时5855.23h，发电设备可调小时7882.54h；安全生产上取得了3个一百天及1个连续安全纪录281天的好成绩。1994年～1997年发电量统计表如下。

1994年～1997年发电量统计表

（kW·h）

年　份	1994年	1995年	1996年	1997年
1月	7.1546	7.8916	7.4186	6.3015
2月	5.3018	6.4064	5.9206	5.9581
3月	6.7724	7.3980	6.9316	8.0962
4月	10.9592	8.7719	9.5779	11.2970
5月	12.6383	12.8475	16.8524	15.2017
6月	17.6524	19.4657	18.5998	17.1535
7月	19.5539	18.5478	16.4391	16.8968
8月	15.8701	19.6550	19.1902	19.1441
9月	19.2419	19.8237	19.3855	16.1358
10月	19.0606	19.8068	16.7534	17.1618
11月	12.3611	12.5661	13.6802	10.0361
12月	10.7659	9.5440	8.2201	7.7765
全年	157.5122	162.7245	158.9694	151.1591

（一）管理体制发生重大转变

1996年6月1日零时，葛洲坝水力发电厂的管理体制，正式由电力工业部委托华中电业管理局代管，转为中国长江三峡工程开发总公司直管，成为三峡工程的组成部分。同时，由华中电业管理局委托葛洲坝水力发电厂代管的葛洲坝换流站，亦移交给国家电网建设有限公司管理，目前仍暂由葛洲坝电厂代管。葛洲坝水力发电厂移交三峡总公司管理，作为华中电网并网运行的骨干电厂，其发电量仍由华中电力集团公司包购并统一分配销售；葛洲坝水力发电厂工资标准及其他相应福利待遇仍按原标准及水平执行，工资总额增长、电厂节水增发考核奖励等仍按原有办法执行，养老保险仍参加电力行业统筹，养老保险体制不变。

（二）与二滩水电厂携手合作

1996年6月15日，国内目前建成的最大的水电站——葛洲坝水力发电厂，与位于四川省攀枝花市雅砻江的二滩水力开发有限责任公司，正式签订《关于二滩水电厂筹建、运行及维护协议》，议定在2000年内，葛洲坝水力发电厂以人才输出方式，全方位承担二滩水电厂筹建、运行及维护工作，负责带领和培训二滩工作人员，协助二滩做好生产和技术管理工作，逐步实现由二滩人员独立运行、维护和管理，做到平稳过渡。二滩水电厂总装机330万kW（6×55万kW），计划1998年首台机组投产发电。

（三）葛洲坝自备电厂投产发电

作为葛洲坝水利枢纽的防汛保安电源和电厂事故备用电源的葛洲坝自备电厂，装有1台2.062万kW立式轴流转浆式机组，总投资7500万元，系长江水利

委员会设计，由中国长江三峡工程开发总公司、华中电管局、宜昌供电局、葛洲坝水力发电厂合股兴建。由长江葛洲坝水电集团公司承建，于1993年3月开始筹备，1994年6月1日破土动工，1995年3月10日开始浇筑，1996年10月14日发电试运行，1996年10月23日正式投产，到当年底即发电3547万kW·h，直接送电宜昌市，大大缓解了宜昌市的用电紧张局面。该机组被定为葛洲坝水力发电厂的0号机组，与二江电厂中控室通过2000m光纤通信电缆，实现远方监控、实行无人值班（少人值守）。

（四）高科技产品获国家证书和资助

1996年11月27日，湖北省经贸委正式通知，葛洲坝水力发电厂能达公司生产的高科技产品——MEC系列多微机励磁装置、WYB系列发变组保护装置和WBT步进式水轮机调速器三大产品，在上年获得部级鉴定后，本年又获得《1996年国家级重点新产品证书》，同时列入“国家级重点新产品试产计划”，并资助30万元科研经费。

（五）大江电厂电缆廊道特大火灾隐患消除

由于设计和施工的原因，葛洲坝大江电厂的电缆廊道曾被湖北省公安厅列为特大火灾隐患，经过近八年的整改完善，于1996年11月29日通过了湖北省消防总队及宜昌市消防大队的防火验收。葛洲坝工程电缆廊道，线长且杂，廊道狭窄，仅大江电厂至500kV开关站的电缆总长就达113万m；加之设计上缺陷，其防火问题一直是工程的心腹之患。1988年大江电厂14台机组全部投产后，电厂即把电缆火灾列为重大反事故研究课题，进行调查和反复论证；近年来，他们采取“封、堵、隔、涂、查”的五字防范措施，用防火隔板19230m^2、防火涂料6.44t、堵料2.294t、矿渣棉42.1t、防火毡1.78t、防火包袋0.5t、砌阻火墙122道、安装自动防火门37扇，封堵孔洞1149个。1992年在500kV开关站安装了缆式线型火灾自动报警装置，在廊道内装设应急疏散指示灯，对廊道照明系统全部进行整改，规定安监、消防人员及运行值班员定期巡检，经常进行维护和试验。自此，葛洲坝特大火灾隐患彻底消除。

（六）葛洲坝库区发生严重海损事故

1996年8月14日17时许，一艘由四川涪陵地区开往江苏江阴市的涪陵“金协3号”机动驳船，在西陵峡石排段发生翻船事故，船上所载640t复合化肥倾入长江之中，14名船员中9人获救，其余5人失踪。40多m长的倾覆失控的驳船及盛装化肥的几千条编织袋在江水推动下，于当天深夜到达葛洲坝二江电厂进水口前1500m左右处，葛洲坝电厂、宜昌港监部门、长航公安部门立即组织抢救，船驳被港监部门固定后又拉断钢缆沉于江中，电厂不得已提起机组拦污栅让几千袋化肥穿机下流。此次海损事故是葛洲坝工程蓄水后的第三起严重海损事故，不仅给船舶所在单位造成了人员伤亡和财产损失，而且对葛洲坝工程安全造成威胁，对长江中下游造成了一定污染。

（葛洲坝水力发电厂　谢兴发）

白山梯级水电站

白山梯级水电站由白山水电站和红石水电站组成，其中白山水电站又由白山地下水电站和白山左岸水电站组成，对外统称白山发电厂。梯级枢纽以发电为主，主体工程于1975年5月动工兴建，1983年底第一台30万kW机组投产发电，1992年4月全部机组投产发电。总装机容量170万kW（白山5×30万kW、红石4×5万kW），设计年发电量24.11亿kW·h。电站位于东北电网南网、北网之间，担负东北电网主力调峰、调频及事故备用任务，并满足防洪、灌溉、航运、环保等多方面综合利用需求，在东北电网以及当地国民经济与社会发展中起到举足轻重的作用。

（一）电量效益

电站自投产以来，已累计供电量252.311亿kW·h（截至1996年底），平均发电成本0.05559元/(kW·h)，上缴国家财税12942万元，按电力系统发电企业不变价格计算，累计产值19.934亿元。

（二）容量效益

白山发电厂作为东北电网第一主力调峰、调频、事故备用电厂，多年来为电网的安全、可靠运行做出了巨大的贡献。全厂机组1996年开、停机次数达7482次，除汛期机组满负荷运行外，日平均调峰负荷60万～80万kW，有效地保证了电网供电质量。在历次由于自然及人为因素危及电网安全的紧要关头，白山发电厂发挥容量大、并网快的优势，避免了电网事故，减少了电网限电造成的损失。

（三）防洪效益

白山水库为多年不完全调节水库，在汛期担负着重大的防洪任务，尽管其本身不创造财富，但把防止或减小整个松花江流域某一洪水造成的损失作为综合效益，其社会效益是无法估量的。

1994年汛期，白山、丰满流域发生4次降水过程，由于白山水库进行科学合理调度，没弃一滴水，并多蓄水9亿m^3，带来了巨大的发电效益，与丰满联合调度共超发电量4亿kW·h。

1995年，白山、丰满流域发生百年一遇特大洪水，由于水调人员日夜密切监视汛情发展，合理调度，白山水库为下游丰满水库错峰拦蓄水量2.6亿m^3，共拦蓄洪水14.5亿m^3，削峰率达71%，最高蓄水位达

418.35m，超过历史最高水平。白山、丰满水库进行联合调度为下游吉林省减少淹没耕地165万亩、人口150万人，合计减免损失176.8亿元。同时使黑龙江省松花江干流沿岸747万亩耕地、294万人及哈尔滨等城市免受灾害。白山发电厂超发电量2.53亿kW·h，节约发电成本2530万元。

1996年7月下旬～8月上旬，流域来水集中量大，经科学调度，合理调配库容，没发生弃水，节能发电9144万kW·h。

白山水库在近几年的洪水调度中，做到了预报准确、及时，调峰方案科学合理，为流域防洪减灾发挥了重要作用。

（白山发电厂　于亚军）

岩滩水电厂

广西岩滩水电厂位于广西大化县岩滩镇，是红水河梯级水电站的第五级，是国家“七五”期间的重点工程。该工程1985年3月正式开工建设，1992年9月第一台机组投产发电，1995年全部竣工，现运行状况良好，取得了较好的经济效益和社会效益。

（一）岩滩水电厂建设情况

岩滩水电厂装机容量121万kW，保证出力24.2万kW，年发电量56.6亿kW·h。待上游电站建成后，该工程将兴建二期工程，扩建装机容量45万kW，年发电量可增至82.68亿kW·h。岩滩水容量为26.1亿m^3，调节库容15.72亿m^3，水库面积为112.5km^2，淹没常用耕地59489亩，开荒地、河滩地17817亩，淹没迁移人口43176人，生产安置人口62430人。

岩滩水电厂枢纽主要建筑物由拦河坝、发电厂房、开关站和垂直升船机等组成，呈一列式布置，坝顶总长525m，最大坝高110m。泄洪建筑物设于河床中部，设有7个溢流表孔，1个泄水孔，2个冲砂孔。厂房设于右岸坝后，沿机组中心线长200m、宽60m、高72.56m，设有4台30.25万kW混流式发电机组。开关站位于右岸厂坝间的坝坡上，垂直升船机为1×250t级。发电厂以500kV和220kV两个电压等级接入广西电网和华南电网。

岩滩水电厂工程于1985年3月主体工程动工，1987年11月工程截流，1992年9月第1台机组投产发电，1995年6月工程竣工。工程项目业主是广西电力工业局；建设单位是广西岩滩水电站工程建设公司；监理单位是广西水利电力建设监理公司；设计单位是广西电力工业勘察设计研究院；主要施工单位为，左岸土石方开挖及导流明渠施工由葛洲坝水电工程局承担，大坝和厂房主体工程由广西水电工程局承担，引水压力钢管及水轮发电机组安装由广西水电工程局和水电第四工程局承担；4台水轮发电机组由哈尔滨电机厂制造，4台500kV主变压器由西安变压器厂制造，SF_6 GIS由瑞士ABB公司供货。

岩滩水电厂工程实行了项目业主责任制，积极引进竞争机制，对各工程项目实行招投标承包制。推行工程监理制，对工程建设工期、质量、投资进行有效的控制。依靠科技进步，采用新技术、新工艺和新的施工手段，优化设计，强化现场管理，提高项目管理及效率，使工程建设顺利进行。本工程总概算初步设计国家计委批复为16.32亿元。1993年由于当时国家政策性变动、物价调整等原因，经电力部、原国家能源投资公司批复，工程总投资改为35.63亿元；1996年经电力部批复，核定工程总投资为41.01亿元。平均每千瓦单位造价为3389.68元。

（二）岩滩水电厂生产及效益情况

岩滩水电厂设计为不完全年调节，单独运行时保证出力为24.2万kW，多年平均发电量56.6亿kW·h，其中枯水期发电量为16.41亿kW·h，占年电量的29%，装机年利用小时为4678h。

根据岩滩水电厂的特点，广西电网调度规程规定该电厂为第一调峰、调频厂。其运行方式为：枯水期带峰荷，为主要调峰、调频厂；过渡期（4月～5月、9月～10月）带腰荷；丰水期带基荷或腰荷。基本按设计要求运行在应有的位置。

岩滩水电厂从1992年第一台机组投产，到1996年底共完成发电量154.56亿kW·h，丰水期因调峰、设备故障等原因产生的弃水电量总计为20.49亿kW·h。1996年为电站全部设备投入正常运行的第一年，全年实发电量49.05亿kW·h，丰水期产生弃水电量4.82亿kW·h，占年发电量的9.8%，1996年实发电量占设计多年平均有效电量53.20亿kW·h的92.2%，接近设计运行效益。1997年发电量53.254亿kW·h。

经广西物价部门的批准，岩滩水电厂1993年～1995年的上网电价为154元/（千kW·h），其中还贷专项附加85.89元/（千kW·h）；1996年的上网电价为161.73元/（千kW·h），其中还贷专项附加93.62元/（千kW·h）。还贷专项附加用于归还贷款本息。由于电价分为两部分，因此其收入也分为两部分。一部分计入销售收入，另一部分还贷专项附加为了保证还贷，不计入销售收入。截至1996年底，岩滩水电厂的销售收入累计为69255万元，含税还贷专项附加累计90549万元，合计159804万元。岩滩水电厂共缴纳增值税（1994年前为产品税）及附加25090万元，平均单位税金为24.68元/（千kW·h）。岩滩水电厂1993年～1996年底共实现利润12469万元，按33%的所得税率计算，缴纳所得税为4115万元。两项税和附加税合计29205万元。截至1996年底，发电成本累计为45913万元，平均单位发电成本为45.15元/(千kW·h)。

1993年～2006年是岩滩水电厂的还贷期，为14年。预计还贷期内发电量为664.27亿kW·h，上网电量为657.50亿kW·h。现在的电价是一年一定，如果按1996年的实际电价161.73元/(千kW·h)计，预计还贷期内尚有135817万元无法按期偿还。按岩滩水电厂借款合同到期归还贷款本息及生产经营情况测算，其上网电价要达到383.98元/(千kW·h)(含税)时才能完全保证按时归还贷款。

（三）岩滩水电厂综合效益

岩滩水电厂主要任务是发电，并在电网中担负调峰、调频任务，还对上游龙滩水电站和下游大化水电站起反调节作用，增加上、下游电站的出力。除此以外，还兼有航运、防洪、灌溉、渔业和旅游等作用。

(1) 航运。岩滩水库蓄水以后正常水位达223m，最大壅水高度75m，回水长153.2km，淹没大小险滩86处。远景龙滩水电站建成后，水库区166km范围内将全部渠化，岩滩水电厂即将建成250t升船机，可从天峨县通航到大化县，待红水河十个梯级电站建成后，从云南、贵州通航至广州，该水路成为云贵两个内陆省经广西不可多得的出海捷径。

(2) 防洪。岩滩水电厂的建成，有近4亿m^3的调节库容，对下游沿江各地的防洪可起到一定的削峰、滞洪和减灾的作用。待上游龙滩水库建成后，将留有60亿～80亿m^3防洪库容，届时可缓解浔江、西江、珠江三角洲等的洪水灾害。

(3) 灌溉。岩滩水库在峡谷中兴建，无自流灌溉要求。现已建成一部分电灌站，其建设规模较小，能满足库区两岸的农田灌溉。

(4) 渔业。未建岩滩水库前红水河中上游水深流急、人烟稀少，养渔和捕捞技术落后，渔业不发达。现库区水面积大，达107.5km^2，对发展渔业提供了有利的条件。水库移民中有一部分从事渔业生产，普遍发展网箱养鱼，若按水库每平方公里产量为5万kg，水库全年捕鱼量可达500万kg，按8元/kg计算，渔业收入可达4000万元。

(5) 旅游。岩滩水库两岸大都是高山峡谷，过去不通航无法前往观赏，现水库内可航行较大船只，沿江可观赏到秀丽的风光景色。据不完全统计，在目前旅游设施极差的条件下，仍约有5万人次前往旅游观光。有关部门可扩大宣传、改善旅游服务条件，吸引更多游人前往旅游观光。

岩滩水电厂为工农业生产和社会提供电能，所产生的社会效益是巨大的。1996年全厂发电量49.05亿kW·h，按同期广西电量产值7.8元/(kW·h)计，创社会产值382.59亿元，1992年～1997年10月累计发电200亿kW·h，创社会产值1560亿元。

（广西电力局岩滩水电厂建设公司　刘国平）

水口水力发电厂

水口水力发电厂是我国华东地区最大的常规水电站，是以发电为主，兼有航运等综合效益的工程。该工程为国家“七五”到“九五”按合理工期组织建设的国家重点工程项目，也是我国大型水电站工程建设管理体制改革的试点项目。

水口水电厂位于福建省闽清县境内的闽江干流上，上游距南平市94km，下游距福州市65km，坝址以上流域面积52438km^2，多年平均流量1728m^3/s，年径流总量545亿m^3，电站总装机140万kW，保证出力26万kW，多年平均发电量49.5亿kW·h。电站枢纽由拦河大坝、溢洪道、发电厂房、升压站、220kV开关站、三级船闸及升船机等组成。通航建筑最大提升为59m，最大通航吨位为2×500t，设计年货运量300万t。

一、水口工程建设概况

水口水电厂于1958年开始规划、勘测设计和调查工作；1978年1月选定坝址；1980年4月通过初投审查；1984年9月国家计委决定由铁道部包干外福铁路改线工程，改线全长59km；1984年10月经国务院批准由福建省人民政府负责包干库区移民、拆迁、安置等工作。

水口工程是我国部分利用世界银行贷款建设的工程项目，建设管理实行国际惯用的业主责任制、建设监理制和招标承包制。业主是福建省电力工业局，水口水电厂工程建设公司受业主委托行使建设和监理（工程师）单位的职能，华东勘测设计研究院为设计单位和国内咨询单位，聘请美国MKE工程公司为国际咨询单位。主体土建工程施工和部分机电设备采购采用国际招标，引入竞争机制。通过招投标，主体土建工程及机电设备安装合同分别授于华田联营工程公司（由日本前田工业株式会社、中国闽江工程局、水电第十二工程局、水电第四工程局组成的联营体）。1#、2#主机制造合同授予哈尔滨电机厂与日本日立厂联营体；3#～7#主机制造合同授予哈尔滨电机厂。1987年3月9日主体土建工程正式开工；1989年9月25日实现大江截流；1991年11月完成二期转三期导流；1993年3月按合同工期实现下闸蓄水，同年8月第一台机组并网发电。1996年12月7台机组全部投产发电。三级船闸工程已于1996年2月开始试通航，为提高设备的可靠性，1996年7月开始更换船闸全部液压启闭设备，1996年11月中旬恢复通航。升船机土建工程由水电第十二工程局和闽江工程局中标，目前已完成土建工作量。由武汉造船厂生产的承船厢已运抵现场，计划于1998年10月投入试运行。500kV变电站工程1997年初开工，1998年3月投入营运。

1992年5月经原能源部和原国家能源投资公司批准，水口水电厂全部工程项目总投资为85.23亿元，其中内资68.82亿元、外资1.98亿美元。

二、水口水电厂组织机构及定员编制

水口水电厂于1992年5月正式成立。自建厂起，就把高起点、高标准作为电厂管理的指导思想，对传统的企业内部管理机制进行改革，采用新的装备及其技术，建立新的管理标准和制度，运用新的管理组织和管理方式组织生产。配备高素质的职工队伍，以达到高效率和高效益的目的。按照《新型电厂实行新管理办法的若干意见》规定，实行厂、部（室）、班（组）三级管理。

目前，水口水电厂现有职工568人，有中专以上学历的占职工总数54%，全厂职工人数不到常规百万千瓦级水电厂的二分之一。

三、水工建筑物、水库调度和水情自动测报系统情况

水口电站枢纽建筑物由坝长783m、坝高101m的混凝土重力坝（包括12孔15m×22.5m的溢洪坝段），发电厂房，220kV开关站，500kV变电站，以及可通过2×500t级驳船的一线三级船闸和一座升船机等组成。

水口工程施工采用了一系列的新材料、新设备、新工艺、新技术和优化设计。在开挖方面采用了较好的大型机械化作业，以及梯段爆破、预裂爆破、预应力锚杆等；在导流工程施工中，大规模采用碾压混凝土、塑性混凝土防渗墙、土工膜防渗心墙、碾压堆石堰体等新技术。1991年在全国在建的百万级水电站质量评比中名列前茅；在1996年9月电力部水电建设工程质量管理工作会议上，水口工程的质量被誉为已经达到或接近国际水平。自1993年3月31日下闸蓄水以来，电厂、水工建筑物经过了4年多的运行，坝基扬压力远小于设计值，大坝运行状况良好。

水口水情自动测报系统于1994年5月建成投入试运行。该系统实际控制面积为13923km²，建设规模含1个中心站、6个中继站、24个遥测站（其中遥测雨量站15个、水位站1个、水位雨量站8个）。1996年6场洪峰大于5000m³/s的洪水，洪峰预报平均精度为89%，洪量预报平均精度为86%。1997年最大洪峰预报精度达98.6%，各次洪水预报精度平均达94.9%。

水口水库调度密切与防汛、水文、气象、邮电和福建省局中调配合，严格执行审批的调度方案，精心灵活调度，合理蓄泄，充分利用有效库容蓄水多发电，取得了一定的成绩。以1996年为例，在来水偏枯的情况下，正确调度，节水增发电1亿kW·h；同时，根据准确的天气预报及时利用部分两用库容拦蓄洪尾0.9亿m³，增发电量0.1亿kW·h。

（四）水口水电厂投产后的效益、技术经济指标及电价的确定

（1）水口水电厂1号机于1993年8月投产，2号机于1994年2月投产，3号机于1994年9月投产，4号机于1995年1月投产，5号机于1995年11月投产，6号机于1996年1月投产，7号机于1996年12月投产。截至1997年底，电厂累计发电188.07亿kW·h。

（2）技术经济指标见下表。

（五）水口水电厂在电网中的地位、作用与具体调度方式

在水口水电厂建成前，福建省电网电源分布大多集中在闽西北地区，而负荷中心则集中在闽东南一带，布局不甚合理。省电网的另一特点是负荷的峰谷差大，高峰时负荷达400万kW，低谷时负荷仅为250万kW，峰谷差为150万kW；原担任省网调峰、调频任务的主力电厂古田溪水电厂已无法满足省网的调峰、调频任务，这样就使得省网的火电厂也参加调峰任务。

技术经济指标

年份	发电量（万kW·h）	厂用电量（万kW·h）	厂用电率（%）	发电用水量（万m³）	发电耗水率[m³/(kW·h)]	总产值（万元）
1993	56446.7	47.63	0.08	479797	8.5	4455.5
1994	296268.7	243.6	0.08	2268702	7.2	23386
1995	477266.7	419.27	0.09	3646008	7.6	37671
1996	449794.5	510.10	0.11	3463418	7.7	35493.5
1997	600941.5	849.83	0.14	4666901	7.8	

水口水电厂的建成改善了福建省电网的电源与负荷中心的布局，又满足了调峰、调频的需要，此外也加强了网架结构。

电厂装机容量7×20万kW，最大运行方式为连续满发；最小运行方式受下游航运条件约束需带26万kW运行，电网调峰、调频容量最高达124万kW。丰水期电厂在高峰负荷时带基荷运行，低谷时担任调峰、调频、事故备用任务。枯水季节电厂承担省网的调峰、调频、事故备用任务。现电厂已成为省网的主力电厂之一，基本解决了省网调峰、调频的困难，为福建省的经济发展做出了巨大贡献。

（水口水力发电厂　陈特杰　詹冠津）

五强溪水力发电厂

（一）在电网中的地位和作用

五强溪水力发电厂是国家"七五"、""八五"重点工程，位于湖南省沅陵县境内沅水干流上，距常德市108km，距省会长沙市300km，总装机容量为120（24×5）万kW，保证出力25.5万kW，年设计发电量为53.7亿kW·h，是湖南省唯一的百万级大型水电厂。电厂采用500kV级电压出线三回，其中一回经常德至株洲，一回经娄底至株洲，一回备用。电厂并入华中电网后，可得到补偿出力16.5万kW，使电网的供电质量得到改善。1994年12月首台机组投产发电，1996年12月最后一台机组投产。

（二）五强溪水电厂的经济效益

五强溪水电厂筹备以来，坚持"严谨、进取、和谐、高效"的企业精神，高标准，严要求，全厂员工以高度的主人翁姿态，不等不靠，仅一年半的时间，完成了按照常规需要4～5年的电厂筹备和生产准备工作。首台机组发电后，该厂始终把安全摆在第一位，克服边施工边投产，缺陷问题多，安装工期短，现场脏、乱、差，人员少等诸多困难，加大设备消缺力度，确保机组安全运行。至1997年底，累计发电117亿kW·h，累计创产值超过40亿元。1996年在战胜100年一遇的特大洪水冲击的同时，全年发电42.3亿kW·h，产值近14亿元，创在建工程发电量全国最高记录，湖南省委、省政府为厂长李瑞师荣记一等功。在抓好安全生产的同时，着重转变经济增长方式，认真执行新厂新办法，积极开发人力资源，实行减人增效，全厂定员454人，只相当于同类型老厂的五分之一。大力推行内部模拟市场办法和目标成本责任制，切实强化成本管理和资金管理，苦练内功，内部挖潜。一改山区水电厂传统管理模式，实行生产区与生活区分离，生活区设在常德市，甩掉了企业办社会的沉重包袱。主业与后勤服务系统分离，面向市场发展多种经营，并率先在电力系统办起了股份制集团公司。这一系列措施的采取，提高了企业经济效益，为电厂达标创一流创造了条件。

（三）综合利用效率

五强溪水电厂以发电为主，兼有防洪和改善航运等综合效益。

（1）防洪。五强溪水电厂属一级工程，挡水建筑物按千年一遇洪水设计，万年一遇洪水校核。坝址以上控制流域面积83800km^2，占沅水总流域面积的93%。水库正常蓄水位为108m，总库容为42亿m^3，正常防洪库容为13.6亿m^3，水库面积为170km^2。在上游凤滩水库2.8亿m^{3}的防洪库容配合下，可将尾闾堤垸防洪标准由5年一遇提高到20年一遇，同时承担部分洞庭湖区的分洪任务。所以其防洪意义十分重大，防洪效益非常显著。该厂始终把安全生产和安全渡汛放在首位，在确保工程安全的前提下，进行水库优化经济调度，尽量避免或减轻水库上、下游的洪水灾害损失。1996年7月上、中旬，沅水流域连续降大到特大暴雨，特别是7月13日～17日5天内，平均降雨量333.4mm，发生了沅水流域有可靠史料记载以来的最大洪水。7月16日，最大入库流量达到40000m^3/s，水位超过千年一遇洪水1.64m，整个洪水调度过程，削减洪峰13600m^3/s，削峰率34%，水库最大拦蓄洪量23亿m^3，为确保下游常德市市区的安全和减少洞庭湖区的洪灾损失做出了巨大贡献。

（2）航运。五强溪水电厂拥有目前全国总跨越水头最高的三级船闸，闸首最大工作水头达42.5m，采用一列直线布置，年设计通航能力为年过坝货运量250万t、年过坝木材运量为45万m^3。水库的形成，除淹没坝址至沅陵的全部险滩外，还可将下游段的枯水流量加大到390m^3/s，从而大大延长了通航时间，改善了通航条件，远景规划可通行500t轮驳船队。

（五强溪水力发电厂　熊佑庭　李晏仙）

漫湾发电厂

漫湾发电厂位于云南西部澜沧江流域中游河段，设计装机容量150万kW，一期工程装机125万kW，二期工程25万kW机组待上游小湾电站建成后续建。电厂装有5台25万kW混流式水轮发电机组，一期工程设计年发电量63亿kW·h，最终设计年发电量78亿kW·h，电厂以发电为主，兼有水产养殖综合效益。

电厂于1993年6月第一台机组投产发电，1995年6月5台机组全部投产，工程总投资约36.8亿元、工程造价3396元/kW。工程造价远低于同期建设的国内大型水电厂。

（一）电量效益

漫湾发电厂是云南电网的骨干电厂，装机容量和年发电量均占云南电网的三分之一，1997年完成发电量48.1亿kW·h。截至1997年12月31日，累计发电量为198.7亿kW·h，按1990年不变价计算，累计创产值15.7亿元。1993年～1997年平均发电成本48.21元/（千kW·h），共还贷16.3亿元，上缴税金1.0556亿元（发电环节）。

（二）调峰效益

漫湾发电厂除在云南电网承担主要发电任务外，还担负电网的调频、调峰任务，枯水期日平均调峰容量为19.19万kW，年调峰电量为8.29亿kW·h，为年平均发电量的14.33%，调频容量25万kW，对云南电网的安全经济运行起着举足轻重的作用。

（三）水产养殖等综合效益

漫湾发电厂库区面积为23.9km²。澜沧江水质优良，自然条件优越，具有发展水产养殖的良好条件，库区已初步形成养殖各种鱼类、虾、鳖的水产养殖格局，并且还将不断扩大养殖规模。水库蓄水后，使库区旅游、航运的发展具有了一定条件，有利于取得综合经济效益。

（四）在电网中的影响和意义

漫湾发电厂是云南第一座百万千瓦级的大型水电厂，它的建成标志着云南电力事业跨上了大电厂、大机组、大容量、超高压的台阶。漫湾发电厂是澜沧江流域梯级开发的第一座水电厂，标志着云电外送战略的开始，使地区间资源和经济互补、相互促进发展的协作关系形成端倪，为推进云南水电资源开发、开放奠定了坚实的基础。漫湾发电厂的投产运行，为云南工农业生产和人民生活提供了强大的电力能源，为促进云南国民经济持续、快速、健康发展做出了积极的贡献。

（漫湾发电厂　杨立成）

龙羊峡水电厂

（一）电厂基本情况

龙羊峡水电厂位于青藏高原东部，座落在青海省海南藏族自治州共和县境内，海拔2600m，是黄河上的龙头水电站。电站由西北勘测设计院设计、水电第四工程局施工建设，工程于1976年2月动土开工，1987年10月第一台机组投产发电，同年12月2号机组投产，1988年7月3号机组投产，1989年6月4号机组投产。

龙羊峡水电厂装有4台机组，总装机容量128万kW，设计保证出力58.7万～63.1万kW，单机容量32万kW，年平均发电量为60亿kW·h。龙羊峡大坝为混凝土重力拱坝，坝高178m，坝底宽80m，坝顶宽18～23m，主坝长度396m，前沿挡水总长度1226m。龙羊峡水库为多年调节，水库总库容247亿m³，有效库容180.5亿m³，控制流域面积达131420km²。龙羊峡水电厂全部工程总投资28.2426亿元，工程造价为2206.45元/kW。

（二）发电效益

龙羊峡水电厂自第一台机组投产发电到1996年底，累计发电404.19亿kW·h，创工业总产值29.70亿元（按1990年不变价格计算）。同时，由于龙羊峡水电厂的建成投产，提高下游已建4座梯级水电厂（刘家峡、盐锅峡、八盘峡、青铜峡）的保证出力达25万kW，每年净增发电量6.4亿kW·h，其经济效益显著，详见龙羊峡水力发电厂1987年～1997年主要经济指标统计表。

（三）对西北电网的作用

龙羊峡水电厂投产发电时，正值陕西、甘肃、宁夏、青海4省（区）电网严重缺电，特别是青海省，自70年代初到1987年10月前，一直从外省输入电力。该电厂的投产发电，不仅有效地缓解了4省（区）电网的缺电局面，而且使青海省成了电力输出省。目前，龙羊峡水电厂承担着西北电网第一调峰、调频和事故备用任务，调峰任务量为电网的30%～50%，对保证西北电网的安全稳定运行发挥了巨大作用，为西北地区经济发展做出了重大的贡献。

（四）防洪、灌溉、供水作用

龙羊峡水库通过对洪水的调节和控制，提高了下游水电站和城市的渡汛防洪标准。刘家峡水库的防洪标准由原先的5000年一遇的洪水校核标准，提高到可能最大洪水的校核标准；盐锅峡水库的防洪标准由1000年一遇，提高到2000年一遇；八盘峡水库的防洪标准由300年一遇，提高到1000年一遇。另外，可以保证兰州市原设计百年一遇、河道允许流量6500m³/s的防洪标准，从而有效地控制了洪水。

龙羊峡水电厂的建成，不但提高了下游水电站、城市的防汛标准，保证下游的汛期安全，而且增加了下游灌溉用水量，扩大了灌溉面积，提高了农牧业灌溉用水的保证率，同时，也提高了枯水年和枯水期的黄河径流量（每年的下泄水量较平均年份多三分之一），满足了下游各类用水的需要。据有关资料介绍，仅内蒙河套地区，1987年～1990年间就增产粮食7亿～8亿斤。此外，电厂的建成，还带来了旅游、渔业等方面的经济效益，为青海省工业、农业、牧业的发展，起到了积极地推动作用。

龙羊峡水力发电厂 1987～1996 年主要经济指标统计表

年份＼指标	发电量（万 kW·h）	总产值（万元）	全厂最高负荷（万 kW）	平均耗水率［m^3/(kW·h)］	发电单位成本［元/(千 kW·h)］	年末职工人数（人）
1987	47462.28	2401.39	42	4.86	19.69	874
1988	286682.44	14497.93	67	5.24	20.58	925
1989	418848.63	21181.76	98.50	4.28	25.39	981
1990	552036.74	43432.10	110	3.90	24.19	1029
1991	419110.89	33022.23	90	4.56	36.66	1035
1992	319683.65	25172.18	111	4.79	49.84	1019
1993	502420.16	39611.43	127	3.80	36.10	960
1994	543001.10	42842.09	116	3.84	43.60	963
1995	382307.81	30138.60	92	4.82	60.81	899
1996	300250.61	23662.26	80	5.09	53.56	773
1997	270046.45	21029.94	82	4.95	67.33	726

年份＼指标	全员劳动生产率［万元/(人·年)］	厂用电量（万 kW·h）	入库水量（亿 m^3）	发电用水（亿 m^3）	年末水位（m）	年末库容（亿 m^3）
1987	3.05	190.77	27.208	22.464	2537.58	67.30
1988	16.63	1290.07	163.303	150.266	2543.70	79.68
1989	22.53	1884.82	324.03	179.44	2573.99	157.19
1990	43.83	2263.26	179.381	215.252	2561.35	121.30
1991	32.79	1107.98	154.923	191.26	2547.30	84.96
1992	25.53	1048.48	197.303	153.436	2564.13	128.76
1993	40.79	1009.62	216.826	190.994	2573.13	154.57
1994	45.14	696.34	162.586	208.377	2556.44	108.78
1995	33.52	806.57	158.897	184.355	2545.45	83.32
1996	30.61	728.31	142.140	152.883	2540.22	72.57
1997	28.65	817.4905	142.966	133.614	2542.32	76.84

（龙羊峡水电厂　赵会民）

铜街子水电站

铜街子水电站位于四川省乐山市境内，系大渡河梯级开发的最下游一级电站，坝址距上游的龚嘴电厂 31.9km，距乐山市 87km，距成都 213km。

该工程以发电为主，兼顾漂木，并能改善下游通航条件。工程于 1986 年动工，1992 年第一台机组发电，1994 年全部建成投产。工程总投资 334039 万元，单位千瓦造价 5567.32 元。电站装机 4×15 万 kW，设计年发电量 32.1 亿 kW·h。至 1997 年底累计发电 111.7166 亿 kW·h，产值 88256 万元。

铜街子水电站建成投产后，与上游的龚嘴水电厂联合运行，更充分地发挥了龚嘴水电厂的主调峰调频作用，也是目前四川电网的主力电源点之一。

发电量及成本情况

年　份	1993	1994	1995	1996	1997
发电成本（万元）	731	10438	18365	19796	23447
发电量（亿 kW·h）	12.1139	21.3402	26.5638	26.0233	25.6754
单位成本［元/(千 kW·h)］	138.57	116.37	89.46	80.22	91.48
厂用电率（%）	0.14	0.08	0.13	0.12	0.17

（龚嘴水力发电总厂　陈学院）

潘家口抽水蓄能电站

（一）基本情况

潘家口抽水蓄能电站安装了3台9万kW可逆式抽水蓄能机组，于1991年7月第一台机组投入商业运行，于1992年底其余2台也先后投产。该3台机组系引进意大利ABB公司设备，全部工程系贷款，总计约7.8亿人民币，其中有2900万美元意大利政府及商业贷款，工程完工后交华北电力集团公司管理，在220kV系统并网，直接由华北电网中调局调度。

该蓄能电站上池为容积29亿m^3的多年调节水库，运行水位180.0～224.7m。下池为容积1000万m^3的调节池，运行水位139.4～144.5m。

潘家口水库一期工程已装有一台15万kW常规水轮发电机，由水利部门管理；二期工程3台9万kW蓄能机组由电力部门管理，水利调度由水利部负责，电力调度以水定电由华北电网中调局（以下简称中调）负责。

1993年～1997年底抽水蓄能机组运行情况见下表。

1993年～1997年运行情况统计

项目	1993年	1994年	1995年	1996年	1997年
向系统提供高峰电量	3.5亿kW·h	4.9亿kW·h	5.7亿kW·h	6.34亿kW·h	4.72亿kW·h
抽水耗电量	4.6亿kW·h	4.6亿kW·h	4.9亿kW·h	4.00亿kW·h	3.85亿kW·h
年发电小时(h/台)	1700	3500	4500		
年运行小时	4000	5300	6500	7000	5500
总开停机次数（开、停为一次）	2800	2700	3000	2436	2197
大修情况	1台（事故修理半年）	大修1台50天	大修1台45天	无	无
启动成功率	90%	99%以上	99%以上	98%	97.62%
在系统运行中方式	调峰（抽发平衡）	调频厂	第一调频厂	第一调频厂	第二调频厂
利用洪水发电量和联调用洪水发电	0	约1亿kW·h联合调度5～12月	约1亿kW·h全年联合调度	全年联调	全年联调

（二）潘家口抽水蓄能机组在电网中运行方式和作用

由上述的统计和简述，可以明显的看出潘家口3台抽水蓄能机组对华北电网的调峰、调频起到了举足轻重的作用，为电网提供了3.5亿～5亿kW·h高峰时段电量，其中纯抽水蓄能运行（1993年）即每日抽发平衡方式可提供电量为3.5亿～4亿kW·h，其中90%为高峰时段，其余少量在非峰谷时段。

当然这些电量的取得，是以低谷时段电网剩余的电量按4∶3的系数转换来的，这是抽水蓄能电站的基本运行方式。其基本功能可以概括为：把系统多余电量转换为水能储存于上池水库，在系统需要时，把储存的水能转换为电能提供给系统。在这个基本功能的基础上，可以采用不同的运行方式，使抽水蓄能机组发挥更多的作用。可以表现在以下几个方面：

（1）*移峰填谷*。这就是抽水蓄能机组最基本的运行方式。以其铭牌的2倍容量减少了日负荷曲线的峰谷差，潘家口27万kW的可逆式机组，缩小了54万kW的峰谷差。京津唐电网的水电比重很小，全部发电容量几乎都是火电，其中主力是煤电，谷峰差达最大负荷的36%左右。为了解决调峰问题，不得不要求煤电机组调峰，即要求20万kW、30万kW的煤电机组保持50%负荷运行。在这种系统条件下，27万kW的抽水蓄能机组在后夜抽水运行，可使50万kW的煤电保持在50%负荷工况下运转不停机，次日早高峰时段（8时），27万kW抽水蓄能改为发电运行，立刻可以得到近80万kW的调峰容量，对系统的调峰起到了好的作用。同时，还起到了事故备用的作用。

（2）*调频调峰运行*。在一年多的调峰方式运行中，充分体现了抽水蓄能机组的优点和特性，那就是开停机迅速，调整负荷快，不受热力温度控制，又是可逆式机组，调整范围大，所以华北电网以潘家口抽水蓄能电站为第一调频厂，与中调联合调峰。具体办法是，按日负荷曲线，由中调按负荷上升或下降的陡度让火电（陡河电厂）调整在允许的范围稳定，具体保证频率的细调由潘家口3台抽水蓄能机组担负，既发挥了抽水蓄能机组的快、灵活的特点，又使火电脱离了频繁调整时跟不上负荷变化和效率急骤下降的状态，使华北电网频率合格率达 99.99%（国标）。华北电网要求频率在 50±0.1Hz 的情况下合格率仍达到 99.7%。机组每日开停次数平均达 6～8 次，在 8 时～22 时以调频方式运行，其余时间抽水运行。在这种调频运行方式中，虽然机组平均在半负荷状态运行，降低了机组效率（增加耗水率），但为火电降低了煤耗，又起到了事故备用的作用（热备用），充分发挥了调整负荷快的特点。

(3) 备用及调相。在调峰、调频运行中，机组每天有 4～6h 处于停机备用状态，一旦系统需要，可立即开机并网发电或做负荷抽水运行。潘家口抽水蓄能电站还有调相运行功能，但使用较少。

（三）潘家口抽水蓄能机组在京津唐电网中的经济效益

1993 年潘家口抽水蓄能电站是典型的纯抽水蓄能运行方式，也就是水量抽发平衡，抽发效率是 4∶3。现以此为例来分析抽水蓄能机组的效益。

京津唐电网基本是煤电构成的电网，水电比重很小，又遇多年枯水，电网的调峰是以煤电调峰和油机起停为手段，油价昂贵，只得以煤电调峰达 50% 负荷为正常运行方式。潘家口 3 台抽水蓄能机组的投入顶替了同容量的煤电机组，运行在最尖峰和爬坡时段。因此从直观的替代法去比较，就可以说明抽水蓄能机组的效益。

进行比较的前题条件设定为电网的构成及日负荷曲线不变，以投入的蓄能机组容量代替同容量的煤电机组，其他机组运行方式不变。

(1) 建设投资的比较。抽水蓄能机组造价：潘家口为 2700 元/kW（是引进设备，若机组国产化则造价将大幅度降低），低于同容量煤电机组造价。

(2) 运行费用方面。一方面，要向电网提供相同电量，在同等距离和联网方式下，蓄能将比煤电增加一次线损 6%～8%，但煤电厂用电率为 6%～8%，蓄能厂用电率 0.5%～1%，可认为持平。另一方面，蓄能机一抽一发增加供电成本（扣除线损），但煤电的固定成本（消耗材料、维修、人员等）成倍地高于蓄能，故也可以认为相持平。

(3) 燃料消耗——煤耗（这是关键的指标）：蓄能机组以 4∶3 的比例关系向电网所供电量（见附图），是在低谷时段下煤电大机组（带基本负荷）的电量，相应煤耗应是高效率下的煤耗[以 20 万 kW 机组标准煤耗为 345g/(kW·h)]，折算到高峰时段蓄能机提供的电量的煤耗，约增大了 1.33 倍。同时段，若没有抽水负荷，将有 2 倍抽水容量的火电机组在 50% 负荷下运行，煤耗将增大 1.1 倍（20 万 kW 机组），也就是与蓄能机抽水耗电量相同的火电机组发电量的煤耗增大 1.1 倍。因此可认为蓄能机高峰时段的发电量煤耗是标准煤耗的 1.21 倍(1.33∶1.1)。

在高峰时段，若不投入蓄能机组，为了满足最大负荷，必须有同等容量的煤电机组投入，一是同等容量的起停，二是 2 倍容量的机组各增 50% 负荷，那就是这 2 倍容量的机组在其他时段只能带 50% 负荷运行。

1) 同容量的煤电机组起停时，只能是一次连续 5h 运行，20 万 kW 以上机组不可能起停调峰，只有小容量机组可以，相应煤耗将成倍增加。这主要是开停的附加损耗造成的（20 万 kW 煤电机组点火 5h，带满负荷还需 4～5h）。煤耗将达到标准煤电机组的 2～3 倍。

2) 2 倍容量的煤电机组在其他时段带 50% 负荷运行，煤耗以 1.1 倍标准煤耗计算，时段为 19h，总耗煤增大了相当于蓄能机组高峰时段电量煤耗的 1.1×19/5/1.21≈3 倍。而蓄能机组的出现只以 1.21 倍的标准煤耗代替了。

(4) 增负荷速度。蓄能机组与常规水电机组一样，一般在 5min 之内便可从静止状态带到最大负荷。而煤电 20 万 kW 机组热状态下带满负荷至少要 4h。

在早 8 时高峰段和晚 7 时高峰段，电网负荷往往以 300 万 kW·h 的速度上升，即每分钟增加负荷 5 万 kW 以上，这需多台煤电机组同时上长负荷才能满足要求，但抽水蓄能机组完全可以满足负荷上升速度的要求，而使煤电机组稳步增长负荷。这对煤电机组的安全稳定运行有极大好处，也减少了煤电机组增负荷的附加损失。

（四）几点想法和建议

在电网缺乏调峰手段，而以煤电机组调峰的情况下，建设抽水蓄能电站用于调峰是必要的，也是现代电网所必须的，有其经济效益和作用。

(1) 电网必须实行峰谷电价。由前述得知，峰电成本（主要是煤耗）比低谷成本高 2～3 倍，再加上变压器线损增加，如果低谷电价为煤电价，则峰电电价必须是它的 3 倍以上，具体倍数要根据电网构成和负荷率等因素，按微利原则确定。

(2) 抽水蓄能机组（电站）是电能经加工转换后储存而后再加工输出的设备，不能等同于一般常规发电厂。由于它的投入，给电网带来了灵活、有效的调峰手段，降低了煤耗，不是简单的 4∶3 关系，其效益显示在电网运行上。

(3) 体现抽水蓄能电站直观经济效益的基础条件是实行峰谷电价。

另外，替代同容量的煤电机组调峰，节约了至少一个标准煤耗，可视为 1kW·h 的电量，所以蓄能机组效益与同容量煤电机组调峰相比，除了同等的峰谷电价外，还应加上节煤的价值，即

$$\text{蓄能机峰电收入} = \text{峰电电价} \times \text{电量} \times \left(1 + \frac{1}{\text{峰谷电价倍数}}\right)$$

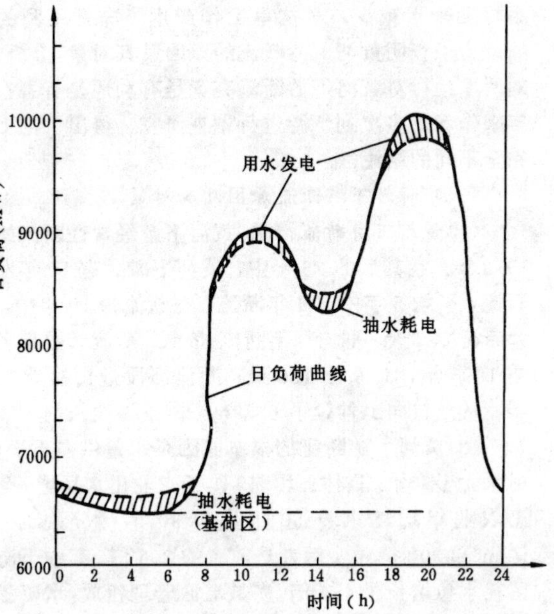

潘家口抽水蓄能机组（3×9MW）
在日负荷曲线中的位置

（潘家口抽水蓄能电站　高永树）

滇黔桂粤互联电网建设情况及运行效益

滇黔桂粤互联电网是联接广东、广西、贵州、云南四省（区）电网的跨省（区）电网，普通过大亚湾核电站与香港电网相联。自1993年8月运营到1997年底，电网互送电量为313.73亿kW·h，其中送广东111.55亿kW·h，最大短时负荷92万kW，初步实现了国家“西电东送”的能源战略目标。

（一）滇黔桂粤互联电网现状

1. 滇黔桂粤互联电网已投产运行的项目

（1）天生桥二级水电站2×22万kW。

（2）天（生桥）—广（州）（含罗江线）500kV交流输变电工程。包括线路998.8km（其中罗江线66.5km），平果、来宾、罗洞三个变电站，总变电容量175万kVA，梧州开关站，以及江门变电站的扩建。

（3）天（生桥）—贵（阳）500kV交流输变电工程。包括线路264.4km，贵阳干田变电站，变电容量50万kVA。

（4）鲁（布革）—天（生桥）220kV交流输变电工程。包括线路86.5km，220/500kV升压联络变75万kVA。

（5）天（生桥）—广（州）二回交流500kV输变电工程天平段，线路长度为323km。

2. 滇黔桂粤互联电网正在建设的项目

（1）天生桥一级水电站（4×30万kW）。

（2）天（生桥）—广（州）二回交流500kV输变电工程平罗段，线路长度为635km。

（3）天（生桥）—广（州）直流输电工程，输电功率为180万kW，线路长度为986km。

（4）罗（洞）—天（生桥）500kV输变电工程，包括线路长度为109km，变电容量为50万kVA的罗平变电站。

（5）贵阳干田变电站由50万kVA扩建为75万kVA。

（二）滇黔桂粤互联电网已取得的效益

滇黔桂粤互联电网的形成与发展，是南方四省（区）经济发展与能源资源分布不平衡的必然结果，投产以来取得了显著的经济效益和社会效益，主要表现在：

（1）初步实现了国家“西电东送”的能源战略目标和南方4省（区）的资源优化配置与区域经济合作，为我国电力工业发展开创了一条新途径。

（2）南方4省（区）在电源结构和负荷特性上具有明显的互补性，联网的经济效益十分显著。联营电网送电广东年电量30亿kW·h左右，在夏季负荷高峰时，送电广东最大负荷达92万kW左右，缓解了广东夏季缺电局面。同时西部三省（区）则减少了弃水，增加了售电收入，为送、受电各方都带来良好的经济效益。

（3）南方四省（区）在地理上跨越红水河、乌江、澜沧江等几大流域，由于各流域的水文特性各异，电网联网后，可实现跨流域补偿调节。

（4）南方互联电网东西跨越1000多km，时差近1h，电网错峰效益明显，各省（区）电网每天的负荷高峰时间错开，减少了调峰机组的开停次数，提高了经济效益。

（5）四省（区）电网互联后，电网容量增大，不仅可以减少各省（区）电网的备用容量，而且也提高了各省（区）电网的抗事故能力和运行可靠性。南方互联电网形成后曾出现过数次停机达30万～90万kW的事故，这些事故若是发生在联网前，都极有可能损失大量负荷，但联网后由于联网各方的相互支援，电网均能保持安全稳定运行，且不损失负荷。

（6）电网容量增大后，大大提高了供电质量，联网后广西、贵州、云南三省（区）电网的频率控制从50Hz±0.5Hz缩小到50Hz±0.2Hz，频率合格率有所提高，电网供电电压质量也有所提高。

（三）滇黔桂粤互联电网存在的问题

南方联营电网目前存在的主要问题有：

(1) 联营电网网架薄弱，导致系统运行稳定性较差。目前联营电网仅有一回长1000多km的交流线路，结构中尚存在一些不合理环节，而且每年运行于稳定极限长达5个月之久，运行3年多来曾出现多次系统振荡稳定破坏事故，因此必须尽快加强电网建设。

(2) 输电能力不足。南方联营电网一投产，线路即到达满负荷运行。在广东夏季负荷高峰时段，天广线按稳定极限70万kW运行（控制不好时最大短时负荷达92万kW），已不能增加送电能力，这不仅影响整个互联电网的安全稳定水平，而且造成电网大量弃水。

(3) 联营电网除实现“西电东送”外，联网效益也非常显著，特别是枯水期联营电网的送电量少，主要是发挥联网效益，但目前联营电网仅按输送电量计取过网费，联网效益未能在财务上得到体现。

(4)南方互联电网调度管理体制不完善，整个互联电网缺少大电网联网后相适应的协商管理机制，这不仅给联营电网的运行管理带来相当的困难，而且未能在全网建立起按经济调度的机制，经常出现送端系统水电弃水，而受端系统大量燃油、燃煤发电的不合理情况。

(5) 四省（区）区域电力未形成统一市场，无法对电源、电网项目进行统一的规划及优化工作，联网的错峰、协作检修效益未能得到较好的落实，使得南方电网资源优化配置的效益尚未充分挖掘。

(6)建设资金筹措困难，使南方电网发展受到很大的局限，不能满足“西电东送”这一国家能源战略的需要。

（中国南方电力联营公司 尚 涛）

龙羊峡、刘家峡两水库运行对缓解黄河下游断流所起的作用

原水利电力部批准的龙羊峡、刘家峡两工程的建设任务均是以发电为主，兼顾黄河上游防洪、防凌、灌溉和城市供水。由于黄河洪水较大，天然径流年内和年际间的分配同发电和工农业用水不协调，因此修建了龙羊峡、刘家峡两座大水库，调节径流和洪水。这种以发电为主的蓄丰水年和汛期富余水量，将之调剂到枯水年和非汛期的运行方式（以下简称蓄丰补枯运行），对黄河下游工农业用水的影响，在过去的黄河上游规划和龙羊峡、刘家峡两工程的设计中都没有进行过深入研究。1992年黄河下游发生较严重的断流后，有关单位曾给上级写报告或向新闻单位发表谈话，称“上游水库汛期大量拦蓄清水，……改变了黄河的天然来水状况”是造成下游断流三大原因之一；有的同志发表文章说：“由于龙、刘两库汛期蓄水……使下游引黄用水高峰期来水减少，对抗旱工作产生了非常不利的影响。”为了查明黄河下游断流的原因及其对策，分析龙、刘两库运行对黄河下游断流究竟是有利还是有害？近年来作者曾多次到下游进行调查研究，得出了与上述完全不同的结论。

（一）黄河下游断流原因及其对策

(1)黄河下游断流情况。黄河下游经常性断流始于1972年，在其后的25年中，黄河下游共有19年发生断流，平均5年中有4年断流。在断流的19年中，累计断流682天，平均每年断流36天。断流天数最多的是1996年，共断流136天；断流河段最长的是1995年，从河口向上伸延了683km，占下游全长的87%。

(2)黄河下游断流的根本原因是水量供需不平衡，用水大于来水。具体原因是：①工农业用水猛增。全河工农业年均耗水量50年代和90年代分别为122亿m^3和300亿m^3，后者是前者的2.6倍，其中下游地区耗水量增长了4.6倍。多数灌区管理粗放，水资源有效利用率低，浪费严重。②黄河近年来出现了连续枯水段。1990年～1996年的7年中龙羊峡、刘家峡平均天然入库流量分别为547m^3/s和672m^3/s，比其多年平均流量分别减少16%和25%。③黄河下游为地上“悬河”，河道输水中渗漏到地下的径流和引黄河水灌溉淮河、海河平原所形成的地下水，估计超过40亿m^3，不能回归到黄河下游河道。④水土保持起到了拦沙作用，减少了入黄泥沙，但也减少了入黄水量，估计比50年代减水超过20亿m^3。⑤水利建设不配套。下游蓄水工程太少，不能将含沙量很小的、每年11月～次年2月的来水存蓄起来，调节到用水高峰期使用。⑥黄河水量分配方案不完善，只有一个各省区间的多年平均年水量分配方案，没有不同水情年和年内不同时期的分水办法。⑦水资源管理失控，只要黄河有水，当地便可任意引用。⑧缓解断流措施不力。

(3)缓解黄河下游断流的对策。近年来黄河下游断流现象虽很严重，但深入分析后发现，黄河并非全河断流，黄河下游也未全部断流，断流以上地区可任意超量引水，且浪费严重；断流河段也未全年断流，汛期和非灌溉期仍有大量弃水流入渤海。针对黄河断流的上述特点，建议采取下列措施：①设立下游防断流专项用水指标（或称之为河道用水、环保用水），并优先予以满足。这样绝大多数年份，只要分配约10亿m^3水量，便可基本解决下游断流问题。②尽快提出不同水情年和年内不同时间的分水过程线，报送国务院审批后下达各省区执行，以指导每年分水计划的制订和执行。③加强工农业用水管理。按照每年分水计划，严格控制各省区和主要灌区各月（旬）引黄水量，并贯彻“谁超限谁，上月（旬）超用，下月（旬）扣回，节约归己”的原则。

④大力搞好节约用水工作，努力提高水量利用系数。⑤加速修建下游平原水库，并充分利用故河道、低洼地带和地下水库存蓄冬季4个月（11月至次年2月）黄河来水。⑥全河齐心协力，加速龙羊峡水库的蓄水过程，使其尽快蓄至正常蓄水位2600m，以充分发挥龙羊峡水库多年调节作用，为进一步提高黄河水资源利用率多做贡献。⑦开发利用地下水，实行井渠双灌。如果上述措施，特别是前三项措施得以实现，不仅黄河断流问题可尽快得到解决，而且还可大大缓解黄河水量供需矛盾。

（二）龙、刘两库采用蓄丰补枯运行方式，为缩短黄河下游断流时间做出了重大贡献

（1）龙、刘两库运行简况。龙羊峡水库正常蓄水位2600m，相应库容247亿m^3，其中调节库容193.5亿m^3，是黄河唯一可进行多年调节的水库。该水库1986年10月下闸蓄水，水库最高蓄水位曾达2577.59m，最大蓄水量为168.4亿m^3。近年来由于遇到连续枯水年等原因，1997年2月末库水位降至2533.19m，水库蓄水量仅59亿m^3，其中死水位以上可调节水量仅5.5亿m^3。

刘家峡水库正常蓄水位1735m，相应库容57亿m^3，其中调节库容41.5亿m^3，为年调节水库。

龙刘两库一般是汛期（7～10月）蓄水，非汛期（每年11月至次年6月）补水。1986年～1996年，两库汛期蓄水量为4.83亿～97.26亿m^3，10年平均每年为41.61亿m^3；非汛期补水量为－13.9亿～73.27亿m^3，10年平均每年非汛期补水量为34.87亿m^3。龙、刘两库全年的多年平均年净蓄水量为6.74亿m^3，这主要是龙羊峡处于初期蓄水发电阶段，其中垫底的死库容即达53.5亿m^3，见历年龙羊峡、刘家峡两库蓄、补水量表。

（2）龙、刘两库采用蓄丰补枯运行方式，大幅度缩短了下游断流时间。龙刘两库采用蓄丰补枯运行方式，从理论上分析，对缩短下游断流时间和缓解下游工农业用水矛盾是非常有利的。这是因为龙、刘两库一般是汛期（7～10月）蓄水，考虑流达时间1个月，蓄水只影响下游8～11月来水量，而该期下游基本未发生断流，而是大量弃水流入渤海；龙、刘两库非汛期（11月～次年6月）补水运行，除了5、6月份补水量主要是为上游农灌补水、增供下游的水量较少外，其余11月～次年4月补水，考虑流达时间1个月，将于12月～次年5月全部流达下游，这期间的3月～5月正是下游农灌用水高峰和断流严重时期，龙、刘补水对下游农灌和缩短断流时间的作用很大；12月～次年2月虽然下游农灌不用水，但这3个月正是下游平原水库和地下水库蓄水和引黄济青引水时期，除丰水年外龙、刘两库补水亦有一定作用。对1990年～1996年非汛期龙、刘两库各月补水量和利津等水文站相应月平均流量进行估算，其结果是，这6年非汛期若没有龙、刘两库补水，下游将断流24个月，平均每年断流4个月，由于龙、刘两库补水，实际断流共16.75个月，平均每年断流时间为2.79个月，通过龙、刘两库补水缩短了下游断流时间每年1.21个月，即缩短了断流时间的30%。这6年龙、刘两库有效补水时间共27个月，平均每年有效补水4.5个月，有效补水总量共123.1亿m^3，平均每年有效补水量约为20.5亿m^3，下游可增灌52.4万km^2，其中1991年11月～1992年6月补水作用最大，有效补水时间为7个月，缩短下游断流时间共5.3个月，占应断流时间的66%；有效补水量37.6亿m^3，占同期花园口来水量的32%。事实充分证明了龙、刘两库采用以发电为主的蓄丰补枯运行方式，为缩短下游断流时间和缓解水量供需矛盾做出了重大贡献。龙羊峡初期蓄水任务完成，水库蓄至正常蓄水位2600m以后，龙、刘两库的蓄丰补枯能力将进一步增加。

历年龙羊峡、刘家峡两库蓄、补水量表

单位：亿m^3

运用年（11月～10月）	非汛期补水量（11月～6月）	汛期蓄水量（7月～10月）	运用年蓄水量（11月～10月）
1986～1987	－4.15	40.61	44.76
1987～1988	25.42	46.73	21.31
1988～1989	－13.90	69.13	83.03
1989～1990	53.65	28.66	－24.99
1990～1991	62.84	17.03	－45.81
1991～1992	47.03	97.26	50.23
1992～1993	25.23	46.82	21.59
1993～1994	43.56	4.83	－38.73
1994～1995	73.27	41.31	－31.96
1995～1996	35.81	23.73	－12.08
10年平均	34.87	41.61	6.74

注 1. 非汛期补水量中有“－”号者为水库蓄水量。
2. 运用年蓄水量中有“－”号者为水库补水量。

（西北勘测设计研究院　万景文）

大中型水电站

5

新开工的大中型水电站

凌津滩水电站

凌津滩水电站位于湖南省桃源县境内，是沅水干流最下游的一个梯级，坝址上距五强溪水电站47.5km，下距桃源县城40km。凌津滩水电站坝址以上流域面积85800km²，占沅水流域总面积90000km²的95.3%。多年平均流量2090m³/s，水库多年平均径流量659亿m³。

凌津滩水电站是一座以发电为主、兼有航运效益并作为五强溪水电站反调节电站的综合利用水电站。正常蓄水位51.0m，汛期限制水位50.0m，总库容6.34亿m³，有效库容0.46亿m³。电站总装机容量为27万kW灯泡贯流式机组，保证出力5.66万kW，多年平均发电量为12.15亿kW·h。电站建成后除供电常德地区110kV线路两回外，供湖南主网220kV线路一回。在汛期主要承担基荷，枯水期除承担航运基荷4万kW外，还与五强溪水电站同步调峰，并承担系统事故备用。凌津滩水电站建成后，使五强溪到凌津滩的近50km航道渠化，将沅水下游的最后一个大险滩——瓮子洞淹没在死水位以下，可使2×500t轮驳船队通航，从而根本上改善了沅水中下游航运条件。

凌津滩水电站水库正常高水位51.0m时水面面积达25.25km²，沿干流淹没长度41.4km，水库淹没涉及桃源、沅陵2个县6个乡21个镇113个村民小组。据1995年调查结果：共淹没耕地6358.5亩，其中水田5424亩，旱地934.5亩，需迁移人口2211人。与类似规模电站相比，淹没损失小。

凌津滩水库位于沅水中下游地段，属亚热带气候，温湿多雨，年降雨量在1000～1730mm之间，洪水由暴雨形成，汛期为4月～9月，径流量占全年径流量的78.59%，5月～7月为径流集中段，占全年的56.07%。库区内植被茂密，水土保持良好，通过坝址的多年平均输沙量1430万t，多年平均含沙量0.206kg/m³。上游五强溪水电站竣工后，对减少凌津滩的固体径流更为有利。

凌津滩水电站坝址区域内历史上地震频繁，近期地震活动强度弱，频度低。地区无孕震或地震构造，数理统计预测外围地震对工程影响烈度将不超过6度，故凌津滩水电站地震基本烈度暂定7度设防。

大坝地基岩体为前震旦系上板溪群五强溪组浅变质的石英砂岩、砂质板岩等组成，岩石致密坚硬，各种软弱夹层较发育，但岩层走向垂直河流、倾向下游，倾角较陡，且无控制性缓倾角断裂，故大坝抗滑稳定不受软弱夹层等基岩体中软弱结构面控制，而以大坝混凝土和基岩体接触面为控制面，经有关部门研究确定，抗剪断强度指标为$f=0.6\sim0.85$，$c=0.2\sim0.65$MPa。

坝区河谷形态为左缓右陡不对称宽谷，河水位38.0m时，水面宽500～550m。两岸山势低平，两岸山顶高程80～100m，无低矮垭口。左岸近河共发育Ⅰ～Ⅲ级沉积阶地，宽约500m，地形平缓开阔，施工场地优越。河床左侧主河槽宽约200m，水深一般3～6m，覆盖层最大厚度12m。河床右侧为浅水面，有宽250～300m，顺水流长约200m礁滩区，水深0～3m，覆盖层零星分布。

凌津滩水电站工程属二等大（2）型工程，永久性建筑物混凝土坝采用100年一遇洪水设计，1000年一遇洪水校核；堆渣坝按100年一遇洪水设计，2000年一遇洪水校核。设计洪峰流量45855m³/s，相应上游水位60.73m、下游水位58.15m；校核流量52428m³/s，相应上游水位62.93m、下游水位60.01m。

凌津滩枢纽从左至右依次由堆渣坝、发电厂房、泄洪闸、船闸及混凝土重力坝等建筑物组成。坝顶高程65.5m，坝顶全长915.11m，最大坝高52.05m。左岸堆渣坝段全长242.36m，最大坝高33.5m。厂房为河床式，厂坝段全长180m、宽88.65m、高52.05m，厂房内设9台单机为3万kW的灯泡贯流式机组，单机引用流量403m³/s，额定水头为8.5m，转轮直径6.9m，机组间距为20m。副厂房分为下游副厂房和左副厂房两部分，下游副厂房沿尾水平台布置，左侧副厂房布置在主安装场下游侧，长40m、宽9.24m。安装场由主副安装场组成，主厂房左侧为主安装场，净宽45m，主厂房右侧为副安装场，净宽35m。泄洪闸坝段长305m，为开敞式布置，共14孔，每孔净宽18m，闸墩宽4.5m。利用地形设两种堰顶高程：左侧5孔深槽部位闸孔堰顶高程为35m，右侧9孔位于礁滩部位闸孔堰顶高程为36m，中间用导墙分隔布置。每孔工作门采用平板定轮门，每扇工作门由一台2×1600kN的盘香式启闭机进行操作。泄洪消能采用底流消能方式，左消力池长

30m、净宽130.5m、池底高程32m；右消力池长30m、净宽175.5m。尾坎型式为差动式尾坎，坎顶高程分别为35.0m和37.0m。左消力池末端设海漫，长20m。

通航建筑物采用单级船闸，船闸坝段长30m。船闸由上、下游引航道、上闸首、下闸首和闸室组成。闸室尺寸为120m×12m×2.5m(长×宽×槛上水深)。设计通航年货运量250万t，最大船队尺寸109.0m×10.8m×1.6m(长×宽×吃水深)。船闸输水系统采用集中输水方式。右岸混凝土重力坝全长77.75m，最大坝高39m。

凌津滩水电站施工导流方式采用分期导流。导流标准按上游五强溪水电站初期发电情况下10年一遇洪水设计。导流程序为：第一期围右岸、永久船闸及相邻9孔(6～15)泄洪闸，由左侧河槽过流及通航，导流流量为15200m^3/s；二期围左岸厂房及相邻的5孔泄洪闸，由右侧已建成的(或部分建成)的9孔泄洪闸泄流，永久船闸临时通航，施工导流流量14000m^3/s。一期围堰采用混凝土围堰，上游堰顶高程为48.6m，下游堰顶高程为47.0m，最大堰高13.6m；二期围堰上横围堰采用碾压混凝土围堰，堰顶高程51.2m，下横围堰采用过水保护的土石围堰，堰顶高程为48.5m。

凌津滩水电站设计总工期6年半，第一台机组发电工期4年半。计划1998年第一台机组投产，2000年竣工。主要建筑物设计工程量为：土石方开挖145万m^3，土石方填筑35万m^3，混凝土浇筑82万m^3，帷幕灌浆2.06万m，固结灌浆2.31万m，钢筋及钢材2.36万t。

按1993年底价格水平工程总投资为33.57亿元，静态投资为22.49亿元，其中利用亚洲开发银行贷款1.16亿美元。

凌津滩水电站由华中电业管理局和五凌公司出资合建，其投资比例为10.7%：89.3%，由五凌公司组织工程建设。

凌津滩水电站由中南勘测设计研究院设计。经过招标，水电第八工程局中标，负责主体工程施工；由中南勘测设计研究院和葛洲坝集团公司负责土建监理。自1994年10月施工单位进场以来，工程进展情况良好，并按计划实现了河床地基开挖和主体混凝土浇筑的阶段性目标。1996年11月20日实现了大江截流，同年12月永久船闸通航。

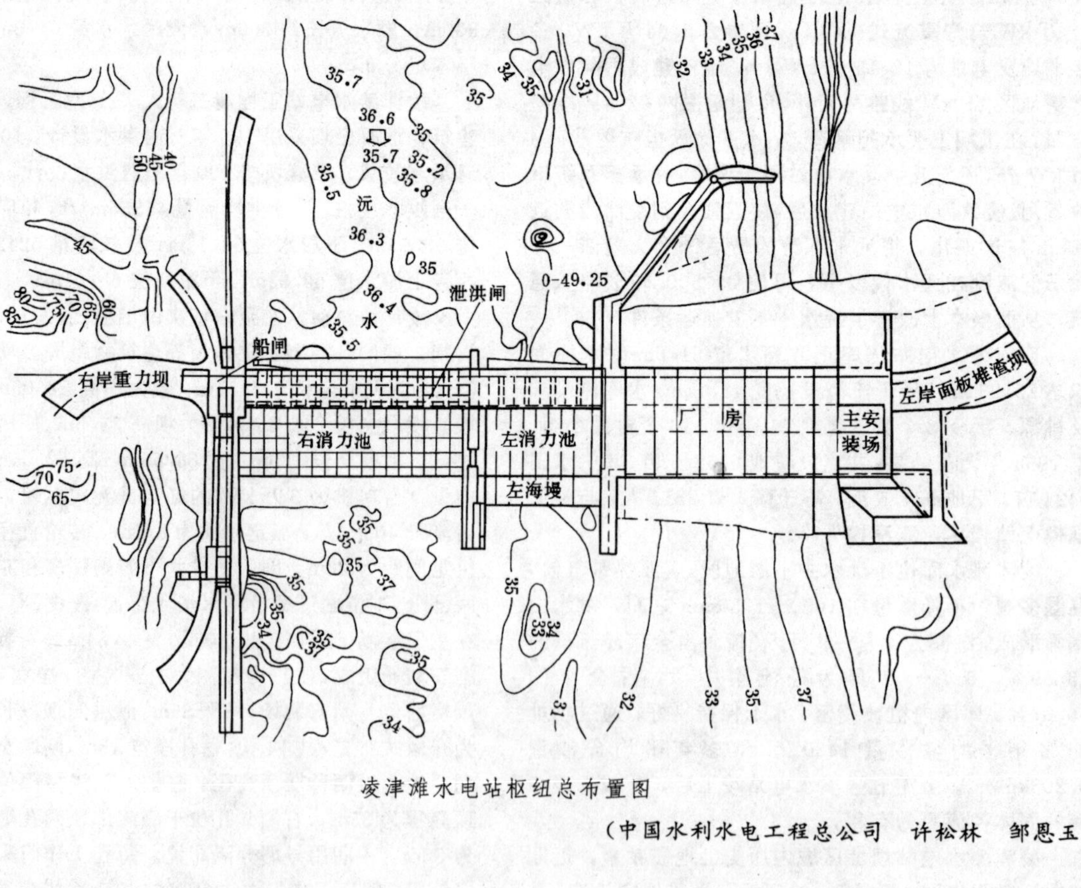

凌津滩水电站枢纽总布置图

(中国水利水电工程总公司 许松林 邹恩玉)

高坝洲水电站

高坝洲水电站是长江一级支流清江干流最下游一个梯级，位于湖北省枝城市境内，上距隔河岩水电站50km，下距清江与长江汇合口12km。它是隔河岩水电站的反调节电站，具有发电、航运、养殖、旅游等综合效益。

高坝洲水电站地处鄂西山地与江汉平原的过渡地带，属低山丘陵区。库岸稳定性较好。

库、坝区处于区域构造相对稳定地段，地震基本烈度为6度。水库不存在向邻谷渗漏和河间地段渗漏问题，封闭条件较好。

高坝洲坝址位于长阳复背斜东端南翼，该段为一单斜构造，岩层走向280°～290°，倾南西，倾角30°～35°。坝址处河谷开阔，两岸边坡左缓右陡，为不对称河谷。

高坝洲坝基岩体左段为古岩溶角砾岩，方解石胶结，属块状岩体，无裂隙切割，整体性好，但胶结物中有大小不一的次生晶洞；河床中段为寒武系上峰尖组中厚层白云岩夹极薄层泥质白云岩，软弱夹层较多，层间剪切带发育；右段为寒武系黑石沟组第一段灰色厚层白云岩、灰岩夹极薄层泥质白云岩；右岸坝肩外地段断裂构造发育。工程地质情况清楚，具备修建本水电站的地质条件。

坝址控制流域面积15650km²，多年平均径流量138亿m³，多年平均流量436m³/s，设计洪水流量(1%) 17240m³/s，校核洪水流量(0.1%) 24070m³/s。

水库正常蓄水位80m，相应库容4.3亿m³。水库回水长度50km，淹没范围涉及2个县(市)、6个乡(镇)。总计淹没耕地15633亩，需安置移民15174人。

电站属大(2)型，高坝洲水电站枢纽由重力坝、电站厂房和通航建筑物组成。建筑物布置自左至右依次为左岸非溢流坝、电站厂房、泄洪深孔、纵向围堰坝段、泄洪表孔、通航建筑物和右岸非溢流坝(见图)。

大坝为混凝土重力坝，最大坝高57m，坝顶高程83m，上游面垂直，下游坝坡为1∶0.75坝顶全长439.5m。

左岸布置河床式电站厂房，安装3台单机容量8.4万kW的轴流转桨式机组，总装机25.2万kW，年发电8.98亿kW·h。主厂房全长124m，发电机层宽度19m，副厂房布置在主厂房下游，共4层。每台机组的进水口和尾水管出口，分别布置了拦污栅、检修闸门、工作闸门和尾水检修闸门。进水口的6扇工作闸门和2扇检修闸门均利用坝顶2×1600kN/300kN Ⅱ型坝顶(双向)门机启闭，15扇拦污栅利用该坝顶门机(上游)回转吊启吊。尾水检修闸门采用2×500kN尾

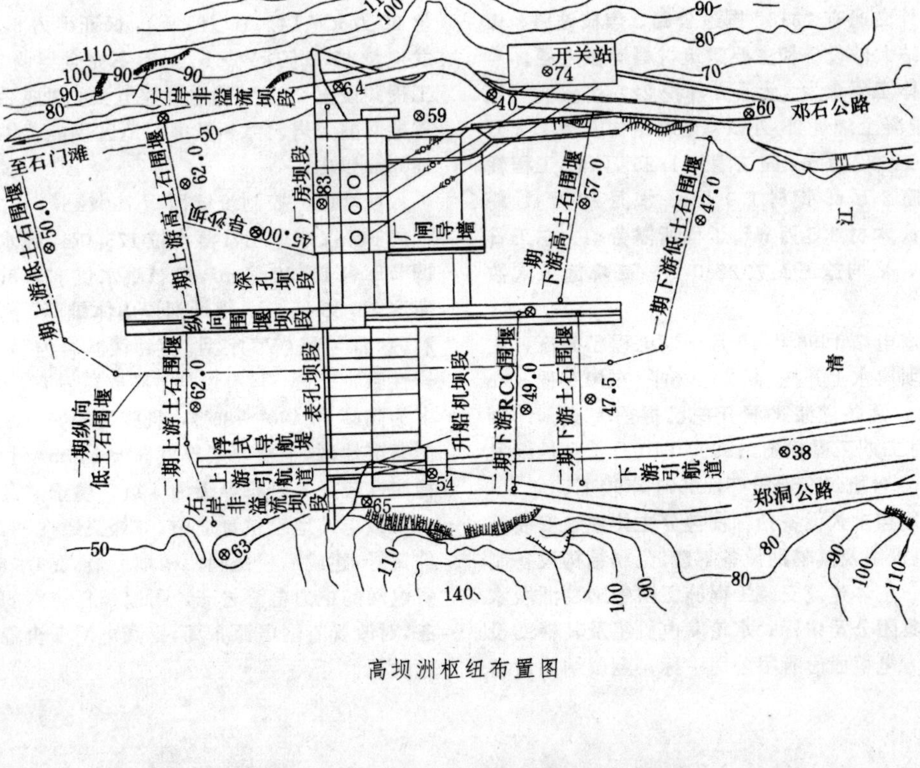

高坝洲枢纽布置图

水（单向）门机启闭。3台100MVA主变压器布置在尾水平台上。220kV开敞式开关站布置在左岸下游侧，地面高程74m。

深孔泄流坝在电站厂房右侧，有3个泄洪底孔，孔口尺寸9m×9.808m，底板高程45m，采用戽式消力池消能。3扇弧形工作闸门由2×1250kN固定卷扬机启闭，一扇平板检修闸门由2×1600kN/300kN Ⅰ型坝顶（双向）门机启闭。

表孔泄流坝在纵向围堰坝段右侧，有6个泄洪孔口，孔宽14m，堰顶高程62m。6扇表孔弧形工作闸门采用2×2000kN液压启闭机启闭，1扇平板检修闸门由2×1600kN/300kN Ⅰ型坝顶（双向）门机启闭，消能方式为宽尾墩加戽式消力池消能。

高坝洲水电站枢纽通航设施布置在右岸，为平衡重力式一级垂直升船机，通航吨级300t，提升高度40m。采用湿运方式，承船厢有效尺寸42m×10.2m×1.7m。升船机采用分离式布置，大坝挡水，机室置于坝后，两者间用通航渡槽连接。通航设施路线总长1253.3m，包括上游引航道及锚墩、上闸首、升船机承重结构、下闸首及下游引航道。单向过坝一次历时22min，逆向过坝历时33.74min，设计年通航能力173.3万t。

高坝洲水电站枢纽施工采用分期导流方式，一期先围左河床，右河床明渠导流，在高围堰保护下基坑内可全年施工；二期围右河床，第一个枯水期利用围堰挡水和一期工程兴建的泄洪深孔泄流，保护基坑内施工，汛期基坑过水，汛后利用碾压混凝土坝和下游碾压混凝土围堰挡水，深孔泄洪，保护基坑内施工，并采用坝体临时挡水发电。

工程对外交通有“318”国道公路、焦枝铁路、长江水运，电站大件设备和主要建筑材料运输方便。

设计主体工程量为：土石方开挖227万m^3，填筑100万m^3，混凝土浇筑95万m^3，金属结构安装1.2万t，帷幕灌浆12.72万m，固结灌浆1.25万m。工程耗用材料：钢筋2万t、钢材1.9万t、水泥22万t、粉煤灰5.9万t、木材2.5万m^3。工程所需劳动力总工日为564万个，平均施工人数2250人，高峰施工人数5500人。

高坝洲水电站1996年10月一期工程已截流，主体工程左右坝肩水上开挖、开关站场平、左岸高程83m和高程37.2m两条灌浆平洞开挖已提前完成。计划1998年10月二期工程截流，1999年10月首台机组发电，2000年3台机组全部投产，2001年竣工。

主体工程和永久设备招标发包分主体建筑安装施工、水轮发电机组及其辅助设备制造、金属结构设备制造三个大标。主体建筑安装工程施工由中国葛洲坝水利水电工程集团公司中标；水轮发电机组及其辅助设备制造由东方电机股份有限公司中标；金属结构设备制造各项目分别由夹江水工机械厂、郑州水工机械厂、葛洲坝机电建设公司、中国水利水电第二工程局、国营第三八八厂、大连起重机器厂、太原重型机器厂中标。

截至1996年12月底，累计完成投资4.6亿元，其中建筑及临时工程17829万元，机电及金属结构设备5362万元，水库费4623万元；累计完成土石方开挖146万m^3，填筑72万m^3，混凝土浇筑2.7万m^3，附属企业金属结构制造安装1356t。

项目建设机构的情况如下：①项目法人单位为湖北省清江水电投资公司与中国华中电力集团公司共同组建的湖北清江水电开发有限责任公司，主要任务是负责清江干流主要水电项目的开发建设和投产后的生产经营管理。该公司下设的高坝洲工程建设公司是项目建设管理单位，受有限责任公司委托，全面负责高坝洲水电站的建设管理。②设计单位为长江水利委员会。③主体建筑安装工程承包单位为中国葛洲坝水利水电工程集团公司。承包合同签订后，集团公司组建了高坝洲工程施工指挥部，具体承担该项目的施工任务。④主体建筑安装工程质量监理单位为湖北清江工程监理公司。

（高坝洲工程建设公司　李焰云）

棉花滩水电站

棉花滩水电站位于福建省永定县境内的汀江干流棉花滩峡谷河段中部，距永定县城21km，距厦门市246km，下游距广东省约700km。本工程以发电为主，兼有防洪、航运、水产养殖等综合效益。电站总装机容量60万kW（4×15万kW），保证出力8.8万kW，年发电量15.2亿kW·h，具有不完全年调节性能。输电工程共设置220kV输电线路五回，建成后主要向福建省电网的龙岩、漳州及厦门地区供电，供电距离均在150km以内。

坝址以上控制流域面积7907km^2，占汀江流域面积的67%，水库正常蓄水位173.0m，死水位146.0m，调节库容11.22亿m^3，校核洪水位177.8m，相应的总库容20.35亿m^3。坝址两岸山体雄厚，河谷地形基本对称，深切呈“V”字型。枢纽区基岩为黑云母花岗岩，岩性致密坚硬，虽有断层、破碎带发育，但规模较小，多为高倾角（60°～85°），且胶结较好。左岸地下厂房洞室群地区，上覆岩层厚度50～140m，洞室围岩新鲜，稳定性较好，岩石等级为Ⅱ级，属于“良好”。

该电站地理位置适中，对外交通便利，地形地质条件良好，建成后将是闽西南地区最大的水电电源，也是省电网的主力电源之一，可以担任省网的调峰调频任务，对改善省网电源布局，提高电网安全稳定运行有显著效益。

棉花滩水电站枢纽属一等工程，主要由拦河主坝、副坝、泄洪消能设施、左岸输水发电地下厂房系统、开关站及右岸航运过坝设施等建筑物组成，其枢纽布置见图。

拦河主坝为碾压混凝土重力坝，坝顶高程179.0m，最大坝高111m，坝顶总长300m，坝顶宽7m，最大坝底宽84.5m。坝体不设纵缝，由5条横缝分成6个坝段，其中③和④坝段各宽33m，位于主河槽，为溢流坝段。①、②和⑤、⑥坝段分别为左右岸非溢流坝段，坝段宽各为50m、50m、64m和70m。在高程76.0m、100.0m和140.0m处设置三层纵向廊道，通过岸边斜廊道互相连通。左岸②坝段设置电梯井一个与坝身廊道、左岸上坝公路、左岸厂坝公路相通。非溢流坝体断面上游面垂直，下游坝面坡为1∶0.75。溢流坝段为开敞式溢洪道3孔，每孔净宽16.0m，堰面高程155.0m，下游坝面直线段坡度1∶0.75。⑤坝段设泄水底孔一个，泄洪并兼作放空水库用，底孔中心轴线与坝轴线斜交，交角85°，孔口尺寸5m×7.2m（宽×高）。坝顶溢洪道和泄水底孔都采用收缩式消能工，能纵向拉开水舌，不直接冲刷岸坡，不影响厂房尾水出流，达到较为理想的消能效果。大坝建基面在两岸坝高小于30m时置于弱风化岩层中上部，其余部位置于弱风化岩层下部。考虑两岸陡坡坝段宽度较大，坝体将承受扭矩，为满足侧向稳定要求，经过计算分析在两岸坡增设了若干开挖平台。

坝体120.0m高程以下部位采用R_{180}150碾压混凝土，120.0m高程以上部位采用R_{180}100碾压混凝土，基础部位设1m厚的R_{90}200常态混凝土垫层，溢流面采用厚3m左右的R_{90}250常态混凝土，溢洪道和底孔闸墩均采用预应力锚索结构和R_{28}300常态混凝土。坝体上游面采用R_{180}200二级配碾压混凝土自身防渗型式，防渗层厚度按坝上作用水头的1/15控制。电梯井及廊道等孔洞周围混凝土采用“变态混凝土”施工，底孔采用钢板衬砌。

副坝设在主坝址北东向5km处的湖洋里村垭口，最大坝高5.6m，坝顶长30m，为均质土坝。

左岸输水发电系统由进水口、引水隧洞、压力钢管、主厂房、主变压器室、母线洞、电缆竖井、尾水管加长段、尾水调压室、尾水支洞、岔管、尾水隧洞等洞室群组成。采用单机单洞引水，二机一尾洞出水的布置型式。进水口为岸塔式，位于坝前30～120m，前沿总宽度84m。设置一列式4个进水口水流可以互通的2道拦污栅槽，闸门槽段放在内径为8.6m的圆筒内。4条引水隧洞平行布置，间距21m，直径7.5m圆型，由上平段、竖井段、下平段组成，上平段和下平段的平面转角97°，互相交错布置，使每条引水隧洞长度基本相等。压力钢管长35m，直径5.4m，垂直进入厂房。主厂房、主变压器室、尾水调压室平行布置，轴线方向N40°E。主厂房洞室长129.5m，宽21.9m，高52.18m，厂房内安装4台混流式竖轴水轮发电机组。主变压器室与主厂房净距22m，洞室长97.35m，宽16.0m，高14.8m，内设两台220kV三相360MVA双卷主变压器。主厂房与主变压器室之间布置4条母线洞。尾水管加长段与尾水调压室相接，共设2个阻抗式尾水调压室，1号和2号机组共用，3号和4号机组共用，断面分别为40.7m×12m×42m和37.7m×12m×42m（长×宽×高），两个尾水调压室在高程82.5m以上合二为一，总长87m。尾水调压室后接4条尾水支洞经过2个岔管合并为2条洞径为11.0m，坡度为2.5%的尾水隧洞在坝下500m左右与下游河床相接。输水发电系统最长管道743.8m，除压力钢管段外，引水和尾水洞以及尾水调压室的输水系统都采用钢筋混凝土衬砌，发电厂房洞室群则采用锚杆挂钢筋网喷混凝土支护，主厂房和尾水调压室都采用岩壁吊车梁。开关站布置在左岸大坝下游高程180.0m的上坝公路内侧，为GIS洞内式，洞室尺寸长37m，宽13m，高15m。在同高程的毗邻部位设置了一座六层的控制楼，楼内布置有中央控制室及大部分电气辅助用房，占地面积750m²。

20t级的转盘式斜面升船机设置在右岸⑥坝段部位，设计远景年过竹、木、杂货的过坝量为11.2万t。

水库淹没耕地31852亩，迁移人口38521人，移民规划为开发性安置，争取在2～3年内恢复和超过原来的生产生活水平。

本工程主要工程量土石方明挖153万m^3，石方洞挖60万m^3，常态混凝土35万m^3，碾压混凝土52万m^3。按1997年价格水平计算的工程静态投资为37.09亿元，动态总投资为49.10亿元。

棉花滩工程的设计工作由上海勘测设计研究院承担，勘测工作由华东勘测设计研究院承担。由福建省电力局、福建省投资开发公司、龙岩地区水电开发有限公司三方集资建设，其中电站本体利用亚洲开发银行贷款1.45亿美元用以购买机电设备、施工机械和建筑材料等；集资三方组成福建棉花滩水电开发有限公司负责实施工程建设和运行事项。

本工程现已完成“四通一平”的施工准备工作，导流洞、进厂交通洞、输水发电地下厂房系统的部分施工支洞也已先期打通。主体土建工程的施工单位经过招标选定：碾压混凝土重力坝工程由闽江工程局中标；地下厂房工程由水电第十四工程局中标。施工单位将于1998年2月进场，华东勘测设计研究院承担整个主体工程的建设监理。工程计划1998年9月截流，2001年4月首台机组发电，2002年3月工程竣工，总工期4年2个月。

（上海勘测设计研究院 陈在敏）

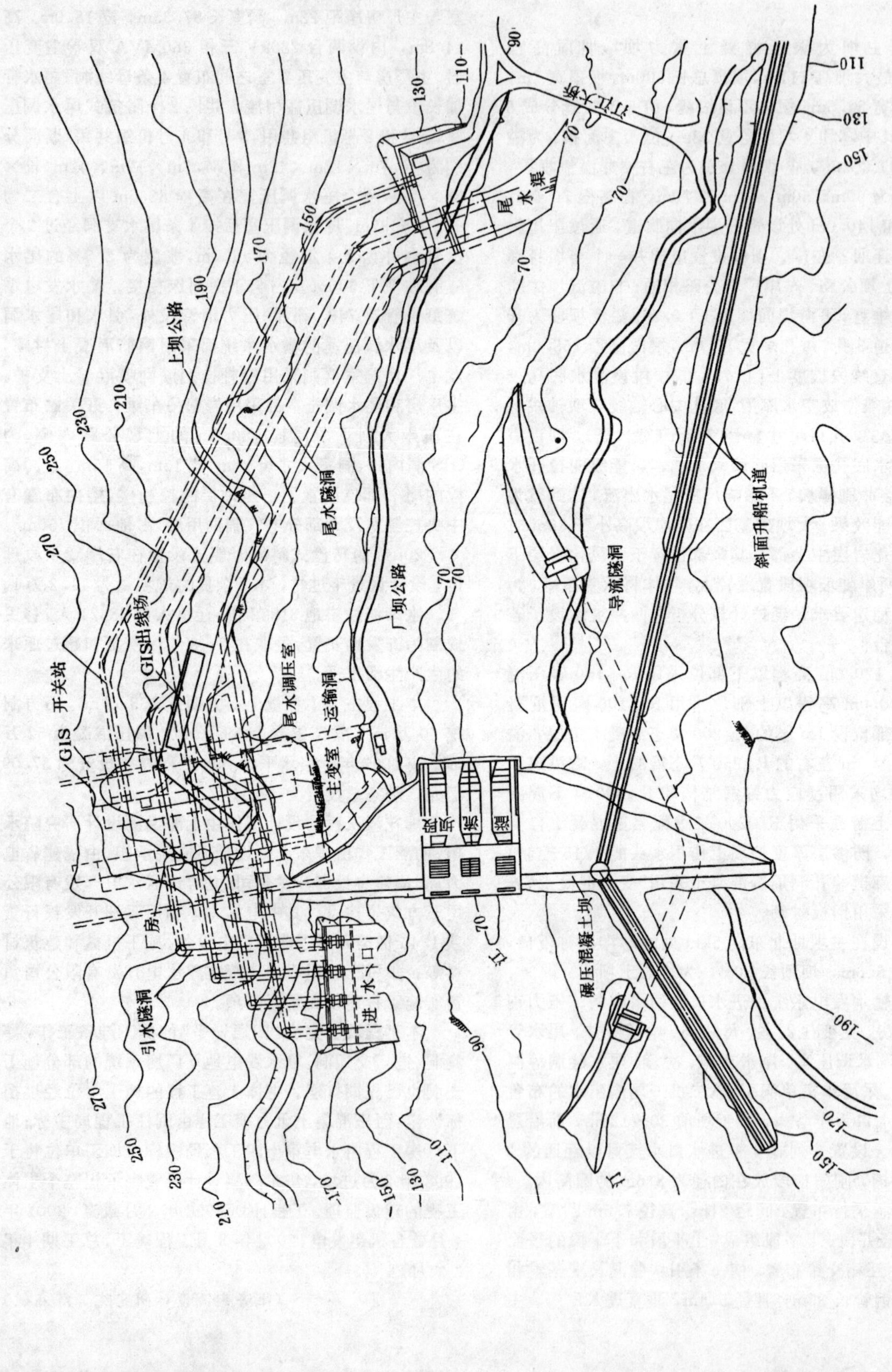

棉花滩水电站枢纽布置图

珊溪水利枢纽

(一) 概况

珊溪水利枢纽位于浙江省温州市境内飞云江干流中游河段。本工程由珊溪水电站和赵山渡引水工程两部分组成。珊溪水电站坝址位于文成县珊溪镇，距文成县城28km，距温州市117km。赵山渡引水工程渠首位于瑞安县龙湖镇，距温州市82km，距瑞安县城43km，距上游珊溪水电站坝址35km（见图）。

飞云江流域台风暴雨频繁，是浙江省暴雨中心之一。由于干流上没有控制性的骨干工程，洪水灾害频繁发生，兴建珊溪水利枢纽，可有效地控制上游洪水，对减免中下游地区的洪水灾害，具有重要作用。其次是温州地区缺煤少油，能源贫乏，电力紧缺，急需开发飞云江水能资源。因此，本工程既是飞云江流域开发治理骨干工程，又是温州市、瑞安县和平阳县的供水区关键工程以及温州电网调峰的主力电站。

珊溪水库正常蓄水位为142m，总库容18.24亿m^3，调节库容6.96亿m^3，防洪库容2.12亿m^3，水电站装机容量为20万kW，年发电量3.55亿kW·h。下游赵山渡引水工程反调节水库的正常蓄水位为22m，汛期限制水位21.5m，总库容3414万m^3，有效调节库容427万m^3，水电站装机容量为2万kW，年发电量0.514亿kW·h。输水干渠长度62.84km，输水流量36m^3/s。

本水利枢纽建成后，可新增和改善灌溉面积99.97万亩，为温州市等城镇提供工业和生活用水，年可供水量为（$P=95\%$）13.4亿m^3。2010年引用水量为（$P=90\%$）7.3亿m^3，可满足温州市近期、远期用水需要，并可使飞云江中下游沿岸农田和村庄的防洪标准提高到10年一遇，沿岸集镇提高到20年一遇，防洪保护农田17.5万亩，人口25万人。水电站发电，可以向温州电网提供电力，缓解温州市电力供需矛盾，提高供电保证率和增补调峰电源，并与浙江电网联结。还有明显的环境效益，可使供水区河网水质得到改善，将由Ⅴ类水提高到Ⅲ类水，通过本工程的建设，可带动山区经济发展。

珊溪水库总面积为35.4km^2，库长约38.6km。水库淹没涉及文成县和泰顺县14个乡镇，计划移民人数为32516人，淹没耕地和林地分别为1.17万亩和2.13万亩。赵山渡水库位于文成县与瑞安县交界处，计划移民人数4372人，淹没耕地和林地分别为0.13万亩和0.08万亩。两库区合计移民人数为36888人。

(二) 珊溪水电站

珊溪水库坝址以上控制流域面积1529km^2，多年平均降水量为1876.9mm，多年平均流量59.1m^3/s，多年平均径流量18.6亿m^3，多年平均含沙量为0.162kg/m^3，年输沙量12.8万t。库区周围均由非可溶性火山碎屑岩等组成，不存在永久渗漏问题，也无重大库岸失稳现象。坝址为中生代侏罗系上统的火山碎屑岩，岩性坚硬完整。坝址区未发现大的构造断裂，河床不存在顺河断层，左岸裂隙节理稍多，规模较小，倾角较陡，发育不深，对工程影响不大。坝址河床覆盖层最大厚度达23m，下伏基岩新鲜完整。河床覆盖层为中、低压缩性的壤土卵（砾）石层和砂卵（砾）石层，无粉细沙、淤泥夹层。坝址区地震基本烈度小于6度。

珊溪水库工程属一等工程。枢纽由拦河坝、溢洪道、泄洪隧洞、引水系统、厂房等组成。主要建筑物按500年一遇（$P=0.2\%$）洪水设计，可能最大洪水（PMF）校核。拦河坝为钢筋混凝土面板堆石坝，最大坝高130.8m，坝顶长度448m。溢洪道为岸边开敞式，位于左坝头，设有5孔溢流堰，闸孔尺寸为12m×16m（宽×高），泄洪隧洞布置在左岸，为无压城门形洞（7m×11.5m），洞长308m，闸孔尺寸为7m×7m。引水系统和发电厂房位于右岸，引水系统采用一洞二机，2条隧洞直径为7m，高压管道直径为4m，厂房为地面引水式，安装4台单机容量5万kW的混流式水轮发电机组。

施工导流采用隧洞导流。2条导流洞布置在左岸，1号、2号洞分别为9m×11m和7m×11.5m的城门形洞，进口高程分别为45m和60m。

该工程设计由电力工业部华东勘测设计研究院承担，经过国内招标，确定由中国水利水电第十二工程局承担主体建筑物土建施工和金属结构安装。本工程为亚洲开发银行贷款建设项目，于1997年列入国家基本建设项目，开始进行前期准备工作，于1997年11月1日主河道截流。

(三) 赵山渡引水工程

赵山渡引水工程闸址以上流域面积2302km^2，多年平均流量88.8m^3/s；珊溪—赵山渡区间面积773km^2，相应区间流域多年平均降水量为1869mm，多年平均流量26.3m^3/s，多年平均径流量8.3亿m^3，多年平均输沙量为15万t。库区周围由不透水的火山碎屑岩及沉积岩组成，不存在永久渗漏问题，也无大的库岸失稳现象。闸址为白垩系下统的角岩化粉砂质泥岩，坚硬致密，岩性完整，未见大的构造断裂，两岸基岩出露，左岸呈弱风化，右岸为强风化，但深度不大，对工程影响轻微。河床覆盖层最厚达43m，下伏基岩新鲜完整，构造裂隙不发育。河床覆盖层为砂砾石层和含泥砂砾石层，未见粉细砂、淤泥夹层。闸址区地震基本烈度小于6度。

赵山渡引水工程属二等工程。枢纽由泄洪闸、电站厂房、左右岸重力坝和渠首进水闸等组成。主要建筑物按百年一遇洪水设计，千年一遇洪水校核。泄洪闸位于主河床，最大闸高为29m，闸顶长367.4m（含重力坝和河床式厂房），设有17个闸孔，孔宽12m。厂房为河床式挡水建筑物，位于右岸河滩，安装2台单机容量1万kW的灯泡贯流式水轮发电机组。渠首进水闸位于引水枢纽左岸上游山沟内的总干渠输水隧洞进口处，孔宽5.5m，底板高程15.9m。

施工导流采用分期围堰，一期围右岸9孔泄洪闸及厂房，左岸深槽导流，二期围左岸8孔泄洪闸，利用二期围堰挡水发电。赵山渡引水工程由浙江省水利水电勘测设计院承担设计，经过国内招标，确定由中国水利水电第九工程局承担土建工程施工和金属结构安装。赵山渡引水工程为亚洲开发银行贷款建设的项目，于1997年列入国家基本建设项目，开始进行施工前期准备工作，主体工程于1997年7月开工，计划1999年10月主河道截流。

（华东勘测设计研究院　许洪法）

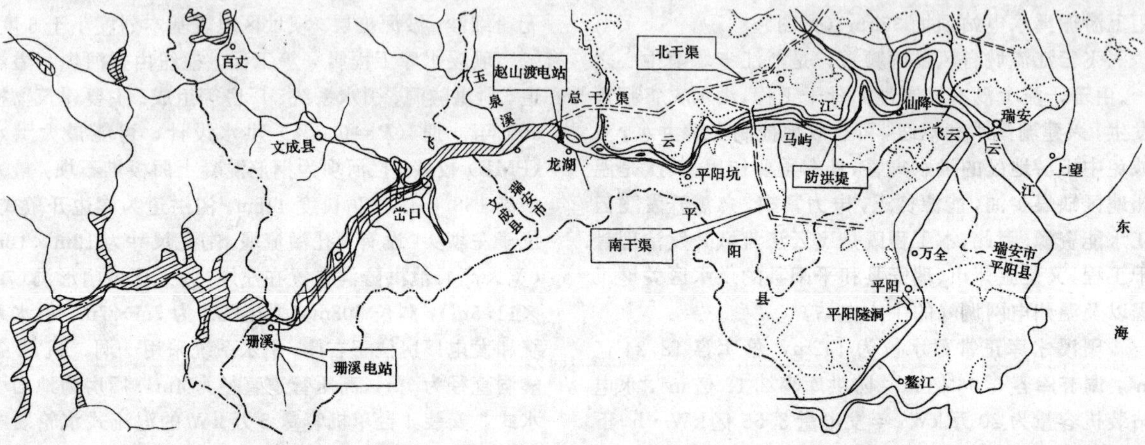

珊溪水利枢纽工程布置图

西藏羊卓雍湖抽水蓄能电站

（一）工程概况

羊卓雍湖抽水蓄能电站（简称羊湖电站）位于西藏南部的浪卡子县与贡嘎县境内，距拉萨市约86km，海拔高程3600～4500m。电站利用羊卓雍湖与雅鲁藏布江之间840m的落差，引湖水发电，抽江水入湖蓄能。抽水控制水位4440.5m，发电控制水位4437.0m，最大引用流量15.8m³/s，最大抽水流量8m³/s。电站装机11.25万kW，安装4台单机容量2.25万kW的竖轴三机式抽水蓄能发电机组，预留一台2.25万kW的常规发电机组机窝，多年平均发电量10412万kW·h。电站主要机电设备从奥地利EILN公司和VOITH公司引进，具有较为先进的技术。电站投入运行后，主要担负拉萨电网系统的调峰、调频和事故备用任务。

（二）自然条件

羊湖湖水补给来源主要是降水、冰川融水和地下水，多年平均降水量350.9mm，多年平均蒸发量2029.0mm，蓄水量约150亿m³。电站工区多年平均气温2.6℃，极端最高气温22.6℃，极端最低气温－25.0℃，最大日温差27.2℃，最大风速22m/s，多年平均气压590.8hPa，年平均缺氧40％～50％，多年平均相对湿度为44％。

羊湖电站地质构造属青藏滇缅印尼“歹”字型头部中旋带与喜马拉雅弧形构造带的复合部位，地层以褶皱为主，伴随次级断层，地震烈度为8度。

引水隧洞穿越冈巴拉山分水岭后沿条形山脊布置，埋深50～450m，围岩以砂岩夹板岩和砂板岩互层为主，裂隙发育，局部伴有次生夹泥，遇水软化，岩体不稳定，构造上有F_1、F_2、F_3断层通过。洞线与岩层产状正交，沿线地下水较为丰富，在桩号0＋500～2＋784m洞段，外水水头高达70～320m。

压力钢管明管段沿山脊布置，管线地形起伏较大，最大纵坡33.62°。岩石破碎，岩体风化、卸荷、倾倒和滑坡等现象显著，强风化深度达20m左右，管线横穿F_4、F_5、F_6三条断裂带。

（三）羊湖设计特点

羊湖电站枢纽建筑物布置，主要由进水口、引水隧洞、调压井、压力钢管、地面厂房、尾水渠、开关站及抽水系统的沉沙池、低扬程泵房等组成。工程等级为三等，压力钢管按二级建筑物设计，引水隧洞及其他水工建筑物按三级设计。

电站进水口布置在羊湖边上，为压力墙式。

引水隧洞全长5883m，圆形断面，平均坡度$i=$

8.989‰，隧洞承受最大内水压力为 0.73MPa。其中桩号 0+000～2+900m 为钢筋混凝土衬砌，厚度 30～60cm，内径 2.3m 和 2.5m，洞内布设 5700 多个系统排水孔，以降低外水压力和平衡内水压力；桩号 2+900～5+883m 为钢筋混凝土和钢板复合衬砌，钢筋混凝土衬砌厚度 30cm 和 50cm，内衬钢板，直径 2.3m，钢板厚度 12mm，钢衬外回填 R_{150} 微膨胀水泥砂浆。全部内水压力和外水压力由钢衬承担，山岩压力和衬砌自重由钢筋混凝土承担。

调压井为差动式，上室内径 11.0m，高 21.85m，竖井内径 2.4～2.5m，高 55.60m。

压力钢管由上段地下埋管和下段地面明管组成，全长 3174m，其中埋管段长 754m，内径 2.5～2.4m，末端设有 D=2.3m 的蝶阀，为美国进口设备；明管段长 2323m，直径 2.3～2.1m，全线设有 19 个钢筋混凝土镇墩和 173 个支墩，镇墩为限裂设计，在钢管充水运行时，设计允许有水平裂缝，裂缝宽度为 $\delta_{fmax}\leqslant$1mm。压力钢管最大设计内水压力 9.99MPa（含水锤压力）。

主厂房全长 87.65m，宽 15.4m，高 37.1m，共分 6 层，从下至上依次为蓄能泵蝶阀层、蓄能泵层、尾水层、水轮机层、发电机运转层和发电机层。

抽水系统的低扬程泵房，布置在雅鲁藏布江边上，内装 5 套国产型号为 48LKXA—13 水泵，单机抽水流量 2m^3/s。沉沙池为矩形单厢定期冲洗式，总长约 140m，净宽 24m，用低水分隔墙分成三厢，工作水深 7～8m，蓄水量 2 万 m^3。设计拦截粒径 $D\geqslant$0.1mm 以上的泥沙，保证率大于 80%。

（四）羊湖施工情况

1985 年 8 月国家批准建设羊湖电站，1986 年 7 月因故停建，1989 年 8 月国家计委下文批准复工，1989 年 9 月水电部队进藏进行前期准备工作，电站于 1991 年 5 月 25 日正式开工，1993 年 9 月 25 日引水隧洞全线贯通，1995 年 7 月首台机组（1 号机）安装完毕，电站施工于 1997 年 3 月基本完成。

由于羊湖电站所处地区特殊的环境和自然条件，工程施工与内地相比有很大不同。

(1) 高原施工，人体的劳动能力和机械效率大幅度降低。羊湖电站施工人体劳动能力影响系数为 1.3～1.5，施工机械的影响系数为 1.65 左右，其中以柴油机械的功率下降值最大，汽油机械次之，电动机械下降值最小。

(2) 由于缺氧对人体的影响，再加上施工条件差、气候恶劣，所以羊湖电站施工，除尽可能采用机械化施工外，还缩短一次持续劳动时间，每班不超过 6h，并将劳动定额适当降低。

(3) 电站施工受季节影响很大，由于气候寒冷多变，冬天又多风，且缺氧严重，考虑人体安全及施工效率，保证施工质量，全年适宜施工期仅为 4 月至 11 月，相应造成了工期紧、任务重，给电站施工带来了很大压力。

羊湖电站的控制工期项目为引水隧洞施工，由于隧洞断面小，只能采用开挖、衬砌顺序作业方案。因此隧洞的混凝土浇筑进行了冬季施工，但效果不理想，一方面成本大幅度增加；另一方面由于条件恶劣，特别是严重缺氧，造成施工人员疲劳，致使工效低，且质量难以控制。

(4) 西藏地区空气干燥、昼夜温差大、日照强，使混凝土的温度裂缝和干缩变形加大，从而提高了对混凝土的抗裂要求。采取的措施为选用低热水泥，尽量降低混凝土的水化热；加强养护，用覆盖草袋、砂等方式保持湿润，避免阳光直射，并延长养护期。另外，露天混凝土施工的部位，由于水分蒸发快，导致混凝土拌和物的坍落度损失严重。根据试验资料表明，一般在 20～30min 内，坍落度损失高达 50%～60%，影响了混凝土施工质量。因此，为了满足施工和易性要求，必须适当加大混凝土的坍落度弥补其相应损失，但在水灰比不变的情况下，增加了单位水泥用量，使成本增加。

(5) 羊湖电站施工一方面受气候影响而增大了施工难度，另一方面是复杂的地质条件和地下水，也给施工造成了一定的困难，主要体现在引水隧洞施工和明管段开挖、镇支墩混凝土浇筑以及压力钢管的安装等。

（五）羊湖投产发电情况

羊湖电站首台机组（1 号机）于 1997 年 4 月 23 日通过了国家启动验收委员会的验收。6 月 1 日完成了 72h 发电工况试运行，共发电 103 万 kW·h。6 月 25 日 1 号机正式投入生产。

电站 2 号、3 号、4 号机组也于 1997 年 9 月 19 日前全部完成发电和抽水工况试验，正式投入运行。

（六）结语

羊湖电站为目前我国唯一的一座高水头三机式抽水蓄能电站，设计水头高达 1020m（含水锤压力），电站枢纽布置从羊湖进水口至雅鲁藏布江南岸全长 9.5km，洞线长、地质条件复杂、技术要求高，自然条件恶劣、无前人经验可资借鉴，因此给设计、施工和建设管理工作带来了许多意想不到的困难。通过羊湖电站的建设实践，我们取得了一些高原施工的经验，也得到了一些教训，给今后的工程建设提供了借鉴。

羊湖电站的建成投产，对加快西藏的经济和社会发展，解决西藏地区严重缺电的局面具有极其重要的作用。

（武警水电第三总队　赵秀玲）

大型水利水电工程进展情况

三峡工程进展情况概述

1992年全国人大七届五次会议作出了兴建长江三峡工程的重要决策，以后国务院制定了一系列关于三峡工程建设的方针和政策。1993年7月国务院三峡建设委员会以[1993]1号文发出关于批准《长江三峡水利枢纽初步设计报告》以来，三峡工程进入了全面施工准备和第一期工程施工阶段（从1993年至1997年大江截流，工期为5年）。1994年12月14日国务院宣布长江三峡工程正式开工。

在第一阶段的5年当中三峡工程完成了坝区建设用地15.28km^2的征用、规划和封闭管理；完成了一期导流工程，包括导流明渠和混凝土纵向围堰的施工，明渠于1997年5月1日提前过水，10月6日正式通航；完成了对外公路专用线及水运码头的建设；完成了包括西陵长江大桥在内的场内交通道路建设；三峡机场建成通航；完成房屋建筑和公共设施建筑计40万m^2；完成供电、供水和通信系统建设；为保证二期导流通航的临时船闸及其上下游引航道工程正按计划进行，将于1998年5月1日通航；升船机上闸首和左岸非溢流坝段的混凝土正按计划浇筑中；二期导流过程中的通航设施已基本就绪，将在实践中不断完善；规模巨大的永久船闸地面及地下石方开挖已完成设计量的63%；左岸首批1号～6号机组的大坝和厂房基础开挖已接近尾工，85m高程齿槽于1997年12月11日开仓浇筑混凝土。纵向混凝土围堰坝身段混凝土浇至95～123m高程，右岸非溢流坝及右坝头正进行开挖；在1997年11月8日大江截流成功后，二期围堰填筑转入加高及混凝土防渗墙施工；茅坪溪防护工程正按计划进行施工；与主体工程配套的临时工程古树岭、下岸溪人工骨料砂石系统和混凝土拌和系统等已陆续建成投产，二期工程混凝土系统已通过公开招标确定了施工单位并进行了施工。

5年来，三峡工程累计完成土石方开挖14277万m^3，土石方回填5818万m^3，混凝土浇筑471万m^3。水库移民已按照先下游后上游、先低后高的秩序有计划地完成了大江截流20年一遇洪水位以下的搬迁，到目前为止，库区已搬迁了82000人。

5年来，三峡工程资金到位情况良好，累计已达295亿元。中国三峡总公司努力推行建设项目管理制，坚持应用社会主义市场经济机制，实行项目企业法人负责制，招标承包制和工程监理制，已初步形成了“以合同为依据，以项目为基础，以项目经理（主任）为责任人，综合部门为项目部门服务，并将设计、监理纳入项目管理范围”的建设项目管理体制，使各项管理工作逐步走上了规范化、制度化的轨道。正因为如此，三峡工程第一阶段的建设任务得以胜利完成，工程质量和进度满足设计和规范要求，并建立了质量管理体系；工程投资控制在概算之内并略有盈余，与原计划相比节约28亿元；工程资金筹集情况良好；物资供应和设备采购保证了工程的需要。

三峡工程1997年11月8日胜利实现了大江截流，它标志着第一阶段的施工任务已经完成，第一阶段的建设目标已经实现，取得了巨大成就。对此，国务院三峡工程建设委员会第一阶段工程验收领导小组曾作出结论：工程建设进度满足设计进度要求并略有提前；工程质量总的情况良好，满足了设计要求；工程静态、动态投资均控制在国家批准的初设概算及预测投资范围内；大江截流准备工作良好，可在11月上旬实现截流；截流后可顺利转入第二阶段工程建设。这一结论已得到国务院常务会议批准。

第一阶段工程建设取得上述成就，为三峡工程第二阶段工程建设奠定了良好的基础。1997年8月18日三峡二期工程的泄洪坝段，左岸电站厂房坝段和电站厂房土建与安装施工合同已经签订，葛洲坝股份有限公司、青云联营公司（由水电第四工程局和水电第十四工程局组成）、三七八联营公司（由水电第三工程局、水电第七工程局和水电第八工程局组成），通过公平竞争分别中标，承建三峡二期工程的三大施工项目。三峡电站左岸14台单机容量为70万kW的水轮发电机组设备，通过国际招标已于1997年9月2日签订了采购合同。目前，第二阶段建设的序幕已经拉开，全体建设者将迎接三峡工程更大的挑战，努力夺取第二阶段工程建设的胜利。

（长江三峡工程开发总公司　李　冰　乔仁贵）

三峡工程大江截流

（一）三峡工程截流设计

三峡工程采用"三期导流、明渠通航"的施工导流方案。第一期围右岸，修筑一期土石围堰形成一期基坑，在围堰保护下开挖导流明渠，进行混凝土纵向围堰和三期混凝土围堰位于明渠断面以下部位的施工，同时在左岸修建临时船闸，并开始永久船闸和升船机挡水部位及左岸非溢流坝段施工，此时长江水流仍从主河床宣泄，照常通航。第二期进行主河床截流，修筑二期上下游土石围堰与混凝土纵向围堰形成二期基坑，在围堰保护下进行大坝泄洪坝段和左岸厂房坝段及电站厂房施工，继续进行升船机挡水部位施工并建成永久船闸，使江水从导流明渠宣泄，船舶从导流明渠和左岸临时船闸通航。第三期封堵导流明渠，修筑土石围堰和碾压混凝土围堰与混凝土纵向围堰形成三期基坑，在围堰保护下进行右岸厂房坝段及电站厂房施工，由碾压混凝土围堰和混凝土纵向围堰以左大坝挡水，左岸电站发电，江水从泄洪坝段导流底孔及深孔宣泄，船舶从永久船闸通行。

1. 截流时段和截流流量　三峡工程初步设计拟定大江截流时段为 1997 年 12 月上旬，截流流量为该旬 20 年一遇最大日平均流量 9010m³/s。在招标设计中，根据长江三峡工程开发总公司对三峡工程施工进度安排，导流明渠提前到 1997 年 5 月 1 日进水（较初步设计提前 5 个月），汛期（7 月～9 月）参与分流与试通航，大江截流戗堤两岸可提前预进占，截流合龙时间也相应提前。

按照水利部、电力工业部颁发的《水利水电工程施工组织设计规范》(SDJ338—89) 的规定，截流流量标准按相应截流时段 5～10 年一遇确定。鉴于三峡工程大江截流与二期围堰的特殊性及施工的艰巨性，并考虑截流合龙时间较长，合龙过程中必须保证戗堤连续高强度进占，且在遇到大流量时能够继续抛填进占；因此，截流流量标准选用相应时段 20 年一遇的流量，即截流设计流量为 11 月中旬 20 年一遇最大日平均流量 19400m³/s。按此流量进行截流备料及准备工作，以便于大江截流指挥部相机确定截流合龙时间，做到万无一失。

2. 截流戗堤　三峡工程大江截流的难点是水深、流量大、合龙工程量大、施工强度高。截流方案采用上游单戗堤立堵方式。截流戗堤为围堰堰体组成部分，布置在二期上游土石围堰背水侧，可兼作排水棱体，以利堰体渗透稳定。戗堤轴线与围堰轴线平行布置，戗堤高程 79～69m，戗堤轴线长 797.4m，为梯形断面，上游边坡 1∶1.3，下游边坡 1∶1.5，顶宽 20～30m，填筑总量 125.66 万 m³，河床深槽段长约 200m，河底高程 10～41m，基岩高程 0～41m，河床覆盖层上部（5～16m）为葛洲坝水库蓄水后的新淤沙，下部为砂砾石层。戗堤顶两岸非龙口段宽 25m，龙口段宽 30m，可满足 4～5 部 45t 及 77t 自卸汽车在堤头同时抛投进占，两岸进占平均抛投强度为 5.2 万 m³，如两岸抛投进占顺利，合龙时间可大大缩短。按截流流量 19400m³/s 计，截流落差为 1.24m，龙口最大流速 4.5 m/s。龙口合龙抛投料为两岸主体建筑物基础开挖的花岗岩石和块石料，最大块石重 3t～5t。

3. 截流位置　截流龙口位置的确定与分流条件及通航要求密切相关，在右岸导流明渠分流前和满足通航条件下，龙口位置右移以避开主河床深槽段，利于左岸非龙口段提前进占，堰体尾随进占，提前形成防渗墙施工平台。由于右岸防渗墙轴线为了避开河床漫滩残留块球体而布置为向上凸的折线，其戗堤轴线与长江主流呈 50°交角，龙口右移至折线部位，合龙时龙口水流流态转为复杂，增加了合龙难度。因此，为尽量减少施工难度，龙口位置选择在主河床深槽的右侧以避开左侧最深处。

4. 截流宽度　三峡工程导流明渠提前分流，按常规截流可认为没有明显的"龙口"，但大江截流期不允许断航，而导流明渠通航流量标准为：长江航运公司大型船队 20000m³/s；地方航运公司中小型船舶 10000 m³/s。截流戗堤进占束窄口门宽度受导流明渠通航的制约，经设计计算分析并通过水工模型试验，戗堤进占按 11 月上旬形成龙口的要求，在满足明渠通航水流条件下，拟定龙口宽度 130m。合龙过程中，考虑龙口范围淤沙层冲走，最大水深达 60m，增加合龙工程量，且在合龙进占过程中，堤头易产生塌滑现象。设计研究确定在戗堤位于河床深槽部位预采用水下平抛垫底至 40m 高程，先抛 2～3m 厚砂砾石料作为过渡反滤料，再平抛石渣料，面层 3～5m 平抛粒径大于 0.5m（重量大于 200kg）的块石。平抛垫底可减小龙口水深，有利于防止合龙过程中堤头坍塌，并减少合龙抛投工程量。

（二）三峡工程截流戗堤施工

1. 施工特点　①截流戗堤布置在二期上游土石围堰的背水侧，在截流戗堤进占过程中，下游围堰的石渣戗堤尾随截流戗堤进占，不承担水流落差；②截流施工受龙口位置的限制，两岸口门进占不均匀；③左、右两岸料源分布不均匀，导流明渠过水后，右岸截流基地为孤岛，右岸戗堤非龙口段及龙口段进占料须提前堆存。鉴于右岸导流明渠可提前破堰分流，1996 年 11 月至 1997 年 3 月汛前，提前进行左、右两岸预进占回填施工；④截流施工水深大，河床最大水深 60m，堤头坍滑极为严重，为确保截流施工安全和减少截流进占施工强度，采用平抛垫底至40m高程，减小水深以利堤头稳定；⑤大江截流工程量大，工期紧，抛填强度大，持续时间长。

2. 平抛垫底施工　截流戗堤深槽部位采用砂砾石料、石渣料和块石料平抛垫底至40m高程，底部2m厚用砂砾石作垫层，其上抛填石渣至35m高程，石渣料的顶部采用块石压顶。

为了满足平抛施工期间长江航道的正常通行，以及水上施工安全，将上游围堰平抛区以主河槽中间为界分成左侧平抛区与右侧平抛区两个施工区。首先抛填右侧平抛区，左侧通航；待右侧抛填至设计高程后，将施工区移至左侧平抛区，右侧通航。

右侧平抛区自1996年12月6日正式开始施工，在施工区按40～50m宽为一个条带逐条抛填。由于右上戗堤0+726～0+704段地面高程低于40m，最低高程为19.35m，为防止戗堤陆上抛填坍滑，在此区域7880m^{2}的范围内平抛砂砾料（2m厚垫层）及石渣料。因此，右侧首先抛填此补抛区，抛填到位后移至深槽，再从深槽向漫滩逐条抛填。平抛垫底采用1500t甲板驳作定位船准确定位，500m^{3}体开驳、280m^{3}底开驳及210m^{3}侧抛驳靠定位船定点抛投。至1997年2月12日，右侧平抛区大部分达到39m高程，完成第一阶段的抛填任务。将定位船移至左侧平抛区。

左侧平抛区自1997年2月12日开始施工，施工程序和施工方法与右侧平抛区相同，至1997年5月18日基本完成第一阶段抛填任务。

导流明渠于1997年10月6日正式通航后，大江主河槽停航，此时，开始第二阶段平抛垫底施工。由于上游围堰口门不断被束窄，口门流速1.22～2.89m/s，不具备平抛砂砾石料的条件，因此，第二阶段平抛垫底主要是抛填戗堤130m龙口段部位的块石料。

第二阶段平抛自左向右逐条推进，首先平抛至设计的40m高程，因为设计剩余量仅3.9万m^3，为了进一步减少陆上抛填水深，龙口段全线平抛至45m高程以上，最高抛填至53.4m高程。平抛垫底施工于1997年10月23日结束。

3. 预进占段施工　右岸戗堤预进占段长度203.18m，左岸戗堤预进占长度134.22m。高程69m以下为水下抛填施工，高程69～79m为陆上填筑施工。水下抛填施工，采用32～77t自卸汽车运输，端进法抛填，推土机平整；当水深超过25m时，采用堤头集料，推土机赶料方式抛投。陆上填筑施工，采用分层摊铺，分层碾压上升的施工方法。层厚80cm，用14t以上振动碾碾压密实。

戗堤填料为石渣混合料和石渣料，为了确保其安全渡汛，汛前对右岸戗堤水流顶冲面抛填1.0t以上的大块石4800m^3，同时，在左、右两岸分别留存中石和大块石10000m^{3}作为汛期抢险材料。左岸预进占段于1996年12月25日开始从试验段高程79m戗堤顶面降坡至高程69m段填筑，至1997年2月12日达到设计要求的进占长度和高程。右岸预进占段于1996年12月5日开始水下抛填施工，至1997年3月17日施工完毕。

4. 非龙口段施工　非龙口段堤顶由79m高程依10%纵坡降至69.0m高程，堤顶宽由25m加宽至30m。全部采用汽车端进水下抛填施工，为避免堤头坍滑危及人员与设备安全，在深水区视堤头稳定情况，或采取堤头集料，推土机赶料方式进占，或采取自卸汽车直接抛填，或采取77t自卸汽车装块石冲砸等方式抛填。

非龙口段于1997年9月12日开始进占施工，严格按设计的分月分旬进尺控制施工进程，9月18日上游围堰口门束窄至360m，直至10月1日再继续进占，10月上旬口门束窄至280m，10月中旬口门束窄至189.5m，至1997年10月23日，口门束窄至130m，完成非龙口段进占施工，形成截流龙口。

在非龙口段进占过程中，为了检验施工组织与指挥系统、检测施工设备的运行状况及抛填强度、验证施工组织设计拟定方案的可操作性，于10月14日早8时至10月15日早8时，连续24小时进行大江截流演习，创造了昼夜抛填19.4万m^{3}的佳绩，打破了巴西伊泰普水电站创造的14.65万m^{3}的世界纪录。

5. 龙口段施工　龙口130m，基本为两岸对称进占。根据进占水流条件和难易程度，130～90m和40～0m采取全断面整体推进，90～40m采取特大块石，大块石抛投上游挑角，戗堤中下游部分抛填中石和石渣进占。

根据对水文、气象条件分析，以及考虑导流明渠分流比和冲淤变化等因素，龙口段分两段实施，先由130m连续进占直至形成40m小龙口，然后再视水文条件一举完成大江截流。

1997年10月26日零时开始龙口段进占准备，早8时正式开始截流进占施工，仅用22.5h安全顺利地完成了原定的计划目标，于10月27日上午6时30分形成40m小龙口，突破了90～70m截流最困难阶段，取得了大江截流施工的关键性胜利。

11月8日上午9时开始龙口合龙施工，于当日下午15时30分安全正点合龙，高质量实现大江截流，至此，三峡工程大江截流圆满成功。

截流施工的主要项目指标见表。

三峡工程大江截流主要指标表

项　　目	演　　习	130～40m	40～0m
项目历时时段	10月14日8：00～ 10月15日8：00	10月26日8：00～ 10月27日6：30	11月8日9：00～ 11月8日15：30
最大流量（m^3/s）	17000	11600	8480
最大水深（m）	60	60	60
落差（m）	0.29	0.66	0.30
流速（m/s）	3.1	4.22	2.50
围堰时段抛投量（万 m^3）	24h19.400		6.5h 6.137
围堰日强度（万 m^3/d）	19.400		8.49
围堰最大小时强度（万 m^3/h）	1.10		1.71
截流戗堤时段抛投量（万 m^3）	24h 9.671	22.5h 12.09	6.5h 2.31
截流戗堤日强度（万 m^3/d）	9.671	12.09	2.31
截流戗堤最大小时强度（万 m^3/h）	0.54	0.65	0.59
投入设备（台）	运输设备 264 挖装设备 52	运输设备 219 挖装设备 60	运输设备 351 挖装设备 66

（长江水利委员会　高黛安
中国葛洲坝水利水电工程集团公司　黄华平）

小浪底水利枢纽工程进展情况

小浪底水利枢纽工程建设总工期为11年，其中施工准备3年，主体工程工期8年。1994年9月12日李鹏总理宣布主体工程开工，计划1997年11月28日截流，1999年年底第一台（6号）机组发电，2001年全部工程竣工。工程静态投资约350多亿元，国家计委尚未正式批复。截至1997年5月31日，小浪底工程累计完成内资69.3501亿人民币，外资4.9757亿美元。

小浪底工程的主要工程量（包括前期工程）为：土石方明挖5719万 m^3；石方洞挖308万 m^3；土石方填筑5574万 m^3；混凝土及钢筋混凝土354万 m^3；金属结构安装3.26万t；机电设备安装3.09万t；帷幕（固结）灌浆21.2(34.7)万m；回填（接缝）灌浆24.74万 m^2。

小浪底工程是部分资金利用世界银行贷款建设的项目。前期工程采取国内招标，主体土建工程采取国际招标。主体土建工程分为大坝工程标、泄洪工程标和发电设施工程标，三个国际土建合同标分别由以意大利英波吉罗为责任公司的黄河承包商（YRC）、以德国旭普林为责任公司的中德意联营体（CGIC）、以法国杜美兹为责任公司的小浪底联营体（XJV）中标承包。

（一）前期工程

1991年9月1日，小浪底工程开始前期准备工作，至1994年4月15日全面完成了主体土建工程国际标合同中规定的应由业主提供的条件，实现了水利部提出的“三年准备，二年完成”的目标，修建了南北两岸对外公路共28.68km，场内施工道路共30.44km，以及长508m的黄河大桥一座，构成了小浪底工程施工交通网络。同时完成了留庄铁路转运站、施工供电及通信系统、施工供水系统、业主及承包商劳务营地、施工区征地移民等前期准备工作。为争取工期，还利用内资进行了导流洞1号、2号施工支洞和三条导流洞上中导洞（平均断面8m×8m）、右岸滩地大坝基础防渗墙（最大深度80m，墙厚1.2m）、左岸泄洪系统进出口开挖等部分主体工程的施工。前期工程共完成土石方开挖2122万 m^3，混凝土17万 m^3，完成投资12.90亿元，施工区征地35067亩，安置移民1.05万人。

（二）主体工程

1.一标——大坝工程　小浪底大坝为壤土斜心墙堆石坝，坝高154m，坝顶长1667m。大坝工程包括两岸坝基开挖770万 m^3；大坝坝体填筑5185万 m^3；固结灌浆5.41万m；帷幕灌浆7.23万m；左岸河床段主坝防渗墙施工等。

1994年5月30日，工程师发布了一标工程开工令，6月4日，一标黄河承包商现场经理到位，一标承包商自带设备685台套，于1994年12月15日开始施工。

大坝工程的施工首先集中在右岸进行，主要包括坝基开挖，基础处理，右岸滩地主坝防渗墙接高，纵向围堰填筑和大坝坝体填筑。与此同时，建成马粪滩混凝土骨料和反滤料开采加工系统、土石料场和混凝土拌和系统，并进行左岸压戗施工。1996年2月开始左坝肩开挖，随后进行左岸固结和帷幕灌浆。

截至1997年5月31日，大坝工程达到的工程形象是：右岸基础开挖、固结灌浆、帷幕灌浆、混凝土防渗墙加高和补强均已完成。上游围堰已达设计185.00m高程。左岸开挖和基础处理正在进行，截流枯水围堰左岸龙口段开挖、喷混凝土护坡和块石护底工作已全部结束。1区心墙填筑高程达213.00m，上游4A区填筑高程达213.00m，下游4B区填筑高程达215.00m；上游枯水围堰预填区填筑高程达146.50m，下游扩展填筑区4B料填筑高程达144.00m；左岸8区压戗顶部高程已接近250.00m。大坝工程累计完成工程量见表1。

表1 大坝工程累计完成工程量表

工程项目		目前累计完成量	截流前项目计划量	截流前项目完成百分比（%）
土石方开挖	表土（万 m^3）	27.54	42.60	64.6
	不分类料（万 m^3）	665.31	607.67	109.5
	岩石（万 m^3）	54.59	51.33	106.3
混凝土工程	混凝土浇筑（m^3）	64396	64166	100.4
灌浆工程	固结灌浆（m）	64500	59403	108.7
	帷幕灌浆（m）	39500	38463	102.7
大坝填筑	总填筑量（万 m^3）	1308.77	1435.48	91.2

大坝工程施工进展顺利，目前实际进度比计划进度普遍超前，施工情况良好。

2. 二标——泄洪工程　泄洪工程主要包括前缘宽276.4m，长52.8～70m，高113m集中布置的10座进水塔，3条前期导流、后期改建为孔板消能的泄洪洞（内径14.5m），3条内径6.5m、后张法预应力混凝土衬砌排沙洞，3条断面分别为10.5m×13m（宽×高）、10m×12m和10m×11.5m的明流洞、1条净宽34.5m陡槽式溢洪道和出口集中布置大型消力塘、护坦等。泄洪工程总开挖量1810万 m^3；混凝土浇筑量243万 m^3；填筑量73万 m^3。

1994年6月30日，工程师发布了二标工程开工令。7月2日，二标中德意联营体现场经理到位。二标承包商自带设备1136台套，于1994年9月30日开始施工。

泄洪工程的施工安排以关键路线上的导流洞和泄洪系统进、出口的开挖、支护、混凝土衬砌和浇筑为中心，同时建设连地滩砂石料开采加工系统和上、下游混凝土拌和系统，并穿插安排明流洞、排沙洞、溢洪道及其他排水洞、交通洞等30多个工作部位的施工。

截至1997年5月31日，泄洪工程达到的工程形象是：进水口土石方开挖基本结束，边坡锚索加固已经完成（总数578根），导流塔混凝土已浇筑完成，发电塔混凝土浇筑最高已达191.00m高程，明流塔最高达190.00m高程，孔板塔分别达175.00～183.00m高程。进水塔（含导流塔）共计完成混凝土浇筑25.74万 m^3，占截流前应完成混凝土浇筑量42.32万 m^3 的61%。导流洞开挖、底拱混凝土衬砌已经结束；边顶拱混凝土共251块，已衬砌235块；回填灌浆已完成177块；固结灌浆完成3.17万m，占总固结灌浆量8.22万m的38.56%，预计10月初可以完工。出水口消力塘完成土石方开挖536.59万 m^3，占设计开挖总量546万 m^3 的98.27%；边坡锚索安装359根；混凝土浇筑27.04万 m^3，占截流前应完成混凝土量40万 m^3 的67.60%。泄水渠完成土石方开挖303.71万 m^3，两岸砌石护坡工程（国内标）正在施工。不在截流关键路线上的中部区明流洞完成土石方明挖277.47万 m^3，占计划量的169.78%；1号明流洞第一阶段洞挖累计进尺333.5m，2号、3号明流洞洞挖已经完成，并开始混凝土衬砌；3条排沙洞开挖进尺分别为：420.8m、400.5m和545.9m。溢洪道已完成开挖80.08万 m^3，占总量的86%。

从泄洪工程的施工过程来看，由于二标承包商进场缓慢，施工设备不足，对中国劳务管理缺乏经验等原因，加之泄洪工程地质条件复杂，导致设计变更量较大，导流洞先后发生21次塌方，使工程施工严重受挫。1995年泄洪工程的施工进度远落后于计划进度，截流关键项目导流洞施工进度比计划工期推迟了8月～11个月。由于泄洪工程拖后，1997年截流形势十分严峻。在水利部领导下，小浪底建管局和工程师单位针对施工中存在的关键问题果断决定成建制地引进国内有经验的水电施工队伍——中国水电一、三、四、十四工程局组成的联营体（OTFF），进行导流洞施工的劳务分包；同时采取一系列赶工措施，逐步扭转了导流洞施工的被动局面。二标承包商中德意联营体在业主、工程师推动下，吸取导流洞成建制劳务分包的经验，在进水口、出水口工程中也都由中国水电工程局对混凝土工程实行了劳务分包，从而出现了全面赶工的大好形势，创造了1996年11月～1997年5月连续混凝土月浇筑强度超10万 m^3 的好成绩和1997年4月浇筑混凝土达13.08万 m^3 的最高记录。目前，各主要施工部位工程进度基本符合合同要求，可满足1997年11月份小浪底工程截流需要。

3. 三标——发电设施　发电设施标主要包括一座长251.5m、宽26.2m、最大高度61.44m的地下厂房，6条内径7.8m的引水发电隧洞，3条断面为12m×19m（宽×高）的尾水洞和地下主变压器室、地下尾水闸门室、尾水管洞及其它附属洞室共60多条（个），总计洞挖工程量140万m^3，混凝土25万m^3。

1994年5月30日，工程师发布了三标开工令，6月2日三标承包商小浪底联营体现场经理到位。三标承包商自带设备385台套，于1994年9月19日开始施工。

发电设施项目的施工安排一方面是要保证按时完成主厂房、主变压器室、尾水闸门室、发电洞的开挖支护工作。首先经8号施工支洞开挖主厂房顶拱，经17号进厂交通洞、17C施工支洞、8B施工支洞，进行主厂房中下部、发电洞、主变压器室和尾闸室的开挖、混凝土衬砌以及厂房岩壁吊车梁混凝土浇筑；另一方面是要自尾水出口同时进行开挖量最大的3条尾水洞的施工。

截至1997年5月31日，发电设施标达到的工程面貌是：厂房顶拱325根1500kN预应力锚索加固工作已经完成，厂房已开挖至120.70m高程，最低开挖高程为103.61m，厂房岩壁吊车梁混凝土浇筑及预应力锚杆安装已完成。发电设施标共完成岩石开挖97.5万m^3，混凝土浇筑6万m^3。各主要洞室工程量完成情况见表2。

表2　主要洞室工程量完成情况表

工程项目	累计完成量（万m^3）	总开挖量（万m^3）	完成百分比（%）
地下厂房	22.7	26.3	86.31
主变压器室	4.05	4.05	100
尾闸室	2.6	3.72	69.68
尾水洞	46.35	65.2	71.1
发电洞	12.8	12.8	100

从发电设施标的施工过程来看，三标承包商施工进度曾有拖后现象，特别是关键项目—地下厂房的开挖由于设计变更（增加325根1500kN顶拱锚索），占用直线工期4.5个月，承包商提出工期推迟8～9个月。在CIPM咨询专家和世行特咨团的帮助下，工程师决定增加17C交通洞，从而挽回了由于增加地下厂房顶拱锚索占用的直线工期，同时三标承包商在其它项目的施工也明显改善。目前发电设施项目工程进展比较顺利，从承包商提交的进度计划看，除尾水洞进度有所推迟正在设法赶工外，其他工程项目可以满足合同规定的完工日期。

4. 其他　主体工程国内标项目开关站已填至229.3m高程（设计高程230m）；出水口泄水渠护坡工程完成浆砌石砌筑6.47万m^3；3号、4号灌浆洞内帷幕灌浆已完成2.9万m。

机电及金属结构设备制造安装方面，6台水轮机利用卖方出口信贷采取国际招标采购，1996年1月10日与美国伏依特（Voith）公司签订制造合同，该合同已生效。6台发电机及其附属设备通过国内招标由哈尔滨电机有限公司和东方电机有限公司制造（各3台），并于1996年8月13日签订协议。大部分闸门、启闭机、拦污栅、主厂房桥式起重机等设备的国内招标采购工作已经结束；"机电设备安装及土建工程"正在进行国内招标。

（三）移民方面

小浪底库区移民17.6万人，淹没土地41.7万亩，其中耕地20.07万亩，房窑743万m^2，工矿企业787个。按照小浪底主体工程建设进度及水库运行方式，库区移民分三个阶段实施：目前已完成第一阶段180.00m高程水位以下移民的土地划拨和移民新村建设任务，截流前将完成移民搬迁工作；第二阶段即水库初期运行阶段，移民范围在180.00～265.00m高程之间，已完成部分移民点的基础设施建设任务；第三阶段即265.00m高程以上移民规划方案即将报批。

（小浪底水利枢纽建设管理局　曹征齐　肖大强）

小浪底工程截流

小浪底水利枢纽由3条孔板泄洪洞（由3条导流洞改建成）、3条明流泄洪洞、3条排沙洞、6条引水发电洞、一座地下水电站厂房、溢洪道和一座坝高154m的壤土斜心墙堆石坝组成，坝轴线长1667m。根据堆石坝特点及地形条件，采用一次拦断黄河，左岸3条导流洞泄洪的导流方案。

（一）小浪底工程导截流建筑物设计

结合水工布置在左岸山体内布置3条直径14.5m的圆形隧洞，其中1条进口底板高程为132m，出口底板高程126m，洞长1219.84m；另2条进口高程141.5m，出口高程135.5m；洞长分别为1183.3m和1149.36m。导流完成后3条洞均改建成进口高程为175m的孔板泄洪洞。

上游截流围堰为Ⅳ级建筑物，堰顶防渗体与上游拦洪围堰防渗铺盖相结合，挡11月至次年6月枯水，按该时段内20年洪水重现期（洪峰流量3660m^3/s）经三门峡控泄加区间流量之和为2210m^3/s设计。最大堰高24.5m，堰顶宽29.5m，堰顶高程152.5m。上游边坡水上部分为1：3，水下部分为1：6；下游边坡为1：2。采用壤土斜墙堆石围堰，堰体及基础采用垂直防渗墙防渗。填筑总工程量88.73万m^3。

上游拦洪围堰与坝体结合，按百年一遇洪水设计。堰顶高程185m，最大堰高57m，堰顶宽20m。上游设短铺盖以充分利用黄河天然淤积形成铺盖防渗，下游和主坝防渗体连为一体。填筑总工程量591.59万m^3。

下游围堰按百年一遇洪水导流洞最大下泄流量8270m^3/s设计。堰顶高程145m，堰顶宽15m，最大堰高19m。采用壤土斜心墙加水平铺盖防渗。填筑总方量为23万m^3。

（二）小浪底截流工程设计

1. 截流时间与设计流量　根据小浪底坝址处实测水文资料分析，黄河11月至12月上旬为落水期，12月中旬至2月底为枯水期，12月下旬河道开始流冰。

从水文特性看，截流时段选在落水期末、凌汛开始之前为宜。但从上游围堰施工工期紧迫性和围堰渡汛重要性考虑，截流时段应尽量提前。为争取工期，招标阶段将截流时间定为11月1日～5日进行。

截流流量标准按相应时段10年一遇标准设计，相应流量为1820m^3/s。为改善截流条件，合龙时利用三门峡水库（18亿m^3防凌库容）进行调节，要求三门峡按两个时段分别下泄流量400m^3/s（1天）、200m^3/s（1天），加上三小间10%频率的来水流量143m^3/s，截流设计流量为543～343m^3/s。

2. 截流龙口设计

（1）截流方式及截流戗堤。根据河床地形地质条件，右侧为深槽，左侧有宽约150m的基岩平台，上覆砂卵石层较薄（5～8m）；右岸地形开阔，截流施工道路与截流材料堆存场地易于布置，且土、石料场均在右岸，因此，拟定采用自右岸至左岸单戗堤立堵的截流方式。截流戗堤为围堰组成部分，布设在围堰背水侧。戗堤轴线与围堰轴线平行，轴线长350m。戗堤顶高程按挡闭气施工时河道流量543m^3/s相应水位设计，由右岸非龙口段152m高程降至143m高程。戗堤断面为梯形，上游坡1∶1.3，下游坡1∶1.5，龙口段堤顶宽32m，可满足4～5部45～65t自卸汽车在堤头同时抛投进占。

（2）龙口护底及裹头设计。截流时龙口最大平均流速5.19m/s，大于河床砂卵石层的抗冲流速，为避免河床冲刷和减少抛投料物损失，需对龙口护底和作左侧裹头。龙口护底范围长100m，宽80m，护底厚度1～1.5m，沿戗堤轴线30m范围内采用1m×1m×4m铅丝笼护底，其余范围采用直径0.5～1.0m的块石护底。左岸裹头是稳定左戗堤的必要措施，采用块石装铅丝笼护砌，厚1m，从河床底沿端坡护至140m高程。

（三）小浪底工程截流施工

1. 截流前具备的工程形象

（1）1996年12月31日前，将上游拦洪围堰右岸滩区部分填筑至设计高程185m，在145m高程处留出250m宽的缺口。

（2）1997年10月1日前，完成龙口护底工作。

（3）1997年10月28日前，将右岸枯水围堰修筑到152m高程，并在右岸留下112m宽的缺口，同时右岸滩区主坝也填筑至185m高程。

（4）1997年10月28日前，完成3条导流洞和3个导流塔以及1号、2号消力塘的施工，并将进口9个进水塔浇筑至195m高程以上。

（5）1997年10月28日前，完成进口引水渠和出口泄水渠的开挖、护岸和所有围堰的拆除工作。

2. 截流围堰非龙口段进占　截流围堰右岸非龙口段计划从1997年9月15日至10月31日进占，束窄口门宽度至112m后停止进占。非龙口段抛投材料主要为石渣，堤头上游挑角处抛投大块石。140m高程以下采用水中抛填，140m高程以上采用分层碾压。非龙口段抛投总量21.52万m^3，其中石渣9.01万m^3，砂卵石4.46万m^3，土料8.05万m^3，平均填筑强度1.0万m^3/d。

3. 截流实施情况　截流龙口进占从1997年10月26日下午16点开始，此时河床龙口宽度为106m，戗堤顶部高程为140m。截流期间由于黄河中下游流域没有出现降雨，因此三门峡水库很容易地调控下泄流量，截流流量基本上在132～190m^3/s之间波动。

1997年10月28日凌晨2时，当进占至龙口宽度13.8m时，实测龙口处最大流速4.8m/s，相应落差2.28m，此时龙口过流量为62m^3/s，导流洞分流量为118m^3/s。至6时30分，龙口处流速4.16m/s，出现最大落差为3.58m。至10月28日上午10时28分，戗堤顺利合龙，截流成功，历时42.5h。截流进占期间最大抛投强度3574m^3/h，平均强度2377m^3/h，龙口段各类填料共计9.27万m^3。

总的来说，截流期间龙口处流量不是很大，但落差和流速均已达到或接近设计值。截流时实际龙口位置较原设计左移了30m，由于龙口设于左岸开挖出来的基岩平台上，虽然抛投的石块粒径超过了试验和计算要求，但没有出现龙口底部冲刷及大石块被冲走而进占困难的情况。

截流期间实际配备挖装机械9台，其中10.3m^3的液压正铲3台、5.1m^3的2台，10.7m^3的轮式装载机3台，5.9m^3的1台；自卸汽车65t的33辆，36t的9辆；推土机3台；振动碾1台。

（小浪底工程咨询有限公司　李其友　丁学斌）

二滩水电站工程进展情况

二滩水电站位于四川省攀枝花市米易县和盐边县

境内雅砻江下游河段上，距攀枝花市46km。水电站是以发电为主的综合利用水利枢纽。水库正常水位高程1200m，总库容58亿m^3。电站安装6台单机55万kW的水轮发电机组，总装机容量330万kW，多年平均发电量170亿kW·h。

电站的主要建筑物包括：高240m，坝顶弧长775m的溢流式双曲拱坝，该坝坝高在同类坝型中居亚洲第一，世界第三；6条直径9m的压力引水管道和长280.3m，宽25.5m，高63.9m的地下厂房以及主变压器室、尾水调压室、尾水洞、母线洞和进厂交通洞等地下洞室群；右岸2条断面13m×13.5m，长度分别为881m和1218m的泄洪洞；左岸1条宽15m、高7m长1819m的过木隧洞，安装1台纵向联合运输机，年过木能力为60万m^3；电站采用五回500kV出线，经地面开关站进入四川电网。

*二滩水电站工程静态总投资*105亿元人民币，其中内资63亿元人民币，外资7.77亿美元（1991年价格水平），计入价差预备费和建设期还贷利息后工程总投资为210.7亿元人民币，其中内资163亿元人民币，外资8.76亿美元。主体工程土石方明挖815万m^3，洞挖337万m^3，混凝土浇筑593万m^3（其中大坝混凝土浇筑415万m^3）。国家计委1995年上半年对二滩项目进行了概算核查，核查结果总投资为330亿元人民币，其中内资243亿元，外资9.3亿美元。根据国家计委最近安排，目前正在进行二滩项目的概算核定工作。截至1997年底，电站工程已完成内资129.36亿元人民币，外资8.99亿美元，主体工程完成土石方明挖902.8万m^3，洞挖333.0万m^3，混凝土浇筑528.0万m^3。

*二滩水电站建设工期*105个月，每一台机组投产工期86个月。工程建设的主要里程碑：1987年9月前期工程动工，1991年9月主体工程正式开工，1993年11月26日比合同工期提前14天完成了河床截流，1997年11月4日导流洞下闸，实现大坝导流底孔过流。计划于1998年5月水库下闸蓄水，1998年7月第一台机组试运行，10月投入商业运行，以后每4个月投产一台机组，2000年全部竣工。

二滩项目土建工程分两个标，大坝工程标（Ⅰ标）和地下厂房标（Ⅱ标），Ⅰ标承包商是以意大利英波吉洛公司为责任方的中意二滩联营体，Ⅱ标承包商是以德国菲力普·霍尔兹曼公司为责任方的中德二滩联营体。目前工程进展顺利，大坝正值混凝土浇筑高峰期，地下厂房系统及泄洪洞开挖全部完成，机电设备制造和供货按计划进行，机电设备和金属结构设备安装已全面展开，施工进度基本上按合同工期要求进行。整个工程质量控制良好。工程实施静态控制、动态管理的方法使投资得到了有效控制。

工程最关键的拱坝混凝土浇筑，自1995年2月23日开始浇第一块混凝土，浇筑强度逐月提高，1996年第4季度，月平均浇筑强度达15.22万m^3，日高峰产量6666.5m^3，1996年12月份月高峰浇筑16.36万m^3，创国内大坝混凝土月浇筑量的最高水平。至1997年底，完成大坝混凝土浇筑366.72万m^3，完成设计量的88.4%。坝体已平均浇至1175m高程（坝顶高程1205m）。大坝接缝灌浆紧跟坝体上升，其上升速度创造了国内新记录，在世界上也位居前列。接缝灌浆至1121m高程，封拱高度达156m。水垫塘及二道坝已全部竣工，满足了1997年11月份二次导流的要求。

电站6条压力引水隧洞土建和钢衬安装已于1996年5月全部完工，至1997年底，进水口主体混凝土浇筑已经全部完成。

至1997年底地下厂房系统开挖已全部完成，地下主厂房除1号和2号机二期混凝土外土建工作基本完成，安装间已投入使用。第一、二副厂房的土建施工也已基本完成，母线洞、6条尾水管的土建和肘管及锥管安装、1号尾水洞混凝土衬砌全部完成，2号尾水洞除预留堵头段外混凝土浇筑现已全部完成，2号调压室的混凝土浇筑全部完成，1号调压室完成85%。

至1997年底主变压器室的土建工作和轨道安装基本完成，4台主变压器已经就位。由主变压器室通往开关站的电缆斜井也已经完成，500kV GIS楼土建工程全部完成。

至1997年底，1号和2号泄洪洞的开挖和支护除挑流鼻坎段外全部完成，进口混凝土浇筑完成8.83万m^3，完成92.6%，洞身段混凝土全部完成，完成出口段的开挖和部分挑流鼻坎混凝土的浇筑。

位于左岸的过木机洞洞身段、出口引桥段、尾桥段现已完工，进口段混凝土完成97.3%。

与土建工程建设的同时，机电设备和金属结构设备安装也全面展开，现已完成6号至3号机蜗壳安装以及二期混凝土浇筑和2号、1号机蜗壳安装。6号水轮机安装完毕，发电机定子下线已经完成，转子叠片完成50%，转轮与大轴联轴已吊入机坑。5号机组定子叠片已经结束，已吊入机坑并完成了定子磁化试验。5号至2号机蜗壳均通过了1.5倍的设计动水压力即3.46MPa的水压试验。GIS安装完毕，500kV干式电缆已经敷设7根。

1997年是金属结构设备安装高峰年，共计安装7688t（总量为13700t）。至1997年底，已完成大坝坝体中、底孔门槽埋件安装，底孔闸门已经就位，中孔弧形闸门具备安装条件。厂房进水口6台机组的工作门槽全部安装完毕，正进行顶部门机、检修门槽和拦污栅槽金属构件的安装、尾水洞和导流洞的闸门安装已完成。6号至3号尾水门槽安装完毕。

二滩工程的主要机电设备均进行国际招标，至

1997年底已完成12个国际合同的签约，包括水轮机、调速器及其附属设备和发电机、励磁机及其附属设备（由加拿大GE公司中标制造），计算机控制系统（由德国ABB公司中标制造），发电机断路器［由ABB高压技术公司（瑞士）中标制造］，主变压器和500kV GIS（由日本住友商社/三菱电机中标制造），500kV电缆（由法国雪力克电缆工业公司中标制造），以及泄洪洞液压启闭机、高落差电梯和闸门自润滑轴承等。12个国际合同总额20146万美元和26523万元人民币的配套内资。

金属结构设备采购合同已在1995年签订，合同总价15286万元，总重1.37万t。1996年完成过木机设备和其他设备采购21880万元。至1997年底已基本完成金属结构设备的采购工作。

目前国内外设备的供货基本按合同要求实施。

在主体工程抓紧建设的同时，移民搬迁工作也全面展开。1997年是二滩工程移民工作关键的1年，按省移民办和攀枝花市政府要求，7月1日盐边县城的搬迁工作全面展开，至1997年底基本完成了搬迁工作，其他专项设施建设也已基本完成。

二滩工程建设质量是好的，世行特咨团的评价是："二滩大坝质量至今控制很好，各方面都满足设计上技术规范要求"。1996年6月，电力部派专家组对二滩水电工程质量进行全面检查后的评价是："从工程总的情况可以看出，混凝土施工质量优于开挖质量，混凝土内部和外观质量都非常令人满意，是国内已建工程中所未能达到的；二滩工程中多处高边坡开挖和大洞室地下开挖中，虽多处岩爆，但并未发生严重影响质量的事故"。"二滩电站的模板设计、制作、安装都是非常标准、规格化的，技术是先进的。坝体、接缝灌浆和坝体冷却技术较先进，值得借鉴和总结推广"。

（二滩水电开发有限责任公司 孙春杰）

二滩水电站河床截流

雅砻江是金沙江的一条支流，二滩水电站位于雅砻江上，距河口约22km，距攀枝花市中心约46km。电站枢纽主要由高240m的双曲拱坝、装机6×55万kW的地下厂房发电系统、2条泄洪洞和1条过木机道组成。为使拱坝在干地施工，在业主提供左、右岸导流洞的情况下（洞身衬后断面均为17.5m×23.0m城门洞形），由以意大利英波吉洛为责任公司的二滩联营体（EJV）实现河床截流、设计、完建河床围堰；河床截流于1993年12月10日前完成。

截流工作包括拆除为导流洞施工而兴建的4座导流洞进、出口浆砌石围堰。

（一）二滩联营体（EJV）截流设计

上游围堰座落在15～30m厚的卵砾层和紧密粉质粘土层上；下游围堰基础覆盖层厚20～40m，结构层次与上堰类同，唯粉质粘土层更厚。上、下游围堰间距约940m；相应枯期水位落差约6m。雅砻江自11月起即进入稳定退水期。12月上旬10年一遇旬平均流量为960m³/s。

EJV在投标时曾推荐采用三戗堤立堵方案。开工后，EJV一方面进行截流模型试验，另一方面建造用于运渣和截流的围堰桥。至1993年4月，EJV最终提出平、立堵综合截流方案。具体做法是先从桥上平抛块石护底，然后从2号戗堤立堵预进占保护桥墩，形成宽度为80m的龙口，待导流洞分流后再从桥上连续抛料直至合龙；作为辅助措施，下游围堰3号戗堤滞后4天进占，适当分担落差。参见上游围堰与截流戗堤示意图，图中1.5号戗堤是实施过程中增加的，它们之间的间距分别是106m、81m，下游围堰3号戗堤远离2号戗堤约880m。

EJV参照伊兹巴什《截流水力学》进行平堵水力计算。计算流量选用1000～1500m³/s。通过模型试验复核，EJV选用中值粒径为0.7m的抛投料，最大粒径为1.15m，估计2号戗堤抛投总量55000m³。计划抛投8天（12月2日～9日），每日抛投17～18h，平均抛投强度约为400m³/h。因抛投料在围堰桥附近，运输设备使用4辆IVECO330.36型20t侧卸车（另有1台备用），两岸各配1台装载机即能满足抛投强度要求。

工程师对此进行了审查，认为截流方案是可行的。但3号戗堤位置太远，地质条件也差，应作调整；围堰桥桥面宽6m，桥上不能错车，400m³/h设计强度难以保证；同时提醒EJV应准备适量的特殊抛投料物等等。

（二）二滩联营体（EJV）截流施工

如果将1993年9月19日从桥上开始抛投作为起始截流日期，1993年11月26日1.5号戗堤合龙作为截流完成日期，则截流工期是69天。

围堰（钢）桥联接了左、右岸（高程1030m）低线公路；左岸低线公路通过围堰交通洞经金龙沟临时堆石料场可至阿布朗沟弃渣场，该弃渣场存有足够数量的抛投料和超径大石；二滩沟临时堆石料场位在右岸低线公路边；左、右岸截流公路（高程1020m）分别与左、右岸低线公路相连。

由于两导流洞移交EJV的时间拖后，EJV要求提前拆除高约19m的两座进口围堰和高约25m的两座出口围堰，1993年10月6日工程师向EJV下达与河水退水相适应的拆除具体指示。至10月底，进口留下高约7m、底宽约9m的堰体，出口留下高约13m、底宽约11m的堰体。

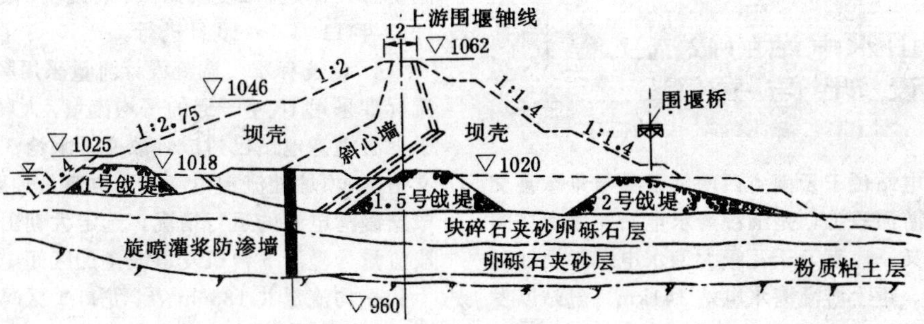

上游围堰与截流戗堤示意图

为干净地拆除导流洞进、出口残留堰体，EJV 首先在两进口围堰上游分别修建子堰；然后在干地用钻爆法拆除进口残留堰体；其后分别向洞内充水至下游水位高程，在静水中用钻爆法拆除出口残留堰体；最后留下子堰以待分流，子堰堰顶高程 1019～1020m。

在平、立堵综合截流方案实施过程中，EJV 首先放弃了 3 号戗堤进占，出现如下过程：

(1) 2 号戗堤断续平、立堵，形成第一次分流前龙口。自 1993 年 9 月 19 日开始抛投，至 1993 年 11 月 12 日龙口宽度缩窄到 58m，戗堤上下游水位落差约 2.3m；当时来流量约为 1440m³/s。此后加大了桥上抛投料粒径（中值粒径为 0.8～0.9m），至 11 月 21 日右岸导流洞分流前夕上游水位壅高至 1018m 高程；龙口落差增至 3.0m，龙口下游表面最大流速达 8.3m/s，估计龙口水下堤顶高程 1012.7～1013.7m；当时来流量约为 1230m³/s。

(2)右岸导流洞分流。分流前夕剩余子堰顶顶宽约 5m。由于子堰大部分为块石填筑并形成骨架，EJV 采用 LIEBHERR R984 装载机装渣、自卸汽车出渣，实际开挖约至 1014m 高程。21 日下午 5 时 15 分开始分流，在边挖边冲的情况下 24h 后上游水位下降了 1.24m；估计分流流量为 500～550m³/s，2 号戗堤龙口表面平均流速约 6.1m/s，最大流速约 7.1m/s；当时来流量约为 1210m³/s。

(3)利用 1 号戗堤改善左岸导流洞进水条件。1993 年 11 月 22 日 1 号戗堤用大料从左岸进占。11 月 25 日左岸进占 27m 即停；右岸 1 号戗堤用 0.8m 大料进占数米即停，旨在保护堰踵。

(4) 2 号戗堤断续平、立堵，形成第二次分流前龙口。1993 年 11 月 22 日 2 号戗堤龙口缩窄到 50m。桥上抛投改用 3 辆翻斗加长的 25t 自卸汽车，抛投强度约 110m³/h。上游水位渐渐壅高，至 11 月 25 日左岸导流洞分流前接近 1018m 高程；龙口落差约 3.8m，龙口下游平均流速约 6.2m/s，龙口下游表面最大流速约 7.1m/s；当时来流量约为 1120m³/s。11 月 26 日上午桥上抛投强度降到 65m³/h，下午停抛。

(5)1.5 号戗堤的出现。EJV 为尽早形成 1020m 高程围堰防渗施工平台，11 月 23 日下午 1.5 号戗堤开始进占；在 2 号戗堤保护下以小料立堵进占顺利。24 日左、右岸截流公路在 1.5 号戗堤处被加宽，同时左岸 1.5 号戗堤进占了 16m。25 日抛投料中值粒径为 0.5～0.6m，强度约 500m³/h，至下午 8 时左、右岸 1.5 号戗堤分别进占 30m，留下约 50m 的龙口。此时，现场显示在 2 号戗堤保护下用 1.5 号戗堤立堵合龙最为有利。

(6) EJV 修改合龙方案。1993 年 11 月 25 日下午 6 时 EJV 向业主和工程师表示将修改合龙方案、计划于 28 日合龙；他们当即表示赞同。

(7)左岸导流洞分流。分流前夕剩余子堰顶顶宽约 3m。1993 年 11 月 26 日上午 EJV 开始用 CAT2458 挖掘机装渣、自卸汽车出渣拆除；9 时 47 分子堰开口自溃，不到一小时剩余子堰溃完待尽，上游水位骤降 1.35m；估计左、右岸导流洞各分流 300m³/s、450 m³/s，龙口流量约 350m³/s（含渗流）；当时来流量约为 1110m³/s。由于龙口流量减少使得 2 号戗堤龙口右侧岩块露顶，合龙即在当日。

(8) 1.5 号戗堤快速进占，立堵合龙成功。1993 年 11 月 26 日上午 11 时，1.5 号戗堤龙口宽约 40m。下午集中 21 辆自卸汽车、1 台 CAT D8N 推土机和 1 台 CAT D7H 推土机，两岸同时进占；总抛投强度达 600m³/h，抛投块石粒径多在 1m 以上，大者超过 3m；3 时 25 分第一人越过龙口，合龙成功。

合龙时来流量约为 1090m³/s。估计左洞分流 440m³/s，右洞分流 600m³/s，戗堤渗透 50m³/s。测得 1.5 号戗堤上游水位 1017.94m，1.5 号戗堤和 2 号戗堤分别承担落差为 2.77m 和 2.17m，即总落差 4.94m。测得 2 号戗堤龙口堤顶高程为 1015.3～1014.3m（1014.3m 系水下估计），高出河床 9～10m。龙口下游块石堆积长度约 80m，呈梯形，坡比约 1∶7；表面块石粒径一般大于 0.7m，大者 1.5m，个别超过 3m。

（成都勘测设计研究院　徐　铱）

大朝山水电站的截流工程设计与施工

大朝山水电站位于云南省西南部云县与景东县交界处澜沧江中游河段上，是继漫湾水电站建成后在澜沧江上开工的又一座百万千瓦级大型水电站。坝址距昆明市630km，距上游漫湾水电站141km。电站以发电为主，电站装机总容量为135万kW（单机容量为22.5万kW），多年平均发电量5931GWh，保证出力36.33万kW，年利用小时4394h。水库总库容9.4亿m^3；淹没耕地12385亩，迁移人口6100人。电站枢纽建筑物主要由拦河坝和右岸地下厂房系统组成。拦河坝为碾压混凝土重力坝，采用折线布置，坝顶长为460m，最大坝高约108m。河床中部为5个表孔溢流坝段，左岸为非溢流坝段，右岸为进水口坝段。另在表孔坝段两侧设有3个泄洪排沙底孔。地下厂房系统包括压力管道、主副厂房、主变压器室、尾水调压室和两条长尾水隧洞。

（一）大朝山截流设计特点

1. 导流工程布置　经1993年3月初设审查同意，大朝山水电站采用枯水期基坑施工，汛期基础过水的导流方式。枯水期左岸1条导流隧洞导流，基坑施工，汛期左岸1条导流洞和基坑联合过水的导流方案。主要临时导流建筑物有左岸1条导流隧洞、上游临时土石围堰、上游过水碾压混凝土拱围堰和下游过水土石围堰。

2. 截流工程布置　上游临时土石围堰挡水时段为1997年11月10日～1998年5月31日，用一个枯水期按该时段10年一遇洪水设计，洪水流量为$2680m^3/s$，堰顶高程840m，最大堰高28m，堰顶长154.8m。围堰上部高程840～832m，堰身采用粘土斜墙防渗，高程832m以下采用粘土心墙防渗，覆盖层采用高压喷射灌浆防渗。

截流戗堤布置在上游围堰轴线下16.9m处，与上游临时土石围堰相结合，顶高程829m，顶宽25m。

3. 截流时段的选择　根据大朝山水电站上游嘎旧水文站37年实测水文资料分析，11月、12月为汛后退水期，1月～3月为河水最枯期。从水文特性看，截流时段选在河水最枯期较为有利。但由于截流后第一个枯水期要完成上游临时土石围堰、上游碾压混凝土过水拱围堰、坝基开挖和下游过水土石围堰的施工。该期要完成的工程量大、工期紧，为了争取工期按时完成围堰施工和河床基坑开挖，并确保1998年安全渡汛，截流时间不宜太晚，应尽早进行，但截流时间愈早截流流量愈大，截流难度就愈大。经比较，截流时间选定在1997年11月5～10日进行。

4. 截流标准　截流设计流量采用频率法选择。截流标准采用10年一遇的平均流量。大朝山截流时，由于上游漫湾电站已建成，改变了澜沧江天然河道的水文情况，坝址处流量由漫湾发电流量加区间流量组成。根据漫湾电站的运行情况，选定大朝山截流预进占时段流量为漫湾5台机发电流量加区间10年一遇11月上旬平均流量共$1836m^3/s$；龙口Ⅰ区时段流量为漫湾2台机发电流量加区间10年一遇11月上旬平均流量共$873m^3/s$；龙口Ⅱ区流量为漫湾1台机发电下泄流量加区间10年一遇11月上旬平均流量共$552m^3/s$。

5. 截流方式　上游临时土石围堰轴线处河床为凹型，右岸地形较缓，并有5号、11号支线公路通过堰肩，交通方便，截流备料场地集中在右岸下游那戈河口和右岸上游A渣场。因此，经综合考虑现场的地形、地质条件，施工总布置的现状和有利于截流交通及指挥的顺利进行，最终确定截流方式采用从右岸至左岸单戗立堵的截流方式。

根据截流合龙设计流量$552m^3/s$和上游漫湾日调峰发电下泄流量的变化影响，并尽量减少截流合龙施工强度，确定截流戗堤顶高程为829m，戗堤顶宽25m，顶轴线长125m。截流戗堤部分在上游临时土石围堰内，预进占高程为829m。上游围堰截流前可预进占抛填，进占长度滞后截流戗堤进占长度10m。截流戗堤合龙后按漫湾1台机发电下泄流量加区间11月上旬10年一遇洪水流量$552m^3/s$，在合龙后12h内加高截流戗堤至高程832m，以确保围堰施工安全和上游漫湾电站的正常运行。

截流戗堤轴线中部河床覆盖层厚约13m。为减少龙口河床覆盖层冲刷和戗堤头部边坡坍塌，增加河床底部阻力，减少抛投块石的流失量，龙口采用钢筋笼护底，实际护底范围为截流戗堤轴线上12.5m至轴线下34m，厚1.2m。

（二）大朝山截流施工

1. 备料　截流戗堤设计工程量为5.60万m^3。龙口段备料系数取1.4，龙口护底备料系数取1.0，其余备料系数取1.2。各级备料情况：石渣12.2万m^3，中石$7700m^3$，大石$2400m^3$，钢筋石笼$7950m^3$，混凝土四面体（10t）120个。截流戗堤进占分区抛投工程量见表1。

2. 设备配置　根据设计计算，龙口段合龙抛投工程量2.538万m^3，考虑流失系数1.15为2.916万m^3，按设计抛投强度$1221m^3/h$，龙口合龙时间在24h内完成。截流设备共配置15～30t自卸汽车79辆，推土机6台，挖掘设备7台，汽车吊10辆，具体配置见表2。

表 1　　　　截流戗堤进占分区抛投工程量表

序号	分区		进占长度 (m)	抛投量 (万 m^3)	抛投料规格及工程量（万 m^3）				
					石 渣 <0.3m	中 石 0.3～0.6m	大 石 >1m	钢筋石笼	四面体 10t
1	左岸护岸		2.5	0.09			0.09		
2	龙口护底			0.134				0.134	
3	右岸预进占段		47.5	2.846	2.777	0.039		0.03	
4	龙口段		60～40	1.409	1.268			0.141	
			40～0	1.127	0.16	0.516	0.106	0.305	100 个
5	合 计			5.606	4.205	0.555	0.196	0.61	100 个
6	加高至 832m			0.86	0.86				
7	备 料			8.221	6.363	0.761	0.24	0.8919	120 个
8	备注：1）设计工程量中，未考虑流失量。 2）备料量：龙口护底及左岸护岸备料系数 1.0，预进占备料系数 1.2，龙口段备料系数 1.4。 3）另外六面体 20 个未计入工程量表中。								

表 2　　　　截流主要机械设备数量表

名称	型 号	台数	备 注	名称	型 号	台数	备 注
自卸汽车	3305B（32t）	20	运石渣、大石、中石、四面体	装挖设备	WA470 装载机	1	A 渣场
	3364	39	运石渣、大石、中石、钢筋笼		R988B 挖掘机	1	A 渣场
	奔驰 2628k	10	运钢筋笼、石渣		R982 挖掘机	3	A 渣场
	太脱拉 815	10	运石渣、中石		VH501 挖掘机	1	A 渣场
推土机	TY320	2	布置在戗堤上下游侧		川崎装载机	1	A 渣场
	D85	2	布置在 A 渣场集渣用	汽车吊	8t	1	16t 吊车专用于吊钢筋石笼
	TY220	1	布置在 A 渣场集渣用		25t	6	25t 吊车专用于吊钢筋石笼
	D80	1	布置在那戈河渣场		40t	3	40t 专用吊四面体、大石

3. 材料及抛投技术　根据水力学计算和水工模型试验成果，以及对抛投料的稳定要求，结合工地上大石仅备 2400m^3，截流特殊材料主要用 3m^3 钢筋石笼，和四面体（10t）。预进占材料采用开挖混合料。钢筋笼尺寸为 1.25m×1.2m×2m，钢筋石笼骨架用 ϕ14 钢筋 10 号铁丝网格编制。从实际施工看，采用 ϕ14 钢筋作骨架刚度偏小，易变形。

预进占段，戗堤超前堰体 10m，用混合料填筑。到达龙口宽 70m 时，流速增大，混合料未能在水口稳定，采用了上挑角单个钢筋石笼抛投。将钢筋石笼稳定在上游坡角，挑开水流，戗堤下游侧全面抛投石渣和块石。当由 70m 向 50m 推进时，实测最大流量 1260m^3/s，龙口最大流速 7.5m/s，进料以钢筋石笼、中石、四面体为主。上游挑角向上偏并降低入水高度，戗堤上挑角和下挑角突出进占，抛投体易于稳定，中间填筑石渣。上挑角用 4 个钢筋笼连在一起，推土机同时推 12 个钢筋笼石渣填筑。当到达龙口一区时，由于漫湾调控发电流量，导流洞分流能力加大，龙口流量、流速相应较 50～70m 预进占时的小。

4. 截流进占情况　截流预进占共分两阶段，从 1997 年 10 月 16 日开始到 11 月 2 日共进占 55m，并完成龙口护底工程。第二阶段为 11 月 6 日～8 日，共进占长度 20m，预留龙口宽度 50m，比原设计增加预进占长度 10m。通过第一、二阶段演习，检验了设备状况、水情测报、抛投强度、后勤服务、通信联络系统，一切正常。抛投强度最大达 1458m^3/h。

龙口段进占开始时间为 1997 年 11 月 9 日上午 11：00，龙口段总抛投方量 22508m^3，四面体 86 个。至 10 日上午 10：15 胜利实现合龙。根据水文实测资料统计，合龙时大朝山流量 618m^3/s，导流洞分流量为 577m^3/s，龙口最大落差 3.98m，流速 3.87m/s。

（云南大朝山水电有限责任公司　郭世明　黄国庆）

统 计

1995 年～1997 年全国 以上水电站

所在省、市、自治区 / 项目 / 电站名称	吉林省		
	两江水利枢纽		桑园水电站
建设地点、所在河流	安图县、二道江		福鼎市、赤溪
控制流域面积（km^2）	2970		142
多年平均流量（m^3/s）	38.3		5.86
坝型	混凝土面板堆石坝		浆砌石双曲拱坝
最大坝高/坝顶高程（m）	56.6/528.02		84.2/306.7
正常蓄水位/死水位（m）	545.00/526.06		300/260
总库容/调节库容（亿 m^3）	2.105/1.283		0.735/0.5227
设计/校核洪水标准 P（%）	1.0/0.05		2.0/0.2
设计/校核洪水流量（m^3/s）	2155/3541		2280/3390
主要泄洪设施 / 孔数－宽×高（m×m）	岸边溢洪道 / 2－9×8.5	泄洪洞（右岸） / 长 295m 8.8×8.8	坝顶溢流 / 8－8×12
隧洞长度/洞径（m）	1180.6/6.5		6011/3.8
厂房型式	地面式		地面式
厂房尺寸(长×宽×高)（m×m×m）	59.45×19.0×31.4		41.02×12.3×26.76
水头：最大/设计/最小（m）	70.1/60.7/48.4		271.87/225/208.92
主要机组型号	SF20—20/4250 HL_A296—LJ—200		HLD54—LJ—150 SF—J12.5—8/2840
机组台数×单机容量（万 kW）	3×2		3×1.25
装机容量（万 kW）	6		3.75
保证出力（万 kW） / 年发电量（亿 kW·h）	1.275 / 1.931		1.0815
综合利用	发电灌溉、防洪等		发电、灌溉、防洪、供水
淹没耕地（亩）/迁移人口（人）	3551/614		1174/1723
开挖土石方（万 m^3）	110.588		26.21
填筑土石方（万 m^3）	111.517		10.56
混凝土总量（万 m^3）	9.512		4
总投资（万元）	46340		19879
单位千瓦投资（元）	7723		5301
开工（停工/复工）年月	1992.5		1992.6
开始发电/全部投产年月	1997.12		1995.6/1996.6
设计单位	吉林省水利水电勘测设计研究院		福建省水利水电勘测设计院
施工单位	吉林省水电工程局水利水电第六工程局		宁德地区水电工程局等

资 料

新开工的 2.5 万 kW 主要指标表

福建省			
涌溪三级水电站	雍口水电站	孔头水电站	芹山水电站
德化县、涌溪	尤溪县、尤溪	将乐县、金溪	周宁县、穆阳溪
224	4830	5388	511
7.95	135	175	20.3
碾压混凝土重力坝	混凝土重力坝	混凝土重力坝	混凝土面板堆石坝
83/528.5	32.8/938	26/179.0	122/760
525/495	87.0/85.0	175.8/174.0	633/610
0.576/0.412	0.3535/0.0504	0.331/0.069	2.65/1.95
2.0/0.2	2.0/0.2	2.0/0.2	1.0/0.05
1180/1620	5900/8770	5780/9210	3310/5330
$\frac{\text{溢流坝}}{3-9\times10}$	$\frac{\text{溢洪道}}{4-15\times15}$	$\frac{\text{溢洪道}}{9-12.0\times12.5}$	$\frac{\text{溢洪道}}{2-12\times13}$
5028.44/3.5	—	—	445.08/5.5
地面式	河床式	河床式	地面式
50.8×17.1×30.5	$36.4\times\frac{19.0}{52.75}\times50.7$	66.2×29.4×43.7	46.2×16.4×35.7
214/170/160	23.0/19.5/8.8	15.3/12.5/3.59	121.5/95/69
HLA351—LJ—200 SF20—14/384	ZZ（KF15）—LH—445	ZZK1144Z—LH—450	HL（L24H039）—LJ—224.5
2×2.0	2×2.5	3×1.35	2×3.5
4.0	5	4.05	7.0
$\frac{0.9}{1.19}$	$\frac{0.87}{1.765}$	$\frac{0.9659}{1.71}$	$\frac{1.29}{1.45}$
以发电为主，兼防洪灌溉	发电	发电、航运、过木	发电
633.5/191	441/281	1701/1270	1199.1/1029
46.32	25.2	9.09	71.76
0.34	3.4	1.56	251.89
25.59	19.89	10.71	9.52
31630	26185	24514	69712
7907.5	5237	6053	9959
	1996.11	1996.11	1997.5
1996	1998.12	1998.10	1999.12
华东勘测设计研究院	福建省水利水电勘测设计院	福建省水利水电勘测设计院	福建省水利水电勘测设计院
水利水电第十四工程局等	闽江水电工程局	闽江水电工程局	水电第十二工程局

所在省、市、自治区 电站名称 项目	福建省		江西省
	棉花滩水电站	园坪水电站	大坳水利枢纽
建设地点、所在河流	永定县、汀江	屏南县、霍童溪	上饶市、信江支流
控制流域面积（km²）	7907		390
多年平均流量（m³/s）	232	25.7	17.4
坝型	碾压混凝土重力坝	浆砌石重力坝	混凝土面板堆石坝
最大坝高/坝顶高程（m）	111/179	42.6	89.7/221.2
正常蓄水位/死水位（m）	173/146	258.5/255	217/197
总库容/调节库容（亿m³）	20.35/11.22	0.0274/0.006	2.757/1.427
设计/校核洪水标准 P（%）	0.2/0.02	3.33/0.5	1.0/0.05
设计/校核洪水流量（m³/s）	12000/15500	2390/3390	1750/3536
主要泄洪设施 孔数－宽×高（m×m）	溢洪道 底孔 3－16×18.5 1－5×7.2	2－13×15	泄洪洞 直径5.5～7.0
隧洞长度/洞径（m）	297/7.5		254.44/5
厂房型式	地下式	地面式	引水式
厂房尺寸（长×宽×高）（m×m×m）	129.5×21.9×52.18	42×13×29.6	47.42×17.4×14.35
水头：最大/设计/最小（m）	101/87.6/68		80.66/69.6/60.05
主要机组型号	HLD41—LJ—440	HLA384—LJ—118 SF10—10/260	HLD74—LJ—180 SF—K—20—16/4000
机组台数×单机容量（万kW）	4×15	3×1	2×2
装机容量（万kW）	60	3	4
保证出力（万kW） 年发电量（亿kW·h）	8.8 15.2	0.6 1.2475	0.547 0.9082
综合利用	发电、防洪、灌溉	发电	灌溉、发电、防洪、供水等
淹没耕地（亩）/迁移人口（人）	31858/37558		5140/6633
开挖土石方（万m³）	173.12		78.9
填筑土石方（万m³）			147.74
混凝土总量（万m³）	90.7		7.41
总投资（万元）	515540	15700	33395
单位千瓦投资（元）	8592	5233	8348.75
开工（停工/复工）年月	1997.12	1997	1995.10
开始发电/全部投产年月	2000.12/2002.12		
设计单位	上海勘测设计研究院	福建省水利水电设计院	江西省水利规划设计院
施工单位	闽江水电工程局		

续表

湖 北 省		湖 南 省	
小溪口水电站	高坝洲水电站	凌津滩水电站	珠矶滩水电站
建始县、马水河	枝城市、清江	桃源县、沅水	耒阳市、耒水
766	15650	85800	9642
29.4	436	2090	268
混凝土面板堆石坝	混凝土重力坝	重力坝、堆石渣坝	闸坝
67.3/542.2	57/83	52.05/65.5	19.5/90
538.0/524.0	80/28	51.0/49.1	84.5/84
0.644/0.29	4.3/0.54	6.34/0.55	0.8966/
2.0/0.1	1.0/0.1	1.0/0.1	2.0/0.2
2520/3640	17240/24070	45855/52428	6910/9650
岸边溢洪道 2-12×14.5	深孔　表孔 3-9×9.86-6×14	开敞式泄洪闸 14-18	 22-10×8
107.56/4.6			
引水式	河床式	河床式	引水式
41.9×15.5×52.29	124×19	180×88.65×52.05	43.3×16.5×43.2
59.6/47.8/44.6	40/32.5（额定）/22.3	8.5（额定）转轮直径 6	10.8/7/6
HLD41—LJ—180 SF10—20/3250	ZZD32B—LH—580 SF84—48/8900	GZ—WP—620 SFWG34—68/630	GZTF074—WP—430 SFWG12—48/4250
3×1	3×8.4	4×3	3×1.2
3	25.2	27	3.6
$\frac{0.44}{1.01}$	$\frac{6.15}{8.98}$	$\frac{5.66}{12.15}$	$\frac{0.45}{1.6245}$
发电	发电、航运、养殖等	发电为主、兼航运	发电、航运
517.8/230	15633/15174	6358.5/2211	2121/299
51.2599	227	138.47	197.94
81.82	100	37.9	10.2
6.9	95	85.35	20.01
19000（静态 15000）	300000	339300	32000（静态）
6333	11905	12566	8889
1996.9	1997.4	1994.10	1997.9
1999.5/1999.12	1998/2001	1998/2000	
湖北省水利水电勘测设计院	长江水利委员会	中南勘测设计研究院	湖南省水利水电勘测设计总院
葛洲坝水电工程集团公司一公司	葛洲坝水电工程集团公司	水利水电第八工程局	水利水电第八工程局

所在省、市、自治区	广西壮族自治区		
项目 \ 电站名称	浮石水电站	左江水电站	京南水电站
建设地点、所在河流	融安县、融江	崇左县、左江	苍梧县、桂江
控制流域面积（km^2）	21870	26506	17388
多年平均流量（m^3/s）	618	565	551
坝型	闸坝	混凝土重力坝	混凝土重力坝
最大坝高/坝顶高程（m）	28.9/123.9	33.0/123.0	36.0/41.0
正常蓄水位/死水位（m）	113.0/110.2	108.5/107.0	30.0/29.0
总库容/调节库容（亿 m^3）	4.5/0.47	/0.53	2.72/0.111
设计/校核洪水标准 P（%）	2.0/0.2	2.0/0.2	2.0/0.2
设计/校核洪水流量（m^3/s）	17400/22900	12880/17760	19000/27000
主要泄洪设施 / 孔数－宽×高（m×m）	坝顶溢流 / 18－14×12.5	闸坝 / 12－14×12.5	溢流坝 / 16－14×12.5
隧洞长度/洞径（m）			
厂房型式	河床式	河床式	河床式
厂房尺寸（长×宽×高）（m×m×m）	72×18.5×58.6	91×59.65×51.0	41.65×30×33.8
水头：最大/设计/最小（m）	13.46/8.7/3.0	16.5/13.5/6.0	14.0/11.0/5.0
主要机组型号	GZ990—WP—550 SFG18—68/6200	ZZ580—LH—550 SF24—60/8500	贯流式机组
机组台数×单机容量（万 kW）	3×1.8	3×2.4	2×3.45
装机容量（万 kW）	5.4	7.2	6.9
保证出力（万 kW） / 年发电量（亿 kW·h）	1.27 / 2.88	1.57 / 3.57	1.03 / 2.88
综合利用	发电、航运、灌溉	发电、航运、灌溉	发电、航运、灌溉
淹没耕地（亩）/迁移人口（人）	987/1099	1895/307	1069/615
开挖土石方（万 m^3）	37.37	119.01	116.69
填筑土石方（万 m^3）	13.43	22.74	63.2
混凝土总量（万 m^3）	14.9	10.16	28.73
总投资（万元）			79500
单位千瓦投资（元）			
开工（停工/复工）年月	1992.9	1992.12	1993.9
开始发电/全部投产年月			1997.6/
设计单位	柳州水利水电设计院	南宁水利电力设计院	广西水利电力设计院
施工单位		葛洲坝水电工程集团公司等	

续表

云南省		
老虎山水电站	柴石滩水电站	徐村水电站
双柏县、鱼庄河	宜良县、南盘江	漾濞县、漾濞江中段
27.32	4645	9295
1.06	48.4	127
粘土心墙堆石坝	混凝土面板堆石坝	粘土心墙堆石坝
53/2373	101.8/1648.8	67/1310
2370/2340	1640.4/1605	1306/1296
0.3227/0.2758	4.37/2.55	0.7167/0.239
2.0/0.1	0.2/0.05+10	2.0/0.1
365/625	3390/4660	2260/3910
开敞式溢洪道 3-3.3×3	开敞式溢洪道 2-12×13.5	左、右岸泄洪洞 2-8×10.5
1493.147/2.2×（2.8～3.6）	524.5/5.5	1210.688/9.6
地面式	地面式	地面式
32×13×21.9/40×14.5×24.1	44×16×24	22.2×20.9×37.9
202.3/194/1923/452/439/437.6	81/66/42	59.28/45/42.74
HL110—LJ—88 SF6000—6/2600 CJA461—L—190/2×16.5 SF12.5—14/3300	HLA384—LJ—215 SF20—22/4250	HL（L193751）—LJ—270 SF26—25/6000
2×0.6+2×1.25	3×2	3×2.6
3.7	6	7.8
1.789 1.706	1.14 2.61	2.3994 3.3927
灌溉、发电	灌溉、防洪、发电	发电
208/0	4192/3074	557/366
37.31	117	168.1
3.11	229.62	72.5
4.2	11.03	21.34
10049.81	227.37	56400
2716.17	3790	7231
1995.5	1996.4	1996.11
1998.5/1999.1	1999.7	1999.10
昆明勘测设计研究院	云南省水利水电设计研究院	昆明勘测设计研究院
大理州水电工程总公司	水电第十四工程局	水电第十四工程局

所在省、市、自治区	四川省		
项目 \ 电站名称	沙牌水电站	波萝水电站	金华电航桥工程
建设地点、所在河流	汶川县、岷江	马边县、马边河	射洪县、涪江
控制流域面积（km^2）	239.2	469	17894
多年平均流量（m^3/s）	7.77	17.4	372
坝型	沥青混凝土斜墙堆石坝	闸坝	闸坝
最大坝高/坝顶高程（m）	125/1869	31/1091.05	24/360
正常蓄水位/死水位（m）	1866/1830	1090/1078.8	353/
总库容/调节库容（亿 m^3）	0.18/0.134	0.0026/0.0021	0.752/0.34
设计/校核洪水标准 P（%）	2.0/0.1	2.0/0.2	2.0/0.2
设计/校核洪水流量（m^3/s）	239/466	1140/1550	19700/27300
主要泄洪设施 孔数－宽×高（m×m）	岸边溢洪道底孔 2－8×6	胸墙式 3－7×8	 17－12×13.5
隧洞长度/洞径（m）	3210/3	3592.3/2.8	—
厂房型式	岸边露天式	地面式	河床式
厂房尺寸（长×宽×高）（m×m×m）	21.7×14.8×24.5	38.31×15×29.14	85×68.7×48.5
水头：最大/设计/最小（m）	282.9/256/228.2	272/247/235	14.3/12.5/7.0
主要机组型号	HL100—LJ—130 TS260/116—8	HLD54—LJ—165 F20—10/3250	ZZ560A—LH—450 SF14—52/725
机组台数×单机容量（万 kW）	2×1.5	2×2	3×1.4
装机容量（万 kW）	3	4	4.2
保证出力（万 kW） 年发电量（亿 kW·h）	0.88 1.47	1.1574 2.29	0.851 2.107
综合利用	发电	发电	发电、航运、灌溉、防洪
淹没耕地（亩）/迁移人口（人）	320/118	30/30	1688/2160
开挖土石方（万 m^3）	47.24	23.97	314
填筑土石方（万 m^3）	166	2.72	140
混凝土总量（万 m^3）	3.55	9.9	20.39
总投资（万元）	5904.33	24476.44	47910.63，电站 30384.46
单位千瓦投资（元）	1968	6119	7234.4
开工（停工/复工）年月	1995.10	1996.10	1996.11
开始发电/全部投产年月	1999.5/2001.2	1998.6/1999.1	1998.10/1999.10
设计单位	成都勘测设计研究院	成都勘测设计研究院	四川省水利水电勘测设计院
施工单位	武警部队水电一总队， 水电第七、八工程局	水电第七工程局	水电第八工程局

注 1. 凡 1995 年以前开工的项目未在本年鉴第四卷列入的补在第五卷内。

2. 本资料是根据部分省（市）水利水电厅（局）上报材料编制而成的。

续表

甘 肃 省	新 疆 自 治 区	
大 峡	乌鲁瓦提水利枢纽	“635”水利枢纽工程
白银市、黄河	和田县、喀拉喀什河	福梅县额尔齐斯河
227798	19983	16000
1037	69.4	107
混凝土重力坝	混凝土面板堆石坝	粘性墙砂砾管坝
72/1482	135/1965.8	73/650
1480/1477.8	1962.0/1924.0	645/632
0.9/0.55	3.4/2.245	2.82/1.29
1.0/0.1	1.0/0.1	1.0/0.05
6500/8350	1600/2062	2341/3360
岸边溢洪道 3—11×12（出口） 坝身 2—6×8	泄洪洞 1—5.5×6 溢洪道 2—10×8	泄洪洞 1—8.0×8.0 溢洪道 3—16×4.5
	301.46/6.0	237/5.5
河床式	地面式	地面式
150.5×24.5×74.5	65.1×15.0×29.4	62.7×14.5×27.5
123/	106/70/59	52/45/39
ZZ（F23）LH—700 SF—75—68/11350	HLD41—LJ—160 SF15—14/395	HLA551—LJ—155 SF8—16/325
4×7.5+1×2.45	4×1.5	4×0.8
32.45	6	3.2
$\frac{14.3}{15.58}$	$\frac{1.65}{2.8}$	$\frac{0.68}{1.25}$
发电为主、兼灌溉	灌溉、发电	灌溉、供水、发电
4026/0		15700（包括草场）
273.31	277	150.02
65.46	677	457.97
50.88	26.4	15.95
约 240000	144300	53970
约 7360	24050	16866
1995.10.15	1995.10	1997
1996.12/1998.3 季度	2000.10/2001（计划）	
西北勘测设计研究院	新疆水利水电勘测设计院	新疆水利水电勘测设计院
水电第三工程局	陕西省水利水电工程局	新疆水利水电工程局

（中国水利水电工程总公司 邹恩玉）

1995年～1997年全国已建成的大型

项目	东风	岩滩	漫湾
建设地点、所在河流	贵州清镇黔西鸭池河	广西大化县红水河	云南云县景在澜沧江
控制流域面积（km^2）	18161	106580	114500
多年平均流量（m^3/s）	345	1770	1230
坝型	混凝土双曲拱坝	混凝土重力坝	混凝土重力坝
最大坝高/坝顶高程（m）	162/978	110/233	132/1002
正常蓄水位/死水位（m）	970/936	223/204	994/982
总库容/调节库容（亿 m^3）	10.25/4.9	33.5/15.6	9.2/2.57
设计/校核洪水标准 P（%）	1/0.1	0.1/0.02	0.1/
设计/校核洪水流量（m^3/s）	11000/14400	30500/34800	18500/22300
主要泄洪设施 孔数－宽×高（m×m）	表孔 3－11×8.5 中孔 1－3.5×4.5 2－5×6	表孔 7－15×21 底孔 1－5×8	表孔 5－13×20 左岸泄洪洞 1－12×15.5 左岸泄水底孔 2－5×8
隧洞长度/洞径（m）			
厂房型式	地下式	坝后式	坝后式
厂房尺寸（长×宽×高）（m×m×m）	106×21.7×48	200×60×72.36	195×34.5×59.9
水头：最大/设计/最小（m）	132/117/95	68.3/59.4/37	100/89/69
主要机组型号	HLTF12—410 SF170—32/8940	HLA286a—LJ—800 SF302.5—80/17000	HLD85—LJ—550 SF250—48/12200
机组台数×单机容量（万 kW）	3×17	4×30.25	5×25
装机容量（万 kW）	51	121	125（一期）
保证出力（万 kW） 年发电量（亿 kW·h）	11.0 24.2	24.5 56.6	35.5 63.03（一期）
开发目标	发电	发电、航运	发电
淹没耕地（亩）/迁移人口（人）	8454/8018	47139/36435	4670/3042
开挖土石方（万 m^3）	310.2	1017.31	358.5
填筑土石方（万 m^3）	11	234.87	104.65
混凝土总量（万 m^3）	135.2	342.47	237.35
总投资（万元）	179878	356300	352800
单位千瓦投资（元）	3527	2945	2822
开工（停工/复工）年月	1984.11	1985.3	1986.5
开始发电/全部投产年月日	1994.10.23/1995.12.29	1992.9.16/1995.6.30	1993.6.30/1995.6.25
设计单位	中南勘测设计研究院	广西电力局勘测设计院	昆明勘测设计研究院
施工单位	水电第九工程局	广西水电式程局、 葛洲坝集团	水电第三、八、十四工程局、 葛洲坝集团水电工程公司

及部分中型水电站主要竣工资料表

水　口	五强溪	青　溪	大广坝
福建闽清县闽江	湖南沅陵县沅水	广东大埔县汀江	海南东方县昌化江
52438	83800	9157	3498
1728	2040	260	96.6
混凝土重力坝	混凝土重力坝	混凝土重力坝	河床碾压混凝土坝
101/74	85.8/117.5	51/78	57/144
65/55	108/90	73/69	140/116
23.4/8.4	42.9/20.2	0.847/0.173	17.1/13.1
0.1/0.01	0.1/0.01	1.0/0.2	0.1/0.01
43600/51800	55900/67300	10090/12720	31800/42700
表孔 12—15×22 底孔 2—5×8	表孔 9—19×23 中孔 1—9×12 底孔 5—3.5×7	表孔 5—14×18	表孔 16—16×14.5
坝后式	坝后式	河床式	坝后式
304.2×34.5×68.2	251.1×36.5×68	74×20×20.7	87×14×37.5
57.8/47/30.9	60.9/44.5/37.4	25/20.5/10	87.4/73/62.9
ZZA315—LJ—800 SF200—56/11950	HL—LJ—830 SF240—88/17290	ZZ500—LH—500 SF36—48/8540	HL258—LJ—31 SF60—28/6400
7×20	5×24	4×3.6	4×6
140	120	14.4	24
$\frac{26}{49.5}$	$\frac{25.5}{53.7}$	$\frac{1.191}{3.729}$	$\frac{3.4}{5.2}$
发电、航运	发电、航运	发电	发电、灌溉
43665/67239	46085/115600	1663/4554	28265/18564
881.79	2234	250	166（主体）
280	168	38	800（主体）
348	406.6	37	90（主体）
571000	628200	49753	162800
4079	5235	3455	6783
1987.3	1988.10	1987.8	1990.6
1993.8.1/1996.11.29	1994.12.25/1990.12.21	1993.1.3/1994.5	1994.6.6/1995.4.28
华东勘测设计研究院	贵阳勘测设计研究院	广东水利水电勘测设计研究院	中南勘测设计研究院
土建：中日华田联营体，机电安装：水电第四工程局	水电第七、八工程局	广东省水电工程局、水电第三工程局	葛洲坝集团公司

续表

项目	太平驿	十三陵抽水蓄能	东西关
建设地点、所在河流	四川汶川岷江	北京昌平温榆河（下库）	四川武胜县嘉陵江
控制流域面积（km^2）	19920	223（下库）	77299
多年平均流量（m^3/s）	366	3100万m^3 （下库多年平均径流量）	879
坝型	开敞式闸坝	钢筋混凝土面板堆石坝(上库)	闸坝式
最大坝高/坝顶高程（m）	22.5/1082.5	70/568（上库） 29/103（下库）	43.2/261.5
正常蓄水位/死水位（m）	1081.0/1076	566/531（上库） 40/381（下库）	248.5/241
总库容/调节库容（亿m^3）	0.0075/	0.0445/0.0381（上库） 0.81/0.0334（下库）	1.65/1.22
设计/校核洪水标准 P（%）	2/0.2	1/0.1（下库）	2/0.2
设计/校核洪水流量（m^3/s）	3330/5240	2200/3200（下库）	30500/41700
主要泄洪设施 孔数－宽×高（m×m）	泄洪闸4－12×6 冲砂闸1－12×4	岸边溢洪道1－14 泄水洞（直径）1×136 （长）（下库）	泄洪排砂闸 9－14×31.2
隧洞长度/洞径（m）	10497/9（引水洞）	1号388/5.2 2号399/5.2	
厂房型式	地下式	地下式	河床式
厂房尺寸（长×宽×高）（m×m×m）	110.7×19.7×41.9	145×23×46.0	92×60×51.33
水头：最大/设计/最小（m）	130/108/108	477.1/430/416.3	24.3/17/9.33
主要机组型号	HLTF13—LJ—290 SF65—24/6440	水泵490.5/438.4 混流水泵水轮机立轴 三向同步发电机	ZZ560—LH—640 SF23—56/9068
机组台数×单机容量（万kW）	4×6.5	4×20	4×4.5
装机容量（万kW）	26	80	18
保证出力（万kW） 年发电量（亿kW·h）	10.5 17.2	年发电量12.46 年抽水用电量16.69	5.21 9.55
开发目标	发电、漂木	发电	发电、航运
淹没耕地（亩）/迁移人口（人）	34/73	50/37	4606/259
开挖土石方（万m^3）	222（主体）	530	489.47（主体）
填筑土石方（万m^3）	17（主体）	312	
混凝土总量（万m^3）	59（主体）	33	86.89（主体）
总投资（万元）	168841	283900（人民币） 128亿日元（上报数）	167700（1994.3定）
单位千瓦投资（元）	6494	3424	10422
开工（停工/复工）年月	1991.7	1992.9	1992.8
开始发电/全部投产年月日	1994.11.10/1996.2.3	1995.12.23/1997.6	1995.11.6/1996.12.15
设计单位	成都勘测设计研究院	北京勘测设计研究院	成都勘测设计研究院
施工单位	水电第七、十工程局、铁道部隧道局、十八工程局	水电第一、五、六工程局	水电第七工程局

注 本资料由各建设单位工程介绍编制而成的。

（中国水利水电工程总公司 许松林）

小水电与
农村电气化

6

综　述

"八五"期间全国水利系统水电建设情况及"九五"展望

一、"八五"期间水利系统水电建设情况

全国水利系统水电建设在"八五"期间取得了巨大成绩，进入了一个全面发展的新阶段。

（一）全面完成了第二批200个农村水电初级电气化县的建设任务

经国务院批准的"八五"期间建设200个初级电气化县的工作，经过5年的努力，有209个县达标并超额完成了国务院下达的任务。这209个县通过电气化建设，共新增水电装机容量237万kW，年用电量由96.27亿kW·h增长到213.25亿kW·h，增长122%，人均年用电量达到302kW·h，户均年生活用电量达到279kW·h，乡通电率达98.3%，户通电率达96.6%，解决了7000万人口的用电问题。通过治水办电，增加灌溉面积165万亩，解决了1091万群众饮水困难。电气化建设，以水促农，以电促工，极大地推动了广大山区经济发展和精神文明建设。

（二）农村水电建设上了一个新台阶

"八五"期间，全国农村水电累计投入资金421亿元，新投产装机容量658.86万kW（包括配套火电装机容量92.43万kW），5年增长43.5%，全国1995年底水利水电装机容量达2264.42万kW；新建10kV以上高压线路18.1万km，35kV及110kV变电站1383座，变电容量1291.2万kVA。在建水利水电装机容量达1000多万kW，其中，中小型水电700多万kW。

农村水电电网发展迅速，规模不断扩大，全国形成跨县的区域性电网43个，规模最大的广西梧州电网装机容量已达33.4万kW。湖南怀化与贵州铜仁，四川黔江、万县与湖北鄂西还实现了跨省联网。

1995年全国农村水电售电总收入为169.52亿元，年利润总额为15.45亿元，上交国家税收13.58亿元，已成为水利行业的一大支柱产业。"八五"期间，水利水电的建设规模、投产容量以及经济效益都是建国以来最好的。

（三）农村水电行业改革逐步深入

随着国家经济体制改革的深入进行，农村水电深化改革，加强管理，取得了显著成效。在建项目推行了法人负责制、招投标制和监理制；对老企业进行了固定资产清理和评估。新建立股份制企业369家，股份合作制企业744家。贯彻《企业法》、《全民所有制工业企业转换经营机制条例》，完善领导体制，推行内部三大制度改革，加强企业管理。全国水利系统成立流域滚动开发经济实体70多个。水电价格的改革有了突破性进展，农村水电供电区平均售电价从1990年的0.12元/kW·h提高到1995年的0.235元/kW·h。

（四）利用外资和对外工作有新的突破

随着农村水电价格提高，外商十分关注对农村水电的投资，几年来有30个项目采取独资、合资、BOT、贷款等方式进行建设，引进资金达6.7亿美元。

联合国开发计划署、工发组织、教科文组织、中国水利部、中国对外贸易经济合作部、五大洲区域能源中心及七国集团、国际能源组织等22家机构和组织共同创议的联合国国际小水电中心，已于1994年12月在杭州正式成立，有近40余个国家参加了这个组织，成为我国境内第一个与联合国机构合办的旨在加速发展中国家农村水电及经济发展的专业性国际协调管理机构，为我国小水电跨出国门，走向世界，创造了更加有利的条件。

几年来，我国向30多个国家出口小水电设备150多台（套）。其中30多个电站为交钥匙工程，创汇2亿多美元。1995年12月，中国与巴西签署了小水电合作议定书，巴西将学习中国的经验和技术，开发本国的小水电。

（五）管理水平不断提高

随着一批有调节性能的水利水电工程的兴建和地区性电网的发展，以及依靠科技进步和科学管理、挖潜改造，农村水电发电设备的利用小时数得到了很大提高，1995年全国农村水电发电设备的平均利用小时达3387h，比1990年提高了269h，电网的综合网损率为10.35%，比1990年下降了5个百分点。

我们积极推广了一大批新技术、新设备、新材料、新工艺，加快了农村水电和电气化建设的步伐，取得了很好的经济和社会效益。

（六）精神文明建设成效显著

"八五"期间，水利水电系统广大职工认真学习《邓小平文选》（第三卷），坚持用邓小平同志建设有中国特色的社会主义理论武装党员干部和广大职工。"解

放思想、实事求是"、"发展水电、造福山区人民"已成为加快农村水电改革和发展的强大精神动力。

二、"九五"期间水利系统水电奋斗目标

大力发展农村水电，搞好初级电气化县建设，为广大山区到2000年基本消除贫困现象，人民生活达到小康水平，实现第二步战略部署创造良好的条件。

(1) 继续实施农村水电"123扶贫工程"。"九五"期间要再建成第三批300个农村水电初级电气化县，到2000年，加上第一、二批，共建成农村水电初级电气化县600个以上；建成一批农村水电初级电气化地区（州、市）。

(2) 实现水利系统新增水电装机容量1000万kW。到2000年水利系统水电装机容量将达到3000多万kW，年发电量达到1000亿kW·h。小浪底、万家寨、江垭、飞来峡等一批具有综合利用效益的大型水利水电项目建成投产发电。积极推广按"流域、梯级、综合、滚动"开发；在农村水电供电区内要集中力量建设一批有调节能力的中型骨干水电站；在有条件的区域电网内，要适当修建一些抽水蓄能电站以解决洪枯差、峰谷差的矛盾。

(3) 继续加强农村水电供电区内的电网建设，完善县电网，积极发展区域电网。到2000年，全国农村水电供电区35kV以上输电线路达到16万km，35kV以上变电容量达到4600万kVA；区域电网联网县将达到350个。

(4) 农村水电供电区内要基本消灭无电乡，使绝大部分无电村用上电，解决2100万无电农村人口的用电问题。在深山区要积极推广微型水电解决无电问题。

(5) 要加大电站电网技术改造力度。大力推广高效水轮机转轮，改造一批老机组。加强电网改造，把网损率降到8%左右。积极推广节能型配变电、用电设备，提高农村电网自动化水平。

（水利部水电及农村电气化司　邢援越）

1995年～1997年全国小水电发展概况

一、全国小水电装机增长

1995年～1997年全国小水电新增装机容量450万kW，与1992年～1994年新增装机容量192.43万kW相比增加了250万kW，增幅达140%。至1997年底，全国累计小水电装机达到2052万kW，小水电装机超过100万kW的省由7个增加到8个，其中广东269万kW，四川260万kW，福建225万kW，湖南180万kW，云南168万kW，广西122万kW，湖北122万kW，浙江122万kW。1997年末小水电发电量达683亿kW·h，其中超过30亿kW·h的有：四川105亿kW·h，广东93亿kW·h，福建80亿kW·h，湖南66亿kW·h，云南65亿kW·h，广西49亿kW·h，湖北32亿kW·h等7个省、区。小水电发电设备年利用小时数也有所增长，全国平均为3441h，其中四川最高为4500h。

二、重视流域、梯级、滚动、综合开发

过去我国小水电开发多为径流式、以单站开发为主，随着小水电供电为主的电网的不断发展，丰枯矛盾也很突出，为了解决这一矛盾，近10年来各地都特别重视有调节能力的电站，尤其是"龙头"水库电站的建设。1995年邹家华副总理提出水电要实行流域、梯级、滚动、综合开发，发挥流域的整体综合效益。近几年各地相继成立了许多跨行政区域的流域开发公司，这些公司都按照规范化的程序组建，各利益主体以股份联系在一起，以流域内水资源的整体开发为重点，从组建开始就具有强大的生命力。水利部与湖南省共同组建的澧水流域开发公司就是其中的一个。

三、投资体制改革取得进展

过去小水电的建设大多实行项目指挥部的形式，责权利的关系不明确，产权不清晰，导致项目建设与管理脱节和国有资产易于流失，建设质量不高。近几年全国普遍推行了项目法人负责制、招标投标制、监理制，小水电的建设走上了正规化的道路。由于实行了"三制"，项目建设的速度、质量、建设与管理的衔接都比过去要好。

四、利用外资水平提高

近几年在小水电建设中利用外资越来越多，形式也多种多样。据统计，1995～1997年全国小水电建设利用外资达20亿元，利用外资最多的是福建6.6亿元，云南2.8亿元，辽宁3.7亿元。利用外资的形式有项目融资、与外商合作开发、中外合资（有一些是外商控股）、BOT等，另外还出现了外商购买国内现成电站进行经营，在若干年后再移交的TOT形式，扩大了小水电的资金渠道。

利用外资增多主要是因为我国的法制建设不断完善，投资环境不断改善，另外也是由于小水电作为清洁可再生能源，越来越受到投资者的青睐。为了扩大小水电利用外资，各地都相继出台了许多优惠政策，确保了投资者的合法收益。

（水利部水电及农村电气化司　邢援越）

第二批农村水电初级电气化县建设完成情况及基本经验

(一)第二批农村水电初级电气化县建设取得巨大成绩

1. 超额完成第二批农村水电初级电气化县建设任务　"八五"期间，共有209个县达到了水利部颁发的《小水电供电区农村初级电气化验收标准》的要求，成为初级农村电气化县，超额完成了国务院下达的建设任务。

2. 第二批农村水电初级电气化县电力建设情况　到"八五"期末，第二批农村水电初级电气化县，装机容量已达533.81万kW，其中水电装机容量465.37万kW；110kV线路6100km，35kV线路2.78万km，10kV线路20.17万km，低压线路42.53万km；110kV变电所157处387.46万kVA，35kV变电所1306处619.90万kVA，配电变压器151143台1156.45万kVA。

1995年，第二批农村水电初级电气化县，年发电量达183.34亿kW·h，其中水力发电量163.90亿kW·h；电网年供电量达273.90亿kW·h，年售电量达249.29亿kW·h。

1995年，第二批农村水电初级电气化县，年用电量为214.12亿kW·h，人均年用电量为304kW·h，户均年生活用电量为277kW·h，户通电率达到96.55%。

(二)第二批农村水电初级电气化县建设的主要经验

第二批农村水电初级电气化县建设，在取得巨大成绩的同时，也积累了丰富的经验，概括起来，主要有以下几点：

1. 加强领导，健全机构，是电气化建设取得成效的关键　国务院领导多次强调，要加强对电气化县建设工作的领导，多方支持，把电气化建设作为促进山区脱贫致富、发展经济的大事来抓。因此，从中央到省、地、县各级领导，对农村电气化工作都给予了高度重视；各级计划、电力、财政、银行、税务、物价等部门都给予了大力支持。很多省、自治区成立了由主要领导亲自挂帅的电气化领导小组，各县、乡政府也都成立了由主要领导负责的电气化领导小组和精干的工作班子，形成了省、地、县、乡四级强有力的电气化建设组织机构和体系，从而在组织上保证了电气化县建设的顺利实施。

2. 自力更生，多方筹资，是电气化建设顺利实施的基本保证　第二批电气化县建设，采取地方自力更生为主，国家给予适当补贴的办法，各地采取多种方式，多渠道、多层次筹集电气化建设资金。在5年建设期间，累计投入资金近140亿元，其中县自筹近69亿元，用于电源建设94亿元，用于电网建设近39亿元，其他项目建设近7亿元。

(1)各电气化县，无论财政多么困难，每年总是想方设法安排一部分资金，投到电气化建设项目上来。

(2)采取多种形式，多元化集资办电。

股份制电站已在各地大量出现。为满足电气化建设需要，各地打破了区域之间、行业之间、部门之间和所有制之间的封闭界限，采取多种方式，筹集建设资金。

发行建设债券，筹集建设资金。

积极引进外资，实行独资或合资办电。

积极动员广大干部群众，进行有偿集资，用于电气化县建设。

实行"谁受益、谁投资"的方法筹集资金。许多县对10kV以下线路的建设与改造，采取由受益各乡(镇)、村、组及群众自行解决，县里给予适当补助的方式，使县里统一掌握的资金能用于电气化建设的关键项目上去，以保证重点项目的顺利建设。

此外，各地为筹集资金，还根据自身情况，采取了许多其他方法，如征收电力建设基金、发动社会各界捐款、预先出售用电权、以资代劳、以劳代资等。

3. 统一认识，落实政策，是完成农村电气化建设的首要条件　农村电气化不是水利(水电)部门一家能完成的事业，需要动员各行各业关心支持，需要领导班子统一认识，将电气化建设作为"振兴本地经济、脱贫致富的突破口，为人民办实事、好事"的一件大事来抓，这是事关电气化建设成败的首要条件。李鹏总理亲自主持制定的农村水电电气化建设要实行"自建，自管，自用"、"以电养电"、"自定电价"、"小水电要有自己的供电区"、"实行发供用电统一的管理体制"、"大网扶持小网"等一系列方针政策，各地都十分重视落实。

4. 积极引进、消化、吸收国内外先进适用技术，加强人才培养，加快了农村水电及电气化建设的步伐　过去10年中，我们积极推广应用了一大批新技术、新设备、新材料、新工艺，取得了良好效果。占地面积少、运行维修费用低、建设时间短的35kW"四合一"小型化模式变电站已被采用，部分35kV变电站已成为无人值班变电站；在第一、二批电气化县中，大部分县电网已采用了微机调度，部分县还实现了"四遥"，大大提高了电网的自动化水平和供电的可靠性、安全性，降低了电网损耗；新型、高效转轮在许多电站得到采用，提高了水轮机的效率和出力；碾压混凝土坝、沥青心墙坝、面板堆石坝、异步发电机技术等已在中小水电站建设中得到了应用，节省了资金，加快了建设步伐。先进适用技术的采用，促进了农村科学技术的进步，加快了农村水电和电气化建设的步伐，取得了很好的经济和社会效益。

同时，我们还大大加强了农村水电行业职工的培训教育工作，提高了人员素质。一是积极与各大专院校联系，为农村电气化县定向培养了一批学生，同时把一大批在职干部、技术人员送到各院校进行培训；二是各地根据各自的情况，有针对性地在本地举办了多种形式的培训班；三是水利部根据改革、发展中出现的新情况、新问题，及时组织有关人员调查、学习、研讨，以适应新形势的要求。通过这些途径，使行业职工素质有了较大程度的提高，有力地推进了农村水电及电气化建设的进程。

5. 不断深化农村水电改革，加强管理，是促进农村水电及电气化建设的重要因素　随着国家经济体制改革的深入进行，农村水电系统不断深化改革，加强管理，取得了显著成效。电气化县在建设上普遍重视推行业主负责制、招标投标制和监理制；重视电源和电网同步建设、电力工程和用电工程协调发展，不少省区在巩固发展县电网的基础上，积极发展跨县区域电网，一些地方还实行跨地区、按流域联合开发中小水电。

“八五”期间，农村水电企业，在转换经营机制，建立现代企业制度方面作了大量有益的尝试，积累了不少经验。目前全国农村水电企业实行股份制、股份合作制的已达765家。过去10年，农村水电企业，积极贯彻《企业法》、《全民所有制工业企业转换经营机制条例》，完善领导体制，推行内部三大制度改革，推进技术进步，加强企业管理，自我积累、自我发展的能力得到加强，有力地推动了农村水电及电气化事业的发展。

（水利部水电及农村电气化司　栾加林）

全国第二批农村水电初级电气化县209个县名单

四川省（27个）

雅安市　米易县　南川县　西昌市　射洪县
武隆县　铜梁县　泸定县　德昌县　平武县
康定县　理　县　夹江县　邛崃县　屏山县
犍为县　大竹县　崇州市　高　县　名山县
汉源县　蓬安县　潼南县　宣汉县
石柱土家族自治县　秀山土家族苗族自治县
金口河市

福建省（22个）

建阳县　长泰县　顺昌县　永定县　大田县
明溪县　武平县　政和县　柘荣县　周宁县
松溪县　罗源县　将乐县　清流县　泰宁县
寿宁县　永泰县　宁德市　华安县　安溪县
上杭县　武夷山市

广西壮族自治区（22个）

蒙山县　上思县　河池市　凌云县　全州县
兴安县　资源县　宁明县　南丹县　崇左县
鹿寨县　百色市　柳城县　合山市　容　县
苍梧县　融安县　藤　县　龙胜各族自治县
富川瑶族自治县　三江侗族自治县
隆林各族自治县

湖南省（20个）

吉首市　花垣县　泸溪县　资兴市　衡东县
会同县　怀化市　宜章县　永兴县　凤凰县
古丈县　东安县　龙山县　祁阳县　保靖县
洞口县　汝城县　辰溪县　永顺县
靖州苗族侗族自治县

云南省（19个）

保山市　富民县　罗平县　梁河县　瑞丽市
石屏县　盈江县　陇川县　华坪县　剑川县
屏边苗族自治县　思茅市　弥勒县　师宗县
施甸县　绥江县　景洪市　河口瑶族自治县
丽江纳西族自治县

江西省（16个）

铜鼓县　永丰县　资溪县　宁冈县　崇义县
定南县　上犹县　万安县　广昌县　寻乌县
安福县　黎川县　铅山县　玉山县　武宁县
萍乡市芦溪区

浙江省（15个）

遂昌县　磐安县　安吉县　东阳市　丽水市
临海市　台州市黄岩区　常山县　永嘉县
文成县　青田县　松阳县　苍南县　平阳县
开化县

湖北省（15个）

恩施市　房　县　郧　县　鹤峰县　秭归县
竹溪县　英山县　宜昌县　枝城市　来凤县
利川市　巴东县　丹江口市　神农架林区
五峰土家族自治县

广东省（10个）

信宜县　新兴县　始兴县　南雄县　乐昌县
翁源县　德庆县　怀集县　连南瑶族自治县
连山壮族瑶族自治县

贵州省（7个）

铜仁市　施秉县　罗甸县　瓮安县　江口县
兴义市　关岭布依族苗族自治县

吉林省（6个）

通化县　集安市　临江市　汪清县　靖宇县
敦化市

新疆维吾尔自治区（5个）

泽普县　温宿县　富蕴县　新源县　吉木萨尔县

陕西省（5个）

镇安县　陇　县　淳化县　宁陕县　彬　县

甘肃省（5个）

永昌县　敦煌市　和政县　夏河县　嘉峪关市

青海省（3个）

祁连县　格尔木市　德令哈市

安徽省（2个）

黄山市黄山区　岳西县

辽宁省（2个）

本溪满族自治县　清原满族自治县

黑龙江省（2个）

黑河市爱辉区　呼玛县

河南省（1个）

卢氏县

内蒙古自治区（1个）

乌审旗

山西省（1个）

沁水县

河北省（1个）

易　县

海南省（1个）

白沙黎族自治县

新疆生产建设兵团（1个）

博尔塔拉垦区

（水利部水电及农村电气化司　栾加林）

第三批农村水电初级电气化县建设实施情况

1996年，国务院办公厅以《国务院办公厅关于建设第三批农村水电初级电气化县有关问题的通知》(国办通［1996］2号)，批复在"九五"期间继续开展第三批农村水电初级电气化县建设。5月21日至23日，水利部、国家计委在北京联合召开了全国农村水电暨第三批初级电气化县建设工作会议，第三批电气化县建设工作全面启动。

一、全国农村水电暨第三批初级电气化县建设工作会议情况

1996年5月21日至23日，水利部、国家计委联合在北京召开了全国农村水电暨第三批初级电气化县建设工作会议，国务院副总理姜春云到会并作了重要讲话。水利部副部长张春园同志主持了会议。国务院办公厅、国家计委、财政部、国家经贸委、国家民委、国家科委、农业部、林业部、电力部、机械部、国家环保局、国家统计局、中国建设银行、中国农业银行等有关部门的同志，有关省计划、财政、银行、水利（水电）部门和第二、三批电气化县的代表共计200余人参加了会议。张春园副部长在会上作了《统一认识，齐心协力，为夺取"九五"农村水电暨电气化县建设新的胜利而奋斗》的报告。

5月22日，国务院总理李鹏，副总理邹家华、姜春云，国务委员陈俊生、罗干等领导同志在人民大会堂亲切接见了出席会议的代表，李鹏总理作了重要讲话，对过去10年电气化建设的成就给予充分肯定，对"九五"第三批电气化建设提出了殷切希望。

二、两年来第三批农村水电初级电气化县建设概况

(1) 基本情况。到1997年底，第三批农村水电初级电气化县，总面积201万km^2，302个县（市、区）中，面积超过10000km^2的县有19个；耕地面积837.26万hm^2，其中灌溉面积415.68万hm^2。共有6252个乡、91341个村、2954万户，总计1.19亿人口，其中人口在100万以上的县有19个，在50万～100万的县有62个，在10万～50万的县有173个，10万以下的县有48个。1997年这些县财政收入共214亿元，其中财政收入低于5000万元的县171个（有43个县低于1000万元），在5000万元～1亿元（不含1亿元）的县有66个，1亿～2亿元（不含2亿元）的县48个，2亿元以上的县有17个；农民人均纯收入在500元以下的有17个县，最低的为318元，在500～1000元之间的县有89个，1000～2000元的县有129个，2000元以上的县有67个。有132个县为被列入"国家八七扶贫攻坚计划"。

(2) 电气化建设情况。1996、1997两年间，电气化建设共投入资金73.7亿元，其中用于电源建设50.6亿元，电网建设20.2亿元，其他项目建设2.9亿元。有20个县投入超过1亿元，投入在5000万～1亿元的县有31个，1000万～5000万元的县有132个，1000万元以下的县有119个。累计新增装机容量97.2万kW，约占水利系统同期新增装机容量的24%。在建装机规模127万kW，其中在建规模在1万kW以上的县有38个，在5000～1万kW之间的县有39个，在1000～5000kW之间的县有71个，在1000kW以下的县有154个；新增110kV变电站47座、容量180万kVA，线路2317km；新增35kV变电电站185座、容量90.2万kVA，线路3660km；新增配电变压器容量135.6万kVA，10kV以下线路新增71479km。

到1997年底，第三批电气化县，拥有装机容量505.2万kW，占水利系统总装机容量的19%，其中装

机在5万kW以上的县有22个，1万～5万kW的县有133个，1万kW以下的县有147个。拥有110kV变电站205座、容量600万kVA，线路15800多km；35kV变电站1436座、容量700万kVA，线路32000多km；配电变压器1360多万kVA，10kV及以下线路117万多km。

1997年，第三批电气化县，年发电量达到156.4亿kW·h，占全国水利系统总发电量的18%，有42个县年发电量在1亿kW·h以上。年用电量221.1亿kW·h，有63个县年用电量在1亿kW·h以上。

(3) 电气化主要指标情况。到1997年底，第三批电气化县，人均年用电量达到186kW·h。人均年用电量在200kW·h以上的县有123个，在100～200kW·h之间的县有138个，在100kW·h以下的县有41个。户均年生活用电量为201kW·h，户均年生活用电量在200kW·h以上的县有133个，在100～200kW·h之间的县有133个，在100kW·h以下的县有36个。有6125乡、86254村、2630万户通了电，乡、村、户通电率分别达到了98%、94.4%、89.1%。已有264个县实现了乡乡通电，安徽、福建、广东、广西、贵州、河北、河南、湖北、湖南、吉林、江西、辽宁、内蒙古、山西、云南等15个省（区）的所有电气化县均已实现乡乡通电；有114个县实现了村村通电，其中安徽、福建、辽宁3省所有电气化县均实现了村村通电；户通电率在90%以上的县有153个，其中有13个县消灭了无电户，在70%～90%之间的县有106个，70%以下的县有43个。

两年来，通过电气化建设，使78个无电乡通了电，解决了587万无电人口的用电问题。福建的连江、古田、漳平、新罗区、建宁、宁化，湖北的宣恩，湖南的通道、新宁、桑植，四川的茂县、南坪，重庆的奉节等13个县通过了正式验收。四川的遂宁市中区、郫县通过了预验收。还有51个县人均用电量、户均生活用电量、户通电率这三项主要指标均已达到验收标准，有望在1998年验收。

到1997年底，第三批电气化县还有127个无电乡、5000多个无电村、约323万无电户计1100万无电人口需要通过电气化建设解决用电问题。

三、第三批电气化县建设的经验

(1) 领导重视，班子健全，认识明确。全国农村水电工作会议之后，各省相继召开了本省农村电气化建设工作会议，传达贯彻全国农村水电工作会议精神，部署“九五”建设任务。大部分省都成立了电气化建设领导小组，由省长或主管副省长任组长，各有关部门的领导参加，领导小组下设农村电气化建设办公室。有17个省以省政府名义出台了关于加快电气化建设的决定。水利部水电司与建设任务较重的陕西、甘肃、新疆、四川、贵州、云南、重庆7个省（市、区）主管电气化建设工作的厅领导一起，专题讨论电气化建设工作。这些省（市、区）共有电气化县172个，占电气化县总数的56%，其中国家级贫困县94个，占贫困县总数的71%。通过专题讨论，明确了这些省的工作重点，推动了建设工作。

所有电气化县都成立了电气化建设领导小组，由县长或主管副县长任组长，并成立办公室，专门负责电气化建设工作，从人员、组织上保证电气化建设的顺利进行。

各级领导和广大干部群众，充分认识到第三批电气化县建设是中西部开发的一个重大举措，是贯彻落实党中央、国务院提出的到本世纪末基本消除贫困现象，实现地区经济协调发展的一个重要内容，把电气化建设作为促进山区脱贫致富的政治任务来抓。广大群众也从第一、二批电气化县建设的实践中，亲眼看到了电气化建设给贫困山区带来的巨大变化，积极投入到电气化建设中去，为第三批电气化县建设创造了良好的环境。

(2) 贯彻落实国务院有关方针政策，坚持“地方自筹为主，中央适当补助”的政策，加大投入力度。两年投入资金73.7亿元，其中中央资金4.5亿元，仅占6.1%，地方补助6.6亿元，占8.9%，银行贷款34.1亿元，占46.3%，县自筹资金28.5亿元，占38.7%。电气化建设充分体现了“地方自筹为主，中央适当补助”的政策。

为保证电气化县建设的顺利进行，许多省还出台了不少政策，以增加投入。如广东省明确每年投入1.47亿元用于小水电建设，山西省决定5年内对4个电气化县投入6500万元，江西省决定“九五”期间对装机容量5000kW以上的中、小水电工程安排工程总投资10%的拨改贷投资。四川省决定，从1997年到2000年省财政小水电周转金每年安排2000万元、省计委每年安排1000万元用于电气化建设；云南省决定，从1995年开始，“九五”期间每年省财政拿出2000万元用于第三批电气化建设。这些措施，将会有力地促进电气化建设进程。

(3) 按照实现两个根本性转变的要求，积极贯彻水利部党组“关于水利系统水电改革与发展思路”，努力推进水电行业的结构调整，按现代企业制度要求规范水电企业。

第三批电气化县建设一开始，各省就非常重视通过电气化建设来促进水利系统水电行业的结构调整工作。在项目建设中坚持项目法人责任制、招标投标制、资本金制度，组建符合现代企业制度要求的股份公司来承建电站，实行立项、筹资、建设、经营、还贷一条龙，使农村水电及电气化建设能适应社会主义市场经济的要求。另外，各省、地、县在确定达标项目时，还十分重视通过电气化建设促进跨行政区域、跨部门、跨行业的联合和区域电网的建设，有许多项目由省、地、县联合开发，减少了项目建设过程中资金短缺的危险，保证项目能按计划进行，促进了水电企业的重组和联合，使区域电网规模逐渐加大，有利于提高经济效益，保证供电质量，减少建设投资，加快工程进度，打破了过去“县为实体”的框框，进一步促进“地市为主，县为单元”与“联合开发，产权清晰，集团经营，合同调度，分级（分层）管理”格局的形成。

部党组水利系统水电改革与发展思路出台后，各省、县积极贯彻落实，把电气化建设与贯彻思路结合起来。安徽、湖南、湖北等省的部分电气化县明确了水利主管部门为国有水利资产的出资人，为加快电气化建设创造了条件。

（4）加强交流，相互促进。1997年，水利部水电司组织了电气化建设检查和互查活动，以交流各地建设经验，相互学习，相互借鉴。根据各省电气化实际情况，安排福建、广东、吉林、辽宁、黑龙江、河北、内蒙古及新疆生产建设兵团进行电气化自查，写出自查总结。其余15个省分成5个小组进行互查。1997年底在云南召开了电气化县建设座谈会，各省水利（水电）厅负责电气化建设工作的领导参加了会议，5个典型单位的代表在会上发言介绍了他们的建设经验，收到了很好的效果。

（5）骨干项目动手早。到1997年底，80%以上的骨干电源项目都已开工。还建立了电气化快报季度，每季度填写电气化建设情况，为及时掌握建设进度创造了条件。

（6）加强了替补县工作。为保证第三批电气化县建设任务的完成，各省已确定了39个替补县，以确保300个县建设任务的顺利完成。

（水利部水电及农村电气化司　栾加林）

全国农村水电暨第三批初级电气化县建设工作会议召开

由国家计委、水利部联合组织的“全国农村水电暨第三批初级电气化县建设工作会议”于1996年5月21日～23日在北京召开。参加会议的有来自部分电气化县及有关地、市政府的领导，各有关省区计划、财政、银行、水利水电部门的代表，以及国务院各有关部门的代表近200人。此外列席代表400人。大会由水利部张春园副部长主持，国务院副总理姜春云、副秘书长刘济民以及国务院各有关部门的领导出席了会议。姜春云副总理做了重要讲话。

姜春云副总理在讲话中指出，农村水电电气化县建设是一项治本的扶贫工程。10年来，完成了318个农村水电电气化县建设，全国农村水电装机容量、发电量都翻了一番多，使9300万山区人口用上了电。农村水电电气化建设10年成绩巨大，是党中央和国务院为广大贫困山区办的一件大好事、大实事。

姜副总理强调，国务院批准在“九五”期间再建设300个农村水电初级电气化县，我们必须奋发努力，确保如期完成任务。主要应当抓好以下几个方面的工作。首先要统一思想，提高认识。建设好第三批电气化县是贯彻落实中央提出的在本世纪末实现基本消除贫困现象、人民生活达到小康水平、促进地区间经济协调发展的一项重要举措。其次要加强领导，落实责任。各有关省、自治区要列入领导的议事日程，专门研究，作出部署，并有一位领导同志来负责这项工作。第三要发动群众，依靠群众。第四要多渠道增加投入。兴办农村水电及电气化，要坚持地方为主、国家扶持为辅的原则。

5月22日下午3时许，国务院总理李鹏，副总理邹家华、姜春云，国务委员陈俊生、罗干等在京的国务院领导在人民大会堂亲切接见了出席全国农村水电暨第三批初级电气化县建设工作会议的全体代表，并作了重要指示。

李鹏总理在讲话时指出：

党中央、国务院对小水电的建设很重视。今天，我和邹家华、姜春云副总理，陈俊生、罗干国务委员等在家的国务院领导都来了，表示我们对小水电事业的重视。从实施农村水电初级电气化试点县开始，已经10年了。这10年，建成了318个初级电气化县，增加水电装机容量1140多万kW，解决了近1亿农村人口的用电问题，成绩很大。

我是农村水电电气化县建设的发起人之一，对情况多少有一些了解。回想起来，这个工作开始的时候困难是很多的，但是由于中央制定了正确的方针，就是“自建、自管、自用”，小水电要有自己的供电区，以及和大电网密切合作，依靠群众的自力更生、艰苦奋斗和地方的投入、中央的扶持，再加上银行的贷款，小水电滚动发展起来了。发展小水电，建设农村电气化对于许多有水电资源的山区，特别是贫困地区来讲，作用是非常大的，它不仅有效地利用了水力资源，带动了当地经济的发展，而且对精神文明建设的作用也是很大的。很多地方完全依靠小水电供电。小水电功不可没！

“七五”我们完成了100多个农村水电初级电气化县的建设，“八五”又完成200多个，我希望在“九五”再完成300个。现在农村水电电气化县建设规模大了，水电造价也增加了，要依靠群众，依靠地方党委、政府，还得靠银行，中央在适当的时候再增加一点补助。

现在有了《电力法》，我们应按照《电力法》制定一个合理的电价政策。我今天提出这个问题，就是要通过制定合理的电价政策促进水电的发展，使得小水电有一点利润用于水电的滚动开发，这样我们的小水电事业就可以越滚越大。还有一个问题，就是小水电冬季缺电。解决这个问题，有的靠修建有调节能力水库，有的靠和大电网联接，你们有些地方已搞了抽水蓄能电站，我看地形适合有条件的地方可以多搞一些。

总之，小水电事业是一项发展农村经济的事业，是一项帮助贫困山区脱贫致富的事业，同时，也是一项精神文明建设的事业。我们经过10年的努力，取得了巨大的成绩。展望未来，我们充满信心。我相信，再过5年，这300个农村水电电气化县建设一定会胜利完成！

（水利部水电及农村电气化司　邢援越）

中国农村水电暨电气化县建设十年成就展

1995年12月20日至25日，国家计委、水利部联合在北京中国人民革命军事博物馆举办了“中国农村水电暨电气化县建设十年成就展”。李鹏总理、姜春云副总理、陈俊生国务委员为展览会题了词，李鹏总理的题词为：“十年奋斗，辉映九洲，再接再厉，造福千秋”；姜春云副总理的题词为：“发展小水电，促进农业发展”；陈俊生国务委员的题词为：“发展农村水电，帮助山区人民脱贫致富”。

为筹备这次展览会，1995年3月，水利部水电司就拟定了展览的主题和基本内容，并下文要求各地为展览会做好准备，安排专人负责展览会筹备工作。6月，又召开了农村电气化筹展工作会议，对展览工作作了全面部署。

在展览开幕前，国家计委、水利部举行了新闻发布会，详细介绍了10年农村水电及电气化建设取得的巨大成就，以及农村水电及电气化建设在改变贫困山区落后面貌、缩小地区经济差距、加强农村精神文明建设、增强民族团结、改善生态环境等方面发挥的巨大作用。

这次展览展厅面积3500多m^2，展览会以图片、模型、灯箱、音响、电视、幻灯等多种形式，全面反映了全国农村水电暨电气化县建设10年来的成就。展览分综合厅、地方厅两部分，综合厅从10个方面全面总结了全国农村水电及初级电气化县建设的成就和治水办电、造福山区的伟大意义；地方厅参加展览的共有22个省（区）、140多个县和单位、10几个与电气化有关的生产厂家，展出了各自在电气化建设过程中取得的成就，宣传了有代表性的电气化建设成果。

12月20日上午10时，展览会开幕，国家计委、水利部及有关部委领导50多人参加了开幕式，参加开幕式的还有各省水利（水电）厅的领导，第一批、第二批和规划建设的第三批农村水电初级电气化县以及有关设备厂家的代表近4000名。

25日下午，李鹏总理，姜春云副总理，陈俊生、罗干国务委员等国务院领导专场参观了展览。陪同参观的有国家计委、财政部、人民银行、农业银行等单位的负责同志。水利部副部长张春园同志向李鹏总理及有关领导详细介绍了10年来农村水电及电气化建设取得的成就。参观结束后，李鹏总理作了重要讲话，他说，通过这个展览，显示了小水电建设已经取得了巨大成绩，山区脱贫致富了，开发了再生能源，促进了乡镇企业的发展，提高了人民生活水平，说明这条路走对了，我们过去根据群众的实践所总结的“自建，自管，自用”的“三自”方针是正确的。通过这个方针，促进了小水电的发展。现在看来，还要提高一步，就是要有适当的电价，那么小水电就可以滚动发展。当然制定电价时既要考虑农民的承受能力，又要考虑小水电的滚动发展。国家要继续给予支持，地方政策要给予支持，银行还要贷款。但是，自力更生，艰苦奋斗，依靠水电来发展水电，这条路子才能够走得越来越宽，成绩才能越来越大。

24日上午，参加全国人大常委会会议的部分委员利用会议休息时间，也专场参观了展览，参观过程中，委员们充分肯定了农村水电及电气化建设取得的成就，指出发展农村水电是真正的扶贫，扶贫扶到点子上了。许多领导为展览会题词、签名和留影。

在展览过程中，来自美国、加拿大、比利时等9个国家的驻华官员、商界人士和世界银行的代表也参观了展览。中央电视台、人民日报、中国水利报对展览的情况做了详细地报道。

（水利部水电及农村电气化司　栾加林）

小水电行业管理

小水电电价调整新的进展情况及存在问题

改革开放以来，小水电利用贷款的比例越来越大，建设成本也越来越高，小水电电价过低的问题成为制约小水电发展的主要问题。近几年，小水电调价主要以1986年国家经委、物价局、水电部“关于小水电电价的几项规定的通知”为依据。各省为了促进小水电的更快发展，各级政府都采取措施陆续提高小水电电价。但是由于各地经济发展水平不同，加上对小水电的重要性的认识不一样，小水电的电价调整幅度也不一样。随着小水电投资多元化的进一步发展，要求小水电合理定价的呼声也越来越高，小水电的电价急需制定法律予以规范。

1995年《电力法》的出台，为小水电合理定价提供了法律保护。《电力法》专门用一章即第五章对电价和收费作了具体规定。第一次提出了同网同质同价的原则，以及按合理补偿成本、合理确定收益、依法计入税金确定电价，并规定实行分时电价和分类电价，规定了省级电网和独立电网之间的互供电价由双方协商提出方案，报国家物价局或其授权的部门核准。这些法律规定对小水电的合理定价提供了保证。而且《电力法》授权国务院制定《电价管理办法》对电价作出更加具体的规定。可以说电价管理正式走上了法制化的轨道。

最近几年各省也相继制定了小水电电价的地方性法规和政策来促进小水电的发展。如广东省人民政府规定，从1996年1月1日起小水电自用有余，并执行互抵政策后，送上省电网的电，凡没有达到省电网综合平均收购价的，按省电网综合平均收购价分峰谷结算。省物价局会同水利厅、电力局每年公布一次省电网综合平均收购价。目前广东省小水电上网电价达0.41元/kW·h。浙江省自从1994年调整电价后，近几年又作了几次调整，目前1990～1993年投产的电站上网电价达0.412元/kW·h，1990年以前投产的电站为0.32元/kW·h。安徽省的上网电价调整幅度也很大，目前为0.32元/kW·h。

小水电电价方面存在的主要问题依然是全国小水电电价总体水平较低。如贵州、青海、新疆、湖南、云南等省的上网电价还在0.10～0.15元/kW·h之间，发电收入有的还不足以归还银行利息。从全国总体情况来看，1996年全国小水电上网电量为220亿kW·h，上网电价加权平均才0.19元/kW·h。目前全国小水电平均单位千瓦造价为8000元左右，贷款比例占60%～70%，贷款年利率超过10%，这样为保证还贷，上网电价约在0.40～0.60元/kW·h之间。目前的小水电电价严重背离了价值规律，小水电没有自我发展、良性循环的能力。

随着《电力法》的贯彻实施，小水电作为清洁可再生和可持续发展的重要能源的地位的确立，小水电的合理定价将成为现实。但由于历史欠帐和其他原因，真正实现合理定价还将需要较长时间。

（水利部水电及农村电气化司　邢援越）

小水电企业改革情况

1996年，全国水利系统共有发、供电独立核算企业20699个，分布于全国1500个县、市（地区）。其中除大型企业2家，中型企业111家外，其他都是小型企业。近两年，小水电企业在转机建制、投资体制改革等方面进行了有益的探讨和实验。

一、投资体制改革

按照国家投资体制改革的总体要求，水利系统水电投资体制改革的力度逐步加大，初步形成中央、地方、企业、集体、个人、外商等多元化的投资主体，投融资方式在地方自筹、财政支持、银行贷款的基础上，逐步开展利用各种闲散社会资金，利用外资等多种渠道扩大增量。有的地方还进行了盘活存量资产的探索。投资风险约束机制也逐步建立，在建设项目中普遍推行项目法人负责制和资本金制度，目前有87.5%的在建项目实行了项目法人负责制，落实的资本金比率为18.2%。在建项目中，普遍推行了建设项目招投标制、施工监理制和工程审计制。据统计，有87.5%的项目实行了招投标制，59%实行了施工监理制，95.2%实行了工程审计制。

二、现代企业制度建设

通过对老企业的改造和对新企业的规范，到1996年底，已建成股份制水电企业765家，主要分布在浙江、福建、四川、广东、江西、湖南等省。通过制度创新，增强了企业的投融资能力，如已经上市的乐山电力和即将上市的三峡水利水电，融资效果都很好。通过资产的流动与重组，扩大了企业规模，增强了市场竞争能力。如四川的明珠、永安水利水电股份有限公司等企业，通过股份制改造和建立，已走出了以水电为龙头，探索水利经济发展的新路子。企业法人财产权得到确认，企业经营自主权得到落实，企业经济效益明显增长。如四川省1995年实现利税额排序前16位的水利水电企业中，有14家是股份制企业。

三、存在问题与今后发展

由于一些亟待解决的问题和困难存在，制约了水电经济效益的提高。主要表现为，水电企业规模小，经营分散制约了发展；水电产品供需矛盾突出；干部、职工的观念、意识还远不能适应水利水电改革与发展的需要。这些问题都需要在今后的改革中认真研究解决。

今后主要抓好以下几个方面：理清思路，转变观念，对已取得的成果在实践中不断深化，不断完善。大胆地把企业推向市场，在以水利5大体系建设为主要内容的改革中，大胆探索资产运营的路子。通过资产优化重组、企业组织结构调整和增量控制，抓好一批重点企业。实行职能转变，培养和造就一批解放思想，实事求是，懂经济，善管理的人才。

（水利部水电及农村电气化司　刘晓田）

水利系统中小水电技术改造

1995～1997年，在中小水电技术改造方面，全国各级水利部门认真贯彻国家“三改一加强”的方针，在各有关部门的大力支持和配合下，坚持以安全生产为中心，以资源节约综合利用为重点，积极推广采用新技术、新设备，充分发掘现有设备的潜力，加大技术改造工作力度，拓宽技术改造资金渠道，多方筹集资金，使中小水电技术改造工作取得了一定的成效，设备安全生产和技术水平都有了很大程度的提高，经济效益明显。

据估计，“九五”期间，全国水利系统有700多万kW的各类中小型水电站以及与之相配套的输变电设备，需要进行技术改造。要完成以上工作共需资金约70亿元。

但是，近年来，由于技术改造资金十分紧张，许多项目无法列入技改计划。为充分发挥现有资金的作用，各级水利部门采取了重点项目资金集中使用和对采用新技术、新设备的项目实行重点扶持政策，加快了骨干电站和配套电网技术改造的步伐，提高了资金使用率。

据不完全统计，1995～1997年，全国水利系统完成中小水电技术改造项目300多项，投入技术改造资金约15亿元。其中水利部下达贷款1.5亿元，安排40多个重点项目。主要用于支持电网节能技术改造、电网调度自动化、管理信息系统（MIS）等重点项目。经过3年的技术改造，可实现新增发电能力60万kW，年增发电量20亿kW·h，增加社会效益160亿元。福建省在实施技术改造工作中与有关部门积极配合，多方争取资金，3年共落实技术改造贷款达6亿多元，改造项目近百个，有利地促进了该省农村电气化事业的发展。

“九五”后期，全国水利系统还将重点作好水电站新型转轮、增速器和新型励磁装置的改造，电网降损节能改造和电网调度自动化系统改造等。

（水利部水电及农村电气化司　焦勇　郭健）

农村水电人才培训情况

几年来，水利部水电及农村电气化司根据社会主义市场经济和水利改革与发展需要，结合水利五大体系建设和发展水利经济的中心任务，以促进水利经济发展和精神文明建设为宗旨，以提高职工队伍的文化技术水平、管理水平和政治素质为目的，紧密结合生产、工作实际，按照干什么学什么，缺什么补什么的原则，积极举办了各种类型、层次的培训班和研讨班，为提高水利职工的业务技术素质，促进行业技术管理和水利基础产业发展起到了积极的作用。

水利部这几年共组织和举办了全国性培训班、研讨班40个，有2000多人次参加了相关业务的培训和研讨。有210名全国水利系统的电力生产安全监察员和分管安全的领导通过培训取得了安全监察证；对全国水利系统电力信息统计人员进行了培训，有44人取得了国家教委颁发的计算机等级证书，其中有3人取得了2级优秀证书，该培训班考试取证率达62.86%。

水利部水电司于1995年初召开了农村水电教育培训工作会议，总结交流了各地农村水电教育培训工作经验，研究讨论了“关于加强农村水电培训工作的意见”。近两年，水电司加强了对下属各培训中心的建设和管理，使各培训中心尽可能发挥其效力，为水利系统经济发展和精神文明建设服务。

农村水电大多地处偏远山区，基层人员素质较低，为提高农村水电运行管理水平，经与有关院校联系，从1992年起到1995年，每年为农村水电初级电气化县培养200名定向生。1992年至1995年实际招收定向生399人，1995年完成电气化县定向招生112人。1995～1997年，共有233名定向生毕业，分赴各电气化县，投身农村水电的生产、建设第一线。

几年来，农村水电人才的培训，极大地促进了生产、运行管理水平的提高，为促进行业发展起到了积极的作用。

（水利部水电及农村电气化司　赵　虹）

编制小水电行业技术标准

1995年7月24日国家技术监督局正式发布《农村初级电气化验收规程》（GB/T15659—1995），从1996年元月1日开始实施。该标准是以水利部1992年发布的行业标准《小水电供电区农村初级电气化》(SL30—92)为基础，由水利部水电及农村电气化司会同有关单位编制的，作为国家标准，该标准适用于国家和地方安排建设的农村初级电气化县（市、区、旗）的规划实施验收。地（市、州）级的农村初级电气化规划实施验收可参照执行。

1996年7月30日水利部以水科技［1996］327号文发布《小型水电站施工技术规范》(SL172—96)，自1996年11月1日起实施。本规范适用于装机容量500～50000kW及坝高50m以下、库容1000万m^3以下的4、5级水工建筑物。装机容量小于500kW及4、5级临时水工建筑物可参照执行。工程质量评定与工程验收，应按本规范及《小型小电站建设工程验收规程》(SL168—96)的规定执行。凡本规范未作规定的按现行SDJ249—88《水利水电基本建设工程单元工程质量等级评定标准》的规定执行。

1996年8月17日水利部以水科技［1996］363号文发布《小水电网电能损耗计算导则》(SL173—96)，从1996年10月1日起实施。该导则适用于小水电供电为主的县级小水电网的电能损耗计算、统计、分析及降损措施效果的计算。跨县的地区性小水电网可参照执行。小水电网电能损耗统计的口径与方法应符合有关规程规范要求，电能损耗管理应按有关规定执行。

1996年9月10日水利部以水科技［1996］421号文发布《小型水电站建设工程验收规程》（SL168—96)，从1996年12月1日起施行。该标准适用于总装机容量2.5万kW及以下、500kW及以上各种所有制的小型水电站建设工程的验收。综合利用水利枢纽中的水利枢纽工程如属大、中型，应按大中型枢纽工程的有关规程单独进行验收。500kW以下的小水电工程验收可由省、自治区、直辖市水行政主管部门进行适当简化后执行。小水电工程的验收除遵守本规程外还应遵守各有关规程、规范及规定。本规程不包括在施工过程中，按规定进行的常规验收工作。

1996年9月10日水利部以水科技［1996］420号文发布《小型水电站初步设计报告编制规程》（SL/T179—96)，自1997年1月1日起施行。本规程适用于装机容量1万～5万kW，出线电压不越过110kV的新建小①型水电站。装机容量1万kW以下的小②型水电站可参照本规程作适当简化。改建、扩建、加固工程可参照本规程有关章节。大中型综合利用工程所属的小型水电站部分可参照本规程，其余部分应遵照有关规定。本规程所规定的初步设计报告是在河流规划的基础上编制的，其主要内容和深度应符合要求。

（水利部水电及农村电气化司　邢援越）

1995年度水利部农村水电科技进步奖获奖名单

二等奖（5项）

序号	项目名称	项目完成人		
1	钢筋限裂作用的断裂力学分析方法	周林蕻	郭立山	李润田
2	不良地形、复杂地质条件晓庄薄拱坝的设计	陈蔚华	纪海水	陈念东
3	河西水电站软基处理、增加出力及筛网消能新技术应用	石占山 薛海军 郭　刚	张志成 黄玉毅 蒲东生	王明辉 崔保剑
4	吉林省长白山区域地方电力系统发展规划	盛大凯 田中兴 张凤苑	宫明立 吴相直	刘　新 吕　强
5	贯流式机组单机孤网稳定运行技术	荀　琪 刘元毅	王　正 赖成梁	胡　正 周华光

三等奖（9项）

序号	项目名称	项目完成人		
1	“半导体少长针消雷器”应用技术	洪希义 叶明强	陈满园	叶步钦
2	小河底水电站水轮机机型开发及现场效测技术推广	顾四行 郑洪庆	王盛义 赵开林	王国胜
3	提升翻转式清污机应用研究	王清山 付廷生	刘福祥 李葆武	刘雁麟
4	中小型水电站造型微机辅助设计软件开发与应用	杨亚伦	王建珍	邢福生
5	百色市农村初级电气化建设	韦锡浩 卢竹榆	郭继温 王献斌	黄绍宜
6	宜春地区“小水电标	李日舜		

序号	项目名称	项目完成人
	准化管理，工程设备评级标准”	
7	兴山县用电量与主要国民经济指标预测分析	李华文
8	辽宁省小水电电价改革研究与实践	李素云　李润田　周林蕻
9	吉林省地方水电标准化管理条例	田中兴　吴相直　徐　峰　杨福田　郝　丽

四等奖（7项）

序号	项目名称	项目完成人
1	官座岭水电站机组改造技术研究	宋小岩　田至喜　徐学章　李葆武　刘绍成
2	梅岭电站水位和流量的微机检测系统	陈文勤　王晓光　朱维勇　汪永昌　方从健
3	小源口电站技改成果	袁桃慎　龚世杰
4	双河水电站工程	柯正发　金德胜　王绪彬　孟宪廷　杨吉华
5	低压电网改造模式	李生才　李作成　南居荣　杨金斗　干安龙
6	20高锡做水轮机轴瓦实验研究	张立井　田立路　周　际
7	永昌县东士河渠首上移工程及头坝一号电站	钱小玉　谢祖培　梁章堂　武维新　陈忠伟　安　鑫

论文二等奖（2项）

序号	项目名称	项目完成人
1	福建省岩浆岩地区建坝的几个工程地质问题	蔡健民
2	加快福建地方电力建设的研究	蔡健民　吴培源　林铭实　应敦厚　谢钟裕

论文三等奖（5项）

序号	项目名称	项目完成人
1	电力预测在电力系统中的应用	孔繁清
2	差动保护的几种异常情况和处理方法	谭剑虹
3	考察美国农电后的思考	帅开阳
4	复杂岔管系统水锤计算的新方法	王国平
5	镇远白岩河电站转轮空蚀与机组振动分析及对策	丁继茂　梁宝山

（水利部水电及农村电气化司　邢援越）

地方中小水电工程的经验

全国第一个农村水电初级电气化地区——广西梧州地区

（一）概述

梧州地区位于广西壮族自治区东部，辖7个县，总面积19836km²，耕地面积16.33万hm²拥有桂江、贺江、濛江、北流河等232条集雨面积在50km²以上的中小河流，蕴藏着水能资源约103.6万kW，可开发量为70.35万kW。

1994年，全地区拥有单机容量100kW以上发电装机容量42.48万kW，其中，水电33.27万kW，占78%；火电9.21万kW，占22%。发电量11.5亿kW·h，其中水电10.83亿kW·h，火电0.67亿kW·h。全地区用电基本自给。

地区已建成110kV环网，除覆盖本地区7个县外，还送电给相邻的苍梧县、梧州市、平桂矿以及邻省的一些县、市，并且通过110kV线路在梧州市近郊的平浪变电站与广西区主网联接。

（二）电气化主要成果

通过10年电气化建设，各项指标均有较大的进步。

(1) 发电装机容量：从1984年的19.87万kW增长到1994年的39.92万kW，年平均递增率7.23%。

(2) 发电量：从1984年的5.45亿kW·h增长到1994年的11.50亿kW·h，年平均递增率7.71%。

(3) 用电量：全地区总用量从1984年的3.72亿kW·h增加到1994年的9.44亿kW·h，年平均递增率9.76%；人均用电量从1984年的122kW·h增加至1994年276kW·h，年平均递增率8.51%。

(4) 用电面：乡镇通电率已达100%，村通电率从1984年的89.1%增加至1994年的99.5%；户通电率从1984年的60%增加至1994年94.5%。

(5) 自供电比例：1994年全地区自供电比例98.3%。

(6) 以电代柴户比例从1984年的3.73%增加至1994年的15.21%。

(7) 综合网损率：从1984年的10.3%降至1994年的7.85%。

(三) 几点体会

1. 立足于开发和利用本地水能资源　梧州地区缺煤无油，又远离国家电网（1986年国家电网才进入梧州市），无所依赖，地、县历届班子均认为，只有自力更生，开发和利用本地水能资源兴建水力发电站，才能及时地解决工农业生产和人民生活对电力的需求。

(1) 动手早且持之以恒。自60年代建成了地区级装机容量超过1万kW的龟石水电站后，人们尝到了办电的甜头。从70年代起掀起了办电的高潮，各县开始有了自己的骨干电站，地区级也有了容量达6.8万kW的中型水电站。1985年正式纳入电气化建设轨道后，地方电力得到了持续的发展，始终保持"电力先行"的势头。

(2) 范围广、层次深。地区7个县，均致力于小水电开发，不但县办，且有乡办、村办、个人办。据统计，乡镇以下非国有水电站总容量42150kW，约占全地区水火电装机容量总和的10%左右。其中岑溪县、藤县的非国有水电站占县装机容量的20%左右，贺县、钟山县的非国有水电站占县装机容量的42%左右；富川瑶族自治县的非国有水电站占县装机容量的47%。最大的乡镇电站为贺县步头镇的凤凰电站(2400kW)；装机容量超过1000kW的乡镇电站有10个。

个体兴建和管理水电站已从单纯自用发展到上网销售。如贺县里松乡农民办了8个水电站，总装机容量达2085kW；钟山县望高镇农民办了4个电站，总装机容量达2635kW。

此外，边远山区为了解决单家独户照明、电视、电风扇的电源，农民安装了星罗棋布的微型水电站，最小的容量仅200W。据统计全地区微型电站6307处11973kW。

2. 形成基本自给的规模　7个县中，装机容量达4万kW级的2个县；达3万kW级的1个县；达2万kW级的2个县；达1万kW级的2个县。县办电站装机容量最大的达12000kW。

1994年除富川瑶族自治县和钟山县的发电自给能力稍低外，岑溪县达83%，藤县达67%，昭平县达88%，蒙山县达80%，贺县达66%。各县不足部分，均由地区级地方电力补足。

1994年地区外购电仅2000万kW·h左右，地区自给能力约98.3%。

3. 地区级电站具有雄厚实力，成为各县坚强后盾　地区办电站主要的供电对象是所辖各县。10年来地区建设了装机容量5万kW的中胜火电厂；建设了6.3万kW的昭平水电站；合面狮水电站从6.8万kW增容至7.4万kW，地区级发电装机容量19.9万kW，占全地区发电装机容量的46%，成为各县电力的坚强后盾。

4. 地区形成统一完整的地方电网　地区下属7个县自成县电网，县网与地区电网相联，地网与广西电网一点连接。以110kV网架构成的环网，除覆盖本地区7个县外，还送电给相邻的梧州市、苍梧县、平桂矿务局、佛子冲矿、广东省的郁南县及罗定市。县电网、地区电网与广西电网既相对独立又互相联接，网内各发供电单位互相支持、补充、协调，有力地促进了这个区域电网以及经济和社会的发展。

5. 地、县两级发、供电部门均建成经济实体，互为购售关系　地区电业公司、县电力公司按物价部门核定的价格向发电厂收购电力并分配售给各用户。各经济实体间产权、职责、经济关系明晰。发电厂更是国有、股份、外资、集体、个体等多种经济成份并存。这些经济实体之间的关系符合社会主义市场经济规律的要求。

6. 实行地、县"统筹兼顾、适当照顾、统一安排、两级调度"的管理原则来协调联网各发、供电单位的经济利益　地区水电局和地区电业公司每季度召集一次地区电网会议，经委、三电办、各县水电局及电力公司、各主力电厂领导参加，研究协商电网的发供电计划、负荷分配、生产技术问题、事故分析及安全工作。商定的事项以电网会议纪要形式分发各单位执行。

（广西梧州地区水电局　杨锡海）

广西冬青湾小型抽水蓄能发电工程

冬青湾小型抽水蓄能发电工程（以下简称冬青湾工程）位于广西壮族自治区玉林地区陆川县。该工程是由原有的小型水库群、水电站和渠道加上新增建的抽水站配套形成的，工程的组成和布置见图。

冬青湾抽水站建在陆川县沙坡乡约2km的冬青湾渡槽旁，站内安装轴流式14in的水泵和$JO_2$72—4L3(36kW)型电动机的机组2台，电源为本乡的小电网，经355m的10kV线路及S_7—75/10变压器降压接入泵站。抽水站上游1.7km为榕江拦河坝，原建的文龙电站（装机容量3×800kW）由此坝取水，水经冬青湾渡槽等16.7km渠道（流量$4m^3/s$）进入电站前池（池容量为2.1万m^3）。抽水站下游约60m处，有1座小型滚水坝，拦蓄榕江坝的渗漏水和上游灌溉回归水以

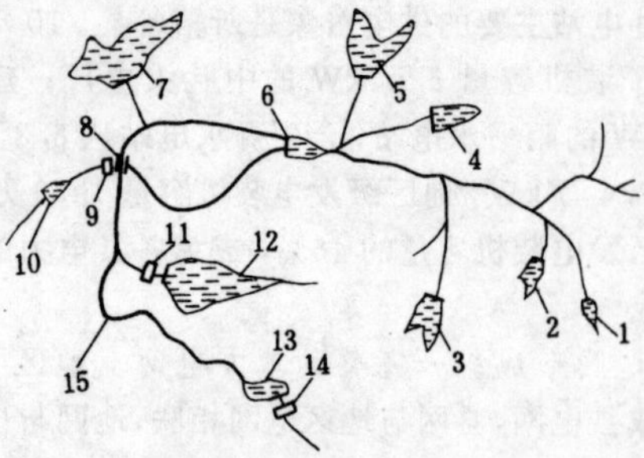

冬青湾工程组成和布置图

1—冲尾水库；2—大塘水库；3—平田水库；4—王沙水库；5—杉木坑水库；6—榕江拦河坝；7—白叶塘水库；8—冬青湾渡槽；9—冬青湾抽水站；10—小型滚水坝；11—文龙水库坝后电站；12—文龙水库；13—文龙电站前池；14—文龙电站；15—文龙电站引水渠

及区间集雨面积上的径流。此滚水坝只负担灌溉右岸的30余亩农田，每年有相当数量的弃水，据观测，历年枯水期过坝平均流量约有0.37m³/s。这部分水量由新建的抽水站经过6m扬程抽入文龙水电站的引水渠（该段即为冬青湾渡槽），水流到电站前池即可形成74m的发电水头，从而可获得低扬程抽水、高水头发电的经济效益。

文龙电站的发电用水，除主要引自榕江拦河坝外，还有渠道沿线的小型水库群可进行水量调节。由于冬青湾抽水站可给文龙电站引水渠道补水，因而可以节省沿线小水库群相应的水量，以备用电高峰时或枯水期发电，从而收到蓄能发电的效果。

冬青湾工程所在的玉林地区，是广西兴建小水电站较早、较集中的一个地区。随着城乡各项改革的推进和工农业生产的发展，用电量剧增，电力供应出现紧缺局面，尤其是在峰荷时段和枯水季节情况更加突出。为了缓解这一矛盾，地区政府从实际出发，认为兴建小型抽水蓄能工程势在必行，冬青湾工程就是在这种情况下通过利用原有水利设施、增建抽水站形成的。该抽水站于1991年1月动工兴建，6月底第1台机组投产，至当年底抽水443h，耗电量1.6万kW·h，抽水量约43万m³，这部分水量流至文龙电站前池后，以每kW·h耗水7.6m³计可发电5.66万kW·h，净增电能4.06万kW·h，按当时上网电价折算电费4000元。1992年由于2号机组安装及修理等原因，仅抽水830h，耗电量3.02万kW·h，抽水量84万m³，可发电11.05万kW·h，净增电能8.03万kW·h，折合电费约8000元。若按平水年份和机组正常运行估算，每年可抽水120万m³，耗电量约4.28万kW·h，可发电15.8万kW·h，除去抽水耗电外，净增电能11.52万kW·h，折合电费1.73万元。

（张培基编写）

四川大河口水电站工程

大河口水电站是一项地方中型骨干电源工程，位于四川省黔江地区酉阳县苍岭区境内阿蓬江大滩河段上，属该河9级开发方案的第8级（见图1）。阿蓬江为乌江右岸一级支流，全长249km，流域面积5140km²，电站控制流域面积约占全流域的89.9%，多年平均流量133.3m³/s，年径流量42亿m³。汛期河流悬移质含沙量较大，在上游水库建成拦沙后，入电站水库的多年平均输沙量悬移质为146万t，推移质为6.6万t。

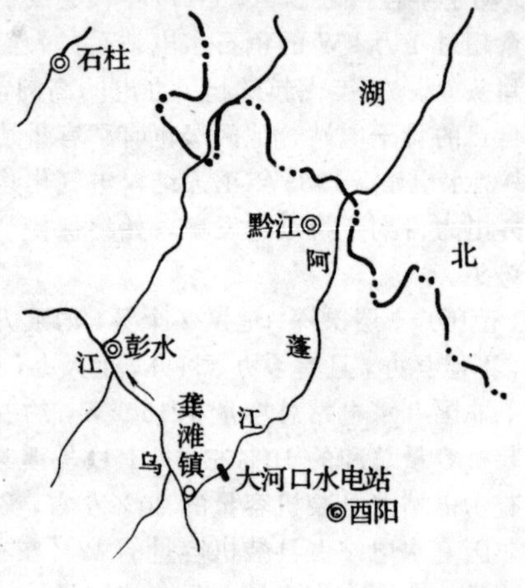

图1　大河口水电站地理位置图

电站枢纽区布置在灰岩峡谷进口段，河床水面高程320～323m，宽60m左右，两岸相对高程380～900m。河流横穿岩层，裂隙发育，河谷呈“V”型，岸坡角50°～70°，局部直立或成反坡。

电站枢纽拦河坝为混凝土空腹重力坝，最大坝高85m，坝顶长149m，分为9个坝段，1、2、3、9为非溢流坝；4、5、6、7、8为空腹溢流坝；8坝段布置排沙底孔；5、6、7为主机坝段，厂房位于坝内空腹处，空腹宽22.74m，高21.09m；副厂房位于主厂房的下游侧、溢流坝的尾部，主变压器布置在副厂房的上游（见图2）。水库正常蓄水位385m，总库容1.15亿m³，调节库容0.43亿m³，具有季调节性能。电站的设计水头为54.3m，总装机容量为7.5万kW（3×2.5万kW）。

电站各项主要经济指标为：按黔江地区物价局批复意见，本电站实行“新电新价”政策，上网电价为0.20元/kW·h；财务净现值6466.5万元；投资回收期6年；借款偿还期10年零11个月；财务内部收益率12.42%；投资利润率12.36%；投资利税率13.23%。这些指标表明，电站的直接经济效益是明显的。

电站所在的黔江是一个新设的地区，位于四川省东南，属多民族的老、少、边、穷山区。全区电力基础薄弱，过去没有一座能够承担调峰调频任务的中型骨干电站，无法形成全区统一的电网，电力工业落后，这种局面严重制约了地区经济的发展。大河口水电建成投产后，将促进黔江地方电网的形成和电网供电质量的提高，为本区丰富的铝、锰等矿藏开采及电冶加工等工业用电提供有力的电源保证，还将发挥灌溉、拦沙、防洪、水产养殖、人畜饮水等综合效益，从而加快脱贫致富的步伐。

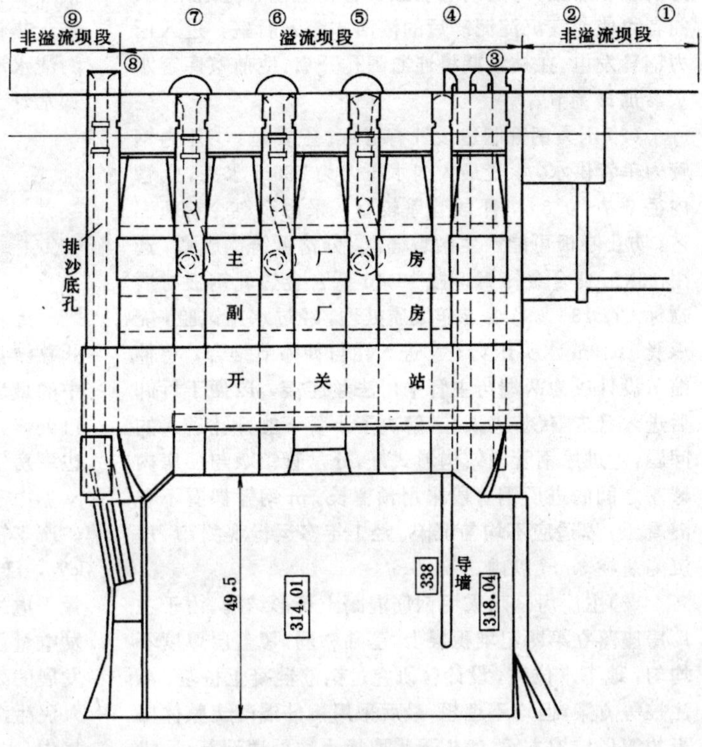

图 2　枢纽平面布置图

大河口水电站工程总投资，按 1992 年初步设计审批定为 2.88 亿元，1993 年国家建设银行评估为 3.25 亿元。电站工程由水利部、四川省和黔江地区合资兴建，由地区承担的资金约占工程总投资的一半。工程建设实行业主责任制，为加强对工程的领导，地区行署成立了电站工程领导小组，并在其领导下成立电站工程指挥部，代行业主职权。工程监理实行指挥部领导下的专家监理。电站工程建设在施工队伍选择中运用了招标机制。整个工程分为四个标进行招标，在招标竞争中，中国水利水电第八工程局连中四标，包揽了整个工程。

电站工程前期工作从 1989 年冬开始，由四川省水利水电勘测设计研究院陆续承担，1990 年完成地勘工作，1991 年完成可行性研究任务，1992 年完成初步设计报告，同年通过省建委组织的审查。电站施工前期准备工作于 1993 年 3 季度完成。1993 年 11 月 6 日大坝主体工程正式开工，1994 年 1 月 28 日导流隧洞通水、河床截流成功，1996 年 12 月 30 日第 1 台机组并网发电，至 1997 年 11 月 29 日，电站 3 台机组全部投产。

（张培基编写）

四川普格西普高水头水电站

（一）工程概况

西普水电站位于四川省西南凉山彝族自治州普格县黑水河支流各洛河上，装机容量为 3×3200kW，设计水头 808.44m，是四川省第一高水头水电站。各洛河全长 19.6km，流域面积 90.2km²，电站进水口以上 78.3km²。河流平均流量 1.97m³/s，实测最枯月平均流量 0.45m³/s。电站河段河床比降为 150‰，在 6km 河段上集中落差约 900m。

电站采用引水式开发，设有两个低坝取水口，引水流量共 2.6m³/s，引水道总长 6808m，由暗渠、隧洞、倒虹吸管等组成，渠末设置 2.5 万 m³ 的日调节池和前池。压力钢管采用联合供水，内径 ϕ700～800mm，主管长 1314.91m，设计过水流量 1.626m³/s，通过两个分岔管向 3 台水斗式水轮发电机组供水。主厂房平面长 38m，宽 11.3m。电站具有日调节性能，调节最大负荷为 5700～9600kW，对西昌电力系统枯水期调峰作用较大。

电站工程于 1990 年 12 月开工，1993 年 5 月试运行发电，1994 年 12 月竣工验收，施工期为 2.5 年。工程总投资为 2103.38 万元，单位千瓦造价 2191 元，年发电量 5807 万 kW·h，单位千瓦小时电能投资 0.362 元。

（二）工程设计特点

西普水电站在工程设计采用技术上具有一些值得注意的特点，主要是：

（1）防沙排沙功能好。西普水电站为特高水头电站，运行对水质清洁度要求高，为此，设计采用三道防、排沙防线：①取水口底拦栅坝后设沉砾池，可沉 80% 粒径 3mm 以上的泥沙，并通过排沙闸将其排到原河道中。②渠首设沉沙池，采用连续式沉沙排沙单室沉沙池，可沉淀 80% 粒径 0.25mm 以上的泥沙，池底设单廊道排沙，末端布置有排沙闸。③渠末设日调节池，分为前室和后室，两室间隔墙上设有连通堰和连通闸孔，前者可使前室沉淀泥沙后的清洁水流入后室，进入压力钢管发电。在枯水期将连通闸孔开启，使前室库容水量参加日调节。

(2) 压力钢管制造设计有特点。主要是：①压力钢管为单管供水，承受最大内水压力为885m水头，钢管内径0.7～0.8m，下段管壁较厚，采用涂料冷卷新工艺，防止卷板可能产生微裂缝。②分岔管铸钢成型，选用16Mn低合金铸钢，按16Mn低合金热轧钢板材质指标（YB13—69）要求作调质处理，经过水压试验，能承受1040m水头压力。③进人孔与伸缩节结合，将伸缩节设计成为两端与主管采用法兰连接，以便于拆卸后进入管内，代替进人孔，解决了小管不能开孔进人的问题。④进厂钢管段结构形式好，分岔管镇墩与厂房内球阀之间的进厂钢管段采用预留长5m钢管裸露不包混凝土，以适应不均匀沉陷。经1年多运行观测，厂房沉陷量在3mm以内。

(3)主厂房基础采用钢筋混凝土箱形结构。由于主厂房座落在第四纪堆积层上，基础软弱，覆盖层厚度不均匀，地下水位高，设计曾研究过钢筋混凝土桩基、灌注桩等方案，但均不理想，最后采用钢筋混凝土整体底板的箱形结构方案，底板下采取换土法处理地基，回填砂卵石，在基础内设排水。方案实施后，经过1年多运行，厂房沉陷已基本上完成，最大沉陷量不超过3mm。

(4) 发电机冷却采用"循环冷却水"。采用设计人员的专利技术"循环冷却水"方案，仅在电站厂房安装间下层设置容积约30m³的贮水池，装有十分清洁的水，用水泵管路供水冷却发电机。升温后的水在循环冷却换热器中降温后，流入贮水池循环再用，循环冷却换热器设在每台机组的尾水室中，由水轮机尾水流动带走热量而冷却。采用这一方案的优点是，省去造价高的清水池，减少抽水运行费，保证水质清洁不会阻塞冷却水管。

（张培基编写）

贵州大七孔水电站

大七孔水电站位于贵州省黔南布依族、苗族自治州荔波县境内，是漳江一级支流方村河梯级电站三级中的最后一级高水头电站。该电站利用方村河伏流入口处修建板潭大坝，经5292m长输水隧洞引水至漳江边厂房发电，集中河段落差332m。

由于该地区是贵州省少数民族聚居的边远山区，矿产丰富，有丰沛的水能资源，水能蕴藏量为58.63万kW，目前开发的容量仅占可开发的8.2%，尚无一个骨干电站，现有的小水电站装机只有1.69万kW，年发电量仅0.366亿kW·h，远远不能满足工农业生产发展的要求。为改变山区面貌，发展工农业生产，提高人民生活水平，迫切需要修建大七孔电站。方村河落差集中，水量丰富，区内有著名的岩溶森林风景区及小七孔鸳鸯湖风景区，物种多，丛林密布，生态环境特殊，是我国宝贵的生物基因库和旅游胜地。因此，对大七孔电站所在的方村河流域的梯级规划及电站选点工作早在60年代原水电部中南勘测设计院就做了不少。1984年后贵州省水利水电勘测设计研究院在中南院工作的基础上又作了进一步的勘测和研究，于1989年提出方村河三级开发规划。一级者吕调节水库，总库容4550

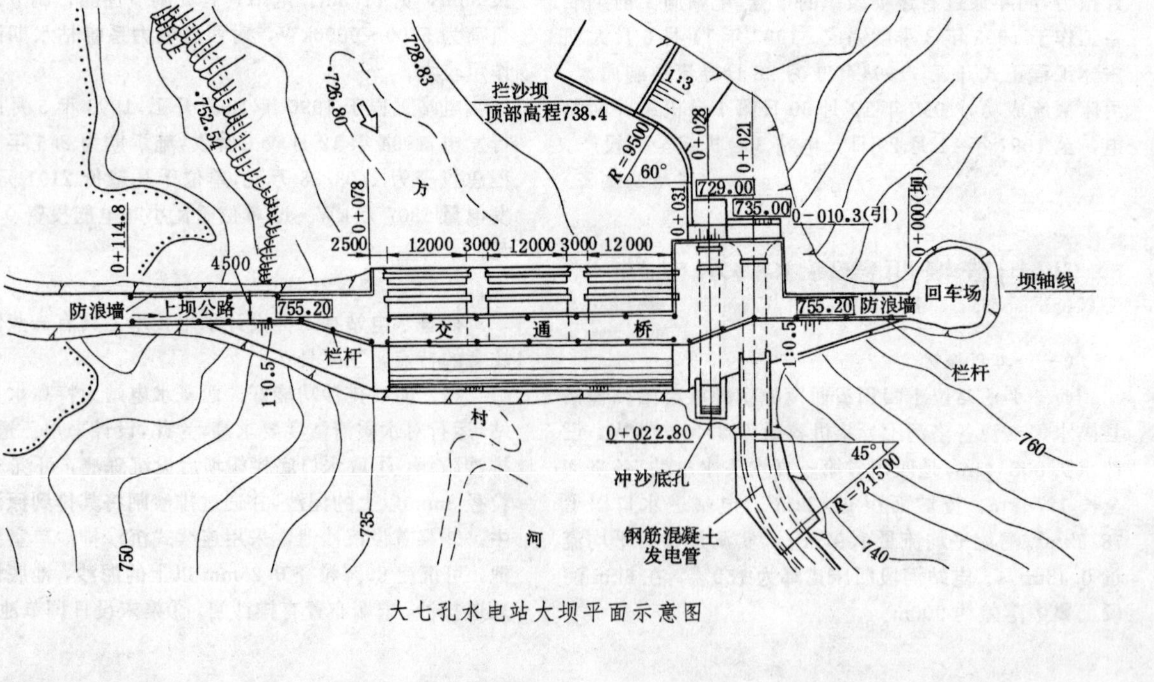

大七孔水电站大坝平面示意图

万 m^3，坝后装机容量 2×1600kW；二级拉寨调节水库，总库容 1500 万 m^3，坝后装机容量 2×800kW；三级为大七孔电站。

1992 年 11 月贵州省计划委员会，贵州省水利电力厅组织对大七孔电站第一期工程可研性报告进行审查，省计委（1992）黔计农字第 1070 号文批复："电站总装机规模 3×1.6 万 kW，一期装机容量为 2×1.6 万 kW。同意引水式开发的总体布置方案"。

大七孔水电站枢纽工程主要由大坝、引水压力隧洞、调压井及厂房 3 部分组成，是一个以发电为主结合开发旅游事业的工程。枢纽布置见大坝平面示意图。

大坝为浆砌石重力坝，最大坝高 25.54m，坝址以上集雨面积 $1320km^2$，水库正常蓄水位以下库容 207 万 m^3，由坝后 118m 的发电管连接压力隧洞至厂房，隧洞全长 5292m，直径 3.2m，最大过水流量 $18m^3/s$，主厂房平面尺寸 15.3m × 46.6m，电站设计水头 320.5m，单机额定过水流量 $5.83m^3/s$。电站分二期开发，一期工程设计装机容量 2×1.6 万 kW，二期 1×1.6 万 kW，大坝、引水系统及厂房一次建成，保证出力 7968kW，年利用小时 6185h，多年平均发电量 1.98 亿 kW·h。

电站工程土石方开挖量 30.13 万 m^3，浇筑混凝土及钢筋混凝土 3.83 万 m^3，砌石 2.41 万 m^3。工程总投资 1.21 亿元。大七孔电站已于 1993 年 5 月动工。一期工程计划 1998 年完工发电，二期工程计划 1999 年完工。

（贵州省水利水电勘测设计研究院　黄诚贤）

福建福鼎桑园水库电站工程

福鼎桑园水库电站位于福建省福鼎市境内，系闽东赤溪流域上一座引水式电站。坝址位于潘溪镇桑园村下游约 5km 处，经引水隧洞至该镇的九里村对岸厂房发电，其枢纽布置见图。

坝址以上流域面积 $146km^2$，多年平均流量 $5.86m^3/s$，多年平均径流量 1.85 亿 m^3，50 年一遇设计洪水流量 $2280m^3/s$，500 年一遇校核洪水流量 $3390m^3/s$，水库正常蓄水位 300m，相应库容 7350 万 m^3，具有多年调节性能。

工程主要建筑物有大坝、引水隧洞、压力钢管、电站厂房、升压站等。大坝为变厚三心双曲砌石拱坝，坝顶高程 306.7m，最大设计坝高 88.2m，坝长 249.84m，坝底厚 20m，厚高比 0.226，坝顶厚 4m，坝体总工程量 10.2 万 m^3。溢流堰顶高程 300m，溢流段弧长 107m，挑坎末端弧长 92.36m，不设闸门，自由溢流。水流径向集中，挑流消能，下游河床基岩较好，因此只在坝后设置一道 20m 长的护坦以防坝脚受冲刷。

发电引水隧洞的进水口布置在大坝的右坝肩上游约 240m 处，进水口底板高程 248m，洞线利用河道大拐弯的地理优势，裁弯取直，横穿高山。隧洞总长 6011m，开挖洞径 3.8m。利用水头 274.9m。调压井为双室式调压井，竖井直径 4.5m。上室为露天式，下室利用调压井施工支洞进行封堵而成。

引水隧洞开挖采用光面爆破，最终衬砌长度分别为：钢筋混凝土衬砌段 311m，占隧洞总长的 5.2%；挂网喷锚段 379m，占隧洞总长的 6.3%；喷锚段 403m，占隧洞总长的 6.7%；喷素混凝土段 633m，占隧洞总长的 10.5%；不衬砌段 4285m，占隧洞总长的 71.3%。

引水隧洞末端接长 546.9m 的压力钢管，管径 2.2m，依地形及管长设 5 个镇墩。主管末端分三条支管，管径 1.0m。

厂房布置在九里村对岸，为顺河向布置的地面厂房，由主、副厂房及安装场组成，主厂房内装有 3 台 1.25 万 kW 混流式水轮发电机组，总装机容量 3.75 万 kW，保证出力 0.8789 万 kW，平均年发电量 10815 万 kW·h。

本工程由福建省水利水电勘测设计研究院设计，于 1992 年 6 月 16 日开工，1995 年 6 月 16 日第一台机组投产发电，1996 年 6 月 16 日完工。该水库电站工程是福鼎市骨干调峰电站，此外，还兼有灌溉、防洪等综合利用功能，灌溉面积为1.2万亩，防洪保护面积 1.1 万亩。社会、经济效益显著。

（福建省水利水电勘测设计研究院　陈敏岩）

福鼎桑园水库电站工程枢纽布置图

微型水电开发推广进展情况

近年来，随着我国农村水电初级电气化县建设的发展，微型水电的开发推广工作取得了新的进展和成绩，主要表现在以下两方面：

（一）微型水电开发推广取得实效

一些边远山区通过推广开发微型水电解决无电问题，取得了实际效果，进一步显示出这项工作的意义和前景。

云南省鹤庆县城郊乡里习吉村是一个少数民族聚居，海拔2900m的高寒山区村。全村176户990多人，由于山岭阻隔电网难以延伸进村，村民一直过着松火照明的生活。1995年4月开始，该村在县科委和乡水利管理站的支持下，户平均集资700元，共用工2700多个工日，开发遍布群山的溪流，用近1年的时间，建成微型水电站28座，单站容量在0.15～2.20kW之间，总装机容量21kW，形成了覆盖80％农户的输电线路，初步解决了村民照明、小功率加工机器和建卫星电视接收站的用电问题。云南省普洱哈尼、彝族自治县山区居民居住分散，经济力量薄弱，从电网架高压线输电投资大，负担不起。为了加速解决居民用电问题，该县经过4年多的微型水电开发，到1994年已建成微型水电站70座，单站容量0.37～7.50kW，总装机容量达127.84kW，年发电量29万kW·h，解决了1250多户约8500人的照明用电。70座电站总投资30.64万元，每千瓦投资约2400元。普洱县建设微型水电的经验已在云南省孟连、墨江、思茅等县得到推广。

广西东北部的龙胜各族自治县，在“八五”第二批农村水电初级电气县建设中，采取户办、几户联办的方法，建成微型水电站870座，装机容量1300kW，解决了山区居民照明和小加工的用电问题，投资少，见效快，很受群众欢迎。广西西南部山区崇左县十义村，从80年代后期开始，陆续在一条全长不到10km的小河上建成微型水电站73座，使100多户人家以及学校、村公所全部用上了电。该村自办微型水电，以单户或联户为单位进行开发，建一座微型水电站一般投资四五百元，多的不过800元，不但很快解决了用电难的问题，而且可以在坝内养鱼、灌溉农田。

浙江省瑞安市1990年在湖岭区永安乡海拔600m的草岱村首批建成30座微型水电站，总装机容量10.8kW，年发电量2.33万kW·h，使全村132户中的77％的农户点上了电灯。试点成功后，微型水电开发进一步发展起来，到1992年初已修建微型水电站202座，总装机容量145.3kW。在此基础上，该市制订了微型水电发展规划，拟使尚未通电的24个村1950多户农家逐步用上电。

由于推广开发微型水电对解决边远山区无电问题具有重要的现实意义，1996年5月国家计委和水利部联合召开的全国农村水电暨第三批初级电气化县建设工作会议，明确提出了发展农村水电建设电气化要大办微型、小型水电；在深山区要积极推广微型水电解决无电问题的指导方针。

（二）微型水电机组的研制有新成果

为了响应国家关于实施“电力扶贫共富工程”的部署，加快实现2000年前使全国95％以上农户用上电的规划目标，南京水电新技术研究中心和南京科学技术咨询服务中心针对我国有较多地区拥有微型水电资源却又无电可用的现状，近年来积极组织微型水力发电机的二次开发，在总结以往我国微型水电开发经验教训的基础上，汲取国外开发微型水电的有关技术，研制出两种类型8种机型的产品，并已进入批量系列供应（1996年公布）。新产品的型式和性能分别是：①适用于山区溪流的XJ型微型水力发电机组，包括XJ—1000型、XJ—1500型、XJ—2000型双喷嘴斜击式机组，额定功率分别为1.0kW、1.5kW和2.0kW，可在溪流流量大于9L/s和水头14～20m的条件下稳定运行发电。②适用于丘陵、岛屿等具有低水头地区的GD型微型水力发电机组，包括GD—1000型、GD—2000型、GD—5000型、GD—8000型、GD—10000型灯泡贯流定桨式机组，额定功率分别为1.0kW、2.0kW、5.0kW、8.0kW和10.0kW，可在任何有局部水头落差2.5～8.8m和流量31～570L/s条件下稳定运行发电。上述机组体积小、重量轻、坚固耐用、安装容易、操作简便、价格低廉、可无人管理、可单机或多机并联发电。

此外，在电力部和水利部有关部门支持下，微型水力发电机组样机研制开发计划已经制定，并开始实施，在争取有关方面的进一步支持下可望取得更多的成果，从而为各地推广开发微型水电创造更加有利的条件。

（张培基　编写）

1995年～1997年全国小水电增长情况统计表

全国及各省、自治区、直辖市		1995年				1996年				1997年			
		装机容量		年发电量		装机容量		年发电量		装机容量		年发电量	
		万kW	%	亿kW·h	%	万kW	%	亿kW·h	%	万kW	%	亿kW·h	%
全国总计		1664.60	100.00	553.76	100.00	1920.08	100.00	619.60	100.00	2051.96	100.00	683.40	100.00
华北地区	北京市	5.67	0.34	0.77	0.14	5.67	0.30	0.89	0.14	5.67	0.28	0.68	0.10
	天津市	0.65	0.04	0.21	0.04	0.58	0.03	0.22	0.04	0.58	0.03	0.20	0.03
	河北省	22.55	1.35	4.89	0.88	24.75	1.29	7.10	1.15	25.37	1.24	4.68	0.68
	山西省	13.28	0.80	2.61	0.47	13.57	0.71	3.42	0.55	13.87	0.68	2.46	0.36
	内蒙古自治区	3.24	0.19	0.78	0.14	3.89	0.20	0.89	0.14	4.21	0.21	0.89	0.13
东北地区	辽宁省	13.47	0.81	3.59	0.65	17.42	0.91	4.96	0.80	17.54	0.85	4.34	0.64
	吉林省	16.60	1.00	5.54	1.00	17.41	0.91	5.22	0.84	17.96	0.88	4.54	0.66
	黑龙江省	7.32	0.44	2.49	0.45	10.93	0.57	3.02	0.49	12.72	0.62	3.77	0.55
华东地区	上海市												
	江苏省	3.27	0.20	0.48	0.09	3.27	0.17	0.51	0.08	3.27	0.16	0.53	0.08
	浙江省	93.22	5.60	24.55	4.43	108.04	5.63	19.52	3.15	122.68	5.98	26.98	3.95
	安徽省	16.72	1.00	2.85	0.51	21.54	1.12	4.25	0.69	22.59	1.10	3.71	0.54
	福建省	161.90	9.73	58.36	10.54	201.35	10.49	63.69	10.28	224.96	10.96	80.41	11.77
	江西省	83.41	5.01	25.36	4.58	92.27	4.81	23.36	3.77	97.44	4.75	27.57	4.03
	山东省	7.62	0.46	0.89	0.16	7.68	0.40	0.68	0.11	7.74	0.38	0.45	0.07
中南地区	河南省	25.84	1.55	3.8	0.69	26.88	1.40	5.54	0.89	27.78	1.35	4.93	0.72
	湖北省	104.97	6.31	28.03	5.06	117.84	6.14	38.13	6.15	122.69	5.98	31.88	4.66
	湖南省	149.01	8.95	50.72	9.16	172.44	8.98	54.17	8.74	180.98	8.82	66.32	9.70
	广东省	234.23	14.07	76.75	13.86	255.24	13.29	79.25	12.79	269.44	13.13	93.89	13.74
	广西壮族自治区	104.07	6.25	39.28	7.09	120.14	6.26	40.86	6.59	122.64	5.98	49.73	7.28
	海南省	19.56	1.18	5.29	0.96	19.90	1.04	5.41	0.87	19.58	0.95	6.44	0.94
西南地区	四川省	261.49	15.71	112.45	20.31	301.85	15.72	130.28	21.03	260.34	12.69	105.78	15.48
	重庆市									70.24	3.42	24.58	3.60
	贵州省	65.10	3.91	21.39	3.86	72.93	3.80	22.87	3.69	77.07	3.76	26.62	3.90
	云南省	139.42	8.38	51.88	9.37	157.63	8.21	60.48	9.76	168.28	8.20	65.57	9.59
	西藏自治区	15.19	0.91	4.13	0.75	15.93	0.83	4.20	0.68	16.23	0.79	3.86	0.56
西北地区	陕西省	20.82	1.25	4.46	0.81	25.99	1.35	6.26	1.01	27.99	1.36	5.81	0.85
	甘肃省	22.24	1.34	6.72	1.21	25.06	1.31	8.07	1.30	27.47	1.34	8.52	1.25
	青海省	9.36	0.56	2.63	0.47	13.33	0.69	4.14	0.67	15.72	0.77	4.99	0.73
	宁夏回族自治区	0.60	0.04	0.1	0.02	0.60	0.03	0.12	0.02	0.60	0.03	0.10	0.01
	新疆维吾尔自治区	43.65	2.62	12.69	2.29	55.81	2.91	17.11	2.76	57.08	2.78	18.26	2.67
	水利部直属	0.13	0.01	0.07	0.01	10.14	0.53	4.98	0.80	11.23	0.55	4.91	0.72

注 1. 重庆市1997年度从四川省分离出来，数字单列。

2. 1995年小水电按单站总装机容量小于2.5万kW统计。

3. 1996年起小水电按单站总装机容量小于5万kW统计。

（水利部水电及农村电气化司 赵 虹）

水电发展战略

7

水电政策研究

水电发展中的政策研讨

在实现经济体制转轨过程中，如何针对水电建设自身的特点和其在国民经济建设和社会发展中的作用和地位，制订相应的政策，促进水电建设加速发展，以适应我国社会主义经济建设的需要，这是人们非常关心的一件事。近年来，电力工业部、中国国际工程咨询公司、国家计委交通能源司、国家计委能源研究所、中国水力发电工程学会、有关院校的专家、学者以及全国政协部分从事水利水电专业的委员等对此作了不少研究。1996年7月18日《中国电力报》发表了李鹏总理《多家办电、多渠道筹资办电》的文章后，更激发了为大力发展水电献计献策的浪潮。

专家们分析了我国水电的特点和其在国民经济建设和社会发展中的作用和地位，提出了以下建议。

建议国家将加快水电建设作为能源发展战略中重大战略决策。根据能源资源分布特点、资源与市场优化配置、结合江河治理和国土整治，制定水利水电综合开发长远战略规划，以指导有关部门及地区进行中长期和年度计划的编制和实施，并做好前期准备工作。

建议国家加强对水电开发的宏观调控，制订合理的经济政策。

(1) 广开筹资渠道，建立水电建设资本金。水电是资金密集型工程，在计划经济时期，水电都由国家拨款建设，电站建成后，交给电力部门运行管理，利税全部上交国家，没有形成收益转为投入的机制。经济体制实行转轨后，水电企业自身没有资本金积累，筹资也非常困难，因此需要为水电建设广开筹资渠道。

1) 建立水电开发基金，自1985年国家开始征收电力建设基金以来，地方办电能力有所提高，但电力投资缺口依然很大，水电建设资金筹措尤其困难。建议“九五”期间适时出台每千瓦小时用电在现二分钱之外再征收一分钱用于建立国家水电开发基金，使水电建设有一个稳定的资金来源。

2) 建立水电滚动开发的机制。中央领导同志多次倡导水电实行“流域、梯级、滚动、综合”开发方针，要做到梯级滚动开发，关键是要把该河流上已建成的水电站作为“母体”，以其固定资产、折旧费和全部收益（包括水电和水利）转为流域开发公司的资本金，滚动开发下一个梯级电站。当前，要请国家赋予各流域开发公司以法人代表资格，使他有负责该河流水电站的规划、设计、建设和运营并滚动开发全河流梯级水电站的权力。

3) 关系到国计民生、跨地区开发、综合效益特大的战略性工程，需要的投资额很大，借鉴国外对大型水电站大都以政府拨款或长期低息贷款建设的经验，以国家投资为主体，联合地方或企业进行建设。对西部大型水电开发，除国家采取加大投资力度政策外，还要鼓励东部经济发达地区到西部投资，联合开发。

充分发挥国家、地方、企业的积极性，采取多方合股建设的方式联合开发水电。如云南大朝山水电站（装机135万kW）由国家开发银行、云南省电力公司、云南省投资公司和红塔山总公司合股建设。

4) 广泛地多方式地吸引外资或发行股票建设大中型水电站，放宽政策界限，准予采用中外合资、合作或BOT和TOT方式。贵州乌江水电开发（集团）有限责任公司，为取得国际资金的支持，促进洪家渡水电站的开发，已申请并得到批准在香港发行H股股票来筹资，这种集资方式也值得借鉴。

5) 对有综合效益的水电工程要实行投资分摊。如只有社会效益而无直接经济收入的防洪效益，建议由中央或地方政府承担分摊的投资或由国家提供长期低息贷款支持开发。

6) 降低资本金比例。水电是基础产业和公益事业，过去利润全部上交国家，没有存蓄资本金，现行水电上网电价又很低，连偿还本息、支付折旧费、大修理费和红利等尚感困难，如按国家计委规定水电的资本金要达到占项目总投资比例的25%～30%难度极大，建议适当降低资本金比例，以利多渠道筹资办电。

(2) 运用国家的金融、财税杠杆，对现行水电建设所实施的财税政策作某些调整。

1) 延长贷款偿还期，降低贷款利率。作为一次能源的水电，没有享受到其他一次能源（如煤炭、石油）的优惠政策，1995年又取消了差别利率，年利率从原来的3.6%陆续上升到15.30%，且按季计息，实际高达16.2%。贷款偿还期又短，且分期贷款的偿还期都是从第一笔贷款日期算起。这样的贷款条件，使水电还本付息负担过重，据7个大型水电工程测算，偿还期利息占总投资的30%以上，以致还债期上网电价过高，市场难以接受。建议比照国际金融组织的作法，将水电贷款年限延长，特大型水电站从15年延长到25年，大型水电站从12年延长到20年，中型水电站从12年延长到15年。且将工程建设期定为宽限期。利率比照国内一次能源办理。

2）减轻耕地占用税。建设水电站一般都要淹没上游大量耕地，但它也给下游带来很大的防洪、灌溉效益。实际上增加和保护了下游沿岸耕地，足以补偿上游耕地损失，不应与其他行业一样征收同等的耕地占用税，建议仿照三峡工程的处理办法，按原税率的33%或40%征收。同时建议免交水资源税和天然砂石料的矿产资源税。

3）降低增值税率。水电不用燃料，成本中物耗小，在增值税中的进项税额很小，现行水电增值税率与其他行业一样定为17%，显然不合适。建议将水电增值税率适当降低或比照小水电办法按6%纳税，也可采取先征后返的办法，先按17%计征，然后由财政返还11%。

4）实行所得税全部或部分先征后返或先挂后交，税前还贷。

5）调整水电上网电价。目前以成本定价，在实行拨改贷以前所建的老水电站发电成本很低，无以积累资本金，建议实行水电和火电同网同质同价。

6）加大水电前期工作费。按照李鹏总理关于“九五”水电建设要为下世纪前10年做准备的要求，必须加大前期工作力度，增加前期工作费。建议国家有关部门扩大水电前期工作筹资渠道，增加资源勘探费和政策性专项贷款。对流域水电开发公司，允许从在建项目中列专项解决下一梯级电站的前期工作经费。水电前期工作也要走集资和商品化道路。

（3）改革水电建设管理体制。水电开发涉及电力工业、江河治理、综合利用、地区经济发展等复杂的社会经济关系，在建设过程中，常常会遇到不少问题需要及时解决。为此，建议成立水电开发总公司，目前可隶属于国家电力公司，其职能是作为控股公司负责全国大中型水电站的开发。建议国务院授权它作为一级国有资产的代表，拥有部分已建和在建水电站的国有资产和一定数量的资本金。并对水电行业实行行业管理职能如：制定规程规范、招投标实施办法、技术政策和加强队伍建设等。按照国民经济和电力工业发展的长期目标制定全国分地区分时段的水电开发规划；组织水电的前期工作；施工建设和运行管理；开拓投资渠道，筹集建设资金；协调各有关方面的经济利益关系，促进水电稳步、快速发展。

（何格高）

水电发展战略研究

华东电网2000年～2020年一次能源平衡及2050年展望战略研究

此项研究为“金沙江水电送华东研究”的第一分课题，是中国华东电力集团公司委托中国水力发电工程学会承担的技术咨询任务。第二分课题“金沙江溪落渡、向家坝水电站送电华东技术经济可行性研究”委托电力部水电水利规划设计总院承担，第三分课题主要研究开发金沙江水电送华东有关的政策措施。

从1994年开始，中国水力发电工程学会组织水电水利规划设计总院，电力科学研究院，成都、中南、华东勘测设计研究院，华东电力设计院和中国能源研究会的30多位高级专家，按课题内容分设四个子课题组。第一子课题“华东电网2000～2020年发电能源平衡及2050年展望”，由中国能源研究会负责；第二子课题“华东地区水电开发评价研究”，由华东勘测设计研究院负责；第三子课题“区外输入华东电网的发电能源评价研究”，由成都勘测设计研究院负责；第四子课题“溪落渡、向家坝向华东输电方案研究”，由电力科学研究院负责。

第一分课题组长为梁益华，副组长为雷树萱、袁定远，成员有周复来、胡兆意、赵政声、刘连玉。

经三年研究，于1997年6月10日提交中国华东电力集团公司全部研究成果共13个报告。主要结论如下。

一、多元化、多渠道办电是解决华东地区缺能缺电和优化电源配置的根本办法

从华东一次能源平衡分析，2000、2010、2020年能源需求总量分别为19400、27000、33600万吨标煤，

需求量巨大，只有实行多元化、多渠道、多种方式解决能源和电力不足，才能适应华东三省一市经济的迅速发展。首先充分开发利用华东三省一市本地区的各种能源发电，并积极从区外输煤、引进西部水电和山西火电并举，择机发展核电；在有利条件下，适当进口煤炭、石油及天然气作必要的补充。

由于三峡投产，金沙江溪落渡和向家坝等大型水电站相继建成，2020 年水电东送华东电网将能达到 1880 万 kW，加上华东本地区的常规水电 531 万 kW 和抽水蓄能 848 万 kW，潮汐 10 万 kW，共有水电 3240 万 kW，占电力总装机的 18.53%，比 1994 年的 8.7% 增加了 9.83%；核电在 800 万 kW 以上，电网可实现电源的优化配置。

二、金沙江水电送华东是各种外来发电能源优选之首

经对各种外来发电能源进行经济比较，华东电网经济合理的引进电源顺序为：金沙江送水电，输入山西坑口煤电，“三西”供煤，进口煤、石油、液化天然气，区内建核电等。虽然这是经济分析比较后的经济合理的优化发展顺序，但这些发电能源并不绝对相互排斥，在总体上看，都是需要的。这些电源的建设还需要根据前期工作进度，国内制造水平，进口能源的价格和数量，国内外资金等条件，根据需要和可能进行具体安排，各类电源在运行调度时还可实现优势互补。

三、溪落渡、向家坝两水电站与国内外同类电站相比，技术经济指标优越，送电华东是经济合理的

金沙江溪落渡、向家坝水电站规模巨大，按最近完成的预可研报告，装机容量分别为 1440 万 kW 和 600 万 kW，年发电量为 610 亿 kW·h 和 307 亿 kW·h，与国内外一般规模相近的巨型水电站比较技术经济指标优越。经论证溪落渡、向家坝水电站建成后可送电华东 1000 万～1200 万 kW。经济比较表明 1000 万 kW 所需的基建投资（包括溪落渡、向家坝电站和输变电工程）比在华东地区替代 1000 万 kW 煤电所需的投资（包括火电厂和相应的煤矿、铁路、海运配套工程）略少，而电站每年的生产成本则少得多。

四、金沙江溪落渡、向家坝两水电站超远距离送电华东技术上是可行的

超远距离技术可供选择的有纯交流输电、纯直流输电、交直流混合输电。交流 750kV 输电技术在国际上已完全成熟，750kV 加串补在巴西伊泰普工程中已采用。交流 1150kV 输电工程在前苏联也已建设了 900km。直流±600kV 输电技术在国外已有成熟的运行经验，前苏联在建的直流±750kV 的输电工程，全部设备已制造成功，线路目前已建成 45%（1090km）。巴西、加拿大、瑞典等国对直流±800kV 的输电工程和设备也都进行了大量的工作，一致认为建设这类工程是现实的。

溪落渡、向家坝电站 2010 年以后用超特高压、超远距离输电东送华东 2000km，在技术上是可行的。经对六个方案技术经济比较，推荐纯直流输电方式±750kV，2 回线路，输电 1000 万 kW 为最优；但纯交流 1150kV，2 回及直流±750kV、交流 1150kV 各 1 回混合方案，也有较强的竞争力。

送电华东的落点，第一期可考虑在江苏的常州、镇江地区和上海。

五、燃煤发电仍然是华东电网的主力电源

为满足华东三省一市地区经济发展对电力的需求，还需要建设大量火电，2000 年达到 4602 万 kW，2010 年达到 7752 万 kW，2020 年达到 12773 万 kW。尽管煤电所占比重从 1990 年的 95%以上降至 2020 年的 72.4%，但煤电仍然是华东电网的主力电源。所以，研究从“三西”引进更多的优质煤炭，积极创造条件，提高运输能力，同时要重视洁净煤燃烧的新技术、新工艺研究，把煤电对环境的污染降低到尽可能小的程度，重视改造污染较重的老火电站，使煤电发展的同时对环境的污染总量得以控制。

六、应注意发展核电

华东三省一市经济发展迅速，能源需求的不断增长和本地区能源资源贫乏的矛盾长期存在，展望 2021 年到 2050 年解决发电能源不足，仍然要多元化、多渠道，从区外和区内多种方式引进能源。从改善能源结构和保护环境考虑，在继续积极开发金沙江水电多送华东的同时，应注意研究多发展核电的可能性。从长远看，核电在华东电网将有较大的发展潜力，在一次能源和电源组成中应具有更重要的地位。

在秦山一期（30 万 kW）之后，“九五”期间抓紧秦山二期（2×60 万 kW）的建设，作好前期工作，争取秦山三期（2×70 万 kW）、浙江三门湾（2×100 万 kW）、江苏连云港一期（2×100 万 kW））、二期（2×100kW），在 2010 年前开工建设，2020 年争取建成 800 万 kW 核电。

七、争取西南水电更大规模东送

展望 2050 年，加快开发金沙江中、下游，建设更多的后续梯级电源，实现更大规模西电东送华东 3000 万 kW 是可能的。

三峡于 2010 年全部投产后，可送华东 700 万

kW。继三峡之后，于2020年建成溪落渡、向家坝，可增送华东1000万～1200万kW。继续向溪落渡上游开发，并建成白鹤滩（1400万kW）、乌东德（800万kW）等水电站，2030年基本建成金沙江下游4个梯级，又可增送华东1000万～1500万kW；中游河段6个梯级共2000万kW，关键的龙头水库上虎跳峡及开发建设条件好的金安桥、观音岩等水电站将先后在2030年前建成，2040年可基本建成6个梯级共2000万kW，约有600万～800万kW可送华东电网；金沙江上游9个梯级1653万kW，2050年可以提前全部建成，满足当地经济发展对电力的要求。金沙江上、中、下游共19个梯级7894万kW，其中，中、下游10个梯级共6240万kW。川、滇两省水电资源十分丰富，即使西部地区本身加快开发，负荷增长较快，只要金沙江和西南其他水电能及时加速开发，送电华东3000万kW左右应是不成问题的。早日开发可再生的水能，对我国国民经济的可持续性极为必要和有利。

（中国水力发电工程学会　赵政声）

金沙江溪落渡、向家坝水电站送电华东研究

受华东电力集团公司委托，中国水力发电学会组织电力部水电水利规划设计总院、电力科学研究院、成都院、华东院、中南院，中国能源研究会等，从全国一次能源平衡出发，共同研究金沙江水电送电华东的必要性和合理性，经过三年多研究取得了令人满意结果。

一、华东三省一市电力需求量大，但资源短缺

华东电网覆盖江苏、浙江、安徽和上海三省一市，土地面积共35万km²，占全国的3.6%，1995年底人口达18765万人，占全国的15.5%；国内生产总值(GDP）占全国的百分比为20%左右。

为适应华东三省一市经济高速发展和满足人民生活用电不断增长的需求，考虑到华东地区高科技发展、节能措施等因素，根据有关规划研究报告的测算，华东三省一市1990年～2000年，2000年～2010年，2010年～2020年的需电量增长速度分别为8.27%、6.32%、5.2%，2000年、2010年、2020年需电量分别为2600亿kW·h、4800亿kW·h和8000亿kW·h。

华东三省一市常规能源资源主要是有一定数量的煤炭（约占全国的4%），少量的水能资源（理论蕴藏量为1203万kW，可开发装机容量563万kW)和极少量的石油、天然气资源，沿海有一定的潮汐能和风能。

综上所述，华东三省一市为全国能源资源严重缺乏地区，这与华东地区的经济发展对能源的要求很不相称，发电能源不足成为制约经济发展的主要因素。

二、华东三省一市一次能源供需分析

华东三省一市能源供需矛盾非常突出，运输十分紧张，环境污染已很严重，电力长期供不应求。

据有关研究成果，至2000年、2010年、2020年华东三省一市能源总需求量分别为19400万t标准煤、27000万t标准煤、33600万t标准煤。本地区可生产一次能源分别为5970万t标准煤、8532万t标准煤、9908万t标准煤；预计可从区外输入能源分别为10227万t标准煤、14634万t标准煤、20106万t标准煤。

根据需求和供给预测成果可以看出，总供给量小于总需求量，在2000年以后，即使充分开发区内一次能源并积极从国内区外输煤和输入火电、水电的情况下，一次能源的平衡仍有较大的缺口，2000年、2010年和2020年一次能源缺口分别达3203万t标准煤、3832万t标准煤和3586万t标准煤。为满足经济发展的需要，在2000年以后，还需要考虑从国外适当进口一些煤炭，石油或天然气等一次能源。

三、金沙江水电送华东是全国一次能源平衡的需要

我国经济发达的东南沿海地区，能源资源缺乏，而煤炭资源主要集中在华北、西北，水电资源主要集中在西南；这就造成了全国能源调配的基本格局为“西电东送、北煤南运、北电南送”。

从水电资源和开发条件看，华东临近的闽、鲁、赣及两湖本身缺能缺电，只能寄希望于西南。全国建设的水电基地中，西南地区及跨区的水电基地有：金沙江、雅砻江、大渡河、乌江、澜沧江及南盘江红水河和长江干流等七个水电基地，装机容量15683万kW，年发电量6205亿kW·h。金沙江中下游石鼓到宜宾段原设想装机容量4789万kW，年发电量2611亿kW·h，现初步规划十个梯级装机容量6240万kW，年发电量2997亿kW·h，是最大的水电基地。

金沙江下游攀枝花到宜宾段，四个梯级装机容量4240万kW，年发电量2049亿kW·h，电站装机规模大，电量多，电能质量好，设想主要送华东、华中电网，是继长江三峡之后，西电东送最重要的电源。也只有开发金沙江，建设金沙江水电基地，方能适应华东等地区电力发展对水电的需求。

四、金沙江送电华东是华东电网实现电源结构优化的措施之一

为了满足华东地区经济发展对能源和电力发展的

需求，需要区内建设和区外输入相结合，多渠道、多方式并举解决能源和电力问题。

从“三西”进煤建设火电，是华东电网引进能源最重要的途径之一，但煤炭运量大，并需大量投资增建铁路和海运建筑物，加上受到环境容量的制约，其发展不是无限的。

沿海供气建火电也不是好方案，进口液化天然气、石油、煤价格太高，发电成本高，且发展规模十分有限。

在晋南建设坑口火电厂送华东，如阳城火电送到江苏（徐州），受到地形、水源等条件制约，发展规模不可能很大。

在华东建设核电站解决缺能缺电，改善能源结构，是长远发展的方向，但近期不可能大规模发展。

水电是清洁的可再生能源，具有启动快、运行灵活的特点。开发金沙江溪落渡、向家坝水电站送电华东，对优化系统电源结构，保证安全运行，提高供电质量，都有重要意义。三峡投产，金沙江溪落渡和向家坝等大型水电相继建成，2020 年水电东送华东电网将能达到 1880 万 kW，加上本地区的常规水电 531 万 kW 和抽水蓄能 848 万 kW，潮汐 10 万 kW，共有水电 3240 万 kW，占电力总装机的 18.53%，比 1993 年的 8.63%增加了 9.9%；华东电网可实现电源的优化配置。

五、金沙江水电送华东技术可行、经济合理

金沙江溪落渡、向家坝水电站规模巨大，1996 年 3 月完成的预可研报告，装机容量分别为 1440 万 kW 和 600 万 kW，年发电量为 610 亿 kW·h 和 307 亿 kW·h，与国内外一般规模相近的巨型水电站比较，技术经济指标优越。关于远距离输电问题，采用多层次模糊综合决策模型，建立多层次模糊综合决策专家系统通过综合分析认为，溪落渡、向家坝水电送华东 1000 万 kW，采用±750kV 的直流输电方案技术上可行，经济上较优。

经论证溪落渡、向家坝水电站建成后可送电华东 1000 万～1200 万 kW。经济比较表明建设溪落渡、向家坝 1000 万 kW 所需的基建投资（包括电站和输变电工程）比在华东地区建设 1000 万 kW 煤电所需的投资（包括火电厂和相应的煤矿、铁路海运配套工程）略少；且每年可比火电节省燃料和运行成本约 37 亿元。

六、展望 2050 年，将实现更大规模的西电东送

三峡于 2010 年全部投产后，可送电华东 700 万 kW，继三峡之后，于 2020 年投产的溪落渡、向家坝，可增送华东 1000 万～1200 万 kW。2030 年，开发建成白鹤滩（1400 万 kW）、乌东德（800 万 kW）等水电站后，基本建成金沙江下游梯级电站群，又可增送华东 1000 万～1500 万 kW；只要金沙江和西南水电能及时加速开发，建设更多的后续梯级电源，金沙江水电送电华东最终规模将达 3000 万 kW。

（电力部水电水利规划设计总院　袁定远）

浅探东北水电资源的开发

为讨论东北水电开发问题，首先对东北电网现状及特点、电网负荷预测做简单的介绍。

一、电网现状及特点

1. 电网覆盖面广　东北电网覆盖东北三省及内蒙东部三盟（呼盟、哲盟、兴安盟）一市（赤峰市），覆盖面积 124.14 万 km^2，占国土面积近 1/8；居住人口 1.1 亿，占全国人口近 1/10；网内工业门类齐全，体系完整，基础雄厚；农业生产条件优越，是我国重要的农牧业生产基地。

2. 网内一次能源短缺，水电资源有限　据东北电管局提供资料，网内煤炭保有储量为 639 亿 t，仅占全国的 9%，而 1990 年地区工农业总产值占全国的 15.2%，重工业总产值占全国的 19.9%。东北地区受气候、产业结构影响，能源消耗每亿元产值远高于全国。

东北地区煤炭产地主要分布在内蒙东部的霍林河、伊敏、黑龙江省东部的鸡西、鹤岗、七台河等地。因煤炭短缺，每年需从华北调运数百万吨的发电用煤。

东北地区水电资源的理论储量为 1512 万 kW，仅占全国的 2.3%，可开发利用的水能资源仅为 1418.8 万 kW，仅占全国的 2%。

能源短缺是制约东北电网建设的重要因素。

3. 电源结构以火电为主，电网调峰困难　资源条件和国家的能源政策，决定东北电网现在和今后，仍然以煤电为主。1996 年全网总装机容量 2993.8 万 kW，其中水电装机容量 461.8 万 kW，占全网总装机容量的 15.4%；全网总发电量为 1395×10^8kW·h，其中水电发电量为 111×10^8kW·h，占全网的 8%；最大发电负荷 2016.1 万 kW，最大峰谷差 800 万 kW。

4. “T”状的负荷带及其电源分布　东北电网的负荷分布呈“T”状，哈（尔滨）—齐（齐哈尔）—牡（丹江）呈“一”字型构成“T”带的头，哈（尔滨）—长（春）—沈（阳）—大（连）呈“1”字形构成“T”带的躯。

“T”状的负荷带是东北地区政治、经济、文化发展决定的。电源的上述分布是资源分布及其煤炭运输条件决定的。

5. 电网的负荷率与最小负荷率愈来愈小，峰谷差愈来愈大，调峰愈来愈困难　东北电网负荷及负荷率逐年变化情况见表1。

表1　东北电网历年负荷特性表

年份	全区最大负荷（万kW）	电网统调部分				
		N_{max}	N_{min}	ΔN	γ	β
1984	956.5	7941	5437	2504	0.871	0.685
1985	1058.7	8961	6179	2782	0.858	0.689
1986	1144.3	9612	6578	3033	0.853	0.684
1987	1235.1	11496	7878	3618	0.854	0.685
1988	1238.5	11623	8144	3479	0.825	0.700
1989	1369.2	12455	8468	3987	0.814	0.679
1990	1476.8	13462	8516	4946	0.822	0.632
1991	1577.8	14332	8915	5417	0.807	0.622
1992	1749.9	15950	10126	5824	0.814	0.635
1993	1974.0	17540	10910	6630	0.797	0.622

由表1可以看出峰谷差愈来愈大，负荷率与最小负荷率愈来愈小。

电网负荷增长高于电能需求的增长。1981年～1993年间，年平均负荷增长9.2%，而同期电能年平均增长5.9%，这种负荷特性变化，也反映在火电机组利用小时数愈来愈少，1986年全网火电机组利用小时数为6566h，1993年利用小时数降为5409h。

二、电网负荷预测

负荷和负荷特性预测是电源规划、电网建设的主要基础和依据，东北电管局和东北勘测设计研究院为编制《东北地区2020年电力规划》，曾先期完成了《东北电网负荷特性分析与预测报告》。表2即为预测的负荷及其特性。

表2　预测的负荷及其特性表

年份	2000	2005	2010	2015	2020
需发电量（亿kW·h）	2100	2640	3320	4200	5300
发电负荷（万kW）	3440	4370	5540	7060	8960
负荷率γ	0.742	0.723	0.766	0.766	0.766
最小负荷率β	0.564	0.533	0.570	0.570	0.570
需水电装机（万kW）	880	1114.35	1412.7	1800.3	2280

三、东北地区的水电开发

根据对东北电网现状、特点、负荷及负荷特性的上述认识，就东北地区水电开发提出些不成熟的看法如下。

1. 水火电必须保持适宜比例同步发展　前已述及东北电网水火电比例失调，造成电网调峰困难，火电机组利用小时数减少，甚至部分火电机组“闲置”。水电装机占全网各种电源结构的最优比例，可以通过多种电源配置方案比较优选。世界各国都很重视水电在电源结构中的适宜比例。日本、法国等发达国家，虽然常规水电资源有限，且已开发殆尽，在其电力工业发展中，始终保持水电占各种电源结构20%～25%的比例同步发展。根据我们对东北电网所做的工作成果，我们认为目前及今后一段时间内东北电网水电占全部电源构成中的比例控制在25%左右为宜，保持这种比例与其他电源建设同步发展。显然这个比例不是一成不变的，应根据情况变化，适时进行调整。

2. 水电建设坚持大中小并举，多家办电，统一调度　随着改革的深化，水电建设投资从国家拨款改为贷款，从独资走向合资合股建设，从投资单元化走向多元化，由独家办电，走向多家办电。如在建的莲花、松江河梯级电站；拟建的蒲石河、荒沟抽水蓄能电站，就是这种融资方式。中小电站的建设可以发挥地区、部门融资办电的积极性，如东北已建的西沟、库尔滨、北江、红河二级水电站，在建的象山、宝山、两江水电站，拟建的四湖沟、望江楼、二道沟等水电站都是地方融资，中小水电对外资也有很大的吸引力。

3. 因地制宜，常蓄结合　东北电网水电资源有限，可在2005年以前开发的水电站有松江河梯级（51万kW）、牡丹江梯级（75.5万kW）、二道松花江梯级（23万kW）、鸭绿江上的临江（20万kW）、望江楼（4万kW），沾河上的新鄂（10万kW）、沾北（2.8万kW）等，总计186.3万kW；按预测及规划要求，系统到2005年需新增水电装机容量720万kW；两者相差530万kW，水电缺口很大。

面对常规水电资源不足，供求缺口较大的实际，必须采取因地制宜，常蓄结合的措施，满足电网对水电的需求。按这一指导思想，对东北电网各省区水电开发的思路如下：

(1)辽宁省以重点开发抽水蓄能为主。辽宁省的用电负荷占全网的47%，常规水电开发率已达80%，近期可开发容量不到20万kW，调峰填谷矛盾突出，需尽快建设大型抽水蓄能电站。

在东北电管局的统一筹划下，从80年代末到现在，我们已完成了《辽宁省抽水蓄能电站普查报告》、《辽宁省抽水蓄能电站规划选点报告》、《蒲石河抽水蓄能工程可行性研究报告》、《蒲石河抽水蓄能电站二期工程预可行性研究报告》，此外还在沈（阳）、抚（顺）、本（溪）、鞍（山）的外围三个山地丘陵区完成内业选点工作，总计 19 个站点，总容量约 2300 万 kW，为辽宁省抽水蓄能电站建设奠定了前期工作基础。

(2) 吉林省在 2005 年前以开发常规水电为主，以后转入开发抽水蓄能资源。吉林省用电负荷占全网的 19%，常规水电开发率 60%，尚可开发的有松江河梯级、二道松花江梯级、鸭绿江临江等，总计有 120 万 kW 之多，开发条件较好，2005 年前基本上以这些常规水电建设为主。为给 2005 年后抽水蓄能电站建设做准备，1993 年 3 月完成了《红石水电站库区抽水蓄能电站站址普查报告》，在此基础上，日本政府援助完成了《规划选点报告》,《红石抽水蓄能电站预可行性研究报告》可望在 1997 年底前完成。

(3)黑龙江水电开发常蓄并举。全省负荷占全网的 30%，常规水电开发率不足 10%。待开发的水电资源主要分布在中俄界河黑龙江、牡丹江。近期界河水电资源难以开发，只能开发牡丹江、沾河、呼玛河的水电资源。但仅靠这些满足不了省网调峰要求，电网急需调峰容量。为此，我们先后完成了《黑龙江省抽水蓄能电站普查报告》、《黑龙江省抽水蓄能电站规划选点报告》、《荒沟抽水蓄能电站工程可行性研究报告》等前期准备工作，为黑龙江省抽水蓄能电站建设奠定了一定的前期工作基础。其中荒沟抽水蓄能电站的下池为莲花水库，其下池进/出水口已在 1996 年莲花电站下闸蓄水前完成。

(4)内蒙东部以开发常规水电为主。内蒙东部用电负荷仅占全区的 4%，该区可开发的水电资源约为 153 万 kW，已开发仅约 1.3 万 kW。因此，开发常规水电是当务之急。

4. 充分利用已建水库、电站的潜力，扩机增容，建设常蓄结合的混合式抽水蓄能电站　东北电网为解决调峰困难的燃眉之急，首先对有扩机增容条件的水电厂扩机增容，取得了投资少、见效快的效果。丰满电厂利用预留的 9#、10# 钢管，进行二期扩机 17 万 kW；之后，又利用左岸的泄洪洞，进行三期扩建，增容 28 万 kW，使丰满电厂总装机达 100 万 kW 以上。对桓仁、红石两电厂都已完成扩机可行性的研究报告。此外，结合水电厂机组大修，更换转轮，提高效率，使原设备增容也收到了一定的效果。

利用已建水库做下池，在库周选择适宜的上池，建设抽水蓄能电站，即可节省土建费用，又挖掘了已建水库的潜力。如前已述及的红石抽水蓄能电站、荒沟抽水蓄能电站。

利用梯级电站上下库做抽水蓄能的上下池，增建抽水蓄能电站。其优点是，在不影响常规水电效益、运行的条件下，节省抽水蓄能电站的土建投资，使水电资源利用更为合理。已建的白山、红石梯级电站，已完成了白山泵站（300 万 kW）预可行性研究报告，可行性研究报告正在进行。该泵站每年可将电网 7.24 亿 kW·h 的低谷电能转换成 6.58 亿 kW·h 的峰荷电能，综合效率 0.91，远高于纯抽水蓄能电站的综合效率。

在建的双沟、石笼梯级电站类似白山、红石梯级电站，增建抽水蓄能电站的条件也较优越，该项研究工作正在进行。

（东北勘测设计研究院　王广福　张振武）

对当前我国水电建设投资还贷主要问题的分析研究与政策建议

一、水电建设当前最主要的问题是还贷期上网电价偏高

在社会主义市场经济的前提下，新建水电站的投资主要从银行贷款，水电能否生存和发展，主要取决于其还贷能力，而衡量水电站还贷能力的主要评价指标为还贷期满足还贷要求的上网电价。

为了摸清财税制度改革对水电建设的影响，分析研究当前我国水电建设投资还贷的主要问题，研究中选取了有代表性的在建和拟建水电工程，包括不同地区、不同类型、不同规模与经济效益的八个水电建设项目，进行了财务指标的测算，按财税改革前、后的规定测算各电站还贷上网电价。

财务测算结果表明：由于财税政策的变化，水电建设项目的还贷上网电价上涨幅度较大，平均上涨 36.9%，最高达 44.8%，最低也上涨 33%；如果再计入增值税，则平均上涨幅度达 61.5%，最高及最低分别为 69%及 55.3%。

财税制度改革后，八座电站平均还贷上网电价达 0.89 元/kW·h，最高达 1.25 元/kW·h，最低也有 0.51 元/kW·h；如果计入增值税，则上网电价更高，平均达 1.04 元/kW·h，最高、最低分别为 1.46 元/kW·h 和 0.60 元/kW·h。

根据统计资料，我国 1993 年平均售电价为 0.197 元/kW·h，华能集团的售电价达到 0.35 元/kW·h，在经济发达而电力又很紧缺的深圳市，售电价也才 0.60 元/kW·h，因此，如上测算八座水电站的还贷上网电价以及推算到用户所实际承担的售电价水平，均远远高于目前的电价水平。由此看来，我国新建水电站在财税改革后，出现了还贷期上网电价过高的问题，用户对电价承受能力差，影响了水电建设的还贷能力，势

必会影响水电的发展。

二、引起还贷上网电价过高的主要因素之一是当前规定的还贷期太短

修建一座水电站，是在江河上进行“大兴土木”的建设项目，一次性投入大，并需要一定的工期。按目前建行规定的特大型项目(装机容量120万kW以上，投资6亿元以上)，工期一般在10年以上；依水电规范规定的大Ⅰ型项目（装机容量75万kW以上)，工期需10年左右，大Ⅱ型项目(装机容量25万～75万kW)，一般约8年左右，中型项目（装机容量2.5万～25万kW)，其中10万～25万kW者需要5年左右，2.5万～10万kW者一般约3年左右。水电建设的投资，由于水电建设原材料供应直接来自市场，劳动力价格也不断上涨，一般来讲，一座10余万kW的水电站，总投资（静态投资加上价差预备费）也将达6亿元以上，与国家以前的计划供给原材料的情况相比，水电建设投资上涨幅度很大。

“拨改贷”以来，银行的贷款条件规定为特大型项目贷款偿还期不得超过15年，大、中型项目不得超过12年，小型项目不得超过6年，贷款偿还期指从第一笔贷款算起，至还清最后一笔贷款为止，也就是说，偿还期包括施工期在内。根据这些规定，水电建设项目实际偿还期扣除施工期后所剩没有几年的时间，偿还期极短。

水电站本身的物理寿命(即获利期)是很长的，国际上对水电的寿命，一般定为50年，实际运行时，能达一、二百年，但是，水电在建设期及建成初期获利较少，把贷款偿还期定得太短，等于是把沉重的还贷负担集中在近期运行的若干年，实际上是“强人所难”，不符合水电建设的实际情况。

三、采用与一般行业相同的税赋政策是影响还贷上网电价的另一主要因素

税制改革后，水电建设的税赋变化最大的两个方面为：

(1)水电建设从原来的贷款偿还期免交所得税，实行税前还贷，还贷后才交所得税（税率为55%)，改为税后还贷，即在贷款偿还期先交所得税，后还贷，并与其他行业一样，所得税率统一定为33%，还贷后仍按33%交纳所得税。

(2)水电建设原来交纳产品税，发电环节按厂供电量计算，税率为0.01元/kW·h，供电环节为销售收入的10%，并按发电环节产品税的67%、供电环节产品税的20%用于还贷；税制改革后，交纳增值税，为价外税，按销售收入扣除进项税额后征收，水电与其他行业一样，增值税税率为17%，增值税不能用于还贷。由于水电进项税额很小，所以与产品税相比，改为增值税后，税赋明显增加。

上述两项税赋的变化，使水电建设项目在贷款偿还期交纳的税金大幅度上涨，使还贷的负担更加沉重。按税制改革前后的规定计算八座水电站在还贷期发电环节所交的税金进行比较，结果是：八座电站在还贷期按发电环节计算年均上交的税金，改革前为0.96亿元/年，改革后增加到55.12亿元/年（不计增值税时）和91.89亿元/年（计入增值税后)；如果按单位电能计算，则改革前为0.0035元/kW·h，改革后增加到0.215元/kW·h（不计增值税时）和0.366元/kW·h(计入增值税后)。不难看出，税制改革，水电建设项目在还贷期纳税变化多么大。

将财税改革后的还贷上网电价进行分解，说明构成还贷上网电价的主要成分为满足还贷要求所需要的还贷利润（占24.9%)，其次为所得税（占19.6%）和增值税（占14.5%)，而水电的经营成本低（仅占5.18%)，实际运行支出并不高。因此，降低还贷电价，使水电具有财务还贷的生存能力，除研究延长水电贷款偿还期，以降低每年需要还贷的利润外，还必须重点对税赋采取优惠政策进行研究。

四、对不同贷款偿还期及税赋政策的财务测算结果

1. 关于贷款偿还期　按基本方案(即现行规定的偿还期)，又分别延长到15、20、25、30年四个档次进行测算研究，结果表明：①贷款偿还期延长，可使上网电价降低，当偿还期延长到15、20、25、30年时，八座电站平均分别下降18%、37.1%、46.1%和50.6%；②随着贷款偿还期的延长，电价下降的幅度由大变小，一般大型电站由于工期较长，需要贷款偿还期相应延长，当延长到20～25年，电价能明显下降，再延长，电价变化不再明显，对于中型水电站，工期稍短，偿还期延长至15～20年，电价下降幅度就变小了；③各方案财务内部收益率随电价的降低也在下降，但降幅低于电价降幅，而降低后的财务内部收益率仍较高，属于较好的指标，因此，适当延长贷款偿还期，内部收益率指标不会起到控制作用。

2. 关于所得税　对所得税进行单因素变化分析，如果将贷款偿还期的所得税“先征后返”，即先征收所得税，然后返还用于还贷，则八座电站平均还贷上网电价能降低24.7%，其影响程度仅次于延长贷款偿还期，成为影响还贷上网电价的第二位重要因素；测算结果还说明，水电运行成本低，后期效益好，在还贷后仍可以按规定上交所得税，其财务内部收益率普遍较高。

研究中，对所得税还考虑了“先挂后交”的方案，即在还贷期先挂税，当还清贷款后，除按规定交税外，

还补交还贷期所挂的税。通过对挂税不计息和计息二种方式测算分析，在还清贷款后，由于补交税款而引起还贷后上网电价上涨幅度并不大，是可以接受的。

3. 贷款偿还期与所得税组合变化分析　将贷款偿还期延长与所得税“先征后返”进行组合分析说明，如果将贷款偿还期延长到25年，所得税全部“先征后返”，则八座电站平均还贷上网电价可以降至0.44元/kW·h；如果同时再适当降低贷款利率，由现在规定的电力工业差别利率11.16%，降至9.9%（目前我国5年以上贷款中最优惠的利率），则电价还可降到0.41元/kW·h。

4. 关于增值税　在上述财务测算过程中，电价均未含增值税，如果按目前规定，对独立核算的水电站，按发电收入的17%计征增值税，则上述平均还贷上网电价均要增加17%，这部分电价将增加用户的负担，影响较大，如果能按农村小水电的增值税率6%减征，则用户较易接受。

五、政策建议

水能资源是清洁再生的一次能源，将周而复始、永不完结、不消耗燃料，通过开发建设转化为电力，不仅仅是国家的基础工业，而且是一项大型的公益性事业。多数水电站和水利工程一样，多具有防洪、灌溉、航运、供水、养殖、旅游等综合效益，并转化为社会效益，对我国社会主义市场经济发展起着不可估量的作用。另外，水电建设多在偏远山区，为改变山区贫穷的面貌，促进其经济发展作出了贡献。而水电建设的特点是一次性投资相对较大，建设期相对较长，建设初期获得较少，而长期获利又较高，水电建设的困难在建设期及还贷期。

针对水电建设的特点，世界上许多国家对水电建设都给予了相当优惠的政策支持，以图扶持和加速水电开发进程。如美国联邦政府对水电站的还本期规定为50年，利率每年增长不超过0.75%，目前为9%，国营电站免征某些税种，除政府贷款外，还发行免税债券、有限合股、出售产权并长期租用、发行股票等；日本电源开发公司开发的大型水电，政府贷款占80%，国内银行贷款占20%，其中政府贷款占工程总投资5%～10%部分为无息贷款，70%～75%部分为年息6.2%的低息贷款，还款期为30年，本国银行贷款年息为7.5%，还款期为15年；巴西的水电发展迅速，与政府的大力扶持、资金供应充足是分不开的；还有加拿大、挪威等国都是如此。从这些国家开发水电的经验看出：在开发水电时，国家始终处于主导和关键地位，国家在担负水电建设投资中的主要作用的同时，还采取了多渠道、多层次和多种形式的集资手段；在政策上，对于贷款偿还期、年利率和税收等极为敏感的因素，制定了合理的优惠政策，其水电开发走出了一条自主经营、自负营亏和自我发展的企业化管理道路。

我国水能资源位于世界之冠，是水能资源大国，应该吸取先进国家的经验，开发我国丰富的水能资源。现在，我国只开发利用了水能资源的10%左右，水电事业任重而道远，为了使水电这个基础工业和公益性事业能有较大发展，希望国家给予一定的政策支持，关键是提供宽松的环境，提高水电建设的还贷能力，为此建议：

1. 延长水电建设项目贷款偿还期

（1）建议对大型以上的水电站延长到20～25年，中型水电站延长到15～20年，小型水电站为10年左右。

（2）采取计算贷款偿还期不包括水电建设期的方式，偿还期按现规定不变，即特大型项目不包括建设期为15年，大、中型项目不包括建设期为12年，小型项目不包括建设期为6年。

此外，在延长水电贷款偿还期的同时，在国家力所能及的前提下，适当降低贷款利率，这样对水电的发展将更为有利。

2. 建议国家财税部门给予税赋优惠政策　建议对所得税采取“先征后返”或“先挂后交”的政策，以减轻水电还贷期的还贷负担；对增值税能尽可能减征，如按6%征收。

3. 其他　经分析研究，水电建设还需要国家加大政策性投资力度和利用外资力度，解决水电建设资金短缺的问题，另外，在税赋上还应放宽水电站的耕地占用税以及进口设备关税等政策。

（水电水利规划设计总院　朱铁铮
北京勘测设计研究院　李世东）

改革水电前期工作经费筹措及其管理办法的研究

根据我国能源资源条件，电力部规划，水电装机容量2000年达到7000万kW左右，2010年达到1.2～1.4亿kW，2020年达到1.8～2.1亿kW。根据当前前期工作进展情况，要实现上述目标，差距甚大。电力部规划计划司根据部领导指示精神委托中电联牵头组织课题组，调查研究提出改革水电前期经费筹措及其管理的建议。

课题组组织力量，从1994年4月起，经过8个月工作，提出了研究报告。

一、水电前期工作的特点

（1）条件艰苦，技术复杂。水能资源与煤炭、石油等一次能源开发一样，需要进行大量地质勘探工作。有些水电工程由于涉及面广，前期工作要比煤炭、石油更为复杂。

(2)涉及综合利用与权益分配，协调工作量大。水电站的前期工作涉及面广，大中型水电开发，往往不仅只是单纯发电，还要同时满足防洪、灌溉、航运、拦沙、供水、治涝、漂木、旅游、水产、环境等多方面综合利用的要求，有的还影响到河流的上下游、左右岸、有关省市和产业部门，甚至涉及国与国之间的社会经济发展和权益分配。关系相当复杂，需要协调。

(3)水库移民的前期工作难度高。水库移民安置要走开发性移民的新路子，先要进行淹没实物指标的调查，研究移民的环境容量，制定补偿标准，做好移民规划。这些工作需要支付相当多费用，要从前期经费中开支。

(4)水电项目设计必须要有一定的储备。水电建设项目受自然条件限制，没有一个是完全一样的，不可能进行定型设计。设计完成后并非都能立即上马。这就促使水电设计必须要有一定的储备，以供国家优化选择。

(5)水电前期工作经费有长期不能回收的风险。水电项目优化设计要做大量工作，有的还要根据新的情况不断修改补充。较长时期不能立项上马，带来前期经费积压，有的甚至不能收回。

二、水电前期经费紧缺的原因及严重后果

在计划经济体制下，水电前期经费均由国家统一安排，一部分列为事业费，由财政部拨款，另一部分设备购置费，由计委安排，纳入基建投资计划（列入小型基建）。近几年来，水电前期工作项目增加，物价上涨，而国家安排的经费每年6000万元1981年以来没有增长。1986年以后从几个渠道增加的一点经费到1993年也只有1.86亿元，不到需要量的1/3。

水电前期经费紧缺，主要是受过去水电建设体制的影响。前期经费两个主要来源均由国家安排，无偿使用。电站建成后由电网的业主（各电管局、电力局）运行管理，电管局（电力局）对水电站建设不承担责任。水电建设的前期工作经费与建成后实得的效益是脱节的。

前期经费紧缺，后果严重。致使流域规划滞后，造成无法选出合适的电源点；设计储备严重萎缩，直接影响今后水电建设；勘测设计工作深度不够，有的造成浪费；队伍自身建设缓慢，人才流失严重。

三、改革水电前期工作资金筹措的建议

从计划经济沿袭下来的水电前期经费投入与产出分离的两条线运行机制，与社会主义市场经济体制及勘测设计成果有偿使用的原则是背离的。按照社会主义市场经济规律的要求，水电前期经费筹措的改革，首先要明确经费筹措的责任者，其次实行设计成果商品化，按照“多方集资，建立基金，有偿使用，滚动开发”的原则，走资源勘探与开发一体化的路子，加强项目业主的责任。

水电前期工作按性质可区分为政府行为与企业行为。水电前期工作经费，凡属政府行为的，应由政府安排，凡属企业行为的，应由业主负责安排。

研究报告对1994年至2005年期间设想需进行的97项水电工程的前期经费进行了测算，共需约80.4亿元（不含物价上涨因素），平均每年约需6.7亿元。

水电前期经费筹措采取多渠道路子。

(1) 国家增拨水电资源勘探费。要求国家比照石油、煤炭等一次能源的政策，将每年原有的0.9亿元增加到2亿元，作为国家掌握的水电前期工作基金。

(2) 国家开发银行安排部分软贷款或贴息贷款，每年1亿元，由开行与电力部按水电项目核定。

(3) 回收已建水电厂的资源勘探费和在建水电工程项目的水电前期费。建议电力部门向直属的已投产的水电厂，按每千瓦小时3厘回收资源勘探费（进入发电成本）。每年约可回收2.1亿元。

向水电在建工程项目回收前期费，按1994年测算，当年可回收约4000万元。

通过此途径每年约可回收2.5亿元。

(4)多渠道、多模式筹集前期工作资金，每年需集资1.2亿元。

上述四种渠道每年可筹集约6.7亿元。

四、改革水电前期工作经费管理机制

水电前期基金实行有偿使用。无论资金来自何种渠道，均实行有偿使用，回收的资金进入基金，从而逐渐形成自身良性循环。

水电前期工作及其经费应实行归口管理。水电前期工作是电力系统规划工作中的一部分，电网管理部门应将有关水电建设工作纳入电网建设计划，承担归口管理的责任。

水电项目的勘测设计成果，按照商品化原则管理，实行谁出资谁拥有成果所有权政策，可根据协议有偿转让。

水电项目的前期工作实行业主负责制，在项目业主尚未明确前，属中央政府行为的前期工作由电力部指定的职能单位负责安排，属地方政府行为由所在电管局、电力局负责。

（中国电力企业联合会　游吉寿）

金沙江溪落渡、向家坝两电站开发的前期工作

金沙江从云南虎跳峡至四川宜宾全长 1100 多 km，共规划了 10 个梯级电站，可装机总容量为 5800 万 kW，其中溪落渡、向家坝为最后两级，分别装机为 1200 万 kW 和 600 万 kW。

1995 年 11 月，李鹏总理在国务院三峡工程建设委员会全体会议上，明确中国长江三峡工程开发总公司为溪落渡、向家坝两电站的项目法人，要求中国三峡总公司投资以加快前期工作，争取本世纪末完成两电站的初步设计。根据三峡工程的进展，争取在“十五”开工建设其中一个电站，使三峡之后的长江上游的水能资源开发能滚动起来。这一决定使金沙江开发进入了新阶段。

1996 年 5 月，电力工业部会同四川、云南两省及中国三峡总公司组织审查了分别由成都勘测设计研究院、中南勘测设计研究院编制的溪落渡、向家坝两电站预可行性研究报告。接着，中国三峡总公司组织审查了由水电水利规划设计总院汇编的两电站可行性研究报告大纲。之后，根据国家计委和国务院三峡工程建设委员会的协调，确定在可行性研究阶段首先对两电站“谁先上马”进行比选研究。中国三峡总公司同规划设计总院于 1997 年 6 月签订了比选工作协议，由总公司出资，要求于 1998 年年中提出比选报告进行审查。比选报告拟分五个部分，即：溪落渡可行性研究中间报告；向家坝可行性研究中间报告；两电站对三峡梯级补偿效益研究；两电站送出工程方案的效益研究；中国三峡总公司开发两电站的资金承受能力与筹资方案。目前各项报告均在研究和编制中。经过比选审查后，确定先上马的电站继续抓紧完成可行性研究报告，以满足“十五”期间开工建设的要求。

（中国长江三峡工程开发总公司贺恭）

流域梯级滚动综合开发

黄河上游综合滚动开发

党中央、国务院对黄河上游水电建设十分重视，邹家华副总理多次指示要实施“流域、梯级、滚动、综合”的开发机制，并指示：开发黄河上游水电资源是贯彻支持中西部发展方针的重要的具体内容，将会对西北地区的经济的发展产生十分积极的作用。黄河上游水电滚动开发受到各级部门的重视，邹家华副总理、国家计委及电力工业部都曾组织专门会议研究黄河上游水电滚动开发，最近几年西北五省（区）党政领导会议及西北电网领导小组会议上都对黄河上游水电实行滚动开发达成了共识。现就黄河上游水电滚动开发的前期工作进展情况介绍如下：

1994 年 7 月，电力工业部汪恕诚副部长一行视察黄河上游水电，提出采用滚动开发方式是加快黄河上游水电开发的可行途径。同年 9 月电力部计划司召集有关单位，研究黄河上游水电滚动开发的范围、方案等问题。电力工业部史大桢部长以书面形式向邹家华副总理作了汇报。

1995 年 1 月召开了第六次西北电力集团管委会，会上对滚动开发方案进行了讨论，根据会议精神于同年 4 月编出了《黄河上游水电滚动开发可行性研究报告》。9 月青海省人民政府向国务院报送了“关于黄河上游水电实行滚动开发的报告”，邹家华副总理作了批示：开发黄河上游青海段的水电水利资源是贯彻支持中西部发展方针的重要的具体内容，对青海和西北地区经济的发展将产生十分积极的作用，请计委组织力量协调推进。国家计委于 10 月听取了电力工业部汇报，之后电力部计划司又进行了研究工作。11 月、12 月电力工业部查克明副部长两次主持会议，分别听取了部计划司、西北电力集团公司关于滚动开发方案的汇报。

1996 年 1 月邹家华副总理主持会议，听取了查克明副部长关于黄河上游水电流域滚动开发的专题汇报。会上议定：确定龙羊峡电站作为黄河流域滚动开发的“母体电站”；电力工业部要尽快与西北四省（区）研究电价调整方案，将龙羊峡的电价调整到位；尽快组建精干的黄河上游水电开发公司的领导班子，由国家与西北四省（区）共同出资组建水电开发公司。同年 2 月查克明、汪恕诚两位副部长召开会议，听取西北电力集团公司汇报关于滚动开发方案的修改稿，会议进一步肯定了研究的方案，汪恕诚副部长提出关键是资本金

的滚动，要求补充测算资本金平衡情况。在西北电力集团第七次管委会及西北电网领导小组第七次会议建议由中央和四省（区）共同出资组建有限责任公司，负责以龙羊峡、李家峡为母体电站进行黄河上游水电开发。并责成西北电力集团公司根据与会代表的意见和建议，尽快完善滚动开发方案等，并征求四省（区）意见。1996年4月底，西北电管局向电力部报送了“关于黄河上游水电滚动开发有限责任公司机构设置建议方案的报告”。6月电力部史大桢部长视察西北电网时指出：黄河上游水电的滚动开发作为“九五”的目标，应当起动，要尽快上报。组建黄河上游水电开发公司要由西北电力集团公司牵头，四省（区）联合投资开发。

1996年7月西北电力集团公司到西北四省（区）政府汇报滚动开发工作，并带去“关于黄河上游水电滚动开发方案征求意见的函”，进一步征求各省（区）意见，并修订方案。8月西北电力集团公司以“关于报送《黄河上游水电滚动开发研究报告》的函”，将研究报告（第八稿）报送电力部，并抄报国家计委、国家开发银行、中国建设银行。同年9月电力部查克明副部长主持会议，听取了西北电力集团公司丁中智总经理关于西北电力发展的汇报，其中针对滚动开发问题，查部长要求尽快组建黄河上游水电开发有限责任公司，由西北电力集团公司牵头组建。

1996年9月6日，电力工业部发出“关于筹建黄河上游水电开发有限责任公司的通知”，指出：西北电力集团公司牵头与四省（区）联合成立筹备小组，进一步着手研究有限责任公司的产权关系、财务关系、建设体制以及经营实施计划，尽快编制组建有限责任公司建议书、可研报告与公司章程，进行资产评估立项和确认等，并按规定程序报批。

1996年10月23日在西安召开了黄河上游水电开发有限责任公司筹备小组第一次会议，西北电力集团公司牵头与四省（区）联合成立了筹备小组及筹备小组办公室。

目前，西北电力集团公司正与四省（区）研究拟先成立公司机构，然后再对龙羊峡、李家峡进行资产评估、产权界定、理顺财务关系、上报可研等一系列工作。

实现滚动开发需要国家和地方政府的共同支持，黄河上游水电开发公司由于是由中央与四省（区）组建的，需投资各方齐心协力，按项目法人责任制的要求，筹划继李家峡之后的下一个开工项目即公伯峡水电站的开发事宜。

为了调动资源省青海省的积极性，希望国家考虑将龙羊峡适当的股份以干股的形式切给青海省；西北经济落后，电价承受能力低，因此需要中央给予政策倾斜，例如国家注入启动资金，将李家峡贷款实行回收再贷用于滚动下一个电站等；希望国家能将第四批日本海外协力基金安排用于公伯峡水电站的建设等。早日促成黄河上游水电的滚动开发。

（西北电管局计划发展处　程　万）

清江流域梯级滚动综合开发

水电开发走“流域、梯级、滚动、综合”开发的新路子，是市场经济发展的必然要求，是世界上一些流域开发取得成功的经验总结，是充分利用江河水能资源和其他自然资源振兴流域经济的根本途径，具有重要的战略意义和现实意义。对此，国务院领导高度重视，曾多次就水电流域开发进行考察并召开专题会议进行研究，作了许多重要指示。李鹏总理指出：要把水电流域、梯级、滚动开发作为加快水电建设的重要途径。邹家华副总理提出：水电开发实行“流域、梯级、滚动、综合”开发的八字方针。

湖北清江水电开发有限责任公司（以下简称清江公司）经过近10年的实践与探索，对隔河岩水电站进行了成功的建设与管理。并在公司成立之初（1987年）就提出了“业主负责、建管结合、流域开发、滚动发展”的口号。随着隔河岩工程的完建，清江流域梯级滚动综合开发就由研究阶段转入实施阶段。清江流域滚动开发面临着前所未有的良好机遇，但也存在着一些困难。如何抓住有利机遇，进一步推进流域梯级滚动综合开发的进程，清江建设者在不懈地探索着。

一、清江流域开发现状

清江流域开发是以隔河岩为启动工程和滚动基础的，该电站由国家和湖北省合资建设。电站1987年初开工，1994年11月26日4台30万kW机组全部投产发电，比国家计划工期提前了52个台月，创造了工期短、质量好、投资省、效益显著的水电建设新水平。电站投产后，由湖北清江水电开发有限责任公司经营管理。1995年、1996年5月，隔河岩水电厂两获“全国大型水电厂（站）劳动竞赛先进单位”称号；1996年4月，通过了国家安全生产、文明生产“双达标”检查验收，现在又迈开了创建一流水电厂的步伐。

目前，清江流域梯级滚动开发的态势已基本形成。隔河岩水电站1998年上半年通过了竣工验收；1996年8月15日，李鹏总理主持召开总理办公会，批复了清江下游高坝洲水利枢纽可研报告，该工程于1996年10月26日胜利截流，于1997年4月1日浇筑了第一仓混凝土，1997年4月25日，国家正式下达了高坝洲工程开工报告；上游水布垭电站预可行性研究已获批准，可行性研究全面展开；多种经营工作正式启动，以实现流域综合开发。

二、清江流域开发的有利条件

随着隔河岩工程首战告捷，清江流域水电开发面临着极好的机遇：一是隔河岩电站提前发电受益，为全流域水电滚动开发奠定了良好的物质基础；二是在建设实践中所探索的改革路子和积累的成功经验，为加快流域开发提供了宝贵的精神财富；三是已经培养和锻炼了一支技术过硬、实力雄厚、能打硬仗的职工队伍，这是实现流域开发的人才保证；四是国家鼓励发展水电的产业政策及有关部委的关怀和支持，为加快清江水电开发创造了良好的外部环境。

(1)实行公司制，是清江实现流域滚动开发的体制保证。水电流域滚动开发必须是建立在现代企业制度基础上的水电流域系统开发。在计划经济为主体的模式下，企业不具备水电滚动开发的基本条件。原因在于企业不能作为国有资产的产权代表，无权支配产权受益用于下一个电站的开发。

随着社会主义市场经济体制的建立和国家投融资体制改革的进一步深化，清江的国有资产产权制度改革也进入了快车道。1994 年 9 月湖北省和电力工业部、国家开发银行一起，就做好开发清江流域水电资源的衔接工作进行了研究和磋商，成立了清江水电投资公司，作为湖北省在清江流域水电开发的投资主体和国有资产经营主体，依法行使国有资产出资者权利，享受投资受益，决定国有资产的变动和重组等，华中电力集团公司作为国家的出资代表，双方同意长期合作，合资开发清江流域水电资源，双方同意按《公司法》要求，由清江水电投资公司和华中电力集团公司共同组建湖北清江水电开发有限责任公司，负责清江流域水电资源的开发建设和经营管理。

湖北清江水电开发有限责任公司于 1995 年 9 月 26 日经湖北省工商行政管理局登记注册，同年 10 月 8 日在宜昌正式挂牌。从湖北省清江水电开发总公司到湖北清江水电开发有限责任公司，实现了水电管理体制从业主负责制向现代企业制度迈进的历史性跨越，是建立健全流域开发机制的重大举措。此前，湖北省清江水电投资公司已于 1994 年 10 月经湖北省工商局登记注册，1995 年 11 月 18 日正式挂牌，它是我国水电行业中第一家被授予国有资产经营权的公司。

实行公司制，在产权关系明晰的条件下，清江公司可对所经营的国有资产行使企业法人财产权，清江投资公司负责监督国有资产的保值增值。此时，清江水电流域滚动开发才真正具备了基本条件，进入可实施阶段。

(2)资本金的落实，是清江实现流域滚动开发的基本前提。资本金制度的实施，对挖掘企业发展潜力、保证银行资金运转和减少融资风险都具有非常积极的作用。对流域开发公司来说，如果资本金越大，贷款越少，企业负担就越轻，流域开发的资金流动就有了基础；反之，企业负担就越重，流域开发的资金滚动就没有基础，融资也因此十分困难。

清江公司主动适应国家投融资体制改革和建立现代企业制度的要求，在湖北省政府的大力支持下，于 1994 年 8 月 12 日在隔河岩工区召开了省长办公会，落实了清江的资本金。省政府决定把省里投入的财政委贷、电建基金本息相加（财政委贷本息减去 1.5 亿元），作为清江公司的资本金，待清江流域开发完成后归还。财政委贷的 1.5 亿元以外的本息，清江公司应按规定向省财政办理借款合同。同时，财政委贷的 1.5 亿元，从 1994 年开始分三年按鄂政发（1993）134 号文落实。

资本金的落实，调动了清江公司再发展的积极性，有效利用和盘活了资产存量，必将推动其他梯级工程的顺利开工和建设。

(3)合理的上网电价，是清江实现流域滚动开发的物质基础。水电流域滚动开发一直停留在“实验室”阶段，究其缘由，根本在于目前实行的电价政策，没有充分考虑到水电建设的特殊性，从而对水电发展造成一定的不利影响。

隔河岩水电站是清江流域水电开发的启动工程。清江流域梯级开发能否启动，关键就在于已投产电站的电费收入能否继续投入到下一个梯级电站。因此，隔河岩水电站的上网电价是否合理直接影响到清江下一个梯级工程的建设。如果隔河岩水电站上网电价确定的比较合理，可以用一部分电费收入投入到高坝洲工程，再加上其他形式的筹资融资，高坝洲水电站是可以滚动起来的，正如汪恕诚副部长 1995 年 7 月到清江考察时所说，隔河岩水电站好比一头大马，高坝洲水电站好比一辆小车，大马拉小车是可以拉起来的。如果高坝洲水电站建成投产，隔河岩、高坝洲两个梯级电站的电费收入投入到清江上游的水布垭水电站，再加上必要的优惠政策，那么，整个清江水电开发就可以实现“流域开发、滚动发展”的目标。

1992 年，在隔河岩水电站第一台机组即将投产之际，清江公司积极探索隔河岩水电站上网电价的新路子，在湖北省和国家有关部委的大力支持下，会同长江水利委员会、湖北省计委、物价局、电力局、财政厅、建设银行和华中电管局等有关单位，着手进行隔河岩水电站上网电价的调研、测算工作，先后 4 次赴北京汇报。1993 年，国家物价局和原能源部正式批准了隔河岩水电站的上网电价方案，其主要原则和依据是：

隔河岩水电站上网电价的政策依据。鉴于清江隔河岩水电站是按国家关于集资办电、多家办电精神，由国家和湖北省合资建设的实际情况，隔河岩水电站上网电价的主要依据是依照国务院国发（1985）72号文件关于鼓励集资办电和实现多种电价的政策，以及原水电部（1986）财税字330号文件，财政部、原水电部颁发的《成本管理办法》、《成本核算办法》等有关政策规定。

实行还本付息电价。隔河岩水电站的每一笔资金都是由业主借贷的，电站投产后必须归还贷款本息。同时，考虑到隔河岩水电站是华中电网的一座重要调峰调频电站，机组启闭频繁、磨损较大等实际情况，湖北省政府、原能源部和国家能源投资公司共同商定了隔河岩水电站经营管理的原则，确定隔河岩实行还本付息电价。

合理确定电站的还贷期。根据建设银行总行对还本付息期限的有关规定，结合当时的工程造价和物价等因素，确定隔河岩水电站的还贷期为13年，即从1987年第一笔资本注入隔河岩算起，到1999年还清本息。

根据以上原则，隔河岩水电站的上网电价，由发电成本、发电税金、发电利润三部分组成。根据1992年10月以前国家现行的财税政策、制度规定和资料测算，隔河岩水电站还本付息上网电价为0.352元kW·h，随着国家财税政策的变更，以及工程投资、贷款利率的调整，1994年经国家和湖北省有关部门审核批准，从1995年元月起隔河岩水电站还本付息电价调增为0.399元kW·h。

由于电价合理，清江水电开发有限责任公司1995年依靠隔河岩电站的发电收益归还内外债本息达6.5亿元，用于隔河岩电站尾工、高坝洲电站前期施工准备和水布垭电站的预可行性研究达8.5亿元，做到了竣工一个，建设一个，准备一个。

(4)边还边贷或展期还款办法，是清江实现流域滚动开发的关键政策。水电资源开发的特性决定了水电在运行期间的还贷能力很强，还贷风险很小，因此水电在建设期间具有很强的负债能力。如果在一个比较长的时段内核算，水电的经济性非常具有竞争性，但在市场经济条件下，商业化银行追求资金的快速回收和流通性，对于建设周期相对较长的水电资源开发来讲，发展必然受到限制。

清江公司为了实现“流域开发、滚动发展”的初衷，除快速优质建好管好隔河岩水电站外，积极争取国家有关部委、湖北省委、省政府乃至国务院的大力支持。1995年12月28日，公司董事长汪定国同志趁在北京参加全国电力工作会议期间，给邹家华副总理呈送了一份关于清江流域开发的材料，邹副总理阅后十分重视，于1996年1月2日作了重要批示：“很好，请到北京来汇报一次，请计委、电力部、开发行等单位参加”。接到邹副总理的批示后，湖北省委、省政府主要领导都十分重视，省委书记贾志杰批示：“这件事干得好！请省级各部门积极配合，做好充分准备，争取汇报取得圆满成功，努力把这件大事办好”。蒋祝平省长也作了批示，并决定由湖北省副省长张洪祥带领省政府、省计委等有关单位负责同志进京汇报，汇报会于1月24日下午4时在国务院第三会议室举行。

会议充分肯定了清江取得的成绩和一些好的做法，对清江流域开发给予了一些扶持政策，其中之一就是同意把清江水电开发有限责任公司的经营基金转为资本金，其贷款采取边还边贷或展期还款办法，用于水电梯级开发，以增强滚动开发能力。这次国务院副总理主持的汇报会，以国阅（1996）40号文印发了会议纪要，为加快清江流域开发奠定了良好的基础。

边还边贷或展期还款办法，保持建行对隔河岩水电站的贷款规模，用于下一个梯级电站的建设，每年按时付息，使清江流域滚动开发最终成为现实。

三、清江实现流域滚动开发尚需解决的主要问题

对清江流域水电开发，国家和湖北省都十分关心和重视，一直把它作为振兴湖北省经济、加快鄂西南少数民族地区脱贫致富的一项战略举措来抓。李鹏总理亲自为隔河岩电厂成立挂牌，并充分肯定清江实行的业主负责制；邹家华副总理对清江流域梯级开发寄于厚望，国家计委、电力部及国家有关部委领导也十分关心清江开发问题，为清江创造了许多良好的外部条件；湖北省政府把清江开发作为省里的重要议事日程，多次召开省长办公会和现场办公会，研究加快清江流域水电开发有关问题，采取了一系列政策扶持措施。

实行流域、梯级、滚动、综合开发是国家水电开发的一个新思路、新创举，必将对全国的水电开发起到极大的促进作用。但是进行流域梯级滚动开发也是一种新机制，面临许多新课题，从清江开发来看，主要面临以下几个问题。

(1)要促进流域梯级滚动开发，关键是资金保证。国阅［1996］40号文同意将清江流域作为水电滚动开发的试点。同意其贷款采取边还边贷或展期还款办法，用于水电梯级开发。这样，用隔河岩电站的发电收益来滚动高坝洲是没有问题的。但是水布垭电站可行性研究工作现在必须开始，到1998年完成可行性研究后就要立即着手施工前准备工作，这些工作也需资金作为保证。到2000年，高坝洲电站共需投入资金30.4亿元，水布垭电站前期工作共需投入资金23.7亿元，此外，还有1996年隔河岩电站尾工还需投入资金1.2亿元。到2000年，三座电站共需投入资金55.3亿元。在这期间，隔河岩电站的发电收益边还边贷可以用于再投入资金仅有30.4亿元，缺口24.9亿元。从现在开始

到2000年，如果仅给边还边贷政策，只能保证高坝洲电站建设所需资金。为了水布垭电站在2000年开工，在这期间，还需增加贷款规模24.9亿元。

(2)关于减轻税赋问题。隔河岩水电站自开工建设以来，曾享有一些优惠政策。主要有：①减免70%的产品税；②实行税前还贷，免征所得税；③实行还本付息电价。

税制改革前，隔河岩水电站征收产品税及其附加税为10.70元/kkW·h，享受70%减免税后，实际征收为3.21元/kkW·h；税制改革后，增值税及其附加税为62.61元/kkW·h，仅流转税就净增加59.40元/kkW·h，增加了18.5倍，相当于税制改革前的19.5倍。若按隔河岩水电站年发电量30亿kW·h计算，仅流转税一年就增加1.78亿元。致使利润明显减少，严重削弱了还贷能力，同样也严重削弱了再投入能力。

同时，实行新税制后，原按国家规定实行的税前还贷，免征所得税的政策也取消了，隔河岩水电站发电所形成的利润的33%用于交纳所得税，又使还贷利润减少一大块。两项税收的增加将使隔河岩水电站原定偿还贷款期限大大推迟，也直接影响到高坝洲、水布垭两个梯级电站的滚动开发。

1995年，两位全国政协委员就清江的情况，在全国政协八届二次会议上提出了“关于财税体制改革方案出台后集资办水电站税赋大大加重”的提案。税制改革后，电力税赋的确比原来税赋降低了。但是对于像隔河岩这样独立核算的水电站而言，只有水电，没有火电，也无法网内平衡，其税赋比税制改革前后有很大差异。国阅［1996］40号文指出：“当前，独立核算的水电厂实行增值税后，负担普遍加重。请电力部组织调查并与税务总局协商，提出处理意见报国务院”。因此，我们建议对于独立核算的水电厂，作为流域开发的母体电厂，国家给予扶持政策，按6%税率征收增值税或实行增值税先征后返还的办法，以支持流域滚动开发。

(3)合理确定流域水电站的上网电价。电价是实现流域水电滚动开发的关键。母体水电站盈利，才有能力去实行梯级开发，滚动发展。因此，根据发展社会主义市场经济的要求和新电新价、优电优价的原则，应合理确定流域梯级电站的电价。在确定电价时，充分考虑其还本付息、调峰电站因素。像隔河岩水电站，是全资负债项目，目前实行的电价是按35.6亿元投入计算的还本付息电价0.399元/kW·h，实际总投入最终将是53亿元(包括升船机在内)，按还本付息电价计算应是0.45元/kW·h，这还仅仅是考虑了电量。隔河岩水电站，主要担负华中电网调峰调频任务，在测算隔河岩电价时，只考虑了还本付息因素，没有考虑调峰电站因素，为了电网的稳定，在许多情况下，低水位也得发电，大大增加了水耗。而调峰电站一般具有投资多、装机大、发电运行小时少，发电量少，但是是优质电的特点。因此，我们希望对清江这样的调峰电站，在考虑还本付息的同时，允许实行调峰电价，以保证流域水电建设滚动中的良性循环。

(湖北清江水电开发有限责任公司　李　扬)

沅水流域梯级滚动综合开发

一、沅水流域规划概况和开发现状

沅水水能资源丰富，在洞庭湖水系湘、资、沅、澧四水中，是水能蕴藏量最大的河流，跨越湘、黔、川、鄂四省，流域总面积90000km²，干流总长1028km，总落差1033m，河床纵比降逾1‰；酉水是沅水流域最大的支流，流域面积18530km²，全长477km，天然落差达920m。

沅水流域水能资源占洞庭湖水系的48%，规划总装机容量约660万kW，年电量260亿kW·h。流域内不仅水能资源丰富，自然地理条件非常优越，交通也十分便利，矿藏资源丰富。流域的综合开发，有利于加速我国中西部地区的经济腾飞和促进当地的社会繁荣，经济效益和社会效益显著。

沅水河流规划于1989年元月完成，1990年3月通过审查。沅水流域开发方针是：以发电为主，兼顾防洪、航运等综合利用要求。

沅水干流规划分15个梯级电站开发，上游有龙头水库，下游有关键性综合利用枢纽，中游低山丘陵河段为一组中低水头电站。自上而下有革东、三板溪、挂治、远口、白市、托口、江市、洪江、安江、铜湾、清水塘、大伏潭、渔潭、五强溪、凌津滩水电站。其中上游5个梯级位于贵州省境内，其余10个梯级位于湖南省境内。干流规划总装机容量400万kW，年发电量167亿kW·h。

主要支流酉水规划按湾塘、塘口、石堤、碗米坡、凤滩、高滩6个梯级开发，总装机容量为175万kW，年发电量52亿kW·h；其中石堤水电站位于四川省境内，塘口电站位于湖北省境内，其余梯级在湖南省境内。

目前，沅水干流上五强溪水电站于1996年12月5台机组全部投产发电，总装机容量120万kW，年发电量53.7亿kW·h；五强溪下游的反调节电站凌津滩正在施工建设，1996年10月已截流，计划1998年第一台机组投产，装机容量27万kW，年发电量为12.15亿kW·h。这样干流尚待开发容量为253万kW，占总容量的63%。

主要支流酉水已开发的容量为50万kW，年发电量为 25.5 亿 kW·h，待开发容量为 125 万 kW，占总容量的 71%。

沅水优越的开发条件奠定了沅水梯级滚动开发的基础。

二、沅水流域开发机制和开发前景

国家领导同志和有关部委对沅水丰富的水能资源和优越的开发条件极为重视，自 1995 年以来曾多次视察沅水流域，筹划沅水滚动开发有关工作。电力部与湖南省政府于 1995 年批准成立的“湖南五凌水电开发有限责任公司”，是按现代企业制度组建的规范化公司。邹家华副总理于 1996 年 4 月视察湖南后在长沙主持会议，听取湖南省政府关于沅水流域滚动开发的汇报，会议认为沅水流域水电开发将有利于促进湘黔两省及我国中西部地区的经济和社会发展，具有重要意义。国务院以国阅（1996）76 号文印发了“关于研究沅水流域水电开发问题会议纪要”，同意将沅水流域列为国家水电滚动开发的试点；明确了沅水流域水电开发的项目业主是湖南五凌水电开发有限责任公司，公司全面负责沅水流域梯级电站开发的策划、筹资、建设、经营、还贷和资产的保值增值；将五强溪和凌津滩水电站作为滚动开发的母体电站，国家开发银行、建设银行和湖南省投入五强溪水电站的资金给予回收再贷，边还边贷政策，继续投入沅水流域梯级电站的滚动开发，国家投入五强溪的经营基金转为滚动开发的资本金。上述事实表明沅水滚动开发的机制已形成，同时国家给予了滚动开发相应的优惠政策。五凌公司按上级的要求为推进沅水流域滚动开发进行了卓有成效的工作，因而沅水开发出现了新的局面，为加快实施沅水流域梯级的滚动开发奠定了良好的基础。

为充分利用国家给予的政策，合理的配置资源，获得最佳梯级开发效益，五凌公司已对母体电站滚动能力、建设资金和资本金筹措以及还贷能力等方面进行了详细的测算和资金平衡。五强溪和凌津滩两座电站，总装机容量 147 万 kW，年发电量 66 亿 kW·h，还贷期上网电价 0.46 元/kW·h，具有很强的滚动能力。测算结果表明，“九五”期间，洪江（22.5 万 kW）、碗米坡（24 万 kW）、三板溪（100 万 kW）三座水电站，分别于 1997、1998、1999 年开工建设，按照回收再贷的政策，电站所需的资本金和建设资金均能满足要求。由于三板溪电站用资高峰在“十五”期间，因此“九五”期间还贷资金大于三座电站所需建设资金。五强溪工程到 2002 年内资基本还贷完，届时有达 10 亿元以上的利润和折旧费投入三板溪建设高峰期。因此，计划安排这三座电站作为沅水滚动开发的第一期工程。这样充分利用政策和资金，充分发挥龙头水库在梯级中的补偿作用及资源开发的综合效益是最佳安排，滚动开发的前景十分好。

受湘黔两省的委托，湖南五凌水电开发有限责任公司已向国家呈报了沅水滚动开发一期工程的项目建议书。该项目建议书正在审批过程中，一经批准，工程将相继开工建设，届时将拉开沅水滚动开发的序幕，谱写我国水电建设滚动开发的新篇章。此举无疑将进一步推动我国水电事业的发展。沅水干流 15 个梯级除三板溪、五强溪和托口（30 万 kW）三座为大型电站外，其余为中型电站。进入“十五”中期，沅水滚动开发能力将进一步加大，除了继续开发各梯级外，还有能力进行跨流域开发，五凌公司正在运筹二期工程的开发目标。

（中南勘测设计研究院 方 芳）

马边河流域梯级滚动综合开发

一、马边河河流规划简况

（一）马边河水能资源

马边河系岷江主要支流之一，全长 192km，流域面积 3582km^2，发源于大凉山腹部，流经马边、沐川、犍为三县。从河源头至河口总落差 1890m，平均比降 9.8‰。水能蕴藏量 55 万 kW，可开发 38 万 kW，主要集中在马边河干流。

（二）马边河水电梯级开发规划方案

1989 年原水电规划设计总院下达任务，成都勘测设计院于 1990 年 11 月编制完成《马边河干流水电规划报告》，并提出其上游主源挖黑河开发研究意见。1991 年审定了马边河官帽舟、下溪、溪乐桥、火谷、舟坝、黄丹、坛罐窑等七级开发方案，推荐黄丹电站为一期。马边河干流七级开发和挖黑河二级开发方案共 9 个梯级电站，总装机容量 37.6 万 kW。

马边河梯级电站技术经济指标较好，具有不完全年调节（季调节）水库的舟坝水电站可调峰，并可提高下游黄丹和坛罐窑电站的保证出力 40%左右；上游挖黑河、波罗都是引水式高水头电站，工程简单，投资相对较省。

二、马边河开发总公司依托黄丹水电站正式挂牌营业

马边河规划第一期工程黄丹水电站在规划报告审批后，很快于 1991 年上半年完成了初步设计文件，装机容量 4.5 万 kW，年发电 2.13 亿 kW·h。同年 10 月经国家计委批准立项兴建，1992 年正式开工。

黄丹水电站的建设带动了黄丹水泥厂、黄丹精洗选煤厂及黄丹磷化工厂等的建设，带动了流域综合开

发。

沐川县委、县政府为了适应水电站的建设和流域综合开发,决定成立马边河开发总公司,专业从事综合开发马边河流域资源,它是集工程建设、生产经营、旅游服务等于一体的全民所有制企业。

总公司位于沐川县黄丹镇,在1993年6月正式挂牌。全名为乐山市马边河开发总公司。总公司的宗旨是"流域开发、基础配套、矿电结合",依托黄丹水电站建设,对马边河流域资源实施纵深开发。

三、马边河梯级综合滚动开发的规划目标及初步实施情况

(一) 梯级综合滚动开发的规划目标

马边河9个梯级电站37.6万kW,隶属马边县有挖黑河、波罗、官帽舟等5级18.7万kW,沐川县有火谷、舟坝、黄丹3级17.7万kW,犍为县有坛罐窑2.4万kW,1984年已建成1.2万kW。

马边河开发总公司按照马边河水电梯级规划,顺藤结瓜,滚动开发的思路,提出了梯级综合滚动开发的规划设想总目标。即:"八五"建成"一站三厂"(黄丹水电站、黄丹水泥厂、黄丹洗精煤厂、马边河磷化工厂);"九五"期内再建成"一站三厂"(舟坝水电站、杨村冶铁厂、茨竹冶铜厂和30万t原煤开采厂);2000年后,建成火谷水电站,全面开发流域资源。

(二) 综合开发规划实施以来已初具规模

"八五"期内计划建设的"一站三厂",已建成投产。黄丹水电站1992年9月正式开工后,奋战3年于1995年9月三台1.5万kW机组投产;黄丹水泥厂年产10万t,于1993年4月动工,1994年2月1日一期5万t建成投产,生产的425#硅酸盐水泥已用于黄丹大坝工程;年洗选原煤10万t、炼焦炭2.5万t的黄丹洗精煤厂1993年开始生产,一期年产5000t(规模1万t)黄磷的黄丹磷化工厂,也已建成试生产,年产黄磷1000t,磷酸3000t。

"九五"期内计划建设的舟坝水电站装机容量3×3万kW,年发电3.672亿kW·h,总库容2.02亿m^3,是乐山南部地区唯一可进行不完全年调节的水电站,初步设计报告于1995年8月由四川省建委、计委、水电厅联合审批,现概算动态总投资73087万元。工程筹建已开始,对外交通公路、通信及施工用电等均已完成。目前,马边河开发总公司正与四川省电力公司、国家开发投资公司、国投中型水电公司等单位最后商量落实股份建设资金,预计1998年四季度进入现场,开展工作。

舟坝电站开工后,磷化工厂进行扩建,使生产能力达到2万t。

马边河梯级综合开发规划目标正逐步实施,现已初具规模。

四、黄丹水电站效益显著,带动流域综合滚动开发,造福当地人民

(一) 黄丹水电站效益显著

黄丹水电站装机容量4.5万kW,于1995年9月建成,以110kV送电线路送到乐山,并入四川电网,当年发电2110亿kW·h,每kW·h(度)售电价为0.35元(不含税)。现三台机组运行正常,预计全年可收入6000万~8000万元。黄丹电站总投资3.57亿元,很快可以回收,盈余资金可投入下一个电站舟坝电站的建设。

黄丹电站的建设使黄丹形成了新兴工业区,加速了沐川县的经济发展,工业总产值大幅提高,财政收入1995年比1992年增加一倍多。黄丹镇医疗、文化、教育设施有很大改善,全镇中小学校舍得到改造,率先在全县完成了"普九"任务。全县转移了5000多名农村剩余劳动力,人均收入1995年比1992年增加近一倍。在开发建设过程中培养了中高层管理人员50多人,专业、技术人员300多人;一些大、中专毕业生要求分回本县工作,已在外地工作有的申请回乡工作。沐川县地处丘陵山区,交通闭塞、经济落后,是原省定的贫困县。人民从以上黄丹水电站的建设、马边河流域资源综合开发看到了希望。他们将黄丹水电站喻为脱贫致富的"希望工程"。

(电力部水电水利规划总院 周复来
舟坝水电站指挥部 吴万林)

四川宝兴河流域梯级滚动综合开发

宝兴河位于四川盆地西部边缘,发源于夹金山南麓,为岷江水系青衣江上游主源,全长144km,流域面积3321km^2,天然落差3605m;平均比降21.5‰,水能蕴藏量155.5万kW。宝兴河在飞仙关汇合天全河、荥经河后成为青衣江,多年平均流量390m^3/s。可开发利用落差达1407m,宝兴河东河水电规划装机按八级开发方案为92万kW,多年平均发电量可达45.23亿kW·h,是四川省的水电"富矿"之一。

宝兴河流域八个梯级电站淹没及移民搬迁的数量均较少,库区内无工矿企业单位的淹没对象,也无重要的专项设备和大的城镇的搬迁。八个梯级电站均有公路相通,交通运输十分方便。各梯级开发基本上都避开不利的地质影响,一般都有较宽的场地进行施工布置。雨城、铜头电站的建成投产,将给其它六个梯级电站的施工用电提供可靠的保证。

宝兴河流域梯级规划分三期实行滚动开发，见宝兴河流域开发示意见图和宝兴河梯级电站技术经济指标表。一期开发雨城、铜头电站，装机容量分别为6万kW和8万kW，概算投资11.1亿元（包括送变电工程）。1992年7月铜头水电站开工，1993年11月雨城水电站开工，两电站均提前投产发电。雨城水电站仅用23个月就实现首台机组发电，概算节余4000多万元，实现了速度快、投资省、效益高，创国内中型水电开发新纪录。至1997年底，一期雨城、铜头水电站累计发电11.6亿kW·h，产值达3.55亿元。

二期开发小关子、宝兴、飞仙关电站，总装机容量42.4万kW，总投资28.76亿元。1995年11月，电力部以电水规（1995）712号文批复可行性研究报告（代

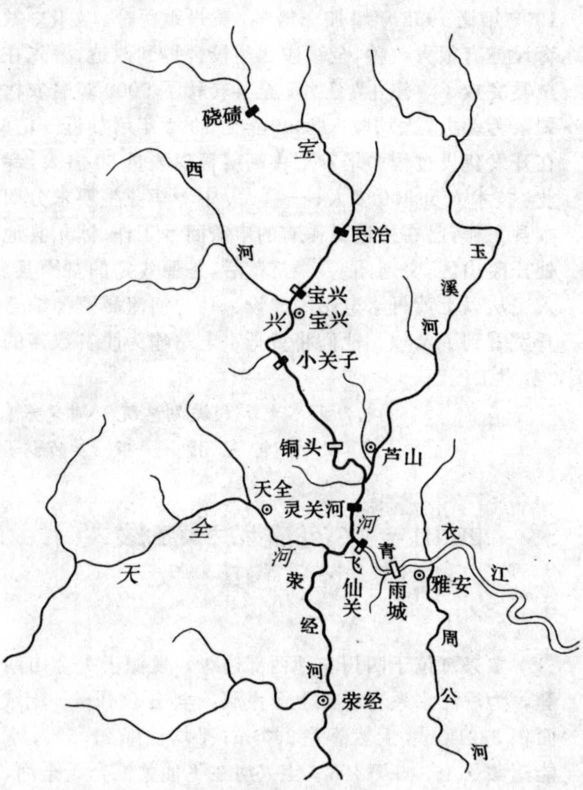

宝兴河流域开发示意图

初设），1997年3月，中国国际工程咨询公司组织专家组对二期工程进行了评估，认为四川宝兴河梯级水电站二期工程条件优越，经济、财务指标良好，它的兴建对促进地区经济发展将起到积极作用，建议尽快兴建。

目前，二期工程水、电、交通、通信等前期准备工作基本完成，具备开工条件。其中小关子水电站1998年3月9日国家计划委员会以计交能（1998）344号文批复同意先予建设；1998年5月8日由国家发展计划委员会以计投资（1998）790号文批复列入1998年基本建设新开工大中型项目计划，并下达当年基建投资2.3亿元。该电站已于1998年开始建设，计划于2001年一季度首台机组发电。宝兴、飞仙关两水电站在今后陆续安排建设。

宝兴河龙头水库——硗碛水库总库容2.45亿m^3，调节库容1.8亿m^3，具有年调节能力。鉴于硗碛水库的修建，通过调节，将显著提高各梯极电站的调峰能力，增强宝兴河电站在电网系统中的地位和作用，将安排提前开发。可研设计通过招投标，于1997年11月开始，将于1999年6月完成，1999年底安排开工。继硗碛水电站开发后，将陆续开发建设民治、灵关河等水电站。

宝兴河梯级电站技术经济指标表

项目＼电站名称	硗碛	民治	宝兴	小关子	铜头	灵关	飞仙关	雨城	小计
装机规模（万kW）	24	16	16	16	8	3.6	10.4	6	100
引水隧洞长（km）	18	7.8	18.1	6.2	1.6	8			
设计水头（m）	560	350	295	136.5	90	34	22	15.5	
引用流量（m^3/s）	55	55	62	134	120.4	126	525	450	
年发电量（亿kW·h）	10	5.9	8.09	8.08	4.79	2.12	4.89	3.14	
静态总投资（亿元）	10.4	8.8	7.43	6.02	3.35	2.65	4.69	3.34	
动态总投资（亿元）	15.7	15.2	11.9	9.86	5.70	3.87	7.0	5.41	
首台机组建设时间（月）	41	36	38	35	41	34	34	23	
总工期（月）	48	42	44	41	47	36	36	31	

整个梯级电站引进具有90年代先进水平的综合自动化控制系统，在雅安梯调中心对各梯级电站实行集中统一调度和遥测、遥控、遥调、遥讯，实现各电站无人值班，使流域梯级电站的管理达到先进国家的水平。

为充分开发宝兴河流域丰富的水流资源，宝兴河支流西河正在进行规划当中，预计宝兴河西河可装机30万kW，宝兴河梯级开发总装机将达130万kW。

四川华能宝兴河电力股份有限公司是由中国华能集团公司，长江水利水电开发总公司，四川省投资公司，雅安地区、雅安市等四方七家单位合资组建（华能

集团公司控股），全面负责宝兴河流域梯级滚动综合开发，统筹梯级电站的勘测、设计、建设和经营管理。

公司管理、调度中心设在雅安市，引进具有90年代国际先进水平的瑞典ABB公司生产的综合自动化监控系统，在雅安梯调中心对各梯级电站实行集中统一调度和遥测、遥控、遥调、遥讯，实现各电站无人值班的管理。公司人员精干，包括调度、运行管理、日常生产、检修，定员为60人，人员实行一人多岗，一专多能，运行和生产合一，生产和检修维护合一，达到一流的速度，一流的管理、一流的效益，使流域梯级电站的管理达到先进国家的水平。

宝兴河电力股份有限公司贯彻华能“项目高起点，建设高速度，管理高水平，经营高效益”的办电方针，在建设管理上实行项目法人责任制、工程招标制和监理制，对电站实行质量、进度、投资控制。第一期雨城、铜头电站均提前投产发电，为宝兴河流域梯级滚动开发积累了有益的经验。

（四川华能宝兴河电力股份有限公司　林光杰 孙敏坚）

水电工程经济

8

水电工程概预算改革

1995年～1997年颁发的有关概预算文件

自1995年以来，我国对水电工程造价管理工作又进行了深化改革。在水电工程建设管理方面，实行了业主责任制、建设监理制、招标承包制的主体框架和水电建筑市场的大体格局，在此基础上正积极按现代企业制度，逐步建立和完善水电建设管理体制。工程造价控制与管理贯穿于工程项目建设的整个过程，在工程质量、工期得到保证的同时，节约工程投资或降低工程成本、控制好工程造价是工程建设的首要目标。工程造价管理控制工作主要有两个环节，一是合理确定工程造价，二是有效控制工程造价。业主或项目法人对工程建设的全过程负责。业主通过工程执行概算的编制、招标承包制、推行限额设计和健全内部管理制度等措施，以概算为基本，以合同为主线对工程造价进行管理，达到节约工程投资，控制好工程造价的目的。

为了更好地进行水电工程造价管理，现将1995年～1997年国家和上级主管部门颁发的重要文件列表如下。

日　期	发文单位及文号	文件名称	办文单位
1995.1.26	国家开发银行 开行综计［1995］18号	关于调整国家开发银行固定资产贷款利率的通知	国家开发银行
1995.3.22	电力工业部 电水规［1995］170号	关于印发《水电工程设计概（估）算编制若干具体问题的意见》的通知	水电总院
1995.5.16	电力工业部 电水规［1995］277号	关于发布《一九九五年度水电工程施工机械台班费定额第一类费用调整系数》的通知	水电总院
1995.1.13	国家计委 计建设［1995］38号	关于核查基本建设大中型项目概算的通知	国家计委
1995.5.25	国家开发银行 办综计［1995］34号	关于印发《国家开发银行贷款项目调整概算增加贷款评审确认的暂行办法》的通知	国家开发银行
1995.10.24	中国人民银行 建总发字［1995］143号	关于印发《中国人民建设银行固定资产贷款办法》（试行）的通知	中国人民银行
1995.12.15	建设部 建标［1995］736号	关于发布《全国统一建筑工程基础定额》（土建工程）和《全国统一建筑工程预算工程量计算规则》的通知	建设部
1995.12.20	电力工业部 电建［1995］791号	关于印发贯彻控制电力工程造价的若干意见的措施的通知	电力工业部
1995.12.21	国家计划委员会 计价格［1995］2327号	关于加强发电设备价格管理有关问题的通知	国家计委
1995.7.25	电力工业部 电经［1995］459号	关于发送变电工程基本建设项目竣工决算报告编制办法的补充规定	电力工业部
1996.3.6	建设部 建标［1996］133号	关于印发《工程造价咨询单位资质管理办法（试行）》的通知	建设部
1996.5.30	建设部 建标［1996］316号	关于印发《工程造价咨询单位资质管理办法（试行）实施细则》的通知	建设部
1996.7.18	电力工业部 电建［1996］444号	关于印发《电力工程限额设计管理办法》（试行）的通知	电力工业部

续表

日期	发文单位及文号	文件名称	办文单位
1996.8.23	国务院 国发［1996］35号	关于固定资产投资项目试行资本金制度的通知	国务院
1996.5.2	国家开发银行 开行综计［1996］146号	关于调整各项贷款利率的通知	国家开发银行
1996.6.17	国家计划委员会 计建设［1996］1154号	关于核定在建基本建设大中型项目概算等问题的通知	国家计委
1996.7.17	电力工业部 经财［1996］101号	关于在设计概算中如何计列借贷利息问题的批复	电力工业部
1996.8.26	人事部、建设部 人发［1996］77号	关于印发《造价工程师执业资格制度暂行规定》的通知	人事部 建设部
1996.8.28	建设部 建标［1996］494号	关于贯彻执行《全国统一建筑工程基础定额》、《全国统一建筑工程预算工程量计算规则》的若干规定的通知	建设部
1996.8.30	国家开发银行 开行综计［1996］294号	关于调整各项贷款利率的通知	国家开发银行
1996.10.30	电力工业部 建管［1996］83号	关于印发《电力工程造价咨询单位资质管理办法实施细则（试行）》的通知	电力工业部
1997.3.18	电力工业部 电水规［1997］156号	关于发布《一九九六年度水力发电工程施工机械台班费定额第一类费用调整系数》的通知	水电水利规划设计总院
1997.5.6	电力工业部 水电定［1997］006号	关于发布《一九九七年度水力发电工程施工机械台班费定额第一类费用调整系数》的通知	水电建设定额站
1997.9.10	电力工业部 电水规［1997］123号	关于试行《水力发电工程可行性研究报告设计概算编制办法及费用标准》的通知	水电总院
1997.9.10	电力工业部 电水规［1997］031号	关于颁发《水力发电建筑工程概算定额》、《水力发电设备安装工程概算定额》和《水力发电工程施工机械台时费定额》的通知	水电水利规划设计总院

（电力部水电规划设计管理局 万 菁）

水力发电工程造价制度改革

一、造价改革的提出及阶段性成果

1979年，水电行业的建设体制改革以鲁布革风暴为标志，率先迈进了社会主义市场经济的轨道。与此同时，处在变革过程中的新体制客观上要求各项管理制度通过自身的改革来适应它和服务于它。水电工程造价制度改革是由电力部汪恕诚副部长亲自发起并领导的。改革的目标非常明确，就是要使造价制度适应业主负责制，为招标承包制服务，要与国际接轨。改革的突破口，选择在与工程建设密切相关的概预算编制和管理方面。1995年～1997年期间，造价改革取得了两项阶段性成果：第一项是1995年3月电力部颁发的水电工程设计概算编制若干具体问题的处理意见，或称过渡办法；第二项是1997年9月电力部颁发的一套新办法新定额，包括概算编制办法、费用标准、建筑定额、安装定额和施工机械台时费定额。

二、造价改革的出发点与基本思路

目前，基本建设的投融资体制较之计划经济的做法有非常大的区别，国家拨款搞建设已经转变为项目建设法人的资本金加融资方式负债经营。但是，无论作为国家基建投资规模宏观控制还是业主在微观层次上的合同管理，概算评价原则与计算方法仍然在被普遍采用。不是因为新体制不需要新原则新方法，而是因为新原则新方法滞后于投资体制和建设体制改革的步伐。因此，适应体制改革的要求，是造价改革的出发点。传统的概算原则和方法同新体制不适应，主要有三个方面的问题：①服务对象和使用目的变了。在自营体制下概算的服务对象是施工企业，概算是施工企业自营承包的控制目标，控制的目的是为工程建设，同时又为企业生存。新体制下概算是业主经营控制的目标，控制的目的是为了优质高效地进行项目建设，建设期间业主没有自身利益可言。②国家在向社会主义市场经济转轨的过程中，财税、金融、工资、物价等各方面经济政策发生了大幅度的调整，概算的计价标准若不反映这些调整，将与现实的外部环境脱节。③概算的计价基础是定额，随着科技进步和生产力的发展，多年未进行修编的定额已经不能正确体现当前社会生产效率的平均水平。因此，配套修编概算编制办法、定额和费用标准，使计价基础和计价标准反映并贴近现实工效、价格和政策水平，是造价改革的基本思路。

三、造价改革的主要内容

(1)概算项目划分的变化：①将工程划分为枢纽建筑物和水库淹没处理补偿两大部分，以利于充分反映水库费用的独立性和特殊性；②将风水电砂石料和混凝土拌和浇筑系统按设计的深度要求列项出量，以适应招标分包和今后向实物量法编制概算打下基础。

(2)概算定额的变化：①表现形式方面主要是工日改为工时、台班改为台时、设备安装定额采用安装费率形式，建筑定额人工划分为普工、半熟练工、熟练工和高级熟练工四个等级；②定额水平均有提高，建筑定额人工提高18.31%，材料提高1.23%，安装提高5%，台时费定额机械寿命时间缩短32%。

(3)费用标准的变化：①人工费以企业现行岗位技能工资为基础，实行5天工作制减少了年有效工作日，人工费标准有较大幅度的提高；②将原来包含在间接费内的劳动保险基金、流动资金贷款利息和施工队伍调遣费移入人工费、资金流和费用中的承包商进退场费，增加了履约保函等财务费用，重新调整了间接费费率；③建设管理费重新定义，并调整为开办费、人员经常费、项目建设管理费和监理费等组成内容，规定了新的取费基数和费率；④取消施工单位基地补贴和特殊技术装备两项补贴费用，原定这两项补贴费用的有关矛盾，应当通过规范招投标和定价报价水平来解决。

四、改革深化的设想

当前概算编制的基本方法是定额法，是根据设计确定的施工方法查找相应的定额，得出完成单位工程量所需要的人工、材料、机械耗量。定额耗量是在标准配置状态下综合固化了的数据，与各个工程的具体工序不可能全部吻合，因此，在基建领域一些发达国家通常采用实物消耗量分析法，简称分析法。即以工程实际情况确定的施工方法计算各种资源总的耗量，如人力、施工设备、时间、材料消耗量等，再乘以各种资源的价格，加上辅助工程及管理费等间接费计算总价。为了工程价款结算需要，用总价除以工程量得出单价。从这个意义上讲，分析法比定额法更加能够反映工程实际情况。或者说，概算编制的进一步改革，应当向分析法这个方向努力。

（水电水利规划设计总院　周尚洁）

水电工程造价管理与控制

电力部对在建21个大中型水电工程概算的核查

国家计委以计建设［1995］38号文通知：为了搞好“九五”计划的编制，摸清基本建设大中型项目由“八五”结转到“九五”建设的投资规模，加强项目管理，经研究决定，对1995年基本建设大中型项目的概算进行一次全面的核查。

一、核查范围

凡列入国家计委《1995年国家固定资产计划（草案）》（全国计划会议计划草案［1995］4号）的基本建设续建大中型项目（不包括收尾项目），以及1994年国务院已原则批准开工，国家计委尚未下达开工计划的基建大中型项目，都需进行概算的核查工作。

二、核定办法

(1)这次概算核查，是在扣除建设项目至1994年底已完成工作量后，对剩余工程量所需资金进行核查。

(2)在概算核查时，要将静态投资部分、动态投资部分、流动资金部分分别列出。

(3)静态投资部分按现行的概算编制科目和取费标准执行，并以1994年下半年价格水平为测算基价，基本预备费按各隶属部门规定计取。项目的建设规模、建设内容和设计标准要严格控制在国家已批准的可行性研究报告(或设计任务书)和初步设计(含扩初设计或技术设计)的范围内,不得自行提高标准。动态投资部分的投资价格指数1995年和"九五"时期暂按7%计算,建设期利息、汇率、投资方向调节税及国家新批准的税费一律按国家现行规定计算。流动资金按流动资金实际需要量的30%计算。

此次概算核查所确定的投资,只作为全国测算基建大中型续建项目"八五"结转"九五"投资规模时使用,不作为各项目概算的最终审定意见。

电力工业部为把工程造价分析和概算核查工作组织好,于1995年2月21日在京召开了"工程造价分析及概算核查第一次工作会议",并向有关部门发了会议纪要。为加强该项工作的领导,电力工业部决定成立工程造价分析及概算检查工作领导小组,组成如下:

组　长　查克明

副组长　周小谦

成　员　冉莹　刘本粹　张学知　谢松林
　　　　魏光耀　陈汉章　高安泽　卢元荣
　　　　朱明昆　林依水

领导小组下设办公室,负责工程造价分析及概算核查的归口工作。

为进一步做好此次核查工作,电力工业部又发了《关于认真做好核查基本建设大中型项目概算工作的通知》(电建[1995]66号),文中专门对水电工程项目上报材料具体调查分析内容提出了要求。

经研究确定,本次核查的水电项目有十三陵、松江河、莲花、天荒坪、水口、隔河岩、五强溪、岩滩、广蓄二期、天生桥一级、天生桥二级、大广坝、宝珠寺、二滩、东风、漫湾、羊湖、大峡、李家峡、太平驿、东西关等21个水电工程。经核查后,调整投资总额为1473.14亿元,较各建设项目原最后一次批准的概算投资850.88亿元,增加了622.26亿元,比原概算投资额增加73.13%。其中建设期还贷利息增加占44.9%,价差增加占28.9%,汇率变动占10.7%,水库费增加占5.6%,税费增加占4%,设计变更占3.4%,其他因素增加占2.5%。

经过核查后的各工程项目的概算投资,目前有些正在进行修编、调整过程中。据已调整的工程投资看,均较核查时的投资要小些。

(水电水利规划设计总院　丁正乾)

水电工程造价分析

1995年5月,水电工程造价分析工作是在32项工程概算资料的基础上,选取19项符合条件的工程作为统计分析对象。其中"六五"开工、"八五"建成的项目6个,即红石、沙溪口、鲁布革、安康、龙羊峡和万安工程;"七五"开工、"九五"初期建成的项目9个,即漫湾、隔河岩、东风、水口、五强溪、宝珠寺、李家峡、铜街子和岩滩工程;"八五"开工、"十五"期间建成的项目4个,即二滩、大峡、莲花和天生桥一级工程。

一、水电工程造价上涨趋势

水电工程造价上涨趋势见图1和表1,并参见表5、表6、表7。

从图表中可以看出:

(1)1983年~1994年的11年间,水电工程平均单

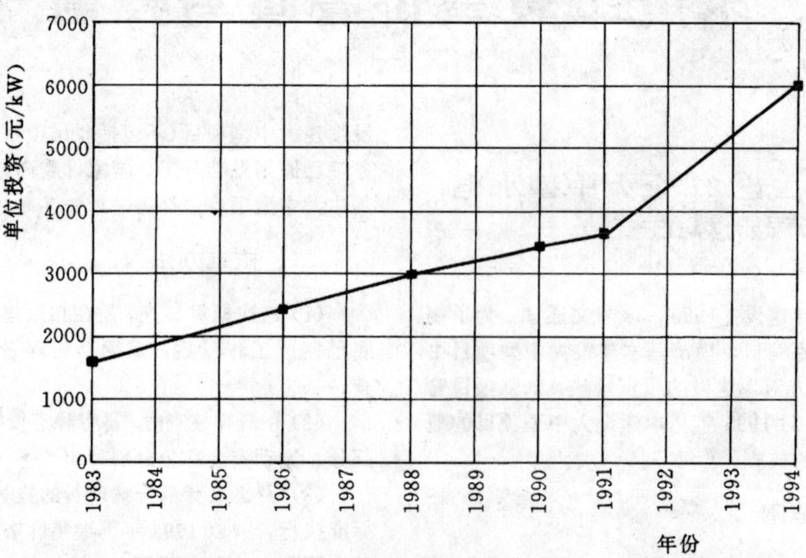

图1　水电工程单位投资变化趋势

表 1　　水电工程单位千瓦投资变化情况　　单位：元/kW

年　份	1983	1984	1985	1986	1987	1988	1989	1990	1991	1992	1993	1994
单位投资	1589			2436		3001		3436	3653			6008
平　均	1986～1994：			12%								
年上涨	1986～1990：			9%								
指　数	1990～1994：			15%								

位千瓦投资从 1589 元/kW 增长到 6008 元/kW，总上升幅度为 278%，平均年上涨指数为 13%。1983 年～1991 年呈平缓上升趋势，8 年间共上升 30%，平均年上涨指数为 11%，1991 年以后陡增，1991 年～1994 年 3 年就上升了 64%，平均年上涨指数达 18%。

(2)“七五”期间（1986 年～1990 年）平均单位千瓦投资从 2436 元/kW 增长到 3436 元/kW，总上升幅度为 41%，平均年上涨指数为 9%，上升较慢。

(3)“八五”前 4 年（1990 年～1994 年）平均单位千瓦投资从 3436 元/kW 增长到 6008 元/kW，共上升 75%，平均年上涨指数为 15%。

二、分项投资增长情况

静态投资中建筑工程、设备与安装、临时工程、水库费用、其他费用等 5 项投资的增长情况见表 2。

表 2　　静态投资中各单项投资增长情况

项　目	1983	1988	1991	1994	上升幅度	年上涨率	说　明
建筑工程	655	977	825	1297	198.14%	6.41%	1. 表中数字未包括预备费
设备及安装	313	465	638	733	233.95%	8.03%	2. 水库费及其他费用 1994 年下降属不正常情况，暂不作考虑
临时工程	235	407	449	538	229.28%	7.84%	
水库淹没费	184	363	433	238			
其他费用	150	367	420	220			

从表 2 中可以看出，各单项费用的增长速率均低于单位造价上涨速率，这说明属于动态投资的预备费和利息是促使造价上涨的主要因素。此外，设备与安装费用上涨的速率高于土建工程上涨速率。

三、水电工程造价上涨原因分析

造成水电造价上涨的主要影响因素有 5 项：利息增加、物价上涨、税费增加、汇率调整和水库费增加。对于不同项目、不同年度其影响情况不同，详见表 8、9。

(1) 根据对“七五”(1986 年～1990 年) 期间 5 个项目（红石、沙溪口、安康、龙羊峡和万安工程）及“八五”(1991 年～1994 年) 期间两个具有代表性的项目（铜街子和岩滩工程）的统计，以及 1995 年对水口和二滩工程全部建成所需投资的调查分析，各因素对造价的影响情况见表 3：

表 3　　各因素对造价的影响情况　　单位：%

各上涨因素所占的比例 / 影响投资上涨的因素	“六五”开工、“八五”建成项目概算投资变化原因分析	“七五”开工、“九五”初建成项目概算投资变化原因分析	水口、二滩“九五”全部建成所需投资较现概算（1991 年水平）增加原因分析
价格上涨	24	47	10
政策变化	19	18	6
水库费增加	16	8	1
建设期贷款利息	11	19	45
投资缺口影响	6	1	
设计变更	10	3	3
工程量增加	3		
汇率上升			33
其他	11	4	2

从表中可以看出，动态投资中物价因素、利息因素及汇率调整是造成造价上涨的主要因素。由于水电工期长，利率上调对其影响最为严重，据对水口、二滩两个项目的最新调查，其利息已占总投资的1/3，其投资上涨的45%是因利率调整所引起的。

(2) 水电土建工程所用大宗材料和主要设备价格上涨情况见表4。

表4　水电工程各代表时期大宗材料和主要设备价格变化情况

序号	名称	单位	1984年	1985年	1992年6月	1994年12月	上涨幅度	年上涨指数
一	材料							
1	水泥	元/t	70	140	200	400	471%	19%
2	钢筋	元/t	600	1000	1500	3500	483%	19%
3	柴油	元/t	500	850	1600	2400	380%	17%
二	设备							
1	水轮发电机组	元/t	9000	15000	24000	30000	233%	13%
2	闸门	元/t	2800	5000	7000	10000	257%	14%

表中可以看出，材料和设备价格的上涨率远远大于建筑工程和设备安装工程的上涨率。这说明物价上涨是造成静态投资上涨的主要因素。

由于水电建设管理体制的改革，人工费与管理费也在上涨，但其幅度较小，因而减缓了土建工程及设备安装工程造价的上涨速率。

设计变更及设计标准的提高，对水电工程投资的影响很小。

(3) 使用外资的项目，均经过技术经济论证。无论是用外资进行土建工程国际招标还是向国外采购机电设备，因其本身价格就贵，再加上汇率调整因素，因此利用外资的项目造价亦相应高。由于引进了外资、技术、设备，从而保证了工期、质量，取得了总体经济效益，这些值得分开总结。

表5　“六五”开工、“八五”建成水电工程项目概算投资变化情况

序号	工程名称	装机	概算投资(万元)				单位投资(元/kW)		概算审定年		主体开工年	基本建成年
			五定	调概	增加	幅度	五定	调概	五定	调概		
1	红石	20	27562	32367	4805	17%	1378	1618	1982	1988	1983	1989
2	沙溪口	30	51435	83869	32434	63%	1715	2796	1984	1991	1984	1992
3	鲁布革	60	89190	166107	76917	86%	1487	2768	1984	1989	1982	1991
4	安康	80	145200	297400	152200	105%	1815	3718	1984	1994	1983	1995
5	龙羊峡	128	176900	282426	105526	60%	1382	2206	1982	1993	1979	1995
6	万安	40	78463	212177	133714	170%	1962	5304	1984	1994	1985	1995
	合计	358	568750	1074346	505596	89%	1589	3001				

表6　“七五”开工、“九五”初建成水电工程项目概算投资统计

序号	工程名称	装机	概算投资(万元)				单位投资(元/kW)		概算审定年		主体开工年	基本建成年
			五定	调概	增加	幅度	五定	调概	五定	调概		
1	漫湾	125		325382				2603		1993	1987	1997
2	隔河岩	120		347272				2894		1991	1987	1997
3	东风	51		179878				3527		1991	1985	1995
4	水口	140		641376				4581		1992	1987	1997
5	五强溪	120		616678				5139		1991	1988	1997

续表

序号	工程名称	装机	概算投资(万元)				单位投资(元/kW)		概算审定年		主体开工年	基本建成年
			五定	调概	增加	幅度	五定	调概	五定	调概		
6	宝珠寺	70		270229				3860		1992	1985	1997
7	李家峡	160		505982				3162		1992	1988	1999
8	铜街子	60	117145	289574	172429	147%	1952	4826		1994	1986	1995
9	岩　滩	121	163197	356306	193109	118%	1349	2945		1993	1987	1997
	合　计	967		3532677				3653				

表 7　　“八五”开工、“十五”建成水电工程项目概算投资统计

序号	工程名称	装机容量	概算投资(万元)	单位投资(元/kW)	概算审定年份	主体工程开工年份	预计竣工或基本建成年份
1	二　　滩	330	2107230	6386	1993	1991	2000
2	大　　峡	30	98329	3278	1991	1991	1997
3	莲　　花	55	280648	5103	1991	1992	1998
4	天生桥一级	120	728000	6067	1991	1995	2000年以后
	合　　计	535	3214207	6008			

表 8　　“六五”开工、“八五”建成水电工程项目概算投资变化原因分析

统计项目	价格上涨		政策变化		水库费增加		建设期贷款利息	
	(万元)	(%)	(万元)	(%)	(万元)	(%)	(万元)	(%)
红　石	479	9.97	1087	22.62	501	10.43	116	2.41
沙溪口	6651	20.51	1381	4.26	17102	52.73	1085	3.34
安　康	42783	28.11	37256	24.48	11995	7.88	28777	18.91
龙羊峡	14812	14.04	21278	20.16	7554	7.16	6048	5.73
万　安	27914	30.00	13804	14.84	24500	26.33	7902	8.49
合　计	92639	23.88	74806	19.28	61652	15.89	43928	11.32

统计项目	投资缺口影响		设计变更		工程量增加		其　他		合　计	
	(万元)	(%)	(万元)	(%)	(万元)	(%)	(万元)	(%)	(万元)	(%)
红　石			442	9.20			2180	45.37	4805	100.00
沙溪口			5423	16.72			792	2.44	32434	100.00
安　康	24962	16.40	4733	3.11	1700	1.12			152206	100.00
龙羊峡			20948	19.85	6150	5.83	28736	27.23	105526	100.00
万　安			5179	5.57	3063	3.29	10682	11.48	93044	100.00
合　计	24962	6.43	36725	9.46	10913	2.81	42390	10.92	388015	100.00

表 9　“七五”开工、“九五”初建成水电工程项目概算投资变化原因分析

统计项目	价格上涨		政策变化		水库费增加		建设期贷款利息	
	(万元)	(%)	(万元)	(%)	(万元)	(%)	(万元)	(%)
铜街子	60963	46.01	28388	21.43	3215	2.43	22238	16.78
岩　滩	92889	48.11	30181	15.63	23100	11.96	38603	20.00
合　计	153852	47.25	58569	17.99	26315	8.08	60841	18.69

统计项目	投资缺口影响		设计变更		工程量增加		其　他		合　计	
	(万元)	(%)	(万元)	(%)	(万元)	(%)	(万元)	(%)	(万元)	(%)
铜街子	2736	2.06	6958	5.25			7996	6.04	132494	100.00
岩　滩			4488	2.30			3848	2.00	193109	100.00
合　计	2736	0.84	11446	3.52	0	0.00	11844	3.64	325603	100.00

表 10　水电工程各代表时期材料、设备、基础价格及费率标准变化情况

序号	名　　称	单位	1984 年	1989 年	1992 年 6 月	1994 年 12 月	平均年上涨指数
一	材料						
1	水泥	元/t	70	140	200	400	19.04%
2	钢筋	元/t	600	1000	1500	3500	19.29%
3	原木	元/m^3	200	400	600	800	14.87%
4	柴油	元/t	500	850	1600	2400	16.98%
5	炸药	元/t	1300	1800	2755	3715	11.07%
二	设备						
1	水轮发电机组	元/t	9000	15000	24000	30000	12.79%
2	闸门	元/t	2800	5000	7000	10000	13.58%
3	固卷启闭机	元/t	3500	6000	8000	16000	16.41%
4	液压启闭机	元/t	9000	13000	16000	22000	9.35%
三	人工工资						
1	标准工资	元/月	55	69	87	120	8.11%
2	施工津贴	元/天	0.50	0.80	1.20	5.30	26.63%
四	施工用电、风、水						
1	施工用电	元/kW·h	0.12		0.25	0.45	14.13%
2	施工用风	元/m^3	0.03		0.05	0.10	12.79%
3	施工用水	元/m^3	0.20		0.30	0.60	11.61%
五	施工机械台班费一类费用	%	1985 年台班费 100%	1991 年 115%	1992 年台班费 100%	1993 年 120% 1994 年 140%	
六	公路运费	元/(t·km)	0.20		0.40	0.50	9.60%
七	费率标准						
1	劳保基金	%	建安 1.5%	直接费 2.5%	直接费 3.0%	直接费 3.0%	
2	设备储备贷款利率	%	3.00%		1991 年 4 月起 7.92%	1993 年 7 月起 11.7%	14.58%
3	建设期贷款利率	%			1991 年起 8.82%	1993 年 7 月起 11.16%	1995 年 1 月起 14.76%

（国家电力公司水电局　马宗义　中国水利水电工程总公司　王顺白）

水电工程招标与投资管理

三峡工程左岸电站14台水轮发电机组的国际招标

1997年9月2日，李鹏总理和邹家华副总理出席了在北京人民大会堂举行的三峡工程左岸电站水轮发电机组的合同签字仪式，三峡工程的业主——中国长江三峡工程开发总公司(简称三峡总公司)法人委托代表、三峡国际招标公司法人委托代表，分别代表业主和买方在合同文本上签字，两个中标集团——法国通用电气阿尔斯通公司/瑞士ABB公司和德国伏依特公司/德国西门子公司/加拿大通用电气水电公司的代表亦在合同文本上签了字。国家开发银行的代表和两大中标集团所在国的贷款银行的代表就出口信贷/商业贷款，国家开发银行的代表和三峡总公司的代表就转贷合同签了字。至此，受到国内外广泛关注的三峡工程最大的一笔国际采购合同，14台水轮发电机组合同总金额达7.4亿美元的招标活动已圆满结束。

一、招标文件实际准备和编制完成历时两年半

1992年4月3日，全国人大七届五次会议正式通过了《关于兴建长江三峡工程决议》，1993年9月27日，经国务院批准三峡工程的业主——中国长江三峡工程开发总公司正式成立，同年11月，由国务院三峡工程建设委员会办公室(简称三建委办)会同三峡总公司和长江水利委员会组织国外有能力参与三峡机组竞标的厂家（公司）与国内水电/制造专家进行广泛的技术交流，从而揭开了三峡机组招标准备工作的序幕。前后参加技术交流的有德国伏依特公司、德国西门子公司、瑞士ABB公司、日本日立公司、东芝公司、三菱重工/三菱电机公司、俄罗斯列宁格勒金属工厂/电力工厂、法国阿尔斯通公司、加拿大通用电气水电公司、瑞士苏尔寿公司以及挪威克瓦纳公司等。

1995年3月，中国长江三峡工程开发总公司委托三峡工程设计总成单位长江水利委员会、中国技术进出口总公司编制机组招标文件。由于三峡工程举世瞩目，各国制造厂商均把目标瞄准三峡机组，要求参与三峡机组竞标的厂商有所增加，愿意在提供设备的同时提供优惠出口信贷的厂商也有所增加。对招标文件中一些基本问题，如招标方式、资金来源、决标条件、重大技术问题的决策等，经过多次反复研究、内外结合，最终由国务院决策后定稿。而有些重大技术问题还待经过审阅投标文件、通过详细技术经济比较后才能决策。这样经过两年半的努力和紧张工作，1996年6月24日～27日，在北京西苑饭店正式出售三峡工程左岸14台水轮发电机组招标文件，分为IFB1水轮机标书和IFB2发电机标书两份。

招标文件中重大问题决策定稿见表1。

招标文件编制主要过程大事见表2。

招标文件发售结果见附表3。

表1　招标文件中重大问题结果

序目	项　目	内　容	招标文件处理意见
1	招标范围	左岸电站14台机组	一次招标14台机组
2	招标方式	公开招标，议标决策	国际公开招标，外商对14台机组负责
3	水轮机资格	容量、直径	制造过440MW和直径6m以上水轮机的厂商
4	发电机资格	容量、推力负荷	制造过450MVA和2400t以上发电机的厂商
5	资金来源	国内外资金来源优选	出口信贷/商业贷款/国内资金
6	代理公司	商务/融资	三峡国际招标公司代理买方，国家开发银行为融资方
7	国内外厂商关系	制造比例和责任	中标的外国厂商负全责，前12台以外商为主，分包给中方厂商比例不小于25%
8	货币	美元或所在国货币	统一采用美元

续表

序目	项目	内容	招标文件处理意见
9	报价	固定价或滑动价	固定价
10	贷款利率	固定利率或浮动利率	出口信贷为固定利率，商贷为浮动利率
11	授标	授标优选条件	对招标文件实质性响应、综合技术经济性能好、报价合理、技术转让、融资方案对买方有利
12	投标集团	投标集团构成	可以单独投水轮机标或发电机标，亦可以投组合标
13	投标时间	投标书包括技术、商务和融资条件	6个月时间，1996年12月18日接收投标文件
14	设计水头	水轮机最高效率点相应的水头	不作规定，允许大于电站设计单位提出的90.1m
15	最大容量	保证高水头运行稳定	发电机840MVA
16	初期转轮	目的是低水头运行时稳定并多获电量	投标者单独列出其参数、性能、报价，供业主选定
17	电量保证	电站弃水期电量和非弃水期电量	分别按招标文件要求进行保证
18	空蚀/磨损	失重保证	两者综合失重量，8000h内不超过52kg
19	蜗壳打压	检验焊缝和充水浇混凝土	作为单独报价和提出要求，由业主选定
20	发电机定子	冷却方式	空冷或水内冷可单独或两者作出选择或同时提出技术方案和报价，最终由业主决策
21	额定电压	20kV或18kV	单独或两者都提出技术方案和报价，由业主最终决策
22	推力轴承/推力支架	支承方式	下机架为推力支架，推力轴承型式由投标者自定
23	辅机系统	励磁系统/调速系统	与主机单独报出，不作决定，2000年再次进行招标

表2　招标文件编制主要过程大事表

时间	地点	内容	参加单位
1995年3月	宜昌	机组招标文件编制座谈会	三峡总公司组织，长江水利委员会和中国技术进出口总公司参加
1995年4月	宜昌	中国三峡总公司委托编制招标文件	长江水利委员会 中国技术进出口总公司
1995年6月	宜昌	招标文件编制研讨会	三峡总公司组织，国内专家、中国技术进出口总公司、长江水利委员会参加
1995年6月	宜昌	招标文件第一次审阅修改	三峡总公司组织4个专家组对长江水利委员会、中国技术进出口总公司编制的文件进行审查、修改
1995年12月	宜昌	资金来源明确为出口信贷/商业贷款/自有资金	三峡总公司总经理办公会
1995年12月	北京	通报标书编制中已决定的技术、商务、融资问题，便于投标者做投标书准备	三峡总公司组织，长江水利委员会参加，向VGS联合体、法国阿尔斯通、俄罗斯联合体、瑞士ABB、挪威KB公司等通报
1996年1月	三峡工地	招标文件审查会 分技术、商务、融资、技术转让四个组审查	三峡总公司组织，三建委办、经贸委、电力部、机械部、中国银行、国家开发银行、中国工商银行、法律事务所、长江水利委员会、中国技术进出口总公司以及安装运行部门等100多人参加

续表

时间	地点	内容	参加单位
1996年1月25日～2月26日	宜昌	国外标书编制专家咨询、修改	美国哈扎公司、加拿大加华电力公司、巴西、巴基斯坦的业主单位专家、英国西商银行等共9名专家，三峡总公司、长江水利委员会、中国技术进出口总公司等编标人员参加
1996年3月1日	北京	邹家华副总理主持会议讨论机组招标有关问题（14台一次招标，中方制造比例、技术转让、分包商资格）	三峡总公司、三建委办、机械部、中国工程院有关领导和专家参加
1996年4月25日	北京	李鹏总理主持国务院三建委第19次会议，研究并决策发电机最大容量、初期转轮、技术转让、合作制造、组合报价、成立三峡国际招标公司和标书审批、发售程序	有关部委、三建委办、三峡总公司、中国技术进出口总公司、长江水利委员会
1996年6月24日	北京	机组招标文件发售	

表3　购买三峡机组招标文件的厂商统计（以购买标书先后顺序列出）

序号	机组招标文件购买者	IFB1标	IFB2标
1	通用电气阿尔斯通 GEC Alsthom（法国）	2套	2套
2	伊藤忠　Itochu （日本联合体成员：日立、东芝、三菱重工、三菱电机、伊藤忠、三菱商事、三井物产、住友）	1套	1套
3	克瓦纳 Kvaerner（挪威）	1套	
4	伏依特 Voith（德国）	1套	
5	西门子 Siemens ltd.（德国）		1套
6	中国东方电气集团公司	1套	1套
7	丸红株式会社 Marubeni（日本）	1套	1套
8	ABB（瑞士）		1套
9	俄罗斯动力进出口公司 （列宁格勒金属工厂、电力工厂）	1套	1套
10	加拿大通用电气水电公司 GE Hydro	1套	1套
11	银萨公司 IMPSA（阿根廷）	1套	1套
12	苏尔寿 Sulzer ltd.（瑞士）	1套	
13	中国电工设备总公司	1套	1套
14	哈尔滨电机有限责任公司	1套	1套
15	三井物产 Mitsui（日本）	1套	1套
16	中国船舶工业总公司	1套	
17	伍德沃德 Woodward Governor Co.（美国）	1套	
18	三菱商事 Mitsubishi（日本）	1套	1套
19	住友商事 Sumitomo（日本）	1套	1套
20	安萨尔多 Ansaldo Energia（意大利）		1套
	合计	18套	16套
		共34个单套	

注　1. IFB1标为水轮机、调速系统及其辅助设备标；IFB2标为发电机、励磁系统及其辅助设备标。

2. 水轮发电机组全套招标文件（IFB1和IFB2）的购买者共12家，共13套；水轮机招标文件（IFB1）的单独购买者5家；发电机招标文件（IFB2）的单独购买者3家。

二、议标评标期间在技术、商务、融资方面的重要决策

鉴于三峡机组的运行复杂性和在国外国内的重大影响，决定采用“公开招标、秘密开标、逐个议标、综合决标”的办法，使竞争者最大限度参与投标，通过秘密开标和逐个议标，各投标商的积极性和竞争力得以充分发挥，最终通过综合技术、商务、融资等因素由最高领导层决标。这样实行的结果，澄清、再澄清、合同谈判，议标评标时间长达9个月之久。

1996年12月18日收到6个投标集团竞标文件。对投标文件进行阅读分析后，于1997年元月30日发出书面的澄清通知，要求投标者补充材料澄清投标书中的某些问题。从1997年2月18日起，逐家进行面对面的澄清。有些需补充做研究、试验，需要再次补充材料，于是从1997年3月15日开始进行第二次澄清。在这期间还请美国哈扎公司2位水轮机和发电机专家对投标者的投标情况汇总进行评议，对投标者的业绩、信誉进行了评议，写出了评议报告。在基本澄清基础上，1997年5月在北京组织国内专家进行评标。1997年8月15日根据议评结果，经国务院批准，正式发出中标通知书。

议评标期间重大技术问题决策见表4。

议评标期间重大商务问题决策见表5。

表4 议评标期间重大技术问题决策

序号	内容	决策方式
1	不采用初期转轮	三峡总公司总经理办公会
2	采用具有负倾角叶片的水轮机	三峡总公司总经理办公会
3	采用两套水力设计的水轮机（叶片数分别为15片和13片）	国务院三峡工程建设委员会
4	发电机额定电压采用20kV	三峡总公司总经理办公会
5	发电机设置最大容量840MVA，并按此设计	三峡总公司总经理办公会
6	发电机定子冷却采用水内冷	三峡总公司总经理办公会
7	水轮机蜗壳采用充水加压检验焊缝和浇混凝土	三峡总公司总经理办公会
8	调速系统/励磁系统另行招标，不含此合同内	三峡总公司总经理办公会

表5 议评标期间重大商务问题决策

序号	内容	决策方式
1	为使投标价更具竞争力，分包比例和原产地的调整	投标者重新调整
2	技术转让的内容和形式，委托国务院三峡建设委员会办公室组织谈判	投标者与国内分包商签合同
3	供货进度按2002年开始装机的2、3、4、4、1进行修改，埋件提前2个月供货	三峡总公司总经理办公会
4	仲裁，在中国	双方同意
5	授标条件及优先因素	国务院三峡工程建设委员会办公会议
6	授标集团及台数	国务院三峡工程建设委员会办公会议
7	一对一进行技术转让 即GEC Alsthom/ABB转让给哈电集团 VGS转让给东电集团	国务院三峡工程建设委员会
8	法国阿尔斯通公司承制的8台水轮机采用挪威克瓦纳能源公司的水力设计	国务院三峡工程建设委员会办公会议

三、三峡左岸电站14台机组主要招标结果

三峡工程左岸电站14台水轮发电机组（总装机容量9800MW）的国际招标，由阿尔斯通公司/ABB供货8台的合同和由加拿大通用电气水电公司牵头的VGS集团供货6台的合同，已经分别在1997年10月6日、10月8日正式生效，至此，历时2年又6个月的招标活动宣告结束。

主要的招标结果是：

（1）供货集团。法国GEC Alsthom/瑞士ABB，供货8台水轮发电机组；加拿大GE Hydro/德国VOITH/德国Siemens，供货6台水轮发电机组。

（2）合同总额。总额7.4亿美元。其中，GEC Alsthom，2.12亿美元；ABB，2.09亿美元；VGS水轮机，1.67亿美元；VGS发电机，1.52亿美元。

（3）融资额度。总额11.2亿美元。其中，出口信

贷7亿美元，还款期19～21年；商业信贷4.2亿美元，还款期15～17年。

(4)技术转让实行一对一的转让方式，即GEC Alsthom/ABB将技术转让给中方分包伙伴哈尔滨电机有限责任公司，VGS将技术转让给中方分包伙伴东方电机股份有限公司。

(5) 机组部件的原产地来自9个国家（含中国），即：中国、瑞士、巴西、加拿大、法国、西班牙、挪威、德国和瑞典。

(6)国内主要有5家企业承担制造供货，即：哈尔滨电机厂、东方电机厂、上海希科、天津阿尔斯通、水电第八工程局（水轮机埋件）。其中哈尔滨、东方分包份额各占31%。

（中国长江三峡工程开发总公司　黄源芳）

黄河小浪底水利枢纽国际招标

小浪底水利枢纽建设利用世界银行贷款8.9亿美元、软贷（开发协会信贷）1.1亿美元、国外银行出口信贷1.09亿美元（其中含商业贷款15%），利用外资总计11.09亿美元，占工程总投资26.6%。工程大坝、泄洪工程、地下厂房土建工程和水轮机及电站自动化监控系统全部采用国际招标。

一、招标规划和准备

小浪底水利枢纽工程规模大、地质异常复杂、地下洞室布置密集、地上地下施工干扰大、施工强度高。为了保证项目按合理工期组织施工及承包商资源投入经济合理，在招标前由设计院合同加拿大咨询专家编制了招标规划和业主提供条件的报告。报告包括的内容：业主提供条件、外资利用与分标方案、施工条件、施工导流、主体工程施工、施工交通、辅助生产、总平面布置、施工总进度、施工规范和技术标准。

通过上述分析论证，确定分三个标：①斜粘土心墙堆石坝标，该标包括两岸边坡开挖、齿槽灌浆、大坝填筑、截流及截流河床的防渗墙施工；②泄洪工程标，包括导流洞、进口塔体、泄洪排砂洞室群、消力池、泄水渠；③地下厂房土建标，包括引水洞、地下厂房、尾水洞、尾水护坦、防淤闸等。业主提供条件包括对外交通公路、施工干线公路、过河公路桥、35kV以上供电工程、供水系流，以及为揭示地质条件和方便承包加速进点开工而纳入业主条件的工程有导流洞两条施工支洞、进出口上部边坡开挖和导流洞上中导洞、厂房拱顶导洞。定价供电、供水，当地材料采用六大主材定出厂价，定综合运距的调价办法；承包商合同开工日前完成业主准备工作。

二、招标及中标

小浪底工程由于其地处黄河中游出口，具有十分重要的战略地位及其独特的社会影响，并且黄河水沙条件世界闻名，工程招标吸引了众多的国外承包商，共有34家中外公司组成9个联营体参加投标。

中标情况如下表：

表1　小浪底水利枢纽土建国际标承包商

标　号	承　包　商		
	联营体	主办公司	成员公司
Ⅰ 大坝标	黄河 承包商	(意)英波吉罗 Impregilo S. P. A	(德)Hochtief A. G (意)Italsrade S. P. A (中)水电第十四工程局
Ⅱ 泄洪 工程标	中德意 联营体	(德)旭普林公司 Zublin A. G	(德)Strabag (法)Wayss&Freyt A. G (意)Del Fayero S. P. A (意)Salini S. P. A (中)水电第七工程局 (中)水电第十一工程局
Ⅲ 引水发电 土建标	小浪底 联营体	(法)杜美思公司 Dumez	(德)Holzmann (中)水电第六工程局

表2　合同价一览表

标号	合　同　价		
	人民币(元)	外　币	折合人民币(元)
Ⅰ	560404250	215851997.5美元	2459908289
Ⅱ	1089689295.44	506052827.54马克	3696987235.92
Ⅲ	315758466.51	84213635.37美元	1056838457.76
合计	1965852011.95	596349489.74美元	7213733982.68

综合分析承包商报价，主要表现为以下几方面：①投标计算报价离散度小，而投标信降价幅度大，最高降价比例在13%以上，造成各投标价明显形成“错台”。②三个标联合中标降价幅度小，一方面是因为单标价已在投标信中修正过，另一方面则表现为承包商认为三个标太大，不愿承担联合中标风险。

三个合同分别在1994年5月28日和6月28日草签并相应在同年5月30日和6月30日发布开工令。7月16日在北京举行正式签字仪式。

三、合同执行

(1)小浪底工程国际标合同执行总体上是顺利的，工程配套内资资金到位率高，支付金额有保证。承包商设备配备较好，大坝标设备基本上是按高峰期配置的，开工之后一直超计划强度施工；泄洪标配置较先进，但设备进场相应有所滞后，一度由于准备工作不充分、雇用劳务整体性差，加上地质变化造成图纸变更而工期推迟，施工阶段先进设备发挥了作用；地下厂房房标主要是地下工程，设备主要来自英吉利海峡隧道，设备适应性好。

(2)工程监理由小浪底工程咨询公司承担，监理人员来自西北勘测设计研究院、天津勘测设计研究院、黄委设计院和水电工程局。小浪底监理按 FIDIC 全方位对合同实施监理，包括工程图纸审定发放、车间图审查、进度措施审批、现场监理和巡回监理、施工协调、审图支付凭证、处理调差和索赔。

(3)工程业主为小浪底水利枢纽建设管理局，主要任务为申请投资、办理支付、提供和协调工程外部条件、征地移民和对工程重大问题作决策。

四、启示和建议

通过小浪底工程全方位国际招标，有几点启示和建议。

(1) 联营体主办公司在联营体股份必须占绝大多数，否则主办公司决策权不充分。建议采取公式 $1.5\frac{1.0}{n}$ (%) 确定主办公司必须占有的最小股份份额，且保证主办公司股份是最高伙伴股份的 1.2 倍。

(2) 招标时对劳务提供应在目前通用作法上再进一步作出规定。从小浪底引入 OTFF 方式，即成建制雇用劳务是确保工程按合同实施的关键。

(3) 对工期索赔，由于计算和评估复杂，小浪底对工期索赔采用“赔实”的办法，即对赶工资源进行补偿，如增加设备确定型号、数量进行补偿，有利价格确定和对赶工实施。

(小浪底水利枢纽建设管理局　何有源)

三峡工程的投资控制

三峡工程的投资控制采用“静态控制，动态管理”的模式，以及与这个模式相配套的“总量控制，合理调整”的原则，编制执行概算，在实践中已取得很好的效果。静态投资控制在设计概算范围内，动态投资控制在预计范围之内，实际财务支出略有结余。根据 1996 年末以前的实际完成数和 1997 年的计划数，在满足设计总进度按期高质量地实现大江截流，胜利完成一期工程建设任务的前提下，设计概算的静态投资为 221 亿元，实际完成 206 亿元，减少 15 亿元。预计的动态投资 310 亿元，实际完成 267 亿元，减少 43 亿元，即价差和利息的动态部分减少 28 亿元，其中利息比预计的多 4 亿元，价差比预计的少 32 亿元，扣除实际结算价差比预计的推后一年约 14 亿元，动态投资实际减少 29 亿元，其中静态 15 亿元、动态 14 亿元。

投资控制方法简要介绍如下。

一、改进设计概算的编制和审查

投资控制的基本原则是“合理确定，有效控制”。三峡工程设计概算的编制和审查对现行的规范和方法作了一些改进，贯彻了“合理确定”的原则，这是采用“静态控制、动态管理”模式的基础。

在编制方法上参照了国际通用的方法，并结合三峡工程的特点，参照现行规范但又不受它的限制，主要进行了以下几方面的改革：静态投资以编制年的价格和费用水平为基础，取消设备储备贷款利息和流动资金贷款利息，按工程总进度确定资金的提前投入量计算分年投资的资金流程；取消特殊技术装备费和特种大型施工设备补贴费，台班费改台时费，机械寿命由寿命总台班改为经济寿命总台时，特殊大型设备的台时产量按施工组织设计、设备技术性能计算确定；取消施工企业基地建设补贴费，计划利润改称施工利润并适当提高；基本预备费根据工程项目的特点、设计深度、施工条件、市场条件等风险因素，不同的项目采用不同的费率；项目划分和费用标准，不受行业法规的限制，结合三峡工程的特点和国家的有关规定进行调整补充；按预测的物价指数和筹资利息计算动态投资。

在审查方法上从 1986 年三峡工程重新论证以来，不同阶段都采用专家组审查决策机构审批的方法，减少了行政干预，增加了科学、合理和客观公正性。

二、采用“总量控制，合理调整”的原则编制执行概算

三峡工程的执行概算不是对设计概算的简单切块，而是采用“总量控制，合理调整”的原则进行调控，所编制的执行概算是“静态控制”的重要手段。总量控制是总执行概算不得超过批准的设计概算，合理调整包括合理调整项目划分、工程量、工程单价、各项目投资额度和合理分配基本预备费等几方面。合理调整的主要措施是优化设计、优化施工方案、改进管理和提高生产率等几方面。项目的划分，单项执行概算参照招标文件的工程量报价单，总执行概算在总体上（一、二级项目）与设计概算保持一致的前提下根据实际情况进行适当调整。工程量原则上采用招标文件的工程量。工程单价、项目投资额度、基本预备费的调整和分配，根据招标项目的合同价格、设计深度和其他已出现的情况进行调控。编制程序一是先编制单项执行概算，主要按招标项目划分，并包括勘测设计费、施工房建、场内交通、其他临时工程等，主体招标项目均有工程单价，其他项目一般只有项目投资额度或综合单价，单项执

行概算编制后再合成编制总执行概算；二是按设计概算—现量(招标文件工程量)概算价执行概算—现量现价执行概算的程序，概算价执行概算的基础价格、取费水平与设计概算一致，适当提高效率和调整费率，现价执行概算的工程量、效率、费率与概算价执行概算价一致，但基础价格、取费水平应调整到招标文件的规定或投标截止前的价格水平。

三、科学、合理地进行价差管理

价差的测算和审定是动态管理的主要内容。其主要内容是：采用科学的调价方法；正确合理地确定调价范围；合理进行工程分类；准确计算各分类项目的权重；客观进行物价采集或合理采用价格指数；正确计算调价指数和价差。三峡工程的价差计算不采用文件证明法而采用国际上惯用的公式调价法；在价差计算办法中明确规定利息、已批准的价差等动态投资和未经批准的或超出设计范围的工程与费用不属调价范围；规定工程分类一般为土石方、混凝土、钢筋制安、永久设备、设备安装、其他工程等；各分类工程的权重包括定值权重和变值权重，定值权重按风险分担的理论确定，变值权重则根据编制设计概算所采用的定额、投标者所实际使用的定额、现场定额测定资料等综合分析计算而得；各类物价的采集，采用定点（两处）、定时（目前原则上每月一次）的办法进行，部分不能自市场采集的，则采用国家物价部门或统计部门所发布的资料。价差计算通过计算机按特定的程序进行，同时给出基期(设计概算编制时)调价指数和结算年与上一年的环比指数，报三峡建设委员会和国家计委审批。至1996年末，基期调价指数为1.25，比预计的1.35低10个百分点。

四、建立执行概算价和合同价两个价格体系

按执行概算单价计算的投资加变更价款的支出加国家批准的价差加利息支出，为向国家列报的投资完成额，它与批准的静态投资和预测的动态投资相适应；按合同价结算的价款支出加变更价款支出加索赔支出加给各承包单位结算的价差和三峡总公司所供应的物资、施工设备、施工用房、砂石料所产的价差加利息支出为工程成本支出，每年报财政部核批。上述两种价格体系都是动态的，两者的差额为正时即有投资结余，为负时就是超概算即产生了亏损。三峡工程建设委员会经请示国务院领导同意，批准三峡总公司可以从投资结余提取10%，其中三成为福利基金，七成为总公司的生产发展基金。建立两种价格体系的好处主要有：①与项目法人对国家批准的设计概算负责相适应；②督促项目法人努力降低成本，及时反映盈亏，结余提成，可增加项目法人的活力，方向明确，责任界限清楚；③及时反映动态资金流程的变化趋势。

五、对物资、施工设备、施工用房及道路等设施采取有效的管理方法

三峡总公司对主要物资和主要施工设备、主体工程的砂石料以及水、电、施工用房和道路等设施采取直接供应和管理的方法。一般物资和一般施工设备，临时工程的砂石料，远离坝区的水、电、施工用房及道路由承包单位负责。这样做的主要优点有：①项目法人直接对价格（价格在招标文件中规定，价差由项目法人负责）、数量、质量进行有效控制并及时解决可能出现的问题；②有利于控制建设资金的使用；③有利于降低成本；④有利于合同管理。

六、建立风险分析制度

三峡总公司已建立定期的投资和财务分析制度，并已委托有权威的咨询机构进行定期的系统的风险分析，其基本构思是：按还本付息加国家投入资本金的合理回报，并分析电价的市场走势，综合分析合理的电价；根据融资条件变化而产生的利息变化、价格变化、静态投资的控制情况，综合分析动态资金流程的变化；用经济评价的方法，分析研究动态投资变化后对电价和回报率的影响，判别投资风险的变化趋势。

七、逐步规范招标和合同管理

三峡总公司规定，主体建筑安装工程、主要的临时工程、较大的房屋建设工程、主要施工设备、永久设备等，一般都要采用招标的方式，通过竞争，择优选择承包单位。明确规定了招标必须具备的基本条件。采用的招标程序如下：招标设计的编制和审查；招标文件的编制和审查；发布招标通告；资格预审和发售招标文件；编制标底（在现量现价执行概算的基础上进行）；开标和评标，评标工作按“专家评标、定量打分、定性分析、领导决标”的原则进行；中标通知和合同签订。至1996年末已签订各种合同2212个，总金额131亿元，其中建筑安装合同717个，总金额104亿元，占79.4%。合同一经签订，双方都要依法严格执行。由于合同执行中的几个难点，如价格调整、变更合同款和工期延误补偿的计算、设备和物资供应等，都在招标文件中作了明确规定，因此双方没有产生原则性争端，变更和索赔的量价确定虽有时有分歧，但都能友好协商解决。社会流传的转包和低价中标虽一定程度存在，但也有承包单位本身的问题，需具体分析对待。

八、加强基础资料的积累和分析

三峡总公司除建立包括概算、计划统计、合同、变

更和索赔、标底、财务成本等正常台账外，还委托咨询机构将每年国内和三峡总公司有关投资控制的资料汇编成册。委托咨询机构在三峡工程现场对各种施工机械的定额（产量和消耗）进行跟班测定，通过积累和统计分析，逐步形成企业定额。

九、发挥专家和咨询机构的作用

从1986年三峡工程重新论证以来，在不同阶段成立了投资估算、经济评价、初设概算、执行概算等专家组，专家组由国内有关专业的有权威的人员组成。工程开工后，还有若干专业性很强的咨询单位提供咨询。专家组和咨询机构不受行业和任何行政干预，坚持科学合理和客观公正，向决策机构提出的成果容易为各方面所接受，实践证明也比较符合工程的实际情况，而且还可以弥补三峡公司内部人力和知识经验的不足。

十、不断总结提高

三峡工程的投资控制虽已取得很好的效果，但仍需不断总结提高。首先应该坚定不移地坚持下去，并不断完善发展，逐步规范化、制度化；其次应该加强对重点项目管理，例如水库移民费、设备招标采购的管理；最后，应该加强人员的培训，使之能适应于三峡工程投资管理模式的需要。

（中国长江三峡工程开发总公司　王梅地）

水电工程经济评价

清江隔河岩水电工程经济评价

隔河岩水电枢纽工程位于清江河口上游62km，是清江干流开发的第一期工程，1987年开工，1993年6月第一台机组发电，1994年4台机组全部投产，1996年电站开始正常运行，总工期10年（不含升船机工程）。枢纽正常蓄水位200m，总库容31.2亿m^3，装机容量120万kW，年发电量30.4亿kW·h。电站为华中电网主要调峰电源，1996年承担华中电网近1/6的调峰任务。水库为长江荆江河段预留5亿m^3防洪库容，以减轻荆江河段的洪水威胁，并可解除枢纽下游清江河段的洪水灾害。建成后的300t级升船机，双向年通货能力达270万t，水库形成90km深水航道。此外还有水产养殖、旅游等综合利用效益。枢纽主要工程量：土石方开挖851.7万m^3，洞挖66.2万m^3，土石填筑170万m^3，混凝土浇筑392.8万m^3，帷幕灌浆25万m^3，工程总投资（不含建设期利息）1992年概算为31.2亿元，1997年调整概算为47.8亿元。

一、1992年上网电价的确定

1992年隔河岩电站发电之前，对上网电价进行测算和审定。隔河岩水电枢纽工程作为中央和地方合资兴建的大型水电工程，有关电量销售、电价和市场承受力、还本付息期等问题须进行研究。为此，首先由湖北省政府和原能源部双方共同协议，隔河岩电站的发电量全部供给湖北省，省电力局负责电量的销售。基于电站发电规模大，并具有良好的调峰能力，电站由华中电网统一调度。电站的上网电价，根据工程投资概算、贷款利息、国家的有关投资税制政策、偿还期以及电站的发电效益等项测算，由湖北省电力局和省物价局进行全省综合电价和物价影响评估，核定后报省人民政府审查，同意后，报原能源部和国家物价局审批。因此隔河岩电站上网电价的确定，除财务分析等有关政策性的技术问题外，与地方电网的承受能力和有关部门、地方政府、中央有关部委的态度也是紧密相关的。

1. 工程投资和资金筹措　截至1992年底，工程完成固定资产投资21.4亿元，据1992年测算，至1996年工程全部完建固定资产投资为31.2亿元。建设期投资利息14.02亿元。

有关资金筹措是：湖北省自筹资金15.16亿元，中央筹资10.04亿元，利用加拿大政府贷款（按1992年汇率折算）6.0亿元，由湖北省政府负责偿还。

湖北省自筹资金中，省财政委贷款占30.4%，建行贷款（湖北省额度）占31.6%，电力建设基金占23.6%，企业债券占14.4%。中央投资中，能投公司经营基金占19.9%，建行贷款（能源部额度）占61.3%，国家投资债券占18.8%。

2. 投资偿还期　为加速水电工程开发，缩短投资周转期，在国家投资政策许可的范围内，经有关各方充分协商议定，隔河岩工程投资本息偿还期拟定为13年，13年内还清全部本息。

3. 税金　按《水电建设项目经济评价实施细则》（试行），成本中只计入产品税［0.01元/（kW·h）］、城建维护税和教育附加税。

4. 上网电量　按工程进度计算建设期各年发电

量，正常运行期为年均发电量扣除厂用电（0.2%）和变压器的损耗电量（0.516%）后为上网电量，正常运行期平均年上网电量为30.18亿kW·h。

5. 发电成本　除按《实施细则》计算各项外，针对隔河岩工程建设实际情况，增加了投资方管理基金，即清江水电开发公司的管理费用，以2厘/（kW·h）计，库区维护基金以3厘/（kW·h）计。经测算正常运行期成本费为22055万元，其中基本折旧费11226万元，占51%。

6. 上网电价、贷款偿还能力和还款期　偿还资金有还贷折旧、还贷税金和还贷利润三部分，经测算，上网电价为0.352元/(kW·h)，正常运行期年还贷能力为86634万元，13年还清全部本息。

二、1995年上网电价的调整

1995年国家对税制进行了重大的改革，主要由产品税改为增值税，增加所得税，且为税后还贷。根据改革后的税制，隔河岩电站按政策缴纳国家征收的增值税，为不使电价增高过多，省政府减免了地方征收的部分所得税。为维持原有隔河岩电站的发电收入和还贷能力，经测算电站每千瓦时增加电价0.047元，上网电价提高到0.399元/(kW·h)。该价格经地方有关部门的审查，省政府同意后，以鄂价重字［1995］126号文颁布，于1995年5月1日起实行至今。

三、1997年修编概算后的工程经济评价

（一）1997年修编概算

工程建设过程中，由于国家政策、市场行情、地质条件的变化以及设计修改等引起工程项目和工程量的变更，1997年对工程概算进行了调整（可认为是工程的决算），调整后的固定资产投资为47.84亿元（含升船机工程，不含建设期利息），与1992年比较，增加16.64亿元，其中，预备费（包括价差预备费和基本预备费）增加5.94亿元，占35.7%，水库费增加3亿元，占18%，升船机工程增加4.15亿元，占24.9%，建筑工程（不含航建）增加2.33亿元，占14%，其他各项增加1.22亿元，占7.4%。

关于引用外资，根据工程贷款合同，工程利用加拿大政府外资额度11214.78万美元，其中政府无息优惠贷款占30%，1999年4月开始还本，分40年等额偿还；买方信贷占70%，年利率8.3%，从1994年7月开始还本，还贷期10年。在经济评价中，把外资折算为内资，在还贷期内等额还本付息，超过偿还期的折算到偿还期的最后一年。

（二）经济评价

1. 国民经济评价　隔河岩工程有发电、防洪、航运等诸多综合利用效益。为预留5亿m^3防洪库容，每年损失约1亿kW·h电能，为修建通航建筑物及下游航道工程，耗资5.68亿元。国民经济评价中，隔河岩工程仅计入发电效益一项，工程投资及流程以1997年修编概算为基准。替代方案选择火电工程，根据湖北省近年兴建火电资料，单位千瓦投资取值3000元，煤耗取值350克/（kW·h），标煤单价250元/t，经济内部收益率为15.35%（大于社会折现率12%），经济净现值3290万元（大于零），说明隔河岩工程国民经济评价是可行的。倘若计入防洪效益（或者补偿防洪损失的电量效益）和航运效益（或者总概算中不计入通航建筑物投资），隔河岩工程国民经济评价指标更优，经济效益更好。

2. 财务评价　各项计算按《水电建设项目财务评价暂行规定》（以下简称《规定》）进行。贷款利率，由于资金筹措渠道较多，且贷款利息不一致，受国家利率调整影响，各年利率也不相同。1996年以前，按实际情况计算，1996年后按现行利率计算。关于税制，按《规定》计入了所得税（税率33%）和增值税附加（税率8%），不计增值税，偿还期按国家贷款规定为15年，以此为基本方案Ⅰ。方案Ⅱ，按现行税制政策，电价中含增值税（17%）及增值附加税，不含所得税，维持现行电价0.399元/（kW·h)不变，计算电站偿还期和财务指标。方案Ⅲ，按现行政策，电价中含增值税及增值附加税，不含所得税，偿还期15年，1997年前按现行电价0.399元/（kW·h)，计算1997年后上网电价及财务标准值。方案Ⅳ，电价中含增值税及增值附加税，不含所得税，从1998年起每年上调电价0.03元/（kW·h)，计算偿还期。方案Ⅴ，电价中含增值税及增值附加税，含所得税，维持现行电价0.399元/(kW·h）计算所需偿还年限。各方案财务评价指标见下表。

隔河岩电站财务评价指标表

方案	贷款偿还期（年）	上网电价[元/(kW·h)]		财务内部收益率（%）	财务净现值（万元）
		1997年	还贷期末		
Ⅰ	15	0.477	0.477	19.0	112759
Ⅱ	17	0.399	0.399	16.2	69044
Ⅲ	15	0.399	0.576	18.4	109901
Ⅳ	16	0.399	0.543	17.2	87393
Ⅴ	19	0.399	0.399	13.3	19089

从表中看出，根据修改后的总概算，按《规定》计算贷款偿还期15年，上网电价为0.477元/(kW·h)，比现行电价高0.078元/(kW·h)。若维持现行税制和电价不变，偿还贷期为17年。按现行税制和15年还款期不变，1998年起上网电价需提高到0.576元/(kW·h)。

在上述各方案中，方案Ⅱ较为现实，在目前税制和上网电价不变情况下，按《规定》延长2年还款期，应该说该方案能被各方接受，电价具有可行性。

应当指出，隔河岩作为系统主要调峰电站，应当考虑电站的电能质量和峰谷电价的差别。隔河岩电站70%为峰荷电量，仅30%为腰荷、基荷电量，若按峰价为平均电价1.6倍，谷荷为平均电价0.4倍计，0.399元/(kW·h)的上网电价相当于电力系统平均电价为0.32元/(kW·h)。此外，隔河岩为一综合利用水利工程，投资5.68亿元兴建航运建筑物，承担5亿m^3的防洪任务，在经济评价中不计入其效益，也不减少相应投资，这势必降低了工程的经济性，加重了还本付息的负担，提高了上网电价。上述两种情况，全国水电工程同样存在，希望国家制定有关政策，以便更切实际、更为合理的评价水电工程，降低水电上网电价，有利水电工程建设。

（长江水利委员会 钟 琦 安有贵
湖北清江投资公司 蔡幼光 曹祥涛）

太平驿水电站经济评价

一、工程概况

太平驿水电站位于岷江上游，四川省阿坝藏族羌族自治州汶川县境内，系引水式电站，主要水工建筑物由拦河闸、引水隧洞、调压室和地下厂房等组成，电站装机容量26万kW(4×6.5万kW)，多年平均年发电量16.87亿kW·h，供电四川主网。

1984年12月电力部成都勘测设计研究院提出了太平驿水电站初步设计研究报告，次年7月由原水利电力部审批同意该报告基本内容。1986年12月完成《初步补充说明》。1988年6月应四川省阿坝州的要求，对初设进行了优化，于1989年5月提出《优化设计报告》，同年10月，中国国际工程咨询公司受国家计委委托，对电站可行性报告进行了评估。根据1985年初设审批工程设计方案的变化和可行性研究报告评估意见，并于1989年11月编制了《太平驿水电站可行性研究报告投资估算》，估算静态总投资为62767万元，总投资为105372.52万元。

1990年4月国家计委以计工[1990]319号文批复工程立项，经招标后于1991年7月主体工程开工。

工程建设资金来源：中国华能集团公司50%，四川省阿坝州人民政府40%，国家能源投资公司（委托四川省电力工业局）10%。

近年来由于国家政策调整、物价上涨及设计方案和工程地质情况变化，工程投资已发生很大变动，原审批的估算投资已不能满足工程建设的需要。受四川华能太平驿水电厂建设管理局的委托，1995年成都勘测设计研究院编制完成了太平驿水电站修改概算。修改后电站静态总投资为109827.82万元，总投资为157340.67万元。

二、经济评价

该工程经济评价依据国家计委1993年4月7日以计投资[1993]530号文颁布的《建设项目经济评价方法与参数》(第二版)、水规总院1994年6月14日以水规[1994]0026号文颁布的《水电建设项目财务评价暂行规定》（试行）以及现行有关财税制度进行。

1. 国民经济评价　以替代电站的费用作为本工程的发电效益进行国民经济评价。根据四川的能源资源结构，以燃煤火电站作为太平驿水电站的替代电站。

太平驿水电站以卖电方式送电四川主网，考虑主网负荷特性，电源组成及电站调节性能等因素综合分析计算，本电站投入运行后，可替代火电装机26万kW，初期运行期年替代火电电量13.7亿kW·h，正常运行期年替代火电电量为15亿kW·h。

以替代电站费用作为太平驿水电站发电效益，包括替代电站的固定资产投资、经营成本和燃料费；太平驿水电站本身固定资产投资、经营成本为支出费用，本电站经济内部收益率为30.7%，当社会折现率为12%时，经济净现值为58536.7万元。这说明太平驿水电站在经济上是可行的。

2. 财务评价　电站静态总投资109828万元，电站工程总投资（含价差预备费）157341万元，流动资金260万元。分年投产计划与投资见表1：

表1　太平驿水电站分年投产计划与投资表

年　份	1990	1991	1992	1993	1994	1995	1996	1997	1998	合计
年末装机（万kW）							26	26	26	
年上网电量（亿kW·h）							13.7	15.0	15.0	

续表

年　份	1990	1991	1992	1993	1994	1995	1996	1997	1998	合计
电站静态投资（万元）	3897.25	12464.31	13505.09	34054.31	36325.02	9581.84				109827.8
电站价差预备费（万元）					3426.89	1500.52				4927.4
电站固定资产投资（万元）	3897.25	12464.31	13505.09	34054.31	39751.91	11082.36				114755.2
电站工程投资（万元）	4086.66	13467.30	15867.68	41137.32	53010.57	29771.14				157340.7
流动资金（万元）							260			260

流动资金贷款比例 0.7，流动资金贷款年利率 12.06%。

固定资产投资贷款中包括建行、开行贷款以及地方集资，贷款期限（贷出第一笔款至还清贷款的时间）为 12 年。贷款年利率 14.04%，计复利。

城市维护建设税率 5%，教育费附加率 3%，这两种税提取方式以增值税基数提取。增值税率 17%，所得税率 33%，由于太平驿水电站地处阿坝藏族羌族自治州，还贷期实行税赋优惠政策，为免二减三（即从电站投产开始免征所得税 2 年，后 3 年减少 50%）。

满足各种贷款偿还要求，并且财务内部收益率大于 12%的上网电价为（不含增值税上网电价）0.284 元/（kW·h）。

相应于上述电价的财务内部收益率 22.56%，财务净现值 55612 万元，投资利润率 12.0%，投资回收期 8.08 年，见表 2。

表 2　太平驿水电站主要经济指标表

项　目	指　标	备　注
静态总投资（万元）	109828	
总投资（万元）	157601	
上网电价［元/（kW·h）］	0.284	借款期上网电价
财务内部收益率（%）	22.56	
财务净现值（万元）	55612	
借款偿还期（年）	12	
投资回收期（年）	8.08	
投资利润率（%）	12.0	
投资利税率（%）	15.6	
经济内部收益率（%）	30.7	
经济净现值（万元）	58536.7	社会折现率 12%

三、综合评价

（1）太平驿水电站装机容量 26 万 kW，多年平均年发电量 16.87 亿 kW·h，电站静态总投资 109828 万元，单位千瓦投资 4224 元/kW，单位电能投资 0.651 元/（kW·h），在同等规模的水电站中，该电站的经济指标是比较优越的。

（2）该电站经济内部收益率 30.7%，经济净现值 58536.7 万元，说明太平驿水电站在经济上是合理可行的。

（3）按贷款偿还期 12 年及“新电新价”的原则测算，还贷电价为 0.284 元/（kW·h），与四川省内目前建设的同类水电站相比电价较低，这样的电价可为用户所接受。

（4）太平驿水电站的建成，对缓解四川电力系统供需矛盾有积极作用，并将促进阿坝藏族羌族自治州经济的发展。同时对改善环境，提高人民生活水平，增加就业机会，均起到积极作用。

综上所述，该电站具有较强的借贷款偿还能力，各项经济指标均高于国家规定，说明太平驿水电站在财务上、经济上是可行的，且具有较大的社会效益。

（成都勘测设计研究院　李　宁　钟永江　郭云峰）

抽水蓄能电站的经济评价

广州抽水蓄能电站是中国第一座大型抽水蓄能电站。在几年实践运行资料基础上，回顾、总结已经初步实践的经营模式，结合国外一些国家的经验，后采用容量计价的租赁经营模式。现将其实践情况介绍如下。

（1）集资建设、独立经营的抽水蓄能电站不宜采用以发电量作为唯一经营指标的经营模式，而采用按容量计价的租赁制经营模式可能对抽水蓄能事业刚起步发展的我国，是比较合适的。下面是广州抽水蓄能电站经营实践的一些情况：

拥有120万kW广州抽水蓄能电站一期工程的广东抽水蓄能电站联营公司（简称“广蓄能”）有三个股东，即广东省电力集团公司、国家开发投资公司与广东核电投资公司。由于大亚湾核电站系中港合资兴建，共同使用，为使核电站能够稳定运行，出售了广州抽水蓄能电站一期工程50%容量使用权给香港抽水蓄能发展有限公司（简称“港蓄发”），因此广蓄能只有50%容量在广东电网经营，其余50%容量系由港蓄发在香港中电电网经营，港蓄发的经营模式类似租赁。从中华电力公司1995年年报获悉，占股权49%的中华电力公司即获利9000万港元。广蓄能在广东电网经营的容量开始采用来电加工模式，以电量作为唯一计费标准。由于抽水蓄能电站所发电量不是自然条件决定的，它随电网结构和调度而异，是可变的，因此来电加工的经营模式风险很大，电量远远少于设计所预计，1994年用设计预计的电量经营产生亏损，因此实践未能成功。从1995年开始改为容量租赁方式即由广东电网和核电联合租赁后，才走上正常轨道，电站被电网充分利用，核电得以稳定运行，电网和核电满意。股东贷款得以偿还并分配到联营合同规定的利润，投资者满意。目前已在建设，并计划于1998年～1999年投产的二期工程120kW也已由广东电网承诺租赁。租赁模式实践证明是成功的，它对充分发挥电站作用，提高电网供电质量和效益，发展我国抽水蓄能事业有着更深一层的意义。

（2）我在调查了欧洲及其他国家一些抽水蓄能电站经验后认为：在市场经济比较发育的西方国家，如英国在电力全面私有化后对抽水蓄能电站的各种动、静态效益分别计价计费，也是可以经营并能获得丰厚回报的，但前提是电网对各个电厂要有一个平等竞争机制和一套有效的可操作的管理办法。由于许多国家尚缺乏这个条件，因此采用租赁方式仍然较为普遍，因为它方便易行，对电网有利，对投资者也保证了一个较为稳定的回报。德国与芦森堡联营的SEO公司拥有的万丹抽水蓄能电站，德国南部Schluchseewerk AG公司拥有的5个抽水蓄能电站都是采用租赁或类似租赁的方式进行经营的，他们的投资回报率一般是5%～6%。

美国正在筹建的俄亥俄洲Summit抽水蓄能电站，装机容量150万kW，经营也采用租赁模式，并在开工前与3个用户签订了不少于30年的租赁合约，电站计划投资20.7亿美元，相当于1380美元/kW，投产时每千瓦容量每月基本租赁费是10.1326美元，以后随利率增加和电站实际效率增减，机组可用率定为80%～95%，低于80%要罚，高于95%有奖，机组启动成功率要按99%设计。由此可见，在市场经济十分发达的国家，分别按电站各种效益计价收费仍然是不易做到的，所以他们还是采用租赁经营模式。关于租赁费，他们的观点是：“高风险、高回报”，因此利润率定为15%～20%，以吸引投资者投资于抽水蓄能电站。这个较为成熟的经验可供借鉴。

（3）根据电站可能提供的各种动、静态效益，分别计价收费来进行经营，仍然是一个努力方向。尤其对电网而言，如果不能进行定量评价，就难以确定修建抽水蓄能电站对该电网的必要性和经济性。如何使电网有一个有利于促进当地经济发展的两部制电价和峰、谷电价（包括各类电厂、即担任基荷和调峰的电厂上网价和向用户售电价），真正体现我国电力法规定的“同网同质同价”，可能是当前要认真研究和解决的问题。这个课题如果得以有效解决，抽水蓄能电站的静态效益也就是调峰填谷效益才能有一个可靠的计算分析前提。

电站动态效益评价计算与电网所在地经济发达程度、电网结构、法制健全等有关，但借鉴国内外一些经验，用我国电力法作指导，总结我国抽水蓄能电站运行实际资料并加以概括提高，是非常有益的。但要得到电网（用户）承认并愿为此付费，可能比静态效益论证需要更多时间才能解决。

（4）租赁费实际上就是电站或者拥有电站的公司每年的成本、税收和利润。成本中包括了贷款利息，还贷本金则包含在折旧费和利润中。我国的成本核算规定折旧与大修均与固定资产成一定比例，而固定资产与建设投资大体类同，故建设投资对租赁费影响最大，而营业税率（我国税法规定，租赁经营交纳的是营业税而不是增值税）、所得税率、利润率也有影响。而以容量计费的每千瓦抽水蓄能电站容量每年租赁费如何定价，实际上就是电网对投资多大、利润率多高的抽水蓄能电站在经济上能够承受，我认为应当是因网而异的。我国目前抽水蓄能电站投产尚很少，人们对这种电站作用尚还陌生，因此不妨用国外一些实践经验进行初步分析，这对我国抽水蓄能事业发展是会有帮助的。

美国俄亥俄洲的Summit抽水蓄能电站，其基本租赁费是每千瓦每月10.1326美元，相当于每年121.6美元，按1∶8.3汇率计算，每千瓦为1009元人民币，Summit抽水蓄能电站目前刚开始建设，因此可以认为是目前美国市场价，它的建设投资是1380美元/kW，年租赁费相当投资的8.8%，但它的投资回报率较高，单位千瓦建设投资大，故租赁费较高。

德国南部Schluchseewrk AG公司，它的5个抽水蓄能电站装机容量184万kW，1995年费用约1.75亿马克，其中包括了交税约1200万马克，固定利润约1100万马克。由于它拥有的5个电站已投产很久，最新一个也已投产20年，债务已经不多，投资回报率也较低，所以每年费用64美元/kW左右，折人民币约530元/kW。

香港抽水蓄能发展有限公司拥有的广州抽水蓄能电站60万kW使用权，估计其税后利润不少于2亿港元/年，加上税收、运行维护费、大修费、技术改造费、聘请人员劳务费、公司办公费等支出，每年费用大于500港元/kW。由于广州抽水蓄能电站投资较省，广蓄能出售容量使用权给港蓄发的售价仅3500港元/kW，故它的费用较少，年费用约为售价的14%～15%，而且利润占相当大比重。抽水蓄能电站应当努力降低建设投资，从而降低租赁费，成本太高不利于抽水蓄能事业的发展，尤其在我国刚刚起步的今天，更是如此。

（广东抽水蓄能电站联营公司　罗绍基）

李家峡工程经济合同争议的调解

李家峡工程是目前在建大中型水电工程经济合同争议纠纷较突出的一个项目。调解委员会成立后，积极主动与工程建设甲乙双方进行联系，按照《水电工程建设经济合同争议调解暂行规则》的规定，本着客观和公正的态度，经过调解专家组的反复调解和甲乙双方的进一步友好协商，达成了双方一致接受的和解协议，争议纠纷得到妥善的解决。现将李家峡工程争议调解主要情况概述如下。

一、李家峡争议情况

李家峡工程争议纠纷双方当事人为：甲方为黄河上游水电工程建设局；乙方为水电第四工程局。甲乙双方经济合同为：1992年签订的李家峡工程LJ-SS/CIX合同协议书。根据LJ-SS/CIX合同协议书的内容规定，将砂石料混凝土系统建安工程和产品生产标、枢纽工程基础开挖和导流围堰标以及枢纽工程标合并为大Ⅱ标，以执行概算下降8%由乙方实行单价承包，合同总价为11.0554亿元。协议书写明将原招标文件作为本合同协议的附件，并对某些合同条款和技术规范的内容作了局部修改。合同规定概算项目中的临时工程和生活文化福利设施建筑按双方商定的额度由乙方总价承包，特殊技术装备费和基地建设补贴费则按概算规定的额度由甲方在年度支付中划拨给乙方。

1．争议内容　几年来，由于合同条款不够严密，工程进度管理和变更程序不够完善等各种原因，在合同履行过程中，陆续发生300余项争议纠纷，争议金额达8亿多元。争议内容大致分为10类：①设计变更；②价差调整；③临时工程和生活文化福利设施房建费；④特殊技术装备费和基地建设补贴费；⑤单价下浮问题；⑥材料仓管费；⑦窝工停工损失费；⑧非常施工措施费（赶工费）；⑨冬、雨季施工增加费；⑩岩锚施工增加费。

2．争议特点　从李家峡工程争议纠纷的情况来看，其争议特点：一是争议项目多；二是争议金额大；三是合同基础差，甲乙双方经济合同大体是照搬概算，内容简略很不完善；四是关系较复杂，近期，李家峡工程建设管理体制发生重大变化，工程项目投资方组建李家峡水电有限责任公司时间不长，项目业主与建设单位等各方面关系尚未理顺；五是补偿执行难，由于李家峡工程已发电，目前工程建设未完工程量较小，补偿金额较大，实际操作较困难。

二、调解情况

水电第四工程局于1997年4月15日以局发[1997]第38号文件《关于李家峡工程土建部分1995年以前及1996年部分经济合同问题的报告》，要求甲方补偿金额5.4亿元。由于争议较多，金额较大，协商不成，甲乙双方共同邀请调解委员会进行调解。由此李家峡工程成为调解委员会第一件争议调解业务。

1．调解准备　调解委员会对李家峡工程项目调解十分重视，依照规定的调解程序和步骤，进行了一系列准备工作。主要有：

(1)办理调解受理手续。首先，督促甲乙双方签订调解协议书和提交书面的调解申请书。之后，调解委员会办理了书面调解受理通知。

(2)组织专家组。调解委员会根据李家峡工程争议纠纷情况，认真慎重地向甲乙双方推荐调解员名单，并与当事人双方协商共同选定了由孙耀增、李治平、陈纪伦三位专家组成李家峡工程争议调解专家组。

(3)专项研究李家峡工程调解工作。调解委员会人员与专家组共同分析了李家峡工程争议纠纷情况，根据李家峡工程争议特点，研究确定了本次调解的工作原则、工作方法，安排制定了工作计划、工作程序。一是坚持公平调解原则，不偏不倚，对甲乙双方进行公平合理的调解处理。二是坚持以合同为依据，在调查研究查清事实的基础上，主要根据双方的合同约定，调解纠纷解决争议。三是一般采取背靠背的工作方式，与甲乙双方分别磋商。四是分步实施，一揽子解决，以大的争议项目为重点，彻底解决全部争议，不遗留问题。

2．调解过程　调解专家组于1997年9月～12月期间，深入李家峡工地现场，开展调查研究，在青海、北京先后举行三次调解会议，仔细研究争议内容，听取各方陈述意见，以合同为依据，提出一系列调解原则和意见，开展了大量的调解工作。

(1) 第一次调解会议。根据调解委员会的工作安排，调解专家组于1997年9月22日～25日赶李家峡水电站工地，就李家峡工程建设甲乙双方在建设过程中形成的经济合同争议进行第一次调解工作。专家组充分听取了甲乙双方对李家峡工程争议内容的陈述以及处理争议纠纷的意见，阅读了有关文件，征询了监理和设计单位的意见，考察了李家峡工程施工现场，对争议内容进行了仔细研究。经多次与甲乙双方交换看法和意见，在取得双方基本同意后，共同确定了李家峡工程争议调解原则意见，一致确认以此为基础进行具体争议项目的测算。同时，专家组根据甲乙双方的大Ⅱ标合同和行业的有关规定，考虑到李家峡工程布置设计变动较大，以及从1992年开始由于国家政策调整和物价涨幅较大，原据以结算价差的指数难以适应物价上涨和设计方案变动的实际情况，对李家峡工程的价差计算方法、基础价格编制依据、计算价差的建安工作量范围以及价格指数的分类和权重分配等提出了具体建议。

(2)第二次调解会议。1997年10月27日～29日，在北京进行了第二次调解工作。李家峡水电有限责任公司、黄河上游水电工程建设局、水电第四工程局、调解委员会、国家电力公司、水电规划总院等有关方面代表参加了调解会议。专家组听取了甲乙双方在第一次调解会议后进行的计算工作情况介绍，以及甲乙双方为进一步解决合同争议的具体意见和要求，查阅了水电第四工程局和李家峡工程建设监理部提供的各项资料，采取背靠背的方式，与甲乙双方分别进行了磋商，提出了甲方补偿乙方价差2.89亿元的调解建议。关于其他项目，由于甲乙双方存在较大的异议，特别是李家峡工程业主单位表示总的补偿额度过高将难以接受。为此，专家组与双方商定了设计变更的范围和原则，以及一些项目采取粗线条解决的方法。

(3)第三次调解会议。1997年12月4日～6日在北京召开，李家峡水电有限责任公司、黄河上游水电工程建设局、水电第四工程局、调解委员会、国家电力公司、水电规划总院等有关方面代表参加了本次调解会议。在会议上，专家组在甲乙双方根据第一、二次调解原则和意见共同进行测算工作的基础上，结合李家峡工程概算调整，抓住大的争议项目，充分注意到李家峡工程建设期间诸如资金不到位、价格上涨、以及地质条件不良等对工程造价的影响，综合考虑方方面面情况，与甲乙双方反复磋商后，对李家峡工程合同争议提出了全面解决争议纠纷的调解意见。甲乙双方按照调解意见，进行了友好地对话和协商。于1997年12月10日签定了“李家峡工程争议调解和解协议。”

李家峡工程争议调解的成功，充分显示了调解工作的有益作用，为保证李家峡工程顺利竣工创造了有利条件，为水电建设争议调解工作开创了先例。

(国家电力公司　朱　军)

水库移民与环保

9

水库移民工作与淹没处理

1995年～1997年水库移民工作进展情况

1995年～1997年期间，我国水库移民工作在原有基础上，又在水库移民前期工作、实施管理、后期生产扶持等方面有所加强，有所前进，从而加快了水库移民工作走上法制化、规范化轨道的进程。

（一）水库移民前期工作

（1）水库移民前期工作越来越受到各级领导的重视。电力工业部于1995年12月21日～23日在江西南昌召开了电力工业部水电工程移民工作座谈会。这次会议着重讨论研究了如何加强水电水利工程水库移民前期工作和不断加大水库移民前期工作深度问题。电力工业部水电工程移民工作领导小组办公室主任王信茂在会议总结时，就如何做好水库移民前期工作问题提出了指导性的意见：一是提高水库淹没实物指标调查精度；二是认真做好移民安置规划工作；三是做好前期项目审查工作（参见本卷年鉴“水库移民与环保”篇“加大水电工程水库移民前期工作深度的意见”）。会后，水库移民前期工作有关部门的领导对水库专业的机构设置、人员组成、经费安排等都进行了认真的讨论，并作出了相应的安排，从而推动了水库移民前期工作的不断前进。

（2）抓好技术标准的编制和修订工作。水电水利规划设计管理局成立后，便组织人员抓紧开展了《水电工程水库淹没处理规划设计规范》的修订工作，并很快提出了修订稿。1996年水电水利规划设计管理局在长沙召开审查会议，审查通过了该规范的修订稿（参见本卷年鉴“技术标准”篇有关条目）。随后电力工业部于1996年11月28日以电技〔1996〕807号文批准颁发了该规范，要求从1997年5月1日开始实施。同时，水电水利规划设计管理局还组织开展了《大中型水电工程水库淹没处理移民安置规划编制规程》和《大中型水电工程水库淹没处理补偿投资概（估）算编制规定》的编制工作，以及《水电工程水库淹没实物指标调查细则》的修订工作。目前，这项工作正按计划进行。

（3）规划设计工作深度有所加大。随着《水电工程水库淹没处理规划设计规范》的颁发和施行，有关设计单位加深了水库淹没处理规划设计工作的深度。根据该规范的要求，淹没区土地调查要使用1/5000～1/2000的地形图，移民安置区也要使用1/5000～1/2000的地形图，城镇新址要测设1/2000～1/1000的地形图并进行必要的勘查工作等。为此，水电水利勘测设计单位在水库专业方面加大了工作力度，增加了相应的工作经费，调配了有关专业的人员参加水库专业工作，从而使设计成果质量有所提高。

（二）水库移民实施管理工作

（1）加强了对移民概算的审查与管理。水电水利规划设计管理局严格按照国家现行有关政策和规定，对实施中的项目概算进行审查，帮助国家或业主把好概算审查关。项目业主参与水库移民安置和概算投资管理，按照项目管理的方式及时拨付资金，同时监督检查资金的使用及其效益的发挥。审计部门加强了对移民资金使用的审计工作，及时纠正了有些资金的不合理使用，提高了资金使用的效果。

（2）注意总结实施工作中的经验与教训。为了总结移民安置工作中好的经验与作法，同时也为吸取在移民安置过程中的某些教训，电力工业部先后组织有关专家对在建的东风、五强溪、岩滩、宝珠寺、槽渔滩、二滩、安康、水口及已建的新安江等水库移民安置情况进行考察。通过考察和总结，找到了在建工程移民工作管理的难点和关键，为不断加强和改进管理工作奠定了基础。

（3）坚持监测监理制。通过对小浪底水利枢纽和广州抽水蓄能电站水库移民工程实行监测监理工作，各方面对水库移民工程实行监测监理制逐步有了较为统一的认识，并在万家寨水利枢纽和天生桥一级水电站等移民工程中得到推行和坚持。实践证明，对水库移民工程实行监测监理制度，有利于水库移民资金、搬迁安置进度和搬迁安置质量的控制。

（三）水库移民后期生产扶持工作

为贯彻落实国务院颁发的《大中型水利水电工程建设征地补偿和移民安置条例》中确定的水库移民前期补偿补助、后期生产扶持的政策，国家计委、财政部、电力部和水利部通过对部分中央直属水电站及水库移民安置工作的调研，并听取各方意见后，经报国务院同意，于1996年3月发出了《关于设立水电站和水库库区后期扶持基金的通知》。《通知》中明确了1986年～1995年投产和1996年以前国家批准开工建设的大中型水电站、水库库区移民后期扶持基金的提取标准及来源，为这些老水库移民后期生产扶持工作的开展创造了有利条件。

目前，上述四部（委）正在研究解决1985年底前投产的中央直属水电站及水库移民的生产扶持问题，并有望在近期内得到解决。

（水电水利规划设计总院　李明传）

水电工程移民工作领导机构设置情况

为切实贯彻国务院颁发的《大中型水利水电工程建设征地补偿和移民安置条例》，做好水电工程水库移民工作，电力工业部成立不久就开始着手组建水电工程水库移民工作领导机构，并于1994年8月11日发出"关于成立电力工业部水电工程移民工作领导小组及移民办公室的通知"〔电人教函（1994）98号〕。通知指出：为了贯彻国务院领导关于水库移民工作的重要指示精神，加强部对水电工程移民工作的领导与协调，做好水电工程移民安置工作，保证水电工程建设的顺利进行，部决定成立电力工业部水电工程移民工作领导小组，下设办事机构电力部水电工程移民办公室。

电力工业部水电工程移民工作领导小组由汪恕诚、周小谦、王信茂、毛亚杰、岳鹿群、叶继善、刘淑敏、杨惠芳组成，汪恕诚、周小谦分别任正、副组长。

水电工程移民办公室负责水电工程移民（包括水库移民和施工征地移民）的日常工作。其具体职责是：研究拟定水电工程移民的政策、法规、标准、规范等；负责处理水电工程移民安置规划及补偿概算中的问题；对外归口管理电力部水电工程移民工作，负责与各省（自治区、直辖市）移民机构的联系，对部内负责督促有关业务司按各自的分工解决移民工作中存在的问题；负责处理领导小组交办的其他事宜。办公室主任由王信茂兼任，水电水利规划设计总院（以下简称水规总院）杨惠芳兼常务副主任，电力部规划计划司张东晓和水规院李明传任副主任。

1994年10月18日，汪恕诚副部长主持召开了电力工业部水电工程移民工作领导小组第一次会议，会议着重讨论了电力部移民工作部内分工、移民办公室职责、移民文件运转程序以及移民办公室机构设置等问题。会议明确：电力部水电工程移民办公室由规计司和水规总院有关人员组成，移民办办公地点设在水规总院院内，与水规总院水库处合署办公，编制统一考虑为10人（事业编制）；水电工程移民工作部内实行分工负责制。

电力工业部水电工程移民工作领导小组先后于1994年12月14日和1995年3月22日召开了第二、第三次会议，对水电工程移民工作的开展情况和存在的问题进行了研究，并拟定了今后的工作计划，特别提出要做好已建和在建水电工程移民工作的调查研究，以便总结经验和教训，指导面上的工作。据此，部水电工程移民办公室分别对岩滩、东风、五强溪、宝珠寺、槽渔滩等几座水电站的水库移民安置情况进行了调研。

电力工业部水电工程移民工作领导小组及水电工程移民办公室的成立，加强和改善了部对水电工程移民工作的领导，在一定程度上促进了水电工程的建设和发展。

（水电水利规划设计总院　李明传）

全国部分省区移民机构设置情况

为了做好大中型水电水利工程水库移民工作，有关省区相应成立了省级移民管理机构，据不完全统计，有21个省（自治区、直辖市）设立了省级移民管理机构，具体情况如下：

（1）黑龙江省人民政府移民办公室，为行政单位，隶属省计委，负责莲花水电站移民安置工作。

（2）吉林省建设厅移民办公室，为事业单位，隶属省建设厅，负责全省大中型水库移民安置工作。

（3）辽宁省水库移民安置经济开发中心，为事业单位，隶属省水利厅，负责部属水库移民遗留问题的处理。

（4）内蒙古自治区万家寨枢纽工程移民安置办公室，为临时单位，隶属自治区人民政府，负责万家寨枢纽工程移民安置工作。

（5）青海省人民政府支援黄河上游水电工程建设办公室，为事业单位，隶属省计委，负责黄河上游青海河段大中型水电工程移民安置工作。

（6）甘肃省计委移民办公室，为事业单位，隶属省计委，负责全省大中型水电站库区移民安置及后期扶持工作。

（7）河北省移民搬迁办公室，为事业单位，隶属省水利厅，负责全省水库移民安置工作及移民遗留问题的处理。

（8）山西省移民办公室，为事业单位，隶属省人民政府，负责全省移民工作。

（9）陕西省移民工作领导小组办公室，为事业单位，挂靠省水利厅，负责全省水库移民工作。

（10）河南省人民政府移民工作领导小组办公室，为行政单位，隶属省人民政府，主要负责全省大中型水利水电工程水库移民安置工作和后期扶持工作。

(11) 湖北省三峡工程移民局，为事业单位，隶属省民政厅，负责三峡工程湖北境内移民安置工作，同时承担省内部属水库移民安置等工作。

(12) 安徽省库区经济开发办公室，为事业单位，隶属省计委，负责全省水库移民安置和开发工作。

(13) 山东省水利厅移民办公室，为行政单位，隶属省水利厅，负责省内老水库移民遗留问题的处理。

(14) 湖南省移民开发局，为事业单位，隶属省人民政府，负责全省移民安置和开发工作。

(15) 江西省移民办公室，为行政单位，隶属省民政厅，负责全省移民安置和开发工作。

(16) 浙江省水库移民安置办公室，为事业单位，隶属省民政厅，负责处理全省部属水库移民遗留问题和大中型水库移民安置工作。

(17) 福建省人民政府水口水电站库区工作办公室，为事业单位，挂靠省土地管理局，主要负责水口水电站的移民安置工作，现省政府已明确由该办公室负责管理全省大中型水电站的移民安置工作。

(18) 四川省大型水电工程移民领导小组办公室，为行政单位，隶属省人民政府，负责管理中央直属大型水电工程及省内水电工程的移民工作。

(19) 广西壮族自治区移民开发办公室，为事业单位，隶属自治区人民政府，负责自治区境内大中型水电站库区移民工作的管理。

(20) 贵州省水库移民办公室，为行政单位，挂靠省电力局，负责全省大中型水电站水库移民安置工作。

(21) 云南省人民政府移民搬迁办公室，为行政单位，隶属省人民政府，负责全省水利水电工程移民安置工作。

（水电水利规划设计总院　李明传）

水电站和水库库区后期扶持基金的设立

国务院1991年2月15日以74号令发布的《大中型水利水电工程建设征地补偿和移民安置条例》(以下简称《条例》)第三条规定："国家提倡和支持开发性移民，采取前期补偿、补助与后期生产扶持的办法"。第十七条规定："国家设立库区建设基金，用于大中型水利水电工程库区维护和扶持移民发展生产。新建水利水电工程库区建设基金的提取、管理和使用办法，由水利部、能源部会同财政部制定"。据此，原能源部综合计划司随即委托水库经济专业委员会对1986年以来新建水电站水库移民安置情况进行调查研究，并提供库区建设基金提取和管理办法的建议意见。

水库经济专业委员会接受任务后组成专题组，选择渭源、太平湾、紧水滩、石塘、万安、东江、安康等7座新建水电站，对其库区移民安置状况和存在的问题进行了实地调查，并分别编写了调查报告及综合调查报告。接着，以此次调查为基础，对1986年以来已建成投产和计划2000年以前可以建成投产的水电站项目进行全盘测算。测算的新建水电站，除上述7座外，还包括红石、渔子溪二级、葛洲坝大江电厂、龙羊峡、沙溪口、鲁布革、小东江、岩滩、天生桥一二级、铜街子、隔河岩、漫湾、东风、水口、宝珠寺、太平驿、大广坝、大峡、五强溪、李家峡、二滩等22座，总共29座水电站，设计装机容量共2279万kW，年平均发电量993亿kW·h，移民共72万人（含施工占地移民）。通过调查研究后认为，按当时物价水平，每一移民的后期扶持投资不宜低于2500元，按扶持10年计，平均每年为250元。据此并考虑人口的自然增长和各水电站实际可能的年发电量，建议按每发1kW·h电提取基金4厘，并实行统一提取、统一使用的管理办法。1993年6月完成了《新建水电站库区建设基金提取研究报告》，提供委托单位参考。同年6月电力工业部考虑一定的物价上涨指数，向国务院报告建议在1991年至2000年期间按发1kW·h电提取4.5厘，计入发电成本。与此同时，原国家能源投资公司的同志专列一个移民后期扶持课题进行了研究，提供了基本相同的意见。

但时至1994年8月，这项库区建设基金的提取并未出台，对此，在水库经济专委会1994年年会上与会同志表示了极大的关注，且反映强烈，要求以社会团体——水库经济专业委员会的名义，向国务院领导报告这一情况。据此，水库经济专业委员会主任委员曾念于1994年11月16日致信李鹏总理，并随信送上了该专委会的专门报告。曾念在信中反映了大家的意见：认为国家设立库区建设基金一事迄今仍未落到实处，这既涉及1986年建成发电水库几十万移民的切身利益，也关系到在建新建工程水库移民的顺利实施；既涉及国家对水库移民采取前期补偿补助、后期生产扶持方针是否贯彻的问题，也涉及国家发布政令畅达通行的问题。有的库区群众说这是给水库移民开了"白条子"，渴望国务院领导在百忙之际关注一下这件事情。李鹏总理随即于12月25日在曾念的信上作了如下批示："请水利、电力、财政共同研究一个切实可行的办法，由国家计委锦华同志牵头"。

国家计委根据李鹏总理的批示，对此问题作了广泛的调查研究和协调工作，终于在1996年3月22日由国家计委、财政部、电力工业部、水利部联合以计建设［1996］526文发出了《关于设立水电站和水库库区后期扶持基金的通知》(以下简称《通知》)。《通知》中规定：基金用于扶持库区移民发展生产和解决遗留问题；从1996年1月1日起，对1986年至1995年投产和1996年以前国家批准开工建设的大中型水电站、水库库区，设立后期扶持基金；基金提取标准按每个移民每年250～400元控制，最高提取标准不准超过每千瓦时5厘钱，共提取10年；基金统一交由水电站和水库所在地的省级人民政府管理。上述《通知》发布后，受到水库移民工作者和移民群众的热烈拥护，认为《条例》中的规定已落到实处。

（水电水利规划设计总院　刘兰桂）

加大水电工程水库移民前期工作深度的三点意见

关于加大水电工程水库移民前期工作深度的三点意见，是在电力部1995年成立后首次召开的水电工程移民工作座谈会上提出的。这次座谈会是1995年12月21日至23日在江西省南昌市召开的，参加会议的有国家有关部（委）和银行，部分电管局、电力局和水电开发公司，部直属水电勘测设计研究院，有关省（区）移民办、水利水电勘测设计研究院，以及部分流域委勘测设计研究院共42个单位、70多名代表。会议重点研究讨论了如何进一步加强水电工程水库移民前期工作问题。代表们在分析全国已建和在建水利水电工程水库移民安置的经验和存在问题的基础上，一致认为：加大水电水利工程水库移民前期工作深度，是当前水库移民工作的当务之急，必须认真抓好。为此，电力部水电工程移民工作领导小组办公室主任王信茂在会议总结中提出了以下三点意见：

（一）提高水库淹没实物指标调查精度

1996年要把提高水库淹没实物指标调查精度作为一项重要工作来抓。首先要通过修订《大中型水电工程水库淹没实物指标调查细则》，从方法和手段上保证调查的精度，特别是提高土地调查的精度。根据近几年经验与教训的总结，在水库淹没范围内测设1/5000～1/2000的土地利用现状图是需要的；对集中安置移民的地区必要时应测设1/5000～1/2000的地形图。

（二）认真做好移民安置规划工作

移民安置规划是水库专业的核心工作，必须下大力气认真做好。要在水库淹没实物指标调查的基础上，以村民小组为单位认真分析安置移民的环境容量，制定符合当地实际情况、经济合理的移民安置方案。编制移民安置规划要继续发扬艰苦奋斗精神，坚持自力更生与国家适当扶持相结合的方针。现阶段农村移民安置仍应以大农业为主的方式进行，对集中安置移民的新址选择要进行相应的地勘工作。要正确处理好移民补偿和地方经济发展的关系，真正做到逐步使移民的生活水平达到或超过原有水平。

（三）做好前期项目审查工作

要认真按照国家的现行政策和有关规定，认真做好水库移民专业的前期审查工作。各设计单位也应相应加强水库专业力量，认真做好水库移民安置的前期工作。

为了加大水电水利工程水库淹没处理前期工作的深度，必须抓好业务基础工作，完善规程规范。为此，1996年上半年要完成《水电工程水库淹没处理规划设计规范》的报审和颁发工作（电力部已于1996年11月正式颁发——撰稿人注）。在此基础上，组织力量开展《大中型水电工程水库淹没处理移民安置规划编制规程》和《大中型水电工程水库淹没处理补偿投资概（估）算编制规定》的编制工作，同时着手修订《水电工程水库淹没实物指标调查细则》。要结合工作需要和存在的问题，研究制定相应的规程、规定，努力使移民工作逐步走向法制化、规范化。

（水电水利规划设计总院　李明传）

在建水电项目水库淹没处理投资的调整

在1995～1997年间，根据不同时期的价格情况及水库淹没处理实施情况，电力工业部先后对由省人民政府负责实施的9个在建水电项目进行了水库淹没处理投资（概算）的调整，并报国家计委进行了核定。调整工作是以原国家审批的投资和部分项目重新复核后的水库淹没实物指标以及出现的新问题为基础，按不同时期的价格水平以及设计水平年的实际情况，为解决库区存在的实际问题进行的。上述9个水电项目水库淹没处理投资调整的有关情况详见表1、表2。

表1　在建水电项目水库淹没处理投资调整因素分项表

序号	工程名称	审批设计投资额（万元）	调增投资（万元）合计	(%)	政策性及物价价差	(%)	实物指标错漏	(%)	设计变更	(%)	自然灾害	(%)	其他	(%)	调整后总投资（万元）	调增幅度（%）
1	岩滩	42630	40267	100	20772	52	0	0	13296	33	2278	6	3920	10	82897	424
2	水口	105746	33058	100	1275	4	973	3	0	0	30810	93	0	0	138804	339

续表

序号	工程名称	审批设计投资额（万元）	调增投资（万元）												调整后总投资（万元）	调增幅度（%）
			合计	（%）	政策性及物价价差	（%）	实物指标错漏	（%）	设计变更	（%）	自然灾害	（%）	其他	（%）		
3	五强溪	7000	97298	100	79043	81	6053	6	9004	9	3198	3	0	0	167298	418
4	东风	6350	2205	100	170	8	0	0	100	5	1809	82	126	6	8555	303
5	二滩	26000	177321	100	110838	63	0	0	66483	37	0	0	0	0	203321*	682
6	宝珠寺	15563	83821	100	65220	78	0	0	18596	22	0	0	0	0	99503	539
7	凌津滩	6304	16080	100	10108	63	3840	24	1121	7	0	0	1011	6	22384	255
8	大峡	1500	7000	100	6578	94	275	4	58	1	0	0	89	1	8500	567
9	莲花	58000	42234	100	37449	89	2330	5	2444	6	0	0	12	0	100234	73

* 不含耕地占用税等。

表 2 在建水电项目水库淹没处理投资调增结构表

序号	工程名称	迁移人口（人）		淹没耕地（亩①）	调增投资（万元）									
		总计	其中农业		总计	（%）	农村	（%）	城镇	（%）	专项	（%）	其他	（%）
1	岩滩	43176	41009	59498	40267	100	37110	92	0	0	3157	8	0	0
2	水口	67239	54934	43671	33058	100	31781	96	969	3	0	0	308	1
3	五强溪	117510	67857	44566	16298	100	1603	10	13411	82	1285	8	0	0
4	东风	10497	10497	8744	2205	100	985	45	0	0	52	2	1168	53
5	二滩	42215	29945	23798.6	177321	100	43927	25	38300	21	63764	36	31330	18
6	宝珠寺	37169	33424	59118.7	83821	100	38990	47	5205	6	31954	38	7672	9
7	凌津滩	4238	3750	6437	16080	100	8384	52	0	0	5011	31	2685	17
8	大峡	0	0	4766	7000	100	5662	81	0	0	469	7	869	12
9	莲花	40725	33123	110512	42234	100	10387	25	2646	6	15428	37	13773	32

注 其他部分主要是价差部分的增长。

① 1亩＝6.6667×10^2m²。

（水电水利规划设计总院 孟繁范 唐 曦）

水库淹没处理设计信息系统的开发

近些年来，水利水电系统已开始广泛使用计算机进行设计、计算、分析工作，而水库淹没处理规划设计工作的计算机应用起步较晚，一些设计院虽然不同程度地开发研制了一些程序，但尚不能满足实际应用的要求。为了适应水库淹没处理设计专业的发展和水库移民安置工作的需要，进一步加强水库专业的设计、审查、移民安置实施过程的监督、管理，改变水库专业的落后被动局面，1996年6月由电力部水电水利规划设计管理局水库处组织，成都勘测设计研究院参加，共同进行水库淹没处理设计信息系统（以下简称系统）的开发工作。

（一）水库淹没处理设计信息系统开发的目标

本系统的开发，意在对全国已建和拟建大中型水利水电工程的水库淹没处理设计所涉及的有关数据进行规范化、标准化处理和管理；为项目审查和领导决策提供科学、正确、可靠的依据；为移民实施管理提供快捷、准确、规范化的数据资料和信息服务；为设计提供统一的模式和规范化的操作流程。

本系统将覆盖全国大中型水利水电工程水库淹没处理设计的主要工作内容，完成水库淹没处理设计过程中的淹没实物指标，水库区、安置区的自然资源，社会经济基本情况，各种物价等基本资料的录入、修改、查询等数据管理工作；同时可以利用数据库的数据进行耕地年产值、房屋单价、移民安置平衡、环境容量分析，补偿费的录入、修改和计算工作，并可对以上各项工作的成果进行存档和报表输出。本系统可用于水库专业的预可行性研究、可行性研究和实施等各阶段。

（二）水库淹没处理设计信息系统总体结构及主要功能

本系统是由数据库和应用程序两个基本部分组成。其中数据库是系统的基础与核心，水库专业所涉及的水库淹没实物指标、回水计算成果、库区基本情况、移民安置补偿费用以及档案信息等数据将全部以一定的标准结构装入数据库。应用程序是利用数据库内的基本数据，根据给定的条件进行实物指标统计、淹没处理方案比较、移民安置平衡、环境容量分析、移民安置方案比较、补偿单价分析、补偿费用计算等水库淹没处理设计的常规计算；计算分析成果可根据需要存入相关的数据库，这样既保证了数据的标准和稳定，又便于计算方法的标准化和成果的规范化。

本系统具备数据管理和计算分析两种功能：①数据管理功能可将水库淹没处理过程中的各类数据（如各工程不同设计阶段水库淹没实物指标、库区基本情况、安置区自然资源和社会经济基本情况、移民安置情况、补偿概算资料等等）存入数据库，用户可以方便地对这些数据进行修改、查询、打印输出，并可根据需要随时对数据库增加或删除数据，对需要永久保存的数据进行备份。②计算分析功能可以提供一套标准的计算方法，用户可以根据需要，利用数据库里的资料对不同正常蓄水位方案下的淹没实物指标进行内插，移民安置平衡、安置区环境容量分析，安置方案比选，耕地年产值计算，房屋补偿单价分析，补偿费用计算等进行分析计算工作。

本系统采用 Microsoft Visual Foxpro 3.0 关系数据库语言编制，系统的结构化、模块化程度高，便于维护，有较好的中文人机界面、自带帮助系统，可以方便地进行增加、删除、修改、检索、查询数据以及输出报表，该系统可在 586 微机上运行。目前电力部水电水利规划设计管理局水库处和成都勘测设计研究院规划处正抓紧系统的软件编制工作，1997 年将完成软件编制并进行鉴定，以便尽快投入使用。

（水电水利规划设计总院　周家萍）

部分大中型水电站水库的移民安置

五强溪水电站水库移民的安置

五强溪水电站 1986 年开工，水库正常蓄水位 108m，水库面积 170km²。水库淹没涉及沅陵、泸溪、辰溪 3 个县 168 个村的 760 个村民小组。1993 年国家审定水库移民总人数为 115600 人（含沅陵、泸溪两县新址移民），其中农业人口移民 65947 人；需搬迁沅陵、泸溪两座县城，人口 34263 人；搬迁集镇 14 个，人口 15390 人（农业人口 10052 人，非农业人口 5338 人）。总计迁建房屋 292.2 万 m²；淹没耕地 44566 亩（1 亩 $=6.6667\times10^2\text{m}^2$，后同）。至 1997 年，计及滑坡坍岸、回水末端影响，浦市防护占地拆迁等变化，搬迁人口总计 120407 人，防护人口 16797 人，拆迁房屋 311 万 m²，淹没、影响耕地 47712 亩。

五强溪水电站水库农村移民需生产安置 57457 人（1994 年设计水平年）。中南勘测设计研究院提出的库区移民安置规划，以农为主，以后靠为主，从库区社会、经济、资源潜力着手，以一业为主，多种经营，多渠道、多形式地安置移民。湖南省政府则在实施中贯彻了"加强领导，各方支援，统一规划，综合开发，本县安置，就近后靠，合理补偿，经费包干"的移民方针。他们从库区实际情况出发，立足于立体农业，以大农业生产为依托，积极慎重地发展乡镇企业；注意调整库区产业结构，做到山、水、田、林、园、路统一规划，因地制宜，大力发展商品经济。1986 年以来，水库移民搬迁安置和专项设施迁改建工作在省、地（州）、县各级政府的领导下，在移民群众的积极支持下，于 1994 年基本完成库区移民的搬迁和基础设施的建设，两座新县城和搬迁集镇均已初具规模。由于土地资源紧缺，原规划沅陵、泸溪两县一部分农村移民主要从事二、三产业，因多种原因难以实现，致使他们的生产、生活遇到很大困难。为此，湖南省政府对这两县 1.6 万农村移民进行了补充生产安置规划。

1994 年来中南院对五强溪水库蓄水后的库岸变形进行了大量地勘工作。调查表明，由于暴雨洪水和库水浸泡，以及库区建筑工程边坡开挖处理不当等原因。五强溪库区库岸和安置区出现了较严重的库岸边坡和房基塌滑现象。据调查，受影响的农村散户 4490 人、房屋 13.3 万 m²；集中的影响地段 17 处，涉及单位 22 个、2888 人，房屋 87499m²。目前，有关方面正加强观测，研究防护、治理措施。

五强溪水电站水库淹没处理补偿投资，1986 年初设阶段国家核定为40000万元。1993年国家与省商定按1992年物价水平补偿总投资为151000万元，1995年，国家同意对库区几个项目共补列补偿投资16298.14万元，共167298万元。1998年，根据湖南省人民政府的申报，国家再次追加补偿投资70701万元，总计五强溪水电站水库淹没处理补偿投资为237999万元（不含耕地占用税）。

（水电水利规划设计总院　张一军）

二滩水电站水库移民的安置

二滩水电站水库正常蓄水位1200m，大坝壅水高188m。干流回水至四川省西昌市打罗，回水长145km。支流敢鱼河回水至盐边县的永兴、惠民，距河口约40km。水库面积101km²。二滩水库淹没涉及四川省攀枝花市的盐边、米易和凉山彝族自治州的德昌、盐源、西昌共5个县（市），31个乡。1992年成都勘测设计研究院会同二滩水电开发公司、四川省移民办及有关地方人民政府共同对电站水库淹没实物指标进行了全面复核。1995年又对水库滑坡塌岸区的实物指标进行了全面调查。经复核调查的水库淹没影响实物指标为：耕地23898.6亩（1亩＝$6.6667\times10^2m^2$，后同），开荒地8932.4亩，园地2614.5亩，各类林地38203.5亩，宅基地3795.7亩，各类房屋161.76万m²，三、四级及简易公路343.4km，机耕路271.4km，人口29468人。推算至1997年底搬迁总人口为42215人，其中农业人口29945人，非农业人口12270人。

二滩水电站《水库淹没处理和移民安置规划报告》于1985年底由成都院完成，并通过国家计委1986年组织的评审。成都院提出应在基本保证粮食需要的基础上考虑农业人口的安置。在具体安排上，以不降低移民原有生活水平为原则，首先在本乡就近后靠调整土地并结合发展水库养殖业安置，按此平衡后多余的人口适当远迁开荒安置。拟定开发位于攀枝花市郊区的红格垦荒安置区，盐边县城规划于桑园择址新建，另有8个乡集镇需搬迁。

在四川省政府的领导下，经过移民部门和地方政府及广大移民群众的共同努力，二滩水库移民安置工作取得了一定的成绩。截止1995年6月，全库区已累计完成移民搬迁8234人，修建房屋16.48万m²，开发和调剂土地8120.6亩。乡集镇迁建工作开始起步，米易县胜利集镇已完成基础设施建设，其他集镇规划工作已完成。经国家批准盐边县城新址由原桑园改为磨石箐，并于1995年3月奠基。专项设施迁建中，环湖公路改线工程毛路已通车。

在实施中四川省政府提出了依据库区实际，坚持以土为本，以农为主，后靠为主，工商为辅，农工商结合，多门路，多层次，多渠道，自力更生，开发创业安置移民的方针和以土为本，以水定土，以土定人，以发展大农业为主，工商业为辅的原则。各级移民机构积极开展工作，认真安排移民的搬迁与生产开发。库区移民也识大体、顾大局，积极投入搬迁安置工作。

经四川省政府上报，电力工业部组织审查，商国家计委同意，1996年二滩水电站水库淹没处理补偿投资概算按1993年底价格水平调整为170704万元，计入价差预备费和耕地占用税等费用，水库费总概算为212695万元，由四川省包干使用。

（水电水利规划设计总院　张一军）

莲花水电站水库移民的安置

莲花水电站正常蓄水位218m，水库面积133km²，干流回水长度99.9km。水库淹没涉及黑龙江省海林、林口两县的4个乡镇37个村及紫河林业局的6个林场、12个森铁站。经1995年核定，主要实物指标为：移民40725人，搬迁各类房屋78.01万m²，淹没耕地110512亩（1亩＝$6.6667\times10^2m^2$），改建海三线公路144km。

该电站于1992年10月开工建设。在黑龙江省政府的领导和各级政府及移民群众的努力下，移民安置工作进展顺利，截止1996年底，库区移民已全部迁入安置地点。专项设施迁改建项目也基本完成。各级移民部门全面落实开发性移民的方针，生产安置途径以土为主，以农为主，走出库区的移民生活基本稳定。移民安置规划原计划后靠安置15018人，远迁虎林县阿北地区和国营农场安置15359人，森工局自行安置7325人，其他方式安置3023人。在移民安置实施过程中，黑龙江省政府据库区实际情况及移民的意愿，经国家计委原则同意后，将移民安置规划调整为：后靠安置20917人，投亲靠友安置18703人，牡丹江市师范学校集中安置1100人。

按1993年上半年价格水平，国家审定莲花水电站水库淹没补偿静态投资86534.60万元。1993年～1997年分别按国家不同阶段规定的价差预备费率，计算的价差预备费为14373.60万元，即总补偿费用为100233.39万元。

（水电水利规划设计总院　张一军）

李家峡水电站水库移民的安置

李家峡水电站水库正常蓄水位2180m，水库面积为 31.6km²。水库淹没涉及化隆县的雄先、支扎，尖扎县的坎布拉，贵德县尕让、河东等 5 个乡的 12 个行政村。淹没及浸没影响耕地面积 6834 亩（1 亩＝6.6667×10²m²），房屋 14.58 万 m²，迁移人口 4206 人。

李家峡库区移民安置指导思想为，充分利用荒地资源，以农为主本县安置。移民迁移后主要从事农业生产，少量从事畜牧业和工副业生产。库区移民安置规划及专项工程设施迁改建方案于 1984 年初设时通过审查。三县共选定移民集中安置区 8 处。在移民实施过程中，地方人民政府经青海省人民政府同意，对移民集中安置区做了调整。原审定的 8 处安置区保留了 5 处，另新增 5 处。新增的安置区中，贵德县的松巴、查达安置区基础设施投入较大，生产开发费用高，安置移民人数较少。1995 年国家审查水库投资概算调整后，青海省人民政府正在对新增安置区进行优化调整，并研究落实防浸没措施。

在省政府的领导和重视下，经过州、县各级领导和广大移民群众共同努力，水库淹没处理和移民安置完成了大量工作。截止 1996 年底除少数几户移民仍滞留库区外，移民都已迁出淹没区，庄廓及房屋基本建成，部分耕地开垦完毕，泵站设施大体配套。

李家峡水电站水库淹没处理补偿投资，1984 年国家审定为 2000 万元，1991 年调整为 5764 万元，1995 年国家有关部门与省政府充分协商，按 1994 年底价格水平，计及至 1997 年的价差预备费，最终审定水库淹没处理补偿投资为 9219 万元。

（水电水利规划设计总院　张一军）

大峡水电站水库移民的安置规划

大峡水电站位于甘肃省兰州市皋兰县和榆中县交界处的黄河干流上。水库正常蓄水位 1480m，水库最大水面面积 12.6km²，其中经常淹没区面积为 7km²。水库淹没共涉及甘肃省皋兰县什川乡的 7 个行政村。1994 年西北勘测设计研究院与地方政府共同复核了水库淹没实物指标，即淹没影响耕地 4766 亩，简易公路 1.6km，淹没影响小型泵站 13 处 1141kW。

大峡水电站无直接淹没人口。根据国家有关政策规定计算，推算至 1996 年，需要进行生产安置的人口为 4818 人。根据电力工业部《关于大峡水电站水库淹没调整补偿费的复函》（电计函［1996］69 号文）的精神，1996 年 9 月 5 日～6 日甘肃小三峡水电开发有限责任公司董事会在兰州主持召开了大峡水电站水库淹没调整补偿费用审查会议，最后核定水库淹没调整补偿为 8500 万元（1994 年价格水平），于 1998 年全部付清。投资方与地方政府约定，甘肃小三峡水电开发有限责任公司将与皋兰县人民政府签定包干使用合同，由皋兰县人民政府包干使用，省移民办监督实施。

甘肃省政府移民办曾于 1995 年提出了以土地为基础的移民安置对策，推荐在被淹 7 个村的八道湾、东方子洼、大奔头、凤凰山、鹰湾子、草场沟、青土岔沟等 7 处进行土地开发。拟定了充分利用当地光热资源，改土造田，完善配套供水、供电、道路等设施，把库区安置建成兰州市蔬菜、瓜果和副食品生产基地的安置方案。目前，甘肃省地方政府和移民部门根据审定的概算，正抓紧移民安置工作。

（水电水利规划设计总院　张一军）

小浪底水利枢纽工程移民安置的实施情况

小浪底水利枢纽工程移民，分坝区（施工区）和水库区两部分。

（一）坝区（施工区）移民

坝区（施工区）移民，影响人口 10574 人。该区移民是从 1991 年 9 月随着小浪底工程前期准备工作开始而实施的。1994 年底，施工区移民搬迁工作结束，建成移民新村 12 个，新建房屋 21.91 万 m²，完成了移民新村水、电、路、通信、广播等基础设施建设。该区移民安置后，生产生活条件和居住环境有了很大的改善，大多数移民收入平均提高 15%～20%，情绪稳定。

（二）水库区移民

库区移民分为三期：第一期围堰区（180m 水位以下）移民，淹没影响人口 2.6 万人，考虑成建制搬迁等因素，实际动迁人口 4.6 万人，淹没土地 4.82 万亩（1 亩＝6.6667×10²m²，后同），淹没乡政府所在地一处。要求 1996 年完成居民点建设及土地划拨任务，1997 年 6 月 30 日前搬迁完毕，并进行库盘清理，迎接截流。第二期水库初期运行阶段影响区（180～265m 水位）移民，淹没影响人口 11.9 万人，淹没土地 29.91 万亩，淹没乡镇政府所在地 9 处。要求 1996 年 12 月 31 日前完成实施规划设计，1997 年开始搬迁移民，2000 年完成，平均每年安置约 3 万人。第三期水库正常运用阶段影响区（265～275m 水位）移民，淹没影响人口 2.2 万人，淹没土地 6.95 万亩，计划在 2010 年和 2011 两年时间内完成，国家计委要求将完成时间提前到 2005 年。

库区一期移民原计划从 1993 年开始，到 1996 年底完成，由于各种原因，1993、1994 两年安置工作未能实施。为了加快小浪底工程建设步伐，水利部于 1994 年 2 月在北京召开了小浪底水利枢纽工程第一次联席会议。钮茂生部长在会上强调："工程和移民的关系，从总体部署上来看，要统一考虑。对移民工作要倍加重视，不能够重工程轻移民。移民工作要做到新帐不要再欠，老帐逐步还清。"联席会议还决定，将小浪底移民工作划归小浪底建管局。从而统一了认识，理顺了关系，加强了领导，明确了责任。

小浪底水利枢纽建设管理局移民局于1994年4月组建，为了实现"四年任务，两年完成"的目标和确保1997年截流的紧迫任务，移民局及时组织力量，狠抓移民安置基础工作，认真组织库区实物指标复查，积极促进移民安置的规划设计。同时着重抓了库区移民安置实施和各项管理工作的开展。

截至1997年6月底，180m水位线以下的26240人已全部搬迁完毕，属整建制搬迁的180m高程以上的移民也已全部离开库区，总计搬迁人口46133人。建成34个移民新村，居民点建房108万m^2，人均25.5m^2。为移民调整土地43712.1亩，其中居民点占地6319.1亩，生产用地37393亩。完成了新安县西沃乡政府的迁建，234个工矿企业通过转产合并迁建，利用其淹没补偿费新建企业31个。县以上大专项目河南省第四监狱和仓头、八里胡同、垣曲3个水文站迁建完毕。属库周交通恢复项目的新峪公路改线69km已于1996年11月通车。180m高程以下的39处文物（其中地下28处，地上11处）已处理完毕，其中20处作了重点发掘处理。迁移二等水准路线8条、23个点，三等路线6条、51个点，三等三角点30个，四等三角点50个。

库区第二、三期移民工作，根据国家计委关于第二、三期移民一并考虑，2005年完成的批复，小浪底移民局在地方各级移民机构的配合下，由黄河水利委员会勘测规划设计研究院编制的《黄河小浪底水利枢纽技施设计阶段水库库区第二、三期淹没处理及移民安置规划报告》已于1997年7月份上报水利部，待水利部和国家计委审批。第二期移民共计11.9万人，要求2000年完成，每年计划需完成3万移民的居民点及基础设施的建设和搬迁。第三期移民为2.3万人，计划每年搬迁5000人的任务，2005年完成。

在进行库区第一期移民工作的同时，为集中安置移民的温孟滩河道治理及放淤改土工程、后河水库续建工程也在按计划实施。另外，山西省部分第二期移民工作也得以先期实施。已征用生产用地1.81万亩，建井站4处，发展水浇地720亩，兴办企业9个，居民点建房456户，修建道路41.4km。垣曲县古城镇征地和水、电、路等基础设施基本建设已基本完成，镇政府单位已建房1.61万m^2。

（三）库盘清理

关于工程截流前的库盘清理工作，小浪底移民局遵照（1986）水电水规字第59号文颁发《水库库底清理办法》的要求，于1997年5月31日下发了《关于小浪底工程库区第一期移民库底清理的通知》，9月底已全部清理完毕，达到标准，并通过水利部的验收。

（小浪底水利枢纽建设管理局移民局　李树森）

万家寨水利枢纽水库移民安置的进展情况

万家寨水利枢纽水库最高蓄水位980m时，回水长72.34km，水库面积28.11km^2。水库淹没涉及山西省偏关县和内蒙古自治区准格尔旗、清水河县的10个乡（镇）。初步设计时（1990年），调查的淹没实物指标为：直接淹没人口2205人，淹没耕地3752.8亩（1亩$=6.6667\times10^2m^2$，后同），淹没各类房窑101722m^2，淹没林地1213.2亩等。由于经济的发展，在补充初步设计时（1993年），又对库区实物指标进行了复核，确定淹没实物指标为：直接淹没人口4645人，其中农村人口3807人，比初步设计增加110.7%；耕地4514亩，比初设增加20.3%；各类房窑123758.3m^2，比初设增加21.7%；园地651.7亩，林地1315亩，比初设增加8.4%；牧草地2157.4亩，扬水站53座，农副业生产设施404处，县级公路43.4km，乡级公路54.6km，电力线143.7km，通信线38.3km，广播线27.5km。还淹没了清水河交通水泥厂，清水河县城湾煤矿自备电厂，沿黄公路43.4km，清水河县第一火电厂4个水源井，清水河建筑陶瓷厂，七〇一黄河公路大桥，七〇二电台等7处大专项。

库区为黄土丘陵区，库周土壤主要以栗钙土、黑垆土、风沙土和黄绵土为主。库区农业经济较落后，作物以杂粮和油料为主，人民生活水平较低，但黄河两岸库区河谷滩地地势平坦，水源充足，是3个旗（县）的重要农业经济区。库周及库区工业基础比较薄弱，发展水平较低，基本以煤炭、石料开采、建材、食品加工业为主。1993年库区人均收入达800元左右。

万家寨水库移民安置的指导思想是：实行开发性移民方针，采取以土地为依托，发展大农业安置移民为主，将移民安置方式和生产门路落在实处，使移民尽快恢复生产、生活，达到长治久安的目的。

移民安置的具体情况为：清水河县规划兴建4个后靠安置区，4个外迁集中安置区，人均耕地1.71亩；准格尔旗规划兴建8个后靠安置区，人均耕地2.51亩。万家寨库区共有生产安置人口5431人，其中用大农业安置4086人，二、三产业安置1210人，投亲靠友、自谋职业等其他方式安置135人。农业安置主要通过改造库周低产田、统一征用调剂土地和农、林、水等二级单位招收部分农工等解决。

万家寨水库移民安置实行董事会领导，业主管理，两省包干，县为基础的管理体制；同时实行移民监测监理制度。

万家寨水库共有搬迁人口5326人，移民搬迁安置实施分四期进行：第一期，922m高程以下移民701人，1996年汛前搬完；第二期，922～945m高程之间移民2858人，1997年年底前搬完；第三期，945～975m高程之间移民1654人，1998年汛前搬完；第四期，975～980m之间移民113人，1998年年底搬迁完毕。

到1997年7月为止，累计支付库区移民经费16000万元。第一期移民已经完成，现正在开展第二期移民的搬迁工作。

万家寨水利枢纽水库的补偿投资，1993年国家审定为19312万元，1996年6月经水利部初步审查，补偿投资调整为43836.1万元，其中工矿企业及专项投资24144.67万元，农村部分12459.55万元，农村移民人均投资21300元。

（水利部移民办公室 刘冬顺）

江垭水利枢纽水库移民安置的进展情况

江垭水利枢纽水库正常蓄水位236m时，回水长75.6km，水库面积35.8km²。水库淹没涉及湖南省慈利、桑植县和湖北省鹤峰县的9个乡（镇）、37个村、157个村民小组。初步设计时（1992年）调查的淹没实物指标为：淹没人口11839人，淹没耕地14043.02亩（1亩$=6.6667\times10^2m^2$，后同），淹没林地5231.75亩等。由于经济的发展，在补充初步设计时（1994年），又对库区实物指标进行了复核，确定淹没实物指标为：淹没人口13044人，比初步设计增加10.18%；淹没耕地15203亩，比初设增加8.3%；淹没各类房屋536754m²，园地1813亩，林地9323亩，比初设增加78.2%；淹没输电线路180km，邮电线路113km，广播线路136km。

库区人民的物质、文化生活水平不高，经济发展处于落后状态。库区及库周经济以农业为主，农业经济结构不合理，种植业所占比例过大，山地资源没有得到充分利用。库周及库区工业落后，大部分工业产品属初级产品，品种及产量少。库区集镇的市政设施差，对外通信、交通落后，辐射力差，影响了集镇功能的发挥。

江垭水库移民安置的指导思想是：贯彻开发性移民方针，在保证移民有一定土地资源作为基本生产资料的基础上，发展二、三产业，扩大生产门路，增加收入，使移民逐步达到或超过原有生产生活水平。据此制定了各种生产安置标准：以耕地为主的生产安置标准是1.5～1.85亩/人，其中水田0.4～0.5亩/人，旱地1.1～1.45亩/人，另外划用材林1亩/人；水果业安置标准是2亩/人；茶叶安置标准为2.5亩/人；网箱养渔业安置标准为1.5亩/人；社会养老保险及农转非给安置费9000～10000元/人。

移民安置的具体情况为：库周后靠安置6419人，占39%；出乡安置9898人，占61%。江垭水库共有生产安置人口16317人，其中大农业安置13422人，二、三产业安置567人，农转非安置212人，社会养老保险653人，投亲靠友、自谋职业等其他方式安置1463人。

江垭水库移民安置实行水利部、湖南省联合领导小组领导，业主管理，两省包干，县为基础的管理体制；同时实行移民监测监理制度。

江垭水库移民搬迁实施从1994年2月开始分五期进行：第一期，127户，449人，全部在慈利县，已于1995年5月完成；第二期，878户，3003人，全部在慈利县，已于1996年7月完成；第三期，1378户，5701人，在慈利和桑植两县，目前已基本完成；第四期，763户，2211人，计划于1998年3月完成；第五期，379户，1798人，计划于1999年2月底前完成。

到1997年3月为止，已累计支付库区移民经费21980万元，兴建大于100人的移民安置点11个，已为移民建房2623户，面积32万m²，划拨耕地5000亩，新开发耕地2000亩。移民到新居民点后，生活水平有所提高，搬迁前移民人均年纯收入707元（1993年物价），搬迁后1996年后靠移民人均年纯收入1052元，外迁移民人均年纯收入961元；交通条件也得到改善，学校、商业网点、医疗卫生等设施基本完善，但生产措施还需进一步落实。

江垭水库的补偿投资，1993年国家审定为1.3亿元，1995年9月经水利部初步审查，湖南省部分补偿投资调整为36318万元，农村移民人均投资17484元；湖北省部分经水利部1997年2月初步审查，补偿投资调整为8400万元，农村移民人均19587元。由于湖北省部分有些项目的设计正在进行，补偿投资还有待于进一步确定。

（水利部移民办公室 刘冬顺）

三峡工程移民安置规划和移民实施情况

三峡移民安置规划是在国务院三峡建设委员会移民开发局的统一协调下，由水利部长江水利委员会与湖北省、重庆市（原四川省）人民政府及三峡库区所在市、县人民政府，按照1994年颁布的《长江三峡工程水库淹没处理及移民安置规划大纲》，以县区为单位来编制的。为确保移民规划的进度和质量，国务院三峡建设委员会移民开发局制定颁发了《长江三峡工程库区移民规划管理规定》、《长江三峡库区移民工程设计管理办法》和《长江三峡工程水库淹没处理及移民安置规划评估办法》。

*三峡移民安置规划遵循的指导思想和基本原则：*一是开发性移民方针，即合理开发资源，以农业为基础，农工商相结合，通过多渠道、多产业、多方法妥善安置移民，使移民的生活水平达到或超过原有水平，并为三峡库区长远的经济发展和移民生活水平的提高创造条件；二是国家扶持、政策优惠、各方支援、自力更生，正确处理国家、集体、个人之间的关系；三是与三峡库区建设、长江地区对外开放、水土保持和环境保护相结合，促进库区经济发展和生态环境改善，并为库区创造良好的投资环境；四是依靠科学技术、充分应用科研成果，积极推广先进技术；五是农村移民立足于农业开发，实行就近后靠，并辅之开发二、三产业；六是突出重点，远近结合，移民进度与工程进度相衔接，在资金到位的情况下，移民宜早不宜迟。

同时，移民安置规划还注意处理了以下三个关系：①移民安置与当地经济发展的关系；②农业与二、三产业的关系；③就近后靠与外迁的关系。

三峡移民经过8年试点，于1993年正式实施。1993年～1997年，国家累计计划安排移民资金85.8亿元。截止1997年上半年，实际到位69.2亿元，完成53.1亿元，其中：农村移民6.6亿元，城镇建设23.3亿元，工矿企业16.8亿元，专项设施6.4亿元。在移民资金不断投入的同时，移民工程形象进度日益加快。据统计，到1997年上半年，全库区已搬迁移民5.3万人，复建移民房屋135.2万m^2，动迁工厂102家，开发土地10.2万亩，建设水利设施2502个，修建农村道路1285km，城镇建设平整场地608万m^2，复建输变电线路88.9km，通信线路206.3km，修建公路240km。

实行对口支援，是党中央、国务院支持三峡移民的重大举措。据统计，到1996年底，全国对口支援三峡库区移民项目已达829个，其中经济合作项目600个，技术协作项目229个，支援方已累计到位资金18.47亿元，无偿援助设备、物资折价1.49亿元，支援学校搬迁和建设希望工程161个，投入资金4130万元，帮助安排库区劳务人员10160人，培训库区技术及管理人员2466人，干部交流274人次。

三峡工程的成败关键在移民。经过几年的探索，三峡移民已走出了一条具有自身特色的路子，概括起来就是“三个不准”、“四个监督”和“六大管理体系”。“三个不准”是：①不准将移民资金用于与移民规划无关的非移民项目；②不准违反计划管理程序，随意调整移民工程项目，确需调整的必须按程序报批，大类之间的调整要报国家移民开发局批准，同一大类内项目间的调整要报省级移民管理机构批准；③不准挪用移民经费作为行政开支，行政管理费必须严格按照规定的比例提取。“四个监督”是：①在当地党委、政府的领导下，主动接受人大、政协的监督；②主动接受纪检、监察、财政、审计、银行部门的监督；③主动接受移民群众的监督；④主动接受新闻舆论的监督。三峡工程移民的“六大管理体系”是：①以移民安置为目标的移民安置规划管理体系。三峡建设委员会制定了《三峡库区移民规划大纲》，确定了规划时应该遵循的重大原则以及应该坚持的标准，移民开发局颁发了《长江三峡工程库区移民规划管理规定》，目前还在考虑制定移民安置规划的实施管理办法。②以项目管理为核心的全程计划管理体系。为加强项目管理，制定了《长江三峡工程库区移民计划及经费管理暂行办法》和《项目全程管理办法》。③以移民补偿投资价格指数为核心的静态控制、动态管理的投资管理体系。从1995年开始移民局组织中国价格信息中心及有关专家研究制定了价差测算方案，并对1993年～1995年的价差指数进行了测定。同时还制定了《三峡工程移民补偿投资价差资金测算、使用与管理暂行办法》。④以新的财务制度和会计核算体系为主要内容的财务管理体系。移民开发局与财政部联合制定了一套三峡库区移民全新的财务、会计制度。根据这一新的制度，从中央到县，实行“两分开”、“四统一”的财务准则。⑤以新的三峡移民统计制度为标志的统计管理体系。与国家统计局联合研制了一整套统计方法，并颁发了《三峡工程移民统计工作管理规定(试行)》，今后整个三峡库区的统计信息将实现计算机联网。⑥以纪检、监察、财政、审计、建设银行为主干的监督管理体系。1997年三峡建设委员会建立了监察局，它与财政部、审计署、建设银行、中纪委、监察部等一起形成了内、外结合的监督管理体系。

（三峡工程建设委员会移民开发局　柳　地）

水口水电站水库移民安置的独立评估工作

福建省水口水电站是我国较早利用世界银行贷款并采取国际公开招标的大型水电工程。1987年水口水电站开工兴建，1990年世界银行（以下简称世行）在进行二期贷款评估时提出，对水库移民安置工作要按照世行1988年版《开发工程中非自愿移民安置——世界银行贷款项目的政策性导则（世界银行技术文件№80)》的要求（以下简称《导则》），必须对由于工程建设引起的非自愿移民引入监督机制，对移民安置的全过程,以及移民重建后收入和福利设施的进程,通过监测评估验证其效果,为工程管理部门提供预警系统,为移民提供反映渠道。这是我国在水电站水库移民安置工作中首次按照世行要求而开展的移民安置独立评估工作。

由华东勘测设计研究院承担的“水口水电站工程移民安置独立评估”，从1992年始，每年提出评估报告,每年接受世行代表团的工作检查。由于通过评估工作反映出移民过程中的动态变化，提出了改进工作的建议，促进了移民安置工作。此项工作，获得世行、业主单位福建省电力局和移民主管部门福建省政府水口电站库区工作办公室的好评；也得到移民安置部门和广大移民的支持。

由于此项工作是国内一项开创性的工作，是中国水库移民与世行要求相接轨的一个逐步探索、加深认识和逐步完善的过程。世行《导则》的要求就其总目标而言与我国现行移民政策是一致的，即不因工程建设引起的移民安置降低原有生活水平，但评估指标的设计、评估的方法等应根据我国的国情和现行政策以及水口库区的实际拟定。1990年8月华东院编制了《水口水电站工程移民独立评估工作大纲》,得到业主和世行的认可。按《大纲》规定，评估工作集中在经过选择的关键福利指标上,主要采用定性方法进行评估,其主要指标有:①社会经济状况。移民前后家庭经济发展情况，包括家庭生产资料、生活资料拥有情况，资产、收入情况。②公众健康。安置区卫生设施、人员、流行病发病率、婴儿死亡率、儿童健康状况等。③教育资源。安置区学校情况、学生入学率、教育质量等。④妇女地位。妇女就业率、妇女参与公共事务、基层政务等。⑤就业发展。为不同对象特别是贫困户提供帮助状况。

对水口水库农村67239移民迁移前后生产、生活条件变化进行评估的方法是：选择具有代表性的移民村镇和移民户,首先调查其移民搬迁前的状况,建立本底资料数据库,然后在搬迁后每年进行跟踪调查,对同一指标的动态变化进行分析、评估。经研究选择了水库区全部搬迁的35个村镇(其移民人数占总移民人数的71.0%)和524个移民户作为样本,将一些可以真实反映移民搬迁前后生产生活状况、基础设施状况、社会服务状况等的量化指标，按照调查对象设计了三张调查卡片：卡(一)是对样本户的搬迁前后生产、生活的动态跟踪表；卡(二)是对35个样本村的居民住宅和基础设施以及就业状况跟踪调查表；卡(三)是对样本村搬迁前后生产资料及产业状况变化的跟踪调查表。三种卡片共有143个数据指标。

为了保证数据质量，而且在长达5年的评估期间要求资料的连贯性，必须有一支相对稳定的队伍。从1992年5月建立起省、县、乡、村四级评估工作网络，5年来评估员队伍基本稳定。为提高评估员业务水平，每年都要结合上年度工作总结进行岗位培训。提高数据质量的另一方面是要求评估人员对数据的合理性、相关性均进行认真的研究分析,必要时组织复核调查，务求资料能确切反映库区的动态变化，使评估结论建筑在可靠的基础之上。

水口水电站移民独立评估报告已按预定要求完成系列报告9本，通过这些报告可以了解水库移民实施的进程,移民生产、生活恢复的状况和实施工作存在的薄弱环节以及潜在的问题。水口水库于1993年蓄水，移民历经动迁、过渡、恢复三个阶段，当前已进入发展的第四个阶段，评估报告在每个阶段中提出的一些建议,如安置区基础设施的完善和环境整治问题;水库淹没处理投资概算的调整问题；水库蓄水后库周出现的塌岸等危及群众安全的问题；动迁完成移民安置机构仍需加强的问题;移民的后期扶持问题，等等，都受到业主和省政府高度重视，逐一得到解决。

5年来的实践证明，通过独立评估工作可以促进水口水库移民安置和库区建设。已取得的成果得到世界银行的较高评价，水口水库移民安置成为世行贷款工程中的成功范例。水口水库移民评估工作也将为其他工程推行监测评估提供经验。

(华东勘测设计研究院　莫国汉)

大广坝水利水电工程水库移民的监测与评估

(一) 概况

大广坝水利水电枢纽位于海南省西部昌化江中游的东方县境内，坝址距海口市275km，离东方县城48km。水库正常蓄水位140m，具有多年调节性能，电站装机容量24万kW，多年平均发电量5.2亿kW·h。该工程以发电为主，兼有灌溉、供水等综合效益。工程于1989年2月正式动工兴建，1995年3月4台机组全部并网发电，1996年10月水库已达正常蓄水位。

根据电力部中南勘测设计研究院（以下简称中南院）1987年提出的《大广坝水利水电工程水库移民安置规划报告》，大广坝水电站水库淹没涉及东方、乐东两县的6个乡（镇）29个管区210个村民小组和3个国营农（林）场；淹没影响人口20156人，淹没房屋28.66万m^2，淹没耕地1884.4hm^2（其中水旱田1318hm^2)、橡胶林268.9hm^2。移民安置以后靠和土地开发为主，移民补偿投资为10657万元。1992年将补偿投资（全内资，静态）调整为16989.39万元（不含耕地占用税，下同)；1996年再次调整（全内资，静态）为25974万元，考虑利用部分外资后的总投资为30291万元。

（二）监测与评估概述

1986年6月，国家确定大广坝工程为世界银行贷款项目。根据1994年6月世界银行的传真即琼电传收字（1994）27号文“大广坝项目移民监测与评价”及附件“大广坝项目移民监测与评估工作范围”的要求，海南省电力公司于1994年10月委托中南院开展大广坝水电站水库移民监测与评估工作，并共同制定了《海南省大广坝水电站水库移民监测与评估工作大纲》。

1．评估原则　客观真实地反映大广坝水库移民搬迁和安置的实际情况，实事求是地总结移民安置的经验和教训。

2．评估程序　制定工作大纲和分年度工作计划，收集和调查基本资料，统计分析与评估，专家咨询与信息反馈，编写报告。

3．评估内容　对移民重建家园的实际进程和移民恢复生产生活的情况进行调查和评估，包括移民搬迁前后的生活水准状况、移民财产的损失与搬迁后获得补偿的情况、居住条件的改善情况（包括住房、对外交通、饮用水源等）；淹没前后妇女的就业机会、劳动强度和劳动条件的变化情况；儿童健康状况和老年人的社会保障情况，以及移民安置进程中存在的问题、改进措施及合理化建议。

4．评估方法　采用资料收集与调查访谈、全面调查与分层抽样调查、科技人员与地方干部、数理统计与比较分析相结合的方法。在对调查和收集资料进行统计的基础上，通过对比分析，对移民项目的设施情况和移民生产、生活的恢复情况进行评估。

5．工作时间　从1994年到1997年12月，每年提交一次评估报告，到目前为止，1994年的1号报告、1995年的2号报告、1996年的3号报告都已出版，并得到了业主单位和世界银行的好评。

6．工作简况　通过3年的监测与评估工作，对大广坝水库移民安置情况进行了真实的反映和实事求是的评估，对移民搬迁安置起到了督促作用，对其成功的经验进行了总结，对安置中存在的问题及时地反馈给有关部门，为逐级落实移民有关政策和保证主体工程按计划蓄水发电起到了积极的作用。

（三）从监测与评估角度看移民安置工作

大广坝水库移民安置自1989年实施9年来，在海南省人民政府、省电力公司和东方、乐东两县人民政府及移民办的领导下，在中南院的大力配合下，移民安置工作取得了显著的成绩。到1996年底，共完成移民搬迁2.02万人，占计划搬迁的98.5%；移民安置新村是按移民群众的意见选址的，新村建设实行统一规划、统一修建，致使新居民点的房屋布局整齐，饮水井、道路、排水系统、学校、卫生所、文化室等配套设施齐全，由于居住条件、环境卫生条件和村容村貌有了较大的改善，移民群众对新的居住条件十分满意；已划拨土地3037hm²，占规划划拨面积的87.2%，完成耕地开垦任务80%以上；兴建了一批水陆交通设施，解决了一些移民村历来不通公路的问题，并逐步形成了库区的交通网络；移民生产开发规划的水利设施大部分已建成并投入使用，象已建成的高干渠三角路分干渠的支斗渠已通达各移民村，水利灌溉网络基本形成。这些都为库区经济的恢复与发展奠定了良好的基础。

当然，也还有部分村组的生产开发方案不落实和开发滞后，特别是淹地不淹房的村组，以及交通、水利、电力等基础设施的完善与维修等问题需要进一步落实。1997年之后还应继续开展移民的监测与评估工作。

（中南勘测设计研究院　王　奎）

水电站环境影响评价工作和环境保护的实施

环评机构与证书重新考核换发情况

1995年以来，各直属设计研究院、流域机构和各省（市、区）水利水电勘测设计研究院环境影响评价机构和人员相对稳定，专业结构更趋合理，人员素质逐步提高，多数设计评价单位补充了环境工程专业的大学毕业生，研究生的比例也在逐年增加。1995年7月，国家环保局对所有环境影响评价持证单位进行重新登记申报工作，对隶属关系发生变化及更名的单位办理了环评证书以旧换新手续。通过考核，到1995年底，各直属设计研究院和流域机构等17个甲级证书持证单位均完成了换发新证手续。详细情况详见下表。

水利水电系统设计单位及流域机构环评单位情况表

单位名称	环评机构名称	环评证书等级	专业人员人数(A/B/C)	环境影响报告书(表)已通过预审的水利水电工程
长江水资源保护科学研究所	长江水资源保护科学研究所	甲级	70/5/53	皂市，湖南、湖北水利项目，亭子口，南水北调中线，廖坊水利项目，大房郢
松辽水环境科学研究所	环境评价室	甲级	88/6/29	马鹿塘，四湖沟，毕拉河口，马家反调节
淮河水资源保护科学研究所	环评一室	甲级	17/2/13	泰州引江河工程，包浍河初步治理工程，汾溧河初步治理工程
珠江水资源保护科研所	环境影响评价室	甲级	22/5/12	童湖供水，红花
海河水资源保护科研所	环评室	甲级	10/1/8	海河干流整治工程
天津勘测设计研究院	规划处环评室	甲级	14/0/11	迈湾，土夭沟
昆明勘测设计研究院	规划处环保室	甲级	7/1/6	张窝，红石岩，希勐宋
西北勘测设计研究院	水库工程环保处环评室	甲级	15/1/14	武都，宝兴河，石泉扩机，沃卡河，昌马
中南勘测设计研究院	水库环保工程处环评室	甲级	14/4/7	大隆，街面，天堂蓄能
北京勘测设计研究院	规划处环保水库室	甲级	5/2/3	泰安一级蓄能
上海勘测设计研究院	环评室	甲级	12/1/7	棉花滩(亚行本)
贵阳勘测设计研究院	规划处环评室	甲级	14/0/8	洪家渡(亚行本)
成都勘测设计研究院	规划处环评室	甲级	13/2/8	二滩，宝兴河，金河，巴溪，水磨，红叶，狮泉河
华东勘测设计研究院	规划处环评室	甲级	13/1/12	泰和，金山，桐柏蓄能，乌龙山蓄能，珊溪，红湖
广西电力工业勘察设计研究院	环境保护室	甲级	11/0/11	
新疆水利水电勘测设计研究院	环境评价研究所	甲级	45/0/35	天池，635及引水总干渠，布伦口，引额济克，上千佛洞
广东省水利电力勘测设计研究院	规划室	乙级	7/0/6	深圳市东部供水水源工程
福建省水利水电勘测设计研究院	环评室	乙级	12/1/9	漳州经济开发区供水工程东留水电站

注 专业人员人数，不含兼职；*A/B/C*中，*A*为总人数，*B*为研究生学历人数，*C*为本科生学历人数。

(水电水利规划设计总院 顾洪宾)

环境影响报告书的编制情况

1994年5月以来，各直属设计研究院，流域机构和省、自治区设计研究院完成的环境影响报告书并经过行业主管部门预审的工程(投资2亿以上)有43项(统计到1997年8月)，其中水利24项，水电19项。工程名称、评价单位、预审时间详见下表。

近年来，由于世行和亚行贷款项目增多，国际金融组织对环境影响报告书的要求，对内资项目产生了较大影响，水利水电工程环境影响报告书在内容和编制格式上已基本和国际接轨。1994年4月国家环保局发布的《环境影响评价技术导则》开始实施，对水利水电工程环评也起到了很好的指导作用。水利水电工程环境影响评价现已呈现以下特点：①报告书编制规范化，可分为三个阶段，即准备阶段(编制环评大纲)、正式工作阶段(开展预测评价)和报告书编写阶段。②环评程序规范化，主要工作步骤为：确定评价范围、筛选影响因子、进行预测评价、提出对策措施、制定环境监测与管理计划。③与国际环评接轨。④出现流域梯级环评的趋势，成都勘测设计研究院编制完成并通过审批的四川宝兴河梯级电站环境影响报告书是一个很好的例子。⑤生态问题进一步得到重视，如水利部对水土保持有进一步的要求，电力部编制了电力湿地保护行动计划等。

环境影响报告书编制完成并经过预审的工程名称表

工程名称	评价单位	预审时间
泰安蓄能	北京勘测设计研究院	1996年8月
张河湾蓄能(亚行本)	北京勘测设计研究院	1996年5月
皂市	长江水资源保护科研所	1994年12月
湖南湖北水利项目	长江水资源保护科研所	1994年8月
亭子口	长江水资源保护科研所	1995年5月
南水北调中线	长江水资源保护科研所	1995年9月
廖坊水利项目	长江水资源保护科研所	1996年1月

续表

工程名称	评价单位	预审时间
大房郢	长江水资源保护科研所	1997年7月
舟坝	成都勘测设计研究院	1995年4月
桐子林	成都勘测设计研究院	1995年4月
二滩	成都勘测设计研究院	1995年5月
南桠河一级	成都勘测设计研究院	1995年6月
宝兴河梯级	成都勘测设计研究院	1995年9月
金河	成都勘测设计研究院	1996年7月
狮泉河	成都勘测设计研究院	1996年9月
瓦屋山	成都勘测设计研究院	1994年11月
洪家渡(亚行)	贵阳勘测设计研究院	1996年10月
海河干流整治工程	海河水资源保护科研所	1994年11月
桐柏蓄能	华东勘测设计研究院	1996年10月
乌龙山蓄能	华东勘测设计研究院	1996年3月
泰和	华东勘测设计研究院	1994年10月
泰州引江河工程	淮河水资源保护科研所	1994年10月
宝泉蓄能	黄河水资源保护科研所	1997年8月
棉花滩(亚行)	上海勘测设计研究院	1995年4月
马鹿塘	松辽水环境保护科研所	1995年10月
四湖沟	松辽水环境保护科研所	1994年8月
毕拉河口	松辽水环境保护科研所	1995年9月
马家反调节	松辽水环境保护科研所	1996年10月
迈湾	天津勘测设计研究院	1996年1月
土夭沟	天津勘测设计研究院	1996年3月
武都	西北勘测设计研究院	1996年5月
积石峡	西北勘测设计研究院	1994年10月
天池	新疆水利水电勘测设计研究院	1995年1月
635及引水总干渠	新疆水利水电勘测设计研究院	1994年12月
布伦口	新疆水利水电勘测设计研究院	1994年12月
引额济克	新疆水利水电勘测设计研究院	1996年11月
天池蓄能	新疆水利水电勘测设计研究院	1994年12月
万家寨引黄(南干)	中国辐射防护研究院	1994年9月

续表

工程名称	评价单位	预审时间
瓦屋山	中南勘测设计研究院	1994年11月
大隆	中南勘测设计研究院	1995年4月
街面	中南勘测设计研究院	1997年4月
童湖供水	珠江水资源保护科研所	1995年12月
红花	珠江水资源保护科研所	1995年5月

(水电水利规划设计研究院　顾洪宾)

东江水电站环境影响的回顾评价

中南勘测设计研究院自1983年至1994年在东江水库进行了长达12年的环境跟踪监测和调查，按照点与面、长期与短期监测相结合的办法，共设置各类监测站（点、断面）177个，累计取得实测数据260余万组以及大量历史资料和文字报告。东江水电站环境影响回顾评价以水库水体、水库淹没涉及的13个乡镇和下游160km河段及其沿岸附近乡村为评价范围；以水库下闸蓄水的1986年以前为建库前，1987～1989年为水库蓄水期，1990年以后为建库后；以水库环境监测数据和专题调查报告为基础，采用机理研究与统计分析、概念模型与数学模型、定性与定量、宏观与微观、典型与一般、理论与实用相结合的方法，对建库前后的水文情势、局地气候、水质、水温、环境地质、陆生生物、水生生物、水土流失、农业生态、移民环境、区域经济、人群健康和旅游环境的变化进行研究。其目的在于：①弄清水库蓄水后库区及库区周围自然、社会环境状况，在此基础上对环境变化趋势作出进一步预测分析，提出减小不利环境影响的措施和充分发挥水电站环境效益、发展库周区经济、保护生态环境的建议，为东江水电站综合利用及环境管理提供参考依据。②研究水电站兴建引起的各环境因子动态变化及其相互作用的过程和机理，从而得出一些具有普遍意义的结论，为水电资源的开发利用提供可借鉴的经验，从环境角度，促进水资源的开发利用。③验证《东江水电站环境影响报告书》预测评价方法和结论，对《水利水电工程环境影响评价规范》中推荐的一些预测评价方法的适应性和准确性进行对比研究，为规范修订提供参考方法。

东江水电站对环境的主要有利影响是：①东江水库使下游水量年变化变得较均匀，与天然情况相比，增加了枯水期流量，减少了丰水期流量，提高了下游工业生产、农业灌溉用水、航运保证率和防汛标准，增加了下游梯级小水电的保证出力，改善了下游河段水质，具有明显的社会、经济和环境效益。②由于水体的自净、降解作用，水库水质从总体上较建库前有所改善，水体重金属浓度被均化。③水体对空气温度、湿度的调节作用，有利于各种植物的生长，为柑桔等经济作物的越冬创造了良好的环境，对果茶品质有明显的改进作用。同时，植被生长条件的改善为野生动物创造了较好的栖息环境，使库区及库区周围野生动物的种类和数量均有所增加。④建库后，形成了新的水生生态系统，水库水生生物在种类和生物量方面均有不同程度的增加；水库 160km² 的水面为发展水库养殖提供了良好的条件，水库水质的改善有利于减少鱼类对某些重金属元素残毒的富集。⑤水库下泄的低温水，有利于某些喜冷水的水生生物和鱼类的生长，给下游需冷却用水和低温水进行生产的工业企业带来一定的经济效益。⑥东江水电站的兴建，打破了水库移民安置区原有的产业结构，形成了新的较为合理的农业产业结构，使之有利于区域经济的发展。水库专项资金的投入，不仅基本恢复了库区及库区周围原有设施的功能，部分新设施和移民企业的建设，为减轻土地资源的压力，搞活经济，促进基本建设起到了重要作用。东江水电站的兴建，改善了资兴市对外交通条件，为资兴市城市发展创造了良好的环境。⑦东江水库形成后，出现了许多具有重大旅游、观赏价值的新景观，提高了原有景观资源的开发价值，带动了资兴市旅游景观资源的开发和旅游设施的建设，促进了资兴市旅游业的兴起和发展，扩大了资兴市的知名度，取得了明显的经济效益和社会效益。

东江水电站对环境的主要不利影响有：①东江水库的兴建，淹没了许多村庄、大片良田、森林植被和一些基础设施，使库区粮食产量急剧减少，人地矛盾突出，大批居民需搬迁安置，开发大量田地，导致土地资源结构发生重大变化，在移民安置初期，移民生活水平有所下降，并出现较严重的水土流失。②东江水库形成后，改变了下游水文条件，阻断了一些洄游性鱼类的洄游通道；大坝下泄的低温水对喜温水的水生生物的种类多样性和种群量的发展有抑制作用，使下游约 30km 河段内的鱼类难以繁殖，10km 内河道两岸农作物生长减缓。③水库形成后，迫使淹没区内的野鼠向库周迁移，使库周部分地区鼠密度加大，对以鼠为传播媒介的传染病如流行性出血热有一定的促进作用。④水库蓄水后，出现了诱发地震，在库区局部岸段出现滑坡塌岸和地基下沉现象。⑤水库形成后流速减缓，不利于库区周围及上游地区污染源排放的污染物进入水库后扩散稀释，尤其在库汊、库湾和岸边污染源排放口附近，水质有所下降。瑶岗仙钨矿等企业排放的重金属污染物进入水库后，随悬浮物沉积于库底，通过食物链富集影响食用者健康。此外，随着沉积于库底重金属的不断积累，为今后二次污染提供了可能性。

综合评价结果表明：东江水电站对生态环境的影响有利有弊，水库淹没大量良田、森林和村庄，致使库区移民搬迁并重新安置，加剧了人地资源矛盾，但电站的兴建大大地促进了区域社会经济的发展，改善了地区的环境质量，使建库后环境总体质量较建库前有较大提高，且随着时间的推移和库区生产开发逐步完善，水库淹没引起的不利环境影响逐渐减小，区域环境质量将不断提高。

（中南勘测设计研究院　薛联芳）

水电站环境保护设施竣工验收

水电站环境保护设施竣工验收，是水电工程竣工验收的六个专项（工程枢纽，移民，档案，消防，环保，工业卫生和劳动保护）之一，是水电工程竣工验收的一个不可缺少的内容。我国环境保护法规定，建设项目中的环保设施，必须与主体工程同时设计、同时施工、同时投产，环保设施必须经环境保护行政主管部门验收合格后，建设项目方可投入生产或使用。国家环保局于 1994 年 12 月 31 日发布的《建设项目环境保护设施竣工验收管理规定》（第十四号令）是水电工程环保验收的主要依据。根据该规定，国家环保局可单独组织环保设施的竣工验收，也可和整体工程验收一并进行，建设单位、设计单位、施工单位、环境影响报告书（表）编制单位应参加验收。

水电工程环保竣工验收应编制环保竣工验收报告，内容包括：前期环保工作及审批情况、应建的环保设施及运行情况、应采取的环保措施及完成情况、环保档案、环境保护管理，以及环境监测报告等。从 1996 年 10 月至 1997 年 3 月，国家环保局在电力部水电水利规划设计总院的配合下，先后对广州抽水蓄能电站、湖北隔河岩水电站和广西岩滩水电站的环境保护设施进行了验收，并办理了验收手续。这是我国首批通过国家环保验收的水电工程。1997 年 4 月，国家环保局还委托四川省环保局对铜街子水电站环保设施进行了竣工验收。

环保竣工验收是水电环境管理工作一项新的内容，是对水电工程环保工作的进一步完善。但是，水电环保验收工作才刚开始，在验收内容和办法上还不成熟。随着今后工作的开展和认识的提高，环保验收工作将不断得到完善，并使水电环保工作迈上一个新台阶。电力工业部有关部门十分重视环保验收工作，正在制定电力行业水电工程环保竣工验收管理办法，以使本行业环保验收工作进一步走上规范化管理的轨道。

（水电水利规划设计总院　顾洪宾）

岩滩水电站环保竣工验收

岩滩水电站位于广西大化县境内的红水河上，装机容量1210MW。电站主体工程于1985年3月正式开工，1995年6月全部机组并网发电。1988年由广西电力工业勘察设计研究院编制了《红水河岩滩水电站环境影响报告书》，并经国家环保局审批。岩滩水电站工程的环保工作情况如下。

（1）施工环境保护。包括4个方面：①施工区空气污染的控制。岩滩水电站施工高峰期间，各种施工机械700多台，月燃油300～600t，土石方开挖28万m^3/月，混凝土浇筑量8万m^3/月，燃油、爆破及混凝土搅拌产生的粉尘和烟雾对空气造成了污染。经过部分监测，TSP超标达1.67倍。对此，建设单位主要采取了三项措施：用3辆洒水车每天对主要交通道路洒水3次；对施工车辆安装尾气净化装置；对产生大量粉尘的混凝土拌和系统等处安装了布袋除尘器。通过这些措施有效地控制了粉尘、烟雾的污染，使大部分地区空气质量达到国家二级标准。②施工废水的处理。施工废水主要是砂石料加工厂产生的，每立方米砂石成品需水量约为3.36m^3，砂石料生产高峰每天排放的废水约为2万t。处理废水的方法是利用地形筑坝，形成库容为25万m^3的沉淀池，废水经沉淀后循环利用，清水回收率约为40.6%。③生活污水处理。在电站生活和办公区，修建了60个三级化粪池。④弃渣处理。岩滩水电站土石方开挖总量为1084万m^3，主体工程开挖量为580万m^3，其中大部分用于回填或作为筑坝石料，弃渣堆放到3个弃渣场，弃渣用护堤和挡土墙进行防护，防止了水土流失。

（2）绿化和水土保持。建设单位对施工中被破坏的植被进行了恢复，施工临时占地退还给农民复耕，对厂内公路、生活区、坝肩及附近山坡进行了绿化，共投资65万元。岩滩水电站的厂、坝区绿化工作尚需电厂进一步完善。

（3）渔业资源保护。岩滩水电站建成后，对红水河原有的渔业资源将产生不利影响，为了促进水库渔业资源的尽快形成，由岩滩水电站工程建设公司、广西移民办、大化水电厂各出资80万元，在广西大化县修建了渔业增殖站，占地263亩，有鱼塘157亩及孵化池和草地等106亩。（1亩$=6.6667\times10^2m^2$，后同）

（4）岩滩水库水质保护。在水库蓄水前，对库底进行了彻底的清理，并通过了有关主管部门的验收，水库蓄水后没有发生水污染事件，库周和水库下游也没有发生介水传染病。对于库区污染源的处理，本着“谁污染谁治理”的原则，同时考虑库区经济落后的状况，投资90万元，用于库区天峨县、东兰县人民医院污水消毒处理和巴马县城区生活污水、巴马县淀粉厂污水处理的补助。天峨县人民医院的污水处理设施已建成并投入运行，日处理污水35t，经监测，处理效果达到国家排放标准。

（5）文物古迹及重要设施保护。对琴常新石器时代遗址进行挖掘清理，清理出的文物移交广西博物馆保存。对板文壁画进行临摹和录像保存。对受淹的国家测量水准点，在正常蓄水位以上重新设立。

（6）库周内涝处理。岩滩库区内涝涉及东兰县、巴马县、大化县的纳巴、合康、弄累等9处，其中东兰县的纳巴片最为严重，1993、1994、1995年5月～9月连续发生大面积内涝，受涝面积达545.3hm^2，受淹民房128户，面积达1473m^2，两所学校被淹。从1993年开始，在内涝点设立8个水位，雨量站进行观测，根据内涝点的不同情况，采取淹没补偿和工程措施相结合的办法分别进行处理，处理资金已落实，工程措施于1997年开始实施。排涝工程投资13296.15万元。

（7）建库前后的环境变化。①水库蓄水后，巨大的水体对库区各气象要素产生了一定影响。根据建库前后的气象资料分析得出，气温日变幅比建库前小，冬季的增温作用较为明显，水面气温比库岸的气温可高1.6℃，湿度比建库前也有所增加，夏季约增加1%，冬季约增加5%。②根据1995年以来的4次水质监测资料，浊度和总铁浓度较蓄水前有明显的下降，化学耗氧量及总磷、总氮的浓度增加，干流平均硝酸盐氮、亚硝酸盐氮、氨氮的浓度分别为1.40mg/L、0.016mg/L、0.544mg/L，总磷浓度为0.066mg/L，支流平均硝酸盐氮、亚硝酸盐氮、氨氮的浓度分别为0.49mg/L、0.020mg/L、0.301mg/L，总磷的浓度为0.033mg/L，水库出现了明显的富营养化现象，在2月～5月枯水季节水温分层时，水面出现厚层的绿藻，这种现象可持续到汛期的到来。③对水生生物的影响，建库前库区浮游植物种类共发现8门52属，建库后只发现6门44属，原有的种类有所减少，但浮游植物的数量和生物量都有所增加；建库前河道的浮游动物共采集到20科41属47种，建库后库区干支流共采集到25科28属77种，浮游动物的数量和生物量建库前平均为387.6个/L和0.0488mg/L，建库后平均为397个/L和0.0691mg/L，建库后浮游动物的种类和数量均较建库前增多，建库后原有的15种底栖生物只发现2种。④在库前段由于受淹没和移民的影响，陆生生物中原有的蟒蛇、穿山甲、小灵猫等12种动物已基本消失。⑤水库蓄水后水禽数量明显增多，还出现了以前没有的种类，如小鹛、绿翅鸭、白骨顶等，其中绿翅鸭、白骨顶属于到库区越冬的迁徙鸟类。

(8) 人群健康。工区设 1 个卫生院，3 个卫生所，共有医务人员 42 人，负责施工人员的疾病治疗、体检和卫生防疫工作。

(9) 水库诱发地震情况。水库蓄水后共发生地震 465 次，绝大部分在 2 级以下，最大一次为 3.5 级。

(10) 环保投资。绿化和水土保持费用 89.06 万元(已完成 65 万元)，建大化渔业增殖站 80 万元，文物处理 10 万元，水准点的保护 15 万元，生活生产用水净化处理、废气治理 63 万元，库区污染治理 90 万元，环境监测 215 万元，固体废弃物处理 152 万元，医疗与卫生防疫 1160 万元，生活污水处理 15 万元，生产废水处理 165 万元。

1997 年 3 月 17 日～18 日国家环保局在广西大化县岩滩水电站现场主持了岩滩水电站环保专项竣工验收，参加的单位有电力工业部水电水利规划设计总院、广西自治区环保局、广西电力局、区移民办、广西河池地区环保局、大化县环保局、岩滩水电站工程建设公司、广西电力工业勘察设计研究院、广西电力局水库管理站、广西水电工程局、岩滩水电厂。有关主管部门成立了环保竣工验收工作组。岩滩水电站工程建设公司在广西电力工业勘察设计院的协助下，编制了《红水河岩滩水电站环境保护竣工验收报告》。验收组和代表们对岩滩水电站厂坝区及库区环保状况进行了实地考察，听取了岩滩水电站工程建设公司等单位关于电站环保工作的情况汇报，经过认真讨论和审议，同意验收。

(水电水利规划设计总院　顾洪宾)

隔河岩水电站环保竣工验收

隔河岩水电站位于湖北省长阳县境内清江干流上，电站装机容量 121.2 万 kW，1987 年 1 月开工建设，1994 年 11 月 4 台机组全部并网发电。该电站是较早执行环境影响评价制度的水电工程之一，电站的环境影响报告书 1986 年由湖北省环保局审批。隔河岩水电站建设中的环保工作主要有以下几点：

(1) 蓄水前的水库清理。电站的水库清理工作主要包括：拆除输电、邮电、广播线杆 8511 根；推平各类房屋残墙断壁 3522 栋；炸除桥墩等障碍物 95 座；处理厕所、粪坑、畜圈 10151 处，以及垃圾堆等污染源 384 处 9969m²；加固和迁出坟墓 2066 座，对其中有传染病的 35 座进行了严格的消毒处理；清理零星树木约 101 万株。

(2) 施工废水处理。在电站施工高峰阶段，供水系统日供水量为 2.4 万 t，主要是施工用水，施工废水排放量约为 2 万 t/d，其中两个砂石料系统的冲洗废水排放量最大，且悬浮物浓度高，可达 20000mg/L 以上。虽然右岸高砂石料系统设置了废水回收循环利用设施(包括沉沙池、反应池、清水池)，但清水回收利用率约为 60%，其余仍排入清江。施工废水排入清江后，对局部河段水质造成一定的污染，地方环保部门经过监测，向建设单位发出了征收超标排污费的通知，经清江公司和地方环保部门协商后一次缴纳排污费 100 万元。水电施工排放废水缴纳排污费在我国尚属首次。

(3) 固体废弃物的处理。电站主要建筑物开挖的土石方总量为 616 万 m³，除去利用的部分尚有 338.6 万 m³ 弃渣。弃渣场选在左岸的倒渔溪和右岸的凶溪沟，弃渣按要求堆放，水库形成后已全部淹没在水下。电站的生活垃圾约有 11m³/d，每天用垃圾车运至容量为 4 万 m³ 的曾家湾垃圾场集中堆放。

(4) 施工区人群健康问题。清江公司和地方医疗机构合作，将长阳县人民医院作为对口医院，公司出资为医院增加必要的设施和设备，医院为工区人员进行医疗服务，并在工区设立急救站，配备医疗人员和设备，保证施工人员就近及时诊治。在卫生防疫方面，从 1988 年开始，地方防疫站对工地人员和家属进行定期免疫接种，有效地控制了一些传染疾病的发生。

(5) 水土保持和绿化工作。建设单位重视绿化和水土保持工作，共植树 17.75 万株，植草坪 4.3 万 m²，完成绿化面积 90hm²，恢复并改善了工区的景观。厂坝区的绿化美化工作突出，1994 年被湖北省省委、省政府授予省绿化先进单位称号。长阳县政府结合地方经济发展，对水库消落区水土流失进行治理，种植水杉 9 万株，意杨 1 万株，初步治理消落区面积约 300 亩 (1 亩$=6.6667\times10^2$m²)，既提高了移民的经济收入，又有利于水库坡岸的稳定。

(6) 文物保护工作。在工程建设过程中，对库、坝区内的 8 处古文化遗址、20 余座古墓群和 1 处化石洞进行了发掘，发掘面积超过 4000m²，出土文物 4000 多件，古生物化石 100 多件，并搬迁重建了七十七烈士纪念塔，对施工中涉及的文物基本进行了妥善处理。

(7)形成新的景观资源。隔河岩库区是古代巴人的发祥地，有独特的土家族民俗、民风、民情和巴土文化。区内山川雄奇俊秀，历史文化遗址和自然景观资源十分丰富。水库建成后，形成了面积 72km²，有大小 120 多个岛屿的人工湖，和周围的自然、人文景观相容，构成了更为独特的景观资源。同时，电站建设改善了对外交通条件，为地方发展旅游事业提供了有利条件。从 1991 年开始，长阳县大力发展旅游业，效益不断提高，1991 年旅游收入为 150 万元，1992 年 350 万元，1993 年 560 万元，1994 年 1200 万元，1995 年达到 2100 万元。旅游的发展还带动了其他行业的发展。

(8) 水库诱发地震。水库正常蓄水位时，库容31.8亿 m^3。水库蓄水后，从1993年4月24日～1995年12月31日共发生地震1666次，其中1级以下1217次，1～2级415次，2～3级30次，3～4级3次，最大的一次地震发生于1993年5月30日18时08分，震级为3.3级。

(9) 环保投资。绿化总费用为1300万元，卫生防疫和污水治理200万元，环境监测2040万元，文物与景观200万元。

1997年2月25～26日，国家环境保护局在隔河岩水电站现场进行了环保竣工验收，参加的单位有电力工业部水电水利规划设计总院，湖北省环保局、卫生厅、长江水利委员会，宜昌市环保局，长阳县城环保局、移民局、卫生防疫站，湖北清江水电开发有限责任公司，长江水资源保护科研所，有关主管部门成立了环保竣工验收组。长江水资源保护科研所协助建设单位编制了《湖北清江隔河岩水电站环保设施竣工验收报告》，验收组和代表们听取了建设单位关于隔河岩水电站建设情况与环境保护工作的汇报，考察了电站和库区环境状况，并对完成的环保工作进行了讨论和审议，认为隔河岩水电站基本符合国家环保验收规定，同意验收。

（水电水利规划设计总院　顾洪宾）

广州抽水蓄能电站环保竣工验收

广州抽水蓄能电站(以下简称广蓄电站)位于广东省从化市吕田镇，是我国第一座大型抽水蓄能电站，Ⅰ、Ⅱ期工程总装机容量240万kW。Ⅰ期工程自1988年7月动工兴建，装机容量120万kW。广蓄电站的环保工作经历了一个不断提高和完善的过程。电站建设初期，中山大学环境科学研究所、广东省水利电力勘测设计院等单位编制了《广州抽水蓄能电站Ⅰ、Ⅱ期工程环境影响报告书》，并经国家环保局审批。电站建设过程中，业主单位重视环保工作，其中绿化、水土保持和污染治理工作比较突出，对施工中出现的环保问题都设法加以解决。工程建设中处理的主要环境问题有：

(1) 初期蓄水的水库水质。1991年5～8月上库蓄水初期，由于库底残留的有机质经水浸泡分解，在缺氧条件下产生了大量的硫化物，导致电站上库底层水质发臭恶化。由于水库蓄水前经过较彻底的清理，随着水库蓄水量的不断增加，水库水质状况得到了改善。

(2) 水土保持和绿化。广蓄电站在施工过程中弃土、弃渣约有306万 m^3，为了防止水土流失及对周围环境的破坏，建设单位投资270万元，修建了17座拦渣坝，共拦截弃渣近80万 m^3，效果很好。另一方面，由于拦渣坝标准较低，曾发生拦渣坝垮坝事件，冲毁农田约25亩和部分水渠。对下库库岸的防护，采用干砌石护坡和草皮护坡，护岸长度达2764m，投资210.6万元。对公路边坡和山体边坡的防护，坡脚采用修建砌石挡土墙并种植爬墙虎的办法，土坡采用混凝土框格固定并植草的办法，稳定了坡体又绿化了环境。对于岩石边坡，引进美国优质草种，进行岩石表面喷草试验，植草面积6000m^2，效果良好。从1992年10月～1996年6月，电站共植树40万株，植草11万 m^2。

(3) 废弃油污染处理。在施工初期，由于对弃油处理重视不够，造成河流水质油类污染严重，据1990年水质监测结果，石油类平均浓度达0.5mg/L。为了解决油污染问题，建设单位把构成污染源的3个维修车间迁到正常蓄水位以上，并设立余油池，对原车间临时油库的弃油进行清理，同时严格了各项油类使用管理制度，采取杜绝乱倒废油等措施，1991年水体中油含量大幅度下降，1994年、1995年油类指标均稳定在0.003mg/L。

(4) 人群健康和移民生活质量。1989年工地出现首例疟疾病人，9月开始在小范围内流行，病人多为外省民工，当年发病57例，1990年发病155例，其中当地居民18例，而施工前当地小杉村近20年没有疟疾病例。后通过采取措施，疟疾得到控制，1994年后没有出现疟疾病例。1996年对移民进行调查，移民生活质量比以前有很大提高。

(5) 对野生动物的影响。工程建设前，工程地区基本上是未开发的原始林区，野生动物较多，现在除偶尔能见到野猪外，其他野生动物已迁栖他处，难以见到。

1996年10月7日～8日，国家环保局在广蓄电站现场主持召开了广蓄电站（Ⅰ期工程）竣工环保验收会，参加单位有电力部水电水利规划设计总院、广东省环保局、广州市环保局、广东省电力局、从化市环保局、珠江水资源保护科学研究所、广东省水利电力设计院、水电第十四工程局广东分局、中山大学、广东省环境监测中心站、广蓄电站联营公司；有关主管单位成立了环保验收组。广蓄电站联营公司在珠江水资源保护科学研究所的协助下，编制完成了广蓄电站环保竣工验收报告。验收组成员和代表们听取了建设单位关于电站建设环保工作的汇报，实地考察了电站及库区的环境状况，并根据竣工验收报告对电站建设过程中发生的环境问题和采取的对策、措施进行了认真的讨论和审议，认为该工程“符合环保验收条件”，同意验收。

验收组对今后的工作提出下列建议：①进一步加强绿化，完善水土保持工作；②节制水上娱乐项目的发展，以保护水库水质；③坚持水库水质监测，及时了解水质变化；④在Ⅱ期工程竣工后进行必要的回顾性评价工作。

（水电水利规划设计总院　顾洪宾）

《中国电力建设与湿地保护和合理利用行动计划》概述

1996年4月，电力工业部根据林业部《中国湿地保护行动计划》总体要求，组织有关单位制定完成了《中国电力建设与湿地保护和合理利用行动计划》（以下简称《行动计划》），经专家审查后报送林业部，使之成为《中国湿地保护行动计划》的一部分。《行动计划》是从湿地生态环境保护的新角度，对电力环保工作进行一次全面思考和重新认识，也是对我国电力环保工作的一次总结，并且提出了新的要求。因此，《行动计划》是今后指导电力环保工作的一份纲领性文件。《行动计划》由背景、目标、电力建设湿地保护和合理利用行动、资金筹措与管理、效益及两个附录组成，现分述如下。

1．背景和问题的提出　我国是《关于特别是作为水禽栖息地的国际重要湿地公约（拉姆萨）》的签约国。我国政府为了履行国际公约，加强国际合作，保护和合理利用我国湿地资源，国务院委托林业部组织有关部门编写《中国湿地保护行动计划》，而《行动计划》是其中一个部分。关于湿地的定义，《行动计划》采用了拉姆萨公约对湿地的广义定义："湿地系指腐泥沼泽、泥炭沼泽、泥炭地或水体区域，不论是自然的还是人工的，永久的或是暂时的，水体不管是流动的还是静止的，淡水还是咸水，包括那些深度在低潮位小于6m的海水区，都称为湿地。"我国湿地面积广阔，约6300万hm^2，居亚洲第一位，居世界第四位。我国已建立了132个湿地和水禽栖息地自然保护区。我国电力建设项目多密集于沿海地区、河口地区、三角洲地区和江河湖泊的周边，电力建设依赖于湿地地区丰富的水量和水能资源。电力工业的不断发展，对这些地区的生态环境产生了越来越深远的影响，因此，保护湿地生态环境是电力建设的重要任务之一，对湿地资源可持续利用和电力建设可持续发展具有十分重要的意义。

2．《行动计划》的目标　《行动计划》有总目标和近期目标。总目标是："根据中国湿地保护与合理利用总目标，结合国家电力发展总体规划，研究电力发展与湿地保护和合理利用的关系，制定湿地保护电力经济政策，以及与之配套的技术标准和规范，制定电力湿地保护行动计划，开展科学试验，以保证湿地生态的良性循环和湿地资源的永续利用。"近期目标是："制定中国电力建设与湿地保护行动计划；建立电力湿地保护研究中心，在电力工业部的领导下，归口和协调全国有关科学研究和有关技术工作；建立电力建设湿地保护和合理利用示范区"。

3．电力建设与湿地保护和合理利用行动的内容主要有：①开展电力建设与湿地保护现状调查和评价工作；②进行电力建设对湿地环境影响的专题研究，制定湿地保护的技术标准和规范，从湿地保护的角度加强电力项目环境影响评价工作，使电力建设的总体规划和布局与湿地保护协调发展；③建立中国电力湿地保护研究与监测中心；④建立电力湿地保护示范区，水电建设湿地示范区推荐为黄河上游龙羊峡水库、雅砻江二滩水电站水库湿地。

4．《行动计划》的资金筹措、管理及效益　完成《行动计划》所需经费由电力工业部筹集并负责管理，同时争取国际赠款。《行动计划》的效益在于促进电力工业的持续发展和湿地资源的永续利用。电力工业是国民经济发展的基础产业，电力建设和湿地保护息息相关，研究电力建设对湿地的影响是电力环保工作的重要内容，对电力建设具有深远意义。通过建立电力湿地的示范区，可提出对不同类型湿地的影响所需采取的保护措施，为电力发展规划和制定电力环保政策提供依据，以促进电力建设和湿地环境保护的协调发展。

5．关于《行动计划》的附录　附录一提出了组建中国电力湿地保护研究与监测中心的详细计划；附录二提出建设6个示范区的具体工作计划。

（水电水利规划设计总院　顾洪宾）

小浪底水利枢纽施工期的环境管理

小浪底环境保护工作是工程建设的重要组成部分，始终贯穿于工程建设中，倍受国内国际专家和世行官员的重视。1995年初，小浪底环境管理工作逐步走向正轨，环境监测、环境监理和卫生防疫等环境保护措施全面开始实施。

（一）环境监测

1995年4月，黄河水资源保护局受小浪底建设管理局移民局的委托，对小浪底施工区及施工影响区的土壤、大气、噪声、水体进行了全面的监测并以此为根据制定了小浪底环境监测计划。1996年，按照世行咨询专家组的建议和要求，对监测因子、监测点布设进行了适当调整，并先后于1996年3月、8月、12月和1997年3月对施工区及移民安置区的环境因子进行全面的监测，并提交了相应的《环境监测评价报告》。

（二）环境监理

小浪底施工期环境保护首先实行环境监理制度，

把环境监理有效地纳入到工程监理体制中，使环境监理成为工程监理的有机组成部分。

小浪底环境监理由小浪底水利枢纽建设管理局移民局委托黄河水利委员会设计院承担。1995年5月，环境监理工程师部分进驻施工现场进行摸底调查。同年8月，小浪底建管局召开专题会议，明确环境监理与工程监理的关系。同年10月，环境监理正式进驻工地。环境监理进驻施工现场，开创了我国水利水电工程施工环境监理的先河。自1995年10月以来，环境监理多次参与处理解决施工区和移民安置区的环境问题，并提交月报21份，环境监理进度评估报告7份。

（三）卫生防疫

1995年3月，黄河中心医院受移民局的委托，对小浪底施工区的鼠密度进行了监测，测得施工区平均鼠密度高达30.8%，远远超过国家无害化标准。同年5月，黄河中心医院对施工区进行了第一次灭鼠防疫工作。8月，施工区进行了第一次灭蚊蝇工作。截止到1997年7月，小浪底施工区已进行了4次灭鼠，2次灭蚊蝇工作。

（四）文物保护

1995年12月23日，小浪底建管局移民局在郑州召开了“小浪底库区文物保护工作会议”，会议制定了库区文物保护的原则和方针。截止到1996年底，河南省文物部门已对长泉遗址、清河遗址等进行了重点发掘，发掘面积8000m²，并完成了西沃石窟等的搬迁工作；山西省对宁家坡、小赵等5处遗址进行了发掘，钻探面积26.3万m²，发掘面积4730m²。

（五）环境保护措施的贯彻与实施

1. 施工区

（1）完善了供水系统，建立了水质安全制度。1995年初，移民局资源环境处会同有关部门拆除了水源井保护半径内的污染源，加设了水源井安全防护网，确保水源井的安全。同年，小浪底施工区健全了饮用水质管理制度：每8小时分析一次余氯含量；每24小时对水质进行一次常规分析；每月对水质进行一次全面检测。与此同时，黄河水资源保护局定期对施工区水质进行监测检查。

（2）建成了污水处理系统，保证施工区污水排放达标。1995年初，Ⅱ标承包商建成了B.T.S生化污水处理系统，Ⅰ标、Ⅲ标及业主则按化粪池的设计要求定期清理，从而保证生活污水排放达标。同时，Ⅰ、Ⅱ、Ⅲ标各自建成了相应的生产沉淀池、隔油池和油水分离系统，对料场废水、洗车废水、拌和楼废水等处理达标后排入黄河。截止到1997年上半年，施工区污水处理系统基本能够正常发挥作用。

（3）粉尘污染得到了基本控制。1995年初，资源环境处根据环境监测情况，要求承包商改善洒水设备状况，增强洒水强度，并根据天气变化情况及时调整洒水频率。目前施工区道路洒水已由原来的每两小时一次提高到1小时一次，同时，洒水设备状况也有明显改善。

（4）噪声污染得到了控制。1995年底，针对Ⅰ标马粪滩料场和Ⅱ标连地料场噪声污染问题，Ⅰ、Ⅱ标承包商采取了一系列降噪措施：Ⅰ标加设了泡沫隔音板；Ⅱ标将筛分钢筛换成塑料筛，料场周界修建起了隔音单面砖墙，取得了一定的减噪效果，但仍不能满足要求。1996年6月，Ⅰ标承包商与当地达成协议，搬迁了受噪声干扰的河清小学。1997年6月，Ⅱ标承包商对当地群众进行了适当的经济补偿。

（5）固体废弃物集中处理。1995年3月，移民局资源环境处下文要求施工区内承包商、单位对固体废弃物统一收集处理：生活垃圾集中运送到小南庄渣场深埋处理，有毒有害物要进行专门处理，并形成了制度化。对不按规定办的单位，按照有关规定罚款和进行教育。

2. 移民安置区

（1）生活饮用水达到国家安全标准。自1995年以来，环境管理办公室对移民安置区水管人员进行了培训，并要求和监督安置区饮用水加氯消毒达标。

（2）安置区厕所一律采用双瓮式，使生活污水得到了一定的杀菌消毒处理。

（3）生活垃圾统一集中处理。

（小浪底水利枢纽建设管理局　周希平　肖金凤）

三峡工程库区环境保护

三峡工程库区环境保护，是三峡库区移民工程实施过程中的重要内容和目标之一。1995年～1997年是三峡工程移民工作实施的第三、四、五个年头，其间，在贯彻《长江三峡工程建设移民条例》（国务院令第126号）和《长江三峡工程水库淹没处理及移民安置规划大纲》（国三峡办发计字〔1994〕056号）方面，取得了实质性的进展，完成了阶段性任务。现将三峡工程库区环境保护的主要措施及实施情况概述如下。

（1）按照长江三峡水利枢纽环境影响报告书的要求，在移民安置规划中认真编制了环境保护规划，其主要内容包括：土地资源开发利用中的环境保护规划；城（集）镇迁建中的环境保护规划；工矿企业迁建和移民安置中新建二、三产业污染防治规划；移民安置中的人群健康保护规划；安置区生态建设规划；陆生植物物种资源保护规划。在库区湖北省、重庆市以及各有关县移民搬迁安置规划中，都按照要求编制了环境保护规划，例如《秭归县淹没处理及移民安置规划报告》的附件八，即为《移民安置区环境保护规划报告》。

(2) 按规划计算的环境保护费用，列入枢纽工程概算为3.49亿元(1995年价格)，水库淹没处理(库底清理)1亿元，移民安置规划项目中包括32.58亿元，此外，在移民补偿投资中还以"环境保护费"估列3亿元。另外，还有国家专项拨款，如长江中上游防护林建设等方面的投入。按照规划，资金分别落实到库区各县、市，如秭归县在各类项目中除包含有环保资金外，与上述3亿元口径相对应，即安排2500万元。

(3) 为了加强对库区未来水质的保护，库区新县城建设从规划到实施，实行了雨、污分流。根据山区地形特点，对生活污水采取集中处理与分散处理相结合的方针，同时，库区已开始引入国内专家发明的埋地式无动力生活污水净化装置。库区工矿企业搬迁，严格执行了"三同时"的规定，环境效益明显。在施工中，尽可能地减少水土流失，采取了一些必要的工程、生物措施。农村坡改梯田，减少了水土流失。目前，国家计委正组织编制长江中上游污水治理规划。

(4) 环境保护的管理，在库区环境保护中是一个重要环节。国务院三峡工程建设委员会生态与环境保护协调小组于1995年4月召开第四次会议，审查了《长江三峡工程生态与环境监测系统实施规划》；1996年12月召开第五次会议，赴库区考察了解三峡工程枢纽建设和移民迁建中的环境保护工作、移民安置规划中的环境保护内容、各部委对口支援环境保护和监测系统建设等方面的进展情况。

(5) 1997年6月国家环保局发布了《1997年长江三峡工程生态与环境监测公报》。《公报》表明三峡工程尚未对自然生态产生直接影响，生态环境基本维持原有状态。还派出中国三峡工程环境代表团，访问澳大利亚、新西兰和日本，进行国际交流。

(6) 1997年9月国务院三峡工程建设委员会大江截流前验收领导小组组织了对一期移民任务的验收。验收结果表明：大江截流坝前82.28m水位及其相应20年一遇洪水，只涉及湖北省4个县。这4个县已关停、取缔"十五小"企业62家；改造大量耕园地；种植长防林17万hm^2，初步治理小流域14条。按清库要求，应拆除建筑物90.62万m^2，卫生防疫13440处，均可以按期完成。

(7) 三峡库区物种保护已取得可喜进展。三峡农村移民进行了生态农业探索，但还有待深化。施工中对渣土处理还有不当之处。对地质环境的认识和合理利用还有待提高。对移民群众的环境保护意识教育还有待加强。

(国务院三峡工程建设委员会移民开发局 宋原生)

三峡工程施工区的环境保护

中国长江三峡工程开发总公司(以下简称总公司)自1993年9月正式成立以来，对环境保护工作高度重视，成立了以副总经理为主任的环境及文物保护委员会，并在工程建设部设立了环境保护处，具体负责三峡工程施工区的环境保护与管理工作；根据水利水电工程施工特点，制定并发布了《三峡工程施工区环境保护管理实施办法(试行)》(1994年8月)、《三峡工程施工区环境卫生管理办法》、《三峡工程施工区绿化规划、实施和管理办法》，为开展施工区环境保护标准化管理奠定了一定的基础。

在三峡工程施工总体规划中，总公司十分重视环境保护要求，如将施工作业区与生活办公区分开布置，对施工区排水系统、水泥粉煤灰运输、生态恢复与环境绿化、生活垃圾及生活污水处理、卫生防疫及环境监测均有专项规划。《三峡工程施工区环境保护实施规划》的编制和批准，是三峡工程建设加强环境保护规划的重要体现，目前，总公司正委托有关单位进行远景环境规划。

自1992年底三峡工程部分准备工程实施以来，总公司已委托有关单位开展了施工区环境监测及污染物排放监督监测工作，并开展了饮用水水源水质和生活供水水质的监督监测工作。1996年，三峡工程生态与环境监测系统已正式启动运行。

施工区监测结果显示：施工区环境状况良好。施工区段的长江干流水质维持在三类标准(单因子评价法)，对照断面、控制断面、削减断面以及近岸水域水质类别基本一致。生活水厂的水源水质符合饮用水卫生标准，1995年正式水厂相继启用以来，供水水质已有明显改善，达到了国家规范要求，1996年鹰子咀水厂各项指标合格率均为100%。施工区大气环境质量良好，NO_x、SO_2、CO、Pb等指标均符合一至二级标准(GB3096—82)，施工区主要空气污染物为TSP。施工区环境噪声基本符合国家有关噪声控制标准的要求。

结合工程建设，还实施了部分污染预防和治理项目，包括砂石加工系统的废水处理，拌和楼的除尘降噪和废水处理，排水系统的雨污分流，生活垃圾无害化处理场的设计和施工等。目前已投入污染治理资金(不含运行费)约5700万元。

积极开展施工区水土保持和环境绿化工程，截至1996年9月，已完成水土保持措施工程量42.89万m^3(不含植物措施)，完成投资3.28亿元。1996年12月完成了下岸溪料场的水土保持设计方案，目前正在实施。施工区绿化（包括边坡绿化和环境绿化）已初具规模，截至1997年6月，已完成绿化面积56.3万m^2，绿化道路19.8km，绿化投资2796万元。

为了加强施工区公共卫生和人群健康的管理，1994年成立了专业化的环境卫生公司，并投资建设了一定标准的医疗急救中心，具体开展施工区医疗急救服务和卫生防疫工作，1997年6月已正式开业。

文物保护和考古发掘是三峡工程施工区环境保护的重要内容之一。除为文物部门提供450万元资金外，在工程施工布置上积极配合文物部门，至1994年6月止，基本完成中堡岛、白庙子、杨家湾、朝天嘴和覃家沱等处的文物发掘任务。对杨家老屋的保护也正与有关文物保护单位协商保护措施。

建设项目环境保护“三同时”在三峡工程施工区得到良好的贯彻，除在承包合同中有具体环保条款外，还对环保设施的施工及运行开展了监督管理；三峡工程施工区环保中心的成立为进一步开展环保监督管理提供了有力的组织保证。1996年，在宜昌市环保局的协助下，开展了施工区污染源的排放调查工作，基本掌握了施工区污染源的排放情况。

此外，在施工区还开展了一定的环保科研工作，如三峡工程施工区环境影响咨询、一期工程施工环境影响及环保措施效果分析、三峡工程施工移民安置环保规划等。同时，每年要进行各种环境宣传工作，三峡工程施工区环境保护展览室已于1997年5月正式开放。

（中国长江三峡工程开发总公司　陈永柏）

统 计 资 料

大中型水电站水库淹没主要指标表

项	目	小湾	公伯峡	三板溪
河流名称		澜沧江	黄河	清水江
所在省（区）、县（市）		云南省凤庆南涧县	青海省循化化隆县	贵州省锦屏县
电站特性	装机容量（万kW）	420	150	100
	年发电量（亿kW·h）	191.7	51.4	24.52
水库特性	正常蓄水位（m）	1240	2005	475
	死水位（m）	1166	2002	
	水库面积（km^2）	189.1	22.0	85.0
	干流回水长度（km）	178.2	53.4	112.0
	泥沙淤积（年）	20	20	20
	总库容（亿m^3）	151.3	5.5	45.26
	调节性能	多年	日	多年
迁移人口	洪水频率（%）	5	5	5
	总人口（人）	31685	5340	35321
	其中：农业人口（人）	31385	5143	23395
	非农业人口（人）	300	197	11926
拆迁房屋	总面积（万m^2）	155.58	16.75	143.4
	其中：农业房屋（万m^2）	151.04		52.9
	非农业房屋（万m^2）	4.54		90.5

续表

项	目	小湾	公伯峡	三板溪
河流名称		澜沧江	黄河	清水江
所在省（区）、县（市）		云南省凤庆南涧县	青海省循化化隆县	贵州省锦屏县
耕地	洪水频率（%）	20	20	20
	总耕地（亩①）	55678	7650.5	10723
	其中：水田（水浇地）（亩）	23423	7036.0	8292
	旱地（亩）	32255	614.5	2431
林地	经济林地（亩）	4273	1442	785.8
	用材林地（亩）	59910	1571	32281
专业项目	铁路（km）			
	三级公路（km）	18.0	20.7	3.9
	四级公路（km）	118.2	5.5	127.9
	小型水电站（kW）	2129.9		2906.7
	输电线路（杆km）	81.5	46.5	53.7
	通信线路（杆km）	76.4	42.7	121.0
	广播线路（杆km）		12.5	
迁移镇址	乡、集镇（座）	4		6
	县城（座）			剑河县
勘测设计研究单位		昆明勘测设计研究院	西北勘测设计研究院	中南勘测设计研究院
可研报告审定时间（年）		1995	1994	1995

续表

项目		思林	紫坪铺	恶滩
河流名称		乌江	岷江	红水河
所在省（区）、县（市）		贵州省思南县	四川省都江堰市	广西忻城县
电站特性	装机容量（万 kW）	100	76	60
	年发电量（亿 kW·h）	39.26	34.17	30.09
水库特性	正常蓄水位（m）	440	877	112
	死水位（m）	431	817	110
	水库面积（km²）	38.35	18.16	35.0
	干流回水长度（km）	89.0	26.54	76.22
	泥沙淤积（年）	20	30	20
	总库容（亿 m³）	16.54	11.12	9.5
	调节性能		年	日
迁移人口	洪水频率（%）	5	5	10
	总人口（人）	15383	37200	7588
	其中：农业人口（人）	14351	15104	5495
	非农业人口（人）	1032	22096	2093
拆迁房屋	总面积（万 m²）	48.26	120.0	27.22
	其中：农业房屋（万 m²）	32.75	47.01	18.52
	非农业房屋（万 m²）	15.51	72.99	8.7
耕地	洪水频率（%）	20	20	50
	总耕地（亩[①]）	19462.4	12660.8	12251.0
	其中：水田（水浇地）（亩）	9435.0	294.5	3911.0
	旱地（亩）	10027.4	12366.3	8340.0
林地	经济林地（亩）	2172.5	52.8	180.0
	用材林地（亩）	6143.6	837.9	
专业项目	铁路（km）			
	三级公路（km）		23.2	
	四级公路（km）	23.5	39.3	27.9
	小型水电站（kW）	6650	5995	2475
	输电线路（杆 km）	63.17	269.8	119.3
	通信线路（杆 km）	45.18	310.4	32.8
	广播线路（杆 km）		95.2	
迁移镇址	乡、集镇（座）	3	4	2
	县城（座）			
勘测设计研究单位		贵阳勘测设计研究院	四川省水利水电勘测设计研究院	广西电力勘察设计研究院
可研报告审定时间（年）		1995	1995	1996

续表

项目		百色	吉林台	桐子林
河流名称		右江	喀什河	雅砻江
所在省（区）、县（市）		广西百色市	新疆尼勒克县	四川省来易盐边县
电站特性	装机容量（万 kW）	54	46	44
	年发电量（亿 kW·h）	16.9	9.38	
水库特性	正常蓄水位（m）	228	1420	1015
	死水位（m）	203		
	水库面积（km²）	135.0	49.2	4
	干流回水长度（km）	108.0	26.7	17.15
	泥沙淤积（年）	20		20
	总库容（亿 m³）	56.0	25.3	0.91
	调节性能		多年	日
迁移人口	洪水频率（%）	5	10	5
	总人口（人）	27722	2956	2717
	其中：农业人口（人）	24169	1925	
	非农业人口（人）	3553	1031	
拆迁房屋	总面积（万 m²）	64.3	5.6	3.25
	其中：农业房屋（万 m²）	47.5	3.5	
	非农业房屋（万 m²）	16.8	2.1	
耕地	洪水频率（%）	20	50	20
	总耕地（亩[①]）	45638.0	18603.3	103.0
	其中：水田（水浇地）（亩）	18208.0	18371.3	
	旱地（亩）	27430.0	232.0	
林地	经济林地（亩）	8913.0	259.4	
	用材林地（亩）	69750.0	6100.0	20.0
专业项目	铁路（km）			
	三级公路（km）	58.3	35.0	
	四级公路（km）	25.0	53.2	
	小型水电站（kW）	224.6	520	
	输电线路（杆 km）	329.0	9.5	5.0
	通信线路（杆 km）	234.0	40.8	14.0
	广播线路（杆 km）			
迁移镇址	乡、集镇（座）	2		
	县城（座）			
勘测设计研究单位		珠江水利委员会设计院 广西水利电力勘测设计研究院	新疆水利水电勘测设计研究院	成都勘测设计研究院
可研报告审定时间（年）		1996	1994	1995

续表

项	目	洪 江		
河流名称		沅 江		
所在省（区）、县（市）		湖南省洪江市		
电站特性	装机容量 （万 kW）	22.5		
	年发电量 （亿 kW·h）	10.54		
水库特性	正常蓄水位 （m）	190		
	死水位 （m）	186		
	水库面积 （km^2）	23.0		
	干流回水长度 （km）	45.34		
	泥沙淤积 （年）	10		
	总库容 （亿 m^3）	1.96		
	调节性能	周		
迁移人口	洪水频率 （%）	5		
	总人口 （人）	9749		
	其中：农业人口 （人）	7647		
	非农业人口 （人）	2102		
拆迁房屋	总面积 （万 m^2）	29.3		
	其中：农业房屋 （万 m^2）			
	非农业房屋 （万 m^2）			
耕地	洪水频率 （%）	50		
	总耕地 （亩①）	5153.0		
	其中：水田（水浇地）（亩）	3710.0		
	旱地 （亩）	1443.0		
林地	经济林地 （亩）	349.0		
	用材林地 （亩）	430.0		
专业项目	铁路 （km）			
	三级公路 （km）	2.7		
	四级公路 （km）	2.43		
	小型水电站 （kW）			
	输电线路 （杆 km）	24.66		
	通信线路 （杆 km）	19.16		
	广播线路 （杆 km）	25.02		
迁移镇址	乡、集镇（座）	3		
	县城 （座）			
勘测设计研究单位		中南勘测设计研究院		
可研报告审定时间 （年）		1996		

① 1 亩＝6.6667×$10^2 m^2$，下同。

（水电水利规划设计总院 戴泽沛）

抽水蓄能电站水库淹没主要指标表

项	目	广州 上库	广州 下库	天荒坪 上库	天荒坪 下库
河流名称		流溪河		大 溪	
所在省(区)、县(市)		广东省从化市		浙江省安吉县	
电站特性	装机容量 （万 kW）	240		180	
	年发电量 （万 kW·h）	25.089		31.6	
水库特性	正常蓄水位 （m）	816.8	287.4	905.2	344.5
	死水位 （m）	797.0	275.0	863.0	295.0
	水库面积 （km^2）	1.1	1.61	0.283	0.32
	干流回水长度 （km）	4.5	5.975		2.01
	泥沙淤积 （年）	50	50		
	总库容 （万 m^3）	2406.0	2340.0	885.0	877.0
	调节性能	日	日		
迁移人口	洪水频率 （%）		5		
	总人口 （人）		1004		
	其中：农业人口 （人）		1004		
	非农业人口 （人）				
拆迁房屋	总面积 （m^2）		29768		
	其中：农业房屋 （m^2）		29768		
	非农业房屋 （m^2）				
耕地	洪水频率（%）		20		
	总耕地 （亩①）		1221.0	47.0	
	其中：水田（水浇地）（亩）		924.0	33.0	
	旱地 （亩）		297.0	14.0	
林地	经济林地 （亩）		556.0	526.0	310.0
	用材林地 （亩）	1522.0	405.0		33.0
专业项目	三级公路 （km）				
	四级公路 （km）		4.5		2.27
	小型水电站 （kW）		95		
	输电线路 （杆 km）		14.0		2.24
	通信线路 （杆 km）		1.8		2.24
	广播线路 （杆 km）		1.8		2.24
勘测设计研究单位		广东省水利电力勘测设计研究院		华东勘测设计研究院	
可研报告审定时间 （年）		1988			

续表

项目		桐柏		蒲石河	
		上库	下库	上库	下库
河流名称		信史河		蒲石河	
所在省(区)、县(市)		浙江省天台县		辽宁省宽甸县	
电站特性	装机容量　(万 kW)	120		120	
	年发电量(万 kW·h)	21.18		18.76	
水库特性	正常蓄水位　(m)	396.2	141.17	409.1	68.14
	死水位　(m)	376.0	110.0	350.0	62.0
	水库面积　(km^2)		0.46	0.65	4.84
	干流回水长度　(km)		1.5		
	泥沙淤积　(年)				20
	总库容　(万 m^3)	1231.63	1289.73	1987.0	4300.0
	调节性能		日	日	
迁移人口	洪水频率　(%)		5		5
	总人口　(人)		374	18	1792
	其中:农业人口(人)		354	18	1792
	非农业人口(人)		20		
拆迁房屋	总面积　(m^2)		18841	246.5	36437.0
	其中:农业房屋(m^2)			246.5	36437.0
	非农业房屋(m^2)				
耕地	洪水频率(%)		20		20
	总耕地　(亩①)		258.0	96.0	2509.0
	其中:水田(水浇地)(亩)		213.0		
	旱地　(亩)		45.0	96.0	2509.0
林地	经济林地　(亩)		45.0		340.0
	用材林地　(亩)		268.0	818.0	1315.0
专业项目	三级公路　(km)				
	四级公路　(km)				1.5
	小型水电站　(kW)				
	输电线路　(杆 km)		0.5	1.8	17.73
	通信线路　(杆 km)				3.0
	广播线路　(杆 km)		0.5		
勘测设计研究单位		华东勘测设计研究院		东北勘测设计研究院	
可研报告审定时间　(年)		1996		1993	

续表

项目		张河湾		十三陵	
		上库	下库	上库	下库
河流名称		甘陶河		东沙河	
所在省(区)、县(市)		河北省井陉县		北京市昌平县	
电站特性	装机容量　(万 kW)	100		80	
	年发电量(万 kW·h)	16.75		13.0	
水库特性	正常蓄水位　(m)	810.0	488.0	566.0	89.5
	死水位　(m)	779.0	464.0	531.0	85.0
	水库面积　(km^2)		3.57		
	干流回水长度　(km)		12.63		
	泥沙淤积　(年)		30		
	总库容　(万 m^3)	785.4	8330.0	444.98	7977.66
	调节性能		年		
迁移人口	洪水频率　(%)		5		
	总人口　(人)	196	2425	37	
	其中:农业人口(人)	196	2380	37	
	非农业人口(人)		45		
拆迁房屋	总面积　(m^2)	1618.0	40855.0	1173.0	
	其中:农业房屋(m^2)			1173.0	
	非农业房屋(m^2)				
耕地	洪水频率(%)		20		
	总耕地　(亩①)	353.52	2754.34	50.0	
	其中:水田(水浇地)(亩)		2095.55		
	旱地　(亩)	353.52	658.79	50.0	
林地	经济林地　(亩)		147.5		
	用材林地　(亩)	10.0	51.2		
专业项目	三级公路　(km)		4.5		
	四级公路　(km)		5.5		
	小型水电站　(kW)				
	输电线路　(杆 km)	5.0	28.4		
	通信线路　(杆 km)		9.47		
	广播线路　(杆 km)		4.65		
勘测设计研究单位		北京勘测设计研究院		北京勘测设计研究院	
可研报告审定时间　(年)		1995		1994	

① 1 亩$=6.6667\times10^2m^2$,下同。

(水电水利规划设计总院　戴泽沛)

规　　划

10

河流规划

1995年～1997年河流水电规划工作

（一）大江大河的河流水电规划工作

1. 金沙江〔虎跳峡（含上游水库区）～渡口〕水电规划　该水电规划由昆明勘测设计研究院（简称昆明院）负责；虎跳峡梯级规划阶段的勘测设计工作由中南勘测设计研究院（简称中南院）负责。自1992年开始进占以来，昆明院和中南院做了大量勘测设计工作，基本达到了规划阶段的深度，也取得了初步成果。虎跳峡水库为金沙江的龙头骨干梯级工程，对金沙江中下游以至长江干流的三峡和葛洲坝等水电站具有极其重要的径流调节作用。但鉴于虎跳峡水电站坝址和库区地质以及水库淹没等方面的复杂性，尚需进一步做工作，以便最终确定其开发方案。对虎跳峡以下河段，通过现场复勘，筛选梯级坝址，开展了多方案梯级开发方案的比选工作。

2. 雅砻江干流（卡拉至江口河段）水电规划　1996年2月，四川省计委会同电力部水电水利规划设计管理局召开会议，对成都勘测设计研究院1992年10月提出的《四川省雅砻江干流（卡拉至江口河段）水电规划报告》进行了中间审查。会议同意：锦屏一级水电站为该河段龙头梯级电站；大河湾以下梯级开发方案为官地、二滩和桐子林三级开发，并建议官地水电站为二滩水电站的后继工程。

3. 怒江干流水电规划　怒江是云南省水能资源最富集的河流之一。昆明勘测设计研究院已于1996年开始着手开展怒江干流的水电规划工作。

（二）中型河流水电规划工作

1995年～1997年间，完成了新疆开都河中游河段，四川火溪河、美姑河，云南槟榔江（胆扎至松山河口段），西藏金河、夏布曲和狮泉河等河流（河段）的水电规划报告，并通过了审批。

（三）完成《河流水电规划编制规范》的报批颁布手续

1994年5月中旬在京召开《河流水电规划编制规范》送审稿审查会议之后，成都勘测设计研究院根据审查意见于同年10月完成了《河流水电规划编制规范》的报批稿。随后水电水利规划设计管理局办理了报请主管部批准的手续；1995年7月该规范已由电力工业部正式批准颁布实施。

（水电水利规划设计总院　赵毓昆）

《雅砻江干流（卡拉至江口河段）水电规划报告》中间审查意见

《雅砻江干流（卡拉至江口段）水电规划报告》（简称《报告》）由成都勘测设计研究院（简称成都院）于1992年10月编制完成，1996年2月29日至3月1日在成都召开了中间审查会议，主要审查意见如下：

1. 锦屏河段的开发方案　成都院在过去研究的基础上研究了四个方案：第一方案为锦屏一级混合式开发；第二方案为两级开发，即一级锦屏高坝坝后式、二级低闸引水式开发；第三方案为三级开发，即一级锦屏高坝坝后式、二级九龙河口混合式、三级大水沟坝后式；第四方案为沿河四级开发，即锦屏高坝、九龙河口、交子沟及大水沟坝后式。《报告》推荐争取两级开发，并把四级沿河开发方案列为备用方案。审查认为：

（1）一级混合开发，集高坝与深埋长隧洞、高水头大容量水轮机组等技术难题于一体，不宜采用。

（2）三级开发方案，虽然多利用了九龙河的径流，能量指标较大，但经济指标最差，且未能避开深埋长隧洞的技术难题，也不宜采用。

（3）锦屏一级水电站为两级开发方案及四级沿河坝后式开发方案的共有梯级，其地理位置优越，水库调节性能较好，蓄能作用大，梯级补偿效益显著，在雅砻江及四川水电开发中具有举足轻重的战略地位。审查同意《报告》推荐的锦屏一级水电站为雅砻江干流（卡拉至江口河段）梯级开发的龙头梯级。

（4）锦屏一级以下大河湾段的开发方案，采用低闸长隧洞引水式开发，还是采用沿河坝后式开发，有待在锦屏二级（一期）预可行性研究中深入进行深埋长隧洞的技术攻关，以及对沿河坝后式开发规划方案加深工作后，再进一步明确较为合适。

2. 锦屏大河湾以下河段的梯级开发方案　由于二滩水电站已经建设，其上下游梯级衔接关系已趋于明朗，不论大河湾河段采用低闸长隧洞开发，还是采用沿河梯级开发，官地水电站均是二滩与大河湾梯级中间的衔接梯级，桐子林水电站又是紧接二滩的下游梯级。审查同意《报告》推荐的锦屏大河湾河段以下的梯级开发方案为官地、二滩、桐子林。

3. 开发进程　与会的专家代表针对近些年来雅砻江干流（卡拉至河口段）已开展前期工作的实际情况，并分析研究了资金筹措的可能条件，以及如何适应四川省下世纪初用电的需求，认为官地水电站规模适中，工程技术难度不大，淹没损失较小，选择该电站作为二滩水电站的后继工程，逐步实现雅砻江干流的滚动开发是合适的。

雅砻江是全国十二大水电基地之一。卡拉至江口干流河段径流充沛、落差集中、水能资源丰富、淹没损失较小，是开发的重点河段，希有关方面对加快其前期工作及开发进程予以大力支持。

（水电水利规划设计总院　朱铁铮）

西藏自治区阿里地区水电规划选点工作

阿里地区位于西藏自治区的西端，面积 30.5 万 km^2，人口 6.54 万人，西南和南面有 1116km 的国境线与印度、尼泊尔接壤。狮泉河镇为行署所在地，是我国西部边陲重镇，系阿里地区政治、经济、文化中心。由于地处高海拔、高寒地区，位置偏远且对外交通不便，自然条件差，生产方式落后，致使该地区经济发展缓慢。区内缺油少煤，广大军民生活、取暖、照明等所需能源供应全靠调入油料维持，不仅运距远、费用大，而且经常因大雪封山、运输受阻等造成供应中断。

1992 年 5 月，原能源部、水利部水利水电规划设计总院指派成都勘测设计研究院对阿里地区进行水电电源选点工作；1993 年 2 月该院完成了《西藏自治区阿里地区水电规划选点报告》，经审查确认狮泉河水电站为阿里地区开发建设的电源点。随后，在狮泉河水电站预可行性研究报告完成之后，受阿里地区行署委托，成都勘测设计研究院和西南电力设计研究院分别提出了“狮泉河水电站多能源替代比较分析”和“狮泉河水电站与其他能源发电替代方案技术经济比较”的报告。经有关专家咨询认为，解决阿里地区狮泉河镇的用电需要，应以充分利用当地自然资源为前提条件；狮泉河水电站应当成为本地区较长一段时间内经营成本低、运行可靠的骨干电站。这对满足地区的生活用电和发展地区经济，促进边疆地区的政治、国防和社会稳定将起到极大的作用。所以，为解决该地区长远负荷增长的需要，建设狮泉河水电站是需要的，也是可行的。

（水电水利规划设计总院　朱铁铮）

《夏布曲干流水电规划报告》审查意见

夏布曲系雅鲁藏布江右岸的一级支流，位于西藏日喀则地区，本次规划范围为夏布曲赛乡以下至河口的干流河段，河长 102.5km，落差 463m，河道平均比降 4.52‰，河口多年平均流量 21.8m^3/s，多年平均年径流量 6.87 亿 m^3，水能资源理论蕴藏量 8.7 万 kW。《夏布曲干流水电规划报告》（简称《报告》）1996 年8月由成都勘测设计研究院编制完成，1996 年9月 23 日至 24 日由西藏自治区计委会同电力工业部水电水利规划管理局主持在成都召开了审查会议，会议主要审查意见如下：

1. 开发任务　根据地区国民经济和社会发展的要求，开发利用夏布曲干流水能资源，除满足电力紧缺及负荷增长需要外，还需满足下游灌溉用水要求，灌溉引水均在德莎引水或电站闸前取水。审查同意本规划河段的开发任务以发电为主，并兼顾下游灌溉。

2. 梯级开发方案　同意《报告》推荐的“一库五级”梯级开发方案，即自上而下的德欠、拉洛、达嘎、库美、德莎。梯级电站共利用落差 292m（占规划河段落差的 63.1%），总装机容量 5.072 万 kW，保证出力 1.86 万 kW，年发电量 2.217kW·h。

3. 第一期工程选择及梯级开发顺序　同意《报告》推荐的达嘎电站为第一期工程。达嘎电站为规划推荐的第三级电站，所处河段落差最为集中。规划采用低闸引水式开发，拦河闸坝长 140m，最大闸高 24m，引水隧洞长 7.5km，利用落差 142m，电站装机 2.52 万 kW，保证出力 0.57 万～1.0 万 kW，年发电量 1.029 亿～1.084 亿 kW·h，仅淹没草场 3.1hm^2（46.5 亩），无移民搬迁，枢纽工程地质条件较好，工程难度相对较小，其建设条件及技术经济指标是梯级电站中最好的一个，建议加紧进行下一步的前期工作，以利早日开发建设。继第一期工程达嘎电站之后，原则上同意宜优先开发拉洛“龙头”梯级，以提高达嘎电站的枯水期发电效益及夏布曲水电在系统中的作用。鉴于拉洛电站工程技术问题相对其它梯级难度较大，其工程地质条件以及电站开发方式及规模有待进一步研究，建议根据进一步研究的认识以及当时当地的具体情况，届时再确定拉洛电站的开发时机，以及其它电站的开发顺序。

夏布曲梯级电站靠近负荷中心，地理位置适中，输电距离较短，开发夏布曲梯级电站对于缓解日喀则电网的供电紧缺状况，提高藏中电网运行的灵活性及可靠性，促进民族地区的经济发展，维护民族团结，具有重要意义，希望有关方面予以大力支持和关注。

（水电水利规划设计总院　朱铁铮）

《美姑河水电规划报告》审　查　意　见

美姑河为金沙江一级支流，流经四川省凉山彝族自治州的美姑、昭觉、雷波县，干流全长170km，集水面积$3183km^2$，河口多年平均流量$59.4m^3/s$，多年平均年径流量18.7亿m^3。从维其沟至坪头（坪头以下河段为金沙江溪落渡水电站的水库区）河道长104km，是干流水电开发的主要河段，也是本次水电规划报告的研究范围。《美姑河水电规划报告》（简称《报告》）1996年4月由成都勘测设计研究院编制完成，1996年6月2日在成都召开了审查会议。会议主要审查意见如下：

1. 原则同意美姑河一库五级开发方案　规划河段美姑河大桥以上河道长65km，河谷地形束放相间，水流平缓，河道平均比降9.7‰，部分宽谷在7.0‰左右，具备修建水库的地形地质条件。美姑大桥以下河谷深切，落差集中，河道平均比降约18‰，个别河段达30.5‰，适于进行引水式开发。原则同意自上而下为牛牛坝、瓦洛、瓦吉吉、柳洪、坪头的一库五级开发方案。规划梯级共利用落差1123m，调节库容1.55亿m^3，装机容量42.3万kW，保证出力9.42万～16.6万kW，年发电量20.92亿～24.34亿kW·h。

审查认为《报告》推荐的觉洛梯级控制流域面积较小，采用混合式开发，坝高库小，淹没损失相对较大，技术经济指标较差，下阶段设计中可进一步研究其开发方式与开发规模。

2. 同意《报告》推荐的柳洪、坪头、牛牛坝三个电站为近期开发工程　这三个电站具有一定的规模与效益，共可利用落差883m，总装机容量33.6万kW，梯级联合运行总保证出力13.44万kW，年发电量15.59kW·h。

(1) 柳洪水电站采用低闸引水式开发，最大闸高23.5m，引水隧洞长10.88km，共获得落差392m，装机容量15万kW，保证出力3.3万～6.3万kW，年发电量7.41亿～9.11亿kW·h，与各梯级比较，柳洪梯级的闸址、引水隧洞及地下厂房工程地质条件较好。首部枢纽、引水系统和地下厂房布置对地形地质条件适应性好。同意柳洪梯级作为美姑河梯级开发的第一期工程。该电站为规划梯级中开发条件与技术经济指标最为优越的水电站，具有工程简易、工程量小、投资省、收益快、淹没小等显著优点。其可行性研究报告业已编制完成，建议尽快筹集建设资金，尽早开发建设。

(2)坪头水电站也采用低闸引水式开发，最大闸高25.5m，引水隧洞长11km，共获得落差313m，装机容量13.2万kW，保证出力2.86万～5.23万kW，年发电量6.95亿～7.96亿kW·h，其开发条件与技术经济指标与柳洪水电站基本相当。坪头与柳洪水电站毗邻金沙江溪落渡巨型水电站，如适时兴建可作为溪落渡的施工电源。

(3) 牛牛坝水电站为美姑河干流坝址工程地质条件较好，并可以获得较大库容的梯级，采用混合式开发，正常蓄水位1730m，最大坝高145m，引水隧洞长2.9km，共获得总库容2.21亿m^3，调节库容1.54亿m^3，共利用落差178m。电站本身装机容量5.4万kW，保证出力1.86万kW，年发电量2.52亿kW·h，淹没耕地1223亩、公路9km，需迁移人口527人。电站建成后可提高下游梯级保证出力7.24万kW，效益显著。鉴于牛牛坝水电站可提高美姑河干流梯级电站枯水出力，是实现梯级滚动开发的龙头水库工程，建议在下一步设计中进一步研究适当抬高正常蓄水位的可能性与经济合理性。

3. 会议建议　美姑河干流梯级建成后可以成为四川主网的补充电源。流域内有四川省重点扶持的少数民族地区，它的开发建设对促进地区经济发展、增强民族团结具有十分重要的战略意义。会议建议有关部门予以极大的关注和支持，加快美姑河梯级开发前期工作进程与建设步伐，为缓解四川供电的紧张局面、振兴民族地区经济作出贡献。

（水电水利规划设计总院　朱铁铮）

《火溪河水电规划报告》审　查　意　见

火溪河位于四川省北部平武县境内，是涪江上游左岸最大的支流，全长114km，河口多年平均流量$34m^3/s$。规划河段色如加至河口长64km，总落差1383m，河道平均比降21.6‰。色如加至水牛家河段比降较缓，平均坡降10.2‰，其中胡家磨、水牛家河谷开阔，具有良好的水库地形；水牛家至河口以峡谷为主，河床平均坡降24‰（其中新店子到自一里河段高达48.5‰），适宜引水式开发。《火溪河水电规划报告》（简称《报告》）1995年9月由成都勘测设计研究院编制完成，1995年11月17日至19日在成都召开了审查会议。主要审查意见如下：

(1) 同意火溪河开发任务为发电，供电四川主网。

(2) 根据火溪河地形的突出特点，认为确定上游建“龙头”水库、下接引水式梯级电站进行梯级开发的方式是合适的。

(3) 同意“一库四级”开发方案：自上而下为水牛家（本阶段正常蓄水位为2270m），自一里（2035m），木座（1558m），阴坪（1103m）。整个梯级总装机容量为33万kW，共利用落差1280m，保证出力11万～15万kW，多年平均发电量约16亿kW·h。

(4) 规划推荐梯级开发方案，四级电站中第一级水牛家为混合式开发，其余均为引水式开发。自一里电站所在河段坡降最陡，资源最为集中，开发条件也较好，同意报告推荐的第二级电站自一里为火溪河梯级开发的启动工程。继自一里电站之后，宜开发木座电站，然后开发水牛家“龙头”梯级，最后开发阴坪电站。电站的开发时序可根据资金来源，综合其它因素，进一步研究调整。

(5) 自一里电站是火溪河梯级规划的第二级，电站装机容量12万kW，保证出力3.5万～5.29万kW，多年平均年发电量5.57亿～5.73亿kW·h，其中枯水期电量为1.45亿～2.06亿kW·h。该电站采用低闸引水式开发，闸高约20m，形成日调节库容，左岸引水，引水隧洞长约10km，获得落差477m，开发条件好，见效快，经济指标优越。木座电站是火溪河规划的第三级电站，电站装机8.0万kW，保证出力2.65万～3.75万kW，多年平均年发电量4.07亿～4.23亿kW·h，其中枯水期电量1.08亿～1.49亿kW·h。该电站亦采用低闸引水开发方式，闸高13m，引水隧洞长12km，约可获得落差312m，该电站开发条件及经济指标亦较优越。

(6) 水牛家梯级电站坝址两岸基岩裸露，岩性主要为千枚岩、板岩，初步钻孔资料显示河床覆盖层厚度为25m，最大坝高100m，调节库容0.6亿m^3，可进行年调节，引水隧洞长约10km，采用混合式开发。电站装机5万kW，保证出力约2万kW，多年平均年发电量约2亿kW·h，单位千瓦及千瓦·小时投资相对下游引水式梯级电站较高；但它是梯级电站的“龙头”水库，经调节后可使下游三级电站增加保证出力3.84万kW，增幅43%，增加枯水期电量1.36亿kW·h，增幅37%，还可使涪江干流已建电站增加枯水出力3.97万kW，效益显著。

(7) 火溪河是四川省开发条件较好的中型河流，有利于滚动开发。建议抓紧开展前期工作，并选择适当地点尽早设立水文站测流取沙（包括颗分），为梯级开发建设创造条件。

（水电水利规划设计总院　朱铁铮）

《溇水干流淋溪河以上河段规划报告》审批情况

（一）河段规划简况

溇水源出湖北省鹤峰县，于湖南省慈利县永安渡汇入澧水，是澧水的最大支流；流域面积4940km^2，干流长250km。1985年湖南省水利水电勘测设计院在《澧水流域规划报告》中推荐干流四级开发方案，即长潭河（115m）、关门岩（126.5m）、江垭（236m）、淋溪河（480m）。目前江垭枢纽正在建设中。

淋溪河以上河段处于江垭水库库区回水末端上游。1985年规划推荐淋溪河一级开发，正常蓄水位480m，相应库容31.9亿m^3，调节库容21.4亿m^3，最大坝高266m，具有较大的发电及防洪等综合利用效益。由于坝址位于湖南省境内而库区在湖北（淹没损失占95%），两省对开发方案认识不一致，1992年初国家计委《关于澧水流域规划报告审查意见的复函》[计国地（1992）440号]中指出：“对溇水淋溪河以上河段的开发，请水利部和有关部门进一步研究确定”。据此，水利部要求长江水利委员会会同湘、鄂两省对开发方案作进一步研究。长江水利委员会于1995年5月提出《溇水干流淋溪河以上河段规划报告》（简称《报告》）。《报告》中作了三个方案比较：

方案一（一级开发），淋溪河480m；

方案二（两级开发），淋溪河286m、江坪河480m；

方案三（两级三站开发），淋溪河286m、江口引水式电站、江坪河480m。

综合比较后，推荐方案二，主要指标见附表。

（二）规划报告审批情况

1996年5月水利部水利水电规划设计总院在武汉召开审查会，主要审查意见如下：

(1) 基本同意《报告》对各坝址的水文及地质条件的分析意见，所拟坝址具有修建高坝的条件。

(2) 同意河段开发任务以发电为主，兼顾防洪、灌溉和航运等综合利用。

(3) 同意两级开发方案。江坪河枢纽以不淹鹤峰县城为原则，初拟正常蓄水位480m，装机50万kW，为下游预留2.0亿m^3防洪库容；淋溪河初拟正常蓄水位286m，与江坪河电站尾水相接，装机13万kW。

(4) 两梯级均具有综合利用效益较大、建设条件较好、技术经济指标较优等优点，尤其水库淹没损失很小，是工程实施的十分有利的条件。建议抓紧开展前期工作，争取尽早开发建设。

水利部在征得湘、鄂两省同意后，于1996年11月15日以规计规[1996]154号文批复同意以上审查意见。

附表　溇水干流淋溪河以上河段规划指标表

项目 \ 枢纽名称		淋溪河	江坪河
流域面积	(km^2)	2286	2140
多年平均流量	(m^3/s)	89.4	83.7

续表

项目 \ 枢纽名称		淋溪河	江坪河
正常蓄水位	(m)	286	480
死水位	(m)	283	420
总库容*	(亿 m^3)	0.58	15.8
调节库容	(亿 m^3)	0.09	10.0
水库调节性能		日	多年
装机容量	(万 kW)	13	50
保证出力	(万 kW)	3.54	9.14
年发电量	(亿 kW·h)	3.67	10.61
坝址基岩		寒武系白云岩	震旦系白云岩
坝型		混凝土重力拱坝	混凝土双曲拱坝
最大坝高	(m)	73	218
过船建筑物		斜面升船机	斜面升船机
船舶吨位	(t)	50	50
淹没耕地	(亩)	24	2015
迁移人口	(人)	23	1161
静态总投资**	(万元)	35056	247614
工期	(年)	5	7

* 正常蓄水位以下。

** 按 1993 年价格水平。

(水利水电规划设计总院 欧阳华)

《开都河中游河段水电规划报告》审批情况

开都河位于新疆维吾尔自治区巴音郭楞蒙古自治州境内,为一条内陆河流。开都河发源于天山南麓中部的伊连哈比尔尕山,流向大致由西向东,最终注入博斯腾湖。流域面积 22000km^2,全长 525km,落差 1843m,水能资源理论蕴藏量 142 万 kW (124.4kW·h/年)。

干流呼斯台西里以上为上游河段,河道开阔,水流平缓,是全国著名的巴音布鲁克草原;呼斯台西里至大山口为中游河段,属峡谷段,河道平均比降 7.19‰,水能资源富集,占全流域的 64%;大山口以下为下游河段,出山后,即为焉耆绿洲,受灌溉之利,是新疆主要粮棉基地。

开都河中游河段水能资源丰富,开发任务以发电为主,且距巴州所在地库尔勒市较近,是巴州重要的能源资源。

呼斯台西里以上,地形开阔,易形成调节性能非常好的水库。曾有一种意见,以其作为龙头水库;但将淹没大片丰沃的草场,尤其是将影响珍禽白天鹅的栖息地。

对开都河中游河段,自 1956 年起即先后进行了多次规划研究。为满足地区用电需要,1987 年开工建设装机 80MW 的大山口水电站,已于 1992 年建成,从而拉开了开发中游河段水能资源的序幕。1992 年,新疆水利水电勘测设计研究院和电力部西北勘测设计研究院联合开展中游河段水电规划工作,1995 年提出了《开都河中游河段水电规划报告》(简称《报告》)。

《报告》中鉴于呼斯台西里水库涉及大片优质草场的淹没及对天鹅湖自然保护区影响的问题,未考虑其开发,而在其下游阿仁萨痕托亥建龙头水库。根据该河段特点,在阿仁萨痕托亥以下布置坝后式或混合式开发的梯级水电站,同时在大山口水电站上游利用有利地形,设置具有一定调节库容的察汗乌苏水电站。

中游河段规划自上而下为阿仁萨痕托亥、马尔盖提、哈尔嘎延郭勒、霍尔古吐、滚哈布奇勒、滚哈布奇勒二级、察汗乌苏、柳树沟和大山口共 9 级的开发方案,并推荐察汗乌苏水电站为近期工程。该方案共利用水头 1038m,总装机容量 147.0 万 kW,多年平均年发电量65.7 亿 kW·h。由于该河段地处高山峡谷,交通极为不便,除察汗乌苏外,尚未开展必要的勘测工作。今后随着勘测工作的不断深入,部分梯级的开发方案和能量指标将会有所调整。

1995 年 7 月,电力部水电水利规划设计管理局会同新疆自治区计委共同主持召开《开都河中游河段水电规划报告》审查会,会议通过了该报告;新疆自治区人民政府于 1995 年 9 月批准了该规划报告。

(水电水利规划设计总院 赵毓昆)

《槟榔江干流(胆扎至松山河口)水电规划报告》审查意见

槟榔江属伊洛瓦底江水系、大盈江上游段,全长 124km,流域面积 2310km^2,胆扎至松山河口段长约 47km,绝大部分在云南省腾冲县境内。《槟榔江干流(胆扎至松山河口)水电规划报告》已由昆明勘测设计研究院于 1996 年 2 月编制完成,1997 年 4 月在昆明由云南省计委和电力部水电水利规划设计管理局共同主持召开了审查会议。

审查会议同意本河段的开发任务为发电,兼有其他综合利用效益。基本同意报告推荐的"一库五级"开发方案,即三岔河(梯级龙头水库,开发方式为混合式)、猴桥(引水式)、雷打石(混合式)、苏家河口(混合式)和松山河口(引水式)。同意三岔河和猴桥两座水电站作为一组电源列为近期工程,可根据具体情况先后开发。三岔河水库是梯级开发的关键水库,建议在下阶段设计中,深入调查研究库区淹没损失和移民安置问题,较好地处理发电和淹没的关系。

会议一致认为：槟榔江胆扎至松山河口段径流丰沛、稳定，落差集中，其中三岔河至松山河口段平均坡降20‰，局部达40‰以上，开发条件优越。报告推荐的“一库五级”开发方案共可利用落差800余m，可装机约36万kW，获得年发电量约20亿kW·h，是滇西重要的中型水电能源基地之一。加快开发该河段电站，对推动和促进云南省腾冲县、保山地区、德宏州等边疆民族地区的经济发展，加快脱贫致富，具有十分重要的意义。

云南省计划委员会已于1997年6月10日以云计能交（97）421号文批复该水电规划报告的审查意见。

（水电水利规划设计总院　白以昕）

尤溪街面水电站分溪开发方案审批情况

尤溪是闽江中游右岸的一级支流，1981年经水电建设总局审查同意分街面、坂面、水东、汶潭、雍口五级开发。

街面水电站地处福建省中部，地理位置适中，条件优越，水库调节性能好，是一个好的龙头水库，对系统和下游的梯级及水口水电站具有较好的补偿效益，然而由于水库淹没损失较大，工程难以实施。后经福建省水利水电勘测设计院深入细致地调查分析，发现街面水库的主流均溪库区，其控制流域面积1604km²，占街面水库（按原推荐的云路坑坝址）的53.7%；在正常蓄水位285m时，均溪库区淹没耕地9763亩，迁移人口7603人，分别占全部库区淹没耕地28337亩、人口31163人的34.5%和24.4%，余下的淹没损失皆集中在文江溪支流。鉴于这种情况，如不在干流建坝，避开在文江溪建高坝大库，就可大幅度减少淹没损失；而在均溪建坝，当正常蓄水位285m时，库容有15.3亿m³，占原街面水库库容的72%，仍是一个很好的龙头水库。为了减少淹没损失，根据实地调查和移民环境容量分析等综合考虑，将街面水电站改为在均溪建高坝大库，在文江溪口建中坝的尤溪街面水电站分溪开发方案，当正常蓄水位为285m时，可减少18574亩地的淹没损失和23560人的迁移。1993年2月，在福州经原水利水电规划设计总院、省计委、省电力局等单位研究讨论，推荐采用分溪开发方案。该方案于1995年2月由电力工业部水电水利规划设计管理局和福建省计委召开的尤溪街面水电站预可行性研究报告审查会议确认并审批。

（水电水利规划设计总院　朱铁铮）

水能规划设计

龙滩水电站初期和后期正常蓄水位运行的水能设计

龙滩水电站（以下简称龙滩）是广西壮族自治区红水河十级开发方案中的第四级，坝址流域面积98500km²，占该河总流域面积的71%，坝址多年平均径流量517亿m³。设计中龙滩水电站主要水能参数的选定简况如下。

（一）正常蓄水位

龙滩是我国能源规划战略项目之一，在河流规划阶段，电力部曾于1979年4月下文指示：龙滩正常蓄水位研究范围为375～440m。在可行性研究（以下简称可研）阶段，以375m、400m、440m三个方案进行了比较分析。1985年5月水电部受国家计委委托主持召开了龙滩可研报告审查会，由于会议对水位意见不一致，在会议纪要上报后，国家计委一直未作批复。在初设阶段，由于对水位仍不能取得一致意见，1988年6月由广西、广东、贵州、原能源部、原能源投资公司五方领导出面协商后，签订了一份建设龙滩的意向书，其中明确载入“按正常蓄水位400m设计，375m建设”的意见。在此基础上，于1990年8月在京审查了龙滩初设报告，并在审查纪要中引用了对水位的上述意见。从此以后，在研究龙滩设计、施工和运行时都出现了一个前期与后期（或近期与远期）的问题。

龙滩前、后期总库容分别为162.1亿m³与272.7亿m³，兴利调节库容分别为111.5亿m³与205.3亿m³，前期为年调节水库，后期则跨入多年调节。

龙滩前、后期装机容量分别为420万kW与540万kW，分别占红水河十级总容量的35%与40%；年发电量分别为156.7亿kW·h与187.1kW·h，约占十级总发电量的30%。经龙滩对梯级补偿调节后（含天生桥一级水电站的作用），可使其下游6级的保证出力由77万kW增至220.6万kW与254.9万kW，年发电量分别增加约28%和38%。

（二）装机容量

龙滩装机容量是根据梯级径流补偿调节成果按电力电量平衡方法确定的，设计水平年为2010年。龙滩是华南地区最大的电站，对系统的作用较大，因此，着重对龙滩供电不同地区和不同组合的电源点等情况，进行了装机容量分析论证，以便综合选定合理的装机容量。这样，即使将来供电地区有变化，龙滩仍能适应，正常发挥应有的作用。所以，对龙滩的供电范围研究了供华南、供华南和华中（华中华南联网），供华南时又考虑了有无香港和澳门，供华南和华中时又考虑了有无三峡电站，有无已建的几个水电站扩机等等。综合以上各种情况，龙滩400m方案装机容量变化在450万～600万kW之间，最后权衡利弊，远近结合，全面兼顾，并结合选定的单机容量60万kW，选定龙滩最终装机规模为9×60万kW＝540万kW。根据同样原则和方法，选定近期375m时装机容量为7×60万kW＝420万kW。

（三）机组机型及其主要参数

经技术经济比较，龙滩后期设计水头为137m或140m，前期受汛期防限水位限制，不宜大于125m。水轮机转轮直径，根据地下厂房安全跨度、施工难易程度及水轮机运输路线等条件要求，不宜大于7.5m。据此选定单机容量为60万kW。

龙滩前、后期最大水头相差25m，而且前期运行期多长目前也无法预料，因此龙滩机组选择的主要问题，是前后期如何结合的问题。根据龙滩特点，前后期结合可能有两种情况：一种是选用前后期通用机组；另一种是后期更换部分机组设备。对于前一种情况，曾对国内研究较多、可勉强用于龙滩的两种新机型进行了分析比较，由于存在较大的缺点，不宜采用。对于后一种情况，考虑到电站厂房、引水及尾水系统均在前期一次建成，水轮机过流部分、埋件及安装高程也在前期建成定死，这些部分有的后期不可能改建，有的即使能改建难度也很大，而且技术复杂，因此，比较现实、后期可以更换的设备只有水轮机转轮，而要更换的转轮必须保持前、后期尺寸一致，特性相同或相近。就更换转轮方案而言，后期要废弃7个旧转轮，新增7个新转轮，拆旧装新，影响发电，经济上很不划算。

经以上反复比较论证后，最后认为象龙滩这样规模的电站，要在系统中更好地发挥其规模作用，需研制一种前后期通用、性能良好的新机型。因此，决定在机组招标设计中按转轮直径7.5m及单机容量60万kW提出如下新机型要求：按前期运行条件选水轮机参数，按后期条件设计机组强度。具体参数为：水轮机比转速206m·kW；单位流量0.86m^3/s，对应的设计水头125m；转轮值径7.5m；导水叶相对高度不小于0.25；原型最高效率95.5%～96%，要求高效率区比较宽广；安装空蚀系数为0.148。

（四）防洪规划

根据《珠江流域规划报告》审定意见，龙滩水库要为下游担负防洪任务，防护区包括黔江、浔江和西江两岸，以及西、北江三角洲，总范围涉及广西与广东共27个县市，总防护人口约1050万人，总防护耕地约44.7万hm^2。目前防护区现有堤防抗洪能力只有5年～20年一遇洪水不等。

根据规划，将来绝大部分防护区的堤防抗洪能力将提高至20年一遇洪水，下游防洪标准控制站梧州市20年一遇洪水流量为44600m^3/s。龙滩为下游拦洪时，根据梧州市来水情况控制泄流6000m^3/s与4000m^3/s，使梧州市流量不超过44600m^3/s。根据洪水演算分析结果，龙滩400m水位时，预留70亿m^{3}防洪库容，可使绝大部分防护区的防洪标准提高至50年一遇洪水；375m水位时，因发电限制，预留50亿m^{3}防洪库容，可使下游防洪标准提高至40年一遇洪水。防洪库容预留时间为每年5月～7月，8月底水库允许蓄水至正常蓄水位。

龙滩防护区范围广，工农业较发达，防洪设施除堤防外，只有兴建大型防洪水库，而能提供大防洪库容且行之有效的水库首推龙滩，因此，龙滩工程也是西江水系的一个战略性防洪工程。

（中南勘测设计研究院　罗增祺）

琅琊山抽水蓄能电站的水能设计

琅琊山抽水蓄能电站位于安徽省滁州市郊，利用已建城西水库作下库，以临近的已建沙河集水库作补偿水源，装机容量60万kW。为利用好已建下库，妥善处理电站与水库的关系，设计中重点做了以下几项工作：

1. 重新论证已建水库综合利用任务的主次关系

已建两水库原设计是以灌溉为主，后因灌区发展和城市供水量的迅速增长，水资源供需矛盾越来越大。以灌溉为主运行，城西水库灌区仍需以其他水源补充供水，而两水库仅可兼供少量的城市需水。以城市供水为主运行，两水库总有效供水量比以灌溉为主有一定增加，可以满足城市供水量和水质的要求，灌溉供水替代工程总费用远比城市供水替代方案低。经重新比较，确定两水库从以灌溉为主逐步转变为以城市供水为主。

2. 认真研究蓄能电站建成后水库综合调度方式

研究了三种基本方案：①不影响供水。不减少水库有效供水量，当水库可调节水量不足时，蓄能电站无法正常运行，发电保证率仅为64%。②兼顾发电。不减少水库有效供水量，利用沙河集水库进行补偿供水，使城西水库尽量维持在发电最低水位以上运行，发电保证率可达 82%。③保证发电。当下库水位较低时，在库底保留垫底水量和发电调节水量，供抽水蓄能发电专用，可确保电站在枯水年也能正常运行，但水库供水量有少量的减少。前两种调度方式发电保证率太低，连续破坏时间较长。选定方案③的调度原则是：以城市供水为主，保证蓄能电站正常运行，利用余水灌溉。

3. 切实保证蓄能电站正常运行 从蓄能电站的重要性和利用已建下库的合理性、经济性等方面综合分析，要求水源条件能确保电站的正常运行。设计中研究了蓄能电站的水头保证率、水量保证率及出力受阻机率和受阻程度，并特别注意分析了枯水期发电与水库供水矛盾的集中程度和相应情况的处理措施。在利用下库的协议中明确水库的运行方式，避免枯水期城市供水、灌溉与蓄能发电争水。

4. 全面分析蓄能电站对水库的不利影响 蓄能发电占用下库兴利与防洪库容的 35%，但因下库空闲库容较多，而大部分时间发电可以与城市供水共用库容和水量，所以电站年均减少水库有效供水量仅 5%。但是，不同年份影响差别较大，丰水年份仅增加水库弃水而对供水基本没有影响；平水年份对水库弃水和供水影响都较小；枯水年份虽不增加水库弃水，但占用水库水量，减少水库供水量较大；对连续枯水年组，主要是减少枯水年组第一年的供水量，对其他年份基本没有影响。

5. 蓄能电站对已建水库进行合理补偿 工程补偿措施为：①以沙河集水库作为下库的补偿水源，两水库联合调度。②两水库以城市供水为主，灌溉供水改由其他工程替代。③提高沙河集水库蓄水位至原设计水位。

电站承担的经济补偿内容为：①按减少城西水库供水量占沙河集水库提高蓄水位可增加供水量的比例，分摊沙河集水库需增加的淹没处理补偿投资。②电站按蓄能发电占用库容与城西水库兴利及下游防洪库容的比例，分摊城西水库工程新建投资。③电站分别按占用城西水库库容的比例和补偿水量相应库容占沙河集水库库容的比例分摊水库的运行费。④蓄能电站上库死库容和备用库容初次充水及上库增加的蒸发损失水量，按规定交纳水费。

6. 结合已建下库的特点选择电站参数 电站规模既要尽量满足电力系统要求，又要控制占用的库容在合理范围之内，以利于水库的综合利用和水质保护。在确定正常发电调节库容时，考虑到负荷的不确定性，留有 15%的安全余度。而承担事故备用发电时，尽量利用下库空闲库容临时蓄水，下库不专设发电备用库容。本电站水头不高但其变幅较大，为减少正常发电期的受阻出力，同时力求获得较高的机组运行效率并降低机组投资，以正常运行期保证率为 90%的水头作为额定水头。

（安徽省水利水电勘测设计院 王 平）

水 文 与 泥 沙

抽水蓄能电站的水文计算

随着我国经济的发展，用电负荷急剧增长，负荷结构也在变化，电力系统峰谷差增大，抽水蓄能电站建设的高潮即将来临。从已有的抽水蓄能电站设计中的水文计算内容和计算方法看，一般与常规电站一样。但根据抽水蓄能电站的特点及其上、下水库的不同型式，会对水文计算有不同的要求。所以抽水蓄能电站设计文件的水文篇章，要阐明上、下水库的类别、地理位置、控制流域面积，据此决定水文计算的任务。现结合已建、在建或前期工作已经审定的电站水库型式，分类介绍抽水蓄能电站水文计算的特点和方法。

（一）上、下水库均为新建

上、下水库都是新建的，如广蓄、天荒坪、溪口、响水洞、西龙池、板桥峪、呼和浩特、蒲石河、双峰、回龙等抽水蓄能电站。一般上、下水库都做水文计算，计算项目有径流、洪水、泥沙、水库水面蒸发、厂坝区水位流量关系曲线等。工作深度按不同设计阶段的设计文件编制规程要求执行，因此一个抽水蓄能电站要做相当于两个水库工程的水文工作。抽水蓄能电站的上水库一般都位于支沟的源头，控制流域面积小，且无实测水文资料，因此一般都是采用省或地区编制并经过审批的各种水文参数等值线图、暴雨洪水查算图表、水文手册、水文图集等所推荐的各种小汇水面积计算方法，据此推算各水文计算成果，但需要尽可能地多用几种方法进行计算比较，并做好地区综合论证。水库建于山顶盆地，水库库面积接近流域面积的，水文工作可以适当简化。由于抽水蓄能电站上、下水库控制流域面积往往较小，天然来水量有限，为了研究初期蓄水和电站运行过程中的水库蒸发渗漏损失需要的补水能否得到保证，水文计算中要着重进行水源问题的分析：如分析水库天然来水量的年际变化，预测设计年的来水量；进行枯水调查和访问，估算最枯来水量；进行设计枯水年及其各月的来水量、用水量和水库蒸发渗漏损失水量的水量平衡计算。

（二）利用已有水库作上水库

1. 混合式抽水蓄能电站　如岗南、密云、潘家口、响洪甸电站等。上水库为已建成的常规水电站，在上水库坝下游筑坝壅水形成下水库，增建抽水蓄能机组，形成混合开发方式的抽水蓄能电站。这类电站上库一般位于河流干流上，集水面积较大，有长短不等的水文资料，且经过多次水库加固和水文成果的复核，所以在抽水蓄能电站设计中，可以不需另外进行水文计算。下水库由新建拦河闸坝形成，由于上下坝间区间流域面积很小，除需提供下坝址的水位流量关系曲线外，其他下水库拦河闸坝所需的水文数据可应用上坝址采用的成果。如果上下坝址区间有支流加入，区间流域面积较大时，则要进行区间的径流、洪水水文计算，如响洪甸抽水蓄能电站。

2. 纯抽水蓄能电站　如桐柏抽水蓄能电站，上水库为已建成的水库，下水库为新建。设计中除了做好下水库的常规水文计算工作外，对上水库如原设计水文资料不够充分，或设计年代较早时，则应对上水库的水文计算进行复核，从水文方面确认上水库的安全性。

（三）利用已建水库作下水库

为了减少工程投资，常常在已建成的水库附近，如有合适的地形地质条件可以建上水库的地点建设抽水蓄能电站，如十三陵、琅琊山、泰安、张河湾、宝泉、桃花寺、乌龙山、荒沟等抽水蓄能电站。新建上水库的水文计算已如前述。利用已建成水库作下水库，首先要核查该水库原设计水文成果要否复核？如原设计水文资料短缺，后来又未作过补充或复核的，则在抽水蓄能电站设计时，一般都要对该库作水文复核。复核时如有水库观测资料的，可利用水库观测资料来反推年、月入库径流及洪峰、洪量，以插补或延长原水文系列。如无上述资料时，可用邻近流域适宜的水文站作参证站，用水文比拟法进行复核，或用本流域雨量资料借用邻近流域的降雨径流关系进行水文计算。利用已建成水库时，还经常会遇到一些与水量有关的问题，如十三陵水库存在入库径流不能满足水库需要，且水库还有渗漏问题，因此需要研究从白河引水，分析两流域发生连续枯水的情况，以及两流域同时出现连续枯水的遭遇情况。城西水库作为琅琊山抽水蓄能电站的下水库，由于抽水蓄能侵占了下库部分库容，影响城西水库调节能力，因此需作补充水源的研究。大河水库为泰安抽水蓄能电站的下水库，因对其调洪库容略有影响，需提供大河水库设计洪水计算成果，供复核其防洪安全，并研究必要的措施。张河湾、宝泉等水库作为下水库，因计划提高水库调蓄能力增加综合利用供水量，因此需要进行相应的水文计算以提供水文数据。

（四）利用天然湖泊作上水库

如羊湖及天池抽水蓄能电站，这类水库水文计算主要是提出上水库水位变化规律，以便确定电站上进出水口高程。羊湖及天池均为封闭性湖泊，所以水文工作要研究湖泊水源补给和消耗规律；分析湖泊形成以来的水位变化规律及对未来湖泊水位变化趋势的预测，研究流域内工农业发展导致的用水量变化对湖水位的影响和湖泊最低水位的预测等。

（五）利用天然湖泊或河道作下水库

如常州市的西湾抽水蓄能电站以太湖作下水库，羊湖抽水蓄能电站以雅鲁藏布江代替下水库。为了确定电站下进出水口高程及厂区防洪安全，水文设计重点是提供下进出水口湖（江）水位变化规律及设计枯水位与设计洪水位。羊湖抽水蓄能电站由雅鲁藏布江提供水源，为研究羊湖电站发电时湖水下泄对雅鲁藏布江水质的影响，需对雅鲁藏布江的径流量特别是对设计枯水期的水量进行分析与预测。

（水利水电规划设计总院　顾传智）

黄河上中游1922年～1932年连续枯水段调查报告整理定稿

（一）课题的背景

黄河中游陕县水文站设站最早，自1919年5月起开始流量观测。从陕县水文站实测资料中发现1922年～1932年为一长达11年之久的连续枯水段，其各年年平均流量均小于多年平均流量；这11年平均年水量仅相当于陕县水文站1919年～1952年多年平均水量的75%。这一连续枯水段的存在，引起了研究黄河流域水资源综合利用规划设计人员的密切关注。陕县水文站控制流域面积68.8万km^2，黄河上中游是否均存在着1922年～1932年连续11年枯水段，没有实测水文资料可供直接统计分析。因黄河上中游兰州、包头、龙门水文站（分别控制流域面积22.3万km^2、36.8万km^2、49.8万km^2）自1934年开始才有实测资料，贵德水文站（控制流域面积13.4万km^2）始于1954年，玛曲水文站（控制流域面积8.61万km^2）始于1959年，支流湟水民和水文站（控制流域面积1.53万km^2）、大通河享堂水文站（控制流域面积1.51万km^2）始于1940年，洮河沟门村水文站（控制流域面积2.50万km^2）始于1954年，北洛河洑头水文站（控制流域面积 2.52 万 km^2）始于 1933 年，渭河华县水文站（控制流域面积 10.6 万 km^2）始于 1935 年，因此黄河上中游除陕县水文站外，在 1922 年～1932 年间没有定量的观测记录。从地理特性和气候特征看，黄河上游兰州以上地区同中游河口镇至陕县区间地区相比较，又有很大的差异。另外，黄河上游是否同样存在着 11 年连续枯水段的问题，对黄河上游各梯级水电站的综合利用有较大的影响，特别是对具有多年调节性能的龙羊峡水电站的设计和管理运行影响重大，更影响着黄河流域综合利用规划的编制。因此，研究黄河上游是否同样存在着 11 年连续枯水段的问题显得十分困难，但又十分重要。

（二）调查任务的提出

1954 年原黄河规划委员会编制《黄河流域综合利用技术经济报告》（简称《黄河技经报告》）时，曾从上下游同步的水位、流量对照等方面做了较全面的分析，从水量来源统计，陕县站来水量有 64％来自兰州以上地区，其中 40％来自贵德以上地区，因此认定了陕县 1922 年～1932 年连续 11 年的枯水段，在上游也相应存在。为了编制《黄河技经报告》的需要，均采用与陕县水文站流量相关将贵德、兰州、青铜峡等水文站的年、月流量资料插补延长至 1919 年 7 月。此后，黄河规划委员会又开展了《从树木年轮了解黄河历史年水量变化》的研究，在甘肃兰州市、榆中县采集了 11 个不同树龄的样本，通过各年树木年轮幅的宽窄，论证了 1922 年～1932 年黄河上游是连续干旱年。1955 年原兰州水电勘测处、1965 年和 1966 年原水电部西北勘测设计院和北京勘测设计院又分别对黄河上游是否存在连续枯水段的问题进行了调查。1958 年由黄河水利委员会、北京勘测设计院、西北勘测设计院共同对黄河上中游各站的径流系列作了较详细的分析。但对上中游河段自然地理特性和气象特性的不同步性是否会导致陕县流量同黄河上游的流量非同步性，没有取得一致的认识。因此原水电部水利水电建设总局决定于 1968 年 6 月～8 月再组织一次深入的黄河上中游 1922 年～1932 年连续枯水段问题的调查。调查工作由北京勘测设计院（2 人），西北勘测设计院（4 人），黄河水利委员会（2 人），水利水电科学研究院（3 人），中国科学院地理所（4 人）和中国科学院冰川冻土沙漠研究所（1 人）等 6 个单位承担，组成了有 16 名科技人员参加的联合调查组。

（三）调查经过和成果

调查组从黄河上游干流的阿万苍、玛曲、贵德、兰州、青铜峡、包头河段到中游的龙门河段，以及产流较多的支流河段从上游的大夏河、洮河、湟水、大通河到中游的泾河、洛河和渭河，进行了为期 3 个月、行程逾万里的实地调查，访问了农民、牧民和船工 450 余人，涉及四川、青海、甘肃、宁夏、内蒙、陕西和山西 7 个省区，调查河段多，访问人员普遍，获得材料丰富，是河流枯水调查史上难得的一次调查。我国水文计算推算径流及洪水设计值均采用数理统计法，由于实测水文资料大多系列较短，有的未测到特大特小值，因此统计参数误差可能很大。我国历史悠久，利用历史文献资料配合洪水调查发掘出历史大洪水资料，在弥补特大值、推断重现期、延长不连续系列方面起了很重要的作用，这是我国设计洪水计算的特色和独具的有利条件。但是在径流计算方面对历史的径流调查和定量更困难些，加上像黄河上游地区人烟稀少，多是少数民族地区，居民少，流动多，又是调查 30 年前的事，困难是很大的。所以当时组织黄河上游连续枯水段问题调查，是带有探索性的。由于调查组 16 名科技人员，解放思想，跋山涉水，深入高原藏乡，依靠群众，进行科学认真的调查，取得了可喜的成果。这次调查给调查组最大的感受是，被调查的群众以其丰富的生产实践和亲身经历，清晰地反映了黄河水量的丰枯，所述灾情确切，如玛曲河段有“骑马过河镫子不湿”、贵德河段有“支流干涸，无法灌溉”、“渡口没有拉船”等反映。

黄河上游 1922 年～1932 年连续枯水段存在与否的调查，在 1968 年时已相距四五十年，只有七八十岁的老人才能说清当时的黄河水情。事隔 30 年，现在或今后如果再想采取类似的向当事人直接访问调查的方法，客观上已不可能。所以，保存好这次珍贵的调查资料和成果是极其必要的。

（四）调查报告的重新整理

1968 年 8 月调查组结束外业调查后，11 月对调查记录进行了汇总，进行了连续枯水段的定性和定量分析，编写了调查报告。报告结论认为：根据本次调查材料证实，黄河上游河段在 1922 年～1932 年间和中游一样存在一个 11 年的同步连续枯水段。调查组还根据 1736 年～1967 年 232 年历史文献资料和黄河万锦滩（陕县水文站附近）1765 年以来水位报汛资料进行综合分析，认为 1922 年～1932 年连续枯水段大约 230 年～250 年出现一次。由于“文化大革命”的影响，原调查报告未经审定和正式刊印归档，编写的文字和内容亦需重作整理。因此原能源部、水利部水利水电规划设计总院委托北京勘测设计研究院，由原参加调查的杨之麟同志负责，对原调查成果和调查报告重新进行整理，这项工作已于 1977 年下半年完成，定稿的报告待主管部门审定后正式付印，供有关方面研究使用，并作为珍贵历史材料保存。

（水电水利规划设计总院　沈淦生）

新型推移质采样器（AYT）的研制

目前国内外的砾卵石推移质采样器主要有网式和压差式两大类。50年代以来，我国原长江流域规划办公室（简称长办）水文局、原四川省水文总站和成都勘测设计研究院（简称成都院）分别研制了测10mm以上砾卵石的软底网式推移质采样器。这种采样器由于器身框架大和线型不好等原因，阻水严重，水力效率和采样效率低，稳定性差，所取样品代表性不好。美国HS采样器代表了压差式采样器。这种采样器，水力效率高达1.54，平均采样效率虽高，但随粒径的大小而有很大的变化，同时采样器的硬质底板对河床伏贴能力差，存在粒配代表性问题。因此推移质采样器在国内外都还是一个尚未得到较好解决的问题。

1991年水利部水文司确定组织研制适用范围较广、性能优越、采样效率较高且稳定的砾卵石推移质采样器，同时对其实用效率进行率定。为此，在水文司泥沙测验研究工作组的主持下，成立了以长委会水文局为主，成都院、四川省水勘局（原四川省水文总站）、成都科技大学水科所参加的研制组。该研制组从1991年到1994年，团结协作，进行了联合攻关；在研制过程中还与国际同行进行了密切的合作与交流。美国知名泥沙测验专家埃米特博士参观白沙水槽效率率定试验后，对试验的规模、深度、原理和研究方法给予了很高的评价。

试验研究分室内水槽试验、室外大水槽试验和天然河道比测三个阶段进行。

室内水槽试验在成都科技大学1.5m宽的玻璃水槽中进行。主要研究新采样器的结构外形、进出口断面积扩散比、水力效率和承样网孔径等，并提出采样器的初步方案。

室外水槽试验在成都院白沙大水槽进行，槽宽3.0m，最大水深1.2m。主要是对新采样器AYT的性能做试验和初步定型，并在不同输沙率级的动床条件下率定采样器的效率。

天然河道（原型野外）比测先后在长江朱沱、寸滩等水文站，进行了新采样器AYT与原长办水文局Y64型采样器的比测。同时在岷江都江堰试验站进行了AYT新采样器与原四川省水文总站的MB2采样器比测，取得了较完整的比测成果。

经过4年的联合攻关，研制组已完成预定的任务；研制成功的新型砾卵石推移质系列采样器，能在较大的水深和流速范围内，适应砾石和卵石推移质泥沙的采样。采样器的水力效率为1.02，采样效率平均约为60%，与过去的老式采样器相比，在性能和采样效率上取得了突破性的重要成果。AYT型系列推移质采样器特性值见下表。

AYT型推移质采样器基本系列表

系列号	主要尺寸（mm）				有效采样重量(kg)	总重量(kg)	适用范围			主要性能指标	
	口门		总尺寸				粒径(mm)	水深(m)	流速(m/s)	水力效率 K_V	采样效率 η（%）
	宽	高	全长	最大高							
1	120	96	760	176	10	40	2～100	40	4.0	1.02	$\eta=48.5G_A^{0.058}$
2	300	240	1900	438	60	320	2～250	40	4.5	1.02	$\eta=48.5G_A^{0.058}$
3	450	360	2850	657	180	600	2～400	30	5.0	1.02	$\eta=48.5G_A^{0.058}$

注　采样效率公式中，G_A为采样器实测输沙率。

1995年1月7日，水利部水文司泥沙测验研究工作组在成都召开有关单位领导和专家参加的会议，对新型推移质采样器的研制及效率研究项目的攻关工作进行了总结，并做出了如上所述的评价。

（水电水利规划设计总院　唐友一）

抽水蓄能电站的泥沙问题及其解决办法

抽水蓄能电站（下简称蓄能电站）的主要泥沙问题是如何控制电站机组过流中泥沙的含量及颗粒级配，减少水库调节库容的淤积，以及采取必要的防沙措施。现根据我国已建、在建和规划设计的蓄能电站的实际情况，将有关的泥沙问题的解决办法概述如下。

（一）调节库容的保持

保持蓄能电站水库调节库容的方法与常规水电站相似。当库容与年入库输沙量（体积）之比小于50时，应考虑在汛期降低水位排沙，也可利用电站抽水与发电的间歇时间泄空冲刷，并拟定水库调沙运行的方式。

（二）过机水流含沙量的分析计算

蓄能电站在同等装机时，水头愈高，抽水流量和所需调节库容愈小，可节省建设投资，因此电站采用的水头很高（一般为200～800m，甚至更高)。在这种情况下，水泵水轮机的转速快，叶片与水流相对流速高，尤其是抽水工况，相对线速度可达50～100m/s，当水流含有一定量的泥沙时，将造成机组的严重磨损。因此，每个蓄能电站都需提供过机水流泥沙含量及颗粒级配资料，包括年平均值、汛期平均值及一次洪峰过程平均值，作为水泵水轮机参数选择的基础资料。当入库水沙资料比较完整时，可应用数学模型计算系列或代表年的进出水口断面平均泥沙含量及颗粒级配过程。以此成果为基础，尚需根据抽水时间、抽水流量与入库流量的比值等因素，换算成过机水流泥沙的含量及颗粒级配值。

（三）防沙措施

1.将水库与主河道分开　当利用输沙量及含沙量较大的天然河道作水库时，为防止调节库容淤积和过机泥沙量较大，可采取修两道坝的办法形成调节库，并在两坝间修建泄洪排沙洞，将上坝的洪水和泥沙排到下坝的下游，使调节库与天然河道隔离。此措施的防沙效果好，但投资要适当增加。

2.设置沉沙池　羊卓雍湖蓄能电站最大水头高达842m，不设下库，而是直接从具有一定含沙量的雅鲁藏布江抽水，为防止泥沙对机组的磨损，采用了沉沙池防沙。

3.修建拦沙坝　当入库推移质输沙量较多，有可能淤积调节库容和威胁进出口安全运行时，可在库尾修建拦沙坝拦截推移质泥沙。

4.设置拦沙坎　蓄能电站进出水口高程一般相对较低，为防止进出水口淤堵和减少过机水流含沙量，常需在进水口前设置拦沙坎。

（水电水利规划设计总院　唐友一）

长江三峡工程泥沙问题研究概况

三峡工程泥沙与航运问题，从50年代就开始进行研究。在葛洲坝工程建设时期，为解决通航中的泥沙淤积和通航建筑物的水流流态，曾进行过大量的实物泥沙模型试验和数学模型计算，并进行了大量的原型观测资料收集与分析工作，特别是收集了多沙河流已建水库运行资料，总结出了有效控制水库泥沙淤积的运行方式，即“蓄清排浑”的调度运行方式。在研究方法上，采用的是以原型观测与分析为基础，泥沙河工模型与数学模型计算相结合的方法，而且是多家平行进行不同模型沙与模型比尺不同的试验，相互验证比较。

1983年，开始组织较多的单位首先对150m蓄水位方案变动回水区的泥沙淤积及对航运的影响进行了分河段的泥沙模型试验；同时进行了长水文系列的水库淤积及回水范围的数学模型计算，取得了大量科研成果。

1986年4月党中央、国务院《关于长江三峡论证有关问题的通知》中，要求原水利电力部“在广泛征求意见、深入研究论证的基础上，重新提出三峡工程可行性报告”。同年，国家科学技术委员会将《长江三峡工程重大技术研究》列入“七五”国家重点科技攻关项目（国家攻关统编号为75—16)，其中第一个课题为《长江三峡工程泥沙与航运关键技术研究》（编号75—16—01)，由水利部科技教育司与交通部三峡工程航运领导小组办公室共同主持研究工作。研究的主要内容包括：三峡水库来水来沙、回水变动区泥沙淤积、河床演变对防洪与航运的影响及其对策，坝区泥沙及通航条件，下游冲刷引起的水位降低及其对下游与河口地区的可能影响等8个专题，下设58个子题。参加本课题攻关的有科研、高校、规划设计、企业10余个单位共300人，提出课题研究报告300余份。成果汇编有：《三峡水利枢纽工程泥沙问题研究成果汇编（150m蓄水方案)》、《三峡工程泥沙问题研究成果汇编（160～180m蓄水方案)》、《长江三峡工程泥沙研究文集》、《长江三峡工程泥沙与航运关键技术研究专题研究报告集》(上、下册）及（上、中、下册)、以及近期出版的《长江三峡工程坝区泥沙研究报告集》(第一、二卷)等。关于三峡工程泥沙问题研究已取得的主要成果，在这些汇编资料中均有具体的记述。

所获得的上述成果，为三峡工程论证、初步设计和技术设计提供了可靠的依据。

由于泥沙问题的复杂性，1993年国务院三峡工程建设委员会第二次全体会议又决定成立“泥沙课题专家组”，聘任林秉南院士为组长，负责泥沙科研工作。1994年2月，国务院三峡工程建设委员会办公室主持会议，听取“泥沙课题专家组”组长的意见，并确定了三峡工程“九五”重点泥沙专题科研计划，落实安排经费，要求继续对长江上、中、下游的泥沙问题开展研究。为了推动这项工作的进行，决定成立泥沙专家工作组。“九五”泥沙科研工作计划的重点依次为一坝（区)、二下（游)、三上（游)。坝区泥沙问题主要是永久通航建筑物的上、下引航道的泥沙淤积及其对策的研究，下游主要是长河段的冲刷及局部河段冲淤问题，上游还是蓄水初期及施工期回水变动的通航条件问题，还有嘉陵江产沙区的影响问题。

与此同时，国家自然科学基金会对三峡工程泥沙科研项目给予支持，列了11项研究内容：泥沙起动研究；宽级配推移质输沙特性及输沙率研究；淤积物密实及其影响；引航道及电站防淤减淤措施；宽级配泥沙河床冲刷机制研究；沙质河床冲刷机制研究；河床变化及河型转化研究；模型沙起动流速及泥沙输移方程中系数的试验研究；变态模型应用范围及变动回水区跳跃试验法分析；回流区和两江汇合处泥沙冲淤计算方法研究；图像分析在泥沙实体模型中的应用。

目前的工作重点是：①继续研究坝区泥沙淤积问题，寻求更经济、易行、有效的防淤清淤措施；②继续研究水库蓄水后下游河道冲刷下切带来的影响与对策；③继续研究减少上游泥沙的工程措施与生物措施；④研究水库防洪、航运、发电等综合效益最优化的调度方案；⑤继续加强原型观测资料分析研究工作，不断总结国内外大型水库调度运行经验。

（国际泥沙研究培训中心　戴定忠）

勘　测

地球物理勘探

原位岩土体密度测试的研究与应用

(一) 综述

以康普顿一吴有训效应为理论基础的密度(γ—γ)测井，是大中型工程中求取原位岩土体密度的常用方法。其现场测试的各类仪器，都是接收人工放射源(钴60或铯137)由地层(含井中介质)所产生的散射伽玛，经标定转换后得以实现。

工程测井具有孔深较浅,孔径较小而变径较多,孔内介质(有水或无水、有管或无管等)复杂，孔位地貌(水上、山坡等)多样，同地同期工作量较少等特点，因而要求尽可能使用便携且稳定可靠的仪器，更要求密度探头(即井下发射接收装置)及标定设备与孔内状况相适应。

"八五"国家科技攻关85-208-02-05-06子题，以各组合构件均较轻巧、地面主机相当稳定的日产3000系列测井仪为依托，对该仪影响质量的部分作了改造，对原位密度测试技术全面进行了研究：重点研制了更为轻巧灵敏的、高度稳定的、方向性极微的、源距合适的密度探头；创立了被实践证实的可直接显示视密度(层厚时为原位密度)的水平标定参量β_{sb}和斜率标定参量α_{xb}的刻度方法；研制增设了与原主机整体密封、共用电源、功能适用的数字采集系统，而原笔式记录系统仍保留而可选用。

使用正常的、适用的仪器，合适的标定设备和标定方法，具备基本条件的成孔结构，掌握测试技术，是准确获取原位岩土体密度的四个基础环节。

(二) 技术要点

原位岩土体密度测试的技术要点有：

1. 密度仪的检查测试　密度仪主要由主机和密度探头组成：①主机的定量特性。以3000系列测井仪中的密度仪主机为例，除了厂家所规定的检查外，还需作主机实验，列出其线性回归方程组，并且作为衡量主机线性度的每个回归方程的相关系数都应大于0.9999。实验方法是分别以主机已备的三档晶振数(代表γ—γ)为输入，α(斜率因子)为参量，β(源强水平)与ρ(输出密度)呈线性，称谓综合方程。经变换计算后，还可获得诸如密度为$1g/cm^3$时(γ—γ)与β之间相关的散射方程，综合方程的斜率K与α之间相关的斜率方程等等。同一类不同的主机，其函数表达式相同，只是常数项数值及变量系数不相同而已。这样，全面掌握和认识主机定量特性，有助于密度仪标定的实现及测试精度的提高。②密度探头的三项新要求。大量实验证实，工程测井中以基本源距为35cm的全空间接收的探头为宜，孔内有套管的孔段，常需适当加大源距；在非铁质容器的水体中检查方向性，各向β_0值极差不大于3；在密度测井前后，就近在长、宽、高不小于源距2倍的水体中央检测β_0，两者差值不大于5。

2. 密度仪标定　在具有五级密度($1.377\sim2.920g/cm^3$)、六档孔径($\phi58\sim\phi134mm$)、电子密度系数接近于1的孔内介质可变的27个标准密度模块群中，使用多台仪器以钴60测试表明，当仪器、源距与源强不变时，其标定参量随孔径大小和孔内介质的不同而变化，与密度高低无关；当只改变源强时，斜率标定参量(α_{xb})仍然依旧，水平标定参量(β_{sb}随源强的增减而增减，且可用水体中测定的β_0之差值校正。因此，根据实际需要，选用孔径及配置孔内介质，在同档孔径同一介质而不同密度的模块中，使探头自然贴壁时测定β值。将β与其对应密度(ρ)作线性回归，所得方程的斜率值经前述斜率方程换算而得α_{xb}；令$\rho=1g/cm^3$时可得β_{sb}。其他孔径或其他孔内介质时，仿照上述一一标定。每组标定前后，必须在水体中准确测定β_0，也一并记录备用。

3. 成孔结构的基本要求　在成孔过程中，孔壁不受扰动，壁内地层保持原位、原状。孔内介质均一或分段后每段均一。因此，①孔内(或被测段)不能放炮；②钻杆无扰动，同一径段中不产生下小上大的"漏斗状"孔径，在基岩中除软弱层和裂隙破碎带外，孔壁基本光滑；③当必须用套管护壁时，严格选用一致性好的套管组成，与孔径相配的套管，其周壁厚度的最大变化应小于1mm等等。提出这些要求的目的，是为了通过校正而真正获得原位密度。

4. 现场测试技术和注意事项　源强大小，可简便实用地以β_0度量，β_0在700～1000之间时为佳，低于700时慎用。钴60放射源的衰减，使β_0每年减小21.5，这是事先判断放射源是否合用以及现场测定β_0后推测仪器是否正常的一个重要数据。在了解孔内介质及地层岩性的情况下先作井径测量，再以现场与仪器标定时所测的β_0之差校正水平标定参量，结合孔径资料与孔内介质选用对应某组标定参量作密度测井。电缆在井中的升降速度及其他事宜遵守原有的规定。

（三）测试精度

1. 标准密度模块群中的回测精度　密度仪标定后，再将探头置于模块孔内，将对应的标定参量设在主机上，回测各模块的密度值，并与模块密度值作误差衡量。在六档孔径的模块中回测结果，平均相对误差为1.01%（孔内有水时）及1.64%（孔内无水时），误差频度图近于正态分布。

2. 钻孔中重复测量的精度　同孔中重复测量的两支曲线近于重合，波动的最大绝对差值为0.05g/cm³，一般0.01～0.02g/cm³。

3. 测试密度与岩心密度的对比精度　在井场取较完整的岩心测定其密度，与密度曲线上的解释密度比较，相对误差在2%左右变化。在松散地层和基岩裂隙带上，尚无机会遇到原状样的密度与之对比。但若成孔质量较高，误差控制在5%以内是有把握的。

（四）应用效果

设备的改进和测试技术的完善，使密度测井的资料质量与成效显著提高。以雅砻江官地电站的坝址区为例，结合视电阻率、声波等资料一起分析解释，对玄武岩的风化程度与界线划分均有十分良好的对应性，从而修正了地质依据岩心所细划的弱风化层内弱下层的不合适界线；又与岩心的实验室密度测定值对比，相对误差在3%以内。

（成都勘测设计研究院　金吾法）

探洞地震横波测试技术及其应用

在工程地质勘察中，要求对坝基与地下洞室的岩体进行动弹性模量测试，以便为地质和设计提供必需的资料。弹性波理论证明，在均匀的弹性介质中，若已知介质的纵波速度（v_p）和横波速度（v_s），则可计算动弹性模量（E_d）和泊松比（μ_d）等弹性参数。但实践中尚缺少在探洞里测定横波速度的完善方法，因而影响到动弹性模量的广泛应用。要获得可靠的、准确的横波记录并提高横波记录的获得率，定向激发是关键。地面横波勘探用叩板法作为激发横波的震源，效果较好；受此启发，将该法引入，作为探洞激发横波的震源。

（一）探洞横波激震器具

(1) 定向支撑器。在地面，可在木板上压重物或汽车前轮，敲击木板激发横波。在探洞里，用叩板法震源只有用"定向支撑器"才能将木板牢固地支撑于洞壁和洞底。定向支撑器是一个用钢管加工成长度可分解调节的、用螺杆加压于木板的器具。

(2) 激震器。在低矮洞段，用锤击很难保证产生足够的竖直敲击力，用激震器的弹性力即能产生足够的震动力。激震器由弹簧、锤头、压缩弹簧和释放弹簧等装置组成。

（二）探洞地震横波速度测试方法

(1) 观测仪器。使用12道信号增强数字地震仪观测，能在同一张记录上记录纵、横波或记录正反向横波波形，便于波形识别和对比，可进行数字记录。

(2) 观测系统、检波点距、排列长度。采用相遇观测系统。检波点距，在坚硬或较坚硬岩石上以2m为宜；在软弱或破碎带上，加密到1～1.5m。排列长度，由于要在同一张记录上同时记录纵、横波或横波的正反向波形，因此以6道为一个排列是最佳的选择。

(3) 木板、检波器的安置，激震方向的选定。设探洞深为X向，高为Z向，宽为Y向，则洞壁为XZ平面，洞底为XY平面。在XZ平面测量时，观测排列沿X方向展布。木板长轴沿Z方向贴壁安置。在每个检波点安置主轴为X、Z向检波器各一个（各点极性一致），在Z方向敲击木板，Z方向检波器接收SH波；在X方向敲击木板，X方向检波器接收P波。在XY平面测量波速时，观测排列沿洞底X方向展布，将木板长轴沿Y方向贴洞底安置。在每个检波点安置X、Y向检波器各一个（各点极性一致），沿Y向敲击木板，Y向检波器接收SH波；沿X方向敲击木板，X方向检波器接收P波。

(4) 激震点和接收点的处理。处理方法是：①对激震点的处理，要克服激发点的岩面不平，改善木板与岩面接触条件，为此需清除激震点的松动岩块，并制作混凝土平台。激震点在洞壁时，作竖直混凝土平台，其长轴方向为Z方向，倾斜角不宜超过10°。激震点在洞底时，清除激震点的堆渣，在岩石上作水平混凝土平台。堆渣厚时，可挖30cm深的坑填混凝土作平台，平台面的倾斜角不宜超过10°。平台长度约35cm，宽约20cm，厚度视具体情况而定，一般5cm即可。②对检波点的处理，清除洞壁检波点的松动岩石和粉尘。洞底岩面与洞壁处理相同。有堆渣时可在检波点挖深10cm的浅坑，填混凝土作平台。检波器用石膏固定在检波点处。

(5) 震源。一般采用8磅（3.63kg）大锤，低矮洞段用激震器。

（三）探洞横波测试数字处理和资料整理

为提高成果质量，实现探洞横波测试和资料整理微机化，编写了专用程序，该程序由下列模块组成：①CALL模块，即格式转换模块；②DISP模块，即原始记录显示模块；③FFTP模块，即频谱分析模块，对全部或部分波形曲线作频谱分析并打印频谱图；④IF·EXE模块，即滤波模块，对波形曲线进行数字滤波，压制干扰波，突出有效波并打印成图；⑤PD·EXE模块，即多功能数字处理模块，具有波形调整、读时、绘图、计算参数、存盘、显示、标注文字、打印等功能。

(四) 工程应用实例

本技术先后在广西大藤峡，四川锦屏、伊朗卡尔赫，云南马鹿塘等10多个电站的探洞和引水洞内进行试验和生产应用。这些电站有坚硬的、比较坚硬的岩石，如花岗岩、变质砂岩、大理岩等；还有较软弱的岩石，如第三纪末第四纪初的半成岩的泥岩、砾岩，及断层破碎带和节理裂隙密集带。在这10多个电站的探洞或引水洞内均获得了可靠的原位岩体纵、横波速度记录，横波记录获得率达90%以上。所测得的岩体力学参数，已在有关工程设计中得到应用。

(东北勘测设计研究院 王礼存 刘贵福 李鸿熙)

区 域 稳 定 与 地 震

我国水库诱发地震监测台网发展概况

(一) 概述

为了给研究水库诱发地震、预测其发展趋势和抗震防灾提供依据，很有必要对有可能诱发地震的大型水库设置地震台网，用以监测水库及附近地区的地震活动。我国从50年末开始起步，至今已取得明显的进展。一些大型水利水电工程在勘测或施工阶段，有的为了解工程区附近的地震活动，设置了单台进行地震监测，有的经逐步完善组成了地震监测台网。在这些水库地震监测台网中，早期组建的大都是人工值守台网，80年代以后组建的是一些无线遥测地震台网，进入90年代才开始组建模拟遥测地震台网。据不完全统计，目前共有25座水库(水电站)在进行长期地震监测工作，其中有近10个地震遥测台网。这些地震台网不但对水库地震监测起到了积极的作用，同时也提高了有关地区的微震监测能力。

(二) 诱发地震台网的设置

广东新丰江水库于1959年10月20日下闸蓄水后出现地震活动；1960年5月以后地震频繁，同年10月建成双下地震台；1961年7月建成由4个固定台组成的地震台网，采用人工值守，烟熏记录，是我国第一个水库地震监测的专用地震台网；1980年进行台网改造，使用了我国自行研究的第一代“768”遥测系统，后又改造成模拟遥测体制的遥测地震台网。

1965年李自强研究员等在枫树坝水电站水库区布设了4个临时地震台，进行短期监测，首次在前期工作中开展水库地震研究的测震工作。

丹江口水库在勘测过程中开展了水库地震地质环境研究；1967年11月下闸蓄水，1970年初出现地震活动，同年设置了9个地震台组成的地震台网，后改造成模拟遥测体制的遥测地震台网。

70年代末、80年代初，湖南镇、乌江渡两座水电站水库区发生了诱发地震，随即设置了地震台网。由于水利水电部门缺乏测震人才，又无建设地震台网的经验，1978年水利电力部和国家地震局以(78)水电震字第10号、(78)震发科字第240号文提出了《关于开展水库地震工作的意见》，据此水库地震台网由地震系统帮助建设，培训观测人员；水电系统负责进行管理。1978年～1981年间又先后批复，同意在乌江渡、东江、龙羊峡、湖南镇等水电站坝区设置三分向短周期地震仪和强震仪各1套。

进入80年代以来，水电系统开始进行地震台站的建设、管理和资料分析工作，在二滩、紧水滩、水口、东风等水电站水库区设置了地震台网，一般设3～5个地震台组成一个小网，监测范围较小，使用仪器为DD_1或DD_2，采用烟熏记录方式的人工值守台。这类台站仪器设备相对简单，发震时难以实现速报，生活、工作条件相当艰苦，但却锻炼了水电系统的测震队伍，也积累了一些工作经验。而后在一些水电站相继建立了地震单台或地震台网，对水库地震监测发挥了作用。

(三) 在工程截流前建成地震监测台网

水库地震监测工作，一般情况下都是在水库蓄水时才开始设置地震台网进行的。龙羊峡水电站于1979年12月29日截流，为监测该地区的地震活动，在大坝下游左岸约2km的东大山设置临时地震台，1981年6月安装仪器，设有DD—1、573型短周期地震仪和DK—1中长周期地震仪，拾振器均设在平洞内的花岗岩上。1981年9月围堰前最高水位为2494.78m，较天然河水位抬高39m，形成10亿m^3的库容。1981年11月23日库区出现地震活动，记录到2次地震，与震中相距5.7km和11.8km，震级分别为2.7级和1.8级，龙羊峡坝区有感，响声如雷，房屋摇晃，人们从睡中惊醒。另据宏观调查，曲沟公社一带震感更为强烈，因此将震中确定在曲沟与龙羊峡之间的北查纳村一带。由于龙羊峡地震台建于截流之后，在围堰挡水情况下发生了地震，因而未能收集到天然地震的背景资料。这给人们一个启示，在一定水头的情况下，将促使水库地震活动，而在水库蓄水后才进行地震台网建设，是不能满足监测需要的。因此，为进行水库地震的监测工作，应在截流前1～2年建成地震监测台网。黄河小浪底工程的遥测地震台网就是在截流前建成的，从而有利于监测水库及附近地区的地震活动水平，便于与水库蓄水后地震活动水平进行对比。

（四）密集地震台网强化观测方法的采用

目前我国在水库地震研究中采取密集地震台网强化观测方法。由于水库地震震源浅、衰减快，用高倍率的微震仪亦难以记录整个地震序列，包括微震和极微震。对于大型水库的库坝区来说，设置地震台网可满足常规监测的要求，在地震台控制范围内，$M_L=1.0$或$M_L\geqslant0.5$级的地震不会漏测。但是，当发生水库诱发地震时，需记录到震中整个地震序列，包括许多微震和极微震，这就必须在地震区设置密集地震台网进行强化观测，详细测定水库诱发地震运动学和动力学有关参数，进行微震的震中定位，研究诱发地震与水库蓄水及地质构造等关系。国家地震局地质研究所胡毓良研究员及其同事从70年代至90年代，为新丰江、湖南镇、乌江渡、三峡和东江等水利水电工程设置密集地震台网，对水库地震震中区进行监测。1972年在新丰江水电站库区布设了9台地震仪，仪器为DSL—1型单分向地震仪和部分DJ—1三分向短周期地震仪，用烟熏记录，共观测67天，记录了1000余次地震，其中314次地震能定位，确定了207次单个地震的震源机制解。1986年3月在东江水电站库区建立4个地震台组成的监测台网，到1987年11月才记录到水库区的诱发地震。1991年～1992年间，在震中区设置20个地震台组成密集台网，使用DSL—1A型地震仪17台、DSL—1B型地震仪2台、DSL—3型地震仪1台，用烟熏记录，在中心台设DR—200数字地震仪间歇运行。该台网进行129个台月的强化观测，从水库诱发地震出现至1992年7月底，共记录到地震1383次，0.5级以下的极微震1254次，占90%左右。东江水电站库区的地震监测工作从蓄水前开始进行，并进行密集地震台网强化观测，较好地控制了P波初动空间分布，取得了一整套资料，成为我国第一份完整的水库诱发地震记录。

（五）地震遥测传输技术的采用

水电工程，特别是大型水电工程，大多是位于深山峡谷地区，人烟稀少，交通不便，采用人工值守台，工作人员长期在台上看守，不论在工作上，还是在生活上，都有许多实际问题，而应用无线地震遥测传输技术组网，具有相当的灵活性，台址选择范围大于人工值守台，是大型水电工程地震台网的发展方向。90年代以来，相继建成二滩、隔河岩、大桥和小浪底等遥测地震台网。我国采用无线地震遥测传输技术已建成新丰江、丹江口、龙羊峡、二滩、隔河岩、大桥和小浪底等7个工程的地震台网，按要求不同网内监测具有遥测传输$M_L=1.0$级或$M_L=0.5$级的能力。这些遥测地震台网技术系统采用模拟遥测体制，由传感设备、遥测设备、记录处理设备、时间服务设备、标定设备和电源供给设备等6大部分组成。各子台的信号汇集于一个记录中心，所有子台都由同一仪器计时，各子台的钟差为零，以利于精确测定地震基本参数。台网记录中心采用微型计算机和专用软件来处理地震信息，可及时了解震情。为使水库地震监测台网更加完善，有的台网设置了低倍率地震仪和部分流动地震仪，对于中强震也能收集到，发生水库地震时可用流动地震仪加强震中区的地震监测，应该说是目前较完善的水库地震监测台网。

由于模拟遥测体制动态范围低，多次中继带来噪声积累问题及精度降低，而数字台网具有动态范围宽、精度高、无噪声积累等优点。为此，国家地震局已组织攻关，据了解1997年内即可完成数字观测技术系统的样机研制，并将在长江三峡水库地震监测台网中应用，这样促进我国水库地震监测台网的进一步发展，使我国水库地震监测台网达到世界水平。

（水电水利规划设计总院　李祖信）

隔河岩水电站水库诱发地震的预测及验证

隔河岩水电站位于湖北省长阳县上游约7km的清江河段上，是清江梯级开发的首期工程。该工程1987年12月截流，1993年4月10日下闸蓄水，至1994年12月4台机组全部投产。大坝为重力拱坝，最大坝高151m，正常蓄水位200m，河谷型水库的库容为34亿m^3，干流库长91km。整个库区大体沿东西向展布，与长江三峡的库首段（三斗坪至巴东）大致平行，相距40～60km，两者地质条件有许多相似之处。

库区岩石全部是沉积岩，自震旦系至下、中三叠统均有出露，主要岩性为滨海至浅海相的碳酸盐类岩石夹碎屑岩，地层之间为整合或假整合接触。燕山运动使上述地层形成一系列走向近东西至北东—南西向的大型复式褶皱，是本区的主要构造形态。断裂大部分与褶皱体系同时产生，多沿褶皱轴向展布，规模不大。库区没有区域性大断裂带通过。仙女山断裂带和龙王冲断裂带延伸较长，分别在库中和库尾切过水库，属于四级构造单元的分界断裂，但其现今构造活动性微弱至基本不活动。库区天然地震活动十分微弱，仅沿仙女山断裂带观测到少量弱震分布。此外，1975年8月，久旱之后突遭百年不遇特大暴雨，在清江和长江分水岭地区多处记录到频繁的岩溶塌陷地震。

仙女山断裂带走向北北西，全长约80km，分为三段。北段称仙女山断裂，延伸至三峡水库南岸，1972年3月在周坪附近发生过$M_L=3.0$级地震；南段为桥沟断裂，1961年3月其南端附近的宜都潘家湾发生了$M_L=5.3$（$M_S=4.9$）级地震，震中距隔河岩库边最近处不足10km。仙女山断裂带的中段长约50km，在都镇湾一带穿过库区，称为都镇湾断裂。1991年4月17日，该断裂西侧（上盘）发生$M_L=4.1$级地震，是仙女山断裂带上记录到的第二大震，宏观震中在都镇湾以南5km，震中烈度为Ⅴ度。通过详细研究，证明这次地震属天然构造地震，与隔河岩围堰挡水造成的清江流态变化无关。都镇湾断裂及其伴生的松园坪断层等应是水库地震研究预测的重点之一。

在隔河岩库区，清江两岸20km范围内，碳酸盐岩分布面积约占总面积的60%，岩溶发育普遍，形态多样，可见到多处大规模的地下暗河系统。隔河岩坝基就坐落在寒武系石龙洞组的强岩溶化灰岩上，坝区查明大小洞穴400多个。岩溶不仅是坝区主要工程地质问题之一，也是水库地震研究预测的主要因素。

勘测设计部门对隔河岩水库诱发地震可能性问题十分重视，曾委托湖北省地震局于1988年进行了初步研究，认为蓄水后“在都镇湾以西库段发生水库诱发地震的可能性较小，以东库段发生水库诱发地震的可能性较大，但震级一般不会突破秭归、渔关等地的地震活动水平”。1991年，清江水电开发总公司委托中国水利水电科学研究院和长江水利委员会(以下简称长委)清江地质大队作进一步研究评价。根据构造型和岩溶塌陷型水库地震的判别标志，并按照岩溶水文地质结构分类的理论，由坝址向上游将库区划分为六个库段，分别评价其最可能发震的地点和最大震级。根据此项研究，Ⅱ库段（沿市口至鸭子口）有都镇湾和松园坪两条断层通过，并发育了水洞—鱼泉湾和三现水两处巨大的岩溶暗河系统，诱发地震的可能性很大，是首要的重点库段，最大震级4.9级(构造型水库地震，震级以M_L表示，下同)和4.5级(岩溶塌陷型水库地震)。Ⅰ、Ⅲ、Ⅳ、Ⅴ库段有可能诱发岩溶塌陷型水库地震，其中Ⅴ和Ⅰ库段的可能性较大，最大震级3.6级，Ⅲ、Ⅳ库段不排除发生个别<3.6级的微震。库尾的Ⅵ库段不具备诱发地震的条件。

在水库蓄水前，清江水电开发总公司组织设置了工程专用的遥测地震台网(长委选址并设计、湖北省地震局建设并管理)，于1993年4月1日及时投入监测运行。

大坝底孔下闸后坝前水位从107.5m迅速抬升，1993年4月25日达到136m，台网开始记录到库区个别微震。5月15日水位超过156m，地震次数明显增加。至19日超过165m，并维持在165～169m之间，库区的不同部位先后于19日、22日和30日～31日出现三个小震序列。6月份地震的次数及强度均较前略低。自4月10日至6月30日台网共记录到水库及其邻区范围内的地震282次（定出震中位置的118次），其中≥3.0级4次，2.0级～2.9级19次，1.0级～1.9级83次，<1.0级的176次。它们绝大部分聚集在四个地段，与现场调查中的四个震中区一一对应。

1. 杜家坨震中区　位于Ⅳ库段北岸的资丘以西约3km，震感出现最早，最大地震是1993年5月20日发生的1.6级地震，此后地震迅速减少并趋于平息。

2. 下村震中区　在清江巴山峡右岸、西湾断层与水库相交处（Ⅲ库段）。本地段面积仅$2km^2$左右，但地震集中，震感强烈，2级以上地震较多，其中1993年5月30日18时的3.8级地震是隔河岩库区迄今记录到的最大地震。

3. 水竹园—火石坪震中区（Ⅱ库段）　位于清江南岸、都镇湾断裂以西8～12km，距库边3～6km，距1991年都镇湾4.1级地震区3～5km。本区以1级以下的极微震居多，多以密集小震群的形式出现，最大为1993年6月28日的2.8级地震。

4. 高子山—花桥震中区（Ⅱ库段）　与沿市口至花桥支库沿线的岩溶浅丘地带有关，少量极微震稀疏分散，最大是1993年6月17日的1.6级。

1993年7月份以后，地震的次数和强度明显呈下降趋势，发震地点仍集中在上述四处，尤以水竹园和下村较多。迄今隔河岩水库蓄水已4年多，数次达到或超过设计高水位，虽不时仍可记录到少量地震，但总体上已处于逐渐平息的阶段。从震中区地质条件和地震的特点看，这些地震应以岩溶塌陷型水库地震为主，水竹园—火石坪震中区频繁的极微震并没有引发仙女山断裂带出现强烈的构造型水库地震。

水库诱发地震预测是一种工程地震学范畴的评估，从上限来框算最可能出现水库地震的地点及其最大地震强度，目的是为工程抗震设防提供足够安全又经济合理的设计参数。将隔河岩水库地震预测意见与蓄水后实际发生的情况加以对比，可以认为，从总体上看，80年代中期在二滩、三峡水库地震研究中提出的一套前期评价预测方法，经过多个工程的实践和发展，目前已比较成熟，能较好地满足工程要求。在隔河岩水库地震研究中针对岩溶地区水库地震预测而提出的岩溶水文地质结构分类的理论基本上是成功的，能较细致地区分不同岩溶库段诱发地震可能性的差别。另一方面，通过隔河岩水库地震实践的验证，说明我们对局部构造条件(如下村震中区的西湾断层)对当地岩溶发育的控制作用，合适的气象水文条件（如库水位快速抬升与当地暴雨相遇）对出现较强岩溶塌陷型水库地震的意义等，估计还不足，以致做出的某些判断尚欠准确，因此，还要继续积累工程经验，进一步完善预测模型。

（中国水利水电科学研究院 汪雍熙）

坝 基 工 程 地 质

瀑布沟水电站深厚覆盖层坝基的工程地质勘测与评价

瀑布沟水电站位于大渡河中游河段。大坝为土质心墙堆石坝，最大坝高186m，正常蓄水位850m，总库容50.6亿m^3，装机容量330万kW。

电站地处川滇南北向构造带北段东侧的瓦山断块上。区内构造破坏及地震活动微弱，地震效应属外围强震活动的波及区。坝址地震基本烈度为7度，基岩峰值水平加速度0.21g，河床覆盖层表面峰值加速度0.33g。

大坝位于L形河湾段的深切河谷中。左岸为澄江期中粗粒花岗岩，右岸为前震旦系浅变质玄武岩和震旦系下统流纹质凝灰岩。坝基河床覆盖层一般厚40～60m，深槽部位厚65～75m，由①漂卵石层（Q_3^2）、②卵砾石层（Q_4^{1-1}）、③含漂卵石层夹砂层透镜体（Q_4^{1-2}）和④漂（块）卵石层（Q_4^2）四大层组成。其中，第③大层下部分布有两处砂层透镜体，平面上各位于坝轴线上游偏左岸及下游偏右岸的坝基范围内，分别称上游砂层透镜体和下游砂层透镜体。上游砂层透镜体长175m，宽30～60m，最大厚度7.5m，最小埋深32.19m；下游砂层透镜体长260m，宽50～60m，最大厚度10.16m，最小埋深22.37m。二者按颗粒组成均可分为两个亚区：Ⅰ区靠河床外侧，以细砂和极细砂为主；Ⅱ区靠河床内侧，由砾质砂、中粗砂和中细砂组成。上、下游砂层透镜体均属河流横向环流作用产物，^{14}C测龄约0.7～1.0万年，沉积时代为全新世早期。

坝基砂层透镜体在设计地震烈度下的抗震稳定性评价是本工程深厚覆盖层坝基的勘察重点之一。为此，进行了大量的勘探和试验研究。

（1）勘探。在查明坝基河床覆盖层厚度、层次结构的基础上，加密砂层勘探网、点布置，由内向外依次追索，进行全面控制、重点取样。通过SM冲洗液金刚石钻进与取样新工艺和钻孔综合测井等技术的大量运用，查明了上、下游砂层透镜体的分布范围、厚度、埋深和性状，并根据勘探资料编制了砂层平面分布图、等厚度图和顶底板等高线图，揭示了砂层透镜体的空间变化规律和埋藏条件。

（2）颗粒组成及物理性试验。根据钻孔获取的砂层原状样，进行了110组颗分和物性试验。从颗分资料看，以平均值计，上游砂层的中间粒径（d_{50}）为0.223mm，粘粒含量占3.16%；下游砂层d_{50}=0.191mm，粘粒含量4.26%。二者分别属不良级配的中细砂及细砂。从物性试验成果看，砂层的干密度、相对密度的平均值，上游砂层分别为1.69g/cm^3及0.71，下游砂层分别为1.65g/cm^3及0.68，皆属较密实的砂土。

（3）标准贯入试验。利用标准贯入锤击数判断砂层的密实程度，确定承载力，评判其液化的可能性。27个钻孔84组标贯成果较好地反映了上、下游砂层透镜体不同部位的物质组成和结构特征：Ⅰ区砂层一般为细砂、极细砂，物质成分及厚度相对稳定，标贯击数较低（实测平均击数23击，修正后为8～18击）；Ⅱ区砂层由中细砂、中粗砂、砾质砂等多种成分组成，厚度也不甚稳定，标贯击数相对较高（实测平均击数为25击，修正后为12～20击），尤以上游砂层Ⅱ区的击数最高（实测平均击数达75击，修正后仍为25～56击）。

（4）现场跨孔波速试验。用跨孔法测定横波速度，计算动剪切模量等参数，以评价砂层的液化势。5组试验成果表明，上游砂层的横波速度较高，一般为340～400m/s（Ⅱ区高达650～800m/s），下游砂层相对较低，一般为250～340m/s，这反映出上、下游砂层及其不同部位波速值的差异，与标贯试验结果比较吻合。

（5）室内动（静）力特性试验。包括动（静）力强度、动力变形特性试验，为砂层液化势动力反应分析提供参数。从6组试验成果看，虽然同一亚区不同钻孔砂样的动剪应力比和动强度表现出一定差异，但总体规律性较强，反映出动剪应力比和动强度是上游砂层高于下游砂层，上游Ⅱ区砂层高于Ⅰ区砂层。

（6）地震动力反应分析。为进一步了解坝基砂层透镜体的动应力状态，对上、下游砂层分别进行了一维、二维地震动力反应分析，根据计算出的有效上覆压力或其和初始剪应力比，查得强度特性试验结果得出相应的动抗剪强度，再与计算得出的地震剪应力相比较，判定砂层液化的可能性。一维地震反应分析结果是：天然状态下，上、下游砂层地震剪应力值83.8～107.2kPa，动抗剪强度值38～63kPa；有坝体压重时，上、下游砂层地震剪应力值137.2～200.1kPa，动抗剪强度值130～220kPa。二维地震反应分析表明：天然状态下，上、下游砂层地震总剪应力为77.1～95.6kPa，总抗剪强度为38～42kPa；有坝体压重时，上、下游砂层地震总剪应力为330.8～351.7kPa，总抗剪强度为440～470kPa。由于二维动力反应分析中考虑了砂层边界约束的影响，比较真实地模拟了砂层的边界条件，其结果比一维动力反应分析更为可靠。

经上述勘测试验研究认为，瀑布沟坝基下埋藏的上、下游砂层透镜体，由饱和细砂、中细砂、中粗砂夹砾质砂组成，为论证其当发生8度设计地震烈度时液化的可能性，采用了多种方法进行评价和专门研究。按现行规范的液化判别标准，从砂层的沉积年代、颗粒组成、相对密度、标准贯入击数、剪切波速和动剪应变量等综合评判，上、下游砂层透镜体均属可液化砂层。但砂层埋藏深度均超过20m，国内外震害实例较少。据H.B.Seed剪应力对比法和一维、二维地震动力反应分析计算，上、下游砂层透镜体在天然状态下，均不能排除液化的可能性；筑坝后在增加坝体压重的情况下均不会发生液化。鉴于本工程规模巨大，在深厚覆盖层地基上兴建186m高坝，砂层不作挖除处理，为提高砂基抗液化安全储备，在坝体下游需采取适当增设压重的工程措施，以确保坝体的稳定性。

（成都勘测设计研究院　杜明祝）

宝兴河小关子水电站复杂结构深厚覆盖层建闸工程地质研究

小关子水电站是四川宝兴河上的第四个梯级电站。电站为引水式开发，装机容量16万kW。闸址位于宝兴县城下游约1.5km的宽谷河段上，最大闸高20m。闸基覆盖层深厚，层次结构和成分复杂，成因类型有洪积、冲积、泥石流堆积、湖积等；闸基主要持力层是一套形成时代新、工程地质性状较差的粉质壤土和块碎石土，闸基不均匀沉降变形等问题突出。为此，在前期勘测设计中对深厚覆盖层建闸工程地质问题进行了系统研究，为拦河闸坝设计与基础处理提供了依据。

（一）覆盖层的埋藏分布特征

为查明闸基覆盖层的结构特征和埋藏分布规律，在地面地质测绘的基础上，勘探方法采用了以钻探为主，辅以浅（竖）井、3000系列综合测井、地质雷达等多种手段。鉴于土体结构的复杂性，主要钻孔深度均深入基岩内，平面上亦有一定的控制范围，通过1600m/18孔的钻探，采用先进的SM冲洗液金刚石钻进与取心技术，查明了各土层的结构特征、厚度、埋深和分布规律，并运用第四系地质的分析方法和^{14}C测年法进行了时代划分。

经大量勘探揭示，闸基河床覆盖层厚度一般为53.4～77.32m，最厚达86.73m，深切河槽靠左岸分布，层次结构十分复杂，由老到新（自下而上）可分为10层：第①、③层块卵（碎）石层为远源河流相冲积层，厚2.42～13.2m不等，具强透水性；第②、④层块碎石层系近源谷坡崩洪积物，分布于闸基下部，一般各层厚6.2～18.9m，②层往左岸延伸，在左岸岸坡处堆积厚度大，可达68～93m，该层以粗粒为主，细料充填少，局部架空，透水性强；第⑤层块碎石土系下游关沟泥石流堆积物，分布于谷底中部，一般厚2.25～8.34m，顶面埋深20.2～38.27m，结构不均一，具中等透水性；第⑥层灰色粉质壤土系泥石流堰塞湖相沉积物，横河方向宽度80～90m，顺河方向延伸远，闸基下厚9～14.95m，顶面埋深12.35～24.05m，钻孔钻进过程中有明显的缩径现象，呈可塑状态，透水性微弱，层内含较多乌木块、木屑；第⑦层块碎石土成因和性状与第⑤层基本相同，分布于谷底上部，一般厚14.3～17.4m，顶面埋深2.3～11.6m，具有横河方向上中间厚度大，向两侧减薄，顺河方向上向下游厚度增大及顶面高程逐渐抬高的特点，该层结构不均一，开挖浅（竖）井见轻微涌沙现象；第⑧层灰色粉质壤土厚2.54～11.6m，顶面埋深0～4.2m，顺河方向向上游延伸2km以上，向下游因⑦层泥石流堆积物顶面抬高在闸后护坦一带逐渐减薄至尖灭，成因和性状与第⑥层相似；第⑨、⑩层为分布于漫滩及现代河床的冲积漂卵石层，厚0.63～10.30m。

（二）覆盖层的物理力学特性

为评价覆盖层闸基的工程地质特征，对各土体特别是与闸基密切相关的⑥、⑦、⑧等层的物理力学特性，进行了多手段较系统的研究，除利用浅（竖）井、钻孔取样做大量的物理力学特性试验和颗粒分析外，重点对闸基持力层进行了现场原位承载、剪力、渗透变形等试验；同时还利用钻孔开展了旁压、标贯、重力触探、水文地质试验，以及⑥、⑧层粉质壤土室内振动液化试验。

⑦层块碎石土为闸基主要持力层，25组物性及颗分试验表明，土体干密度1.90～1.97g/cm³，孔隙比0.37～0.44，土粒以碎砾石为主，大于2mm含量约占34.3%～71%，粉粒含量占10.5%～29.4%，小于5mm的百分含量31%～66.84%，不均匀系数大，颗粒级配分布范围宽，土体均一性差。对承载和变形，用现场承载、钻孔旁压、重力触探、室内压缩试验等几种

方法求得的结果基本相近，其承载力一般为0.25～0.30MPa，变模7.5～12MPa，承载力随深度增加虽有提高趋势，但变模仍很低，内摩擦角25°～34.5°、凝聚力0.02～0.08MPa。

⑥、⑧两层颗粒均小于2mm，以粉粒为主，其平均值占总重量的51.85%～56.87%，粘粒含量占23.67%～32.1%，颗粒级配范围线分布较窄，表明其组成变化不大，干密度低，仅1.50～1.53g/cm³，天然含水量27.6%～29.5%，塑性指数13.5～16.25，多呈可塑及软塑状态；粘土矿物以蒙脱石和伊利石为主，含少量的蛭石，具亲水性；现场载荷及标贯试验得出的承载力（0.10～0.12MPa）和变模（4～5MPa）均低。抗剪强度亦低，内摩擦角为21.8°～25.8°，C 值0.01～0.035MPa。

①～④层和⑨、⑩层的物理力学特性指标均相对较好，唯透水性强。

综上所述可看出，闸基覆盖层⑤～⑧四层土体的物理力学特性较差，低于一般同类土，分析与其形成时代新（^{14}C 年龄测定距今仅约1000年）、土体未经压密作用、上下排水不畅等有关。

（三）闸基的主要工程地质问题评价

（1）闸基土体除⑥、⑧层具相对隔水（横河未封闭河谷），⑦层中等透水外，其他各层及岸坡卸荷带基岩透水性均较强，存在闸基（肩）渗漏问题。建议采用以⑥层为防渗依托的悬挂式垂直防渗墙方式，经三维渗漏计算表明：在有防渗设施情况下，各防渗方案闸基总渗漏量均较小，最大仅0.179m³/s，能满足设计要求。

（2）闸基⑥、⑧层细粒土抗渗强度较高，⑦层亦具有一定抗渗性能，但其余各层粗粒土的抗渗强度均低，且局部架空。经三维渗流计算，坝后左岸②层侧向出逸坡降达0.72，须作贴坡排水反滤保护，以防渗透破坏。

（3）⑥、⑧层粉质壤土和⑦层块碎石土经初判局部可能液化，通过标贯击数、塑性指数、相对含水量、液限指数等复判以及用西特动剪应力法进一步判别，土体在7度设防地震烈度下，发生液化的可能性较小。

（4）建基面考虑挖除埋藏较浅、承载和变模均低的⑧层粉质壤土，将闸基置于相对较好的⑦层块碎石土上，虽承载问题不甚突出，但闸基不均匀沉降变形量较大，沿闸轴线各闸室最大沉降量达40.1cm、沉降差7.4cm，根据地质建议，设计采用了振冲碎石桩处理措施。

综上所述，闸基经过处理后具备修建挡河闸的条件。

（成都勘测设计研究院　彭仕雄）

冶勒水电站深厚覆盖层坝基的勘测与评价

冶勒水电站是大渡河支流南桠河“一库六级”开发的龙头水库。大坝为沥青混凝土心墙堆石坝，最大坝高125.5m，正常蓄水位2650m，总库容2.98亿m³，装机容量24万kW。

坝址位于新生代断陷盆地边缘的河段上，下游距安宁河西支断裂约2km。左岸坝肩为晋宁期石英闪长岩，节理裂隙发育，岩体卸荷水平深度60～80m。河床坝基及右岸坝肩由中上更新统冰水河湖相沉积层组成，钻探揭示最大厚度大于420m，自下而上分为五大岩组：第一岩组，弱胶结卵砾石层（Q_2^2）；第二岩组，块碎石土夹硬质粘性土（Q_3^1）；第三岩组，弱胶结卵砾石层与粉质壤土互层（Q_3^{2-1}）；第四岩组，弱胶结卵砾石层（Q_3^{2-2}）；第五岩组，粉质壤土夹炭化植物碎屑层（Q_3^{2-3}）。该套地层经不同程度的泥钙质胶结和固结压密作用（最大前期固结压力达4.5～6.0MPa），具有较高的强度和较低的压缩性，透水性较弱；但各岩组岩相和厚度变化较大、层次较多，含水、透水程度不均一，并有多层承压水分布，水文地质、工程地质条件复杂。

坝址主要工程地质问题是*深厚覆盖层坝基坝肩渗漏及渗透变形稳定问题*，为此，采用多种勘测、试验手段进行了系统的论证：

（1）在测制详细地层柱状图、建立水文工程地质岩组的基础上，开展坝区1∶2000综合工程地质测绘，对坝址左右岸或下游渗流出逸部位，以及可能渗漏进出口地段，进行了重点调查和研究，测绘面积7.5km²。

（2）勘探方面，根据坝址地形地质特点，结合枢纽布置和防渗需要，勘探手段以钻探为主，辅以井探、洞探和物探。勘探范围自坝轴线向上、下游延伸各1.5～1.8km，沿防渗线长约1.3～1.5km，钻孔深度以深孔为主，深孔与浅孔相结合，最深达420m。为获取深厚覆盖层原状样岩心，钻进工艺普遍应用了SM冲洗液金刚石钻进与取样新技术。通过93个钻孔计6887m的钻探，查明了各含水或透水岩组和相对隔水岩组的埋深、厚度、岩相变化和空间分布范围，以及深部承压水和浅层承压水的水头、水量和埋藏条件。

（3）进行钻孔抽、注水试验或承压水扬水试验和试坑渗水试验，获得了各岩组水文地质参数，为渗透性分级和防渗设计提供了依据。138组（段）水文地质测试成果表明：第一、三、四岩组弱胶结卵石层渗透系数 $K=6.6\times10^{-3}\sim1.58\times10^{-4}$ cm/s，属弱透水岩组；第三、五岩组之粉质壤土 $K=2.3\times10^{-5}\sim1.4\times10^{-6}$ cm/s，为微透水层；第二岩组块碎石土夹硬质粘性土为坝基防渗的相对隔水层，$K=3.51\times10^{-5}\sim5.6\times10^{-9}$cm/s，属微～极微透水岩组。

(4) 开展现场（室内）渗透变形试验和反滤试验，获取各岩组水平向与垂直向的抗渗坡降值，以合理选择渗控参数和确定坝基防渗形式与范围。19 组试验结果均反映出各岩组具有较高抗渗强度的特点。第二岩组块碎石土结构紧密，临界坡降 $i_c=3.81\sim5.94$，破坏坡降 $i_f>11.11$，约高出一般块碎石土的 4～5 倍；第三岩组之粉质壤土呈超固结状态，$i_c=7.1$，$i_f=12.2$（平行层面）；第三、四岩组弱胶结卵砾石层，$i_c=1.1\sim2.1$，$i_f=5.73\sim10.0$ 以上（平行层面），当采用土工布作反滤时，坡降值大为提高（$i_c=1.94\sim4.45$），为未加反滤的 1.76 倍以上，而渗透系数 K 降低为 9.35×10^{-5}cm/s。

(5) 采集不同含水介质的地下水与地表水，进行水化学分析和同位素（氘、氚、^{18}O）测定，从水化学场研究地下水与地表水的补径排关系。据 208 组水同位素测定结果，区内地下水、地表水的同位素组成存在明显的差异，特别是埋藏于第一岩组弱胶结卵砾石层的深部承压水 δD、δ^{18}O 值最低，氚含量（≤5.0Tu）与河水氚含量（22.31～29.39Tu）相差甚大，表明该承压水补给源较远，径流缓慢，排泄不畅，水交替较弱，为 50 年代以前进入地下的"古水"。

(6) 利用钻孔进行地下水动态长期观测，同时设置河流水文断面开展陆地水文测验，从动态与均衡场研究地下水与河水的补排关系。据地下水长期观测结果，深部承压水测压水位一般保持在 2570～2572m 高程，高出坝址河水位 28～30m，其动态稳定。

(7) 进行三维电阻网络渗流试验，研究筑坝建库前后的渗流场，求解了不同边界条件下的渗流量，为大坝防渗方案的确定提供了试验依据（参见《中国水力发电年鉴 1989～1991》第 259～260 页）。

经上述勘测、试验论证得出如下认识：

(1) 坝基河床下部埋深 18～24m 以下的第二岩组块碎石土夹硬质粘性土，厚 31～46m，具有较好的隔水与抗渗性能，向上、下游延伸长度均达 1.3～1.5km，往右坝肩延展宽度约 600m 逐渐减薄又为上覆第三岩组Ⅲd 粉质壤土层替代，共同组成较完整的相对隔水层，因此第二岩组可作为坝基防渗工程的基础。

(2) 坝基深部的第一岩组卵砾石承压含水层，呈泥钙质弱胶结状态，透水性较弱，承压水径流缓慢，排泄不畅，含水层封闭条件较好，筑坝建库后无防渗措施时，沿第一岩组的渗漏量不大，仅 0.285～0.298m³/s，可不进行防渗处理。水库蓄水后虽然坝下游第一岩组的承压水头将有所增高，渗透压力较大，但不易击穿上覆隔水、抗渗性能较好的第二岩组而影响坝基稳定。

(3) 右坝肩 2654m 高程至河床坝基下部深 18～24m 范围内，为第三、四岩组弱透水卵砾石层及粉质壤土，岸坡地下水位低，建坝后是坝基及绕坝渗漏的主要途径（约占总渗流量 0.95～0.957m³/s 的 70%左右），为此需进行防渗工程处理。目前建设单位正在开展大坝防渗墙试验和帷幕灌浆试验。

（成都勘测设计研究院　杜明祝）

东风水电站拱坝地基的勘察研究

（一）勘察过程简况

东风水电站的勘察工作，从 1965 年水电第九工程局勘测设计院规划选点开始至 1994 年止，由北京勘测设计院、电力部贵阳勘测设计研究院先后完成了初步设计、补充初步设计、重编补充初步设计等阶段性的勘察研究任务，前后经历 20 余年的时间，做了大量工作。1994 年后，一面进行施工地质的配合工作，解决一些施工中出现的新问题，一面进行技施阶段的勘察工作，对一些工程地质问题进一步深入研究。因此，在不同的勘察阶段，对坝基工程地质条件，均做了相应的地质研究工作，以解决不同的地质问题。

（二）勘察方法及研究内容

(1) 勘察方法。为了对坝基工程地质条件进行研究，采用了多种方法进行综合勘测，互相验证。常规方法包括 1/1000、1/500 地质测绘；在两岸及河床打综合性钻孔 20 余个，总进尺 3325m；在两坝肩高程 840～990m 之间，共掘进勘探平洞 17 个，累计洞长 1419m。同时采用地球物理勘探的方法，在相邻两不同高程的平洞中作地震波及电磁波的穿透测试，探测岩溶形态及分布情况。拱坝建基面形成后，做了声波测试，以确定岩体风化厚度、程度及开挖爆破影响的范围。

(2) 研究的内容。为了研究岩溶的发育规律、规模及深度，在钻孔中不同深度测定地下水的温度及氚含量，以了解地下水的运动特性。同时结合钻孔资料综合分析，认为坝基部位岩溶不发育，只有左坝肩在施工期开挖到高程 915m 时，发现一较大的溶洞，其余均为溶隙、溶孔、晶洞，连通性极差，对拱坝影响甚微。通过钻孔及物探（电法），对坝基河床地形进行了研究，发现坝线位置的基岩顶板高程最高（最低高程 817～816m）；河床左侧为一宽 23m、深 13m 由水流冲刷形成的深槽。通过钻孔的压（抽）水试验，对坝基岩体的透水性进行研究，求得河床及左坝肩的岩体为强裂隙性透水，透水率分别为 36.5Lu、12.82Lu（基岩）。在勘探平洞中作岩体强度现场测试和从钻孔岩心中取样做岩块强度室内试验，经综合分析确定岩体的有关力学参数。从钻孔中不同深度取水样和取河水、泉水样作水质化学成分的研究，以了解地下水的活动情况和补排关系。拱坝基础开挖到设计位置后，由水电九局科研所做声波测试，采用每组3个孔，呈等边三角形或直角三角形布置的跨孔穿透法（双孔法），共测试30余组，除个别上部因爆破影响或风化稍强的岩体声波值稍低外，其余均大于4500m/s。为了研究拱坝在运行期对基础的作用及要求，作了地质模型的模拟试验。

（三）东风水电站工程地质评价

经过对东风水电站坝基工程地质条件的长期研究，得出了符合实际的结论，总的来说，具有比较优越的工程地质条件：坝址地形条件好，两岸岸坡陡，微风化厚度小，两坝肩嵌深浅。河谷狭窄，坝线正位于河床基岩面最高处。地质结构较简单，覆盖层厚度小，坝基岩性较均一，全为三叠系下统永宁镇组下段灰岩，室内、外岩块、岩体力学试验，以及建基面声波测试结果表明，坝基岩体的强度较高，完整性较好。构造简单，为单斜岩层，倾向上游偏左岸。无顺河断层及大型断裂通过坝基。岩溶不发育，以连通性极差的溶孔、晶洞、溶隙为主，且随深度增加而减弱，不存在深部岩溶问题。三叠系下统夜郎组九级滩段页岩，埋深于坝基50～70m以下，可作为坝基的良好隔水层。岩体透水性虽然较强，但为裂隙性透水，无岩溶管道，防渗处理简单。岸边有泉水出露，为地下水补给河水，水质对混凝土无侵蚀性。

不利的工程地质条件是：河谷呈略不对称的“U”形，河床左侧有一由水流冲蚀形成的深槽，最大宽度23m，深度13m（高程817m左右）。左坝肩高程935m以上为三叠系下统永宁镇组下段顶部溶蚀较剧的白云岩及永宁镇组上段底部的页岩，强度较低。右坝肩下游边因有F_{34}斜切，对坝肩稳定有影响。存在5层连续性较好、厚度0.5～1.2cm的泥化夹层。左坝肩高程912～935m，施工时开挖出一较大的充填粘土的溶洞，长38m，宽6～11m，对坝肩的变形稳定不利。坝肩岩体中的渗透水力比降较大，对软弱夹层的稳定性不利。

东风拱坝基础虽然存在一些不利的工程地质条件，但都是非主要的，只要有针对性地采取适当的措施，是能够处理好的，事实证明也是如此，电站经过两年多来的运行，一切正常。

（贵阳勘测设计研究院 李子微）

洪家渡水电站坝址工程地质研究与评价

一、坝址区工程地质研究

洪家渡水电站位于贵州省中西部的乌江北源六冲河下游，是乌江梯级的“龙头”电站。1956～1961年完成规划勘察，1984～1992年完成可行性研究与初步设计勘察，最终确定了正常蓄水位1140m，装机容量540MW，采用混凝土面板堆石坝—地下厂房方案。1993年～1996年进行技施勘察，为招标和施工图设计提供地质资料。

（一）地形条件

坝址区位于黔中西缘低中山峡谷区，区间河段长约2km，河流方向由SW45°转向SE45°，形成向西凸出的直角形河湾，右岸支流底纳河以伏流形式在转弯端流入干流，转弯点以上左岸为缓坡，右岸为高190m左右的陡壁。转弯点以下左岸为两层高达100m以上的陡壁，其间为宽约80～120m的缓坡，该缓坡高程向上游逐渐降低至河床；右岸为中、缓坡。河谷呈不对称的“V”形，两岸山高300m左右，枯水期河水位976.50m，河水面宽30～40m，水深3～4m。河床中线地面高程976～970m，水下地形平缓，河床无深槽。两岸发育冲沟10条，主要有3条：坝址上游左岸的5号冲沟，右岸的1号冲沟（在底纳河古河道的基础上发育形成的），坝址下游的4号冲沟。

（二）地质条件

(1)地层岩性。从下游至上游，分别为二叠系上统龙潭组、长兴—大隆组、三叠系下统夜郎组、永宁镇组及第四系。坝基岩层为三叠系下统各层及第四系。夜郎组：玉龙山段灰岩，厚275～305m；九级滩段泥页岩夹泥质灰岩，厚75～85m，也是坝基主要隔水层。永宁镇组：第一段厚层、中厚层夹薄层灰岩。第四系：河床冲积层为砂卵砾石，厚1～8m。基岩顶板高程一般为970m左右，局部地段为966m，基岩面基本规则、平缓。坡—崩积层为碎石、块石及粘土，厚1～25m。

(2) 地质构造。坝址区位于贵阳复杂构造变形区西北边缘，化稿林背斜弧形转折端的北西翼，呈单斜构造，岩层产状为走向N60°～70°E，倾向NW（倾向上游），倾角30°左右。底纳河口以上为纵谷，底纳河口以下为横谷。断裂构造线为NE或NEE向，计有21条断层，主要为压性、压扭性断层，规模小，无顺河向断层。通过厂坝等水工建筑物区的有F_3、F_6、F_8、F_{13}等断层，倾角40°～80°，地层断距均不超过20m，没有破坏九级滩泥页岩。裂隙有四组，其中NE、NW向各两组，均为陡倾角。

(3) 岩溶水文地质。坝区主要有两个岩溶区（$T1yn^1$灰岩与$T1y^2$灰岩）夹一个非岩溶区（$T1y^3$泥页岩），$T1y^3$泥页岩厚度80m，为连续分布稳定可靠的隔水层。两岸地下水位高于河水位，为地下水补给河水，岩体透水性不均一。主要溶洞有发育于玉龙山砂岩中的K85（1.5万m^3）、K80—1（0.6万m^3）、K80—2（3.2万m^3）、K41（1万m^3，以溶洞泉的形式向河床泄流）及发育永宁镇组灰岩中的底纳河伏流溶洞。$T1yn^1$ 灰岩中的岩溶系统基本上无水力联系，$T1yn^1$ 灰岩越接近 $T1y^3$ 泥页岩，岩溶发育程度越降低，透水性逐渐减弱，主要为岩溶裂隙透水。

(4) 物理地质现象。风化：$T1yn^1$ 与 $T1y^2$ 灰岩，风化程度微弱，微风化带垂直深度 5～20m；$T1y^3$ 页岩风化较强烈，分三带，强风化深度 0～10m，弱风化深度 5～30m，微风化深度 5～20m。卸荷裂隙：主要分布在两岸的 $T1yn^1$ 及 $T1y^2$ 灰岩陡壁上，卸荷裂隙延伸长度 20～50m，宽 0.2～1.5m，垂直发育深度 40～60m，卸荷带宽度 20～25m，主要沿 NW70°～80°与 NW10°～30°两组构造裂隙发育。塌滑体：分布在坝址下游右岸 $T1y^2$ 灰岩上，其中 1 号塌滑体为 98 万 m^3，2 号塌滑体为 41 万 m^3，系沿 $T1y^2$ 灰岩下部的软弱夹层产生滑塌、倾倒，形成堆积，现处于临界稳定状态。

根据坝址区的地形地质条件，河谷两岸受底纳河伏流出口、底纳河古河道以及 4 号、5 号冲沟的切割，地形上制约了坝线布置的空间，而横河向软硬岩层、可溶岩与非可溶岩层的相间展布，以及永宁镇灰岩与玉龙山灰岩中溶洞分布的格局，进一步制约了坝线的布置与坝型的选择，所以坝址只有在底纳河伏流出口与 1 号、2 号塌滑体之间长仅 700m 的河段选择。为了适应地层与岩溶分布的特点，充分利用九级滩泥页岩的隔水性能，选择了适应地基性能强的土石坝型，并利用左岸河湾地块截弯取直布置引水、泄洪与导流等隧洞，而把地下厂房选择在 K85 与 K80—2 溶洞之间的弱岩溶灰岩的岩体中，从而使水工建筑的布置充分适应坝址区的工程地质条件。

二、洪家渡水电站坝址工程地质评价

（一）坝基稳定性

(1) 坝基变形稳定性。基岩：$T1yn^1$ 与 $T1y^2$ 灰岩饱和抗压强度 50～90MPa，变形模量 10～20GPa，$T1y^3$ 泥页岩饱和抗压强度 20～40MPa，变形模量 3～8GPa，均能满足堆石坝对地基的要求。覆盖层：河床冲积层砂卵砾石与两岸坡崩积层碎石、块石夹粘土，变形模量较低，一般不能满足堆石坝对地基的要求，需要全部挖除。断层破碎带：F_8 断层破碎带宽 1～4m，为断层角砾岩、压碎岩及断层泥，变形模量较低，需作加固处理。

(2) 坝基抗滑稳定性。坝基范围内未发现缓倾角断裂构造，且岩层倾向上游，不存在深层滑动问题，主要是沿大坝与基岩接触面的滑移，综合抗剪强度指标 $f=0.45$，$c=0$，此种情况是切层的，经分析计算，结果表明坝基抗滑稳定条件好。

(3) 坝基渗透稳定性。大坝渗漏主要是通过永宁镇灰岩的岩溶裂隙，总渗漏量约 $2m^3/s$，占多年平均流量的 1.75%，属允许范围；但考虑到渗漏对混凝土面板堆石坝的趾板、面板及堆石体稳定有影响，因此在趾板下设置防渗帷幕，并利用永宁镇灰岩下伏的九级滩泥页岩作隔水层。

（二）边坡稳定性

(1) 左坝肩岩质高边坡稳定性。左坝肩高达 150m 以上的 $T1yn^1$ 灰岩陡壁为逆向坡，顺坡向的断裂构造不甚发育，开挖边坡只要做好技术上的处理，边坡不会产生大面积失稳。

(2) 隧洞进口岩质边坡稳定性。主要水工建筑物的隧洞进口均处在河流转弯点上游左岸顺向坡，$T1yn^1$ 灰岩间有数层软弱夹层，夹层抗剪强度 $f=0.25～0.35$、$c=50～100kPa$，开挖边坡经稳定分析安全度不足，技术上需要做加固处理。

(3) 1 号、2 号塌滑体的稳定性。1 号、2 号塌滑体位于坝址下游右岸，现处于临界稳定状态。但施工期上游料场的爆破震动、塌滑体内开挖公路、坡脚两条围堰的施工以及两条导流洞泄流冲刷；运行期受发电尾水及洞式溢洪道与泄洪洞的泄流冲刷，对塌滑体的稳定极为不利，应在施工期前对塌滑体进行治理。

（三）洞室围岩稳定性

隧洞为直线布置，与岩层走向大致正交，主要分布在Ⅱ、Ⅲ类稳定性较好的 $T1yn^1$、$T1y^2$ 灰岩内，对稳定性较差的Ⅳ类 T_{1y^3} 泥页岩及 F_6、F_{13}、F_8 断层破碎带需要作加固处理。地下厂房避开了 F_8 断层及沿该断层发育的 K80—2 溶洞，选择了 T_{1y^2} 弱岩溶地段，稳定条件良好，并利用 T_{1y^3} 泥页岩作为地下厂房的天然防渗体。

（四）结论

(1) 根据坝址区地形、地质条件，枢纽布置适宜采用当地材料坝。

(2) 利用河湾地块在左岸布置洞室方案最佳最省。

(3) 利用厚度大的九级滩泥页岩作防渗帷幕的底界安全可靠。

（贵阳勘测设计研究院　汪积之）

三峡工程施工地质摄像编录

“八五”期间，长江勘测技术研究所结合三峡工程施工地质编录的需要，开发了快速地质编录系统。该系统运用了摄影测量基本原理，并创造性地提出连续摄影测量的方法，采用了计算机图像处理技术，能较好地适应工程中长、高、陡边坡快速地质编录的需要。

（一）快速地质编录系统的方法和应用

该系统在攻关完成后即在生产中应用，经不断完善，目前已在三峡工程的地质编录中发挥重要作用。三峡工程中高、大、长的边坡面积大，编录任务繁重，边坡编录要求快速、动态反映快，快速编录正好满足这一要求。应用快速编录进行生产有以下四个步骤：

1. 野外布置控制点、摄像和测控制点坐标　为了取得边坡地质现象，必须先对边坡进行摄像。摄像前，要进行布置控制点工作，使控制点在摄取的图像之内。控制点的布置和工作范围与坡形有关，确定要编录的范围后，控制点要从工作范围的最边缘坡脚布置第一个控制点，然后上、下马道每隔 10～15m 左右布置一个控制点。对于变坡情况，必须在变坡开始的位置布置控制点。对于无法布置控制点的边坡，采用无觇标测量，先取得边坡的影像，在影像上找几个明显特征点，利用全方交会，也可取得所需控制点的坐标。摄像要求水平，尽可能位于所摄边坡条带的中心，一幅取不下时，可连续摄像。

2. 室内图像处理　图像处理要完成的主要工作是采集图像、校正图像、拼接图像、打印图像。这些工作均通过软件系统完成。

3. 野外地质解译　打印的边坡彩色图像反映大多数地质现象，但只是平面现象，无法计算产状等三维信息，因此还需进行野外现场解译。野外解译的主要工作包括：描述边坡的地质情况，对主要单元如岩性、断层、裂隙、岩脉进行编号和描述，量产状以便室内成图。

4. 室内资料整理成图　按校正图像解译的线画图是要有确定的比例关系和准确相对位置的。有时需要将其数字化进行更高的分析和处理，为此，需借助专门的支撑软件和设备，如 AutoCAD 和数字化仪等，目前长江勘测技术研究所正在研究从软件中增加线画提取模块，以便直接提供边坡素描矢量图。

上述系统在三峡工程临时船闸、永久船闸、升船机的边坡地质编录中提供了大量资料。

（二）效率和精度分析

运用快速编录与传统人工编录相比，明显地具有信息丰富、速度快、成本低、精度高等优越性。

1. 丰富的地质信息量　快速编录所提供的边坡经几何校正的彩色影像图，图像清晰，所反映的详细的坡面形态、岩性、风化、构造、岩体结构、表层含水和排水情况等丰富的信息与细节，都是人工编录无法比拟的。照片和录像可提供类似细节，但由于几何上的歪曲，无法作为数据资料供设计使用。

2. 快速性　快速编录在速度上的优越性，在生产实践中得到充分的体现。按多次统计，针对长 150m、高 20m 的边坡运用快速编录需要的人力和时间如下：布控制点 2 人，摄像 1～2 人，测量 2 人，共 6 人工作半天，3 个工日；室内图像处理 2 人半天，1 个工日；野外地质解译 1～2 个工日。即用 6～7 个工日，可编录面积 $3000m^2$，大范围编录平均每个工日约 $400～500m^2$，优于人工编录。

3. 高几何精度　按 512×512 像元采集 10m 长边坡图像，则每个像素约为 2cm，高精度的图像校正、匹配算法可以使误差控制在单个像素以内。这种精度完全可以满足地质编录的要求。

（三）适用条件和使用价值

实践证明，快速编录技术在编录过程中，适时性强，人工操作少，可为边坡地质预报、边坡动态设计提供有力的手段，在三峡工程目前的边坡编录工作中，用于高 50m 以下的边坡是成功的。该技术特别适用于长、高、陡边坡，在这种条件下，其快速性、高精度的优越性会更加明显。

（长江勘测技术研究所　熊忠幼　胡瑞华）

地 下 工 程 地 质

棉花滩水电站地下厂房工程地质的勘察与评价

棉花滩水电站位于福建省永定县境内汀江干流上。枢纽由碾压混凝土重力坝、泄洪建筑物、左岸地下厂房及开关站等组成。坝顶高程 179.0m，最大坝高 111.0m，总库容 20.35 亿 m^3，总装机容量 60 万 kW。该电站初步设计于 1990 年 12 月通过审查，现正在施工。

（一）地下厂房位置的选择

初步设计阶段，曾进行左、右岸地下厂房方案比较，从水工布置看，地下厂房左、右两岸布置均是可行的，主要取决于地质条件。地质勘测表明，右岸的断层与节理比左岸发育，岩体完整性比左岸差，岩体风化深度比左岸深，据此，选择左岸为地下厂房厂址。左岸地下厂房选择在坝轴线下游侧的勘Ⅴ线～勘Ⅶ线之间，该区段地形、地质条件较好，断裂不发育，岩体完整性好，岩体风化较浅，同时避开了坝区最大的 F_1 断层。副厂房、装配间布置在主厂房的左侧（山体里侧），邻近进厂交通洞，运输方便。

（二）地下厂房的工程地质条件与评价

地下厂房布置在左岸坝端下游侧的山体内，厂房

(包括主厂房、副厂房、装配间）尺寸为129.5m×21.9m×52.08m（长×宽×高），其顶拱高程为100.58m，主变压器室位于厂房下游侧，平行于厂房布置，与厂房净距22m，尺寸为97.35m×16.0m×14.8m（长×宽×高）。

厂房围岩为燕山早期第三次侵入的中细粒黑云母花岗岩，微风化—新鲜岩体，块状构造，上覆微风化—新鲜岩体厚度90～150m。

厂房部位花岗岩体断层与节理不发育，岩体完整性好。通过的主要断层有F_7、F_{29}等，F_7产状为N20°W NE∠65°，在130m高程以下断层宽度约5cm，F_{29}产状为N45°～50°W NE∠55°～67°，在130m高程以下断层宽度8～25cm。根据厂房部位PD8、PD20勘探平洞统计，节理以N40°～60°W NE∠60°～80°一组为主（见图1、图2）。

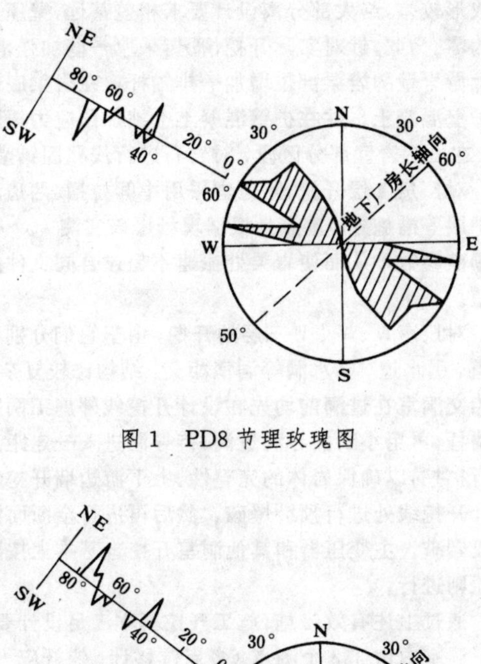

图1　PD8节理玫瑰图

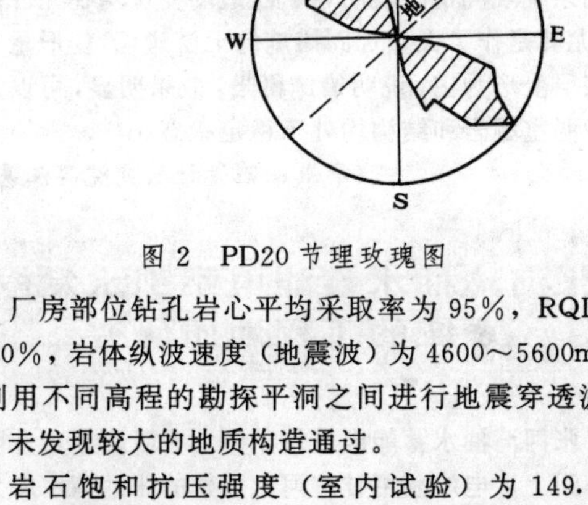

图2　PD20节理玫瑰图

厂房部位钻孔岩心平均采取率为95%，RQD值为80%，岩体纵波速度（地震波）为4600～5600m/s，并利用不同高程的勘探平洞之间进行地震穿透波测试，未发现较大的地质构造通过。

岩石饱和抗压强度（室内试验）为149.6～165.7MPa，变形模量平均值（现场原位测试）为1.33×10^{4}MPa。岩体透水性极微，吕荣（Lu）值除局部试段外，均小于1Lu，地下水位一般高出厂房顶拱50m～70m。

为了论证厂房围岩的质量，用多种方法进行评判：

（1）采用水电详细围岩分类，围岩以Ⅱ类为主，部分为Ⅰ类。

（2）采用巴顿Q系统分类，$Q=13.3$，属于“好”类型围岩。

（3）采用比尼威斯基地质力学分类，RMR=79，属于“良好”类型围岩。

（4）采用模糊综合评判（模糊数学方法），属于“好”类型围岩。

（三）厂房轴线方向的选择

在厂房部位的PD20勘探平洞内进行三向和平面地应力测试，三向最大主应力$\sigma_1=6.8$MPa，最大主应力方位角为N14°E，倾角为27°，属于中等应力区，对厂房位置及其轴线方向的选择不起控制作用。因此，在选择厂房轴线时主要考虑主要地质结构面的产状，即厂房轴线应与主要地质结构面走向能有较大的交角。由于厂房部位无较大的断层通过，而以节理N40°～60°W NE∠60°～80°为主（见图1、图2），故确定厂房轴线方向为N53°E，与主要节理方向近于正交，对厂房围岩稳定有利，又照顾到引水隧洞与尾水隧洞的合理布置。

（华东勘测设计研究院　余朝庄）

天荒坪抽水蓄能电站地下洞室岩体稳定性研究及处理措施

天荒坪抽水蓄能电站地下厂房采用尾部布置方式，厂房洞室群的主要洞室有主副厂房及安装场、主变压器洞、母线廊道、尾水闸门洞以及其他一些用于交通、通风、排水的洞室和竖井。主副厂房长200.7m，宽21.0m，高47.53m。其纵向轴线与压力钢管进厂房方向成64°交角。主副厂房洞南端为副厂房，中间为机组段，北端是安装场，厂房内设有岩壁吊车梁。主变压器洞长约169.9m，宽17.0m，高约24.33m。与厂房洞之间有6条母线洞和一条主变压器运输洞相连。每条母线洞长34.0m，城门洞形，断面积64.64m^2，尾水闸门洞与厂房中心线间距离91.0m，洞长147.5m，城门洞形，断面积87.2m^2。

地下厂房洞室群深埋于地面以下150.0～240.0m左右处；该地段地形坡角40°～50°，局部70°，分布有侏罗系劳村组含砾流纹质熔凝灰岩和后期侵入的煌斑岩脉。初设和招标设计时根据PD15探洞所揭露的地质情况分析，认为该地段岩石新鲜，以整体块状结构（Ⅰ类）岩体为主，块状结构（Ⅱ类）和层状结构（Ⅲ类）岩体次之。结构面(断层)有F_{121}、f_{216}等13条，其中F_{121}为Ⅱ级结构面，其他均为Ⅲ级结构面。Ⅳ级结构面皆属构造节理，成组性强，形成一定区域内的节理密集带，节理密集带内的节理产状为：①SN～N5°～15°E，SE∠50°～75°，少量∠38°左右；②N5°～15°W，NE∠50°～75°；③N35°～50°W，NE∠45°～60°，以①组为主，②组局部，③组极少量，节理接触紧密，部分充填钙质薄膜，密度一般6～16条/m，最高达21条/m。

根据初设和招标设计所进行的岩体应力测试和主结构面分析，选定厂房轴线为N30°W并进行地下洞室布置，该布置方案中地下厂房已避开了F_{121}和f_{216}断层，但将在80m左右范围内穿越节理密集带。为预测地下洞室开挖后位移的时间、空间效应和变形量，在PD15探洞洞深305.59m处按地下厂房尺寸1∶9缩小开挖模型试验洞，通过在观测洞中布置观测仪器进行了原位模型洞围岩变形试验，同时还就布置方案的洞室群进行了平面有限元计算。经对地质资料、原位模型试验和计算结果进行综合分析可以认为，厂房洞室中的非节理密集带地段的围岩为稳定～基本稳定，节理密集带的围岩为基本稳定～局部稳定性差，由于该节理密集带的组合，易在洞顶上方产生局部不稳定块体。主变压器室和母线洞室围岩以Ⅱ类岩体为主，Ⅲ、Ⅳ级结构面稍发育，无不利结构面组合，局部小范围的节理密集带对顶拱和边墙无大影响，为稳定和基本稳定。

地下洞室开挖表明，初设和招标阶段的地质预测基本正确，整个地下洞室范围内仅有数条Ⅲ级结构面，对地下洞室稳定性影响不大，但整个厂房和主变压器洞室均处于节理密集带范围。对于顶拱层开挖，产状为N5°～15°E，SE∠60°～65°的节理发育密集，最小间距仅2～3cm，一般为8～20cm，节理面光滑平直，且其走向与厂房轴线交角较小，开挖后使下游岩壁起拱位置附近的节理倾角与开挖面间形成小夹角临空面，岩体松动变形，掉块较严重。而对于边墙开挖，主要产状为N5°～15°E，SE∠60°～70°的节理，与N40°～50°W，SW∠50°左右的节理组合，对上游岩壁稳定不利，全壁面普遍掉块，致使上游侧岩壁吊车梁壁座角无法形成。尽管在施工过程中，曾先后多次对节理密集带区域在爆破后的松弛圈范围进行了弹性波测试，对测试结果和开挖现状进行地质分析认为，由于节理间充填物密实、坚硬、压缩紧密，其影响范围一般仅限于1m以内，不会波及到深部岩石稳定问题，但由于这种节理密集的存在也确实对岩壁的开挖成形带来很大的困难。因此，如何采取有效措施，克服节理密集带对地下洞室开挖成形的不利影响成为天荒坪抽水蓄能电站施工过程中的主要问题。为此，对于不同的开挖层采取了不同的措施。

对顶拱层开挖，顶拱范围内均支护系统锚杆@×@′=150×150，在上、下游拱座处和下游侧拱顶局部破碎地段系统锚杆加长加密，要求系统锚杆必须紧跟掌子面及时支护（其距全断面掌子面的距离不得大于1.5倍洞径）；顶拱范围全部挂网喷厚15cm的混凝土；加强随机锚杆；对渗水点及时打孔引排。此外，还在厂房3个断面埋设了多点位移计和锚杆应力计，随开挖过程进行跟踪观察。

对岩梁层开挖，为减少爆破对岩壁松动的影响，采用上、下游边墙预留保护层（两侧各留4m）、中部拉槽的开挖方式；同时要求无论中部开槽或保护层开挖前均需进行预裂爆破。由于节理密集带的影响，虽然下游岩壁大部分达到设计要求，壁座角成形较好，但上游岩壁成形较差，绝大部分离设计要求相差甚远，壁座角多处为零。为此，针对实际开挖情况，采取一些加强措施，在上游岩壁的岩梁部位增加一排锚杆；在岩梁底部增加护壁混凝土，并在护壁混凝土上施加预应力树脂锚杆；在上游岩壁部分区段，对岩石进行浅孔固结灌浆。

对厂房Ⅲ层开挖，除考虑采用中间拉槽、两边预留保护层等措施外，重点是根据现场爆破实测κ、α值控制爆破参数，从而使岩梁处振速不超过合同文件的规定值。

对厂房Ⅳ、Ⅴ、Ⅵ三层的开挖，由于它们分别和母线道、引水道、尾水洞等洞室相交，结构比较复杂，故对相交洞室在进洞前均先在设计开挖线外施工两排锁口锚杆，再用小断面导洞进洞，待导洞进入一定距离后进行扩挖，以确保岩体的完整性。上下游边墙开挖均在设计开挖线处进行预裂爆破，然后再进行全断面深孔梯段爆破。主变压器和其他洞室开挖也基本上按照以上原则进行。

通过上述有效措施，施工开挖基本满足设计要求，地下洞室内由333个测点（多点位移计、锚杆应力计、渗压计、温度计、应变计、无应力计、测缝计）组成的观测系统观测情况表明，拱顶、边墙变位均在允许范围内，尤其是作了大量加固措施的上游边墙，变形量小而以表层变形为主，说明措施得当，效果明显，可以认为地下洞室围岩和结构均处于稳定状态。

（华东勘测设计研究院　汪易森）

张河湾抽水蓄能电站引水发电系统的工程地质研究

张河湾抽水蓄能电站位于河北省石家庄市井陉县甘陶河上。电站利用甘陶河上已建的张河湾水库为下水库，选定水库左岸老爷庙台坪围筑上水库。电厂装机4台，总容量1000MW。为适应该处地形、地质条件，引水发电系统布置形式采用地下厂房、埋藏式引水管道方案。工程设计情况参阅本年鉴第四卷第324页。

（一）工程地质勘测

勘测工作布置针对建筑物布置区宏观地质条件进行。上、下水库间为一陡缓相间的斜坡，平均坡度43°。山坡下部（580m高程以下）出露下元古代甘陶河群蒿亭组（基底），该组下段由泥板岩、白云岩和变质砂岩构成，上段下部为变质安山岩，厚356m，上部为火山砾岩，地下厂房即布置在变质安山岩内。山坡上部分布中元古代长城系（盖层），自下而上为常州沟组、串岑沟组和大红峪组，总厚253m，除常州沟组下部有10～20m厚的底砾岩和页岩，大红峪组中部有一层含铁质砂岩（厚20m）岩质较差外，基本由坚硬的长石石英砂岩组成。

在本区基底与盖层反映的构造应力场均以东西向挤压为特征，褶曲轴向近南北，但强度不同，应变特点有明显差异。盖层褶曲舒缓，地层倾角8°～14°，断层、裂隙倾角高陡。基底褶曲强烈，地层倾角45°～50°，小断层多为中等倾向，向上延伸截止于不整合面，裂隙则有中等倾角和高陡倾角的。长城系地层存在很多层间错动形成的泥化夹层，间距0.5～5m，厚度0.1～15cm。

针对以上特点，地勘工作重点放在下部变质安山岩地下厂房可能布置的范围，利用平洞网和钻孔进行全方位立体控制。即在490m高程（厂房顶拱高程为460m）开挖一条445m长的主平洞，洞深超过上水库引水管道进出水口的正下方，在主洞内布置两对支洞，向主洞两侧各掘进100m，在平洞内还开挖一个竖井，深达厂顶高程；同时在主、支洞内共布置7个钻孔，深度均为100m，超过厂房底板位置。上部长城系地层中布置三层平洞，洞深各在100m左右，结合一个孔深达325m的钻孔，也达到了较严密的勘探控制。

所有平洞均进行了弹性波速测试。野外岩体变形试验布置在各个平洞内，试点包括各种主要岩性，在变质安山岩内还区分不同完整性洞段分别布置测点，试验加力方向均包括水平和垂直两种，以便测定岩体的各向异性，共进行13组试验。

地应力测试采用水压致裂法、压磁法、空心包体法和瑞典法等四种方法，成果包括不同空间部位和不同垂直深度，获得了较好的资料。

（二）张河湾抽水蓄能电站的工程地质条件分析评价

选择地下厂房、主变压器室等大跨度洞室的最佳位置，并确定其长轴方位；然后具体分析控制洞室围岩稳定的地质条件，并提供设计所需的地质参数，是工程地质分析的主要任务。

变质安山岩流层不明显，属坚硬块状结构岩体，但断层、裂隙在空间上的分布不均一，结合其他条件，构成工程地质条件的差异。以主平洞为分析基础，从洞口往内可明显分为三段：0～100m段上覆岩体厚度小于68m，有5条小断层通过，岩体风化较深，平均v_p值3.5km/s。岩体质量Q值为8.5；100～264m段上覆岩体厚68～195m，也有5条小断层，但岩体完整性好，v_p值平均为5.1km/s，Q值为26.6；264m～洞底段上覆岩体厚度大于195m，小断层多，共10条，岩体完整性较差，Q值为9.1。显然以中段地质条件较优，从水工布置看也是中段好，可省去调压井，故选择中段为厂房及主变压器室的布置位置。

影响厂房轴线方位的因素一是断裂产状，这里发育4组裂隙：①走向近南北，倾角45°；②走向北东，产状比较分散，以NE55°～65°为多，倾角55°～80°；③走向280°，近直立；④走向300°～320°，近直立。发育密度以①、②组为大。二是地应力特点，综合几种测试方法成果，厂道区最大主应力方向NE70°，中间主应力轴近垂直，且量值接近岩体自重应力，490m高程处最大主应力为4～6MPa，地下厂房深处为10～12MPa。根据以上主要因素，厂房轴向做了两个方案比较，即NW和NE两个方位。NW布置的优点是与NE组裂隙走向交角较大，对洞室边墙稳定有利，但与地应力的水平最大主应力方向交角也大，厂顶岩体厚度变化大，水工布置不顺畅；NE向布置与最大主应力方向交角小，厂顶岩体厚度均一，水工布置顺畅，但与NE组裂隙平行，边墙稳定条件较差，据实地观察NE组裂隙一般延伸不长，探洞内仅有一条延伸较长，可以避开。经过综合评价，最后选定厂房长轴方向为NE47°。

主要建筑物布置格局确定后，对各洞室围岩的稳定性进行具体分析评价：首先进行岩体质量详细分类，按《水利水电工程地下建筑物设计手册》推荐的岩体详细分类方法进行。厂房及主变压器室边墙和顶拱围岩在不考虑与主要裂隙产状关系修正时为Ⅱ类，考虑修正时降为Ⅲ类。引水管道围岩，包括长城系长石石英砂岩及蒿亭组变质安山岩段，一般属Ⅲ类岩体，仅长城系下部底砾岩段为Ⅳ类岩体。另一方面进行岩体结构稳定分析，变质安山岩在这里表现为块状结构岩体，稳定性主要受贯穿性结构面控制，通过厂区的三条小断层f_3、f_5和f_{11}可在厂顶交汇组合，构成局部不稳的屋顶型割离体，是主厂房顶拱加固处理的重点；其次是平行洞室边墙的NE组裂隙，对边墙特别是对厂房与主变压器室之间岩体的稳定有不利影响，建议进行适当防护。至于引水管道部分，洞径较小，且采用竖井与平段结合的布置方式，围岩稳定条件一般是好的。在配合管道衬护形式设计时，地质分析除对岩体风化、完整性、构造及水文地质条件加以评价外，计算了上覆岩体厚度，并考虑了最小主应力条件，按实测资料，测试范围（上水库地面以下70m以后）最小主应力均大于该段水头的1.2倍，上覆岩体厚度在高程607m以下及水平段的前半部可满足仅做钢筋混凝土衬砌的条件，管道的主要地质要求是防止渗漏水对长城系中众多软弱夹层的影响，避免因夹层性状恶化而引起的边坡稳定问题，故建议全部采用钢衬，但厚度可以按实际条件选定。

地质参数的推荐值依据实际测定值结合岩体分类经验值（地质勘察规范有关附录）确定。

（北京勘测设计研究院　黄一和）

边坡稳定性研究和处理

水口水电站库岸稳定对移民迁建的影响及防护

（一）概况

位于福建省闽江干流中游的水口水电站，装机1400MW，水库回水长度100km，水库面积93.5km²，淹没影响涉及南平（延平区）、古田、尤溪、闽清四县（区）。水库移民安置自1987年开展工作，1988年移民开始搬迁，1993年3月水库蓄水前移民搬迁基本完成。

移民安置采取“就近、就高、就邻后靠安置”的方式，依托于两岸改线后的公路、铁路、水运交通网络，立足于当地剩余土地资源沿闽江两岸呈带状分布。移民安置以后靠和集中安置为主，形成了有樟湖、黄田两个上万人口的库边集镇的28个集中安置点。平整工程共完成土石方开挖1577.15万m³，其中回填614.85万m³，弃土926.30万m³，平整总面积326.17万m²。

水口水库形成后，库周总长达790.6km，其中北岸346.5km，南岸444.1km。居民点库周长65.82km，根据勘测设计的有关资料，其中50.46km需采取工程防护措施，占安置点库周总长的76.7%。水库蓄水前，已对105段19.18km的重要、安全性不够好的库岸修筑了防护工程，大部分已发挥作用，但因各种原因，有27段5.07km的防护工程在水库蓄水后遭破坏丧失了防护功能，需修复或重建，占已建防护工程总长的26.4%。因此，库周尚需建设175段、36.35km长的防护工程，其中93段、23.5km急需治理。*库岸失稳的*类型大致可分为：快速塌岸、房屋开裂变形、护岸工程塌滑、浪蚀、库岸冲沟等类型。

（二）库岸稳定对移民迁建的影响

水库蓄水以来，库岸稳定问题已给水库移民的迁建造成了影响，主要表现在：

（1）影响了移民生命财产的安全。1993年3月底水库蓄水以来，由于库岸坍塌，新建的移民安置点内已有66幢、24104.37m²移民房屋被迫迁移，有些移民安置点仍在受库岸失稳的威胁。如南平太平镇南溪移民安置点，有移民200余户1000余人的房屋建于部分未经处理的堆土上，而且安置区后缘两个滑坡体威胁着学校和安置点的安全。填方前缘已建防护工程400余m，其中北侧约有100m错台下陷达3m多，建在填方上的房屋相当一部分开裂，如果护坡和挡墙大面积失稳，将导致填方体大量滑入水库，使填方上的200余户移民的生命财产面临巨大威胁。

（2）影响了土地和环境的保护及移民的正常生产秩序。水库蓄水后，库岸再造、库岸失稳、风浪及船行波引起的坍塌，逐渐蚕食库边的土地，一方面，不仅影响了迁建的临库的基础设施，如道路、电力设施、邮电设施等正常使用，而且减少了移民的耕地、园地、林地等土地资源，给以土地为生的农业移民的正常生产生活带来不利影响；另一方面，还会带来水土流失等一系列的问题，如南平夏道镇大洲村，有数百亩耕地在蓄水后受库岸失稳的威胁，直接影响了该村的农业生产，后采取工程防护措施，使土地得到了保护。

（3）影响了移民安置区的社会稳定。

（4）影响了对水口水电站10年来水库移民安置建设成果的保护和发展。

（三）主要防护措施

由于水口库周防护工程的重要性、紧迫性和复杂性，对库周防护及治理工作只能按其轻重缓急程度，分期分批治理。首先治理社会影响大、危害重的地段，根据它们不同的地形地质地貌特征，结合水文气象、地表水、地下水以及移民安置区成因，库岸稳定等现场情况，并根据水库蓄水发电及电站运行特性，合理选定各点可行的防护措施。

水口水电站蓄水后，水库正常蓄水位为65.0m高程，汛前限制水位为61.0m高程，死水位为55.0m高程，因此库周防护工程措施的选择要考虑水库蓄水前后施工条件的变化。蓄水前实施的工程，防护基础部分施工可选择在枯水期旱地或部分小围堰的实施方案，此时，可选用浆砌石挡墙、钢筋混凝土灌注桩加承台挡墙或堆石棱体、堆石钢筋石笼、松木桩堆石、松木栏栅堆石等防护措施。蓄水后进行防护的工程或加固修建，应结合水电站长系列径流调节的特性考虑防护措施。水口水电站径流调节一年中有45%的时间维持在65.0m高程水位运行，有35%的时间维持在61.0m高程水位，有20%的时间在65.0m高程水位至死水位55.0m高程之间运行。对蓄水后库周防护工程施工，均采用围堰是不现实的。因此，从资金与电站运行的实际情况出发，选定61.0m高程为水上水下设计施工分界线。蓄水后，库周防护工程除南溪工程采用围堰施工外，其余水下基础均采用抛石压脚、土侧加抛内装砂砾石编织袋的防护方案。61.0m平台处有采用直径1.0m的钢筋混凝土灌注桩加承台方案，也有用直径1.0m的振冲置换碎石桩、桩顶干砌石挡墙或抛石顶叠码两层铅丝石笼或抛石顶砌浆砌石挡墙的方案。

对61.0m高程以上至20年一遇防洪标准高程以下部分，水口库周大都采用厚0.4m干砌石护面、下垫0.15m砂砾石混合料、底铺250～400g/m土工布一层，坡比一般在1∶2.0～1∶2.5。也有根据防浪蚀船运的特点采用叠码铅丝石笼的措施。城市防护工程，为使沿江道路拓宽，在66.0m高程以上采用加筋土挡墙的方案，加筋土高一般为7.0～14.0m。在边坡较陡的情况下，应优先考虑削坡，若不允许则采用钢筋混凝土纵横框架加锚杆加固坡面的方案，也有采用方格型、拱型或人字型浆砌石骨架护坡。对防洪标准高程以上的坡面，需根据居民临江分布情况、坡面坍塌及冲沟分布，有采用坡面埋土工植草网垫面植草皮、有仅对坡面清理面植草等简易处理措施。

对库周进行防护的同时，完善区域系统性排水系统，对山坡地下水较丰富处采取截、排、引支撑渗沟的有效措施，使地下水地表水有序排泄，这也是库周防护工程长期稳定的可靠保证。

（华东勘测设计研究院 龚和平 陈妙玲）

李家峡水电站坝址Ⅱ、Ⅲ号滑坡的稳定性及处理措施

李家峡水电站是黄河上游龙—青段流域规划的第三个梯级电站，位于青海省尖扎县与化隆县交界处，是国家“七五”期间投建的重点水电工程之一。坝型为混凝土双曲拱坝，坝高155m，装机容量5×400MW。地震基本烈度Ⅶ度。电站坝前Ⅱ号滑坡及坝后泄流冲刷区Ⅲ号滑坡的稳定性，直接威胁电站的安全。

（一）简况

1. 李家峡水电站坝前Ⅱ号滑坡　位于左岸大坝上游830～2090m，是一大型、深层、顺层的岩质滑坡，面积约0.32km²，最大纵向长度360m，铅直厚度110m，沿河道底宽1200m，体积1845万m³，前缘剪出口在河水位之下，后缘拔河高度243m，高出正常蓄水位100m。滑坡发育在前震旦系层状（产状NW295°～325°SW∠40°～60°）混合岩中，岩层倾向与坡向一致，构成顺向滑坡，中上部岩层呈顺倾，倾角大于地形坡度；下部岩体呈反倾。纵向上表面形态上缓、下陡，中、上部坡度30°～40°，下部40°～50°，并伴有较明显的滑坡台阶；横向上以前缘中部台锥状完整基岩为界，将Ⅱ号滑坡分为上游区（Ⅱ—1）和下游区（Ⅱ—2）。上游区体积440万m³，下游区体积1405万m³，正常蓄水位时，上游区有91%、下游区有60%位于水下。下游区后缘有圈椅状破裂壁，高约45m，坡度60°～75°。

2. 李家峡水电站坝后Ⅲ号滑坡　位于大坝下游195～525m，在泄流冲刷区左岸，是一个分层解体、顺层旋转滑动的岩质滑坡，顺河向宽330m，纵向最大长度300m，最大铅直厚度70m，体积263万m³。前缘剪出口拔河高度33m；后缘高出河水面168m，亦属前震旦系层状岩体中的顺向滑坡，后缘影响到第三系红色砂岩。滑坡表部松动，卸荷架空明显，呈碎裂—碎裂层状结构。纵向上坡形上缓、下陡，中、上部坡度40°，下部50°；横向上地形起伏呈锯齿状，受各层间弱面分层控制，从上游到下游分4个区：Ⅲ—1区下游侧界沿F_{98}、底滑面受弱面F_{168}控制，方量26.4万m³；Ⅲ—2区上游侧界F_{98}、底滑面受弱面f_{172}、f_{174}控制，方量为66.3万m³；Ⅲ—3区上游侧界f_{174}、底滑面受弱面f_{156}和f_{158}控制，方量为155.4万m³；Ⅲ—4区由层间弱面（f_{160}）控制的浅部松动卸荷岩体，方量为14.4万m³。

（二）滑坡的稳定性分析

1. Ⅱ号滑坡稳定性分析

（1）蓄水前的理论研究成果。采用Sarma法，结合平面有限元、离散元、三维曲面摩擦接触有限元等方法的研究认为：该滑坡整体处于等速蠕变状态，其稳定性随库水位升降反映敏感。当库水位升高25～30m时，滑波表面出现拉裂缝，且裂缝宽度随库水位的抬升逐步加大；当库水位升高60m变形速率达到临界状态之后，随库水位上升，变形速率逐渐减缓。同时，蓄水后滑坡失稳呈分解形式，各分块呈差异性运动，即中下部浅表层坡体首先蠕滑失稳，其后扩展引起中、深部的次滑面开裂、下滑，最后沿主滑面开裂、变形，直至整体失稳。

（2）蓄水后的实际变形。库水位升高25m时，在库水直接作用的岸边首先产生开裂，库水位升高35m时近库岸边地面开裂范围逐渐增大。坡体开裂从岸边

向岸内，变形量由大到小，变形范围由小到大，变形深度由浅到深，沿边坡纵向呈台坎或台阶状的拉裂变形。随着库水位的升高到90m，开裂范围明显扩展到主、次滑带，并沿后缘主滑带有30～45mm的垂向错距，8～15mm的水平开裂，同时上下游区接触部位亦出现明显的开裂变形。近前缘次滑带的变形幅度明显大于后缘主滑带，前缘次滑带的敏感水位是库水位升高30m；后缘主滑带的敏感水位是库水位升高74m。

2. Ⅲ号滑坡稳定性分析 采用Sarma法进行稳定性计算，代表性Ⅲ—3区的成果列于表1。在天然状态下，各区基本稳定。但开挖切脚后，将引起坡体稳定性降低、变形增大甚至局部失稳；若控制性弱面遇水软化或局部浸水，坡体将处于不稳定状态。由此认为，在泄流雨雾作用下，滑坡沿NE～NEE向结构面开裂，造成表层分块滑塌，或沿深部软弱组合面产生向临空方向的蠕移，可能危及出线平台和建筑物安全，并抬高尾水位。

表1 Ⅲ—3区稳定性计算表

选用剖面	干燥状态下			潮湿状态下		
	f	c (MPa)	K_c	f'	c' (MPa)	K'_c
Ⅲ号	0.55	0.03	1.15	0.45	0.01	0.97
Ⅷ号	0.55	0.03	1.13	0.45	0.01	0.94

注 表中f、f'为抗剪参数；c、c'为内聚力；K_c、K'_c为安全系数。

（三）滑波的工程处理措施

1. Ⅱ号滑坡处理

(1) 削头减载。据稳定计算，天然状态下该滑坡的安全系数（K_c）最低值在下游区纵4、纵5剖面，监测亦表明该部位变形较大，处于等速蠕变状态。由于截流后堰内水位抬高，其K_c值更趋降低。为确保施工期安全，在滑坡下游区顶部（正常蓄水位以上30m）挖掉80万m^3，使安全系数（K_c）提高到天然状态下的K_c值。

(2) 监测预报。为了进一步掌握滑坡的变形规律，预测滑坡发生的地点、类型及规模，预报滑坡发生破坏的时间及对工程危害的程度，通过地表（大地测量点、收敛计、简易测桩等）与地下（倾斜仪钻孔、监测洞）监测手段的综合分析，该滑坡一次性分块失稳的最大方量小于500万m^3。

(3) 涌浪防护。预报出滑坡失稳范围及方量后，进一步对滑速及涌浪进行研究，其成果见表2。由表2可见，大坝防浪高度按15m设防是可行的。

表2 涌浪试验成果简表

蓄水高度 (m)	最大滑速 (m/s)	一次下滑方量 (100万m^3)	坝前涌浪高度 (m)
初期发电水位低于坝顶40m	11.20	2.0	5.04
		5.0	12.30
正常发电水位低于坝顶5m	10.04	2.0	3.91
		5.0	6.81

2. Ⅲ号滑坡处理

(1) 基本原则和思路。该滑坡早期产生顺层旋转坐落（Ⅲ—3区）和牵引拉裂（Ⅲ—1、Ⅲ—2区），后期曾再度产生解体松动或蠕移，岩体极为破碎，锚固效果差。在泄流雨雾条件下，坡体将大量充水或浸润，使结构面软化、强度降低而失稳。由于冲刷区河道狭窄，厂房尾水平台的设计高度不允许岸坡有较大的方量滑入河道，以致抬高尾水位影响正常发电效益，故采用“多挖少锚”的原则。

(2) 边坡防护的设计标准。考虑到电站运行后，该区将长期处于雨雾状态下工作，按处理后坡体弱面浸水条件下的强度参数（$f=0.25\sim0.4$，$c=0$）作为边坡稳定性复核及设计加固参数，其加固后边坡相应安全系数（K_c）不小于1.1。

(3) 处理措施。主要有三点：①清坡与锚固。边坡上部按35°～40°坡度清坡，分设三层马道；下部（前缘剪出口以下）按坡比1∶0.6～1∶0.8开挖，设一层马道。施工按“边挖边锚，由浅入深，分层实施”的原则，结合最优锚固方位NE13°～19°，最优倾角19°～23°，对清坡后各区分别进行锚固：Ⅲ—1区采用间排距3m、入岩12～15m深的锚筋桩；Ⅲ—2区采用系统锚杆和锚筋桩，并沿马道设6排、间距4m、入岩30～35m深、100t级预应力锚索；Ⅲ—3区沿马道设3排、间距6m、入岩30～35m深、100t级预应力锚索。②防渗与排水。考虑到泄流雨雾入渗对边坡稳定的不利影响，对滑坡表面进行全面挂网水泥砂浆喷护，表里结合排水，即地表设5层排水渠道，深部3层排水洞及相应的排水孔。③变形监测。为掌握工程处理后边坡变形规律和动态，在地表和地下布置监测设施，定期对其进行监测预报。

（西北勘测设计研究院 韩建设 罗志刚）

岩 溶 勘 测 研 究

清江水布垭枢纽半峡坝址柳山河间地块岩溶渗漏问题及防渗措施建议

（一）基本情况

水布垭枢纽是湖北清江干流梯级开发规划的第一级水电站。该枢纽半峡坝址柳山河间地块由清江、招徕河及其河曲形成，西起龙王冲右侧志留系分布区，东至半峡背斜倒转翼奥陶系底部页岩（O_{1n}^{1}），南抵清江，北临招徕河，长3.5km，宽5.0km，东高西低，相对高差600～800m。由于柳山河间地块的封闭条件是半峡坝址的最重要的工程地质问题，因此在坝址比选过程中作了大量的勘探与地质研究，直到目前还在进行地下水的动态观测。尽管出于多种因素考虑，已选定水布垭坝址，但柳山河间地块岩溶渗漏问题的解决仍具有重要的借鉴价值，同时对开发招徕河也有重要的实际工程意义，它将直接控制敞河溪坝址（招徕河河口梯级）枢纽正常蓄水位的确定。

（二）渗漏途径分析

由于半峡背斜核部上峰尖组地层隆起，在核部形成一个宽200～500m的隔水岩体，这样将柳山河间地块渗漏途径限制于核部两侧，即半峡背斜东翼狭长地带和半峡背斜西翼宽阔地带。

1. 半峡背斜东翼岩溶渗漏区（以下简称东区）南北方向宽2500～3000m，东西方向长900m，由上寒武系$\in_{3sh}$、$\in_{3h}$白云岩、白云质灰岩和灰岩组成，地势陡峻，地形坡度大，地表水流排泄通畅。地面表现为侵蚀地貌特征，此外，在斜坡段汇水面积较小，地下水补给较差，径流很浅，到一定深度后溶蚀现象比较弱，同时本区地面高程多在800～1100m，可以肯定在分水岭地带存在一个相对完整的非岩溶化地块，沿本区不会出现岩溶渗漏问题。

2. 半峡背斜西翼岩溶渗漏区（以下简称西区）东西向长1500～1800m，经大量的地貌研究，西区是早期清江西流段的古河道。现在遗留的官酒垭、小垭、盐池一线的古宽谷即早期清江西流段的古河道，仍是现代的汇水区，加之断裂发育，显示出一派溶蚀地貌的景观，岩溶洞穴发育。本区西侧有龙王冲盲谷发育，且一直向北延伸长达3km，龙王冲谷底高程270～240m，低于半峡坝址正常蓄水位高程400m，因此西区实际的外渗途径长度仅2km（棺材峡口——虎洞），其地表分水岭在3号孔一线，走向NW，地表分水岭高程自西向东由550m上升到1100m。

柳山河间地块西区大都为寒武系与奥陶系的强岩溶化岩体，岩溶通道发育，且发育方向大都是北东—南西，即横切河间地块。水库蓄水后，库水将沿龙王冲低谷回水至棺材峡口F_9～F_{160}附近，并向2号岩溶通道迁移汇入虎洞，向招徕河渗漏。

（三）渗漏性质

综合上述情况不难看出，半峡背斜东翼即东区不存在向邻谷渗漏问题，而西区，由于回水线接近虎洞暗河系统，距K_{160}与7号孔等洞穴系统仅50m左右，水库蓄水至400m时与7号孔地下位差为100余米，水力坡降达200%以上，其侵蚀能力极强，势必击穿溶隙直接与主通道贯通，发生管道性渗漏，根据虎洞断面和地下水流速等初步估计，其渗漏量约20m³/s。

（四）柳山河间地块所获取的重要地质参数

大量的连通试验、长期地下水动态观测、地下水动力场的研究（数学模型与电网络模型试验等）、岩溶发育规律的研究，更主要是已完成的10个钻孔揭示的地下深部资料表明：①存在地下分水岭，其高程280m左右；②大量钻孔揭示岩溶发育的下限在270m高程左右；③钻孔大量的压水试验资料又表明，弱透水层的顶板［$\omega<0.05L/(min\cdot m\cdot m)$］在250m高程左右。这些丰富的资料，为确定帷幕的下限提供了重要依据。

（五）防渗帷幕

1. 帷幕线路选择原则　主要依据以下几点：①帷幕线路端点必须可靠，本阶段考虑依托隔水层或相对隔水层；②帷幕下限以下岩溶不发育，且单位吸水量$\omega\leqslant0.05L/(min\cdot m\cdot m)$；③帷幕尽可能放在岩溶发育相对较弱地段，必须避开岩溶管道系统。

2. 帷幕端点的确定　根据柳山河间地块水文地质条件及隔水层分布特征，两端接头最可靠的方案是西接巨厚的志留系页岩，东接中寒武系上峰尖组泥质白云岩、泥灰岩、页岩。此外，东端接头还可考虑400m高程地下水位线或上寒武黑石沟组下段地层，帷幕工程量将会大量减少。

3. 帷幕下限的确定　帷幕下限的确定主要是根据岩溶发育下限和岩体透水性。据10个钻孔资料统计，溶洞发育最低高程270.45m，弱透水岩体［$\omega<$

0.05mL/(min·m·m)〕顶板最低高程为251m。另据相对岩溶侵蚀基准面推算岩溶下限，按清江枯水位推算时，岩溶下限高程252m，按招徕河枯水位计算时，岩溶下限高程为254m。综上所述，河间地块岩溶下限不低于250m高程，帷幕下限可按250m高程考虑。帷幕的总面积约25万m^2左右。

（六）对敞溪河坝址枢纽正常蓄水位确定的建议

招徕河流域面积792km^2，年径流量6亿多m^3，蕴藏着较丰富的水力资源，招徕河的开发是清江流域水力资源开发的一个重要组成部分。敞溪河坝址位于招徕河口一带，它几乎控制了整个流域面积，又有较好的建坝地形与岩体条件，但仍然存在柳山河间地块渗漏问题，作为清江支流的开发，不可能用大量的工程去封堵河间地块，那么敞河溪正常蓄水位定在什么样的高程较为适当呢？作者认为敞河溪正常蓄水位定在280m高程比较有把握，但考虑到水资源的充分利用，也可考虑把正常蓄水位定为300m高程来建设大坝，当正常蓄水位超过280m，如发生渗漏时，再来考虑封堵措施。

（长江水利委员会清江地质大队 徐瑞春）

岩滩水电站库区岩溶洼地内涝勘察研究

岩滩水电站位于红水河中游，最大坝高110m，水库正常蓄水位223m，相应库容24.3亿m^3，装机容量1210MW。水库为峡谷型，库尾接龙滩水电站，库长166km。1992年3月水库蓄水。库区周边有东兰县的巴纳、拉平、长乐、板坡、板华，大化县的弄累、弄层、板烈、弄仙，巴马县的康屯、合屯，共11片内涝区，分别距库岸0.5～12km，为岩溶发育地带。各涝区的降雨通过落水洞、地下暗河泄入红水河。当遇到大暴雨时，岩溶谷地内因排水宣泄不畅而造成内涝。在岩滩水库蓄水前，内涝时有发生，但内涝积水消落快，造成的灾害程度较轻。自1992年3月岩滩电站下闸蓄水后，1993、1994、1995年连续3年雨季内涝区长期积水，淹没农田，其中纳巴片（即上述巴纳、拉平两片）雨季水淹长达3、4个月之久。1994年广西移民办委托广西电力工业勘察设计研究院（下简称广西院）与东兰水电局，对涝区的排涝工程进行规划设计，1995年4月开始对库区排涝工程进行可行性研究勘察设计。

为探讨库区岩溶洼地内涝的成因及其对策，广西院与地质矿产部岩溶研究所协作承接了“岩滩电站库区板文地下河岩溶浸没内涝的岩溶地质专题研究”。为此，采用了多种勘探手段：①进行岩溶地质调查及集水面积核查，面积532.6km^2，比例尺1/50000；②板文地下河钻探及钻孔水位动态观测；③地下河天窗及消水洞探测；④天然电场选频法探测板文地下河位置；⑤地下河天窗水位动态观测；⑥水化学、水同位素观测；⑦板文地下河系统物理模拟试验；⑧拟选排涝隧洞区地质调查，面积30km^2，比例尺1/10000。

通过上述工作，归纳岩滩水库库区岩溶洼地内涝区的岩溶水文地质主要特征是：

(1) 本区碳酸岩广泛分布，自泥盆系上统至二叠系上统连续沉积厚度达2952m，分布面积约占90%，由于经历多期构造作用，断层裂隙较发育，且气候温湿多雨，年平均降雨量1813.3mm，为岩溶的发育提供极为有利的条件，因此，区内各类岩溶形态十分发育，主要有岩溶洼地、落水洞、溶井、溶洞、地下河天窗、地下河管道、伏流、塌陷坑等。

(2) 岩溶地貌形态组合类型以峰丛洼地为主，间夹规模较大的峰丛（林）谷地。

(3) 岩溶发育的方向和等距性，受构造断裂发育的控制较明显，据区内1019个洼地长轴方向与132条断层、697条裂隙走向统计，其中以NW向及NEE向的断层、裂隙影响尤为突出，并出现3000～3400m的等距的长条状、串珠状分布的洼地。

(4) 岩溶发育具有成层性特征，据调查资料统计：岩溶峰顶面高程大致划分为4层：900～980m，800～860m，600～750m，450～550m。岩溶洼地可划分为5层：＞800m，720～780m，540～700m，440～510m，360～420m。溶洞可划分为6层：＞850m，710～830m，530～680m，400～500m，340～380m，280～320m。这表明本区新构造运动具有间歇性抬升的特点。

(5) 岩溶水发育分布受岩性控制较明显。以厚层块状灰岩为主的岩组，岩溶较发育，含水性较强但不均一，主要含溶洞—管道水；局部地段由于白云岩、泥质灰岩夹层含水性较弱，形成岩溶裂隙水；中厚层灰岩、燧石灰岩夹砂页岩及硅质岩的岩组，岩溶发育较弱，主要为岩溶裂隙水，局部发育溶洞—管道水，呈条带状分布于向斜两翼。

(6) 板文地下河是本区唯一的地下水排泄通道，出口位于库区红水河右岸板文村北，其发育受构造控制明显。除经向构造外，主要受NW向和NEE向断裂构造的影响，总体上呈东西向蜿蜒，干流长26.3km，有支流6条，分支流6条，总长91.8km，属于有侧向地表水消入式补给的树枝状管道地下河，其汇水面积352km^2，其中淹没区汇水范围为227km^2（含巴纳—那壳、那往—拉朝谷地131km^2，纳腊—巴王—拉平谷地96km）。板文地下河的上、下游穿越高峰丛洼地，地下河管道埋藏较深（400～700m），没有水点出露，只见一些深洼地，干落水洞、溶井，中游管道埋藏较浅，消水洞（地下河天窗）发育。地下河干流平均坡降在水库蓄水前为7.2‰，蓄水后为5.5‰，其上、中、下游各段坡降呈陡缓相间的阶梯状，呈现出三段缓坡间有二段陡坡：拉统—岩答为2.9‰；岩答—丛由为19.9‰（上游段平均11.6%）；丛由—那亮为3.9‰；那亮—拉洞为17.9‰；拉洞—出口（板文村北）为3.6‰。

库区（纳巴片）内涝的产生有其内因和外因。其内因主要表现在：①板文地下河在岩溶谷地（巴纳片）及其以上中、上游地段，其干流长度约占全长的一半，但汇水区面积占64.5%，地下河长度占80.6%，地下河密度为下游段的2.3倍，因此，其集水范围和集水能力远大于下游段；②汛期中、上游来水集中汇聚于纳巴片两个岩溶谷地中，由于下游段为单一管道，纵坡较平缓，其排泄能力受到一定限制，因此中游的岩溶谷地成为板文地下河的天然调洪水库，除了地下库容可供利用外，在中上游来水量过大时往往需要占据地表库容，这就是纳巴片在历史上曾多次产生内涝的原因。集中暴雨和连续大雨是纳巴片内涝的直接外因，岩滩水库蓄水使板文地下河出口淹没了约46m，其排泄基准面抬高了约46m，库水倒灌使板文地下河产生回水，其水力坡降减缓，枯水期高水位时由3.636‰变为1.788‰，洪水期高水位时由9.77‰减缓为6.36‰，因此板文地下河的排泄能力被显著削弱，如不考虑地下河断面结构的变化，按水力学原理推算，枯水期流量减少了约30%，洪水期流量减少约19.6%。再考虑因水库蓄水后地下河水力坡降变缓，下游段地下河道中的淤塞作用加大，使地下河断面结构发生变化，进一步削弱地下河的排泄能力，据水力学计算，约为蓄水前流速的80%，致使岩滩库区岩溶洼地（纳巴片）内涝的机率增加，成为内涝程度加重的主要附加外因。

为了治理岩滩库区岩溶内涝，曾提出两个方案：①扩大消水洞口，拓宽地下河断面，利用原地下河排洪治涝；②开挖通向库边的排涝隧洞。考虑到①方案找地下河原流断面位置较复杂，库水倒灌和回水，施工难度大，在技术上缺乏实施的可能性；而②方案打排涝隧洞在国内外均有成功实例，技术上可行，经济上虽然一次性投资较大，但从长远来看，可一劳永逸地根治库区岩溶洼地内涝。因此广西院建议采用②方案（打排涝洞排涝），并已得到国家主管部门审批确认。

（广西电力工业勘察设计研究院　蒋道苏）

锦屏二级水电站探洞涌水及涌水封堵

锦屏二级水电站利用雅砻江大河湾天然落差300m，截弯取直、引水发电。引水隧洞全长16～18km，要穿越高于4000m以上的锦屏山主峰，最大埋深达2500m。鉴于主峰地带山峦叠障，人烟稀少，交通不便，常规勘探手段难以适应。为此，国家计委于1990年7月批准开挖5km长的探洞，由华东勘测设计研究院实施。

为解决独头施工的通风需要，采用两条3m×3m断面的探洞平行掘进，每300m用横通洞贯联，形成全断面巷道式循环通风。自1991年10月20日开工以来，探洞内发生数十次喷水事件，至1995年4月探洞内涌水流量达3.00m³/s左右。距探洞以外6～7km的磨房沟泉发生断流，导致磨房沟二级水电站无法发电，当地居民生活和灌溉用水告急，遂引起各级领导的关注，并确定暂停掘进、分段封堵。此时探洞已掘至：PD—1洞4168m；PD—2洞3948m。

（一）锦屏二级水电站探洞涌水情况

1. 围岩条件　探洞内揭露的地层为三叠系中统的盐塘组（T_{2y}），据岩性组合特征可分三个岩组：T_{2y}^4条带状云母大理岩为主；T_{2y}^5灰白色厚层块状大理岩；T_{2y}^6灰黑色薄层状泥质灰岩或大理岩。因紧密倒转褶皱构造影响，在探洞内各层多次重复出露。地层走向以NNE向为主，倾NW或SE，倾角大于70°，为近直立陡倾状。

2. 岩溶发育情况　全洞岩溶不发育，仅见沿结构面发育的溶孔、小溶洞和溶痕，一般直径为20～60cm，个别最大直径为100～120cm，以沿NWW～NEE裂隙面呈串珠状发育。鉴于地层直立陡倾，串珠状岩溶多以近直立的岩溶斜井式管道为主。其中洞深929～1280m洞段岩溶相对集中发育，是锦屏地区沿江地带正常岩溶发育深度的界面，埋深为1000m左右，但白云岩类地层的深岩溶发育埋深可达1500m以上。

3. 涌水情况　据两条探洞的出水点统计：PD—1洞出水结构面有468条；PD—2洞为407条。出水结构面的优势面为NWW、NEE和NNE三组，构成地下水网络。综合地层、构造、涌水特征、水化学性质以及地下水动态等因素，可以划分为四个出水带：

Ⅰ浅层潜水带：洞深230～580m，渗水量是随着掘进深度增加而缓慢地递增，稳定渗水量保持在0.05～0.08m³/s，随季节性略有变化。该带地下水温稍高为15～17℃。自1991年揭露以来，PD—1洞内已基本干枯；PD—2洞内渗水稳定，并不随深部大涌水的揭露而发生变化。这表明浅层潜水带的地下水是从南部或西南部方向补入洞内的。

Ⅱ中部涌水带：洞深1000～1740m。由数个涌水点构成，单点涌水流量为0.05～0.7m³/s（瞬时最大）。该带曾发生5次喷水事件，但一般流量衰减很快，目前4、5号出水点有小于0.05m³/s流量渗出，其他喷水点都已干枯。主出水点的水温很低、仅11～12℃，因此造成围岩地温负增长。

Ⅲ集中涌水带：洞深2100～2850m，主涌水点位于PD—2洞2845.5m处(是探洞内最大涌水处)，瞬时最大涌水流量为4.91m^3/s，喷距大于40m，稳定流量为2.00m^3/s。该带具有范围宽、流量大、水压高、流速快的特征。主喷水点的水温很低，为12℃左右，造成围岩温度为低温值。

Ⅳ深层涌水带：洞深为3200～4034m，主喷水为两段：其一，洞深3500～3600m；其二，洞深3850～3948m。由多个喷水构造组成，单点涌水流量为0.06～0.08m^3/s，喷距6～12m。仅15号喷水点，初始涌水流量为0.25m^3/s，历经17天以后，涌水流量增至0.69m^3/s，流量稳定，不随季节变化。实测地下水压力值为7.42～7.27MPa，相当地下水位高程为2180～2210m左右，与工程区内出露的两大泉的高程相一致。主喷水点水温也很低，仅12℃，致使全洞地温值不大于13℃。1996年10月将Ⅲ、Ⅳ带地下水封堵以后，其外围部位在PD—1洞内有地下水渗出，但PD—2洞内基本干枯，显示地下水的补给来自厂址区以西或西北部方向。

通过探洞查明：锦屏二级水电站的主要工程水文地质问题是丰富的地下水对地下洞室群的施工和稳定的影响。合理地采用堵、排相结合的工程措施，技术上是可行的。

(二) 探洞涌水的封堵

为消除涌水对周围环境的影响，按上级指示于1995年5月21日停止掘进，并着手进行封堵设计和现场施工准备。据探洞含水带的划分，确定分三段封堵，共8个堵头。其中PD—2洞2845.5m处集中涌水点采用内外各布置2个堵头的方案，防止各含水带在探洞内混淆，破坏各含水带的自然径流条件。

1. 堵头设计 堵头位置选择根据水文地质条件及方便施工、尽量靠近出水点等原则进行。因封堵段上覆岩体厚度2000m左右，探洞与磨房沟泉口高差800m左右，考虑到地下水位将高于磨房沟泉口高程，假定设计水头为1000m。堵头设计方法按目前国内常用的重力法进行，按抗剪断计算。根据岩体新鲜完整且呈厚层状，一般湿抗压强度达74～155MPa，纵波波速大于4500m/s的条件，取$f'=1.0$，$c'=1.3$MPa，堵头抗滑稳定安全系数K'为3.0。为有利于堵头稳定，堵头体型采用前大后小的楔形体。堵头总长度为21m，前部2m长仍采用原探洞开挖断面3m×3m，以减少迎水面的面积，中部(离迎水面5m处)四周各扩挖1.5m，为最大断面。堵头采用MgO微膨胀混凝土，并进行回填与固结灌浆。混凝土标号C20、S8，MgO掺量15kg/m^3，回填灌浆最大压力1MPa，固结灌浆最大压力10MPa。

2. 堵头施工 分段封堵的施工程序依次为3+948出水段、3+500出水段、2+845.5出水段。因堵头施工是在有水的情况下进行，存在施工导流问题。施工方案采用在堵头内预埋高压钢管，将地下水导出堵头施工范围以外，混凝土浇筑完成、回填及固结灌浆结束后，关闭高压阀门堵水。导流用钢管和阀门均按承受10MPa内水压力设计，采用ϕ325×18mm无缝钢管，凹凸面对焊钢法兰连接，阀门选用ϕ300正齿轮传动楔式闸阀。混凝土施工采用8m^3梭式矿车装运混合骨料进洞，洞内小型搅拌机拌和。回填灌浆采用1MPa立式双缸泵进行，固结灌浆利用SGB6—10型高压灌浆泵，采用孔口栓塞封闭双管循环式灌浆法进行。

3. 封堵后的水压力 封堵后各段水压力上升极为迅速，其中3+948上升速度最快时每10s上升50m水头。封堵后各堵头漏水量都非常小，说明封堵设计和施工都是成功的。

(华东勘测设计研究院 鲁源祥 周垂一)

隔河岩水电站罗家坳河间地块岩溶渗漏预测与验证

隔河岩水电站是建在一个岩溶化程度很高的石灰岩地区，建坝岩体石龙洞组灰岩(厚180m，上下均有巨厚的隔水层或相对隔水层，岩层走向N70°E/SE∠30°±)，在坝前库首右岸横越罗家坳河间地块，由库内伸向库外。库内、外200m高程(正常蓄水位)以下的灰岩渗径仅2～3km。库内侧82m高程处有KW_{40}地下暗河岩溶洞穴泉；库外侧87m和131m高程处有KW_{501}、KW_{502}地下暗河洞穴泉(见图1、2)。库成后是否会沿石龙洞灰岩发生危害性的水库渗漏，将关系到工程的成败，也是控制工程建设规模的重要条件。1969年国家审查隔河岩水电站时，曾因水库渗漏问题将其正常蓄水位定为160m。这对于清江流域水力资源的利用是非常不充分的，显然也是不合理的。为此，自70年代末到80年代，用了10多年的时间对罗家坳河间地块岩溶渗漏的封闭条件进行全面系统的研究。完成了大量的勘探、地质研究和科学试验，其中钻孔16个，进尺近7000m，单孔最大深度达630余m，这在国内水电工程地质勘探中是很少见的深孔；压水试验230段，在孔深400～500m的孔段仍然作了压水试验，这在国内更是少有的。作了6次大型连通试验，其中在127孔投食盐上吨级，投入萤光素数十公斤。为了解岩溶地区的地下水富存形式，也好证实是“地下统一水面”说，还是“地下水系”说，分别对KW_{502}、KW_{501}和KW_{40}岩溶洞穴泉进行了人工开挖追索近500m，这一工作很有意义，得出了一个重要成果：在岩溶不发育的分水岭地段，基本存在统一的地下水位，或者称等压水面；在径流区，特别是近岸岩溶发育区地下水储存及运移是以岩溶管道流形式为主，符合“地下水系”说，即和地面水系一样，有干流、支流等。此外，还进行了系统的水化学场的研究和大面积的电法与无线电波测试等。

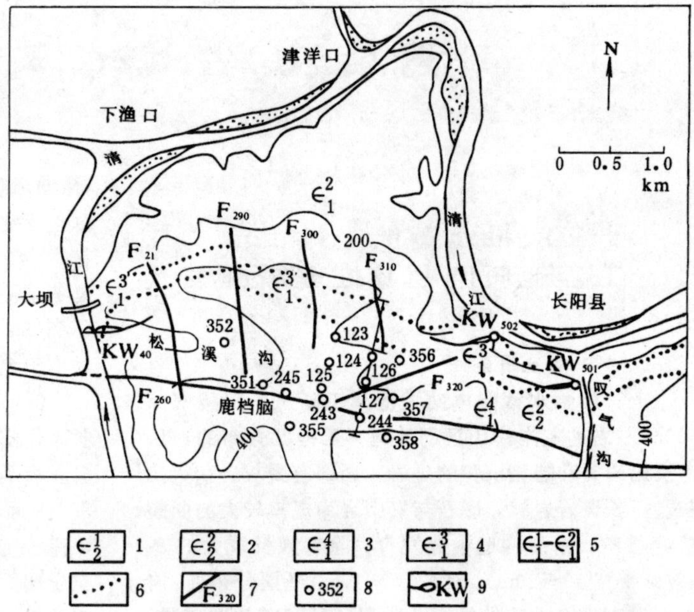

图 1　罗家坳河间地块地质略图

1—上峰尖组；2—红溪组；3—平善坝组；4—石龙洞组；5—石牌组水井沱组；6—地层界线；7—断层及编号；8—钻孔及编号；9—岩溶管道出口及编号

通过上述大量工作，对罗家坳河间地块的地质封闭条件有了一个飞跃的认识：①查清了罗家坳河间地块的地质结构。经地质综合分析及地下水均衡计算，证明石龙洞组灰岩与其它含水层无水力联系，进而可以确认库水通过河间地块的外渗途径只能是石龙洞组灰岩。②大量的深孔勘探和长期的地下水动态观测，证明罗家坳河间地块存在地下分水岭，但其高程较低，为 135m 左右，高于天然河水位（78m 高程）约 57m，但低于设计蓄水位（200m 高程）约 65m（见图 2）。③基本查清了罗家坳河间地块的岩溶发育强度。河间地块中央地带钻孔岩溶率 0.12%，近岸地段为 2%，两者相差 15～20 倍，并证实在河间地块中央地段 200m 高程以下存在一个“非岩溶化”的岩体。为此，建立了“岩溶化河间地块中存在非岩溶化岩块”的论点。最后，得出了罗家坳河间地块无穿越分水岭的岩溶管道系统，不会发生管道式渗漏的认识。隔河岩工程自 1993 年 4 月 10 日下闸蓄水到现在，水库已蓄水运行 4 年多，最高库水位已达 202.12m，超过正常水位 2.12m。水库在 190m 高程以上运行已有 435 天，没有发现任何岩溶渗漏现象。这说明勘察期间对罗家坳河间地块所做封闭条件良好的判断是正确的。

判别水库渗漏与否，长期以来人们建立了两个简单的判别式：一是水库的构造封闭条件好，即水库周围为页岩或其它相对隔水层所封闭；另一个是水库两岸存在高于库水位的地下水位。那么，在不满足上述条件的情况下，是否就一定会产生岩溶渗漏呢？回答是否定的。无论从理论上和工程实例上都已证明，上述判别式不应是唯一的。隔河岩水利枢纽库首右岸存在岩溶化程度较高的罗家坳河间地块是一个极典型的工程实例。在没有页岩封闭，又没有高于枢纽正常蓄水位的地下水位时，通过大量的勘探与科学研究，找出并确认在河间地块中央地段存在一个“非岩溶化的岩块”，也是完全可以起到封闭作用的。

罗家坳河间地块布置有比较完善的地下水动态观测网，通过 4 年多的水库蓄水运行，收集到了大量的信息。河间地块东侧（库内侧）由于岩体岩溶化程度很高，地下水位与库水同步变化，而进入河间地块中央地段钻孔水位反映迟缓，地下分水岭已不复存在。其渗透型式完全符合不透水地基心墙堆石坝的渗流图型，即河间地块中央部位存在的“非岩溶化岩块”，就相当于堆石坝中的粘土心墙，因而只存在浸润型透水。经过计算和实测渗水量为 3L/s，相当于每天损失水量 260m³，所以认为隔河岩水库无外渗问题。

长江水利委员会综合勘测局　徐瑞春
湖北省清江水电开发有限责任公司　周建军

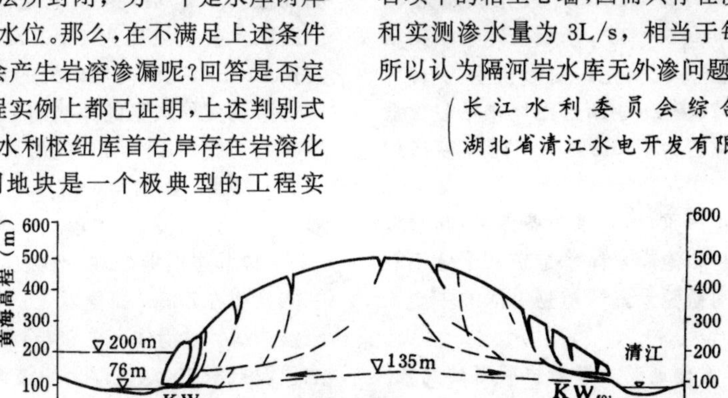

图 2　罗家坳河间地块地下水动力条件及岩溶发育程度示意图

蓄能电站上池工程地质

十三陵抽水蓄能电站上池工程地质问题及处理措施

（一）一般地质条件

十三陵抽水蓄能电站上池建于高出十三陵水库500m左右的左岸蟒山顶部洼地。工程区分布的地层为安山岩类和陆相沉积的砾岩，局部有凝灰岩和火山灰及正长斑岩岩脉。砾石与安山岩为规模较大的断裂破碎接触。断裂构造十分发育，除有规模较大的F_3（破碎带宽10～20m）、F_1（宽5～10m）断层分布外，岩体内发育有多方位的缓倾角断层和层间剪切破碎带。剪切带和缓倾角断层互相交切、联合、归拼，形成复杂的断层网络。断层构造岩都不胶结，沿主断面有数毫米至数厘米的断层泥。裂隙异常发育，将岩体切割成5～10cm或15～20cm不等的碎裂结构。卸荷风化十分严重，在挖深25～50m后池盆地基岩体仍然以全强风化岩为主，局部为弱～微风化岩体，沿断层及交汇带形成全风化的夹层或囊槽。卸荷后断层带及风化岩内次生填泥甚多，有的为泥包砾，有的卸荷后呈数厘米至数十厘米架空。池盆内无地表水径流，开挖后仍处于饱气带之内，无地下水。仅沿F_{118}、f_{206}断层及安山岩与砾岩接触断层带有局部滞水。

（二）岩体物理力学性质及主要工程地质问题

砾岩、安山岩在弱微风化状态下，单轴饱和抗压强度在50～100MPa以上，变形模量为2～3GPa以上。风化破碎岩密度为1.95～2.40g/cm³，变形模量为30～500MPa，抗剪强度$\varphi=26°\sim35°$。断层破碎带结构松软含泥量高、浸水性强易泥软化，变形模量为15～50MPa，抗剪强度$\varphi=20°\sim28°$。断层泥化物粘粒含量达30%～50%，以蒙脱石为主（50%～70%），变形模量为10～15MPa，$\varphi=10°\sim12°$。

岩体破碎卸荷风化严重，地基承载条件差；断层发育、抗剪强度低给坝基和池岸岩体稳定带来十分不利的条件；岩体破碎、结构松弛渗漏严重是上池的主要工程地质问题。

（三）十三陵抽水蓄能电站工程地质问题的处理

1．池盆渗漏及其处理　整个池盆开挖后，全强风化岩和断层破碎带占55%，属强透水；局部张裂架空卸荷带占15%，属极强透水；微张、闭合裂隙发育带（微弱风化岩）占30%，属微透水。基于这种地质环境，对整个池盆采取全面防渗（钢筋混凝土面板）处理是适宜的。经初步运行监测，在水位为▽550～557.2m时，夏冬季渗水量分别为0.01～3L/s，相当于设计渗水量（▽558m水位时渗水量为11.01L/s）的0.1%～27%，远小于允许渗水量（50L/s），防渗效果较好。

2．坝体地基岩体稳定问题　主坝建基岩体以强、弱风化安山岩为主，对当地材料坝具有较好的适应性。但在坝基中部及右坝肩分别有F_{118}和F_3、F_1及其交汇带。大面积断层带的分布，给坝基的不均一压缩变形、渗流稳定、抗滑稳定性造成十分不利的条件。F_{118}倾向左岸偏下游，贯通整个坝基中部，是地基抗滑稳定的控制条件。对此断层带做大面积的挖除后，又平行坝轴线做了齿槽开挖，以改善抗滑条件。经地基位移计监测，沿断层带向下游最大位移为12mm，一般为1～2mm，位移在坝体填筑后基本完成，蓄水后没有新的变化。为防止沿断层带产生渗透破坏，在其表层做了防管涌反滤铺盖。

3．防渗面板破碎软弱地基处理　池底和池盆岸坡多处分布有大面积出露的断层（如F_{118}等）、断层交汇带和夹层、囊状强烈风化岩，承载条件差，易压缩变形。对此，一般采取挖除或部分挖除后，回填级配料压实，以改善地基承载条件。对局部不易挖除的地段采取固结灌浆增强密度，提高承载条件。经初步内外监测资料分析，尚未发现面板产生不均一变形。

4．池盆岸坡岩体变形失稳及加固处理　池盆以1∶1.5的坡比开挖，挖深35～50m，池顶高程568m，池底高程528m，坡高40m。池顶设宽10m的环池公路，公路以上开挖坡比为1∶0.75～1∶1.5。整个开挖岸坡长1045m，受倾向池内外的缓倾角断层控制、有潜在产生滑动变形失稳的岸坡有858m。在开挖过程中，北岸产生了体积30万m³的滑坡，西北角发生了宽130m的岩体塌滑，西南角一带产生了宽80m的岩体蠕动变形。

(1)北岸滑坡处理。滑坡体沿f_{206}断层向池内滑动，主体分布在568m高程以上，局部分布在568m以下的池盆边缘。对滑体，在588m高程以上，挖除减载，在池顶设抗滑桩，池顶以上岸坡设一排预应力锚索，池盆设挡墙及两排预应力锚索加固。另外在坡顶做了防渗铺盖和排水设施。

(2)西北角池坡塌滑处理。塌滑体沿f_{265}、F_{118}断层产生。对此，除将池顶以上岩体挖除外，主要采取了池顶池底做抗滑桩、坡体做混凝土挡墙的措施，并对滑体做了固结灌浆。局部地段又增设了长锚杆和锚索。

(3) 池坡南岸蠕动变形坡体加固。蠕动变形体在 F_3 断层带内沿 f_{251} 断层向池内蠕动，破坏了已铺设面板的整平层。对此，做了厚 1～3m 的钢筋混凝土挡墙挡护后，在挡墙的中下部各做一排预应力锚索。

(4) 池盆西坡岩体加固。池盆西侧山体单薄，开挖挖除了地表分水岭，形成池内 1∶1.5、池外 1∶1.75、顶宽 15～30m 的天然堤坝。沿池盆内平行池坡分布有倾向池外的 f_{207} 和 f_{212} 等缓倾角断层，局部地段有倾向池内的凝灰岩体，分别沿断层带和凝灰岩底部破碎带构成了向池外、池内滑动变形的潜在不利条件。为了确保西坡岩体稳定、提高岩体抗滑稳定余度，对整个西坡岩体在池顶做了一排抗滑桩，在池盆西坡外侧山体上做了两排预应力锚索抗滑桩。在池盆内侧沿断层分布范围，在排水垫层下对岩体做了防渗铺盖。对凝灰岩体，在坡面上做了两排预应力锚索加固。

加固处理后的池盆岸坡岩体，经过初期运行内外监测资料分析，尚未发现池岸岩体有不稳定的变形迹象。

（北京勘测设计研究院　韩志诚）

水工

12

坝工设计

三峡工程大坝设计

三峡大坝为混凝土重力坝，最大坝高183m，大坝轴线长2309m。正常蓄水位175m，坝顶高程185m。大坝混凝土工程量约1480万m^3。

长江洪水量大，设计洪峰流量(千年一遇)为9.88万m^3/s，校核洪峰流量(万年一遇加大10%)12.40万m^3/s。这决定了三峡大坝在总体布置上的两大特点：第一，泄洪设备和施工导流设备多。永久泄洪设备包括：23个泄洪深孔，22个泄洪表孔，3个泄洪排漂孔和7个排沙孔（低水位时也参加泄洪），再加上电站机组过流量，设计水位过流能力为9.87万m^3/s，经调洪后要求的下泄量为：初期7.30万m^3/s，后期6.98万m^3/s；校核洪水位过流能力为12.06万m^3/s，要求泄洪能力为10.25万m^3/s。泄洪前缘长483m。第二，电站总装机容量大（1820万kW)，机组多达26台；为坝后式厂房，左右厂房坝段长1106m。泄洪坝段和厂房坝段总长约1690m，已超过原河道宽度（约1300m)。

三峡大坝组成：①布置于河床中部的泄洪坝段，紧邻其两侧为设置有泄洪排漂孔的左导墙坝段和纵向围堰坝段；②左、右厂房坝段；③布置于左岸的升船机坝段和临时船闸坝段；④两岸非溢流坝段。

泄洪坝段分为23个坝段，每个坝段长21m。每个坝段中部设7m×9m泄洪深孔，进水口底高程90m，为有压短管形式，弧门后采取跌坎掺气。在两个坝段之间布置净宽8m的泄洪表孔，堰顶高程158m。在表孔正下方跨缝布置三期施工截流、导流底孔，进口底高程中部为56m，两侧各3个孔，高程为57m，为长有压管形式，出口尺寸为6m×8.5m。各种泄洪孔口均采用挑流消能形式。对下游部分坝趾及右导墙左侧基础分别设置护坦及防冲墙加以保护。

左导墙坝段位于泄洪坝段左侧，长32m。布置一个泄洪排漂孔，孔口尺寸为10m×12m，进口底高程为133m，为短有压管形式。下游接左导墙，用于分隔泄洪区与左厂房尾水区；其顶部设置排漂孔的泄水槽，净宽10m，两侧墙高12m。左导墙长262m，最大高度93m，墙体采用碾压混凝土。

纵向围堰坝段位于泄洪坝段右侧，长68m，其上下游接混凝土纵向围堰，用于二、三期分期施工。下游混凝土纵向围堰在运行期用作右导墙，分隔泄洪区与右厂房尾水区。纵向围堰坝段分为两个坝段：右纵1号长32m，布置一个泄洪排漂孔；右纵2号为非溢流坝段，长36m。

左、右厂房坝段位于泄洪坝段两侧，坝后为电站厂房。左厂房内装机14台，右厂房内装机12台。每个厂房坝段长38.3m，分为两个坝段：钢管坝段长25m，实体坝段长13.3m。在左厂6号与7号、右厂20号与21号坝段之间各布置一个安装场坝段，长38.3m；平分为两个坝段，各布置一个排沙孔。

临时船闸坝段和升船机坝段位于左岸非溢流坝段7号与9号坝段之间。临时船闸坝段长62m，分为3个坝段：两侧两个实体坝段各长19m，中间坝段长24m。临时船闸运行期为通航孔，以后改建为冲沙孔坝段，布置2个6m×10m冲沙孔，孔底高程105m。升船机坝段长62m，布置升船机上闸首。

三峡坝址基岩主要为闪云斜长花岗岩（91%）。弱风化下部岩体以坚硬岩石为主体，夹有少量半坚硬、半疏松岩石，RQD值一般为70%～90%，透水性微弱，极微透水试验段占38%～52%，变形模量一般为20～30GPa，纵波速度为4.3～5.5km/s。以上数值表明，岩体质量与微风化次块状结构岩体相当，其力学强度、变形特性等均能满足修建混凝土高坝的要求。因此在初设阶段确定在两岸厂房坝段及非溢流坝段地质条件较好的地段，部分利用弱风化下部岩体作为大坝建基岩体，建基面混凝土与基岩的抗剪断参数取：$f'=1.1$，$c'=1.3$MPa。

三峡大坝下游水位高，在设计水位时下游水深达60余米。因此在下游水深较大的坝区，坝基面采取封闭式抽排措施。左厂1～5号坝段的坝基岩体为缓倾角裂隙相对发育区。由于大坝稳定需要在基岩内也采取抽排措施。因此从左排17号坝段至右厂21号坝段形成一个封闭抽排区。

三峡电站压力管道采取单机单管引水方式，管道直径为12.4m。压力管道的布置，为避免管道安装与大坝混凝土施工的干扰，以及为使管道施工随机组安装进度逐步进行以避免过早投资积压，采取在下游坝面预留浅槽的背管形式（在岸坡坝段则为在岩体里开挖形成钢管槽）。这种预留浅槽布置形式，有利于管道安装施工，提高管道抗横河向地震的能力，缩短厂坝之间的距离和管道的长度，减少工程量。预留槽的断面形式，亦即钢衬钢筋混凝土管道的下部形状（上部为圆形），经研究比较，为使钢筋混凝土管道底部在设计荷载下不致开裂，从而保证槽底坝体不致开裂，采用方形加小贴角的形式。为减少预留浅槽侧墙的受力，使之不致开裂，在两侧直墙段加设软垫层。

三峡大坝主要坝段布置有各种大孔口：泄洪深孔（7m×9m 设计水头 85m），电站进水口（9.2m×13.3m，设计水头 67m），还有排漂孔、冲沙孔等。对这些孔口的应力分析表明，孔口的顶板、角缘和门井的胸墙部位均有很大的拉应力，一般达 2～3MPa，拉应力深度达 4～8m。因此需配置大量钢筋，达 3～5 排，每排 5 根 ϕ40。配筋量大，施工困难且不易保证混凝土的施工质量。为降低孔口拉应力，减少配筋量，采取以下措施：①在孔口有压段区将横缝止水后移至上游坝面以下 8m，利用止水前横缝库水压力平压，减少孔口拉应力。②对止水后的横缝灌浆（灌至高程 110m），用以提高大坝整体性，也有利减小孔口应力，但只作为安全余度。③在深孔事故门与弧门之间的有压段设置钢衬，用于保护门槽，并减轻磨蚀和空蚀；但不计其强度作用。

通过采取上述措施，配筋量一般可控制在 2～3 排以内。

左厂 1～5 号坝段基岩为缓倾角裂隙相对发育区。经多次采用特殊勘探手段查明厂 3 号坝段基岩的缓倾角结构面最为发育，连通率达 83.1%。为此采取了如下综合工程措施：坝踵部位设置齿墙，底高程 85m；坝基面加宽约 16m；建基高程由 98m 降至 90m；高程 51m 以下使厂房下部混凝土与上游基岩紧密结合，使厂坝（基）联合受力；基岩内加强排水措施；坝段间横缝设置键槽并灌浆，以加强大坝整体性；以及加强下游岩坡开挖的支护等。以刚体极限平衡（等 K 法）分析为主，辅以线性和非线性有限元分析，地质力学模型试验等多种手段分析表明，采取上述工程措施后，大坝沿缓倾结构面的深层抗滑稳定满足设计要求。

（长江水利委员会勘测设计研究院 陈际唐 刘 宁）

小浪底水利枢纽高土石坝和基础处理设计

小浪底水利枢纽工程位于洛阳市以北 40km 黄河中游最后一段峡谷的出口处，是治理黄河的关键性工程。该枢纽以防洪、防凌、减淤为主要开发任务，并兼顾灌溉、供水和发电。坝址处控制流域面积 69.4 万 km²，占黄河流域面积的 92.2%；控制黄河径流量的 91%，控制黄河近 100%的泥沙。水库总库容 126.5 亿 m³。

整个枢纽由大坝、泄洪建筑物（3 条 D=14.5m 的孔板洞、3 条 11m×13m 的明流洞、3 条 D=6.5m 的排沙洞和陡槽式溢洪道）及 6 条 D=7.8m 的引水发电洞、地下式厂房等组成的引水发电系统三大部分组成。枢纽总装机容量 1800MW，总泄流能力 17327m³/s。

大坝为壤土斜心墙堆石坝，最大坝高 154m，坝顶长 1667m，坝顶宽 15m，最大坝底宽约 864m，坝体总填筑量 5185 万 m³。坝址处地震基本烈度为 7 度，按 8 度设防。

（一）坝型和坝的分区设计

1．坝型选择 由以下条件决定，选择了当地材料坝坝型：

（1）地质条件。坝址处河床覆盖层深厚，最厚处达 76m，一般厚 30～40m；河床深槽及右岸出露基岩为二叠系的 P_2^4 粘土岩和 P_2^3 粘土岩，与砂岩呈互层状地层，岩性软弱。断裂构造发育，坝基范围内共发育有顺河向断层 13 条。上述地质条件，不适宜建造混凝土坝坝型。而左岸地形、地质条件较好，为三叠系砂岩地层，适宜于布置泄洪、引水、发电建筑物。

（2）建筑材料。右岸距坝 3～5km 范围内有足够的质量良好的石料和壤土料；坝下游右岸、距坝 6～7.5km 有马粪滩反滤料料场，其储量完全满足要求。

2．坝型比较 1988 年以前初步设计阶段，曾比较过心墙坝、斜心墙坝和斜墙坝三种坝型，共同特点是都设有内铺盖，将上游围堰防渗体和大坝防渗体连接起来，利用坝前淤积泥沙形成的天然铺盖作为坝基防渗的辅助措施。

招标设计阶段，对坝型进一步优化，最终选定具有“上爬”式内铺盖、防渗墙位于斜心墙下面的斜心墙堆石坝坝型。选定斜心墙坝型，主要考虑以下因素：①尽量使防渗体避开河床深槽右侧的基岩陡坎；②采用斜心墙型式，便于“上爬”式内铺盖与上游围堰斜墙的联接；③采用“上爬”式内铺盖，改善了大坝上游坡的稳定性；④斜心墙坝型应力条件较好。

在坝型选择时，充分考虑黄河多泥沙的特点，将大坝防渗体和坝前淤积泥沙形成的天然铺盖联接起来，形成一道完整的水平防渗体系，作为坝基防渗的第二道防线，这是小浪底大坝设计的突出特点。

3．分区设计 坝的分区设计遵循以下四条原则：有利于提高大坝的稳定性和安全性；充分利用当地材料，低料低用，就近取料；充分考虑黄河多泥沙特点，设置内铺盖，利用天然铺盖作为坝基防渗的辅助措施；尽量利用开挖的石渣料和砂砾料上坝，以降低工程造价。

（1）1 区防渗体。该区又分为 1 区心墙、1A 高塑性土区和 1B 围堰斜墙。1 区心墙土料主要为重粉质壤土，粘粒（d<0.005mm）含量约占 24%，塑性指数

14%，设计干容量1.69g/cm^3，相应含水量19%。1A区为粉质粘土，粘粒含量约35%，塑性指数平均21.4%，为增加其塑性，压实度90%～95%，填筑含水量较最优含水量高1%～3%。1B区土料采自坝上游几个低高程处的小土料场，主要为轻、中粉质壤土。考虑到土料性质不同，其压实特性也不同这一特点，故规定1区、1B区施工碾压标准为：压实后的干密度应等于或大于按标准普氏击实试验得到的最大干密度的100%，即压实度应等于或大于100%。

(2) 2区反滤层。2A区为斜心墙下游第一层反滤层，粒径0.1～20mm。250m高程以下水平宽6m，以上水平宽4m。2B区为斜心墙下游第二层反滤层，粒径5～60mm，水平宽4m。在防渗墙下游侧的心墙底部设2A、2B二层反滤层，共厚3m。位于防渗体下游侧渗流出口处的反滤层是大坝安危的关键，因而特别给予加强。位于斜心墙上游侧及围堰斜墙下游侧等处的2C区反滤层，粒径为0.1～60mm，水平宽4m。由于料场砂砾石料级配不良，缺少中、粗砂，为满足反滤料的级配要求，需粉碎部分超径石与天然料掺和。一年多的施工实践表明，经粉碎掺和后的反滤料，级配良好，完全满足设计要求。2区料压实后，相对密度应不小于0.80。

(3) 3区过渡料。颗粒级配0.1～250mm，并要求小于5mm颗粒含量小于25%，小于0.1mm颗粒含量小于5%。位于斜心墙下游侧的3区料，系斜心墙的支撑体，故宽度较大，并要求其压实密度应大于坝壳堆石料。其他部位的3区料，水平宽度4m。3区料也在反滤料场生产。

(4) 4区坝壳堆石。4A区为上游坝壳堆石，由于该区位于水下或库水位变动区，要求石料新鲜、坚硬。该区料采自石料场硅质或钙硅质胶结的砂岩，软岩(粉砂岩和粘土岩)含量小于5%；4B、4C区为下游坝壳料，主要采自进口和隧洞开挖的石渣料，不足部分采自石料场。该区料最大粒径为1m，等于填筑层厚。4A区对石料的质量要求同3区料；要求4B区料软岩含量小于10%，4C区软岩含量小于20%。

(5) 5区内铺盖。该区料用70%的0.1～60mm的砂砾石与30%的1区料掺和而成。该区采用掺和料，一是防止在地震荷载作用下产生过大的孔隙压力；二是提高大坝上游坡的稳定性。

(6) 8区大坝下游的石渣压坡。系为满足大坝下游坡的稳定和防止坝脚部位基础液化而设。对142m高程以上的水上部分仅起压重作用，全部用开挖的石渣料填筑，对岩性无任何限制。

(7) 10区上游铺盖。位于右岸滩地部分，顶面高程150m，其填筑料全部取自右岸坝基开挖的黄土和砂壤土，不要求专门压实。该区与河床上部的砂壤土总厚约15m，它作为右岸上游拦洪围堰基础的水平防渗措施，以替代河床右岸的部分防渗墙，为此可减少防渗墙防渗面积约8000m^2。

（二）基础处理设计

大坝基础的工程地质和水文地质条件十分复杂：河床覆盖层深厚，最厚处约达76m，其组成可分为上部砂砾石层、底砂层和底部砂砾石层。在上部砂砾石层中分布有厚达1～4m的夹砂层透镜体。底砂层厚约10～20m，在河床深槽部位呈连续分布；河床深槽右侧有高约45m的基岩陡坎；在右岸坡脚附近有宽约7～14m、断距达200m的F_1顺河大断层及一系列小的断裂构造；两坝肩出露岩层为二叠系和三叠系的粘土岩、粉砂岩和砂岩，由于构造作用，在某些岩层内泥化夹层十分发育。有的夹泥层厚达数厘米，其延伸长度有的达数百米以上；右坝肩出露岩层为砂岩与粘土岩呈互层分布，且岩层倾向下游，上游侧具有良好的地下水补给条件，故右岸坝基内普遍存在承压水。上述这些工程地质和水文地质条件，将直接关系到大坝的稳定、坝基防渗、不均匀沉降、地震液化等关键问题。基础处理设计的任务就在于选择最佳的坝基处理方案，以确保大坝及整个枢纽的安全。

1. 主坝混凝土防渗墙　主坝混凝土防渗墙位于坝轴线上游80m的斜心墙下，用以截断河床砂砾石覆盖层。防渗墙轴线长约440m，防渗面积约20000m^2，墙厚1.2m，最大造孔深度82m。考虑到天然铺盖的辅助防渗作用，防渗墙插入心墙内高度12m，墙底嵌入基岩内深度至少1m，墙两端伸入心墙内不小于20m。在水库初期运用阶段，库水位一般为250m，此时，不考虑天然铺盖的辅助防渗作用，防渗墙承担水头约115m，据此确定墙厚1.2m，相应渗透比降为96。根据二维有限元计算结果，防渗墙底部最大压应力在50MPa以上，在心墙基础面附近墙的下游侧有可能出现拉应力，由此确定混凝土的设计强度为35MPa，并利用其后期强度，才能满足要求。墙顶部18m布置了钢筋笼：深槽段墙上游侧受力钢筋5ϕ22/m，墙下游侧钢筋为5ϕ36/m。浅槽段墙上下游侧受力钢筋均为5ϕ22/m。为改善墙的应力状态，并尽量减轻墙顶周围土体因不均匀沉降可能产生的剪切破坏，墙顶部3m做成楔形体，墙顶端为圆弧形，并在墙顶以上设置4m×5m的高塑性土区。

2. 上游围堰防渗墙　上游围堰防渗墙位于坝轴线上游400.85m的枯水围堰下面，系施工期上游拦洪围堰基础的防渗措施，并有利于坝基的开挖和大坝底部的填筑。该墙分两期施工：第一期位于河床深槽段，截流前完成，为塑性混凝土墙，厚0.8m，防渗面积13700m^2，最大墙深约70m。塑性混凝土强度2.0MPa，弹性模量500MPa，抗渗标号S4，渗透系数小于10^{-7}

cm/s。第二期工程位于左岸龙口段，防渗面积约 $10000m^2$，截流后施工。为争取工期。该段采用高压旋喷灌浆方法成墙。墙为单排桩，两期墙采用搭接型式连接。

3. 灌浆

（1）固结灌浆。凡心墙基础位于基岩上时，整个心墙底宽范围内均布置了固结灌浆，以封堵基岩表面的节理裂隙，并改善基岩上部帷幕灌浆效果。除帷幕轴线两侧共4排孔的孔、排距为3m×2m外，其余孔、排距均为3m×3m，按方格状布置，并分两序施工。固结灌浆孔深除 F_1 断层带及两侧影响带孔深为10m外，其余孔深均为5m。灌浆标准为小于5Lu。由于基岩上部节理裂隙十分发育，实际施工时，有相当大的范围布置了Ⅲ序孔或Ⅳ序孔后，才达到了设计要求。

（2）帷幕灌浆。根据左、右两岸及河床段不同的水文地质条件，对灌浆孔的排数、孔深、孔向采用了不同的布置形式。为提高灌浆效果，在帷幕轴线上浇筑了宽8m、厚0.8m的混凝土盖板，作为帷幕灌浆盖重。

1）左岸。左岸由于地形上沟道的切割，高程与坝顶齐平并有垭口，又是枢纽泄洪、引水系统集中布设的地方，故在设计思想上将左岸约1100m的单薄山体作为大坝的延伸，左岸山体防渗帷幕与大坝防渗帷幕形成一道连续的防渗体系，并设置了相应的排水幕。河床左侧帷幕位于防渗墙下面，为单排孔，孔距2m，最大孔深90m，在防渗墙顶施灌，为垂直孔；左岸岸坡段，由于基岩上部节理裂隙发育，该段又是绕坝渗漏的主要区域，为此共布置了三排孔，一排主孔，二排孔深15m的副孔，孔距均2m。根据岸坡段节理裂隙产状，为提高灌浆效果，该段采用斜孔灌浆，顶角12°，倾向岸内；山梁顶部的灌浆孔深达150m，故在山体内布置了上、下两层2.5m×3.5m的灌浆隧洞，该段帷幕除 F_{236}、F_{238}、F_{240} 断层带为两排孔外，其余均为单排孔，孔距2m。上、下层帷幕之间，通过灌浆洞内的水平衔接灌浆封闭。当帷幕通过泄洪洞、排沙洞和发电洞时，由这些洞内的环形灌浆与帷幕灌浆衔接，形成一道完整的幕体。

2）右岸。右岸帷幕自河床深槽右侧基岩陡坎的坡脚处起，至防渗墙右端，因系在墙顶造孔，为单排孔，孔距2m，孔底至 P_2^4 粘土岩层；防渗墙右端至 F_1 断层影响带，该段由于顺河向小的断裂构造比较发育，布置一排主孔，两排15m深的副孔，孔、排距均为2m；F_1 断层带及两侧影响带是右岸坝基渗漏的主要通道，共布置5排深孔灌浆，孔深65m，孔、排距均2m；右岸的其余部分，均为单排孔，孔距2m，孔深按0.5H控制。考虑到右岸岩层条件和节理裂隙发育情况，灌浆孔均为直孔。

灌浆帷幕防渗标准为小于5Lu。自1996年元月起，大坝的固结灌浆和帷幕灌浆全部采用了同一配合比的稳定浆液，取得了良好的效果。

3）河床深槽段。河床深槽段宽约200m范围内未设帷幕，主要基于以下理由：该段基岩为二叠系的 P_2^4 粘土岩，透水性小；砂砾石覆盖层厚度大于40m，即使产生少量渗漏，渗透压力也会迅速衰减；位于高程80～100m间、有厚约10～20m呈连续分布的底砂层，可以起到很好的反滤作用。

4. 心墙基础面处理　心墙基础面处理质量的优劣，对能否防止沿心墙基础面的渗透破坏和心墙的不均匀沉降、确保大坝的安全具有至关重要的作用。小浪底大坝心墙岩石基础面处理主要包括以下项目：

（1）基础面清理后，对张开的宽大裂隙用水泥浆或水泥砂浆封堵。

（2）当基础面坡度达不到设计要求，或有基岩陡坎或凹坑或为避免心墙扩散时，浇筑整形混凝土或回填混凝土，使基础面平顺。

（3）整个心墙底宽范围内喷混凝土或浇筑0.3m厚混凝土盖板。标书技术规范中曾规定，心墙底宽范围内的岩石基础面喷5cm厚混凝土处理。坝基开挖后，因右岸基础为砂岩和粘土岩互层分布，且极易风化，故除个别岩石条件较好的基础面采用喷混凝土外，其余改为浇筑最小厚度0.3m的混凝土盖板。左岸为三叠系砂岩，因受4组高倾角节理切割，基础开挖成形极为困难，施工时全部改为浇筑混凝土盖板。混凝土盖板表面布置了构造钢筋。

（4）心墙土料填筑之前，应对已处理的心墙基础面进行全面认真检查，清除和修补不合格的喷混凝土层或混凝土缺陷；紧接土料填筑之前，基础表面涂刷一层泥浆，并在泥浆湿润时填土封盖。涂刷泥浆用于封堵细微裂隙，促使土料与基础面结合良好。

（黄河水利委员会勘测规划设计研究院　高广淳　林秀山）

小湾水电站高混凝土拱坝设计

（一）工程概况

小湾水电站位于云南省南涧县和凤庆县交界处：澜沧江中游，系澜沧江中、下游河段规划8个梯级水电站中的第二级。

1991年4月21～29日，原能源部、国家能源投资公司、广东省、云南省有关领导及有关部门的同志考察了澜沧江中、下游河段并签订了《关于合资开发云南省澜沧江中下游梯级水电站的原则协议》，推动和加快了小湾水电站的前期工作。

小湾水电站枢纽区的地质条件较好，总体看建基面岩石质量高，抗力体岩体稳定性较好，局部软弱部位经加固处理后，可满足修建高双曲拱坝的要求。枢纽区地震基本烈度为8度。

小湾水电站以发电为主，兼有防洪、灌溉、旅游和库区水运养殖等综合利用效益。

大坝为双曲拱坝，高292m，顶拱中心线长922.74m。总库容151.32亿m^3。右岸为地下厂房和引水发电系统，左岸两条泄洪隧洞。总装机容量为4200MW，电站保证出力为1854MW，年发电量188.9亿kW·h。

（二）小湾坝体设计

1. 体型　关于拱坝体型，在枢纽布置方案咨询会议上专家提出“拱坝体型选择应扁平化”。地质咨询会议纪要指出：“加大拱坝曲率半径，以使两坝肩适当上移”。为此，在拱坝体型设计中确定了如下原则：

(1) 在满足应力控制标准的前提下，拱圈适当扁平化，以改善坝肩岩体的抗滑稳定条件，同时在保证大坝工作安全的原则下，力求减少坝体混凝土量和坝肩开挖量，力求取消纵缝。

(2) 力求坝体应力均匀。

(3) 优化坝体竖向曲率，确保在各种工况下坝体应力满足设计要求。

(4) 适应强地震。

水平拱圈形式，设计了抛物线、椭圆线、对数螺旋线、双曲线、三心圆线五种拱型曲线，最后选择了坝体混凝土量小而线型较简单的抛物线型。根据体型设计原则和中心角约束条件，进行了综合优化，确定顶拱中心角为82.71°，最大中心角为91.14°。

对拱冠梁剖面形式和拱端厚度研究了四个方案。从拱冠梁剖面三个控制参数方面进行分析，由于小湾拱坝坝高，且河谷较宽，在库水单独作用下坝踵的拉应力和自重单独作用下坝趾的拉应力都较高。因此，适当加大这三个参数，有利于高水位时坝踵拉应力的减少；而适当减小这三个参数，有利于降低库水低水位时坝趾的拉应力和地震工况下坝踵的拉应力。推荐的方案四兼顾了库水高、低水位运行时工况，应力状况均较好。

从拱冠梁厚度及拱端厚度方面分析，由于小湾拱坝地震工况为控制工况，坝体应力不仅受上述三个参数的影响，而且受坝体厚度控制。拱端厚度由于涉及到是否设纵缝和坝基开挖量，而不宜太厚，优化结果推荐小湾高拱坝的拱冠梁参数为：拱冠梁底宽69.49m，顶宽13.00m，厚高比0.238，上游平均倒悬度0.047，相对高度0.426，凸度0.159。顶拱中心线弧长922.74m，最大拱端厚度73m，原位坝高柔度系数（F^2/HV）13.84，坝体体积710.60万m^3。

2. 坝体应力分析　坝体应力按多拱梁法分析，用国内自编程序计算，计算中地震荷载用反应谱法求得，采用的地震动参数为水平地面峰值加速度$a=0.308g$。

荷载组合考虑了2种基本组合，4种特殊组合。计算结果表明，起控制作用的是基本组合①（上游正常蓄水位十自重十泥沙压力十温降十下游水垫塘水位）和特殊组合⑤（基本组合①＋地震荷载）。各种荷载组合下的坝体应力均满足应力控制指标，应力分布合理。

小湾高拱坝高度达292m，居世界之最，应力值较高，故还利用国内几种较成熟的多拱梁法程序（包括反力参数法）进行了对比计算。各种计算成果表明，控制应力发生的部位基本一致，均满足应力控制标准，证明推荐的体形是合适的。

此外，还用多拱梁程序进行了坝身开孔对坝整体应力的影响分析和分期蓄水、分期施工对坝体应力的影响分析。结果表明：坝身开孔只使孔口周围产生应力集中，对坝整体应力基本上没有影响。施工期分4期模拟蓄水，成果表明基本上满足应力控制标准，仅下游个别点主拉应力值稍偏大。

为进一步验证推荐的拱坝体形的合理性和评价其安全性，进行了三维静力线性、非线性有限元及三维有限元动力反应分析。计算中反映了地基，包括断层、蚀变带等因素对拱坝应力的影响。

线性成果表明，主应力控制工况为基本组合(1)，由于有限元计算存在应力集中现象，经过等效处理后，应力值基本满足应力控制标准。

非线性分析成果在基本组合时与线性成果差不多，高水位时由于上游坝踵开裂，拉应力释放，下游面压应力增加。开裂深度最大为坝厚的18%，不危及防渗帷幕的安全。

线弹性动力有限元分析与静力有限元分析一样，除上、下游坝踵、坝趾应力集中外，两种地震工况的坝体拉、压应力基本能满足要求，各种程序计算的应力分布规律是一致的。坝踵拉应力较大，采用C_{40}混凝土基本可满足抗震强度要求。

3. 岩体稳定分析　坝肩岩体稳定分析：由于坝址区两岸岸坡陡峻，冲沟发育，右岸山沟深切，在高程1170m以上岩体比较单薄，对坝肩稳定不利。两岸坝肩岩体卸荷裂隙较深，左坝肩④号山梁卸荷裂隙发育深度达100～150m，右坝肩③号山梁卸荷裂隙发育最大深度达85m，对两岸坝肩的抗滑稳定和变形稳定都有影响。坝肩部位分布的蚀变带强度低，对坝肩岩体变形稳定有一定影响。岸边“X”型构造节理发育，建坝后坝肩可能的滑移岩体自重较大，在底滑面倾角较大的情况下，岩体本身产生的滑动力已成为坝肩稳定分析的主要荷载。小湾拱坝高且河谷宽，建坝后拱坝对两岸岩体的推力较大。

针对上述坝肩岩体工作条件，坝肩稳定分析采用刚体极限平衡法，用三维非线性有限元法和整体地质力学模型等试验进行分析。根据三组主要节理组和断层分布情况，拟定了下列几种块体滑移形式，以NNE或NNW向中缓倾角节理作为滑体的底滑面。以NNE或NNW向陡倾角节理作为第一侧滑面。取第二侧滑面的产状为N75°W、NE85°。滑体内分布的横河向结构面，可能将滑体分隔成两个或两个以上的滑块，原则上取离坝端近且破碎带性状差的断层作为分隔面。拱坝在水推力和其他荷载作用下，坝踵附近的岩体因拉应力作用而产生拉裂缝，因为上游脱开面是NNE或NNW向与NWW向陡倾角节理构成的拉裂面。右岸将F_5假定为下游临空面比较合适。

通过大量的岩体力学试验，根据岩体和结构面的实际情况，经地质、科研分析，提出了枢纽区岩体力学及结构抗剪指标建议值。

岩体地震惯性力采用拟静力法计算。

在坝体岩体的三维半整体抗滑稳定分析中，分别对单块滑移和双块错动滑移两种形式进行了分析。由于小湾拱坝坝肩岩体具有底滑面较陡，而自重较大的特点，在分析双块错动滑移时，前块在拱推力作用下其抗滑稳定安全系数比后块在自重作用时的安全系数大。

通过对坝肩岩体可能的滑移形式分析，滑移边界为一陡一缓节理，呈大台阶状组合的形式是坝肩岩体的不利滑型。块体的侧滑面受拉，仅起切割岩体的作用，不参与抗滑。

基本荷载组合①是坝肩岩体的控制工况，计算的安全系数基本接近或超过控制标准，富余度不大。右岸豹子洞干沟有一定深度，但坝肩上部岩体作用的拱推力及渗透压力较小，抗滑稳定安全系数能满足要求。渗透压力对坝肩岩体的稳定影响较大，应加强两岸坝肩的排水措施。$Ⅳ_a$及$Ⅴ_a$类岩体是稳定性差的卸荷岩体，分析表明，不考虑这类岩体的持力作用，坝肩抗滑稳定安全系数也能满足要求，只需考虑其自身稳定即可。因此对该类岩体（包括其中分布的断层等软弱面）的加固措施可以简化。

（昆明勘测设计研究院　傅树红）

天生桥一级水电站混凝土面板堆石坝设计

天生桥一级水电站位于南盘江上，混凝土面板堆石坝坝高178m，形成水库总库容为102.6亿m^3。溢洪道布置在右岸垭口，放空隧洞位于右岸坝基下，左岸布置引水发电系统及导流隧洞。工程总开挖量2329.43万m^3，总填筑量1912.79万m^3，混凝土111.88万m^3，预计1998年底第一台机组发电。

该坝设计遵守的主要原则是：进行合理的坝料分区，充分地利用建筑物开挖料填坝，减少蓄水后坝体变形；设计可靠的止水系统，以安全、经济地建成大坝。

（一）坝料设计

本工程坝高库大，担负着梯级电站的径流调节任务，且堆石坝体施工期要过水和拦洪渡汛，故要求垫层料辅料不易分离，以利于坡面平整，并对堵缝泥浆有反滤作用，同时要求具有半透水性、低压缩性、高抗剪强度。因缺乏天然砂砾石料，坝体填筑用灰岩料加工制备。

通过室内原型级配料的渗透和相对密度试验，找出满足半透水性要求的垫层料的砾石（$d>5$mm）含量应小于65%，细粒（$d<0.1$mm）含量应大于4%；要获得较大干密度（减小沉陷和提高抗剪强度），垫层料的砾石含量应大于45%，细粒含量要不超过10%。综合上述要求，确定了垫层料的级配范围。用压缩试验，确定垫层料的填筑干密度为2.2g/cm^3。

主堆石料为溢洪道灰岩开挖料，要求它具有低压缩性、高抗剪强度、强透水性和耐久性，目的是使坝体承受巨大的水荷载后面板的变形尽可能地小。本工程按岩性相近的工程资料确定主堆石料的级配。最大粒径为800mm的连续级配堆石料，小于0.1mm颗粒含量小于5%。在研究原型料模拟方法的基础上、先用相似级配法将原型料的粒径缩小一半，再经等量替代，确定试验用料的级配。用相对密度、压缩实验及类似工程的碾压试验资料，选定主堆石料的填筑干密度为2.12g/cm^3。

细堆石料作为垫层料和主堆石料之间的过渡料，实现水力和粒径过渡。它由灰岩专门爆破获得，最大粒径为300mm，要求填筑干密度为2.15g/cm^3。

所有其他可利用料作为软岩料用，限制其在下游水位以上、坝轴线的下游范围使用。为适应高坝的要求，填筑干密度为2.15g/cm^3，通过薄层碾压实现。室内压缩试验资料表明，制样含水量高时，饱和压缩的变形小，故碾压时必须加水10%。

下游堆石区也为灰岩开挖料，最大粒径为1.6m，以容纳超径石，增加坝体的排水性和减少填筑量。要求填筑干密度为2.05g/cm^3。

（二）坝体断面分区和设计

1．分区的原则　坝体断面材料分区的目的是在保证大坝可靠运行的前提下，尽量利用建筑物开挖料，以获得最大的经济效益。设计中遵循的主要原则是：在水荷载作用下面板挠度要尽量地小；在任何情况下渗透水流能安全地排往下游；施工填筑方便和造价低。

针对天生桥的料源，坝体分区研究了两个问题，即垫层和细堆石区宽度的选择及砂泥岩软岩料的位置选择。垫层区的水平宽度取决于渗透稳定、施工工艺要求和投资。根据垫层料的渗透稳定试验资料，在保护的条件下垫层料的渗透破坏比降大于170，即使垫层区承受大坝的全水头143m，当它的宽度为3m时渗透稳定的安全系数至少大于2。选定的垫层料需经二次破碎、掺和，成本高，若加工不及时，会影响坝体填筑速度，故选定垫层区宽度为3m。为简化细堆石料的辅料，适应大型机械施工的要求，采用5m的宽度。断面分区见图。

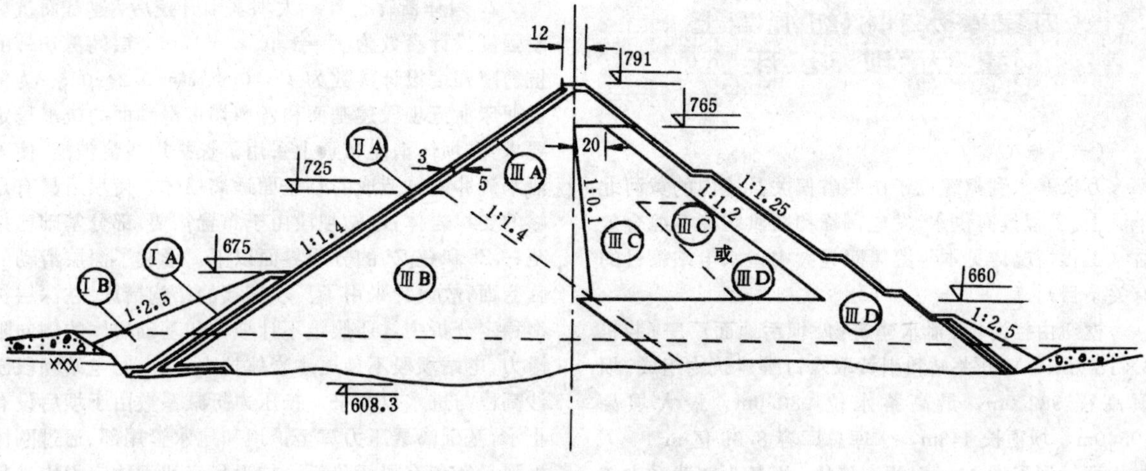

大坝横剖面图

ⅠA—土铺盖；ⅠB—弃料盖重区；ⅡA—垫层区；ⅢA—过渡区；ⅢB—主堆石区；ⅢC—软岩区；ⅢD—下游堆石区

2. 面板及其配筋　坝体在水荷载作用下，堆石坝体体缩，面板随着变形，在其底部引起剪力，使面板大部受压。堆石体体缩值的大小，直接影响面板底部的剪力及其应变，故面板应变和堆石坝体变形有关，和它的厚度关系不大。实测面板的压应变值小于混凝土的极限应变值，面板主要应满足防渗和耐久性要求。为此确定面板最大厚度为90cm，相当于坝高的1/200。混凝土标号为R_{250}，水灰比不超过0.5，坍落度4～8cm，允许掺粉煤灰20%。面板宽度为16m，共计69条面板。面板分三期浇筑。面板配筋的目的在于限制温度裂缝的宽度。根据工程经验，确定面板纵向钢筋的含钢率为0.35%～0.4%，面板拉伸区水平钢筋的含钢率为0.4%，受压区钢筋的含钢率为0.3%。设一层钢筋，布置在板的上部，在周边缝及面板压缩区的垂直缝两侧设挤压钢筋。

3. 趾板　趾板是坝体与基岩之间的防渗连接单元，并作为基岩灌浆的盖重。经对基岩节理裂缝特性分析之后，确定基岩的允许水力梯度为15，相应的趾板最大宽度10m，最大厚度1m，设施工缝。预估运行期的混凝土温降值，考虑混凝土开裂后释放部分拉应力，限制裂缝宽度为0.1mm，计算趾板的含钢率为0.4%。设一层钢筋，布置在趾板上部，锚筋由工程类比确定，直径28～25mm，间距1.5m，深入基岩3.5m。

（三）坝基处理

趾板置于弱风化岩石内2m，坝轴线上、下游堆石体置于强风化岩石上，基岩防渗帷幕深度以岩体透水率为3Lu，并考虑上部40m岩体在高水头渗水长期作用下透水率增大近10倍后综合确定。单排、孔距2m，最大孔深80m。趾板下的弱风化岩体或中等透水性岩体需固结灌浆10～15m深。趾板下的断层破碎带按允许水力梯度为2.5进行掏挖、回填混凝土处理，其后铺反滤料保护。

缝的构造设计原则是：止水材料和周围混凝土之间的粘结力应大于该处的外水压力及止水片变形在接触面上产生的应力之和；止水片的形状和尺寸应适应预估的周边缝位移，缝顶止水材料应能自愈。

周边缝设三道止水。经验表明，周边缝过大的切向位移是导致铜止水片破裂的主要原因。铜止水片切向错位试验结果表明，在相同试件长度下，中肋宽的铜止水片适应切向位移的能力比窄的大，故在缝底部用中肋30mm宽的铜止水片。水压试验表明，PVC和混凝土之间的粘结力约为1.3MPa，小于周边缝承受的水压力，决定在680m高程以上的周边缝中部设PVC止水片，其下用铜止水片。缝顶有粉煤灰，要求它的渗透系数小于1×10^{-3}cm/s，并用土工织物和带孔的镀锌铁片保护。

垂直缝采用平接硬缝。由计算的面板应力分布结果判断得出，左坝头的12条垂直缝和右坝头12条垂直缝为张性缝，缝底部有铜止水片，在顶部有粉细砂，后者用土工织物和带孔的镀锌铁片保护。其他的垂直缝仅设底部铜止水片。施工缝不设止水，缝面凿毛，钢筋穿过缝面。

（昆明勘测设计研究院 杨世源）

万家寨水利枢纽混凝土重力坝设计

（一）概况

万家寨水利枢纽位于山西省偏关县境内的黄河北干流上。工程具有供水、发电调峰和防洪防凌等综合效益（工程情况详见本年鉴第四卷大中型水电站篇目的有关条目）。

枢纽由拦河坝、泄水建筑物、坝后地面厂房（装机6×18万kW）、开关站和引黄取水口等建筑物组成。坝顶高程982.0m，最高蓄水位980.0m，最大坝高105.0m，坝顶长443m，水库总库容8.96亿m^3。

坝址河谷宽430m、两岸陡峻。坝基为寒武系中统张夏组第五层（$\in_2Z^5$）中厚层灰岩夹薄层灰岩，坝基岩体坚硬、完整性好，断层不发育，下游无深切河谷，抗力体巨大，坝体抗滑稳定条件好。地震基本烈度为6度。坝基下薄层灰岩之间存在有层间剪切带和泥化夹层，成为坝下深层滑动的控制面。

（二）坝体设计

由于坝基下薄层灰岩之间存在有不同高程、不同连续面的层间剪切带和泥化夹层，使个别坝段的抗剪参数偏低，故本工程采用半整体式重力坝，各坝段在坝高1/3以下以横缝灌浆连成整体，使之互相调整。

1. 坝体布置 坝体共分22个坝段，从左到右依次为引黄取水口坝段，表孔、底孔、中孔坝段，隔墩、电站和右岸挡水坝段。挡水坝段坝高93m，坝底宽74m，坝段宽18～19m，坝顶宽21m，915.0m高程以下上游坝坡1：0.15、915.0m以上为直坡，下游坝坡1：0.7。泄水建筑物设有8个4m×6m（宽×高）泄洪排沙底孔，进口高程915.0m；4个4m×8m（宽×高）泄洪排污中孔，进口高程946.0m；1个14m×10m（宽×高）泄洪排冰表孔，进口高程970.0m。全部泄水建筑物采用长护坦挑流消能，万年一遇洪水下泄流量8326m^3/s，千年一遇洪水下泄流量7899m^3/s。排沙期最低运行水位时总泄量大于5000m^3/s，满足泄洪排沙要求。引黄取水口为坝式进水口，进口高程948.0m，两条引水钢管直径ϕ4.0m，单孔引水流量24m^3/s，两孔总流量48m^3/s，每年可向山西供水12亿m^3。电站坝段坝高105m，坝段宽24m，坝上进水口高程932.0m，水轮发电机组单机单管供水。引水钢管6条，钢管直径ϕ7.5m，采用浅埋式压力钢管布置，钢管外壁与下游坝面混凝土厚度1.5m。为防止电站进水口被泥沙淤堵，在每台机进水口下部左侧912.0m高程设有直径ϕ2.7m的排沙孔。在最低发电水位时，单孔泄量56.5m^3/s，可以保证进水口“门前清”，满足机组过机含沙量的要求。

2. 坝体断面设计 大坝基础开挖后，建基面抗剪断强度设计参数为$f'=1.0$、$c'=1.05$，层间剪切带的抗剪断强度设计参数为$f'=0.6$、$c'=0.2\sim0.5$。为保证河床泄流坝段建基面和各剪切带滑动面的抗滑稳定要求，在坝体消能布置上采用了长护坦挑流消能，使下泄水流冲刷坑造成的临空面远离坝体，使坝后具有足够的支撑岩体；电站坝段由于布置需要，部分基础已挖至$\in_2Z^5$和$\in_2Z^4$的分层界面以下，形成了深层滑动的临空面，故设计采用了厂坝连接的结构措施。在深层抗滑稳定分析中，还假定不计坝体和基础岩体的侧向阻滑力，电站坝段不计尾水岩体抗力，发电时电站坝段淤沙高程与进水口齐平，扬压力折减系数由于坝后设有止水，基础渗透压力算至护坦和尾水管尾部。通过刚体极限平衡和有限元分析，抗滑稳定和坝体应力均满足要求。

由于坝址区为宽“U”型河谷，岸坡高陡，两岸开挖边坡为6：1，岸坡岩层近乎水平，局部存在有层间剪切带，对坝体稳定不利，通过二向力系作用下的刚体极限平衡和三维空间有限元分析，在初期发电水位970.0m高程以下时，左右岸各三个边坡坝段独立工作都具有较高的稳定性，当超过此水位时，各坝段需并缝联合受力，并缝水位分别为948.0m和940.0m，并缝后满足了各边坡坝段的稳定应力要求。

（三）坝基处理

根据地质资料和基坑开挖发现：在建基面附近和$\in_2Z^5$、$\in_2Z^4$岩层分界面上下存在有受构造剪切作用的J01、J07、J08和J10层间剪切带和泥化夹层，其中J01分布高程在891.5～895.0m范围（甲乙块建基高程为894.0m）；J07、J08、J10在J01下埋深分别为5.7m、8.0m和9.8m。各剪切带产状与上下岩层层面相同，走向北东29°，倾向北西，倾角1.5°～2°。剪切带主要由岩屑和少量夹泥构成，其物理力学性状较差，由于各层连通率不等，影响了岩体的完整性，构成坝基深层滑动的控制面。

电站坝段后部及厂房基础位于相对较软弱的$\in_2Z^4$中厚层灰岩、泥灰岩和页岩的互层岩体上，由于开挖深度达21m，原始地应力释放，加之该岩体易风化、失水干裂、卸荷张开、长时间暴露会使岩体物理力学指标降低，难以满足设计建基要求。

关于渗流控制、因坝基岩体一般属微透水岩层，$\in_2Z^5$的渗透系数一般为6×10^{-4}cm/s左右，$\in_2Z^4$的

渗透系数为 2.5×10^{-5}cm/s 左右，可作为相对隔水层。所以渗流控制的主要目的在于降低坝基扬压力。

鉴于上述地质问题，通过计算分析，除了在坝型选择上采用半整体式重力坝，在坝体布置上采用长护坦挑流消能和厂坝平缝灌浆连接联合受力等有利于抗滑稳定的结构措施外，还采取了以下一些工程措施：

(1) 坝基浅层对抗滑稳定影响较大的剪切带及泥化夹层全部或局部挖除。如位于河床左岸坝段的 J07 剪切带全部挖除；河床右岸坝段的 J01 剪切带局部挖除。挖除后坝基均达到设计建基要求，未挖除坝段因剪切带走向下潜且岩性变好，只采取灌浆和锚桩处理。

(2) 边坡坝段上下游坝脚增加混凝土补角；坝基与边坡之间补打插筋并预埋灌浆管路，后期进行超细水泥灌浆；局部剪切带挖除后回填混凝土封闭；边坡顶部喷混凝土保护，防止地表水通过裂隙进入山体增加渗透压力。

(3) 坝基下渗透性较强的坝段，加强帷幕灌浆及基础排水的强度和范围；电站坝段后部及厂房基础挖掉软弱的薄层灰岩，加强固结灌浆并尽快覆盖上部混凝土，减少卸荷；边坡坝段外山体还需增加灌浆排水平洞，加强排水。

(4) 加固抗力体。护坦设置大直径锚筋桩，尾水岩体设插筋，在护坦和厂房尾部做深排水孔，加强排水减压效果。

(天津水利水电勘测设计研究院 姜家荃)

古洞口工程混凝土面板堆石坝设计

(一) 概述

古洞口水利水电工程位于湖北省兴山县境内，坝址选在长江支流香溪上游古夫河的古洞口峡谷出口处。坝址控制流域面积 965km²，多年平均流量 19.9m³/s，多年平均年径流量 6.28 亿 m³。水库正常蓄水位 325m，总库容 1.38 亿 m³，调节库容 0.69 亿 m³，为年调节水库，库容系数 0.11，水量利用系数 98.4%。该工程以发电为主，兼有防洪、灌溉、供水、养殖等多种效益。电站总装机容量 45MW，保证出力 7.3MW，多年平均发电量 1.22 亿 kW·h。

坝址河谷狭窄，呈近似“V”形，河面宽 60～90m，河床砂砾石覆盖层厚约 20m，右岸岸坡坡角 40°以上，大部分前缘呈 10～40m 高的陡坎，左岸边坡坡角 35°～70°，局部有 5～20m 高的陡坎，坝址出露地层为寒武系上统，巨厚层为白云岩、奥陶系灰岩、灰岩夹页岩及页岩。岩层走向 40°，倾向 (SE) 下游，倾角 20°～30°。构造断裂以陡倾角的较发育，大部分为云解石充填，缓倾角节理规模小，不甚发育。

枢纽主要建筑物有混凝土面板堆石坝、左岸溢洪道、左岸泄洪兼放空洞、右岸引水道及地面厂房和开关站等。混凝土面板堆石坝最大坝高 118m，坝顶长 183m，坝基覆盖层厚约 20m，总填筑量 188 万 m³。溢洪道设两孔，孔口尺寸 11m×22.6m。设计洪水位 (P=1%) 泄量 2680m³/s，校核洪水位 (P=0.02%) 泄量 4260m³/s。泄洪兼放空洞，前段为有压，后段为无压型式，全长 415m，有压段直径 8.0m，设计洪水位泄量 1207m³/s。引水道全长 696m，钢筋混凝土衬砌内径 5.5m。发电厂房装机 3 台，单机容量为 1.5 万 kW，机组安装高程 230m。

(二) 古洞口坝体设计

1. 坝体剖面的确定　古洞口坝址附近的筑坝材料有丰富的天然砂砾料、灰岩石料，以及工程开挖料。砂砾料颗粒级配组成较好，主要成分为白云岩、灰岩，其次为页岩、砂岩，料质较坚硬，磨蚀度好。

在确保大坝安全可靠的前提下，尽可能多地利用河床砂砾料和开挖利用料，是古洞口面板坝剖面设计的基本原则。经多次研究讨论和优化，最终确定的基本剖面见图。分为六区，即垫层区、主堆石区、过渡层区、排水区、下游堆石区和坝前抛填区。其中垫层区、过渡层及主堆石区均采用砂砾料，共计 126.7 万 m³，占总填筑量的 67.5%；排水区仅下游护坡采用灰岩，共计 14 万 m³；下游堆石区与填前抛填区则采用工程开挖利用料，共计 34.8 万 m³，占总填筑量的 18.5%。由于充分利用了天然砂砾料和工程开挖利用料，工程造价明显降低。砂砾料全部布置在坝体上游部位，也充分利用其低压缩性以减少坝体变形。为了确保坝体的透水性，降低坝内浸润线，在坝体排水区（水平排水与竖向排水）采用爆破灰岩料。为保护主堆石区和覆盖层的细粒不至流失，加强坝体各区的渗透稳定，在适当的部位设置反滤层。在无法检修坝上游面的水下部位，作粉土抛填，以增补上游坝面的防渗性能。在下游坡脚采用灰岩超径块石作反压平台，以增强下游坡脚的透水性和下游坡面稳定。

2. 坝体设计　坝顶高程 334.6m，河床趾板建基面高程 212.0m，最大坝高 118m。根据交通要求坝顶宽 8.5m，上游坝坡 1：1.5，下游坝坡 1：1.4。坝顶采用“L”型防浪墙。趾板线由地形地质条件来确定，大部分置于弱风化线上，趾板宽为 1/10～1/12 水头(4.5～9.5m)，厚 0.4～0.8m，纵横向配筋率 0.4%左右，混凝土标号 C30、W12、F100。面板厚度最大为 63.6cm，纵横向配筋率为 0.4%左右，混凝土标号为 C30、W12、F100。面板宽度：中部 12m，两侧 6.0m。周边缝设三道止水：表层填塞 SR—3 塑性填料并加 PVC 盖片保护；中部设橡胶止水带；底部设“W”型止水铜片并垫

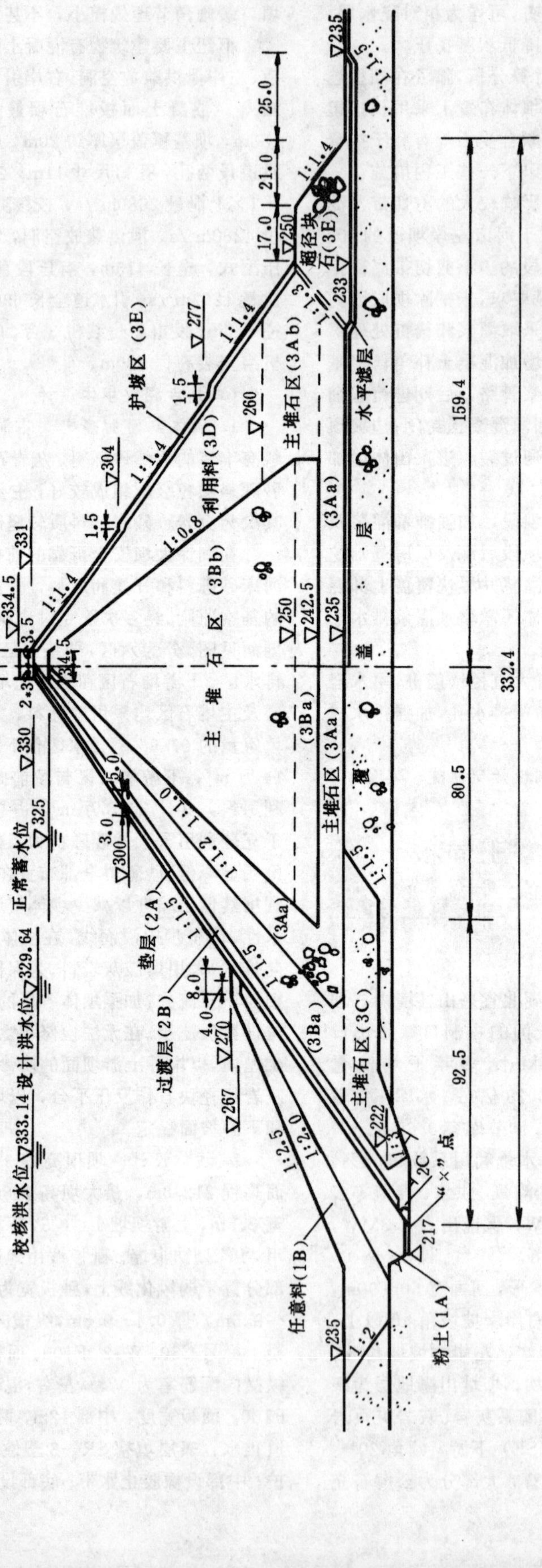
校核洪水位 ▽333.14
设计洪水位 ▽329.64
正常蓄水位 ▽325
▽330
▽331
▽334.5
▽304
▽277
▽300
▽270
▽267
▽260
▽250
▽242.5
▽235
▽233
▽222
▽217
垫层(2A)
过渡层(2B)
任意料(1B)
粉土(1A)
2C
"×"点
主堆石区(3Ba)
主堆石区(3Aa)
主堆石区(3Ab)
主堆石区(3C)
主堆石区
(3Bb)
利用料(3D)
护坡区(3E)
超径块石(3E)
水平滤层
盖层(3Aa)
覆
1:2.5
1:2.0
1:1.5
1:1.2
1:1.0
1:0.8
1:1.4
1:1.5
1:1.3
1:2
1:3
25.0
21.0
17.0
159.4
332.4
80.5
92.5
5.0
3.5
2.3
4.5
1.5
3.0
8.0
4.0

面板堆石坝基本剖面图

PVC 片和沥青砂。面板纵缝分压缝和拉缝两种，拉缝设两道止水，压缝设一道止水。

（三）坝基处理

1. 地基处理　坝轴线上游部位，两岸岸坡要求开挖平顺，无陡坎和台阶地形。趾板下游 15m 范围内的陡坡不陡于 1：0.5，并对其断层和强风化带进行有效处理，其余部位仅清除残积土、松动岩体、倒悬体即可。河床覆盖层最大厚度约 23m，以砂砾石为主（卵砾石占 85%以上，砂占 12%，粉砂和泥占 3%左右）。局部存在砂、泥含量较集中的夹泥带，主要为窄条的透镜状，顺河连续分布于卵砾石中，其厚度约占总厚度的 30%左右，而粉砂泥含量大于 10%的夹泥层厚度约占总厚度的 3%～15%。关于古洞口面板坝基深覆盖层处理措施，依工程特点，主要是采用挖除河床趾板下游 92.5m 范围内砂砾石覆盖层，并清除保留部分覆盖层表层（一般清除深 1～2m）；然后再用 25t 的振动碾静、动碾压 8 遍，以减少该部位的坝体变形。

2. 趾板防渗处理　趾板基本放在弱风化岩石上，对趾板地基进行固结灌浆和帷幕灌浆。固结灌浆孔径平面布置呈梅花型，孔距 2.5～3.0m，孔深 8m。帷幕灌浆设 1～2 排，孔距 2.0m，孔深以 $w<0.03$（L/min·m·m）以下 10m 和大于 0.5H 来控制。为控制绕坝渗漏，防渗帷幕向左右岸山体延伸 120m 与 140m。由于左岸岩体较破碎，强风化深达 15m，为防止趾板地基发生管涌，在趾板下游的河床与左岸范围内用喷射混凝土铺盖，以降低渗流水力比降。

该工程于 1993 年 3 月 1 日正式动工，1995 年 9 月截流，大坝从 1996 年 11 月开始填筑，截至 1997 年 6 月，坝体已由 217m 高程连续上升至 295m 高程（达到 $P=1\%$的拦洪高程）。已完成坝体填筑量 1303m³，约完成坝体总填筑量的 70%，预计 1998 年底基本建成。

该工程由电力部中南勘测设计研究院设计，中国葛洲坝水利水电集团公司施工。

（中南勘测设计研究院宜昌设计分院　曾凡烈）

三板溪水电站混凝土面板堆石坝设计

（一）工程概述

三板溪水电站位于贵州省黔东南苗族、侗族自治卅锦屏县境内，在沅水干流上游河段清水江上，是沅水干流 15 个梯级电站中的第二级，为沅水上唯一具有多年调节性能的龙头水电站。三板溪水电站的主要任务是发电，装机容量 1000MW，保证出力 234.9MW，多年平均发电量 24.28 亿 kW·h，兼有航运、防洪、过木等综合效益，而且对下游梯级电站还可起到显著的调节补偿作用。

1. 自然及地质条件　三板溪坝址控制流域面积 11050km²，坝址多年平均流量 240m³/s，多年平均年径流量约 75.69 亿 m³。

三板溪坝址位于峡谷出口前缘，为不对称“V”形河谷，宽高比约 2.4，两岸岸坡在高程 370.00m 以下，基岩裸露，为元古界上板溪群清水江组砂岩与板岩，凝灰岩与层凝灰岩，岩层走向 30°～35°，倾向 SE，倾角 35°～55°，坝址无较大断层分布，亦未发现顺河断层，缓倾角节理不发育，岩石致密坚硬，饱和抗压强度高，坝址水文地质条件简单，边坡稳定性较好。

2. 工程枢纽布置　根据三板溪坝址地形地质条件，工程枢纽布置左岸为溢洪道，右岸为地下厂房，自溢洪道至右岸坝头为主坝，全长 423.75m，自溢洪道至左坝头之间为副坝，全长 233.78m，主坝和副坝均为混凝土面板堆石坝，坝顶高程 482.5m，在左岸主、副坝之间，为 3 孔 2 槽开敞式溢洪道，泄洪洞位于左岸溢洪道左端，穿过副坝地基岩体。右岸布置地下厂房洞室群，主厂房内装机 4 台，单机容量 250MW。在主厂房洞室下游，布置主变及开关站洞室。尾水调压井位于主变及开关站洞室下游。通航建筑物采用上、下游驳运码头转公路运输方式。

（二）三板溪混凝土面板坝设计

1. 大坝剖面设计　混凝土面板堆石坝坝顶高程 482.50m，趾板基础最低高程 297.00m，最大坝高 185.50m，坝顶宽 10m，坝顶设 L 形防浪墙，防浪墙顶高程为 483.90m，墙底高程 478.00m，其高度为 5.9m，上、下游坝坡均为 1：1.4。

2. 坝体分区设计　筑坝石料主要为凝灰质砂、板岩、凝灰岩，岩石致密坚硬，抗压强度高，其湿抗压强度大多在 100～200MPa，甚至更高，软化系数大多在 0.85 以上，根据室内试验研究，属硬岩筑坝，最大干密度大约在 2.05～2.12g/cm³，弱风化料饱和试样压缩模量约为 106～290MPa，强风化料饱和试样 50～206MPa，其应力应变参数也较高。坝料分区设计指标见下表。

坝料分区设计指标表

项　目	单位	垫层料	过渡料	上游主堆石料	中部主堆石料	下游堆石料	
		Ⅱ	ⅢA	ⅢB	ⅢC	ⅣA	ⅣB
控制最大粒径	mm	80	300	600	800	1000	600
干容重	kN/m³	21.2	21.0	20.7	20.7	20.7	20.7
孔隙率	%	21	22	22.5	23	25	22.5

坝料及填筑要求：①上游铺盖用粘土和全风化料，填筑层厚 30cm，用气胎或羊脚碾碾压 4 遍，靠近面板

1m之内用人工平整，层厚15cm，用振动板压实，铺盖压坡用建筑物开挖弃物。②垫层区用已经过轧制加工的新鲜和微风化石料填筑。小于5mm的细料含量为30%～40%，小于0.1mm的含量控制在5%～7%，级配连续。填筑层厚40cm，洒水量25%，用10t振动平碾和10t坡面碾碾压6～8遍。靠近趾板处用垫层料掺入3%～5%（以重量计）的水泥，作垫层小区，填筑层厚15cm，用振动板人工压实。③过渡区按反滤原则设计，级配连续，填筑层厚40cm，洒水量25%，用15t振动碾碾压6～8遍。④上游主堆石区采用料场或建筑物开挖的弱风化～新鲜石料，填筑层厚80cm，加水25%左右，用18t振动碾碾压6～8遍。⑤中部主堆石区采用料场和建筑物开挖料，填筑层厚100cm，加水25%左右，用18t振动碾碾压6～8遍。⑥高程340m以上，下游堆石区允许风化石料分散填筑，填筑层厚120cm，18t振动碾碾压6遍，大于100cm的石块可用作下游边坡的护坡，高程340m以下石料选择及填筑要求同上游主堆石区。

3. 细部结构

(1) 趾板。趾板设计厚度0.6～0.8m，宽度按1/15水头采用6～12m，伸缩缝设在趾板转折处，与面板垂直缝错开，共计14条。

(2) 面板。面板包括垫层坡面上的混凝土面板和副坝贴坡式混凝土面板。为使副坝趾板避开小乌沟底部的断层，减少基础开挖，并使趾板基础有一定宽度，不致悬空，将冲沟下游侧的风化基岩削成与坝体填筑的垫层料坡面一致，形成贴坡式混凝土面板——连接板的基础，采用连接板结构，可以延长渗径，减少绕坝渗漏，保护和加强冲沟坡面的稳定。

(3) 面板分缝与止水。面板分二期施工，高程398m水平浇筑缝按施工缝处理，主坝面板共设垂直缝35条，中部19条受压缝，岸边16条受拉缝，中央板块垂直缝间距为16m，共18块。岸边板块垂直缝间距为8m，共18块，其中左右岸各9块。副坝设垂直缝23条，缝距13m的板块共12块，6.5m的板块共11块，非标准岸边块为1块，连接板与坝坡面间的接缝亦为周边缝。周边缝防渗填料在425m高程以上采用粉细砂，粉煤灰等无粘性细粒材料，在其表面设置带开孔的金属保护罩，罩上铺设土工织物。

(4) 防浪墙及坝顶。防浪墙呈"L"型，墙顶高程483.90m，墙高5.9m，埋入堆石4.5m，墙顶宽0.5m，坝顶高程482.50m，坝顶宽10m，防浪墙用C20混凝土，抗渗标号S6，伸缩缝间距16m，其止水结构与面板垂直受压缝相同。防浪墙与面板接缝采用顶部和中部二道止水。

(5) 副坝体排水。在副坝连接板下游岩体内，设截水槽和二层纵向排水隧洞，形成一个排水幕，排水幕收集的渗透水从横向排水隧洞排出坝体。

4. 基础处理

(1) 坝基开挖。设计趾板地基开挖深度深入弱风化带3m，垫层、过渡层地基开挖按趾板地基开挖要求进行，并挖除突起的局部山包。坝壳上游1/3底宽范围内，挖至弱风化岩层；从上游1/3坝底宽到坝轴线，挖至强风化下限；坝轴线下游，挖至全风化下限，清除风化带以上岩石。

(2) 断层处理。挖除断层或破碎带中的碎块及易冲蚀的充填物，作混凝土塞进行置换。左岸F_{56}和F_{69}交汇带除作混凝土塞以外，沿趾板基础还作混凝土垫层，长80m，宽30m，厚2m。在坝壳部位地基断层出落表面混凝土和设置反滤层，喷混凝土层厚0.15m，反滤层厚2m。

(3) 防渗帷幕和固结灌浆。大坝帷幕灌浆在趾板上进行，帷幕深入抗水层顶板线［w=0.01L/(min·m·m)］以下5m。右岸防渗帷幕加长加深，与厂房帷幕形成封闭的防渗整体帷幕。主坝左岸帷幕与溢洪道连接，溢洪道帷幕与副坝防渗系统相连。防渗帷幕设两排，排距2m，孔距2m，下游排帷幕深为上游排帷幕深的2/3。在混凝土趾板及坝体断面上游1/3区域内的断层破碎带进行水泥固结灌浆，孔、排距各3m，河床孔深8m，两岸孔深5m，呈梅花形布置。

(三) 结语

(1) 筑坝材料强度高，硅质含量高，硬度大，属坚硬岩石，与国内外同类工程相比较，其压实密度偏低，孔隙率偏高。但筑坝材料试验表明，堆石料具有较高的抗剪强度和压缩模量，应力应变参数也较高，硬岩筑坝在技术上是可行的。

(2) 采用合理的碾压施工方法和工艺，如通过耦合装药，适当增加单位耗药量和合理选用钻爆参数以改善爆破石料级配；掺一定比例的风化料；使用15～18t重型拖式振动碾等，使坝体碾压后能获得较高的干密度值和较小的孔隙率。

(3) 在面板堆石坝设计方面，采用垫层特殊设计小区，止水结构应用新型无粘性细粒粉砂料，上游设置粘土铺盖，以保证大坝和安全运行。

(4) 混凝土面板堆石坝根据坝址地形地质条件，在副坝位置设置了混凝土贴坡面板——连接板，以节省工程量、延长渗径、减少渗漏。

（中南勘测设计研究院 陈霞林）

公伯峡水电站混凝土面板堆石坝设计

(一) 工程概况

公伯峡水电站枢纽位于青海省循化、化隆两县交界处的黄河干流上，距西宁153km。坝址处多年平均流量717m³/s，万年一遇入库洪水7860m³/s。坝址区主要岩性为片岩、片麻岩、花岗岩及第三系砾砂岩。坝区基本地震烈度为7度。

枢纽主要任务是发电，兼顾灌溉及供水。水库总库容6.2亿m³，为日调节水库。电站装机容量为1500MW，年发电量51.4亿kW·h。

枢纽主要由河床钢筋混凝土面板堆石坝、右岸为引水发电系统、左岸溢洪道及放空泄洪洞、右岸深孔泄洪洞等部分组成。

（二）公伯峡坝体设计

1. 坝体布置　坝顶高程为2010m，最大坝高127m，坝顶宽10m，坝顶长423m，坝顶设1.3m高混凝土防浪墙。

上游坝坡为钢筋混凝土面板，坡度1：1.4。在1940m高程以下的面板上设顶宽10m、坡度1：2的土石压坡体。下游坝坡为干砌石护坡，并设10m宽的“之”字形上坝公路，局部净坡1：1.5，综合坝坡1：1.81。1909.2m高程以下用开挖弃渣及卵漂石回填成平台。

设计中在遵循规程规范的同时，着重要做好“前防后排”的结构措施，并充分利用工程开挖料，以保证大坝安全和降低造价。

2. 坝体填筑材料及分区设计　本工程土石方开挖量达1340万m³，远大于坝体填筑量（450万m³），但开挖料中土、砂砾石、软岩（砾砂岩）、风化岩所占比重很大，在保证大坝安全的前提下，充分利用开挖料是坝体设计中的重要问题之一。通过室内、外试验各类开挖料主要特性见表。

开挖料主要特性表

类别	密度 (g/cm³)	抗压强度 (MPa)		软化系数	试验最大干密度 (g/cm³)		抗剪强度		压缩模量 (0.4～0.8) (MPa)	渗透系数 (cm/s)	备注
		干	湿		室内试验	碾压试验	φ (度)	c (kPa)			
砾砂岩	2.31	20.2	3.8	0.25		1.95	32.5～39.7		20.6	2.49 $\times10^{-3}$	洒水大于8%碾压就有局部翻浆现象
砂砾石	2.69				2.19～2.30	2.20	41.6～45.6		62.7～137.7	1.84 $\times10^{-1}$	
强风化料	2.44	31.1	23.6	0.76	2.14	2.1	38～39		39.1～37.6	1.92 $\times10^{-2}$	
微弱风化料	2.68～2.59	88.7～144.6	75.3～120.3	0.79～0.83	2.33～1.93		40～42		88.8～102.2		后三项指标干密度按2.15控制
砂壤土	天然干密度 1.23～1.28				1.67～1.68		29.25	53		2.07 $\times10^{-5}$ 破坏坡降9.97	1. 天然含水量4.4%～5.5%最优含水量15%～16% 2. 后三项指标按干密度1.65控制

分析以上各类开挖料的特性认为：砾砂岩碾压后密度较小，抗剪强度较低，压缩模量小，且透水性差，只能用于坝体内干燥区，而且施工时洒水量控制要求严格，故设计中未考虑砾砂岩和全风化岩的利用。其他各类开挖料根据不同性质，尽可能用于坝体适宜部位，不足部分再从石料场开采料中补充。

坝体材料分区原则：①满足坝体各部位变形协调要求，在主要受力部位（如坝轴线上游）宜尽量采用压缩模量较大的材料，以减少变形量。②坝体内应有通畅的排水通道，以保证下游形成一定范围的干燥区。为充分利用质量较差、渗透系数较小的材料创造条件，在各种材料之间要注意水力过渡的要求。③料区划分尽量简单，以便于施工，同时还要尽可能充分利用开挖料。

坝体材料分区：①垫层过渡料区。混凝土面板的直接支撑结构及与堆石间过渡层，材料应有足够的低压缩性、高抗剪强度及半透水性的反滤作用，故采用洞挖新鲜石渣料加工配置，垫层和过渡层厚度各3m。②主堆石区。主要承载结构，材料应具有强度高、压缩性低及透水性强的性能。坝体上游侧及靠近坝基处采用微弱风化石渣料，以保证在坝体内保持良好的排水通道；

坝体中部及下游侧下部用砂砾石料，为防止砂砾料管涌冲蚀，底部设 3～5m 厚的水平过渡料层。③任意料区。位于大坝下游侧上部的基本干燥区，采用强风化石渣料，并将下游边坡适当放缓，保证边坡稳定。④上游压坡体。保护下部周边缝和面板竖缝以提高防渗可靠性，采用内层砂壤土、外层石渣料，顶宽各 5m。⑤下游弃渣平台。下部为保持排水通畅，采用卵漂石料。

按以上料区设计，坝体上料有 85.26%是利用开挖渣料。

经坝坡稳定及坝体应力应变(E—B 模型)分析，坝坡稳定均满足规范要求，坝体最大竖直位移为 7.8cm，相当于坝高的 0.61%，坝体内应力分布均匀，应力水平均小于 1.0，面板法向位移最大值为 15.34cm。

3. 坝体的防渗结构设计　钢筋混凝土面板堆石坝由基础灌浆帷幕、趾板、混凝土面板及坝顶防浪墙形成了完整的防渗系统。

大坝趾板底部基础帷幕灌浆深度可达到相对隔水层（ω≤1.0～5.0Lu）以下 3.0m，河床部位加设一道深 10～17m 的副帷幕。

趾板的主要作用是将混凝土面板与灌浆帷幕连接成完整的防渗结构。趾板置于弱风化岩体上，局部挖除，较深部位回填混凝土或用混凝土垫座抬高趾板，以保持趾板线的平顺。趾板宽度 4～8m，厚度 0.4～0.8m，板下设锚筋及固结灌浆。两岸趾板与溢洪道和电站进水口引水渠边墙结合而形成高趾墙形式，左右岸最大墙高达 36m 及 44m。墙体除满足稳定和应力要求外，应有较大的刚度，以减小变位。计算分析表明变位较小。

混凝土面板厚度为 0.76～0.3m，最大水力梯度 137.23，采用单层双向配筋，混凝土为二级配标号：R_{28} $200S_8D_{250}$。面板竖向缝间距中部受压区为 12m，两侧张拉缝为 6m。

面板本身的竖向缝、面板与趾板（趾墙）连接的周边缝、面板与防浪墙之间及趾板、趾墙、防浪墙本身的伸缩缝，均是防渗结构的薄弱环节。针对各类缝的受力变位特点，(尤其是周边缝变形量较大)，分别采取设置一道或两道止水片，缝面涂沥青乳剂，缝中填一毡二油或硬木板，缝口加埋氯丁橡胶管填塑料橡胶混合填料等止水措施，以保证缝的防渗性能。

（西北勘测设计研究院　吴曾谋）

白云水电站混凝土面板堆石坝设计

（一）工程概况

白云水电站工程地处湖南省沅水一级支流巫水上游，坝址位于邵阳市城步县境内，系巫水流域九个梯级开发方案中首级电站，总库容 3.6 亿 m³，属多年调节的“龙头水库”电站，以发电为主，兼有防洪、灌溉等综合效益。

本工程规模属大（Ⅱ）型，大坝按百年一遇洪水标准设计，两千年一遇洪水标准校核，枢纽布置包括：大坝、泄洪（兼导流）隧洞、引水发电（兼放空）隧洞、电站厂房等。大坝为混凝土面板堆石坝，坝高 120m，坝顶长度 200m，坝顶高程 550m，坝底高程 430m，坝体填筑量 170 万 m³。泄洪隧洞布置在左岸，采用高龙抬头无压泄洪方式，城门型断面尺寸 7.5m×9.2m（宽×高），隧洞长度 468m。发电隧洞布置在右岸，采用一条洞径 6m 高压引水方式，隧洞长度 358m，近尾部用岔洞分为两支洞，一支洞为放空水库之用，另一支洞引水进入电站，为坝后式厂房。

（二）坝址地质

坝址地形为对称“V”型狭谷，水面宽度 10～25m，两岸山坡陡峻，坡角 70°，相对高差 150～260m，河床及山坡基岩基本裸露。

坝址出露的地层为泥盆系中统跳马涧砂岩组，为紫红色砂岩、灰绿色砂岩、石英砂岩夹薄层页岩，岩层走向 NE10°～30°，倾向 NW10°～25°，倾向下游，稍偏左岸；坝址范围内未发现明显的顺河断层，但节理裂隙发育，存在有软弱夹层、破碎夹泥层、溶蚀性夹层等，岩性较坚硬，新鲜基岩 80～100MPa；地震基本烈度为 6 度。

（三）白云坝体基本尺寸及堆石分区

本坝上下游坝面坡度的确定，主要参照国内外近年来设计、施工和运行等方面所总结的经验，并结合本工程地形地质条件，天然建材种类、性质、物理力学指标及坝高等综合因素拟定。本坝区属弱震区，不考虑地震影响，参照各工程类比，确定本坝上下游坝面坡度均为 1：1.4，考虑库区交通及施工要求，确定坝顶宽度 8m。通过稳定分析，坝体在水荷载作用下一般抗滑安全系数远大于 5，表明坝坡相当稳定。

本坝址河床狭窄，两岸陡峻，属高坝大库，要求施工期坝体能挡水渡汛，减小渗漏，运行期保证大坝安全。在坝址下游右岸 3km 处有大量石灰岩开采，可作为坝体填料，其试验成果如下：平均干容重 27.5 kN/m³，饱和抗压强度 64MPa，软化系数 0.79，弹性模量 67GPa；本工程坝料选择和级配，均参照工程实测资料以及依据现场爆破、上坝材料、压实试验成果等类比而定；尽可能利用各建筑物的开挖石料。

坝体断面分区设计，自上游往下游，由细到粗，各区间粒径过渡，具有渗透性逐渐增大的排水良好条件，共分为六个主要区：

(1) 垫层料区。垫层置于面板下部，为半透水性填料，由人工轧制的新鲜灰岩细料级配组成，要求对堵缝有反滤保护作用，具有低压缩性、高抗剪强度，铺填时不易分离、坡面平整等特点。最大粒径 80mm，渗透系数 10^{-3}～10^{-4}cm/s，设计干容重 22kN/m³，相对密度 0.8，小于 0.1mm 颗粒含量控制在 2%，小于 5mm 颗粒含量 30%～40%，不均匀系数大于 30，且级配连续。垫层水平宽度 3m，考虑到岸坡陡峻和坝基存在不利的地质等因素时都能达到渗漏稳定的条件，垫层料向下游扩大 10m 范围。垫层区内又设置小区料，属特殊垫层区，置于趾板周边缝下游侧，具有良好的级配要求。

(2) 过渡层料区。过渡层在垫层与主堆石料之间，且粒径过渡，起防止垫层中可能带出细料流失的作用，最大粒径 300mm，设计干容重 21.5kN/m³，小于 5mm 颗粒含量大于 5%～7%，孔隙率 21%，不均匀系数大于 5，且级配连续。过渡层水平宽度 3m。

(3) 主堆石料区。主堆石是面板的主要支撑体，要求压缩模量高，抗剪强度大，最大粒径 600mm，设计干容重 21kN/m³，孔隙率 22%，不均匀系数大于 15，小于 5mm 颗粒含量 3%～5%，且级配连续。

(4) 次堆石料区。次堆石料是利用各建筑物的开挖料（强风化料除外），用在坝轴线的下游，且置于下游水位以上的部位。最大粒径 600～800mm，设计干容重 20.5kN/m³，压实和级配要求低于主堆石料。

(5) 下游棱体区。充分利用爆破开采中的超大径石料，吊放砌筑，按级配逐层整平压实，既起压稳坡角作用，又利于排水畅通。

(6) 上游铺盖保护区。在面板上游面，用防渗土料覆盖在死水位以下的面板和周边缝之顶面，作为嵌入面板局部开裂和止水破坏处的材料，以限制其渗漏，是一种简单、经济且行之有效的理想保护措施。

（四）混凝土面板设计

面板是坝体唯一防渗的柔性薄板，紧贴在垫层上，面板顶部厚 30cm，底部厚 60cm，分两期施工，在高程 510m 处设水平施工缝。混凝土标号 R_{28}250，抗渗标号 S12，抗冻标号 D100，坍落度 4～7cm，在面板中部设一层双向钢筋，纵向含钢率 0.4%，横向含钢率 0.35%。

面板分缝是适应坝体变形，分设垂直和周边缝两种，考虑坝址地形岸陡谷窄的特点，以及施工设备的条件等，面板垂直缝分 21 块板条，河床部位 7 块，间距 12m，采用平接硬缝，缝间底部设一道铜片止水；两岸部位各 7 块，间距 7m，采用张性接缝，缝间除在底部设铜片止水外，在顶缝口设 SR 填料，并用 PVC 片保护。靠左右陡岸面板底部，面板两侧高差悬殊，为利于沉陷变形，将面板又分两小块，间距 3.5m，小块顶部则用横缝与上部面板相连。周边缝是面板和底座间设置的柔性接缝，使面板不受约束，适应较大位移，缝间采用三道止水，底部铜片止水，中间 PVC 止水，顶缝口设 SR 填料，用 PVC 片保护。

（五）趾板设计

趾板是面板与基础联接的结构，其基础开挖要求是：河床部位至弱风化带上限内 2m；两岸从坡底至坝顶，开挖从弱风化带上限渐变至强风化带的中部。趾板下的帷幕灌浆要求 w 不大于 0.01～0.03L/min·m。

趾板最大宽度 10m，为水头的 1/12，厚度 0.6m，按施工条件设置施工缝，在地形、地质及趾板变化位置，适当设置伸缩缝。河床段的趾板形式，沿趾板宽度呈水平直线布置，两岸为避免陡岸大量开挖削坡，沿趾板宽度呈爬坡直线布置，爬坡与水平夹角 35.54°。趾板表部设置一层双向钢筋，每向含钢率 0.4%。为承受固结和帷幕灌浆压力，并组成完整的防渗系统，趾板用锚杆固在基岩上，直径 ϕ30mm，长度 4m，双向间距 1.5m。

本工程于 1992 年 3 月开工，由水电第十四工程局施工，长江水利委员会承担工程监理工作。但因建设资金等原因，工程进度计划应于 1995 年完工而未能实现，截至 1996 年底止，大坝全断面填筑高达 86m，填筑量 150 万 m³，第一期混凝土面板已浇筑到高程 510m。

（湖南省水利水电勘测设计研究总院　黄国兴）

抽水蓄能电站设计

响水涧抽水蓄能电站设计

响水涧抽水蓄能电站位于安徽省芜湖市繁昌县，是一座纯抽水蓄能电站。电站距芜湖市区 30km，距合肥 130km，距南京 120km，距上海 260km，距杭州 200km，为邻近华东电网负荷中心。电站与华东电网 500kV 繁昌枢纽变电站相距仅 13km，便于接入电网。电站所处地理位置适中，交通方便，地形、地质、水源条件好，建设条件优越，本电站装机容量 100 万 kW，按日调节运行。上水库的蓄能能力 598 万 kW·h，其中日循环蓄能量500万kW·h。电站年发电量17.43亿kW·h，年抽水用电量23.15亿kW·h。

电站枢纽工程主要有上（水）库、下（水）库、输水系统、厂房和开关站等。

上库位于繁昌县境内浮山东侧的响水涧沟源坳地，集水面积1.12km^2，由主坝、南副坝、北副坝和库周山岭围成。整个上水库都座落在花岗岩侵入体的基础上。上库总库容1776万m^3，有效库容1349万m^3。正常蓄水位222m，正常发电消落水位200m，死水位190m。主坝和南、北副坝均为钢筋混凝土面板堆石坝，坝高分别为89.5m、65.5m和54.5m，坝顶长度分别为536m、347m和158m。筑坝材料来自库盆的开挖，这一措施同时也增大了水库的有效库容。上水库库周山体内的地下水位绝大部分均高于水库正常蓄水位，除了沿F_1断层外，不存在库水外渗的通道。F_1断层穿过南、北副坝垭口，横贯上库，规模相对较大。F_1断层及其影响带在北副坝处宽约8.5m，在南副坝处宽3～5m。为了截断沿F_1断层向库外的渗漏通道，在南、北副坝坝基，结合面板坝趾板基础处理采取了以垂直防渗为主的断层处理措施。另外，沿主、副坝的趾板以及主坝与南、北副坝之间的库周山岭均按常规进行帷幕灌浆。除了以上措施外，对于上水库的其余库岸以及库盆未采取专门的防渗措施。

下库位于泊口河湖荡洼地中，由环形均质土堤圈围成库。总库容1485万m^3，有效库容1275万m^3，水面面积1.03km^2，最高蓄水位14.6m，死水位1.0m。泊口河长约10km，从浮山东面的湖荡洼地中流过，汇入长江的支流漳河。建库后在下库东堤外修建一条长3095m的新开河作为泊口河的新河道。下库原洼地地面高程5～7m。在洼地内的多数地方地表出露的上部地层为第四系全新统地层Q_4，在其下部为上更新统地层Q_3。但在下水库的南部、东南部和西北部，Q_3地层直接出露于地表。Q_4地层为淤泥质粘土夹泥炭层，物理力学性能差，不适合直接作为围堤基础；而Q_3地层为粉质粘土夹壤土，属较密实的中等压缩性土，极微透水，适合作为下库围堤堤基，也适于用作堤体填筑材料。

下库库盆体形采用所谓小库盆深开挖方案。库底开挖至−1m高程。围堤长3568m，堤长的2/3座落在Q_3土层直接出露的地方；另外1/3的堤段则要先挖除地表的Q_4地层，让堤体座落在下部的Q_3地层上。围堤用库内开挖出的Q_3土填筑而成，一般堤高小于17.5m，局部最大堤高23.5m。围堤迎水面边坡1∶2.75～1∶3.0。由于堤身及堤基材料均为极微透水的Q_3土料，下库可不考虑渗漏问题。

输水系统及厂房深埋于上库、下库之间的山体内，其围岩为花岗岩侵入体，整体性好，弹性波速v_p不低于5000m/s，适合建设地下工程。输水道为一洞一机。4条输水隧洞平行布置，每条从上库进出水口至下库进出水口长约880m。电站平均运行水头为200m，故输水道平均长度与平均发电水头之比（L/H）为4.40。引水道上平段和竖井段长度为330～370m，内直径6.5m，混凝土衬砌。钢衬段仅设置于厂房上游侧的引水道下平段，长86m，内直径5.4m。尾水隧洞也采用混凝土衬砌，长298～340m，内直径7.2m。水力过渡过程计算结果表明引水道及尾水道上均不必设置调压室。

地下厂房洞群的主要洞室有主副厂房洞、主变洞、母线洞、进厂交通洞、通风洞和出线洞等。主副厂房洞长182m，宽23m，高53.3m，安装4台单机容量25万kW的竖轴单级可逆混流式水泵水轮机和竖轴半伞式空气冷却发电电动机组。主变洞与主副厂房洞平行，长147.8m，宽20m，高27m。主副厂房洞与主变洞净距31m，有4条互相平行的母线洞相通。地下厂房通向地面的主要通道有进厂交通洞、500kV电缆出线洞兼安全通道以及送排风洞兼安全出口。500kV开关站采用户外开敞式布置方式，开关站长242m，宽101m，设在浮山东侧山坡脚下，下库进出水口南侧。电站以二回500kV输电线路接入华东电网500kV繁昌变电站，输电距离仅13km。

本电站施工总工期5年11个月，第1台机组发电工期4年7个月。

本电站由上海勘测设计研究院设计，华东勘测设计研究院勘测。工程可行性研究报告于1995年12月编制完成，1996年6月电力部水电水利规划设计管理局会同安徽省计委主持审查通过了该报告。本电站将由华东电网各省市、华东电力集团公司及其他有关方共同集资兴建，目前电站正在积极争取立项建设。

（上海勘测设计研究院　肖贡元）

琅琊山抽水蓄能电站设计

琅琊山抽水蓄能电站位于安徽滁州市西南郊，距市区仅3km，距合肥105km。电站装机容量600MW，选用4台150MW混流可逆式机组，最高发电水头145m。本电站具有交通方便、施工条件优越、淹没损失小、工程量和单位投资相对较小等有利条件，且规模适合安徽省电网的需要。安徽电网装机以燃煤的火电为主，目前水电仅占全网总装机容量的6%。且缺乏可供开发的大中型水电站点。1996年全网最高负荷4747MW，最大峰谷差达1861MW，高峰负荷时经常拉闸限电，因此，迫切需要兴建抽水蓄能电站为省网调峰填谷和改善运行条件。

本电站的枢纽有上、下水库、输水系统、地下厂房和户外开关站等组成。下水库利用已建的城西水库，在琅琊山北麓修建上水库，上、下库间最近处相距1300m。

琅琊山方圆约40km^{2}的山丘区地层为震旦系、寒武系和奥陶系灰岩，四周为侏罗系的火山岩系，在灰岩内沿NE～NW向断裂侵入有燕山期玢岩岩墙。工程区除下库地层为火山岩，其余均为寒武系灰岩，灰岩有岩溶现象，因此查明岩溶发育情况，特别是上库的岩溶渗漏的水文地质条件及其防渗措施，是本工程勘察设计的重点。工程区出露的寒武系灰岩有琅琊山组（$\in_3Ln$）和车水桶组（$\in_3C$），其中车水桶组中段$\in_3C_2$层块状灰岩，岩溶发育，沿断层和顺层裂隙发育有溶洞、溶隙；其余均为薄层灰岩，夹炭质薄膜和泥质条带，岩溶不发育，无连通性岩溶现象；灰岩内纵横交错侵入的玢岩岩墙，宽数十厘米到十多米，具有相对隔水作用，抑制了岩溶发育和地下水的排泄条件。上库东北侧库岸山体较低矮单薄，其中最低垭口高程157.2m，须做副坝，向斜轴由该垭口穿过，向斜轴两侧分别出露有厚100～120m的$\in_3C_2$层灰岩，岩溶发育深度80～100m，沿顺层裂隙发育的溶洞，溶隙贯穿库内外，库内沟底F_1断层（侵入岩墙）上盘的地下水向库外排泄，存在向库外渗漏的通道。上库东南到西侧的库岸山高岭厚，地面高程高于库水位50m以上，地下水位和相对不透水层均高于库水位，分水岭内侧的地下水向库内排泄，不存在向库外渗漏问题。上库主坝坝基、输水系统和地下厂房围岩均为岩溶不发育的琅琊山组灰岩，一般地表20～25m以下即为相对不透水层。

上库利用天然沟谷洼地为蓄水库盆，修建主、副坝各一座。正常蓄水位171.8m，死水位150.0m，水库面积73万m^2；总库容1804万m^3，调节库容1238万m^3，调节库容根据发电、抽水最大日调节水量并考虑了15%的安全裕度和发电1h的备用库容确定。主坝为面板堆石坝，最大坝高64.0m，坝体石方115.2万m^3；副坝为混凝土重力坝，最大坝高18.4m，坝体混凝土2.05万m^3。上库防渗是本工程的关键性技术问题，因库盆面积大，表面防渗工程量大，投资高，设计采用以灌浆帷幕为主结合溶洞封堵等措施。对存在岩溶渗漏的副坝地段，帷幕线上的溶洞掏挖后做混凝土防渗墙，坝基和库内地表出露的溶洞洞口做混凝土塞，并且从F_1断层到副坝之间出露的$\in_3C_2$层灰岩范围内做粘土铺盖。帷幕采用4～6MPa的高压水泥灌浆，副坝地段帷幕最深达140m，设置了两层灌浆平洞。由主坝坝基到上库东北岸，包括副坝地段的防渗帷幕连成一体，两端延伸至地下水位高于库水位处，帷幕线总长1800m，防渗面积10.5万m^2。

下库为60年代建成的综合利用工程，现以城市供水为主，兼有防洪、灌溉等效益。流域面积168km^2，总库容8520万m^3，发电调节库容3750万m^3，正常蓄水位29.0m，死水位22.0m。用作抽水蓄能电站的下水库后，需占用部分调节库容为抽水、发电专用和影响枯水年份的供水量，为此，由电站给予相应的补偿，并利用临近的沙河集水库（总库容21093万m^3，调节库容10306万m^3，两库已有渠道相通）补充水源。下库枢纽建筑物的设计标准和质量均满足该电站运用的要求，不需加固和改建。

输水系统和地下厂房布置在两洼之间的山体内，根据地形地质条件，地下厂房布置在输水道的首部。引水道为一机一洞，采用竖井式，包括上、下平洞全长305.3m，洞径4～6m，发电、抽水最大引用流量分别为138m^3/s和122m^3/s。尾水道为二机一洞，每洞上游端设尾水调压井一座，调压井为阻抗式，阻抗孔直径5.0m，井筒内径16.0m，在调压井内的每台机组尾水道出口处设平板钢闸门一道。两条尾水隧洞长分别为917.7m和912.3m，内径8.1m。上、下库进、出水口为岸边式平面扩散型，设检修闸门，拦污设施采用在进、出水明渠内设拦污网。下库出水口处的库边地形平缓，开挖长近1000m的明渠连接深水区，以保证在低水位运行时进出水流不至引起库底泥沙而影响下库水质。

地下厂房长140m，宽21m，纵轴线与岩层走向近正交，左端位于背斜轴部，岩石较破碎，且有风化岩墙穿过，采用喷锚和混凝土联合支护，其他部位属Ⅱ类围岩，采用喷锚支护，岩壁式吊车梁。厂房下游侧平行布置主变洞，220kV开关站布置在厂顶下游地形平缓的山脊上，主变到开关站的高压电缆由竖井出线。

由于下库为滁州市饮用水源，根据环保要求，对运行和施工期的废污水分别分区设置污水处理系统，经处理后，生活污水排放到下库坝下河道，施工废水重复利用。

本电站主体工程的工程量有土石方明挖158万m^3，土石方填筑149万m^3，石方洞挖48.9万m^3，混凝土18.1万m^3，帷幕灌浆10.5万m，金属结构（包括钢管）制作安装1960t。施工总工期5年，其中施工准备半年，主体工程施工3.5年，完建期1年。

（安徽省水利水电勘测设计院　陈　文）

桐柏抽水蓄能电站设计

桐柏抽水蓄能电站位于浙江省天台县，距天台县城关镇7km，离杭州、上海的直线距离分别为150km和250km。电站装机容量4×300MW，平均年发电量

21.18亿kW·h，年抽水耗电量28.13亿kW·h。电站以二回500kV的电压接入华东电网，在系统中承担调峰填谷、调频、调相、事故备用的作用。

电站的主要建筑物为一级，次要建筑物为三级。工程枢纽由上（水）库、下（水）库、输水系统及地下厂房等部分组成。上库利用已建的桐柏水库，该水库建于1960年，1977年又完成了大坝的加高工作，水库本身的流域面积为6.7km²，在60、70年代通过不断开洞挖渠，集水面积已扩大到了现在的60.9km²，多年平均入库流量达1.71m³/s。下库位于始丰溪支流山茅溪上的支沟百丈坑，坝址以上河长12.7km，集水面积为21.4km²，其中上游河长7.68km，集水面积为15.5km²的地面径流被截流入上库。上下库仅一山之隔，输水系统和地下厂房就布置在该山体中，围岩为坚硬完整的花岗岩，工程地质条件优越。输水道长度与落差之比只有4.8，地形条件比较理想。

桐柏电站水库改为抽水蓄能电站上库后，原电站安装的2台4MW的机组将停止运行。水库完全供抽水蓄能电站使用，水库的特征水位基本保持不变。经水能计算分析，选用正常蓄水位396.21m，死水位376m，设计洪水位（$P=0.5\%$）398.06m，校核洪水位（$P=0.1\%$）398.54m。总库容1231.63万m³，发电有效库容1062.73万m³，其中备用库容94.87万m³，死库容168.9万m³，正常运行时水位日变幅16.91m。水库现有建筑物包括：主、副坝，溢洪道，引水发电洞进水口，跨流域引水渠、洞等。水库运行30多年至今未发生过异常情况，改为抽水蓄能电站上库后，建筑物级别和水库运行方式都有所改变。经复核，需对主、副坝作适当加固。现有主、副坝为均质土坝，最大坝高37.15m，上游最大坝坡1：2.5，下游坝坡1：2.25。经方案比较，采用的坝体加固措施是在上游坝坡增设反滤层、过渡层和压坡体。在高程384.28m以上坡度放到1：3.2，以下为1：4.0，以保证在水位骤降情况下上游坝坡的稳定。下游坝坡根据等级提高后的稳定要求，在高程386.78m以下由1：2.25放缓到1：2.6，以上仍保持原来的1：2.0。溢洪道、跨流域引水工程的加固改建工程量不大。上库四周山体雄厚，无大的渗漏通道，又有天然径流补给，不需另加库盆防渗工程。

下库坝址河谷宽130m左右，两岸岸坡较平缓。左岸、河谷基岩均为侏罗系上统火成岩。右岸基岩为白垩系上统沉积岩。坝址条件比较适合修建当地材料坝。经坝型比较，选用钢筋混凝土面板堆石坝，最大坝高68.30m，坝顶长424m，上游坝坡1：1.4，下游坝坡马道间为1：1.35，平均1：1.5。

下库库容特性与上库相近。下库设计洪水流量为361m³/s，校核洪水流量496m³/s。而电站4台机满发时的过机流量达541.3m³/s，超过千年一遇洪水时的天然入库流量。出现了部分大型抽水蓄能电站特有的水库调节库容相对较小而机组发电流量大的问题。如仅设一开敞式溢洪道，一旦洪水（或是大频率的洪水）同步或领先发电流量占据下库，在负荷高峰期，由于下库已满，就会出现一方面为使下泄量不大于同频率的天然洪水流量而限制发电流量，另一方面要服从电网调度需满载运行的矛盾。经研究，设置导流泄洪洞，使天然洪水不占库容，同步下泄，既节省了工程量，又使电站在出现设计洪水（$P=0.5\%$）以下的频率时，电站按电网要求正常运行。为避免干扰主体建筑，导流泄洪洞布置于右岸，洞径根据导流要求确定。导流完毕后在隧洞出口安装弧型工作门，以控制各种下泄流量。出口消能采用底流消能方式。

为保证下库大坝的安全，在右坝头布置了开敞式溢洪道，堰顶高程与最高蓄水位齐平。由于有了导流泄洪洞，溢洪道只有在出现20年一遇以上的洪水时才泄洪。但与常规水电站不同，当出现了小频率的洪水时，需要关小或关闭导流泄洪洞的弧型闸门，以控制溢洪道和泄洪洞的总下泄量不大于同频率的天然洪水量。

输水系统采用一洞二机斜井式布置方案。主洞洞径9m，两条主洞的长度分别为640.47m和599.87m。岔管为钢筋混凝土结构，后接高压钢支管，支管内径5.5m，钢衬长度125.09～173.77m。尾水隧洞按单机单管布置，共4条，洞径7m，洞长326.94～336.81m。上下库进出水口均采用岸坡竖井式方案。输水系统中不设调压室。

地下厂房为尾部开发方式，厂区布置有主、副厂房洞，主变洞，母线洞，进厂交通洞、出线洞及安全出口洞等。主变洞位于主、副厂房洞下游。主副厂房洞的尺寸为172m×24m×54.8m（长×宽×高）。安装场和副厂房分别布置于洞室的左右端部。主厂房内安装4台300MW可逆式水泵水轮机组。500kV开关站选用开敞式设备，该开关站布置在下库进出水口的上游侧。

（华东勘测设计研究院　彭六平　庄继迈）

地下工程设计

宝兴水电站引水隧洞设计

（一）概况

宝兴水电站位于四川省宝兴县境内宝兴河主源的东河上，由拦河闸坝首部枢纽、发电引水系统和水电站地下厂房组成，是宝兴河流域梯级开发方案中的二期工程之一，是一座具有日调节性能库容的低坝长隧洞的高水头引水式发电站。电站设计水头295m，最大水头344m，最大引水流量62m³/s，总装机容量160MW。

宝兴水电站发电引水隧洞长18.2km。隧洞沿线山体雄厚，岸坡顺直，谷坡陡峻，区间发育有火石溪、杉木沟等7条较大的冲沟。这些冲沟大多沿断裂构造发育、垂直河流、延伸较长，地貌上为深切峡谷和剥蚀高中山区。引水隧洞埋深大多在350～450m，而埋深超过500m的洞段长度达1.8km，最大埋深达715m。最浅处是在火石溪沟内，在基岩下埋深仅为25m左右。这是我国目前正准备开工兴建设计的最长傍山深埋发电引水隧洞。

（二）引水隧洞设计

引水隧洞布置于侵入杂岩及白云岩岩体中，岩性主要为元古界的花岗岩、闪长岩和震旦系薄层及中厚层白云岩等，局部受多期岩浆侵入，脉体穿插，蚀变作用较明显。断层主要以NE向及NW向为主，与引水隧洞轴线交角较大。裂隙发育具有区段性，总体与断层发育规律几乎一致。

引水隧洞的轴线布置主要是由工程地质条件、地形条件和水流条件决定的。引水隧洞布置在岩性较单一、又无区域性断层穿过的左岸山体中。洞轴线具体布置是尽可能在完整坚固的岩层中，避开不利的地质构造，在遇到软弱夹层或断层时尽量正交或大角度相交通过。地下水工隧洞要有足够的埋深，主要表现在过沟洞段，尽量使隧洞处于微新围岩中。在洞线布置中充分考虑了方便施工的条件，在地形上有利于施工支洞和道路的布置，以利加快隧洞的施工进度和使施工临建项目工程量小。洞轴线要尽量顺直，转向时设有一定的曲率半径，以使水流平顺，减少水头损失。经多线布置比较，最后选定的隧洞洞轴线布置方案发电引水隧洞长为18.2km。

就宝兴水电站而言，引水隧洞断面设计是一个重大问题，引水隧洞的工程量相对较大，其投资占本枢纽总建筑工程费用的66.7%。因此，在引水隧洞断面设计时，对洞径大小，结合衬砌型式做了多方案的技术经济比较。设计过程中，做过不同内径的四组全衬砌混凝土方案，根据费用大小，以内径为5.2m的方案最经济；其次，根据围岩特点，过Ⅱ类围岩时不衬砌混凝土，只采取喷锚混凝土防护方案，将引水隧洞按40%洞长衬砌混凝土、60%洞长喷锚防护进行不同方案组合比较，结果是衬砌混凝土洞段内径5.8m，喷锚防护洞段内径6.2m最经济（简称部分衬砌方案）。在此基础上，由于部分衬砌方案投资较低，比全衬砌方案少2551万元，年发电量仅少252万kW·h，并且现值费用和年费用最低，故设计上最后选定部分衬砌方案为施工方案。

在引水隧洞断面设计中，洞内流速取值影响很大。挪威高水头长引水隧洞引水式电站很多，而且一般都是通过引水隧洞获得发电水头，引用流量较小。挪威在引水隧洞设计中，洞内流速一般控制在1.5m/s左右，特殊情况也很少有超过2m/s的，以减少水头损失。

我国以往发电引水隧洞设计，经济流速一般控制在4m/s左右。就宝兴水电站而言，单机引水流量15.5m³/s，最大引用流量62m³/s，为了获得320m水头，要修建18.2km长的引水隧洞。因此，为了减少水头损失，洞内流速不宜设计得太大，以免降低发电效益。再考虑到施工方便的条件，宝兴水电站引水隧洞断面设计为：混凝土衬砌洞段内径为5.8m，混凝土衬砌厚度30～40cm，洞内流速2.35m/s；混凝土喷护段内径为6.2m，喷护厚度10cm，洞内流速2.05m/s。内径变化段，以1∶10的坡度平顺连接。为方便施工开挖，全洞开挖直径均为6.4m。

经过宝兴水电站引水隧洞的设计研究，可以得出如下认识：在引用流量不大的高水头、长隧洞引水式电站设计中，引水隧洞洞内流速一般应控制在2m/s左右，这就是高水头、小流量引水式电站设计的特点。

在引水隧洞的结构设计中，做了相应的强度、稳定和限裂复核与验算，对混凝土衬砌结构进行了配筋，以确保衬砌结构设计的安全。

（三）引水隧洞设计中应注意的问题

（1）根据总工期要求，引水隧洞施工进度可按目前国内先进水平安排。宝兴水电站采用了三桥六支洞引水隧洞施工方案。为了满足第一台机组三年内发电的要求，其控制洞段的单头工作面平均月开挖进尺120m，而引水隧洞的最大单头进尺近2000m，总工期34个月。

（2）做好混凝土衬砌洞段回填灌浆和固结灌浆的设计与施工，特别要保障回填灌浆的施工质量。回填灌浆的范围在顶拱中心角90°和120°之间交替布置，孔排距均为3m，灌浆孔深入围岩5cm，灌浆压力250kPa。固结灌浆为全断面灌浆，孔的深度等于隧洞半径，排距为3m，每排7孔，梅花型布置，灌浆压力1500kPa。

（3）重视不利地质构造的预防和处理，以免影响质量、安全和总体进度。18km长的傍山深埋引水隧洞，在施工前要完全搞清其工程地质和水文地质条件，在很短的勘测设计周期内是不现实的，一般也无此必要，但必须在施工过程中做好隧洞开挖时的提前预报，并进行分析评价，及时采取工程处理措施。比如，对不稳定岩石和洞段在施工中应及时进行支护加固；对于渗水和局部涌水洞段应及时采取导排措施；对大于450m的深埋洞段，从计算与工程类比上看，可能产生轻微中等岩爆，可采取超前孔（洞）释放、高压喷水措施预防等。

（4）做好自动化观测设计，以便长期观察，发现问题及时检修处理，以保证发电引水隧洞的正常运行。

（西北勘测设计研究院　王万祯）

小浪底水利枢纽引水发电系统地下洞室设计

小浪底水利枢纽引水发电系统建筑物主要有进水塔、6条直径为7.8m的高压引水道、地下厂房、主变压器室、尾水闸门室、明流尾水洞和防淤闸等。此外还有母线洞、高压电缆洞、通风洞、交通洞、排水洞。全部建筑物均布置在地下。地下厂房内布置有6台机组，总装机容量180万kW，设计水头110m，单机流量310m³/s。由于受地形地质条件的限制和水沙运用要求，小浪底枢纽16条泄洪、排沙、引水发电隧洞和地下厂房均集中布置在左岸山体内，且呈立体交叉，地下洞室之多及复杂程度是国内外罕见的。

（一）厂区枢纽布置

1. 厂房位置选择　根据地形地质条件和枢纽总体布置要求，地下厂房布置在泄洪排沙洞群的北部左岸T型山梁交汇处的腹部。厂房顶拱高程165.05m，上覆岩体厚度为70～100m。其中60m厚的强钙质硅砂岩地层T_1^4，被选为布置发电系统的主要地下建筑物（主厂房、主变室、尾水闸门室）是相当有利的。地下厂房边墙的2/3和全部顶拱均位于T_1^4岩组中，岩块尺度较大，一般为0.5～1.0m，岩性坚硬，围岩的整体稳定性较好。厂区无较大断层穿过，北部最近的一条F_{28}断层在150m之外，南端与F_{238}断层相距达260m之远，地下厂房地段受断层破碎带影响较小，地层比较稳定。

小浪底地下厂房采取首部布置方式，尽可能靠近进水口，以缩短高压引水道的长度，在满足调节保证计算和机组稳定运行的情况下，上游不设调压井。厂房位置选择以不影响大坝帷幕灌浆和排水系统及泄洪排沙洞群的布置为原则，北部与灌浆帷幕的最小距离为45m，与大坝主排水幕的距离为20m，以满足泥化夹层允许水力坡降要求。南端与3号排沙洞的水平距离为56m；与3号明流洞的垂直距离为42m，基本满足相邻洞室及上下层洞室之间岩体厚度要求。

2. 厂房纵轴线选择　地下厂房纵轴线的选择，主要应考虑控制厂房顶拱和边墙稳定的软弱结构面和岩体初始地应力。

小浪底厂区为水平层状砂岩，受陡倾角节理切割，呈砖墙式结构。岩层走向NE8°，倾向ES，倾角9°～10°。主要节理有四组：①NNE向，倾向290°，倾角84°；②NE向，倾向330°，倾角78°；③NNW向，倾向250°，倾角80°；④NWW向，倾向200°，倾角75°。除NNE向节理切穿岩层外，其他均为层内短小节理。

沿厂房纵轴线250m范围内，发现两条小断层，其中F_1断层走向NW275°，倾角85°，断层带宽度10～15cm；F_2断层走向SW260°，倾角80°，断层带宽度20～40cm。

厂区地应力场以岩体自重应力为主，构造应力为次。水平应力与竖向应力之比为0.8，基本上属于均匀地应力场，应力条件比较好，对地下厂房轴线选择影响不大。

综上所述，从岩石力学角度考虑，厂房纵轴线方向应为东西方向布置，可避免与岩体内的主要软弱结构面走向平行，以利于围岩稳定。但这样布置使引水道和尾水道的弯曲度太大，水流不顺畅。同时上游6条引水道仍有3条需设置调压塔，不仅结构复杂，工程造价高，也给枢纽布置带来困难。综合其利弊，将厂房纵轴线布置成近南北方向，即NW350°，与主要节理走向成25°～30°夹角，与岩层走向成18°夹角，这样布置主要是考虑水道系统和水流条件。尽管洞室围岩稳定性差一些，需要采取工程措施，增加喷锚支护工程量，但由于缩短高压引水道的长度，取消了上游调压塔，节省下来的投资足以抵偿为增加喷锚支护所需的投资。

3. 地下洞室群布置　引水发电系统的布置，经过多方案比较，确定三大洞室（主厂房、主变压器室、尾水闸门室）采用平行布置方式。主要地下洞室的开挖尺寸见下表：

小浪底地下洞室的开挖尺寸表

洞室名称	长（m）	宽（m）	高（m）
主厂房	161.75	26.20	61.30
副厂房	30.75	25.00	20.55
安装场	59.00	26.20	30.80
主变压器室	174.70	15.00	17.80
尾水闸门室	175.80	10.60	20.65
尾水洞	3×856	13.00	20.00
20号高压电缆洞	165.00	6.70	4.10
19号高压电缆洞	121.50	6.70	4.10
进厂交通洞	523.00	10.80	8.00
引水发电洞	368～268	D=9.40	

引水洞采用单元引水方式，一机一洞。灌浆帷幕之前为钢筋混凝土衬砌，之后为钢板衬砌，压力钢管直径为7.8m。

尾水系统通过方案比较最后选定为明流洞方案，不设尾水调压室，在尾水闸门后，两机合一洞，采用叉管连接。尾水洞断面为城门洞型。顶拱不作混凝土衬砌，边墙和底板采用30cm薄混凝土衬砌，主要是为了降低糙率系数。

（二）主要洞室喷锚支护设计

1. 设计原则

（1）根据地下厂房地段的地质条件，对主厂房、主变压器室、尾水闸门室等三大洞室，均采用喷锚支护作为永久支护；对母线洞、尾水管洞等横向洞室以及各洞室交叉口段，采用钢筋混凝土衬砌作为永久支护。

（2）喷锚支护设计按维持Ⅲ类围岩稳定所需要的支护强度进行。

（3）按照新奥法原理，采用"设计→施工→监测→修改设计施工方案"的方法，在施工中加强现场监测，根据现场实际情况，随时调整支护参数。

2. 喷锚支护设计

（1）工程类比法。根据小浪底岩体质量参数，按照巴尔顿的"Q系统类比法"和世界银行特别咨询专家组的建议，初步选择支护参数如下：①主厂房顶拱，采用系统张拉锚杆直径32mm，间距1.5m×1.5m，长度6m和8m交错布置；钢筋网喷混凝土厚20cm。为加固泥化夹层，还采用预应力锚索，吨位为1500kN，长度25m，间距4.5m×6m。②边墙部位，采用系统张拉锚杆直径32mm，间距1.5m×1.5m，长度10m和6m交错布置，钢筋网喷混凝土厚20cm。对局部出现泥化夹层的部位，采用500kN的预应力锚杆进行加固。

（2）有限元计算。根据初选支护参数，进行了连续介质和非连续介质有限元计算。结果表明，地下厂房围岩整体稳定性比较好。顶拱下沉最大值为35.5mm；下游侧边墙最大位移值为6.8mm；上游侧位移值为4.4mm。从岩层倾向看，上游侧岩层倾向洞内，对稳定是不利的。但是下游侧由于开挖有母线洞、尾水管洞，削弱了岩体强度，因此变形值比上游侧大。

（3）模型试验。根据小浪底岩体结构组合特征，进行裂隙介质模型试验，主要模拟层面、节理裂隙、软弱夹泥层等主要结构面。进行过5个试验方案比较，主要研究地下厂房洞室群的布置和支护参数的合理性；砂浆锚杆和预应力锚杆（索）的不同加固效果；洞室开挖顺序对围岩稳定性的影响等。试验结果表明：①模型在开挖过程中均未发生破坏，围岩整体稳定安全系数K值大于2。②毛洞时K为2.48；当采用砂浆锚杆支护时K为2.81；当采用预应力锚杆（索）支护时K为3.07，比砂浆锚杆加固的安全系数提高9.3%。其开洞位移在顶拱部位减少21%，在边墙部位减少36%。围岩松动区范围，顶拱部位由3.15m减小到1.05m，上游侧岩壁梁处，由5.6m减小到1.75m。说明预应力锚杆（索）的加固效果非常显著。③洞室的不同开挖顺序对围岩稳定性有影响。例如先开挖下部的尾水管洞，再开挖上部母线洞，比采取相反的开挖顺序，围岩稳定安全系数由2.07提高到2.76。因此施工时应合理安排洞群的开挖顺序，以保证围岩的稳定性。模型试验结果证明，小浪底地下厂房洞室群所选用的支护型式、支护参数、洞室群布置方案等是比较合理的。

（黄河水利委员会勘测规划设计研究院　杨法玉）

广州抽水蓄能电站高压水工隧洞设计

（一）工程概况

广州抽水蓄能电站（以下简称广蓄）是目前世界上最大的抽水蓄能电站，总装机容量2400MW（8×300MW）。分两期建设，一、二期各装机1200MW，一期工程已于1993年2月投产发电。二期工程正在施工，计划1998年三季度投入运行。

一、二期电站共用上、下水库，两条水工引水隧洞相距约150m，分别取水，布置也基本相同。隧洞全长为3785m（一期）和4407m（二期），洞径8～9m，混凝土衬砌厚度40～60cm。隧洞由上平洞、上斜井、中平洞、下斜井、下平洞、岔管、尾水洞等洞段组成，其中高压隧洞系包括上、下斜井、中平洞、下平洞及高压岔管等段，长度分别为1073.214m（一期）和1317.25m（二期），最大内压静水头610m，考虑水锤压力最大设计水头725m。

两期水工隧洞均深埋于中粗粒黑云母花岗岩中，埋深为180～400m，70%以上为Ⅰ、Ⅱ类围岩，地质参数、断层走向、宽度等基本相同，沿线围岩陡倾角构造发育，构造两侧岩体有不同程度发育分布的粘土岩化的花岗岩蚀变带，透水性弱，但二期工程围岩蚀变带较少，地下水丰富，透水性稍强。

（二）高压水工隧洞设计

按照上抬理论和水力劈裂准则确定隧洞布置和埋置深度，充分利用围岩承载能力。隧洞各段的围岩覆盖比和地应力场最小应力安全系数见表1。通过水力过渡过程计算和经济洞径比较确定洞径。

表1 广蓄隧洞围岩覆盖比和地应力场最小主应力

隧洞布置		最大静水头 P_0 (m)	上抬理论准则		水力劈裂准则	
			上覆围岩厚度 H (m)	覆盖比 $\lambda=H/P_0$	最小主应力 σ_h 或 σ_3 (MPa)	安全系数 $K=\sigma_3/P_0$
一期隧洞	上平洞	76	95	1.25		
	中平洞	366	＞200	＞0.6	$\sigma_h=6.45$	1.79
	下平洞及岔管	610	400～440	0.66～0.72	$\sigma_3=7.5\pm1$	1.07～1.39
	尾水洞	90	250～300	2.7～3.3		
二期隧洞	上平洞	76	95	1.25		
	中平洞	360	340	0.9	$\sigma_h=3.63$	1.01
	下平洞及岔管	610	370～410	0.61～0.67	$\sigma_3=7.3$	1.20
	尾水洞	90	250～300	2.7～3.3		

注 围岩地应力场最小主应力 σ_h 为水力劈裂法实测最小水平主应力，σ_3 为应力解除法实测最小主应力。

根据不同地质条件分别进行衬砌结构计算，Ⅰ、Ⅱ、Ⅲ类围岩按结构力学法进行限裂计算，按限制裂缝宽度不大于0.2mm配筋。对Ⅳ类围岩，在断层蚀变带通过的地段采用平面有限元计算成果进行配筋设计，其他地段则根据有限元计算成果结合内水压力的大小，类比分析设计；高压岔管计算则取衬体及与衬体等厚的岩体联合作用，采用二维及三维有限元模型计算；整个高压隧洞围岩均进行高压固结灌浆，对断层蚀变带还要适当增加钢筋加固。配筋情况详见表2。

通过一期工程的运行并分析观测资料后，决定采用透水隧洞的原理和方法进行二期隧洞设计。

用非均质、任意主渗方向各向异性渗流的三维有限元模型，通过应力场和渗流场的耦合，计算求出混凝土衬体及钢筋应力，并将求出的最大应力值代入有关裂缝宽度的计算公式，求出最大裂缝宽度，完成高压透水衬砌隧洞的结构计算。

静水头及其产生的渗流场，对围岩及混凝土衬体的影响反映在作用于结点上的渗透体积力。动水头（由水锤压力引起的动水压力）由于作用的时间较短，仍按作用在混凝土衬体表面的面力处理。

表2 广蓄高压水工隧洞衬砌及配筋表

部位	洞径 (m)	衬砌厚度 (cm)	围岩类别	环向钢筋(mm)		纵向钢筋(mm)	
				一期	二期	一期	二期
上斜井	8.5	60	Ⅰ、Ⅱ	8ϕ18、8ϕ25	6.6ϕ20	ϕ16@150	ϕ16@200
			Ⅲ、Ⅳ	8ϕ25、10ϕ32	8ϕ20	ϕ25@150	
中平洞	8.5	60	Ⅰ、Ⅱ	8ϕ25、8ϕ30	6.6ϕ20	ϕ16@150	
			Ⅲ、Ⅳ	8ϕ30、2×9ϕ32	6.6ϕ25	ϕ25@150	
下斜井	8.5	60	Ⅰ、Ⅱ	8ϕ30	6.6ϕ20	ϕ16@150	
			Ⅲ、Ⅳ	8ϕ25、2×9ϕ32	8ϕ25	ϕ25@150	
下平洞	8.5～8.0	60	Ⅰ、Ⅱ	8ϕ30	6.6ϕ25	ϕ16@150	
			Ⅲ、Ⅳ	8ϕ30、2×9ϕ32	8ϕ25	ϕ30@105	

由于有限元数学模型未能模拟钢筋和混凝土之间的相互作用，亦未能反映工程措施对模型计算成果的影响，采用边界单元数学模型模拟钢筋与混凝土的粘合作用及混凝土沿径向开裂的问题。

通过渗流场计算成果分析比较，有限元法和边界元法计算结果仅差3%左右，从渗漏量分析则边界元法模型更接近实测值，而钢筋应力较有限元法约小20%左右。因此，设计时高压混凝土岔管采用边界元法成果，高压隧洞综合有限元成果和边界单元法成果分析分段配筋，其配筋情况详见表2。经计算最大裂缝宽度均小于0.2mm，符合水工隧洞规范要求。二期工程与一期一样整个高压隧洞围岩均进行高压固结灌浆。

结论及存在问题：

采用“高压透水衬砌隧洞”的设计理论，应用边界元法分析，弥补了国内现行“水工隧洞规范”中的结构力学法，以及有限元法的缺陷，为广蓄二期工程引水系统结构设计优化提供了依据。广蓄二期引水高压岔管和尾水岔管亦采用这一方法进行分析设计，且已应用到工程实践中。与一期工程相比，二期工程整个引水系统节约了钢筋约1190t。

高压水工隧洞常处于不同地质构造的围岩中，渗流场模拟本身是较复杂的，如果没有观测资料借鉴，精确度较差，也会给设计带来许多困难。

（三）运行方面

广蓄一期隧洞于1993年2月充水后投入运行，几年来在运行中频繁地经受发电、抽水等各种工况转换和接近最大设计水头的考验，并且经过两次放空检查，衬砌质量良好，内水外渗量很小，地表监测冲沟及泉水出露点以及钻孔地下水位无明显变化；排水廊道系统监测包括几个支洞堵头的渗漏量在内，总渗漏量稳定在3.5m³/h左右。

通过运行监测和放空检查得出下述结论：

(1) 在良好的围岩条件下，高压水工隧洞按照上抬理论和水力劈裂准则充分发挥围岩承载能力，采取(限裂)透水衬砌型式，在理论上和实践上都是成功的。广蓄一期隧洞已经过五年多安全运行考验，原施工期产生的局部温度干缩裂缝未见扩展，也未见新增裂缝，说明围岩承担了绝大部分内水压力，围岩变形很小也就限制了衬砌钢筋应力的发挥，在岔管部位实测到钢筋应力仅 49.5MPa，原设计测算超过 300m 水头衬砌就要开裂，而实际放空检查是超过 600m 水头作用衬砌也未产生新的裂缝，分析其原因很可能是设计选用围岩力学参数过于保守，低估了围岩的实际承载能力。

(2) 广蓄隧洞围岩属裂隙性渗流，透水性微弱，勘探钻孔测得，地下水位线埋藏于强、弱风化界面附近，受降雨补给影响，与深层洞室间水力联系微弱，洞室排水与隧洞内水外渗均未影响地下水位变化。据在隧洞围岩一些断裂结构面上埋设的一批渗压计观测资料反映，内水外渗确实引起一些透水的断裂渗压有不同程度的升高，内水放空过程中渗压也滞后跟随回落，具有规律性，其中 F_2 断层渗流损失系数为 0.5 左右，其他渗压计外压升高甚微，渗流损失系数达 0.9 以上，但作为控制性的设计外压水头还是在内水放空过程中外、内水压差值，此值与裂隙渗流损失系数和内水放空速度有关。据此建议外压设计水头按洞压设计水头 $H_d \times \beta'^2$ 考虑，β' 为裂隙渗流损失系数，β' 与 SD134—84 规范中定义的折减系数 β 关系为 $\beta'=(1-\beta)$，广蓄二期隧洞设计外压水头，即是根据一期隧洞两次放空过程实测成果确定 $\beta'=0.5$，并按上式计算得出的。这是建立在内水外渗条件上考虑的，比规范 SD134—84 建议按地下水位线水头乘以折减系数的方法更符合实际。

(广东省水利电力勘测设计研究院　陈颖豪
广东抽水蓄能电站联营公司　叶冀升)

泄水建筑物设计

沙牌水电站漩涡式竖井消能设计

沙牌水电站位于四川省阿坝藏族羌族自治州汶川县境内，是岷江上游一级支流草坡河上的梯级龙头电站。水电站枢纽由碾压混凝土拱坝、泄洪洞、引水隧洞和厂房等组成，其中 1 号泄洪洞由施工导流隧洞改建成漩涡式竖井溢洪道。拱坝最大坝高 132m，总库容 0.18 亿 m^3，装机容量 36MW，设计洪水位及正常蓄水位均为 1866.0m。死水位 1825.0m，设计洪水流量（$P=2\%$）为 $253m^3/s$，校核洪水流量（$P=0.2\%$）为 $431m^3/s$，施工导流流量（$P=20\%$）为 $99.0m^3/s$。

沙牌水电站导流洞改建漩涡式竖井溢洪道的研究，系国家“八五”重点科技攻关项目。(合同编号：85-208-04-03-05)，经组织专家鉴定，该成果达到国际先进水平。在此基础上，于 1996 年度又被水利部列为部科技重点项目 (SZ9405)，进一步深入开展研究。研究所取得的成果，目前已被设计采用，进入施工阶段。

沙牌水电站漩涡式竖井溢洪道，主要由压力短进水口、引水道、涡室、竖井、放水洞以及出口挑流坎等建筑物组成。其中放水洞与施工导流隧洞结合，竖井溢洪道在正常蓄水位下，最大泄量为 $242m^3/s$，总落差达 88m。它具有以下主要特点：

(1) 压力短进水口连接呈陡坡的引水道，闸后为非淹没出流，可以加大泄洪流量（流量系数 $\mu=0.83$），并使进水口闸门易于布置和操作。

(2) 首次采用了适合急流条件的涡室体型，为使涡室水流维持稳定的漩流流态，引水道至涡室前的宽度逐渐缩窄，且能保证引水道同涡室切线衔接，涡室进口最小宽度约为涡室最大直径的 0.275 倍。为了避开引水道来流与涡室进口处漩流的交汇冲撞，减轻漩流的阻水作用，涡室采用大小两种不同半径的圆弧。

(3) 采用经验公式估算竖井直径，再通过反复试验验证，最终确定竖井直径为 6.0m，全高采用等断面，竖井形成稳定和贯穿的中心空腔，在最大泄量下不出现呛水现象。同时尽可能提高自由螺旋水流对井壁的压力（在闸门 1/4 开度的条件下，瞬时最小均压为 0.02MPa），防止水流脱壁发生空蚀与振动。

(4) 为克服在竖井与放水洞连接段处，出流冲击放水洞洞顶，形成负压和水流紊乱，采取了降低放水洞有压进口段的高度，顶板设计为 1∶6 的反向压坡，交接处边界呈渐变圆滑的曲线联接，以及设大断面的通气管补气等措施。

通过水力模型试验证明，沙牌水电站所采用的漩涡式竖井溢洪道，具有泄量大、消能可靠、不阻水、流态稳定、便于施工、可节约投资等优点，竖井泄洪总消能率可达 73%（通过调整竖井底部消力井的形式和尺寸，可达 80%），放水洞内的最大流速可控制在20m/s 以下。

目前，国家已将沙牌水电站漩涡式竖井溢洪道的原型监测研究列入“九五”国家重点科技攻关的项目中，拟通过对该电站实际运行的监测，对泄量和总水头在国内外属最大的竖井消能方式，进行科学验证和总结，以适应我国高坝枢纽中导流隧洞改建为大流量泄洪洞的要求，为推进漩涡式消能在我国的广泛应用创造条件。

（成都勘测设计研究院　钟永江）

小浪底工程泄洪、排沙和引水隧洞设计

小浪底枢纽工程主要隧洞有16条，其中孔板泄洪洞、排沙排污洞及明流泄洪洞各3条，发电引水洞6条，灌溉引水洞1条。坝址区出露基岩为二叠系上统（P_2）及三叠系下统（T_1）的砂页岩地层，岩层倾角一般为8°～12°，大体上倾向下游。有数层泥化夹层分布在不同高程上。规模较大的、与隧洞群相关连的断层有F_{28}、F_{236}、F_{238}及F_{240}。

（一）泄水建筑物布置

小浪底泄水建筑物布置是枢纽总体布置的核心。由于工程泥沙问题及地形地质条件的制约，使得泄水建筑物布置及设计难度很大。根据水库冲沙排沙及下游河道输沙要求，枢纽在正常死水位230m的总泄流能力不得小于8000m³/s，非常死水位220m的总泄流能力约7000m³/s左右。这就决定了小浪底工程的泄水建筑物必然采用以隧洞为主。在泄水建筑物总体布置中，除满足泄量要求外，还需要考虑在汛期不同库水位时都能顺利地排泄漂浮物；尽可能降低流道流速，以减轻高速、高含沙水流对流道的磨蚀；要利用导流洞改建为永久泄洪洞，减少隧洞条数，以适应在有限的区间内布置多条隧洞的条件；要妥善安排各进水口位置和高程的相互关系，以解决进水口泥沙问题；要满足排泄从发电进水口拦污栅压下来的污物；要妥善安排各泄洪排沙建筑物出水口位置的相互关系，以适应消能条件；要妥善安排各条导流洞的位置，以适应分期改建的需要，等等。以上这些问题都互相牵连、互相制约，其中的关键是要解决好进水口泥沙问题。在此前提下尽量使其他问题得到较满意的解决，总体上合理。进水口泥沙问题包括防止进水口被泥沙淤堵和减少粗颗粒泥沙进入发电洞以减轻对水轮机的磨蚀。要解决这一问题，经浑水水工模型试验论证，最好的办法是将所有进水口集中并合理地分层布置。由于右岸地形地质条件不适宜布置隧洞，因此，所有泄洪排沙隧洞及发电引水洞都集中布置在左岸。又因受左岸地形地质条件的限制，只有左坝头上游风雨沟东侧可以集中布置所有隧洞的进水塔，但风雨沟东侧有F_{28}大断层，为了避免F_{28}断层对进水塔的影响，需将所有进水口合理组合和排列，使进水塔群总宽减到最小，塔基不受F_{28}断层的影响。进水塔的合理组合和排列又直接与泄洪排沙洞的条数密切相关。根据黄河洪水特点、施工期各年防洪标准、大坝施工进度以及小浪底施工期间三门峡水库汛期控制下泄流量的能力，经过方案比较选定3条内径为14.5m的导流洞，完成导流任务以后，改建成孔板消能泄洪洞，进口高程为175m，在非常死水位220m时，3条孔板泄洪洞总泄流能力为3508m³/s。此外，根据发电进水口排污要求、维持进水塔前冲刷漏斗和保持进水塔前“门前清”的要求、调节小流量的要求，以及地质条件等多种因素综合考虑，选定进口高程为175m，3条内径为6.5m的圆形压力排沙排污洞，在非常死水位220m时总泄流能力为1500m³/s。孔板洞加排沙排污洞的总泄流能力为5008m³/s，尚不能满足水库冲沙、排沙及下游河道输沙要求的7000m³/s泄流能力。因此，还需要设置泄流能力约2000m³/s左右的泄洪设施。又根据水库在汛期各种水位排漂的要求、尽量降低流道流速以减轻泥沙对流道磨损的要求、地形条件以及各隧洞在空间满足一定间距的要求，综合研究确定采用3条明流泄洪洞，其进口高程分别为195m、209m、225m；其剖面尺寸分别为10.5m×13m、10m×12m、10m×11.5m，在非常死水位220m时泄流能力分别为1280m³/s、430m³/s。3号明流洞的进水口高程高于220m，不过流。9条泄洪排沙洞在非常死水位220m时总泄流能力为6718m³/s，基本满足要求。以上9条泄洪排沙洞加6条发电引水洞和一条灌溉洞总共16条隧洞，有16个进水口。经过多种方案研究，最终确定将16个进水口组成10座进水塔，呈一字形排列，其中3条明流洞、3条孔板洞和灌溉洞各设单独的进水塔，3条排沙洞的进水口分别与2条发电引水洞的进水口组成3座发电塔。自南向北排序为：1号明流洞进水塔、1号孔板洞进水塔、1号发电进水塔、2号孔板洞进水塔、2号发电进水塔、2号明流洞进水塔、3号孔板洞进水塔、3号发电进水塔、3号明流洞进水塔、灌溉洞进水塔。塔群前缘总宽度为281m。基本上避开了F_{28}大断层。

10座进水塔呈一字形排列在风雨沟内，风雨沟与黄河几乎呈正交，在低水位运行时，水库来流至坝前折转90°流经风雨沟才能进入隧洞，在这一特定的地形和引水条件情况下，为了保证进水口不被泥沙淤堵和顺利地排泄漂浮物，经模型试验论证，需在塔群右侧修建一导流墙引导来水在进水塔前形成单一的逆时针方向回流，造成稳定的冲刷漏斗。导墙长度为305m，顶部高程为250m，最大高度为80多米，由混凝土结构和堆石体分几段组成。

（二）消力塘布置

在研究进水塔布置时，同时也涉及到9条泄洪排沙洞和正常溢洪道10股挑流在3个消力塘中的分配问题，但尚未涉及到消力塘的具体布置。根据地形地质条件，唯一可以布置消力塘的地方是葱沟和西沟之间的山梁处，其宽度约300～400m，所以9条泄洪排沙洞及正常溢洪道的水流只能集中在综合消力塘内进行消能。塘中设两道隔墙划分为3个池子。在非汛期各池可以单独进行检修。南池接纳1号明流泄洪洞、1号孔板泄洪洞和1号排沙排污洞挑流消能。中池的中部为2号排沙排污洞和2号明流泄洪洞挑流消能，两旁对称布置2号和3号孔板洞挑流。北池布置3号排沙排污洞、3号明流泄洪洞和正常溢洪道挑流消能。3个消力塘在275m库水位各泄水建筑物闸门全部打开的情况下，南池流量5082m³/s，中池流量5746m³/s，北池流量6235m³/s，总流量17063m³/s。

关于消力塘的布置，曾研究过将流态相同的泄洪建筑物的水流注入同一消力塘消能或采用对称布置的可能性。由于受进水塔和洞线布置的限制以及3条导流洞改建为孔板泄洪洞的施工安排，难以实现上述设想。即使是对称布置也很难保证同时投入运用，故未采用。

消力塘总宽为319m，其中南池宽97.6m，中池宽121.3m，北池宽100.1m。两道中隔墙顶高程为138m。消力塘底部长度为140m和160m。塘底高程为113m。消力塘下游设二级消力池，后接70～98m长的钢筋混凝土护坦。1号消力塘护坦后设抛石防冲槽。

（三）孔板泄洪洞的采用

关于导流洞改建为永久泄洪洞问题，由于小浪底工程的水沙特点是水头高、含沙量大，经过反复分析研究，最终采用了既能降低洞内流速又能降低内水头的新型泄洪洞方案——孔板泄洪洞。所谓孔板泄洪洞，就是在泄洪洞的压力段设置几道内径小于洞径的环形板，定名为孔板，水流通过孔板突然扩散，造成水流的强烈紊动剪切脉动等作用，消耗大量能量，以达到降低洞内流速及压力的目的。由于压力洞长度的限制，压力洞段只能设置3道孔板。孔板消能泄洪洞设计的关键问题是防止洞内水流产生空化，导致对结构的空蚀破坏。孔板泄洪洞的水流空化是极为复杂的问题。通过几十项常压及减压水工模型试验研究和利用碧口水库排沙洞改建为孔板泄洪洞进行试验，最终选定了3级孔板的间距为$3D=43.5$m，其体型尺寸：第一级孔板孔径比为0.69，第二、三级孔板孔径比为0.724。孔缘的圆弧半径分别为0.02m、0.2m、0.3m。压力洞后的中间闸室的孔口尺寸为2－4.8m×4.8m，但1号孔板洞中闸室门孔尺寸采用2－4.8m×5.4m，需限制运用水位不超过250m，作为试验洞使用。根据减压试验结果，2号及3号孔板洞三级孔板的初生空化数引伸到原型为$\sigma_{1i}=5.85$；$\sigma_{2i}=5.5$；$\sigma_{3i}=4.9$。在库水位275m时共消减水头约60m。

（四）排沙压力洞的衬砌结构

排沙洞的最大工作水头为125m，洞顶覆盖岩层较单薄，且有软弱夹泥层，从山体整体稳定角度考虑，采用明流洞方案较为合适，但洞内流速约40m/s，泥沙对流道的磨蚀较严重，难以保证正常运行。多年来，针对压力洞衬砌结构问题进行了几种方案研究，最终采用后张法预应力钢筋混凝土衬砌方案。对该方案已做过1∶1结构模型试验，并请VSL公司专家进行过咨询，方案是可行的。该方案在压力洞段末端设有控制闸门，由闸门局部开启运用，可控制洞内流速不超过混凝土抗磨流速15m/s。后张法预应力钢筋混凝土衬砌只是在大坝帷幕后的压力洞段采用，帷幕前的压力洞段及出口闸室后的明流洞段均采用普通钢筋混凝土衬砌。隧洞预应力是由穿过预埋波纹管中的环状锚索进行张拉来实现的。由计算确定每延米衬砌内布设4束锚索，每束由12股合成，每股由7ϕ5高强钢丝组成（F_u＝1860MPa)，每束锁定后的有效张拉力为1076kN。预应力钢筋混凝土衬砌厚度为0.65m。出口闸室门孔尺寸为4.4m×4.5m，采用偏心铰弧门，闸室结构采用后张预应力钢筋混凝土结构。

（黄河水利委员会勘测规划设计研究院　罗义生）

通航建筑物设计

水口水电站三级船闸和垂直升船机设计

（一）概述

水口水电站位于闽江干流中游闽清县境内，上游距南平市94km，下游距闽清县城14km，距福州市84km。由于闽江通航里程约1827km，故在电站枢纽中设一线三级船闸和一线垂直升船机航运过坝建筑物。水口水电站总装机容量1400MW，已于1996年11月29日全部建成投产，一线三级船闸土建工程于1994

年2月建成，机电及金属结构安装调试、土建工程消缺补强后，1995年进行内部试通航，1996年2月10日正式对外试通航。电站以下河道航运整治达Ⅳ级标准后，2×500t级船队可以从南平市经过水口船闸直达福州市，同时与南平上游沙溪口电站相衔接，沟通了闽江干流与上游支流的航道，改善了福建省的内河航运条件。

上述通航建筑物远景过坝年货运量400万t，年木竹过坝量200万～250万m^3。三级船闸和垂直升船机均按2×500t级一顶二驳标准船队设计。船闸上游最高通航水位同水库正常蓄水位65.00m，最低通航水位同水库死水位55.00m；下游最高通航水位为2年一遇下游洪水位21.80m，最低通航水位为相应最小通航流量308m^3/s时下游水位7.64m。

（二）水口水电站三级船闸

1. 船闸结构布置　船闸位于枢纽右岸，左邻右泄水库孔坝段，右邻垂直升船机。船闸基础系原导流明渠底，基岩为黑云母花岗岩，岩性坚硬完整。船闸中心线与坝轴线垂直。三级船闸全长1198m，由4个闸首、3个闸室及上下游引航道组成。闸首、闸室采用整体坞式结构，总宽度32m。各闸首口门及闸室净宽为12m，左右边墙各宽10m。通航工作门除四闸首采用人字闸门外，其余均为下沉式平面闸门。工作闸门均采用液压启闭机操作。

一闸首系挡水建筑物的一部分，顺水流向长52m，设有10m厚的帷墙。闸顶高程74.00m与坝顶同高，闸顶布置有公路桥、门机桥及检修操作平台，以满足船闸运行和坝顶交通的需要。

二、三闸首分别长50.75m、48.30m，为降低通航闸门高度，闸门前布置有厚为3m、连接左、右边墩的胸墙，兼作交通桥、电缆桥。船闸集中控制室布置在二闸首胸墙顶部，在集控室可以观察上下航行船队进出闸室的情况。

四闸首长50.3m，人字门启闭机室布置在左右边墩内，避免了与闸顶机房、泵房之间的干扰。左右边墩底部布置有船闸检修排水系统的阀室井、集水井。

一闸室长78m，二、三闸室各长91m，闸室侧墙顶宽3.75m，底宽10m。一、二闸室底部由于原导流明渠开挖高程较低，需回填大量混凝土，后部分改用外包常态混凝土的RCC。输水主廊道出水孔采用钢筋混凝土预制结构。二、三闸室靠河侧侧墙各设置11个潜孔取水溢流孔，孔口尺寸为7.2m×1.0m（宽×高）、5.0m×1.0m两种，孔口高程交错布置，以减小闸室内水位的横向坡降，保证闸室溢水情况下具有平稳的停泊条件。

船闸和升船机共用上下游引航道及上下游停泊区。上游引航道全长356m，口门区最小宽度65m。左右设置主导航结构，中部设置辅导航结构。右导航墙为长80m的实体混凝土结构及8个重力式导航墩，顶部高程67.00m，中部辅导航墙长26.5m、宽20.5m，外形呈圆弧状，顶部高程67.00m。左导航墙实体混凝土结构段长50m，上游端部设置浮式导航堤，长140m，由4条35m×6m×2.2m钢筋混凝土趸船组成。下游引航道口门区最小宽度65m，最小水深大于3m，最小曲率半径330m。右侧为直立开挖的岩壁，左侧导航墙由长147m的实体混凝土导墙及8个隔流墩组成，全长330m。隔流墩座落于河床覆盖层上，基础采用钢筋混凝土桩基结构，靠河床侧动水区采用大型格栅式钢筋混凝土链板保护。运行几年来，经大坝泄洪考验，防护效果良好。

2. 船闸输水系统　水口三级船闸总水级57.36m，输水阀门承受最大水头41.74m。输水系统采用国际上较为先进的二区段等惯性分散式输水方式，水流经闸墙内左右支廊道，通过闸室中部立体分流墩汇入闸室底板下部主廊道，分两区段共24个出水孔进入闸室，经南京水利水电科学研究院水力学模型试验及原型通航实践检验，输水效果良好，闸室内流态及水面平稳。

输水系统上游进水口采用右支廊道在引航道内正向取水，左支廊道在引航道外旁侧取水的布置方式，取水口底高程44.00m，进水口设置拦污栅。

各闸首左右支廊道工作阀门（反向弧形闸门）孔口尺寸2.6m×2.6m，阀门后廊道断面采用突扩洞室消能减蚀方案，突扩洞室长9.29m，一～三闸首门后洞室向上及向左右突变扩大至7.5m×5.0m（高×宽），四闸首工作阀门后廊道断面采用常规的顶扩散体型。各闸室段支廊道面积由2.6m×2.6m逐渐过渡到2.6m×4.5m与分流墩相通。

3. 船闸运行　船闸最终通过的最大船队为一顶二驳500t级标准船队，按四船队连续双向运行，竹木排按单向连续运行。根据闽江现有通航船型分组编队，尽可能利用闸室有效停泊面积，减少船闸耗水量，合理调度船舶初期通航按三船队连续双向过闸方式运行。三船队连续单向运行一次时间约155.5min，双向运行一次时间为311min，平均单船通过三级船闸时间约为68min，耗水流量约16.3m^3/s。

船闸运行采用集控室的控制台、控制屏集中自动程序控制或集中手动分步控制。自动程序控制关键性控制指令由值班员发出，集中手动分步控制，即按程序步骤由值班员在控制台上分步操作开关。

截至1997年4月30日，水口三级船闸对外试通航1年多总计过闸1161次，过坝船舶10042艘，最大船舶吨位300t，总计过坝货运量32.8万t，木竹过坝量3.36万m^3。试通航期间曾组织8艘次客轮上下行试航均顺利通过船闸。

运行实践表明，水口三级船闸输水系统具有充泄水快、水流平稳、船队停泊安全可靠、通过能力大等优点。

（三）水口水电站 2×500t 垂直升船机

1. 结构布置　水口垂直升船机位于枢纽右岸，并列于三级船闸右侧。主体建筑物由上游导航段、上闸首段、上工作门段、塔楼上下游提升段、上下游平衡重段、交通楼梯段、下闸首（含下工作门）段及下游导航段组成。

上工作门段顺水流向长 15.0m，垂直水流向最大宽度 33.0m，顶部高程 74.00m。上工作门段口门宽 12.0m，帷墙顶面高程 52.5m，其上设置定轮支承下沉式平面钢闸门。

升船机主体部分全部荷载由塔楼支承。塔楼提升段、平衡重段平面尺寸分别为 8.0m×25.0m（宽×长）、8.0m×22.0m。塔楼总高度 79.50m，为薄壁结构，在高程 43.50m 以下采用薄壁箱形结构，提升段和平衡重段最大壁厚分别为 2.0m 和 1.0m；高程 43.50m 以上采用薄壁“E”型结构，最大壁厚 1.0m，提升段和平衡重段最大肋厚分别为 2.0m 和 1.0m。高程 54.50m 以上设有抗风肋及联系梁，抗风肋截面尺寸为 0.6m×0.3m，联系梁截面尺寸为 1.0m×0.6m 与“E”型结构的肋固接在一起，使其具有较大的整体刚度。塔楼顶高程 74.00m，顶部设有主机房、控制室，安装主提升机构和重力平衡重滑轮装置。提升段内侧设置有安全锁定钢梯。

下闸首段（含下工作门）顺水流向长 30.0m，垂直水流向最大宽度 34.00m，顶部高程 43.50m。该段内设置集水井，最大高度 61.50m。下闸首检修门挡水标准为百年一遇洪水。

下游导航墙左导墙为实体重力式结构，总长 18m，右导墙为重力式结构长 30m 和衬砌式结构长 22m。导墙顶高程 23.80m，总高度约 20.83m。

2. 升船机主要技术特性　机型为钢丝绳卷扬机提升全平衡式湿运垂直升船机；最大升程 59.0m；船厢有效尺寸为 114.0m×12.0m×2.5m（长×宽×水深）；船厢重量加水体重量为 5300t；平衡重重量为 5300t；船厢与闸首对接密封，采用“U”型折叠式可伸缩成形橡皮对接密封装置；主提升卷扬机提升能力为 4×600kN，采用内环式闭环刚性同步轴，卷筒直径 ϕ3500mm；船厢正常升降速度为 0.2m/s；总的安全制动能力为 4×2500kN；安全锁定能力（向上）为 39200kN；一次过坝时间，双向运行 63min，单向运行 36.5min。

3. 升船机施工　升船机土建工程除上闸首及上工作门段作为挡水建筑物的一部分与枢纽一期工程同期施工完毕外，其余部分由水电第十二工程局和水电闽江工程局承包，于 1995 年 12 月开始施工，预期 1997 年底完成。其中，基础混凝土及上闸首由闽江工程局负责浇筑，塔楼混凝土及下闸首由水电第十二工程局浇筑，塔楼立柱高度 73.5m，采用滑框倒模技术已浇筑完成，实际施工精度达到了设计提出的总高度范围内偏差值必须小于 12mm 的垂直平整度要求。升船机机电及金属结构制造安装由武汉船舶工业总公司总承包。承船厢整体结构已于 1996 年 9 月从福州马尾港沿闽江整体浮运至升船机船厢室就位。计划在 1997 年～1998年进行机电及金属结构安装、调试和试通航。

（华东勘测设计研究院　蒋效忠）

五强溪水电站船闸设计

五强溪水电站船闸为单线三级连续船闸。因受枢纽总布置、地形和地质条件等的制约，船闸只能布置于左岸沿 5、6 号冲沟口岸坡一线，其轴线呈一直线，与坝轴线交角为 88°。其主要技术特性见下表。

五强溪水电站船闸主要技术特性表

特性名称		计量单位	量级	备注
船闸等别		级	Ⅳ	
闸室有效尺度		m×m×m	130.0×12.0×2.5	长×宽×槛上水深
设计过坝货运量	货物	万t	250.0	
	木材	万m^3	45.0	
通航水位	上游最高通航水位	m	110.00 (108.0)	108.0m为近期最高通航水位
	上游最低通航水位	m	90.00	
	下游最高通航水位	m	57.80	
	下游最低通航水位	m	49.10	
设计工作水头	总水头	m	60.90	
	一闸首	m	24.10	
	二闸首	m	42.50	
	三闸首	m	36.80	
	四闸首	m	18.40	
闸首门型及其高度	一闸首人字门	m	23.00	门顶以上胸墙高18.10m
	二闸首双扉门	m	20.10	
	三闸首下沉门	m	15.30	门顶以上胸墙高12.40m
	四闸首人字门	m	23.00	
闸室闸墙高度	一闸室	m	39.20	闸墙高度系指底板顶面以上尺寸
	二闸室	m	28.70	
	三闸室	m	25.00	

根据船闸位置及其技术特性，五强溪船闸布置的特点：①其右侧紧邻溢流坝段及其消力池；②地质条件复杂，其地基内有较多断层和层间错动，左侧为总高超过150m的人工高边坡，岩层倾向河床，倾角约45°；③设计工作水头大；④上游通航水位变幅高达20m；⑤闸首、闸室结构高度大；⑥闸首工作闸门类型多；⑦工作闸门、阀门均采用液压启闭机启闭。

本船闸由上游引航道、上游进水口、4个闸首、3个闸室、下游泄水口和下游引航道等部分组成，全长1.66km。

上游引航道内设靠船墩、浮式导航堤和辅导航架等建筑物。浮式导航堤除起导航作用外，尚起分隔引航道与溢流坝段间水域作用，以确保过往船舶航行安全。上游进水口为突出于混凝土坝上游面的整体坞式结构。进水孔分设于左、右边墩内壁上，每侧4个支孔，其上设水平隔板，以便与上部通航孔口隔离。各闸首、闸室均为整体坞式结构，输水系统廊道均设于底板内。二、三闸首均设前、后胸墙，以降低闸门高度和增加闸首侧向刚度。二、三闸室右闸墙均设弃水孔，以降低闸墙高度。下游泄水口左、右侧型式各异，左侧为倒口出流，将水体泄入下游引航道内；右侧为6个支孔出口，将水体泄入旁侧河道。下游引航道内右设导航墙，左设挡土墙起护岸并供船舶停靠用。

本船闸采用闸室中心立体分流、闸底主廊道二区段出水的等惯性输水系统型式。它由平行于船闸轴线的两侧纵向输水廊道、各闸室中心分流口、闸底主廊道和其顶部出水支孔等组成。本船闸工作水头大，输水系统廊道内水流流速高，诱发水流空化和阀门震动的可能性大，为使船闸安全输水，防止水流空化和减小阀门震动成为输水系统设计中的关键课题。为此设计中采用了如下几种措施：在输水阀门段廊道设置突扩体型；降低阀门段廊道布置高程；以高抗空蚀性能材料衬护闸首输水廊道边壁和确保输水系统廊道表面平整度等。

本船闸输水系统的特点是：①各闸首阀门段均采用尺寸相同的突扩体型廊道，以其体型特征又可分为制约段、突扩段和收敛段3个区段。该体型廊道能消耗掉水流所携带的大部分能量，故可有效地抑制水流空化。②各闸首纵向输水廊道采用高抗空蚀性能材料衬护，以提高其抗空蚀能力，重点是突扩体型廊道。对于工作水头很大的二、三闸首的突扩体采用钢板衬护，其余为硅粉混凝土衬护。材料试验成果，表明本船闸采用的硅粉混凝土的主要物理力学指标（抗压、抗冲磨、抗空蚀强度和干缩率等）优异，尤其显著的是干缩率小，从而解决了以往硅粉混凝土早期干缩率大的缺陷，且具有施工简便之优点。③二、三闸室右闸墙顶均设弃水孔口，但因其堰顶高程较高，弃水机率较小。④本船闸下游左侧出水口为倒口出流廊道，最大工作水头为18.40m，系国内首次应用的最大的工作水头。

本船闸自1995年2月投运至今已两年有余，除1995年2月～4月间由于三闸首闸门止水框因故损坏修复耗时47d和洪水期停航外，其余均基本维持正常运行状态。其间已经历上、下游通航水位的各种组合，运行状态正常，及时地解决了船、筏过坝问题，取得了很好的经济和社会效益。经两年多的运行实践，总的来说船闸设计是成功的，主要体现在以下几个方面：①在闸室灌、泄水过程中，各闸首输水阀门震动小，抽干检查未发现廊道内壁有空蚀迹象；②在各闸室灌、泄水过程中，闸室内水面升、降平稳、船舶泊稳条件良好；③当二、三闸室有弃水现象发生时，闸室泊稳条件并无恶化，弃水水流越过弃水口堰顶后紧贴右侧墙面呈水幕状注入旁侧河道；④四闸首左侧倒口出流廊道出水口泄水时，其尾部水流均匀地流入下游引航道内，引航道内水面平稳，泊稳条件好。

在两年来的运行中也发现，由于种种原因，当流量大于4000m³/s时，下游引航道口门区因船舶航行困难而被迫断航，未能达到设计在流量不大于10000m³/s仍维持通航的要求。

（中南勘测设计研究院　张桂生）

安康水电站100t级垂直升船机设计

安康水电站位于汉江上游，陕西省安康市境内，装机80万kW，是一个具有发电、防洪、航运、养殖等综合利用效益的大型枢纽。拦河坝为折线型混凝土重力坝，最大坝高128m，坝顶长541.5m。安康水电站100t级垂直式升船机布置在溢流中孔18号、19号坝段之间，可干运一艘100t级平底分节驳船（动力船不过坝），驳船外形尺寸为26m×6.5m×5m（长×宽×高），小于此尺寸的竹木排也可以过坝，平底客船可不载客过坝。

升船机运行在与坝轴线垂直的行车梁上。坝上游为一跨简支行车梁，固定支座安置在坝体上游侧，上游排架为活动支座。坝体下游为四跨不等跨连续行车梁，固定支座安置在坝体下游侧，活动支座设在下游四个排架顶部行车梁轨顶高338.08m，升船机上、下游工作行程131.5m。在下游3号、4号排架上设有导向槽，以保证承船厢在升、降过程中的平稳性。

上游排架前设有2m×30m的浮式导航堤，用设在排架柱上的锁柱结构与之联系，可随水位变化沿锁柱升降。库底左、右各设一锚链墩与堤联接。浮式导航堤在泄洪时移至上游岸边，升船机运行时船只可在堤前分解或联结，并可引导下行船进入承船厢。

货驳双向过坝一次约需 64min，升船机每天工作 21h，每年工作 300d，双向过坝年货运能力为 45 万～50 万 t。

升船机由起升机构、运行机构、液压顶轨器、承船厢、门架及机房等组成。额定起重量 4×80t，纵向吊点间距 16m，横向吊点间距 8.4m。上游最大起升高度 45m，下游最大起升高度 105m，起升速度 11.51 m/min，跨度 15m，基距 16.1m，水平运行速度 29.07 m/min，升船机工作级别为 A_7 级。

起升机构设 4 个吊点，每个吊点由一根平衡梁、两组倍率为 2 的双联滑轮组，2 个 ϕ1.6m 卷筒组成。4 个吊点通过 4 套减速器，由 4 台 200kW 直流电动机驱动并用两套锥齿轮箱进行机械同步操作。起升机构设有微机荷载显示仪。

运行机构由四组运行装置组成。每组有 2 套主动台车、2 套从动台车、2 根平衡臂、1 根平衡梁。每套主动台车由 1 台 18.6kW 直流电动机驱动。运行机构设有减速、正常停机、极限停机三组光电开关、终点行程开关、测速装置等。

液压顶轨器共 4 套。由弹簧力推动顶块压紧轨面，防止非工作状态时风压吹动升船机。运行时，启动液压泵，松开顶块。

承船厢由 2 根主纵梁、12 根横梁组成下承式板梁结构，并用小纵、横梁组成 1.1m×1.15m 的梁格，在梁格交叉点处设橡胶轮胎，作为承受驳船的弹性垫层。承船厢内侧平面尺寸为 26m×7.2m，外侧设有走台及休息室，并有两组液压传感器控制船厢正常入水及极限入水深度。

门架为双悬臂结构，由上平台、4 条门腿、4 根斜撑及 2 根下纵梁组成。主要构件均为箱形截面，用高强度螺栓连接。上平台由 2 根悬臂主纵梁、6 根横梁及辅助小梁组成，用于安装起升机构、电器二次控制柜、整流变压器、专用变压器等。

机房布置在上平台。机房设有一台起重量为 5t 的电动单梁桥式起重机，用于检修起升机构及电器控制柜等。机房顶设有风速传感器、显示器装在司机室内，当风速超过 5 级时停止运行。

升船机电力传动采用晶闸管—— 电动机调速系统，主回路由起升机构和运行机构两部分组成。供电电源引自坝区 6.3kW 供电系统，经机房内的整流变压器和专用变压器，为控制运行、起升及照明、工业电视、采暖通风、检修等提供 400V 直流电源及 380/220V 交流电源。

起升机构控制为电流内环、速度外环，运行机构为电流内环，电压外环的双闭环系统，均按不大于 0.05m/s^2 加（减）速度起（制）动。

升船机装有 3 台摄像机，监视驳船进出承船厢及承船厢在导向槽处的对槽情况。司机室与机房、承船厢之间用步话机联络。

升船机照明分航道和机房两部分。行车梁外侧各装 8 根灯杆，每根杆装 2 盏照明灯。在上游排架及下游 4 号排架处共装 32 盏投光灯作为引航道和监视承船厢的照明。

支撑行车梁采用 5 个排架结构为 Ⅱ 级建筑物，地震设防裂度为 7 度。

*排架结构的设计假定：*①上游排架固结于岩石地基，下游排架右侧柱通过导墙固结于溢洪道底板，柱和导墙用油毡隔开，以减少同一排架两个柱的高、低不对称；②下游的排架柱与导墙及柱与大体积混凝土之间的连接按位移协调处理；③行车梁与柱顶的联接只传递垂直力。

排架结构的荷载考虑结构自重、升船机轮压、风荷载、温度荷载、地震荷载及水流脉动压力。计算采用 SAP5 线弹性三维有限元程序，动力计算取 5 个振型。排架为梁单元，导墙为板单元，底板为块体元。

上游排架及 4 号（3 号同）排架的自振同期分别为 2.1s 和 1.7s，说明这 3 个排架刚度较柔，因此排架顶变位是设计中主要控制的因素。

升船机运行要求排架左、右柱的横向相对变位小于 5mm，各计算工况的变位值均能满足此要求。顺运行方向排架顶的最大变位是 4 号排架，在正常运行遇地震工况时为 3.66cm。此值与排架高度之比小于 1/1000，满足排架结构安全要求。

由于下游 3 号、4 号排架位于中孔消力池水跃区，在水流脉动压力下，导墙排架系统存在水弹性振动问题，设计洪水位时 4 号（3 号同）排架的可能最大振幅达 1.58cm，所以任何一孔泄洪时升船机均停止运行，发电时可正常运行。

为了保证中孔泄洪时升船机下游排架不被水冲，同时也为了更好地消能，在中孔闸墩上做了不对称宽尾墩和折流墩。

（北京勘测设计研究院　沙克敏　张志宏　叶启生）

岩滩水电站升船机设计

*岩滩水电站升船机*是红水河梯级电站中建设的第一座升船机，位于电站枢纽左岸，由上游引航道、挡水坝段、通航明渠、上闸首、升船机主体段、下闸首及下游引航道组成。设计通航规模为 250t，留有 500t 扩建余地，最大提升高度 68.5m，设计年货运量为 180 万 t，全年通航时间为 325d，每天 22h，双向运行一次所需时间为 42min。本升船机采用卷扬提升平衡重垂直升船

机型式，考虑红水河洪枯水位变幅大、含泥量较高的特点，决定采用船厢下水提升方案。

*岩滩升船机的提升系统*装设在升船机塔柱顶部的主机房内，由4套卷扬机构和4组导向滑轮组成，对称布置。每套卷扬机构由1台直流电机驱动，通过高速减速器两侧的2台低速减速器，与4套卷筒装置相连。卷筒外侧各装置一套制动盘，每一制动盘两侧，分别设置3个盘式安全制动器；在电机侧的联轴器端面连接一制动盘，设置1个盘式工作制动器。4台高速减速器的8根传动轴，通过14根同步轴、38个齿式联轴器与8台低速减速器、4台锥齿轮换向器，连成一个矩形封闭的同步传动系统。同步轴的封闭轴线尺寸为42530mm×10400mm。16个卷筒，每个卷筒设置并固定3根钢丝绳，其中2根是卷筒内外侧共绳，另1根仅从卷筒内侧出绳。卷筒内侧共出绳48根，与液压平衡装置油缸的活塞杆相连，油缸下端盖通过吊耳与船厢相连；卷筒外侧共出线32根，通过螺杆调整装置与平衡重相连。为了防止钢丝绳旋转，在每2根出绳下连的螺杆上设置一套防转装置。

主机设计寿命30年，最大提升荷载4401kN，短时入水尖峰荷载7708kN。平衡重1100t，其中力矩平衡840t，静力平衡260t。船厢侧吊点数64个，平衡重侧吊点数48个。船厢在空气中升降速度为11.4m/min，船厢在水中升降速度为1.8m/min。

卷筒直径3200mm，钢丝绳直径52mm，破断拉力2230kN，共64根钢丝绳，其中卷筒上长绳（213m）32根，短绳（129m）16根，滑轮绳（95m）16根。钢丝绳出厂时全部按40%破断拉力进行预拉伸，每组钢丝绳长度误差±50mm，直径误差＋1～2mm。钢丝绳弹模偏差允许8%。

同步轴系统最大传递扭矩38900N·m，高速减速器最大输出扭矩44327N·m，低速减速器最大输出扭矩1792448N·m。为安全起见，在同步轴系统中，配置了8套扭矩传感器。

制动器采用法国西姆公司出产的盘式制动器。4套ITX型工作制动器，制动力矩为11300N·m，采用该公司的专利技术“液体弹簧”进行上闸动作，且具有摩擦片磨损自动补偿的功能。48套SH18-2-2型安全制动器，静态制动正压力为160kN，动态为180kN，制动摩擦片为非石棉材料（该公司专利），摩擦系数不小于0.4。每个卷筒制动盘上，安装3台安全制动器，制动力矩为811200N·m（静态），912600N·m（动态）。该制动器具有角向补偿能力（≤5°）及渐进制动功能，可满足升船机制动平稳的要求。安全制动器由1个37kW液压站，为其提供松闸液压动力源。液压站工作压力20MPa，供油量100L/min。

*承船厢*为凹槽形结构，两端分别设1扇卧倒式钢闸门，当闸门处于关闭状态时，船厢中水域为通航船舶创造湿运条件。承船厢长48.5m，宽16.3m，高4.4m，有效水域尺寸按1×250t级船舶的尺寸，即长38.5m，宽10.8m，水深1.8±0.1m。承船厢自重465t，水重965t，总重1430t。承船厢上设置了8套纵向及横向导轮装置、16套液压夹紧装置、8套顶紧装置及4套锁定装置。承船厢卧倒门由2台2×250kN液压启闭机操作，启闭时间40～50s。

岩滩升船机液压均衡与调平系统，采用电液比例阀控制方案。5台比例方向节流阀压力为25MPa，流量为30L/min，响应时间为10～30s。调平油缸48套，分4组，每组12套油缸，组与组之间油路，通过8个连通阀，既能隔断又能开通，以使压力均衡。油缸内径200mm，行程500＋5mm，压力25MPa，油缸的安全系数$n\geqslant 8$，与钢丝绳构成等强度设计。油缸的最低启动压力为0.05MPa，缸间相互压差小于0.01MPa，以满足动态调平的响应速度。液压系统能对船厢进行静态和动态调平：当船厢四角检测点高差达80mm时，液压系统能在120s时间内完成静态调平过程，此时四角高差不大于20mm；当船厢升降过程中四角检测点高差超过20mm时，液压系统即进行动态调平。液压系统由4套泵站供油，在承船厢左右侧各布置2套，通过4个连通阀构成一个整体，互为备用。

由于船厢下水，965t水重在船厢入水和出水瞬间，将会消失或出现，对于电机和卷扬机构，都有一个“零力矩”的转换问题，最大工作荷载按此工况设定。为保证承船厢升降时的平稳，4台直流电机由ABB公司供货，额定功率339kW，其机械特性及转速容差不大于2%，电机允许短时（15s）过载能力为2倍，每小时不超过12次。电气传动采用ABB公司的数字式传动装置（4套），结合计算机监控系统，能实现上升七段速度图控制及下降五段速度图控制，当4套传动系统有1套损坏时，其余3套能重新分布荷载，保持出力均衡，满足转矩差小于当时平均转矩的±5%。计算机控制主机选用IBM产品，可编程控制器采用美国施耐德公司莫迪康PLC。

（广西岩滩水电站工程建设公司　孙鸿秉）

机　电

13

大中型水轮机及附属设备

三峡水电站水轮机

三峡水利枢纽系防洪、发电、航运等多开发目标的巨型水利水电工程，其电站设有左、右岸两座厂房，分别装设14台和12台额定容量700MW水轮发电机组，电站装机容量18200MW，电站主要参数如下表：

项　　目	单 位	初 期	后 期
正常蓄水位	m	156	175
防洪限制水位	m	135	145
枯水期消落水位	m	140	155
装机容量	MW	18200	18200
电站保证出力	MW	3600	4990
多年平均发电量	亿kW·h	705.27	846.80
最大水头	m	94	113
加权平均水头	m	77.1	90.1
额定水头	m	80.6	80.6
最小水头	m	61	71

首批机组，预计2003年发电。受施工和库区移民的进度制约，2003年～2006年，水库蓄水至135m，2006年～2009年，每年汛后蓄水至156m，电站按初期条件运行，2009年，电站全部竣工后，按后期条件运行。

三峡水电站水轮机，运行水头变幅大，额定出力和尺寸已达到和超过世界上已有水平，在技术要求方面，以水轮机长期安全稳定运行列为首位。

左岸电站14台水轮机，以国际招标方式采购，责任方为国外制造厂，其中，前12台以国外工厂为主，中国制造厂参与，后2台以中国制造厂为主。国内外制造厂联合设计，合作制造，国外工厂需向国内工厂转让技术。以投标厂的资格、提供的设备技术性能、价格、技术转让及融资等五个条件，作为确定中标厂商的主要因素。经过激烈的竞争，法国GEC ALSTHOM公司中标8台水轮机，其分包商为中国哈尔滨电机有限责任公司和挪威的KVAERNER能源公司，采用KVAERNER的水力设计技术。以加拿大CGE和德国VOITH和SIEMENS公司组成的VGS联营体中标6台，其分包商为中国东方电机股份有限公司。

14台水轮机的主要技术特性如下：

型式：14台水轮机均为*混流式水轮机*。

出力：机组额定容量700MW，在额定水头80.6m，水轮机额定出力710MW。为改善水轮机在高水头运行的稳定性能，并在高效率区运行，发电机设置最大容量为840MVA。在功率因数为0.9时，水轮机正常运行最大出力为767MW。水轮机按发电机发出最大功率、且功率因数为1时，相应的水轮机出力为852MW进行强度设计。

转速：额定转速75r/min，在额定工况，水轮机比转速n_s为261.7m·kW，相应的比速系数为2349。

水轮机主要尺寸：招标文件仅对控制电站厂房尺寸的蜗壳宽度提出限制要求，水轮机转轮名义直径由中标工厂自行确定。在满足招标文件要求前提下，GEC ALSTHOM提供的水轮机转轮出口直径为9.8m，VGS提供的转轮进口直径为9.832m。尾水管高度30m，长度（以机组中心计）50m，宽度31.9m，尾水管扩散段内有2个宽度为2.45m的中墩，电站下游最低尾水位62m，吸出高度（以导叶中心计）为－5m，水轮机装机高程为57m。

性能：三峡水电站水轮机正常运行区如图所示。

招标文件要求，在正常运行区，水轮机应能长期安全稳定运行，其他运行区，应能安全运行。

在各运行区，要求水轮机稳定性能指标如下表：

运行区 / 项目	Ⅰ	Ⅱ	Ⅲ	Ⅳ
在不补气条件下，原型和模型水轮机尾水管内压力脉动值$\Delta h/H$不大于（双幅值）	5%	5%	6%	8%
顶盖垂直振动双幅值不大于（mm）	0.10	0.10	0.10	0.12
顶盖径向振动双幅值不大于（mm）	0.14	0.14	0.14	0.16
导轴承处主轴摆度双幅值不大于（mm）	0.35	0.35	0.35	0.50

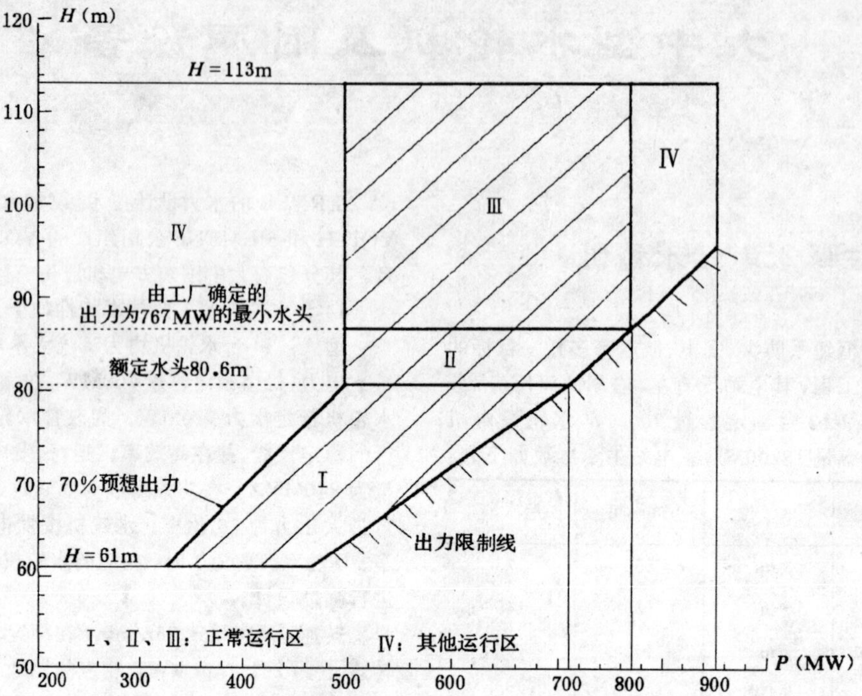

三峡电站水轮机运行区

在正常运行区，应不出现有害的叶道涡和因叶片进口冲角过大而产生的叶片进口处空蚀；在确定的装机高程下，水轮机初生空蚀系数小于装置空蚀系数，水轮机运行 8000h，空蚀失重不大于 52kg。

GEC ALSTHOM 和 KVAERNER 保证的稳定性能，均满足了招标文件要求，在尾水管压力脉动、叶道涡和空蚀失重等方面，还优于招标文件要求。VGS 保证的稳定性能，亦满足招标文件的要求，尾水管压力脉动，接近 KVAERNER 的保证值。

三峡水电站，汛期水头低，伴有弃水，低水头（$H<78.5$m）运行区，对水轮机效率不提出要求，但以额定工况点导叶开度所确定的低水头预想压力，应尽可能大。在中、高水头（$H>78.8$m）区，要有较高的加权平均效率，以取得电站的最大发电效益。

两个中标集团均保证三峡水电站原型水轮机最优效率达 96.2%以上，水头 $H>78.5$m 运行区的加权平均效率确定的非弃水期的电量、以低水头水轮机预想出力的确定弃水期的电量均满足和超过了预计的要求。从而使三峡电站 26 台机组全部投入运行后，其年平均发电量超过 846.8 亿 kW·h。

两个中标集团中，在能量特性方面，VGS 略优。

结构：GEC ALSTHOM 和 VGS 提供的水轮机转轮外径分别为 10.6m 和 10.08m；叶片数分别为 15 片和 13 片；重 450t 和 407t，且均为铸焊结构，采用含 Cr13%、Ni4%相对应的不锈钢材料，叶片用五轴数控机床加工，采用高于 IEC 标准的指标，作为转轮相似性及制造公差验收依据。主轴直径分别为 4m 和 3.8m，在导轴承结合处，分别采用无轴领和有轴领结构。主轴的临界转速，均大于 1.25 倍水轮机飞逸转速。导轴承为稀油润滑，具有巴氏合金表面的分块瓦自润滑轴承。主轴工作密封采用有成熟经验的结构，其密封元件运行寿命不少于 40000h，为便于检修，设置检修密封。固定导叶在水中的固有频率与涡流的频率，两者之比值不得小于 1.5。蜗壳采用屈服极限不超过 500MPa 的钢板制作。尾水管设有厚度不小于 25mm 的钢板里衬，里衬从基础环伸延至水流平均流速6m/s处，为降低运输费用和减少运输过程中的变形，蜗壳、尾水管里衬和机坑里衬等埋设部件，在工地的专门车间内切割、卷板和成型。活动导叶采用与转轮相同的材料，为三支点结构，设置 2 个直缸接力器，其工作油压为 6.3MPa。顶盖为钢板结构，有足够的刚度，底环与顶盖具有良好的同心度。在水轮机室内，设有起重量不小于 3t 的环形吊车。

（长江水利委员会　龚本驹）

二滩水电站水轮机

（一）概述

二滩水电站装置了6台混流式水轮机，额定水头为165m，单机额定功率为582MW，最大功率621MW，是我国将在本世纪内投运的最大功率的水轮机。电站由电力工业部成都勘测设计研究院设计，业主为二滩水电开发有限责任公司。水轮机经国际竞争性公开招标，由加拿大GE公司中标。我国东方和哈尔滨水轮机和发电机制造部门组成的集团为分包商，以逐渐增加生产份额的方式，生产第2台至第6台机的部分机件。其中第5台、第6台水轮机生产了除调速器、水轮机轴封之外的全部零、部件。

（二）性能参数和特点

招标中对水轮机比转速进行过详细论证，并且把选择比转速和选择发电机的同步转速、并联支路数、支路电流和额定电压结合起来，获得了先进而合理的水轮机性能参数，并且和发电机参数间有充分协调的关系。

二滩水轮机比转速184m·kW、比速系数2368、真机最高效率96.05%，这些参数都达到了当前世界的高水平。

GE公司在二滩水轮机流道设计的最后阶段，采用较完善的计算机优化程序，把从蜗壳经导叶、转轮到尾水管的水流作为一个完整的流场，进行流动分析，结合模型试验研究，调整流道细部的几何参数以达到：

(1)尽量提高运行区效率、计及加权因子，获得相对较多的平、枯期电量。

(2)提高稳定性，尤其注重高水头、小负荷工况，改善叶片进水边下部与下环相连处的几何参数，消除叶道涡。

按国际电工委员会规程进行了模型水轮机验收：

模型转轮喉部直径　D_m=350mm

原型转轮喉部直径　D_p=5850mm

能量试验水头　20m～30m

空蚀试验水头　24m～30m

验收试验得到的模型水轮机最高效率为96.05%，对应的真机水头为164.6m，而在加权平均水头170m时，预期水轮机真机最高效率为95.94%。

模型验收试验还表明在额定水头165m下的加权平均效率为94.309%，大于保证值93.437%。经高、中、低三个水头共11个工况点的验收得出的水轮机平均平、枯期电量为80.248亿kW·h，大于保证值80.069亿kW·h。

以$\sigma_{0.5}$研究的水轮机空蚀特性表明转轮提供了足够的空蚀裕量。各水头下由空蚀所限制的功率如下表：

净水头（m）	135	155	165	170	176
限制功率（MW）	440	540	582	600	621

按GE公司规范，用频谱分析测得的水头135m～189m的模型尾水管压力脉动基波峰峰值$\Delta H/H$在无补气状态下为0～3.6%，小于保证值5%。GE预计二滩水轮机在整个运行区有很好的稳定性。

（三）结构特点

1. 转轮　名义直径D_1为6.2574m，重约120t。材料为ASTMA743M或ZGOCr13Ni4Mo不锈钢。铸钢件拼焊结构。叶片铸造后用五轴数控镗铣床加工，然后打磨，达到表面粗糙度3.2μm。转轮在工厂制成两半以满足铁路运输尺寸的要求。组装时，上冠用卡栓连接，这在世界上尚属首次。据了解，GE认为加工卡栓槽比加工螺栓孔方便，且设置卡栓槽所需上冠结构高度要比设置螺栓孔的高度小，节省了上冠所用的不锈钢。下环仍采用焊接。用GE提供的专用工具加工拼装好的转轮的抗磨环和连轴法兰面。上抗磨环设计间隙为1.20～1.60mm，表面粗糙度为1.6μm。

2. 主轴　外径2.2m，壁厚160mm，总长7.74m，重约81.5t。单根轴直接连接发电机转子和水轮机转轮。用ASTMA668或20SiMn锻钢分数段锻造，然后拼焊和加工。由于采用3个导轴承的径向支承方式，因此，机组轴系的第一临界转速为最大飞逸转速的1.5倍以上。

3. 导轴承　采用GE公司传统的筒形瓦巴氏合金轴承。轴承的润滑、冷却系统可保证轴承在最大飞逸转速下连续运行30min而不致损毁轴瓦巴氏合金。

4. 座环　座环由上下环板和固定导叶焊接而成，上下环板采用ASTM A516抗撕裂钢板，厚度各为200mm。

为了把蜗壳中水流逐渐均匀地引向导叶和转轮，20个固定导叶分成四组，0#～10#导叶为第1组，11#～15#导叶为第2组，16#～18#导叶为第3组，尾端19#导叶为第4组，分别具有不同的形状和尺寸，以尽量满足固定导叶出口水流环量的均匀一致及满足强度的要求。

5. 蜗壳　从进口断面开始的2/3长度，水流按圆周速度矩等于常数设计，蜗壳尾部水流按圆周速度递减的规律设计，所以尾端断面尺寸相对较大。随流道的总体优化，设计者进一步调整蜗壳各断面尺寸，蜗壳中水流不再按上述规律，而是GE设计的特殊规律。

蜗壳尾端通过一厚度为110mm的舌形隔板与头部连接并隔开。舌板一端与固定导叶对接。

蜗壳钢板采用屈服极限为490MPa的ASTM

A543 或 62CF 钢板，现场焊接性能较好，避免了过高的焊接预热温度和后热处理，钢板最大厚度 63mm。进口段内径 7.2m。

蜗壳安装好后，除进行超声波和 X 射线探伤外，还进行压力为 3.46MPa 的水压试验，它为设计压力的 1.5 倍。目的在于检验蜗壳与座环总体结构设计、材料、焊接是否存在缺陷，同时也可释放焊接残余应力。蜗壳在保持水压为 1.94MPa 的状态下浇混凝土。

6. 导叶和操作机构　导叶用不锈钢整铸，从空载到全开范围具有水力矩关闭倾向。数控加工过流表面，粗糙度 3.2μm。

每个导叶轴设 3 个自润滑轴承。设置了剪断销、导叶摩擦限位装置、限位块以保护导叶和操作机构。摩擦限位装置和限位块均能限制导叶在剪断销破断后的活动范围，不致全方位自由转动而撞击转轮叶片或撞坏前后的导叶。摩擦限位装置的摩擦力矩调整得比导叶正常最大操作力矩大 25%。而作为最后屏障的限位块可承受的载荷与使导叶轴发生扭曲破坏的载荷相当。

导叶两端对应于顶盖和底环处设置可拆卸和可更换的不锈钢抗磨板，用螺钉固定，并打磨齐平。导叶分布圆处抗磨板中间设置了可拆卸和可更换的导叶金属密封，密封下部设有橡胶预压紧材料以保证导叶关闭时密封条与端部的接触。

合同规定的在静水头 165m 时导叶关闭状态下的漏水量不得大于 0.6m³/s。

7. 尾水管　采用了我国高校、水电设计、制造单位专门为二滩地下式水电站设计研试成功的窄、高型尾水管，该尾水管比传统的 4E 型尾水管的恢复系数高 10.9%，相应使水轮机的最高效率提高约 0.4%，大流量区提高的效率更多。尾水管内的水压脉动幅值明显小于 4E 型尾水管，出口流速场比 4E 型尾水管要均匀得多。它的几何形状保证了地下工程较小的工程量和良好的成洞适应性。

尾水管里衬钢板厚 25mm，衬至肘管出口。

（成都勘测设计研究院　华　键　胡敦渝）

李家峡水电站水轮机

李家峡水电站为坝后式地面厂房，电厂内 5 台机组呈双排布置，上游侧 2 台，下游侧 3 台。上游侧机组的尾水管加深加长，通过下游侧机组尾水管底部而引至尾水渠。电厂的 5 台机组由东方电机股份有限公司提供，下面介绍水轮机的主要参数及结构特点。

（一）水轮机基本数据

水轮机型号	HLD203—LJ—603
最大水头	135.6m
额定水头	122m
最小水头	114.5m
最高出力	448.8MW
额定出力	408.2MW
额定流量	362.38m³/s
额定转速	125r/min
飞逸转速	233r/min
吸出高度	—7m

（二）选型设计

东方电机股份有限公司从 80 年代即参与李家峡电站的可行性论证和水轮机参数选择工作。针对电厂要求，先后研制了十多个转轮，并以 HLD113—LJ—615 机型作为李家峡机组水轮机投标中的建议方案，该方案 1993 年 6 月经审查同意采用。

但是，鉴于国产 D113 转轮与国外先进转轮相比存在一定差距。为提高电站经济效益，在东方电机公司李家峡水电站机组中标后，经有关单位同意，决定从国外引进性能更好的水轮机转轮。经与国外多家公司（厂）洽商、分析及对比，最后与 GE 加拿大公司签订了李家峡水电站转轮技术转让合同。

（三）水轮机模型参数及技术性能

李家峡电站水轮机模型参数及主要技术性能指标如下。

模型水轮机最高效率	93.95%
模型水轮机加权平均效率	92.096%
原型水轮机额定效率	94.12%
原型水轮机最高效率	95.77%
原型水轮机加权平均效率	93.916%
额定比转速	197m·kW
比速系数	2175
临界空蚀系数	0.064
轴向水推力	9822kN
转轮直径（喉部）	6030mm
转轮叶片数	13
导叶高度	1508mm
导叶分布圆直径	7146mm
涡壳进口直径	8m
水轮机本体重量	1170t

（四）水轮机双排布置水力模型试验

李家峡电站 5 台机分前后两排布置，尾水管分上下两层，出口在同一纵向平面。这种布置方式，出口水流必然互相有一定的干扰，这种干扰也会对机组运行稳定性和运行效率有一定的影响。为了掌握双排机组的水力干涉规律，与西北勘测设计研究院合作，除进行理论分析外，还开展了双排布置机组的水力模型试验。通过试验，基本摸清了前后排机组带不同负荷时尾水管压力脉动、机组效率的变化情况。这不但对电厂合理调度有很大参考价值，而且解除了某些疑虑，为我国今后在狭谷电站中推广双排机组布置方式奠定了一定基础。

（五）水轮机结构

1. 转轮　转轮名义直径6030mm，最大外径6640mm，重147t。转轮采用铸焊结构，上冠材质为碳钢，叶片和下环的材质为不锈钢。转轮对称分半。为解决运输问题，分半转轮上冠的联轴螺钉采用埋入式结构；为满足用户转轮互换的要求，转轮与主轴间的连接采用销套加螺栓的结构。

2. 涡壳及座环　涡壳设计不考虑混凝土联合受力。涡壳进口直径8m，最大板厚50mm。涡壳钢板材料选用WEL-TEN62CF（HT62CF）调质钢板，它具有强度高、含碳量低、焊接性能好等优点。

座环采用带圆弧导流板的平行式座环，在Ⅰ～Ⅲ象限带有过渡板，第Ⅳ象限涡壳直接焊在座环环板上。座环分半面采用焊接连接，底环环板采用超低硫抗层状撕裂钢板制造。

3. 导水机构　导水机构的20只活动导叶为非对称标准翼形铸焊结构。顶盖、底环和控制环均为钢板焊接分半结构。导叶传动机构采用连接板式的叉头传动机构。导叶套筒采用上、中套筒解体的结构形式，缩短了套筒长度，并使套筒重量减轻30%以上。

由于导叶分布圆直径与转轮直径之比值较小，为避免导叶打开时与叶片相碰，结构上除加强导叶限位装置外，还在导叶上设有导叶摩擦装置。

为了避免座环浇注混凝土后产生永久变形而影响机组安装的问题，水轮机底环设计为高度和水平均可调的结构，在底环导叶轴孔内设有大螺套，通过调节螺套，可以确保导叶端面间隙的精度。

4. 其他　导轴承采用稀油润滑分块轴瓦式轴承。主轴密封采用橡胶块水压式端面密封，检修密封为传统的空气围带密封。为便于在水压下更换密封，机组增加了一套手动密封装置。

水轮机设有主轴中心孔补气装置，当转轮下部出现真空时即自动补气，补气量小于$1\%Q_r$就有明显降低压力脉动的效果。

（六）结语

李家峡水电站水轮机模型转轮的性能指标全面满足合同要求。在借鉴国外先进经验和总结公司水轮机研制成果的基础上，李家峡水电站水轮机上采用了一些新结构、新材料和新工艺。试验和电站运行表明，机组各项性能指标比较优良，机组运行稳定、可靠。李家峡水轮机的成功研制和顺利运行，把我国水轮机技术提高到新的高度，并将为我国今后大型水力工程的建设作出贡献。

（东方电机股份有限公司　戴庆忠）

五强溪水电站水轮机

（一）概述

位于湖南省沅陵县沅水上的五强溪水电站装有5台单机容量为240MW的混流式水轮发电机组。电站1～3号水轮机及4～5号水轮机的关键部件通过国际竞争性招标选定以VOITH为责任公司的VOITH—哈尔滨电机厂联营体承包制造和供货，4～5号水轮机的其余部分由哈尔滨电机厂根据1～3号机的设计图纸资料进行制造并供货，但5号机尾水管采用了中南勘测设计研究院的图纸进行施工。湖南五强溪水电工程建设公司作为业主于1991年12月20日与VOITH—哈厂联营体签定了水轮机制造和供货合同，首台机已于1994年12月26日并网发电，2～5号机也已分别于1995年9月、1995年12月、1996年6月和1996年12月先后投产发电。

水轮机选择的主要参数为：

正常蓄水位	108.00m
最低库水位	90.00m
最低尾水位（按航运所需最小流量390m³/s考虑）	49.00m
千年一遇洪水尾水位	75.79m
最大毛水头 H_{max}	60.90m
加权平均水头 H_{wav}	46.90m
额定水头 H_r	44.50m
最小毛水头 H_{min}	37.40m
建库后汛期过机含沙量	0.06kg/m³
机组单机容量	240.00MW

机组无调相要求但需调峰。

（二）水轮机技术性能

五强溪水电站运行水头范围处于由低水头向中水头过渡的区间，适用的水轮机型式有斜流式、轴流转桨式和混流式三种。斜流式水轮机结构复杂，对于出力达20余万kW者国内外均缺乏设计、制造和运行经验，技术上不够成熟，故未予考虑。由于五强溪机组的运行特点是偏重于高负荷区，所以对于轴流转桨式和混流式两种水轮机年电量相差甚少，轴流转桨式水轮机的优点不太显著，因而从经济上考虑两者的优劣差别不明显，但从设计制造技术难度、运行维护和检修等方面分析，采用混流式比较稳妥，所以采用混流式水轮机。

五强溪水电站水轮机的能量性能、空蚀性能和水流稳定性三大主要性能及其特点如下。

（1）能量性能：水轮机的能量性能通常用水轮机效率来表征，根据当前能够达到的水平和对效率变化梯度的考虑确定了对水轮机最高效率 η_{max} 和额定工况点效率 η_r 的要求，对于电解加权平均效率 η_{wav} 则不作规定，留在招标中竞争确定。经过分析研究和招标竞争，水轮机 3 个控制性效率确定为：

$$\eta_r \geqslant 90.85\%$$

$$\eta_{wav} \geqslant 92.59\%$$

$$\eta_{max} \geqslant 95.00\%$$

通过水轮机模型试验验收和规定的 2/3 摩迪公式换算，3 个控制性效率达到：

$$\eta_r = 91.20\%$$

$$\eta_{wav} = 92.65\%$$

$$\eta_{max} = 95.53\%$$

（2）空蚀性能：首次研究和使用了安全裕度（k_1 和 k_2）的概念，即装置空蚀系数 σ_z 与初生空蚀系数 σ_i 之比等于 k_1；σ_z 与临界空蚀系数 σ_c 之比值为 k_2。在设计工况和额定工况附近，水轮机模型空蚀性能试验中可以测出 σ_i 值而用 k_1 值来控制，在偏离设计（或额定）工况区较远时是难于测出 σ_i 值的，但可以测出 σ_c 值，故要用 k_2 来要求。在 IEC 标准中规定可在 σ_o、σ_s 和 σ_1 中任选一个作为 σ_c，即 $\sigma_c=\sigma_o$ 或 $\sigma_c=\sigma_s$ 或 $\sigma_c=\sigma_1$，但采用不同 σ（σ_o 或 σ_s 或 σ_1）作为 σ_e 时，其 k_2 也应有所不同。五强溪水轮机选用 $\sigma_c=\sigma_o$。经分析确定：

$$k_1 = \frac{\sigma_z}{\sigma_i} > 1.18$$

$$k_2 = \frac{\sigma_z}{\sigma_c} = \frac{\sigma_z}{\sigma_o} > 1.3$$

在水轮机参数选择中不仅要确定 σ_z，而且还要明确对 k_1 和 k_2 的要求，以使所确定的水轮机安装高程（即由 σ_z 确定的导叶中心高程）在规定的运行范围内的各工况下水轮机运行时在空蚀方面具有一定的安全裕度。

在原型水轮机运行 8000h 后，要求因空蚀作用，转轮、导叶和尾水管金属里衬的金属失重之和不应超过 40kg，转轮流道的空蚀损坏面积之和不大于 5%转轮过水流道总面积，某一连续的空蚀损坏面积应不大于 $0.25m^2$。上述失重要求是基于超过 55m 水头、出力为 290MW 的运行时间不大于 200h/年考虑的。

由于有 k_1 和 k_2 以及水轮机空蚀失重的要求，使得水轮机的空蚀特性必须经模型试验和真机运行两个方面的检验。在水轮机模型试验验收时对 k_1 和 k_2 值的要求得到了满意的证实；1 号和 2 号机运行一年后排空检查未发现任何空蚀痕迹，这些都表明其空蚀特性比较好。

（3）水流稳定性：这里主要说明尾水管内的压力脉动，因为水流稳定性通常由压力脉动来表征。经过分析我们确定了对各水头下部分负荷时的压力脉动混频双振幅相对值的要求：

水头 H（m）	机组预想出力百分数（%）	最大压力脉动双振幅 ΔH 相对值 $\frac{\Delta H}{H}$（%）
60.1	40	10
46.9	40	8.2
44.5	40	7.0
36.2	40	9.5

在水轮机模型试验验收时发现在 60m 附近水头 40%额定出力时压力脉动混频双振幅相对值 $\left(\frac{\Delta H}{H}\right)$ 超过 10%，但 VOITH 认为只是模型 $\frac{\Delta H}{H}$ 超过 10%，合同规定的真机 $\frac{\Delta H}{H}$ 不超过 10%的要求他们预计能予满足。机组投产后，当水头接近到最大水头在部分负荷时振动很大，目前只能越过部分负荷运行。看来今后在招标文件中除要规定真机压力脉动要求外，还应规定对模型的压力脉动要求。

除上述三项水轮机主要特性外，其余参数选择确定如下：

额定出力	248MW
最大允许出力 （当 $H \geqslant 55$m 时）	290MW
额定转速	68.18r/min
飞逸转速	140.00r/min
转轮特性直径（D_1）	8.3m
额定流量	$627m^3/s$
额定工况比转速	295.4m · kW
水轮机安装高程 （导水叶中心高程）	50.00m
最大水推力	≤14000kN

（三）水轮机主要结构

（1）转轮：其最大直径为 8984mm，高度为 5125mm，重 274.6t。1～3 号转轮采用抗空蚀性能优良，可焊性好的 G—X5GNi134 铬镍不锈钢的整体转轮，由 VOITH 负责制造供货；4～5 号转轮则叶片采用 G—X5GNi134 不锈钢铸造，上冠和下环采用碳钢材料铸成由 VOITH 供货并在哈尔滨电机厂的大件厂组焊成整体转轮后交货，同时 4～5 号转轮的下环内表面容易空蚀的部位堆焊有不少于 50%面的不锈钢，堆焊至少 2 层，修整打磨后的不锈钢层厚度不少于5mm。

（2）座环：采用无蝶形边平行式焊接结构，为了满足运输需要而分成 4 瓣，分瓣的组合面精加工，各组合面在现场用预应力螺栓把合后作现场封缝焊接。其与顶盖的结合面采用加垫调平，顶盖下部采用三角断面密封圈上漏。

座环材质为 20MnMoNi55，外径×高度为 12910mm×4560mm，座环重为 295t。

(3) 蜗壳：进口内径 ϕ11200mm，壁厚 40mm，偏心距 11300mm，x 轴方向为 30415mm，y 轴方向为 25732mm，材质为 J1S62U，重量 390t。

(4) 顶盖：焊接结构，采用平衡管方式泄压，直径 ϕ11240mm，分 4 瓣，材质为 Rst37.2，重量 166.4t。

(5) 水轮机轴：采用摩擦传递力矩设计，内/外直径为 ϕ1400mm/ϕ1900mm，长 4630mm，材质为 20SiMn，重 73.8t。

(6) 水轮机导轴承：采用稀油润滑，分块瓦结构，巴氏合金瓦衬，自润滑，轴承现场不需研瓦，规定瓦温不超过 65℃，油温不超过 60℃。导轴承按承受 5min 飞逸转速而不损坏设计，冷却水中断还能安全运行 20min。

(7) 主轴密封：采用由弹簧压紧炭精滑环与不锈钢转环形成密封面的密封方式，冷却水用压力钢管引来之水经过滤后供给主轴密封。可在不拆除水导轴承情况下检查、调整和交换密封件。

(8) 导叶：24 个导叶，按能利用水力矩自关闭至空载位置设计，采用了支点轴承结构，靠加工面密封（立面），导叶密封面有不少于 4mm 厚的不锈钢堆焊层，导叶全关闭时的最大漏水量不超过 0.75m^3/s。导叶高 2524mm，导叶中心圆直径 ϕ9745mm，材质为 Rst37.2，每个导叶重 4050kg。

（中南勘测设计研究院　廖资汉）

小浪底水电站水轮机设计特点

小浪底水电站装设 6 台立轴法兰西斯式水轮发电机组，单机容量 300MW。水轮机及其辅助设备采用买方信贷方式在国外采购，1995 年 8 月与美国 VOITH 公司草签生产合同。

（一）水轮机参数

为提高水轮机过流部件的抗磨蚀性能，取用较低的机组参数，而参数（转速）的降低又受工艺、价格、效率、运输条件等方面的制约。小浪底电站水轮机除应满足额定水头 112m 条件下水轮机出力 306MW 的要求外，在招标设计阶段，还考虑转轮分瓣铁路运输的限制。最终确定的机组转速为 107.1r/min，相应水轮机比转速为 162.6m-kW，比速系数为 1721。这样的参数水平要较同水头段清水条件下合理的机组参数低 15%～30%。

（二）水轮机设计

水轮机工作水头变化幅度大（67.91m～141.67m），为确保在整个水头变化范围内机组能获得优良的综合性能，对水轮机的设计做出了如下规定：

(1) 为准确模拟真机的实际流态，水轮机的设计采用三元理论进行计算机模拟。

(2) 为保证机组在汛期能安全运行，良好的抗磨蚀性能显得异常重要。规定的水轮机设计水头为 110m，此水头接近于正常运用期内电站汛期加权平均水头，这样可使机组在含有大量泥沙的汛期运行于较优工况，对减轻过流部件的磨蚀破坏是十分有利的。

(3) 水轮机过流部件表面相对流速的高低，直接关系到其磨蚀破坏程度，在水轮机招标文件中，对预期磨损最为严重的水轮机转轮流道内的流速进行了限制，经研究提出了转轮出口最大相对流速不大于 38m/s。各制造商的投标结果证明，此值的选取是比较合理的。

(4) 对水轮机的空蚀性能作了规定。在整个水头变化范围和水轮机各水头下最大预想出力 80%～100%范围内，装置空蚀系数应大于初生空蚀系数。

（三）水轮机结构

小浪底电站水轮机结构设计侧重于抗磨蚀性能的提高。黄河水利委员会设计研究院在标书的编制中提出了具体规定，并经制造商认可采取了以下结构措施：

(1) 选择合理的几何尺寸。如增加导叶高度 $\overline{b}_0$ 至 0.242，以降低导叶区域的相对流速；减小转轮出口直径 $\overline{D}_2$ 至 0.929，以降低转轮内水流的相对速度。

(2) 设置筒形阀。在水轮机座环与活动导叶之间设置筒形阀的主要目的是为了防止停机状态下导水叶因间隙空蚀所产生的破坏，同时，筒形阀还具有事故阀的作用。VOITH 公司设计的筒形阀采用 5 个直缸接力器操作，以液压马达实现同步。水轮机检修时，可利用筒形阀将顶盖提升到一定高度，以实现在机坑内进行易磨损部件的检修更换。

(3) 水轮机转轮采用不锈钢材料制造。其叶片采用了材料致密性好、利于抗磨的钢板模压成型工艺进行制作。为降低流道流速，所采用的转轮出口直径与转轮进口直径之比选为 0.929。同时，为使转轮具有良好的整体性，方便运输，转轮采用散件运输方式运至工地，在 VOITH 公司提供的工地车间内进行组焊。

(4) 取消推力释放装置。推力释放装置的取消，是小浪底电站水轮机所采取的一项重要措施。由于不存在通过上冠的漏水，使容积损失减小，提高了机组运行效率，而且极大地减轻了转轮上止漏环的磨损。还因为减少了转轮上冠与顶盖之间空腔内的泥沙循环运动，可防止泥沙磨损顶盖和上冠上表面。另外，还避免了常规机组中对推力释放系统的维护工作。

(5)在底环周围设置环形廊道，以方便导叶下轴套的检修、更换。

(6) 为适应机组检修频繁之特点，在不移动发电机转子和推力轴承的情况下，依靠筒阀提升顶盖可使在机坑内进行易磨损部件的检修和更换工作条件得到改善。

（四）主要部件材料的选用

基于不锈钢材料在实际运行中所表现出的优良抗磨性能，而且考虑到国外不锈钢材料与普通钢材料间的价差不大。因此，水轮机主要过流部件如转轮、止漏环、导叶、抗磨板、底环、基础环、尾水锥管进口段等均选用了具有良好抗磨蚀性能的不锈钢材料制造。

（五）抗磨防护涂层

主要过流部件除选用了不锈钢母材外，对预期磨蚀特别严重的部位，还采用了碳化钨/钴高速氧燃料（HVOF）火焰喷射涂层进行防护。虽然碳化钨涂层作为试验性项目以前也有运用，但大面积使用于水轮机过流部件尚属首次。喷涂工作主要由机器人完成，涂层厚度约0.4mm。防护主要部位有：导叶上、下端面，导叶正、背面的进出口边区域和接近上下端部的区域；上、下抗磨板表面；转轮叶片进、出水边区域和靠近下环的高速水流区域；下环内表面；上、下止漏环表面等。总防护面积达180m² 以上。

（六）性能保证

在招标过程中，为获得综合性能优良的水轮机，在制订用以考核制造商所提供设备性能的各项考核标准时，在突出本电站多泥沙特点的同时，顾及到了实施的可行性。

1. 水轮机效率　为保证机组有较优的抗磨蚀性能，本电站选用了较低的机组参数，这是以增加投资和降低发电效益为代价的。在设备招标文件中，提出的效率保证值要求较清水电站约低一个百分点。例如：水轮机额定工况点效率不低于92%，最高效率不低于94%，额定水头下的加权平均效率不低于93%。

2. 材料损失　目前仅有适用于清水条件下的空蚀失重标准，而浑水条件下影响材料损失的因素很多，标准的制订是十分困难的。黄河水利委员会设计研究院在对黄河及其他多泥沙河流上已运行电站进行了广泛调研分析的基础上，提出了适合小浪底电站特点的、便于实施的重量损失考核标准。这些考核标准要求，得到了所有参与水轮机投标厂商的认可和响应。所提出的保证期8000h的重量损失保证如下：

（1）相对于正常磨损表面的最大磨蚀深度应不超过9mm，在任何连续面积为100cm² 之上，不应有平均深度大于3mm的沟槽或坑凹。

（2）如在同一转轮的相似部位或区域上所产生的面积、沟槽或坑凹等损坏较平均损坏程度大3倍以上，则被认为是异常损坏，并应由制造商无偿进行修复。

（3）在保证期内，由空蚀和磨损引起的转轮重量损失，相对于正常磨损表面测量和计算，保证不大于$4D_2^2$（kg），其中D_2为转轮出口直径。

（黄河水利委员会勘测设计研究院　朱兴旺）

水轮发电机及高低压电力设施

三峡水电站水轮发电机

三峡水利枢纽分左、右岸两个电厂，装有额定功率700MW机组26台，水轮发电机额定容量为777.8MVA、最大容量为840MVA。右岸还预留有能扩建6台同样容量机组地下厂房的位置。左岸电厂14台机组，右岸电厂12台机组连续兴建。预计2003年第一批机组发电。左岸电厂14台机组已于1996年6月在世界范围内公开招标，经过评议标，于1997年8月15日向中标厂商发出了中标通知，于1997年9月2日在北京人民大会堂举行签字仪式。中标集团为两家：一家是法国GEC ALSTHOM（中标水轮机）和瑞士ABB发电有限公司（中标发电机）。另一家是加拿大的CGE和德国的VOITH、SIEMENS公司组成的VGS集团。前者中标8台，后者中标6台。分包商有中国的哈尔滨电机有限责任公司和东方电机股份有限公司等。在合同中明确规定了两个中标集团向中国的两个分包企业转让技术。

1. 技术特性　除一般特性外，具体规定了如下指标。

（1）主要参数。见表1。

表1　三峡水轮发电机主要参数

项　目	S_n	S_m	U_n	$\cos\phi_n$	$\cos\phi_m$	n_n	X'_d
参　数	777.8	840	20 或18	0.9	0.9	75	≤0.35

项　目	X''_d	SCR	η_n	η	GD^2	L
参　数	≥0.2	≥1.1	≥98.6	≥98.56	≥ 450000	≤80

表中 S_n——额定容量（MVA）；

S_m——最大容量（MVA）；

U_n——额定电压（kV）；

$\cos\phi_n$——额定容量时功率因数；

$\cos\phi_m$——最大容量时功率因数；

n_n——额定转数（r/min）；

X'_d——直轴不饱和瞬变电抗；

X''_d——直轴饱和超瞬变电抗；

SCR——短路比；

η_n——额定效率（%）；

η——加权平均效率（%）；

GD^2——飞轮力矩（t－m²）；

L——噪音［dB（A）］。

（2）温升。全空冷方案温升限值（冷却器出口空气温度≤40℃）见表2。定子绕组水内冷转子空冷方案温升限值（冷却器出口空气温度≤40℃，定子绕组进水温度不超过40℃）见表3。

表2　全空冷方案温升限值

项　目	定子绕组	励磁绕组	集电环	铁芯及与绝缘接触或相邻的机械部件
额定运行工况	65K	75K	75K	75K
最大容量运行工况	75K	85K	85K	80K

表3　定子绕组水内冷温升限值

项　目	定子绕组出水温度	励磁绕组	集电环	铁芯及与绝缘接触或相邻的机械部件
最大容量时温度或温升	65℃	85K	85K	60K

（3）绝缘耐压。

1）定子线棒的工频击穿电压应不低于额定电压的5.5倍。

2）定子单个线棒在1.5倍额定电压下不应起晕，整机耐压试验时，槽部和端部在1.1倍额定电压下不应起晕。

3）定子线棒介质损失角正切增量（Δtgδ），指标（%）不大于表4限值。

（4）可靠性指标。

发电机可用率≥0.995；

发电机无故障连续运行时间≥18000h；

大修间隔时间≥10年；

退役前的使用期限≥40年；

定子绕组退役前的使用期限≥25年。

表4　定子线棒介质损失角

试验电压	$0.2U_n$	$0.2U_n \sim 0.6U_n$	
介质损失角正切值	tgδ	$\Delta tg\delta = \frac{0.6U_n tg\delta - 0.2U_n tg\delta}{2}$	
试品概率	100	95	5
指　标（%）	1	0.25	0.3

（5）机械性能指标。

1）发电机应能承受最大飞逸转速5min而不产生有害变形或损坏，其转动部件材料的计算应力不超过屈服强度的2/3。

2）发电机在最大容量$U=1.05U_n$下能承受机端短路30s无有害变形或损坏。

3）发电机结构能承受半数磁极短路下的不平衡磁拉力，而不产生有害变形和不稳定。

4）定子组装完毕后，定子内圆半径的最大值或最小值分别与设计半径之差不应大于设计空气间隙的±3%。转子组装完毕后，转子外圆半径的最大值或最小值分别与设计半径之差，不应大于设计空气间隙的±3%。

5）气隙的最大值和最小值与平均值之差不应超过平均值的±6%。

6）在对称负荷工况下，定子铁芯的频率为100Hz的允许双幅振动量应不大于0.03mm。

7）在各种正常热态工况下，下述部件上任一点的最大振动值（峰—峰）不大于：

集电环（水平分量）：0.3mm；

上机架（水平分量）：0.08mm；

下机架（垂直分量）：0.03mm；

定子铁芯处的定子机座（0.5～5Hz，水平分量）：0.02mm。

8）机组转动部分的第一临界转速应不小于飞逸转速的125%。

9）结构强度应能承受地震烈度8度。

10）能适应频繁开机的要求，年开停机次数不少于500次。

2. 主要结构

（1）定子。

1）定子机座要有足够的强度和刚度，能承受定子绕组短路时产生的切向力、半数磁极绕组短路磁拉力，各种运行工况下的热膨胀力以及定子铁芯通过定位筋传递的100Hz交变力等。

2）定子机座与基础板及上机架的连接结构可设计成允许机座作径向运动的浮动式机座或有此功能的其他结构，要有防止铁芯挠曲的详细设计。

3）定子定位筋和铁芯之间的结合，设计时应考虑到允许定子铁芯的径向热膨胀，以尽量减少定子铁芯的瓢曲变形和应力，保证铁心的圆度和同心度。

4）定子绕组采用F级绝缘，线圈在铁心长度上进行股线换位以减小股线在槽部漏磁场中不同位置产生循环电流而引起的附加损耗和股线电势差及温差。

（2）转子。

1）转子支架的最大垂直挠度小于1mm。

2）磁轭与转子支架可采用径切向复合键连接结构，其径向键的预紧力应保证机组转速为1.4倍额定转速时转子支架与磁轭不发生分离。连接结构应保证转子运行时的圆度，且不使转子重心偏移而产生振动，并有效地传递扭矩。

（3）其他结构要求。

1）机组采用三导轴承结构以保证机组的稳定运行。

2）保证机组轴系的动态稳定、足够的刚度并满足临界转速的要求。

3）发电机各部件，特别是转动部分部件应保证不致与机组动荷载频率、水轮机流道压力振动和卡门涡频率、输水钢管中压力振动频率、机组部件的固有频率、电网频率等发生共振。

4）下机架在最严重的工况下，其挠度不应超过3.5mm。

3．三峡水轮发电机的主要特点

（1）容量大、转速低，是目前世界上尺寸最大的水轮发电机。

（2）处在既可以采用全空冷也可以采用定子绕组水内冷、转子空冷的交叉区段，要发挥世界上有经验的制造厂家各自的优势。

（3）机组开停较频繁，冬季调峰，对定子线棒相对铁芯的不同膨胀率形成的相对位移要采取切实的措施。

（4）热变形、热膨胀应力、热翘曲由于容量大、尺寸大而显得更为重要。

（5）推力轴承负荷达4000～5700t，是世界级水平。支撑方式、轴瓦负荷分配均匀性、轴瓦受力及热变形都应充分重视。

4．中标厂商提供的基本数据　中标厂商提供的基本数据见表5。

表5　制造厂提供三峡水轮发电机基本数据

项目 \ 供应商	ABB	VGS
额定容量 S_n（MVA）	777.8	777.8
最大容量 S_m（MVA）	840	840
额定电压 U_n（kV）	20	20
额定功率因数 $\cos\phi_n$	0.9	0.9
额定转速 n_n（r/min）	75	75
暂态电抗不饱和值 X'_{dus}（%）	31.5	32
次暂态电抗饱和值 X''_{ds}（%）	20	20
短路比 SCR	1.2	1.2
额定效率 η_n（%）	98.77	98.75
加权平均效率 η（%）	98.76	98.75
飞轮力矩 GD^2（t·m²）	450000	450000
噪音水平 L［dB（A）］	80	80
发电机机坑直径（mm）	25000	25000
定子铁心内径 D_i（mm）	18800	18500
定子铁心高 l_t（mm）	2850	3130
发电机总重 G（t）	3459	3143
冷却方式	定子水内冷	定子水内冷

（长江水利委员会　易卜吉）

二滩水电站水轮发电机

二滩水电站水轮发电机，额定容量612MVA，最大容量642MVA，按其单机容量为目前世界上第三大空冷水轮发电机，仅次于古里的805MVA和大古力的707.7MVA空冷发电机。

二滩机组是通过国际竞争性招标采购的，加拿大通用电气公司（CGE）中标，负责制造供应全部6台机组。中国的东方和哈尔滨电机厂作为CGE的分包商参与了机组的设计、制造和供货，其中发电机部分中国制造厂承担了约40%合同金额的分包制造份额，预计分包制造的实物份额将大于此百分比。二滩水电站的第一台机组将于1998年三季度投入运行。

水轮发电机为竖轴，推力轴承安装在下机架上，发电机有两个导轴承，下导轴承与推力轴承组合在一起。机组只有一根主轴（水轮机轴），上端与发电机转子下部连接，下端与水轮机转轮相连接。

（一）发电机的额定值及主要参数

持续额定容量	612MVA
持续最大容量（功率因数为0.95时）	642MVA
功率因数	0.90
额定频率	50Hz
额定电压	18kV
极数	42
额定转速/飞逸转速	142.9/275r/min

加权平均效率 98.59%

电抗

直轴不饱和同步电抗 0.996

直轴不饱和瞬变电抗 0.32

直轴不饱和超瞬变电抗 0.22

交轴不饱和超瞬变电抗与直轴不饱和超瞬变电抗之比的计算值 1.182

短路比 不小于1.1

发电机固有频率 不小于1.09Hz

发电机的 GD^2 95800t-m²

发电机调相容量 336.6MVA

发电机充电容量 500MVA

发电机在有功出力为550.8MW时，能吸收的无功功率 266MVA

发电机重量（不包括吊具）

转子装配 980t

定子装配 550t

安装后总重 1750t

（二）发电机的容量和温升

发电机在额定工况条件下，在一台空气冷却器退出运行且出口冷却空气温度不超过40℃时，最大温升不超过：定子绕组75K，励磁绕组85K。

考虑到水轮机在高水头条件下可提高出力多得一定电量，但又受到输电线路长距离输送无功功率的限制，为了多送有功功率必须相应减少输送无功功率，因此确定发电机的最大容量为642MVA，功率因数限制为0.95（滞后）。此时最大温升不超过：定子绕组80K，励磁绕组90K。

（三）发电机的效率

二滩发电机的效率要求以加权平均效率来保证，保证值下表：

	1	2	3	4	5
出力（%额定功率）	25	50	75	100	105
功率因数（滞后）	0.90	0.90	0.90	0.90	0.95
加权系数	$A=0.03$	$B=0.07$	$C=0.30$	$D=0.55$	$E=0.05$
效率（η）	96.83	98.17	98.56	98.71	98.81
加权平均效率	98.5758%				

注 在运行检修说明书中保证效率 η 值为98.59%。机组的推力轴承总损耗为517kW，其中由发电机分担的为286kW，计算发电机效率时已按应分担值计入。

（四）定子机座和铁芯

定子机座外径14560mm，高3000mm，分为6瓣，在现场组合。定子铁芯外径12782mm，内径11810mm，高2883mm。

定位筋在工厂已精确定位，在铁芯叠片以前焊接在机座上，以形成一个尽可能的圆筒形状。焊接定位筋时，定子机座由径向销和切向销定位并用螺栓连接固定，在机座各分瓣最终用螺栓连接并焊成整体以前，要用上述销钉对各分瓣再仔细定位并对中找正。

为了保证定子铁芯绝对稳定，不瓢曲和产生波状不平，设计中考虑了以下设计特点：

（1）定子铁芯磁轭中的磁通保持在1.5特斯拉。

（2）铁芯叠片采用短节距重叠方式，以保证铁芯最大的紧密性，能适应原材料钢板中的微小隆凸，以防止铁芯波状不平的最初形成，增强铁芯适应荷载（吸收有效磁拉力）而不会出现瓢曲或波状不平。

铁芯叠片每叠装500mm高度压紧一次，组装完成后，压紧螺栓压紧达设计值，然后经磁化试验或运行若干小时以后再紧一次。

（3）铁芯叠好后将涂以高渗透率环氧树脂使其成为一整体，提高适应电磁和热荷载的能力，在铁芯端部要涂数层环氧树脂以保证其稳定性。

（4）铁芯夹件（压板和压指）采用短矩压板元件。压板包括不锈钢压指，设计成每块在圆周长度上覆盖6个定子槽，可适应铁芯和机座的不对称发热和位移，确保铁芯的局部区域在暂态运行状态下的夹紧力不降低，因而不会发生铁芯的局部松动。在制造压板时，对压板和压指的倾斜角按荷载变形仔细确定，保证对铁芯的压力尽可能均匀（铁芯夹件按铁芯平均压力0.8MPa设计）。这种做法特别能有效地控制铁芯齿部的荷载，而齿部是最易于受到发热和电荷载的作用而引起铁芯松动的部位。

（5）铁芯的端部具有阶梯形冲片，略为减小端部的径向和轴向磁通，以降低局部发热，从而增加了铁芯最易产生松动的部位的安全度。

（6）机座与铁芯设计成为一个整体，正确选择机座横隔板的径向宽度尺寸，使其具有足够的径向刚度和椭圆刚度。

（7）定子机座采用“径向自由”的基础板，涂有润滑油的径向销允许定子机座和铁芯径向膨胀，而同时限制其切向位移，保证其同心度。

（8）定子通风系统，利用定、转子界面两端的挡风板，形成相当高的气隙空气静压，通过铁芯径向风道产生均匀的通风气流，保证了铁芯在轴向的温度均匀，防止了局部过热。

（五）定子绕组

采用F级绝缘，每相有6个并联支路，定子共有486个槽。铁芯槽冲片尺寸为宽26.6mm、深200.3mm，叠装后的槽尺寸为宽26.22mm、深200.0mm。定子绕组为单匝罗贝尔线棒，股线在槽全长度内全换位，线棒在室温下（即不加热）嵌入槽内。线棒对地绝缘最大厚度 9.2mm，标准厚度为 8.8mm（两侧），场强相应为 2262V/mm 和 2362/mm。

线棒接地屏蔽采用热固化半导体槽屏蔽涂料，在线棒两侧模压有双重弹性的室温硬化和导电的室温硬化硅橡胶，使线棒嵌入后能压紧配合。这种弹性可压缩材料可以补偿热膨胀和运行中的位移，同时可在线棒屏蔽和铁芯之间形成接地通路以防止电晕。联合使用上述两种硅橡胶可使对线棒在槽内的固定限位和接地两方面达到最优程度。

定子绕组有六条并联支路，设有三个分开的“分布式中性点”，即定子每相邻的两条并联支路共同连接成一个中性点，这两条并联支路的低压终端在中性点处引出。这种中性点布置方式的优点是：

(1) 在绕组引出处没有大电流，不再需要环绕定子圆周的大电流环形引线，简化了定子上部的布置和减少了 I^2R 损耗；

(2) 提供了另一种带有（在中性点之间）内装电流互感器的发电机保护方式，可以监测三个分布式中性点之间的不平衡电流，并能表示出转子/定子的形状和同心度。

（六）转子

转子直径（包括磁极）11743mm，磁轭直径 11111mm，磁轭高度（包括磁极）2983mm。

转子支架为圆盘式，由中心体和扇形块组成，在现场组装焊接成一个整体。

磁轭压紧螺杆与叠片孔为紧配合，叠片时先用临时导杆叠放对齐，叠片高度达磁轭总高度的 2/3 时，将研磨加工的螺杆压入磁轭以保证叠片的精确就位和磁轭的尺寸。然后再将剩余叠片叠放至规定高度，用螺杆两端的螺栓按规定的方式拧紧至规定的力矩。

二滩发电机转子设计为将磁轭热套在转子支架上，目的是保持在出现较大气隙磁拉力时转子的圆度。磁轭对转子支架的分离转速为 180r/min，约为 1.26 倍额定转速。预计当机组运行一段时间和磁轭的热膨胀，可能产生接触蠕变和热套松动。但至少在高达额定转速时仍能保持热套的紧度。

为了保证高于分离转速时磁轭的同心度，采用了一套磁轭导向系统可靠地连接磁轭和转子支架。在磁轭和转子支架之间设有三套键，即力矩键，位于磁轭下部（下部圆盘），用以传递转子支架与磁轭之间的力矩，共有 28 组；径向导向键，位于磁轭上部（上部圆盘上），其作用是径向自由而切向紧配合，共 14 组；磁轭（对中）键，位于圆盘支架每根支臂的端部，沿鸠尾槽全长，共 14 组。以上的键有两个作用，第一是传递转子支架和磁轭之间的力矩，第二是使转子磁轭与轴的旋转中心线保持同心。亦即保持磁轭与转子支架间紧密的切向配合，而当超过分离转速时，允许磁轭相对于转子支架有一定量的热膨胀。

阻尼绕组的极间连接没有外部连接线，而是通过磁极本体和磁轭来实现，并能满足 $X_q''/X_d' < 1.3$ 的要求。

（七）组合式推力轴承和下导轴承

推力轴承为预压弹簧支撑式，与下导轴承组合在一起安装在下机架中心体内。推力负荷 2220t，推力轴承外径 4165mm、内径 3160mm，有 24 块扇形瓦，每块瓦由 75 个预压弹簧支持，单位面积负荷 4.22MPa，平均转速 27.7m/s。预压弹簧固定在基础环上，这些由弹簧支承的推力瓦可在运行过程中自调瓦面的水平和保持负荷自平衡。

镜板用整块钢板加工制成，用螺栓和销钉固定在推力头的下面。推力头外侧面经机加工处理作为下导轴承的轴颈。下导轴承由 34 块瓦组成。

组合式推力轴承和下导轴承，以及上导轴承均采取了防止油雾进入发电机或通风冷却系统的措施。

推力和下导组合轴承的润滑为自给泵式循环，无外加油泵。推力轴承还配有高压油润滑系统。

（八）上机架和下机架

上机架为双 H 型，支撑在定子机座上，上导轴承所产生的侧向力由连接在发电机和坑壁上基础板的四根支臂所承受，基础板不承受径向力，只承受切向力。正常运行工况下每块基础板承受的切向力为 41t，半数磁极短路条件下的切向力为 660t。上机架还作为发电机层盖板的支撑框架。上机架总重 38.2t。

下机架为承重机架，由中心体与四根盒形支臂组成，中心体分为两瓣，全部在现场组装成一整体。下机架总重 84.33t。

（九）通风冷却系统

发电机在密封系统中，由转子风扇作用产生的循环空气冷却。冷却空气首先从转子支架内部穿过磁轭风道，通过磁极绕组间空隙进入气隙，气隙的上下方均用挡风板罩住，以免气流逸去。

在气隙形成有相当高静压的空气进入定子铁芯的径向风道，冷却周围的铁芯叠片，定子绕组产生的热量将通过铁芯传导散出，铁芯本身损耗发热也通过这种方式散出。风道内的风速、风压和总风量均经过优化设计，以便最大限度传导热量并使风损和噪声最小。

定子机座将热风从定子风道引入机座周围的 8 个空气冷却器，空气冷却后冷风由定子机座上部和下部被吸出以冷却定子绕组上下端部、环形线、主引出线、中性点引线及磁极之间的跨接线。然后空气再次穿过转子支架上下圆盘的开孔以便再循环。发电机总风量计算值为 $200m^3/s$。

（十）其他辅助设备

二滩发电机还装有轴承油进水的检测器、制动粉尘收集器、振动监测系统和气隙监测装置等。

（电力部成都勘测设计研究院　苏弘德）

李家峡水电站水轮发电机

李家峡水电站安装5台400MW水轮发电机，5台发电机均由东方电机股份有限公司制造，其中1#、2#、3#、5#机采用空气冷却，而4#机则采用蒸发冷却。下面对两种冷却方式的水轮发电机作一简单介绍。

（一）发电机基本数据

两种冷却方式的水轮发电机的规格及基本数据见表1。

从表1可以看出，两种发电机的规格一致，参数均能满足用户的要求。

（二）水轮发电机总体布置

水轮发电机总体布置见图1。从图1可以看出，两种冷却方式的发电机均采用具有下导轴承的半伞式结构。下导轴承和推力轴承位于同一油槽内，并由转子下面的下机架支撑；上导轴承位于转子上部，由上机架支撑。

表1　水轮发电机基本参数

项　目	单　位	空气冷却	蒸发冷却
型　号		SF400—48/12800	SFZ400—48/12800
额定容量	MVA	444.4	444.4
额定功率	MW	400	400
额定电压	kV	18	18
功率因数		0.9	0.9
额定转速	r/min	125	125
飞逸转速	r/min	246	246
定子铁芯内径	mm	12800	12800
定子铁芯长度	mm	3200	2980
直轴瞬变电抗		0.324	0.316
直轴超瞬变电抗		0.215	0.23
短路比		1.12	1.1
发电机效率	%	98.56	98.69

（三）冷却系统

1. 空冷发电机的冷却系统　空冷发电机采用全封闭双路无风扇自循环空气冷却系统，热空气由24个固定于定子机座周围的空气冷却器进行冷却。

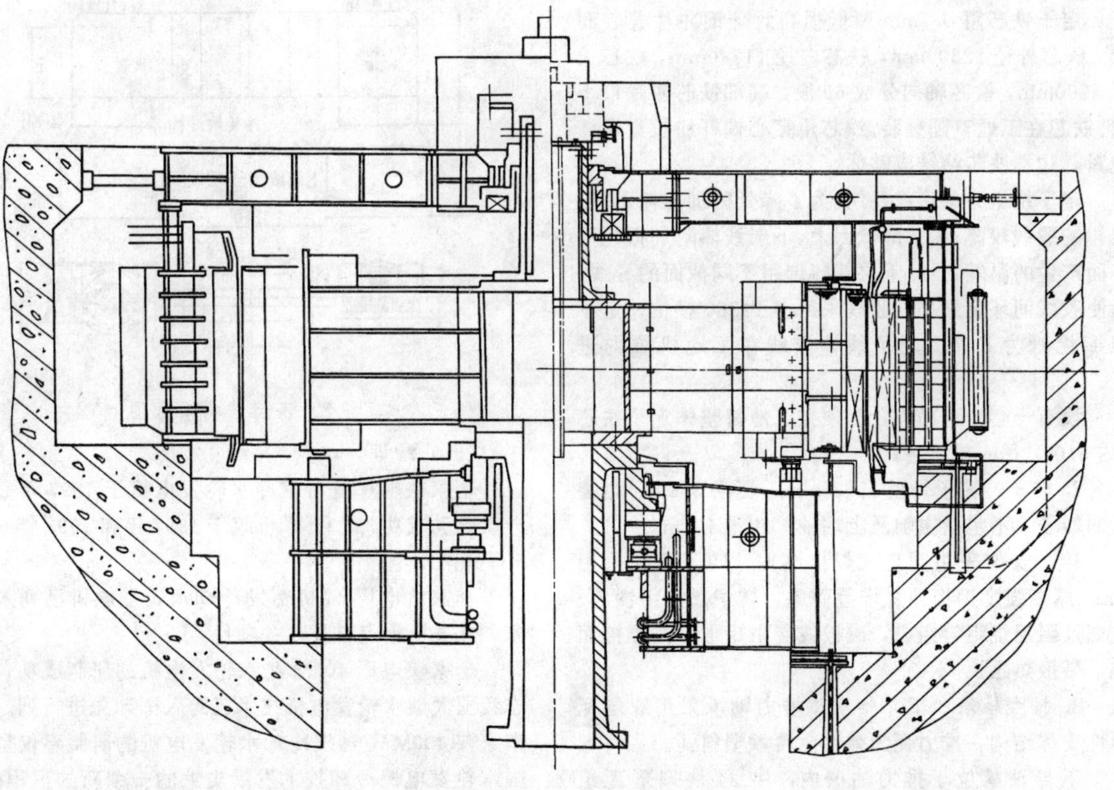

图1　发电机总体布置图（左面为空冷发电机剖面图，右面为蒸发冷却发电机剖面图）

2. 蒸发冷却发电机的冷却系统　蒸发冷却是利用高绝缘、低沸点液体沸腾时吸收气化潜热而进行冷却。李家峡 4[#]机采用自循环蒸发冷却系统。发电机定子线棒中有 6 根空心铜线，冷却介质通过空心铜线中的通道进行循环。发电机运行时，线棒发热使空心铜线中的液态冷却介质受热而气化，然后通过线棒上端的汇流管，进入布置在上机架支臂间的管式冷凝器，气化的冷却介质在冷凝器内冷凝液化，返回线棒下端的汇流管，最后液态冷却介质重新进入线棒内的空心铜线，进行下一个新的循环。

鉴于李家峡电厂中有 4 台机是采用空气冷却，为了保持发电机高程不变、参数满足用户要求，同时尽可能利用已有工艺装备，缩短设计制造周期，李家峡蒸发冷却发电机的上机架和推力轴承与空冷发电机的完全相同，转子也基本不变，定子槽数则由空冷的 576 槽改为 396 槽，定子铁芯长度缩短 220mm。

设计计算表明，采用蒸发冷却后，定子绕组温升由空冷时的 72.7K 降为 40K；转子温升由空冷时的 61K 降为 52K。同时，由于风摩损耗的降低，发电机的效率则由空冷时的 98.56%提高到 98.69%。

（四）空冷发电机的结构

1. 定子　定子机座分为 6 瓣，在工地组焊成整圆，机座最大外径 14.7m。

定子铁芯用 0.5mm 厚低损高效硅钢冲片叠装而成，铁芯外径 12800mm，铁芯内径 11740mm，铁芯长度 3200mm，铁芯轴向分成 69 段，端部铁芯冲片带小槽。铁芯在工地整圆叠装。铁芯用穿心螺杆和拉紧螺杆把紧，边端铁芯粘结成整体。

定子绕组为条形波绕组。为了降低附加损耗，上层线棒的股线较薄；为了降低因上、下层线棒附加损耗不等而产生的温差，上、下层线棒选用不同截面的导线；为使股线间环流最小，股线采用小于 360°换位。定子线圈绝缘为 F 级。定子线棒嵌线在工地机坑内进行。

设有一套专有吊具，以便在工地将整体定子铁芯（约 610t）吊入机坑内。

2. 转子　转子外径 11688mm，轭高 3.8m，组装后的转子（不包括主轴及上端轴）约重 1088t。

转子支架采用圆盘式焊接结构。转子磁轭采用 3mm 厚高强度钢板冲片堆叠而成。转子磁极由铁芯、线圈及阻尼绕组等组成，磁极线圈由矩形铜排焊接而成，带散热匝。

3. 推力轴承和下导轴承　推力轴承采用双层瓦弹性支撑结构，推力瓦为弹性金属氟塑料瓦。

下导轴承位于推力油槽内，由 24 块扇形瓦组成。

推力轴承和下导轴承采用外加泵外循环方式进行冷却。

4. 其他　上、下机架均为辐射形焊接结构。上导轴承位于上机架中心体内。

发电机采用机械制动。

发电机灭火系统采用水灭火。

发电机设有轴电流保护装置。

（五）蒸发冷却发电机的结构

蒸发冷却发电机的定子机座、定子铁芯、转子、推力轴承等结构与空冷发电机一样或基本相同。

定子绕组为条形波绕组，定子线棒由实心铜线和空心铜线组合而成，定子绕组为 4Y 连接（空冷机为 6Y 连接）。冷却液体密封接头采用液电分离结构（见图 2）；而气的接头采用“烟斗”结构。

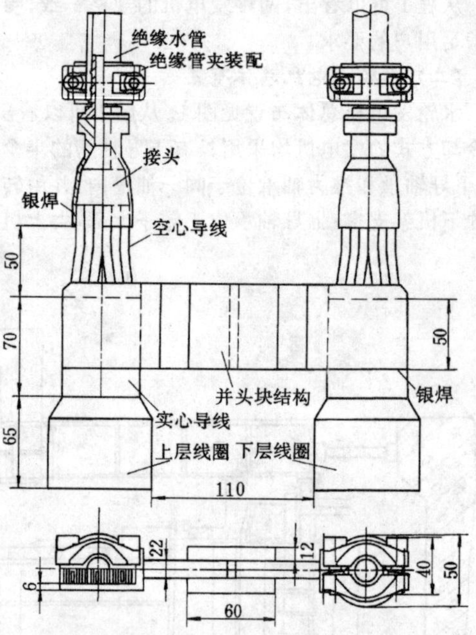

图 2　密封结构示意图

（六）结语

李家峡电厂首台空冷水轮发电机于 1997 年 2 月一次起动成功，2[#]和 3[#]机组于 1997 年和 1998 年 6 月 6 日并网发电。

李家峡电厂 4[#]机蒸发冷却水轮发电机已列入国家“九五”重点科技攻关项目。

李家峡电厂 400MW 水轮发电机的研制成功，标志我国大型水轮发电机技术已跨入国际先进行列。而李家峡 400MW 蒸发冷却水轮发电机的研制不仅是我国水轮发电机冷却技术发展史上的一个新的里程碑，而且使我国在该领域内继续保持国际领先水平。

（东方电机股份有限公司　戴庆忠）

五强溪水电站水轮发电机

五强溪水电站水轮发电机为立式半伞低速大容量三相凸极同步发电机，该机采用密闭自循环无风扇空气冷却系统。具有可控硅励磁系统和水灭火系统。主要参数如下：

额定容量	266.67MVA
额定功率因数	0.9（滞后）
额定电压	15.75kV
额定电流	9775.24A
额定转速	68.18r/min
飞逸转速	140r/min
转动惯量	$GD^2 \geqslant 180000t \cdot m^2$
不饱和直轴同步电抗 X_d	不大于 1
直轴暂态电抗 X'_d（饱和值）	不大于 0.35
直轴次暂态电抗 X''_d（不饱和值）	不大于 0.24
交轴次暂态电抗 X''_q 与 X''_d 之比	近似为 1
效率	98.5%
线棒绝缘	F 级
推力轴承负荷	2700t

发电机轴系为三段轴，即转子中心体上部布置有上端轴，下部布有发电机主轴，三者联成一体与各部轴承构成轴系。上导轴承安放在上机架中心体内。推力轴承安放在转子下方的下机架中心体内。推力头布置在转子中心体下圆板的外圆处，采用 44—M56 合金钢螺栓把合，形成足够的摩擦力，取消了传统结构中的销钉，便于安装时调整到实际最佳位置，为目前国外新结构。

定子绕组为双层波绕。线棒绝缘为 F 级，槽部和端部都有防晕结构。线棒采用空换位新结构，能够降低损耗并改善股间温差。

转子支架为圆盘式焊接结构，由中心体和 11 个扇形外环组件组成。

推力轴承采用三波纹弹性油箱结构，单缸载荷设计值为 150t，具有自动平衡载荷的能力。推力瓦为双层结构，厚瓦 200mm，薄瓦 60mm，瓦数为 18 个/台，轴瓦单位压力为 46MPa，温升为 32K，轴瓦径向偏心值为 21mm，切向偏心值为 35mm。

发电机停机时分别具备机械制动和电气制动功能。

机械制动系统由制动器、制动控制柜和管路等组成。制动器兼作千斤顶，布置在转子磁轭下方的 12 个均布的水泥支墩上。每个制动器设两个常开和常闭的限位开关，以显示复位和控制顶起高度。

电气制动力矩与定子电流成正比，制动时定子产生的损耗而发热，由于温升限制，定子短路电流不宜过高，一般在 $I_K = 0.8 \sim 1.3 I_N$ 进行选择。而电制动停机时间与水轮机漏水力矩成正比，一般情况下漏水力矩若大于 2%的额定力矩时，电气制动所用的时间很长，甚至于停不下来，在此情况下，当转速降到 $10\% n_N$ 时，投入机械制动，即由电气制动和机械制动联合的制动方式。

（哈尔滨电机有限责任公司　张砚明）

小浪底水电站水轮发电机

小浪底水电站总装机容量为 6×300MW。水轮机由美国 VOITH 公司制造。发电机由哈尔滨电机有限责任公司负责设计并制造三台，东方电机股份有限公司制造三台。

（一）水轮发电机型式及参数

（1）型号：SF300—56/13600。

（2）型式：立轴半伞式密闭自循环空气冷却三相凸极同步发电机。

（3）主要性能参数及电磁参数。

额定容量 300MW，最大容量 324MW；额定电压 18kV；额定功率因数 0.9（滞后）；额定电流 10692A；额定转速 107.1r/min，飞逸转速 244r/min；额定频率 50Hz；短路比 1.114；纵轴瞬变电抗 $X'_d = 0.3274$，纵轴超瞬变电抗 $X''_d = 0.2124$；发电机效率 $\eta = 98.56\%$；转动惯量 99000t-m²；推力负荷 3447t；定子电流密度 $J_1 = 2.69A/mm^2$；转子电流密度 $J_2 = 2.18A/mm^2$；定子绕组开路时，励磁绕组时间常数 $T'_{d0} = 9.25s$；励磁绕组短路时，定子绕组时间常数 $T_a = 0.323s$；空载励磁电流 $I_{f0} = 1112A$；额定励磁电流 $I_{fN} = 1904A$；空载励磁电压 $U_{fn} = 198V$，额定励磁电压 $U_{fN} = 400V$。

（二）发电机本体结构

1．总体结构　发电机采用三段轴（含转子中心体）结构。发电机设两个导轴承，上导轴承布置在上机架中心体内，下导轴承布置布置下机架中心体内，推力轴承放置在转子下方的下机架中心体上。发电机与水轮机组装后轴系的临界转速可满足高于飞逸转速 125%的要求。

发电机定子内径为 12790mm，能实现整体吊出发电机下机架及水轮机顶盖。

发电机转子中心体用法兰与主轴螺栓联接并以十字键传递扭矩。在转子下方下机架支臂之间设置有平台，可供装配和检查推力轴承部件时使用。

发电机上机架上面设置有密封盖板，盖板下面敷设有隔音耐火材料，以消除燥音。在盖板适当位置设进人门。

发电机定子基础板埋入混凝土机坑内，并可用楔子板调整高度以确保定子具有正确的垂直和水平位置。

2. 定子 定子机座分为6瓣，无顶环和底环，高2455mm，直径ϕ15500mm。

定子铁芯采用DW270—50低损耗、高导磁、不老化的优质冷扎无取向硅钢片冲成的扇形片叠成整圆。定子铁芯下端采用大齿压板结构。定子铁芯外径1362cm，内径1279cm，铁芯长度2300cm，分成64段，设置63个宽度为6mm的通风沟。通风沟槽钢横截面为工字型。

定子绕组采用双层条式波绕组，3相、4支路并联Y形接法，F级绝缘。为减小定子条形波绕组由于端部漏磁场引起的附加损耗，采用360°加320mm空换位结构。定子绕组上、下端各设置两道端箍，以防止绕组端部变形和破坏。

定子槽数576，每槽中有效导体2根。

3. 转子 转子为无轴结构，转子支架为圆盘式焊接结构，由中心体和便于运输的8块扇形瓣组成。

转子设有纵、横阻尼绕组。

磁极绕组由七边形铜排扁绕而成，每极22匝，匝间采用F级绝缘。磁极线棒的上、下端采用F级的整体绝缘托板。

转子磁轭采用高强度合金钢板NKHA690冲制成扇形片，采用层间相错1.5极距叠片和正反向叠片的方法在工地叠压成整体。

磁轭与转子支架采用切、径向复合链连接结构。

4. 主轴 发电机采用分段轴结构。由顶轴和主轴组成。

顶轴采用20SiMn锻钢制成。下端与转子中心体联接。顶轴上热套上导轴承转子，并在两者之间设置轴绝缘以防止轴电流。

主轴采用20SiMn整锻轴身变径结构。上端ϕ1700/ϕ1250(外径/内径)，下端ϕ2100/ϕ1850。下法兰直径ϕ2930，通过24个螺栓与水轮机主轴联接，联接螺栓由美国VOITH公司供货。主轴上端法兰与发电机转子中心体下圆盘通过12个材料为35CrMo的M170螺栓联接。

5. 轴承 发电机上导轴承采用12块扇形瓦自调式结构。为使轴瓦间隙保持不变，采用楔形支撑结构。导轴承为油浸式自循环巴氏合金瓦结构，润滑油由装在油槽内的12个螺旋形油冷却器冷却。

发电机下导轴承位于下机架中心体内，其结构与上导轴承相同。

推力轴承的推力负荷达3740t。推力轴承采用油浸式、内部循环冷却、弹性油箱自调式支撑、双层分块瓦结构。推力轴瓦采用俄罗斯产的弹性金属塑料瓦，瓦数为20块。

6. 上、下机架 发电机上机架由中心体和支臂组成，中心体兼作上导轴承油槽。上机架中心体为井字型钢板焊接结构，支臂截面为工字型。支臂外端由4个90°对称分布的支脚与基础板通过切向键联接。支脚与基础板之间留有一定的径向间隙。在机组正常运行时，允许上机架径向自由膨胀，避免机坑承受热应力。上导轴承的径向力传递到基础上均变为切向力。

发电机下机架由中心体和12个支臂组成，中心体为整圆结构，直径5m，高2.65m。支臂在现场与中心体组焊成一体。

7. 引出线 发电机主、中引出线均为线电压级全绝缘结构。主、中引出线各为12个出头，直接引到机坑壁内侧。机坑内部分设可拆卸的接头，接头全部镀银，采用螺栓联接。

(三) 附属设备

1. 发电机励磁系统 水轮发电机励磁系统设计采用双微机双通道励磁调节器，这种调节器可互为备用、并联运行、能自动跟踪、自动切换。设备从ABB引进。

2. 自动化元件 机组自动化元件和监测系统均从国外引进。

3. 空气冷却系统 发电机冷却采用转子磁轭供风、密闭自循环、双路径向旋转挡风板无风扇端部回风通风方式。

在发电机定子机座外壁对称布置12个空气冷却器。冷却器具有正、反进水功能。

4. 发电机制动与顶起装置 发电机机械制动装置和顶起装置由制动器及其管路，以及电动油泵、阀门和机电元件组成。制动器安设在下机架支墩上，共24个，活塞直径为ϕ280mm。采用气压复位结构。制动器还可兼作千斤顶用。顶转子的油压约为11MPa，足以顶起水轮发电机组的转动部件，以便检查、拆除和调整推力轴承。制动块采用铜基粉沫材料，耐磨、粉尘少、便于更换。

5. 发电机灭火系统 发电机采用水喷雾灭火系统。机坑内适当位置设报警用的感烟、感温探测器。

(黄河水利委员会勘测设计院 田秋芳 彭晓华)

水电站主变压器的应用

国外三相电力变压器目前投运的最高电压为800kV，1150kV已投入工业性试验。三相变压器容量最大为1500MVA，单相变压器组最大容量为3×750MVA。

我国目前最高电网电压为500kV级。水电站主变压器最高电压550kV，迄今三相变压器最大容量为450MVA(李家峡水电站)，单相变压器组最大容量为

3×214MVA（二滩水电站），三相组合自藕变压器最大容量为750MVA（天生桥二级水电站）。

我国水电资源十分丰富，但大、中型水电站往往地处深山峡谷，受到公路、铁路运输条件和电站枢纽布置（如地下厂房、地形条件等）的极大限制，故设计单位和业主单位对主变压器的选型也因地制宜，考虑到设备、运输、厂房土建布置等因素，进行全面的技术经济比较后决定。一般而言，只要不受运输条件的限制，多选用整体三相变压器；若受运输条件和电站枢纽布置的限制，则可采用单相变、三相组合变、甚至现场组装三相变压器的方案。主变压器的容量，则应与水轮发电机组的最大容量相匹配。

近年来，各种大型主变压器在水电站的典型应用情况如下：

1. 三相变压器　岩滩水电站采用了4台525kV/15.75kV、360MVA强油风冷三相变压器，已于1992年9月～1995年6月陆续投入运行。

李家峡水电站采用沈阳变压器厂产363kV/18kV、450MVA强油水冷三相变压器，已于1997年2月投运。

三峡水电站将采用550kV、840MVA左右的三相变压器。

2. 单相变压器组　沈阳变压器厂为漫湾水电站提供了13台550kV/15.75kV、100MVA单相强油水冷变压器，分别于1993年7月～1995年6月投运。

二滩水电站通过国际招标，采购了日本三菱公司19台550kV/18kV、214MVA单相强油水冷变压器（壳式），将于1998年6月起投入试运行。

3. 三相组合变压器　为适应山区公路运输限重和枢纽布置需要，电力部成都勘测设计研究院委托保定变压器厂于1986年首次研制国产220kV/13.8kV、100MVA强油风冷组合式三相变压器（芯式），并成功地应用于渔子溪二级水电站。

负责天生桥二级水电站设计的电力部贵阳勘测设计研究院采用了550/220kV、750MVA三相组合变压器（壳式），由日本三菱公司制造，已于1992年投运。

4. 现场组装三相变压器　漫湾水电站地处边远山区，公路运输限重为100t。由于设备运重过大所需的公路及桥梁改造加固费用十分昂贵，漫湾水电站工程管理局和电力部昆明勘测设计研究院通过招标，选定沈阳变压器厂负责制造和现场组装，并于1995年6月在漫湾水电站现场组装220kV/15.75kV、300MVA三相强油水冷变压器，至今运行良好。由于随绝缘等级的提高，对现场环境条件和组装工艺等的要求更严，故目前对500kV级三相主变压器的现场组装仍应持十分慎重的态度。

此外，考虑到一些水电站主变压器冷却水水压大于油压的特点，漫湾、李家峡、二滩等水电站主变压器均采用了日本多田公司的双重管水冷却器。该类型水冷却器目前国内已可生产，东风、龚嘴等水电站已有采用。

（水电水利规划设计总院　李定中）

水轮发电机出口断路器的应用

水轮发电机出口断路器是水电站常用的主要电气设备之一。当水电站的电气主接线采用扩大单元接线、联合单元接线，以及发电机与三绕组变压器或自耦变压器的第三绕组连接时，都要在发电机出口装设断路器，使发电机开停机时用以开断或关合发电机与主变压器连接的电路，而不影响电路中其他部分设备的正常运行。

水电站所以经常采用发电机出口断路器，是由于水电站在电网中的工作特性和水电站在山区的枢纽总体布置的特殊性所确定的。水电站是电网中最经济最快捷的调峰电源，具有对稳定电网运行的应急功能，一般具有一定调节能力的水电站，在电网中都承担调峰任务，因此机组经常起停频繁，为了避免经常操作主变压器高压侧难以适应频繁操作的断路器，减少运行维护工作量，对电网具有影响的大容量机组经常考虑在发电出口装设断路器。大多数水电站的主变压器场与高压开关站布置位置相距较远，通常要求尽量减少主变压器高压侧接入开关站的进线回路数，以减少进线走廊拥挤和布置难度，同时也减少了开关站布置面积和土建开挖量，并可简化高压开关站的电气接线，因此，在满足电网运行条件下，水电站经常采用扩大单元或联合单元接线方式。例如：葛洲坝水电厂大江电站14台单机容量为125MW的机组，采用了三组四机两变一线的扩大联合单元接线；天生桥二级水电站6台单机容量为220MW的机组，采用了主变压器低压侧为双分裂线圈的扩大单元接线；沙溪口水电站采用了三绕组主变压的扩大单元接线；五强溪水电站5台单机容量240MW的机组，采用了两组联合单元接线和一组单元接线；大广坝等水电站也都采用联合单元接线；万安水电站在开关站110kV和220kV两级电压间装设自耦变压器并在其第三绕组连接一台发电机等等。以上这些接线方式和发电机与三绕组或自耦主变压器连接时，在发电机出口都必需装设断路器。近年来大型水电站高压侧采用一倍半接线或角型接线时，水电站在电网中担负调峰运行开停频繁者，为了尽量避免高压侧经常并联合分两台断路器，也在单元接线的发电机出口装设断路器以提高运行可靠性，例如二滩、李家峡等水电站。抽水蓄能电站当在发电电动机电压侧进行换相时，也必需装设发电机出口断路器，例如：广蓄、天荒坪、溪口、响洪甸等抽水蓄能电站。水电站多处于山区，厂用电容量一般不大，电站的厂用电源主要取在发电机主回路，正常运行时，由发电机供给厂用电源，当发电机停机时，又能由电网通过主变压器倒送厂用电源，为此，也常在接有厂用电源的单元接线的发电机出口装设断路器。

发电机出口断路器，除具有容量大、开断短路电流大、动热稳定大以外，还由于发电机主回路的电气特性不同于配电系统，所以装设在发电机出口的断路器性能，必须满足发电机主回路电气特性的要求。发电机出口断路器由于它采用的灭弧介质不同，其型式分有少油型、空气型、六氟化硫型和真空型。我国从50年代初以来很长一段时期采用少油型，是50年代初引用前苏联的产品，共有MT—10和MΓΓ—229两种型号由国内生产，其后改名为SN_3—10型和SN_4—20型，分别用于10kV及以下电压等级和20kV及以下电压等级，由于产品主要型式试验不够严格完整，尤其是SN_4—20型性能差结构不尽合理，开断短路电流能力实际达不到额定值。根据调查表明，在开断短路电流不到35kA即发生严重喷油，且运行维修工作量大，实际已属淘汰产品。

80年代初为适应水电发展需要，制订发电机出口断路器的研制计划，但受到当时引进PKG—2型发电机出口空气断路器的冲击而延误达15年。PKG—2型发电机出口断路器，虽经过技术引进消化，通过了型式试验，但由于产品的参数太高，其额定电压36kV，额定电流25000A，开断短路电流225kA，适用于500MW以上的发电机，用于500MW以下的发电机显得“大马拉小车”，很不经济，生产至今仅用于葛洲坝水电厂大江电厂。

80年代兴建的水电站，水轮发电机的单机容量主要在300MW及以下发展得较多，从而开始大量采用进口SF_6断路器，其开断短路电流为63～120kA。为了适应电力市场需求，国内经过研制开发完成了LN—18型发电机出口SF_6断路器，额定电压18kV，额定电流8000A，开断短路电流63kA，并通过型式试验鉴定和工业运行，分敞开立式和封闭卧式两种，敞开立式用以替代性能低劣的SN_4—20型少油断路器，封闭卧式用与封闭母线相连接，初步解决了部分水轮发电的需要，现已在国内陆续使用，并继续开发额定电压24kV、额定电流10000～12000A、开断短路电流80、100、120kA的SF_6断路器。

我国目前在配电系统中已开发并大量生产真空断路器，由于发电机回路的特性与配电系统特性不同，适用于发电机出口的真空断路器尚处于空白。为此目前正在积极开发开断短路电流63kA及以下的真空断路器，以满足中型水电站的发展需要。

（水电水利规划设计总院　黄贤鉴）

水电站控制保护

SSJ系列计算机监控系统的新发展

由于计算机系统的飞速发展，目前还是非常先进的设备，几年后很快就会面临过时，甚至淘汰。所以开放式系统环境的研究，已成为90年代世界各主要计算机厂商、公司及研究部门发展的方向。

电力部电力自动化研究院自动控制所研制的SSJ—3000系列开放式全分布计算机监控系统，于1994年分别在葛洲坝二江水电厂、广东新丰江水电厂和海南大广坝水电厂投运成功后，在我国新建或改造的水电厂综合自动化工程中立即得到广泛应用。至1997年上半年统计，已有20多个水电厂采用该系统，其中包括有国内大型工程李家峡水电厂、国际招标工程天生桥一级水电厂和国外工程叙利亚的迪什林水电厂等。从SSJ—3000系统开发成功到推广应用的短短3年时间内，国外计算机发展已由32位机进展为64位机。如1994年投运的电厂采用的RISC工作站是美国DEC公司的DEC—5000/133，CPU为32位，到1997年投运的水电厂已改用ALPHA—255/300，CPU为64位。由于这些工程都采用了开放式系统，所以可以使用同样的应用软件包，即有成熟运行经验的NARI ACCESS应用软件包。这样保证各个工程在实施时选用最先进计算机，但其应用软件又是成熟、可靠、有运行经验的。实践表明，SSJ—3000系列开放式全分布计算机监控系统的设计与国际水平同步。

随着计算机监控系统在水电厂的大量应用，不同工程对其实现的功能和硬件的配置亦提出了更高的要求。因此，SSJ系列计算机监控系统又在以下几方面发展新产品。

1. 无人值班（少人值守）水电厂的远方控制 1994年11月电力部安生司、科技司在东北太平湾水电厂召开的无人值班(少人值守)讨论会上提出了第一批4个试点的电厂，即太平湾—长甸水电厂、葛洲坝二江水电厂、永定河梯级水电厂和桓仁梯级水电厂。我所承担了前三个工程任务，现已全部完成。为满足太平湾—长甸水电厂无人值班（少人值守）要求研制的SSJ—2000型计算机远方监控系统，已于1996年12月通过电力部科技司、安生司鉴定。其概况是，太平湾与长甸两水电厂相距29公里，太平湾水电厂侧主控站的计算机监控系统经29km双路架空地线缠绕光缆，与长甸侧被控站的计算机监控系统相连，太平湾水电厂主控站值班人员能对长甸水电厂的运行情况进行全面监视，并对其机组开停、功率调整、线路停送电等实现远方控制，长甸厂内每天派有8人轮班巡视值守，不进行设备操作。该系统的研制成功，为开创国产设备实现远方控制无人值班（少人值守）水电厂树立了示范。

2. 专家系统在SSJ—3000计算机监控系统中的应用 专家系统在水电厂计算机监控系统中的应用尚未见有报道，电力部电力自动化研究院经多年研究已开发有二种专家系统。

(1)事故分析与处理专家系统。该专家系统实时采集事故报警信号，分析事故信号的种类和有关信息，由推理机根据知识库中的知识对事故性质作出判断，结合当时设备的运行方式给出事故处理方案。在运行值班人员确认后，系统能自动进行事故处理。当有多个事故同时发生时，专家系统将按事故性质的严重程度优先分析和处理较严重的事故。

(2)智能操作票专家系统。智能操作票专家系统按运行人员下达的操作任务，结合操作设备的实际运行状态，自动形成合法的、正确的操作序列，该操作序列通过现有的出票软件可制成符合电厂习惯的操作票。此外，本系统可对运行人员进行开列操作票的培训。

3. SJ—400型以智能模件为基础的现地控制装置(LCU) 以分布智能I/O模件为基础的LCU是基于高性能单片机(80C196)、实时工业网和工业微机而开发的产品。各模件间通过实时工业网相连，并采用先进的隔离技术，若干块模件可以集中安装或就地分散安装，使用灵活方便。而且一块模件的故障不影响其他模件的运行，大大提高了装置的可靠性，是90年代控制装置的发展方向。

4. SJ—100型综合发电控制装置(GCU) 该装置由数据采集、顺序控制、自动准同期、调速、励磁、人机接口等类型的分布式智能化功能模件，通过实时工业网连接而构成。能实现一台水轮发电机组的开停控制，同期并网、调速、调压、日常运行监视和操作，具有结构简单、可靠性高、维护方便、节省投资等特点。已在永定河梯级下苇甸电站投运成功。这对我国中、小型水电厂的自动化改造将起一定的推进作用。

（电力部电力自动化研究院 郭懋錡）

H9000系列水电站计算机监控系统

H9000系列水电站计算机监控系统，是中国水利水电科学研究院自动化研究所结合宝珠寺、凤滩等工程开发的、面向水电、具有90年代国际先进水平的新一代分布开放系统，融汇了中国水利水电科学研究院自动化研究所在该领域近20年的工程实践经验，参照了国外90年代最新计算机硬件产品、软件产品、实时工业控制产品及发展趋势，采用了通用化、标准化设计，符合我国国情，不仅适用于各类大中型水电站及梯级水电站，也适合于变电站及其他领域。

1. 系统结构特点 系统采用总线型网络系统，结构灵活，可配置成最简单的单机单网系统或多机多网系统，也可配置成多厂的复合网络系统。系统一般分为全厂控制层和现地控制层。全厂控制层可设置一至两台服务器，一至若干台人机联系工作站。选件包括通信服务器、卫星时钟、语音报警装置、工程师站、培训仿真站、厂长终端等。现地控制层按单元分布，一般发变组各设一台LCU，开关站、厂用公用系统各设一台LCU，典型结构见图。

2. 系统硬件设备与软件选型 系统一般采用经过ISO9000质量标准认证的厂商生产的、性能价格比高、开放性好的硬件产品，包括：DEC公司的64位Alpha工作站、高档586IPC工作站。过程控制设备包括：CPI公司的RTP I/O系统、GE公司的GE90—70/GE90—30 PLC、OMROM公司的CH200PLC、April公司的SMC PLC等。网络采用IEEE 802.3以太网、FDDI。介质包括光纤、同轴电缆、新型双绞线。

H9000软件广泛采用开放标准。操作系统支持OSF/I (UNIX)、SCO Unix、Windows NT、IRMX for Windows，图形系统支持X/Window、Motif、MS—Window，网络协议支持TCP/IP、DECnet等，数据库支持SQL，编程语言采用ANSI C、C++、Fortran等。

3. 系统功能 系统主要功能包括：①安全监视。采用高分辨率图形工作站，具有多窗口显示、无级缩放、细节显示、漫游等功能。事件顺序记录分辨率1～20ms。②自动发电控制与经济运行（包括梯级优化运行）。③自动电压控制。④机组的开停，断路器、隔离开关的分合，公用系统、机组辅助设备的启停等人工指令操作；机组有功、无功功率的人工调节，参数的整定和修改等。⑤系统开发支持软件包括：IPM图形与报表交互软件、DBgen数据库开发调试工具软件、PDC周期计算软件以及ControlLock开关联锁操作指导支持软件等。⑥其他功能有数据采集与处理、事故追忆、趋势分析、电话语音报警与传呼查询、综合参数统计与分析、画面软拷贝或硬拷贝、打印制表、运行指导与培训、操作票、系统自检与切换、与调度和水情等其他系统的通信、时钟管理、远方诊断等。

4. 运行情况　从1996年4月起，H9000系统已在凤滩、湖南镇、宝珠寺、龙羊峡、紧水滩、东江等大型水电站投入运行，其中宝珠寺、湖南镇属于新建电站，监控系统实现了与发电同步投运，凤滩、龙羊峡、紧水滩、东江属于老厂改造项目，机组LCU投运与机组检修计划配合。湖南镇电站是我国第一个按无人值班设计的大型机组，成功地实现了计算机远方监控现地无人值班的目标。

（中国水利水电科学研究院　王德宽）

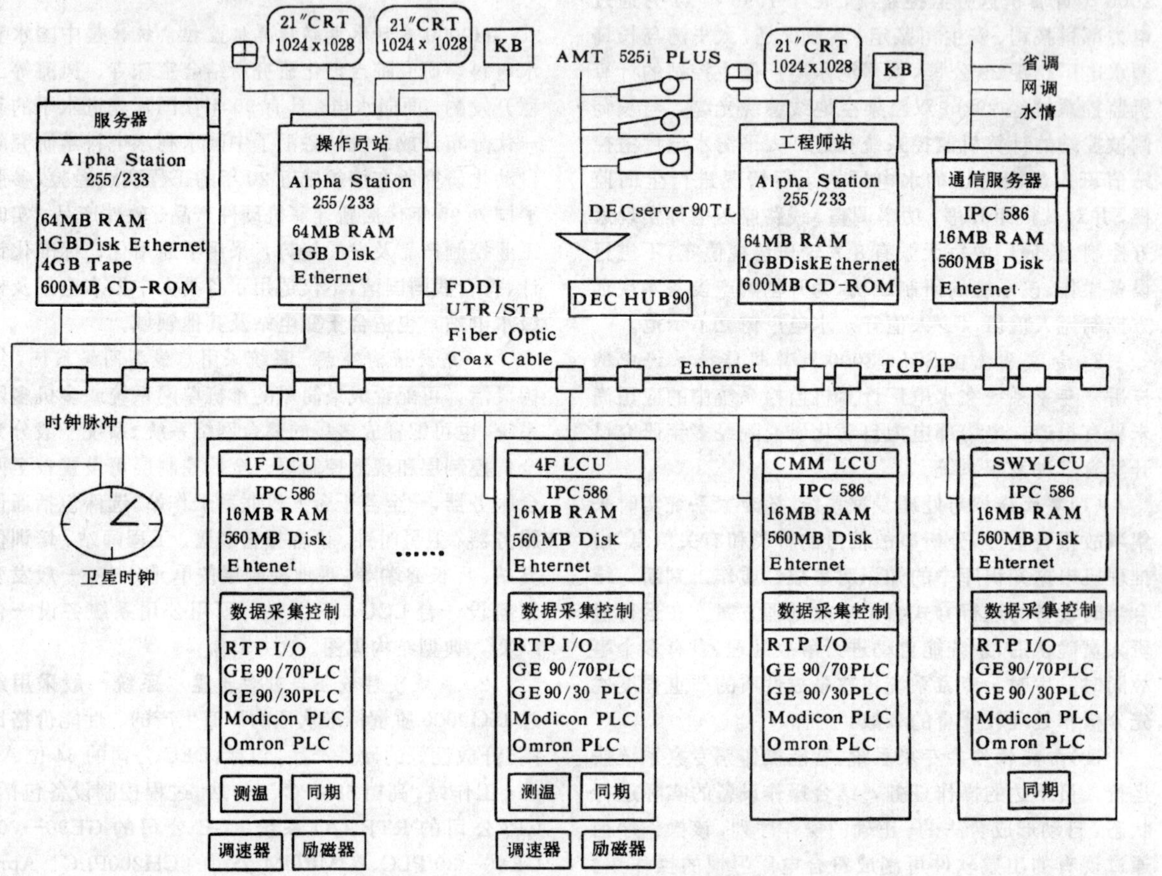

H9000计算机监控系统典型结构

水电厂计算机监控系统的工程设计

（一）全厂集中监控方案的选择

长期以来，我们采用常规监控设备及其系统作为全厂集中监控设备的唯一手段。计算机监控系统的推广必然带来了全厂集中监控方案的选择问题。根据计算机监控系统的作用及其与常规监控设备的关系，有三种可能的选择方案：①以计算机监控系统为基础；②以计算机监控系统为辅、常规监控设备为主；③计算机监控系统与常规集中监控设备同时并存。

以计算机监控系统为基础方案工程设计的基本特点是：①电厂的正常运行、集中监视控制完全依靠计算机监控系统。②电厂中央控制室设置计算机监控系统的值班员控制台（计算机工作站），作为对全厂及其设备集中监视控制的主要手段，不另设常规监控设备的控制台。③电厂中央控制室通常保留模拟屏，作为辅助的集中监视设备，对其测量和信号系统的工程设计的要求应适当简化，以满足宏观监视及事故处理的需要。目前个别中型水电厂，容量不大，机组台数很少，电气接线简单，采用以计算机监控系统为基础方案的，确实条件具备，也有不设模拟屏的。

上述模拟屏的构成，根据其信息的来源不同，可以有三种选择：①全部来自计算机监控系统；②全部直接来自生产设备（即不通过计算机监控系统）；③部分来自计算机监控系统，部分直接来自生产设备的混合方式。

上述第①方案即所谓全厂集中监控方式的全计算机监控系统方案。不过完全取消常规集中监控设备也并不就是先进。第②、③方案的特点是在计算机监控系统万一退出工作时，仍能保持对全厂运行情况的一定程度的掌握，不致完全失去控制，起到一定的备用作用，且工程投资上有可能减少，反应更为直接及时，只是二次接线稍为复杂，进入中央控制室的电缆略多，应该进行综合考虑后选定。

以计算机监控系统为辅、常规监控设备为主的工程设计方案的基本特点是：①电厂中央控制室设置完整的常规集中监控设备、控制台和模拟屏。②计算机监控系统或专功能微机全厂自动化装置主要完成常规监控设备不可能完成的全厂自动化功能，如全厂自动经济运行、全厂主要运行参数的安全监视及全厂事件自动顺序记录等。计算机监控系统的设备在中央控制室布置中一般处于控制台的一侧。

大型水电厂一般采用以计算机监控系统为基础的方案。中型水电厂可以采用以计算机监控系统为辅、常规监控设备为主的方案；在条件具备的情况下，也可以采用以计算机监控系统为基础的方案。两种系统同时并存的方案在接线、布置上都比较复杂、困难，在计算机监控系统设备发展至今的情况下，确实已无必要，现除已运行电厂改造外，一般已不再推荐采用。

（二）计算机监控系统结构的选择

(1) 水电厂计算机监控系统的系统结构的特征涉及到以下许多方面。①数据库管理的分布性能。分布式或集中式管理。②开放性能。是否满足“开放系统环境”的要求。③集中与分散。设现地控制单元的分层（分布）系统或不设现地控制单元的集中系统。④电厂控制级的功能分布特性。计算机监控系统电厂控制级的主要计算机系统，包括主计算机（厂级计算机、计算站、历史数据站等）、值班员工作站、工程师（开发、培训）工作站，为多机、双机或单机。⑤网络特性。网络层数为单层或双层（由前置机或主计算机联接的双层网络），电厂控制级的专用数据交换网络和现地控制单元的现地网络未考虑在内；网络冗余度为单网、双网；网络拓扑结构为总线、环网、星形；网络介质为光缆、同轴电缆、双绞线；网络通信协议标准等。⑥现地控制单元的结构。

(2) 系统及设备的冗余配置是影响计算机监控系统结构的主要因素。计算机监控系统技术推广采用初期，适当扩大冗余配置的范围是合理而可以理解的。多年来我们已经取得了一定的产品开发研制、工程设计和运行使用的经验，现在已经有一定条件认真考虑其合适的范围。决定的主要因素有：①计算机监控系统在电厂监控方案中的地位；②电厂的规模；③设备在计算机监控系统中作用的重要性；④设备工作的可靠性及其价格。

采用以计算机监控系统为基础方案的水电厂，监控系统中与电厂安全运行密切相关的设备、主计算机（厂级计算机等）、值班员工作站应该冗余配置。多年运行经验证明，光缆、同轴电缆等网络的可靠性是很高的，一般情况下可以考虑也可以不考虑冗余配置。宽行打印机使用频繁、易损、价格不高，宜冗余配置。现地控制单元I/O模板数量很多，价格较贵，损坏的机率较高，但影响面较小，水电机组运行利用小时数一般不高，停机检查处理更换备件的时间很多，且有的产品已允许带电更换，而整体双重化配置代价太大，因此一般情况下可以不予考虑。其中中央处理单元是LCU的核心部件，比较重要，目前也有考虑双重配置或两台LCU的互为备用的，但运行经验表明损坏的可能性确实很小。

(3) 以计算机监控系统结构主要特征分类的主要模式有：①全分布系统，分布式数据库管理、电厂控制级多机功能分布、分层系统；②带双层网络的分层分布系统，带前置机性质联接的双层网络、集中式数据库管理、分层系统；③单层网络的分层分布系统，集中式数据库管理、分层系统；④集中系统。大型水电厂通常采用第①种系统结构、开放式，第②种系统结构也是可以采用的。电厂控制级均采用多机功能分布，容量大的可以采用五机系统，容量较小的，例如总容量750MW及以下的大二型电厂，为节约投资也可以采用四机、甚至三机系统。中型水电厂通常采用第③、第②种系统结构，双机或单机系统，条件略好的也可以采用三机系统；其中电厂容量较大，经济条件较好的，也可以采用第①种系统、三机甚至四机系统。

（水电水利规划设计总院　叶钟黎）

广州抽水蓄能电站一期工程计算机监控系统

广州抽水蓄能电站位于广东省从化县境内，是一座大容量高水头的纯抽水蓄能电站，一期工程装有4台300MW可逆式机组。电站由广东电力调度中心和香港中华电力调度中心直接共同调度和管理。电站机组运行工况多，工况转换复杂。经论证，电站采用计算机监控系统。

广州抽水蓄能电站的计算机监控系统是一个以计算机为基础的、能远方监控、自动操作的智能型分层分布式计算机监控系统。系统按无人值班原则进行设计，取消常规集中硬布线控制回路，采用双备份冗余结构，并能实现双备份系统之间无扰动自动切换。系统由电网调度层、中控室层和单元控制层构成。

电网调度层包括广东电力调度中心的主用和备用能量管理系统及其专用的微波和载波通信通道；还包括香港中华电力调度中心的主用和备用能量管理系统及其微波通信通道。电网调度层与中控室层之间采用计算机远程通信网络直接连接，实现两个调度中心对电站机组的起停和负荷调节等远方直接共同调度和管理。

中控室层包括布置在计算机室内的双备份数据服务器工作站、通信门工作站、前置机工作站和工程师工作站等设备；还包括布置在控制室内的模拟屏、操作人员工作站等设备。中控室层各设备之间采用以太网连接，所有工作站均T接在以太网总线上，除实现一般的监视和控制功能外，还能实现全厂AGC和AVC控制、发电工况下的全厂经济运行和抽水自动控制。

单元控制层包括机组控制单元RTU、机组公用控制单元RTU、全厂公用控制单元RTU、500kV设备控制单元RTU、模拟屏控制单元RTU、上库控制单元RTU和下库控制单元RTU。单元控制层通过前置机工作站与中控室层连接，每个控制单元RTU与前置机工作站采用串行口点对点连接，实现各控制单元的就地控制、调节和检修调试。

计算机监控系统的电网调度层、中控室层和单元控制层之间既相互联系又相对独立，电网调度层的故障不会影响中控室层和单元控制层的正常运行；中控室层的故障不会影响单元控制层的正常运行，系统的可用率极高。

对于无人值班电站，控制系统的可用率是关键因素，设计中采取了严密的安全措施。首先，对关键的设备进行双重化配置，包括监控系统的双重化配置、保护装置的双重化配置、控制电源的双重化配置、断路器跳闸线圈的双重化配置、重要机组附属设备的双重化配置、励磁系统的双重化配置。其次，采用失电动作原则，包括保护失电动作、导叶和球阀等关键水力设备的失电动作。最后，设置完善的监视回路和简单的硬布线停机回路，保证机组在监控系统完全瘫痪的情况下能安全停机。

计算机监控系统硬件采用模块化结构，安装简单方便。计算机监控系统软件在工厂得到充分检测，并在模拟系统中仿真运行考验，现场调试只作现场变量、参数的设置。计算机监控系统与电站第一台机组同时投产。

计算机监控系统投入运行之后，运行情况良好。系统的采用提高了电站的自动化水平，大大减少了电站值班人员的数量。全厂现有总人数为110人，而其中运行人员仅有19人，每一值只要1人在控制室值班。自动化水平的提高，大大减轻运行人员的负担，只要在中控室通过操作键盘和鼠标及观察屏幕即可完成机组的起停和负荷的调节、开关和刀闸的操作，而且，通过计算机监控系统的校验，减少误操作的可能。两个调度中心的直接控制，更好地满足了电力系统的要求。经专家评审，电站获得“一流水电厂”称号。

随着电站机组及其它设备均进入更加稳定运行的时期，以及其他相关措施的更加落实，计算机监控系统将为电站实现无人值班、关门运行提供技术保证，从而开创电站新的运行管理模式。

（广东省水利电力勘测设计研究院 曾庚运 蔡宗宪）

水电厂值班方式的工程设计

（一）形势发展

为了改变我国电厂管理用人多、效率低的落后局面，进入90年代以来，电力部领导多次提出了提高双效（工作效率、经济效益）的奋斗目标，得到了广大水电职工的热烈响应。在电力部安全生产司等主管部门的大力支持下，水电厂的值班方式改革首先取得了突破性的进展，“无人值班”（少人值守）这种适合我国国情的新的值班方式正在全国各地广泛试行，带动了水电厂主辅机电设备的技术改造及全厂生产管理体制和管理方式的改革，取得了初步成效。对于新建工程，在1992年1月原能源部下达的《关于印发新型电厂实行新管理办法的若干意见的通知》中就已指出：对于新建大型电厂，从设计、施工开始，就采用先进的技术、装备和符合新的管理模式的建设标准，从生产准备开始，就按先进的管理组织和现代化的管理方式组织生产，从而改变我国电厂管理用人多、效率低的局面，大幅度提高“双效”，使电厂管理达到新的水平。这是一项新的课题。几年来许多单位已经进行了有益的探索，取得了一些初步的认识和经验，有关设计标准的编制工作也正在抓紧进行。

（二）值班方式

1. 多人值班　这种值班方式是指除了在水电厂的中央控制室外，在主机室等设备集中的地点也有经常（全天24h内都有的）运行值班人员。

2. 少人值班　这种值班方式是指在水电厂主机室等设备集中的地点不再保留经常值班人员，仅在中央控制室设置少数经常运行值班人员，其人数将明显少于《水力发电厂编制定员标准》（1990年颁布试行）

的规定(主运行值班人员也可以不经常在中央控制室)。

3. 无人值班　这种值班方式是指在水电厂内不再保留经常(全天24h内都在的)运行值班人员。运行人员可以在"家"或集中在一个远离水电厂的适当地点(例如梯级调度中心，简称梯调)值班待命，定期去厂巡视检查、日常维护以及负责检修管理等工作，有紧急事项（包括设备发生故障以及需要执行只能在电厂现地完成的操作切换等任务）则应在前往处理。

4. "无人值班"（少人值守）　这里引入了"值守"与"值班"两种运行工作不同的概念。即将通常由电厂运行值班人员承担的工作划分为两大部分：

第一部分，狭义的"值班"工作，即仅包括与电厂运行直接有关的、通常在中央控制室完成的，对水电厂及其主要机电设备运行状况的监视，机组有、无功功率等的调整，机组开、停机等不同运行工况的转换及主要电气接线的切换操作等实时工作。

第二部分，"值守"工作，指的是广义的运行值班工作中除上述第一部分，狭义的"值班"工作以外的，一般是与运行间接有关的其他工作，如定期的巡视检查、日常维护、定期切换和试验、检修管理、设备故障和水、火灾害事故的紧急检查处理和恢复，以及上级临时交办的其他有关工作。

这样，"无人值班"（少人值守）值班方式指的是：在水电厂内不设全天24h都在中央控制室负责监视、调整、操作等实时运行工作的值班人员，这部分工作改由上级调度部门在全厂自动化系统的协助下负责完成；但在厂内仍保留少数全天24小时都在的负责"值守"工作的运行人员。

（三）基本原则

水电厂的工程设计应该明确水电厂建成后的运行值班方式，设计应为此准备必要的条件：

(1) 水电厂通常按"无人值班"（少人值守）或少人值班方式设计。主机室等设备集中的地点不设经常值班人员及其值班室。

(2) 有条件设置梯调，对梯级及水电厂群各被控水电厂实行直接监视、控制、调度的情况下，各被控水电厂按"无人值班"（少人值守）设计。梯调就设在电厂中央控制室的水电厂按少人值班设计。

(3) 有几个电站主厂房（主机室）的水电厂设置全厂总控制室的，各被控电站按"无人值班"（少人值守）设计，全厂总控制室所在的电站按少人值班设计。距离电厂总控制室不远的被控电站也可以按最终过渡到无人值班考虑，但不要求必须满足对无人值班水电厂的特殊设计要求。

(4) 单独的大中型水电厂受上级电力系统调度所（包括网、省、地调等）直接监视控制的，按"无人值班"（少人值守）设计，否则按少人值班设计。但如在以后条件具备时，仍有可能过渡到"无人值班"（少人值守）的，则也应为此准备必要的条件。

(5) 完全没有系统意义的、一般也是容量很小的水电厂，可以实现按水流（水位）或日负荷曲线完全自动经济运行的，不需要电厂值班人员，也不需要上级调度值班人员直接监控的，按"无人值班"(少人值守)或少人值班设计。

（四）工程设计

根据几年来的实践，有以下工程设计问题值得重视：

(1) 长期以来，我国已投产运行的水电厂除个别少数外，多数实行了多人值班方式，主机室设有经常机械值班人员及其值班室，用人很多，与国外发达国家相比有很大差距。但是水电厂的工程设计，基本上还是按照少人值班考虑的，通过基础自动化及全厂集中监控系统，可以在中央控制室实现对全厂和机电设备的集中监视控制，只是由于设备、元件的质量问题及其他众所周知的原因，少人值班、减人增效的目标未能实施。当然也还存在不够完善之处，加之新技术的发展，技术改造工作量很大。

(2) "无人值班"(少人值守) 不等于无人值班。从电厂内全天24小时都有运行值班（或值守）人员这一点来说，就工程设计观点而言，与少人值班是基本相同的。设备发生故障或水、火灾害性事故时，都能得到在厂运行值班或值守人员的检查处理，因此可以不需要考虑无人值班应该采取的特殊工程措施。为此而采取额外的冗余措施，一般说来也是没有必要的。

(3) 工程按"无人值班"（少人值守）设计，但是从电厂第一台机组开始发电到全部建成，设备逐步投产、逐步完善、逐步达到稳定运行，将有一个比较长的发展过程。从电厂运行值班方式上来说，也必然随之而有一个从多人值班到机电合一中控室集中值班，从人数较多的少人值班到人数逐步减少，进而过渡到"无人值班"（少人值守）的、比较长时间的过程。在此期间，根据运行值班工作以及以后值守工作的需要，中央控制室及其全厂集中监控系统仍然是有必要的。

(4) "无人值班"(少人值守)与少人值班的工程设计在以下方面的基本要求是完全相同的：①主辅机电设备及其系统都应选择合理的、能可靠工作的。②基础自动化系统(包括机组及其附属设备系统、全厂共用辅助设备系统的自动操作和机械保护)都应完善可靠。③应有必要的、不同程度的全厂自动化系统。④设置中央控制室及其全厂集中监视控制系统以及必要的辅助监控设施。⑤都应该考虑到厂内运行值班或值守人员很少而采取可能的工程设计措施，例如：加强电厂的防水、火灾害措施，主要是自动检测报警系统；应有完善的"五防"安全操作闭锁系统；在大容量的水电厂可考虑设置工业电视系统；厂内生产调度通信系统应采取措施，使中控室值班人员能随时与在厂内外各处巡视检查工作的值班人员取得通信联系等等。

(5) 对于“无人值班”(少人值守) 水电厂，首先是必须具备由上级调度所调度值班人员对水电厂直接监视控制的外部条件和技术手段(主要是四遥远动控制系统)。还应在此基础上针对中央控制室经常没有运行人员而采取必要的特殊工程设计措施，例如：电厂的生产调度和行政通信系统应能在中控室无人的条件下，随时接通在厂内外各处巡视检查工作或在厂内待命的值守人员；全厂故障报警信号系统也必须适应中控室无人的特点；事故照明持续计算时间应适当延长；当然也必须为值守人员准备必要的休息、待命甚至工作的场所。

(6) 关于向无人值班方式的过渡问题。对电厂主辅机电设备的质量、控制保护系统、基础自动化水平、全厂自动化、抗灾害措施的完善以及电厂运行管理水平、人员素质等都提出了很高的要求，而目前我们还是有相当大的差距。对电力系统也提出了相应的要求，要求有一定的承受能力。对电厂的安全运行则带来更大的考验，需要有承担一定风险的思想准备，而这个过渡，从目前条件看，减人增效的效益并不很明显。同时也由于目前我们对此还知之很少，没有多少实践经验，因此整体来说，尚属于个别试点阶段。不过作为无人值班工程设计的“保机组设计”原则的采用问题，对确保电厂设备安全有利，不须承担风险，只要电力系统及电厂能够承担，就应该积极予以推动。

(中国水电水利规划设计总院　叶钟黎　刘国阳)

特大型水电厂的继电保护设计

三峡水利枢纽的兴建，给特大型水电厂中的机组、变压器和高压母线等主设备的继电保护设计提出了新的课题。由于三峡水电厂在电力系统中占有十分重要的地位，主设备的价格又非常昂贵，因此，在设计中，对继电保护就提出了应具有高度的可靠性、明确的选择性、足够的灵敏性和必需的速动性等要求。具体体现在以下几个方面：

(1) 采用以微机为主体的保护型式：微机保护具有集成电路及以前的机电型、整流型、晶体管型等模拟式保护不可比拟的优点和特性，适合于作为三峡特大型水电厂主设备保护之用。

(2) 保护配置双重化：主保护采用不同原理构成。如发电机采用了完全差动保护、不平衡保护和裂保护，主变压器采用了两套差动保护。机组定子一点接地保护及失磁保护也双重化，连同其他的后备保护一起，分设在两块保护盘上。两块盘的直流电源、电流电压输入回路，信号及出口跳闸回路完全独立，其中一块盘暂时退出运行，不会造成发电机、变压器失去保护。

(3) 采用作用于跳闸的高灵敏度 100%定子接地保护：三峡特大型机组，中性点采用配电变压器高阻接地，原有双频分离式 100%一点接地保护不能满足灵敏度要求。

(4) 除由电量变化反映机组故障外，对三峡特大型机组，设计中还考虑了由非电量变化反映机组故障，如绕组绝缘均匀下降，机组振动，大轴偏心，定子铁芯局部过热及臭氧检测等，以预测机组故障，做到防患于未然。

(5) 三峡特大型机组保护种类多，使用微机保护后，各保护可共享一个电流、电压输入量，可减少电流和电压互感器数量，节省了投资，简化了接线。

(6) 三峡电站 500kV 系统为 $1\frac{1}{2}$断路器接线方式，出线首端还有电抗器，在设计中，除采用微机构成电抗器保护，断路器保护，失灵保护和重合闸装置外，每组母线均为双套微机母线保护。该保护切除故障时间小于 10ms，有利于保持系统稳定。

(长江水利委员会　汪祖禄)

三峡水电站自动化设计

长江三峡水利枢纽的机电单项工程技术设计，包括电站自动化及继电保护，已在 1995 年由长江水利委员会完成，并在同年通过了专家审查。

三峡水电站装机 26 台，单机容量 700MW，分别装于左岸电站厂房 (14 台) 和右岸电站厂房 (12 台)，机组以发—变组接线方式经升压变压器接入采用一倍半接线的 500kV 交流开关站，交流开关站出线分别与±500kV直流换流站及华中电网、川东电网连结，并以直流±500kV 输电线向华东送电。

电站自动化按少人值班及远期无人值班 (少人值守)的原则设计。三峡枢纽需与下游作为三峡航运梯级兴建的葛洲坝枢纽构成梯级调度运行，在三峡左岸电站厂房附近的调度管理楼内设有梯级调度室，负责三峡、葛洲坝梯级枢纽的运行调度，包括电站运行调度。由梯级调度室的值班人员负责三峡左、右岸电站，葛洲坝电站机组，主电气设备进行运行监视与操作控制，在三峡左、右岸电站及葛洲坝电站仅设值守人员。在三峡左、右岸电站仍分别设置中控室，用作初期值班及后期值守室。每台机组旁不设值班室，但每机的控制、保护设备，包括励磁柜及调速器电气柜，均集中布置于每机旁的单元盘室内，以利运行巡视及机组调试。梯级调度、三峡左岸和右岸电站，均分别设计算机监控系统，并采用全计算机监控。在左、右岸电站尚分设工业电视及双向语音传呼系统、消防监控系统，并在梯调设有它们的监控终端。梯调及电站计算机监控系统均为冗余结构，采用多媒体技术；各现地单元按可独立完成对本单元设备进行自动监控及现地操作监视的控制站设计，并采用光纤现地总线与现场设备连接；继电保护及设备机械保护均独立于计算机监控系统。电站的现场设备，包括调速、励磁、保护、机组辅助设备，均设完善的现场常规监控系统，它可独立地对所属设备进行自动监控及现场操作监视，并与现地控制单元的光纤现地总线有良好的通信接口。电站的故障录波及故障测距仍按独立装置设计，并均以数据通信方式与电站及梯调计算机系统通信。机组的励磁及调速系统均采用具有冗余结构的控制系统。

（长江水利委员会　梁建行）

微机型元件继电保护装置

水电厂的发电机、变压器等元件继电保护装置（以下简称元件保护装置）的发展经历了机电型（电磁式、感应式）、整流型、静态型（晶体管、集成电路）和微机型（微处理器）等几个阶段。随着大容量机组，超高压输电线路的相继投入，利用微机技术构成数字式继电保护装置是发展的必然趋势，我国从70年代开始研究并提出了各种不同保护原理、计算和分析方法，其中线路微机保护装置80年代初开始在电力系统投入运行，目前已日趋成熟和完善，得到普遍推广应用，积累了一定的运行经验。相对来说发电机、变压器微机元件保护装置起步较晚，但发展迅速。从80年代至目前单项微机元件保护和全套的微机元件保护装置先后研制成功，并经过试制样机、试运行、技术鉴定、产品鉴定等四个阶段工作过程后，目前国内几家主要生产厂已批量生产，并陆续投入发电厂运行。

微机型元件保护装置主要原理采取分层式多CPU并行工作方式构成。上层管理机负责人—机接口、信息处理和通信功能。下层单元机为若干个保护模块构成整套保护装置。其主要的特点如下。

（1）硬、软件结构模块化，可靠性高，可灵活配置不同机组容量和电压等级，主保护配置双重化或多重化。

（2）故障信息可存贮并可随时查阅和打印。

（3）具有完善的现场调试、测试、信号采集功能及硬、软件自检功能，并且有与电厂综合自动化的通信接。

（4）操作运行简便，管理维护方便，具有体积小、功耗小等特点。

现将国内几家制造厂生产的用于水电厂的主要微机型成套元件保护装置简要介绍如下：

（1）电力部南京电力自动化设备总厂生产的WFBZ—01微机型发电机、变压器成套保护装置，由东南大学和该厂联合研制完成。先后在大化、西津、葛洲坝、青铜峡、李家峡等10多个水电厂相继投入运行。

（2）许昌继电气股份有限公司生产的WFB—100型发电机、变压器微机型成套保护装置，是该公司和清华大学共同研制完成，现已在铜街子、宝珠寺、莲花等8个水电厂相继投运和订货。

（3）葛洲坝水力发电厂能达通用电气公司生产的WYB—01型发电机、变压器微机型成套保护装置，该装置由华中理工大学、上海继电器厂和该公司联合研制完成。现已在葛洲坝、白山水电厂投运。

以上微机成套元件保护装置从1992年开始至目前陆续通过鉴定并相继投运以来，情况基本良好，但是还有个别保护由于元器件损坏和软件等问题，曾在运行中出现误动情况，需要今后引起厂家足够的重视和改进。

除此以外，还有电力部自动化研究院开发研制的LFP—900系列微机型发电机成套保护装置，适用于中、小型水轮发电机组，目前正在下马岭电厂投入试运行。阿城继电器厂和华北电力大学共同研制的WFB—1型发电机、变压器组微机型成套保护装置也已于1997年4月在葛洲坝二江电厂投入试运行。

（水电水利规划设计总院　孙秀珠）

水轮发电机组自动监控装置

水轮发电机组运行状况的监测和控制包括电量和非电量二大部分。近年来除了必要的电压、电流、功率、温度、压力、水头、流量等参量的监测装置之外，为了更进一步地反映机组各机、电部分的运行状态，对机组加以及时的保护，或通过对各种参量的监测和综合，构成对机组总的运行状态的分析和判断，利用计算机软件技术编制成智能化的控制程序，形成水轮发电机组监控和状态诊断的专家系统，又增加了对机组振动、发电机定转子气隙和定子绕组局部放电的测量，都是以新型的传感技术和电子技术为基础的测量装置，能独立地进行监测，并且能较好地与电站计算机监控系统通信而成为整个计算机监控系统的一部分。

一、振动监测装置

新型振动监测系统分为相对振动监测和绝对振动监测两部分。相对振动监测用于测量机组上导、下导、水导轴承处的轴振动（亦称摆度），采用非接触式电涡流型传感器和信号调制器（又称前置器）组件，以三线制电压信号方式远距离（不超过100m）传输，送至振动监测装置的轴振动处理器作相位和电量转换处理，最后由监示器显示。轴振动量以振动位移的峰—峰值表示，单位为μm。当传输距离超过100～1200m时，应采用二线制电流信号输出，送至远方电流隔离单元转换成电压信号，再送至轴振动处理器和监示器。振动监测装置一般均布置在电站发电机层现地控制单元LCU附近或水轮机层的水机自动盘中，不另单设盘柜。绝对振动监测用于测量水轮机顶盖、发电机上下机架、以及定子铁芯和定子机座等机组重要固定部件的垂直或水平振动，采用接触式速度或加速度型传感器和信号调制器组件，以三线（电压信号）或二线（电流信号）制方式传输，经电流隔离单元送至振动监测装置的振动处理器和监示器。由于速度型和加速度型传感器的低端频率不可能做得太低，一般在10Hz以上（－3dB衰减度），信号调制器则起到一定的频率补偿作用。绝对振动量以振动速度或加速度峰值表示，单位为mm/s和g，但水电机组则习惯采用以振动位移的峰—峰值来表示，故必须在振动处理器中加以一次或二次积分，但积分后的低频信号衰减过大，几乎使测量成为不可能。所以国内外水电机组使用的振动传感器均是超低频型的，并尽量使用速度型传感器。摆度和振动的监测装置均布置在同一48cm（19英寸）的标准框架上。所有振动监测装置的振动（摆度）处理器均有标准电量输出端子和继电报警系统，以便与机组LCU通信和直接作用于机组保护回路。对于测量定子铁芯的加速度型传感器还应具有防止0.1T以上磁感应强度的防磁能力。

新型振动监测装置的设计已标准化和通用化，已用于国内潘家口蓄能、五强溪、二滩、江垭等电站；不久，小浪底、三峡等电站亦将采用同样的装置。

二、发电机空气间隙监测装置

新型水轮发电机空气间隙监测装置（简称

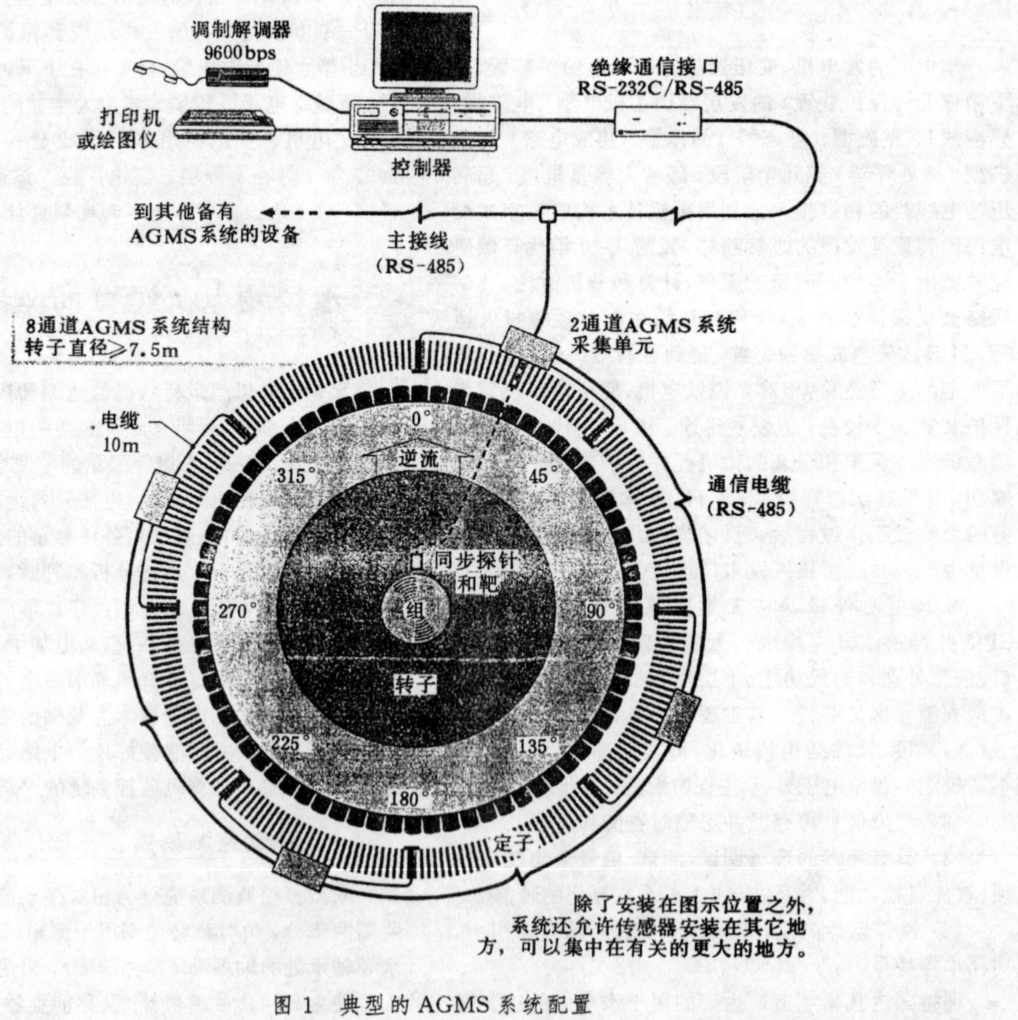

图1　典型的AGMS系统配置

AGMS)用来在动、静态下测量定、转子间气隙的量值。采用平板电容式位移传感器和数据采集处理单元，对和空气间隙正比的电量值进行采样和处理，通过计算机通信接口输出标准电量至计算机测量系统，由测量软件对数据进行分析、作图和打印。该系统可以确定定、转子圆度、偏心值和方位，最小气隙值和方位，每个转子磁极的气隙值以及机组不同转速下的气隙变化过程。根据定子铁芯直径大小，可采用4～8个传感器测量通道。典型的AGMS系统配置如图1所示。这种装置从1989年以来已用于葛洲坝、隔河岩、岩滩等电站的部分机组和二滩电站机组。

随着AGMS在北美和西欧水电机组上的大量采用，以及电站计算机监控系统的通信要求，AGMS系统的数据采集单元进一步优化成信号调制器，组成如图2所示的AGS系统(为便于与AGMS区别)，这种系统的监示器具有表盘显示，可以与机组振动监测装置成套组合，其信号调制器可输出标准电量与机组LCU

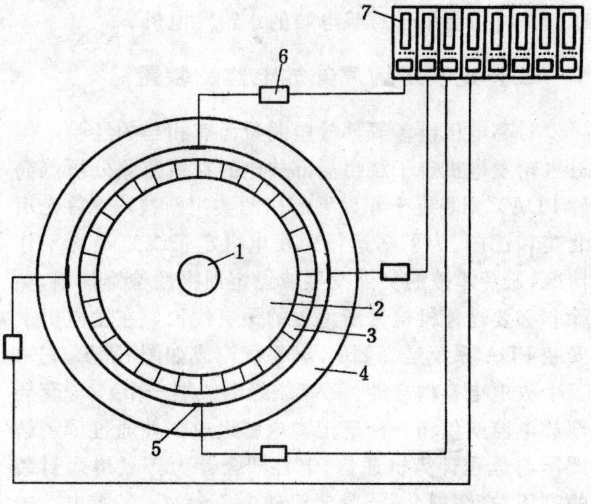

图2 AGS气隙测量装置系统配置图

1—大轴；2—转子；3—磁极；4—定子；5—传感器；6—信号调制器；7—监示器装配

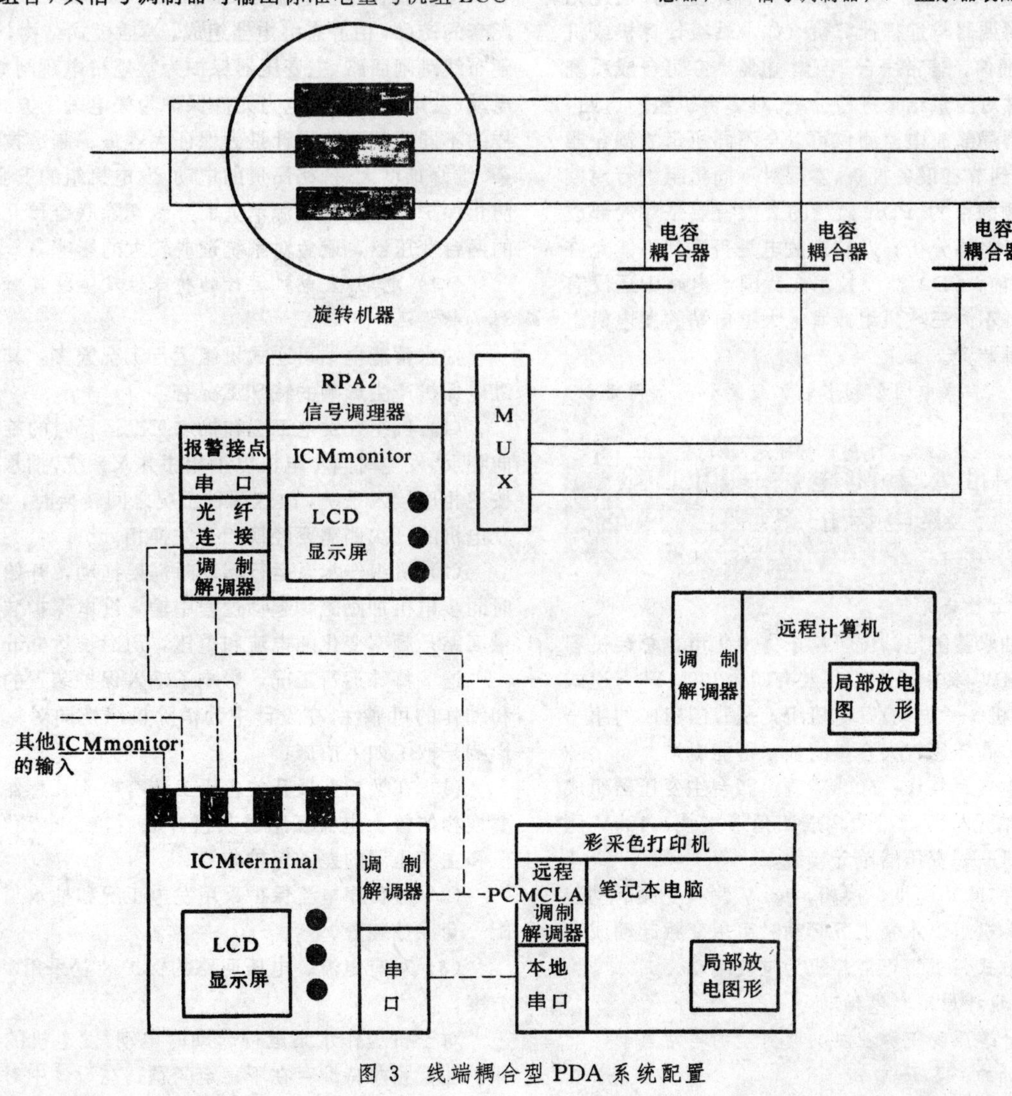

图3 线端耦合型PDA系统配置

通信，将可能用于三峡电站的水轮发电机。

三、定子绕组局部放电监测装置

对高电压设备局部放电测量已有相当的经验，但对水轮发电机定子绕组局部放电的在线监测分析（简称 PDA）则是近十年发展起来的实用新技术，首先用北美和德国。为了解运行中发电机定子绕组绝缘工作情况，避免事故的突然发生或设定预报性检修计划，免除非必要性停机检修所付出的昂贵代价，在发电机上安装 PDA 系统是必要的。其系统构成如图3所示。它由三个放电电容耦合器（每相绕组出线端一个）、一套局部放电监测仪和一台笔记本电脑组成，并通过调制解调器与远程计算机通信。电容耦合器为环氧树脂封装的高压/高频耦合器，额定工作电压为27kV，雷电冲击耐压250kV，电容值为145pF 或1nF。局部放电监测仪是一个典型的数据采集单元，能完全独立工作，用 LCD 图形显示放电曲线，有继电报警系统，并通过光纤或调制解调器与远程计算机（如电站级计算机或机组 LCU）通信，若带一台笔记本电脑，亦可自成系统用分析软件对测量结果进行分析。对多台机组的电站，一套离线型局部放电监测仪可以与不同机组的耦合器联接，以达到节省设备投资，实现对不同机组进行周期性局放监测的目的。PDA 监测的最大特点是对局部放电数据进行趋势分析，以确定放电是否达到不能允许的限值。目前，PDA 监测技术在我国水电站中还没有应用实例，不久三峡机组或其他大型电站的发电机上将安装此种装置。

（中国水利水电工程总公司　傅元初）

广州抽水蓄能电站一期工程继电保护系统

（一）工程简况

广州抽水蓄能电站位于广东省从化市，总装机容量为2400MW，其中一期工程装有四台300MW 可逆式水泵/水轮机——电动/发电机组，是我国建成的第一座高水头、高转速、大容量的抽水蓄能电站。

电站电气主接线：500kV 侧由四台主变压器组成两个联合单元与两回出线构成四角形接线；18kV 侧采用发电机——变压器单元接线。

机组在18kV 同期、换相，18kV 侧有变频起动装置等设备，机组以水泵工况起动时可用变频起动或背靠背起动方式，机组正常停机为电气制动。

（二）设计原则和依据

1.设计遵照我院和业主共同商定的电站自动控制与保护设计的主要原则

（1）为促进广东省水电站自动控制和保护的水平提高，利用该电站是从国外贷款采购机组设备的机会，引进国际上80年代末期最先进的技术装备。

（2）保护设计要满足电站最终实现无人值班的目标要求。

（3）保护装置要完善，对机组等设备有危害的电气或机械故障要按优先保护电站主设备的原则设计保护装置。

（4）要结合该电站实际情况积极慎重地应用国内、外保护设计方面的先进经验和措施。

2.依据《继电保护和自动装置规程》结合抽水蓄能电站的特殊性进行该电站保护配置。

（三）保护配置型式和设计特点

保护对象主要有四台电动/发电机、四台主变压器、四台干式厂用变压器、一台油浸式厂用变压器、一台变频起动变压器等。

保护装置是引进法国 SPIEBATIGNOLLES 公司配套的产品，由静态继电器组成，为插板式结构，采用硬布线跳闸回路，主变压器保护为常规带电跳闸方式，电动/发电机及其他电力元件保护为失电跳闸方式，这样的不同跳闸回路设计是为保证大容量、制造技术复杂、维修难度大、价格昂贵的电动/发电机组的安全；为防止保护回路直流电源消失而导致切除联合单元接线的两台变压器，避免对系统造成较大的影响。

（四）电动/发电机运行的特殊性及消除其对保护影响的措施

抽水蓄能电站可逆式机组运行工况繁多，其中对继电保护产生影响的特殊工况有：

（1）机组在发电工况和抽水工况运行时的旋转方向相反。发电时同步电机以正相序并入系统，抽水时则按逆相序接入系统，故这两种工况之间转换时，电动/发电机的一次侧需要经换相开关换相。

（2）机组作水泵运行起动时需要拖动，开始起动时同步电机加励磁，起动过程中输入继电保护装置测量回路是频率变化的电流和电压，历时长达6min。

这些特殊运行工况，影响了输入保护装置的参数和动作的可靠性。在设计中为消除机组换向对保护的影响采取了如下措施：

（1）在换相五极开关各极上装有电流互感器，需要换相的极上电流互感器负极并联后接至电动/发电机和主变压器的差动保护装置。

（2）对负序电流保护采用发电工况和抽水工况各配一套保护装置。

（3）对有电流、电压回路的保护装置采用0°接线方案。

对于机组作水泵运行起动时电动/发电机的一些保护在低频段特性存在不稳定问题，在设计中对低频段易误动的保护在水泵起动及制动过程中加以自动闭锁，对不同的保护采用不同方式进行闭锁。当机组转速上升，频率至25Hz或接近同步转速时分别解除相应保护的闭锁，让其投入正常工作状态。

（五）保护配置

1. 电动/发电机

（1）特有的保护：

1）发电工况的逆功率保护：由于水泵/水轮机存在"S"特性。为防止机组在发电工况低负荷运行时，可能进入反水泵区出现泵水现象，从系统吸收大量有功功率，造成机组振动而特设此保护。

2）低功率保护：机组在水泵工况运行，外电源消失时，如不及时关导叶或进水阀，则在水头压力下，转速下降至零，然后反方向旋转。当机组通过零转速时会产生剧烈的水力振动，可能危及推力轴承。故设此保护。

3）低频过电流保护：设计中对低频段易误动作的保护进行闭锁外，并加装低频过电流保护，作为水泵起动过程的保护，该保护在10～15Hz能正确动作。

（2）内部故障保护：差动保护、匝间短路保护、阻抗保护。

（3）定子接地保护：100%接地故障保护、95%接地故障保护。

（4）转子表面层过热保护。

（5）转子一点接地保护。

（6）失磁保护。

（7）异常运行保护有：过励磁保护、过电压保护、过负荷保护、轴电流保护、高低频保护、失步保护、电压互感器断线保护。

（8）其他监测保护：相序测量装置、低电压保护、零功率保护、18kV断路器失灵保护。

2. 主变压器　主变压器保护有差动保护、过电压保护、低压侧零序过电压保护、零序电流保护、过励磁保护，以及瓦斯、温度、油位及冷却器全停等保护。

3. 其他设备　其他电力设备保护按《继电保护和自动装置规程》要求进行配置。

该电站于1994年12月1日4台机组全部投入商业运行以来，保护装置工作状况良好，对保证电站安全运行发挥了应有的作用。

（广东省水利电力勘测设计研究院　蔡宗宪　曾庚运）

十三陵抽水蓄能电厂的控制保护

（一）概述

十三陵抽水蓄能电厂装有4台200MW的可逆式抽水蓄能机组。电气主接线采用电机——变压器组扩大单元接线，以2回220kV线路接入京津唐电网；电机出口不设断路器，电机—变压器组的高压断路器兼作线路出口断路器。机组抽水工况起动采用静态变频装置（SFC）起动，并以背靠背起动作后备。电厂主要控制保护设备由机组配套，从国外引进。广泛采用微机型数控技术，其中包括全厂计算机监控系统、调速器、励磁装置、变频起动装置、220kV的GIS监控设备、220kV输电线的主保护、全厂火灾报警消防系统及电厂与总调度所联系的远方终端（RTU）等。机组保护还是以集成电路型为主。

（二）全厂计算机监控系统

电厂采用分层分布式全计算机监控系统，中控室及机旁都不设常规继电逻辑设备作后备。监控系统分设主控级和现地控制级。主控级设有6台以DEC466工业微机为核心的操作员接口站（OIS），负责电厂的运行操作、信息管理、显示和存贮。6台OIS中可以指定其中1台作主用，负责全厂的监控，其余5台可以任意调用不同画面及运行参数，并作为主用机的备用。中控室设有由监控系统支持的模拟屏。总调度所通过RTU对电厂进行监控，RTU与电厂计算机监控系统相对独立。现地控制级共设有7个现地控制单元（LCU），它们分别管理4台机组、高中压配电装置、全厂公用设备和上池设备；机组和配电装置的LCU还设有现地控制盘（LCB）。监控系统采用INFI—NET双环网连接，通信采用接力棒式存储转发协议，通信介质为同轴电缆。监控系统不设系统管理机或通信管理机，主控级和现地控制级各节点都平等地挂于环网上，因而避免了"瓶颈"环节。系统的分层分布性比较高，凡能由下级完成的任务，上级不再细干预，因而下级能脱离上级完成自己的任务，自治性较强。另外，系统中重要环节都是冗余配置。系统的结构比较合理，可靠性和灵活性都比较高。

为了获得1ms的事件分辨率，系统中单独设置事件顺序记录装置（SOE）。此外还设有工程师站（EWS），供监控软件维护和修改用；还有不停电电源（UPS）和培训系统等。电厂计算机监控系统结构如图所示。

（三）励磁、调速及静止变频装置

1. 励磁装置　机组励磁装置采用奥地利ELIN公司的晶闸管自并励励磁装置。励磁电源来自连接于发电—电动机机端的自励变压器；考虑到机组抽水工况起动、发电工况的起励和机组停机电制动时，都需要外加励磁电源，故另设有由厂用电供电的起励变压器；当发电工况起动时，还可利用电站直流电源起励。

励磁调节器为GMR3型、微机双通道调节器，两通道互为备用，可以无扰动地互相切换。每一通道都有手、自动调节方式、"自动"和"手动"同样能无扰动

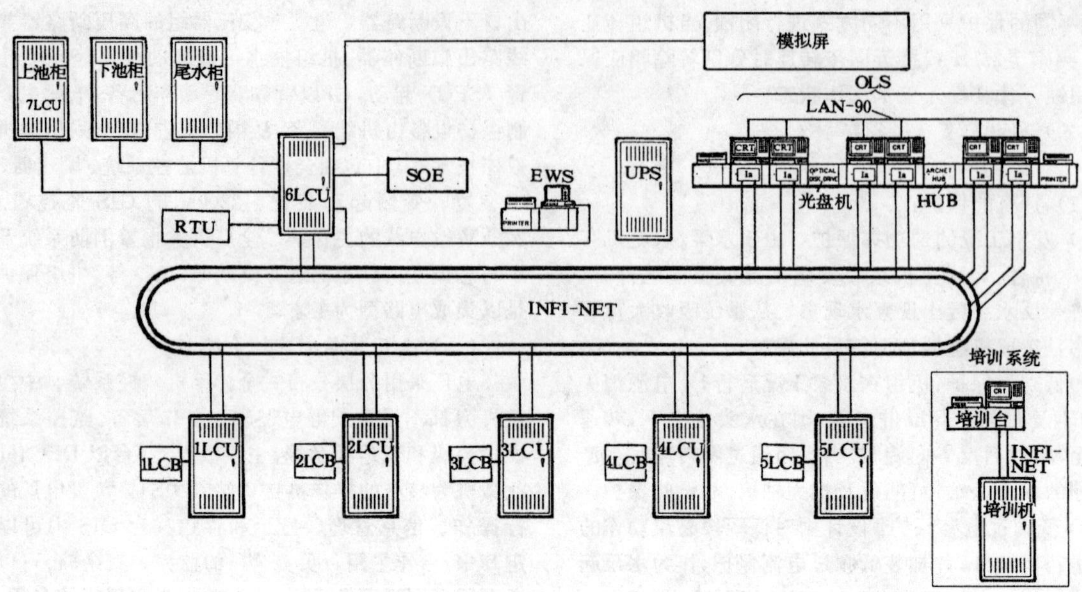

电厂计算机监控系统结构图

地切换。为了加速同步并网过程，励磁调节器设有电网电压跟踪功能。为了机组在抽水工况下最大限度地吸收电网的有功功率，通常使机组运行于功率因数为1的状态，故励磁调节器设有恒功率因数单元。

2.调速装置 机组的调速装置采用德国 VOITH 公司 VGCR211型变参数自适应多 CPU 数字式调速器，设有2套完全相同的电气调节装置，互相备用。每套装置分别设有转速调节、负荷调节、开度限制调节以及机组在抽水工况下导叶开度与水头的最优协联等环节。同时转速调节环节可作为负荷调节环节的备用。测速通道也采用2路冗余配置，采用齿盘测速方式。调速器的输出放大器也是双重的，可以互相切换；事故停机电磁阀也是两套，串联于油路中，任一动作即可快速停机。调速器具有足够的措施保证其可靠工作。

3.静止变频装置 供机组抽水工况起动的静止变频装置全厂设一套，为法国 CEGELEC JEUMONT 公司产品。容量为18MW，约为单机容量的8%。机组起动时，SFC 的输入端和输出端分别经交流电抗器与10.5kV 厂用交流电源和被起动电机13.8kV 主引出线连接。由于本装置工作时在10.5kV 厂用电系统中形成较大的谐波分量，故在SFC 输入端并接有5、7、11、13次谐波滤过器。SFC 配有 JIS1000D 多微机型控制装置，为单系统配置，与外部通信连接都是采用I/O口硬布线连接方式。

(四) 电机—变压器组继电保护的特点

电机—变压器组保护主要采用集成电路型继电器，由 ELIN 公司随机组配套供应。每一电机—变压器组的保护分装于2块独立的盘内，每一盘均能独立完成电机—变压器组的保护功能。由于电机有发电和抽水两种基本工况，故其保护也有其特殊性。对于发电工况，其保护的配置与常规水轮发电机组差不多，但装设了防止发电工况下转轮出现泵水现象的逆功率保护。对于抽水工况，装设有如下专用保护：

(1) 电动机起动过程过电流保护；

(2) 低功率保护；

(3) 低频保护；

(4) 低电压保护。

(五) 运行效果

电厂首台机组已于1995年12月20日由李鹏总理在中控室通过计算机监控系统的一个命令正式开机并网投入运行，实现计算机监控系统与机组同步投入运行。其后在1996年6月和12月第2、3台机，1997年9月第4台机亦按计划成功地投入运行。监控系统及自动化、保护设备都随机组投入运行。目前除部分辅助设备的自动控制和监控系统的部分功能有待进一步完善外，主要设备都得到运行的考验，达到了预期的目的。电厂除能实现中控室集中监控外，电网总调还可以通过电厂的 RTU 远方控制电厂的出力。十三陵电厂的投入使华北电网大大增强了调峰、调频、填谷和事故应急的能力；电厂已成为京津唐电网的第一调频厂，而且多次在电网紧急情况下起到关键性的作用。运行证明电厂的自动化、保护设计原则及基本配置是正确的。

(北京勘测设计研究院 梁见诚)

水轮发电机励磁调节器的新发展

随着水轮发电机单机容量的增加，电网不断扩大以及超高压远距离输电系统的发展，机组和电网对励磁系统的动态和静态稳定性提出了更高的要求。

励磁系统是改善和提高电力系统的稳定性的既经济又有效的措施，在大、中型水轮发电机上几乎全部采用了可控硅静止整流励磁系统方式，它大大提高了励磁系统的快速响应性。励磁调节器随微处理机和控制理论的发展和应用，得到快速和飞速的发展。

我国水轮发电机励磁调节器，从1980年开始研究到1985年研制出第一台微机励磁调节器，并投入电站运行至今已十多年了。

由于励磁系统采用了微机，电路更加简单可靠，很多功能可用软件来实现，使励磁调节器的调节、控制、保护、限制、显示、调试、记录等方面的功能更趋完善的同时，新的控制理论的复杂运算才易于实现，这的确是一次飞跃性的进步。

近十年来，我国在水轮发电机励磁调节器和控制理论方面的发展和应用，简述如下。

（一）现代控制理论应用于励磁调节器的新发展

将控制理论的发展与用于励磁调节器方面的发展联系在一起进行综述。

1. 单变量 PID 或 PI 调节方式　采用古典控制理论，控制是按照机端电压偏差进行 PID 或 PI 调节，它们经过拉氏变换将高阶微分方程转化为代数方程。这种励磁方式与早期比例式调节方式相比，既保持了极高的静态电压调节精度又同时保证了最佳的动态电压调节品质。但它是励磁调节的基础，其它控制方式均以它为基础而发展。

2. 电力系统稳定器（PSS＋PID）调节控制方式　它是在单变量输入 PID 调节的基础上，附加一反应发电机转子动能变化的信号，如转速偏差（n）、机端频率偏差（f）、反应加速度变化的有功功率偏差（P_e）等信号的二阶超前校正环节来补偿调节器的相位滞后，以提供附加阻力转矩以改善电力系统的小干扰的稳定性，其中又分以下方式：

（1）按机端频率偏差信号输入的 PSS 调节。

（2）按有功功率偏差信号输入的 PSS 调节。

（3）按加速度、有功功率和转子角频率偏差信号输入的PSS 调节。

3. 多变量线性最优励磁控制　它是一种基于最优励磁控制理论、以状态空间建模理论与线性代数相结合的方法，是一种以非线性函数在一点处的微分代替增量的近似线性化方法。

4. 多变量非线性最优控制方式　该方式是近年来发展起来的一种崭新的控制方式，它放弃了近似线性化的模型，而是采用小干扰和大干扰动态过程都精确的电力系统非线性模型。应用微分几何理论的非线性系统反馈精确线性化理论，对标准仿射非线性系统进行精确线性化方法。

该非线性励磁控制规律的特点是：

（1）该非线性励磁控制设计方法与运行点无关，并对小干扰和大干扰均有良好的作用。

（2）控制规律是分散的，即一台机组的控制只与该台发电机本身的输出有关，与其他机组状态量或输出量无关。

（3）控制规律独立于输电网络参数，即不含输电网络参数，它对网络结构的变化有完全的适应能力和鲁棒性。

综上所述我国水轮发电机励磁调节器，近十年来的发展是由单变量调节向多变量发展，由线性最优控制向非线性最优控制发展。

以上4种方式在水轮发电机励磁调节和控制方面均取得良好效果。其中第一种方式是励磁调节的基础。第4种是今后的发展方向，因为它对提高电力系统的动态和静态稳定性达到最佳调节控制效果，对系统的大、小干扰均能起到良好的稳定作用，同时使故障后的过渡过程的恢复加快。

（二）微机励磁调节器的新发展

我国水轮发电机微机励磁调节器自1985年第一台投入运行后，不断发展和完善，自今已广泛应用于新建和改造的电站机组上，并形成生产能力，水平与国外接近，具有与国外产品竞争的能力。在线性和非线性最优调节控制的应用方面领先国外水平。现将国内采用线性最优和非线性最优控制的有代表性的最新微机励磁调节器简介下。

1. SJ—800系列全双微机型励磁调节器　该励磁调节器采用全双微机系统互为备用方式。

系统 CPU 采用 Intel 公司8088的16位单板机，不久将开发32位微机。

总线采用86Multibus 多路总线方式，大印刷电路板结构。

软件采用 C 语言编程。

2. MEC—30多微机型励磁调节器　该系统采用三套以 STD 总线为基础的16位工业控制微机。

CPU 采用 NEC 公司的 V40（PD70208），小印刷电路板结构。

3. CGE—1全双微机型励磁调节器　该调节器采用全双微机系统互为备用方式。并采用英国 ARCOM 公司的以 STE 总线为基础的工业控制微机。

其 CPU 为 STE486 DX 4/100，32位微机，小印刷电路板结构。

采样方式为交流采样，采用智能 A/D 板，其 CPU 为80C186。

软件采用基于 Windows 操作平台，用 Microsoft 公司的 Visual C＋＋语言

4. 以上三种产品具有的功能见下表

序号	型号/功能	SJ—800	MEC—30	CGE—1
1	控制方式			
	（1）多变量非线性优化控制			*
	（2）多变量线性优化控制	*	*	*
	（3）电力系统稳定器（PSS）	*	*	*
	（4）PID 控制	*	*	*
2	限制功能			
	（1）V/f 限制	*	*	*
	（2）过励磁延时限制	*	*	*
	（3）最大励磁电流瞬时限制	*	*	*
	（4）欠励磁限制（低励磁限制）	*	*	*
	（5）可控硅元件（或柜）故障时自动限制	*	*	*
3	运行方式（任选）			
	（1）恒机端电压运行	*	*	*
	（2）恒励磁电流运行	*	*	*
	（3）恒功率因素运行	*	*	*
	（4）恒无功功率运行	*	*	*
	（5）恒可控硅角运行	*	*	*
4	断线保护			
	（1）PT 断线保护	*	*	*
	（2）同步回路断线保护		*	
5	起励方式（任选）			
	（1）二极管整流的起励电路（与电气制动共用）	*		
	（2）采用主可控硅整流器的起励（与电气制动共用）			
	（3）恒励磁电流起励（转子电流起励）	*	*	
	（4）按设定的机端电压起励	*	*	*
	（5）系统（母线）电压起励	*	*	*
				*
6	自检、自诊断、容错监视功能	*	*	*
7	在线显示参数和修改参数	*	*	*
8	内置式试验功能			*
9	事故和故障记录	*	*	*
10	与上位计算机通信功能	*	*	*

*　表示该产品具有的功能。

以上3种产品，以 SJ—800系列应用广泛，并已用于320MW 大型水轮发电机上，其32位微机结合电站正在开发中。第3种 CGE—1系列32位的微机励磁系统，样机已在动模上通过试验并正在开发中。

（中国电力企业联合会　顾景芳）

大、中型水轮发电机组的灭磁

同步电机灭磁问题的实质是将运行中储存在电机转子绕组的能量在保证转子绕组安全的条件下，尽快地使之减弱到尽可能小的程度。它是同步电机内部短路事故时，唯一限制事故扩大的手段；在发电机变压器组成单元接线无发电机断路器的情况下，也是主变压器内部短路事故最后一道保护措施。随着同步电机容量日益增大，励磁容量也日益加大。送电距离的加长，强励倍数的增加，使得储存在电机转子绕组的能量也不断增大。为了防止电机或变压器内部短路事故的扩大又要求这一能量在灭磁过程中尽快消失，因此，同步电机的灭磁问题日益得到各方面的重视，各种新的灭磁方案也不断涌现。

首先对灭磁开关加一段线性灭磁电阻的灭磁方案［见图1（a）］，提出采用灭磁开关加分段线性电阻的灭磁方案［见图1（q）、（r）］，经理论分析和现场试验证明，当采用两段线性电阻时，灭磁时间可从一段线性电阻时的 $t_m=0.77\tau$ 缩短到 $t_m=0.386\tau$，约缩短了一半。如采用三段线性电阻时，灭磁时间又可缩短为 $t_m=0.3\tau$。因此在灭磁时间上可与采用灭磁开关加碳化硅非线性电阻的灭磁方案相当，而所加的设备很少，可作为中、小型同步电机首选的灭磁方案。

50年代初期，在电机灭磁系统方面也沿用了当时苏联的经验，因此在50、60年代均采用灭磁开关加一段线性电阻组成的灭磁系统。对于大型机组除发电机转子回路设灭磁开关外，励磁机励磁回路还设置了灭磁开关。60年代大型机组的发电机转子回路灭磁开关大都采用带有灭弧栅的DM2系列灭磁开关，而且采用串联灭弧栅式灭磁系统［见图1（c）、（d）、（h）］。励磁机灭磁开关大都采用 DW—10M。CJ12M—S（BT—9404）、BHA—7901等系列。

70年代，我国的励磁方式有较大的发展，主要的标志是晶闸管静止励磁系统开始得到应用。除个别电站采用半控整流桥的灭磁系统中仍采用灭磁开关作为灭磁方式外，对于大部分设有全控整流桥的励磁系统均以逆变灭磁作为正常停机灭磁，以设灭磁开关作为事故停机的灭磁方式。

采用串联灭弧栅灭磁的DM2灭磁开关在运行中

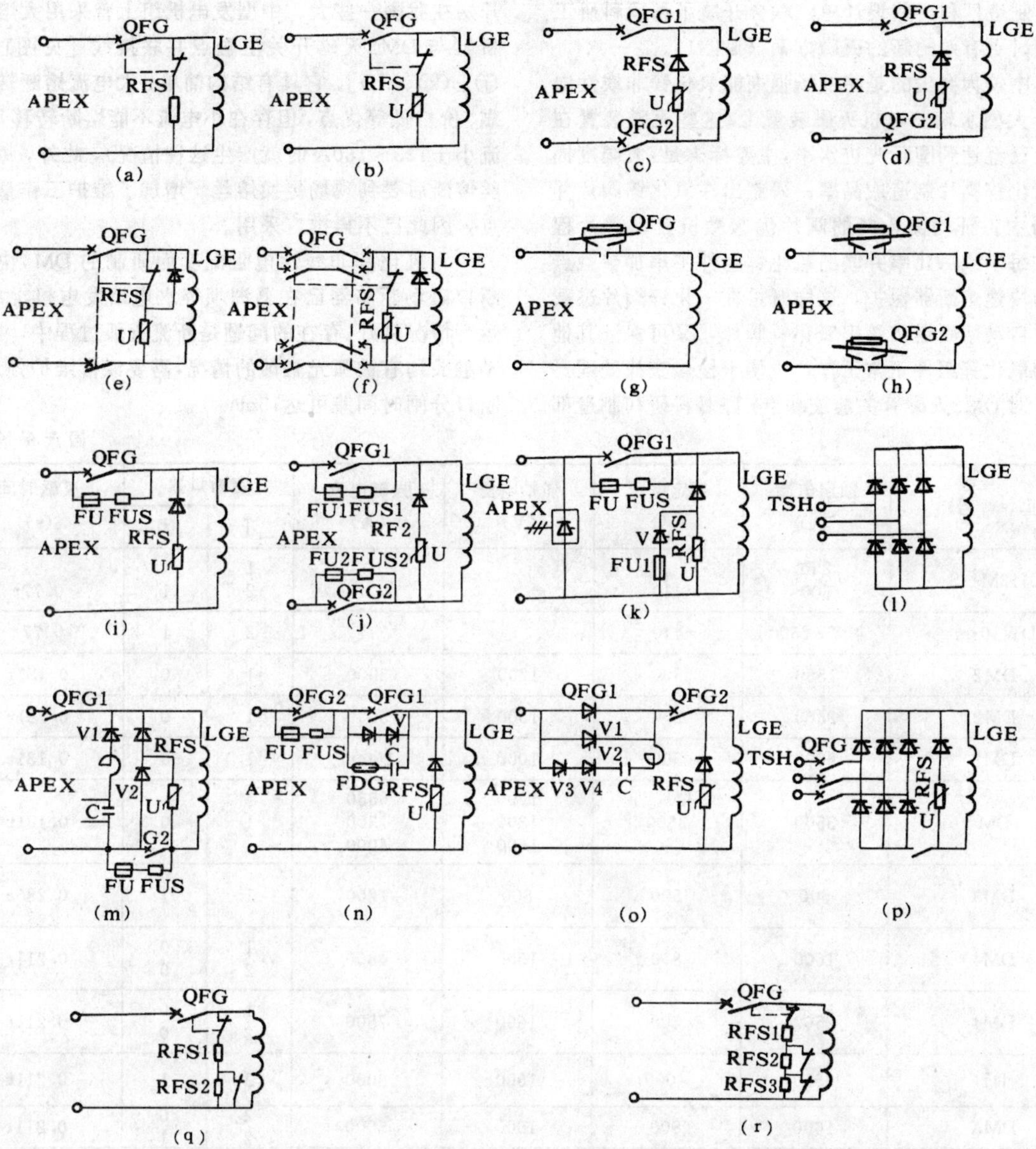

图 1 灭磁系统接线方式

(a) 单断路器加一般线性电阻；(b) 单断路器加非线性电阻；(c) 双断路器加非线性电阻；(d) 双断路器加非线性电阻；(e) 单断路器双断口加非线性电阻；(f) 多断口组合断路器加非线性电阻；(g) 单灭弧器灭磁断路器；(h) 双灭弧器灭磁断路器；(i) 单熔丝断路器加非线性电阻；(j) 双熔丝断路器加非线性电阻；(k) 并联熔丝换流和单熔丝断路器加非线性电阻；(l) 三相控桥逆交灭磁；(m) 并联人工过零换流和单熔丝断路器加非线性电阻；(n) 串联人工过零换流和单熔丝断路器加非线性电阻；(o) 电子断路器和单断路器加非线性电阻；(p) 交流断路器加非线性电阻；(q) 二段线性电阻；(r) 三段线性电阻

APEX—励磁屏；LGE—励磁绕组；TSH—励磁变压器；QFG—磁场断路器；FU—熔断器；QFV—真空断路器；RFS—灭磁电阻；FUS—通流控制器；C—电容；RFS_u—非线性灭磁电阻；V—晶闸管

暴露出许多缺点，首先脱扣机构有缺陷容易拒动；当用在静止晶闸管励磁系统中，存在了DM2灭磁开关与晶闸管整流桥逆变同时动作灭磁时，电机转子绕组电压过高，对转子绕组绝缘不利；在晶闸管励磁系统误强励时，DM2灭磁因转子绕组回路电压偏低而延长了灭磁时间。80年代开始，随着晶闸管静止励磁系统在大、中型发电机组上普遍采用的同时，我国各科研部门；大专院校、制造厂和一些设计单位联合开展了各项科研工作，探讨更有效的新的灭磁方案（见图1）。

其中较为突出的是将低场强高能氧化锌非线性电阻用于大型水轮发电机灭磁装置上。这些灭磁装置在技术上已经达到国际先进水平，主要标志是：大幅度提高了氧化锌阀片制造成品率；研制出在氧化锌阀片并联组合中保证均流均能的阀片优选微机自动选片程序；在每串或每几串并联的氧化锌组件中串加带触点指示的快速熔断器保护，这样既可在氧化锌阀片过载击穿时自动熔断退出该串氧化锌阀片，又可保证其他并联的氧化锌组件正常工作，也便于检修查找处理。

针对DM2灭磁开关前述缺点，许多科研和制造部门也曾经采取了多种措施力求加以解决。80年代中期开始在我国一些大、中型发电机组上曾采用大熔丝熔断器与DM2灭磁开关主触点并联接线［见图1（i）、（j）、（k）、（h）］，它具有结构简单、大电流熔断转移可靠、价格低等优点，但存在小电流不能熔断转移（如电流小于125～160A 时就产生这种情况），此外，每次熔丝熔断后要到现场更换熔丝、增加了维护工作量等缺点，因此已不再推广采用。

为氧化锌非线性电阻配套而研制的DM4快速双断口磁场断路器已在葛洲坝等水电站发电机上应用，运行情况良好。存在的问题是断流灭弧过程中，主静、动触头均有被弧光融蚀的情况，需要经常维护处理；双断口分闸时间差可达15ms。

表 1　　　　国产磁场（灭

型　号	额定电流 (A)	额定电压 (V)	强励电压 (V)	强磁电流 (A)	定断口数		灭磁时间 (s)
					开	闭	
CJ12M—S	250 600	440			1 2	1	0.77τ
DW10·m	400～2500	440			2	1	0.77τ
DM2	1500	500	1200	3000	1	0	0.181τ
DM2	2500	500	1500	5000	1	0	0.181τ
DM2	5000	500	1000	10000	1	0	0.181τ
DM	3500	3500	1000 1300 1600	6530 7300 8000	1	0	0.181τ
DM3	600	500	800	1200	1	1	0.285τ
DM4	1600	800	1600	4800	1 2	0 0	0.211τ
DM4	2500	800	1600	7500	1 2	0 0	0.211τ
DY	3500	1000	1600	8000	2	1	0.211τ
DMX	1600	800	1000	5000	2 2	0 1	0.211τ
DMX	2300 3000	800 1000	1000 1600	 8000	2 2 4 4	0 1 0 1	0.211τ
DMX	3500	800	1000	8000	2	0	0.211τ
GBM				≤5000			0.211τ
MB45				2500			0.211τ
并联人工过零	1696	466	1193	5000			0.211τ
串联人工过零	1653	483		3306			0.211τ
DDL	1200	260	520	2500			0.211τ
DDL	1500	330	660	3000			0.211τ

综合目前国内外同类产品的长处而研制的DMx型多断口组合磁场断路器，采用多断口同轴传动、断口分闸时差可小到1ms；而且采用永磁合闸保持，反磁脱扣另加后备电磁分闸措施、保证了可靠分闸；并采用永磁吹弧进灭弧栅，保证稳定弧压等先进技术，这类磁场断路器已在新安江、富春江、岩滩等水电站发电机上应用。缺点是加工工艺较复杂，加工尚不够精密，有待进一步改进提高。

对于与氧化锌非线性电阻配套的有触头机械式磁场断路器在断流灭弧过程中难免会烧损触头，需现场人工维护处理不利于水电站无人值班(少人值守)的自动监控方式的实现等缺点。东北勘测设计研究院研制了DDL型晶闸管直流电子断路器，运行经验证明它具有可靠性高、断流速度快（晶闸管关断时间≤400μs）、可以在晶闸管全电流范围内可靠断流灭磁、开断无声响、无弧光、无机械传动部分可频繁操作等优点。目前采用此电子断路器为主，有触点断路器为后备的灭磁接线方式［见图1（o）］可大幅度提高灭磁可靠性，只是投资相对大些。

必须指出的是在进行模拟灭磁试验时和在运行实际灭磁中均发生过烧毁氧化锌阀片的事故，主要原因是灭磁能容量不够，事实说明氧化锌阀片的特性具有一定的分散性，设计氧化锌阀片串并联总数时必须留有一定的安全系数，不应采用出厂时每阀片能容量作为计算值。一般应按0.7出厂筛选能容量计算。

各类磁场断路器和非线性电阻分别见表1和表2。

磁）断路器

灭磁方式	鉴定时间		应用情况
	年	月	
关联常值电阻			早期产品
关联常值电阻			早期产品，未鉴定
串联灭弧栅	1971		DM2在我国曾广泛使用，1989年已对脱扣机构作改进见资料2
串联灭弧栅	1968		
串联灭弧栅	1978		
串联灭弧栅	1990	6	机构已用反磁脱扣，多数用于火电机组
并联SiC电阻	1972		还有副断口1开1闭可接在励磁机励磁回路，还可接成串联灭磁
并联ZnO电阻	1986	10	2断口是2台断路器电气联动跳合闸
并联ZnO电阻			已为较多电厂采用
并联ZnO电阻	1990	6	极限分断20000A，采用反磁脱扣
并联ZnO电阻	1995	4 5	DMX采用同轴多断口积木结构，短弧栅，永磁电流吹弧，反磁和机械双重脱扣，已有较多电厂采用
并联ZnO电阻	1995	4 5	
并联ZnO电阻	1995	4	
并联ZnO电阻	1986 1989	9 12	与磁场断路器主断口并联换流熔丝，见图1（i）
并联ZnO电阻	1990	12	换流熔丝与可控硅串接后再与转子并接，见图1（k）
并联ZnO电阻	1986	9	见图1(m)，白山2号机用
并联ZnO电阻			见图1(n)，葛洲坝15号机用
并联ZnO电阻	1992	7	见图1(o)，1992年红石投运，1997年小山电厂投运
并联ZnO电阻			1996年12月莲花投运、1997年丰满三期投运

表 2 非线性电阻技术性能

技术性能	SiC		ZnO	
	伊林	国产	伊林	国产
型号	P75.20.20	抚瓷生产 DM3—600 配套	Z88.19.24	MyN1
材料	SiC 外涂铝	SiC 周边涂环氧树脂漆	ZnO	ZnO 外涂银
每盘能容（元件尺寸）	20KJ （75×20mm）	29KJ （100×20mm）	4KJ （75×20mm）	极限 20KJ～30KJ，标称 15KJ，额定 10KJ
最大允许温度	600℃	额定 130℃ 最大允许 500℃	150℃	180℃
伏安特性 α（U 与 I 成正比）	软，不变 2.8～3	软，不变 2.8	硬，变化的 30～40	硬，变化小 30～40
特性数值	不变	不变	会老化	会老化
温度系数	正值		负值	<0.1% 1/℃
寿命时间	无限制，不取决于放电次数	无限制	有限制，受放电次数限制	额定冲击 500 次。荷电率 70% 100 年
灭磁时间（实例，葛洲坝机组空载 750A）	长（实例 5s）		短（实例 0.4s）	
dU/dt，对断路器影响	小、断路器断流时，向 SiC 转移电流容易，不易烧损触头		大、断路器断流时，必须使弧压大于 ZnO 标称电压，才能转移电流，容易烧损触头	
电阻阀片击穿性能与维修方便性	形成开路，大量并联回路中查找个别串损坏，困难		形成短路，个别串击穿，可通过快熔接点指示，查处方便	
限制过压能力	弱。通流大时电压高，小时低。变化大		强。通流大小变化大时电压变化小	

（东北勘测设计研究院　陈福山　水电水利规划设计总院　张德平）

微机调速器的新发展

微机技术用于工业控制具有较高的可靠性，且价格便宜、方便灵活。从 80 年代初期开始，世界不少国家先后推出了自己的微机调速器产品。

我国 80 年代初由华中理工大学率先研制成功微机调速器之后，南京自动化所、长江控制设备研究所也先后推出了自己的微机调速器产品，武汉水电控制设备公司等制造部门与有关科研院所合作，开始了小批量生产。90 年代以后，国内从事这方面研究和生产的单位就更多了，如中国水利水电科学研究院自动化所、河海大学、武汉水利电力大学、葛洲坝能达通用电气公司、天津电气传动设计研究所、哈尔滨电机厂、东方电机厂、天津水电控制设备厂等，近年新投产的大中型电站或更新改造的大中型机组，大多数选用微机电液调速器。现将我国近五年研制并有完整测试资料的微机调速器主要技术状况、现场条件和测试结果列于表 1，并对其主要性能指标进行简要分析。

（一）调速器静态转速死区

表 1 所列 7 种微机型调速器，按作图法由最大死区求出的 i_x 在 0.01%～0.03%之间，其值是在永态转差系数 b_p 为 6%条件下测得的。国标 GB9652—88 规定，在 b_p 为 6%的条件下，大型电调的转速死区 i_x 不得超过 0.05%。上述 7 种微机调速器的 i_x 均远小于此规定值。

表1　近五年研制并现场测试的7种国产微机型电液调速器技术性能一览表

项目			NARI电力部电力自动化研究院	中国水利水电科学研究院自动化所	葛洲坝能达公司	武汉水电控制设备公司	武汉水电控制设备公司	葛洲坝能达公司	河海大学水电系
代号			1	2	3	4	5	6	7
技术状况及现场条件	电液调速器	型号	SWT—100	GWT/WT—100	WBST—A	SWT—STD98—100	WST—PLC—150	HPC—801	HC—1
		电气部分	SJ—700双微机系统	GWT单微机系统	PLC单微机系统	双微机调节器	PLC单微机系统	PLC单微机系统	HC—1单微机系统
		液压部分	DDT—100，电液伺服比例阀，一级电液，随动系统	WT—100武汉三联机柜	步进电动机-丝杠位移转换器，二级随动系统	环喷式电液转换器，一级电液随动系统	环喷式电液转换器，一级电液随动系统	双锥阀式电液转换器，带中接二级随动系统	机械柜原有的
		使用电厂	映秀湾	柘溪	葛洲坝大江	白莲河	桓仁回龙站	葛洲坝大江	陈村
		水轮机型式	单调节	单调节	双调节	单调节	双调节	双调节	单调节
		机组容量MW	47.1	75	125	15	36.5	125	50
		水系统状况	270m 四机一管	60m 一机一管	18.6m 一机一管	45.8m 一机一管	26m 洞内式	18.6m 一机一管	52m 一机一管
主要测试结果		测试日期	96.10.30～31	96.2.2	95.11.12～14	94.12.22	94.10.27～28	94.11.10～12	93.2.14
		转速死区 i_x	0.027%	0.018%	0.014%	0.02%	0.012%	0.024% 0.01% （回归法）	0.019%
		轮叶随动系统不准确度	—	—	1.0%	—	1.38%	3.75%	—
	空载转速摆动	手动时	±0.129%	（未测）	±0.473%	±0.08%	±0.143%	±0.266%	±0.093%
		自动时	±0.049%	±0.119%	±0.221%	±0.116%	±0.143%	±0.131%	±0.098%
		接力器不动时间 T_q	0.03s	0.17s	0.20s	0.14s	0.18s	0.20s	0.13s
	甩100%负荷过程	调节时间 T_p	20.8s	27s	32.5s	31s	36s	35s	34.7s
		$>n_r$达3%以上波峰数	1	1	1	1	1	1	1
		最大转速上升率 β	28.2%	33.3%	29.88%	30.35%	34.7%	（未率定）	15.3%
		电源切换	接力器不动	Y移动0.19%	接力器不动	Y基本不动	Y移动1.84%	接力器不动	Y不动

（二）空载转速摆动值

综合国标 GB9652—88 及电力行业标准 DL/T563—95，对大型电调空载转速摆动值的规定可归纳为二条：

(1) 带自动励磁而调速器在自动运行方式下，机组空载转速摆动相对值不得超过±0.15%。

(2) 如机组手动空载转速摆动值大于规定值(±0.20%)，则其自动空载转速摆动相对值不得大于手动空载转速摆动相对值。

由表1测试结果可知，所列7种微机电液调速器中有6种的自动空载转速摆动相对值小于±0.15%；一种自动空载转速摆动相对值小于手动空载转速摆动相对值。即所列7种微机型电液调速器，其自动空载转速摆动相对值全部满足国标或电力行业标准的规定，其中一半以上远小于该规定值。

（三）接力器不动时间

国标及电力行业标准均规定：接力器不动时间 T_q 不得大于 0.20s。所列7种微机型电液调速器的 T_q 值全部达到标准要求。

（四）甩满负荷的调速器动态性能

甩满负荷过程是检验调速器动态性能的一项重要方法，国标及电力行业标准只规定了二项性能考核指标：

(1) 调节时间 T_p 不大于 40s。

(2) 偏离稳态转速 $3\%n_r$ 以上的波峰不超过2次。

最大转速上升值虽未规定考核指标，但实践证明它仍然是一项有意义的性能，表1中一并列出。

(1) 从表1可知，所列7台微机型电液调速器的调节时间 T_p 全部达到标准要求。

(2) 偏离稳态转速 $3\%n_r$ 以上的波峰数，所列7台微机调速器全部都是一次，小于国标规定值。

(3) 最大转速上升率 β，目前国标中虽无规定指标，但所列7台微机调速器有6台自测试数据，其中3台的 β 值小于30%，另3台的 β 值在30%～35%之间。

（五）电源切换

国标及电力行业标准均规定，故障时电源可自动切换并发出信号。切换时所引起的导叶接力器的移动不得大于全行程的2%（即±1%）。

表1所列7台微机电液调速器有5台电源切换时导叶接力器基本不动，1台移动0.19%（很小），1台移动1.84%（稍大），但均满足标准要求。

由以上分析可知，我国近五年自行研制的微机型电液调速器其主要性能指标均能达到国家标准或电力行业标准要求，有的指标还优于其规定值；与国际水平相比，其技术指标大多数达到当前国际同类产品的水平；但在生产工艺上，我国产品较差。为使我国微机调速器研制迈上一个新台阶，在产品质量上全面、迅速赶上国际先进水平，其生产必须采用工业控制机和国际通用的STD总线，并严格生产工艺，以便研制出更多高水平、高性能指标的微机调速器，满足我国水电事业发展的需要，并逐步走向国际市场。

（中国水利水电科学研究院 赵坤耀）

防误技术在水电厂应用

（一）防误技术对保证安全生产的作用

电厂运行人员误操作和误入带电间隔可能造成人员伤亡和设备严重损坏事故。DL408—91《电业安全工作规程》中对倒闸操作、保证安全的技术措施和组织措施都作了明确规定。这些规定对确保运行操作人员、检修人员安全和设备安全起着十分重要的作用，也是搞好安全工作的法律依据。但由于操作人员和监护人员素质不高或在操作过程中精神状态不良违反DL408—91《电业安全工作规程》而造成人身伤亡和设备事故仍时有发生。

80年代能源部曾发文要求在已投入运行的设备上加装防误装置（五防），新建电厂和变电站在设计时要采用具有五防设备，要求厂家生产的开关柜均要具备五防功能。

1990年能源部以能源安保［1990］1110号文发出“防止电气误操作装置管理规定”。

DL408—91《电业安全工作规程》第19条对防误装置也作了明确规定。

十多年来各发供电单位和一些厂家联合开发了各种类型的程序锁、电磁锁、带电间隔显示器和报警装置等。这些装置在保证安全方面发挥了应有的作用，不少单位在应用防误装置确保安全生产方面创造了很好的经验。设备装上防误装置在一定程度上给操作带来一些麻烦，但它相当于配备了一位高素质的监护人员，当操作人员违反操作步骤时，防误装置起到有效的闭锁作用，从而避免事故的发生。

（二）水电厂防误技术应用

水电厂广泛采用的防误装置主要有程序锁闭锁、电气闭锁、机械闭锁和工作票钥匙系统等。

1. 程序锁闭锁系统应用　程序锁闭锁系统一般应用在户内的中、低压设备和发电机组的一次系统上。

这些设备要具备下列功能：

—— 发电机组控制回路要设启动钥匙，将钥匙切到退出状态会自动停机，该钥匙拔出后机组则不能启动；

—— 进入发电机定子的入孔要装上带程序锁的门；

—— 断路器、隔离开关、电压互感器、电缆头、指定安装临时接地线的间隔等都要封闭起来，间隔的门上装设程序锁；

—— 小车式断路器，在拉出操作过程中应机械联动使该断路器跳闸。装设带程序锁的防推入档板；

—— 断路器和隔离开关不在同一间隔的设备，要在反映断路器状态的部位装程序锁；

—— 隔离开关和接地刀闸的操作机构要装程序锁。

程序锁要采用不锈钢制造的带凸轮的暗锁，挂锁要用不易生锈的青铜制造。设计逻辑满足安全操作顺序要求，确保前一步操作为下一步操作的条件。

2. 电气闭锁系统在 110kV 及以上设备上的应用

110kV 及以上设备无论是户外或户内 GIS 组合式均已采用电动操作，现地手动操作只限于该设备检修过程中调试使用。

在操作回路上确保，断路器分闸后才接通与其串联的隔离开关分闸操作回路，隔离开关分闸后才接通相应接地刀闸投入的操作回路。另外只有当接地刀闸断开才接通相应隔离开关的合闸操作回路，断路器合闸操作回路要在与其串联的全部隔离开关合闸后才被接通。

所有隔离开关和接地刀闸的现地手动操作把手由检修人员保存，运行操作人员无法拿到，当设备正常运行时，在插入手动操作把手处应盖上并加锁。

3. 机械设备闭锁的应用　水电厂上游侧一般装有液压操作的快速闸门、球阀或蝴蝶阀，下游侧装有液压操作闸门。

在上、下游侧闸门（或阀门）的液压操作回路加装闭锁，使只有当上游侧闸门落下（或关闭）后才接通下游侧闸门落下的液压操作回路；另一方面，只有当下游侧闸门提起后才接通上游侧闸门（或阀门）提起（或打开）的液压操作回路。这样可避免因误操作导致上游侧高水压造成下游侧闸门损坏的事故发生。

对于只有平压后才能进行操作的液压闸门可采用由测量闸门两侧压力差传感器对闸门提起的操作回路进行闭锁。

4. 工作票钥匙系统　在工作票尚未结束，因误操作向检修设备送电（或油、水、风）都会严重威胁检修人员和检修设备的安全。工作票钥匙系统可以有效地防止这类事故的发生。

将完成一张工作票要求的全部安全隔离措施的钥匙放进一个小柜内再加上一把带编号的挂锁，挂锁的编号填在这张工作票上，并把办妥开工手续的工作票连同这片钥匙交工作票负责人保管。只要检修工作未完成，工作票未办理结束手续，运行人员无法打开这个小柜子，拿不到解除（或改变）隔离措施所需的钥匙，从而确保检修设备和检修人员的安全。

若同一检修设备开出两张工作票（机械和电气）则这个柜子由并联的两把挂锁锁上，两位工作票负责人各保管其中一片钥匙，只有当两位工作负责人都交回工作票和钥匙，运行人员才能开始解除安全隔离措施。

（三）防误闭锁系统的实用要求

不少单位都不同程度应用了防误闭锁装置，但长期坚持下来的不多，有些设备闭锁的应用为形存实亡状态。

要使防误闭锁系统可靠实用，应达到以下要求：

（1）防误闭锁系统逻辑设计力求简单、正确、合理，选用可靠耐用装置。

（2）建立相应管理制度，使运行操作人员严格执行。

（3）培训运行操作人员，使他们在写操作票时其操作步骤符合这些装置规定的逻辑。通过教育使他们认识到防误系统不是增加操作麻烦，而是一项确保他们安全的有效措施。

（4）确定维护这些系统的部门，把防误系统当成重要生产设备一样定期进行维护，使其经常处于良好状态。

（广州抽水蓄能水电厂　黄国祯）

机 电 制 造

富春江富士电机有限公司

富春江富士电机有限公司（简称“双富公司”），是中国富春江水电设备总厂和日本国富士电机株式会社共同投资举办的合资经营公司，是中国水力发电设备制造业第一家中外合资企业，公司设在杭州，位于秀丽的富春江畔。

公司于 1994 年 12 月 5 日在杭州签约，当年 12 月

30日经国家工商管理局批准正式成立，并于1995年3月2日在北京人民大会堂举行了隆重的开业仪式，我国人大常委会、电力部、水利部及国家有关部委的领导、中外嘉宾出席并祝贺开业。

公司经营范围，生产并销售成套水力发电设备，重点是大型灯泡贯流式机组，年产成套水力发电设备总容量为15万～30万kW，最终达到60万kW，相应机组6～7套。投资总额为2500万美元，注册资本1000万美元，中方以厂房、设备、土地使用权及部分现金出资，折合410万美元，占双方出资的41%；日方以大型设备16m立车和现金投入，折合590万美元，占双方出资的59%。合资期限，自签发营业执照之日起30年。双方按出资比例，分享合资公司利润并承担风险。

公司设立董事会，中方2名，日方3名，董事会为合资企业的最高权力机构。日方担任董事长，由董事会任命正副总经理，总经理负责日常事务。

公司占地面积13588m²。200名职工，下设营业技术部、技术部、制造部。拥有ϕ16m数控立车（MC-SKJ80—160型 捷克）和五轴联动数控铣镗床（FB225型 德国）两台大型加工设备及装配平台，引进数控液压线棒成型机（HSPP120—2500型 奥地利），定子线棒、磁极、冲片制作方面拥有的硬件和软件体现了90年代本行业的先进水平。

公司的技术、生产和管理人员都是从富春江水电设备总厂经过严格考试择优录取的，根据技术转让合同，公司将派设计、管理和生产制造人员到日本富士电机研修学习，同时富士电机还将派指导员来培训工人、技术人员和管理人员，公司在不断引进、消化吸收国外先进技术和管理经验基础上，经过全体员工的努力，双富公司必将成为技术先进、质量上乘、价格合理、交货及时、服务优良生产大中型水轮发电设备的专业厂。

富春江富士电机有限公司，目前为初期合营阶段，其最终目标是实现中方合营者的工业生产领域整体“嫁接”成合营公司，双方正为实现最终目标而努力。

（富春江水电设备总厂 宋兆光）

水轮发电机组制造进展

1995年～1997年间，我国水电设备制造业在自主开发和合作生产、消化吸收国外先进技术的基础上又取得了较大发展。东方电机股份有限公司（下称东电）与哈尔滨电机有限责任公司（下称哈电）作为中方联合体正在与外商合作制造550MW的二滩机组。这些各有特色的大容量机组的设计、制造和投运成功，意味着我国水电制造技术已在原来龙羊峡、白山和葛洲坝等机组的基础上更上了一个新的台阶。

一、水轮机

（一）水轮机的流动分析和性能预估

开发应用了导水机构双列叶栅势流和粘性流流动分析。混流式转轮势流准三元流动分析、轴流式转轮边界元法流动分析、导叶压力分布和水力矩的预估、转轮与过流部件损失分析及能量特性预测。转轮压力脉动特性预测。目前还正在进行转轮空化特性预测程序的开发和粘性流动计算方法的研究。

（二）水轮机主要部件刚强度分析计算技术

东电近年来利用ANSYS等先进软件对混流式、轴流式水轮机主要部件进行刚强度分析计算。为了对受力复杂的灯泡式水轮机座环、灯泡头等进行刚强度计算，还同机械部信息中心联合开发了适用于该机型的计算程序。哈电在计算中则广泛应用了I-DEAS程序，还应用程序中的接触单元等的功能进行了组合件的刚强度计算，在计算中由于可以模拟滑动、过盈等配合，可较准确地计算出组合部件及接触表面的应力分布，从而使计算结果较以往单件计算更为精确。

（三）大型混流式转轮的结构和工艺

（1）大型混流式分瓣转轮结构。在李家峡转轮设计中采用了分瓣联轴螺钉埋入式结构，在二滩转轮设计中采用了埋入式卡钉结构，使转轮上冠高度有较大压缩，从而扩大了铁路运输分瓣转轮的可能性。

（2）大型混流式转轮叶片制造工艺。随着叶片尺寸的增大，使用传统的立体样板进行测量并铲磨的工艺存在着测量精度差、使用操作困难及样板易于变形等致命缺点，为提高叶片型线的制造精度，哈电在莲花水电站水轮机转轮叶片制造中使用了数显三坐标测量机进行叶片型面测量，并与相应的计算机辅助测量系统相结合，解决了叶片测量位置与理论位置的自动找正问题和测点加工余量的自动计算问题。

（四）高水头轴流转桨式转轮结构

在水口机组中成功地在结构上使轮毂比值缩小至0.5，并在60m水头段首次采用了6叶片，此外，为减少叶片与转轮室之间的间隙空蚀，叶片外缘设置了裙边；还改进了转轮的吊装工艺，取消了叶片上的吊装孔。

（五）高强度钢板的应用

东电在十三陵机组蜗壳及其延伸管体上采用了抗拉强度高达700MPa的高强度钢板，并解决了由此引起的一系列焊接工艺问题。

（六）防飞逸的导叶自关闭装置

在天生桥二级机组上设置的永久性导叶自关闭装置已经历了真机试验，试验表明，在导水机构操作油压消失时仍能利用真机导叶关闭方向的水力矩大于导水机构摩擦力矩的特点，使导叶自行向关闭方向移动，从而限止了飞逸转速的上升。

二、水轮发电机

（一）绕组绝缘材料、绝缘结构开发和应用

近年来，发电机的绝缘系统在制造工艺和材料应用方面有较大发展和突破。

(1) 定子线棒导线绝缘厚度减薄。目前国外先进厂家普遍采用双边绝缘厚度为0.20～0.22mm的导线。国内从50年代～90年代初一直采用双边绝缘厚度为0.37～0.41mm的导线。1993年哈电首先研制成双边绝缘厚度0.20mm的导线，并应用于鲁布革发电机定子线棒。试验和运行表明，导线绝缘水平达世界先进水平，已推广应用于正在设计制造的小浪底（6×300MW）、万家寨（6×180MW）和二滩（2×550MW）水电站的发电机。

(2) 定子线棒主绝缘厚度减薄。国产大型水轮发电机定子绕组主绝缘与国际先进水平相比，存在的最大差距是主绝缘厚度较厚。制约主绝缘厚度减薄的主要因素是主绝缘材料中决定电机绝缘老化寿命的云母含量低。哈电通过“八五”攻关，以水口水电站的发电机为依托，对厚粉纸云母带材料的开发及其应用工艺进行研究，使水口水电站的7台发电机主绝缘材料的云母含量达到48%以上，与美国GE公司48.2%的水平相当；主绝缘单边厚度为3.5mm（13.8kV级），接近美国GE公司3.3mm的世界先进水平，该技术还成功推广应用于电压为15.75kV级的五强溪水电站的5台发电机。这是我国绝缘技术领域的一次重要突破，同时也为实现三峡水电站的发电机20kV或18kV绝缘系统与国际接轨制造了有利条件和提供可靠依据。

(3) 改善定子绕组导线角部场强。经长期分析研究和消化吸收引进技术，哈电和东电采用增大定子绕组导线角部半径的方法，使主绝缘最大电场强度控制在3.0kV/mm范围，绕组的抗击穿能力提高20%，抗电老化能力显著提高，从而改善绝缘的介电特性，延长绝缘使用寿命。这项新技术已在为三峡水电站的发电机试制的绕组样品中实施，并将在二滩水电站的发电机产品上应用。

(4) 转子绕组结构和绝缘材料。水轮发电机的大型转子绕组趋向采用焊接结构。哈电和东电对这种结构的铜导体之间的平对接、搭接和“Ω”对接等多种拼焊方式进行了试验研究。该结构已在隔河岩和李家峡发电机上应用成功，并将在二滩水电站的发电机上采用“Ω”对焊结构，为三峡水电站的发电机转子绕组制造提供可靠依据。无论是扁绕或焊接结构的转子绕组，其匝间绝缘均采用F级上胶玻璃坯布或NOMEX上胶纸，绝缘性能可与国际接轨。

向心磁极绕组的研制成功，标志我国高速大容量发电机转子技术的进一步发展和提高。这种绕组具有改善机组运行时绕组的受力状况，简化或取消绕组切向固定结构的优点。由哈电负责制造供货并在1995年～1996年投运的十三陵水电站的3号和4号发电电动机（转速500r/min）采用了无切向固定结构的向心磁极绕组。随后又将此技术推广应用于额定容量为16MW、转速1000r/min、飞逸转速1510r/min的大七孔发电机上。由国内厂家东电自行设计制造的首台响洪甸水电站的高速发电电动机也采用向心磁极绕组结构。

（二）圆盘式转子支架结构的发展

东电对李家峡400MW发电机圆盘式转子支架采用配筋工艺及转子磁轭径、切向键和加强键联合固定的打键工艺，并采用两段磁轭结构、分段叠装的工艺，从而解决了大直径、超长转子磁轭（长度为3m及以上）叠装的圆度、垂直度、紧度及切向和径向紧密固定的关键技术问题。

（三）三峡水电站的发电机6000t级推力轴承开发和研制

三峡水电站的机组6000t级推力轴承开发研制历经两年，于1997年初在哈电3000t推力轴承试验台完成全模拟试验。瓦面材料为弹性金属氟塑料，采用双点弹性梁支撑结构。应用先进的光电技术对油膜压力、油膜厚度、轴瓦瓦体和镜板的温度分布等进行全面测试。试验表明，油膜压力和油膜温度的计算值与实测值比较接近，而油膜厚度的实测值高于计算值。有必要对弹性金属塑料瓦的润滑机理、瓦面材料物理特性和力学特性及支撑结构进一步分析研究。

（哈尔滨电机有限责任公司　吴新润　刘公直）

国内外大型推力轴承结构

（一）概述

我国将要建设的三峡水电站水轮发电机组的推力负荷达6000t，超世界水平，国内外大型推力轴承统计表见表1。在水口水轮发电机中引进了日立公司4200t推力轴承技术，通过引进和消化吸收4200t推力轴承技术，分析研究国内外大型推力轴承结构特点，论述了巨型推力轴承科学研究方向和结构设计方案，争取早日达到全部依靠国内技术，研制出结构方案合理、稳定可靠的巨型推力轴承。

（二）国内外大型推力轴承的结构特点

推力轴承的结构和发电机的总体布置及推力负荷的大小密切相关，但各国厂商都有自己的传统结构。尽

管结构不同，均属动压承载，滑动轴承。

动压油膜的厚度是推力轴承重要参数，在常规计算中，油膜厚度应控制在0.04～0.08mm，它取决于推力轴承的平均速度和载荷，即油膜厚度与转速成正比，与载荷成反比。一般大型水轮发电机转速较低，推力轴承上的载荷都很大，因此大型推力轴承的结构设计应该重视的研究课题是选择良好的支撑结构。目前国内外大型推力轴承的较好的支撑结构主要有四种：弹性油箱结构、双支点弹性板结构、弹簧簇结构及弹性盘结构。

表1 国内外大型推力轴承统计表

序号	电站名称	容量 MW	额定转速 r/min	推力轴承支撑方式	生产国	推力负荷	瓦外径 t
1	大古力（美国）	700	87.5	刚性支撑内循环水冷瓦	加拿大	4700	535.9
2	大古力（美国）	600	72	刚性支撑内循环水冷瓦	美国	4070	406.4
3	依太普（巴西）	700	90.9	弹性盘加弹性杆	德国	4056	520
4	古里（委内瑞拉）	630	112.5	弹性板双支点内循环	日本	2667	430
5	萨扬舒申斯克（前苏联）	640	142.8	刚性平衡梁双排瓦	前苏联	3250	360 470
6	克拉斯诺雅尔斯克（前苏联）	500	93.3	刚性支撑、水冷瓦	前苏联	2600	345
7	邱吉尔瀑布 （加拿大）	475	200	鼓形弹性油箱、外循环	加拿大	1700	420
8	龙羊峡 （中国）	320	125	弹性油箱支撑、外循环	中国	2270	372
9	葛洲坝Ⅰ （中国）	125	62.5	弹性油箱支撑、水冷瓦	中国	3300	390
10	葛洲坝Ⅱ （中国）	170	54.6	平衡块支撑、水冷瓦	中国	3800	420
11	水口 （中国）	200	107	弹性板双支点支撑、内循环	中国	4200	455
12	岩滩 （中国）	300	75	弹性油箱支撑、内循环	中国	2750	375
13	五强溪 （中国）	241	68.2	弹性油箱支撑、内循环	中国	2700	419

序号	电站名称	瓦内径 cm	瓦数 块	瓦长宽比 l/b	单位压力 MPa	pV 值 MPa·m/s	最小油膜厚度 mm
1	大古力（美国）	366.8	24	0.6	4.5	91.6	0.088
2	大古力（美国）	289.6	20	0.85	7.0	91.1	0.045
3	依太普（巴西）	325	16	0.7	4.14	83.0	0.1
4	古里（委内瑞拉）	310	20	0.8	4.59	100.0	0.077
5	萨扬舒申斯克（前苏联）	260 370	20 20	0.84 0.9	3.7 3.7	85.7 116.4	0.082 0.094
6	克拉斯诺雅尔斯克（前苏联）	207	18	0.6	5.1	70.0	0.06
7	邱吉尔瀑布 （加拿大）	300	16	0.945	3.15	3.77	1180
8	龙羊峡 （中国）	227	16	0.61	4.43	86.8	0.08
9	葛洲坝Ⅰ （中国）	245	18	0.612	5.704	59.27	0.05
10	葛洲坝Ⅱ （中国）	270	20	0.602	5.6	55.3	0.05
11	水口 （中国）	260	18	0.512	4.63	93.83	0.08
12	岩滩 （中国）	235	16	0.665	5.27	63.1	0.057
13	五强溪 （中国）	287	18	0.75	4.61	58.13	0.062

水口水电站7台200MW、107r/min发电机，引进了日立公司4200t承载能力的推力轴承技术。通过合作设计并结合哈尔滨电机厂材料及工艺的实际情况，使国产率达100%。水口推力轴承前2台为合作生产，后5台为哈尔滨电机厂单独生产。

鲁布革水电站4台150MW，333r/min发电机。通过合作设计、合作生产，了解到西门子推力轴承的传统结构。鲁布革水电站推力轴承除弹性盘锻件进口外都是哈尔滨电机厂单独生产。

隔河岩电站4台300MW、136.4r/min发电机，前2台由加拿大EG公司制造，后2台由哈尔滨电机厂制造，再通过换货，4台推力轴承由GE公司提供，通过合作，得到了想要了解的技术问题并搜集了有关资料。

近几年哈尔滨电机厂通过与国外厂家合作设计和生产，引进了一些推力轴承技术，现结合我们实际工作体验，具体介绍几个国内外典型推力轴承结构，即日本日立公司结构、德国西门子公司结构、加拿大GE公司结构、中国哈尔滨电机厂结构。

(三) 水口水电站推力轴承结构（日本日立公司）

水口水电站推力轴承装配图见图1。润滑冷却方式为内循环冷却，结构特点为双支点弹性板支撑。每个弹性板两端向上装有球面支柱，通过两个托盘将一块瓦托起，形成双支点弹性板支撑结构。弹性支撑板中央向下有一柱面凸台，此柱面与支撑块的平面相接触，支撑块安装在推力轴承座上，支撑块与轴承座之间设有垫片，以便安装时调整高度。上述支撑结构联合动作，可使瓦面倾斜灵活。推力瓦采用薄、厚瓦结构并加装托盘，三者分别用键和销钉定位并采用螺杆分别装配成一体。推力瓦中的两个托盘装入轴承板中的两个孔内，使推力瓦切向定位，球面支柱固定在轴承板中的两个小孔内，使弹性支撑板定位，轴承板固定在推力轴承座上。此结构为日本日立公司规范化和标准化结构，不论大小机组均按此结构规范在标准化零件中进行选择和设计，使设计周期缩短，保证性能稳定，工艺熟练，质量提高。

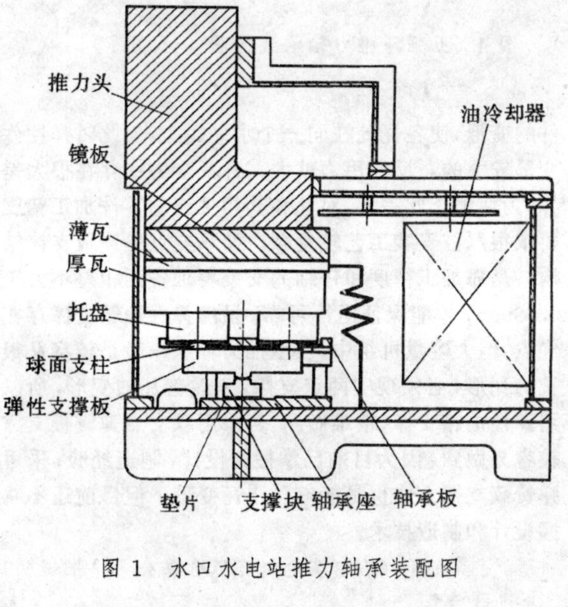

图1　水口水电站推力轴承装配图

(四) 鲁布革推力轴承装配图（德国西门子公司）

鲁布革推力轴承装配图见图2，润滑冷却方式为镜板泵外循环结构。结构特点为弹簧盘支撑。弹簧盘有一面的形状为球面，一个弹簧盘球面向上（下弹簧板）固定在加工出凹槽的上机架上、另一个弹簧盘球面向下通过压环固定在瓦上，这样球面与球面接触使瓦倾斜灵活。定位挡块分别固定在内圆和外圆上，与瓦底面开出的凹槽相配合使瓦定位。镜板和推力头为一体结构，称为推力头镜板，推力头外缘与分块式瓦配合，形成导轴承。由导轴承座圈及上下密封装置组成一个油腔，称为集油槽。镜板泵打出的油流进入集油槽形成静压油，强迫油进入一定的管路到油槽外的油冷却器进行冷却，再通过管路回到油槽，从喷油管喷入瓦间，完成镜板泵外循环的润滑冷却。在喷油管装置的顶部装有青铜制作的刮油刷借助于特别的弹簧顶在镜板上，将镜板上的热油刮掉，防止热油再参加润滑。

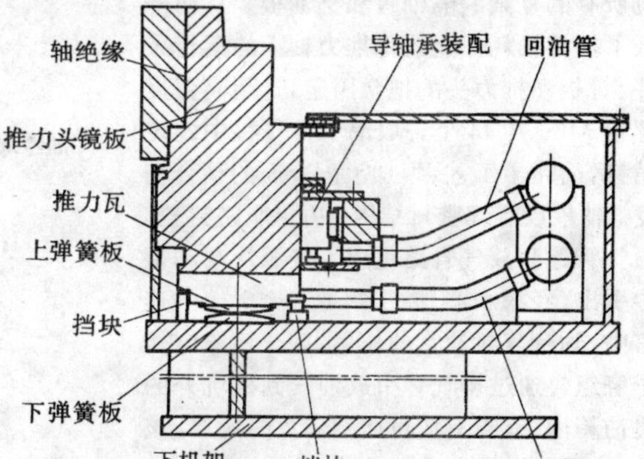

图2　鲁布革水电站推力轴承装配图

(五) 隔河岩推力轴承结构（加拿大GE公司）

隔河岩推力轴承装配图见图3。润滑冷却方式为内循环结构。结构特点为弹簧簇支撑。即在每块瓦的下平面布满小弹簧，在瓦的进油边侧小弹簧布置的相对较少，更有利于瓦的倾斜，小弹簧固定在推力轴承底盘上。利用弹簧的变形吸收推力瓦的不平衡负荷，以达到瓦受力平面在同一水平上。推力轴承瓦采用薄、厚瓦结构，借助于瓦间的间隔块及瓦外围的挡块使瓦定位。推力头外缘与分块式导轴承瓦配合形成导轴承，导轴承与推力轴承共用一个油槽，热油经油冷却冷却后，通过回油管进入轴承座底盘下面的油室、进入瓦间，再回到油冷却器完成一次循环。这种结构属GE公司的传统结构。

（六）五强溪推力轴承结构（哈尔滨电机有限责任公司）

五强溪推力轴承装配图见图4。润滑冷却方式为内循环结构。结构特点为弹性油箱支撑。弹性油箱为采用加工成波纹状的圆筒，将数个圆筒经有关零件组焊后，形成封闭式连通器，抽真空充油后再加一定的初始油压。该支撑是借助于连通器，通过油压的传递，自动平衡由于加工、安装产生的各瓦间的受力差异。推力瓦采用厚薄瓦，采用将推力瓦直接坐在弹性油箱上以改善瓦的机械变形，弹性油箱底盘固定的机架上，靠弹性油箱上的波纹变形，可使瓦倾斜灵活，方便油膜形成。厚、薄瓦之间采用鸽尾键固定，可单独抽出薄瓦检修。厚瓦内、外圆处分别设有挡块新结构，以限制瓦的偏心值。为防止润滑油喘流过多，减少油的混气量，从而提高油膜的承载能力，在油面处的稳油板内圆靠近镜板外圆处装一立圈，起到了对油的阻旋作用；并取消了常规机所有的复杂的隔油板和挡油板。从而降低了搅拌损耗，能改善推力轴承的运行条件。镜板和推力头的把合固定，选用高强度螺栓M56共44个，取消了常规机中定位销钉，简化了工艺，增加了配合面的藕合精度。轴承设有气密封结构，由铝质密封盖，通气管路和放气管路组成。气源从制动柜中引出，经滤水器。减压阀通入密封盖的迷宫中，达到气封油雾的作用，防止污染定转子绕组。通过排气管引放油气到机坑外的集油箱内。有封有放可达到满意的效果。该轴承是通过优化后的哈电公司的传统结构。

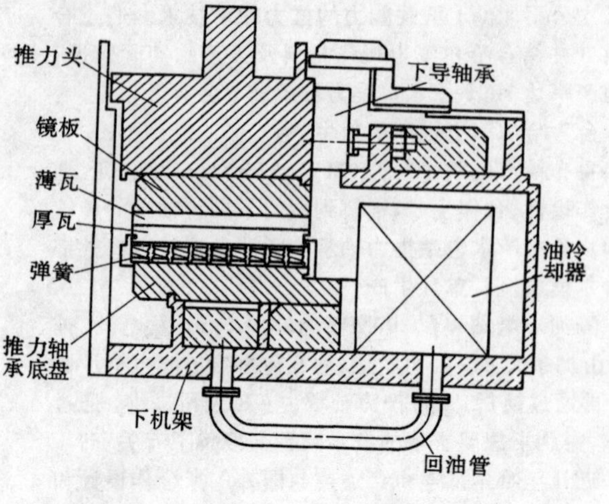

图3　隔河岩推力轴承底盘装配

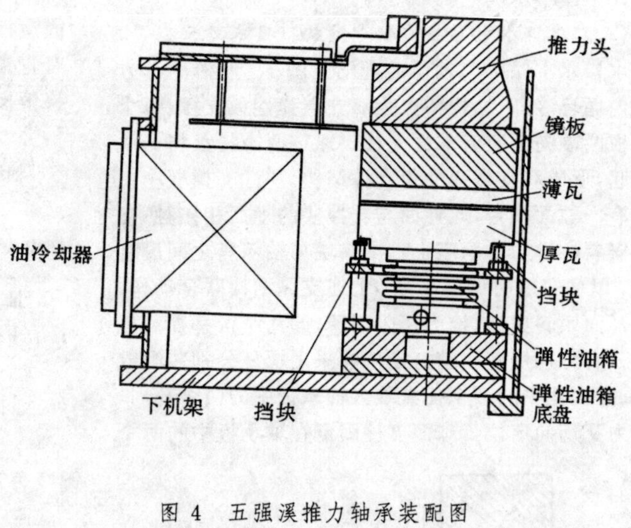

图4　五强溪推力轴承装配图

（七）结论

哈尔滨电机有限责任公司，经多年与国外厂商合作设计、合作生产，引进了各种类型的水电机组的技术，结合国内情况和工厂实际经验，装备了国内很多电站。

对国内外几大类型推力轴承传统结构的分析，支撑方式是很重要的，它决定瓦受力是否均匀，还决定于瓦的机械变形大小。因每块瓦的加工和安装都避免不了存在误差，装配后会造成各瓦之间有的高，有的低，因而使每块瓦受力产生差异，很难达到每块瓦的高低都处在同一水平面上。实际表明，弹性油箱支撑，能够在各瓦相差0.2mm范围内自动均衡瓦之间的受力。而双支点弹簧板，弹簧簇和弹簧盘支撑方式，都是靠弹性件的变形，使各瓦处在同一个水平面上，但此时弹性件变形较大的，反作用力就大，各瓦受力就存在很大差异，为使缩小此差异，对瓦和其相关连的零件加工精度要求很严，安装工艺较复杂。如双支点弹簧板支撑结构，是靠加工精度和仔细的安装要求各瓦相差不大于0.09mm，才能保证运行可靠。虽然弹性油箱支撑存在优点，但大容量机组中，巨型推力轴承一般是较窄又很长的瓦形，必须现实两点支撑，来改善瓦的变形，所以用弹性油箱支撑，很难做到。若采用双支点弹簧板支撑较容易做到，因为目前已掌握此设计，制造经验；采用弹簧簇支撑方式也是能够防止瓦变形，但目前还不掌握设计和制造技术。

（哈尔滨电机有限责任公司　张砚明）

水力机械自动化元件的新发展

(一) 目前各种元件发展的技术状况

在水电站基础自动化元件中，监测元件和执行元件这两大类元件的技术发展都很迅猛。近几年开发和引进的元件已成功地应用于水电站中，为提高我国水力机械自动化水平发挥了应有的作用，这些元件发展的状况如下：

1. 示流信号器　靶式示流信号器仍广泛使用，同时一种热扩散式示流信号器已引进国内市场。后者装有两个温度传感器，其中一个与小功率加热器接触，流体流量变化导致带走加热丝的热量随之发生变化。这样，在两个传感器之间产生温差，当无水流时，温差最大；有水流时，则温差减小。经检测，将流量的大小线性变换为直流电压的大小，由此，可进行流量发讯值的设定。

2. 压力（差压）开关　德国HERION公司生产的及与之类似的压力（差压）开关已取代了电接点压力表。它采用波纹管式或膜片式结构，微动开关发讯，抗震性强，重复性好，且有些切换差可调，一对接点可完成上下限的二位控制，调整方便。

3. 压力（差压）变送器　上海FOXBORO公司生产的及进口的、合资生产的电子式压力（差压）变送器已在电厂成功地应用，它由直流24V供电，输出标准的直流4～20mA信号，供数据采集处理。新型数字式智能压力（差压）变送器，内置微处理器直接对信号进行数字处理，具有温度补偿，精度可达0.1%；有较大的量程比（60：1），应用范围较宽；使用外部手持通信器方便地进行零点和量程的数字调节；其输出可灵活地进行线性、开方等组态；LCD数字显示表可显示测量值和自诊断信息，这种变送器已在丹江口水电厂投入使用。

4. YHS型油混水监测仪　它采用精密电容检测技术，测得油混入水后介电常数发生的微小变化值，再由二次仪表对所测数值进行分析、处理，显示油中含水率的多少。通过定量显示油混水含量，为运行人员提供判断依据，并可设定报警值，具有报警继电器输出和标准的模拟量信号输出。

5. FZLQ型自动滤水器　全自动清污滤水器，其过滤阻力和清污时出口压降两项指标均优于国外同类产品，可在线自动清污、排污，不影响机组设备的正常运行，具有压差控制和发讯指示，更适合无人值班电站。

6. 水用减压阀　水用减压阀是一种带有辅助控制、弹簧加载和活塞控制的减压阀，出口压力稳定，是一种较理想的水用减压装置。

7. 液压蝶阀　采用对夹式蝶阀与旋转油缸有机结合，体积小，重量轻，液压操作力矩大，环境适应能力强，流量特性优于截止阀。

(二) 对原有元件的技术改进

多数电站在进行自动化改造时，很不注意改善环境条件和系统的配套性，很少配备必要的辅助元件或装置，运行条件差，不能与国外相比，致使系统自动化水平不高或发挥不了整体功能。为此，一些生产厂家开始进行有关方面的技术咨询、培训，并结合我国实际情况，在系统配置和元件设计、生产过程中加以改进，并且在质量把关方面也做了严格的规定，以满足电站要求和长期运行的需要。几年来改进的元件有：

1. B301—2型补气装置　在原来的基础上增加了气体过滤器，对气体介质进行自动过滤，提高了该装置的适应能力。并增加手动排气机构，使该装置能实行手动和自动的给排气能力。

2. ZDF—2型直动式电磁阀　该阀在ZDF—1型的基础上，为满足自动控制的需要而设计的。自动控制时，由远动终端（RTU）接收计算机控制信号，并作用于控制器，直接控制电磁阀动作。该阀还可手动完成阀的开停操作。

3. ZJ—XY型振动监视仪　它由模拟电子仪表更新为以微处理器为基础的智能仪表，处理低频振动信号，连续数字显示两个通道的振动峰值，数字化设定量程和两级报警值，具有标准的模拟量输出信号，提供报警状态显示和继电器接点输出。

4. 磁翻柱式液位计　该液位计靠磁耦合带动翻柱指示油面，配有磁记忆开关，进一步解决了信号自保持问题，安全可靠。

所改进的元件在很多电厂得到成功地应用，取得了较好的效果，为自动化元件的改造打下了良好的基础。

(三) 今后的发展设想

为了提高我国电站管理水平，提高机电设备安全运行的可靠性，其自动化元件的配置与发展应朝着以下方面发展。

1. 系统配置方面

(1) 朝着“无人值班，少人值守”的运行管理模式发展。

(2) 借鉴国外经验，讲求实用，不盲目选用高精尖产品。

(3) 根据水电站的特点，在元件配置时，力求简单，环节少，经济耐用。

(4) 配置的目的性要强，在监测控制点上选择，力求点数少，但对停机自动操作要求要高，确保在无人或少人值班的情况下事故和正常停机万无一失。

(5) 注意改善元件的工作环境和运行条件，对油、水要进行过滤，对气源的处理，脉动压力的阻尼，元件的防潮、防尘，电缆的保护等都应配用相应的辅助元件或装置，从而保证自动化系统整体功能的正常发挥。

2. 元件发展方面 要赶上世界先进水平，现有的产品制造工艺亟待提高，一些缺门元件需要开发或引进，其中值得注意的问题有：

(1) 电磁配压阀。电磁配压阀是水电站应用最普遍的自动化元件，目前多为双稳态工作形式，带自断电机构。实际运行来看，立式、卧式阀都存在自断电机构不可靠的问题。从阀体本身结构彻底改进，技术上有难度，但如果从断电电气回路上解决，技术上可行，应加以考虑。

(2) 温度报警。采用动圈式温度指示调节仪不理想。对于采用计算机监控的机组，可由机组单元控制设备直接对温度数据进行采集处理、报警。同时，可配用少量压力式温度信号器作二级报警。

(3) 非电量监测装置。机组的非电量主要是水力参数和机械运行状态参量，但并非所有的非电量都要自动监测，对于象压油槽压力、集水井水位等自成系统的操作，一般就没有必要进行实时数据采集。所以，对非电量的监测内容和系统组成要进行规范。

(4) 各元件的信号或控制电缆，应按需要采用整根进出，保证元件的防潮、防水性能，必要时可安装密封式转换盒。在特殊潮湿的地方，开关盒或端子箱加装电热器，水车室内可安装去湿机，保证潮气不结露。

(水利部电力工业部机电研究所 王俊娟 何振平)

金 属 结 构

三峡水电站船闸金属结构

三峡水电站通航建筑物位于枢纽左岸，船闸位于外侧，升船机位于内侧，上下游航道共用。

船闸采用双线连续5级布置，闸室有效尺寸280m×34m×5m (长×宽×槛上最小水深)，可通行万吨级船队，年单向通过能力约5000万吨。总水级差为113.0m。

每线船闸自上游至下游依次布置有上闸首事故检修门及其启闭桥机，第1～6级闸首的人字工作门及其启闭机，末级闸首下游的浮式检修门，各级闸室的充泄水工作闸门、检修闸门，及操作工作阀门的液压启闭机等主要金属结构和启闭机械。主要闸门与启闭机的技术特性如下表。

名 称	门 型	尺寸与水头 (m)	数量 (扇)	启闭机型式	启闭容量 (kN)	台数
上闸首事故检修门	平板门 加叠梁门	34×11.5—10.5 34×3.7—35	2 16	桥 机	2×2500	2
第1、2、3、4闸首工作门	人字门	34×38.5—36.75	16	液压启闭机	第1、2闸首 2800/2100	8
第5、6闸首工 作 门	人字门	34×38.5—36.75	8	液压启闭机	第3、4、5、6闸首 2100/1700	16
第1、5闸首充泄水阀门	反向弧门	4.5×5.5—22.6	8	液压启闭机	1500	8
第3、4、5、6闸首充泄水阀门	反向弧门	4.2×4.5—45.2	16	液压启闭机	1800	16
下游检修门	浮式门	34×11.0—10.5	1	利用充泄水浮起下沉		

船闸上游自最高通航水位至最低通航水位变幅达30.0m，为保证船闸本身安全运行和出现事故时枢纽不致大量泄水，在第一级闸首人字工作闸门上游设置有事故检修闸门，兼作挡御最高洪水的防洪闸门使用。正常运行时的门孔尺寸为34m×35m。建造一个整扇34m×35m大的事故检修门，在布置、技术与运行上都有极大难度。因此采用一扇高11.5m的平板与多节高3.8m的叠梁构成的组合式闸门，视水位变化增减叠梁根数，以满足通航和挡水的要求。高11.5m的平板门由桥机操作，承担事故下落截断水流的任务，在库水位升高的特定水位条件下，还要短期作为工作闸门使用，这种方案在布置上与技术上都易于解决。

人字工作闸门最大门高38.5m，设计水头36.75m，单扇门叶宽度20.2m，重约850t，总水压力136400kN，为世界上最大的人字闸门。闸门支枕垫每米高度的最大承载力10460kN，门轴柱端板厚度约80～90mm，底枢蘑菇头直径1000mm。为加大闸门抗扭刚度，门页背面布置多条背拉焊，施加预应力的调整螺栓直径达180mm。闸门各主要受力构件规模之大，均为世界之冠。

船闸第一级闸首的人字闸门需在36m淹没水深下运行，超过世界船闸水平甚多，国内外大量试验与原型观测研究资料表明，人字闸门在水中运行的动水阻力与淹没水深、启闭速度均呈大于1的方次关系。为解决为这一超出世界规模甚多的人字门启闭力问题，作了大量的试验研究工作。目前的方案是用直推式液压启闭机作无极变速运行，改进与优化闸门运行的边界条件，将人字门启闭初期和末期两端的阻力峰值减小，但其启闭能力仍需2800/2100kN，大于葛洲坝船闸人字门启闭力2.5倍以上。在考虑到各种涌浪值不利的组合时，液压启闭机的支持推力将达5400kN。是世界上最大的人字门启闭机。液压启闭机油缸采用卧式布置，与门顶拉门点直接相连，油缸长度约8700mm，内径580mm，活塞杆直径380mm，行程7300mm。

充泄水阀门采用反向弧形门，其中第2、3、4、5闸室反向弧形阀门孔口尺寸4.2m×4.5m，操作水头45.2m，与世界上已投入运行大型船闸反向弧门水头相比高出1.33倍，为世界上水头最高的反向弧门，弧门结构采用横梁全包式，由竖缸液压启闭机操作，启门力1800kN。阀门门井深87.0m，启闭机吊杆总长约72m，由5节组成，沿分段竖向滑槽运行，吊杆长度亦为世界船闸充泄水阀门之最。由于反向弧门梁系支臂处于门井之中受旋滚水流冲击，其阀门结构与相关埋件的体型、动水压力作用情况、启闭力及其脉动值等均需由比尺1∶10的水工模型验证和提供有关参数。为适应多节吊铰接在门井中复杂水流的运行条件，避免启门力脉动造成的不利影响，设计中采取了对应措施。充泄水阀门的正常工作方式是动水开启，静动水关闭，遇到事故情况还需在全水头下动水关门。又为了减小充泄水阀门开启时惯性水体造成的闸室超灌超泄水位对人字门启闭力的影响，阀门还需根据运行的实际情况和需要在适当时刻作提前动水关闭运行。由于上下游水位的变化，阀门还要承担平衡相邻闸室间水量的补水任务。充泄水反向弧形工作阀门运行工况和条件之复杂在世界船闸建筑史上也属罕见。

（长江水利委员会设计院　杨逢尧）

三峡水电站泄洪闸门

三峡水电站泄洪堤段位于枢纽中部长江河床主河道处。总长483m，分为23个坝块。泄洪深孔孔口尺寸7m×9m。布置在每个坝块中部，底坎高程90m，共23孔。22个溢流表孔在每两个坝块之间跨缝布置，共22孔，堰顶高程158m，孔口尺寸8m×17m。在表孔的正下方布置了三期施工导流孔，孔口尺寸6m×8.5m，孔底高程55.5m，共22孔。左侧导墙与右侧纵向围堰坝段，各设一个泄洪排漂孔，孔口尺寸10m×12m，进口底槛高程133m。上列泄水建筑物闸门与启闭机技术特性如下表。

名　称	门　型	尺寸与水头(m)	扇数	启闭机型式	启闭容量(kN)	台　数
表孔工作门	平板滑动门	8×17—17	22	门式启闭机	4500	3
表孔事故检修门	平板滑动门	8×17—17	3	门式启闭机	4500	共用
深孔检修门	平板叠梁门	9.6×14—85	3	门式启闭机	4500	共用
深孔检修门	平板叠梁门	7×11—85	3	门式启闭机	4500	共用
深孔工作门	弧形门	7×9—85	23	液压启闭机	4500/500	23
底孔进口检修门	平板叠梁门	8×16—80	22	门式启闭机	4500	共用
底孔事故门	平板定轮门	6×12—80	23	门式启闭机	4500	共用
底孔工作门	弧形门	6×8.5—80	22	液压启闭机	3500/500	22
底孔出口检修门	平板叠梁门	6×20—20	22	施工机械		
排漂孔事故检修门	平板定轮门	10×15.43—43.4	1	门式启闭机	4500	共用
排漂孔工作门	弧形门	10×12—46.3	2	液压启闭机	2×2000	2

溢流表孔与深孔间隔布置，其工作门、事故门的门槽与通至坝顶的深孔事故门槽相距较近，采用滑动支承的平板门所需门槽尺寸较小，对相邻门槽间传力安全较为有利。操作表孔的4500kN的门机与深孔故门等共用，门机容量已可满足滑动平板门的启闭要求，加上滑动闸门门体与埋件较定轮闸门重量轻等有利因素，溢流表孔工作门确定采用平板滑动门，支承滑块材料采用我国已安全运行多年、摩擦系数稳定的复合支承材料。事故门与工作门型式相同。

泄洪深孔为三峡枢纽的主要泄洪建筑物，长江来水量大，三峡枢纽库容相对较小，在枢纽发电防洪运行的各个时段，每年都要求深孔作3～6月的泄水运行，为一般水利枢纽所少见。目前的方案是弧形工作门位于泄水道中部，闸门上游为压力流，下游为明流。检修门位于坝面进水口前，用带反钩的平板门，以减少高速水流对门槽的不利影响。事故闸门由于尺寸较大，设于进水口内，采用滚动轴承的定轮闸门，以降低启闭力。弧形工作门孔口尺寸7m×9m，工作水头85m，总水压力63000kN，流速在35m/s以上，综合指标都位于世界高水头闸门前列。弧形门与平板事故门的闸门水力学问题、止水型式问题是深孔，乃至整个枢纽安全运行的关键，目前仍在深入进行有关试验研究。为适应高速水流脉动力和抗空蚀的需要，在泄水管道事故闸门至弧门下游一段范围内，设置了不锈钢复合钢板衬砌。弧门支铰采用球面滑动轴承，以改善支臂与铰座的受力状况。为防止弧门止水漏水对闸门造成振动空蚀影响。对焊接结构的门叶面板拟采用机加工处理，安装时采用高强螺栓连接，以提高闸门的正体精度。事故门定轮的轮压4000kN，在国内外都属大型定轮。采用调心滚动轴承，使定轮踏面与轨道呈线接触状态，根据我国大型定轮原型试验资料，定轮与轨道采用常用的35CrM与40Cr铸钢，经调质处理即可满足要求。

*施工导流底孔*除承担导流任务外，在2003年～2006年枢纽按135m水位发电的三年时间里，还需参加泄洪运行，每年都要使用，其运行机率比一些枢纽常备的高水头泄水孔道还多。弧形工作门位于底孔出口，上游为压力流，孔口尺寸6m×8.5m，水头80m，流速30m/s以上，亦属高水头大型闸门。鉴于其使用频繁，万一出现事故将对通航、发电造成严重影响，因此底孔工作门与事故门处理方式与深孔闸门相同，不作临时建筑物看待。对导流底孔特有的跨坝缝埋件和淹没出流问题，作了专题研究。上下游设置的反钩检修门还将作导流孔封堵回填混凝土时挡水门使用，每孔都设一套。

*泄洪排漂孔*孔口尺寸10m×12m，水头43.4m，亦属高水头大尺寸闸门范围，弧形工作闸门同样采用球面滑动轴承，事故门的定轮设计与深孔事故门相同。

（长江水利委员会设计院　杨逢尧）

五强溪水电站表孔弧门设计

五强溪水电站位于湖南省沅陵县沅水上，枢纽由电站厂房、溢流坝和三级船闸组成。电站装有5台单机容量为240MW的混流式水轮发电机组，总装机容量为1200MW。

五强溪水电站初设选定泄洪方案为10孔溢流表孔和1孔泄洪中孔，溢流前缘总长度为369m，而河床宽度只有330m，为减少工程量改为9孔溢流表孔和1孔泄洪中孔。由于设计洪水入库流量达55900m^3/s，要求表孔孔口尺寸为19m×23m（宽×高）。该孔口闸门是目前国内已建闸门中最大的*露顶弧形闸门*。就静水压力和孔口高度而言亦是世界上已建露顶弧形闸门之最。

（一）闸门特性

闸门孔口净宽	19.0m
闸门孔口高度	23.0m
设计水头	23.0m
总水压力	52074kN
铰轴距底坎高度	14.624m
面板曲率半径	28.0m
吊点间距	17.468m
闸门自重	467.8t
启门力	2×3850kN
操作条件	动水、局部开启

（二）闸门结构特点

经两支臂和三支臂方案比较，选定三支臂方案，其优点是闸门刚度较大有利抗振，闸门重心靠近支铰中心有利降低启门力。两方案的重量基本相同。

三支臂不按等压布置，梁格布置时支臂荷载按平面闸门主梁荷载计算法计算。三根支臂的截面均为箱形截面，支臂末端三根箱形梁交汇处二块复板用一块厚钢板代替，使结构尽量简单，便于焊接制造。

门叶结构为三根主横梁，均为箱形梁。面板支承在小横梁和纵梁组成的梁格上。从运输考虑，门叶沿高度方向分为6节，运至工地后焊成整体。

为保证闸门在不同的开度均有4个侧轮在门槽内，该闸门两侧共设有12个侧轮。侧轮反力根据启闭机两吊点允许的最大不同步值，分析两吊点可能产生的最大拉力差计算。

该闸门的支铰采用SKF公司生产的GEP750*球面滑动轴承*。轴承的滑动面为球面由内环、外环和中间轴瓦组成。外环由中碳钢制成，中间轴瓦由玻璃纤维增加塑料制成并用粘合剂牢固地贴在外环的凹形球面上，内环由碳钢涂以硬铬制成。球面轴承的优点是自动调整能力强，当由制造或安装误差造成支铰轴偏斜或不同心时，不影响转动灵活，也不改变轴承压力分布。该轴承还具有摩擦系数低和自润滑的优点。

弧门的支铰支承梁采用钢梁，支铰安装在钢梁上，闸墩的预应力锚索将钢梁锚固牢。水压力通过弧门传递给支铰，支铰传递给钢梁，钢梁传递给预应力锚索。这种型式传力明确可靠、结构简单，在国内还是首次采用。

（三）闸门整体空间有限元计算

结构分析软件选用 SUPER SAP。有限元网格划分时离散单元尽量模拟闸门受力和变形特征，载荷和边界条件尽量与闸门实际工况一致，这样单元数较多计有：板单元 1478 个、梁单元 346 个、杆单元 258 个、刚性单元 4 个、边界单元 8 个。单元总数 2094 个，节点总数 1166 点，自由度总数 6996。

计算荷载除静水压力、波浪压力、自重、漂浮物冲击力外，还计入支铰不均匀沉陷荷载、变温荷载。支铰摩阻力。

为验证电算的可靠性，还做了 1：10 弧形闸门结构仿真模型试验，与有限元计算结果对照。

（四）闸门的振动研究

露顶弧形闸门孔口尺寸加大后，所担心的之一就是闸门在运行时是否会产生有害的振动。五强溪水电站表孔弧形闸门是枢纽主要泄洪建筑，启闭频繁又要求局部开启调节流量，为此对该闸门振动进行模拟试验和研究，其内容包括：

（1）弧形闸门结构流——固耦合的模态特性分析；

（2）不同开度泄洪时作用于弧形闸门上的动水脉动荷载，以及弧形闸门结构在动水脉动荷载下的动力响应分析；

（3）弧形闸门的全水弹性模拟试验。

研究结果表明：五强溪水电站表孔弧形闸门在正常情况下局部开启泄流，作用在弧形闸门上的动水脉动荷载微弱不足以诱发门体的强烈振动。其中竖向纵梁下部最大动应力均方根值为 7.12MPa，若其瞬时最大动应力按 3 倍均方根值估计，则为 21MPa 左右，约为允许应力的 10%，在规范允许范围之内。因而认为弧形闸门在局部开启条件下运用，从流激振动的角度来看是安全的。

由于振动试验要求侧止水有良好的密封性，该闸门采用一种深孔方头侧水封和露顶弧形闸门侧水封相结合的新型侧水封，实际运行表明止水效果良好。

（五）弧门的液压启闭机

五强溪水电站的表孔液压启闭机亦是目前国内最大的弧门液压启闭机，主要特性如下：

启门力	2×3850kN
油缸行程	11200mm
油缸内径	500mm
活塞杆外径	240mm
工作油压	25.6MPa
两油缸行程不同步值小于	7mm
每个油缸自重	16500kg

（中南勘测设计研究院　方之岳）

羊卓雍湖抽水蓄能电站压力钢管与球阀、蝶阀的联接

西藏羊卓雍湖抽水蓄能电站（简称羊湖电站）是目前我国海拔及水头均最高的抽水蓄能电站。电站总装机容量 112.5MW，装设 4 台 22.5MW 三机式抽水蓄能机组，预留 1 台 22.5MW 冲击式常规发电机组。电站通过 5883.4m 长的引水隧洞和 3174m 长的压力钢管接通羊湖进水口和雅鲁藏布江岸边的厂房机组设备，从而形成约 840m 的落差。

电站机组设备系通过国际招标由奥地利 ELIN 公司成套进口，其中 1 个 D_n＝2300mm 蝶阀和 8 个 D_n＝650mm 球阀由美国 VOITH 公司制造。蝶阀安装在 4259.5m 高程压力钢管埋管段出口处，8 个球阀安装在 3599.7m 高程主厂房上游专设的球阀室内。蝶阀上下游均与压力钢管联接，工作压力 1.75MPa；球阀上游与压力钢管末端的支管联接，下游通过厂内钢管与水轮机（或蓄能泵）联接，工作压力 8.2MPa。球、蝶阀在羊湖电站设备中起着承上启下的作用，直接关系到电站的安全可靠运行。因此，球、蝶阀与压力钢管的联接质量至关重要。

（一）球阀与压力钢管的联接

按设计要求，球阀与上下游压力钢管靠法兰用高强度螺栓刚性联接，即靠法兰短管（法兰根部带一节与钢管材质、直径、壁厚均相同的长约 1m 的短管）一端与球阀法兰联接，另一端与钢管焊接。但由于上下游钢管在球阀安装前已预埋在钢筋混凝土中，钢管安装过程中不可避免地存在着同轴度偏差，法兰短管焊接过程中又因焊缝收缩会拖动设备位移（如约束其位移，则将在约束区域产生巨大拉应力）。因此，必须采用特殊的焊接工艺及焊缝收缩补偿措施。具体安装程序为：

（1）安装下游法兰短管，尽可能使法兰端面与上游钢管轴线垂直。

（2）以下游法兰为基准安装球阀。

（3）以球阀上游法兰为基准预装上游法兰短管，在球阀法兰与短管法兰之间预装厚度为 25mm 的垫块。

(4)在上游钢管与法管短管之间配装凑合节钢管，用以调整上下游钢管轴线偏差。

在焊接凑合节过程中，需松开预装在球阀上游的联接螺栓，使上游法兰短管处于轴向自由状态。焊接时严格控制因焊缝收缩而引起的法兰位移（特别是径向位移）。由于该部位管壁较厚（26mm），凑合节上下游各有一条焊缝，焊缝总收缩量一般为5～8mm。凑合节焊接完毕并经焊缝退火处理后，球阀上游法兰与短管法兰间将形成32mm左右的不均匀间隙，该间隙用一特殊加工的配合法兰（内外径与球阀法兰相同、厚度与上述不均匀间隙相同的两端面不平行的法兰）来弥补。配合法兰加工好后嵌入两法兰面间，再用螺栓将上游钢管与球阀联接紧固，从而避免了常规安装中焊缝收缩对设备的有害影响。

（二）蝶阀与压力钢管的联接

羊湖电站蝶阀上下游联接法兰外径分别为2743mm和2800mm。如仍像球阀那样靠配合法兰来补偿，一是这样大直径的配合法兰加工非常困难（西藏目前无条件加工），二是即使在内地加工好运输成本也较高（且影响安装工期）。考虑到蝶阀上下游钢管管径较大（D_n=2300mm）、管壁相对较薄（20mm），因焊缝收缩而引起的管轴线偏移没有球阀那样严重，故在钢管凑合节上游一条焊缝处采用外环式无应力接头方式，从而较好地解决了蝶阀上下游法兰短管与蝶阀的联接。

无应力接头的结构型式如下图所示。

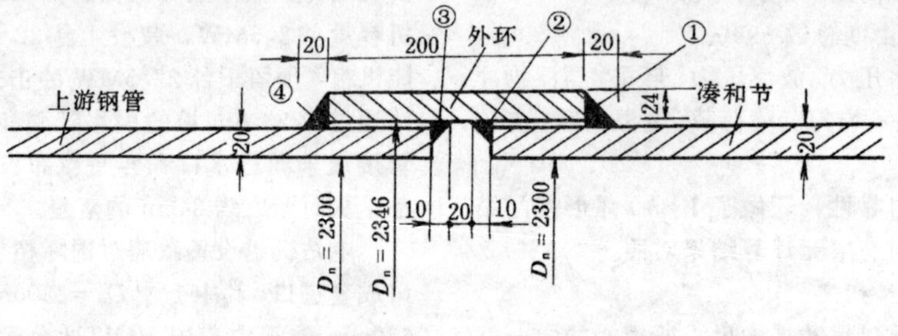

无应力接头的结构型式

蝶阀上下游法兰短管的安装方法与球阀上下游法兰短管安装方法类似。即：

(1) 首先定位焊接下游法兰短管。

(2) 以此短管法兰为基准安装蝶阀。

(3) 用螺栓将上游短管法兰与蝶阀联接紧固。

(4) 配装凑合节、焊接凑合节下游侧焊缝。

(5) 焊接凑合节上游无应力接头。

需要说明的是：所谓无应力接头，并非一点不产生焊接应力。稍有不慎，仍将对蝶阀定位精度造成恶劣影响。焊接时必须严格控制焊接应力的产生。上图中接头部位4条焊缝的焊接须按①②③④顺序实施，每条焊缝焊完冷却后再依次焊下一条焊缝。焊接时须采用小电流多道对称焊，跟踪观测焊缝收缩量，尽可能使焊缝收缩均匀。焊缝收缩量靠蝶阀伸缩节位移来补偿。该蝶阀伸缩节内套管与法兰端面设计间隙为10～15mm，先调至10mm，上游凑合节无应力接头焊完后，该间隙增大至12mm左右，仍在设计许可范围内。

（三）体会与建议

(1) 在上下游钢管已预埋固定的情况下，对小直径阀门采用配合法兰补偿焊缝收缩量，对大直径阀门采用无应力接头控制焊缝收缩量是较为合理的。

(2)如土建施工要求必须预埋好球（蝶）阀上下游压力钢管，在球（蝶）阀直径不是太大的情况下，最好按球（蝶）阀联接尺寸制作一刚性装具（钢管两端配焊一工艺法兰），利用该装具模拟球（蝶）阀将上下游法兰短管对装焊接完毕后再浇筑固定上下游钢管。这样便减小了球（蝶）阀安装难度且不需要配合法兰，可降低安装费用并加快球（蝶）阀本体的安装进度。

(3) 如土建施工允许球（蝶）阀上游压力钢管可先不预埋固定，建议预留二期混凝土，则可在不需要配合法兰和凑合节的前提下按从下游往上游的顺序安装，上游钢管在可靠加固后逐步与主钢管焊接，最后再浇筑二期混凝土，这样也可简化安装程序并提高安装精度。

（武警水电第三总队　陈维灿）

羊卓雍湖抽水蓄能电站压力钢管制造和安装

羊卓雍湖抽水蓄能电站（简称羊湖电站）位于西藏自治区曲水县和贡嘎县境内，进水口海拔4440m，主厂房海拔3600m。压力钢管沿山脊顺南北方向布置，由埋管段、明管段、厂区岔支管系统三大部分组成，总长3174m，总重6043.924t。钢管内径2.5～2.1m，壁厚14～16mm，最大设计压力10MPa。从调压井的埋管中心高程4376.65m到明管末端中心高程3600m，仅压力钢管的落差就达776.65m。被称为目前国内“海拔最高，管道最长，PD值最大”的三最工程，是一项技术难度大、质量要求高、工期紧、施工环境特别恶劣的高标准工程。该工程由中国水利水电第四工程局中心机械厂中标，全面负责其制造、运输、安装。1992年12月22日制造开工，1993年4月14日～16日同设计院、业主、监理、郑州机械研究所及日本专家在龙羊峡厂部共同进行了高强板的焊接工艺试验及评定，1993年7月18日安装开工，1995年9月12日竣工移交。

埋管段采用国产16MnR厚14～20mm的钢板卷焊而成。明管段依据地形起伏变化布置有14个弯管、19个镇墩、173个支墩、346个聚四氟乙烯单向滑动支座、9个进人孔、18个采用6道聚四氟乙烯盘根止水的套筒式伸缩节。厂区岔支管系统由1个主岔管、7个月牙肋岔管组成。支管直径1.8～0.65m，壁厚26～52mm，岔管最大壁厚60mm，最大肋板厚150mm。明管的大部分和岔支管系统均采用日本NKK公司生产的HS610U、HS610UM、HS610等600N/mm^{2}级高强板卷焊而成，高强板占总量的61.6%。

钢管的制造采用半自动切割机下料，B81120A刨边机或坡口加工机刨坡口，400t、2000t油压机预弯，W11—19×2000、W11—40×4000和120mm卷板机制弧，之后用专用压缝工装组圆。焊剂烘干采用XZYH—150烘干机，焊条烘干采用ZYH—200自动红外线烘干炉，烘焙温度350～400℃，恒温1h。高强板的预热和焊后消氢采用远红外线履带式或吸铁式加热器，预热温度75℃—125℃。焊接16MnR和日本SPV355钢板时，采用10Mn2或H08MnA焊丝、431或430焊剂；焊接HS610U等高强板时采用US—40直径Φ4.8焊丝、MF—300焊剂配以MF—1250焊机、HGZ20滚焊台车进行埋弧自动焊，焊缝的返修采用E5015、LB—62UL焊条进行手工焊。制造单元节长度根据板厚和15t载重车的需要分别为8m、6m、5m。

月牙肋岔管的制造在2000t油压机上采用专用压模进行，出厂前同成都勘测设计研究院一起进行了12.5MPa的水压试验，并经过应力应变测试，完全达到设计要求，填补了我国高强板月牙肋岔管制造的空白。

钢管的安装根据场内交通的实际情况，分为埋管下弯管至调压井、埋管下弯管至埋管出口、4$^{\#}$至0$^{\#}$、6$^{\#}$至4$^{\#}$、9$^{\#}$至6$^{\#}$、11$^{\#}$至9$^{\#}$、13$^{\#}$至11$^{\#}$、15$^{\#}$至13$^{\#}$、18$^{\#}$至15$^{\#}$、19$^{\#}$（主岔管）至18$^{\#}$镇墩共10段进行，最大安装倾角35.1°。分别以埋管下弯管、4$^{\#}$、6$^{\#}$、9$^{\#}$、11$^{\#}$、13$^{\#}$、15$^{\#}$、18$^{\#}$镇墩弯管及主岔管为始装节，并待这些始装节混凝土浇筑后从下往上安装，以克服钢管自重产生的下滑力。钢管就位采用管床内铺设轨道，16t、30t汽车吊及卷扬机独巴杆吊装在运输台车上绑扎后，用卷扬机牵引从下往上到位之后，用千斤顶调整就位。钢管对接压缝采用32t千斤顶或16t千斤顶组成的专用工装，现场焊接均采用手工焊，焊缝展开长度约4397m。

钢管的无损检测采用磁粉探伤仪和CTS-33超声波探伤仪、XXG-2505射线机及E192γ源进行。一类和二类焊缝均100%超声波检查，其中一类焊缝50%、二类焊缝20%射线拍片检查。

通过设计院、业主、监理、电厂和专家评定小组的共同检查验收，共制造钢管650节，其中优良580节，合格率100%，优良品率89.2%；安装钢管591节，其中优良534节，合格率100%，优良品率90.4%；制造焊缝一次合格率98.76%，安装焊缝一次合格率96.41%。钢管整体水压试验最大压力9.5MPa，一次成功。伸缩节、进人孔最大漏水量3l/min，评定为优良工程。

（中国水电第四工程局中心机械厂 张贵安）

十三陵抽水蓄能电站压力钢管制造安装

（一）工程概况

十三陵抽水蓄能电站水道系统采用一管两机地下埋入式布置方式，两条水道自成系统。其中引水系统由上池进水口、引水隧洞、引水闸门井、引水调压井以及高压管道等建筑物组成。

引水隧洞1$^{\#}$和2$^{\#}$长度分别为437m和428m，隧洞直径5.2m，混凝土衬砌厚度0.5m。

引水调压井采用双室阻抗式，上室内径15m、高10m，下室断面尺寸为6.4m×6.4m～7.0m×7.0m、长39m，竖井内径7m、高68.4m。调压井采用钢筋混凝土衬砌。

压力钢管由上平段、上斜段、中平段、下斜段、下平段及支管组成。其中1$^{\#}$上平8.8m，上斜347.52m，中平31.35m，下平114.727m，1$^{\#}$支管36.64m，2$^{\#}$支管35.99m，总长843.581m。中心高程，上平▽495.0m，中平▽214.5m，下平29.8m，内径5.2m变为3.8m直径的高程在▽186.46m～176.65m之间。岔管为月牙型内加强肋岔，安装在距厂房中心线48m处，通过岔管将3.8m管分为2根2.7m内径的支管。

2$^{\#}$钢管下平119.51m，下斜226.24m，3$^{\#}$支管36.4m，4$^{\#}$支管36.23m，其余与1$^{\#}$钢管相同，2$^{\#}$钢管总长848.968m。

钢管上平和上斜段及中平和下斜段以半径为20m的圆弧与上下斜井段相接。下平和下斜段以半径11.4m的圆弧与下斜井段相接。斜井与水平面夹角50°。

钢管材质及其重量为 16MnR 2529.2t，SM570Q3164.35t，SHY685NS 1421.28t；岔管材质 SHY685NS—F；钢管材质厚度 16MnR 为 16～38mm，SM570Q 为 30～48mm，SHY685NS 为 32～52mm，岔管为 52～62mm，肋板为 124mm。

钢管制造安装：调压井上平段、上斜段由水电第一工程局完成；中平段、下斜段、支管段以水电第五工程局机电安装分局为主联合北京水工机械厂、北京水利局二处（土建）共同完成，岔管两个 80t，由日本神户造船厂制造。

钢管制造从 1994 年 1 月 28 日～1995 年 6 月 23 日。安装从 1994 年 9 月 25 日～1995 年 9 月 30 日。管道一次冲水成功。

（二）钢管制造和安装特点

十三陵抽水蓄能电站压力钢管，首次采用 800MPa 级高强调质钢作为管材的高水头电站，运行水头 481m，设计最大水头 685.7m，*PD* 值高达 2872mm。因为 800MPa 级高强调质钢，大量用于水电站压力钢管，在我国尚属首次，焊接、施工、制造、安装中大量的技术性问题要解决。

1. 改进坡口设计　高强钢对焊缝角变形较敏感，角变形可导致脆性断裂。我国已往的坡口设计均采用对称的 X 坡口，钢管纵缝焊接角变形全凭经验来控制，很难保证焊接角变形在规范之内，角变形超差是用热校正。800MPa 级高强调质钢焊缝角变形导致脆性断裂倾向严重，不允许用火焰进行变形校正且严禁对焊口机械校形，故不允许角变形。我们根据鲁布革水电站经验和十三陵抽水蓄能电站模型岔管制造经验对坡口设计进行了大胆改进，坡口设计为不对称的双 Y 型坡口，大坡口（深度大）在内壁，小坡口在外壁，焊缝采用连续焊接一次完成。施工方法是先满焊大坡，背缝用气刨清根后满焊外焊缝。实践结果表明十三陵抽水蓄能电站压力钢管纵缝焊接 100%角变形在规范规定范围内。

2. 可焊性试验　800MPa 级高强调质钢焊接最大的问题是冷裂倾向严重，解决的唯一办法是在大量试验的基础上确定合理的焊接工艺并严格执行。除对钢材焊接性能进行必要的验证试验外，对可焊性能和工艺评定进行了严格的试验。通过按 JISZ3115《焊接热影响区递减硬度试验》、JISZ3101《焊接热影响区最高硬度试验》证实，此钢种不准在钢板上任意打火引弧，必须在坡口内进行。电弧擦伤可导致裂纹的限制是必须的，我们将它写进工艺措施并严格执行；通过按 JISZ3158《斜 Y 型坡口焊接裂纹试验》和《窗式约束开裂试验方法》要求，确定了焊接预热温度的控制范围，手弧焊和埋弧自动焊预热温度是 100～125℃；通过焊接线能量试验，找出最佳线能量控制范围，手弧焊是 20～30kJ，埋弧焊是 30～40kJ。在以上试验的基础上进行了焊接工艺评定，最终焊接工艺是多层多道焊，预热温度 100～125℃，层道间温度 200℃以下，后热温度 150℃×2h。由于严格进行可焊性和工艺评定试验，在施工中认真执行规范和工艺纪律，使十三陵抽水蓄能电站钢管焊缝质量一次探伤合格率达 99%以上，这也是以往从未有过的高质量。

3. 严格控制卷板次数　卷板成形的过程是钢板逐渐塑变的过程，对 800MPa 级高强调质钢来说，塑变过程要顺序渐进不能过大过快（这是试验的结果），故规定不论弧度如何、板厚大小，瓦片卷制成形不能少于 10 次。十三陵抽水蓄能电站压力钢管瓦片卷压次数均超过 15 次，故卷制结果良好未出现冷裂现象，沿圆周外侧硬度测定结果均匀一致。

4. 严格控制焊接工艺参数　为了确保焊接质量，除在严格试验的基础上进行可焊性试验和工艺评定外，更主要的是焊接过程能否严格按工艺参数进行控制和施焊。我们的做法是设专责焊接过程焊接参数记录员，专责记录员的职责除坚持对每层、每道测量记录，焊接电流、焊接电压、焊接速度、预热温度、层道间温度，又是工艺纪律监督员，有权对违返工艺的行为提出批评限其改正直至停止施焊进行返修。设专责记录员，可以真实记录焊缝焊接过程的参数，为分析焊缝质量是第一评证，焊缝机械性能优劣完全做到心中有数。

5. 定位焊有明确规定和要求　定位焊焊工必须由经全方位考试合格的焊工进行；定位焊预热温度必须比正常焊缝焊接预热温度高 30℃；定位焊长度不得小于 80mm，厚度不得小于 4mm，间距不得大于 300mm；定位焊只能在清根焊口侧焊，背缝焊焊接前必须把定位焊焊缝清除干净才能焊接。定位焊的要求适合在钢管壁焊接任何拉板压板。

6. 从事钢管制安的工人和管理人员均应进行高强钢理论培训　每个人员均应全面了解 800MPa 级高强调质钢的可加工性、可焊性及各种工艺要求，从而达到有的放矢，确保质量目标。

7. 严格进行质控　资料介绍 800MPa 钢板下料划线不许打洋冲，我们采取数控下料实现了放样下料不打洋冲；火焰切割下料有淬硬层，下料后设专人进行打磨，将淬硬层磨光；背缝碳弧气刨清根后的渗碳层不允许存在，我们规定清根后要彻底打磨直至渗碳层磨光；钢管内壁不允许任意点焊拉筋压板，我们制作采用卧式，用米字撑调整对接纵、环缝，实现了组对后钢管内壁无一处焊接痕迹；外壁或内壁图工作需要必须焊压板吊耳时最后必须打磨光，我们规定不允许用气刨清除，用气割清除要留 3mm，然后用砂轮机打磨并做无损检测；电弧擦伤必须用砂轮机打磨并做无损检测等。

目前世界上水电站压力钢管用钢等级最高达800MPa级，虽然1000MPa级高强调质钢已研究成功，但尚无一电站压力钢管采用。我们首次采用此钢种，并达到质量双优，使我国一举跨入世界最高水平，先进行列。

（中国水利水电第五工程局　马其铉）

机　电　安　装

水电机电安装施工企业技术进步和管理现代化

水电机电安装施工企业(以下简称安装企业)作为一种专业性和技术性较强的安装工程建设实体，独立的或与土建施工企业联合进入市场已有十年的历史。截至1996年底，全国水电装机已达5558万kW，其中："八五"期间水电新增大中型装机1138.39万kW，"九五"头二年又新增467.39万kW。

水电行业现有中央直属系统安装企业17家，从业人数约17000人，其中各类专业技术人员占33%以上。这些企业的全员劳动生产率、建安产值利润率、人均利润及企业资产拥有额均高于同行业土建施工企业，它们的产业是水电施工企业支柱产业的重要组成部分，在全系统经济运行和操作中占有一定的比重和地位。近十年来安装企业具有代表性的施工业绩和技术进步可表征如下。

1. 安装能力　如果在建工程规模和水电设备供应能得到保证，具有完成年安装投产大中型水电机组500万kW的能力。1991年～1997年电力系统投产大中型水电机组容量如下表：

年　份	1991	1992	1993	1994
投产容量(万kW)	101.85	185.75	309.45	317.95
年　份	1995	1996	1997	合　计
投产容量(万kW)	223.39	214.89	252.5*	1605.78

*　1997年为计划数。

这些投产容量的97%以上是由上述安装企业完成的，然而每年300万kW的投产强度只动用了不到60%的专业施工力量。

2. 投产强度　单个工程项目点年装机投产强度可达到每间隔四个月左右投产一台机组，一年二投的安装实例已不再作为工程先进事例加以报导，均衡生产和持续施工强度的概念和实践正在被多数安装企业的施工组织设计所采用。

3. 单个安装企业独立完成的工程业绩

(1) 在三个工程项目点，年安装大型混流式水轮发电机组6台，投产5台，总装机容量154万kW，其中有二台属首台机组投产项目。

(2) 在一个工程项目点，年安装单机容量30万kW，转速为500r/min的高水头、高扬程可逆式抽水蓄能机组4台，并完成试验投产3台。

(3) 在一个电站工程中，年安装投产3台单机容量为20万kW的世界上最大容量的轴流转浆式水轮机组；在另一个百万千瓦级电站建设中，只用了32个月的时间，使在尺寸上仅次于三峡机组的、单机容量为24万kW的首台水轮发电机组完成了从设备订货至投产的全过程。

(4) 中小型水电机组的安装投产强度已经较容易的达到一年三投的施工水平。

4. 行业的独特优势　能组装、焊接直径大于8m的混流式水轮机分瓣(或偏心分瓣)转轮；用先进的焊接机具成功地组焊了近32台直径超过10m的发电机转子圆盘式支架，其变形被控制在允许范围内；能顺利进行大型发电机定子现场整装叠片和压紧工艺，保证铁损试验的一次通过；能安装调整各种形式的大型机组推力轴承，其中包括由日立公司专利技术设计、制造的推力负荷达4100t的世界第二大推力轴承；能安装容量在360MVA及以上、电压等级达550kV的整体式或组合式三相电力变压器或油浸电抗器，完成相应的试验项目；能安装各种电压等级的高压变电开关设备及500kVSF_6封闭组合电器(GIS)；能制造和安装直径达11.3m的压力钢管和蜗壳组件；能实现由计算机监控系统管理和操作的水电站各种自动装置和计算机系统的安装和调试；能正确安装、调整和操作世界上一流的电器制造商生产的各种机电一体化控制设备如调速器、励磁装置，乃至于最先进的能带负荷和使机组变速运行的可逆式抽水蓄能机组的变频起动装置(SFC)。

5. 安装企业产值的提高　通过多渠道承揽国内外机电安装工程，企业产值和经营状况逐年提高，部分安装企业近年来工业与建安产值可达1亿元以上，全员劳动生产率接近或超过10万元/（人·年）。

6. 队伍的成长　通过“七五”、“八五”期间多座百万千瓦级电站进口设备安装工程的锻炼，已培养出一批年青的工程技术人员和技术工人，能与国内外最先进的水电设备制造厂商进行正常的、平等的技术交流。

7. 为三峡工程机电安装进行准备　针对三峡工程超大型机电设备的安装，系统内较有实力的安装企业已经在该项工程的施工组织研究、施工技术力量的准备和施工装备的购置方面作好了充分的投标竞争准备。三峡水轮机设备制造中近21000t的埋件现场制造的分包工程已经由中标的外商集团授予国内的一、二家安装企业。

8. 技术标准的完善　全系统建立了一整套完整的施工技术标准、技术规范和质量评定规范体系，这些技术标准和规程、规范具有相当的实用性和可操作性，使机电安装工程的交接验收和监理工作有了坚实的技术基础。

9. 企业管理人员的市场观念和竞争意识不断加强　企业之间围绕着工程项目采取联合（联营）投标，优势互补，发挥综合实力并取得工程项目承建资格的趋向已十分普遍。

综上所述，通过在建筑业市场经济大潮中的锻炼，水电安装企业不断适应了新的环境机制，增强了自已承担工程项目的能力，同时也接触和感受到世界上先进的施工技术和管理方式，丰富和提高了企业的实践能力和管理水平。五六十年代，曾有前苏联的水电机电安装专业托拉斯，西方国家的机电安装则采用由制造厂商承包及招募当地技术劳务人员的方式，当今中国的水电机电安装企业，早已形成了一支在世界上都少有的施工集团力量，其综合实力和技术水平已经在世界先进之列。除能占领国内水电专业市场外，尚有40%的施工技术力量可以输向国际市场。

随着二滩、李家峡、小浪底、三峡等大型或超大型电站机电安装工程的来临，又给国内各主要安装企业提供了新的发展机遇和注入了更大的活力。为此，安装企业继续实现现代化的任务还相当繁重，主要可以归纳如下。

(1) 发现和培养具有较高知识结构和先进管理意识的企业领导人，他们将是一批精于管理的、熟悉水电建设全面知识、能用系统工程的概念去指导生产实践、为企业开拓发展采取认真的具体措施的机电一体化管理人才。

(2) 全面培养和造就一批年青的机电一体化专业人材，作为现代企业新型的技术骨干力量。他们将具有新型学科基础专业知识和较强的外语能力，并在大中型电站机电安装实践中通过不断地解决工程技术问题而拥有丰富的实践经验，能与中外著名工程专家进行知识互补性的平等交流和工程问题研究。同时企业要采取有效措施防止这类技术力量的流失。

(3) 更新企业技术装备，适应招投标竞争和市场选择的需要。安装企业应在当前国内机电行业技术水平已不断提高的基础上，在机械施工机具、电气试验仪表装置、焊接和检验手段、运输起吊能力以及计算机管理和运用方面作逐步地装备更新。尤其是在安装国外进口机电设备的项目中，更要注意掌握和引进先进的施工机具，为我所用。每个安装企业近二年内都要设法拥有一、二项拳头技术和拳头装备，以形成安装集团的综合技术实力。

(4) 继续以科技为先导，发展行业专业技术，形成垄断型的技术优势。以二滩、三峡为代表的超大型水电工程，必然采用当代国际一流水平的机电设备和自动化装置，作为将这些重大装备安装、调试、试验并投入系统发挥效益的安装企业，是高新技术实施全过程中的一个重要环节，必须进一步提高队伍的整体技术素质和特种技术操作能力。在当前应重点是提高特种钢材和大型构件的焊接技术，提高金属结构的制作、安装能力；认真地研究大型电站多台机组顺序投产、均衡生产的系统工程，提高年安装投产强度和持续投产强度的水平；加强对500kV高压电器设备调整、试验和抽水蓄能机组起动装置安装技术的研究；在工程实践中培养出一支非常熟悉自动控制程序，在硬件安装和软件调试两方面均能满足要求的计算机监控系统的特种安装队伍。

(5) 通过多方渠道，积极开拓国内中小水电市场和国际市场，作为国内大中型水电市场施工力量过剩的补充。在今后五年内，没有中小水电市场和国际市场的补充，就没有安装企业存在和发展的条件。积极研究进入中小水电和国际市场的途径和方式是当前企业管理者应有的远虑之一，要千方百计地挖掘和开发能带领和引导企业走向国际市场的领路人。

(6) 实现企业间的联合和组成以项目为目标的联合企业（或联营体），是进入下一个世纪的安装企业在竞争中必将采取的对外运营方式，它将导致企业经营管理的进一步现代化和市场占有的垄断化。

（中国水利水电工程总公司　傅元初）

十三陵抽水蓄能电站机组安装与调试

十三陵抽水蓄能电站装有四台单机容量为200MW抽水蓄能机组。水轮机设计水头430m、流量53.8m³/s，水泵最优扬程450m、流量41.7m³/s。水泵水轮机和发电电动机分别由美国伏依特（VOITH）公司和奥地利依林（ELIN）公司供货。电站下库为现有的十三陵水库，上库全部用人工开挖筑成，库容为450×10⁴m³。由于上库无天然径流，故首台机组起动试验时必须先进行水泵工况试验。在进行水泵试验的同时，还应与上库初充水相结合。

上库进/出口闸门底槛高程为518.9m，在该高程以下库容较小，故初充水方案采用施工供水泵，518.9m以上则用主机进行初充水。由于上库是首次充水，其充水速度必须严格控制，规定水位日上升速度不得大于1m，其间主机抽水平均运行时间约40min，试验均安排在夜间进行。充水完毕后需静止8～10h，经水工观测无异常后，第二天白天可放水进行机组发电工况试验，试验时控制水位下降速度每小时小于0.5m，每天小于1.5m。夜间再用主机充水，充水水量除补回白天发电工况试验时用去的水量外，仍比前一天的水位升高1m，因此水位总是以每天1m的速度上升。当水位升高到540m时，机组不作任何试验，在该水位下静止四天，对上库进行全面观察、检查和进行漏水量等测定工作。如无异常，则水位在540m以下的水库可投入正常运行，机组试验不再受充水和放水速度的限制，但仍以每天水位上升1m的速度，继续进行540m高程以上的充水。通过实践，采用上库初充水和机组试验相结合的方案，能经济合理利用水源，对缩短试运行日期是十分有利的。

十三陵抽水蓄能电站机组在水泵工况首次起动时是按以下程序进行的。

用变频器起动机组在低速下运行。变频器速度控制调节精度可达1%，故机组可在5%额定转速下稳定运行。由于转轮处在空气中，没有水力作用和水力噪声，从而能正确判断有无机械磨擦声和碰撞声，转动部分是否正常。

机组在低速下检查完毕后，可逐渐递升转速至约20%额定转速，在该转速下进行电气各回路的检查和试验。选择20%额定转速的原因是在该转速下万一发生电气短路等事故，其故障电流接近额定电流，且电压也较低，对设备不会造成较大危害，因此这是一个比较安全的试验转速。

在20%额定转速下检查无异常后，可逐渐递升转速直至额定转速。

机组水泵工况起动的特点是电机按恒磁通励磁方式运行，电机电压与转速成正比，机组升速过程也是电机升压过程。十三陵抽水蓄能电站主机和主变压器间无断路器，在机组升速过程的同时又对主变压器进行了加压试验。因此在机组首次起动时机械部分和电气部分的检查试验是同时进行的，它不像常规机组起动试验是按空运行试验、电机短路试验和电机升压试验三个阶段进行。这是这两种不同起动方式的主要区别，也是水泵工况起动试验的特点。十三陵抽水蓄能电站机组是我国第一台以水泵工况进行首次起动的机组，通过起动试验，有关水泵工况首次起动试验的技术问题均已得到解决。

十三陵抽水蓄能电站机组转速为500r/min，属高速电机，在起动试验中动平衡的检查是十分重要的。机组首次起动时，在较低转速下对动平衡进行了监测，根据测得的主轴摆度值，经计算后在发电电动机的转子上装设配重块。在转速上升的不同阶段，复测摆度值，必要时调整配重块的重量和方位。经数次调整试验，最后在水泵工况空运行、满负荷抽水、水轮机工况空运行和满负荷发电四种工况下，其摆度值均满足设计要求。

根据十三陵抽水蓄能电站机组起动试验的经验，每台机自首次起动开始至发电和抽水常规试验全部完成约需30天。

电动发电机为半伞式，其推力轴承支撑采用复合橡胶材料制成的弹性垫。这是一种新型结构。在进行轴线找正时不能用传统的盘车方法，而是转动部分在静止状态下，测量大轴四个90°方位的垂直度。如垂直度超过允许值，则调整弹性垫厚度，直至合格为止。

（中国水利水电第五工程局安装分局　李之勇）

五强溪水电站水轮发电机组安装

（一）概述

五强溪水电站装机5台，单机240MW，总装机容量1200MW，年平均发电量53.7亿kW·h。

水轮机设备由德国VOITH公司和哈尔滨电机厂联合中标制造，VOITH为责任方，负责模型试验、设计，并提供1～3号机转轮、主轴密封、水导轴承及5台机组的自动化元件及调速器，其余由哈尔滨电机厂制造供货。发电机由哈尔滨电机厂中标制造，励磁设备由ELIN公司供货。机组设备订货合同于1992年2月生效。机组设备安装由水电第八局局安装处承包。

1号机于1994年12月26日投产发电，比国家计划提前6个月。2～5号机分别于1995年9月1日、

1995年12月24日、1996年6月22日、1996年12月21日投产发电。

从座环安装到72小时完成，安装工期分别为：1号机12个月，2号机12个月9天，3号机8个月25天，4号机9个月23天，5号机11个月24天。

（二）水轮机安装

水轮机主要技术特性：型号HL295—LJ—830，转轮直径D_1＝8300mm，运行水头范围36.2～60.1m，额定水头44.5m，额定流量617m³/s，额定出力248MW，最大出力290MW，额定转速68.18r/min，水轮机总重2120t。

1. 水轮机埋件在工地制造　为了保证水轮机埋件供货进度，减少设备运输费用，尾水闸墩鼻端护衬、尾水肘管、尾水锥管、基础环、蜗壳及机坑里衬等水轮机埋件，由哈尔滨电机厂将下好料的板材运到工地，以分包形式委托安装单位在工地卷制成形，拼装焊接，做成单节交货。埋件在工地制作总重量3441t，由VOITH驻工地代表检查验收，质量良好。哈尔滨至工地板材运输与成形设备运输比较，估算节省运输费用约450万元。

2. 水轮机埋件安装

(1) 尾水肘管安装：1～4号机尾水肘管为钢里衬结构。肘管进口为圆断面，直径10020mm，与尾水锥管相接；出口为圆弧角的矩形断面，尺寸为23820mm×5455mm（宽×高），与混凝土的扩散段相接。肘管的上管口至底面高13988mm，肘管末端管口至机组中心距离10930mm。里衬板厚16mm，材质A3，分12节，每台重125t。肘管安装采用边装边浇混凝土的交叉施工方案。将末端的第12节作为定位节，安装中主要控制每节上管口上、下游边的高程与到机组中心的距离，以及每节管口Y方向的中心位置。每台肘管分五次安装，混凝土分十层浇注，每次浇注层高一般不超过2m。4台肘管分两组进行安装，4个月完成安装与混凝土的浇注。

(2) 座环组焊：座环（直径×高）12910mm×4560mm，在环板上焊有过渡段（俗称蝶形边）呈多边形与蜗壳连接，第Ⅰ象限蜗壳的大小舌板已与座环组焊成整体。座环总重290t，分4瓣到货，在工地通过合缝焊接组成整体。固定导叶两端环板厚150mm，焊缝为双面“U”型坡口，其余部位为“X”型坡口。焊接时要求4条组合缝及每条合缝上、下各环板分次对称进行，固定导叶上下端环板及过渡段焊接预热温度150～180℃，其余部位预热温度100～120℃。组装与焊接，主要控制各固定导叶中心在同一水平面内及固定导叶内圆尺寸。

(3) 蜗壳安装：蜗壳进口直径11.2m，蜗壳本体34节，延伸段6节，板厚40～32mm，材质62U，本体重390t，连延伸段总重529.36t，现场安装焊缝总长约1125m，焊条采用LB—62UL（日本进口）。座环就位固定后，基础环与座环的连接焊接与蜗壳安装同时进行，缩短直线工期10天左右。蜗壳在－X、－Y及进口处分别设有凑合节，安装时分4～5个工作面同时进行挂装，采取边安装边焊接的施工方法。蜗壳焊接，预热温度100～180℃，后热温度250～280℃，保温2h，进行消氢处理。焊接要求分段退步、多层多道焊。焊缝100％(UT)超声波检查，另加过渡段焊缝100％、纵缝20％、环缝10％（RT）X射线检查，焊缝表面全部（PT/MT）着色或磁粉探伤检查。蜗壳安装工期：1号机90天，3号机75天。

3. 座环加工与导水机构预装　在座环上与底环、顶盖的配合面及把合螺孔在厂内均未加工，要求在机组二期混凝土浇注后，在导水机构预装的同时进行加工。首先进行座环的顶环、固定导叶两端的环板内圆进行火焰切割，切割机由一中心架回转带动，切割精度要求达到±2mm。座环上固定底环、顶盖的把合螺孔是根据底环、顶盖预装的实际位置，用到货的专用工具进行配钻、套扣的，在每个螺孔位置锪一个ϕ120或ϕ130的圆平面，在平面上配制适当厚度垫圈，最终使底环、顶盖置于要求高程的水平面上。为了缩短直线工期，当机组二期混凝土浇至发电机定子基础高程时，在下机架基础上设一临时封盖，水轮机就进行座环加工与导水机构预装。工期：1号机85天，3号机65天。

4. 转轮安装　转轮进出口直径8300/8729mm，最大直径8984mm，高5137mm，重252t，整体到货，转轮材质：1～3号机全部为G—X_5CrNi134，4、5号机叶片为不锈钢，上冠、下环为碳钢。转轮与主轴连接，在法兰面上喷涂金刚砂，靠摩擦力传递扭矩，螺栓和螺孔配合有3mm间隙，转轮具有互换性。安装时，先吊入转轮置于基础环上，以底环为基准找正转轮中心与水平，然后吊入主轴，置于转轮上，检查主轴的垂直度和上法兰的水平度，并测量主轴法兰至转轮上止漏环的尺寸，即检查其同轴度。上述检查均符合要求后，吊开主轴，在转轮法兰面上喷涂金刚砂，再连接主轴，所有连接螺栓紧固后，法兰面间要求均无间隙。

（三）发电机安装

发电机主要技术特性：型号为SF240—88/17290，额定容量266.67MVA，最大容量280MVA，额定功率因数0.9，额定电压15.75kV，额定电流9775.24A，额定转速68.18r/min，飞逸转速140r/min，转动惯量180000t·m²，发电机总重1905t。

1. 定子组装　定子机座：高3305mm，带钢支墩高4365mm，外缘为36边形，对边尺寸19370mm，机座分6瓣到货；定子铁心内/外径16620/17290mm，铁心长2040mm，线槽数720；定子下线前重量370t，下线后重440t。定子机座组焊、铁心装配、绕组安装均在工地进行。按制造厂要求，定子下线须在机坑进行，主要为了定子绝缘不受损害。但五强溪水电站由于设备到货、二期混凝土工程量大（约11000m³）等原因，在机组二期混凝土浇至发电机层时，离发电要求日期仅70～80天时间。为了缩短直线工期，2～5号机定子下线工序改在安装间进行，采用带绕组整体吊装方案。对由一根主梁和4根次梁组成的吊具，在与定子连接时，对次梁采取预变形方法，使各吊点受力均匀，确保了定子吊装时变形小，最大挠度未超过5mm，线槽变形未超过0.02mm，保证了定子绝缘不受损害。采用上述方案，缩短了直线工期约2个月。

2. 转子组装　发电机转子外圆直径16580mm，重950t，转子支架为圆盘式结构，由中心体和11个扇形块组成。组焊时，立缝、环缝采用手工电弧焊，径向缝采用CO_2气体保护焊。转子支架外缘的22个立筋板设有副立筋，副立筋根据组焊好的转子支架的实际尺寸在工地配刨装配。磁轭与转子支架连接采用凸形复合键，即由径向凸形键和2根楔形切向小键组成。磁轭的分离转速为1.15倍的额定转速，其预紧量是通过加热磁轭在凸形键背面加垫来达到。磁轭加热采用在磁轭外圆绕线圈的涡流铁损法。转子组装工期：1号机84天，5号机74天。

3. 推力轴承安装　推力轴承位于下机架上，推力负荷2700t，轴承为三波纹弹性油箱支承结构，瓦数18块，托瓦直接坐在弹性油箱上。按钨金瓦设计，实际采用弹性金属塑料瓦。由于轴瓦直接坐在弹性油箱上，镜板的高程、水平除轴承加工精度保证外，由下机架安装精度来保证，要求下机架顶面水平达到0.03mm/m，实际安装中，最终有个别机组在下机架与基础板间加垫才予以达到。

（中国水利水电第八工程局　奚中廷）

二滩水电站水轮发电机组安装

二滩水电站水轮发电机组，单机容量为550MW，由加拿大通用电气公司（GE）供货，其分包商为东方电机厂和哈尔滨电机厂。按引进技术、技贸结合的要求，六台机组制造采用斜向切割方式，第五、六两台机分别由哈尔滨和东方电机厂供货。机组结构剖面见图示。主要技术参数：

水轮机：	设计水头	165m
	转轮直径	5.86m
	额定转速	142.9r/min
	出　　力	582MW
发电机：	额定容量	612MVA
	功率因数	0.90
	额定电压	18kV
	额定频率	50Hz
	相　　数	3
	定子绕组连接	Y

（一）水轮机安装

该水轮机为竖轴混流式，总重1150t，结构特点：

（1）座环与基础环之间，采用分块联接环扳焊接成一体，减化了结构。

（2）蜗壳环向瓦片，采用等强设计成不同的厚度，节约钢材。

（3）蜗壳采用联合受力结构，本体只承受静水压力，动水压力传递给混凝土基础承担。

（4）分半转轮上冠采用预紧拉伸长度为0.9～1.1mm的特制栓杆，进行热胀联接。叶片和下环的焊缝，采用红外线履带板进行局部退火。

（5）转轮为铸焊结构，进口转轮材料采用ASTM A743M；国产转轮材料采用0Cr13Ni4Mo。

水轮机安装程序如下：

（1）尾水管埋设。将厂外拼焊成的管节，依安装顺序逐节运进厂房，吊入机坑找正并固定牢靠。当节间环缝焊接并加固后，逐层浇筑基础混凝土。

（2）座环安装。将分瓣基础环组合成一体吊入机坑找正，并与尾水管焊接成整体。以基础环为基准，将分瓣座环组合成整体吊入找正、固定，然后安装并焊接分块联接环板。联接环板的焊接，一定要有严格的预热、后热以及防止焊缝开裂的工艺措施。

（3）蜗壳挂装。在厂外将瓦片组焊成蜗壳节。在调整固定好的座环上挂装蜗壳定位节及对称挂装其它各节，并按四分区对称焊成四大节。然后配装凑合节，并对称焊接四条闭合环缝，最后焊接座环上、下蝶形边焊缝。

（4）蜗壳水压试验。组焊蜗壳水压试验闷头，安装座环水压密封环及水压试验装置，充水作3.46MPa的水压试验。浇筑蜗壳基础混凝土时，在蜗壳内充水保持压力为1.94MPa，直至蜗壳混凝土覆盖厚度大于1.5m，并达到初凝强度后才可降压。

（5）转轮组合。在安装间特设的组装平台上，用临时组合螺栓将分瓣转轮的上冠把合，检查并修正下环及叶片焊缝坡口尺寸。在预热状态下进行合缝焊接、后热保温、550℃局部退火等。加热上冠的组合栓杆使其伸长，并逐个替换掉组合螺栓。用GE供应的专用工具，车削上冠、下环的抗磨环外圆及上冠法兰组合面。最后作转轮静平衡试验，联接主轴并同铰法兰螺孔，拧紧全部联接螺栓。

（6）水轮机总装。在机坑内预装导水机构，然后吊出顶盖。将水蜗轮吊入机坑放置在基础环下平面的

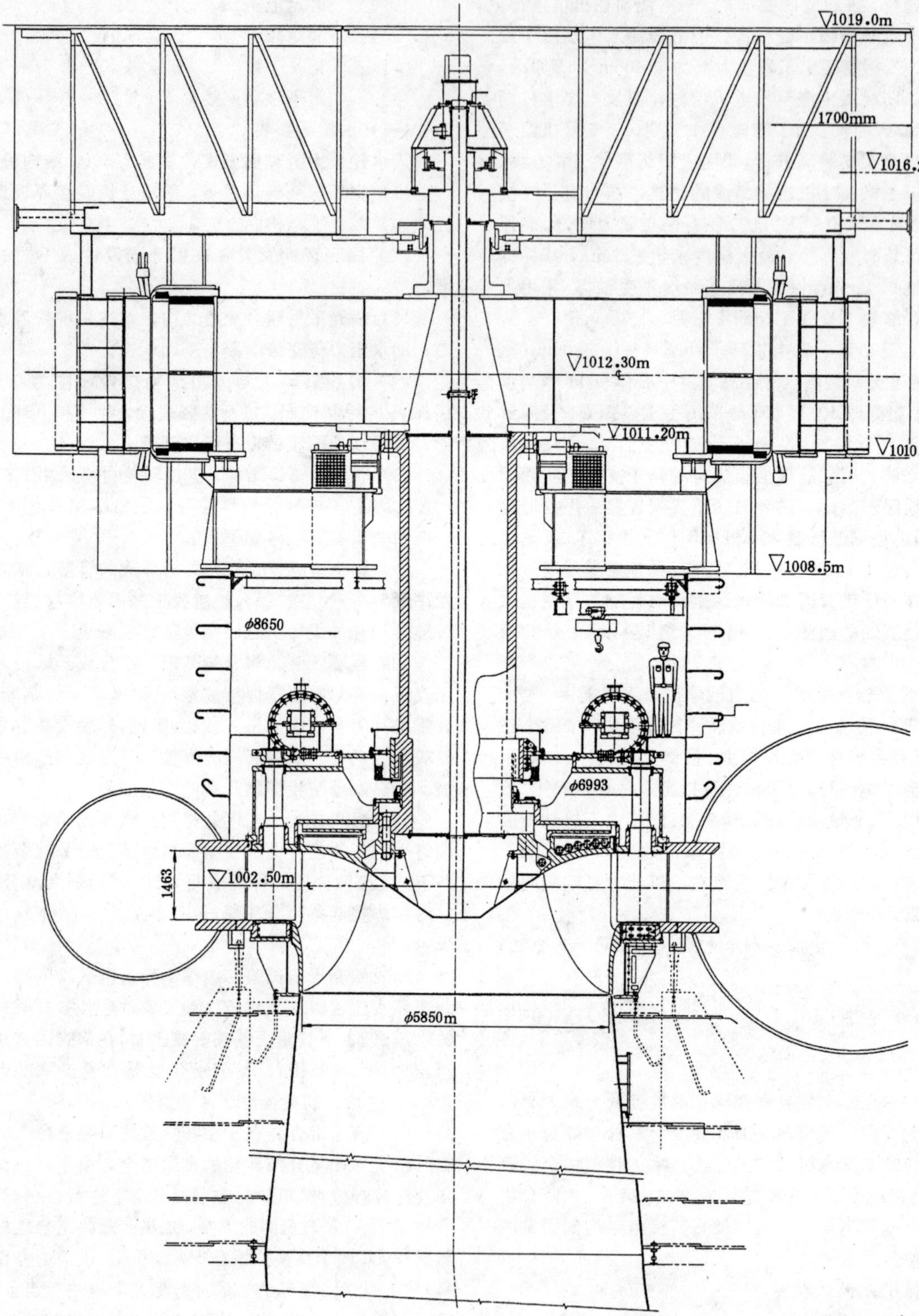

二滩水电站 550MW 水轮发电机组剖面图

三对楔子板上，使其高程低于设计15mm左右，并以底环为基准，调整水蜗轮中心和主轴垂直。吊入顶盖，安装导水机构等。待机组联轴并进行盘车和主轴中心定位后，再进行主轴水密封、水导轴承等的安装。

（二）发电机安装

该发电机为竖轴半伞式，总重1800t，结构特点：

（1）轴系具有三部导轴承，机组运行稳定性好。

（2）转子采用圆盘式支架，结构简单。

（3）推力轴承采用弹簧平面支承，总负载2220t，薄瓦受力均匀，散热性能强。

（4）主轴与转子支架中心体联接面，没有止口和定位键，在现场安装时人工找正后，再镗法兰组合螺栓孔，并钻配28个径向剪切销钉。

（5）摆度调整采用主轴法兰偏心法，即将水导摆度反到法兰处，使下摆变为上摆，以达到水导摆度在允许范围内。

（6）为防止上导轴承内挡油圈负压雾化甩油，设有气压平衡装置。但推力轴承油槽盖板处却没有气压平衡装置，可能产生雾化甩油，业主已提请GE公司设法改进。

（7）从机内上挡风板处引出风管，给转子集电环提供冷却风。

发电机安装程序如下：

（1）定子组装。在安装间埋设的基础板上，安装并找正测圆架和定子机座钢支墩；将分瓣机座吊到支墩上组装成整圆，用测圆架测量并调整机座的中心和水平。安装合缝处的定位筋并焊固所有定位筋；叠压矽钢片并作铁心磁化试验；将定子整体吊入机坑已调好的基础板上，调整其高程、水平、中心，并浇筑基础混凝土在机坑内下线、喷漆，绝缘耐压试验等。

（2）转子组装。将推力头联接到转子中心体上；在安装间特设的基础钢支墩上，以中心体为基准组装并焊接圆盘支架；在检查合格的转子支架上，以轮臂键作定位叠压磁轭铁片和安装制动闸板；挂装磁极和安装励磁引线。对组装好的转子进行喷漆、绝缘耐压试验等。

（3）下机架安装。联接下机架支腿，组装推力轴承和制动闸；将组装好的下机架整体吊入机坑，利用机架基础板调整下机架的高程、水平、中心，并浇筑基础混凝土。

（4）发电机总装。将转子吊入机坑与已调整好的推力轴承镜板相联；按水轮机主轴上法兰面调整转子高程、水平、中心；吊入已组装好的上部机架；转动转子对准主轴螺孔，穿入并拧紧临时法兰螺栓，将水机主轴提升组合成一体；机组盘车并调整其摆度；逐个镗配主轴法兰联接螺栓和钻配剪切销钉；按水轮机转轮下环间隙找正轴系中心并定位；安装并调整上、下导轴瓦间隙等。

（二滩水电开发有限责任公司　宋宏启）

天荒坪抽水蓄能电站机电设备的安装

（一）概述

天荒坪抽水蓄能电站装设挪威KE公司制造的300MW竖轴单级可逆混流式水轮机和加拿大GE公司生产的电动发电机。水轮机最大水头610.2m，最大流量67.7m^3/s，额定功率306MW；水泵最大扬程614m，最大出水量58.8m^3/s，最大入力336MW；机组额定转速500r/min，水轮机淹没深度为70m。配有PID数字型电液调速器和ϕ2.2m双面止水球阀。电动发电机为空气冷却可逆三相同步电机，额定容量333MVA，电动机额定容量336MW，额定电压18kV。全厂设两套变频起动装置供机组电动工况起动用，同时以背靠起动方式为备用。机组结构为半伞式，推力轴承为弹簧支撑式。英国PEEBLES公司制造的340MVA主变系三相双绕组、强油循环水冷却型；选用SF$_6$全封闭组合电器和500kV干式电缆。奥地利ELIN电气公司提供的计算机监控系统可进行自动操作和遥控，具有完备的多种控制的操作、监视和自动处理功能。

（二）水轮机安装

第一台机尾水里衬分五段（总重44t）于1996年1月29日在机坑开始组焊；由于开关站山体塌滑导致地下厂房过水延滞至1996年6月才恢复正常施工。分瓣的座环、蜗壳重100t，焊接工作自1996年8月28日开始，座环焊接过程中预热温度80～150℃，焊后在250℃保温24h，蜗壳焊接时预热温度80～250℃，焊后在580℃保温4h，9月26日焊接、探伤工作全部结束，由于蜗壳板厚达75mm，又采用γ射线对其焊缝进行了100%探伤。在整个工艺复杂的焊接过程中，控制程序严密，焊后的座环与顶盖，座环的组合面无须进行研磨加工。1997年1月31日完成13.05MPa的水压试验，4月23日完成混凝土浇筑，座环基准面符合优良标准。

截至1997年5月，2号机蜗壳水压试验、3号机蜗壳焊接均已完成，4号机蜗壳正在焊接中。

（三）电动发电机安装

定子机座外径7700mm，分四瓣在工地组焊，定位筋在工地调整焊接；定子铁芯外、内径5950mm/4750mm，0.5mm的硅钢片，于1997年3月15日叠合压紧完毕，经磁化试验合格，现228槽上下层线棒已嵌装完毕，正在进行接头施焊工序。转子总重360t，磁轭钢板厚4.75mm，总高3.16m，1997年5月1号机磁轭叠片已近完成。

天荒坪抽水蓄能电站全套机电设备由水电第十四工程局机电安装总公司负责安装调试，天荒坪抽水蓄能电站建设公司监理，拟于1997年9月底进行引水系统充水试验，年底下库下闸蓄水，1998年8月1号机投入商业运行。

（水电第十四工程局 何少润）

羊卓雍湖抽水蓄能电站机组安装与调试

（一）机组设备情况

羊卓雍湖抽水蓄能电站安装四台奥地利进口的22.5MW三机同轴式抽水蓄能机组，三机总轴长23m，发电机为竖轴、刚性连接、水斗水轮机驱动三相同步发电机，额定转速为750r/min，额定输出25MVA，额定电压6.3kV，功率因数0.9；水轮机为竖轴、三喷嘴、冲击式，额定功率23.1MW，额定水头816m，额定流量3.16m³/s；蓄能泵为立轴、单吸、6级离心泵，设计水头850m，设计流量2.0m³/s；四台主变压器也是从奥地利引进的DOR-28000/110E三相有载调压变压器；公用设施及110kV配电设备为国产设备，分别就地控制或在中央控制室操作。

电站机组成套设备由奥地利ELIN公司总承包，由ELIN公司制造和供货发电机，VOITH公司制造和供货水轮机、球阀及蝶阀，由EBG制造和供货主变压器；由外商负责督导安装调试和试运行，对设备制造、安装、调试和试运行质量负责。

（二）机组的安装

1. 埋件的安装　埋件主要包括水轮机配水环管、机壳、蓄能泵支撑、蓄能泵运输滑轨等。难度最大为水轮机配水环管安装，首先是安装检修平台主梁，搭设安装平台，吊入配水环管第一、第二部分并连接，相对于水轮机理论中心线找正整个配水环管，最后安装配水环管连接法兰和三喷嘴法兰的渗漏检查管及机壳，对配水环管充水、排气，做8MPa的渗漏试验，保压0.5h后浇注混凝土，14天后放空。因安装精度要求较高、现场温差变化较大，对安装精度有所影响，在安装过程中需经多次调整，才能满足设计要求。

2. 水轮机安装　在主机正式安装前，首先对发电机/电动机下导轴承、水轮机导轴承、中导轴支撑环和蓄能泵基础环用天顶天底投影仪进行同心定位，确定中心、高程。机组的基准（即中心和高程）来自预埋的水轮机配水环管与喷嘴连接的法兰面。然后，将水轮机中间轴下段、水轮机轴悬挂于基坑，安装中导、水导轴承、检修平台、平流栅，待发电机安装完成后，由专用小车把转轮运至转轮室，完成联轴，同时对水轮机喷嘴进行预装，加工调整法兰，然后盘四联接中间轴上段、下段及齿轮联轴器，摆度控制在0.005mm/m。

3. 发电机安装　发电机为立轴伞式，定子、转子均为整体到工，安装前均进行了交流耐压试验。机组盘车采用从上至下依次联轴，盘车采用手动方法，利用高压减载泵对推力供油方向的一致斜喷射，形成一个有旋转力的油膜，只要给一个起动力矩，机组就自动平稳旋转，盘车较为方便。

4. 蓄能泵安装　每两台机组间一个安装吊物孔，先把蓄能泵壳吊至蓄能泵层滑轨上，将六级叶轮和扩散环分别装入，每级打压，泵盖装好后沿滑轨用专用滑块拖至安装位置，用专用千斤顶卸下，根据盘车定位的水轮机轴为基准对蓄能泵进行盘车定位，然后进行泵推力轴承、导轴承、密封管道等附件安装。

5. 主变压器安装　四台主变压器为DOR-28000/110E，三相有载调压变压器，额定电压110kV，额定容量18/25MVA，冷却方式为ONAN/ONAF，充氮运输，本体上装有美国产三维冲撞记录仪，合同规定若记录值小于3g，可不吊芯检查直接安装投入运行。

变压器到工后检查记录值小于和接近3g，外方坚持不吊芯而直接就位安装附件，在附件安装过程中发现3#、4#主变高压侧电流互感器之固定绝缘板松掉，后用电筒照变压器内部，发现铁芯上有螺母，逐对3#、4#变进行吊芯检查，结论是，电流互感器之固定绝缘板松掉，铁芯与箱盖连接螺栓脱落，因防松措施采用的是一种粘胶，胶的质量存在问题。在现场重新粘胶，并在铁芯与箱盖连接螺栓上用洋冲冲扣防松，变压器投入时作零起升压。

（三）机组调试

1. 机组第一次起动　第一次起动前，作机组的全面检查，第一次起动采用点动的方法，以确保机组转动与固定部分无摩擦及异物声。在确保机组正常后，机组手动开启至额定转速，观察机组的振动、摆度、温度，机组的振动、摆度、温度测量均引至发电机墩墙外，无须外接表计。

2. 机组的自动控制　机旁盘设有一套PLC可编程控制器，中控室主控盘设有一套自动准同期装置SYN3000，机组的开停机、上网、解网及停机、电气刹车均自动进行，非常迅速。

3. 工况转换　机组共有八种工况方式转换，对于拉萨电网的特殊性，工况转换快，非常有实际意义。在电网有功富有不足一台水泵运行的情况下，作三机运行，机组先并入电网，不足功率靠水轮机来提供，形成水的环流，充分利用电网多余的功率蓄能。当水泵运行停机时自动转换为三机运行，形成水的环流，不造成电网甩负荷，工况转换如下：

发电⟺调相⇒停机

三机运行⟺抽水⇒停机

4．黑起动　当全厂失去厂用电时机组可采用黑起动，快速恢复厂用电。条件是110kV失压，主变压器高压侧开关分闸，低压侧开关合闸，厂用电按正常供电方式运行，开关在合位，利用消防水源减压后给机组技术供水。

5.1号机调试概况　1号机组于1997年5月初开始有水调试，调试时间约半个月。共进行了轴承试验、过速试验、发电机空载特性试验、单相接地试验、励磁调节器试验、同期试验、机组自动化试验、并网试验、甩负荷试验、推拉负荷试验、调相试验。试验过程较顺利，各参数均达到合同及国家标准，并于5月底完成了72h发电工况试运行。

因拉萨电网容量较小，1号机的抽水工况调试，要等2号机上网后进行。

（武警水电二总队十支队　匡汉林）

百龙滩水电站灯泡贯流机组制造与安装

（一）概述

百龙滩水电站位于广西都安和马山两县交界处，是红水河梯级规划的第七级电站，上游距大化水电站27.6km，下游与恶滩水电站水库相衔接。电站装机容量192MW，选用6台灯泡贯流式机组，单机容量为32MW，转轮直径6.4m，是当时我国在建水电站最大的灯泡贯流式机组。电站由广西桂冠电力股份有限公司集资兴建，于1993年2月18日正式开工，1996年2月16日第一台机组并网发电，开创引进资金、引进设备和国内研制相结合，集资办电，三年建成大型灯泡贯流式机组电站的新局面，成为目前国内装机规模最大的贯流式电站和无人值班的中型水电站。

机组主要技术参数如下

1．水轮机

型式	灯泡贯流转浆式
转轮直径　D_1	6.4m
最大净水头　H_{max}	18m
额定水头　H_r	9.7m
最小净水头　H_{min}	3m
额定流量　Q_r	377.5m³/s
额定出力　P_s	33MW
额定转速　η_r	93.8r/min
飞逸转速	310r/min
额定工况保证效率　η_r	92%
最高效率　η_{max}	95.2%
吸出高度　H_s	−12m

2．水轮发电机

型式	上游灯泡式
额定容量　P_r	33.684MVA
额定出力　P_f	32MW
额定功率因素　$\cos\varphi$	0.95（滞后）
额定电压　U_n	10.5kV
额定电流　I_n	1.8522kA
额定转速　n_r	93.8r/min
飞逸转速　n_{run}	310r/min
额定效率　η	97%
定转子绝缘等级	F
灯泡比	1.19
飞轮力矩　GD^2	3500t·m²

鉴于目前国内尚不具备制造该大型灯泡贯流式机组的技术能力及资金和交货紧迫等因素，业主采用利用外资，引进部分国外机组，国内合作生产方式议标选厂，最终决定利用日本进出口银行提供的卖方信贷，日本富士电机株式会社为供货方，提供第1～3台机组，并由富士电机与电力部富春江水电设备总厂合作生产第4～6台机组。合作生产供货方组成联合体，富士电机提供技术和图纸，培训和指导，提供部分关键零、部件，并对机组的性能、完整性、质量和交货期负责。

（二）结构及主要部件制造简介

机组为卧式灯泡贯流转浆式。水轮机与发电机直接连接，采用两支点双悬臂结构，即水轮机径向轴承支承和发电机组合轴承支承。机组主支撑管形座、辅助支撑发电机侧设球铰支撑。

水轮机由管形座、转轮室、转轮、导水机构、主轴及其水导轴承和大轴密封、受油器等部件组成。

发电机由定子、转子、组合轴承、灯泡头、通风冷却、制动系统和灭火装置等组成。

管形座既是流道又是机组的主要支撑，具有足够的刚度和强度，由内壳体、外壳体、上部竖井和下部竖井组成，考虑运输采用分瓣结构，并开有现场焊接的割口，厂内加工组装后，由水路、陆路运至工地。

锥形导水机构由外导环、内导环、锥形导叶及控制环组成，制造难度大，是贯流式机组制造的关键，全部零件均为焊接结构，内、外导环模压成形、焊接热处理后，在ϕ16m立车数控加工内、外球面、镗孔，取消传统的同镗工艺。锥形导叶的分块零件模压和加工后在模具中组焊。经严格检查叶型合格后，进行金加工，导水机构在厂内组装，严格控制端面和止水面的间隙。

转轮叶片为OCr13Ni4Mo不锈钢铸件，清理粗磨后，在数控铣镗床上由计算机控制加工叶面，及进出水边，轴肩端部。转轮在工厂装配进行动作试验和静平衡试验。

发电机定子由机座、铁芯和绕组组成，零部件在工厂加工后运至电站，在现场焊接成整圆结构，装筋、叠片、嵌线耐压试验，最终获得一个完整的整体定子。

发电机转子为无轴上游悬臂的圆盘结构。磁轭采用钢板叠片，磁极采用F级绝缘，在现场挂装。

发电机舱由灯泡头、锥形冷却套，进人孔及电机上游挡风板组成。灯泡头呈球状，外部打磨光滑，保持球体流线型，内部设筋条，灯泡头与锥形冷却采用法兰联接，结合面设有密封装置。

锥形冷却套分成两瓣，采用双层薄壁结构，外层采用不锈钢和普通钢组成的复合钢板，内层为普通钢板，内外层之间的空腔为发电机空冷器冷却水通道。

水轮机的径向轴承、受油器、调速器和发电机的定子绕组、组合轴承、励磁装置以及机组的部分自动化元件由富士电机提供。

富春江水电设备总厂和富春江富士电机有限公司，现有的铸钢分厂、大型结构分厂和加工分厂，16m数控立车及ϕ225mm数控铣镗床，以及先进的电气制造设备为百龙滩贯流机的制造提供了可靠的保证，开创了国内生产大型灯泡贯流式机组的先例。

（三）机组安装

百龙滩水电站于1993年开工，机组安装分批进行，首先是进口机组的安装，1995年3～5月安装第一台机组的管形座，9～11月安装水轮机、发电机和附属设备，1996年2月16日，1号机并网发电，当年相继安装2号机和3号机，并分别于5月20日和9月8日并网发电。

联合生产的4、5、6号机，将分别于1997年和1998年安装发电。

主要部件的安装如下。

1. 管形座安装　管形座是机组联接的基础，以标定的高程和X、Y方位进行安装。内壳体分两瓣，在现场与竖井组合焊接，外壳体分四块运至工地进行拼装焊接，管形座的整体调整难度较大，内孔用辐射状支撑调圆，端面用16根撑杆与尾水管里衬拉、撑，用来控制法兰面的倾斜，此法兰面与外导环联接，留有6mm余量，待后加工或打磨，各法兰面的中心高程及X、Y的方位允许偏差±1.0mm，与内导环联接法兰的垂直度允差±1.0mm。

2. 导水机构的安装　分两瓣的外导环与整体的内导环和16只锥形活动导叶、控制环等零件，在装配平台上，大头朝下进行组装，找正X、Y轴线，调整平行度及导叶的立面和侧面间隙，用专用工装联接内、外壳体的小端，大头用支撑等加固，装好控制环后，借助厂房160t/50t桥机翻转90°，整体吊入基坑，与管形座联接。

3. 转轮安装　转轮重达87t，卸去叶片和泄水锥，分别运至工地，倒放在等高块上（内部操作系统已在制造厂内装配调整好，在现场不再拆卸），在拐臂上安装传扭销和导向销，在转轮上安装顶紧环和弹簧，然后装叶片，密封条和密封压板，后安装泄水锥，经耐压、漏油试验合格后，装上专用吊具利用桥机主、副钩翻转90°，吊下基坑与大轴联接。

4. 定子安装　定子机座分三瓣，在现场组焊、装筋、叠片，最终耐压试验，合格后，翻转90°，吊入基坑与管形座内壳体联接，另一端与锥形冷却套相连，法兰端面联接处装有密封响皮条，以防渗漏。

5. 转子安装　转子中心体由两瓣组成，水平放置拼接，磁轭为一薄片叠压结构，分层叠压、预紧，当铁片高度达到设计值后，铰孔，装栓，表面喷漆、干燥，然后拉槽、热打键装磁极，耐压试验合格后，用专用工具翻转90°，吊入基坑与大轴联接。

机组主要大件的吊装及安装顺序：

管形座（主机安装前六个月）→导水机构→大轴→灯泡头与冷却套（吊放在流道内组装成一体，待定子吊入安装后再联接）→转轮室下瓣→转轮→转子→定子。

机组安装后进行调试和现场试验。

（富春江水电设备总厂　宋兆光　李根梅）

统 计 资 料

1995年～1997年水电机组投产项目表

年份	当年总计		投产项目 [水电站名称，台数×单机容量（万kW）]	累计 （万kW）
	台数	容量（万kW）		
1995	大中型 20	223.39	岩滩1×30.25，漫湾1×25，五强溪2×24，水口1×20，十三陵1×20，东风2×17，四坝1×10.5，太平驿2×6.5，大广坝1×6.0，东西关1×4.5，青铜峡扩机1×3.0，黄坛口扩机1×2.6，雨城1×2.0，铜头2×2.0，查龙2×0.27	3481.105
	中小型 13	24.35	水东1×2.0，高砂1×1.25，漠武2×1.5，东津2×3.0，锁金山2×1.5，昭平1×2.1，黄丹3×1.5，普定1×2.5	
	合计	247.74		
1996	大中型 23	214.89	五强溪2×24，水口2×20，十三陵2×20，宝珠寺1×17.5，莲花1×13.75，湖南镇扩机1×10，大峡1×7.5，太平驿1×6.5，东西关3×4.5，百龙滩3×3.2，雨城2×2.0，铜头2×2.0，查龙2×0.27	3713.495
	中小型 12	17.50	高砂3×1.25，龙潭2×2.0，锁金山1×1.5，朝阳寺3×1.5，叶茂3×1.25	
	合计	232.39		
1997	大中型 17	252.5	李家峡2×40，天生桥二级2×22，宝珠寺2×17.5，莲花2×13.75，大峡2×7.5，羊卓雍湖4×2.25，十三陵1×20，丰满三期1×14，小山1×8	3978.645
	中小型 7	12.65	鱼潭3×2，白石窑2×1.8，白水峪1×1.5，叶茂1×1.25，锦江1×0.3	
	合计	265.15		

注 农电6000kW及以上水电机组未统计在内。

（国家电力公司 郑思蕙 国投中水公司 张元领）

1995年～1997年各种类型水电机组安装工期统计表

水电站名称	机组型式	机组编号	单机容量（万kW）	安装工期（d）				备注
				Ⅰ		Ⅱ		
岩滩	混流	1	30.25	596	587（平均）	92	81（平均）	
		2	30.25	594		69		
		3	30.25	557		66		
		4	30.25	604		97		
漫湾	混流	2	25	408	633	87	105	
		3	25	562		103		
		4	25	700		86		
		5	25	841		139		
		6	25	655		113		
五强溪	混流	1	24	386	362	87	68	
		2	24	418		74		
		3	24	320		69		
		4	24	314		46		
		5	24	375		64		
水口	轴流	1	20	454	412	131	79	
		2	20	410		80		
		3	20	384		80		
		4	20	325		56		
		5	20	461		80		
		6	20	312		56		
		7	20	540		71		
十三陵	抽水蓄能	1	20	513	429	222	162	
		2	20	566		183		
		3	20	290		128		
		4	20	347		118		
东风	混流	1	17	512	544	79	119	
		2	17	504		47		
		3	17	616		233		
太平驿	混流	1	6.5	411	418	67	38	
		2	6.5	433		29		
		3	6.5	413		29		
		4	6.5	416		28		
大广坝	混流	1	6	288	319	80	64	
		2	6	377		70		
		3	6	359		51		
		4	6	255		55		
东西关	轴流	1	4.5	475	381	83	60	
		2	4.5	352		81		
		3	4.5	445		38		
		4	4.5	253		39		
羊湖	抽水蓄能	1	2.25	538	654	173	151	扣除了引水隧洞处理时间
		2	2.25	515		150		
		3	2.25	789		147		
		4	2.25	775		135		
天生桥二级	混流	1	22	865	597	182	184	
		2	22	697		197		
		3	22	353		129		
		4	22	473		229		

注 表中Ⅰ为从座环安装开始至72h试运行结束；Ⅱ为从转轮吊入至72h试运行结束。

（国家电力公司 朱家鹏）

施　工

14

施 工 技 术

三峡工程一期土石围堰的施工

三峡工程一期土石围堰是为了保护右岸一期基坑能够在枯、汛期都不受洪水影响，保证常年施工而修建的建筑物。一期土石围堰设计全长包括下游横向延长段在内为 2649m，堰顶高程 79m 至 80m，迎水侧坡度为 1∶2.5，背水侧坡度为 1∶1.5～1∶2.0。堰体采用风化砂和块石、石渣材料填筑。防渗体为柔性混凝土防渗心墙上接土工织物。工程量包括土石方填筑 340 万 m^3，水下清淤 30 万 m^3，冲击钻造孔 7.2 万 m，成墙面积 5 万 m^2。一期土石围堰工程于 1993 年 10 月 24 日正式开工，1994 年 7 月建成。

（一）石料料源方案的优化

根据设计所规划的料场方案，用于一期围堰填筑的可开采的料场有两个：一是在导流明渠 12～22 断面上，运距约 1km；另一个是石板溪料场，运距 9km 以上。但在实际施工过程中发现，明渠断面料场覆盖层太厚，短时间难以见到岩石；而石板溪料场路窄道远，根本无法满足围堰填筑强度要求。为此，经过现场踏勘和研究，优化提出了一套新的料源解决方案：①开辟偏岩子、关门洞、鹤翅岩料场。这三个料场均距围堰约 3km，且在征地红线范围内，经现场钻孔勘测，发现这三个料场均有一定储量，岩石质量也满足要求。按这一方案开采后，共采出石料 60 余万 m^3。②利用茅坪溪泄水隧洞进出口开挖料和高石路修筑的弃除石料。③利用各方面力量广泛从水上、陆上收集闲散石料和收购商品石料。④利用长江水下开采的天然砂卵石料补充部分断面的填筑。上述方案的实施，有效地解决了围堰填筑石料料源问题。

（二）应用洞室爆破技术开采石料

在偏岩子、关门洞和鹤翅岩料场的开采中，经过洞室块石成型爆破试验，在取得有关试验参数后进行了广泛的应用。洞室的平面布置型式主要为“干”型或“T”型，主、支洞的开挖断面均为 1.2m×1.6m，药室断面尺寸为 2m×2m，为方便排水和出渣，平洞纵坡取 0.5%～1%，洞室装药量按条形药包公式计算。

堵塞方式采取先用编织袋装风化砂，将药室封闭，然后堵塞支洞，最后封闭主洞。起爆采用电爆网络或导爆索网络。

洞石爆破在前述三个料场共采用了 10 多次，开采岩石 60 万 m^3，一次爆破最大总装药量达 43t，一次最大爆落方量 7 万 m^3，块石获得率高达 30%～45%，无安全事故。

（三）围堰防渗结构的创新

在围堰 3 号～10 号点的防渗墙造孔施工中，特别是在 3 号～5 号点范围内，常遇基础礁石密布，块球体重叠，地质条件十分复杂，不仅造孔进尺缓慢（有时一个台班仅钻进 0.2m），耽误直线工期，而且很难保证终孔质量。对此，经过分析论证和现场帷幕灌浆试验，提出了下述两种具有创新性的防渗体结构形式：①采取在柔性材料防渗墙下部进行帷幕孔造孔和灌浆的“墙幕结合”形式；②对于 3 号～5 号点基础更复杂的部位，采取在柔性材料防渗墙墙体两侧下部进行高压旋喷桩成墙的“墙喷结合”形式。上述结构形式利用了帷幕和高压旋喷对复杂地质情况处理的优势。

对于“墙幕结合”的施工，采用孔径为 91mm 的快速钻或岩芯钻造孔；分两序灌浆，压力为 0.3MPa；灌浆材料采用普通硅酸盐 425 号水泥，拌浆时间不少于 10min，4 级浆液浓度，结束标准为在设计压力下并浆 60min。对于“墙喷结合”的施工，采用水压力为 25～32MPa，气压力为 0.5～0.7MPa，浆压力为 0.5～0.6MPa，提升速度为 5～10cm/min，旋转速度为 5～8r/min。

一期围堰防渗体利用“墙幕结合”结构共实施槽孔段 117 个，帷幕钻孔灌浆总进尺 3500 余 m。利用“墙喷结合”结构在 3 号～5 号点共实施了 5 个槽孔段，一般旋喷深度 7～10m，旋喷墙总面积 420m^2。最后，一期围堰防渗体经过基坑抽水和运行实践证明，渗漏量仅在 200L/min 以内，远小于设计允许值。

（四）防渗墙施工技术的突破

一期围堰柔性混凝土防渗墙施工主要采取 YKC 成孔，分Ⅱ序钻孔、浇注而成，两序间接头 0.1～0.2m，施工组织设计中将Ⅰ、Ⅱ序槽段分别划分为 4.8m 和 5.2m。

为加快进度，节省造价，施工中在摸索和掌握防渗墙基础地层结构特性的基础上，大胆采用多槽段合并钻孔、浇注的“大槽”施工技术，取得了显著成效。1994 年 1 月，第一个长 9.2m 的大槽在 B_{28} 和 B_{29} 两槽段部位进行，随后，各段创造条件进行二槽、三槽和多槽合一的“大槽”施工共 30 余个。1994 年 5 月，一个 14 槽合一的特大槽在新 D_{90}号槽段成功地实施，该槽全长 40.66m，槽段截水面积 859.1m²，一次浇筑柔性混凝土 774m³。

一期围堰防渗墙采用“大槽”施工，使整个防渗墙施工工期提前了 37 天，减少套接造孔进尺 1095m，节约柔性材料 700m³，为在全强风化地层中进行防渗墙施工积累了十分宝贵的经验。

（五）防渗墙柔性材料的改进

为适应一期围堰软基及堰体变形的需要，防渗墙材料选用了优于刚性混凝土的柔性混凝土。柔性混凝土由水泥、水、砂、粘土（或膨润土）及外加剂等组成，设计 28 天龄期的单轴抗压强度为 2～4MPa，初始切线模量为 400～700MPa，渗透系数为 $n\times10^{-8}$cm/s。

在设计配比给出后，经过实施发现该配比采用外加剂种类偏多（3 种），不便于大规模施工，于是将外加剂种类调整到一种。但经过几个月的应用，又发现部分抽样强度达不到设计值，在此基础上又采取了水泥和粘土用量随风化砂含泥量相应变动的措施，实行动态配比，收到了实效。从 1993 年 10 月 21 日第一个槽孔开始浇筑到 1994 年 6 月 29 日全部防渗墙浇完，经过 1000 多件试样和现场检测，其最终成果为：柔性混凝土强度合格率 96.8%，强度保证率 95%，虽然有很少部分 28 天龄期的强度略有偏低，但 90 天龄期的强度达到了 28 天的 2 倍，满足工程要求。混凝土 28 天龄期的初始切线模量大部分低于 1000MPa，最小值为 280MPa；渗透系数为 $n\times10^{-8}$量级或更小，破坏渗透比降大于 60，完全满足设计要求。

经过一期围堰抽水后的运行实践和渗漏量检测证明，防渗墙柔性材料的改进具有科学、合理、动态的特点，是非常成功的。

（中国葛洲坝集团公司 周厚贵）

三峡工程纵向围堰的碾压混凝土施工

三峡工程碾压混凝土纵向围堰位于中堡岛右侧，围堰轴线全长 1195.47m，分为上纵、堰坝和下纵三段。上纵段为临时建筑物，其中堰外部分采用全断面碾压混凝土；堰内部分采用常态混凝土包裹碾压混凝土的“金包银”结构。堰坝段和下纵段为永久建筑物，均采用“金包银”结构。纵向围堰结构形式为重力式，混凝土工程总量为 159.2 万 m³，其中碾压混凝土 130.3 万 m³，占总量的 81.8%。

（一）碾压混凝土原材料

碾压混凝土胶凝材料优先选用 525 号中热硅酸盐水泥，也可选用 425 号低热矿渣硅酸盐水泥；粉煤灰选用准 I 级优质灰，掺量为水泥用量的 30%～58%；砂石料采用长江天然砂石骨料，最大粒径 80mm，连续级配，砂的细度模数 2.4～2.8，含水率小于 6%；混凝土外加剂选用减水缓凝剂木质素磺酸钙或 JG4 及引气剂 DH9。

（二）混凝土拌和

混凝土拌和系统由 2 座郑州产 4×3m³ 拌和楼、1 座澳大利亚产 200m³/h 连续式拌和楼组成，总拌和能力达 1 万 m³/d 以上。试验确定的拌和最佳投料顺序见下表。为满足温控要求，1、2 号拌和楼配备制冷楼，总容量 27.2×10⁹J/h，在 3 月～5 月和 10 月、11 月可生产机口温度 10～14℃的低温混凝土。碾压混凝土拌和时间为 150s，机口 Vc 值控制在 5～10s。

碾压混凝土拌和最佳投料顺序表

编号	型 号	投 料 顺 序
1 号楼	4×J3－300 新楼	大石＋小石→水泥＋粉煤灰→水＋外加剂＋中石＋砂
2 号楼	4×J3－300 旧楼	大石＋中石＋小石→水＋外加剂→水泥＋粉煤灰＋砂
3 号楼	ARAN—200 型	骨料＋水泥＋粉煤灰→水＋外加剂

（三）碾压混凝土运输

拌和楼至仓面运输距离 3～4km，最大高差 45m。混凝土水平运输采用 15～20t 自卸汽车。入仓手段，除上纵堰内段 80m 高程以上碾压混凝土采用罗泰克塔带机入仓外，其余部位碾压混凝土均以汽车直接入仓为主，有的较重要部位如堰坝段辅以定点式入仓皮带或罗泰克胎带机入仓。对于汽车直接入仓浇筑的部位，在进仓口前 30～50m 设置自动或人工冲洗台，冲洗水压不小于 0.5MPa。冲洗平台至入仓口的进仓道路铺设干净卵石或碎石，并在入仓口铺设钢板或麻袋以利脱水。进仓道路安排专人维护，保证排水畅通，路面洁净。

（四）碾压混凝土施工工艺

（1）施工分层分块。整个纵向围堰共分 39 段，施工时只分横缝不分纵逢，通仓浇筑。根据施工综合能力，将 39 个堰段分为 13 个碾压混凝土浇筑仓，仓面面积 2000～5285m²。碾压混凝土浇筑采取分升层间歇式均衡上升方式，施工中取每升程高度为 1.8～2.4m。

（2）碾压混凝土的摊铺、碾压。在仓内，碾压混凝土按条带铺料，每条带宽 10～15m。堰坝段沿坝轴线方向铺料，其它部位均沿上下游方向铺料。正式施工前对摊铺、碾压工艺进行了试验，确定铺料厚度 35cm，压实后 30cm，碾压 6～8 遍（10t 双轮振动碾），碾压混凝土湿容重≥2400kg/m³。碾压混凝土摊铺采用平履带平仓机，为减少一次摊铺产生的骨料分离问题，采用二次摊铺，即先摊铺下半层 15～20cm，然后在其上再卸料摊铺成 35cm 层厚。在二次摊铺过程中，再辅以人工分散处理，以便更好地避免骨料分离。当第一条带平仓完后，立即开始碾压，振动碾采用 10t 双轮自行式碾，控制碾压走行速度 1～1.5km/h。碾压条带间搭接宽度不小于 20 cm，端头部位搭接长度不小于 100～150cm，边角部位采用小型振动碾压实。碾压完成后经用核子密度仪检测其容重，达到设计要求后再进行下一层碾压混凝土作业。对于全断面碾压混凝土，在靠模板边 30～50cm 范围内，加注 0.5：1 水泥浓浆后用插入式或软管式振捣器振捣密实。对于“金包银”结构，采用外部常态混凝土防渗层与碾压混凝土铺筑层同厚浇筑，施工顺序有先浇常态混凝土后铺碾压混凝土和先铺碾压混凝土后浇常态混凝土两种方式可选择，经过现场实际操作和试验，施工中以前者用得较多。

(3) 施工缝面处理。碾压混凝土升程间的施工缝面处理，一般在碾压收仓后 10h 左右采用低压水冲毛，以微露小石和砂粒为准。在施工过程中，由于多种原因造成层面间歇时间超过设计允许时间的需进行缝面处理，视间歇时间长短分为两种情况：对于不超过 24h 的，则将层面冲洗干净，铺一层 2～3cm 砂浆后可继续铺筑碾压混凝土；对于超过 24h 的冷缝，则需先对层面进行冲毛和刷毛，然后清除混凝土表面的浮浆、残渣和积水，再铺设砂浆后进行下一层碾压混凝土铺筑。

(4) 结构缝造缝。碾压混凝土浇筑仓面一般为 2～4 个堰段，每段不分纵缝，但堰段之间设有横缝。施工中横缝采用埋设沥青杉板或打孔灌砂形成。埋设沥青杉板造缝时，每浇一个碾压层埋设一次，埋深 10～15cm；打孔灌砂造缝则是待一个升程浇完后钻灌，钻孔间距 15～20cm，钻孔深度为升程厚度的 2/3，孔内灌砂。

(5) 冷却水管埋设及初期通水冷却。在碾压混凝土中埋设冷却水管在国内外尚无先例，为此，先后试验了 3 种埋设方式：在收仓面上挖槽埋入冷却水管；在收仓面上先采用振动碾压管成槽，再埋入冷却水管；直接在收仓面上铺设。经现场试验比较，第三种方式为最优。埋设的冷却水管直径为 2.54cm，水平间距 1.5～2m，垂直间距 1.8～2.4m，单支水管长度要求小于 250m，碾压混凝土浇筑后 3 天开始通河水，通水流量 18L/min，通水时间 25～30 天，采取初期通水冷却措施可降低混凝土最高温升 3℃左右。

(6) 仓面喷雾及表面养护、保温。仓面喷雾采用以风带水管道小孔式喷雾法，将管道固定在浇筑仓长边方向两侧模板顶部，开仓时打开风水阀门，风水混合后经管道小孔喷出成雾，基本上可覆盖整个仓面。现场测试表明，仓面喷雾可降低仓面小环境温度 3℃左右。混凝土初凝后采用洒水方法进行养护。对于连续上升的层面，养护至下一仓开仓前为止；对于永久暴露面，则养护至 28 天以上。表面保温选用高压聚乙烯泡沫塑料卷材，用竹片压边固定于混凝土表面。

(五) 模板及管理

围堰基础部位 1～2m 采用组合钢模板，其上采用大型悬臂钢模板（宽×高＝3m×2.1m）和多卡模板（宽×高＝3m×2.4m）。组合钢模板由人工架立；大型悬臂模板和多卡模板采用汽车吊拆装，预埋螺栓固定。

模板管理一改过去按材料进行管理的模式，采取设备租赁方式进行管理，具有加快周转、降低成本、延长使用寿命等显著优点。

(六) 碾压混凝土施工机械设备配备

根据碾压混凝土快速连续施工、高强度入仓和温控要求严格等特点，除了具备足够的拌和能力外，还要求每个仓面配备足够的施工机械。对于纵向围堰堰坝段和上纵堰内段的大仓面施工，每个仓面配备大振动碾 4～5 台，小型振动碾 2～3 台，平仓机 2～3 台，装载机 1 台，15～20t 自卸汽车 35～40 辆；而对于其它一般的仓面施工，每个仓位配备大振动碾 2～3 台，小型振动碾 2～3 台，平仓机 2 台，装载机 1 台，15～20t 自卸汽车 20～25 辆。

三峡纵向围堰混凝土于 1994 年 12 月 14 日开始浇筑，至 1996 年 12 月基本完工，混凝土浇筑最高月强度为 20 万 m³，最高日强度 1.04 万 m³。

（中国葛洲坝集团公司 周厚贵）

三峡工程永久船闸一期开挖施工

(一) 概述

三峡工程永久船闸（以下简称船闸）位于枢纽的左侧，为双线平行布置的五级连续船闸。船闸线路总长 2442m，中间山势最高处布置有 1607m 的船闸主体段（闸室段）。五级船闸每级闸室有效长度 280m、宽 34m。船闸开挖后形成边坡一般在 100m 以上，最大开挖边坡 173m。

船闸区沟谷发育，地形破碎。工程地质勘测阶段，从整体上认为船闸基岩为前震旦世纪花岗岩，岩性较均一，隐裂隙发育较多，力学强度高，岩体透水性小，断层构造大多粘结较好，是高边坡及大型地下洞室开挖的较好的岩体。但施工期工程地质条件同勘测期地质研究概况相比，更具有动态变化的复杂性，断层的展布规律、发育程度、规模性状均无明显好转；同时也存在有缓倾角断裂、胶结不良断层、深风化带、局部透水带等不良地质缺陷，对高边坡和洞室开挖有不利影响。

船闸按施工时段分为一期工程和二期工程。本条目记述的一期工程为闸槽以上的开挖和边坡支护，另加“98.7”和古树岭的场地平整工程、砂石料生产和拌和系统，施工任务由武警水电部队中标承担。一期工程于1994年4月17日开工，至1995年12月23日按合同要求提前完工，共完成土石方开挖1895万m^3，预裂16.68万m，锚喷37.7万m^2，锚杆11.5万m，排水孔31.8万m，锚索3.0万m（锚索因设计出图晚，延续至二期施工）。

（二）三峡永久船闸一期工程施工特点

1. 施工条件逐步完善　1994年4月17日开工时，三峡坝区内的施工道路及风、水、电系统还未形成，为了确保合同工期，在合同中要求提供的水、电、路因征地、移民等原因不能按期提供的情况下，施工部队克服重重困难，抢修道路，搭建帐棚，汽车拉水，自行发电，并协助施工区内的移民搬迁，从而变被动为主动，迅速打开了施工局面。

2. 施工强度高　在施工条件不完善，运距达3.0km的情况下，开挖平均月强度超过100万m^3，且开挖强度连续3个月达到135万m^3的可喜成绩；1995年进入全面微新岩开挖以来，月平均开挖强度也在70万m^3以上，创造了本施工部队土石方开挖的最高纪录。

3. 高边坡施工技术难度大　一期开挖形成的最大高边坡92m，按照开挖技术要求，不允许欠挖，超挖不超过20cm。边坡按每15m一个台阶，台阶与台阶或是同一台阶会同时出现微新岩、弱风化岩及强风化岩三种情况，给预裂造孔带来很大麻烦，有些边坡只能依靠人工清坡，用手风钻修坡，因而造成工序多、成型慢，边坡比降变化较大，即使是同一边坡，各部位比降也不相同，一期边坡多为扭坡，拐点多，给钻孔精度的掌握带来不少困难。

4. 施工方案因地制宜　针对如此大规模的土石方开挖，合理的施工方案显得尤为重要。按制定的施工方案，根据地形地貌等施工自然条件，沿大岭山脊分成上下游两个开挖区，而上下游两个大区又分成左右两个小区，形成上下游间、左右间的出渣路。由于征地范围受限（尤其左岸），加之左岸过坝路没有形成，施工道路采取内外结合、边挖边填边通行的办法施工。梯段开挖投标时按15m设计，开工后，考虑到施工部队配置的钻孔设备为液压钻，最佳钻孔深度为10m左右，故将梯段开挖改成8～10m一层。边坡前预留8m光爆层，按马道高度15m一层一次光爆成型。事实证明，这样分层较为合理，不仅能使钻机达到最佳工作效率，而且也能充分发挥8～10m的梯段挖掘机的工作效率，又便于交通道路的布置及上下梯段的道路沟通。

5. 爆破试验反复进行　在一期工程施工中，为取得良好的爆破效果及适当的块度要求，提高铲装效率，开挖出较好的边坡，探索出槽挖施工对直立墙边坡的振动影响范围及合理的钻爆参数及施工方法，在工程施工中均按招标文件要求反复进行生产性爆破试验，以求得最佳的爆破参数和起爆网络。

(1) 对于梯段爆破。根据块度要求、临空面的限制以及飞石安全距离等要求（开口线以外20m内有居民点），经过爆破试验后，认为采用宽孔距小排距梅花型布孔，网络采用“V”型网络使爆破渣集中，堵塞深度稍大于抵抗线等有利。“V”型网络使爆堆集中，利于提高铲装量，减少推土机工作量，堵塞深度稍大于抵抗线不易产生飞石，上部也不会出现大块石。

(2) 对于边坡成型爆破。对船闸这种花岗岩玻璃性的岩石，施工部队经过大量生产性试验证明，用光面爆破效果比预裂爆破的效果要好，所以边坡成型多采用光面爆破。

6. 新型炸药混装车装药的使用　一期工程要在短短20个月内完成1895万m^3的开挖量，这种大规模的开挖也需要以大规模的爆破来保证。如果日开挖强度按3万m^3、单耗按0.6kg/m^3计，一天要消耗炸药18t，如果采用传统的人工装药，则需配30～40人左右的装药队伍，工作时间大于8h，这种情况完全不能适应机械化施工的需要。为此，施工部队与葛洲坝水利水电集团公司三峡爆破公司合作，率先在本工地推广使用了混装车装药。这是水利水电工程爆破施工的一项新技术，同传统的人工装药相比，它具有以下优点：①用混装车装药，平均每人每小时可装450kg，相当于人工装药的10倍左右。使用混装车装药还能很好地解决存在地下水或雨季施工的问题，使人工装药经常碰到的小孔浮药、卡药及药装不到孔底等问题得以解决。②用混装车装药可以全孔偶合装药，从而可增加单孔药量，使爆破孔距增大，减少一定的钻孔工作量，且爆破效果较好。③混装车炸药系现场配置，电脑配方，在未装药之前炸药各成分相互隔离，只有在装药入孔时才由电脑按所需比例配置成液体炸药，因而运输、储存均安全可靠。

（武警水电部队三峡指挥部　周光奎　廖多祚）

三峡工程二期围堰右上接头防渗墙试验段的施工

1996年8月，中国长江三峡工程开发总公司从德国购进了中国大陆第一台液压铣槽机，拟用于三峡二期围堰深槽防渗墙工程。为验证设备性能、培训员工积累经验，该公司决定在二期围堰右上接头段进行试验，并委托中国水利水电基础工程局为主承担该项任务。试验于1996年9月开始，1997年4月完成。建成的防渗墙轴线长140.465m，防渗面积3798m²，挖槽总量4047m²，浇筑墙体柔性材料3836.7m³，平均墙深27m，最大墙深39m。

试验施工所用的液压铣槽机是一种新型的地下连续墙开挖设备，其优点是对地层适应性强，铣挖效率高、精度高、深度大。设备的工作原理是：利用两对绕水平轴相对转动的鼓轮铣削地层，同时用液压潜水泵抽吸渣浆，送至净化站去除钻渣后，净化的固壁泥浆又送回槽孔。铣槽机按上述方式自上而下连续作业，在地层中铣挖出矩形的槽孔。这次引进的BC—30液压铣槽机和BE—500泥浆净化站为德国宝峨公司的产品，其主要性能参数如下：成槽几何尺寸，单次成槽长度2.8m，单次成槽宽度0.64～2.2m，最大铣挖深度80m；液压铣挖轮，直径1.4m，转速0～25r/min，最大铣削扭矩2×81kNm；铣架，高度15.365m，重量30t；液压潜水泵，最大排量500m³/h，最大扬程65m；附属动力站，型号HD475，功率235kW；装载设备，起重机型号BS—110，功率297kW，最大起重量80t，桅杆高度22m；泥浆净化站，功率102kW，最大处理能力500m³/h。

试验段的地层对于二期防渗墙工程具有代表性，施工平台以下可分为三层：上部为堰体层，主要由花岗岩风化砂构成，其中混有块石、石渣，局部地段堰体下部为一期围堰水下抛填块碎石；中部为第四系覆盖层，主要由淤积粉细砂和残积块球体构成；下部为基岩层，岩性以闪云斜长花岗岩为主，可分为强、弱、微风化带。

防渗墙施工程序是，槽孔分两期施工，先铣挖一期槽，后铣挖二期槽，其施工工艺流程为：①槽段预开挖；②钻进一期槽第一单元孔段；③钻进一期槽第二单元孔段；④钻进一期槽第三单元孔段，完成一期槽；⑤浇筑一期槽的混凝土；⑥用同样方法建造另一个一期槽；⑦钻进两个一期槽中间的二期槽；⑧浇筑二期槽的混凝土；⑨按上述步骤继续建造连续墙。一期槽孔大部分为三铣成槽（槽长7.2～7.4m），个别为一铣成槽（槽长2.8m）；二期槽孔均为一铣成槽（槽长2.8m），两期槽孔搭接长度为0.2m，接缝呈锯齿状连接。

试验段防渗墙共分为33个槽段，分为两阶段施工，先期完成的性能试验段共8个槽段，墙宽均为1.0m，铣槽工程量724.5m²。该段主要任务是验证设备对三峡地层的适应性，考核其铣挖效率和精度。生产性试验段共完成23个槽段，墙宽0.8m，铣槽总量2907.26m²。该阶段试验目的是摸索最佳施工工艺，进一步测定设备铣挖效率，为二期围堰防渗墙施工收集资料。除上述槽段外，由于存有障碍物，不便液压铣作业，0号和29号槽改用CZF—1500冲击反循环钻机施工，工程量415.62m²。此外，为配合试验施工和解决施工难点，还进行了固壁泥浆、硬岩钻爆、槽内灌浆管埋设、超声波测井仪监测槽孔精度、漏失地层预灌浓浆等多项工艺试验，取得了较丰富的成果。

整个试验段的施工，在业主、设计、监理、施工单位和设备制造厂商的通力配合下，完成了合同所规定的任务，取得了成功。通过试验段取得的基本成果和结论是：

(1) 液压铣适用于三峡大部分地层，在回填风化砂、粉细砂、砂卵石层、全强风化岩中铣挖效率高，如砂层平均工效可达100m²/d，强风化岩可达15m²/d。成槽精度能满足设计要求，一般小于3‰。

(2) 对于抗压强度大于80MPa的花岗岩和块球体等坚硬地层，虽可直接铣削，但效率低，精度差，铣齿消耗大，设备故障多，因而是不经济的。

(3) 本次试验所确定的施工工艺和施工措施是合理的，确保了试验工程的顺利实施，特别是对坚硬地层，采用预爆、钻爆和重锤冲砸破碎等辅助措施配合液压铣作业，效果十分明显，铣挖平均效率可提高1～3倍，消耗也大为下降。

(4) 在强漏失地层中，必须采取相应措施，方能保证液压铣正常安全地作业。本次试验采用预灌浓浆方法是成功的，但该方法用于二期围堰深槽防渗墙施工的可行性，尚待进一步验证。

（中国水利水电基础工程局　蒋振中）

小浪底水利枢纽主坝混凝土防渗墙的施工

黄河小浪底水利枢纽的主坝为设有内铺盖的壤土斜心墙堆石坝，最大坝高154m，坝顶长1667m。主坝河床段，基础条件比较复杂，覆盖层最深处有70多m。根据多方论证并考虑到施工的可能性，采用混凝土防渗墙防渗。为争取工期，小浪底水利枢纽建设管理局决定在国际招标完成前利用内资进行主坝混凝土防渗墙第一期（右岸部分）长259.6m、总面积为10600m²的墙体施工。这项工程由黄河水利委员会勘测规划设计研究院设计，中国水利水电基础工程局施工。工程从1993年2月开始，至1994年10月全部完工。

小浪底主坝混凝土防渗墙设计墙厚1.2m，墙底嵌入基岩1～4m，墙顶设计高程分别为126m和138m，并在126m高程以上的墙内设置钢筋笼；墙段之间采用套打一钻连接。要求接头孔孔斜率不大于0.2%，其余部位孔斜率不大于0.4%。墙体混凝土设计强度R_{90}=35MPa（保证率85%），变形模量E=30000MPa，抗渗标号不小于S_8，混凝土坍落度18～22cm，扩散度34～38cm。

右岸部分墙下设置60m深的单排灌浆帷幕。该工程总计完成造孔进尺15183.7m，浇筑混凝土21526.9m³。最大造孔深度81.9m，是目前我国已建成的防渗墙中最深的。

防渗墙轴线地质情况比较复杂，河床覆盖层最深处达70余m，自上而下大致可分为4层：表砂层2～3m，上部砂卵石层35～55m，底砂层10～20m，底部砂卵石层最深处约25m。在上部砂卵石层中分布有厚约1～4m的夹沙透镜体。河床基岩为二叠系的粘土岩和三叠系的砂岩。河床深槽右侧有高约45m的基岩陡坎，岩坎坡度约1：0.6。

整个防渗墙共分43个槽段施工，槽孔长度为6.6～8.7m，主孔均为1.2m，副孔长1.3～1.95m，其中大部分槽长7.2m。

为防止槽口坍塌，在导向槽两侧的粉细砂层中分别采用了排孔距1.5m、排距2.0m、深6.5m的振冲碎石桩支护并加密孔口导向槽下面的松散的表砂层，达到了理想的效果。加密后的土体密度均超过1.7t/m³，经过18个月的施工，槽口土体无一坍塌，从而保证了施工的顺利和安全。

防渗墙造孔采用CZ30和CZ22型冲击钻机造主孔，液压导板抓斗抓部分副孔，另一部分副孔采用钻劈法施工。为避免相互干扰，冲击钻机和液压导板抓斗分别布置在槽孔两侧。施工高峰时抓斗抓取副孔的工效达到48m²/（台·日），冲击钻钻凿主、副孔的工效分别达到1.8m²/（台·日）和3.0m²/（台·日），钻凿缓凝型混凝土接头孔的工效为2.3m²/（台·日）。

造孔泥浆用10台2m³泥浆搅拌机制浆，设有储量为900m³的储浆池，日制浆能力550m³。由于当地粘土粘粒含量仅为35%，因此，为拌制合格的泥浆，在制粘土浆时加了少量的膨润土（每立方米泥浆加12.5kg膨润土）和碱粉。

本工程的混凝土拌和、运输系统布置合理，工效较高，用3台0.5m³强制式拌和机和2台6m³的混凝土拌和车，实现了53m³/h的浇筑速度，使1.2～1.8m宽的槽孔内混凝土面达到了2.5～5.22m/h的上升速度，从而保证了混凝土的浇筑质量。

由于本工程墙体深达80多m，而防渗墙标号又比较高，这就给防渗墙接头的施工造成了很大困难。本工程开始时所使用的混凝土由于早期强度太高（R_5=30.7MPa；R_{28}=44.1MPa），给钻凿接头孔带来很大的困难。为此，施工单位研制成功了缓凝型防渗墙混凝土，这种混凝土早期强度较低，从而使80m深的接头孔钻凿成为可能，而这种混凝土后期强度又较高，可以达到设计要求。缓凝型混凝土的研制成功及首次应用是小浪底主坝防渗墙得以顺利建成的技术关键。这项技术对我国其他混凝土防渗墙的施工具有借鉴意义。

为监测混凝土质量，对43个槽孔的混凝土均进行了机口取样，对其90天龄期的混凝土抗压强度的试验结果进行数理统计分析，由此得到：$\overline{R}_{90}$=38.7MPa，标准差σ=3.8MPa，离差系数C_V=0.098，强度保证率P=93.5%，合格率100%；抗渗标号均在B_{12}以上，弹性模量E为30000MPa左右。从以上结果看，混凝土质量是好的，施工控制是均匀的，按SDJ249—88《水利水电基本建设工程单元工程质量等级评定标准》的标准评定，混凝土质量属于优良之列。

工序验收结果表明，在防渗墙的43个接头孔中，测点总数为1974个，孔斜率小于0.2%的1938个，占98.2%，大于0.2%的测点经校核也能满足墙厚1.2m的要求。槽孔其余部位的孔斜测点总数为2944个，小于0.4%的占99.9%，大于0.4%的两个点也能满足墙厚的要求。

在防渗墙体内还埋设了应变计、无应力计、土压力计、倾角计等各种仪器共20只，在墙外和墙底基岩中还埋设了渗压计5支，仪器埋设的“成活率”为100%。

小浪底水利枢纽主坝防渗墙深度是目前国内最深的，坝体又较厚，地层又很复杂，表层和深层均有粉细砂层，而砂砾石层中又含有大漂石，造孔十分困难，墙体混凝土标号又较高，钻接头孔很困难，因而该工程被视为小浪底水利枢纽工程的四大难题之一。这一工程的建成标志着我国防渗墙施工技术又上了一个新台阶。

（中国水利水电基础工程局　高钟璞）

小浪底工程洞群进水口工程的施工

小浪底水利枢纽工程的泄洪、发电、排沙和灌溉建筑物全部布置在黄河左岸风雨沟的左侧山体处，位于山体上游侧的洞群进水口主要有进水塔、引水导墙以及导流塔和用于防汛的临时围堰等工程。小浪底进水口工程的施工大致分为开挖、支护和混凝土浇筑三个阶段。

（一）进水口高边坡的开挖及支护

进水口工程开挖的边坡高、坡度陡，并且有F_{28}、F_{236}、F_{238}、F_{240}、F_{241}等多条断层穿过，断层走向与进水塔的轴线近于平行，且规模较大，最大宽度达80m。复杂的地质条件，对进水口高边坡的稳定造成一些不利的影响，同时也给开挖、岩石支护工作带来了极大的困难。

进水口工程的开挖主要包括：进水塔及塔后高边坡的开挖，引水导墙的开挖，导流塔及引水渠的开挖和洞群进口段的洞挖。在进水塔塔后高边坡开挖支护的同时，还要进行19条洞进口段的开挖，多项作业的平行进行，形成了进水口开挖工作干扰多、难度大的特点。进水口边坡开挖和洞群布置如下图所示。

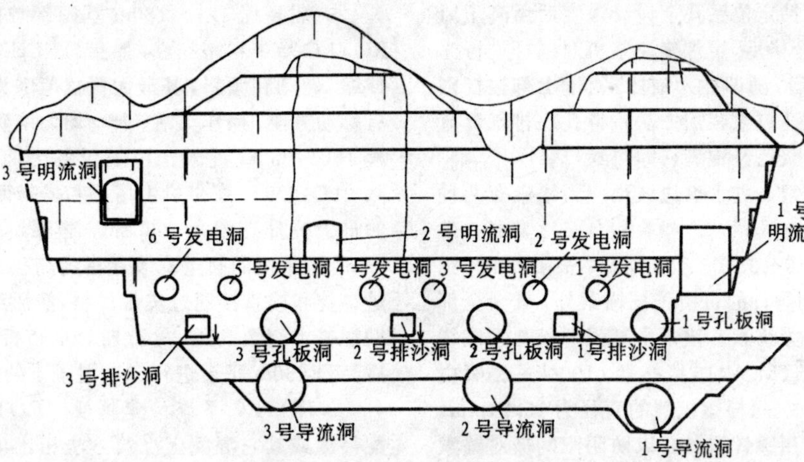

进水口边坡开挖及洞群布置上游立视图

1. *土石方开挖*　进水口土石方开挖工程分两期进行。一期工程主要为进水塔塔后及两侧边坡从高程290m至250m部分的开挖，由水电第十一工程局承建，因施工机械设备数量少，且大部分设备较陈旧，工效较低，工程于1992年9月1日开工，至1994年4月底结束，总共完成土石方开挖152.9万m^3，其中土方开挖33.6万m^3，石方开挖119.3万m^3。

二期主体工程于1994年9月12日开工，因外商(CGIC，以德国旭普林为责任公司的中德意联营体)的大型设备未能按时进场，因此CGIC将高程250～230m部分的开挖工作分包给水电第十一工程局。水电第十一工程局利用一期工程的设备于1995年3月底完成此部分的石方开挖，共计12.8万m^3。

随着CGIC设备的陆续进场，外商从1995年4月开始对高程230m以下的进口区进行大规模的开挖，除在高程230m的平台上预留20m作交通道路外，自西向东、自南向北进行大体积钻爆出渣，基本上形成了高程200m和175m的两个平台。从1995年5月开始进行高程175m以下至141.5m和高程132m的导流塔边坡和引水渠的开挖，至1996年11月21日基本完成进水口区的土石方开挖，总计开挖量为427.5万m^3，其中不分类料101.2万m^3，石方315.5万m^3，结构开挖10.8万m^3。土石方最高月产量为45.13万m^3，最高日产量为2.1万m^3。

土方开挖采用D9N推土机分层推土，3～5m^3轮式装载机、45t自卸车运输。石方开挖采用液压露天钻机钻孔爆破，5m^3液压正铲、反铲及5.6m^3轮式装载机直接挖装，45t自卸车运输的机械化施工方法。主要开挖机械设备有：露天液压钻TAMROCK6台，ATLAS2台；液压正铲5$m^3$2台；液压反铲5$m^3$2台，1$m^3$2台；装载机5.6$m^3$2台，3$m^3$2台；推土机D9N2台，D8N2台；自卸汽车45t21～29辆；平路机2台；洒水车2辆。

2. *石方洞挖*　进水口石方洞挖包括3条明流洞、6条发电洞、3条孔板洞、3条排沙洞、3条导流洞和1条灌溉洞共19条洞进口段的开挖，开挖洞长10～50m不等，按各个洞口的设计高程，随着边坡台阶的下降进行施工。进洞前将洞脸支护好后再掘进，1号～3号明流洞和1号～3号孔板洞分三层开挖，灌溉洞一次成型。在洞内开挖一层支护一层，喷锚支护紧跟掘进的掌子面。钻孔采用电动液压多臂钻，每次循环进尺视洞内围岩的类别而定：Ⅱ、Ⅲ类围岩进尺3m；Ⅳ类围岩及断层破碎带进尺为1.5～2m。Ⅱ、Ⅲ类围岩周边孔和掏槽孔采用孔间微差顺序起爆一次成型；Ⅳ类围岩及断层破碎带常在中间掏槽，然后在边顶拱进行“光面爆破”成型。

3. *高边坡的支护*　考虑到复杂的地质条件，为确保施工期和运行期高边坡的稳定性，进水口边坡在设计上采用了喷混凝土、系统砂浆锚杆或张拉锚杆、排水孔和预应力张拉锚索等联合支护型式。支护工作随开挖边坡面同时进行。

(1)喷混凝土。边坡开挖到位并清理合格后，进行喷混凝土作业，操作手在升降平台车上自下而上进行施喷，在高程250～205m之间喷混凝土采用3-4-3结构，即喷一层3cm厚的素混凝土后再喷第二层4cm钢纤混凝土，然后喷第三层3cm素混凝土。一般部位喷

10cm 的素混凝土，在断层带部位增加一层或两层 $\phi6$（20cm×20cm）的钢丝网支护。

(2) 锚杆、排水孔。在喷混凝土达到 3 天强度后进行锚杆、排水孔的施工。锚杆、排水孔位置由测量放点确定，用液压露天钻定位钻孔至设计深度后用高压风进行吹孔，经验收合格后，用螺旋注浆机对锚杆进行注浆，直至孔口流浆后，随即插入锚杆，对于上仰锚杆则采用先插锚杆后在孔口注浆的方法，待孔底排气管流出浆液后，表明砂浆已经饱满，即可封口。

(3) 预应力锚索。进水口边坡预应力锚索有两种类型：全长二次粘结式预应力锚索和双层防腐自由张拉锚索。在高程 250～230m 之间的 157 根 1000kN 锚索，除 11 根安装测力计的自由张拉锚索外，其余全部为二次粘结式预应力锚索。锚索由高强低松弛钢绞线组成，且应符合 ASTM-A416 级标准。1000kN 锚索由 7 根钢绞线编制而成。每根钢绞线的直径为 15.24mm。在捆扎锚索时严禁用镀锌铁丝，以防阴阳两极对锚索的腐蚀反应。锚索的钻孔用 100B 潜孔钻，在断层及破碎带部位采用多次护壁灌浆工艺成孔，并用高压风清孔后进行内锚固段的压水试验。如压水试验不满足规范要求，要重新进行固结灌浆，直至满足为止。压水试验合格后，由人工送索至孔底，然后进行内锚固段的注浆，注浆完成后，及时在孔口设置钢筋混凝土（C30）垫墩，当因锚固段和垫墩达到设计强度后将锚索顶张拉至设计吨位的 125%，观测合格后即可卸荷松弛，然后再张拉至设计吨位锁定。锁定后对张拉段进行二次注浆，最后对锚头、锚具进行密封保护，即完成整个施工工艺过程。在高程 230m 以下共有 421 根锚索，其中 2000kN 的 108 根，1000kN 的 313 根，全部为双层防腐自由张拉锚索。

(二) 进水塔混凝土工程

进水口区的混凝土工程主要包括进水塔、导流塔和引水导墙 3 个部位，共计混凝土方量为 110 万 m^3，其中进水塔混凝土方量有 88 万 m^3，并且是结构复杂、含筋量高、施工难度较大的部位。

1. 进水塔工程特性　进水塔由 3 座明流塔、3 座发电塔，3 座孔板塔和 1 座灌溉塔组成，共 10 座呈“一”字型排列，总宽度为 276.4m，最大塔高 113m，最大单体塔宽 48.3m，最大单塔长度（顺水流向）70m。进水塔平均每立方米混凝土含筋量约 45kg。根据进水塔运用功能要求，其结构孔洞多、体型复杂，既有一般的大体积混凝土，又有闸墩及筒状薄壁结构，混凝土浇筑层厚为 1.5～2.0m，仓号浇筑量为 300～1000m^3。

2. 进水塔混凝土施工机械布置　进水塔混凝土工程从 1996 年 9 月开始施工，目前已基本达到高程 190m。用于进水塔材料垂直运输的设备由 4 台 LIBHERR 塔吊组成，每台塔吊的最大覆盖范围是 60m，最大起吊重量为 5.1t，最小起吊重量为 2.4t。进水塔混凝土分两期施工，一期从高程 171m 至 230m，二期从高程 230m 至 283m。用于进水塔混凝土运输和浇筑的 ROTEC 系统是国内首次使用的一种新型设备。

一期高程 171～180m 基础部位的混凝土浇筑由 ROTEC 胎带机来完成。胎带机（CC200-24）能自由地伸缩、转动和倾斜，其最大覆盖范围为 61m，同时还具有移动方便、操作灵活、入仓均匀准确等优点。一期高程 180～230m 混凝土浇筑设备为两台 ROTEC 塔带机（TC1875）。塔带机由塔吊和塔带两部分组成，塔吊的最大提升高度为 108.8m，塔带的最大覆盖范围为 85m。塔带机的轨道安装在塔前高程 175m 平台上，由进口拌和楼直接通过皮带供料，然后经塔带入仓。当一期混凝土浇至高程 230m 时，塔带机将陆续迁移到塔后高程 230m 平台进行二期混凝土的施工。

3. ROTEC 系统的优越性　ROTEC 系统与门机配吊罐或其它混凝土浇筑方法相比具有以下优越性：①浇筑强度高，一般情况下为 50m^3/h，能满足工程进度的需要；②覆盖范围广，最大范围为 85m，提升高度大，最大高度为 108.8m；③由皮带机直接入仓，节省了设备、材料，同时避免了大量的施工干扰问题；④自动控制卸料位置，入仓准确、均匀，易于平仓，从而减少劳务数量，提高了工作效率；⑤移动灵活，操作方便、安全。但是，该系统在进水塔的实际浇筑强度远低于其设计强度，从这一点可以说明：ROTEC 系统更适合于含筋量低、同时又以机械振捣相配合的大体积混凝土施工。

（小浪底工程咨询有限公司　肖大强　祁志峰）

小浪底工程地下厂房的施工

小浪底水利枢纽引水发电系统是整个枢纽工程的重要组成部分，地下厂房安装 6 台 30 万 kW 的机组，年发电量 51 亿 kW·h。地下厂房由副厂房、安装间、主厂房组成，顶拱高程 165.0m，最低揭露高程 103.61m，主厂房最大跨度 26.2m，长 251.5m，最大高度 61.39m。底板以上分布有 T_1^{3-2}、T_1^4、T_1^5、T_1^6 岩组地层，以钙质细砂岩为主，夹薄层页岩，倾向 SE98°，倾角 9.5°，近于水平成层。在国际招标中，引水发电系统标由法国杜美思国际工程公司、德国霍尔茨曼公司和中国水利水电第六工程局组成的小浪底联营体，以杜美思为责任方中标施工。

(一) 地下厂房开挖

小浪底工程地下厂房开挖分 10 层进行。

(1) 厂房顶拱开挖。顶拱施工难度最大，工期最紧，从 1995 年 2 月 5 日开始，至 1996 年 2 月 15 日完成，共完成洞挖 49190m³，喷混凝土 4966m³，挂网 13108m²，锚杆 3951 根计 27657m，锚索 325 根计 8125m。厂房顶拱开挖高度为 9.05m，断面分 5 块，首先将 2.5m×2.5m 的探洞扩大为 6.2m 宽、约 46.55m² 的中导洞，两边扩挖宽（5+5）m，约 40.67m² 的断面跟进，而后对上下游（5+5）m 的保护层进行扩挖。施工用 ATLAS 液压三臂钻机钻水平孔，利用钻架平台人工装药，非电雷管起爆，卡特轮式装载机装渣，36t 自卸汽车通过 8 号交通洞运到弃渣场。

（2）第二层开挖。开挖高程 156～150m，岩臂梁设置在这个开挖层。该层采用中间拉槽、两边水平凿进的开挖方法。中间台阶开挖，用履带式液压潜孔钻机钻垂直孔，台阶爆破，台阶宽度 14m；两边（6m+6m）保护层开挖，用液压多臂钻钻水平孔水平凿进，岩臂梁上下直墙和斜墙采用光面爆破技术。该层开挖道路，中间拉槽从高程 156m 到 150m 形成的斜坡道经 8 号交通洞出渣，第二阶段通过高程 150～144m 的斜坡道从 17 号交通洞出渣。

（3）第三、四层开挖。高程 150～144m，144～138m 为台阶开挖，周边先行预裂，中间台阶开挖从 17 号交通洞出渣。在这两层开挖的同时进行 1～6 号母线洞的开挖，先在母线洞口打两排锁口锚杆，后分多块、短进尺进洞。为减少对厂房边墙的振动，6 条母线洞的开挖顺序为 1-3-2-5-4-6。

（4）第五、六层开挖。高程 138～126m 为台阶开挖，从上游面开挖一个斜坡道打通 4 号发电洞下平段，通过 17 号交通洞出渣。

（5）第七层开挖是厂房机坑开挖前的最后一层，台阶开挖高度为 4m，开挖到高程 122m。为保证机坑成型，在高程 122m（留 2m 保护层）进行机坑轮廓线的预裂爆破，安装预埋砂浆锚杆，而后进行机坑开挖。

（6）机坑开挖。分 3 层进行，从高程 122 到 103m，原计划从尾水管洞出渣，由于尾水管洞施工滞后，改变出渣道路，下降 1 号发电洞下平段到高程 120.7m，沿厂房下游面开挖一条斜坡道，开挖 5、6 号机坑，确保第一个完工日期。

（二）锚喷支护

厂房顶拱和边墙锚喷支护作为永久支护。顶拱喷混凝土厚度 20cm，设计 28 天抗压强度为 25MPa，锚杆 ϕ32@1.5m6/8m 长的张拉锚杆交叉布置，钢筋网 ϕ8@0.25m×0.25m，1500kN 预应力锚索长 25m，325 根间排距 4.5m×6.0m；边墙喷混凝土厚度 20cm，设计 28 天强度为 25MPa，锚杆 ϕ32@1.5m，L=6m/10m 交叉布置，钢筋网 ϕ8@0.25m×0.25m。

锚喷工作量大，工序多，工序衔接复杂，施工中工序安排为：开挖→初喷 5cm 混凝土→锚杆支护→挂网→喷第二层混凝土→锚索施工→排水管安装→喷第三层混凝土。

顶拱张拉锚杆，用树脂卷作锚固剂，扭动扳手和风动扳手张拉。边墙 10m 张拉锚杆，为确保锚杆质量改为砂浆锚杆。锚索 10 股钢绞线，采用国际最先进的双层保护锚索结构，用 ATLAS Mustary A52CB 型柴油液压钻机钻孔，安装后泵送浆液灌浆，浆液水灰比 0.34。用 2600kN 空心液压千斤顶张拉，加载速率 50kN/min，加载到最大荷载 1900kN，1000kN 锁定。

喷混凝土施工采用 ATLAS 液压湿喷机，配机械手湿喷，回弹少，速度快。

（三）岩臂梁施工

厂房的岩臂梁布置在安装间和主厂房上下游边墙 152.8～154.83m 高程上，安装两台吊车，每台吊车额定起重量 5000kN，吊车轨距 23.5m，最大轮压 800kN，单位长度荷载 685kN/m。岩臂梁为钢筋混凝土梁，双排受力锚杆为 500kN 预应力锚杆，间距 1.0m，交叉布置。

岩臂梁混凝土施工，在高程 150m 台阶开挖完成，并对高程 144m 台阶周边边墙预裂后进行。岩臂梁上下游各分 17 个仓，每个仓段 13m 长，用 4 台钢模跳仓浇筑 C30 级混凝土，泵送入仓，人工振捣。

双排 500kN 预应力锚杆施工，在钢模上定位，预埋 PVC 管，确保锚杆位置和角度精确，锚杆钻孔在混凝土拆模后进行。锚杆全长 15m，锚入岩石 12m，锚固段 5m，材料为 ϕ32 高强螺纹钢。双层保护，锚固段全长密封在波纹套管内，自由段套光滑的套管，内注水泥浆。锚杆安装后首先封口灌浆，后杆体灌浆。灌浆强度达到 30MPa 后进行张拉，荷载张拉到 600kN，再减载到 250kN 后进行锁定，待厂房开挖后二次张拉到 500kN 时锁定。

（四）观测

厂房顶拱分别在三个剖面安装 6 测点竖向位移计一道和 6 测点倾斜位移计两道。位移计观测结果显示，拱冠离拱顶 5～10m 范围的竖向位移小于 1.5mm，测点最大位移 3.25mm，位移速率较小；顶拱靠肩部 6 孔倾斜测孔 36 测点的最大位移均在 1.5mm 以内。观测数据表明，厂房顶拱围岩是稳定的。

厂房边墙在三个剖面共安装水平向 6 测点位移计 11 孔，6 孔测点最大值小于 1.0mm，4 孔最大位移在 1.8～3.2mm，仅有 1 孔的孔口位移达 6.77mm；厂房在两剖面的边墙设置竖向测斜管 4 孔，测得水平位移在高程 135～152m 最大位移达 8mm；在岩臂梁设 3 对锚固点，测得最大位移值为 6mm。

在厂房开挖过程中进行了收敛观测，测得最大收敛位移 17mm。这样从厂房顶拱开挖到厂房机坑开挖期间，所测的边墙最大位移值总共不到 30mm，充分说明厂房在施工过程中是稳定的。

（小浪底工程咨询有限公司　李纯太　韩德保）

二滩水电站地下厂房的开挖及支护

（一）概述

二滩水电站地下厂房系统布置在左岸山体中，由6条直径9m的压力钢管、主副厂房（280m×25.5m×60.5m，长×宽×高）、主变压器室（199.0m×17.4m×24.9m）、尾水调压室（1号　92.9m×19.5m×58.1m；2号　92.9m×19.5m×65.3m）、2条尾水洞、通风洞、交通洞等组成。三大洞室平行布置，长轴方向为N6°E，相邻间岩壁厚度分别为35m和30m。地下洞室布置集中，上下重叠，纵横交错，其厂房是我国目前最大的水电站地下厂房（总装机容量为6×55万kW），位居世界第四。工程通过国际竞争性招投标，由德国霍尔兹曼—霍克梯夫—葛洲坝工程局组成的中德二滩联营体中标承建。二滩水电工程公司作为工程师机构负责工程监理，依据国际通用的FIDIC合同条款对工程进行全面管理。

（二）地质条件简述

厂房系统岩体以正长岩为主，岩体质量指标$M=4.87$，$E=34.32\times10^3$MPa，强度$R=174.13$MPa。除副厂房及6号机组区域受绿泥化玄武岩断层影响外，主要以完整的A、B岩级岩体为主，无大的软弱面分布。其中，相对延伸较长的有F_9断层（带宽0.4～0.7m）和F_8断层（带宽0.2m）。除这两条断层外，小破碎带均延伸较短，规模较小。岩体的节理裂隙多为闭合或方解石充填，岩体嵌合紧密，属整体块状结构的稳定岩体。洞室垂直埋深200～300m，水平埋深约300m，厂房洞室位于以构造应力为主、自重应力和构造应力联合作用的高应力区。1996年1月～3月实测厂房最大主应力$\sigma_1=32.0\sim52.7$MPa。

（三）地下厂房开挖施工及设备

1. 开挖顺序及通道　针对厂房具有大跨度、高边墙、相邻洞室立体交叉布置、开挖及支护量大等特点，采用先开挖顶拱、逐层下挖，逐层进行岩石支护的施工方法。为了最大限度地发挥机械设备的效能和确保施工进度，顶拱以下按高程分为7个台阶开挖，台阶高度为5.6～6.5m。各台阶开挖及通道如下：①从1号进厂交通洞和通风洞分别推进开挖厂房顶拱的中部导洞。从1号进厂交通洞开挖的导洞挖至厂房安装间后分为两个工作面，一个绕过厂房开挖1号排水廊道和压力钢管竖井施工廊道，另一个以15%的坡度向上开挖厂房导洞。导洞贯通后，进行顶拱中部及两侧扩挖。同时，从进厂交通洞内开辟一条环形向下的尾水管施工支洞。②从副厂房末端以15%的降坡下卧和从安装间的导洞开挖第一台阶，并进行顶拱的支护工作。同时，尾水管施工支洞沿3号尾水管向前掘进至厂房6台阶的上游侧，然后沿厂房长轴线方向开挖形成施工支洞，进行6条压力管道下平段的开挖。③利用安装间导洞水平推进开挖第二台阶。同时进行岩台吊车梁的回填混凝土工作。④从安装间底板水平开挖第三台阶。⑤在安装间处以15%的坡度下卧开挖第四、第五台阶，并开挖1和2号母线洞与主变压器室贯通，形成台阶开挖出渣的另一通道。⑥第五、第六台阶上游侧压力管道下平段施工支洞贯通后，利用尾水管施工支洞作为通道，开挖第六、第七台阶。

2. 开挖爆破及施工设备　顶部先开挖中部导洞，然后再扩挖两侧，平行直眼掏槽，非电雷管引爆。台阶开挖预留2～4m厚保护层，再进行保护层刷帮爆破。顶拱和台阶的周边均采用光面爆破，$\phi25$药卷间隔15cm装药。出渣后利用反铲撬挖，平台车配合人工清面。经测量计算，厂房平均超挖0.5～0.6m。开挖爆破的主要参数及主要设备见下表。

二滩地下厂房开挖爆破主要参数及设备表

项　目	顶 部 开 挖	台 阶 开 挖
主　爆　孔	4m，$\phi48$mm，水平方向	6m，$\phi52$mm，垂直向下
主爆孔距	0.8～1.2m	0.8～1.2m
主爆孔药卷	$\phi40$mm，$\phi35$mm	$\phi40$mm，$\phi50$mm
光面爆破孔	4m，$\phi48$，孔距45～90cm	4m，$\phi48$，孔距45～90cm
周边装药孔线密度	0.2～0.3kg/m	0.2～0.3kg/m
单响最大药量	不大于10kg	不大于10kg
单位用药量	0.8～1.0kg/m^3	0.8～1.0kg/m^3
钻孔设备	H-175，H-178多臂液压凿岩台车	台阶：642HC、742HC潜孔钻 保护层：顶部开挖台车
出渣设备	CAT966F（$3m^3$），988B（$4m^3$）装渣，Terex型15t，32t自卸汽车运渣	CAT966F（$3m^3$），988B（$4m^3$）装渣，Terex型15t，32t自卸汽车运渣

（四）地下厂房岩石支护

根据厂房区域的地质情况及厂房自身的结构特点，支护大都采用喷锚、挂网、锚索等方法。除第一副厂房顶拱采用喷锚和钢筋混凝土衬砌相结合的支护形式外，三大洞室均采用喷锚作为永久支护。喷锚参数按照N·巴顿（N·Barton）的岩体性质综合指标“Q”值确定。此外，考虑到洞室的高地应力和实际发生的岩爆事件，在顶部的部分区域采用了钢绳贴条、链网和缆式软锚索进行加强支护和安全保护，在边墙的部分区域也采用了缆式软锚索进行加强支护。完成主要支护工作量为：锚杆15300根，175t级锚索1030根，喷素混凝土6500m^3，喷钢纤维混凝土4300m^3。

（五）混凝土浇筑及设备

混凝土拌和采用Johnson 200M型重力得落式拌和楼（2×6m^3），生产能力为180～200m^3/h，6m^3混凝土搅拌运输车运送混凝土至现场，混凝土泵车输送混凝土入仓，主要有M24、M32和BSA1400型泵车，输送的最大垂直范围可达23～31.6m。采用插入式振捣棒进行振捣。

（六）工程施工的特点

(1) 合理安排施工次序，合理分层，保证通道畅通，充分发挥机械设备的效率。

(2) 采用配套设备，全面机械化施工，满足高强度施工的需要。

(3) 严格控制洞室交叉口处的爆破，并加强这些部位的支护。

(4) 在岩石破碎带和高应力区使用喷钢纤维混凝土。

(5) 在高应力区使用岩石钢绳贴条、钢筋链网、缆式锚索等柔性支护。

(6) 加强围岩变形监测，重视补强加固工作。

(7) 采用先进技术设备，提高生产效率，如锚索钻孔采用两台较先进的KB8070全液压冲击钻，钻直径165mm、深20m的孔仅需2～3h；斜井、竖井采用RISER250-H钻机可扩钻直径1.5m出渣导孔，从而使竖井开挖速度每日可达6～8m，等等，从而加快了工程的施工进度，保证了施工质量和工期。

二滩水电站主副厂房开挖施工从1993年2月开始，到1995年3月挖至蜗壳底板高程998m，历时26个月，完成地下开挖量32.3万m^3。

（二滩水电工程公司　朱骏发）

二滩水电站双曲拱坝的混凝土施工

（一）概述

二滩拱坝为双曲拱坝，坝高240m，坝厚55.74m，坝轴线长774.73m。在同类型坝中，坝高仅次于前苏联的英古里和意大利的瓦依昂拱坝，居世界第三位，是我国第一高拱坝。二滩水电站的业主是二滩水电开发有限责任公司；监理单位（即工程师）为二滩工程公司；设计单位为成都勘测设计研究院；承包商通过国际招标由意大利的英波吉洛为责任公司的二滩联营体中标承建。

二滩双曲拱坝工程的特点是：①二滩河谷的地形、地貌和地质适合建造高拱坝。但拱坝建基右岸为玄武岩、拱冠处局部绿泥石化，左岸为正长岩。两岸岩性不均一，弹性模量有差异，应加强基础处理。②二滩拱坝坝高而薄。国际上习惯用A值表示（$A=B/L$，式中：B为坝厚，L为坝轴线长度），二滩$A=0.072$，比英古里和瓦依昂两坝相对厚度薄，说明二滩拱坝受荷后应力较高，设计对混凝土的标号和质量要求也较高。③二滩拱坝坝体的泄洪量大(16500m^3/s)。根据水库调洪的需要，泄洪建筑物分三层布置，在高程1080.0m设4个底孔；在高程1110m设6个中孔；在高程1189.0m设7个表孔，其总设计泄洪量为20600m^3/s。④电站所在的攀枝花地区，气温高，温差大，蒸发强，不利于混凝土施工和温控。

二滩拱坝混凝土自1995年2月开始浇筑，到1997年11月封堵导流洞，拱坝临时导流底孔过水；1998年5月水库蓄水，拱坝混凝土浇筑基本完成。整个拱坝浇筑时间为39个月，拱坝混凝土总量为405万m^3，最高月浇筑强度为15万m^3，1996年12月实际月强度已达16.35万m^3。

总的来看，二滩水电站拱坝混凝土的施工方法是成功的，质量控制手段是严格的，已浇混凝土的质量是好的，满足合同规定的技术要求。

（二）二滩拱坝施工方法

1. 施工流程　整个流程按施工顺序排列为：骨料开采→破碎→冲洗分级→预冷→二次筛分脱水→拌和→汽车运输→缆机吊运入仓→平仓振捣→坝体二次冷却→拆模与养护。

2. 质量要求　二滩拱坝混凝土的主要参数指标在招标文件中都有严格限制，抗压强度采用设计龄期为180天。混凝土配合比采用人工骨料四级配，对其胶材用量和水胶比指标都有规定（见下表），并在实际施工中得到严格执行。

3. 混凝土拱坝的施工方法与设备容量的选配

由于拱坝工程量大，施工时间短、强度大，加之有通仓浇筑、均衡上升、相邻块高差不宜超过12m的要求，应采取高度机械化施工，其机械设备容量选配情况如下：

(1) 人工砂石骨料的开采与生产系统布置。该系统布置因地制宜，充分利用坝区左岸山坡地形，根据工

二滩双曲拱坝混凝土主要参数指标表

部位	180天抗压强度（MPa）		最大骨粒粒径（mm）	最大粉煤灰含量（%）	最大水胶比 $W/C+F$	实际用量（kg/m^3）	
	全级配	湿筛后				水	胶材
A区	≥28.0	35.0	152	30	0.45	88	199
B区	≥24.0	30.0	152	30	0.49	93	190
C区	≥20.0	25.0	152	30	0.53	95	182
有锚索的闸墩和大梁	≥29.0	35.0	76	20	0.45		

序流程层次分明地沿竖向紧凑布置。骨料破碎从初碎到四碎均采用旋回式破碎机，所得骨料粒形较圆，级配稳定。砂子分粗砂（1.2～4.8mm）和细砂（0.174～1.2mm）两级，这对于调整砂的级配、控制细度模数和含水率有利。细砂的加工除经四碎后获得外，也从棒磨机生产得到补充。细砂的脱水采用离心加负压法，可使细砂含水率控制在7%左右。砂石系统所用设备，包括加工机械、皮带机，尤其是圆盘式细碎机、静态砂处理塔、真空干砂机等设备比较先进。骨料系统理论生产能力为1000t/h，满足了1996年12月拱坝、水垫塘及二道坝、厂房进水口、泄洪洞进口和过木机道进口总浇筑量22.8万m^3的要求。使用骨料59.3万t，实际骨料系统整体生产能力已达1098t/h。

(2) 冷却系统分预冷和后冷两部分。预冷容量为39883.5MJ/h，可使骨料从25℃冷却到7℃以下，其生产低于10℃的混凝土的生产能力约为8000m^3/d。后冷却部分容量为25121MJ/h，基本满足坝体Ⅰ、Ⅱ期冷却要求。

(3) 拌和系统。在左岸坝肩高程1205m平台上布置2座4×4.5m^3倾翻式拌和机的拌和楼。可生产四级配混凝土，每罐拌和时间3min，拌和楼生产能力为2×360m^3/h，理论月生产强度为40万m^3；按1996年12月实际生产混凝土22.8万m^3计，其利用系数为56%。

(4) 混凝土运输。从拌和楼到缆机水平运输采用贝尔利（PERLINI）带9m^3侧翻斗汽车运输，运距约50m，共有6部侧翻车。垂直运输采用缆机直接入仓。坝区布置有3台辐射式缆机，跨距1275m，载重30t，吊运一个循环周期约5min。实践表明，从拌和楼出机口到仓号混凝土运输时间一般约10min，混凝土坍落度损失小，仓面温度与出机口温度相比一般回升0.5℃，有利于混凝土施工。

(5) 各坝块通仓浇筑，不设纵缝，相邻坝块最大高差一般控制在12m以内。浇筑平仓、振捣，每个仓号用2台平仓机、2台振捣台车（每台带有4×ϕ152×600mm插入式振捣棒）。

（三）质量控制

1. 施工前的质量控制

(1) 复核设计人提供的施工图纸，批准后作为工程师图纸提交承包商施工。

(2) 审查承包商的施工车间图，根据图纸的质量按“批准”、“修改后批准”、“修改后重新提交”和“不批准”四种情况处理。

(3) 审查承包商的施工进度计划、施工技术方案、施工工艺及采用的材料和人力资源的配置。对新技术新工艺的应用，要求承包商解释并有充分的论证材料方可采用。如大坝混凝土浇筑中横缝使用的球面键槽模板以及用高密聚乙烯塑料管取代钢管作混凝土冷却水管等。

(4) 确定质量控制标准和制控环节。质量标准在合同技术规范和施工图中均有技术标准和要求，但难免有不完善及遗漏之处，另国内外技术规范要求也有差异。因此，在某项工程开工前，须向承包商指示必要的补充及修改后的质量标准；同时协商双方均能接受的质检表格作为检查的记录，承包商在该工序结束后填报，经工程师检查后签认。

(5) 对施工放样测量控制点进行检查和重要项目的复测。

2. 施工中的质量控制

(1) 对进入现场的所有材料、设备、构件、监测仪器等按合同要求进行检验和率定。工程师也设置混凝土试验室，对混凝土原材料特别是水泥添加剂、粉煤灰和骨料进行跟踪监测。

(2) 对承包商的辅助生产系统，如骨料开采加工和混凝土生产系统，钢筋制作、模板加工系统，制冷系统等生产设备、生产工艺进行检查和监督，遇有问题及时指令和帮助承包商解决。

(3) 复核承包商施工放样的准确性。

(4) 对承包商混凝土试验室所进行的混凝土配比调整、混凝土现场生产进行全过程的跟踪监督检查。同时，由工程师实验室定时定量进行抽检或根据需要随机抽检。自1995年2月至1997年3月，混凝土出机口平均坍落度为2.36cm，含气量3.3%，温度为9.5℃，A区水灰比为0.448，B区0.466。应该说质量控制是好的；相应混凝土的强度合格率达100%，保证率为99%。

(5) 抓好工序管理，采用“跟班”工作制对施工的全过程进行连续跟踪监督，对于存在的质量问题立即以口头指示通知承包商纠正和修复，对重要的问题还在规定时间内以书面确认。对混凝土仓面进行钻孔监测质量，是其中的手段之一，检测中绝大多数孔的吸水率为零。只有1孔吸水率最大值为0.0128L/(min·m·m)。现场监测发现有12条裂缝，均在基础面及廊道附近，无贯穿性裂缝，均作了处理。

(6) 及时认真处理好设计变更、图纸修改和审查批复承包商的要求与建议。

(7) 及时做好隐蔽工程的质量检查验收。

3. 完工后的质量控制　单项工程完工后，工程师均要按合同规定的质量标准进行检验，明确已完工程及其缺陷处理和未完工程的时间安排；同时，审核承包商按合同要求提出的竣工图纸和竣工资料，监督承包商在维修期内完成未完工程和缺陷修补。

(二滩水电开发有限责任公司　林椿 李嘉进 陈连青)

二滩水电站Ⅰ标人工砂石骨料的开采与生产系统布置

二滩水电站自1995年2月23日正式浇筑第一块拱坝混凝土到1997年3月31日，已累计生产拱坝混凝土254万m^3，拱坝混凝土生产月高峰强度为16万m^3，月平均强度为13.9万m^3，包括水垫塘及二道坝、厂房进水口、泄洪洞进口、过木机道进口和其他零星混凝土在内的混凝土月高峰生产强度已达22.8万m^3(1996年12月)。连续8个月的高峰混凝土生产实践表明，二滩Ⅰ标(拱坝工程施工)人工砂石骨料生产系统，其生产能力不仅能够满足Ⅰ标混凝土持续高峰的生产需要，而且布置紧凑合理，生产工艺先进新颖，尤其是增加预初碎和人工砂的分级，更加体现出其独特之处。此系统为二滩工程的顺利实施和保证工程按合同规定的时间投产使用奠定了坚实的基础。

(一) 二滩工程的料场开采

按招标文件，Ⅰ标承包商可选用左岸正长岩Ⅰ区和正长岩Ⅱ区料场以及右岸玄武岩料场。投标时承包商选用金龙沟右侧的正长岩Ⅰ区高程1555.0～1320.0m的料场，储量约为470万m^3；覆盖层平均厚度为10～15m，方量约为30万m^3。料场开采为12.5m一个台阶，开挖边坡坡度为75°，永久开挖边坡采用预裂爆破的方式，预裂孔间距0.8m，孔径ϕ76mm，台阶开挖爆破孔孔距和排距为4.5～5.0m，钻孔设备为ATLAS COPCO ROC 742H。开挖边坡采用喷锚支护方式进行处理。

1995年8月份料场正式投入开采，但由于颚式破碎机(称其为预初碎)未投入运行，开挖料采用5.1m^3铲斗的正铲挖掘机LIEBHERR 984、3.0m^3铲斗的反铲挖掘机CAT 245B和5.4m^3铲斗的轮式装载机CAT988B装料，30tPERLINI自卸汽车从料场运至BP_{42}旋回式初碎机口。1996年2月份颚式破碎机投入运行后，料场开采的料由PERLINI车直接倒入料场下方的金龙沟集料平台，颚式破碎机由安装在与金龙沟集料平台下方的振动喂料机经40m高、ϕ8.0m的竖井供料，破碎骨料经皮带机运输洞送至旋回式初碎机喂料口，万一遇到颚式破碎机出现故障或破碎机卡料时，为了不影响骨料的生产，开采料也可直接由PERLINI自卸汽车运到旋回式初碎机喂料口。

(二) 二滩工程人工砂石骨料生产厂的特点

根据混凝土月高峰生产强度，骨料加工厂的设计生产能力为1000t/h，它主要由颚式预初碎车间(出料粒径400mm，进料粒径达1600mm，铭牌产率1200t/h)、旋回式初碎车间、二次破碎及筛分车间、三次破碎及筛分车间、四次破碎及筛分车间、粗砂处理塔、细砂处理塔、细砂棒磨车间、后筛分楼等组成。主要设备来自意大利、法国、瑞典、美国和英国等国家，其布置和生产工艺有以下几个突出的特点。

1. 布置紧凑　充分利用地形条件，骨料生产采用竖井储料罐进行系统布置，把皮带机的倾角用到合理的限度，使其水平运距最短，立体交叉而不干扰，既解决了场地狭窄和骨料的垂直运输问题，同时又解决了骨料的保温和防污问题。

预初碎机及其与初碎机相连的皮带机系统均布置在地下，合理地解决了料场开采料与旋回式初碎机之间217.0m高差的衔接。料场开采的料由PERLINI车直接倒入料场下方的金龙沟集料堆，颚式破碎机通过布置在地下洞室内的1800mm宽、450.0m长、平均坡度为9.0%的皮带机与旋回式初碎机喂料口相衔接。既保证了骨料生产的连续性，又解决了长距离陡坡(15%)汽车运输带来的一系列问题。

初碎机布置在PT_2交通洞洞口右侧高程1317.0m的平台上，其喂料口的高程为1337.5m。二次破碎及其以后的砂石生产系统分三个几乎平行的平台布置，其中，二次破碎筛分楼、三次筛分楼和砂子脱水机布置在高程1311.0～1312.0m的开挖平台上；三次破碎和四次破碎厂、四个粗骨料储料竖井的井顶以及喷混凝土料筛分塔布置在高程1304.5m的平台上；主喂料斗H_{21}、棒磨机、砂处理塔、粗砂冷却厂以及粗砂储料竖井的井顶布置在高程1320.0m的平台上。从整个系统总体布置可以看出：旋回式初碎机到拌和楼顶层储料仓的水平距离仅为390.0m，高差达97.0m；二次破碎至制砂系统布置平均宽度50.0m，局部最大宽度67.0m，最大长度约为150.0m，布局紧凑合理。

另外，初碎到成品储料竖井之间的骨料通过立体交叉布置的皮带机系统和骨料自由跌落进行水平和垂直运输，而成品粗骨料到后筛分楼通过布置在AT_1骨料预冷平洞(210.5m)内及其出口钢栈桥(71.0m)上的总长281.5m大宽度(2000mm)皮带机运输并在运输过程中进行骨料预冷。成品细骨料到后筛分楼通过布置在ST_1～ST_4砂洞内的C_{39}、C_{48}、C_{49}、C_{50}皮带机和布置在砂洞及其出口钢栈桥上的C_{51}皮带机运到后筛分楼。

2. 工艺新颖　国内，人工砂石生产系统一般均分三级破碎，而二滩Ⅰ标的人工砂石加工系统在原有四级破碎的基础上，后新增1台颚式破碎机作为预初碎，相当于五级破碎。而且二次破碎、三次破碎、四次破碎均设有闭路循环，使各级料的生产可以任意调节。除粗骨料按规定要求分级外，二滩人工砂分为粗砂（1.2～4.8mm）和细砂（0.074～1.2mm）两级，这对于砂的级配、细度模数和含水率等的控制及混凝土配合比的调整都十分有益。预初碎一方面为初碎的生产提供了技术保障，另一方面消除了初碎卡料的情况，提高了初碎的生产效率，减低了初碎的故障率。

3. 设备先进　系统的所有设备包括皮带机均从国外进口，是目前国际上先进的砂石加工机械，尤其是圆盘式细碎机、静态砂处理塔和真空干砂机等设备。

4. 满荷开机　通常，为了避免电动机被烧坏，皮带机系统运行均在空载时启动，而二滩Ⅰ标人工砂石生产系统的皮带机在多数情况下满荷停、开机。

5. 骨料生产均衡　骨料生产均衡也是二滩人工砂石生产系统的特点之一。二滩Ⅰ标混凝土已持续8个月高峰生产，每日混凝土生产量平均在7000m^3以上，最高日产量达9000m^3，而且这种高峰还将持续10个月之久。实际统计资料显示，骨料实际生产能力能满足混凝土生产强度要求且均衡生产。另外，骨料生产均衡还体现在整个生产过程中，初碎后半成品料堆容积15000m^3，10个粗、细骨料罐可储存成品骨料10万t，仅能满足高峰混凝土生产4～5天用量，而且成品骨料的储料一般在40%～90%之间，很少情况达到100%的储量。这从另一侧面反映了系统运行的均衡性和可靠性。

（二滩水电开发有限责任公司　林椿　董国义　陈连青）

石板水水电站碾压混凝土重力坝的施工

（一）工程简况

石板水水电站采用混合开发方式，主要水工建筑物包括挡、泄水建筑物，引水系统和厂区枢纽三大部分。首部建筑物混凝土工程量57.6万m^3，其中碾压混凝土量为33.8万m^3。石板水重力坝最大坝高83.6m，坝底最大宽度70m，坝顶宽度12m，坝长441.5m，共分9个坝段，1～4、8、9坝段为挡水坝段；5、6坝段为泄流坝段，设有5孔12m×13.5m的泄水孔；7坝段设1中孔，为3.5m×6m的有压泄水孔。

石板水大坝混凝土分区，除基础层厚度为2m的$R_{90}200S_6$常态混凝土，在464m高程以下，采用RCC工法，上游防渗层由0.8m$R_{90}200S_6$常态混凝土和2.8m宽的二级配$R_{90}200S_6$富胶凝材料碾压混凝土组成，下游为宽2m的$R_{90}200S_6$常态混凝土，中间部分为$R_{90}100S_2$碾压混凝土，骨料最大粒径80mm。在464～481m高程，上、下游为$R_{90}200S_6$常态混凝土，宽度为2m，中间为$R_{90}100S_2$碾压混凝土，其他部分为常态混凝土。

（二）混凝土施工

1. 混凝土原材料及生产　原材料水泥为普通硅酸盐水泥，外加剂为缓凝引气高效减水剂，粉煤灰为电收尘干粉煤灰，$R_{90}100S_2$掺量为60%，$R_{90}200S_6$掺量为30%。粗骨料由长石石英砂岩破碎制成，细骨料由灰岩破碎制成。混凝土拌和系统由1座4×3000L倾斜式拌和楼和2座2×0.8m^3拌和站组成，拌和楼以生产碾压混凝土为主，拌和时间为180s；拌和站生产常态混凝土。

2. 碾压混凝土施工工艺　碾压混凝土采用汽车直接入仓方式卸料，平仓采用D85推土机，用YZ—10G振动碾2台和BW—202AD振动碾1台碾压。Vc值在出机口控制为8～12s，现场控制为10～15s。卸料方式采取两点或多点卸料，条带摊铺，厚度为30cm。每块连续上升层厚3m，间歇15天，流水养护5～7天。层面处理采用高压水冲毛。周边常态混凝土与碾压混凝土同时浇筑，控制薄层覆盖间歇时间不超过6h。用NDM—40型核子密度仪检测，平均密度值为2431kg/m^3，室内配合密度值为2443kg/m^3。一次最大浇筑仓面面积2600m^2。诱导缝用风钻造孔，间距为20cm，孔中填砂；坝体排水孔用回转钻机在设计高程造孔成型。

3. 泄流坝段闸墩的施工　泄流坝段闸墩浇筑采用25t履带吊及10/30t高架门机吊3m^3吊罐施工。考虑到闸墩浇筑高度为18m，先期采用25t履带吊浇筑7m高度，然后利用右岸坝顶安装的10/30t高架门机浇筑至坝顶。坝顶高架门机亦可兼顾部分溢流面浇筑，以及闸门、预制构件等吊装。

（三）左岸导流隧洞封堵

左岸导流隧洞断面面积12.31m^2，设计堵塞长度为65m。封堵按12.95m的间距从地面和坝体上钻取5个ϕ400mm的孔伸入导流隧洞，作为下料孔；在下料孔

之间设置 ϕ100mm 的孔作为排气孔和回填灌浆孔。封堵前对导流隧洞进行清理。封堵回填采用分段方式，先填上游堵头，封堵 3.5m，为二级配 R_{28}200 高流态混凝土。下游用浆砌条石封堵；然后填中间部分。二级配高流态混凝土中添加 CF—M 高效复合膨胀剂，每立方米混凝土中添加量为 30kg。混凝土经过回填、固结灌浆处理后，作压水试验，透水率平均值为 1.04Lu。

（四）对灰岩人工砂中掺加砂岩石屑的分析

本工程使用的骨料为人工骨料，由长石石英砂岩制成粗骨料时，试验测定 5mm 以下石屑约占成品量的 9%，据开采量计算，石屑总量为 10 万 t。经过长时间试验确定掺量为 10%，混合后的细度模数为 2.66。具体掺和办法是把灰岩人工砂和砂岩石屑分仓堆放，在拌和楼上分仓储存，通过计量器称量来控制掺量。通过现场取样试验，掺和后对混凝土的抗压、抗拉强度影响不太明显。

（五）上游坝面防渗层的施工

碾压混凝土大坝的防渗耐久性能是当前共同探讨的问题。在石板水工程施工中，参照国内外防渗工程资料，在 450m 高程以下作防渗处理，首次采用弹性聚氨脂防水材料作防渗层。其工艺流程为：弹性聚氨脂预聚体合成→上游坝面处理→现场配料→坝面涂布施工。

涂布方式采用喷涂和刷涂两种，喷涂按 6～8 次分层喷涂；刷涂采用 2 次分层，保证层厚大于 1.1mm。施工后经过蓄水观察，坝体廊道内以及下游面基本上无渗漏，防渗效果明显。

（水电第三工程局石板水工程处）

桃林口水库碾压混凝土坝的施工

桃林口水库位于河北省秦皇岛市青龙满族自治县境内滦河支流的青龙河上。一期工程大坝最大坝高 74.5m，坝顶长 500m，电站装机容量为 2×10MW。该工程地处寒冷地区，冰冻期长达 120 天。坝型为“金包银”碾压混凝土重力坝，混凝土总量为 128.62 万 m³，其中碾压混凝土 58.54 万 m³。工程采用“枯水期围堰、隧洞导流”的导流方案，每年的 7 月 1 日至 9 月 15 日和 11 月 15 日至来年的 3 月 15 日为混凝土施工的停工期。该工程于 1992 年 10 月 20 日正式开工，1994 年 3 月 29 日大坝基础垫层混凝土正式开盘浇筑，1996 年 11 月 15 日大坝碾压混凝土全部施工完毕，1998 年 3 月 23 日大坝混凝土到顶。

（一）原材料及混凝土配合比

水泥采用唐山冀东水泥厂生产的 P.ⅡR525号水泥，其各项性能指标均符合国家标准。粉煤灰选用唐山电厂粉煤灰，其细度为 15.9%，烧失量为 2.14%，需水量比为 101.2%，符合二级灰标准。为延缓凝结时间以利于碾压混凝土的施工和满足碾压混凝土的抗冻性，选用了 DH4A 或 H1 缓凝减水剂和 DH9 或 H9 引气剂。骨料为天然骨料，骨料密度较小，石子饱和面干密度为 2.63g/cm³，砂子饱和面干密度 2.62g/cm³，经筛洗后的砂子细度模数为 2.65，且其中细颗粒损失较多，粒径小于 0.315mm 的颗粒含量仅为 3%左右，为满足碾压混凝土施工的可碾性、密实性及粘聚性等特殊要求，采用了以少量粉煤灰代砂的措施。经试验确定的碾压混凝土配合比详见下表。

桃林口水库大坝碾压混凝土配合比表

设计指标	水胶比	砂率(%)	材料用量(kg/m³) 水泥	粉煤灰	水	砂(掺粉煤灰) 砂	砂(掺粉煤灰) 粉煤灰	石
$R_{150}D_{50}S_2$	0.435	28	65	105	74	581	12	1549

设计指标	外加剂(%) 缓凝减水剂	外加剂(%) 加气剂	R_{90}(MPa)	抗渗(MPa)	抗冻(次)	石子级配 大石：中石：小石
$R_{150}D_{50}S_2$	0.3	0.003	27.0	＞0.8	＞100	30：40：30

（二）碾压混凝土的拌制与运输方式

1. 拌和系统　在大坝下游两岸台地上共设置拌和楼 7 座，其中：1×1m³1 座，2×1.5m³4 座、2×1.6m³1 座，3×1.5m³1 座。水泥及粉煤灰以散装罐贮为主、袋装仓贮为辅。拌和时间：强制式拌和楼为 70～90s，自落式拌和楼为 120～150s。拌和楼设计生产能力日产 6500m³。

2. 入仓方式　碾压混凝土拌和物采用 15～20t 自卸车从拌和楼接料直接运送入仓方式。载重时车速 15～20km/h，长距离爬坡 1：10，最大短距爬坡 3：10。在混凝土入仓道路的末端位置设置冲车场，用双水管冲洗轮胎，脱水段为 30m 左右，入仓口采用“积木组合式”钢制爬坡道封口，分层封口高度为 60cm，部分常态混凝土辅以门机吊罐入仓。

（三）碾压混凝土施工工艺

1. 模板　采用普通平面组合钢模板、轻型桁架可调式全悬臂钢模板、定型台阶三角支撑轻型组合钢模板，溢流面二期混凝土施工采用有轨滑模和预制钢筋混凝土廊道顶拱等多种形式的模板，成功地解决了大坝复杂结构给施工带来的各种技术问题。

2. 仓面面积控制及碾压混凝土施工　根据工程

结构特点和混凝土生产能力，确定碾压混凝土施工的最佳仓面面积控制在1500～2000m²。

自卸车运料入仓后采用退浇梅花形一次性卸料方式，选用D31S平仓机沿平行坝轴线方向平仓，边角以及骨料较集中部位辅以人工平仓，每层摊铺厚度为34cm。

采用BW—200、BW—212D、BW202型振动碾，仓内共设两台，一般无振碾压2遍，有振碾压6遍，对于要收仓的仓面再无振碾压2遍，以弥合表面部分不规则的细纹，边角部位采用人工浇水泥浆振捣或辅助BW—75S振动碾碾压的方式，碾压遍数为25遍，振动碾行走速度不大于2km/h，碾压条带重叠宽度为20cm左右，每层达到碾压遍数后，要求马上用核子水分密度仪测试碾压混凝土的压实容重，满足设计容重后，再铺筑下层混凝土。

3. 异种混凝土的结合　在坝体的上下游以及廊道的周边部位，均设有一定宽度的常态混凝土，为保证异种混凝土的良好结合，采用同步浇筑的方式，接头部位相互搭接20cm左右，并选用大型振捣器加强振捣，局部辅以浇浆振捣。

4. 缝面处理　对于处在常态混凝土区内上下游止水部位的坝体结构缝，采取提前架设沥青木板的方式；对于处在碾压混凝土区内的坝体结构缝则采用“埋板法”施工，即碾压混凝土摊铺完毕后，人工沿缝位置拉线挖槽，埋入25cm宽、1cm厚的沥青木板，最后通仓碾压。施工层面缝的处理采用人工凿毛或收仓一定时间后用高压水冲毛，在摊铺碾压混凝土前先铺筑1～1.5cm厚的砂浆，以保证混凝土层间的良好结合。

5. Vc值的控制　仓面Vc值在低温潮湿少风季节选用10～12s，在多风较干燥的季节选用6～8s，保证混凝土碾压后，使混凝土表面浆液微泛、略有弹性为宜。

(四) 碾压混凝土质量检测评定结果

业主委托河北省水利工程建设工程质量检测中心站对碾压混凝土的施工质量进行检测，共布8个芯样孔，累计进尺117m，芯样获得率为98%，芯样外观致密、光滑、骨料分布基本均匀。综合评定结果为：碾压混凝土机口取样和现场钻孔芯样的各项物理力学指标以及大坝压水孔的单位吸水量均符合设计要求，但层间结合部位是碾压混凝土施工的薄弱环节。

(武警水电第一总队　李虎章　马青春)

天生桥一级水电站混凝土面板堆石坝的施工

(一) 概述

天生桥一级水电站混凝土面板堆石坝坝高178m，坝顶长1104m，水库库容102.6亿m³，大坝填筑量1800万m³，面板面积18万m²。

大坝填筑划分为Ⅱ$_A$（垫层料）区，Ⅲ$_A$（过渡料）区，Ⅲ$_B$（主堆石）区，Ⅲ$_D$（软岩料）区，Ⅲ$_D$（次堆石）区，以及上游周边缝区的粉煤灰、细粉砂嵌缝带和粘土铺盖及任意料回填区，下游量水堰过渡料、粘土防渗铺盖和任意料的填筑区。大坝填筑的主要料源是本工程溢洪道的开挖石料，开挖量约2000万m³。Ⅱ$_A$料用双转子破碎机直接轧制。Ⅲ$_A$料在采石场经爆破直接获取。在石料开采前，分别对Ⅲ$_A$、Ⅲ$_B$、Ⅲ$_D$料进行爆破试验，优选爆破参数，用以指导大规模石料开采，并适时调整。

大坝施工进度：从1995年10月到1996年1月开挖河槽坝基，1996年1月到1998年12月填筑坝体（1600万m³，坝体上升到787.3m高程），计划1998年12月26日电站第一台机组发电。到1997年底，坝体填筑量已达到1200余万m³，坝体上升到748m高程；面板一期1997年5月1日已达到680m高程，二期预计到1998年4月底将达到746m高程。

(二) 面板堆石坝填筑施工

大坝填筑前先清理坝基，要求是：坝轴线以上，Ⅱ$_A$、Ⅲ$_A$区挖除覆盖层及强风化岩层并降至其底线以下2m，清除浮渣至新鲜岩层；Ⅲ$_B$区挖除覆盖层及强风化岩层，清除浮渣。坝轴线以下挖除覆盖层及全风化岩层，清除浮渣。

大坝正式填筑前，分别对Ⅱ$_A$、Ⅲ$_A$、Ⅲ$_B$、Ⅲ$_C$、Ⅲ$_D$及1∶1.4的坡度进行了碾压试验，最后确定Ⅱ$_A$料铺层厚40cm，含水量约10%（经冲洗后），18t自行碾碾压6遍；Ⅲ$_A$料铺层厚40cm，料场直接取料洒水10%，18t碾碾压6遍；Ⅲ$_B$料铺层厚80cm，在平料过程中洒水约20%，碾压6遍；Ⅲ$_C$料铺层厚80cm，一般不加水，碾压6遍；Ⅲ$_D$料铺层厚160cm，洒水20%，碾压6遍。以上均能达到设计干密度要求。

大坝正式填筑时，上述各种料均严格按照碾压试验参数进行施工，控制层厚用钢筋三角架标志显示。振动碾按错距法（0.3m）碾压6遍以上，每层均经监理工程师签证合格后才允许上层铺料。个别超径石在平料时用专用装载机集中后放解炮处理。坡面因故未经压实的松散料用反铲扒下后与填筑面铺料用推土机混合后再进行碾压。上游坡面经修整达到设计要求坡度后，用吊机改装的牵引机械沿坝轴方向左右行走，牵引10t斜坡碾碾压坡面，向下无振、向上有振各4次。上游设计垫层厚度为3m，再超填0.3m，以便在水平碾压时使其更加密实，超填部分的Ⅱ$_A$料，按垂直高度每5m用激光导向反铲对坡面进行一次修整。上游垫层料Ⅱ$_A$经修坡用斜坡碾碾压4遍后，用喷乳化沥青进行喷护。

（三）面板堆石坝坝体过流保护

1996年汛前坝体已填筑约200万m^3，坝面达到高程642m，两岸填至高程660m，并预留了宽120m的泄水槽。为保证坝体及泄槽两岸边坡不遭破坏，按30年一遇洪水标准（$Q=10800m^3/s$）进行了过流保护：①在进出口裹头部位用铅丝笼块石护坡。②底部按跳跃式摆放钢筋铅丝笼块石，笼间留宽6m的空隙，回填Ⅲ_B料加盖与笼相连。③两岸从高程642m到660m，按间距、排距各2m埋设带弯钩的$\phi16$钢筋，长8m，外露1m，以便修坡时能找到预埋筋。在用反铲先上后下修坡并经验收后，在坡面进行干砌石护面，然后沿坡面纵横焊$\phi16$钢筋，形成2m×2m的网格，与预埋锚筋相连，最后罩上铅丝网，并将其用8号铅丝绑扎在骨架钢筋网格上。以上保护措施经汛期过水考验，无丝毫破坏现象。

（四）趾板及面板施工

趾板基础要求进入弱风化岩2m，在覆盖层挖完后，由河槽部位向两岸分段开挖，方法是用手风钻钻孔，预留20cm保护层，爆破后用反铲装15t自卸汽车出渣。保护层用人工撬挖。断层破碎带需全部清除并回填150号素混凝土，然后打锚杆孔注浆插锚杆、清基。随后放线组立常规模板、扎筋、安装滑模轨道及支墩和锚拉支架，吊装滑模就位，安装止水铜片及PVC止水带，同时搭溜槽，清洗、清扫基础，经验收合格后浇筑混凝土，再用草袋覆盖洒水养护。采用的滑模两端为不变结构，中间为可拆卸的活动节，根据趾板的宽度可自由拼装。滑模轨道两侧各安装4×3t液压千斤顶，滑升速度为1.5～2m/h。

面板施工一期采用有轨滑模（二、三期将采用两套无轨滑模）。施工程序是：敷设砂浆条带，绑扎钢筋，安装侧模，滑模就位，安装溜槽，浇筑混凝土，进行养护至蓄水。混凝土配合比设计采用贵州乌蒙山525号微膨胀水泥、田东粉煤灰、石灰岩人工轧制砂石料，外加剂为山西万荣RC—1高效减水缓凝剂和AE引气剂，塌落度控制在8cm以下，水灰比0.48。截至1997年5月1日，680m高程以下一期面板面积约2.8万m^2，混凝土量约2.5万m^3，用2套滑模40天浇筑完毕，平均滑升速度1.5m/h，最高达4m/h。已浇完的面板目前仅发现有极少数的表面龟裂。

为防止由于坝体沉陷位移、面板产生变形止水有可能遭受破坏，施工中对趾板与面板相连的周边缝改用回填粉煤灰作嵌缝材料。趾板与面板的止水铜片有3种型式，施工中按不同规格的几何尺寸制造了3套碾压模具，用同一工作台，只需调换模具即可得到所需的成型铜片。

（五）固结灌浆及帷幕灌浆

在趾板混凝土浇完后强度达到70％以上时，进行固结灌浆钻孔。孔间排距为2m，呈梅花形，预埋塑料管定位。孔深15m，总计孔深16354m，分两序钻孔，用80％灌浆压力的水压清洗至返清水，再分段（三段）灌浆，从上往下一序孔第一段长3m，第二、三段各6m，灌浆压力分别为0.2、0.3、0.5MPa；二序孔段长相同，分段灌浆压力分别为0.4、0.6、0.8MPa。当吸浆量小于0.4L/min时，再继续灌注30min终孔、封孔。按规范要求打检查孔。

在固结灌浆完成后进行帷幕灌浆钻孔，总孔深43058m。孔深从21～52～64～87m，分为Ⅰ、Ⅱ、Ⅲ序孔（灌浆孔距由8m逐渐减小到4m→2m）。孔斜率按70m以内不大于2％，大于70m以上时按2.5％控制。灌浆自上而下段长按2m、5m、5m…5m分段进行。灌浆压力第一段为0.8MPa，以下均为2.5MPa。终孔与封孔方法与固结孔相同。灌浆用自动记录仪计量，趾板底部安装了抬动仪，以控制灌浆压力。

（六）观测仪器安装

为了监测大坝在施工期及运行期的变化，在坝内安装了垂直沉降仪、水平位移计、土压力计，设量水堰。周边缝安装了三向测缝计，帷幕上下游安有渗压计，面板内安装了应力计、无应力计，表面装有电解质测斜仪，坝面有测量网点。对超长位移计（最长达350m），采取预留30m条带的施工方法进行安装埋设，大大提高了安装精度，缩短了工期。

（武警水电第一总队 肖彦律）

莲花水电站混凝土面板堆石坝的施工

（一）工程特点

莲花水电站位于黑龙江海林市与林口县交界处的牡丹江干流上，是黑龙江省第一座大型水电站，也是我国在高纬度、严寒地区修建的第一座大型水电站。电站总装机容量为550MW，年平均发电量为7.97亿kW·h。水库总库容为41.8亿m^3。站址年平均气温仅有3.2℃，极端最低气温达－45.2℃。坝址基岩为下元古代混合花岗岩，新鲜岩石单轴饱和抗压强度一般在150MPa以上。

该电站主体工程于1992年11月开工，1994年10月截流，1996年12月第一台机组发电，计划1998年竣工。建设单位为黑龙江省水电建设管理局，设计单位为东北勘测设计研究院，监理单位为西北勘测设计研究院，主要施工单位为水电第一工程局。

莲花水电站混凝土面板堆石坝是电站枢纽主要建筑物之一，最大坝高71.8m，坝顶长902m，坝顶高程为 225.8m。大坝总填筑方量约 400 万 m^3，混凝土面板总面积为 75430m^2，混凝土量 29300m^3。

（二）上坝料开采和制备

主堆石和下游堆石料主要来自溢洪道开挖石料和采石场，采用微差挤压深孔梯段爆破的方法进行开采。采用的爆破参数通过试验确定。钻具为 CLQ—80A 和 CM—351 型潜孔钻机。起爆顺序采用“楔形”起爆方式。起爆网路采用非电系统，即：电雷管或火雷管→非电导爆管→非电雷管→导爆索→炸药。导爆索深入孔底，同一段的导爆索在孔外联网。过渡料一般在弱风化以下岩石中开采。采用的钻具、起爆顺序和起爆网路与主堆石和下游堆石料开采相同。也采用了一部分洞挖石渣剔除超径石以后作为过渡料。

垫层料和小区料的料源为洞挖石渣，采用颚式碎石机进行破碎，再掺入一定比例的河砂。颚式碎石机的规格有 200×400、400×600 和 600×900 三种。经过破碎的石料中，小于 5mm 的粒径含量较小（一般在 10%～15%）。为了满足小区料和垫层料的级配要求，需要掺入 15%～20%的天然河砂，采用平铺立采的方式进行掺配。

（三）大坝填筑

装载、运输、摊平、碾压设备主要有：俄罗斯产 5.2m^3 电铲，国产 4.6m^3 电铲，日本产 4m^3 装载机，俄罗斯产 42t、32t 自卸车，13～20t 各种自卸车，134.2～248.1kW（180～330HP）各种推土机，美国产 SD—150D 自行式振动碾（工作重量 15.5t）。

坝体填筑前，用振动碾将砂砾石基础碾压 6 遍。小区料由人工摊铺，层厚 15cm，洒水 10%，采用手扶振动碾静碾 16 遍。垫层料由人工摊铺，层厚 40cm，洒水 15%～20%，振动碾碾压 10 遍。过渡料采用后退法卸料，推土机摊平，层厚 40cm，洒水、碾压与垫层料相同。主堆石和下游堆石料采用进占法卸料，推土机摊平，层厚分别为 80cm 和 120cm，洒水量为 15%～25%，碾压遍数分别为 8 遍和 6 遍。日填筑最大强度（含各种填筑料）达到 1.4 万 m^3。莲花水电站大坝各种填筑料技术要求详见下表。

各种填筑料技术要求表

填筑料分类	颗粒级配				压实密度		填筑碾压参数		
	最大粒径（mm）	小于 5mm 粒径含量（%）	小于 0.1mm 粒径含量（%）	不均匀系数 C_u	干密度 γ_d（g/cm³）	孔隙率 n（%）	铺层厚（cm）	洒水量（%）	碾压遍数
小区料	40	30～50	<7	>50	≥2.19	<18	15	10	16（静）
垫层料	80	20～40	<5	>30	≥2.18	≤18	40	15～20	10
过渡料	300	>20	<2	>15	≥2.14	≤20	40	15～20	10
主堆石料	800	10～20	<2	>15	≥2.09	22～24	80	15～25	8
下游堆石料	1000	10～20	<2		≥1.98	<25	120	15～25	6

（四）混凝土面板施工

采用无轨滑模。滑模宽度分为 15m 和 8m 两种，分别用于 14m 和 7m 宽的混凝土面板。滑模长（沿面板斜长方向）1.6m。1 套 15m 宽滑模重 4t，滑升时根据模板上浮情况加压重。1 套滑模由安装在坝顶面的 2 台 5t 卷扬机牵引。为满足施工进度要求，共制做 5 套滑模（15m 宽的 4 套，8m 宽的 1 套）。

混凝土由搅拌运输车运至坝顶，经溜槽滑入浇筑仓面。面板最大滑升速度为 5.19m/h。面板混凝土的技术要求为 R_{28}30MPa·D300·S_8，二级配，配合比为：水泥品种为抚顺大坝 525 号，坍落度 4～7cm，水灰比 0.338，砂率 40%，水泥 340kg/m^3，砂 783kg/m^3，水 115kg/m^3，小石 707kg/m^3，中石 472kg/m^3，SK 引气减水剂 0.32%。

抚顺大坝水泥的 MgO 含量偏高（但不超标），使混凝土具有微膨胀性，可以抵消混凝土的大部分收缩变形，对于减少混凝土裂缝极为有利。SK 引气减水剂对提高混凝土抗冻性能效果显著，还具有提高混凝土强度，改善和易性，提高抗渗、抗裂性能，增加混凝土与钢筋的握裹强度等性能。

面板混凝土浇筑后一直养护至水库蓄水。

由于对面板混凝土采取了优选材料、优化配合比、保证浇筑施工的连续性和均匀性、加强养护等综合措施，达到了优良的质量，裂缝很少，得到了专家们的高度评价。

（五）严寒气候条件下的特殊施工措施

莲花水电站大坝是我国在严寒地区修建的第一座大型混凝土面板堆石坝。坝址地区冬季漫长，每年冬季施工期长达 6 个月。为了保证施工进度和质量，经过反复试验、研究，采取了以下适应严寒气候条件的特殊施工措施：①大坝填筑不洒水。主堆石和下游堆石减薄层厚（相应减小粒径），增加碾压遍数。②为了使小区料和垫层料在负温下不洒水碾压达到设计要求的干容重值，采用粗碎石（颚式碎石机生产）、细碎石（反击式碎石机生产）和水洗砂（砂石骨料系统生产）按一定比例掺配。不需减薄铺层厚度和增加碾压遍数。③各种填筑料中如有冻块，必须剔除。雪后开始填筑之前，先清除积雪。④做好趾板和面板混凝土的越冬保温。

（中国水利水电第一工程局　常焕生）

我国混凝土面板堆石坝的发展趋势

（一）发展概况

我国以现代技术修建混凝土面板堆石坝(以下简称面板坝)始于1985年，起步虽较晚，但发展很快，目前已成为世界上修建面板坝最多的国家之一。据不完全统计，截至1997年底，已建成的面板坝有34座，在建的有33座，拟建的坝高在100m以上的有15座(详见本篇目统计资料栏目)。这些面板坝几乎覆盖了中国各个地区，遍及20个省、市、区，其自然条件差别较大，遇到的问题也不相同，但由于有关设计、施工、科研单位能因地制宜，认真对待，使问题逐一得到解决，并从中积累了比较丰富的实践经验。1995年6月在北京召开的“中国混凝土面板堆石坝10周年学术研讨会”对此作了全面的回顾和总结。会议收到的论文和交流的资料有70多份，其中有53篇已收入研讨会论文集。

我国面板坝建设之所以能在不太长的时间内取得上述成绩，主要是由于有关单位从引进和消化吸收国际先进技术开始，结合国内具体情况和工程建设需要，大力开展科技攻关和重点科研工作，进行再开发，从而在许多方面，如无轨滑模、低标号碾压砂浆固坡、封缝塑性填料、面板混凝土配比、大吨位振动碾、坝体材料的广泛应用、喷混凝土面板等，不断有所创新，使我国面板坝修建技术不断得到丰富与发展，并及时转化为生产力。在此基础上，为指导和规范面板坝的建设，有关部门于1993年和1994年分别颁布了相应的标准：DL 5016—93《混凝土面板堆石坝设计导则》和SL49—94《混凝土面板堆石坝施工规范》。目前，面板坝安全、经济、适应性强和便于快速施工的优点已成为坝工界的共识。因此，无论是量大面广的中小型工程，还是大型水利水电枢纽工程，只要条件适合，都将这种坝型作为主要的比较方案。

（二）技术发展趋势

当前，我国面板坝在技术上的发展有如下趋向：

(1) 向高坝迈进。已建成的西北口面板坝坝高为95m，而在建的天生桥一级水电站面板坝坝高已达178m，待建的坝高100m以上的17座面板坝中贵州洪家渡水电站面板坝坝高达182.3m，作为比较方案的湖北水布垭水电站面板坝坝高已达223m。面板坝坝高的增加，对导流渡汛、坝体过水以及分期施工等，都提出了更高的要求。

(2) 充分利用当地材料筑坝。有些地区天然砂砾石材料丰富，已建成的青海小干沟混凝土面板坝采用砂砾石作为筑坝材料，但坝高仅55m；而在建的则有4座坝高超过100m的混凝土面板砂砾石坝，如新疆乌鲁瓦提坝高135m，浙江珊溪坝高130.8m，青海黑泉坝高123.5m，湖北古洞口坝高120m。此外，湖南株树桥坝使用了运距较近的软岩筑坝；北京十三陵抽水蓄能电站上池面板坝全部利用库盆开挖材料筑坝，也为今后发展提供了工程实践经验。

(3) 采用无轨滑模技术，扩展面板宽度。由于无轨滑模技术的发展，面板宽度已由初期的12m扩展至16m，从而减少了接缝，加快了施工进度。目前，这方面的技术已在堤防工程中得到应用，如四川明台水电站北坝防护堤(砂砾石堤坝)长达3800m，也用滑模浇筑了混凝土面板。

(4) 在砂砾石地基上修建面板坝。在砂砾石地基上修建的面板坝日益增多，如施工设备条件允许，覆盖层厚度在30m以内，可以开挖到基岩作趾板；但如覆盖层较深，也可以将趾板置于砂砾石层上，而以混凝土防渗墙对砂砾石地基作防渗处理，并用趾板或连接板将混凝土面板和防渗墙连接起来，构成完整的防渗系统。如新疆柯柯亚坝(坝高41.5m)和四川铜街子电站左岸副坝(坝高48m)的趾板均建在覆盖层上，已运行多年，情况正常，都为今后推广这方面的经验提供了范例。

(5) 改进面板混凝土配比设计，提高抗渗、抗裂、抗冻等方面的性能。1995年建成的福建万安溪面板坝，在混凝土中采用了三复合外加剂，用粉煤灰代替部分水泥，在浇筑中注意改善混凝土性能和工艺措施，重视面板的养护，从而有效地控制了裂缝的发展。在严寒地区重视混凝土的抗冻性能，例如，1997年建成的黑龙江莲花电站面板坝工程，当地年平均气温为3.2℃，极端最高气温为37.5℃，极端最低气温为－45.2℃，结冰期约5个月；1995年建成的西藏查龙电站面板坝，坝顶高程为4388m，当地年平均气温为－1.9℃，极端最低气温为－41.2℃，结冰厚度约1.05m。这些面板坝施工中提高抗冻性能的措施，为今后在高寒和高海拔地区推广面板坝提供了宝贵的实践经验。

（华源水利水电工程咨询公司　纪云生）

天荒坪抽水蓄能电站上库沥青混凝土面板的施工

天荒坪抽水蓄能电站位于浙江省安吉县境内。该电站安装6台300MW混流可逆式机组，年发电量31.6亿kW·h，年填谷电量42.86亿kW·h，为纯抽水蓄能、日调节电站。电站枢纽包括上水库、下水库、输水系统和电站厂房。上、下水库库底天然高差约590m，成库后平均水头约570m，两库水平距离仅1km左右，输水道长度1428m。

电站上水库利用天然洼地挖填而成，库岸边坡坡度为1∶2.0～1∶2.4，水库四周布置有1座主坝和4座副坝。主副坝均为土石坝，坝顶高程906.5～908.3m，主坝高72m，坝顶长503m。上水库总库容为885万m^3，工作深度42.2m。上库库底和岸坡除进出水口采用混凝土支护防渗外，其余部分均采用沥青混凝土防渗，沥青混凝土防渗面积约28.5万m^2。上库库盆下卧层成形及进出水口的土建工程由水电第五工程局一分局承建。下卧层排水层的厚度在库底为60cm，库岸为90cm。其渗透系数要求不小于2.5×10^{-2}cm/s，压实相对密度不小于90%，变形模量不小于35MPa，不平整度在库底不大于3cm，在库岸不大于4cm。对下卧层还采用化学人工方法进行除草。下卧层内设有排水系统。

天荒坪上库沥青混凝土面板工程采用国际招标，由德国斯特拉堡工程有限公司承建。中国水利水电科学研究院结构材料所派技术人员协助其工作。上述两项工程均由上海勘测设计研究院监理。防渗面板沥青混凝土材料采用石灰岩骨料及进口B80沥青。面板结构为简式，由胶结层、防渗层及封闭层组成。胶结层厚度在库底为8cm，库岸为10cm，骨料直径0～16mm，沥青含量（与拌和物的重量比）为4.3%。孔隙率要求10%～15%，渗透系数10^{-2}～10^{-4}cm/s，不平整度＜15mm。防渗层厚度为10cm，骨料直径0～11mm，沥青含量为6.8%，孔隙率要求＜3%，渗透系数＜10^{-8}cm/s，不平整度＜1.5cm。库岸与库底之间、库岸与进水口斜边之间的弧形过渡区以及坝顶的粘结层与防渗层之间均采用聚酯网格加强，有的部位还采用5cm厚的加厚层加强。

上库的沥青混凝土面板施工包括沥青混凝土的生产、运输和摊铺三个部分。

沥青混凝土的生产系统由骨料筛分系统和沥青混凝土拌和系统组成。骨料筛分系统将半成品骨料筛分成各种粒径组的骨料，并进行少量的骨料破碎工作；拌和部分采用意大利MARINI沥青混凝土及道路工程机械股份有限公司生产的E250L M260型沥青混凝土拌和系统，其最大生产能力为每小时生产260t。

沥青混凝土拌和系统的主要设备有冷骨料供料装置、骨料烘干筒、粉尘过滤箱、沥青熔化炉、沥青混凝土拌和楼及拌和系统控制室。该系统的供料分为骨料、填料和沥青三条路线。沥青混凝土的出料有搅拌机直接出料和热贮料仓集中出料两种方式。

沥青混凝土由拌和系统到施工摊铺现场的运输是由20t的自卸汽车完成的，车上备有帆布铺盖以便在必要时减少混合料的温度散失。

沥青混凝土在现场是由摊铺机进行摊铺的，摊铺条带宽一般为4～5m。在岸坡上摊铺机是在履带式工作站中的卷扬机的牵引下进行摊铺的。履带式工作站位于坝顶，它可以沿坝顶移动。工作站有沥青混凝土的转运、悬挂牵引在斜坡上运行的喂料车、摊铺机和振动碾以及摊铺机的移位三个功能。

封闭层的施工是采用沥青玛瑞脂涂刷机进行的，涂刷机由其他运行机械牵引。沥青玛瑞脂是在移动式加热炉中生产的。该加热炉有液化气加热和柴油加热两种，炉内可以进行搅拌。加热炉由汽车牵引，可以在场地中移动。

在现场进行沥青混凝土摊铺前，首先需在下卧层上喷洒乳化沥青，以确保粘结。在进行混凝土连接部位的沥青混凝土摊铺时，首先对混凝土表面进行凿毛并涂刷一层氧化沥青，进而在其上涂抹IGAS黑色填料，然后再在其上进行沥青混凝土的摊铺。沥青混凝土防渗层摊铺条带之间的施工冷缝由红外线加热器进行加热，再经人工振动压实进行处理。

沥青混凝土面板的质量控制严格按照“合同技术标准条款”执行，该条款依据德国、美国和英国的有关标准编制，分为三个方面：第一是对半成品骨料、填料、天然砂、成品骨料、沥青等原材料进行定期、定量检测；第二是从现场获取已拌和的沥青混凝土，在实验室内测量沥青混凝土中的沥青含量、骨料级配曲线、沥青混凝土比重、容重、孔隙率、渗透系数、马歇尔稳定性及流值；第三是现场检查，每3000m^2至少取一组芯样在室内进行试验，同时还需使用抽真空仪和核子密度仪在现场进行无损检测。

天荒坪上库沥青混凝土面板的施工已于1997年8月6日结束。

（中国水利水电科学研究院结构材料研究所
杜振坤 郝巨涛 卢正超 孙志恒）

十三陵抽水蓄能电站上池防渗工程的施工

（一）概述

十三陵抽水蓄能电站上池采用挖填相结合的方式修建，总库容445万m^3。池盆地层主要为经多次间歇喷发反复覆盖的安山玄武岩，断裂构造发育，岩体风化严重，裂隙发育透水性强，为此全部采用钢筋混凝土面板防渗。面板的总防渗面积为17.48万m^2，其中坝坡3.03万m^2，岩坡6.09万m^2，连接板1.29万m^2，池底7.07万m^2；各种结构缝2.13万m。

面板混凝土施工从1994年3月28日开始，至1995年6月10日结束，实际施工时间不足10个月，平均月浇筑混凝土面板1.70万m^2，最高月浇筑2.82万m^2。面板混凝土机口成型强度试件550组，28天平均抗压强度35.4MPa，离差系数0.13，强度保证率98%。抗渗试件238组，测试结果均大于S_8。抗冻试件273组，已提交的机械振捣、洒水养护试件（153组）测试结果均大于D_{300}。

（二）排水垫层和钢筋混凝土面板施工

1. 排水垫层施工　电站正常运行期间，上池水位升降频繁、涨落急剧，通常水位下降约为每小时7～9m。上池冬季严寒，最低气温－19.6℃，为避免在池水位骤降时，面板承受反向水压力和发生冻胀破坏，同时也为面板提供均匀良好的基础，在防渗面板下设置了排水垫层。

坝坡与主坝段连接板及池底面板下为碎石垫层。坝坡碎石排水垫层水平宽3m，其余碎石垫层厚度均为50cm。垫层料最大粒径150mm，其中小于5mm的含量约10%～20%，渗透系数大于1×10^{-2}cm/s。垫层料选择弱风化安山岩，采取加密孔距、排距的爆破措施，经筛分系统配制，使之满足设计级配要求。坝坡区垫层料随坝体填筑同步上升，人工削坡、斜坡用振动碾压实。连接板与池底面板下垫层料用自卸汽车运至池底，D85推土机铺料，在测量控制下平地机仔细平整，适量洒水后，用振动碾压实。碾实后碎石垫层用50号碾压砂浆固坡、护面。

岩坡及岩坡区连接板排水垫层为无砂混凝土，其厚度分别为30cm和50cm。设计标号为100号，渗透系数大于1×10^{-2}cm/s。连接板无砂混凝土用吊车吊卧罐入仓浇筑，岩坡坡面无砂混凝土用溜槽下料，人工平整，滑模施工。无砂混凝土无需振捣，成型后骨料之间粘接良好，表面平整，强度和渗透系数都满足设计要求。

2. 钢筋混凝土面板施工　上池共布置混凝土面板479块，其中斜坡面板（包括坝段、岩坡）126块，最大宽度16m，斜长65m；连接板和池底面板353块，最大宽度16m，最大长度33m，总计防渗面板17.48万m^2。除主坝坡连接板厚50cm，以及与其相接坝坡面板和池底面板局部范围内由50cm过渡至30cm外，其余面板厚度均为30cm。

面板选定的混凝土配合比为：水灰比0.44，砂率38%，水泥320kg/m^3，水141kg/m^3，砂716kg/m^3，小石584kg/m^3，中石584kg/m^3，减水剂（TMS）12.8kg/m^3，引气剂（MPAE）2.08kg/m^3。

面板混凝土浇筑程序如下：测量放线→人工抹砂浆垫→铺设铜止水→安装侧模→绑扎钢筋→滑模就位→固定“GB”填料→监理逐项验收→开仓浇筑→洒水养护→表面止水施工。

混凝土拌和采用HZ60—2F1500型拌和机，配置有2台1.5m^3自落式拌和机和2座各250t的散装水泥罐，系统生产能力为60m^3/h，全系统由微机控制，配料精度高，运行稳定可靠。

池底面板和连接板混凝土用6m^3混凝土搅拌运输车运至浇筑仓面，用25t汽车吊或40t履带吊车吊1.5m^3卧罐入仓。用2台3t卷扬机通过定滑轮反向牵引长16.4m、宽0.6m、重约3t的无轨滑模浇筑。池坡面板混凝土亦用混凝土搅拌车运至池顶对准溜槽直接卸料。每个浇筑仓通常布置2条溜槽，人工摆动溜槽尾部，进行布料。混凝土在溜槽中下滑不分离，粘聚性好，振捣后不泌水。池顶设2台5t卷扬机牵引长16.4m、宽1.2m、重约7t的滑模浇筑，控制滑升速度约2m/h。混凝土与铜止水相接部位，施工中采用专门措施以确保浇筑质量。

上池池坡面板设计有四处圆弧段，为便于施工，将2～3块弧形面板改为一扇面；采用可变滑模，即将分段各节滑模（通常为1m、2m和6m）通过铰组合连接成一体，以适应扇形平面上宽下窄及与相邻面板夹角小于180°的要求，顺利解决了圆弧段的混凝土浇筑。

上池春秋季节干燥、多风，夏季昼夜温差大，因而面板混凝土保温和养护尤为重要。通常采用在滑模尾部拖挂10m长的塑料薄膜，覆盖刚脱模的混凝土，对其进行初期保温；当混凝土从塑料薄膜下出露时，即时用草袋（帘）覆盖并洒水养护。

（三）面板混凝土接缝止水施工

上池面板各种结构缝计2.13万m。主坝段的连接板与其相接的池底面板及坝坡面板间接缝设三道止水：底部铜止水、中间带“GB”条的橡胶止水带和表面止水，其余接缝均设底部和表面两道止水。

接缝止水是上池防渗工程极为重要的环节，其施工质量优劣是上池防渗成败的关键。为此，施工单位成功地研制了铜止水成型机，可将铜止水带材依所需长度一次滚压轧制成型，以最大限度地减少焊缝数量，提高防渗可靠性。铜止水“十”字型和“T”字型接头，用1.5mm厚铜板由厂家冲压成型，使之满足运行工况下适应变型的要求，避免焊接不良易产生渗漏，从而使得整个铜止水防渗系统的抗渗能力得以提高。

坝坡面板和池底面板及连接板接缝顶部采用了梯形“GB”填料与现浇筑混凝土相结合的型式，而岩坡则改为预留三角槽后粘“GB”的型式。

面板接缝顶部除“GB”填料外，还增加了表面止水措施，具体施工方法是：首先将接缝两侧各25cm宽混凝土表面上的杂质灰尘用高速电动钢丝刷清刷干净，然后用401胶将厚7mm、宽29cm的“GB”板骑缝粘接在“GB”填料与接缝两侧混凝土表面上，并用橡胶锤头及附加配重滚压装置使其与混凝土表面紧密粘结；其次再利用“GB”材料的自粘性，将复合有3mm厚“GB”材料的复合橡胶板（宽40cm）涂401胶后直接压紧在“GB”板和混凝土上，使之粘结紧密牢固，确保阻水效果；最后在上面加盖不锈钢压板，压板两侧用不锈角钢压条和膨胀螺栓固定保护。

（四）上池土建和防渗工程运行状况

上池从1995年8月3日蓄水至今已运行近2年，工程中埋设的各种观测仪器监测资料充分表明，上池土建和防渗工程运行状况良好，各种监测数据均满足设计要求，尤其是排水检查廊道内实测渗水量远小于设计渗水量。经验收，该项工程被评为优质工程。

（中国水利水电第五工程局 杜永明）

天生桥一级水电站的坝基开挖

天生桥一级水电站位于红水河上游南盘江上，大坝为混凝土面板堆石坝，设计坝高178m，坝顶长1168m，上游坝坡1∶1.4，下游平均坝坡亦为1∶1.4，填筑总方量1878万m^3。

（一）坝址工程地质条件

坝址处河谷开阔，为不对称河谷，右岸660m高程以上坡度约18°，以下约25°～30°；左岸660m高程以上约25°，以下约30°～35°。左岸为逆向坡，为泥岩、砂岩互层，倾角35°～45°；右岸为顺向坡，为灰岩夹泥岩，倾角35°～50°。两岸表层为坡积、洪积层，夹有一定数量块碎石。660m高程以下河床冲积层，厚0.7～25.6m，中部较岸边厚，下部近基岩面有淤泥质粘土层，厚度0.15～13.3m，分布规律与冲积层基本一致。

（二）天生桥一级大坝坝基开挖标准

(1)坝体填筑部位的基础要求。对于河床部位，要求全部挖除冲积层至基岩，开挖垂直深10～20m。对于左右两岸坡部位，坝轴线上游要求挖除坡积物及全风化至强风化层顶部，坝轴线下游要求挖除覆盖层为止。左岸开挖深度约5～15m，右岸开挖深度约1～8m。

(2)趾板区基础。趾板混凝土基础要求挖除覆盖层及全风化和强风化层，并且进入弱风化层2m，故河床部位的开挖深度在15～20m内，两岸的开挖深度为10～15m。

（三）坝基两岸开挖方法

两岸采用自上而下，用推土机沿岸坡“S”形出渣路线积渣，左岸坡度较陡，开挖深度较深，采用挖掘机正、反铲直接挖装自卸汽车运至弃渣场，再用推土机清坡。右岸坡度较缓，开挖深度较浅，采用推土机自上而下推赶集渣至660m高程公路，然后用挖掘机装自卸车运至弃渣场。左右岸坡在大坝填筑前再用人工清坡至基岩，经验收合格后开始填筑。

（四）天生桥一级电站河槽开挖方法

(1)准备工作。1995年12月25日截流成功，同年汛前完成上下游围堰堰体填筑及防渗和过流保护，汛期河床过流。为了有利于汛末能提前下河槽开挖，尽快进行坝体填筑，在1995年汛前进行了基坑预抽水，共计投入10台大功率水泵，抽水能力为8100m^3/h。结果发现：河槽基坑部位为两岸宽约20m的台地，中部为深槽，表面新沉积淤泥厚约0.3～1.2m；由于基坑水深达15m，离心水泵的有效吸水高度为7m，因地形影响，有效抽水深度仅能达3～4m，10台水泵要分别下移4～5次，将会延长抽水时间。根据上述情况，在汛后适合在下游右岸用斜坡道台车及卷扬机牵引水泵进行基坑抽水。1995年10月10日，围堰断流，基坑抽水从10月11日～31日，647.2～643.2m高程内利用基坑水位和下游河道水位的落差，用虹吸管与斜坡道台车共同抽水；643.2m高程以下用斜坡道台车抽水，也适当利用下游围堰台阶布泵抽水。虹吸管为5根ϕ350mm的软管，斜坡道布台车2台，每台车上安装功率为135kW、流量1260m^3/h的水泵2台，台阶上配置2台，共计10台水泵，最大抽水能力9500m^3/h。基坑大量积水抽完后，低洼部分积水和河床表面的淤泥采用流量150m^3/h、扬程15m、输送距离为200m的挖塘机共计28台，进行抽水的同时兼顾清淤。

(2)道路布置。由于弃渣场在基坑上游，从上游围堰左右堰头布筑临时道路下基坑。坝基从上游到下游的开挖总长度为610m，分别在左右两侧修筑主干道，然后再根据开挖工作面，从主干道分别增设支线进入工作面。

(3)开挖方法。根据施工及渡汛的要求，汛前原河槽以下的趾板混凝土应浇完，坝体填到642m高程，预留出120m宽的过流通道，两岸填至660m高程，河槽部分的开挖必须尽快完成，为大坝填筑提供工作面，以便进行坝体填筑。为了加快开挖速度，将河槽分为3个区进行开挖，开展劳动竞赛，即趾板区、主堆石区、次堆石区，并以上游两区为重点。由于各区的冲积层厚度不等，基岩出露起伏较大，开挖工作按先易后难，由高向低推进，如遇淤泥质粘土较深部位，采用边垫石渣边进占的方法开挖。在深槽的淤泥质粘土的开挖过程中，淤泥部位仅靠垫渣很难形成道路，为此先在较低部位深挖集水坑，使水归槽后用挖塘机抽水至上下游主泵坑，再采用边垫边挖逐层下降的方法，直至挖完。

(4)坝基清理。坝基在大型设备开挖结束后，基岩大部分出露且较新鲜完整，但仍不具备填筑的条件，仍残留有淤泥、土石混合料等，厚度在0.3～0.8m之间。为了确保坝体填筑质量，进行了人工清理，将浮渣清理集中到指定部位，再用装载机装车运至渣场，清理始终超前于填筑面5～8m。

（五）趾板基础岩石开挖

趾板区基础表面的覆盖层及冲积层已随坝基开挖一并完成，而岩石开挖要实施钻爆，为了提供趾板混凝土浇筑工作面，故从最低部位的水平段向左右侧进行分段钻爆开挖，由于设计图提供的“X”线是依据有限的勘探孔进行拟定的，在开挖过程中由于岩石的变化还需进行二次定线。按设计要求趾板基础应落在弱风化岩石以下2m的基岩上，为了基础工作面不致因爆破而受扰动，在2m以上的岩石用潜孔钻钻孔爆破，再挖装；2m以下用手风钻钻孔，预留0.2m保护层，经挖除清理后，再辅以人工撬挖和适当的浅孔小炮爆除，以确保基础的完整。趾板基础上下游两侧采用预裂爆破以保证岩面整齐。

（六）坝基开挖完成情况

坝基总开挖量为196万m^3，其中河床以上两岸开挖112万m^3，河槽开挖84万m^3。从1994年6月开始至1996年2月10日完成，两岸开挖于1994年6月至1995年10月完成，河槽开挖从1995年11月11日至1996年2月10日完成。

坝基开挖投入的机械设备有：235.4～338.3kW（320～460HP）的推土机7台，斗容4～6m^3挖掘机5台，5m^3装载机3台，32t自卸汽车76台。1995年12月开挖强度达到了54万m^3记录，1996年4月大坝填筑达66.8万m^3，坝基开挖为大坝填筑创造了开阔的工作面，为1996年大坝防洪奠定了基础。

（武警水电第一总队 周贻文）

汾河水库泄洪隧洞进水口的岩塞爆破

汾河水库泄洪隧洞是水库枢纽的改建配套工程。由于原建水库防洪标准偏低，且历年淤积严重，主管部批准在右岸增建一条内径8m的泄洪隧洞，设计泄洪量为785m^3/s，可使水库防洪标准从300年一遇提高到2000年一遇，并可多调蓄水量近1亿m^3。按原批准的初步设计，隧洞进水口闸前段为引水明渠，渠首施工为岩坎加混凝土拱围堰挡水方案；后由于存在种种矛盾，经有关单位研究决定将岩坎方案改为岩塞爆破方案。

汾河水库岩塞爆破工程处于水面24m以下，且有18m厚的淤积物覆盖，加之岩塞爆心与干容重较低的大坝（水中填土均质坝）坝脚的距离只有125m，技术比较复杂。为此，设计单位在吸收国内外水下岩塞爆破工程成功经验的基础上，进行了细致的测量勘探工作，通过方案比选，提出了洞室加排孔（钻孔）的岩塞爆破方案。该方案与原岩坎方案相比，避免了施工期间影响水库蓄水和水下捞渣等难题，取消了工程量大的围堰工程，节省工程直接费186.4万元，加上水库蓄水效益，其综合经济效益达1530.3万元。

汾河水库位于太原市上游，该岩塞爆破工程成败，关系重大。山西水利水电勘测设计研究院通过对现场模拟试验、水工模型试验和坝体土动力三轴试验等试验资料的科学分析，设计了药室及预裂孔、扩大孔、渠底孔（见图），采用并串并毫秒微差复式电爆网路，总装药量2908.64kg，最大一响药量1291kg；岩塞形状定为倒截头圆锥体，下口直径8.0m（与该隧洞洞径相同），上口直径29.8m，厚度9m，爆破岩塞体总方量为1744m^3；爆后岩渣处理采用泄渣方案，并不设缓冲坑；同时，对水中填土均质坝及进水塔等建筑物进行了安全校核。这一设计，通过了国内有关专家的审查和山西省水利厅的批准，并于1995年3月5日起开始实施。导洞开挖采用了全部钻孔一次钻进、先预裂、小进尺、分段爆破的开挖方法。同时，结合导洞开挖，对预裂孔的线装药密度进行了测试。根据实施中钻孔揭露的地层变化情况和钻孔中声波测试的结果，对药室中心位置做了适当的修正。钻孔装药由孔内装药改为孔外装药。对爆破用的水胶炸药、雷管及导爆索等爆破材料的各种性能都按要求做了浸水72h前后的测试；电爆网路也进行了1∶1的试验，正式爆破联网前后定时测试电阻、杂散电流，各种数据都符合要求标准。1995年4月25日上午11点30分，施爆成功。爆破时，大坝、进水塔等建筑物均安然无恙，岩渣顺畅下泄；水文测量下石家庄桥下泄水流量为560m^3/s，达到了设计要求；经水下潜水量测和检查，洞脸稳定，洞口成型满足泄洪要求，实现了全部预期目的。

汾河水库泄洪隧洞大型岩塞爆破工程圆满施爆成功，在技术上有一定的创新和突破，主要表现在：

（1）成功地解决了有深厚淤积物覆盖下的大型岩塞爆破技术问题，直接爆通岩塞和淤泥，省去了复杂的搅动淤泥的工程措施，为多泥沙河流已建水库或湖泊修建泄水洞，在水与淤泥下经济而迅捷地打通进水口，积累了宝贵的经验。

（2）采用泄渣方案，并不设缓冲坑，工程量较小，且施工条件好。

（3）实施中采用岩石强度折算法和抗剪力法进行岩塞爆破阻抗比的计算，为今后有深厚淤积物覆盖下的岩塞洞室爆破阻抗平衡计算提供了新的计算途径。

（4）成功地关闭了进口平板闸门。

（5）大坝和进水塔等建筑物的安全校核及观测到的抗爆性能特点，给土坝等类似工程提供了可借鉴的经验。

（6）首次证实了有淤泥存在，泄渣率可达90%以

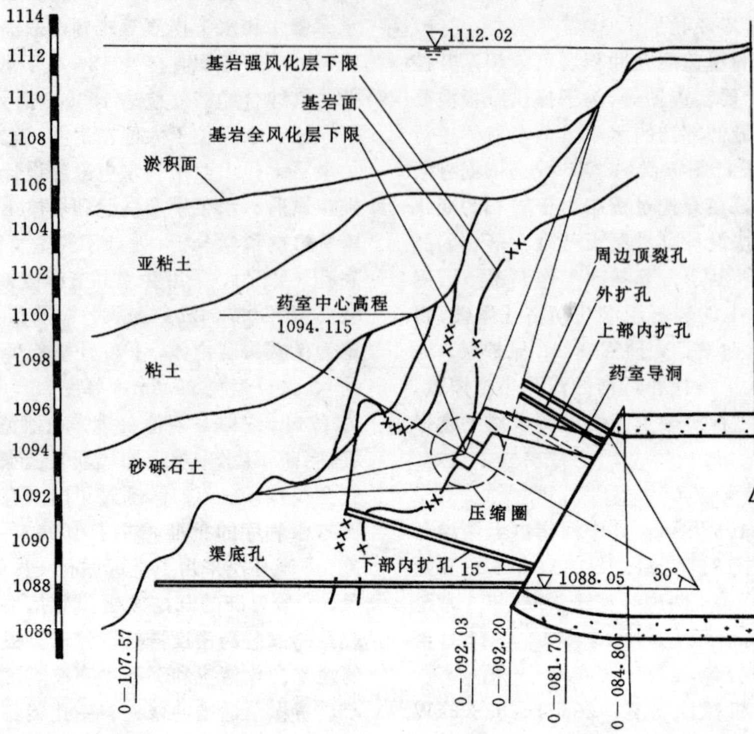

岩塞中心线剖面图

上，洞内磨损也较轻微。

(7) 高速摄影观测到两个水鼓包、两个泥鼓包，这是罕见的现象，取得的摄影资料是很珍贵的。

(8) 积累了岩塞爆破后浑水中岩渣的冲泄与运动特有规律的经验及数据。

本项岩塞爆破工程经国内专家鉴定，认为取得的成果在技术上、总体上达到了国际先进水平。本项工程由山西水利水电勘测设计研究院和东北勘测设计研究院进行设计，由前者全面负责；山西省水利建筑工程局承担施工任务；山西省水利科学研究所和清华大学水电系、中国科学院力学所、国家地震局哈尔滨工程力学所、太原工业大学、山西省汾河水库管理局和山西省防汛办潜水队分别承担了有关项目的试验、观测任务。

（山西水利水电勘测设计研究院　曾树洲）

乳化炸药混装车应用技术的研究

乳化炸药混装车是集原材料运输、炸药现场混制、机械化装药于一体的先进技术，具有生产效率高、装药爆破质量好、钻孔成本低、使用方便安全等突出优点。在我国，这项技术自80年代初由冶金部引进以来，一直仅限于矿山使用。为了满足三峡工程高质量、高强度、大方量开挖爆破的需要，在有关部门的大力支持下，中国葛洲坝集团公司在三峡工程施工中，针对本工程施工的特点，进行了炸药混装车应用技术的研究，并首次使其在我国水电工程中得到应用。

水电工程开挖爆破与矿山开采爆破相比，前者爆破作业的控制性和爆破部位的复杂性更加突出。因此，要把炸药混装车技术应用于水电工程，还要解决许多技术问题。为此，有关人员作了一系列研究与改进，其中包括：①最小起爆能测试及中继起爆弹设计；②炸药性能测试及配方优化改进；③适应于水电工程的混装乳化炸药起爆技术研究；④混装车现场装药工艺研究；⑤混装车特殊装药结构的试验研究；等等。

1993年11月～1996年3月，葛洲坝集团爆破工程公司在三峡工程中经过700多次爆破实践探索，终于成功地将乳化炸药混装车技术应用到水电爆破施工中，并总结出一套行之有效的技术方案，其主要内容有：

(1) 采用梯恩梯与黑索金各占50%的铸压体350～400g中继起爆弹，并采用低能导爆索起爆系统；

(2) 优化改进与混装车相匹配的乳化炸药配方，并已形成系列，可满足各种复杂的地质条件；

(3) 研究制定了既满足振动控制要求，又适合大规模施工生产应用的双复式交叉起爆网络；

(4) 建立了与之相适应的爆破设计原则和爆破设计参数;

(5) 对边坡炮孔研究采用了分层装药结构和聚乙烯管不耦合装药结构;

(6) 研究确立了严格的装药结构工艺,制定了《三峡混装炸药车操作规程》;等等。

采用乳化炸药混装车技术与传统制药装填工艺相比,其显著优点是:

(1) 机械化装药,每分钟可装 200~280kg,节省人工 65%,节省时间 60%以上;

(2) 装药质量可靠,不存在装药不到位或不均匀现象,水孔装药的优越性更加显著;

(3) 可根据不同的岩石特性在装药过程中调整炸药威力;

(4) 耦合装药方式,扩大了孔网参数,节省钻孔量 25%~40%,改善了台阶平整度,形成了规范化的开挖程序,同时提高装渣效率一倍以上,减少二次破碎量;

(5) 施工安全得到全面改善,乳化炸药在施工现场配制生产,混装车并不运送成品炸药,料仓内盛装的只是普通的化工原料,现场混制入炮孔后,5~10min 才发泡具有感度。因此在整个加工运输过程中都不存在任何意外爆破的危险,平时也无须仓库贮存炸药,所以非常安全。

1996 年 3 月 15 日,该项技术通过了电力部科技司组织的科学技术成果鉴定,鉴定意见为:该项应用技术成果达到了国内领先水平,填补了我国水电爆破工程的空白,具有优质、快速、经济和安全的明显优点,在三峡工程开挖现场的不同部位,不同孔径、孔深及水孔装药等复杂条件下取得了显著的效果,可在水利水电工程施工中大力推广应用。

目前,乳化炸药混装车已大规模应用于三峡工地,重点是永久船闸、临时船闸、下引航道工程和采石场,已制药爆破 12000 余 t,为用户节约开挖费 3360 多万元。

(中国葛洲坝集团公司 段 明)

化学灌浆技术的新发展和应用情况

随着我国水电建设的发展,化学灌浆(下简称化灌)技术近几年来在原有基础上又有了长足的进步。由于它具有快速、经济、独特、可靠等特点,解决了许多用水泥灌浆难以解决的问题,得到了广泛的应用。

(一) 环氧树脂灌浆

环氧树脂灌浆材料具有粘结强度高、收缩性小、耐候性和耐化学腐蚀性强等优点,用于修补大坝混凝土裂缝已有几十年的历史,目前仍是用得最多的补强灌浆材料。为了提高环氧树脂灌浆材料对裂缝处理的效果,已从单一的裂缝灌浆发展到化灌与表面处理和结构加固综合治理的方法,东江大坝裂缝处理就是综合处理、取得明显效果的典型。十渡天花板二级水电站因水轮机蜗壳侧墙出现环形裂缝,漏水严重,造成停产;修复工程采用树脂锚杆、环氧树脂灌浆及表面修补的综合处理措施,使电站恢复正常运行。十三陵抽水蓄能电站上池混凝土面板有程度不同、宽窄不一的裂缝,1995 年经环氧树脂灌浆与表面涂聚氨酯防水材料的处理,达到了恢复面板整体性的要求。

为了提高环氧树脂灌浆材料对低渗性含水地层的可灌性和灌浆效果,研究了用于高含水条件的 WJ88 浆材,包括 WJ88-1 浆液改性剂和 WJ88-2 地层预处理剂及其相应的施工工艺,经新安江水电站在对二、三坝段泥化页岩进行化灌处理中应用,取得了满意的效果。化灌后试件抗压强度达 20MPa,弹性模量 $E>1.5\times10^3$MPa,现场测试平均波速 $v_p>3200$m/s。

采用环氧树脂灌浆进行复杂地基处理也有新的发展。天生桥二级水电站 1 号引水隧洞第二不良地质段采用环氧树脂灌浆等综合处理措施,取得了明显的效果。本段工程化灌钻孔 324 个,钻孔总长度 1257.76m,纯灌入环氧树脂浆液 14722L。化灌前单孔测试平均波速 3900m/s,化灌后平均波速 4200m/s,化灌后对穿测试孔 6 个,1241 个测点平均波速 5648m/s。经过几年来的安全运行与隧洞几次放空检查,均证明本段的处理是成功有效的。

(二) 聚氨酯灌浆

我国自 70 年代初期开展聚氨酯灌浆材料的研究,先后取得了不少成果,并在各种类型的工程堵漏和加固中起到了很好的作用。如油溶性聚氨酯浆材用于凤滩电站大坝的帷幕灌浆处理,弹性聚氨酯浆材用于葛洲坝护坦的漏水处理,都取得了良好的效果。HW 与 LW 水溶性聚氨酯浆材在大中型水电站如龙羊峡、新安江等工程中得到了推广应用。近年来,用聚氨酯浆材又解决了许多工程疑难问题,如 1994 年水东水电站碾压混凝土坝发生大流量渗漏,灌浆廊道被淹,需用两台 $30m^3/h$ 的水泵日夜抽水,有 10 多处喷水点从碾压层和顶部的拼接缝中射出,坝顶上还发现 3 条贯穿上下游的裂缝,经采用 LW 水溶性聚氨酯灌浆取得了明显效果。山仔碾压混凝土坝裂缝及沙溪口电厂 2 号机工作门槽下游侧墙严重漏水,都在 1995 年经采用 LW 水溶性聚氨酯快速凝固进行堵水处理取得成功。青铜峡水电站 3 号胸墙裂缝曾采用化灌综合治理措施:孔内机械喷涂弹性防水涂层,对裂缝进行化灌和做环氧砂浆夹弹性垫层的防水层。对于漏水量和裂缝开度较大的主缝采用水溶性聚氨酯，而对于开度较小的裂缝、支缝及水平裂缝则采用渗透性更好的具有一定膨胀性的甲氰凝浆材，实践证明这是一种可行的方法。

（三）丙烯酸盐灌浆

针对丙烯酰胺化灌材料的毒性，水利水电科学研究院于80年代初研制出低毒丙凝；80年代后期，长江科学院在此基础上应用拮抗作用和引力场论，研制出只有微毒的丙烯酸盐化灌材料。90年代初，长江科学院根据上述原理又进行了深入研究，研制出一种性能得到进一步改善、毒性进一步降低、经同济医科大学动物试验证明是无毒的化灌材料——多种丙烯酸盐的混合物。万安水电站船闸基础防渗帷幕，采用水泥灌浆后检查，发现建基面以下7m的接触段和第二段，特别是F_{48}断层以右部位大部分未达到防渗标准，经采用丙烯酸盐浆材插孔补灌后均达到设计防渗标准。万安船闸混凝土伸缩缝部分止水失效，引起渗漏，甚至个别部位呈射流状，经灌入丙烯酸盐浆材后，渗漏水现象完全消除。实践证明，丙烯酸盐浆材是一种粘度低、储运稳定性好、防渗性能高、抗挤出能力强的化灌材料。

（四）非碱性水玻璃灌浆

水玻璃是化灌中最早使用的材料之一，为改善其对环境污染和耐久性问题，80年代我国开始研制非碱性水玻璃浆材，取得了很好的成果，并成功地应用于粉细砂地基的防渗加固和地铁、隧道等地下工程的防渗堵漏处理。近两年来，中国水利水电基础工程局科研所针对浆材存在的某些缺点，深入研究并进行改性，选用两种以上的酸性材料对水玻璃进行酸化处理，并根据需要加入改性剂，使其凝胶时间能够准确加以控制而且稳定，从而改善了凝胶体的脱水收缩性及脆性，固砂体抗压强度有所提高。1996年将改性后的非碱性水玻璃浆材成功地应用于牡丹江市郭家沟生活垃圾处理场截污坝基础帷幕灌浆工程。根据设计，该工程布置灌浆帷幕边排为普通水泥灌浆，中间两排为非碱性水玻璃灌浆，要求灌浆后基岩渗透系数$k \leqslant 10^{-7}$cm/s，单位透水率≤0.05Lu，比Ⅰ级坝基防渗标准还要高100倍。施工中共完成化灌4231.9m，纯灌入化学浆液241720.8L。化灌结束后布置了34个检查孔，经全面测试，基岩平均渗透系数$k=3.3\times10^{-7}$cm/s，平均透水率为0.02Lu，完全满足设计要求。

（中国水利水电基础工程局 张良秀）

灌浆自动记录仪的研制和应用

灌浆工程属隐蔽工程，其施工质量和效果要借助于对施工过程参数的分析来评定，而这些参数量测和记录的质量又容易受到人为因素的影响。运用电子计算机对灌浆施工过程中的技术参数进行自动采集和记录，以及按设定程序对灌浆过程进行自动控制的技术，七八十年代在国外一些工程中已开始应用。

我国从1985年开始将自动记录仪的研究列入国家“六五”、“七五”科技攻关任务。1987年2月，由中国水利水电基础工程局科研所和天津大学电力及自动化工程系合作研制的我国第一台灌浆自动记录仪通过科技成果鉴定。该仪器后经在多项工程中反复试用，不断改进完善，形成了性能稳定、功能齐全、结构小巧的J31型智能灌浆记录仪，并于1995年获准在小浪底水利枢纽国际招标工程中使用。1997年3月，J31型记录仪通过水利部机械局主持的产品鉴定。我国另一家能生产灌浆自动记录仪的单位是长江科学院。记录仪的工作原理，都是利用压力传感器和流量传感器将灌浆注入率、灌浆压力转换成电信号，再由计算机将电信号转换成数据输出。1台记录仪连接1对传感器，监测1台灌浆机。测记内容主要是灌浆压力、注入率和时间。与国外的记录仪相比，我国自行研制的仪器对灌浆工艺和设备的适应性强，适合我国的灌浆规范和技术人员、操作工人的习惯，价格只有进口仪器的三分之一。

1996年，研制单位在J31智能灌浆记录仪的基础上，又进一步研究开发成功了J31-D多路灌浆监测系统，该系统由工业控制微机、多路信号采集仪、信号传输电缆、传感器以及系统软件等组成，可由一台计算机在1000m范围内同时监测4～16台灌浆机施工，设在控制室内的显示屏，可实时显示各台灌浆机的施工参数，根据指令，可随时调阅和打印任一孔段的灌浆过程数据和曲线。系统集上位机和下位机于一体，可同时完成从数据采集到资料整理的全部任务，可适用于各种灌浆方法和GIN（灌浆强度值）工法，标志着我国灌浆工程应用计算机技术达到的新水平。

我国政府和行业主管部门积极组织灌浆自动记录仪的科技攻关，大力推动和倡导自动记录仪的应用。1991年3月，原能源部总工程师、中国工程院副院长、两院院士潘家铮在一次“七五”科技攻关鉴定会上指出：“自动记录仪很好，要在灌浆工作中推广自动化、计算机化。”1994年10月，国家行业标准《水工建筑物水泥灌浆施工技术规范》规定：“灌浆工程宜使用测记灌浆压力、注入率等施工参数的自动记录仪。”1997年3月，电力工业部专门发文指示加强水工建筑物灌浆工程的管理，要求在灌浆施工中推广应用自动记录仪和计算机技术，并在预算价格上体现新技术的成本。

由于各方面的推动和我国在灌浆工程中应用计算机技术的成熟，目前灌浆自动记录仪应用在我国迅速普及，许多大中型的水利水电工程，如辽宁观音阁水库、松江河水库、青海李家峡水电站、陕西二郎坝水电站、金盆水利枢纽、山东尼山水库、湖北高坝洲水电站、湖南江垭水利枢纽、四川二滩水电站、云南五里冲水库、渔洞水库、广西天生桥一级和二级水电站、浙江天荒坪蓄能电站、长江三峡工程灌浆试验以及秦山核电二期等项目的灌浆工程都广泛地使用了自动记录仪，所用几乎全是国产仪器，其中小浪底水利枢纽、李家峡水电站和三峡工程灌浆试验，使用了J31-D多路灌浆监测系统，只有二滩水电站使用了少量进口自动记录仪。与此同时，我国的自动记录仪也出口到了马来西亚等国家应用。

自动记录仪的推广应用对改善我国灌浆工程的管理，提高灌浆工程质量起到了重要的作用。正在修订的《水工建筑物水泥灌浆施工技术规范》已准备将应用自动记录仪由建议性条文修改为强制性条文。

（中国水利水电基础工程局　夏可风）

高压引水隧道斜井施工模板技术的发展

地下水电站工程高压引水隧道的通常施工程序是先开挖斜井，再制作安装钢管，最后充填混凝土。这种传统的施工方法，严重制约了水电站的施工工期，并大大增加了工程投资。广州抽水蓄能电站（以下简称广蓄电站）一期工程建设中，科技人员大胆采用了钢筋混凝土衬砌和高压灌浆（灌浆压力为6.5MPa）的新型设计。采用这种设计的难点是如何进行混凝土施工，其模板问题又如何解决。为此，经技术人员共同努力，采用引进国外技术和国内配套技术相结合的办法，从国外进口斜井直线段滑模，国内由水电第十四工程局设计制造从斜井过渡到平洞的转弯段模板，解决了广蓄电站斜井混凝土施工的难点，并进而设计制造较国外进口模板更先进的斜井直线段模板，用于天荒坪抽水蓄能电站斜井混凝土施工，取得了重大突破。现将上述几种模板介绍如下：

（一）新加坡CSM公司斜井直段模板

该模板用于广蓄电站一期、二期的斜井混凝土施工，其中上斜井长度390m，下斜井长度340m，衬砌后直径ϕ8.5m，倾角50°，设计制造时间为1990年～1991年，一期工程使用时间为1992年1月～10月，数量2套；二期工程使用数量1套，使用时间为1996年3月～1997年4月。模板总重量为60t，其构造分上、下锁定架，中梁，模板支撑架，其中在模板支撑架上固定有4层平台及模板，以满足混凝土下料、振捣、钢筋绑扎、抹面成型及液压系统操作的需要；中梁长30m，上、下锁定架与中梁连成一体，当上、下锁定架调整定位锁紧后，即可进行混凝土浇筑。施工中模板支撑架带动模板及工作平台沿着中梁上的轨道滑升，混凝土一面入仓振捣一面绑扎钢筋，模板爬升时，抹面工作紧紧跟上，系统全部由液压控制，每次循环可滑升12.5m，为间歇式不连续滑模。当一次浇筑结束后，模板支撑架及模板、工作平台固定不动，松开上、下锁定架，中梁以模板支撑架为依托向上爬升，此时的动力是由6只液压爬升千斤顶抓住另外架设固定的6根钢缆带动中梁爬升。如此周而复始，完成斜井混凝土衬砌工作。

这套滑模工作效率，日滑升平均4m，最高日滑升9m，最高月滑升208m。

（二）XDM—8.5型多功能模板

该模板为解决广蓄电站一期工程斜井上、下转弯段混凝土衬砌，由水电第十四工程局研制，1991年设计制造，衬砌后的转弯段直径ϕ8.5m，1992年年初到年底用于广蓄电站一期工程的上、下斜井4个转弯段及中平洞的衬砌；1997年年初到年底用于广蓄电站二期工程上、下斜井的4个弯段及中平洞的混凝土衬砌。该模板重50～60t，段长有4m～5.75m～7.5m3种尺寸，可根据需要进行调整，立模脱模用液压系统控制，运行由卷扬机或其他机械牵引，构思新颖。前轮在开挖断面上安装的外轨上行驶，后轮在铺设在已浇好的混凝土面上的轨道上行驶，前后轮轨道高度相差40～60cm混凝土的厚度，平均3天左右浇一块混凝土。

（三）XHM—7型斜井滑模

该斜井滑模用于浙江天荒坪抽水蓄能电站的两条高压长斜井混凝土施工，由水电第十四工程局设计制造安装运行。1994年6月开始研制，1995年底开始安装，1996年6月投入运行，两条斜井相距60m，斜长各700m，衬砌后直径ϕ7m，倾角58°，共制作2套模板投入运行，以满足混凝土施工的需要。

该型滑模布置设计合理，结构新颖，滑模中梁长15m，前后轮距12.5m，4层工作平台及模板均固定在中梁上，使整套设备体系形成一个整体，总重30t。

整套滑模由液压爬升装置驱动牵引，沿斜井内两条钢轨向上滑升。专门配套设计制作的P38型液压爬升器，牵引力大，机械自锁，安全可靠，每套模板安装4台爬升器。

由于以上特点，整套模板构造简单，结构紧凑，是一种真正可以不间断连续滑升的斜井滑模，在施工中曾连续高效率运行，创造了日滑升12m、月滑升227m的好成绩。

XHM—7型斜井滑模，投标价只及国外公司投标价的1/3，经济效益显著，为国家节约了大量的外汇，填补了国内滑模技术的空白。

（中国水利水电第十四工程局广东分局　陈恒敬）

广州抽水蓄能电站高压长斜井衬砌的滑模施工

广州抽水蓄能电站(以下简称广蓄电站)高压引水隧洞采用两级斜井布置,斜井总长750m,倾角50°,开挖直径9.7m,衬砌直径8.5m,采用60cm厚钢筋混凝土衬砌。斜井衬砌采用滑模施工,引进新加坡C. S. M.公司及瑞典B. U. 公司的技术与设备,根据工程实际情况加以改进和完善,在斜井衬砌施工中取得了优质、安全、快速的效果。在确保衬砌质量和施工安全的前提下,一期工程斜井衬砌平均速度达到3.4m/d,二期工程斜井衬砌平均速度达到6m/d,创造了大直径、陡倾角长斜井衬砌施工的世界纪录。该项目获得了电力部科技进步一等奖。

广蓄电站斜井滑模设备包括滑模及运输系统两部分(见图):滑模由中梁、上锁定架、下锁定架、模板及支撑架、工作平台、爬升及悬吊系统等几部分组成;运输系统包括液压卷扬机、乘人/运料车及控制系统等。

广蓄电站斜井滑模,属于周期性滑模,在一个施工循环内中梁和模板使用不同的爬升系统交替上升。中梁是滑模的定位和导向机构,模板及各层工作平台沿中梁向上滑升。每个循环开始时,模板与中梁脱离,临时锁定在轨道上。中梁爬升千斤顶抱住爬升钢缆向上提升中梁,提升到位后,用上、下锁定架的锁定千斤顶调整中梁轴线位置,使之与斜井中心线重合,并顶紧洞壁锁定中梁。当中梁锁定后,再将滑模爬升千斤顶装在中梁上的爬升杆上,开始进行滑模混凝土浇筑。浇筑过程中,混凝土浇筑、钢筋绑扎等分别在不同的平台上同步进行。与此同时,滑模爬升千斤顶沿固定在中梁四角的爬升杆牵引模板及各层平台连续向上滑升。在一个循环内,滑模沿30m长的中梁可连续滑升12.5m。当模板滑升到上平台距中梁的上锁定架0.5m处时,停止浇筑,准备进行下一循环的中梁提升。

广蓄电站斜井滑模的主要技术特点及所解决的技术难题有以下几点:

(1)采用中梁作为滑模的导向机构,中梁沿轨道向上行走,并用上、下锁定架调整定位;模板及各层工作平台沿中梁爬升,确保滑模沿正确的方向滑升,解决了50°斜井内滑模爬升定向的难题。

(2)椭圆形模板设计,在50°斜井内形成水平浇筑面,既方便了混凝土浇筑施工,又避免了顶拱出现空腔,省却了回填灌浆。

(3)设置多层工作平台,材料运输、钢筋绑扎、混凝土浇筑以及模板滑升等工序平行作业,互不干扰,施工效率高、速度快,最高滑升速度达到9.5m/d。

(4)中梁与模板分别设有各自的支撑和行走系统,中梁基本不承受垂直于轴向的荷载,因而中梁可采用较轻型的桁架结构,大大减轻了结构的重量。整套设备重量仅60t,相当于同等规模的针梁模板重量的50%。

(5)设置多重安全措施,确保在任何情况下滑模设备不会向下坠落,如:爬升千斤顶的爬升爪均为楔形结构,一旦液压系统出现故障,在自重作用下爬升爪将自动卡紧爬升杆;下锁定架支撑腿为八字形布置,其伸直后的长度大于斜井内径,在滑模最下方形成一个机械自锁机构,当千斤顶或钢缆损坏失效时,下锁定架的自锁机构能将整套滑模设备锁定在斜井上。

高水头、长引水的水电站,引水隧洞采用斜井布置与竖井布置相比,斜井布置可缩短水道距离,改善水力条件,减少工程量。但以往由于斜井施工困难,尤其是斜井衬砌施工难度大、速度慢,往往在设计上不得不放弃斜井而采用竖井。广蓄电站斜井滑模施工,是国内外第一个大直径、陡倾角、长斜井衬砌滑模施工工程。其优质、安全、快速的实践成果,解决了斜井衬砌施工的难题,为大直径、高压长斜井衬砌开创了一条安全、快速施工的新途径,也为高水头电站水道布置优化设计创造了有利条件。

(广东抽水蓄能电站联营公司 关 雷)

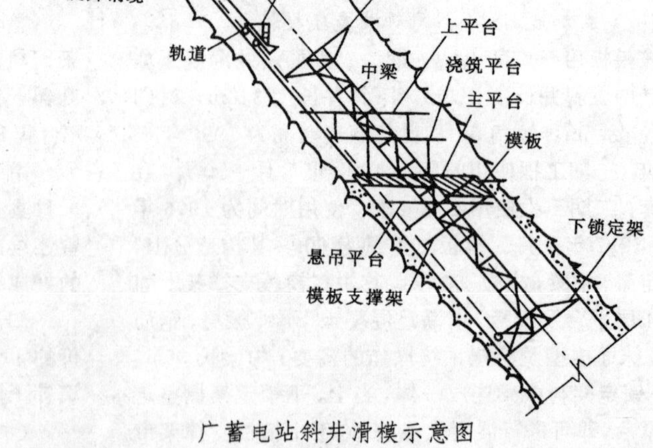

广蓄电站斜井滑模示意图

8000kN级预应力锚固施工技术

北京勘测设计研究院1989年按现行设计规范，对70年代修建的陕西石泉水电站混凝土重力坝进行了安全度等项的复核。复核结果表明，当大坝宣泄千年一遇校核洪水时，左右非溢流坝段中有7个坝段的坝踵产生拉应力，不能满足规范要求。经对下游侧贴坡、上游坝面上部贴牛腿加重和预应力锚固三个方案进行技术经济比较，最后决定采用以大吨位预应力锚固为主、基础灌浆消除扬压力为辅的加固方案。按该方案要在坝顶安设30束预应力锚索（简称预锚），总计施加预应力176.52MN。预锚分6000kN和8000kN级两种，均为永久性预应力锚索。采用如此规模的预锚加固坝体，在国内尚属首例。加固施工工期为1994年7月～1995年6月。以下扼要介绍8000kN级预应力锚固施工技术。

（一）8000kN级锚索结构

8000kN预应力锚索由锚索体、外锚头和内锚固段等部分构成。

锚索体由钢绞线、隔离架和导向帽组成。钢绞线共43根，为1860MPa等级高强低松弛钢绞线。索体长度方向设隔离架，使各钢绞线间相互平行，增加其刚度，以获得最佳受力条件。导向帽为锥形，位于索体顶端。

外锚头即张拉端，包括工作锚、承压钢垫板和承压混凝土垫座。工作锚为8000kN级OVM15-43夹片式锚具，可同时夹持43根ϕ15.24mm钢绞线。承压垫板由两块钢板叠加而成，尺寸分别为600mm×600mm×80mm及700mm×700mm×50mm（长×宽×厚），材质均为45号钢。在锚孔位置上开凿100cm×100cm×200cm（长×宽×深）的坑槽，并在其中浇筑厚100cm500号混凝土作为承压混凝土垫座。垫座混凝土内配有ϕ22螺旋筋及24根ϕ16方格状直筋。

内锚固段即锚根，采用直线形水泥胶结式锚根。锚固浆体为500号早强高强微膨胀水泥基浆体。锚根长度为10.6m，锚孔直径为270mm。

（二）施工工艺

8000kN预锚的施工工艺流程为：造孔→混凝土垫座施工，索体制作→放束入孔，内锚段注浆→预锚张拉→自由段封灌、坝面混凝土回填。施工简况如下：

1．钻孔　用SGZ—Ⅲ型液压工程钻机施工，钢粒钻进，在大坝混凝土和基岩中钻成孔径270mm的垂直孔。钻进中控制回次进尺，随时掌握孔向，及时纠偏；采用较长的粗径钻具和加重钻杆，部分孔段采用定向偏斜塞纠偏方法等措施，精心施工，使全孔偏斜达到1.67‰，小于设计要求的3‰。

为了在基岩中进行帷幕和固结灌浆，研制并使用了大口径球形橡胶止浆栓塞，采取自上而下分段灌注浆液。这在国内尚属首例。当单位吸水率ω值不大于0.02L/（min·m·m）（帷幕），或不大于0.03L/（min·m·m）（固结）时，即可结束灌浆，清洗钻孔。

2．混凝土垫座施工　预锚混凝土垫座承受锚头大吨位压力。施工中用钻机在坝顶混凝土中钻出临空面，再用凿岩机在临空面内混凝土中钻爆破孔，在孔内注入膨胀水泥浆，用此法破碎并清除混凝土，形成坑槽，再浇筑高标号混凝土。这种施工方法对坑槽外坝体混凝土不会产生影响。

混凝土浇筑前埋设孔口管、承压垫板和局部承压钢筋等。安设时用重锤放线，使孔口管和垫板中心与锚孔中心相重合；用水平尺找平，确保垫板承压面水平。

3．索体制作　索体长度主要考虑锚孔深度、锚具厚度、测力计高度、拉伸机工作长度（包括工具锚及垫板厚度）。编索前先对处于坝基岩面（含岩面以上1m）以下与内锚段（伸入1m）间索体的钢绞线进行永久性防腐处理（用环氧涂层保护）。对自由段钢绞线进行临时防腐处理，即向锚孔内注入pH值大于12的石灰水，并使孔内水的pH值始终大于10，确保在张拉和二次注浆前钢绞线不受腐蚀。

索体前端12m范围内每2m设一个隔离架，自由段可少设甚至可取消隔离架。但为防止该部分索体散乱，用细铁丝将43根钢绞线按序编成帘状，其次序与锚具上孔眼一致。导向帽用钢管制作，帽内灌注高标号水泥砂浆，以利下束；也可完全用砂浆制作导向帽。

4．放束入孔及内锚段注浆　索体长69.2m，重约3.5t。在现场制作了放束车，放束时转弯半径控制在2.5m左右，并配卷扬机，约用1h使锚索安全快速地下入锚孔，且索体没有散乱。此法解决了在坝顶场地狭小、锚孔集中、不能使用大型吊车的难题。

锚根注浆用早强、高强、微膨胀、对预应力钢材无害的水泥基锚固浆体，并采用水下注浆工艺。浆液以525号中热硅酸盐大坝水泥为主，添加适量UNF—5减水剂和EA膨胀剂（系水利水电基础工程局“七五”国家科研攻关项目成果之一，在本工程使用前，又委托清华大学土木系验证其强度和外加剂掺量等）。为确保锚根长度，采用按孔径估算注浆量、注浆时实测浆面和浆体初凝后取样等方法，综合确定实际灌注长度，并达到设计要求。经检验，内锚段浆体3天强度达

41.8MPa，28 天达 60MPa 以上，均符合设计要求。

5. 预锚张拉 张拉工艺流程为：设备检验、组装→锚固可靠性检验→预调张拉→正式张拉→锁定。张拉机具设备包括 OVM15—43 锚夹具，YC25 千斤顶，ZB4—500、ZB3—630 高压油泵和 8MN 级测力环。张拉前对千斤顶和测力环进行系统标定。8000kN 级预锚需安设长期观测的测力环，其张拉设备组装顺序为：承压垫板、测力环、垫板、工作锚具、千斤顶、工具锚。组装时确保各部件中心与锚孔中心重合，且稳定牢固。

使用单台 YC25 千斤顶进行张拉，以循环张拉方式，对称均匀地张拉 43 根钢绞线，使整束钢绞线受力均匀。加载级别按设计控制张拉吨位的百分比计，依次为 0→10%→20%→30%→40%→50%→65%→80%→100%→稳压锁定。最大张拉吨位 7890kN，锁定吨位 7682kN，张拉锁定期预应力的损失为 2.64%。

6. 自由段封灌及坝面混凝土回填 自由段注浆用 425 号水泥拌制的浆液，锚头用水泥浆体封堵，然后在凹槽内回填二期混凝土（150 号）。

（中国水利水电基础工程局 张志良 王泰恒）

李家峡水电站高边坡现场大型预应力群锚试验

（一）工程概况

李家峡水电站坝区岩性为前震旦系薄层状混合岩。岩层走向 NW270°～310°，层厚 5～30cm，倾向 SW，其左岸为与河道斜切的顺向地层，右岸为逆向地层，NE 向裂隙十分发育，与 NW 向断层构成左岸失稳楔形体。在坝肩及两岸高边坡采用了预应力岩锚群和锚桩、抗剪洞等综合加固措施。岩锚采用 600kN 级高强预应力锚杆（Dywidag 体系）、1000kN 级和 3000kN 级预应力锚索（QM、OVM 体系），截至 1997 年 2 月第一台机组发电，共计采用 3700 根。

（二）群锚试验

为检验预锚工艺，修订技术要求，评价加固质量，曾进行过左岸 9 根高强锚杆试验，右岸 7 根 1000kN 级锚索试验；为结合国家“八五”攻关项目“预应力群锚加固机理研究”，在左岸消能区上游侧预锚加固的高边坡的上部，进行了多种观测项目的 16 根预应力锚索和锚杆群的大规模测试。

1. 规模 16 根试验锚索、锚杆采用李家峡施工中通用的三种预锚体系，在 510m^2 试验区内，按上、中、下三层分别布置了 6 根 600kN 级锚杆（ϕ32 精轧螺纹钢筋—鞍钢生产［735］级），6 根 1000kN 级 QM_{15-6}和 4 根 QM_{15-19}型锚索（钢铰线用 ASTM A416—87a 标准生产的［270］级 7ϕ5 线）。除 3000kN 级锚索间排距为 6m 外，其余锚体均为 4m，进锚方向垂直边坡下倾 15°，锚体长度分别为 25m、30m、35m，内锚根长度分别为 5m、7m、10m，其中 2 根 6000kN 级锚杆内锚根长 2m、3m，2 根 1000kN 级锚索内锚根长为 3m、4m，做拉拔试验。每层标准长度锚体各取 1 根做破坏极值拉拔试验，全部锚索（杆）试验之后恢复成工程锚索。

观测项目分类：锚体吨位测力计 12 台按 600kN、1000kN、3000kN 和 6500kN 四级安装；锚杆轴向变形贴电阻片 15 组；锚索体轴向变形传感器 58 支；1000kN 级和 3000kN 级锚索外锚头岩体内埋小应变计 22 孔 55 支，锚索间岩体内埋设多点变位计 6 孔，孔深 35m、37m、40m；岩体声波测试 4 孔；地表变形监测 11 个测桩。

2. 特点

(1) 试验选点。在左岸消能区上游侧 80m 高的预锚加固的人工边坡上部，16 根锚体吨位占上层预锚总吨位 104600kN 的 20.7%。该区岩性、岩层走向与主坝区相似，岩石强度中等偏下，边坡走向平行河流，开挖深度位于强风化中限，呈层状碎裂结构，地下水丰富，具有后缘滑裂面及楔形体特征。试验跟踪施工中边挖边锚工序过程。

(2) 前期检验。对钢铰线和钢筋除进行常规材质检验外，在特制 5000kN 级钢试验台上进行了高强锚杆带不同数量连接套的体系强度检验；岩锚体系均为后张全粘接型，特别进行了不同结构形式止浆装置的孔内、孔外压力注浆试验，以适应岩锚的压力注浆的要求。所有测试设备和仪器在安装、使用前进行了率定检验。

(3) 测试内容。利用观测仪器，分别在锚索张拉前后、补偿张拉前后、破坏张拉前后、封孔注浆前后、下层坡开挖爆破前后进行了跟踪测试。对锚索吨位的无规律增值变化和张拉期相互影响及补偿的优点，对锚头区岩体压缩效果集中、索间地表变化及岩体内压应变的变化与声波值的变化均测出了很明显的规律性，尤其下层放炮对上层已锚区的压缩效果的削弱，对修正布锚设计参数和施工工艺参数，提供了重要依据。张拉工艺按常规加载、加密分级加载、两次循环加载三种方式，采用小顶预张拉后，大顶进行同步张拉。补偿张拉选在一期张拉完成后，依测力计增减趋势制定标准。破坏张拉在常规张拉观测一段时间后进行。

(4) 结论。现场群锚试验，在观测项目多、技术复杂、难度与风险大、配合专业多、与施工同步进行的条件下，历时 13 个月，150 多人参加。电力部西北勘测设计研究院、水电第四工程局李家峡施工局和黄河上游水电建设局等单位投入大量人力、物力，获得了大量的动态施工测试数据，为修正技术标准和工艺，并为《群锚加固机理研究》提供了极有价值的论证依据。现场大规模的群锚试验是机理研究的重要组成部分，在国内外尚属首次。该科研项目于1995年被电力部鉴定为国际领先水平。

（中国水利水电第四工程局李家峡施工局　孙立明）

李家峡水电站右岸导流隧洞的施　工

（一）概况

李家峡水电站位于青海省尖扎、化隆两县交界的李家峡峡谷中段。导流洞布置在坝址的右岸，进水口与黄河水流衔接平顺，进口直线段走向NW85.84°，0+094.8m～0+223.5m桩号为曲线段、半径150m，圆心角49.16°，0+223.5m桩号以下为直线，走向NE45.00°注入原河床。导流洞总长度为1332.0m，由进口明渠、进水塔、洞身、出口明渠（含挑流鼻坎）等组成。进口明渠长118.0m，进水塔为单孔岸塔式，长16.5m，高49.0m，底板高程2049.0m。洞身全长1163.5m。出口明渠长50.5m，底板高程▽2040.5m。导流标准考虑龙羊峡高坝大库的调节作用，按20年一遇洪水设计，流量为2000m³/s，超标准流量为2500 m³/s校核。

导流洞断面为圆拱直墙型，开挖断面16.0m×19.0m（宽×高，下同）～12.0m×15.0m，衬砌断面11.0m×14.0m～11.0m×15.0m。底板纵坡为7.3753‰，顶拱纵坡为6.5076‰，系陡坡明流。边墙、底板沿全长模浇混凝土衬砌，除进口段约95m、出口段50m长范围及洞身中下游等各区段的Ⅴ类围岩为全断面模板浇筑混凝土衬砌外，其余洞身段顶拱Ⅱ～Ⅳ类围岩采用分段间隔衬砌，非模浇混凝土衬砌段顶拱依围岩稳定情况分别采用喷混凝土或喷锚混凝土或喷锚网混凝土代替永久支护。

导流洞施工采用招标承包方式，水电第四工程局中标，于1988年4月1号开工，1991年6月全部竣工。根据施工日志统计，共发生0.5m³以上塌方314次，其中进口洞脸高边坡发生大小塌方30余次，最大塌方发生在1989年8月16号、9月10号，两次共5000余m³。洞内最大一次塌方发生在1985年7月24号、0+780m～0+810m桩号处，塌方2000余m³。该项工程初验于1991年6月28号结束，同年8月底通过国家验收，6个分项工程被评为优良工程，导流洞整体被评为优质工程，并创造了同类型导流洞施工无一人死亡的纪录。1996年12月26号李家峡下闸蓄水，运行期5年多，经进洞检查，洞身边墙、顶拱安然无恙。

（二）工程地质

导流洞地下埋深，除出口段约100m范围内为20～30m外，其余均在100m以上，大部分地段可达数百米。洞线穿越地层，为前震旦系深度变质岩。岩性为薄层—中厚层黑云母更长质条带状混合岩和黑云母角闪斜长片岩互层，其间穿插有后期浸入的少量伟晶花岗岩脉。在距坝轴线上游90～610m的右岸谷坡，为滑坡总量700万m³的1号滑坡体，剪出口高程2072m，高出黄河水面约20m，其上游底滑面与导流洞进口段顶拱最小距离只有40余m，其上部岩体受到1号滑坡体的严重扰动。

在进口段0+000m～0+090m及出口段1+100m～1+147.5m桩号范围，岩石强风化，局部全风化；节理裂隙极发育，裂隙间距为0.1m左右，裂隙宽度在进口段有数条超过5mm，其余均在1mm左右。岩体破碎，再加上陡倾角NW向断层、NE向裂隙及NW、NE向缓倾角裂隙切割，以致岩体越发支离破碎，并遇水软化。地下水不丰富，但围岩呈湿润状态，普遍有滴水现象。根据围岩工程地质分类，系Ⅴ类围岩。

导流洞的中下游段，即桩号0+590m～0+858m段，为绿泥石片岩、绿泥石角闪斜长片岩与混合岩互层。绿泥石遇水软化成泥状，洞顶部尚有一组近乎水平的缓倾角裂隙切割，以致在开挖施工中曾多次发生冒顶大塌方。该段地下水相对比较丰富，顶拱普遍滴水，还有多处纤流，雨季渗水量加大，属Ⅴ类围岩。

以上所述围岩岩体强度$\sigma_b<25MPa$，弹性波纵坡速度$v_p<2000m/s$。

（三）李家峡电站导流洞主要施工措施（以Ⅴ类围岩段为重点）

1. 导流洞上扩施工　导流洞开挖分两层实施，即上部开挖和下部开挖，并遵循先易后难的顺序施工，即先施工Ⅱ、Ⅲ类围岩（无Ⅰ类围岩），后施工Ⅳ、Ⅴ类围岩。根据经验计算及工程类比，确定锚固参数为：系统锚杆直径22～28mm，长3.0～3.5m，外露0.1m，间距120cm，排距120cm；两侧拱座各设置两排长锚杆或长锚桩，长锚杆直径36mm，长11.5m，长锚桩3ϕ28mm，长10.0～11.0m，外露0.5m，间距240cm，排距240cm；锚杆孔为瑞典及芬兰产三臂液压凿岩台车造孔（孔径45mm），长锚杆（桩）以天水产圆盘钻造孔（孔径65～80mm），全为水泥浆粘结型，水灰比（0.4～0.5）：1.0，经抗拔试验均满足设计要求。喷混凝土为R_{28}200号，喷层厚度10～20cm，所挂钢筋网为ϕ8mm，网格15cm×15cm～20cm×20cm。

(1)在上部开挖2.5m×2.0m(宽×高)的上导洞，并与上下游的工作面贯通，以利探明地质及通风、排烟、除尘。每进尺两个循环及时对导洞顶拱实施喷混凝土临时支护，并设置系统锚杆。每个循环进尺1.0～1.5m（爆破参数从略）。

(2) 扩挖小导洞，需要光面爆破，其参数为：孔深2.0m，轮廓孔间距30～40cm，线装药密度60g/m，当岩石特别破碎时，仅在孔内装3～5根导爆索；爆破孔间距60cm，装药量450g/孔，火雷管起爆。在爆破后需对围岩进行监测，喷混凝土5cm左右—系统锚固—挂钢筋网—再喷混凝土10～15cm，并及时钻设排水孔。依上述施工方法，分两次将小导洞扩挖至设计跨度。

(3) 当顶拱围岩喷—锚固—挂网喷混凝土临时支护完成后，再将上部下扩至矢高6.0m左右，对两侧边墙实施临时支护，其方法同上所述。

(4)顶拱模浇混凝土衬砌施工，当主洞上部扩挖掘进15～20m后，即抓紧进行顶拱的永久混凝土衬砌工作。

通过采用上述先临时柔性支护、后刚性永久支护、刚柔结合的施工措施，顺利地完成了不良地质段的隧洞施工。

2. 导流洞下扩施工　当导流洞下部开挖时，为确保上部结构安全，采用了如下施工措施：

(1) 两边墙预留岩体保护层1.5～2.0m厚，下部开挖岩体厚度9.5～10.5m，一次钻爆到设计高程。结合实际情况，造孔采用瑞典多臂台车钻水平孔。孔深3.3m，周边孔间距40cm，线装药密度60g/m，爆破孔间距70～80cm，装药量1.2～1.6kg/孔，非电毫秒雷管起爆，控制单响药量不超过15kg。隧洞开挖出渣均采用机械化“一条龙”作业。

(2) 对于强风化破碎的岩体而言，平均10m高、1.5～2.0m厚的垂直边墙保护层系非稳定岩体，故需实施临时支护，即边开挖，边喷—锚—网混凝土15cm左右。保护层开挖是按模板浇筑混凝土衬砌分段，实行错缝间隔开挖，跳仓浇筑，立模一次到顶（即与上部反缝相接）。根据经验和计算，开挖钻爆参数为：手风钻造孔，孔深150～200cm，微量药包，轮廓孔线装药密度40g/m，火雷管起爆，爆破孔药量300～450g/孔，并辅以撬挖，谨慎施工。

对于模板浇筑混凝土边墙反缝的处理，是待浇完全部混凝土后，利用自制钻架台车钻凿过缝灌浆孔及排气孔（兼回浆孔），并需将反缝处混凝土表面以高一级标号的干硬砂浆封堵抹平后（先凿毛），实施回填及接缝灌浆，水灰比为0.8：1～0.5：1。

李家峡导流洞喇叭口渐变段，平均开挖断面约为240m²。该段为岩体极破碎的V类围岩，其开挖、喷锚临时支护及模板浇筑混凝土衬砌等施工综合平均月进尺约为15m。

（中国水利水电第四工程局　袁书亭）

大朝山水电站导流洞的开挖施工

一、工程概况

大朝山水电站位于云南省云县和景东县交界处澜沧江中游河段上。电站枢纽工程施工导流采用河床围堰断流隧洞导流，枯水期基坑施工，汛期基坑过水的导流方式。一条导流隧洞布置在左岸，上游采用碾压混凝土过水围堰，下游为土石过水围堰。

导流隧洞全长668.84m，其中出口25.23m为明管段，大坝施工道路从其顶部通过。隧洞断面为城门洞形，尺寸为15m×18m（宽×高），进口底板高程812m，出口底板高程810m，采用全断面钢筋混凝土衬砌。进水塔设4m厚中墩把渐变段以前分为两孔，每孔尺寸7.5m×18m（宽×高），塔顶高程861m。进水塔后0+00～0+24为渐变断，0+24～0+643.61为洞身段，0+643.61～0+668.84为明管段，进口引水渠底宽40～19m，出口明渠底宽为15m，长约80m。

岩体岩性主要为玄武岩，岩石坚硬较完整。岩体中夹有薄层凝灰岩。两岸断层发育，左岸主要分布在岸坡100m范围内，围岩稳定条件较差，断层走向近SN向和NNW向，大部倾向山里，倾角较陡，较大断层有F_1、F_{25}、F_{23}、F_{229}、F_{231}等，破碎带宽1～4m。

大朝山电站导流洞工程由水电第十四工程局中标承建，由该局组建的大朝山分局负责施工，于1993年12月进点，1995年11月洞挖结束，1996年3月出口水下开挖结束，1996年5月15日实现分流过水。进口边坡及明渠土石方明挖约12万m³，出口边坡及明渠土石方明挖约7.6万m³，石方洞挖约20万m³。

二、大朝山导流洞开挖施工方法

导流洞进、出口按20年一遇洪水标准设置混凝土重力围堰，施工支洞常年施工。施工支洞共布置3条，1号支洞全长196m，与导流隧洞正交于0+524桩号，为导流隧洞上半部开挖及锚喷支护通道；2号支洞全长204m，1号支洞0+306为2号支洞的起点桩号，与导流隧洞正交于0+378桩号，是导流隧洞下半部开挖支护的主要通道；3号支洞全长161m，与导流洞正交于0+52.5桩号，为进口段上层开挖通道，另外，3号支洞也是为尽早探明进口段地质情况而增设的通道。

(一) 进出口边坡及明渠水下开挖

导流洞进口边坡顶部开挖高程923m，进水塔底板开挖高程为807m，边坡开挖高度为116m，属高边坡开挖。开挖方法是利用坝顶公路修便道进入开挖区，严格按自上而下的施工方法，周边预裂，用ROC—712履带钻造孔，梯段爆破，边开挖边支护，支护滞后开挖一个平台（约15m）。进口边坡地质构造复杂，边坡及其附近地段有F断层25条，其中F_1、F_{25}等7条属Ⅱ级结构面，其余为Ⅲ级结构面。坡积层厚0～4m，全强风化带水平深度为4～11.1m，卸荷深度23.4～44m，设计采用锚索（1000kN级和2000kN级，深20～30m）、锚筋桩、锚杆、网喷15cm混凝土等综合治理措施，在监理、设代、地质等有关方面人员的支持配合下，没有发生边坡失稳和安全事故，残留炮孔保存率在80%以上，边坡成型好，开挖质量优良。

进口堰外明渠水下开挖利用1995年4月漫湾电站做水工模型试验后蓄水断流的7天时间快速进行。出口边坡及明渠开挖高度约98m，上半部开挖厚度较小，使用手风钻造孔，下半部采用ROC—712履带钻开挖，施工程序、方法与进口基本相同。堰外水下开挖，在江边做土石围堰，安排在1995年12月～1996年2月枯水期进行。

（二）导流洞进口段（0+00～0+76）的开挖

进口段按巴顿Q系统分类，属Ⅳ类围岩，Q值为0.44，岩性为玄武岩，局部夹有火山角砾熔岩及凝灰岩透镜体。开挖揭露的Ⅱ级结构面3条，Ⅲ级结构面4条，Ⅳ级结构面95条，其中f断层37条，挤压面58条，发育间距为2.0～3.5m，均为陡倾。主要节理有四组，其中第一、三组与洞轴近平行，易产生失稳塌滑，第三组倾角较缓，对顶拱围岩的稳定性有一定的影响。另外，有凝灰岩存在，特别是层间错动部位对顶拱或拱座以上围岩的稳定性非常不利。

由于进口隧洞段构造发育，岩体破碎，完整性差，强度低，有地下水活动，Ⅳ类围岩易发生变形失稳，且0+00处为渐变段，开挖高度27m，拱座处宽达28m，属大洞室开挖，必须采用小心谨慎、稳扎稳打的施工方法，以确保安全进洞。

采用的施工措施是：在洞脸用锚索、锚喷支护，顶拱管棚灌浆的同时，开挖1.5m×2.0m中导洞和3号施工支洞贯通，起到了减少开挖振动、探明地质情况、前期通风散烟等作用。0+00～0+60段分三层开挖，0+00～0+24按第一层开挖到拱座以下1.5m，再分左右两块，开口第一、二排炮使用手风钻造孔，孔深1.0m，顶部光爆孔间距0.3m，隔孔装药，进尺6m左右及时进行锚喷支护，支护后再进行另一半开挖，随后进行戴帽混凝土浇筑。第二、三层采用ROC—712履带钻中间拉槽梯段爆破，两侧三臂台车修边光爆，所有爆破均采用非电雷管起爆。渐变段24m开挖支护结束后，及时将两侧边墙浇到拱座和戴帽混凝土相连。

总之，导流洞进口76m不良地质段的开挖，按中导洞、短进尺、小药量、多循环、加密周边光爆孔、锚喷支护及时跟进的原则进行施工。在开挖过程中，没有发生岩体失稳现象，洞室成型较好，安全稳妥地完成了在Ⅳ类围岩中的大洞室开挖，为不良地质段的开挖支护积累了经验，也说明施工方法和设计参数是合理的。

（三）洞身（0+76～0+628）开挖

洞身段0+90～0+580为Ⅱ类围岩，其余为Ⅲ、Ⅳ类围岩。Ⅳ级结构面发育间距为10.0～29.2m。主要节理有四组，第一、三组节理与洞轴近平行，容易产生边墙超挖和失稳。开挖断面为16.2m×19.2m（宽×高）门洞形。分两层开挖，开挖断面上层为16.2m×8.7m，下层为16.2m×10.5m。

上层开挖采用中导洞超前10～15m，扩挖跟进，使用JTH3R—150型凿岩台车造孔，光面爆破，966F侧卸装载机配15t自卸车出渣，PC200反铲处理危石、清底集渣。

在上层开挖后，两侧直边墙先用7655手风钻造4m深孔进行预裂爆破，中间使用ROC—712履带钻造垂直孔，两侧台车修边，5.4m^3装载机及PC650正铲配32t自卸车出渣，PC200反铲清底。

上部开挖于1994年9月开始，1995年4月底结束，最高开挖强度为16000m^3/月，平均强度为11600m^3/月；下部开挖自1995年2月20日开始，至11月结束，最高强度为24650m^3/月，平均强度12000m^3/月。顶拱残留炮孔保存率达90%，边墙达70%以上，平均径向超挖26cm。在开挖全过程中没有发生人身伤亡事故。

（中国水利水电第十四工程局大朝山分局　夏仲存）

高压定向喷灌技术在白石窑水电站一期围堰工程中的应用

（一）概述

白石窑水电站位于广东北江中游，为河床式径流电站，装机总容量为7.2万kW，由于河床宽约1000余m，利用江中的张家洲岛将工程分为两期导流，一期围大江（主体工程），二期围小江（土坝）。一期围堰全年挡水标准按$P=10\%$、$Q=7860m^3/s$设计。

一期三面围江堰体，是用开挖船闸的砂壤土筑成上、下游均质土围堰，纵向堰体利用自身天然砂壤土形成的洲，垫铺一层均质土组成。河床中砂卵石分布不均，厚6～18m不等，粒径一般10～20cm，最大为50cm的漂石，渗透系数$K=25～40m/d$。下覆基岩为石炭纪石橙子灰岩，浅部岩溶发育强烈，岩面起伏大。岩溶形态有溶沟、溶槽、溶洞及断层溶蚀带，单位吸水率2.36L/min。围堰体主要工程地质问题是地基砂卵石的渗透性强和浅部岩溶的渗漏及渗透稳定问题。

设计采用高压定向喷射灌浆建造板墙作为堰基防渗设施。

本次采用以水、气、浆为介质的三管式喷射工艺，在三面全长2036m的堰轴线上，历时8个月，完成钻孔771个，进尺14056.84m，喷灌进尺11277.74m，成墙面积26051.57m²，平均墙高14.62m，耗水泥量8417.54t，平均单耗为323.11kg/m²。经检查验收，合格率为100%，单元工程优良率90.5%，成功地保证了基坑的开挖，达到了设计提出的$k \leqslant 1\times10^{-5}$cm/s、基坑排水量为500t/h的防渗标准要求。特别是经受了1993年5月3日最大洪峰坝前水位达35.44m、最大水头16m和1994年6月18日超10年一遇的7860m³/s流量、坝前水位达37.52m、最大作用水头达18m的严峻考验，围堰安然无恙，取得了明显的经济效益和社会效益。

（二）高压定向喷灌施工技术

1. 板墙形式及其连接方式　板墙形式设计为连续墙体，在平面上为折线形，在一定的角度上采用切割式连接。板墙垂直截断砂砾石覆盖层，下端插入基岩以下0.5～1.0m，上端嵌入堰体内的长度为迎水面水头的1/6～1/10（即0.6～1.3m），墙高11.29～29.52m不等。板墙的有效喷距双向为2.31m，孔距2.0m，喷射折角30°，摆喷角20°～25°，厚度最小20～25cm，最大40～60cm。

2. 施工工艺　采用“三管式”与“三重管式”并行的水、气、浆为介质的双向对称喷射的施工工艺。

3. 高喷参数　为施工提出的各项高喷参数是：①高压水，压力38～40MPa，排量75L/min，喷嘴直径1.7～1.9mm（双向喷嘴）；②压缩空气，压力0.6～0.8MPa，排量0.8～1.2m³/min，气嘴与水嘴间隔2mm；③水泥浆，压力0.3～0.5MPa，排量80～100L/min，进浆比重1.7～1.8，回浆比重1.2～1.3（重量比）；④提升速度，砂卵（砾）石层3～6cm/min，砂石层及堰体9cm/min，粘土层3cm/min；⑤摆速，（10°～20°）/s，摆角，20°～25°。

4. 造孔与护壁　在砂卵（砾）石层中进行高喷，造孔是关键。裸露成孔，护壁最重要。采用地质回转钻机、合金钻头、泥浆（或膨润土）护壁和冲击钻跟管护壁钻进相结合。开孔孔径为ϕ130～150mm，终孔孔径ϕ110～127mm，孔斜率控制不超过1%。

冻胶泥浆固壁，是本次施工中采用的一种用于跟管钻进的工艺，效果明显。

对特殊漏失无法成孔的孔段，则采用在粘土浆中加砂、加粘土和掺加外加剂（主要为水玻璃）的方法进行。

5. 喷射灌浆　喷灌原则是先上、下游堰体，后纵向堰体，再滩地与岸阶地段。在上、下游堰体上，先从河床中部开始向两端推进，纵堰由两端向中间合拢。

为控制浆液的扩散范围、增加浆液的稳定性，对在强透水砂卵石层中拟掺加2%～4%的水玻璃（或氯化钙、三乙醇胺2%）；在透水砂卵石层拟掺15%～30%膨润土；在砂石层与堰体层中拟用纯水泥浆。

对各地层的接触交界部位，应静喷3min，以利于该部位的严密封闭。对喷射因故中止而复喷时，应将喷头下降到已喷深度以下0.6m处再行喷灌，造成重复搭接，使墙体连接牢靠。加强对上、下游轴线拐弯处、纵向堰体搭接部位和漏失严重的区段，以及超深凹槽部位的处理，至关重要。

（三）质量控制与效果

参照有关规范制定了《白石窑围堰防渗高压定向喷射灌浆施工规程》，用以指导施工，并建立了由技术人员组成的三班质量跟踪检查制，经单孔验收后才能进行高喷灌浆；同时由工程指挥部、监理部、设计院和施工局四方质检人员对工程进行逐孔评定、单元（每10孔为一单元）审定，通过一套完整的质量保证体系，使工程达到了优质工程标准。

工程效果：施工局在挖掘下游围堰时经在桩号0＋532～0＋552地段量测，高喷墙体最小厚度0.2m，最大0.5～0.64m，钻孔圆柱体处ϕ0.2～ϕ0.28m，有效喷距2.2～2.5m，与设计参数基本一致。实践证明，高压定向喷射灌浆是一项处理地基的先进技术，其所形成的凝结体起到了应有的防渗作用，是一种既经济、又快速的有效手段。

（中国水利水电第八工程局　谢焕文）

天荒坪抽水蓄能电站高压灌浆试验情况

天荒坪抽水蓄能电站高压灌浆试验，是为了给9MPa压力的高压隧洞固结灌浆提供施工依据而进行的。这项试验工作从1994年开始准备，1996年7月10日开始施工，至同年9月30日全部完成，取得了可靠的试验数据。

（一）工程概况

天荒坪抽水蓄能电站设计装机容量为180万kW，单机容量为30万kW，其引水系统设两条内径为7m的高压主引水隧洞，每条从上库进、出水口至岔管，再分为3条内径为3.2m的支管，采用“一管联三机”的布置形式。在岔管部位采用了钢筋混凝土结构设计，岔道部位承受的最大静水头为680m，最大动水头约887.4m。岔管部位的围岩地质条件较好，为流纹质熔凝灰岩，岩性比较单一；据试验分析，对地应力低、渗水量大的局部岩体，应采取高压固结灌浆措施加以改善。

（二）高压灌浆试验的目的及内容

试验的目的确定为：①检验高压灌浆的设备及材料是否能承受高压而正常工作；②论证高压灌浆工艺的可行性、合理性，为施工的可行性提供依据；③取得合理的、高效的灌浆参数和工艺；④检验高压灌浆对衬砌结构及永久预埋仪器的影响；⑤利用625号普通硅酸盐水泥和改性水泥的对比灌浆，选择经济有效的水泥灌浆材料；⑥及早发现和了解施工中可能出现的各种问题并提出改进措施，以确保工期和灌浆质量。

高压灌浆试验的内容包括：①在与岔管段地质条件相近的高压渗透试验（HPPT）洞内选取一合适的地段进行混凝土衬砌，然后再进行回填灌浆、接触（即浅层固结）灌浆、环向帷幕灌浆、高压固结灌浆的试验及有关的测试工作；②对高压渗透试验洞内的1号高压渗透试验孔进行高压固结灌浆试验及压力试验，检验灌浆对围岩渗透性的改善效果。

（三）试验布置

试验洞径为$\phi3.2$m，衬砌混凝土厚度为40cm，在长36m的试验段内布置11环灌浆孔，每环6孔，其中两端各做两环“环向帷幕”，孔深为岩下10m，高压固结灌浆孔7环，孔深为岩下6m，环距为3m，分两个试验区（Ⅰ区和Ⅱ区）进行高压灌浆试验。

在试验段内还分别在灌浆前后各布置声波测试孔8个，孔深为岩下8m，在衬砌混凝土内预埋各种仪器用于观测衬砌结构在高压作用下的影响情况。

（四）试验步骤

灌浆前首先对灌浆材料进行水泥浆液室内试验。为了改善浆液性能，在625号普通硅酸盐水泥中掺加了R561型高效减水剂，掺量为1.18%，在改性水泥中掺加了分散剂，掺量为1%（均为重量比）。

Ⅰ区为625号普通硅酸盐水泥灌注，Ⅱ区为625号普通硅酸盐水泥与改性灌浆水泥两种灌浆材料，即先在每环工序孔中用625号普通硅酸盐水泥灌注，而后在环内加密孔采用改性灌浆水泥灌注。

灌浆试验流程为：回填灌浆→灌浆前声波测试→浅层固结灌浆→压水试验→高压环向帷幕灌浆→Ⅰ区高压固结灌浆→Ⅱ区高压固结灌浆→灌浆后声波测试、压水检查。

浆液水灰比开始采用0.8：1，后在试验过程中调整为2：1、1.5：1、1：1三个比级，改性灌浆水泥的水灰比自始至终采用1：1。灌浆结束标准为吸浆量小于2.5L/min，在9MPa压力下持续20min即可结束。

（五）试验结果

此次高压灌浆总计耗灰9030.2kg，其中625号水泥8866.5kg，改性水泥163.7kg。高压灌浆试验结果表明：①整个高压灌浆系统能承受高压灌浆的最大压力而正常工作，可满足设计要求；②高压灌浆工艺是可行的；③高压灌浆时对衬砌混凝土有一定的影响，在混凝土衬砌上有沿混凝土裂隙的串水、串浆现象，且随着压力增加有沿其裂隙扩展的趋势，9MPa灌浆时灌浆塞应扩在岩体内不少于0.5m；④对永久性预埋仪器（渗压计、钢筋计、测缝计等）影响不大，可以正常工作；⑤625号普通硅酸盐水泥和改性灌浆水泥对其灌浆效果没有明显的区别，且在高压不吸浆的情况下浆液温度上升较快，改性水泥浆液逐渐变稠，其温升速度远比625号普通硅酸盐水泥要快得多；⑥根据高压灌浆前后的声波测试结果，较完整的岩体灌浆前后波速提高不明显，一般在2%～10%左右，完整性稍差的岩体波速提高明显，一般为11%～46%。由于试验段的衬砌形状及洞径与岔管段有很大的区别，因此，试验得出的经验在应用于岔管段施工时，还有待进一步充实完善。

（中国水利水电第一工程局　张维明）

天生桥二级水电站Ⅱ号引水隧洞岩溶段管桥施工技术

天生桥二级水电站3条引水隧洞穿过峰丛山地，埋深一般为400m，最大达800m，最小也在100m左右。由于电站所处的环境地质复杂，仅Ⅱ号引水隧洞（简称Ⅱ号洞）揭露的溶洞，据不完全统计大于5m的就有32处之多，累计长度690余m。岩溶洞多而大小各异，治理方案也有所不同，经采取各种处理措施，有效地解决了各种不同地质情况下洞管衬砌及今后的过水问题。下面重点介绍比较典型的三处隧洞溶洞段管桥施工技术。

（一）Ⅱ号洞2+090～2+135溶洞段处理

1. 地质概况　2+090～2+135溶洞是集继承性、寄生性、多期性及漏水、暗河、涌水于一体的半空洞，溶洞净空高40余m，深60余m，宽40余m。60余m深的充填物由孤石、黄泥等组成，跨度大，又有暗河（汛期往上冒水）季节性的冲刷掏空，不进行特殊处理，难以保证引水隧洞长期的安全运行。

2. 处理方案　根据Ⅰ号引水隧洞岩溶洞处理经验，利用高压固结灌浆或高压旋喷的方法处理此种地段，其效果难以达到设计要求。因此，在进行多种方案比较的基础上采用桩基法进行处理，即采用两组平行群桩（每组6根，共计12根）组成，桩径为1.4m、桩底10m范围内扩孔径为1.8m，最大桩深为64m，最小桩深为39.2m，桩基均落在坚硬基岩上。

3. 桩基工程施工　由于施工现场十分狭窄，空间较小，为避免施工中的相互干扰和影响交通，在两排桩孔上各设置两台CZ—300型冲击钻机造孔施工；桩基施工分三序进行，各序孔分别间隔一个或两个桩孔，采用直径1.4m的十字钻头冲击掘进、泥浆固壁、抽筒出渣的造孔方式，抽换法清孔，汽车吊下放钢筋笼，泥浆下直升导管法浇筑混凝土。为了提高群桩整体承载能力，群桩浇筑完毕后，在两组群桩顶部浇筑长2m、宽8m、高1.4m的钢筋混凝土地梁。

桩基工程地质为充填型特大溶洞，考虑到造孔施工过程中出现漏浆塌孔，为确保导向槽和施工平台的安全，特别注意导向槽和施工平台建造的设计与施工。导向槽采取人工开挖槽沟，立设模板，布置直径16mm钢筋网与施工平台联成一体。钻孔平台的枕木和钢轨事先预埋并与现浇混凝土一次成型，形成50cm整体混凝土施工平台。虽然在造孔施工过程中因严重漏浆引起孔壁多次大面积坍塌，但导向槽和施工平台安然无恙。

4. 洞管施工　桩基和地梁形成后，45m长的钢筋混凝土洞管采用针梁式钢模台车分三段进行衬砌，洞径8.7m，混凝土衬砌厚度为1.5m。为了防止溶洞顶部危石坍塌冲击洞管，危及安全运行，在洞管顶部回填了约2m厚黄土垫层。该工程历经200余天，克服重重困难，终于完成了任务，并做到人员无伤亡，设备无损坏；工程质量通过现场取样、钻孔检查、声波测试均达到设计要求。

（二）Ⅱ号洞2＋860.925～2＋898.425溶洞段处理

1. 地质概况　该溶洞段的地质状况与2＋090～2＋135特大溶洞段的情形大致相同，不同点在于溶洞顶部在隧洞开挖中经常发生塌方，掘进极为困难。为保证人员和设备安全，为二期支护和基础处理创造条件，采取了边开挖边进行环型钢支撑支护并回填混凝土与管棚相结合的方法向前推进。另外，在底部50多m深的充填物中大孤石较多，充填物之间密实度较差，地下水活动频繁，必须进行特殊处理，使整体承载能力能满足引水洞管安全运行的要求。

2. 处理方案　针对该溶洞段的特殊地质情况，设计部门决定采用挖孔灌注桩与倒梯形地梁为一体的地下平板桥方案。后因在施工中发现实际地质情况与原设计考虑因素出入较大，遂修改为素混凝土（其中中间一根桩为钢筋混凝土）桩与高压旋喷、高压灌浆相结合加固基础的处理方案。

3. 灌注桩施工与地基加固处理　灌注桩施工采用人工钻爆开挖、卷扬机提升出渣的方式进行。由于地质条件差、洞壁自稳能力弱，为了保证施工人员的安全，加快挖孔进度，采用边开挖边进行一期支护，每挖深1～2m进行混凝土固壁，自上而下，循序渐进。开挖一根回填一根，待3根桩回填完毕后，浇筑50cm厚的混凝土，封闭底板形成平台。在未进行洞段管衬砌之前，对溶洞段基础进行高压旋喷（间距1.4m，孔径110mm，孔深45m，呈梅花形布置，灌浆压力为40MPa）处理。上下游与洞段连接段进行高压灌浆（孔径56mm，环向间距24°，排距1.5m，呈梅花形布孔，孔深入基岩3m，灌浆压力为6MPa）处理。

4. 洞管施工与加固　洞管混凝土浇筑采用针梁式钢模台车施工，洞径8.7m，衬砌厚度为1m。为了增强洞管结构的整体性，洞管混凝土与底板混凝土一并浇筑，形成桩上梁、梁上板、板上管的综合结构。洞管段与围岩在270°范围内采用高压固结灌浆（孔径56mm，环向间距24°，排距1.5m，呈梅花形布孔，孔深入基岩8m，灌浆压力为8MPa）处理，灌浆结束前插入直径28mm、长度为8m的锚杆，然后灌浆封孔。

（三）Ⅱ号洞7＋797～7＋819溶洞段处理

1. 地质概况　该洞段为溶蚀破碎带，溶洞长度约20m，且溶洞段两端为坚硬完整的石灰岩，承载能力较强。

2. 处理方案　由于该溶洞较小，故采用拱桥方案。拱桥净身长25m，宽8m，矢高6.5m。上游桥墩长3.2m，宽8m，深2.24m；下游桥墩长2m，宽8m，深2.24m。

3. 拱桥施工　先将拱桥段部位的充填物全部开挖至拱桥桥基设计高程，然后再开挖拱桥桥墩基础，并利用开挖桥基的石渣堆筑成与拱桥下弦弧度相同的底模，用砂浆找平后进行拱桥混凝土浇筑。

4. 洞管混凝土浇筑与加固处理　洞管混凝土衬砌采用环型钢支撑背钢模板方案进行施工，洞管分两段浇筑与拱桥连为一体，洞径8.7m，衬砌厚度为1m。为了保证引水洞管的永久安全，对拱桥基础进行高压固结灌浆（孔径56mm，间距2m，孔深8m，灌浆压力为15MPa）处理，并用直径28mm，长度为8m的锚杆把桥基锚固在基岩上。拱桥段洞管与围岩在270°范围内，采用高压固结灌浆（孔径56mm，环向间距2m，孔距24°，孔深8m，呈梅花形布孔，灌浆压力4MPa）处理，灌浆结束前插入直径28mm，长度8m的锚杆，然后灌浆封孔。

（武警水电第一总队　张大光）

药卷式锚杆粘结剂在天生桥一、二级水电站工程中的应用

（一）概况

天生桥一、二级水电站工程地质情况复杂、特殊，在隧洞施工中须及时进行喷锚支护，而原锚杆支护采用的是传统注浆式砂浆锚杆，很难确保施工质量和隧洞安全。为了解决这一问题，武警水电第一总队从1992年开始，结合该工程实际情况，对近年来在我国开始应用的药卷式锚杆粘结剂，进行了有关室内外试验和工程应用方面的工作，经过几年的努力，取得了可喜的成果，对产品和工程中的有关问题摸索出了一定的经验，现已广泛应用于天生桥一、二级水电站的隧洞施工，取代了原来传统的注浆式砂浆锚杆。实践证明，采用这种新型药卷式锚杆，施工简便，工程质量和安全能够得到保证。

（二）试验研究工作

1. 药剂配方选择　根据天生桥一、二级水电站隧洞地质条件极差的实际情况，进行了8种编号配方的材料选择和凝结时间试验。试验材料选用了国产的两种主料（A、B）和两种辅料（A、B）。试验结果表明：在8种编号配方中，有5种（1、2、3、7、8号）配方的初凝时间在7～27min之间，终凝时间在10～45min之间，比较适合施工的需要。在选择适合凝结时间的基础上，再根据早期抗压强度的大小进而选择最优配方。试验结果表明：由主料A和辅料A组成的3种编号（1、2、3号）配方比由主料B和辅料B组成的2种编号（7、8号）配方好得多，其中以3号配方为最佳，其2h龄期的抗压强度达到20.3MPa。

2. 现场拉拔试验　现场试验除经过室内配方选择试验选出1、2、3号配方外，在有关指标满足要求的条件下，另外又增加了几个新配方。现场拉拔试验结果表明：新配方中11、12号锚固效果最好，2h的拉拔力达195kN以上；1、2、3号配方次之，但12h的拉拔力达195kN以上；其他配方均不令人满意。

根据上述试验成果，确定早强型药剂采用11号配方，其拉拔力大，辅料用量较12号配方少；普通型药剂采用1号配方，其拉拔力与2、3号配方相当，但不用辅料，省事且成本低。

（三）药卷的生产和应用

1. 天生桥一级电站1号导流洞0+060.0～0+150.0m段的支护　该洞段地质条件复杂，加上洞跨大（16m以上），多次发生顶拱坍方，用普通砂浆锚杆由于其早期强度低及无法灌注密实等原因，不能满足锚固后4～8h承载受力的要求，为此，采用了早强型药卷，使得长期“卡脖子”的部位很快得以贯通。

2. 天生桥一级电站导流洞ZMC自行式钢模台车的安装　由于采用药卷锚杆，减少了安装所必需的洞顶扩挖及基础土建工程，结果仅用13天就顺利完成了按原计划需1个月工期的钢模台车的安装，不仅赢得了时间，而且节约了许多投资，充分显示了药卷锚杆的优势。

3. 天生桥二级电站Ⅲ号主洞3号～4号旁通洞之间不良地质洞段开挖的处理　该段是Ⅲ号主洞尚未贯通的两个瓶颈塞子部位之一，其地质条件极为复杂，在开挖过程中发生过3起人身伤亡事故，严重影响了工期。在这种情况下，广泛采用了药卷锚杆，遂使该段得以顺利贯通。

从上述工程实践来看，药卷式锚杆技术尚需进一步加以改进、提高，努力降低成本，使生产和施工更加简便、可靠，以利于进一步推广应用。

（武警水电第一总队　周定荣　涂扬举）

水电工程质量情况综述

“八五”期间水电建设的显著特点是：在建规模大，建设速度快，投产容量多，设计、施工、建设管理水平上了一个新台阶，工程质量也有明显提高。

（一）1996年水电建设工程质量调查情况

由于水电建设体制改革过程中质量监督机制不够健全，还没有形成一套完善的、科学的质量管理办法，个别工程出现了忽视质量、放松质量管理的现象，有的甚至发生了比较严重的工程质量问题。为了摸清在建水电工程质量现状，总结质量工作经验，研究新形势下加强质量工作的措施和办法，电力部决定全面开展水电建设工程质量调查工作。

1996年5月22日～6月16日，电力部组织工程质量调查组相继对五强溪、二滩、天生桥一级、东风等4个工程进行了质量调查。与此同时，莲花、松江河、大峡、李家峡、天生桥二级、铜街子、宝珠寺、天荒坪、广蓄、隔河岩、太平驿、东西关、宝兴河、岩滩（机电、金结）、水口、漫湾等工程，也按电力部的统一部署，由各工程业主或建设单位自行组织调查组进行了调查。此外，电力部还组织调查组对水口、漫湾工程的机电、金结设备进行了专项调查。除了大广坝、十三陵、岩滩（土建部分）等工程由于已做或正在做工程安全鉴定未进行调查外，其他所有在建工程均在此次调查范围之列。

对这次质量调查工作明确规定的主要调查内容包括：建设、监理、设计、施工等参建单位的资质，现场

技术力量等基本情况；质量检查、管理机构、制度，使用临时合同工和非水电专业施工队伍等工程质量管理方面的情况；工程质量现状；经验教训及建议。调查的重点是质量管理制度上和工程质量上存在的问题及其原因。

（二）在建水电工程质量现状

多数水电工程的质量是好的或比较好的，如改革初期开工建设的广州抽水蓄能（以下简称广蓄）一期、水口、岩滩、漫湾、隔河岩（它们被誉为水电建设战线上的“五朵金花”），以及后来开工建设的五强溪、二滩、广蓄二期、天荒坪等工程。其中一些工程，如广蓄、二滩、水口等工程质量已经达到或接近国际水平。

广蓄一期工程质量整体上达到90年代国际先进水平，其中高压长斜井和高压岔管的勘测、设计和施工达到国际领先水平。广东抽水蓄能电站联营公司吸取一期工程的经验，二期工程提出均衡生产、文明施工，以提高工程质量为核心的质量管理方针，建设、设计、监理、施工形成共识，严把质量关，目前已完工程的质量明显优于一期。

二滩水电工程国际竞争性招标选择土建承包商，按国际土木工程施工合同条件（FIDIC）条款签订合同。混凝土工程保证率、离差系数、平均强度指标优良，振捣施工水平先进，外观质量相当高，如大坝混凝土边线整齐、外光内实，已完工程100万m^3仅发生8条裂缝。模板材料质地好，制作精细，刚度大，面积大，接缝少。无论是大坝、厂房模板，还是隧洞钢模台车都非常标准，非常规格。仓面准备好，浇筑振捣机械配套合理，已浇坝体上下游坝面光滑平顺，无错台现象。坝体接缝灌浆和坝体冷却施工技术先进，浆液流动性好，接缝灌浆质量优良。

水口水电站混凝土施工技术设备先进、机械化程度高，大量采用新技术新工艺，建筑物外表平整美观。升船机塔楼高70m，要求混凝土浇筑中滑升误差不大于12mm，经水电第十二工程局精心施工，采用先进的滑框倒模工艺，表面光洁度较常规滑模有较大提高，形体符合设计要求。

但是，近年来，水电工程也连续出现了一些严重的质量问题。1993年，天生桥二级电站的1号调压井闸门井（升管）胸墙在机组甩负荷试验中发生倒塌。1995年，羊湖电站的引水隧洞在充水放空检查时发现严重的质量问题；五强溪电站坝下消力池底板混凝土严重被冲。1996年，太平驿电站的引水隧洞在放空检查时，发现顶拱混凝土局部开裂、脱落；东风电站的3个中孔发现裂缝。

近几年来，开挖施工技术进步很快，不仅施工强度有了大幅度的提高，而且已经基本掌握了预裂、光面爆破技术，基本杜绝了爆破对建基面质量的影响，但是地下工程忽视临时支护仍然是影响工程质量的主要因素。顶拱超挖，混凝土回填不满，灌浆质量差，形成空腔，在几个工程中都发现顶拱混凝土衬砌空腔事故。地下工程围岩塌方和顶拱混凝土空腔是地下工程最大的质量问题。

由于重视混凝土强度和裂缝问题，基本上克服了以前裂缝比较普遍的局面。有的工程采用了新型模板（包括滑升模板），应用混凝土表面处理技术和缺陷处理技术等新技术、新工艺，在混凝土外观上大有改善，但大多数混凝土工程诸如错台、跑模、蜂窝麻面等表面残疾仍然比较普遍，有的工程甚至出现比较大的体形偏差。混凝土结构表面残疾和体形偏差仍是混凝土工程质量的主要问题。

由于采用高压固结灌浆技术、高压灌浆塞和灌浆记录仪等新技术、新工艺，大大提高了工程的灌浆质量，但从总体上来看，灌浆质量不能令人满意，而且，目前灌浆质量主要依靠灌浆人员主观记录和5%的检查孔，施工过程缺乏客观的质量监测手段，难免出现漏洞。

据调查资料估计，农民工、包工队约占现场工人的20%～30%，其素质较差，社会责任感也较差，存在偷工减料现象。如发现有的工程在锚杆施工中故意减少锚杆长度和少注浆，浆砌块石中间不座浆。因此，农民包工队不宜参加隐蔽工程和技术性强的工程施工。铁道部的施工队伍不了解水对结构的危害，在隧洞混凝土施工中问题较多，目前不适宜从事水工结构施工，只适合独立承担开挖工程。

低价中标的单位在施工中拼命降低成本，有的工程质量已经为此而受到了严重影响。资金不到位往往造成施工后期发电抢工的局面，形成忽视质量的外在动力。低价中标和资金不到位已成为影响工程质量的重要因素。

我国水电设备制造工业在产品规格方面取得了长足进展，调查表明电站投产后经不断消缺，运行状态基本良好，机组能达到满出力运行、运行平稳、水轮机空蚀磨损小。但是有一些电站的机组和金属结构设备在调试、运行过程中也发生过一些质量问题，主要有推力轴承瓦温偏高、轴瓦烧损，轴流式水轮机铸造缺陷多、质量差，导水机构间隙不能满足要求，水轮机主轴密封漏水量大，水导轴承瓦温高，推力轴承、导轴承漏油、甩油，大型机组运行中出现振动、摆度过大，主变压器漏油，计算机监控系统因质量问题投运率很低，以及闸门和启闭机械的质量问题。这些质量问题50%以上来自产品缺陷。

（三）建立健全质量管理规章制度

为了加强水电建设工程质量管理，规范项目建设各方的行为，保证水电工程质量，结合水电建设的实际，电力部制定颁发了《水电建设工程质量管理暂行办法》。《办法》明确规定了项目法人、监理、设计、施工（含安装）等建设各方的职责、质量监督制度，工程质量事故报告制度以及质量工作的经济奖惩办法，是一部比较全面的质量管理办法。

同时，电力部还制定颁发了《水电建设工程安全鉴定暂行规定》，其目的是，通过在蓄水和竣工验收前对工程的安全可靠性进行认真检查来提高验收质量，并促进建设过程中质量管理工作水平的提高。此外还规定，从1997年起所有新投产的水电机组都要按照《水电机组移交生产达标考核评定办法》达标投产，这将促进水电机组的工程建设质量和整体移交水平，促使机组投产后能尽快按照安全、文明生产达标的要求安全、可靠、稳定运行。

（电力部水电农电司　徐树铨）

施　工　机　械

水电施工装备现代化中机械管理工作的进展情况

近几年来，不少大型、特大型水电工程在引进新机种、机型作为施工主要手段的同时，逐步完善了机械化施工的配套，加速了施工进度。水电施工装备的现代化，推动了施工机械管理工作的进展，主要表现在：

1. 从单一的管理型过渡到经营管理型　为提高机械的经济效益，改变了传统的封闭管理模式，积极推动了机械租赁业务的开展，培育了机械租赁市场，从而不但提高了机械的利用率和经济效益，而且加强了经济核算，改善了机械保有结构，引进了制约机制，加强了租赁双方以合同为准的机械管理和使用的责任感；把过去单一的行政管理，变为以经济效益为中心的经营管理。

2. 促进了使用与维修的技术进步　由于先进机械的引进，旧的一套使用和维修方法已不适应。从机械传动到液压传动，从仪表到电脑控制，从耳听、眼看、尺量到状态检测和故障诊断等等，对机械的使用与维修都提出了新的要求。为适应这一形势，有关工程局机械管理部门在提高管理者和劳动者的技术素质方面做了很多工作。采用“派出去、请进来”的办法抓技术培训，熟悉先进机械的性能、原理和操作维修方法，引进必要的检测手段（如原子光谱分析仪、铁谱仪等）用于发动机磨耗分析和油污染检验。打破传统的计划检修制度，强调根据机械的技术状态和油水污染检验来判断机械故障部位，确定是否要检修。把机械维修方式逐步转向以状态维修为主，使机械总是处在技术监控之下，以良好的状态运转。同时，坚持定人、定机以及持证上岗和机长负责制等制度，促进了使用与维修的技术进步。

3. 强化了现场管理　强化现场管理是保证诸多大型机械正常联合作业的一项有力措施。近年来，为了适应施工装备现代化的要求，水电工程工地正在逐步加大现场管理的力度，采取的主要措施有以下几点：

（1）建立机械现场使用监理制。特别是拥有机械的业主，组织专门力量对租给乙方的设备在使用、保养、维修等方面进行经常的监理，促进了使用单位严格按规定使用、维修机械并保证机械的正常调度。

（2）加强检修车的现场巡视。不少水电工程工地都配备了工程检修车，使得一些机械在发生故障时能就地得到维修或更换某些零配件。检修车的现场巡视，不但加强了对机械的现场维修，而且对机械的工况监视、测试和诊断以及零配件更换等都提供了后勤保障，减少了停机时间，提高了工作效率。

（3）加强了现场的油、水管理。随着大型先进机械的引进，对机械的用油、用水也提出了更严格的要求。美国、日本等一些大型工程机械制造厂商，对我们国产油提出了“定期油样化验的要求”，促使现场加强了对油、水的科学管理，制定了油样采购、保管、发放和使用的有关规定，逐步配备了油、水化验设备及专职人员，规定了换油标准，减少了因用油、水不当引起的机械故障。

（4）改善了现场道路的标准和养护条件。水电工程工地装备的现代化，对现场的道路也提出了新的要求。道路的好坏直接关系到施工机械特别是车辆的各项技术经济指标和使用寿命，这一点已越来越为水电工程建设者所认识，“有钱买机械没钱修道路”的局面正逐渐得到扭转。目前，一些大型工地都把现场道路修得比较好，有条件的还修了混凝土或沥青路面。与此同时，还购置了压路机、平地机、洒水车等道路专用维护设备，并组建了专业维护队伍，从而不但改善了机械的作业条件，减少了机械磨损，延长了设备的使用寿命，而且改善了工地环境，推动了文明施工。

4. 计算机进入了机械管理系统　目前，各工程局的机械管理部门已把计算机应用于管理体系中。为了适应这一形势，水利水电工程总公司根据国家有关规定，组织编写了《水利水电施工企业固定资产分类代码》，一些工程局也开始结合具体情况开发机械设备管理系统软件。在单机档案、账务、折旧及报表生成和资料上报工作中，逐步实现了微机管理。

5. 加强了基础管理的自身建设　装备的现代化，对机械的基础管理提出了新的要求。除去相应的规章制度外，诸如机械的技术性能、经济参数、寿命台时、价格水平等直接影响经营成本的因素都是极重要的基础管理内容。为了加强这方面的自身建设，近年来先后组织有关人员编写了《工程机械使用手册》、《主要机械技术性能及经济参数手册》、《主要机械价格表》和施工机械投入量研究及对策等资料，以适应装备现代化的需要。

（中国水利水电工程总公司　肖燕生）

罗泰克皮带机在三峡工程中的应用

（一）概述

罗泰克（ROTEC）皮带机是美国罗泰克公司开发研制和生产的一种混凝土浇筑专用设备，也是目前世界上品种齐全、技术成熟、效率较高的混凝土输送设备。该系列产品曾获25项国际专利，其品种主要有塔式皮带机（简称“塔带机”）、轮胎式皮带机（简称“胎带机”）、摇臂式布料机等以及与之配套的螺旋给料机和混凝土运输车等。

为了满足三峡工程混凝土纵向围堰160万m^3的混凝土快速浇筑的需要，同时为三峡二期工程大坝及左岸厂房的高强度混凝土浇筑摸索经验，三峡开发总公司于1994年11月15日在北京与罗泰克公司签订了首批购货合同。这批设备包括塔带机1台、胎带机2台、螺旋给料机3台、混凝土运输车4台。其中，塔带机和胎带机都是该公司专门为三峡工程研制生产的目前世界上最大的一种规格型号的设备。

（二）罗泰克输送设备的技术性能

1. 基本特性　塔带机（1台）的型号为TC 2400—84型。它主要由塔式起重机和皮带输送机两大部分组成，全机总重900t左右。塔式起重机由圆柱形塔身和起吊臂等组成，塔身圆柱直径3.5m，标准节长9.3m，内法兰式联接，整机共13节，包括塔座在内的总高度为130m，安装中塔身可利用塔顶的辅助小车自行加高。起吊臂设计为圆钢桁架结构，其工作能力为2400 t·m，最大起吊幅度为80m，最大起重量为60t，起重工况为0～40m幅度60t和40～80m幅度30t两种，吊钩以下工作高度为95m，吊臂以下为98.53m。整个起吊臂可借助液压千斤顶在塔柱上自行升降。皮带输送机系统由输送、给料、转料、布料等皮带组成，带长根据施工布置选定，它可直接从混凝土拌和楼布置到浇筑仓面，也可通过定点转料后向仓面送料。输送带宽度为76cm，设计带速4.8m/s。布料皮带的回转、升降、变幅等各种动作由塔机吊钩牵引完成，最大布料幅度为84m，输送带最大工作仰俯角均为30°。在塔带机所控制的回转半径范围内基本上无浇筑死角。

塔带机工作电源采用3相480V60Hz或380V50Hz，总功率300kW。其混凝土输送工艺是：利用皮带输送机或运输车从拌和系统将混凝土料运送至固定受料点，然后经给料皮带输送至塔带机上，再由转料皮带送到布料皮带入口，最后通过布料皮带向仓面均匀布料。

胎带机（2台）的型号为CC200×24型，它主要由格鲁伏（GROVE）轮胎式起重机底盘和罗泰克桁架伸缩式布料臂以及给料皮带组成。格鲁伏底盘具有四轮驱动四轮转向功能，行走所需路面宽度3.5m，最大爬坡能力19°。装在底盘上的驾驶操作室，可以操纵和实现整机运行的任何动作。伸缩式布料臂共有3节，最大伸幅61m，工作时最大仰角30°，最大俯角15°，可以实现360°回旋，其各项动作均可同步并行。布料皮带带宽61cm，设计带速4.8m/s。给料皮带随着胎带机拖行，皮带长度为19.2m。

胎带机的工作动力可利用自带的发动机，其标准输出为3相480V60Hz电源，功率200kW；也可使用外部电源，其指标要求与塔带机的电源相同。胎带机的混凝土输送工艺是：由混凝土专用运输车通过螺旋给料机进入给料皮带，然后转入伸缩式布料皮带直接向仓内布料。

螺旋给料机（3台）的型号为AM20/20型，给料斗的容积为8m^3，不包括输送机的外形尺寸（长×宽×高）为5.71m×6.1m×2.41m，供电电源的要求与塔带机（或胎带机）相同。

混凝土运输车（4台）的型号为BIG DOG（大狗），它由麦克（MACK）卡车底盘和罗泰克混凝土料斗箱组成，斗箱内安有卸料辅助螺旋，斗箱容积为13m^3。

2. 设计输送能力　罗泰克塔带机和胎带机的设计输送能力见下表，此能力系指输送皮带系统为0°时的能力。表中括号内的数字为理论推算值。

罗泰克设备设计输送能力表

机型	三级配混凝土（最大骨料粒径 80mm）	四级配混凝土（最大骨料粒径 150mm）
塔带机	$7m^3/min$（$420m^3/h$）	$5m^3/min$（$300m^3/h$）
胎带机	$4.5m^3/min$（$270m^3/h$）	$2.5m^3/min$（$150m^3/h$）

3. 主要技术优点　塔带机的主要技术优点有：①塔柱可以不依赖外起吊设备而升高，初始安装时间约需6周，以后每升高一节塔身只需3h；②操作方便，正常的运行操作只需1人，加上维护和管理人员，每台每班只需3人；③控制范围广，输送能力大，能适合不同级配的混凝土浇筑；④一机二用，除了用于混凝土浇筑布料外，摘下布料臂即可作塔机使用，且从皮带输送布料状态转换成塔机状态仅需15min。

胎带机的主要技术优点有：①转移灵活，安装迅速，只要道路较好，它能像大型工程车一样行走，安装定位一般只需几十分钟；②工作幅度较大，输送能力较高；③对运行条件要求不高，适应性好，特别适用于供电电源不具备的部位；④操作简便，设备的走行、升降、回转、伸缩、超载控制等所有动作均在操作室内完成。

（三）罗泰克皮带机的应用情况

TC 2400—84型塔带机，于1996年4月20日开始在三峡工程混凝土纵向围堰上纵堰内段安装，至8月31日装完投产，主要负责上纵堰内段A、B、C块及部分堰坝段的混凝土浇筑，到1996年底，共浇筑混凝土10万m^3。在给料皮带26.3°仰角的情况下，试验输送能力达$6.38m^3/min$（理论推算$382.6m^3/h$），且可用于碾压、常态等不同混凝土的输送，试验的最大骨料粒径达到了120mm。在混凝土布料过程中，没有出现混凝土料分离现象，对混凝土料的坍落度（或碾压混凝土V_c值）损失及输送过程中的温度回升等也没有造成不良影响。

CC 200×24型胎带机，自1995年8月在三峡工程一期基坑首台投入试浇筑以来，到1996年底，两台胎带机共浇筑碾压和常态混凝土50余万m^3。经过对其进行的输送能力测试（共4次）表明，其平均输送能力为$4.227m^3/min$（理论推算$253.62m^3/h$），与设计输送能力相比稍有偏低。由于实际生产中供料系统的配套和仓面振捣能力不足等原因，胎带机在三峡的混凝土浇筑的实际输送总体平均水平为$110m^3/h$左右。在混凝土浇筑过程中，经现场测定表明，对新拌混凝土的质量无不良影响。更为突出的是，利用胎带机解决了那些用传统浇筑手段难以实现混凝土入仓的浇筑难题，在三峡一期工程的基岩混凝土覆盖、深槽混凝土回填等施工中发挥了其显著的优势。

（中国葛洲坝集团公司　周厚贵）

统　计　资　料

已完建的碾压混凝土坝

序号	坝　名	地　点	河　流	坝高(m)	坝长(m)	坝型	底宽(m)	顶宽(m)	坝体积（万m^3）碾压	坝体积（万m^3）总量	总库容(亿m^3)	目　的	装机(MW)	完成年份
1	坑　口	福建大田	屏山溪	56.8	122.5	重力	42	5	4.3	6.2	0.27	H. S	1.5	1986
2	龙门滩	福建德化	大樟溪	57.5	150	重力	48	6	7.1	9.3	0.528	H. I. S	18	1989
3	天生桥二级	贵州安隆	南盘江	61	470	重力	43	4	14.3	28.4	0.26	H	1320	1989
4	马　回	四川蓬安	嘉陵江	27	141	重力	26	13.5	26	41	0.8	H	46.3	1989
5	潘家口	河北迁西	滦河	25	277	重力	15	6	0.6	2.3	0.1	S. H. C	10	1989
6	铜街子	四川乐山	大渡河	88	1029	重力	82	4	40.7	85.5	2.0	H. C	600	1990
7	荣　地	广西融水	都浪河	53	136	重力	44	5	6.3	10.8	0.194	I	3	1991
8	广蓄下库	广东从化	流溪河	43.5	153.1	重力	32	7	3.2	5.6	0.17	H	1200	1992

续表

序号	坝名	地点	河流	坝高(m)	坝长(m)	坝型	底宽(m)	顶宽(m)	坝体积(万 m^3) 碾压	总量	总库容(亿 m^3)	目的	装机(MW)	完成年份
9	万安	江西万安	赣江	68	1104	重力	41	22	15.6	148.0	22.1	H. N	500	1992
10	岩滩	广西巴马	红水河	111	525	重力	73	20	62.6	90.5	24.3	H. N	1210	1992
11	锦江	广东仁化	锦江	60	229	重力	38.4	7	18.2	26.7	1.89	H. C	25	1993
12	水口	福建闽清	闽江	101	791	重力	68	20	37.5	171.0	23.4	H. N	1400	1993
13	大广坝	海南昌化	昌化江	57	719	重力	42.3	8.5	48.5	82.7	17.1	H. C	240	1993
14	普定	贵州普定	三岔河	75	196	拱	28.2	6.3	10.3	13.7	9.2	H. I	75	1993
15	温泉堡	河北抚宁	汤河	49	188	拱	13.8	5	5.5	6.25	0.07	S	0	1994
16	水东	福建尤溪	尤溪	68	239	重力	4.3	4	4.2	12.6	1.05	H. N	76	1994
17	山仔	福建连江	鳌江	65	273	重力	63	6	18	24.5	1.81	H. S. I	45	1994
18	观音阁	辽宁本溪	太子河	82	1040	重力	66	10.3	124	197	21.7	C. H. I. F	19.5	1995
19	溪柄溪一级	福建龙岩	溪柄溪	63	93	拱	12	7.4	2.5	3.3	0.09	S. H	2	1996
20	百龙滩	广西马山	红水河	28	274	重力	36	8.4	6.24	8.01	3.4	H. N	192	1996
21	石漫滩	河南舞阳	滚河	40	675	重力	37	7	27.5	35	1.2	S. I	0	1997
22	满台城	吉林汪清	嘎呀河	37	357	重力	27.5	6	7.8	13.6	1.0	H. I	24	1997
23	双溪	广东大埔	梅潭河	52	221	重力	40	5	11.3	17.2	0.91	H	36	1997

注　“目的”栏中，H—发电，C—防洪，I—灌溉，N—航运，R—旅游，S—供水，F—养鱼。

（中国水利水电科学研究院　沈崇刚）

在建的碾压混凝土坝

序号	坝名	地点	河流	坝高(m)	坝长(m)	坝型	底宽(m)	顶宽(m)	坝体积(万 m^3) 碾压	总量	总库容(亿 m^3)	目的	装机(MW)	计划完成年份
1	沙牌	四川汶川	草坡河	132	250.3	拱	28	9.5	34.86	37.26	0.18	H	36	1999
2	江垭	湖南慈利	溇水	128	327	重力	107.3	12	114	136	17.5	C. H. I	300	2000
3	大朝山	云南云县	澜沧江	115	480	重力	83	16	89	150	8.9	H	1350	2000
4	棉花滩	福建永定	汀江	111	300	重力	84.5	7	47	55.3	20.35	H. S	600	2000
5	石门子	新疆玛纳斯	塔西河	110	171	拱	30	5	19.7	29.7	0.5	I. S. H	3	2000
6	汾河二库	山西太原	汾河	87	250	重力	72	15	36.2	44.8	1.3	S. C. H	60	2000
7	涌溪三级	福建德化	涌溪	81	180	重力	60	8	8.75	21	0.57	C. S. H	40	1999
8	石板水	四川丰都	龙河	83	445	重力	62.5	12	23.7	56.4	1.05	H. F. R	115	1998
9	碗窑	浙江江山	达河溪	83	390	重力	61.5	8.5	32	43.5	2.23	I. C. H	12.6	1997
10	桃林口(一期)	河北青龙	青龙河	82	524	重力	62	10.3	74.1	151.4	8.54	S. H. F	96	1999
11	长顺	湖北利川	郁江	63	250	重力	45	7	17	20	0.8	S. H	36	1999
12	高坝洲	湖北枝城	清江	57	188	重力	42	5	70.2	79.8	4.3	H. N	252	1999
13	红坡	云南昆明	沙郎河	55.2	244	拱	26	4.5	7	8	0.03	S	0	1998
14	白石	辽宁北票	大凌河	48.7	523	重力	57	11.5	17.1	57.5	10	C. S. I. H	9.6	1999
15	阎王鼻子	辽宁朝阳	大凌河	34.5	383	重力	27.25	10	8.75	17.12	1.35	S. I. H	3.6	1999

注　“目的”栏中，H—发电，C—防洪，I—灌溉，N—航运，R—旅游，S—供水，F—养鱼。

（中国水利水电科学研究院　沈崇刚）

设计中的碾压混凝土坝

序号	坝名	地点	河流	坝高(m)	坝长(m)	坝型	底宽(m)	顶宽(m)	坝体积（万 m^3）		总库容（亿 m^3）	目的	装机容量(MW)
									碾压	总量			
1	龙滩（一期）	广西天峨	红水河	192	736	重力	168.6	37	339	532	162.1	H. C. I	4200
2	光照	贵州关岭	北盘江	188	316	重力	157	12	82	114	32	H. N. C. I	860
3	九甸峡	甘肃卓尼	洮河	180	258	重力	127	15	93	143	9.91	I. H. C. F	272
4	百色	广西百色	右江	130	734	重力	113	12	214.5	269.3	56.0	C. N. H. I	540
5	引子渡	贵州平坝	三岔溪	120	364	拱	30	7	55.6	59.2	4.55	H. S	240
6	思林	贵州思南	乌江	117	316	重力	82	20	82	114	16.54	H. N. C. I	1000
7	临江	吉林白山	鸭绿江	104	531.5	重力	72	12	85	142.6	18.35	H. C. I. F	400
8	白莲崖	安徽霍山	漫水河	102	348	拱	40	8	48.5	56	4.34	C. H. I	50
9	霍口	福建罗源	鳌江	88	420	重力	65	12	30	66.3	4.33	H. S	100
10	石门	河南西峡	老汉河	83	520	重力	64.6	8	58.5	63.8	2.8	C. H	25
11	龙首	甘肃张掖	黑河	80.5	196	重力	72.1	12	28	35.9	0.13	H	48
12	玉舍	贵州水城	北盘江	75.4	221	拱		5	13.46		0.33	S. H	
13	舟坝	四川沐川	马边河	74	172	重力	55.8	11	22.86	40.53	2.02	H	90
14	周宁	福建周宁	穆阳溪	73	201	重力	56	6.5	15.9	19.9	0.47	H	25
15	呼和浩特抽水蓄能电站拦水坝	呼和浩特	哈拉沁沟	69.5	242	重力	58	4.5	18.5	33	0.08	H	1200
16	呼和浩特抽水蓄能电站拦沙坝	呼和浩特	哈拉沁沟	65	308	重力	45	4.5	20.5	30.5	0.07	H	
17	小溪河	广东丰顺	小溪河	62	102.5	重力	53.8	5	4.71	6.56	0.05	H. I	
18	杨溪水	广东乳源	杨溪水	46.2	201.8	重力	38.6	5	10	13.94	0.02	H. I	25
19	八乡三级	广东丰顺	八乡河	44.3	207.4	重力	33.5	7	6.3	8.34	0.08	H	25.5
20	遥桥峪	河北兴隆	安达木河	35	250	重力	40	7	8	8.7	0.09	H	1000

注 “目的”栏中，H—发电，C—防洪，I—灌溉，N—航运，R—旅游，S—供水，F—养鱼。

（中国水利水电科学研究院 沈崇刚）

已建、在建和拟建的碾压混凝土围堰

序号	围堰名称	地点	河流	堰高(m)	堰长(m)	型式	顶宽(m)	底宽(m)	RCC 方量（万 m^3）	完成年份	备注
1	岩滩上围堰	广西巴马	红水河	54.3	341.8	拱形重力	7	45.3	17.8	1988	为三峡工程试点，完成后过水多次，最大流量 19060m^3/s
2	岩滩下围堰	广西巴马	红水河	40.2	314.6	重力	7	27.4	11.9	1988	
3	隔河岩上围堰	湖北长阳	清江	37	170	拱形重力	5	32	10.0	1988	1991 年后 4 个汛期挡水 22 次。16 次过水，最大流量 10700m^3/s，10 月出现 4 条裂缝宽 5mm
4	万安上围堰	江西万安	赣江	23.6	234	重力	5	19.4	47.4	1990	1991 有一条裂缝宽 2mm，后又出现 5 条裂缝，深 2m，宽 5～8mm，1992 年过水 12900m^3/s 时下泄 3000m^3/s 无问题

续表

序号	围堰名称	地点	河流	堰高(m)	堰长(m)	型式	顶宽(m)	底宽(m)	RCC方量(万 m³)	完成年份	备注
5	水口纵向围堰	福建闽清	闽江	48	517.5	重力	5	25.5	15.0	1990	
6	山仔上围堰	福建连江	鳌江	23	114	重力	2	18	1.5	1992	
7	水东拱围堰	福建尤溪	尤溪	21.6	132.85	拱	2.5	5.32	0.9	1992	无横缝，挡水情况良好，曾承受10.5m反水压，出现裂缝，但未破坏；第二年枯水季有裂缝宽0.5～2mm，15m左右一条，挡水时压紧未漏水
8	五强溪上围堰	湖南沅陵	沅水	40	160	重力	9	432	7.5	1992	日平均上升0.68m，60日完成
9	江垭上游围堰	湖南慈利	溇水	36	137	拱	5	21.2	3	1995	其下部21m用碾压混凝土，上部15m用常态混凝土，上游面垂直，下游坡1∶0.45，为同心圆拱
10	高坝州纵向围堰	湖北枝城	清江	27.5	306	重力	5	20.8	12.41	1997	
11	大朝山上游围堰	云南云县	澜沧江	52.5	175.5	拱	6.3	11.6	7.5	1998	不分缝，两肩有重力墩
12	三峡纵向围堰	湖北宜昌	长江	94	1217.7	重力	8	75	141.6	1996	高温下浇捣，秋季出现裂缝
13	三峡横向围堰	湖北宜昌	长江	124	572	重力	8	129.6	168	2002	应在4个月内完成

（中国水利水电科学研究院　沈崇刚）

已建成的混凝土面板堆石坝

坝名	地点	坝高(m)	坝顶长(m)	坝体积(100万 m³)	坝料		库容(100万 m³)	装机(MW)	完成年份
					类型	岩性			
柯柯亚	新疆鄯善	41.5	120	0.44	CG	砂砾石	12	3.75	1986
关门山	辽宁本溪	58.5	184	0.44	CR	安山岩	81	1.2	1988
成屏一级	浙江逐昌	74.6	232	0.80	CR	凝灰岩	52	8	1989
沟后	青海共和	70	260	0.89	CG	砂砾石	3		1989
西北口	湖北宜昌	95	222	1.62	CR	灰岩	210	16	1990
株树桥	湖南浏阳	78	245	0.82	CR	灰岩、风化板岩	278	24	1990
龙溪	浙江天台	58.9	141	0.30	CR	熔凝灰岩	26	16	1990
罗村	浙江建德	57.5	209	0.64	DR	砂岩	21	1	1990
小干沟	青海格尔木	55	104	0.24	CG	砂砾石	10	32	1990
横山加高*	浙江奉化	70	382	1.09	CR	熔凝灰岩	112		1992
广蓄上库	广东从化	68	314	0.90	CR	花岗岩	17	1200	1992
铜街子左副坝	四川乐山	48	409	0.70	CG/CR	砂砾石、玄武岩	200	600	1992
渡浪沟	湖北建始	35	135	0.10	CR	灰岩	3.5		1992
花山	广东广宁	80.8	160.4	0.70	CR	花岗岩	63	24	1993
十三陵上库	北京昌平	75	550	2.70	CR	安山岩	4	800	1994
小梅沙	广东深圳	49.1	188	0.22	CR		146		1994
白杨河	新疆木垒	37	473	0.37	CG	砂砾石	6		1994
舍网**	浙江奉化	35.5	165	0.12	CR		2.55		1994
万安溪	福建龙岩	93.5	212	1.29	CR	花岗岩	228	45	1995
东津	江西修水	88.5	315	1.76	CR	砂岩	800	60	1995

续表

坝　名	地　点	坝高 (m)	坝顶长 (m)	坝体积 (100万 m^3)	坝料		库容 (100万 m^3)	装机 (MW)	完成年份
					类　型	岩　性			
斗　晏	江西寻乌	55	204.5	0.52	CR	花岗岩	98	37.5	1995
査　龙	西藏那曲	38.6	192	0.37	CG	砂砾石	138	10.8	1995
槽鱼滩石副坝	四川洪雅						27.2	130	1995
南　车	江西泰和	64	184	0.46	CR	砂岩	153	12.8	1996
海潮坝	甘肃民乐	57	197	0.48	CR	花岗岩	7.4		1996
山　口	新疆阿尔泰	39	545	0.65	CR	凝灰岩	46	25.2	1996
溪口水库	浙江奉化	38.1	151		CR			80	1996
溪口下库	浙江奉化	43.1	314		CR			80	1997
小　山	吉林抚松	85.5	295.3	1.43	CR	安山岩		160	1997
梅　溪	浙江鄞县	38							1997
天荒坪下库	浙江安吉	95	230	1.42	CR	熔凝灰岩	8.8	1800	1997
泽雅	浙江温州	78.8	308	1.42	CR	熔结凝灰岩	57		1997
莲花	黑龙江海林	71.8	902	4.23	CR	花岗岩	4180	550	1997
梁辉	浙江余姚	35.4		0.68			31		1997

注 CR—碾压堆石；CG—碾压砾石；DR—抛填堆石。

* 原粘土心墙坝高 48.6m；

** 喷混凝土面板。

（华源水利水电工程咨询公司　纪云生）

在建的混凝土面板堆石坝

坝　名	地　点	坝高 (m)	坝顶长 (m)	坝体积 (100万 m^3)	坝料		库容 (100万 m^3)	装机 (MW)
					类　型	岩　性		
天生桥一级	广西、贵州	178	1137	17.69	CR	灰岩	10260	1200
乌鲁瓦提	新疆和田	135	486	6.8	CG/CR	砂砾石、石英片岩	340	60
珊　溪	浙江文成	130.8	448	6.00	CR/CG	流纹岩、砂岩	1922	200
黑　泉	青海大通	123.5	433	5.50	CG/CR	砂砾石/花岗片麻岩	182	12
白　溪	浙江宁海	123.5	416	3.70	CR	熔凝灰岩	164	18
芹　山	福建周宁	122	286.5	3.10	CR	凝灰岩	265	70
白　云	湖南城步	120	200	1.7	CR	灰岩、砂岩	360	54
古洞口	湖北兴山	120	194	1.9	CG/CR	砂砾石/灰岩	138	36
高　塘	广东怀集	110.7	288	1.95	CR	花岗岩	96	36
茄子山	云南龙陵	104.5	258	1.40	CR	二云花岗岩	121	16
柴石滩	云南宜良	103	310	2.17	CR	白云岩	437	60
大　桥	四川冕宁	91	300	2.09	CR		658	90
大　坳	江西上饶	90	408	1.45	CR	砂岩	278	40
三插溪	浙江泰顺	88.8	188	0.77	CR		47	
陡　岭	湖北郧西	88.5	333	2.24	CR	灰岩、千枚岩	485	60
松　山	吉林抚松	78	234	1.42	CR	安山岩	123	
鱼背山	四川万县	72	214	0.89	CR		860	17
小溪口	湖北建始	68	235.5	1.11	CR	灰岩	66.4	30
大　河	广东阳春	68	240	0.90	CR	砂岩、板岩	332	30

续表

坝　名	地　点	坝高 (m)	坝顶长 (m)	坝体积 (100万 m^3)	坝料 类型	坝料 岩性	库容 (100万 m^3)	装机 (MW)
三锅桩	云南鹤庆	62.8	290	0.80	CR	玄武岩		
锁金山	湖北五峰	62	227	0.60	CR		100	45
卡浪古尔	新疆塔城	61.5	565	1.20	CG/CR	砂砾石/安山岩	39	
八　都	浙江义乌	57.5	324		CR	熔结凝灰岩	32.1	
平　潭	浙江宁波	55		0.39	CR		11	
两　江	吉林安图	55	273	1.10	CR	混合岩	210	60
红珠河加高*	湖北建始	52	160	0.22	CR	灰岩	5.88	
蛇　洞	四川攀枝花	50			CR		8	
两岔河	贵州黄平	43	320	0.51	CG	砂砾石	63	
塔斯特	新疆吉木乃	43	180	0.45			12	
楚　松	西藏白朗	39.67	312		CG	砂砾石	14.6	
莫拖拉	新疆	36.0						
伯依布谢	新疆裕民	35	210	0.20	CG	砂砾石	4	
岑港	浙江舟山	27.6	287	0.29	CR	熔凝灰岩	6.3	

*　原浆砌石坝高16m。

（华源水利水电工程咨询公司　纪云生）

拟建的混凝土面板堆石坝（坝高100m以上）

坝　名	地　点	坝高 (m)	坝顶长 (m)	坝体积 (100万 m^3)	坝料 类型	坝料 岩性	库容 (100万 m^3)	装机 (MW)
洪家渡	贵州黔西	182.3	465	10.07	CR	灰岩	4590	540
三板溪	贵州锦屏	185.51	424	0.96	CR	砂岩	3748	1000
滩　坑	浙江	161	506	10.00	CR	熔凝灰岩、集块岩	3530	600
紫坪铺	四川	159	638	11.67	CR	砂岩、灰岩	1080	697
吉林台	新疆尼勒克	152	392	9.2	CR	凝灰岩	2440	460
瓦屋山	四川洪雅	140			CR		545	240
公伯峡	青海循化	130	423	4.55			550	1500
街　面	福建尤溪	126	478	3.42	CR	泥岩、砂岩	1085	300
潘　口	湖北竹山	123	322	3.46	CR	灰岩、硅质岩	2460	500
鱼　跳	重庆南川	110	220	1.63	CR	砂岩	95.2	48
涔天河加高	湖南	110	261	2.50	CR		1600	150
双　沟	吉林抚松	109.7	312	2.58	CR	安山岩、玄武岩	391	280
洮　水	湖南茶陵	102.5	313	1.72	CR		52	88
盘石头	河南鹤壁	100.8	588	5.29	CR	砂岩、页岩	616	8
积石峡	青海循化	100	348	2.88	CG/CR	砂砾石、石渣	263.5	1000

注　CR—碾压堆石；CG—碾压砾石。

（华源水利水电工程咨询公司　纪云生）

1995年在建重点水电工程年度投资及实物工程量完成统计表

工程名称＼项目	投资（万元）	土方（万 m^3）	石方（万 m^3）	混凝土（万 m^3）	帷幕灌浆（m）	固结灌浆（m）	金属结构安装（t）
十三陵抽水蓄能	80000						
丰 满	90000	1.00	5.00	3.00			1690
松江河	16000	26.50	84.90	1.80	736.00	632.00	621
莲 花	52000	9.80	110.50	10.60	9935.60	3636.80	1787
天荒坪抽水蓄能	49327	106.96	189.89	6.69	6800.00	3702.00	1850
湖南镇（扩建）		3.93	5.50	1.73		1054.00	483
响洪甸抽水蓄能		0.38	2.36				12
水 口	98000			12.25			
尤 溪		2.20		0.31	2293.00	1788.00	250
万安溪		0.20	3.78	0.41	306.00	1877.00	
高 砂		0.05	1.00	10.30			
斑 竹		4.22	21.05	9.05	1821.00	712.00	1652
万 安	21970	5.39	1.90	12.11			
东 津			10.80	3.93	9603.00	5162.00	199
龙 潭		1.28		7.57			
清江隔河岩	54500		18.89	16.75	300.00	40100.00	4306
咸丰朝阳寺		0.57	3.67	12.41	2643.00		700
五峰锁金山		3.00	2.39	0.07			
谷城白水峪		0.61	9.70	7.24	4200.00	537.00	
五强溪	120000			16.00	1887.00		5916
凌津滩		31.58	9.01	3.89			130
广州抽水蓄能（二期）	35961	0.01	38.67	4.00	370.00	2187.00	224
岩 滩	35000		1.98	3.54			537
昭 平		1.30		0.24			328
叶 茂		9.37		1.00	1255.00		623
百龙滩		66.20	63.33	9.37	851.00		617
大广坝	33943	4.87	0.07	1.68			1151
二 滩	264700	72.84	149.77	55.40			3060
宝珠寺	10000	3.50	8.60	37.80	5258.20	731.30	1153
铜街子	29000	58.78	14.83	3.40			
太平驿	32000	3.52		1.20			
东西关	30000	9.31	77.69	22.50	6512.00	5566.00	4581
铜 头			2.60	8.60			948

续表

工程名称 \ 项目	投资（万元）	土方（万 m^3）	石方（万 m^3）	混凝土（万 m^3）	帷幕灌浆（m）	固结灌浆（m）	金属结构安装（t）
雨 城			18.00	7.20			3080
东 风	57000			1.39	36000.00	1000.00	900
普 定							
漫 湾	60000	0.83	4.39	0.88			629
漫湾小机				0.07		0.33	
大朝山		13.77	40.37	0.39			
羊卓雍湖抽水蓄能	36000	11.14	4.83	7.04		2400.00	1781
查 龙		0.17	21.22	4.20	5584.00	4196.00	169
安 康	（收尾）6500		0.20	4.15			1127
大 峡	38000		1.23	10.00	3548.00	4184.00	2101
龙羊峡	（收尾）1000						
李家峡	95000	3.43	155.27	68.16	27827.00	9809.00	2175
虎山坡专项治理			44.32				
新疆维吾尔自治区							
哈巴河		19.63	30.07	1.27	3929.00	2022.00	
天生桥一级	101154	190.24	256.25	9.09		840.00	55
天生桥二级	90000	4.79	3.27	10.36	12120.00	33202.00	1677
合 计	1449555	671.37	1417.30	409.04	143778.80	125338.43	46512

注 资料来源于电力工业部规划司《1995 年～1996 年电力工业统计资料汇编》。

（中国水利水电工程总公司 陆 健）

1996 年在建重点水电工程年度投资及实物工程量完成统计表

工程名称 \ 项目	投资（万元）	土方（万 m^3）	石方（万 m^3）	混凝土（万 m^3）	帷幕灌浆（m）	固结灌浆（m）	金属结构安装（t）
十三陵抽水蓄能	101500						
丰 满	12283	1.00		5.00			2176.00
松江河	40000	3.90	32.20	5.50	8140.00	1985.00	459.00
莲 花	90000	22.90	124.20	8.10	5975.00	3610.00	
天荒坪抽水蓄能	186812	7.40	41.00	10.90	5900.00	7800.00	2412.00
湖南镇（扩建）		5.49	0.07	1.88		5.00	214.00
响洪甸抽水蓄能		0.41	3.40	0.30			60.00
水 口	55000			12.21	2759.00		
高 砂		5.10	0.50	2.10	220.00	120.00	240.00
棉花滩		17.90	42.80	3.20			
穆阳溪		1.75	3.47	0.34			

续表

项目 工程名称	投资 (万元)	土方 (万 m^3)	石方 (万 m^3)	混凝土 (万 m^3)	帷幕灌浆 (m)	固结灌浆 (m)	金属结构安装 (t)
斑竹		9.54	10.32	7.48	839.30	1009.70	1528.10
孔头		1.75	3.07	0.32			
雍口				0.80			
东津		6.80		0.20			
清江隔河岩	25081		26.15	3.87			
咸丰朝阳寺		0.64	6.42	6.03	637.00		394.00
五峰锁金山		6.82	10.22	0.41			189.00
谷城白水峪			5.02	16.96	1211.00	3683.00	44.00
大广坝	(收尾) 2000						
五强溪	95000			10.00	2000.00		1000.00
凌津滩	38000	17.99	37.68	28.53	3938.00	6314.00	1310.00
广州抽水蓄能(二期)	40408	0.10	9.27	6.77		12758.00	1197.00
岩滩	10000		5.00	4.03			
昭平							283.00
叶茂		0.99	1.57	3.01	1136.16		1006.70
百龙滩		6.29	9.18	10.25	1008.00		720.48
二滩	439000	48.08	75.84	181.46			4490.00
宝珠寺	140000	4.00	8.10	36.10	17803.00	4535.00	2546.00
太平驿	15500					315.00	1149.00
东西关	58000	1.70	40.94	5.85	632.00		200.00
铜头			1.00	1.30	500.00		50.00
雨城			3.00	0.20	800.00		
东风	30000		3.48	11.56	2.35	1.88	
漫湾	(收尾) 3000	0.02	0.03	0.45			629.33
漫湾小机							
大朝山		21.89	64.98	1.37			
硕多岗河螺丝湾		2.77	8.11	1.99	1135.00	63.00	154.00
羊卓雍湖抽水蓄能	29000	0.36		0.48	180.00	15707.00	2742.00
查龙				0.13	1013.00	330.00	
沃卡		32.71	7.81	0.13			
大峡	64000	3.00	6.00	25.00	741.00		3097.00
龙羊峡	10000						
李家峡	170000		29.32	63.88	68900.00	56200.00	
虎山坡专项治理			13.73				
新疆维吾尔自治区							
哈巴河		0.60	1.11	2.67	209.00	1341.00	526.26
天生桥一级	97800	160.88	575.95	15.45	2814.00	5365.00	
天生桥二级	75400	1.73	2.45	11.72		43627.00	1405.00
合计	1650884	392.78	1210.94	496.21	128492.81	121142.58	28816.87

注 资料来源于电力工业部规划司《1995 年～1996 年电力工业统计资料汇编》。

(中国水利水电工程总公司 陆 健)

1995年水电施工企业完成产值及工程量表

单位 \ 产值及工程量	企业总产值（千元）	其中：建筑业产值（千元）	土方（万 m^3）	石方（万 m^3）	混凝土（万 m^3）	金属结构安装（t）	水轮机组投产	
							台	万kW
水电第一工程局	477944	426976	115.00	349.00	16.00	7877	0	0.00
水电第二工程局	130413	108348	0.00	0.00	0.00	0	0	0.00
水电第三工程局	571087	513642	253.34	355.43	72.28	2657	0	0.00
水电第四工程局	743687	662952	98.71	115.44	97.57	6178	2	40.00
水电第五工程局	525691	474835	204.43	340.62	56.18	2795	1	20.00
水电第六工程局	287975	256365	115.41	90.05	14.70	1220	4	0.70
水电第七工程局	819392	680885	277.86	331.05	88.24	7402	8	16.80
水电第八工程局	977442	826029	399.00	245.70	86.80	11067	8	55.98
水电第九工程局	314903	285876	57.58	197.08	26.87	4419	1	17.00
水电第十工程局	235061	198970	36.55	55.51	20.46	7395	8	24.36
水电第十一工程局	440946	312270	152.75	62.25	20.43	1805	1	7.50
水电第十二工程局	300523	258395	103.04	202.63	28.70	1321	1	2.60
水电第十三工程局	201368	167639	1374.14	2.39	1.35	0	0	0.00
水电第十四工程局	667083	600058	341.99	341.00	29.04	2470	3	10.60
闽江水电工程局	230416	189333	48.32	58.72	26.55	1178	3	4.75
水电基础工程局	114726	106880	0.00	0.00	6.02	0	0	0.00
葛洲坝集团公司	2435836	1713479	2919.32	1666.57	145.64	7604	1	25.00
武警水电第一总队	427248	413987	137.51	840.57	48.70	416	0	0.00
武警水电第二总队	358008	351023	363.80	334.82	27.55	353	0	0.00
武警水电第三总队	342492	342492	36.52	14.08	11.43	0	0	0.00
合 计	10602241	8890434	7035.27	5602.91	824.51	66157	41	225.29

注 资料来源于中国水利水电工程总公司《1995年～1996年水利水电建筑安装施工企业统计资料汇编》。

（中国水利水电工程总公司 陆 健）

1996年水电施工企业完成产值及工程量表

单位 \ 产值及工程量	企业总产值（千元）	其中：建筑业产值（千元）	土方（万 m^3）	石方（万 m^3）	混凝土（万 m^3）	金属结构安装（t）	水轮机组投产 台	水轮机组投产 万kW
水电第一工程局	518453	461569	153.90	332.13	21.98	4574	1	13.75
水电第二工程局	177619	164254	0.00	0.00	0.00	0	0	0.00
水电第三工程局	693030	611817	100.36	177.83	62.97	8097	4	11.83
水电第四工程局	814730	745087	100.95	87.90	112.27	1445	1	20.00
水电第五工程局	429952	387304	120.87	215.57	43.53	2522	3	57.50
水电第六工程局	333462	293294	35.30	137.39	46.29	2116	0	0.00
水电第七工程局	615209	525021	288.91	250.15	41.92	5762	7	17.70
水电第八工程局	1514043	1289663	263.01	207.56	113.17	6258	5	51.05
水电第九工程局	348518	310305	44.70	52.24	38.72	2737	0	0.00
水电第十工程局	204100	166824	56.00	29.39	8.70	3720	14	14.84
水电第十一工程局	501831	352364	136.92	219.66	24.55	5353	0	0.00
水电第十二工程局	368112	320965	189.08	262.49	34.19	1395	1	10.00
水电第十三工程局	407815	368303	2143.65	0.00	1.81	0	0	0.00
水电第十四工程局	725158	658563	335.48	486.07	47.29	3178	5	0.74
闽江水电工程局	222397	180200	35.92	31.48	18.06	1282	8	8.85
水电基础工程局	131275	120188	0.00	0.00	4.60	0	0	0.00
葛洲坝集团公司	2627330	1776412	1916.56	1559.14	199.73	3219	3	4.50
武警水电第一总队	552734	514284	27.06	449.75	43.43	2884	0	0.00
武警水电第二总队	295501	286982	218.69	249.62	14.85	1845	0	0.00
武警水电第三总队	248926	248926	40.42	16.18	2.14	2772	0	0.00
合 计	11730195	9782325	6207.78	4764.55	880.20	59159	52	210.76

注 资料来源于中国水利水电工程总公司《1995年～1996年水利水电建筑安装施工企业统计资料汇编》。

（中国水利水电工程总公司 陆 健）

1997 年水电施工企业完成产值及工程量表

产值及工程量 / 单位	企业总产值（千元）	其中：建筑业产值（千元）	土方（万 m^3）	石方（万 m^3）	混凝土（万 m^3）	金属结构安装（t）	水轮机组投产	
							台	万 kW
水电第一工程局	576103	498332	96.30	172.60	36.40	3611	4	43.50
水电第二工程局	174642	164409						
水电第三工程局	613833	537594	58.48	67.04	46.11	7013	10	32.87
水电第四工程局	734624	651928	115.11	64.90	82.91	4901	2	80.00
水电第五工程局	501005	430733	307.59	136.05	33.62	650	3	55.00
水电第六工程局	389183	350415	23.30	112.10	21.84	4234	4	15.80
水电第七工程局	783062	611687	195.09	223.73	76.58	7879	4	5.10
水电第八工程局	1696150	1450173	591.39	311.32	135.50	12297	8	12.46
水电第九工程局	270035	241193	88.42	35.69	33.03	2995		
水电第十工程局	318838	277511	128.13	127.46	26.34	2962	11	9.87
水电第十一工程局	530183	380125	105.20	37.54	55.85	5451		
水电第十二工程局	369246	327190	183.43	315.74	20.24	5035		
水电第十三工程局	314261	278012	1538.94					
水电第十四工程局	818422	720275	250.58	505.29	63.72	1132	9	10.02
闽江水电工程局	232338	192308	25.59	20.50	28.37	641	5	6.00
水电基础工程局	144363	130086			4.80			
葛洲坝集团公司	3197540	2225944	1180.48	2407.78	221.93	7671		
武警水电第一总队	508139	474440	3.07	1415.73	19.02		2	44.00
武警水电第二总队	203968	201196	120.91	102.69	19.04	198	4	9.00
武警水电第三总队	334594	334594	95.33	93.74	5.17		4	9.00
武警水电三峡	104712	102441	169.50	370.32	0.27	3		
合计	12815241	10580586	5276.84	6520.22	930.74	66673	70	332.62

注 资料来源于中国水利水电工程总公司《1997 年水利水电建筑安装施工企业统计资料汇编》。

（中国水利水电工程总公司 陆 健）

生 产 运 行

15

运 行 管 理

水电厂安全运行

自从1993年水电厂开展安全、文明生产达标工作以来,各水电厂大力开展了设备的改造工作,水电机组的等效可用系数不断提高,到1997年上半年统计,电力部管辖考核容量在150MW及以上50个水电厂中,已经达部标的占82%。水电厂的设备和生产方面人身安全情况总的来讲比较好,但是,1996和1997两年内,发生了湖南柘溪水电厂重大设备损坏,青海龙羊峡水电厂"8.5"特大洪水、泥石流灾害,造成国内最严重的水淹厂房事故。

1995年~1997年水电厂重大设备损坏和严重的水淹厂房事故案例

序号	单 位	事故简要情况	事 故 原 因	对 策 措 施
1	柘溪水电厂	①1996年7月28日事故前,6台机组、5台主变满负荷运行,全厂总有功功率505MW,无功功率125Mvar;220V直流系统运行方式为Ⅰ母线及Ⅰ组蓄电池带1~6号机组、1~5号主变压器、厂用电保护操作电源、中央音响、事故照明,而110kV、220kV线路保护操作电源则由Ⅱ母线及Ⅱ组蓄电池带。 ②8时3分,中控室出现直流接地信号,值长派人到直流室测量接地情况。 ③8时9分,中控室光字牌亮,显示为全厂发电机、变压器、厂用电保护操作电源消失(实际是在查找直流接地),原因尚未查清时,中控室全盘表计摆动;值长令恢复Ⅰ号直流盘Ⅱ段向发电机、变压器供操作电源,但由于该支路保险没有摆上(该保险于6月16日倒直流电源时取下后,一直没有摆上),合蝴蝶开关后,未能恢复直流。 ④8时10分,1~6号机定子电流表冲顶,5号发电机出现短路弧光并冒烟。因无保护电源,出口开关不能跳闸。 事后分析,由于5号水轮发电机组转子引线疲劳折断,机组失磁,转子扫膛,定子线圈绝缘损坏短路;现场正在拉路找直流接地,造成直流电源中断,保护动作不能跳开开关,直流备用保险由于人员过失忘记摆上,导致4号主变压器(180MVA)高、低压线圈击穿短路,加上处理不当,扩大为全厂停电。设备损坏直接经济损失达570余万元,少发电量1亿kW·h	由于5号水轮发电机组在运行中转子引线疲劳折断,机组失磁、失步,转子扫膛、定子线圈绝缘损坏短路;又由于操作直流电源中断,另外人员过失备用电源没起备用作用,保护不能动作开关,导致4号主变压器(180MVA)高、低压线圈击穿短路,加上处理不当,又扩大成全厂停电	首先要加强管理; 其次:①直流系统改进,1~6号机和1~5号主变压器的操作直流不能接在同一支线上,应该交叉分别直接与两组直流母线连接;②重要的断路器,宜采用双跳闸线圈,并分接在不是同一的直流母线上;③拟开发检查直流接地的便携式钳型检测仪,以免用拉路选择的办法寻找直流接地

续表

序号	单位	事故简要情况	事故原因	对策措施
2	龙羊峡水电厂	①1997年8月5日0时40分左右，青海龙羊峡水电厂地区突降暴雨，2h内降水量达53mm，高强度的暴雨导致山洪爆发。 ②2时40分左右，电厂大坝下游左岸北大山沟的洪水形成的泥石流将电厂330kV出线楼冲毁，砸塌进厂交通洞（门厅）顶部，洪水挟带泥沙和石头沿进厂交通洞冲入厂房。当时电厂3台机组运行，总出力500MW。厂房进水后，被迫解列停机，厂用电中断，洪水淹至发电机层地面（高程2463m）以上50cm。在此过程中有1名武警战士和1名民工失踪。6时厂用电恢复，2台深水排水泵恢复工作排水。 ③从西宁市到龙羊峡水电厂的公路，有18km严重被毁，不能通行。 ④经历25个昼夜的抗灾抢修，8月30日23时45分1号机组和1回330kV送电线同时投入运行，实现了1机1线修复运行，到9月9日11时17分，其他3台机组和第二回330kV送电线正式送电，实现了4机2线的正常运行。 此次自然灾害，电厂部分直接损失3200万元，土建、公路及护坡部分4802万元，少发电量约3亿kW·h，合1500万元，总计损失达9500万元	突发暴雨引发特大山洪和泥石流，其洪峰流量达97～105m³/s，远远超过百年一遇（70.73m³/s）的防洪标准及按三级建筑物的设计标准。大大超过防洪设计标准的特大山洪和泥石流是造成事故的直接原因	对龙羊峡地区环境防汛防洪工程综合治理，需组成高层次的专家组，研究提出整治方案报上级批准，分步实施。 （1）明确防洪设计标准。 （2）采取防止洪水再度冲进厂内的有效措施
3	广州抽水蓄能电站	1997年9月20日2时58分，2号机接调度令泵工况启动，3时05分，机组并网，当负荷带至-260MW时（机组从0负荷至-330MW的时间约1min）机组突然激烈振动并发出很大的声响，水轮机顶盖和水导轴承振动传感器报警，测量机组轴线摆度的传感器DDR报警并发跳机信号，泵工况启动不成功。ON-CALL人员到场，外观检查水轮机各部件，发现导水机构双联板一端销钉脱落。为了更进一步查清引起激振的原因，打开尾水管和蜗壳进人门，发现：水轮机转轮泄水锥脱落于尾水管中，转轮水泵工况进水边叶片裂开并出现较大面积的卷边；固定泄水锥的9条M42×4的螺杆有8条被平整地剪断，断口平整，螺母脱落，其他8个螺母也有倾斜迹象；由于机组是水泵工况，被打碎的金属小块随水流向上流动，在高速水流的作用下，金属小块撞到活动导叶上，致使导叶边缘也被严重撞伤，蜗壳内壁及固定导叶均出现不同程度的斑点和凹坑，其表面防护层脱落，固定于底环上的迷宫环也受到损坏。 该机组尚在保修期内，故返厂处理，计划半年左右	由于泄水锥的固定设计不合理，造成泄水锥的脱落，由此引发转轮等主要部件损坏。 泄水锥脱落问题在机组投产初期，即1994年4月已出现过一次。当时在2号机小修检查转轮空蚀时发现泄水锥有倾斜现象，于是磨开螺栓堵板发现9根螺栓有8根已断。厂家采取办法：①选用高强度的螺栓材料；②以热拉伸固定方法；③在泄水锥中焊上固定块以增大接触面积。从投入使用到第一次损坏约10个月，运行小时数为666h，改造后到第二次损坏约3年4个月，运行小时数为9745h。 可以看出，国外产品在设计上也有一定的不合理的问题	（1）与厂家一起，共同提出可靠的加固方案； （2）避开振动区带250MW以上运行

（国家电力公司　周志清）

水电厂防汛

一、渡汛情况及防汛效果

1995年～1997年，在电力部的领导下，切实加强水电厂防汛的责任制，健全了组织机构，防汛工作取得明显成绩。

(1)1995年，汛期我国发生了严重的洪涝灾害，是建国以来少有的几个大水年之一。辽宁、吉林、湖南、江西、广东、安徽、四川、广西、贵州等省区都遭受了不同程度的暴雨、洪水和台风的袭击。长江中下游干流及洞庭湖、鄱阳湖水系，北方松花江流域的辽河、浑江、第二松花江、鸭绿江均发生了大洪水，而黄河流域上中游的陕西、甘肃等省却发生自1929年以来最严重的干旱。由于各级电力主管部门加强领导，通力合作，科学调度，充分发挥已建水库的调洪拦蓄作用，确保了电网的安全，有力地支援了地区的抗洪抗旱用电，最大限度地减少了洪水、干旱造成的损失。丰满水库最大入库洪峰流量16350m³/s，经调蓄后最大泄洪流量为4500m³/s，削峰72%；新安江水库入库洪峰流量12200m³/s，最大下泄流量4400m³/s，削峰64%；柘溪水库最大入库洪峰流量11400m³/s，最大下泄流量6000m³/s，削峰47%。在建的五强溪水库也削减洪峰8000m³/s，削峰也达22.5%。正是由于大型水库的拦洪调蓄作用，大大地减轻了下游的洪涝灾害，如丰满、白山两库实行防洪联调，确保丰满大坝和下游数十万亩农田以及松源、吉林两大油田的安全。由于新安江水库的拦洪调蓄作用，也减轻了下游建德、桐庐、富阳一带的经济损失。

据统计，1995年全年水电发电量1860亿kW·h，比上年增长9.6%。新机投产也实现20台223.39万kW，使全国水电总装机达到5200万kW。

(2) 1996年，全国降雨时空分布极不均匀，长江中下游、广西、贵州及河北等地的局部地区发生历史罕见的大洪水，新安江、陈村、柘溪、五强溪和麻石等水电厂均遭遇了百年一遇或以上的洪水；西北地区及黄河上中游降雨稀少，来水持续偏少。全国水库蓄水略好于上年，据17个重点水库统计，可调水量约为549.98亿m³。当年汛期汛情有4个明显的特点：①来水时间比常年滞后，大都发生在6月末～7月中旬，且长江中上游还出现了冬汛；②洪灾范围大，涉及全国10多个省区；③洪峰高、洪量大、持续时间长；④一些水库来水特别少，汛期无汛，黄河上游来水为有实测资料以来的最小值。

6月底～7月初，浙江北部及皖南地区接连发生特大暴雨，新安江及陈村出现百年一遇的洪水，新安江曾二度开闸泄洪。7月中下旬，湖南的湘、资、沅、澧四水系洪水猛涨，广西柳江出现本世纪最大洪水，贵州的百花水库日降雨量达297mm，超过了百年一遇，柘溪、五强溪、麻石都发生了百年一遇以上大洪水。其中柘溪水库水位达172.73m，超过了千年校核洪水位(172.71m)；五强溪水库水位达113.26m，超过千年设计洪水位(111.62m)1.64m；麻石水位达138.17m，也超过设计洪水位1.27m。8月初，受台风的影响，福建、河北等地遭受特大暴雨的袭击，河北中南部地区发生50年一遇的特大暴雨洪灾，由于暴雨具有时间短、来势猛、强度大、致灾性强的特点，致使山洪爆发、河水泛滥、堤岸溃决，造成的经济损失十分严重。与此同时，西北大部分地区干旱严重，来水大幅度减少，汛期无汛。黄河出现了自1989年汛后的连续7年的枯水期，龙羊峡水库一直在2540m上下运行，比批准的汛期起调水位2582m低40余m，致使龙、刘两大水库长期处在发电破坏区的边缘运行。

1996年，全年完成水电发电量1850亿kW·h，与上年基本持平。大坝及其主要设施均未发生重大安全问题，没有发生洪水漫坝和水淹厂房的恶性事故，实现了安全渡汛。

(3)1997年汛期，全国降雨时空分布极不均匀，长江以南大部地区降雨比常年偏多，北方地区降雨明显偏少。全国未发生流域性大洪水，但局部暴雨成灾，全国水库丰枯差别较大，东北、西北、华北汛期来水偏少、汛期无汛，汛末水库水位偏低。大中型水库水位多数在汛期起调水位以下。据18个水库统计，汛末可调水量比上年减少112.36亿m³，对1998年春季电网运行极其不利。

7月中旬，湖北清江流域两次普降大到暴雨，清江发生超百年一遇的大洪水，隔河岩水库最大入库洪峰流量18400m³/s，相当于150年一遇最高洪水位197.51m，超过汛期起调水位3.91m，华中网局和清江公司加强了管理与科学调度，电厂机组运行正常。最大泄流量11000m³/s，削峰约40%，大大减轻了下游的洪水灾害。

8月5日，青海龙羊峡地区突降特大暴雨，2h降雨量达53mm，高强度的暴雨导致山洪爆发，造成洪水和泥石流冲毁330kV出线楼，冲向并砸塌进厂门厅，沿进厂交通洞冲入厂房，导致厂房发电机层过水，2457m以下机电设备全部被淹，4台机组全部停运。洪水还造成电厂专用公路和进厂道路严重损坏。这是建国以来发生的最大和最严重的一次局部暴雨引发山沟泥石流导致水淹厂房事故，是一次特大的自然灾害。当时，电厂3台机组带50万kW运行，事故发生后，运行值班和防汛人员坚守岗位，当机立断，果断手动停机，避免了发电机短路事故，为灾后抢修创造了条件。事故抢修及抗灾工作，在电力部和青海省领导的关怀下，西北网局和青海省局组织了强有力的抢修指挥系统，经过35个昼夜艰苦奋战，两台机组和二条线路分别于9月1日和9月8日恢复了运行。在抢修期间，8月8日～9月2日，为解决下游李家峡、刘家峡梯级电站发电用水和城市、农业用水问题，龙羊峡开启右岸底孔向下游补水，流量350m³/s。

1997年汛期，浙江省连续遭受暴雨洪水及强台风的袭击，造成了严重的洪涝灾害，乌溪江水库水位232.50m，超过汛限水位4m，紧水滩水库也超过汛限水位1.3m，造成了严竣的汛情。8月18日，又遭受百年一遇的特大强台风的正面袭击，这次强台风具有“四大一高”、“三碰头”的特点，即台风范围大、强度大、风速大（登陆时中心最大风速40m/s）、雨量大（日降雨量高达400～500mm），潮位高（平均超历史最高潮位0.48m），而且这次台风是狂风、暴雨，天文大潮三碰头。在这次灾害中，给电网造成的经济损失达3亿元以上。全省电力职工在华东电网支持下，迅速组织抢修力量和救灾物资，以最快速度抢修或更换损坏的电力设施，全力保障地方抗灾抢修的电力供应，做出了应有的贡献。

二、防汛工作的成绩及存在的不足

1995年～1997年，水电厂防汛工作取得很大成绩，其原因概括起来有以下几点：

(1) 党中央、国务院的正确领导。江泽民总书记和李鹏总理多次主持会议，研究部署抗洪救灾工作，做出重大决策，要求确保大江大河万无一失。

(2) 各级电力主管部门责任明确，领导得力。每年都及时召开防汛工作会议，明确职责，强调责任、措施、工作三到位。汛情发生后，各级负责人员都能身先士卒，立即赶赴第一线组织抢修或坐镇指挥抗洪调度，加强与地方防汛部门联系，沟通情况，协同配合，取得了很好的效果。

(3) 防汛工作准备充分，措施落实。汛前明确防汛重点，组织防汛检查及重点抽查。通过检查，制定出相应的措施，确保渡汛安全，按检查大纲的要求，严格控制汛限水位，检查泄洪闸门的备用电源等，收到了较好的效果。

(4) 精心调度，充分发挥已建水库的工程效益。丰满、新安江、陈村、五强溪、柘溪、隔河岩、乌溪江、麻石等大中型水库，在遭遇洪水时，都发挥了拦蓄调洪作用，大大减轻了下游洪涝灾害的损失。

(5)水情自动测报在防洪调度中发挥了巨大作用。现在已建、在建的70多个自动测报项目在汛期都为水库防洪及发电提供了科学的依据和可靠的保证。

回顾1995年～1997年的防汛工作，在总结经验，肯定成绩的同时，也应清醒地看到防汛工作还存在一些值得重视、需要解决的问题，主要有：①一些地区的防洪调度指挥部门，在汛期未能根据水情、汛情及时决策，给水电厂渡汛，尤其是大坝安全造成被动，增加了渡汛的压力；②部分水电站工程防洪标准偏低，难以抵御较大洪水，急需采取措施加以改进，如天桥、洛东、沙田等；③部分水电站大坝补强加固工作，受资金或改造方案的制约，进展迟缓，不同程度地影响了安全渡汛；④水电站下游人为设障或河道淤积严重，妨碍正常行洪，人为制约了防洪调度，急待解决；⑤个别单位的领导防洪意识不强，防汛措施不够落实，还存在着重已建工程、轻在建工程，重发电、轻供电，重抗洪、轻抗旱，重上游洪水、轻局部山洪等诸多现象，需逐步克服；⑥龙羊峡水淹厂房事故教训，值得引起极大的警惕，要在全面做好水库安全渡汛的同时，特别要防止局部暴雨，山体滑坡造成的灾害，全面做好水电厂的安全渡汛。

（国家电力公司 杨金栋）

水电厂“无人值班”（少人值守）

1994年10月原电力部在东北太平湾电厂召开了水电厂“无人值班”（少人值守）技术研讨会。为了改变我国电厂管理用人多、效率低的落后局面，会上提出了机电合一值班、少人值班和“无人值班”（少人值守）三个步骤循序渐进的值班方式，并明确了太平湾—长甸、葛洲坝二江、永定河、浑江梯级等4个水电厂作为电力部第一批科研试点单位。会后，电力部就着手组织编写《水电厂“无人值班”（少人值守）的若干规定》，经过一年多的努力，1996年5月湖南会议上，与会代表原则同意《若干规定》的征求意见稿，同时一致要求再扩大几个试点单位，经部分网省局推荐，增加了隔河岩、葛洲坝大江、白山、龚嘴等9个水电厂列为第二批试点单位。

(1) 1996年7月，电力部正式颁发了《水电厂“无人值班”(少人值守)的若干规定》(试行)。1996年8月23日电力部又颁发了《电力行业一流水力发电厂考核标准》(试行)，其中将“机电合一值班”列入“水电厂安全文明生产达标”考核中必备条件之一，将实行“无人值班”（少人值守）的值班方式，作为“一流水力发电厂”必备条件之一进行考核，以运行值班方式的变革为突破口，进一步推动水电厂生产管理体制的深入改革。

(2) 1996年11月，电力部组织对广州抽水蓄能电站，进行了实现“无人值班”（少人值守）的验收，并对照“一流水力发电厂”标准进行了检查，12月电力部正式命名广州抽水蓄能电站为我国第一个“一流水力发电厂”，也是第一个实现了“无人值班”（少人值守）的水电厂。

(3) 1996年12月，电力部组织对列入部第一批试点的太平湾—长甸水电站进行了“无人值班”（少人值守）的验收检查。陆延昌副部长在批准签发《关于批转东北太平湾电厂长甸水电站实现“无人值班”（少人值守）验收意见的通知》时指出，“这是我国在水电厂生产运行方面的一大突破，是水电厂、特别是梯级水电厂技术水平、管理水平提高的重要表现，也是落实实现两个根本性转变的具体措施。希望进一步认真总结经验，不断完善相应措施”。

(4) 1997年10月，经电力部组织验收检查，确认葛洲坝水电厂二江电厂实现了“无人值班”（少人值守）。它是80年代初投产的国产设备大型电厂，自力更生，改造设备，坚持科技进步，与科研单位、院校一起研制开发新装置和自动化系统，实现了高度自动化水平。

总之，推动水电厂实现“无人值班”（少人值守）的运行值班方式，是一个综合性的工作，在电力部领导的指导下，经各方面的共同努力，3年来，已经有了3个“无人值班”（少人值守）的水电厂（站），一个是全部引进国外设备的抽水蓄能电站；另一个是全部是国产设备、自行研制开发的计算机远方监控系统的中型电站、又是梯级水电站；还有一个是径流式低水头、大机组、大电厂，它的特点是主辅设备全是国内制造，并且结合现场实际、自行研制开发的综合自动化系统。上述三个水电厂（站），为实现“无人值班”（少人值守）带了个好头。

（国家电力公司　周志清）

水电厂安全文明生产达标与创一流工作

1989年7月，原能源部在呼和浩特召开的电力生产工作会议上，提出了发、供电企业安全、文明生产达标工作，并决定首先在火电厂开展，再逐步推广到水电厂和供电企业。1992年12月23日原能源部又以能源电［1992］1219号文，作出了关于全面开展发、供电企业安全、文明生产达标工作的决定，并同时下达了达部标的发、供电企业的考核标准，提出了达标企业应具备的必备条件和考核内容，要求在此基础上再分别按火电、水电和供电企业制定考核实施细则。1993年7月14日电力工业部为促进达标工作深入持久地健康发展，发出了电办［1993］147号文《关于印发水电厂和供电企业安全文明生产达标考核实施细则的通知》，针对水电厂的现状和实际，制定了具体的达标企业7项必备条件和4项考核指标及评分规定，规范了考核工作程序和办法。

一、水电厂安全文明生产达标

各水电厂在达标工作中紧紧围绕安全、经济、文明三个重点内容，抓住设备、管理、人员素质三个关键环节，建立完善安全保障体系，推行安全目标管理，狠抓设备管理和技术改造，普遍提高了设备健康水平和安全运行水平；树立以经济效益为中心的观点，把工作重点转移到依靠科技进步、提高劳动者素质上来，积极采用先进、适用、成熟的技术设备和管理模式，电厂综合自动化水平有了突破性进展，推动并加快了改革发展的进程；开源节流挖掘电厂潜力，改革传统管理体制，发展多种经营，实施“减人增效”，探索开拓检修与运行分离、生产与生活分离、企业职能与社会职能分离的路子，企业的经济效益和整体素质得到了全面提高，企业的凝聚力得到了明显增强，从而有力地推动了企业的两个文明建设，形成了一种蓬勃向上、务实奋进的企业精神文明。在广大水电干部职工的艰苦创建、不懈努力下，一批批企业进入了达标企业先进行列，目前全国水电厂装机容量在15万kW及以上属于部级考核范围的共有50座，机组台数325台，总容量3155.62万kW，其中单机容量在4万kW及以上的机组台数和容量均占总数的70%以上。据统计，全国水电4万kW及以上全部大机组运行可靠性主要指标，达标开展后的1994年～1996年的平均值与达标开展初的1993年相比均有明显提高，等效可用系数从90.37%提高到91.44%；等效强迫停运率从1.61%降低到0.48%；强迫停运次数从1.92次/(台·年)降低到1.25次/(台·年)；平均无故障可用小时从4159h/(台·年)提高到6462h/(台·年)。截止1996年先后有41座水电厂被电力部授予达部标企业，占应达标电厂总数的80%以上。其中①1993年度达部标的水电厂有葛洲坝、新安江、柘溪、大化、盐锅峡、紧水滩、太平湾、碧口、富春江、桓仁、青铜峡、乌溪江、陈村、八盘峡、太平哨、沙溪口等16座水电厂；②1994年度达部标的水电厂有龙羊峡、乌江渡、西津、东江、柘林、黄龙滩、鲁布革、云峰等8座水电厂；③1995年度达部标的水电厂有滇西电业局（西洱河梯级）、以礼河、广州抽水蓄能、万安、隔河岩、凤滩、映秀湾、龚嘴、丰满等9座水电厂；④1996年度达部标的水电厂有四川华能太平驿、潘家口抽水蓄能、漫湾、天生桥、刘家峡、白山、安康、古田溪等8座水电厂。

二、水电厂创一流工作

1994年6月电力部召开了第一次全国电力企业达标暨创一流工作会议，明确提出电力企业争创国际国内一流企业是在达标的基础上企业继续努力的方向，要以一流为导向，以提高“双效”为目的，以加强企业管理为核心，创建具备一流设备、一流管理、一流人员素质、一流经济效益、一流精神文明建设的一流企业。率先成为社会主义一流企业的华能大连火电厂全面介绍了他们的经验和体会。

1995年10月电力部召开全国电力生产企业管理工作会议，全面提出了电力企业加强管理的指导思想：坚持两个文明一起抓，两手都要硬，眼睛向内，苦练内功，以深化改革为动力，以安全文明生产为基础，以提高经济效益为中心，以优质服务为宗旨，以最大限度满足社会用电需求为目标，创建符合我国国情的第一流管理的电力公司。

鉴于我国水电厂存在用人多、效率低、社会负担重、经济效益差的严重现象，如：从1994年10月统计的数字看，全国133个有机组值班的厂（站），实现机电合一值班的有39个，仅占总数的30%；国内水电厂平均用人是1.5～2.0人/MW，一个百万千瓦的水电厂是上千人，而国外只有几十人，相当国外水电厂的十几到几十倍，电力部安生司提出了从电厂运行值班方式上改革入手，按三个步骤进行：一是机电合一值班；二是少人值班；三是实现水电厂的无人值班（少人值守），进而推动水电厂全面改革的思路。召开了关于水电厂无人值班（少人值守）的专题研讨会，及时总结、肯定了东北太平湾—长甸、湖南沙田电站进行综合自动化改造和运行管理方式变革的经验。在第一批水电厂无人值班（少人值守）试点单位（太平湾—长甸、葛洲坝二江电厂、永定河梯级、浑江梯级等水电站）取得初步成果的基础上，为加快该项工作的进程，电力部又决定继续开展第二批试点工作，确定葛洲坝、隔河岩、柘溪、万安等水电厂为电力部第二批试点单位。1995年11月电力部下发了关于《水电厂“无人值班”（少人值守）若干规定》（讨论稿）；1996年7月，《水电厂“无人值班”（少人值守）若干规定》（试行）正式颁发执行，水电厂运行管理改革的步伐由点到面，一步一个脚印，有序稳健地向前推进。截至1996年5月，全国已有半数的水电厂实现了机电合一值班，取消机旁盘的值班。1996年12月，电力部依据该规定对太平湾—长甸水电站的设备状况、人员素质和管理制度组织了现场检查验收，认定长甸水电站是采用国产机组，利用国内自行开发研制的计算机远方监控系统、第一个实现远方监控的“无人值班”（少人值守）的水电站，为国内梯级水电站实现“无人值班”（少人值守）提供了有益的经验。

1996年8月电力部以电安生[1996]572号文关于颁发《电力行业一流水力发电厂考核标准》（试行）的通知，正式下达了《电力行业一流水力发电厂考核标准》（试行）及有关规定和一流水力发电厂考核实施细则《水力发电厂安全文明生产达标考核实施细则（修订本）》，部颁一流水电厂标准和达标标准从本质上讲是一致的，都是量化了的电力企业管理标准，但主要区别在于尺度和指标范围的不同。尺度不同指的是达标标准具有基础性和广泛性，而一流标准则主要强调先进性，并有明显的客观可比性，如定员标准，一流水电厂就必须与国际先进水平接轨。指标范围不同，是指一流标准的指标不仅涵盖了达标的全部内容，而且增加了一流水电厂必须具备的人员效率、无人值班（少人值守）、环境保护和现代化管理等方面的要求。通过创一流工作，把我国水电厂管理水平在达标的基础上再提高到一个新的高度，实现质的飞跃，达到或接近国际同类水电厂的水平。1996年12月部依据该考核标准组织有关单位对第一个申报一流水力发电厂的广州抽水蓄能电站进行了检查和审核后，决定命名广州抽水蓄能电站为“一流水力发电厂”。至此，在推动水电厂减人增效，提高劳动生产率，提高经济效益，尽快缩短与国外先进水平差距的进程中，有了具体目标和榜样。电力部在广州抽水蓄能电站现场，组织召开了水电厂运行管理工作经验交流座谈会，号召全国水力发电厂要学广蓄，广州抽水蓄能电站是一个装机容量为120万kW的抽水蓄能电厂，全厂只有88名职工，它的管理方式、管理效果、管理思想和管理机制，在我国水电站的管理历史上是一个十分巨大的突破，带有很强的示范性，应该成为我国社会主义水电发电企业的一个方向。

（华中电管局 华觉定）

水库调度自动化工作

随着科技进步和电网调度自动化的发展，水库调度自动化（简称水调自动化）工作提上了议事日程，建立各级水库调度自动化系统已成为当务之急。

水调自动化系统作为电网调度自动化系统的组成部分，其功能主要是依靠先进的采集、传输手段，及时准确地获取水电厂（站）流域水情信息、大坝监测信息、闸门启闭信息和机组运行信息等，进行有关计算、分析和处理，迅速提供满足防洪、发电及其他综合利用要求的水库调度决策方案，并支持水电厂、电网的经济调度。根据电网运行和管理实行统一调度、分级管理的原则，水调自动化系统分为四级，即国调水调自动化系统、网调水调自动化系统、省调水调自动化系统和水电厂（站）水调自动化系统。

早在1994年，国家电力调度通信中心就着手进行电力系统水调自动化系统的规划工作，通过调研、论证以及多次征求意见、反复修改，于1996年年初完成了电力系统水调自动化规划纲要。鉴于水调自动化系统是电网调度自动化的一部分，后又将水调自动化规划纲要并入电网调度自动化“九五”规划纲要中。1997年2月27日电力部以电计［1997］109号文正式颁发了《全国电网调度自动化“九五”计划纲要》（以下简称《纲要》）。《纲要》明确指出：水调自动化系统是电网调度自动化系统的重要组成部分，原则上应在电网调度自动化系统的基础上进行建设。《纲要》中提出了水调自动化“九五”计划目标，即东北、华东、华中、西北网局和南方电力联营公司，以及10～14个省局建成水调自动化系统，实现水调信息自动采集、监视、处理、分析等功能。在《纲要》附录中还规定了各级水调自动化系统的主要功能。

目前，西北网局和福建、甘肃省局基本建成了水调自动化系统，实现了水情信息的自动采集、监视和分析计算功能；广东、广西、江西等省局初步建成了水情信息自动传输系统，实现了水情信息的共享和日常水务计算分析功能；东北、华中网局和云南、贵州等省局完成了全网水调自动化系统规划和设计，正在抓紧分布实施。其他网省局也在进行调查研究，积极筹划本部门水调自动化工作。

作为水调自动化工作行业管理部门，国家电力调度通信中心正在积极工作，抓紧制定实施细则和有关规定，争取尽早出台，以更好地指导和规范水调自动化工作。

（国家电力调度通信中心　任兆宏　唐　勇）

水电厂水情自动测报系统的发展和效益

水电厂水情自动测报系统（以下简称“测报系统”）是一个集通信、计算机、水文和遥测等先进科学技术于一体的多学科系统工程，是水电厂防洪调度自动化的基础。电力系统水电厂水情测报系统建设从80年代初开始起步，引进和开发并举。经过十几年不懈的努力和实践，测报系统的建设得到了很大发展。据不完全统计，截至1996年底，已建、在建测报系统已达60余个，部分网省局的大中型水电厂已全部实现了水情自动测报。这些测报系统在防洪、发电及供水等方面发挥了积极作用，并取得了较大的社会效益和经济效益。

据对52个测报系统的调查（见表），测报系统采用的通信方式主要为超短波，约占90%，少数地形复杂的山区采用短波和超短波混合的方式，如碧口、江口、青铜峡、龚嘴等水电厂；工作体制多采用自报式（占75%）和自报应答兼容式（占17%），仅有安康、长湖（一期）、八盘峡等水电厂采用应答式；采用的水文预报模型多数为新安江模型（占56%）和大型水电系统实时洪水预报与调度模型（D模型）（占21%），其他还有萨克拉门托、水箱、蓄满产流及河道汇流等模型。在52个测报系统中，已正式验收的有44个，占总数的85%；规模最大的有五强溪（1：6：64）、万安（1：4：55）；最小的有八盘峡（1：1：4）、青铜峡（2：0：4）。

反映测报系统运行状况的主要技术指标有数据传输的月畅通率、水文预报的合格率及可靠度等。根据对37个测报系统1996年的运行指标统计，平均月畅通率约为94.26%，平均水文预报的合格率约为90.26%，平均可靠度约为96.34%；其中月畅通率、水文预报合格率与可靠度均达90%以上的有21个，占总数的60%；三项指标均在80%以上的有31个，占83%。由此可见，大多数测报系统的运行状况是良好的。一方面是系统的设备质量较好，另一方面是运行管理工作做得好。但也有少数测报系统，由于设计、设备及管理等方面的原因，未能正常运行，如安康、富春江、长湖、龚嘴等水电厂的测报系统，需要改造和完善。

测报系统的建成投运，在防洪、发电、供水等方面取得了明显的社会效益和经济效益。特别是它作为防洪的非工程措施之一，增加了水文预报的预见期，提高了预报的精度，争取了防洪调度的主动权，在水电厂的安全渡汛方面正发挥着越来越大的作用，并越来越受到人们的重视。

新安江水电厂水情自动测报系统于1992年5月5日投入运行以来，为科学地调度洪水发挥了重要作用。特别是在1996年汛期，水库发生了有史以来的最大洪水，6月29日～7月2日，库区连降暴雨，6月30日最大日降水量达181mm，为1930年有资料以来的最大值。7月1日5时，新安江水库入库流量达21332m^3/s（1h），重现期达百年一遇；洪量40.97亿m^3，约50年一遇。入库流量超过10000m^3/s持续达60h。本次洪水过程中，有线报汛站40%中断，测报系统保持运行正常，为科学调度洪水提供了及时准确的水情信息，发挥了关键的作用，经水库调节后的最大出库流量为4198m^3/s，削减洪峰约80%，极大地减少了下游的洪水灾害，且电厂一直保持满发，取得了显著的经济效益和防洪效益。

五强溪水电厂，1996年7月上、中旬库区流域连降大到暴雨，16日12时和18时两次出现40000m^3/s的洪峰流量，超过百年一遇（39900m^3/s），为沅水有记录以来的最大值。19日10时，水库最高洪水位113.26m，超过千年设计洪水位(111.62m)1.64m。在这次百年一遇的特大洪水过程中，许多人工测报的水文站和雨量站被洪水淹没，程控电话光缆被冲，电厂与外界通信中断，无法报汛。在此紧急关头，水情自动测报系统和气象远程终端服务系统发挥了重要作用，及时提供了流域内的雨、水情况和气象信息，为防汛决策提供了及时可靠的依据。水库最大下泄流量26400m^3/s，削减洪峰13600m^3/s，削峰率34%。经水库调蓄后，下游桃源最大洪峰流量27900m^3/s，降至30年一遇，极大地减轻了下游的洪水灾害。

1995年夏，丰满、白山发生了百年一遇的大洪水，丰满最大入库流量达16350m^3/s，洪水期间，地方通信中断，人工报汛停止。测报系统运行正常，发挥了关键作用。为水库调度决策提供了及时可靠的水情，赢得了水库调度的主动权，充分发挥了丰满、白山水库的联合调度作用，最大限度的调蓄洪水，丰满最大出库流量4500m^3/s，削减洪峰72%，确保了丰满、白山大坝和下游人民生命财产的安全，社会效益显著。

为加强水电厂水情自动测报系统的管理，电力工业部于1996年颁发了《水电厂水情自动测报系统管理办法》，以保障测报系统的健康顺利发展，更好地发挥其效益。水情自动测报系统的发展还为水调自动化的发展打下了良好的基础。

水电厂水情自动测报系统基本情况见下表。

水电厂水情自动测报系统基本情况统计表

水电厂	系统规模	试运行时间（年）	验收时间（年）	工作制式	通信方式	水文模型	备注
白山	1:8:21	1987	1988	自报式	超短波	新安江	
丰满	1:8:24	1987	1988	自报式	超短波	萨克拉门	
桓仁	1:6:28	1993	1993	自报式	超短波	新安江	
安砂	1:3:19	1994		自报式	超短波	新安江	在建
古田溪	1:2:23	1995		自报式	超短波	新安江	
沙溪口	1:2:19	1993	1993	自报应答兼容式	超短波	D模型	
水东	1:3:10	1993	1994	自报式	超短波	D模型	
水口	1:6:24	1994	1994	自报式	超短波	D模型	
长湖	2:1:14	1989	1990	自报应答兼容式	超短波	TANK模型	一期为应答
长潭	1:2:13	1993	1995	自报式	超短波	降雨径流	
枫树坝	2:5:21	1992	1993	自报式	超短波	新安江	
流溪河	1:2:7	1995		自报式	超短波	新安江	
南水	1:2:7	1995	1996	自报式	超短波	新安江	
青溪	1:2:8	1989	1990	自报应答兼容式	超短波	新安江	
新丰江	1:3:17	1991	1993	自报式	超短波	新安江	
大化	1:2:14	1994	1996	自报式	超短波	新安江	
岩滩	1:4:24	1995		自报式	超短波	新安江	在建
红枫	1:5:22	1994	1994	自报式	超短波	蓄满产流	
乌江渡	1:4:17	1993	1993	自报式	超短波	新安江	
东风	1:8:24	1995	1996	自报式	超短波	蓄满产流	软件未验收
普定	1:4:11	1995	1995	自报式	超短波	D模型	
大广坝	1:2:18	1994	1995	自报式	超短波	新安江	
牛路岭	1:1:9	1997		自报式	超短波	新安江	在建
天桥	2:4:28	1988	1990	自报应答兼容式	超短波	TANK(坦克)	
佛子岭	1:2:9	1990	1997	自报式	超短波	D模型	改造后的情况
陈村	2:1:9	1994	1995	自报应答兼容式	超短波	新安江	
紧水滩	1:3:16	1994	1995	自报式	超短波	新安江	
乌溪江	1:2:9	1990	1991	自报式	超短波	D模型	
新安江	1:2:18	1992	1993	自报应答兼容式	超短波	D模型	
东江	1:1:17	1994		自报式	超短波	新安江	
凤滩	1:4:36	1993	1993	自报式	超短波	新安江	

续表

水电厂	系统规模	试运行时间（年）	验收时间（年）	工作制式	通信方式	水文模型	备注
葛洲坝	1∶1∶28	1990	1990	自报式	超短波	CLS. 新安	
洪门	1∶1∶11	1991	1992	自报式	超短波	新安江	
黄龙滩	1∶5∶24	1987	1989	自报式	超短波	新安江	
江口	1∶1∶15	1994	1995	自报应答兼容式	短波	新安江	
马迹塘	1∶8∶8	1990	1991	自报式	超短波	新安江	
沙田	1∶1∶8	1994		自报式	超短波	新安江	在建
上犹江	1∶2∶10	1992	1993	自报式	超短波	新安江	
万安	1∶4∶55	1994	1996	自报式	超短波	新安江	
五强溪	1∶6∶64	1995		自报式	超短波	新安江	软件正调试
柘溪	1∶3∶23	1991	1993	自报式	超短波	新安江	
东津	2∶2∶7	1996		自报式	超短波	新安江	在建
柘林	1∶3∶21	1995	1996	自报式	超短波	新安江	
狮子滩	1∶2∶28	1994	1995	自报式	超短波	D模型	
龚嘴	2∶0∶11	1993	1996	自报应答兼容式	短波	D模型	
安康	1∶3∶35	1992	1992	应答式	超短波	新安江	正改造
八盘峡	1∶1∶4	1994	1995	应答式	超短波	河道汇流	
碧口	1∶0∶10	1993	1994	自报式	短波	新安江	混有超短波站
青铜峡	2∶0∶4	1995	1996	自报应答兼容式	短波	新安江	含泥沙预报
鲁布革	1∶4∶21	1989	1989	自报应答兼容式	超短波	D模型	
漫湾	1∶7∶28	1994	1996	自报式	超短波	新安江	
以礼河	1∶2∶10	1993	1993	自报应答兼容式	超短波	D模型	

注 D模型：大型水电厂系统洪水预报与调度模型。综合模型：由五种不同的水文预报模型组合而成，其中以新安江模型为主。系统规模：中心站∶中继站∶遥测站。

（国家电力调度通信中心 裴哲义）

广州抽水蓄能电站的现代化管理

广州抽水蓄能电站共有两期工程，装机容量为240万kW，其中第一期工程为4×30万kW，设备均采用法国设备，已于1994年12月正式竣工投产发电。第二期工程装机容量亦为4×30万kW，购买德国设备，目前正在施工阶段，预计第一台机组将于1998年投产发电。

广东电网和中电电网各拥有一期工程50%的容量使用权及调度权。该电站分别受广东省电力局中心调度所和香港中电系统控制中心双重调度。

目前我国的水电厂基本上配置了庞大的运行、检修及生活服务队伍，存在着机构臃肿、人浮于事、管理较为落后的厂办社会现象。与常规水电厂相比，抽水蓄能电站具有设备复杂、操作频繁的特点。广州抽水蓄能电站实行管理改革，精简机构，减人增效。目前全厂员工共88人，比部颁定员标准872减少784人，达到了0.733人/万kW的全国最先进水平，基本实现了管理现代化。该电站自第一台机投入试运行以来，各项指标逐步得以提高，其运行指标优于一些法国电力公司同类电厂同期的指标，对大亚湾核电站和广东电力系统的安全稳定运行起到了越来越重要的作用。在1995年6月由电力部召开的广蓄经验交流会上得到了部安生司的好评，并于1995年分别获电力部和广东省现代化企业管理一等奖，1996年被电力部评为“安全文明生产达标”企业和全国水电系统第一个“一流水力发电厂”。

（一）引进国外人才和经验，实现科学管理

广州抽水蓄能电站在筹建时，就明确电厂生产管理要全面实行改革，并决定引进法国电力公司的专家和管理模式，用一支素质高、精简的队伍管理电厂；电厂不配备大修队伍，设备大修时另请队伍；生活基地设在广州和从化市，工地生活后勤则委托电厂服务公司

承担。

为此，广蓄联营公司于1989年9月成立生产培训部负责电厂的前期筹备工作，1990年2月成立电厂筹备处并接手电厂筹备工作。1991年上半年选派人员赴法国参加法国电力公司运行培训和厂家技术培训，1991年5月电厂开始在工地办公。

另外，聘请8名法国专家到电厂工作，电厂第一任厂长及各部门主要岗位均由法国专家担任。电厂基本上采用法国电力公司的机构和管理模式，1994年初法国专家逐步离任，1994年5月法方厂长开始当顾问，9月合同结束，电厂交由中方管理。

香港中华电力公司购买了电厂50%使用权，他们选派了13名员工到电厂工作，中方只承担按电厂相同级别的香港中华电力公司员工工资，不足部分他们自行解决。

现代企业管理首先应做到管理思想现代化，要使员工树立正确的指导思想，扬弃陈旧观念。无论在人员管理还是设备管理等各个环节，我们鼓励员工在吸取以往有用的经验和做法的同时，亦要更新观念，以实际出发，不断优化工作，大胆改革。

电厂每年均确定本年度的工作目标，其中亦包括详细的生产指标，使全厂员工明确工作方向和任务。每个部门亦据此做出详细的月工作计划。厂、部两级每月均写出生产报告，检查本月工作情况。每周则坚持周会制度，通过周会及时发现和协调问题。

同时，加大工作力度，完善各项规章制度，做到有章可循，大家照章办事，避免多头领导或越级短路现象。

财务管理也实行改革。港方每年支付50%机组的经常性运行费用，而每年的非经常性开支和资本性开支则由电厂按项目列出详细的财政预算，由港方和联营公司组成的联管会审查。这样每年电厂的费用较为清楚，在预算中每个项目则指定相应的责任部门。不在预算中的项目不开工。每个部门亦据此做出每月的用款计划，厂部审批后，即可执行。这一点和其他电厂有较大差异。

大力推广计算机应用，目前电厂已形成了计算机网络，初步形成了数据、文件管理计算机化局面。图纸、仓库物资、运行数据、趋势分析、设备缺陷管理、信函管理、生产月报等软件已进网，大大地缩减员工查询时间，提高管理效益和科学性。电厂的工作管理也逐步通过网络实施。另外，电厂亦制订了网络软件发展大纲，准备在近期内完善软件。

通过几年全厂员工的努力，使各项工作得以完善，电厂亦逐渐形成了“博采众长，脚踏实地，科学管理，争创一流”的企业精神。

（二）建立一个适合国情的精简的组织机构

电厂机构虽参照法国电力公司管理模式而形成，但毕竟两国国情不同，且国内也没有象法国电力公司那样有强大维修中心作为检修后援。因此，我们制定机构时强调要从中国国情和实际出发，不能生搬硬套，在实践中不断根据具体情况而调整和优化机构。

经过多年的不断完善，形成了能适合我国国情并较为精简的组织机构，岗位能省则省，能兼则兼，如电气一次和保护人员可交叉工作；机械焊工、叉车及天车司机、检修工作负责人互相兼任；报表统计与档案资料管理一人负责等。具体分布如下：

厂部（5人）：全面负责电厂安全生产、计划、经营、财务等工作的管理。

生技部（10人）：负责安全监督、采购、仓库、培训、生产统计和技术资料管理等。

运行部（26人）：负责电厂设备的实时运行监视、操作、定期巡视和试验、事故处理、安全隔离，以及负责上、下库坝、地下厂房20多公里厂区公路等全厂水工建筑物的运行、观测和维护等。

检修部（41人）：设电气、自动化和机械三个分部。负责设备的日常维护、故障处理、定期试验、大小修等工作。

办公室（9人）：负责党、政、工、团日常工作，包括人事、财务、文秘、司机。

电厂人员素质较高，研究生、本科生、大中专生、高级工人、工人的比例分别是0.75∶4.3∶2.7∶0.75∶1.5。

为引进竞争机制，电厂在机构上按岗位等级设立15级岗位责任津贴，每级津贴间有一定的差别，最高与最低之比有7∶1。工作好的职工可以升级，工作不好则可能降级甚至放到培训岗位，体现了不同工不同酬的竞争精神。

（三）建立一套行之有效的安全管理体系

电厂的管理目的是努力做到安全文明生产，所有的工作应围绕这一中心去完成。通过几年的努力，我们逐步形成了一些有自己特点的管理体系。

（1）实施安全等级授权制度。根据工作性质不同，电厂设置了安全等级，每个职工根据工作需要及岗位考核后，由电厂授予相应的安全等级并发授权证，规定其工作的等级，不可越权工作，此证需随身携带，接受检查。

（2）在工作票制度方面结合运行值班人员少的特点，由值班主任完成安全隔离工作。

（3）制订一套严格的防误操作系统。设备原配有较为完善的钥匙闭锁功能，但对不合理或遗漏地方则进行补充，同时实施技术安全加锁措施和工作票钥匙交付工作负责人掌管等制度，此严格的防误操作系统保证了电厂人员、设备的安全。

(4) 引进国际流行的企业五星安全管理系统，有步骤地实施全厂的星级计划。

(5) 起重、电梯、压力容器、消防等特殊设备已取得有关部门检验合格后取证，焊工、起重司机、叉车司机等特殊工种已取有关部门培训及发证上岗。其他专业亦按电力部门要求持证上岗。

(四) 建立一套少人值班制度

在电厂建设期间，我们和法国专家一道加强电厂的运行准备工作并取得法方制造厂家信任。使得所有设备一旦安装调试完毕具备运行条件后，即按每个系统由设备制造厂家与电厂签订协议委托电厂负责该系统的“代隔离”或“代运行”。以后凡涉及上述设备的运行操作，不管是设备制造厂家或安装单位一律需到电厂办理有关申请手续，由电厂完成安全措施签发工作票后方可进行，为此，电厂在1992年8月即实施厂房中控室的运行值班制度。接收的系统由最初的直流系统、中低压设备逐渐过渡到整台机组。这样做保证了设备和人身安全，规范了安装期间的设备运行管理，减轻了设备制造厂家和安装单位的工作负担，也培训了电厂运行人员以及完善了各项规章制度。

从1995年1月开始实行中控室每值1人的值班制度。初步实现了无人值班、少人值守的值班模式。为保证少人值守制度的顺利实施，在该厂采用了待命值班制度 (On-call)。这种制度规定On-call人员在On-call期间内每天24h处于随时待命状态，8h后可在指定的范围内活动，因事离开必须由合格的人员代替，并征得值班厂领导同意，通知中控室值班员。On-call组成员由经验丰富的人员组成，具备快速反应能力，它包括运行人员（第一级）、检修人员（第二级）和厂领导（第三级）。

当厂房发生值班员处理能力范围之外的故障或事故时。首先通知第一级运行On-call人员，他应在20min内到达现场进行事故处理。第一级On-call人员需要检修人员协助时，由他通知第二级相应的人员进厂房。当厂房出现比较严重事故时，通知第三级On-call人员即值班的厂领导，由他作出决定或组织更多的人力到现场工作。如有必要，第一级运行On-call人员有权叫任何人到现场配合处理设备事故。

第一级运行On-call人员还负责设备退出和恢复备用的安全隔离操作，并由他办理工作票的许可手续。

设备的定期巡检和定期试验通过计算机实行优化管理。定期巡检和定期试验项目则对每个设备确定出日、周、月、季、年计划。每项设备的巡检的试验内容、周期，以及定期试验项目需事先经过详细研究后而制定，并输入电脑，每周由电脑软件自动生成本周的每天的巡检内容及定期试验项目给巡检人员，实行优化工作。巡检人员则采集一些重要设备的特性参数，输入电脑，对其进行趋势分析，及时发现事故苗头。

(五) 建立一套严密的设备维修制度

与常规水电厂相比，抽水蓄能电站的设备定期维护、检修任务更重，尽管如此，我们仍强调检修人员需精简。电厂不配备大修队伍，只负责设备的中小修工作。部分设备采用外包方式，由社会上专业公司承担，如厂房空调系统、电梯和消防系统等。因此，检修人员的主要任务是On-call值班、设备的消缺、定期维护和检修，以及机组的中小修工作。

检修On-call人员素质的高低，直接反映电厂设备抢修反应能力，目前选拔On-call人员的程序相当严格，而且不断地进行交叉培训，使每个On-call人员能熟知本分部管辖的设备。

电厂建立了设备缺陷管理系统，每个员工发现设备缺陷或故障时均需填写设备故障表，交运行部输入联网的计算机系统。检修部可立即了解到情况，如需马上处理，则由计算机发出工作卡。若暂不能处理，则待机组退出备用时，列出与本机组有关的设备缺陷或故障清单，组织人力进行处理。这套系统保证了设备出现缺陷时能及时被发现和跟踪处理。

我们把设备的维护、检修工作分成C1、C2、C3三类工作。C1是指不用专门工具的维护工作；C2是局部维修工作；C3是整体拆卸检修工作。每个部门根据本部门管辖的设备列出每个设备每年所需完成的C1、C2、C3工作，每项工作均写明工作内容、步骤、工具及工艺要求，然后按月作出工作计划，实行“挂牌管理制度”。因此，每个部门每年、每月需完成的设备维护、检修工作以及实际完成情况可以在“挂牌板”上一目了然。而每一周，各分部根据设备处理清单及这个工作计划列出每位员工每周每天工作计划，分派到个人。

我们亦要求每次机组中小修前检修部均应详细列出每个检修项目，项目工作负责人，起始和完成时间。中小修时，画出网络图，悬挂在机组旁，使每个人能了解工作实际进度。同时对检修时的文明施工、车间的工具、设备管理亦按五星安全标准进行严格的考核。

按要求，水电厂每台机组的大修间隔年份一般为3～6年，具体时间则视各个电厂的机组台数及机组运行状况而定。但据我们了解，欧洲及北美洲国家的水电厂大修间隔时间却为20～30年，而且每次机组大修不一定发电机、水轮机整体拆卸。设备通过大修可以解决不少问题，也可能原来运行正常的部位大修后却不如以前。频繁的大修，设备经常地拆卸不见得是件好事。延长大修间隔时间不但节约大量的投资，大大提高机组的可用率，更关键的是可以改变水电厂配置大修队伍的模式，可以籍此来实现减人增效。广州抽水蓄能电站的机组是进口设备，不打算沿用传统作法。一方面加强设备的维护，另一方面增加科技投入，配置一些在线或离线监测设备，计划将机组大修间隔时间延长为10年或以上。

（六）加强政治思想教育工作，增加企业凝聚力

虽然广蓄电厂职工生活条件比其他水电厂好。但毕竟工地较偏僻，职工特别是年青职工工作时间一长易产生不稳定心理。因此，如何教育职工、稳定职工、增加企业凝聚力至关重要。加强政治思想教育工作和提高职工为社会奉献的意识是电厂党委的工作中心，党委一直围绕这一中心发挥积极的作用。在此同时电厂也力所能及地将工地工作生活环境及职工的福利搞好，解决职工的后顾之忧。几年来先后在库区边坡、公路旁植草皮11万m^2、种树40万余棵。在工地也建造了卡拉OK、图书室、游泳池、足球场和篮球场，丰富了职工的业余生活。增加了电厂的凝聚力，使职工安心工作。

（广州抽水蓄能电站　祁达才）

水电厂生活基地的建设

水力发电厂一般都建在远离城镇的山沟里，为了便于生产，过去生活基地安排在电厂附近。这样，生活基地就得有粮店、副食店、商店、派出所、托儿所、幼儿园、小学校、电影院等，当地政府又不管，这些社会性的任务必然落到了电厂的行政管理的部门，一个生产企业自然形成一个小社会。电厂为此付出了大量的人力和财力。

水电厂生活基地建设问题，随着改革开放，山区生活供应、子女上学，有病就医，青年恋爱、交通不便等影响，造成人心不稳，人才外流，大学生分配了不去报到，问题越来越突出，好多单位自想办法摆脱此困境。90年代初，原能源部黄毅诚部长对此问题非常关心，支持水电厂生活基地从山区搬迁至县级以上城市，新建厂一开始就将生活基地建在县级以上城市的要求。1997年据不完全统计，老厂外迁、新厂一开始就把生活基地设在城市，基本各占统计数的一半左右。具体情况如下：

（1）改善交通，缩短与城市的距离，开展旅游业，如吉林丰满、浙江新安江、贵州的红枫猫跳河梯级等水电厂。

（2）小厂依附大厂，合并成总厂，如北京官厅永定河梯级水电站与石景山火电厂合并，生活基地搬到高井，统称石景山发电总厂；黑龙江镜泊湖水电厂与新建的莲花水电厂合并，统称牡丹江水电总厂，生活基地建在牡丹江市。

（3）就近外迁到县城和城市，如吉林白山、青海龙羊峡、浙江紧水滩、乌溪江等水电厂。

（4）新建电厂，一步到位，生活基地选择定点在附近城市或县城，并列入规划设计概算中去，如广州抽水蓄能电站。情况详见水电厂生活基地的统计表。

1996年12月5～8日中国电力企业家协会水力发电分会在贵州天生桥水力发电总厂召开了“水电厂基地建设经验交流会”，与会代表充分肯定了“老水电厂基地从山区搬迁至县级以上城市，新建水电厂将基地建在县级以上城市”的决策是非常正确的，它避免了小社会的扩大，有利于水电厂深化企业内部改革，运行实现“无人值班”（少人值守），检修开展“状态检修”，成立集中检修公司，向集约性经济过渡。有利于稳定职工队伍，增强企业的凝聚力，原来在山区的一些难题迎刃而解。

当然，旧的矛盾解决了，还会出现新的矛盾，新的矛盾就是通勤问题。广州抽水蓄能电站在这方面积累了经验，他们的基地在广州，每周通勤1次，现场吕田设有简单的生活设施，关键是他们人员比较少仅数十人容易实现。各地必须应地制宜，从实际出发，距离近的可以每天通勤，距离远的则每周通勤，而且要尽量减少通勤的人员才行，这样既满足生产又照顾了生活。

水电厂生活基地的统计

序号	水电厂名称	生活基地所在的城市（外迁或新建）	序号	水电厂名称	生活基地所在的城市（外迁或新建）
1	丰满水电厂	吉林市丰满镇	8	潘家口抽水蓄能电站	迁西县（新建）
2	白山水电厂	桦甸市（外迁）	9	十三陵抽水蓄能电站	昌平县（新建）
3	镜泊湖水电厂	牡丹江市（牡丹江水电总厂、结合莲花水电厂新建）	10	龙羊峡水电厂	西宁市（外迁）
			11	李家峡水电厂	西宁市（新建）
			12	大峡水电厂	白银市（新建）
4	云峰水电厂	集安市（外迁）	13	宝珠寺水电厂	广元市宝轮镇（新建）
5	太平哨水电厂	宽甸县（外迁）	12	新安江水电厂	建德市
6	永定河梯级（官厅、下马岭、下苇甸）水电厂	石景山区高井（石景山发电总厂）	13	乌溪江水电厂（湖南镇、黄坛口）	金华市（外迁）
7	石家庄水电总厂	石家庄市（外迁）	14	紧水滩水电厂（石塘）	丽水县（外迁）

续表

序号	水电厂名称	生活基地所在的城市（外迁或新建）	序号	水电厂名称	生活基地所在的城市（外迁或新建）
15	陈村水电厂（纪村）	泾　县（外迁）	26	红枫水电厂（猫跳河梯级）	清镇市
16	葛洲坝水电厂	宜昌市（新建）	27	东风水电厂	清镇市（新建）
17	五强溪水电厂	常德市（新建）	28	天生桥水电总厂（1、2级）	兴义市（新建）
18	沙田水电站	汝城县（外迁）	29	鲁布革水电厂	罗平县（外迁）
19	南河水电站	谷城县（外迁）	30	西洱河梯级（滇西电业局）	大理市下关（新建）
20	水口水电厂	闽清县（新建）	31	漫湾水电厂	大理市（新建）
21	流溪河水电厂	从化县（外迁）	32	龚嘴水电总厂（铜街子）	乐山市沙湾镇（外迁）
22	广州抽水蓄能电站	广州市（新建）	33	映秀湾水电总厂（渔子溪、耿达）太平驿（代管）	都江堰市（外迁）
23	拉浪水电厂	宜山县（外迁）			
24	麻石水电厂	宜山县（外迁）			
25	乌江渡水电厂	遵义市（外迁）			

（国家电力公司　周志清）

技 术 改 造

水电厂机组技术改造

在“八五”期间，水电厂机组技术改造围绕改造增容，重点是更换空蚀、泥沙磨损严重、效率低的水轮机转轮或叶片，更换发电机定子线圈或线棒，提高绝缘等级，加大导线集面，并改进通风结构和系统，更换主变压器等，提高了机组出力或效率，取得了显著的经济效益。同时还改造了机组一些部件和结构，提高了设备的运行可靠性。

这期间，更换水轮机转轮取得提高出力的占大多数，而在解决空蚀和磨损，扩大机组运行范围，满足电网调频、调峰和旋转备用等方面侧重点尚不够突出。发电机的改造主要是更换线圈或线棒，提高绝缘水平，加大导线截面，达到了一举两得的结果，这在水电机组技术改造中发电机改造占大多数。1995年～1997年增容扩机改造统计见下表，其中所列的16台机组中，发电机改造增容的占87.5%。

90年代以来，电网装机容量越来越大，水电机组在电网中运行的地位要起调频、调峰和旋转（或静止）备用作用，要实行减人增效，延长检修周期，实行集中检修。但是目前水电机组的现状与之很不适应，一大批老水轮机运行特性不好，低负荷情况下，机组振动大，要避开运行，水轮机的转轮和叶片，抗泥沙磨损和空蚀性能不好，按现行检修规程所规定的检修周期勉强才能达到。因此，“九五”期间，水电机组的改造重点在水轮机方面，不单要进行增容，更需要有计划地对一批老水轮机的运行特性、防空蚀和抗泥沙磨损性能进行改造，改造后应能够达到延长检修周期，缩短检修工时，扩大运行范围区，满足电网灵活调度的要求。

老的水轮机刚刚开始更换转轮，有的结果还不够理想，往往出力是增加了，可是其他方面如空蚀性能、低负荷运行区的振动问题就没有顾及。同时还有一些90年代新投产运行的大机组，50%以下低负荷有2个振动区，甚至还有在高负荷最佳运行范围内产生严重振动，并引起发电机楼板的振动。因此，水轮机的技术改造是水电设备中的重中之重，它通过改造，可以延长检修间隔，缩短检修工期，在电网中不能充分发挥水电的调频、调峰和旋转备用的作用。

1997年1月上旬，电力部安生司和中国水力发电工程学会在四川峨嵋联合召开了“全国水电站机电设备技术改造研讨会”，明确提出技术改造是一项投资少、见效快的工作，一定要统筹规划，进行深入调查研究，针对改造项目的关键问题，做好可行性研究方案和经济分析工作。当前，对主机改造，坚持高标准、高起点，要求改造后的机组安全、稳定可靠，检修间隔延长，检修工期缩短，改善机组空蚀性能和抗磨蚀的能力，确保机组安全、经济、稳定运行；对附属设备及控制系统，要按自动化集中控制的目标进行，不断提高水电厂水平。更好地发挥水电机组在电网中调峰、调频及事故备用的作用。

根据“全国水电站机电设备技术改造研讨会”与会代表建议，1997年7月，国家电力公司安全运行与发输电部已经组织力量，着手编写《水轮机技术改造暂行规定》，指导和规范各水电厂对水轮机技术改造工作，该《暂行规定》计划1998年定稿颁发。

1995年～1997年增容扩机改造统计表

电厂名称	增容台数	扩机台数	增加容量(MW)	完成年月
桓仁水电厂	1(1号机)		由59→68①	1996.12
回龙水电站	2(1,2号机)		由36→40	1995.4～10
丰满水电厂	1(4号机)		由60→85②	1997.5
红石水电站	3(2、3、4号机)		由50→57	1996.2～12
云峰水电厂	1(1号机)		由100→101.5	1996.10
新丰江水电厂	1(3号机)		由72.5→85	1996.9
流溪河水电厂	4		由10.5→12	95.4～97.11
狮子滩水电站	3(3、4、1号机)		由10→15	1995.1～12
葛洲坝水电厂		1	20	1996.12
湖南镇水电站		1	100	1996.11
黄坛口水电站		1	26	1995.3
青铜峡水电厂		1	30	1995.7
丰满水电厂		1	140	1997.12

① 效率试验证实，机组综合效率提高达5%，运行工况可不受限制。

② 由于水库水位较低，故尚未作实测效率试验，能否达到最高85MW出力，尚待以后验证。

（国家电力公司 周志清）

水电厂尾水清渣工作

水电厂尾水清渣工作近年已是水电站安全生产和挖潜改造的重要课题。据1991年对44座大、中型水电站调查，有32座水电站尾水堆渣计450余万m^3，壅高尾水水位，每年损失电能约9亿kW·h。有些电站由于尾水位壅高，还影响机组安全运行，威胁电厂安全。

一、尾水清渣工作进展情况及效果

丰满、柘溪、上犹江水电站曾于1953、1965、1966年进行过尾水清渣，以提高电站出力。随着水电站的建设和发展，日益重视这一问题的研究和解决，1983年水利部领导安排机械疏浚学组和水电第十三工程局对这一课题开展研究，经实地考查了24座水电站并组织有关专家研讨，曾于1985年提出“刘家峡水电站尾水清渣设备选型研究报告”和“柘溪水电站尾水清渣施工方案”。1988年组织专家评议葛洲坝疏浚设备改造效能，研讨水电站尾水清渣设备选型问题。1989年水利部将“水电站尾水清渣”列为水利技术开发基金资助项目，当年12月，在水利部开发司和原能源部水电开发司的支持下，召开了刘家峡、八盘峡水电站尾水清渣专家现场会议。该会议纪要经黄毅诚部长批示后，1991年在原能源部水电司的安排下，会同水力学研究所组织调研44座水电站，并在1992年“全国水电站尾水清渣现场会”上提出“关于选定水电站尾水清渣施工方案的意见”和“刘家峡等十座水电站尾水清渣施工方案设想，预计增发电量及投资估算”。至1992年已有12座大中型水电站进行尾水清渣，共107万m^3，投资2063万元，年可增发电量2.3亿kW·h，初始一次投资仅需0.09元/(kW·h)，已充分显示此项挖潜工程投资少、见效快、效益大的特点。1992年原能源部对各电管局提出：组织力量把尾水清渣工作抓好，力争到2000年基本完成现有大中型水电站尾水清渣工作的要求。湖南省柘溪水电站尾水清渣，至1995年冬完成两期工程，共计挖渣、石21.23万m^3，共用资金1030万元。开挖之后尾水位约降低1m，估计年可增加发电量3000万kW·h，若按售电电价，年可增收600万元。四川省铜街子水电站尾水段淤积25万m^3，使尾水位抬高0.7～1.2m，年发电量减少5700万kW·h，水电第七工程局于1997年4月完成清淤任务，按上网价计算，年可增收1883万元。

二、经验教训

(1) 尾水清渣工程要尽量利用当地条件和优势。在选定施工方案和施工设备时，应注意适应和发挥当地施工条件和人力、物力、设备等优势，有时亦可以人为调度创造有利于尾水清渣的条件，以提高效益、节省投入。如1982年～1984年，石泉水电站利用其仅负担调峰发电任务时机，利用施工场地开阔和当地人力富裕的条件，采用人力施工，仅投资10万元挖出尾水堆石3万m^3，用作建筑材料，降低尾水后，年可增发电1200万kW·h；1984年2月～3月、风滩水电站停电停水，使用电铲进行尾水清渣18.5万m^3，投资仅用180万元，年增发电3000万kW·h。现已进行过尾水清渣工作的上犹江、古田、池潭、安砂、乌江渡、新丰江、丰满等10座大中型水电站，多是利用或创造了当地有利的施工条件，使用正、反铲挖掘机，索铲，气力泵等设备施工，共仅投资1200余万元，年可增发电约2亿kW·h，效益显著。

(2) 重视尾水工程、加强施工管理。东江、凤滩水电站均系在主体工程施工队伍——水电第八工程局撤离之前，及时组织清挖施工弃渣，仅投资275万元，即可挽回电量损失6400万kW·h/年；龙羊峡水电站的设计、施工单位在施工中，及时安排了尾水河段的清渣工作；北京勘测设计研究院和水电第三工程局在安康水电站施工期间，发现尾水堆渣会降低电站出力的问题，及时采取措施，进行清挖处理，效果均十分显著，都是值得推广的好经验。据调查，形成尾水堆渣，有系库区排泄泥沙和坝下局部冲刷形成堆丘；有设计枢纽布置问题；有运行管理不当等原因；但大多是施工弃渣不当所造成的。如有的电站施工围堰未能全部拆除；河道中施工弃渣未清；甚至河道开挖未达设计底高程，留下尾工等，待水电站发电运行后再作处理时，便十分艰巨。故必须对此加强施工管理、严格检查、并以适当的经济措施，把尾水堆渣问题尽力解决在电站投产运行之前。

三、建议

(1) 加强领导、制定政策、推动工作。水电站尾水清渣工程效益显著，但由于其投资较大，工期较长，要投入较多人力物力，会影响电厂正常生产秩序，且尾水清渣所增发电量仍按旧的电价，没有合理的奖励制度，故目前对此项工作较难推动。即如柘溪水电站1991年～1995年竭尽心力组织两期尾水清渣工程，使年增发电量3000万kW·h，但对这部分增加电量，电厂无收益。因目前尚无适当政策推动此项工作，以致很多老电站尾水堆渣问题数十年未得解决。建议目前亟应按照社会主义市场经济制度原则，按增发电付新价的原则，制定以效益分配奖励办法为核心的有关政策，以推动工作。

(2) 提前做好工程设计工作。尾水清渣不应是简单地恢复原建电站时的设计要求，因电站运行一段时间后，人们对尾水冲淤形成冲刷坑和堆积丘规律的认识已有一定深度，如其下游有新建桥梁、护岸或下一级水库的建成等，均会对尾水流态有较大影响，故须在新的设计工作中进行分析研究。对大、中型和尾水河段条件较复杂的水电站，还应进行定床和动床模型试验。总之，必须根据已经发生和发展的情况，分析论证、优化设计，选定能确保水电站安全运行、增加电能较多、投资较省、清渣后能维持较久、长期经济效益较优的设计方案。

(3) 对难度较大、效益高的清渣项目应组织重点攻关。水电站尾水清渣工作属机械疏浚工程范畴，按目前国内外技术和装备水平，一般均能解决，只是机械疏浚工程、设备投资较大，准备工作时段较长，而选定方案与设备适当与否，其所需资金和效果相差很大，故应适时组织有关专家深入调研、慎重决策，以求达到方案可行、适用、节省资金，能多获实效。

（华源水利水电工程咨询公司　张天存）

大　坝　安　全

大坝安全定期检查

（一）进展情况

水电站大坝安全定期检查是对水电站大坝进行全面安全检查、评价的一项重要制度。根据《水电站大坝安全管理暂行办法》(1997年1月电力部已修订，正式颁发了《水电站大坝安全管理办法》) 及《水电站大坝安全检查施行细则》的规定，在大坝安全监察中心的统一安排下，从1988年开始分期分批由各主管局组织对电力部部属96座水电站大坝进行了首轮安全定期检查。至1996年底，已完成92座大坝的首轮大坝安全定期检查，磨子潭、牛路岭、鲁布革、丰满4座大坝的定检也已开始，预计将在1997年完成。在已完成检查的92座水电站大坝中，被各级均评为正常坝的有82座，占总数的89%。部分被评为病坝或险坝的，在安全定期检查结束后，有关主管局已采取补强加固措施。到

1996年底，经部审批确定修文、天桥两座大坝为险坝，青铜峡大坝评为病坝。

通过首轮大坝安全定期检查，对水电站大坝作出了科学的安全评价。基本上摸清了大坝的安全现状，充实并完善了大坝安全档案，解决了一批长期困扰人们的疑难问题，对水电站大坝目前存在的主要问题和一些不安全因素的实际危害程度有了更深的认识；并促进了大坝的补强加固、消除缺陷处理和监测设施的更新改造工作的开展，普遍改善了大坝的安全状况，提高了大坝的健康水平和管理水平，使工程效益得到充分的发挥；更重要的是通过安全定期检查，各级领导对大坝安全意识得到普遍增强，形成了一支既有丰富的理论知识和实践经验，又熟悉定期检查过程的具有一定权威性的专家队伍，同时也培养和锻炼了一大批具既有相应业务能力，又有较强责任心的水工管理技术干部队伍。

（二）发现的问题及处理情况

在大坝安全定期检查中，除了少数大坝因存在严重威胁或影响大坝安全的问题而被评为病坝、险坝外，其余的正常坝也不同程度地存在着某些缺陷或不安全因素。只是这种缺陷或不安全因素并不严重，而且是局部性的，尚未构成对大坝的整体危害。根据定期检查中所发现的问题和缺陷统计，可以归纳为以下几类问题：①防洪标准偏低；②混凝土坝存在不同程度的裂缝；③部分坝基的抗滑稳定安全系数偏低；④坝基存在一定的缺陷；⑤坝体局部扬压力或浸润线偏高以及有明显的绕坝渗流现象；⑥坝体或泄洪建筑物在结构或强度方面存在问题；⑦存在混凝土的低强、老化、冻融、剥蚀和碳化等混凝土性态问题；⑧泄洪建筑物本身及大坝下游的冲刷引起的局部破坏；⑨闸（阀）门、启闭机等水工金属结构的结构、强度和运行中存在缺陷；⑩大坝安全监测设施陈旧、失效、缺项；⑪水库淤积；⑫其他综合问题。

近几年，不管是病坝、险坝，还是正常坝，绝大多数大坝均已安排补强加固和消除缺陷工作。据统计，已经及正在处理，或计划处理的问题和缺陷已超过70%。但也必须看到，仍有相当一部分问题和缺陷，未能得到治理，甚至还有个别的险坝，由于资金和其他方面的原因，除险加固方案迟迟不能落实，应该引起有关主管单位的高度重视。

（三）第二轮大检查的部署

电力部在总结首轮大坝安全定期检查工作的基础上，决定从1996年开始开展水电站大坝第二轮安全定期检查，并对第二轮定检提出了具体要求。其基本原则是：①按照《水电站大坝安全管理办法》及《水电站大坝安全检查施行细则》的精神，在大坝安全监察中心的指导下，由各主管局负责，根据各座大坝的具体情况，制定检查计划并组织实施；②大坝安全定期检查是对大坝安全的全面检查，但第二轮定检要在首轮定检的基础上适当简化，其内容主要包括设计、施工、运行的复查评价，现场检查，重点应检查首次定检后大坝的现状及运行性态，进行大坝安全评价；③水电站大坝安全定检频次一般为每5年一次，对没有潜在危险、结构完整、运行性态良好的大坝可以减少检查频次，但间隔时间不得超过10年。

第二轮定检应根据大坝的规模、坝龄、坝型、环境、安全状况以及首次定检的深度和覆盖面，首次定检提出的意见、建议落实情况，首次定检后客观条件的变化等新情况具体确定工作内容以及必须重点检查的项目或专题。在第二轮定检中特别强调提出对坝体（坝坡）或坝基的水下部分，或深孔、底孔的过水部分，经分析有可能产生破损、冲蚀或闸（阀）门的损坏等影响大坝安全的工程部位，应进行必要的水下检查；对有严重淤积，影响防洪库容或造成大坝超载的水库，应进行库容复测及安全评价；对首次定检及近期内未进行过专门检查鉴定的泄洪建筑物的闸（阀）门、启闭机等金属结构设备要进行全面检查和安全鉴定，尤其对超过使用年限的设备，应提出更改意见。

第二轮定检的组织形式宜采用主管局领导下的安全检查组。鉴于第二轮定检的特点，安全检查组的规模、涉及面均可较首轮定检缩小，以专家组为主体进行工作。各主管局可根据本地区具体情况组织专家组，专家组成员的结构要注意专业面的兼顾及与工程相关性的协调。专家组组长由各主管局与大坝安全监察中心共同商定，专家组成员由各主管局报大坝安全监察中心备案。

1996年，经与有关方面协商，选择青铜峡、枫树坝两座大坝作为第二轮大坝安全定期检查的试点，1997年上半年这两座大坝都已开始第二次定检，并分别召开了第一次专家组会议，计划于1997年结束。大坝安全监察中心将根据试点情况，总结经验，与各主管局会商后提出第二轮大坝安全定期检查规划，全面开展第二轮大坝安全定期检查。

（电力部大坝安全监察中心　沈家俊）

大坝安全自动监测系统的建立和发展

大坝安全监测是了解大坝运行性态的耳目。60年代以来，随着微电子技术、通信技术和控制技术的发展，随着大坝安全的广为重视，大坝安全监测自动化也取得了较大的发展。

（一）数据采集自动化

(1) 70年代末，中国科学院成都分院研制了JCS-1型大坝应变计自动检测及数据处理系统，并在龚嘴水电厂安装使用，这是我国自己设计制造的第一台大坝安全监测数据自动采集系统，主机是一台130型电子计算机，技术上较为落后。

(2) 80年代，由于采用了微机，研制了差动电阻式和差动电感式仪器的检测仪，以及遥测集线箱，解决了长导线电阻影响，内部监测仪器的自动采集系统在功能、规模及性能上都取得了较大的发展，并走向实用。1986年原南京自动化研究所研制了BZC-A型大坝内部仪器自动测量和数据处理系统，并在东江水电厂安装使用，这是这一时期的代表。这期间，大坝变形的自动采集系统也取得了突破性的进展，相继研制成功了步进电机式变形自动采集系统、电容感应式变形自动采集系统、静力水准遥测系统和激光准直自动监测系统。这些系统先后在池潭、流溪河、太平哨、潭岭、黄龙滩、刘家峡、安砂、回龙山、梅山、葠窝、葛洲坝船闸、毛家村、丰满等水电站安装使用。

(3) 90年代，数据自动采集系统进入实用阶段，同时，因其高度集成、功能日益完整而发展成监控系统。影响较大的有南京自动化研究院相继研制的DAMS-1型、DAMS-2型和DAMS-3型大坝集中式、混合式和分布式自动监测系统。这些系统能对监测大坝安全的所有内外观测仪器实现自动检测，并能实现在线和离线分析，现已在新丰江、以礼河、凤滩、万安、东江、富春江、青溪、八盘峡、红石、碧流河、三门峡、乌江渡、水口、青铜峡、沙溪口、观音阁、五强溪、龙潭、大广坝、岩滩、大化、安康、新安江、大峡、天桥、葛洲坝2号船闸等水电站安装使用，实现了部分或全部项目的监测自动化。1994年，南京水文所研制的DG型分布式大坝自动化监测系统也是能对监测大坝安全的所有内外监测仪器实现自动检测的系统，现已在葛洲坝二江泄水闸、碧口和百丈漈大坝安装使用。1992年，福建无线电八厂研制了F8-1型大坝监测微机系统，它的各种位移传感器是以MCS-51单片机为核心的步进电机式智能监测仪器，现已在古田一级、池潭和桓仁等水电厂安装使用。

(二) 资料分析自动化

70年代中期，我国一些科研单位就开始研制大坝监测资料分析软件，以实现资料分析电算化。

80年代，随着计算机技术的进步和普及，资料分析自动化取得了进展。电力部大坝安全监察中心、中国水利水电科学研究院、南京水利科学研究院、南京观测资料分析中心、长江科学院、河海大学、武汉水利电力学院、甘肃省电力局中试所、丰满水电厂等单位先后开发了微机数据库和信息处理系统。这些系统不同程度地实现了资料存贮、加工、制表、绘图和计算分析自动化。由于资料分析自动化的进展，配合首轮定期检查，对电力部近100座部属大中型水电站的大坝长期监测资料进行了一次系统而全面的分析。

90年代，我国大坝监测资料从离线分析向在线分析发展。南京自动化研究院经“七・五”攻关，首先推出了DAMS大坝自动监控系统，该系统将监测资料自动处理分析和监测数据自动采集有机结合，形成一整套包括数据采集、存贮、管理、数据处理、数学模型、监控指标、性态分析、异常报警在内的监控系统。为适应各种工程规模安全监测的需要，DAMS又发展了几个产品，最近开发的DAMS-3型分布式自动监控系统，已在大化水电厂、葛洲坝水电厂2号船闸、新安江水电厂安装运行。

与此同时，在离线分析方面发展了专家系统。电力部大坝安全监察中心和河海大学联合研制的“大坝安全综合评判专家系统”，对龙羊峡水电厂大坝作了实际应用，效果较好，该领域已居世界先进行列。

总之，大坝安全监测自动化，经过近20年的不懈努力，我们已逐步建立和发展了自己的监测系统，并在不少骨干水电厂安装运行。随着无人值班、少人值守的进一步实施，大坝安全自动监测系统将获得更大的发展。

(电力部大坝安全监察中心　魏德荣)

水电站大坝安全注册

水电站大坝安全注册是继大坝安全定期检查制度之后实行的一项有关大坝安全的重大举措。1996年，根据国务院《水库大坝安全管理条例》和《水电站大坝安全管理办法》的有关规定，电力部制定并颁发了《水电站大坝安全注册规定》。

水电站进行大坝安全注册，其目的是为了加强水电站大坝安全管理和监督，全面和动态地掌握水电站大坝的安全状况，推动水电站大坝安全管理水平的不断提高，逐步走上正规化、制度化、规范化的轨道。

根据《水电站大坝安全注册规定》，各电业管理局(电力集团公司)、省(直辖市、自治区)电力局(电力公司)、流域开发公司等电网经营企业所管理的水电站大坝，均要按照规定办理水电站大坝安全注册。电力工业部为水电站大坝安全注册主管部门。电力部大坝安全监察中心为水电站大坝安全注册执行机构，全面负责办理水电站大坝安全注册事务，受理申请，审核定级，签发注册登记证，监督检查，到期换证，变更注册，汇总注册登记，定期公布注册大坝名单，建立、转报并保存注册档案等。

水电站大坝安全注册登记程序为：①由各主管单

位提出须注册的大坝名单，报部大坝安全监察中心并领取统一格式的《水电站大坝安全注册申请书》及电子版软盘；②水电厂按要求填报《水电站大坝安全注册申请书》及其附表和表示工程概貌的主要附图，将上述申报材料报主管单位；③主管单位对上报的注册申请书进行审查，签署审查意见后报部大坝安全监察中心；④部大坝安全监察中心受理申请后，进行审核定级并签发注册登记证，同时抄报电力工业部备案。

根据大坝的安全状况及其管理水平，水电站大坝安全注册登记按评分分为甲、乙、丙三级。经过逐级评定、审核，凡大坝安全注册评分在80分以上（含80）者，发给水电站大坝安全甲级注册登记证；大坝安全注册评分为70～79分者，发给水电站大坝安全乙级注册登记证；大坝安全注册评分为60～69分者，发给水电站大坝安全丙级注册登记证；当大坝安全注册评分低于60分时，不予安全注册登记。

水电站大坝安全注册登记证的有效期，甲级登记证为5年；乙、丙级登记证为3年，持证单位在期满3个月前须申请换证。此外水电站大坝安全注册实行动态管理。在注册登记有效期内，若发生未能按计划进行正常坝的消除缺陷处理或病坝的补强加固处理，险坝未采取应急措施和除险加固处理及由于大坝安全管理不善、操作不当发生影响大坝和水电站正常运行的重大事故等情况时，经核实并重新审核评定，将予以注册降级或取消注册登记；对于持乙、丙级注册登记证，或未取得登记证，或被取消注册登记证的水电站大坝，若按注册评分条件具备注册升级或注册条件时，可随时通过主管单位提出申请。

在竣工验收后一年内的或已完建的大坝移交运行单位管理并经过一年以上运行考验的新建水电站大坝，也应按规定办理大坝安全注册登记。其大坝安全评价参照《水电站大坝安全检查施行细则》的有关规定，由主管单位组织不低于定期检查规格的专家组进行大坝安全专题鉴定后确认。

为了认真贯彻《水电站大坝安全注册规定》的精神，做好大坝安全注册工作，部大坝安全监察中心于1996年3月在杭州召开了各有关网、省局和水电开发公司代表参加的“水电站大坝安全注册工作会议”。会议进一步明确了大坝安全注册的目的、要求和程序，确定了应注册的水电站大坝名单，向各主管单位发放了《水电站大坝安全注册申请书》及相应的软盘，要求各单位会后即对注册工作进行全面部署。第一批计划注册的水电站大坝名单见下表。

第一批计划注册的水电站大坝名单

主管网省局	水电站大坝名称
东北	太平哨　云峰　桓仁　回龙山　丰满　白山　红石　太平湾
黑龙江	镜泊湖
西北	石泉　安康
青海	龙羊峡
宁夏	青铜峡
甘肃	刘家峡　八盘峡　盐锅峡　碧口
山西	天桥
华北	落坡岭　珠窝　潘家口下池
华东	新安江　富春江
浙江	黄坛口　湖南镇　百丈漈一级　紧水滩　石塘　成屏　上标
安徽	陈村　纪村　梅山　毛尖山　佛子岭　磨子潭　响洪甸
福建	古田一、二、三、四级　安砂　池潭　华安　船场溪　沙溪口　水口　良浅　范厝　水东　万安溪　高砂
华中	葛洲坝　隔河岩
湖北	黄龙滩　南河
湖南	沙田　白鱼潭　凤滩　马迹塘　柘溪　东江　小东江
江西	上犹江　罗湾　柘林　洪门　江口　万安
四川	渔子溪一级　龚嘴　映秀湾　南桠河三级　太平驿　苦蒿坪　耿达
重庆	狮子滩　大洪河　上硐　下硐　回龙寨
贵州	乌江渡　修文　红岩　百花　红枫　窄巷口　红林　东风
云南	以礼河一、二、三、四级　西洱河一、二、三、四级　大寨　绿水河　六郎洞　鲁布革　漫湾　石龙坝　郎果河
广东	新丰江　枫树坝　南水　流溪河　南告　潭岭　长湖　泉水　长潭　青溪　广蓄
广西	西津　麻石　拉浪　洛东　大化　岩滩
海南	牛路岭　大广坝
南方公司	天生桥二级

（电力部大坝安全监察中心　叶建群）

统 计 资 料

1995年大中型水电厂生产运行情况表

电厂名称	电厂运行指标					水库运行指标			
	年末装机容量(万kW)	年发电量(亿kW·h)	平均耗水率[m³/(kW·h)]	发电单位成本[元/(千kW·h)]	全员劳动生产率[元/(年人)]	入库水量(亿m³)	发电用水量(亿m³)	年末水位(m)	年末库容(亿m³)
永定河梯级	12.5	1.77		119.61	46578				
其中:官厅	3.0	0.33	12.64			5.95	4.18	476.54	5.80
下马岭	6.5	0.96	5.0			5.12	4.78	347.92	0.06
下苇甸	3.0	0.48	10.0			5.15	4.32	201.44	0.03
密云	8.8	0.9227	7.69	147.21	34639	5.56228	7.09402	151.01	26.83
潘家口	15	发电0.9123 补偿2.2089	5.54			25.1427	9.2155	222.25	20.7875
潘家口抽水蓄能	27.0	5.7568	4.98		116889	36.7325	9.2156	222.25	20.788
石家庄总厂	5.7	1.0051	13.96	85.31	31366				
其中:岗南	4.1	0.7313	9.19			12.45	6.72	199.27	8.14
黄壁庄	1.6	0.2738	26.72			13.67	7.31	117.21	2.86
天桥	12.8	4.432	23.6	55.13	64812	15.2718	10.4581	833.40	0.0725
丰满	72.25	25.2045	6.70	62.26	478567	209.4	168.8	258.27	70.19
云峰	40	17.483 中方:9.55	4.37	47.68	224803 中方: 122967	123.76	75.59	305.22	24.876
太平哨	16.1	4.0942	11.79	105.05	78264	100.4824	48.2818	190.55	1.5213
太平湾	19	7.1717	29.08	82.30	128816	355.41	209.40	28.97	1.5735
长甸	13.5	5.7697	7.15	包括在太平湾内			41.33	117.21	95.36
桓仁总厂	29.45	8.345		81.84	97373				
其中:桓仁	22.25	5.6338	7.94			85.8475	44.7130	299.94	21.9375
回龙山	7.2	2.7119	17.62			97.5194	47.7743	220.27	0.8353
白山电厂	170	36.6135		71.21	453921				
其中:白山站	150	30.6459	3.53			112.7513	108.1310	409.76	45.7669
红石站	20	5.9676	17.41			135.1982	104.2664	290.37	1.5537
镜泊湖	9.6	2.84	8.76	176.76	45404	26.32	24.90	349.05	11.58
新安江	66.25	22.95	5.52	45.98	215423	142.30	126.58	97.42	122.66

续表

电厂名称	电厂运行指标					水库运行指标			
	年末装机容量(万kW)	年发电量(亿kW·h)	平均耗水率[m³/(kW·h)]	发电单位成本[元/(千kW·h)]	全员劳动生产率[元/(年·人)]	入库水量(亿m³)	发电用水量(亿m³)	年末水位(m)	年末库容(亿m³)
富春江	29.72	9.05	29.40	51.73	128752	399.34	265.96	23.31	4.59
乌溪江	25.20	10.47731	6.79	50.74	128372				
其中:湖南镇	17.0	7.95648	4.10			38.8424	32.6279	197.89	5.9765
黄坛口	8.20	2.52083	15.30			47.4702	38.5534	113.91	0.7286
紧水滩	30	7.2427	5.65	80.58	114690	45.257	40.9031	164.75	5.0581
石 塘	7.8	2.2632	20.33	99.51	105678	53.0198	46.0133	101.68	0.6861
百丈漈	3.7	1.3241	0.86	128.51	43450	1.1598	1.1411	635.68	0.0355
陈村(纪村)	18.4	4.2881	9.31	72.29	71338	31.1521	29.1883	102.48	6.5835
响洪甸	4.0	0.5951	11.44	335.39	19639	6.3832	6.8087	100.24	2.3972
梅山	4.0	0.6279	11.68	284.74	46647	7.4778	7.3372	104.28	3.2471
佛子岭	3.1	0.7097	13.53	220.89	28672	12.5845	9.6054	97.99	0.3635
磨子潭	1.6	0.3991	9.46	包含在佛子岭总厂内		3.9808	3.7753	155.95	0.3031
水口	140	47.7264	7.64	111.10	628898	620.0121	364.6008	63.52	21.652
古田溪	25.9	9.7075	1.46	57.89	83543	14.7039	14.2006	365.8681	1.4582
沙溪口	30.0	10.5299	19.27	89.78	176638	278.2140	202.8746	86.810	
池潭	10.0	6.5424	7.53	41.35	192045	64.2094	49.2911	266.120	4.1888
良浅	3.0	1.4326	34.6	96	66700	68.1842	52.7807	210.29	
范厝	3.6	1.6242	36.37	83	66000	72.5986	59.4521	160.83	
安砂	11.5	7.1494	6.96	33.34	192881	68.1580	49.7426	255.460	3.8357
水东	8.0	2.2834	11.03	81		28.8843	24.5435	142.72	
华安	6.0	3.8712	9.09	54.36	98694	65.82	35.19	93.62	
南二	2.5	1.0680	4.80	100.54	37787	7.5957	5.1263		
柘林	18.0	8.3	10.9	49.75	96226	132.91	90.70	57.98	31.35
上犹江	6.0	2.8456	9.48	56.63	60978	25.8162	26.9667	183.03	2.5039
东津	6.0	0.33	7.52		12159	8.98	2.483	173.18	2.755
洪门	3.75	1.538	17.8	115	34556	287732	27.2382	92.865	1.9518
江口	3.52	1.0821	29.2	144	24696	38.29	31.60	65.53	1.78
万安	40.0	13.947	19.3	75.00	156429	332.888	171.633	87.04	4.182
葛洲坝	271.5	162.7243	19.49	22.25	694513	4188.1	3400.2	65.96	15.79
隔河岩	121.2	26.84	4.09	99.7		112.582	113.812	189.51	22.1398
黄龙滩	15.00	5.9199	6.29	48.82	81710	40.5782	37.2072	237.65	6.7915
白莲河	4.5	0.6702	11.0	126.33	43750	12.2765	7.3836	92.46	2.6584
富水	3.4	1.574	14.19	84.19	72749	28.57	22.32	47.87	4.149
柘溪	44.75	22.2625	7.72	32.85	252345	181.55	171.86	150.33	10.62
凤滩	40.0	22.5219	5.66	30.27	295657	177.84	127.22	184.14	6.46

续表

电厂名称	电厂运行指标					水库运行指标			
	年末装机容量(万kW)	年发电量(亿kW·h)	平均耗水率[m³/(kW·h)]	发电单位成本[元/(千kW·h)]	全员劳动生产率[元/(年·人)]	入库水量(亿m³)	发电用水量(亿m³)	年末水位(m)	年末库容(亿m³)
东江水电厂	60.9	22.4058	4.72	58.45	234437	125.771	127.275	880.52	58.6615
其中:大东江	50.0	17.6301	3.66			49.11	64.44	269.50	58.56
小东江	5.5	1.8234				65.28	62.835	146.88	0.097
沙田	5.4	2.9523	3.10	39.95		11.381		464.14	0.0045
马迹塘	5.415	2.4572	61.69	120.93	50000	221.52	163.88	55.77	0.132
五强溪	72.0	15.0115	924	38.8	256876	720.15	145.83	92.50	12.10
丹江口									
三门峡	32.5	11.5130	13.55	71	107755	240.63	124.643	34.39	2.46
新丰江	29.25	10.25	6.38	33.59	197751	62.12	65.40	111.42	91.57
枫树坝	15.0	7.07	6.86	36.49	244605	47.81	48.50	144.62	6.76
南水	7.50	3.12	3.33	58.71	99113	10.17	10.39	214.36	8.50
长湖	7.2	3.09	12.57	44.72	98704	44.41	38.84	61.31	1.23
长潭	6.0	1.35	11.14	83.92	66563	19.23	15.04	138.07	0.66
流溪河	4.2	1.43	4.66	66.47	67530	6.29	6.66	226.90	2.12
青溪	14.4	3.84	20.94	80.27	138265	95.64	80.41	64.71	0.35
广州抽水蓄能	120	10.618	发电 0.77 抽水 1.69	60万kW年租赁费2000万美元		0.0786	8.22	814.70	0.2177
大广坝	24	3.73	5.53	178.3	326015	38.3	20.63	135.3	10.84
牛路岭	8	2.43297	7.21	101.62	62940	24.56	17.54	106.52	5.78
大化	40.0	19.3	18.0	35.27	297121	687.32	347.40	154.75	4.138
岩滩	121.0	47.487	7.1	30.18	963156	669.8	334.914	221.95	25.026
西津	23.44	10.2493	27.50	31.28	176367	386.50	281.90	61.29	10.95
麻石	10	4.17486	25.6	36.32	111963	157.2	106.74	132.66	1.37
洛东	4.0	2.19	24.04	41.41	81080	115.94	52.71	116.95	0.618
拉浪	5.1	2.32	16.2	47.50	69629	77.09	37.48	176.65	0.9950
恶滩	6.0	3.126693	36.1	35.03	95171	759.2	113	94.47	0.7226
龚嘴总厂	130	56.13		46.02	318740				
其中:龚嘴	70		9.01			423.34	266.32	525.07	0.6854
铜街子	60		12.58			454.58	334.28	469.74	1.7435
映秀湾总厂	45.5	22.95		39.26	230920				
其中:映秀湾	13.5	6.85	7.97			112.27	54.56	944.0	0.0046
渔子溪	16	8.13	1.57			17.08	12.76	1186.0	0.0002
耿达	16	7.97	1.56			16.75	12.44	1185.4	0.0006
太平驿	19.5	12.20	3.69	—	—	97.09	45.01	1078.5	0.0062
东西关	4.5	0.31							

续表

电厂名称	电厂运行指标					水库运行指标			
	年末装机容量(万kW)	年发电量(亿kW·h)	平均耗水率[m³/(kW·h)]	发电单位成本[元/(千kW·h)]	全员劳动生产率[元/(年·人)]	入库水量(亿m³)	发电用水量(亿m³)	年末水位(m)	年末库容(亿m³)
宝兴河梯级	6.0								
其中:雨城	2.0	0.09						594.83	0.07
铜头	4.0	0.06						739.2	0.08
南桠河	12	5.4053	1.48	63.85	182618	10.4504	7.9701		
磨房沟	3.75	0.9156	0.99	168.03	21925	0.9050	0.9050	1828.83	0.0004
狮子滩总厂	13.2	5.20		89.71	38468				
其中:狮子滩库			3.50			49.98	14.52	343.52	6.88
大洪河库			5.32			7.13	5.59	290.06	0.98
以礼河	32.15	12.76	0.36	63.82	71386	4.83	4.12	2224.12	4.1074
西洱河	25.5	8.5	0.75	69.22	56757.2	9.31	6.38	1973.83	28.375
大寨	5.32	2.42	2.4	80.26	93522.56	15.14	5.80		
绿水河	6.55	3.44	1.43	84.27	62279	8.89	4.92	476.45	0.018
六郎洞	2.50	1.62	4.0	37.51	148570	7.86	6.5	1084.38	0.0025
鲁布革	60.0	27.05	1.30	66.55	612194	68.42	35.14	1125.79	0.8995
漫湾	125.0	49.70	5.1	57.32	765380	410.93	248.89	991.89	8.6996
乌江渡	63	35.43	3.305	23.91	364528	183.35	117.06	749.65	16.9670
天生桥二级	88.0	20.06	2.28	20.60	847100	214.69	65.07	643.53	0.3120
红枫总厂	24.05	8.306	7.7	96.58	47225				
其中:红枫						7.62	7.338	1237.215	4.5382
百花						10.28	9.01	1193.52	1.6115
河口						11.92	8.571		0.0985
窄巷口						15.63	8.113		0.0539
红林						15.79	13.409		0.00675
红岩						17.75	13.136		0.148
普定	7.5	3.029	8.6		153355	49.58	25.42	1128.15	1.0005
东风	51.0	12.78	3.833	84.51	310780	133.03	48.96	948.07	5.1691
龙羊峡	128	38.23	4.82	60.88	337125	158.9	184.36	2545.45	83.31
刘家峡	122.5	51.4145	4.20	18.58	359056	223.49	215.9	1727.52	34.33
盐锅峡	39.6	19.0206	11.62	21.93	224312	222.60	221.1	1618.89	0.431
八盘峡	18.0	8.9227	26.64	38.91	137711	240.19	237.70	1577.53	0.344
碧口	30.0	10.6545	5.686	65.31	139517	64.936	60.58	701.99	1.792
石泉	13.5	3.6544	10.31	91.85	68394	40.2856	37.6896	407.71	2.5349
安康	80	15.09	5.94	105.85	173670	106.43	88.89	321.33	19.72
青铜峡	27.2	9.0051	21.60	52	101562	229.1	194.6	1155.95	0.33
哈什二级	2.64	0.8736		129.16	51285.76	0.0026	0.0038	1499.60	0.0032

(国家电力公司 周志清)

1996 年大中型水电厂生产运行情况表

电厂名称	电厂运行指标					水库运行指标			
	年末装机容量（万kW）	年发电量（亿kW·h）	平均耗水率[m³/(kW·h)]	发电单位成本[元/(千kW·h)]	全员劳动生产率[元/(年·人)]	入库水量（亿m³）	发电用水量（亿m³）	年末水位（m）	年末库容（亿m³）
永定河梯级	12.5	2.26		65.4	76657				
其中：官厅	3.0	0.62	13.015			7.76	8.08	476.78	6.09
下马岭	6.5	1.76	5.0			9.12	8.76	348.54	0.07
下苇甸	3.0	0.88	10.0			9.05	8.71	201.62	0.03
密云	8.8	0.7654	7.71	179.78	29171	10.9084	5.90123	152.80	31.65
十三陵抽水蓄能	40	3.4665	1.04		211090				
潘家口	15	发电 0.4914 补偿 3.8804	5.69			28.2298	5.1897	218.50	18.4950
潘家口抽水蓄能	27	6.3433	4.98		123719	28.5073	5.1897	218.50	18.495
石家庄总厂	5.7	2.0448		62.87	64779				
其中：岗南	4.1	1.4778	8.34			19.77	12.32	196.13	8.83
黄壁庄	1.6	0.5672							
天桥	12.8	3.925	24.02	73.85	55018	11.9021	9.5463	833.90	0.0898
丰满	72.25	19.85	6.88	88.54	361280	129.6	140.4	254.27	56.58
云峰	41.5	13.3136 中方：7.599	4.71	48.89	164882 中方：93843	74.07	62.78	312.77	31.258
太平哨	16.1	3.5457	11.68	133.82	68881	65.6499	41.4218	190.78	1.5502
太平湾	19	8.2813	28.44	86.39	139128	261.83	236.22	28.86	1.5463
长甸	13.5	6.2601	5.07	包括在太平湾内			31.74	109.65	72.88
桓仁总厂	29.45	6.4522		102.29	76621				
其中：桓仁	22.25	4.1575	8.20			49.3829	34.0881	294.68	17.2522
回龙山	7.2	2.2947	17.53			64.0762	40.2231	220.03	0.8137
白山水电厂	170	24.1362		104.08	239526				
其中：白山站	150	19.6343	3.61			68.0457	70.9578	406.22	41.8303
红石站	20	4.5019	17.26			83.4520	77.7225	289.96	1.4854
镜泊湖	9.6	2.47	8.90	251.37	35836	27.32	21.90	349.35	11.84
新安江	66.25	18.21	5.77	55.15	216823	136.99	105.07	99.85	133.72
富春江	29.72	7.09	28.60	81.03	125576	226.18	202.94	22.90	4.34
乌溪江水电厂	35.20	3.32222	7.27	197.55	39809				
其中：湖南镇	27	2.46581	4.6			13.1989	11.3493	205.74	7.7849
黄坛口	8.2	0.85641	14.96			13.1023	12.8111	113.59	0.7094
紧水滩	30	2.7946	5.97	220.6	43393	17.5201	16.6715	168.37	5.8667
石塘	7.8	0.9796	20.06	333.4	45564	19.8676	19.6519	100.72	0.7292

续表

电厂名称	电厂运行指标					水库运行指标			
	年末装机容量(万kW)	年发电量(亿kW·h)	平均耗水率[m³/(kW·h)]	发电单位成本[元/(千kW·h)]	全员劳动生产率[元/(年·人)]	入库水量(亿m³)	发电用水量(亿m³)	年末水位(m)	年末库容(亿m³)
百丈漈	3.7	1.0654	0.87	70.19	35405	1.0934	0.9312	642.69	0.1112
陈村(纪村)	18.4	3.2379	8.8	94.38	68496	43.468	22.7057	112.39	13.3235
响洪甸	4.0	0.6920	9.61	349.71	21793	13.8756	6.6512	119.22	9.1350
梅山	4.0	0.927	10.26	263.53	72289	20.6286	9.5108	124.47	11.532
佛子岭	3.1	0.5437	15.92	247.87	36829	18.7910	8.6540	111.59	1.7506
磨子潭	1.6	0.4173	9.36	包含在佛子岭总厂内					
水口	140	44.9793	7.67	100.48	618362	375.1485	344.8719	63.21	21.526
古田	25.9	7.7011	1.45	77.29	72476	12.5566	11.1780	370.05	2.2394
沙溪口	30	8.0827	19.28	122.54	176917	166.5176	155.8238	86.93	
池潭	10	4.5079	7.73	64.47	145020	37.8094	34.8397	267.86	4.6236
良浅	3	1.1342	36.38	123.00	63420	41.4653	40.6352	210.38	
范厝	3.6	1.2540	36.76	118.00	66470	48.0413	45.4675	160.30	
安砂	11.5	5.6243	6.9	45.71	159500	45.2619	38.8285	256.55	4.0701
水东	8	1.8113	10.49	140.00		24.0275	19.9383	136.61	
华安	6	3.8019	8.44	62.57	126920	56.50	32.10	93.04	
南二	2.5	1.0532	4.61	117.96	47219	6.6528	4.8523		
柘林	18.0	5.6	11.03	85.36	63916	74.03	81.791	60.90	35.615
上犹江	6.0	2.4221	9.02	69.28	48974	26.526	21.859	191.35	4.60
东津	6.0	1.077	7.27	431.13	31132	8.690	7.834	174.75	2.964
洪门	3.75	0.9604	18.4	170	22879	19.558	17.637	94.37	2.473
江口	3.52	0.9298	28.6	150	20278	30.25	26.56	66.27	2.05
万安	40.0	12.222	20.1	84.00	135327	285.92	244.46	92.48	7.923
葛洲坝	271.5	158.9694	19.50	24.27	665638	4127.0	3288.9	66.02	15.84
隔河岩	121.2	30.6	3.83	110.134		47.827	116.7482	196.36	27.0947
黄龙滩	15.00	7.8534	5.52	44.40	106475	63.8842	43.3565	245.21	8.8863
白莲河	4.5	0.7963	10.9	126.33	41589	18.5148	8.6915	92.42	2.6468
富水	3.4	1.268	14.14	114.06	58182	25.14	17.93	52.77	6.704
柘溪	44.75	18.882	7.67	40.68	210524	209.84	144.86	161.49	19.84
凤滩	40.0	19.224	5.64	32.96	239937	195.72	108.37	200.85	12.04
东江水电厂	60.9	12.87	47.47	108.76	141580	102.63	80.34	900.17	73.863
其中:大东江	50.0	9.175	3.94			53.00	36.11	280.13	73.69
小东江	5.5	1.036	40.5			36.93	36.11	147.04	0.099
沙田	5.4	2.668	3.03	46.13		12.7	8.12	473.00	0.074
马迹塘	5.415	2.217	63.57	148.46	48192	224.6	140.96	55.80	0.134
五强溪	120.0	42.303	8.20	64	832511	681.81	347.62	103.00	22.52

续表

电厂名称	电厂运行指标					水库运行指标			
	年末装机容量(万kW)	年发电量(亿kW·h)	平均耗水率[m³/(kW·h)]	发电单位成本[元/(千kW·h)]	全员劳动生产率[元/(年·人)]	入库水量(亿m³)	发电用水量(亿m³)	年末水位(m)	年末库容(亿m³)
丹江口									
三门峡	32.5	11.5123	13.2	132	105290	246.522	130.486	33.5	2.33
新丰江	29.25	7.95	6.34	46.67	159821	53.02	50.40	111.36	91.38
枫树坝	15.0	5.27	7.18	50.52	135032	41.95	37.84	155.15	104.10
南水	7.5	3.05	3.32	62.61	96935	9.63	10.13	211.85	7.64
长湖	7.2	3.11	12.47	45.00	103559	46.39	38.78	55.91	0.88
长潭	6.0	1.50	11.07	87.47	86691	20.69	16.61	136.00	0.58
流溪河	4.2	1.23	4.64	98.49	58659	5.51	5.71	224.43	1.84
青溪	14.4	3.54	20.69	98.02	125973	95.41	73.24	64.21	0.33
广州抽水蓄能	120	11.26	发电0.77 抽水1.69	60万kW年租赁费2000万美元	1008409	0.07457	8.67	812.33	0.1933
大广坝	24	4.26	5.91	192.2		44.13	25.82	139.4	14.36
牛路岭	8	2.43174	7.30	98.99	52656	26.04	17.78	105.97	5.60
大化	40.0	16.61	18.8	54.61	215933	594.03	312.83	154.60	4.106
岩滩	121	49.053	7.0	37.31	1377944	600.175	348.9341	221.57	24.6156
西津	23.44	10.2779	28.9	33.02	180022	460.90	296.9	61.55	11.33
麻石	10	3.575	26.1	41.76	92674	234.29	93.22	133.57	1.52
洛东	4.0	1.85	25.72	62.26	33706	133.23	47.51	116.36	0.59
拉浪	5.1	1.99	16.8	63.53	58168	75.00	33.40	176.52	0.9886
恶滩	6.0	3.53647	35.2	34.74	152144	691.4	124	94.42	0.7196
龚嘴总厂	130	56.19		50.55	349795				
其中:龚嘴	70		9.0			397.41	271.51	527.20	0.8989
铜街子	60		12.05			422.26	313.53	473.05	1.3442
映秀湾总厂	45.5	20.41		44.96	226437				
其中:映秀湾	13.5	6.62	7.95			96.96	52.65	944.2	0.0048
渔子溪	16.0	6.84	1.56			14.23	10.69	1189.4	0.0005
耿达	16.0	6.94	1.57			13.98	10.81	1186.0	0.0006
太平驿	26	13.72	3.68	85.15	549000	92.14	50.45	1078.7	0.00622
东西关	18	4.25	18.9	109.0		128.5210	80.4979	247.82	1.5008
宝兴河梯级	14			140					
其中:雨城	6	1.90	30.7			108.2	58.3	597.4	0.097
铜头	8	3.02	6.33			31.34	19.12	754.92	0.17
南桠河	12	5.3208	1.55	69.65	167302	10.8699	8.9701		
磨房沟	3.75	1.099468	0.94	140.49	27859	1.0373	1.0354	1828.89	0.0004
狮子滩总厂	13.2	7.59		69.29	440728				

续表

电厂名称	电厂运行指标					水库运行指标			
	年末装机容量(万kW)	年发电量(亿kW·h)	平均耗水率[m³/(kW·h)]	发电单位成本[元/(千kW·h)]	全员劳动生产率[元/(年·人)]	入库水量(亿m³)	发电用水量(亿m³)	年末水位(m)	年末库容(亿m³)
其中:狮子滩库			3.61			19.36	22.612	332.65	2.48
大洪河库			5.26			8.16	6.97	289.38	0.87
以礼河	32.15	16.92	0.36	56.25	97963	5.08	5.66	2221.04	3.53
西洱河	25.5	10.4	0.75	86.63	71184	5.60	7.81	1972.86	25.95
大寨	5.32	2.05	2.4	103.52	98409	7.97	4.91		
绿水河	6.55	3.77	1.34	63.13	69060	7.96	5.05	476.79	0.018
六郎洞	2.5	1.66	4.0	47.06	188527	8.11	6.65	1084.30	0.0024
鲁布革	60.0	23.78	1.29	77.69	663794	40.45	30.62	1122.51	0.7445
漫湾	125.0	57.84	4.9	55.18	882104	413.52	281.49	990.86	8.4638
乌江渡	63	25.56	3.515	30.86	247447	188.5445	89.8365	756.67	19.5876
天生桥二级	88	31.02	2.22	40.61	1029200	180.25	68.95	641.12	0.2127
红枫总厂	24.05	7.082	7.1	154.74	46326				
其中:红枫						9.09	6.41	1238.783	5.2718
百花						11.00	8.05	1193.37	1.59
河口						13.10	8.7		0.07
窄巷口						17.40	7.63		
红林						17.60	9.53		0.007
红岩						19.90	10.5		0.28
普定	7.5	2.718	8.1		136987	49.20	22.1	1144.14	3.3187
东风	51	12.78	3.833	84.51	310780	133.0309	48.9648	948.07	5.1691
龙羊峡	128	29.95	5.22	77.31	335631	139.99	155.85	2540.22	72.75
刘家峡	122.5	42.7669	4.190	22.90	300721	183.24	179.03	1728.88	36.04
盐锅峡	39.6	16.0036	11.59	29.93	193545	186.20	185.50	1618.96	0.357
八盘峡	18.0	7.9944	26.19	46.60	120304	205.99	204.10	1577.18	0.324
碧口	30.0	8.0619	5.558	89.16	104039	52.243	44.8	703.62	1.954
石泉	13.5	5.4517	9.81	60.90	113926	60.9269	53.4711	409.18	2.2296
安康	80	20.22	5.69	94.19	238249	137.55	114.35	326.44	23.27
青铜峡	27.2	7.369	21.57	72	79739	197.9	159.0	1155.99	0.33
哈什二级	2.64	1.021		129.25	59978.60	0.0037	0.0045	1499.50	0.0032

（国家电力公司　周志清）

1997年大中型水电厂生产运行情况表

电厂名称	电厂运行指标					水库运行指标			
	年末装机容量(万kW)	年发电量(亿kW·h)	平均耗水率[m³/(kW·h)]	发电单位成本[元/(千kW·h)]	全员劳动生产率[元/(年人)]	入库水量(亿m³)	发电用水量(亿m³)	年末水位(m)	年末库容(亿m³)
永定河梯级	12.5	1.79		111.07	36898				
其中:官厅	3.0	0.38	13.38			3.52	5.07	474.84	4.07
下马岭	6.5	0.85	5.0			5.89	4.23	348.35	0.07
下苇甸	3.0	0.56	10.0			6.07	5.58	201.71	0.03
密云	8.8	0.9629	7.75	150.54	34009	4.66252	7.25798	149.64	26.734
十三陵抽水蓄能	80	5.9549	1.04		288375				
潘家口	15	发电0.8026 补偿2.3013	6.07			14.9454	4.8681	203.47	10.7421
潘家口抽水蓄能	27	4.2768	5.0		83839	14.9449	4.8682	203.47	10.742
石家庄总厂	5.7	0.8401	14.82	150.17	26734				
其中:岗南	4.1	0.6373	9.08			3.62	5.79	191.41	4.82
黄壁庄	1.6	0.2028	32.88			7.92	6.66	116.48	2.50
天桥	12.8	3.18	24.69	88.59	44744	8.9978	7.6715	833.48	0.0682
丰满	86.25	11.1846	7.76	200.39	201076	63.2	86.7	243.77	30.9
云峰	43	11.9689 中方:7.366	4.77	69.34	144569 中方:88800	39.37	57.03	288.53	13.762
太平哨	16.1	2.3453	11.75	197.25	42324	30.9756	27.5513	191.15	1.5977
太平湾	19	6.4783	31.27	82.34	85631	202.462	202.38	29.07	1.5995
长甸	13.5	2.332	6.03	包括在太平湾内			12.45	87.39	28.85
桓仁总厂	29.45	3.8413		186.99	44733				
其中:桓仁	22.25	2.1896	8.95			21.2803	19.6024	289.29	13.3259
回龙山	7.2	1.6517	17.41			29.5087	28.7493	220.36	0.8434
白山	170	15.3050		167	146210				
其中:白山站	150	12.2907	3.63			45.6602	44.6413	406.43	12.0561
红石站	20	3.0143	17.21			51.9045	51.8824	289.93	1.157
镜泊湖	9.6	2.08	8.73	359.1	与莲花合并	19.28	18.16	348.46	11.10
莲花	13.75	4.91	10.0	241.27	145949	55.2	49.2	211.67	22.67
新安江	59.0	12.66	6.07	83.15	155335	91.97	76.80	101.54	141.71
富春江	29.72	7.26	28.40	95.00	145729	256.36	206.12	22.96	4.37
乌溪江	35.20	6.91466	6.41	108.38	84939				
其中:湖南镇	27.0	5.25872	3.94			28.1014	20.7346	225.56	14.0575
黄坛口	8.20	1.65594	14.23			25.1528	23.5581	114.75	0.7798

续表

电厂名称	电厂运行指标					水库运行指标			
	年末装机容量（万kW）	年发电量（亿kW·h）	平均耗水率[m^3/(kW·h)]	发电单位成本[元/(千kW·h)]	全员劳动生产率[元/(年·人)]	入库水量（亿m^3）	发电用水量（亿m^3）	年末水位（m）	年末库容（亿m^3）
紧水滩	30	5.1713	5.66	164.05	79395	30.927	29.2681	173.32	7.1078
石塘	7.8	1.6518	20.76	201.36	77107	34.0511	33.2543	101.59	0.6801
百丈漈	3.7	1.5194	0.88	109.00	53210	1.5655	1.3341	647.01	0.1939
陈村（纪村）	18.4	2.2628	9.47	157.86	42698	15.3872	15.0371	112.82	13.6736
响洪甸	4.0	0.7562	9.91	390.11	26706	6.4022	7.4972	107.56	4.4228
梅山	4.0	1.1768	10.44	274.86	73973	8.1731	12.2863	106.91	3.9732
佛子岭	3.1	0.4022	16.32	394.10	30430	8.4804	6.5634	104.70	0.8440
磨子潭	1.6	0.1969	10.29	包含在佛子岭总厂内		3.4110	2.0254	170.85	0.8731
水口	140	60.0941	7.77	72.14	804873	621.7149	466.6901	64.81	22.560
古田溪	25.9	9.2123	1.36	68.79	84983	18.0483	12.4930	380.440	5.1214
沙溪口	30	11.4854	21.47	84.32	321170	308.9838	246.5588	86.67	
池潭	10	6.4079	7.55	44.03	222819	71.4161	48.3757	275.37	7.1295
良浅	3.0	1.3265	36.8	147	62170	72.079	48.2658	210.96	
范厝	3.6	1.547	36.59	150	64580	83.6379	55.2265	159.85	
安砂	11.5	7.7844	6.67	33.90	217633	79.5945	51.9107	263.920	6.0444
水东	8	2.4129	10.81	149		37.3437	25.3199	140.54	
华安	6	3.9668	9.25	55.24	175568	71.2830	36.68	93.76	
南二	2.5	0.8918	4.83	161.90	46438	6.4646	4.3117		
柘林	18.0	6.3	10.96	80.38	61227	78.38	69.67	62.07	41.60
上犹江	6.0	3.021	8.92	67.59	49667	37.767	26.9414	193.89	5.417
东津	6.0	1.165	6.99	416.87	31879	10.02	8.142	185.76	4.77
洪门	3.75	1.525	19.0	75	36474	36.64	29.6385	92.29	1.77
江口	3.52	1.203	27.5	130.75	22850	39.02	33.35	69.64	3.54
万安	40.0	16.598	18.8	97.21	177483	403.735	311.613	95.53	10.676
葛洲坝	271.5	151.1591	18.54	27.32	629468	3531.0	2940.0	65.79	15.67
隔河岩	121.2	22.5151	3.96	141.4		106.3643	89.17	181.06	20.177
黄龙滩	15.00	4.7492	6.32	81.68	69148	28.8648	29.9934	229.24	4.8767
白莲河	4.5	0.6702	11.0	126.33	43750	12.2765	7.3836	92.46	2.6584
富水	3.4	1.268	14.43			18.50	14.94	56.31	9.152
柘溪	44.75	25.47	7.54	35.10	290058	233.88	192.07	166.37	25.78
凤滩	40.0	16.81	5.80	40.95	209148	112.96	96.17	201.17	12.14
东江水电厂	60.9	19.71	43.53	72.22	227047	139.75	123.32	900.41	75.093
其中：大东江	50.0	15.42	3.73			63.58	56.18	280.95	74.92
小东江	5.5	1.26	36.77			61.72	57.96	145.80	0.087
沙田	5.4	3.03	3.03			14.45	9.18	473.66	0.086

续表

电厂名称	电厂运行指标					水库运行指标			
	年末装机容量（万kW）	年发电量（亿kW·h）	平均耗水率[m³/(kW·h)]	发电单位成本[元/(千kW·h)]	全员劳动生产率[元/(年·人)]	入库水量（亿m³）	发电用水量（亿m³）	年末水位（m）	年末库容（亿m³）
马迹塘	5.415	2.64	68.48	136.52	61018	249.48	179.62	55.99	0.14
五强溪	120.0	43.44	8.74	98.78	760222	574.26	379.31	107.80	30.16
新丰江	29.25	12.70	6.13	31.03	219800	88.71	77.80	112.44	95.03
枫树坝	15.0	6.77	6.66	41.03	160904	53.59	45.09	160.06	12.43
南水	7.5	3.30	3.33	48.85	102976	11.93	10.99	213.69	8.27
长湖	7.20	3.69	12.92	39.17	114960	71.70	47.67	53.13	0.73
丹江口									
三门峡	40	8.1826	12.68	209	77830	150.44	90.133	35.6	3.17
长潭	6.0	1.58	11.4	104.74	92000	26.59	18.01	143.93	0.92
流溪河	4.2	1.91	4.62	56.42	90909	9.80	8.82	226.90	2.11
青溪	14.4	3.82	20.0	109.65	139352	115.66	76.4	69.35	0.44
广州抽水蓄能	120	12.69	发电 0.77 抽水 1.69	60万kW年租赁费2000万美元	1131136	0.0937	9.78	811.48	0.1848
大广坝	24	5.01	5.76	149.8		25.56	28.87	134.6	10.37
牛路岭	8	3.20217	6.87	71.33	73675	18.67	21.99	90.90	2.29
大化	40.0	15.97	20.6	61.83	186079	762.87	329.12	154.50	4.085
岩滩	121	53.254	7.2	55.64	1464003	770.559	384.0904	222.61	25.7632
西津	23.44	13.1198	29.40	34.59	225830	583.30	386.4	61.30	10.96
麻石	10	4.6224	25.6	41.19	110487	180.83	118.4	132.9	1.41
洛东	4.0	2.3	24.77	57.66	51091	128.03	57.02	116.03	0.574
拉浪	5.1	2.34	16.3	62.56	71328	78.29	38.24	176.56	0.9918
恶滩	6.0	3.11149	38.1	43.93	161655	867.6	117.4	93.83	0.6859
龚嘴总厂	130	55.33		58.10	360306				
其中：龚嘴	70		8.97			391.92	265.98	527.00	0.8710
铜街子	60		11.68			426.07	300.01	471.33	1.1613
映秀湾总厂	45.5	20.94		43.76	268374				
其中：映秀湾	13.5	6.63	8.02			89.65	53.19	944.0	0.0046
渔子溪	16.0	7.01	1.57			13.5	11.01	1196.0	0.0022
耿达	16.0	7.27	1.56			13.30	11.36	1189.0	0.0011
太平驿	26	13.41	3.70	98.17	543100	86.52	49.65	1078.1	0.00615
东西关	18	5.09	18.17	142.5	618600	102.1156	92.4947	248.12	1.5649
宝兴河梯级	14	6.54		123.89	1076000				
其中：雨城	6	2.58	27.2	123.89		88.9	70.27	597.76	0.09
铜头	8	3.96	5.4	123.89		29.82	21.53	759.66	0.17
宝珠寺	35	6.2257	6.81		132927	58.5807	42.3129	562.91	9.1140

续表

电厂名称	电厂运行指标					水库运行指标			
	年末装机容量（万 kW）	年发电量（亿kW·h）	平均耗水率[m³/(kW·h)]	发电单位成本[元/(千kW·h)]	全员劳动生产率[元/(年·人)]	入库水量（亿 m³）	发电用水量（亿 m³）	年末水位（m）	年末库容（亿 m³）
南桠河	12	5.4073	1.54	93.65	198879	10.3649	8.3183		
磨房沟	3.75	1.54878	0.92	128.12	38980	1.5667	1.4307	1828.76	0.0004
狮子滩总厂	13.2	2.71		187.11	16563				
其中：狮子滩库			3.77			11.07	7.44	341.17	5.72
大洪河库			5.37			4.03	3.99	288.05	0.66
以礼河	32.15	16.29	0.35	65.04	98640	5.86	5.40	2223.42	3.9717
西洱河	25.5	5.6	0.78	180.57	40056	4.36	4.41	1972.84	25.90
大寨	5.32	2.442	2.4	104.40	117331	12.82	5.86		
绿水河	6.55	3.29	1.36	91.75	60681	5.10	4.49	473.2	0.008
六郎洞	2.5	1.69	4.0	46.56	189981	8.01	6.57	1084.70	0.0025
鲁布革	60.0	22.02	1.27	90.35	629585	60.96	28.00	1126.72	0.8641
红枫总厂	24.05	9.091	6.80	126.20	59191				
其中：红枫						9.360	8.1688	1139.42	5.5938
百花						10.82	9.87	1192.69	1.5060
河口						12.72	10.54		0.1118
窄巷口						15.78	7.14		0.0308
红林						15.82	11.70		0.0064
红岩						17.19	14.31		0.1714
普定	7.5	3.575	8.1		177065	48.40	28.50	1142.29	2.9882
东风	51	19.56	3.515	94.96	402490	120.0439	68.7537	956.95	6.2872
漫湾	125.0	48.07	4.8	70.12	863022	359.43	229.85	991.87	8.6948
乌江渡	63	28.70	3.455	31.10	299641	173.7872	99.1449	756.26	19.6796
天生桥二级	88	23.32	2.28	20.19	301217	252.7	53.04	643.8	0.1486
羊卓雍湖	9.0	0.445	0.52	530	13605		0.2314	4437.23	150.0
龙羊峡	128	27.00	4.95	126.06	286512	142.97	133.61	2542.43	77.06
李家峡	80	18.40	4.29	经营成本 45	372868	141.62	80.05	2145.09	7.94
刘家峡	122.5	35.0216	4.484	28.69	259073	155.78	157.04	1724.45	30.52
盐锅峡	39.6	11.6794	11.73	35.71	178752	168.81	136.99	1618.7	0.331
八盘峡	18.0	6.9115	25.91	58.27	121002	183.77	179.06	1577.71	0.355
大峡	22.5	6.8579	19.1	200.68	242287	209.30	130.98	1477.78	0.750
碧口	30.0	7.1589	5.628	108.00	104959	47.261	40.29	694.05	0.773
石泉	13.5	2.8619	10.48	134.70	57989	29.4668	29.99	405.31	2.0309
安康	80	13.01	6.04	160.30	151704	80.76	78.07	310.52	13.62
青铜峡	27.2	6.065	21.88	117	64145	165.9	132.7	1155.91	0.32
大山口	8.0	3.14316	8.26		92066	33.84	25.97	1405.38	0.03198
哈什二级	2.64	1.17		129.28	68756	0.0039	0.0051	1499.70	0.0032

（国家电力公司 周志清）

科学技术与信息

16

科学技术研究成果

高坝建设关键技术研究成果

针对我国高坝建设中的高难技术问题，经国家计委批准列入“八五”国家科技重点攻关项目的“高坝建设关键技术研究”(85—208)，共设4个课题，17个专题，参加攻关的有科研、设计、施工和大专院校共46个单位，科技人员2300名。在电力部和有关单位领导的部署和支持下，该项目于1995年全部完成，达到了预期的目标，并通过了国家级验收与鉴定。

高拱坝关键技术研究［(85—208—01)由原水利水电规划设计总院承担］总体上达到了国际先进水平。其中，水弹性模型试验技术、坝下游冲刷平衡深度研究、中孔体型优化数学模型和漫湾原型观测及反馈分析技术达到了国际领先水平。

高土石坝关键技术研究［(85—208—02)由中国水利水电科学研究院承担］总体上达到了国际先进水平。其中，高强低弹性混凝土、深厚覆盖层上高坝的离心机模拟技术、高土石坝基础砂土层地震动力试验技术、数学形态分析、生成岩体三维裂隙网络技术达到了国际领先水平。

高边坡稳定及处理技术研究［(85—208—03)由中国水利水电科学研究院承担］总体上达到了国际领先水平。其中，岩质高边坡稳定分析方法和软件系统、岩质高边坡开挖及加固措施均达到国际领先水平，岩质高边坡勘测及监测技术大部分达到国际领先水平。

碾压混凝土拱坝技术研究［(85—208—04)由原水利水电规划设计总院承担］总体上达到了国际先进水平，其中普定水电站大坝碾压混凝土拱坝筑坝成套技术达到了国际领先水平。

取得的主要成果如下：

(1)四项成套技术：①普定碾压混凝土成套技术；②岩质高边坡开挖及加固成套技术；③高拱坝快速施工成套技术；④100m级混凝土防渗墙成套技术。

(2)十三项新理论、新方法、新技术、新工艺、新材料：①高混凝土拱坝设计新理论和计算方法；②高混凝土拱坝体型优化技术；③高堆石坝离心模型试验技术；④高堆石坝填筑质量无损检测技术；⑤高堆石坝原型观测及反馈分析技术；⑥岩石、砂卵石钻探保真取心技术；⑦地质摄像图像分析和层析成像技术；⑧高强混凝土新材料技术；⑨高强度、大体积混凝土材料及力学特性；⑩泄洪洞内部消能工技术；⑪高水平水弹性模型技术；⑫高拱坝泄流消能布置优化；⑬碾压混凝土材料配比优化技术。

(3)四项重大新仪器、新设备：①CZF型系列冲击反循环钻机及配套机具；②CFJ型超声波槽孔检测仪；③定向取岩心器；④全方位钻孔彩色电视孔壁成像仪。

(4)十二项计算机软件系统(其中重大的有6项)：①高堆石坝优化设计计算软件系统；②坝体堆石料供应规划仿真模拟软件系统；③高堆石坝施工导流优化分析及风险分析计算程序系统；④土石坝全弹塑性有限元计算程序系统；⑤土石坝以等价线性模型为基础的动力分析方法(三维有限元总应力法和有效应力法动、静力分析)分析程序系统；⑥滑坡和边坡岩体工程分类统计数据库系统；⑦岩质高边坡稳定分析和评价计算软件系统；⑧边坡监测数据整理分析软件系统；⑨高拱坝静、动力分析软件系统；⑩碾压混凝土重力坝全过程温度场、温度应力场的仿真模拟分析程序系统；⑪碾压混凝土重力坝的应力与稳定分析系统；⑫碾压混凝土拱坝抗震分析程序系统。

上述成果应用在已建和拟建工程中，创造直接经济效益4.54亿元，投入产出比为1∶8.7，为我国建设200m级的高坝提供了可靠的技术依据。

(电力工业部　邴凤山　李　新)

坝体、库水和坝基相互作用动、静力分析研究

“坝体、库水和坝基相互作用动、静力分析研究(85—208—01—01)”是国家“八五”重点科技攻关课题“高拱坝关键技术研究”所属的第一个专题，取得成果于1995年10月由电力工业部组织验收与鉴定，整体上达到了国际先进水平，部分达到国际领先水平。主要研究成果有：

(1)建立了工程实用的岩体裂隙网络渗流场与应力场耦合的拱坝整体稳定分析系统。通过大量室内实验研究了光滑裂隙、粗糙裂隙和变形裂隙的水力特性；利用分数维理论，提出了描述裂隙面几何形态的方法，并用计算机模拟方法研究了裂隙饱和、非饱和两种状

态下的水力特性及用于分析降雨过程的非稳定渗流分析方法；通过实验和数值模拟计算，研究了裂隙交叉部位的局部水头损失，并证实造成裂隙偏流的原因是水的对流和扩散；从理论上导出了裂隙岩体代表性（样本）单元体积REV尺度的计算公式，同时还提出了用计算机生成等效网络进行渗流计算，求得渗透张量和REV的方法；根据裂隙（断层）互切割呈多边形的假定，提出了三维裂隙网络生成理论和方法，对众多的小裂隙（节理）通过裂隙调查、统计分析和分形研究，提出了用计算机生成三种等效网络的方法；通过少量有代表性断层带的三段压水试验，提出了确定断层带导水系数的方法；提出了裂隙渗流的双介质模型，即裂隙网络与岩块渗流的耦合模型；在渗流场数值计算中，提出了模拟排水孔幕的子结构法。

(2) 建立了功能强且完整的拱坝非线性拱梁分载法和三维非线性有限元法全过程分析系统，能够对拱坝的非线性行为开裂、裂缝跟踪、应力重分布、压碎等演变全过程及超载破坏进行分析计算。有多种强度准则、本构关系、裂缝模型及裂缝跟踪方法。

(3) 发展了拱坝体形优化系统，包括地震荷载、拱圈型式的混合线型、控制坝踵开裂及坝肩抗滑稳定安全系数约束下的拱坝体形优化。

(4) 完善、丰富了拱坝抗震计算分析系统。用有限元—边界元—无限边界元的耦合系统和子结构技术，并将地基频域动力刚度转化为等效时域集中参数，首次提出了一个拱坝与地基地震动力相互作用的时域模型，可考虑无限地基的辐射阻尼、自由场运动的幅差、相差，并能进一步应用于拱坝非线性动力响应研究；采用三维非线性接触模型及相应的动态子结构法，建立了拱坝横缝非线性影响的动力分析方法；提出了拱坝坝肩动力稳定的三维离散元分析方法，可以考虑岩体大变形、位移和速度时程作用以及坝体应力状况，能反映地震荷载的频谱特性对岩体稳定的影响；采用随机地震动力场多点输入法和反应谱法，建立了多拱梁法和随机有限元法的拱坝抗震可靠度分析方法。

(5) 开拓了拱坝可靠度分析系统。用随机有限元法建立了拱坝坝体与坝基(肩)联合作用下的整体稳定可靠度计算方法，特点是考虑各个单元先后破坏过程中各单元功能函数的相关性，并用条件概率求系统的可靠度；用随机有限元法和非线性断裂力学虚拟裂缝模型，建立了局部开裂下拱坝可靠度的计算方法，能考虑在开裂过程中混凝土受拉软化特性，可求出开裂到一定深度时的失效概率。

(6) 研制了一套大坝安全监测、监控和安全评价成套技术，包括自动化监测系统仪器，监测数据自动化采集、分析、整编与远程通信，反馈分析和大坝安全监测、性态评价专家系统。

研究成果优化了拉西瓦、小湾高拱坝设计，并用于监控龙羊峡大坝的安全运行，为这些工程的设计与运行提供了科学依据和重要手段。

（西北勘测设计研究院　孙兆铭）

高拱坝快速施工与温度控制研究

“高拱坝快速施工与温度控制研究（85—208—01—02）”是国家“八五”重点科技攻关课题“高拱坝关键技术研究”所属的第二个专题，取得的成果于1995年10月经电力部验收与鉴定，整体上达到了国际先进水平。主要成果如下：

(1) 研制成功了混凝土垂直运输、定点下料、仓面监视新技术，实现了缆机微机自动控制关键技术，为在狭谷地区修建混凝土高拱坝，解决了混凝土装料平台、垂直运输和混凝土卸料点距缆机操作员太远、指挥信号发生困难的难题，从而不仅提高了缆机工作效率，同时也增加了缆机运行的安全度。

(2) 用常规混凝土浇筑大仓面混凝土（1500m^2）的综合施工工艺研制成功，为今后修建特高混凝土拱坝施工时坝块不分纵缝、只设横缝提供了技术依据，也为拱坝混凝土快速施工创造了一条新路。

(3) 对国产“混合上料、二次筛分、连续风冷”搅拌楼进行了深化研究，改进了附壁式冷风机，提高了风冷效益；增设了搅拌楼计算机控制系统，提高了自动化程度和生产能力，保证了工程质量。研究改进的搅拌楼应用在东风水电站浇筑大坝50万m^3中，表明它能替代进口搅拌楼。

(4) 对施工期大坝混凝土温度预测，温度控制的选择及实时控制的计算机管理系统的研究，解决了过于繁琐的计算步骤，可及时提供大坝混凝土温控、预测、决策的措施，以便于及时指导施工。

(5) 开发了以网络技术为中心的施工综合管理系统，实现了进度—资源—费用的综合管理，用对人、财、物和技术等各方面的管理来支持进度的实施，使网络计划技术真正转化为生产力，从而加速了工程进度、节省了投资，保证了工程质量。

（水电水利规划设计总院　孙永娟）

高强度大体积混凝土材料特性研究

“高强度大体积混凝土材料特性研究（85—208—01—03）”是国家“八五”重点科技攻关课题“高拱坝

关键技术研究”所属的第三个专题，取得的成果于1995年10月经电力部验收与鉴定，整体上达到了国际先进水平，其中混凝土大试件双轴试验研究和微裂隙扩展过程区的分形几何模型研究达到国际领先水平。主要成果如下：

(1)*混凝土配合比优化设计研究*。该子专题以二滩大坝施工作为依托，从混凝土原材料的品质因素、掺量及组合对大体积混凝土抗压、抗裂等各项性能的影响分析着手，以抗裂性能作为目标函数，确定大体积混凝土抗裂性评估指标的数学模型；建立配合比优化设计资料数据库；研制抗裂优化的配合比设计系统软件；选择二滩大坝混凝土抗裂性能最优、具有高强度、中等弹性模量、低散热量的配合比设计。目前，二滩大坝已浇注的混凝土基本上未产生裂缝，标号为C35与C30混凝土配合比，水泥用量分别为137kg/m³与133kg/m³（另掺有30%粉煤灰），用水量分别为88kg/m³及93kg/m³，是目前全国水泥和水的用量最少的水电工程。

(2)*混凝土的动态强度特性研究*。该子专题采用改变加载速率、低频反复加载、在振动台上模拟地震动过程等不同试验方法，研究高拱坝在地震作用下的混凝土动强度、动弹性模量、动泊桑比及阻尼比等材料的动态特性参数与作用变频的关系。试验研究表明：在地震作用下，混凝土的动态强度及动态弹性模量与结构物的地震动响应特性有关，从而为高拱坝的抗震设计提供了重大参考。

(3)*大体积混凝土物理力学特性仿真研究*。该项研究以全级配大试件的试验研究为主，辅以小子样统计技术及计算机模拟研究，对大体积混凝土力学特性及其本构关系、对材料本构关系的比尺效应进行了更深入的探讨，为制定合理的大坝强度安全准则奠定了可靠的基础。

(4)*混凝土损伤断裂特性研究*。高拱坝坝踵开裂是工程界普遍关注的关键技术问题。常规连续介质的线性或非线性开裂分析又常得不到满意结果。本项研究通过系统的混凝土损伤断裂试验，探求混凝土损伤断裂机理，确定复合型断裂裂缝扩张的宏观判断依据和开裂稳定性评估标准；用细观力学理论分析损伤与断裂扩张过程，采用分形几何理论建立裂缝尖端过程区演化扩张模型、断裂参数及其比尺效应；根据小试件测定的断裂参数，探求用概率模型与分布模型推断大体积混凝土断裂参数；研制了三维非线性损伤断裂有限元程序，并核算了二滩拱坝坝踵开裂的可能性及裂缝扩张的稳定性，据此探求了高拱坝坝踵开裂的评估标准。

(成都勘测设计研究院　计家荣)

高水头大流量泄洪消能研究

“高水头大流量泄洪消能研究（85—208—01—04）”是国家“八五”重点科技攻关课题“高拱坝关键技术研究”所属的第四个专题，取得的成果于1995年10月经电力部验收与鉴定，整体上达到了国际先进水平，其中水弹性模型试验技术、坝下游冲刷平衡深度研究、中孔体型优化数学模型和漫湾原型观测及反馈分析技术等研究成果达到了国际领先水平。

本专题结合小湾双曲拱坝（坝高292m，泄洪总功率46000MW，居同类坝型世界第一）和拉西瓦双曲拱坝（坝高250m），研究在高山峡谷河段上，高水头、大流量泄洪消能布置优化；坝身孔口布设及其型式；水垫塘冲刷平衡及其防护方法；坝身泄洪引发振动对坝体的影响；50m/s级高速水流的空化、空蚀及其减免措施；高坝泄洪雾化及其影响范围等。并结合漫湾工程渡汛泄洪进行了有关水力学方面的原型观测。主要成果如下：

(1)对狭窄河谷的高水头、大流量高拱坝的泄洪方式，宜采取*坝身、坝外分区联合分散消能布置*，*坝身泄洪布置*宜采取纵向分层拉开、单体横向扩散，总体呈弓形入水归槽，并使上下层孔口联合泄洪时产生良好的空中撞击效果，以达到降低单位面积上入水能量的目的。通过表、中孔体型优化和出口消能扩散形式的试验研究，提出了量化建议，已在小湾工程设计中采用。

(2)通过*水垫塘优化研究*，提出了充分有效地利用下游水体消能，使分层下泄上下层水舌入水形成的正反向旋滚起到剪切摩擦和互为动水垫作用，进而产生了较单层水舌入水冲击压力要小的效果；通过冲刷平衡深度的研究揭示了水垫塘的体型及其衬护方式的优化尚需进一步深入研究。

(3) 通过既满足水力学相似又满足结构力学相似的*水弹性模型*，结合小湾工程研究了泄洪时引起诱发坝体和坝基振动的整个荷载和各种运行工况下坝体的动力响应，得出了动应力和动位移甚微的定量数据（最大动位移均方根值小于0.2mm，最大动应力值为26.17kPa），提出了孔口及消能工型式宜取简单流线型的建议。

(4) 结合小湾泄洪洞研究了大单宽流量、小底坡、高流速减免空蚀的具体措施；通过二维激光测速系统研究了*掺气减蚀设施*对水流紊动特性的影响，提出了三角形突体初生空化数的经验表达式；用摄动法计算了相应的紊流场，提出了50m/s流速时三角形突体初生空化、空蚀数的预测方法；通过高速水流试验装置，测得了在50m/s高流速下，掺气仍可起到减蚀作用。

(5)通过对掺气坎后水流稳定特性的研究，提出了既能减弱紊动强度又能保持稳定空腔的平面梯形挑坎，取得了较好地通气减蚀效果。

(6)通过准原型（即水压伸缩水封材料、截面、水封转角半径均与原型一致，仅弧门尺寸按比例缩小）试验，提出了符合高压弧门运行实际的伸缩式水封封水的试验方法。

(7)通过物理模型和数学模型研究了高拱坝泄洪雾化产生的机理，并通过原型观测成果的反馈分析，预估了小湾工程泄洪雾化的影响范围。

(8)结合漫湾工程泄洪，实测了：水舌长时间冲击厂顶的动力响应（甚微，最大均方根值在0.01mm左右）、溢流坝面掺气设施的通气量、空腔负压、底部掺气浓度的沿程分布、水垫塘底板受力状况、泄洪雾化的影响范围及相应降水量分布。

(9)结合拉西瓦工程进行了梯级水库泄洪可靠度及风险分析研究，提出了考虑调洪作用的泄洪风险分析模式和计算方法；研究了泄洪深孔体型优化及斜交门槽空化特性，得出了门槽初生空化数随斜交角的增大而增大的规律；通过试验研究了三种型式的旋流消能工的水力特性和空化特性，探讨了导流洞改建为泄洪洞的可能性。

（昆明勘测设计研究院　董槐三）

高堆石坝关键技术问题研究

“高堆石坝关键技术问题研究（85—208—02—01）”系国家“八五”重点科技攻关课题“高土石坝关键技术研究”所属的第一个专题，取得的成果于1995年10月经电力部验收与鉴定，总体上达到了国际先进水平，其主要内容如下：

(1)成功开发高堆石坝优化设计软件系统。该软件系统具有优化功能，引入了人工智能技术，并提供了国际通行和先进的WINDOWS运行环境。新疆乌鲁瓦提面板砾石坝工程利用该软件系统优化分析后，扩大了开挖石渣料的应用范围，节省了工程投资。

(2)提出了利用宽级配砾石土作高堆石坝防渗体的填筑标准、工程性质、渗透与渗透稳定性的确定或测定，填筑施工质量控制技术的成套技术，并已被瀑布沟高堆石坝工程设计采用，取得了显著的直接经济效益。

(3)提出了混凝土面板开裂的主要控制因素及相应抗裂措施和合理的接缝止水结构型式，并结合天生桥一级高面板堆石坝(最大坝高178m)，在国内外首次进行了大比尺（1：1）周边缝模型试验，为工程设计提供了依据。

(4)提出了土工离心模型试验成套技术，包括基本原理推导论证、固有误差分析、大型土工离心机基本设计原则，以及堆石料、弯曲薄板、塑料排水插板、岩基断层和土石坝施工填筑过程等的模拟方法。同时还成功地进行了小浪底和天生桥一级两项大型高土石坝工程试验。

(5)在国内外首次成功开发了坝体堆石料供应规划仿真模拟软件系统，并在天生桥一级高面板堆石坝施工组织优化设计中得到实际应用。提出了包括面波仪法和测量沉降法的堆石料填筑压实质量无损检测技术和统计的全面质量管理方法，使我国高堆石坝施工质量检测技术进一步现代化。

(6)在国内外首次成功开发了400m超长水平垂直位移计，并研制或优化了200m级高堆石坝成套原位观测仪器。对鲁布革、西北口和关门山等土石坝工程的原型观测资料进行了统计与反馈分析，取得了对提高土石坝设计水平有指导意义的成果。

（中国水利水电科学研究院　杜延龄）

混凝土防渗墙墙体材料及接头型式研究

“混凝土防渗墙墙体材料及接头型式研究（85—208—02—02）”系国家“八五”重点科技攻关课题“高土石坝关键技术研究”所属的第二个专题，所取得的成果于1995年11月经电力部验收与鉴定，整体上达到了国际先进水平，主要内容如下：

(1)开发研制出了高强度低弹性模量的新型混凝土防渗墙墙体材料。在以无机水泥胶凝材料为主的体系中，掺用少量水溶性有机胶凝材料，在此基础上又开发了5个系列的高强度低弹模复合防渗墙混凝土的配合比，经四川省冶勒水电站深100m的防渗墙现场试验证明，和易性良好，完全满足深墙的施工工艺。

(2)研制成塑性混凝土防渗墙材料。其优点是：初始弹模低，极限应变大，节约水泥，易于施工等。低弹（模）中强（度）膨润土粘土塑性混凝土28天抗压强度为7～10MPa，初始弹模为700～1000MPa，弹（模）强（度）比为125～50，渗透系数小于1×10^{-8}cm/s。低弹（模）低强（度）塑性混凝土，28天抗压强度为2.9～4.4MPa，初始弹模为217.9MPa，渗透系数为（2.82～9.8）$\times10^{-8}$cm/s。该配合比已应用于小浪底工程上游围堰（深68m）中。同时研制成功新型塑性混凝土渗透仪，首次建成了一套参数和统一表达式的塑性混凝土的损伤力学模型。

(3)随着土石坝高度的增加和覆盖层的加深，混凝土防渗墙设计难度加大，为对防渗墙的应力变形作更精确的分析计算，研究了坝体全部材料都采用弹塑性模型的计算方法，编制了计算程序，适应于200m级高土石坝设计，从而将土石坝应力变形分析提高到新的水平。

(4)利用400gt土工离心机，研究*防渗墙和心墙的多种连接型式*，使复杂结构的土工离心模拟技术，从定性分析提高到定量分析。在模型相似材料、边界影响、防渗墙相似理论及模型制作工艺等方面均有发展和突破。

通过8个接头方案20多组模型试验，对瀑布沟大坝防渗墙接头型式进行了深入研究，推荐采用直接插入式连接型式。

该专题成果，将土石坝深厚覆盖层的防渗处理技术水平向前推进了一大步。

(成都勘测设计研究院　肖白云)

混凝土防渗墙施工及检测技术研究

“混凝土防渗墙施工及检测技术研究（85—208—02—03)”系国家“八五”重点科技攻关课题“高土石坝关键技术研究”所属的第三个专题，取得的成果于1995年4月经电力部验收与鉴定，达到了国际先进水平。成果的主要内容如下：

(1) *CZF系列冲击反循环钻机的研制*。结合我国水电工程建设的实际情况，由中国水利水电基础工程局等单位开发研制出了CZF-1200和CZF-1500型两种新型冲击反循环钻机及与之配套的6SB-220型反循环砂石泵（包括该泵的真空泵自动启动和转换装置)，JHB-100型泥浆净化机，专用的套筒式钻头，双反弧钻头、液压可张式双反弧钻头，以及能快速拆装、密封性能好的排渣管接头等。在研制过程中成功地设计了双钢丝绳同步卷扬机构，该机构使钻机在动态和静态工况下均能保持悬吊钻头的双钢丝绳平衡，并且动作灵敏，工作可靠，从而解决了冲击反循环钻机的关键技术，在小浪底上游围堰、三峡一期围堰等防渗墙工程施工中得到成功的应用，又在四川冶勒水电站完成了深达101m的防渗墙槽孔施工试验，创造了目前国内最深的防渗墙施工记录。应用实践表明，各配套机具性能良好，具有国内领先水平(该钻机在砂卵石地层的纯钻工效平均为0.85m/h，已超过日本的KPC-1200型重锤式反循环钻机的工效)。

(2) *混凝土防渗墙施工工艺的研究*。通过CZF冲击反循钻机的研制，结合该机的特点，系统地研究了适应100m深混凝土防渗墙的造孔施工工艺、槽孔钻凿工艺、清孔换浆工艺、双反弧接头造孔工艺、低固相优质泥浆循环系统流程等；从而形成了完整的冲击反循环造孔成套施工工艺。实践证明这套施工工艺是先进的，可保证造孔质量并加快进度。

(3)*混凝土防渗墙检测仪器的研制*。CFJ型超声波防渗墙槽孔检测仪是为解决我国防渗墙工程成槽质量检测而研制的。该仪器设计结构合理，功能齐全，工艺技术先进，一次就能测得槽孔或单孔的槽宽(孔径)、深度、孔斜、孔底淤积厚度，检测成果可用数字显示并自动记录和打印。现场测试结果表明：该仪器测试效果好，可靠性较高，操作方便，数据精度高，测试重复性好，无人为误差。该仪器的主要技术指标：测量槽宽(孔径）0.6～3.0m；槽宽误差<1cm；槽孔深度100m；槽孔斜度误差<0.2%；槽孔底淤积厚度<44cm；槽孔底淤积厚度误差<1cm；适应泥浆条件为密度<$1.2g/cm^3$，运动粘度<$2.1\times10^{-3}m^2/s$。

(中国水利水电基础工程局　高钟璞　夏可风　蒋振中)

高土石坝抗震关键技术研究

“高土石坝抗震关键技术研究（85—208—02—04)”系国家“八五”重点科技攻关课题“高土石坝关键技术研究”所属的第四个专题，取得的成果于1995年11月经电力部验收与鉴定，整体上达到了国际先进水平，部分成果达到了国际领先水平。成果主要内容如下：

(1) *高土石坝粗颗粒填筑材料的动力工程性质及其测试技术*。提出了高应力水平下几种粗粒料的动应力应变关系。给出了防止饱和砂砾料液化的对策及其适用条件。

(2) *高土石坝防渗体材料的动力特性及其测试技术*。提出了判别防渗体土料震裂和拉裂的破坏标准；给出了高应力水平下瀑布沟防渗体土料的动强度特性；提出了复杂应力状态下主应力轴偏转和中主应力对防渗体土料动强度影响的校正值；试验表明加筋可提高土的动强度；还提出了一个饱和土体的广义弹塑性模型。

(3)砂土的动强度、液化性状、动应力应变关系及其测试技术。用原位剪切波速模拟砂土结构性影响，进行动力试验和分析，并与常规方法进行比较，得出在设计地震作用下，瀑布沟坝建成后其坝基深覆盖层中的饱和砂土不会发生液化的结论。在多功能动扭剪仪上对瀑布沟坝基砂进行的变相位、变幅值的双向振动试验表明：双向振动时土的动强度比单向振动时约低15%～39%。根据试验提出，在工程应用中，应以循环稳定时的累积孔压或累积应变值作为门槛应变的新概念；并提出了一个针对砂土的动力弹塑性本构模型。

(4) 形成了以等价线性模型为基础的完整的动力分析方法，开发了可在微机上运行的三维有限元总应力和有效应力静、动力分析程序。

(5) 提出了一套包括抗滑安全系数、震陷量、液化度和断裂准则在内的地震破坏判别准则。

(6) 研究了高土石坝动力分析中几个关键技术问题。改进了真非线性分析方法和计算模型；比较了混凝土面板堆石坝接触面单元状态，认为不同接触面单元对计算结果影响不大；提出了几种地震永久变形分析方法；研究并给出了选择动水压力数学模型的原则性建议；研究了坝体与库水的相互作用，认为满库时考虑动水压力与否或动水压力数学模型不同，对面板坝的动力反应影响不大；开发了考虑行波输入的三维分析方法和计算程序，比较了地震波不同传播方向和不同传播速度对堆石坝动力反应的影响；改进了孔隙水压力的计算方法。

(7) 论证并提出了几种可用于高土石坝的工程抗震措施，加强反滤层保护或垫层抗渗能力，例如适当放缓上部边坡，面板坝坝顶上部的上下游边坡及坝顶设面板和钉筋，坝顶上部一定部位加设拉条、加筋；又如适当放缓下游坝坡，防止心墙坝顶部开裂和防止面板周边区域或周边缝开裂，高面板坝增设水平缝等。

(8) 对瀑布沟、小浪底、紫坪铺、吉林台、大柳树等5座200m级高土石坝进行了动力分析和抗震安全评价。

（中国水利水电科学研究院 常亚屏）

勘测关键技术及综合应用研究

“勘测关键技术及综合应用研究（85—208—02—05)”系国家“八五”重点科技攻关课题“高堆石坝关键技术研究”所属的第五个专题，取得的成果于1995年12月经电力部验收和鉴定，达到了国际先进水平，成果主要内容如下：

(1) 岩心定向技术研究。该岩心定向器工作时钻杆不转动，定向速度快，精度高，使用寿命长，具有直接定向和间接定向两种功能，既适用于垂直钻孔又适用于倾斜钻孔，是一种创新的机械式岩心定向器具，曾为锦屏一级电站及紫坪铺的地应力室内测试提供了合格的岩样。

(2) 砂卵石层取样技术研究。该项研究优化了砂卵石层金刚石钻进与取心工艺，开发了空气潜孔锤大口径级配样取心新技术，使砂卵石取心技术形成系列，互相配套，提高了整体水平。

(3) 地应力测试与分析新技术研究。采用应力—应变特征点法与声发射法在同一试件上测试地应力，提高了室内测试地应力的精度；推导出层状岩体孔径变形法的理论公式，完善了边界元法位移反分析以及用灰色理论进行地应力场回归分析，构成了一套新的地应力测试分析系统，具有较高的理论水平和实用价值。

(4) 岩体裂隙结构面的计算机处理系统。此项研究中的图像数据转化系当前计算技术的前沿课题。基于数学形态学、分维几何算法等先进的理论和方法生成三维裂隙网络，在国内外尚属首次，它可全面反映岩体构造，提高样本的精度，形成快速反馈专家系统的基础。工程实践证明，这一成果具有重要的实用价值，可代替繁重的人工劳动，降低勘测成本，提高经济效益。

(5) 岩溶探测新技术。可用于大中型水利水电工程探测地下溶洞、断层构造破碎带，尤以探测岩溶效果良好。该项成果包括仪器接口硬件技术、现场观测与数据分析技术、电磁波层析成像系列软件。结合工程应用，阐明了雅砻江锦屏一级普斯洛沟坝址地下岩溶的发育状况，并在确定东风电站帷幕灌浆底线、指导思林电站坝址及厂房选择的过程中起了重要作用。

(6) 浅层折射勘探技术研究。地震折射勘探技术在水利水电系统中应用较早，一般在场地开阔、地形平坦的地区，可以取得较好的效果。但对于地处高山峡谷、场地狭窄、地震地质条件复杂的大型水电工程，常规的折射波法难以适应。本次研究结合锦屏、桐子林等工程进一步探索浅层折射在特定环境作业的新方法和分层效果，开发相应的分析处理软件。提供的SSS-R数据处理系统，使数据处理、解释成图一体化，提高了内业工作效率和成果精度。

(7) 浅层反射地震勘探技术研究。在SH波浅层反射的震源装置、野外工作方法、数据处理等方面均取得了成效。新研制的震源装置提高了激发能量和勘探深度；综合应用P波、SH波反射方法进行互相验证，提高了勘探精度，还可提供多项岩体动力学参数；开发的SSP、SSS-L成层反射数据处理软件，在“七五”科技攻关课题的基础上，功能和应变能力大为增强，从而提高了分辨率。在锦屏、大藤峡等工程中实际应用，证明效果良好，误差一般在10%以内。

(8) 地震透射层析成像技术研究。本项研究，从典型的数学地质模型解析入手，通过大量的研究和实践，总结出提高地震层析成像的精度和分辨率的方法和措施，实现弯线追踪的成像技术，具有较高的理论水平。开发的软件系统，运行环境灵活，稳定性强，运算效率高，结合锦屏一级及桐子林等工程应用，取得了良好的效果。

(9) 3000系列测井仪的改造与钻孔原位密度测试技术研究。新研制的密度探头，克服了原探头稳定性和抗方向性干扰能力差等问题，密度测量精度显著提高，而具有轻便、价廉的优点。改制增设的数据采集系统，合理地利用原主机电源抽箱空间，使采集系统与原主机一体化，轻巧实用，操作方便，使整机功能明显提高。

(10) *自振法抽水试验方法研究*。本试验方法系建立在科学理论的基础上，数学解析过程严密，测得渗透系数与常规抽水试验及模拟试验测得的渗透系数对比，数值比较吻合，其相对误差小于规范要求的10%。结合工程应用通过连续的自振法测试完成的渗透性剖面，可以揭露岩体在垂直方向上的水文地质特征，为查明岩体三维空间的水文地质条件提供了先进的技术。

(11) 钻孔地下水位长期监测系统研究。本项研究推出的钻孔地下水位自动观测仪技术先进、结构合理、成本低廉、自动化程度高，载体采用大容量存储器，一块可存20个钻孔的全年数据，具有体积小、携带方便、容量能够无限扩充等优点。长观孔采集的数据是一种连续的、有一定规律的二维数据，故有利于发挥计算机处理的优越性，从而可避免人员采样时处理繁琐、容易出错的弊端。

(成都勘测设计研究院 吴锡贤)

高土石坝施工水力学问题研究

“高土石坝施工水力学问题研究（85—208—02—06）”系国家“八五”重点科技攻关课题“高土石坝关键技术研究”所属的第六个专题，研究成果于1995年10月经电力部验收与鉴定，达到了国际先进水平。主要成果内容如下：

(1) *施工导流标准研究*。在导流过程随机特性分析基础上，全面考虑各种不确定性因素，建立了导流围堰前水位的随机微分方程，据以求解堰前水位过程的概率分布，从而形成导流标准与风险和造价的合理计算方法。

(2) *施工导流方式的风险分析与优化*。提出考虑洪水过程不确定性的施工导流风险计算模式，取得优化结构尺寸及降低造价的效果。

(3) *高土石过水围堰护坡研究*。针对混凝土楔形板护坡，首次提出合理的稳定计算方法，阐明了混凝土楔形板相互约束作用机理及对稳定的影响，提出了各类计算模式及设计、计算、验算方法与电算程序。

(4) *施工导流洞体型优选及数学模型研究*。采用系统工程方法发展了一套导流隧洞优化体型的设计方法，利用DEF变度量算法，可取得明显的经济效益。

(5) *导流洞永久利用采用突扩式孔板洞研究*取得了系统的全面进展。首次采用非正交网格控制体积法计算了各种孔板体型与布置对流速场、压强场和消能系数等的影响；用激光测速仪系统地量测了流场分布与紊动特性，提供了能量转换及消煞的新的分析意见；创新采用了消涡环以消除孔板前的角隅空化源；提出了孔板洞初生空化水流的判别方法等。

(6) *贴壁螺旋流式内消能工*。分别研究了竖井和平洞内的水流流态、消能机理，成功地测得螺旋流沿程流速的变化趋势，阐明了气水两相流加速消能的作用，进一步剖析了内消能工机理，提出了高水头、大流量工程的内消能工布置途径。

(7) *组合式内消能工研究*。创新地提出将旋转水流与突扩水流相组合的方法，使消能工边壁压力提高，空穴流周边形成旋转水垫层，不仅提高了消能效果，而且可将现用的不允许突扩式孔板洞有空化发生的界限提高，可达到既节约又安全的目的。

(8) 对过去习惯用的龙抬头泄洪洞，在已有研究工作的基础上，进一步完善了各部位水力计算方法，并对小底坡明流段掺气槽给出新的布置与计算方法；对进口段、反弧段和洞身明流段的数值计算提出了新的思路，对易蚀部位反弧段给出了新的成果。

以上各项研究成果，均分别在拟建和在建工程中应用，及时解决了诸多工程疑难问题，并且取得了显著的经济和社会效益。

(南京水利科学研究院 柴恭纯)

岩质高边坡稳定分析方法和软件系统研究

“岩质高边坡稳定分析方法和软件系统研究(85—208—03—01)”系国家“八五”重点科技攻关课题“高边坡稳定及处理技术研究”所属的第一个专题。建国以来，我国水利水电工程中多次发生滑坡，并造成了重大的经济损失和人身伤亡。为了总结我国水电边坡工程中积累的正反两方面的经验，开展了该专题的研究，取得的成果于1995年12月经电力部验收与鉴定，总体达到了国际领先水平。该专题从以下四方面开展了研究工作：

(1) *岩质高边坡失稳破坏机理及分析方法的研究*。重点研究不同岩体结构高边坡的失稳类型和破坏机制，以及在地震、渗流（包括泄洪雨雾）等特殊荷载作用下的边坡失稳机理；同时开发用于分析不同边坡破坏模式稳定性的数值模型和物理模型。

(2) *岩体结构特征与力学特性的研究*。研究确定节理岩体抗剪强度的各种理论方法和经验方法；探讨岩体节理裂隙调查、统计和计算机模拟分析的原理，完善节理岩体连通率、RQD等特征指标的确定方法；开展岩体软弱结构面和岩桥抗剪强度的试验研究，初步开展抗剪强度参数的数理方法，进而进行可靠度分析的研究。

(3) 大型滑坡（包括位移边坡）调查总结及相应的数据库。总结、实录建国以来大型水利水电边坡的工程经验，并收录国外大型边坡事故资料。研究岩质边坡分类、调查登录和名词描述的方法，形成滑坡（包括位移边坡）资料数据库，出版水利水电工程边坡资料。

(4) 岩质高边坡稳定评价和分析设计的计算机软件综合系统。该系统除了纳入其他建成的大型边坡事故实录数据库、岩体力学特性参数试验资料数据库外，还专门开发了地质资料数据库和图形库系统，有关岩体节理裂隙统计和计算机模拟分析与程序，以及多种边坡稳定分析方法计算程序库；初步形成一个可以对岩质高边坡进行稳定评价、智能决策和分析设计的计算机综合软件。

经过5年攻关，取得了以下重大成果：①建成了包含117个边坡工程总计1620页的水利水电工程滑坡和边坡登录文件和相应数据库。在此基础上，建立了适合我国水利水电边坡工程的岩体分类和评价体系。②建成了一个包含103个工程1600组抗剪强度资料的岩体力学参数数据库。③结合李家峡工程的边坡稳定问题，揭示了层状结构边坡失稳破坏机理，通过理论分析，滑坡监测等多种手段，及时提出了各重要部位的边坡处理措施，使这个西北地区最大的水电站的建设没有因为滑坡事故受阻，顺利地进行施工，为1997年并网发电创造了条件。④全面深入地分析了龙滩水电站左岸反向层状边坡稳定性，提出了边坡优化设计的方案，并最终被业主和世界银行特别咨询团采纳，为研究龙滩工程“0＋9”方案的可行性提供了坚实的科学依据。⑤建立了一个岩质高边坡稳定分析计算机软件系统。这个系统包含地质资料分析处理、边坡失稳模式判断、岩体结构面网络模拟、边坡和抗剪强度数据库、各种边坡失稳模式的稳定分析等多种功能，初步形成了进行边坡稳定的系统工程分析的体系。本系统软件已经用于三峡、洪家渡、思林、小湾等一系列重大工程中，发挥了很好的作用。⑥ 提出了一个包括四个分册总计4800页的研究报告汇编。

（中国水利水电科学研究院　陈祖煜）

岩质高边坡开挖及加固措施研究

“岩质高边坡开挖及加固措施研究（85—208—03—02）”系国家“八五”重点科技攻关课题“高边坡稳定及处理技术研究”所属的第二个专题。该专题结合李家峡水电站进行研究，取得的成果于1995年12月经电力部验收与鉴定整体上达到了国际领先水平。本专题的主要研究成果如下。

1. 四项大规模系统的施工现场试验

(1) 高边坡爆破开挖动力响应测试。经过测试获得大量实测数据，为提高高边坡开挖爆破动力稳定分析方法、制定爆破安全控制标准和准则及减震技术的应用奠定了基础。

(2) 群锚机理现场试验。该项试验规模居国内外首位。经过测试，了解了三种不同吨位的预应力锚索（杆）群的加固效应、边坡施加预应力后的岩体变形规律以及对边坡的加固作用。

(3) 开挖爆破对锚固设施影响的试验。该项现场测试为近区爆破的锚固设施的动态特性研究和边挖边锚提供了第一手资料。

(4)边坡预锚快速施工试验。该项试验是生产性试验，结合工程施工，实现了高边坡出渣层和开挖层钻孔爆破准备期同时锚固出渣层的施工工序，为边坡及时加固创造了条件，加快了施工进度。

2. 充实和完善了三项高边坡开挖及加固配套技术

(1) 岩质高边坡控制爆破和减震措施配套技术。成功地研制了预裂爆破低爆速炸药和新的装药结构；提出了分段起爆单响药量、线装药量选定公式、地质因素影响系数、钻孔精度控制标准、孔壁压力计算方法等预裂爆破减震配套技术和各种非电起爆网路的适应条件、优化孔口延时网路、小梯段保护层一次爆破起爆网路等主炮爆破减震技术；开发出边坡爆破动力稳定分析软件。提出了边坡开挖爆破的稳定安全判据方法并总结出多项爆破安全准则。上述成果的应用，为李家峡工程边坡安全施工提供了可靠的保证。

(2) 预应力锚索锚固机理及施工配套技术。通过在施工现场520m^{2}范围内布设了60t、100t、300t三种不同吨位约40根的预应力锚索（杆）进行群锚机理试验，首次提出了群锚对边坡加固的增效效应。揭示出群锚能调整裂隙岩体变形的应力、锚索（杆）能使边坡岩体增韧、增刚、止裂和改善岩体力学性质；研制出伞式自动内锚头、充浆膨胀式止浆塞、内外锚头高早强胶结材料等预应力锚索（杆）的快速施工配套技术，使单根锚索施工周期大大缩短，加快了施工进度。

(3) 岩质边坡施工合理顺序及加固措施配套技术。研究了李家峡工程两岸层状岩体因其不同结构面组合所反映出各异的变形机理和破坏特性，从而归纳出：顺向层状边坡为顺层蠕（滑）移—弯曲变形机理；逆向层状边坡为倾倒（弯曲）—拉裂破坏机理；顺切向为滑移—旋转机理。针对各异的机理模式，总结出一套适时锚固的原则和新方法，即顺层坡应先固后挖、切层坡需边挖边固、逆层坡随机加固的合理顺序。结合工程实践，开发了加锚岩体流变模型、加固裂隙岩体流变断裂模型、弹粘塑性块体理论和界面元方法等几类适用于岩质边坡分析的应用软件，并在李家峡工程中得到应用，取得较好效果。

上述三项配套技术组成了互相关联的整体，有效地解决了李家峡水电站边坡关键技术，对保住该工程施工期坝肩、厂房及泄水道边坡施工安全和稳定起了重要作用。该成果的综合应用，使李家峡坝基开挖工期提前3个月完成，经济效益显著。

（西北勘测设计研究院　张明瑶）

岩质高边坡勘测及监测技术方法研究

“岩质高边坡勘测及监测技术方法研究（85—208—03—03）”系国家“八五”重点科技攻关课题“高边坡稳定及处理技术研究”所属的第三个专题取得的成果于1995年12月经电力部验收与鉴定，整体上达到了国际先进水平，部分成果达到国际领先水平。成果的主要内容如下：

1．研制的四种先进仪器设备

（1）*钻孔彩色电视孔壁成像系统*。应用45°光学锥镜和计算机技术解决了井下全孔壁一次摄像及图像采集、拼接、展开等关键技术问题。成功地开发了图像处理系统，可以方便地测量岩层、地质结构面的位置和产状，并可绘出钻孔展示图。

（2）*直接横波测井装置*。在小口径数字声波全波列测井仪的基础上，通过研制的偶极子换能器装置，直接激发扭曲波，实现软岩横波速度的直接测试。同时研制的SY-2型声波测试仪，主要和偶极子换能器配套组成横波测井装置；也可单独使用，在二滩、三峡工程爆破检测中应用效果良好。

（3）*钻孔多点渗压仪（系统）*。在“七五”科研攻关课题的基础上，将单点测量渗压改为三点测渗，同时增设自动控制部分，使系统具有了一定的监测功能。系统内设四个栓塞，可一次卡住三个试段，实测中是利用栓塞间的压力传感器测出钻孔中不同深度的裂隙水压力。

（4）*钻孔压模系统*。研制了包括定向系统的井下试验器，优选确定了压模材料，并研究了一套工作方法。压模材料上的压痕，能较好地反映出一定孔段上断层和裂隙的发育状况，对其中有缝裂隙可以较准地确定出它的产状和缝隙宽度。

2．五套技术方法

（1）*岩质高边坡地质素描快速摄像成图技术*。在“七五”科研攻关课题的基础上，在加快现场工作速度等方面做了大量的研究。在控制点测量、设备配套、摄像方法和计算机数字图像处理等方面都有所创新。软件模块化，软件中带汉字，界面上有多级菜单，既提高了软件运行速度，又便于地质人员掌握。该项技术的工作速度已超过300m²/h，一直在三峡船闸高边坡工程施工中应用，效果显著。

（2）*层析成像技术*。研究了两种新的弯曲射线方法、井间电磁波场强幅值归一化处理方法及最大熵层析成像方法的改进；还对波动CT、地震波反射成像法进行了研究。这些方法在实际资料的处理中，都获得了较好的效果，波动CT方法尚有待深化。此外，研究的图像处理技术和图形显示技术使成果清晰、直观，效果很好。

（3）*近坝库段安全监测技术*。新研究的RS-94型全自动遥测报警系统具有低功耗、高可靠性和通用性。在龙羊峡和乌溪江电厂的渗流监测中应用，效果良好。

（4）*边坡数据处理预报软件系统*。研究了滑坡变形发展的动态特征；开发了“边坡监测数据处理预报软件（LSMOS）”系统；开发了滑坡失稳预测预报软件，采用灰色理论、非线性理论及统计学的方法，建立了从变形阶段判别、中（长）期预报、短期预报到临界滑动综合判断的全过程分析预报模型20个。模型经国内外数十个滑坡实例检验及应用，效果良好。

（5）*高精度大地测量监测自动化系统研究*。提出了工程监测网新的优化理论和方法。研制的自动测量系统（包括开发的各类软件、通信技术、系统内各种配套设施与方法等），实现了从数据记录到数据处理全过程的自动化，具有操作简便、功能强、精度高、速度快、成果可靠等优点。该系统在三峡工程施工及隔河岩库区滑波的监测中应用，效果显著。

（长江勘测技术研究所　范中原）

普定碾压混凝土拱坝筑坝新技术研究

“普定碾压混凝土拱坝筑坝新技术研究（85—208—04—01）”系国家“八五”重点科技攻关课题“碾压混凝土拱坝技术研究”所属的第一个专题。

普定碾压混凝土拱坝坝高75m，是我国第一座也是世界当前建成的最高碾压混凝土拱坝。该专题结合工程的设计与施工开展研究，形成了“普定模式”的筑坝方法，其特点是：有倒悬的双曲碾压混凝土拱坝、高掺粉煤灰、二级配富胶材少水泥碾压混凝土自身防渗、设置备用诱导缝、水泥粉煤灰缓凝净浆喷洒层面等层间综合处理技术、整体薄层通仓全断面碾压、低温季节快速连续上升等，取得的成果于1995年10月经电力部验收和鉴定，达到了国际领先水平。成果的主要内容如下：

（1）*碾压混凝土拱坝结构设计研究*。优化了碾压混凝土拱坝体型，采用整体式坝身结构，选择定圆心变半径变中心角的等厚双曲非对称拱坝；提出了用数据分析计算水库水温及所建立的温度徐变应力分析数学模型，并编制了计算机程序；在非线性应力应变研究中，首次把混凝土断裂力学理论同碾压混凝土拱坝裂缝分析相结合来解决施工期拱坝累积温度应力、混凝土非线性裂缝和诱导缝作用机理等新课题；编制了建立在虚拟裂缝模型基础上的三维非线性有限元程序，具有通用性和较强的处理功能；研制了拱梁法仿真简化计算程序；首次采用变温相似材料及其模拟技术进行模型破坏试验；研究了层面抗剪特性，提出了层面间抗剪强度准则和碾压混凝土破坏准则；对普定碾压混凝土拱坝进行了可靠度分析。

（2）对筑坝原材料进行了优选研究。研制出抗裂、防渗，层面结合良好、骨料不易分离且施工和易性好的二、三级配碾压混凝土，并应用于碾压混凝土自身防渗，获得了优异效果。

（3）创造了一整套普定碾压混凝土拱坝施工方法和质检技术。在坝体不同高程分别采取三种入仓方式：汽车运输直接入仓，加真空溜管入仓，加缆机吊运入仓，三者按不同浇筑高程配套组合使用，较好地解决了狭窄河谷碾压混凝土入仓工艺。研制采用快速交替连续上升可调式全悬臂钢模板，解决了碾压混凝土通仓快速连续上升工艺实施的关键技术。采用了 Vc 值动态控制、层间结合综合处理技术、变态混凝土作业、异种混凝土结合处理和碾压混凝土光面施工等一系列施工新技术。建立了从原材料的选择和生产、配合比优选和拌和、运输、摊铺、碾压、层面处理和养护等一整套质量控制体系。

（4）研究出的“挖钻法”解决了碾压混凝土拱坝中埋设观测仪器的技术难题。编制的 DB891 大坝观测数据处理分析软件具有支撑软件先进、程序用户界面与处理计算全过程汉化、通用性强等三个特点，使用方便。观测成果表明，普定碾压混凝土拱坝运行正常、质量优良。

采用本专题的研究成果，加速了普定碾压混凝土拱坝的建设，取得了显著的社会、经济和环境效益，节约水泥 1.73 万 t，节约投资 1200 万元，缩短工期 1 年。形成的“普定模式”筑坝方法，为碾压混凝土拱坝建设提供了理论依据和实践经验。

（贵阳勘测设计研究院　陈宗卿）

碾压混凝土拱坝施工机具配套技术研究

“碾压混凝土拱坝施工机具配套技术研究（85—208—04—02）”系国家“八五”重点科技攻关课题“碾压混凝土拱坝技术研究”所属的第二个专题，取得的成果于 1995 年 12 月经电力部验收与鉴定，达到国际先进水平，其主要内容如下：

（1）引进了德国生产的 BW202、BW200、BW90SH、BW75S 四台振动碾压机和一台连续式核子密度计，并在五强溪水电站上游碾压混凝土围堰的现场进行碾压试验，对我国现在广范使用的德国 BW 系列振动碾的性能、参数进行了测试，对各型振动碾适应的条件和碾压效果进行了评定，为我国振动碾国产化选型提供了技术依据。检测评定结果为：BW202 型适用于大仓面连续上升铺筑的碾压混凝土施工，碾压密实厚度可达 60cm；BW200 型适用于仓面较小的中、小型水电工程碾压混凝土铺筑施工，碾压密实厚度可达 60cm；BW90SH 型适用于斜面（有牵引）碾压，碾压密实厚度为 30cm；BW75S 型适用于靠近模板处的边角碾压，碾压混凝土密实厚度为 30cm。

（2）经中国电力企业联合会、水利水电工程总公司对 BW系列的考察，推荐选用 BW200 型为我国振动碾国产化的选用样机，并对该机进行了技术消化、吸收，选定夹江水工机械厂为样机试制工厂。经过 4 年的研究工作，于 1995 年 5 月成功地制造了 2 台 BW200 型样机，并运往河南石漫滩水库在大坝上进行现场碾压试验。国家建筑机械质量检测中心和葛洲坝集团公司施工科学研究所对其机械性能、参数、振动能量、混凝土压实密度进行了测定，其测试结果符合国家有关标准，而且操作方便、运行灵活、价格低廉，正式在石漫滩工程施工中应用。

（3）深槽高速皮带机运输系统的研制。由杭州机械设计研究所和葛洲坝集团公司施工科学研究所共同完成。皮带机的技术参数为：带速 3.4m/s；带宽 650mm；槽角 60°；输送混凝土类型为坍落度 0～20mm；输送混凝土级配为 2～3 级；生产率为 200～240m^3/s。皮带机系统于 1995 年 11 月开始投入工程生产，技术指标达到设计要求。

（中国葛洲坝集团公司施工科学研究所　华　岩）

100m 级碾压混凝土拱坝结构设计和新材料研究

“100m 级碾压混凝土拱坝结构设计和新材料研究（85—208—04—03）”系国家“八五”重点科技攻关课题“碾压混凝土拱坝技术研究”所属的第三个专题，取得的成果于 1995 年 10 月经电力部验收与鉴定，达到国际先进水平。本专题是结合四川省沙牌水电站碾压混凝土拱坝的结构设计原则、设计方法、碾压混凝土新材料等关键技术问题开展研究的。

沙牌碾压混凝土拱坝是目前世界上在建的最大高度的碾压混凝土拱坝，最大坝高132m，采用三心圆单曲型式，坝顶弧长250.3m，坝顶宽9.5m，坝底宽28.0m，河床下部有一高14.5m、长44.0m的垫座，上游面1：12反坡倒悬4.8m，弧高比2.13，厚高比0.238，最大中心角92.48°，坝体全部采用二级配或三级配R_{90}200号碾压混凝土（底部垫座外掺MgO），碾压混凝土总方量约为38.3万m^3。上述专题经过近两年的科技攻关，取得了以下主要成果：

（1）根据沙牌坝址的具体条件，为有利于发挥碾压混凝土筑坝技术的优势，提出了典型的碾压混凝土拱坝枢纽布置方案。将厂房与坝体分开布置，采用导流隧洞和泄洪隧洞，坝体不设泄洪建筑物，选用三心圆坝型，简化了坝体结构，有利于坝体全断面连续上升。

（2）结合坝体的温度应力分布，研究裂缝开展的机理，在就拱坝设置横缝、诱导缝、应力释放缝不同分缝组合方案进行对比和坝体应力改善的研究后，提出了按诱导缝的等效强度和坝体的应力分布，确定全坝设置4条诱导缝的方案，缝间距为51～71m。

（3）对碾压混凝土拱坝仿真全过程应力分析计算进行研究，提出了仿真并层算法、并层接缝单元和弹性徐变应力场与温度场的分区异步长解法，解决了坝体分数百层施工，因龄期不同和各层具有不同的变形特性用有限元进行仿真计算的困难，提高了计算的效率。

（4）采用新型的变温相似材料及其模拟新技术，应用不同的加载试验程序（超载法、强度储备法和综合法）于同一模型试验中。根据所取得的试验成果，探讨坝体破坏的规律和论证诱导缝的合理布置。

（5）应用三维非线性缝单元和动态子结构理论，对坝体诱导缝的张开和相对滑动等动力非线性问题进行研究，并作出了坝体抗震安全的评价。

（6）在材料研究中采用高C_4AF、C_2S、低C_3S、C_3A的水泥，提高了水泥的抗裂性。利用当地的花岗岩骨料和掺用高效缓凝减水剂，配制出富胶凝材料用量和高极限拉伸值的抗裂性较好的碾压混凝土配比。

（7）除针对高掺粉煤灰外，还就掺MgO的碾压混凝土的物理、力学、热学、变形耐久性，以及徐变、自身体积变形等各项性能进行了全面系统的研究，并在此基础上，在国内外首次将这种材料应用于拱坝基础的深槽。

上述成果在沙牌碾压混凝土拱坝设计中应用，与常态混凝土坝相比，可提前发电，节约投资2100万元。目前，为配合工程施工，结构分缝研究、快速施工及原型监测等100m级碾压混凝土拱坝的关键技术难题，又列入国家"九五"重点科技攻关计划。

（成都勘测设计研究院　钟永江）

龙滩碾压混凝土重力坝结构设计与施工方法研究

"龙滩碾压混凝土重力坝结构设计与施工方法研究（85—208—04—04）"系国家"八五"重点科技攻关课题"碾压混凝拱坝技术研究"所属的第四个专题，所取得的成果于1995年10月经电力部验收与鉴定，达到了国际先进水平。成果主要内容如下：

（1）优化枢纽布置。采用全地下厂房布置方案，有利于充分发挥碾压混凝土筑坝快速施工的优越性，为200m级高坝采用全高度碾压混凝土提供了可靠的依据，是设计上的重要突破。

（2）渗流分析和渗控设计优化研究。进行了渗流应力耦合特性试验研究，建立了渗流与应力耦合关系式，提出了临界应力概念。在渗流分析和渗控研究方面，研究了随机统计模型应用于碾压混凝土层面的渗流分析方法，尤其是运用结点虚流量及改进排水子结构技术，解决了排水孔穿过渗流自由表面时渗流场的求解方法，是渗流计算与渗控设计上的创新。

（3）高碾压混凝土重力坝应力与稳定分析研究。建立了张拉型和压剪型虚裂纹模型的边界元方法，钝裂纹带模型的有限元法及节理单元模型、断裂带模型和压剪破坏模型等非线性模型和数值分析方法，论证了坝体应力分布规律是合理的。在高坝动力计算方面，改进了大坝动力破坏模型试验技术和分析方法。同时还深入研究了大坝破坏机理、稳定准则、强度储备系数和超载安全度，并以仿真结构模型进行破坏性试验验证，对碾压混凝土高坝安全与稳定计算理论有所发展。

（4）碾压混凝土筑坝材料特性研究。提出了高掺粉煤灰富胶凝材料的混凝土配合比及物理力学性能试验成果，满足了层间抗剪强度指标要求。经配合比优化和现场3次10种工况大规模碾压试验论证，提出了适用于大坝不同部位的4种碾压混凝土配合比。碾压混凝土的拉压比、弹性模量、极限拉伸、干缩变形、徐变变形、自身体积变形、绝热温升、断裂韧性等指标不低于常态混凝土。

（5）施工工艺的研究。研制了适合龙滩夏季高气温（35℃）施工、碾压混凝土初凝时间达到6～8h的高温缓凝剂，建立了施工仿真计算模型的程序与混凝土施工运输方案选择的专家系统和数据库，研究了大仓面摊铺垫层材料的喷摊机械，为大仓面连续施工和高气温施工打下了基础。开发了能在微机上实现的温度场和温度应力场计算的三维有限元浮动网格法计算程序与大型仿真模型计算程序，对龙滩工程按不同季节施工提出了温度标准和措施，为确保大坝施工质量和进度提供了重要的科学依据。

该专题研究成果解决了建设200m级碾压混凝土重力坝所需要解决的关键技术，应用在龙滩工程设计中，节约投资约2.12亿元，经济与社会效益显著。

（中南勘测设计研究院 孙君森）

高堆石坝优化设计软件系统的研究

高堆石坝优化设计软件系统是在土石坝设计交互式软件系统ERDIDS的基础上开发研制的高堆石坝智能计算机辅助设计微机软件系统。它进一步扩充和完善了各分析子程序，增加了优化设计功能，同时引入了人工智能技术，建立了土石坝设计专家经验知识库和堆石坝设计资料数据库，并采用了目前先进的推理机模式，使系统可以根据规范准则和要求进行优化设计，系统采用了先进的软件技术和目前最流行的WINDOWS环境。

1. 优化软件系统的组成 主要有5部分：①管理控制子系统（主控程序）；②智能初步设计子系统；③计算分析子系统；④输出处理子系统；⑤堆石坝设计资料数据库。

2. 优化设计的主要内容及其数学模式

(1) 优化设计的主要内容：①根据地形情况、地质条件、坝料来源、气候条件等选择合理坝型；②根据坝料的来源和坝料的工程特性，选择合理的筑坝材料及其在坝体内的合理布局；③选择最优的坝体尺寸和渗控措施。

(2) 优化设计的数学模式：基于高堆石坝设计的知识体系，采用基于知识库和专家系统推理机的人工智能方法，确定了优化设计的数学模式（包括坝型和筑坝材料优化的数学模式）。

3. 系统的结构特征

(1) 整个系统建立在WINDDWS环境上，分为设计系统和数据库系统两个图标，与其他WINDOWS系统的软件具有相同的用户界面。

(2) 系统采用菜单驱动方式运行，各子系统之间既相互独立，又相互联系，用户可任意进入各级菜单执行程序。

(3) 采用交互式运行方式，系统的运行处于设计人员管理之下，用户可随机修改设计参数，提供附加信息，修改计算数据和图形。

(4) 系统采用多任务运行方式，一个计算任务正在执行时，设计人员可以同时在计算机上处理其他工作，从而提高了系统的运行效率。

(5) 系统的数据管理分外部文件和内部文件两种，内部文件通过文件自动管理，外部文件由用户编辑、管理，系统提供全屏编辑环境。

(6) 系统具有较完整的图形显示和绘图功能，设计人员可方便地进行图形编制。

4. 智能初步设计系统 该系统是整个优化设计软件系统最重要的部分，它包括了土石坝初步设计阶段的主要内容。其主要特点是交互性、智能性及自动生成性。交互性方面，主要是充分利用计算机的图形功能处理设计图形，用户可以通过系统提供的对话框与系统进行交流，系统能随时提示用户当前要做的事情，用户的任何信息输入都能通过图表和文字反映出来。智能性方面，主要表现在系统将人工智能的一些成果应用到坝型选择和料场确定。当用户输入一定的初始信息后，即可由系统根据专家经验和推理规则给出系统推荐的坝型和料场取用方式。自动生成性方面，则是利用计算机运算速度快的特点，尽可能地减少人工干涉而让程序来自动生成计算结果并显示图形，从而大量节省设计人员的时间和工作量。

5. 计算分析系统 该系统是相对独立部分，其主要功能是对选定的坝型进行各种专项分析计算，包括6个计算程序：

(1) 平面稳定分析程序。包括了目前国内外广泛使用的稳定计算方法，用户可根据需要选用其中任一方法来计算分析坝体稳定。

(2) 渗流分析程序。可用来计算水头、渗透压力、浸润线、水力比降和渗流量，程序还设有计算排水井列和导水薄断层的子程序。

(3) 平面固结分析程序。可进行施工期和蓄水期坝体和地基的孔隙压力、应力、应变和位移的计算。孔隙压力计算采用比奥固结理论，应力变形计算采用邓肯—张模型和修正的剑桥模型。

(4) 平面动力分析程序。可进行土石坝动力分析计算，程序采用粘弹性模型，利用复合反应法求解，程序中还设有反演功能。

(5) 二维和三维的应力变形分析程序。可进行土石坝施工期和蓄水期坝体和坝基的应力、应变和位移计算，程序采用邓肯—张的应力、应变模型。

(6) 有效应力固结分析程序。

6. 输出处理系统 该系统的主要功能是数据图形处理，它能将初设系统和计算分析系统的结果以图形形式输出。输出设备包括显示器和打印机（或绘图仪）。图形输出有：①坝体设计图。包括地形图、坝体断面图、坝体形状图、平面布置和有限元网格图的输出。②计算分析成果图。包括稳定分析、二维和三维应力变形分析、固结分析和渗流分析的成果图。

（中国水利水电科学研究院 许国安）

三峡工程和长江治理开发科学技术研究

三峡工程是举世瞩目的开发和治理长江的关键性骨干工程，具有防洪、发电、航运等巨大综合效益。建设三峡工程遇到许多世界级或超世界级技术难题。为此，国家立项在“八五”期间组织全国技术力量进行攻关。“八五”的攻关项目是在“六五”、“七五”科技攻关的基础上并考虑急需解决的重大关键技术问题而设置的。该项目共设置了七个课题：①长江防洪系统研究（85—16—01）；②三峡工程泥沙与航运问题研究（85—16—02）；③三峡工程枢纽建设关键技术研究（85—16—03）；④三峡工程地质与地震及长江开发重点地段环境地质问题研究（85—16—04）；⑤三峡工程电力系统规划和电站运行关键技术研究（85—16—05）；⑥三峡库区与沿江地区的环境与生态建设研究（85—16—06）；⑦三峡工程与长江开发的综合研究（85—16—07）。

以上七个课题，涉及三峡工程和长江开发中许多技术、经济和社会问题，需要多学科、跨部门联合攻关。因此，由国家科委、电力部、三峡工程总公司组织协调，共有200个单位、约1500人参加的科研攻关队伍，于1995年底完成了全部课题，达到了预期的目标。经国家级验收与鉴定，整体上达到了国际先进技术水平，其中部分专题达到了国际领先水平。主要成果的内容如下：

（1）*长江防洪系统研究*（85—16—01），由长江水利委员会水文局、南京水文水资源研究所等19个单位共同完成。成果有：①结合长江洪水的实际，融合计算机技术、洪水预报技术和专家经验，研制了专家交互式洪水预报系统；②以三峡工程为中心的防洪系统，开发出一批不同类型的长江防洪系统模拟模型和优化调度模型；③建立了防洪决策支持系统；④研制了50m级大量程气泡压力式水位计。

（2）*三峡工程泥沙与航运问题研究*（85—16—02），由南京水利科学研究院、长江科学院、天津水运工程研究所，中国水利水电科学研究院等23个单位共同完成。研究成果的内容有：①通过实测、物理模型试验和数学（一维、二维）模型，掌握了坝区、坝下游和水库变动回水区的泥沙运动及分布规律；②通过泥沙试验研究，制定了引航道布置优化方案，提出了解决电站枢纽工程泥沙问题的方法，揭示了长江航道（初期涪陵河段，高程156m—153m—140m）通航条件与船舶安全问题；③长江中下游河床演变、下切变化规律；④葛洲坝水电站泄洪时，宜昌船舶安全航行的标准；⑤三峡水电站泄洪雾化机理、规律及其对航运的影响；⑥三峡施工期，断航时应采取的措施。

（3）*三峡工程建设关键技术研究*（85—16—03），由中国水利水电科学研究院、长江科学院、南京水利科学院等50个单位共同完成。成果有：①三峡工程枢纽布置优化方案（包括泄洪、消能、排漂、冲泥、水力学等问题优化）；②碾压混凝土耐久性及高温下施工技术措施；③厂房结构防振措施和蜗壳应力计算方法；④高水头多级船闸有关技术；⑤施工导流与通航的技术条件；⑥解决三峡工程二期深水土石围堰的有关施工技术；⑦船闸陡高边坡施工、稳定安全技术措施；⑧三峡工程施工管理EMS系统。

（4）*三峡工程地质与地震及长江开发重点地段环境地质问题研究*（85—16—04），由地矿部成都水文地质和工程地质研究中心、国家地震局地质研究所、长江水利委员会勘测总队等42个单位共同完成。成果的内容有：①不同地段的移民工程环境模式；②长江三峡名胜古迹、旅游资源和地质环境开发中的相关协调优化发展的报告；③三峡地区地壳稳定和水库诱发地震的机理；④三峡库区崩塌滑坡监测预报技术、减灾措施的科研报告；⑤库区重点地段的环境地质问题的研究报告。

（5）*三峡工程电力系统规划和电站运行关键技术研究*（85—16—05），由电力部电力自动化研究院、电力科学院、武汉高压研究所、中国水利水电科学研究院等19个单位共同完成。成果有：①三峡工程输电网络有关技术；②三峡水电站向华东送电的方案研究；③提高三峡电力系统运行的安全稳定性的技术措施；④三峡电站15回出线及出线大跨越（船闸、跨江）技术方案和防震保护及多回逆相序排列技术措施；⑤用系统工程分析研究数学规划系统控制论方法。

（6）*三峡库区和沿江地区的环境与生态建设研究*（85—16—06），由中国科学院土壤所、植物研究所、地球物理和山地灾害研究所等15个单位共同完成。成果有：①三峡库区可再生资源生存潜力与合理开发利用的研究；②物种保护、文物保护与自然保护的研究报告；④三峡库区淹没文物的调查研究及川江地区历史沿革的报告；⑤三峡工程对沿江湿地与河口盐渍化土地的影响与对策；⑥三峡库区及沿江重点地区生态与环境建设的研究报告。

（7）*三峡工程与长江开发的综合研究*（85—16—07），由中国科技促进发展中心、国务院经济发展研究中心、南京地理研究所等26个单位共同完成。成果有：①三峡工程社会评价研究报告；②长江沿江地区经济发展规划科研报告；③三峡电站建成后的沿江发展战略研究报告。

（电力工业部　邴凤山　李　新）

统 计 资 料

1995年～1997年水电科技获奖成果

1995年水电科技成果获国家科技进步二等奖2项(据不完全统计);获电力工业部科技进步奖11项,其中一等奖2项,二等奖4项,三等奖5项。

1996年水电科技成果获国家科技进步奖6项,其中二等奖3项,三等奖3项;获电力工业部科技进步奖29项,其中一等奖2项,二等奖14项,三等奖13项。

1997年水电科技成果获国家科技进步奖6项其中二等奖二项,三等奖4项;获电力工业部科技进步奖33项,其中二等奖14项,三等奖19项。

为与本年鉴第四卷衔接,补充1994年获电力工业部科技进步奖25项,其中一等奖2项,二等奖15项,三等奖8项。

以上成果名称、获奖等级、单位等分别见表1～表5。

表1 获国家科技进步奖的水电科技成果表

序号	成果名称	获奖单位	获奖等级	获奖年份	获奖人员
1	高坝安全监测技术反馈	西北勘测设计研究院、中国水利水电第四工程局、清华大学、中国水利水电科学研究院、河海大学、成都地质学院	二	1995	丁国强、赵炳祯、李天扶、陈兴华、耿克勤
2	天生桥二级水电站岩质高边坡稳定分析与治理研究	贵阳勘测设计研究院、武警水电指挥部第一总队、中国水利水电科学研究院、成都科技大学、河海大学	二	1995	庞声宽、方平德、邹成杰、王柏乐、许述礼、陈祖煜、兰春杰、马衍泉、卓家寿
3	微机重力坝CAD系统	天津勘测设计研究院	二	1996	莘志宏、邱浩、张梅琳、赵有鑫、刘聪慧、陈靖齐、林元旦、杨宝山、杨志河
4	坝基渗流场探测中多含水层稳定流混合井流理论与综合示踪法研究	江苏省农业科学院、新安江水电厂、西北勘测设计研究院、乌溪江水电厂、八盘峡水电厂、广东省水利电力厅	二	1996	陈建生、杜国平、郑正、刘爱光、刘怀成、高国治、茹建辉、刘世煌、胡庚白
5	黄河龙羊峡水电工程水库滑坡和坝基断层带破坏标准和安全预报方法	西北勘测设计研究院	二	1996	庆祖荫 李天扶 余仁福、郭志明、王志硕
6	东江拱坝坝体库水地基动力相互作用现场试验研究	中国水利水电科学研究院	二	1997	陈厚群、侯顺载、苏克忠、张力飞、吴冰、杨佳梅、田庚、朱粟武、李德玉
7	广州抽水蓄能电站建设关键技术的研究与实践	广东抽水蓄能电站联营公司、中国水利水电第十四工程局广东分局、广东省水利电力勘测设计研究院、广东抽水蓄能电站工程监理	二	1997	罗绍基、张基尧、冯文、马洪琪、叶冀升、蓝标麟、朱允中、尚明华、谭文奎

续表

序号	成果名称	获奖单位	获奖等级	获奖年份	获奖人员
8	高坝地基处理技术研究	中国水利水电基础工程局科研所、中国水利水电科学研究院岩土所、东北勘测设计研究院科研院、天津大学自动化系	三	1996	高钟璞、夏可风、刘纪昌、田裕甲、许国安
9	天生桥二级水电站引水隧洞不良地段高压固结灌浆和锚杆快速施工	中国水利水电基础工程局	三	1996	郝鸿禄、冉懋鸽、王志平、张景秀、秦铎
10	清江隔河岩水电站引水隧洞预应力混凝土衬砌	湖北清江水电开发责任有限公司、水利部长江水利委员会、中国葛洲坝水利水电工程集团公司、柳州市建筑机械总厂	三	1996	张邦圻、李焰云、林善平、傅继涛、余建中
11	水电站地面厂房微机CAD系统	天津勘测设计研究院	三	1997	陆宗磐、段祝龄、朱凤娟、耿振云、许志强
12	复合土工膜心墙和斜墙土坝技术研究	辽宁省水利水电科学研究院、瓦房店市水利局、抚顺市水利勘测设计研究院、西丰县水利局、辽宁省水利水电勘测设计研究院	三	1997	蒋坤锷、朴哲圭、曲世强、孙世海、黄海涛
13	湖北清江流域岩溶（喀斯特）及其资源环境效应的研究	湖北省清江水电开发有限责任公司、中国地质大学、水利部长江水利委员会、清江地质大队	三	1997	沈继芳、李焰云、徐瑞春、区永和、王增银
14	乌江东风水电站水库岩溶渗漏及防渗处理研究	贵阳勘测设计研究院	三	1997	谢树庸、黄启祚、朱燕谋、李子微、兰朝富

（水电水利规划设计总院　徐苔赛提供）

表2　1994年获电力工业部科技进步奖的水电科技成果表

序号	成果名称	获奖单位	获奖等级	备注
1	清江隔河岩水电站引水隧洞预应力混凝土衬砌	湖北省清江水电开发总公司、长江水利委员会、葛洲坝水电工程局清江施工局、柳州市建筑机械总厂	一	应用性成果

续表

序号	成果名称	获奖单位	获奖等级	备注
2	裂隙岩体中水的运动与水工建筑物的相互作用	中国水利水电科学研究院、中国科学院计算中心、华北水利水电学院	一	理论性成果
3	葛洲坝二江电厂自动控制系统	南京自动化研究院、华中理工大学、葛洲坝水力发电厂、长江水利委员会	二	应用性成果
4	水面蒸发与散热系数研究——全国通用公式	中国水利水电科学研究院、中科院南京地理与湖泊研究所、水利部安徽省水科所、华东电力设计院、山东省电力设计院、山西省电力设计院、新疆电力设计院、东北电力设计院、华北电力设计院、广东省水利水电科学研究所	二	应用性成果
5	高坝地基处理技术研究	中国水利水电基础工程局科研所、中国水利水电科学研究院、东北勘测设计院科研所、天津大学、中国建筑材料科学研究院、原能源部大坝安全监察中心	二	应用性成果
6	龙羊峡水电站巨型水轮发电机组优化选择设计	西北勘测设计研究院	二	应用性成果
7	漫湾水电站1993年非正常渡汛安全性及对策研究	中国水利水电科学研究院、漫湾水电站工程管理局、昆明勘测设计研究院	二	应用性成果
8	全封闭组合电器绝缘配合的研究及其应用	清华大学、长江水利委员会机电处、广西电力工业勘察设计院、成都勘测设计研究院	二	应用性成果
9	水电站地面厂房布置设计微机CAD系统	天津勘测设计研究院	二	应用性成果
10	凝灰岩掺合料在漫湾水电工程中的运用	昆明勘测设计研究院、漫湾水电站工程管理局、葛洲坝水电工程局漫湾分局	二	应用性成果
11	高混凝土坝地质力学模型试验技术	武汉水利电力大学	二	应用性成果
12	龙羊峡水电站近坝库岸滑坡及坝址断层破坏标准和预报方法	西北勘测设计研究院	二	理论性成果
13	拱坝试验技术及有关设计优化研究	河海大学、葛洲坝水电工程学院	二	理论性成果
14	对流扩散方程的涡区分离解法	中国水利水电科学研究院	二	理论性成果

续表

序号	成果名称	获奖单位	获奖等级	备注
15	超高水头钢衬钢筋混凝土明管结构试验及非线性分析	中国水利水电科学研究院、昆明勘测设计研究院科研所	二	理论性成果
16	水电枢纽坝区三维渗流数值模拟研究	华北水利水电学院北京研究生部	二	理论性成果
17	水电工程复杂结构边界元分析研究	河海大学	二	理论性成果
18	水下不分散混凝土的研究及应用	中国水利水电科学研究院	三	应用性成果
19	钻孔三向变位测量装置研究——导管测扭仪研制	中国水利水电科学研究院	三	应用性成果
20	XCX—01 型斜坡测斜仪研制	中国水利水电科学研究院、航天工业部三院三十三所	三	应用性成果
21	外高桥电厂水工及水域环境研究	中国水利水电科学研究院、北京市水利科学研究所、华东电力设计院	三	应用性成果
22	大骨料混凝土断裂特性、断裂机理及其应用	中南勘测设计研究院	三	理论性成果
23	水电站动态效益理论与实践	中南勘测设计研究院	三	理论性成果
24	90 年代水电工程科技发展战略要点	中国水利水电科学研究院	三	理论性成果
25	水利水电工程设计概算标准软件	原水利水电规划设计总院定额预算处	三	理论性成果

（水电水利规划设计总院　徐苔赛提供）

表 3　　1995 年获电力工业部科技进步奖的水电科技成果表

序号	成果名称	获奖单位	获奖等级	备注
1	东江拱坝坝体库水地基动力相互作用现场试验研究	中国水利水电科学研究院	一	应用性成果
2	浮力回流和浮力环流的工程湍流流动研究	中国水利水电科学研究院	一	理论性成果
3	喷射混凝土中子方法无损快速测厚技术	南京水利科学研究院	二	应用性成果
4	施工层面碾压混凝土凝结性态的快速判断	武汉水利电力大学	二	应用性成果
5	碾压混凝土拱坝大仓面碾压温度控制技术研究	中国水利水电科学研究院	二	应用性成果

续表

序号	成果名称	获奖单位	获奖等级	备注
6	鲁布革水电站泄水建筑物综合观测及分析反馈	昆明勘测设计研究院、中国水利水电科学研究院、云南省电力局、鲁布革发电总厂	二	理论性成果
7	水电站泄水建筑物病害及防治调查报告	中国水利水电科学研究院、电力部大坝安全监察中心	三	理论性成果
8	裂隙岩体的三维弹粘塑性块体理论	武汉水利电力大学	三	理论性成果
9	拉西瓦水电站工程高地应力地区大型地下厂房洞群围岩稳定性研究	西北勘测设计研究院	三	理论性成果
10	刘家峡水电站增建兆河口排沙洞工程动床模型试验研究	中国水利水电科学研究院、刘家峡水电厂	三	应用性成果
11	沥青混凝土低温抗裂性能的试验研究	北京勘测设计研究院	三	应用性成果

（水电水利规划设计总院　徐苔赛提供）

表 4　1996 年获电力工业部科技进步奖的水电科技成果表

序号	成果名称	获奖单位	获奖等级	备注
1	普定碾压混凝土拱坝筑坝新技术研究（碾压混凝土现场质量控制研究、碾压混凝土通仓、连续施工工艺研究并入此项成果）	贵阳勘测设计研究院，中国水利水电第八工程局、中国水利水电科学研究院、四川联合大学、清华大学、大连理工大学、华北水利水电学院、河海大学	一	应用性成果
2	岩质高边坡稳定分析方法和软件系统	中国水利水电科学研究院、中南勘测设计研究院、西北勘测设计研究院、贵阳勘测设计研究院、昆明勘测设计研究院	一	应用性成果
3	大型水电站机组全自动清污滤水器研制	水利部电力部机电研究所	二	应用性成果
4	爆破技术在天生桥一级水电站溢洪道工程的试验研究与推广	武警水电指挥部第一总队、长江科学院、水利水电爆破咨询服务部、成都科技大学	二	应用性成果

续表

序号	成果名称	获奖单位	获奖等级	备注
5	高土石坝坝料及地基土动力工程性质研究	中国水利水电科学研究院、清华大学、河海大学、大连理工大学、天津大学、成都科技大学、黄河水利委员会水利科学研究院、南京水利科学研究院	二	应用性成果
6	拱坝的动力非线性分析与动力可靠度研究	中国水利水电科学研究院	二	应用性成果
7	自振法抽水试验	成都勘测设计研究院	二	应用性成果
8	高分辨率工程地震勘探技术研究	成都勘测设计研究院、东北勘测设计研究院、成都理工学院	二	应用性成果
9	高水头大流量泄洪消能研究	昆明勘测设计研究院、西北勘测设计研究院、天津大学、中国水利水电科学研究院、清华大学、南京水利科学研究院、大连理工大学、四川联合大学、武汉水利电力大学、河海大学	二	应用性成果
10	坝体、库水和坝基相互作用动、静力分析研究	西北勘测设计研究院、昆明勘测设计研究院、中国水利水电科学研究院、南京水利科学研究院、清华大学、武汉水利电力大学、河海大学、西安理工大学、大连理工大学、浙江大学	二	应用性成果
11	混凝土防渗墙施工及检测技术研究	中国水利水电基础工程局、地矿部勘探技术研究所	二	应用性成果
12	《水利水电工程结构可靠度设计统一标准》(GB50199—94)	水电水利规划设计总院、北京勘测设计研究院、西北勘测设计研究院、华东勘测设计研究院、上海勘测设计研究院、成都勘测设计研究院	二	理论性成果
13	高强度混凝土损伤——断裂模型及其在大体积混凝土结构中的应用	河海大学	二	理论性成果
14	拱坝体型优化及强度、开裂准则研究	河海大学	二	理论性成果
15	岩溶探测新方法研究	贵阳勘测设计研究院	二	理论性成果
16	葛洲坝 500kV 氧化锌避雷器损坏原因分析及反事故措施的研究	华中电力试验研究所、葛洲坝水力发电厂	二	理论性成果

续表

序号	成果名称	获奖单位	获奖等级	备注
17	YLX—02型水电机组流量效率监测计量装置	武汉水利电力大学、北京石景山发电总厂	三	应用性成果
18	葛洲坝二江电厂SSJ—3031型计算机监控系统、龙羊峡水电站计算机监控系统	电力部自动化研究院、中国水利水电科学研究院	三	应用性成果
19	大型径流式水电站优化调度研究	葛洲坝水力发电厂、河海大学	三	应用性成果
20	XFY46—16DN150组合式减压阀	中南勘测设计研究院、湖南省湘潭市阀门厂	三	应用性成果
21	混凝土过流面抗高速挟沙水流磨损技术	中国水利水电第十一工程局、天津勘测设计研究院、三门峡水利枢纽管理局	三	应用性成果
22	新安江电厂水轮机增容改造研究和仿真机研制	中国水利水电科学研究院、新安江水力发电厂	三	应用性成果
23	拉西瓦水电站拱坝坝身泄洪及水舌冲击水垫塘引起的坝身振动的研究	中国水利水电科学研究院、北京市水利科研所	三	应用性成果
24	刘家峡2号机组改造增容技术	刘家峡水电厂、甘肃省电力局、中国水利水电科学研究院、哈尔滨大电机研究所、甘肃省电力试验研究所	三	应用性成果
25	水能规划CAD系统(PCAD)	中南勘测设计研究院	三	理论性成果
26	快速锚固技术研究	中国水利水电科学研究院	三	理论性成果
27	全级配混凝土力学特性研究	成都勘测设计研究院科学研究所	三	理论性成果
28	裂隙岩体渗流特性试验研究	河海大学	三	理论性成果
29	丰满水库防洪调度信息自动化管理系统	丰满发电厂、哈尔滨工程大学	三	理论性成果

(水电水利规划设计总院　徐苔赛提供)

表5 1997年获电力工业部科技进步奖的水电科技成果表

序号	成果名称	获奖单位	获奖等级	备注
1	岩质高边坡预应力锚固技术研究	西北勘测设计研究院、中国水利水电科学研究院、中国水利水电第四工程局、中国人民解放军总参谋部工程兵科研三所、西安理工大学	二	应用性成果
2	大体积混凝土有限元配筋设计方法及其应用研究	河海大学、西北勘测设计研究院	二	应用性成果
3	SSJ—2000型计算机远方监控系统	电力部自动化研究院、太平湾发电厂	二	应用性成果
4	高堆石坝原位观测和反馈分析研究	南京水利科学研究院	二	应用性成果
5	高强度大体积混凝土材料特性研究	成都勘测设计研究院、大连理工大学、清华大学、河海大学、中国水利水电科学研究院、南京水利科学研究院、武汉水利电力大学	二	应用性成果
6	混凝土防渗墙墙体材料及接头型式研究	成都勘测设计研究院、中国水利水电科学研究院、清华大学、河海大学、南京水利科学研究院、中国水利水电基础工程局、四川联合大学、大连理工大学	二	应用性成果
7	坝内大直径钢管设置压缩垫层研究	华东勘测设计研究院	二	应用性成果
8	龙滩碾压混凝土重力坝结构设计与施工方法研究	中南勘测设计研究院、武汉水利电力大学、清华大学、中国水利水电科学研究院、河海大学、南京水利科学研究院、西安理工大学、大连理工大学、天津大学、华北水利水电学院、广西大学	二	应用性成果
9	水口水电站2×500t级垂直升船机整体模型试验研究	南京水利科学研究院、华东勘测设计研究院、福建水口水电站工程建设公司	二	应用性成果
10	塑料推力轴瓦技术研究	水利部电力部机电研究所	二	应用性成果
11	N-S方程的数值解和紊流模型	河海大学	二	理论性成果
12	古洪水研究及其应用	河海大学、长江水利委员会、黄河水利委员会勘测规划设计研究院、淮河水利委员会	二	理论性成果
13	《施工水力学》	武汉水利电力大学	二	理论性成果
14	装设混流式水泵水轮机抽水蓄能电站过渡过程计算通用程序	清华大学、北京勘测设计研究院、东北勘测设计研究院	二	理论性成果

续表

序号	成果名称	获奖单位	获奖等级	备注
15	SSJ—3031型水电厂计算机监控系统	电力部电力自动化研究院、葛洲坝水力发电厂	三	应用性成果
16	龙羊峡水电站计算机监控系统	中国水利水电科学研究院、西北勘测设计研究院、龙羊峡水电厂、中国水利水电第四工程局	三	应用性成果
17	土坝渗流通道及地下水探测新技术的研究	中国水利水电科学研究院	三	应用性成果
18	宽级配砾石土作高堆石坝防渗体研究	中国水利水电科学研究院、成都勘测设计研究院、清华大学、河海大学、成都科技大学	三	应用性成果
19	三峡工程一期围堰施工的综合技术	中国葛洲坝水利水电工程集团公司三峡施工指挥部	三	应用性成果
20	高土石坝施工水力学问题研究	南京水利科学研究院、中国水利水电科学研究院、武汉水利电力大学、大连理工大学、清华大学、河海大学、黄河水利委员会勘测规划设计研究院	三	应用性成果
21	预应力闸墩优化设计研究	华东勘测设计研究院	三	应用性成果
22	白山二期工程拱坝后露天空间转弯压力钢管自承式结构的研究	东北勘测设计研究院、武汉水利电力大学	三	应用性成果
23	水轮机筒形阀组装调试工艺研究	中国葛洲坝水利水电工程集团公司机电建设公司	三	应用性成果
24	J31智能灌浆记录仪	中国水利水电基础工程局、天津大学	三	应用性成果
25	AUTO3000综合型分布式大坝安全监测系统研制	武汉水利电力大学、西北勘测设计研究院	三	应用性成果
26	裂隙岩体不连续介质的建模理论及分析方法的研究	河海大学	三	应用性成果
27	EH—600水轮发电机组振动测量分析系统	湖北省电力试验研究所、华北电力科学研究院	三	应用性成果
28	步进式水轮机调速器	葛洲坝水力发电厂	三	应用性成果
29	新型高速缆机遥控装置	夹江水工机械厂、成都科技服务中心、四川联合大学	三	应用性成果
30	三峡工程建筑物保护层爆破技术研究	中国葛洲坝水利水电工程集团公司第一工程公司	三	应用性成果

续表

序号	成果名称	获奖单位	获奖等级	备注
31	DL/T5018—94《水利水电工程钢闸门制造安装及验收规范》	中国葛洲坝水利水电工程集团公司机电建设公司	三	理论性成果
32	金属结构胶接接头性能研究	武汉水利电力大学	三	理论性成果
33	《水轮机调节系统原理，试验与故障处理》	中国电力企业联合会标准化部、清华大学、电力部电力自动化研究院	三	理论性成果

（吕玉英摘自《电力工业部科学技术进步奖奖励通报（第6号）》）

国家“九五”水电科技攻关项目表

<table>
<tr><th>项目名称</th><th>课题名称</th><th>专题名称</th><th>研究内容</th><th>承担单位</th><th>参加单位</th></tr>
<tr><td rowspan="4">碾压混凝土高坝筑坝技术研究（96—220）</td><td rowspan="3">200m级高碾压混凝土重力坝研究（96—220—1）</td><td>一、高碾压混凝土重力坝设计方法的研究</td><td>1. 高碾压混凝土重力坝应力计算方法和极限承载能力研究；
2. 高碾压混凝土重力坝温度应力分析和防裂设计措施研究；
3. 高碾压混凝土重力坝坝体构造研究</td><td>中南勘测设计研究院</td><td>中国水利水电科学院、武汉水利电力大学、清华大学</td></tr>
<tr><td>二、高碾压混凝土重力坝渗流分析和防渗结构的研究</td><td>1. 高碾压混凝土重力坝渗流特性和计算理论及应用研究；
2. 高碾压混凝土重力坝防渗面板结构和应力及防裂研究</td><td>中南勘测设计研究院</td><td>中国水利水电科学院、河海大学</td></tr>
<tr><td>三、碾压混凝土材料性能和耐久性的研究</td><td>1. 考虑防渗、防裂与温控要求的碾压混凝土配合比优化研究；
2. 碾压混凝土性能研究；
3. 碾压混凝土不同水力梯度渗透及耐溶蚀特性研究；
4. 高温缓凝减水剂研究</td><td>南京水利科学研究院</td><td>中南勘测设计研究院、武汉水利电力大学、北京勘测设计研究院</td></tr>
<tr><td>100m以上高碾压混凝土拱坝研究（96—220—2）</td><td>一、高碾压混凝土拱坝分缝及建坝材料特性研究</td><td>1. 高碾压混凝土拱坝结构分缝及诱导缝特性研究；
2. 施工期全过程温度仿真计算及温控研究；
3. 碾压混凝土拱坝开裂和破坏机理试验研究；
4. 碾压混凝土拱坝重复灌浆研究；
5. 抗裂性碾压混凝土材料优化研究</td><td>成都勘测设计研究院</td><td>清华大学、大连理工大学、四川联大、广西大学、中国水利水电科学研究院</td></tr>
</table>

续表

项目名称	课题名称	专题名称	研究内容	承担单位	参加单位
碾压混凝土高坝筑坝技术研究(96—220)	100m以上高碾压混凝土拱坝研究(96—220—2)	二、碾压混凝土拌和设备研制	1. $200m^3/h$ 连续式拌和机研制； 2. 砂、水自动补偿系统； 3. $200m^3/h$ 整体楼研制和改进； 4. 现场试验和测试	中国水利水电第八工程局	
		三、高碾压混凝土拱坝快速施工的研究	1. 高碾压混凝土拱坝快速施工研究； 2. 高碾压混凝土拱坝入仓工艺研究； 3. 改进高速运输皮带机	成都勘测设计研究院	中国水利水电第八工程局、葛洲坝集团公司施工科研所
		四、碾压混凝土高拱坝现场快速质量检测技术研究	1. 层面特性多参数质量控制方法及现场检测技术研究； 2. 碾压混凝土质量综合测试技术及质量管理数据库研究	中国水利水电科学研究院	
		五、高碾压混凝土拱坝原型观测研究	1. 高碾压混凝土拱坝安全监测设计； 2. 原型观测成果分析及其反馈分析应用研究； 3. 碾压混凝土埋入式测缝计的改进； 4. 旋流竖井泄洪安全监测设计	成都勘测设计研究院	南京水利科学研究院
		六、引子渡碾压混凝土拱坝筑坝技术研究	1. 引子渡碾压混凝土拱坝材料特性研究； 2. 引子渡碾压混凝土拱坝分缝设计研究； 3. 引子渡碾压混凝土拱坝迎水面防渗材料和结构研究	贵阳勘测设计研究院	
高坝工程技术研究(96—221)	快速勘探技术的综合应用(96—221—1)	一、遥感技术及其应用研究	1. 遥感与地理信息系统技术集成及应用研究； 2. 深挖高边坡快速地质编录成图技术开发与应用研究； 3. 地下洞室围岩地质编录成图技术开发与应用研究	长江勘测科学研究所	
		二、综合物探技术研究及其应用	1. 地震波CT技术及应用研究； 2. 钻孔彩色电视孔壁成像系统及应用研究； 3. 声波测井技术应用研究； 4. 高密度电法勘探研究	长江勘测科学研究所	清华大学、中国地质大学

续表

项目名称	课题名称	专题名称	研究内容	承担单位	参加单位
高坝工程技术研究（96—221）	快速勘探技术的综合应用（96—221—1）	三、钻探新技术的开发及其应用	1. 复杂地层安全快速钻进技术研究；2. 钻孔岩芯定向技术研究；3. 自振法抽水试验技术应用研究	成都勘测设计研究院	成都理工学院
		四、工程地质综合分析技术的开发及其应用	1. 工程地质综合分析系列软件研究；2. 岩体物理力学特性及强度参数取值研究；3. 软弱层力学特性参数研究	成都勘测设计研究院	
	200m级高混凝土面板堆石坝研究（96—221—2）	一、水布垭工程筑坝材料工程特性研究	1. 水布垭面板堆石坝堆石料（室内）研究；2. 水布垭心墙坝心墙料特性研究；3. 水布垭面板坝垫层料工程特性和防渗自愈措施研究；4. 水布垭坝料现场爆破碾压试验研究	清江水电开发公司	中南勘测设计研究院、中国水利水电科学研究院、昆明勘测设计研究院、长江水利委员会
		二、水布垭面板坝应力变形分析研究	1. 高面板堆石坝应力、变形计算方法研究；2. 面板的仿真计算；3. 减小变形量及其危害的研究	长江水利委员会	河海大学、清华大学
		三、强振区面板坝大型震动台模型试验及动力分析	1. 震动台模型试验及抗震措施研究；2. 三维非线性动力分析研究；3. 三维动力分析方法与应用研究	中国水利水电科学研究院	青海省水电科学研究院、大连理工大学
		四、面板混凝土抗裂及耐久性研究	1. 面板裂缝机理及防裂措施；2. 提高混凝土面板抗裂及耐久性的机理和措施研究	中国水利水电科学研究院	武汉水利电力大学

续表

项目名称	课题名称	专题名称	研究内容	承担单位	参加单位
高坝工程技术研究（96—221）	200m级高混凝土面板堆石坝研究（96—221—2）	五、适应大变形的接缝止水结构和材料研究	1. 新型止水结构和止水材料研究； 2. 新型止水结构方案的大比尺仿真模型试验； 3. 基于自愈原理的接缝止水结构和材料研究； 4. 止水材料施工工艺研究	中国水利水电科学研究院	华东勘测设计研究院
		六、高面板坝的新型监测设备及资料反馈分析	1. 遥测水平垂直位移和双向固定式测斜仪研制； 2. 高精度双向固定测斜仪的研制	南京水利科学研究院	
	300m级高拱坝抗震技术研究（96—221—3）	一、地震危险性分析和地震动输入机制研究	1. 地震危险性分析与设计地震动研究； 2. 地震动输入机制和场地效应研究； 3. GIS技术和水库诱发地震研究	中国水利水电科学研究院	
		二、高拱坝地震分析方法和坝肩动力稳定性研究	1. 高拱坝地基地震能量逸散影响； 2. 高拱坝随机地震动场的抗震分析； 3. 伸缩横缝对高拱坝地震反应试验分析； 4. 厚淤沙对动压力影响试验和分析	中国水利水电科学研究院	
		三、高拱坝抗震应力控制标准和抗震结构工程措施研究	1. 高拱坝全级配混凝土材料动力特性研究； 2. 250m以上高拱坝地震应力和控制标准研究； 3. 底缝、周边缝对高拱坝地震反应影响的研究； 4. 高拱坝抗震结构工程措施研究	昆明勘测设计研究院	中国水利水电科学研究院

续表

项目名称	课题名称	专题名称	研 究 内 容	承担单位	参加单位
高坝工程技术研究（96—221）	300m级高拱坝结构问题研究（96—221—4）	一、高拱坝应力控制标准研究	1. 国内外150m以上高拱坝应力控制标准综述； 2. 高拱坝全过程仿真计算与常规计算成果分析研究； 3. 三维有限元、多拱梁法成果分析； 4. 高拱坝应力控制标准； 5. 多孔口对拱坝应力的影响及孔口配筋理论和方法研究	中国水利水电科学研究院	
		二、高拱坝新型合理体型的研究和应用	1. 高地震区高拱坝合理体型的研究； 2. 拱坝多目标优化方法研究； 3. 拱坝新体型的研究和应用； 4. 防止拱坝坝踵开裂的工程措施	中国水利水电科学研究院	
		三、高拱坝坝基稳定研究	1. 高拱坝抗滑稳定安全系数及岩体力学参数研究； 2. 拱坝与地基整体失稳机理、分析方法及对策研究； 3. 考虑暴雨入渗等因素拱坝坝基滑动可靠度分析方法研究	昆明勘测设计研究院	
	300m级高拱坝枢纽设计关键技术（96—221—5）	一、小湾电站高拱坝大流量泄洪关键技术研究	1. 复杂泄流高速水流雾化流对建筑物影响； 2. 导流洞改泄洪洞空蚀空化研究； 3. 水垫塘优化布置动床模型试验研究	昆明勘测设计研究院	中国水利水电科学研究院、武汉大学、天津大学、清华大学
		二、溪落渡水电站高拱坝大流量泄洪关键技术研究	1. 溪落渡工程泄洪消能优化布置； 2. 溪落渡工程缩短泄洪洞长试验研究； 3. 溪落渡工程导流洞改永久泄洪洞试验研究； 4. 溪落渡工程水垫塘优化及底板稳定试验研究	成都勘测设计研究院	中国水利水电科学研究院、清华大学、河海大学

续表

项目名称	课题名称	专题名称	研究内容	承担单位	参加单位
高坝工程技术研究（96—221）	300m级高拱坝枢纽设计关键技术（96—221—5）	三、超大型地下洞室群合理布置及围岩稳定研究	1. 水库蓄水后地下洞室结构和围岩稳定与支护方式分析； 2. 地下洞室群合理施工顺序研究； 3. 地下洞室抗震稳定性研究	成都勘测设计研究院	河海大学、武汉水利电力大学、天津大学、清华大学
		四、坝趾及近岸滑坡体稳定性研究	1. 溪落渡近坝滑坡体的稳定性分析和治理检测方案； 2. 小湾坝前堆积体稳定与加固方案研究	昆明勘测设计研究院	中国科学院、四川联合大学、中国水利水电科学研究院、成都勘测设计研究院
		五、小湾水电站高拱坝施工技术研究	1. 分期施工、蓄水坝基开挖仿真研究； 2. 小湾高拱坝快速施工关键技术与温控研究； 3. 地下洞室群合理施工顺序研究	昆明勘测设计研究院	天津大学、武汉水利电力大学、四川联合大学

（水电水利规划设计总院　孙永娟　卢立生）

计算机开发与应用

实现计算机工程的无图板设计

我国CAD技术在较大范围内普及和应用是从80年代中期才逐步开展起来的。1987年水利水电系统引进了以Apollo为主机的Calma工作站36套，并配置了一批微机CAD系统，在消化、吸收引进的CAD技术的同时，结合生产开发分阶段设计的CAD软件并用于生产；90年代初CAD技术的应用则有了长足的进步。

部属设计院1996年计算机的出图率达到50%～70%。其中机电（不包括金属结构）、建筑、规划等三个专业的计算机出图率在90%左右，水工、施工专业约为60%～70%，地勘专业的出图率最低，仅为20%～40%。

从设计生产角度看，1991年～1996年期间，部属设计院的计算机出图有了大幅度的增强，特别是1994年和1995年，增长幅度达到了100%。但随着技术难度的提高，增长幅度也随之趋缓，1997年的计算机出图率增幅约为15%，即总的计算机出图率水平可望达到70%左右的目标值。从总体情况看，水电、水利设计行业的计算机出图率与《1995年～2000年我国CAD应用工程发展纲要》的目标还有较大的差距。

水电、水利行业计算机制图的技术手段，在硬件方面，主流是微机、扫描仪及喷墨式绘图仪，按设计院技术人员计算，约为0.2～0.5台/人。在软件方面，主要依赖于AUTOCAD R12的支撑，其中分为三种情况，一是，设计人员在AUTOCAD的支撑下，用人机对话方式直接成图；二是，对比较复杂的地形图、枢纽总布置图、施工总布置图、地质平面图以及流域规划图，均用扫描后人机对话的方式成图；三是，以电气二次专业展开图为代表的标准化程度较高的工程图，在图例库的支持下，经反复编辑、修改后成图。另外还有程序自动化成图，主要是以建筑之星为代表的工民建集成软件的应用，而水电、水利行业内部所开发的CAD软件，所占出图率份额较小。

综上所述，水电、水利行业计算机出图率的提高，是一个艰巨的长期过程。如果仅就出图本身而言，由于其成本居高不下，显然难以大踏步前进。也就是说，只有当CAD系统一次性输入的信息能在后续环节中一再被应用时才是经济的，而这在目前的发展中恰恰是一个最薄弱的环节。与此相联系的第二个问题是，计算机制图的高出图率与甩掉图板乃是两个不同层次的问题。因此这种工程图形信息的“一再被应用”亦不应该是一种简单地孤立地重复，而是要使工程图形信息在各个设计阶段中、在各专业和协作单位间平滑地流动和转换，并在传递、转换、返回的过程中保证数据的一致性、完整性、准确性和安全性。即横向贯穿于各设计专业，而从纵向将贯穿于预可行性、可行性、招标、技施设计等各设计阶段。这样，计算机出图就不再是传统意义上的出图，而是整个设计过程的信息输入和成果转换，它不仅使生产图形信息的高成本显得微不足道，而且使得图板的使用比例降到最低限度。为此，首先须要建设大规模工程图形实体数据库。为适应设计生产的复杂过程，*图形数据库*可分成以支持档案的静态库和支持分散成组设计的动态工程图形库。而作为动态库的两个支点是数字化的地形图和地质图，在有条件的单位最好是具有三维的实体或三维面模型。为此不仅迫切需要集中精力和技术力量，更迫切需要有规范和管理措施的配合。

有效地采用CAD进行设计，有着明显的效益。据发达国家的调查测算，在有效地采用了CAD/CAM之后：可降低工程设计成本15%～30%，减少产品设计周期30%～60%，提高方案广度和深度的能力3～35倍，降低人力成本5%～20%。

由于CAD技术在我国尚处于发展时期，而水电、水利勘测设计又具有特殊性，因此，效益的提高还有待于CAD技术的提高，实现无图板设计还须尽极大的努力。

（成都勘测设计研究院　李永鑫）

微机重力坝CAD系统

在混凝土重力坝设计中，由于混凝土工程量占整个工程投资的比重较大，因此，根据具体工程条件选择坝体形态和枢纽布置，降低工程量是至关重要的。现行重力坝设计的传统方法要求设计人员承担的设计工作量很大，设计周期也较长，且容易出差错，其中较多的时间是重复计算和绘图，已不能适应当前形势发展的需要。

计算机辅助设计（CAD）是近期飞速发展起来的一门高新技术。由天津水利水电勘测设计研究院按照软件工程办法研制的*微机重力坝CAD系统*是集设计、计算和绘图于一体的大型计算机辅助设计系统，对缩短设计周期、提高设计质量、保证设计的正确性等方面有着明显的作用。现简单介绍如下：

1. *微机重力坝CAD系统目标*　按我国现行有关规范要求，研制适用于微机的重力坝CAD系统，坝型为典型的实体重力坝。最终目标能满足可行性研究阶段和初步设计阶段的主要要求（应力、稳定、图形、工程量）。

2. *微机重力坝CAD系统环境*　软件：DOS3.31以上、UCDOS2.01以上、AutoCADR10.0/386以上、cdBASEⅢ。硬件：386以上微机、打印机、鼠标器、绘图仪。

3. *微机重力坝CAD系统适用范围*

(1)本系统可用于可行性研究和初步设计，只要设计人员对本次设计有大致的布置设想，亦即在进入本系统设计之前，事先确定坝轴线位置，并且根据开发任务拟定各种坝体泄水孔（表、中、底孔）的组合方案（位置、孔数、孔口尺寸等），即可进入本系统进行设计。每变动一次设计方案，均可迅速得到一次设计成果。

(2)坝轴线为直线形，岩基上大中型重力坝（小型也可以），如坝轴线为折线，可近似处理。

(3)枢纽包括挡水坝段（可分为河床、左岸、右岸）、泄流坝段（表孔、中孔、底孔）、表孔（可分为敞开式、胸墙式），中孔和底孔（可分为有压孔、无压孔）、电站坝段（坝后厂房式），隔墩坝段和电梯井坝段、其他孔坝段（可为表、中、底孔之间任一种，某一类泄水孔如果布置在两侧，则可称另一侧的泄水孔为其他孔坝段）。

4. *微机重力坝CAD系统特点*

(1)按照软件工程方法研制。文档齐全，易于维护。

(2)规模大（有151个模块，占磁盘容量15MB），功能强，能满足重力坝初步设计、可行性研究现行规范的设计要求。

(3)设计速度快。最低可提高设计工效10～20倍，特别适合于多设计方案的比较和优选，效益显著。

(4)采用国际惯例的高度模块化结构。

(5)灵活性。对不同工程、不同的设计阶段，可按不同需要选择有关功能模块运行，成功地模拟了复杂的设计过程，对有关设计参数提供缺省值，用户可利用人机对话方式予以修改。

(6) 容错性。本系统严格按照现行规范的要求进行自动判别并提示报警。

(7) 用户界面友好，设计过程全汉化，使用方便。

(8) 运行环境简单经济，适于各级设计院使用。

5. 微机重力坝CAD系统主要成果

(1) 图形。包括地面模型图（三维）、地形等高线图与消隐后的地形等高线图，库水位—泄量关系曲线；混凝土分层累积曲线；工程特性表；枢纽布置图（平面、上、下游立视）；各坝段断面图、平面图（挡水坝段、表孔坝段、中孔坝段、底孔坝段、电站坝段、电梯井坝段）；基本挡水坝段、表孔坝段断面应力、主应力分布图；廊道系统纵剖面、平面布置图；基础处理纵剖面、平面布置图；混凝土标号分区设计图（各坝段断面、纵剖面）；各坝段断面开挖图；各坝段断面深层抗滑稳定分析图；平面有限元分析位移图、应力等值线图；温度控制设计图（等温线、不稳定、天然冷却、基础块温控设计、上下层温差、气温年变化、气温骤降）。

(2) 主要计算结果。包括水位～泄量计算报告，调洪演算报告，水力计算设计书，坝高计算报告；基本挡水坝段断面优化报告；基本挡水坝段、表孔坝段断面分层应力、主应力报告；重力坝坝基应力、稳定计算书（基本挡水坝段，表孔、中孔、底孔、电站）；泄流坝段断面设计、消能设计书（表、中、底孔）；电站坝段断面设计书；混凝土总量与分层计算报告；纵向建基线设计报告；土石方开挖量报告；基础处理工程量报告（帷幕灌浆、固结灌浆、基础排水）；各坝段深层抗滑稳定分析报告。

6. 工程应用和经济、社会效益　目前该系统已在万家寨、迈湾水利枢纽等10多个工程中得到应用，取得了明显的社会效益和经济效益。采用微机重力坝CAD系统可以加快设计进度，提高设计工效，创造的效益十分可观，如下表。

微机重力坝CAD系统工效表

工程名	规模	设计阶段	目标	常规设计	本系统	提高工效
万家寨	大型	初步设计	一个正式方案	810工日	25工日	32倍
迈湾	中型	可行性研究	一个比较方案	90工日	5工日	18倍

注　前提是基本资料齐备，具备一定设计经验。

该系统的突出优点是能迅速地进行多方案比较，从中选择一个最优设计方案，重力坝工程规模大，设计复杂，设计周期长，多方案比较在以前几乎是难以做到的，现在完全可以利用该系统实现，因此，在提高工程的综合效益、缩短设计周期、降低工程造价等方面，该系统所创造的经济效益是无法估算的。例如，1994年，天津院进行海南迈湾水利枢纽可行性研究，仅由一年轻同志负责，在不到三个月的时间内（7月～10月），利用该系统做了七个比较方案，为优化设计提供了依据。同时，系统的推广应用，还必将大大改善水利水电设计环境，减轻设计劳动强度，促进计算机辅助设计这一当代技术向专业领域渗透；在未来的市场竞争，特别是招标设计中，必将显示其快捷、简便、可靠的优点，推动水利水电事业的发展。

该系统于1994年7月通过水利部鉴定，认为达到国际先进水平。1995年又获得水利部科技进步一等奖。1996年获国家科技进步二等奖。

（水利部天津水利水电勘测设计研究院　莘志宏）

技 术 标 准

17

技术标准管理工作

1995年～1997年全国电力工业标准化工作情况

（一）1995年全国电力工业标准化工作联席会议

该会于1995年3月在北京召开，参加单位有电力部有关司局、中电联、各网省局（公司）技术归口单位、各专业标准化技术委员会的有关人员共119人。电力部陆延昌副部长作了重要讲话，中电联张绍贤理事长、叶荣泗副理事长参加了会议。

会议就电力工业标准化的现状与发展，采用国标和国外先进标准，动员全行业的力量参与行业标准化工作，建立电力工业标准化技术体系，调整完善标准化工作系统等重大问题进行了充分讨论，会议取得的共同认识和当前需要进行的工作重点归纳如下。

（1）电力部在行业标准化工作改革方面迈出了关键的一步。电力部刚成立就将电力工业国家标准和行业标准的制、修、审的协调组织工作交中电联承担并在电力部统一领导下开展工作。

（2）电力工业标准化工作是电力工业持续健康发展，实现安全文明生产，不断提高劳动生产率和经济效益的重要保证条件。电力工业标准在促进电力行业取得较好的经济效益和社会效益，加快科技成果转化为生产力等方面起到了重要作用。随着改革开放的发展，电力工业标准已经成为国际交流，经贸合作的重要条件。当前电力工业标准化工作还满足不了电力工业高速发展的需要，相当一批标准的标龄过长，迫切需要进行修订。

（3）电力工业标准体系表是指导电力标准化工作的重要文件，是电力行业标准化工作规划、制修订计划和立项的依据。会议对中电联标准化部提出的《电力标准体系表》（送审稿）进行审查并原则上通过。

（4）采用国际标准和国外先进标准是我国一项重要的技术政策，是促进电力工业高速度发展和与国际接轨的重要保证之一，力争在2000年使电力国家标准的采标率达到70%。

（5）标准的经费，要从单一的电力部拨款向由电力行业及其他相关企业筹措与电力部拨款相结合转轨。

（6）会议安排了各网、省公司承担部分标准的制修订项目。待计划下达后，由各有关单位筹备和落实所需费用并和相关标委会一道组织起草小组。

（二）1996年全国电力工业标准制、修订计划会议

该会于1996年9月在内蒙包头召开，参加单位有全国各电管（电力）局，标准化技术归口单位，专业标准化技术委员会挂靠单位的代表共64人。中电联张绍贤理事长参加了会议并作了重要讲话。

会议有三项主要内容：①检查1994年、1995年两年标准制、修订计划执行情况。②落实1996年标准制、修订计划项目。③就进一步搞好电力标准化工作征求与会者的意见。

根据立项原则确认了130项制、修订标准项目，并对计划任务作了初步分工。

由于1996年没能筹集足够的经费，提出了两项措施：①由各电管（电力）局、电力公司承担一部分制订及修订任务。作为项目承担单位，负责提供制、修订标准所需的全部费用，组织起草工作，包括组织起草小组、控制进度、组织审查会，直至提交新标准的报批稿。会议要求承担单位与相关标准化技术委员会或科研院所合作，共同完成标准起草工作，并保证新标准的质量。②对非企业单位承担制、修订项目，将安排一定的补贴费用，会议要求承担单位节约使用资金并鼓励各单位自筹经费完成制、修订工作。

（三）水电标准制、修订工作进展情况

1995年10月电力部发布《电力标准体系表》，其中水电标准为400项。按层次分类：行业通用标准为14项、专业通用标准1项、门类通用标准92项，个性标准293项。到1997年3月已制定的水电标准131项，未制定的水电标准有269项，其中86项标龄已超过5年需要作修订。详见水电标准项目统计表。

水电标准项目统计表

层次	名称	标准编号	项目数	已制定	未制定	需修订
行业通用标准	基础和通用	DL01	3	1	2	1
	技术	DL02	5	1	4	1
	安全环保	DL03	1		1	
	管理	DL04	5		5	

续表

层次		名称	标准编号	项目数	已制定	未制定	需修订
专业通用标准		电力勘测设计	DL1				
		施工安装及验收	DL2	1		1	
		生产运行及电网调度	DL3				
		电力设备及技术条件	DL4				
		检修调试	DL5				
		安全	DL6				
		管理	DL7				
门类通用标准		综合规划	DL1.1				
		水电勘测设计	DL1.2	41	15	26	7
		水电工程	DL2.1	33	7	26	
		水电厂	DL3.1	6	1	5	1
		水电厂设备	DL4.1	2		2	
		水电	DL6.1	10	5	5	4
个性标准	水电勘测设计	水文泥沙	DL1.2.1	2	1	1	
		河流规划	DL1.2.2	5	2	3	1
		地质	DL1.2.3	5	3	2	3
		勘测与物探	DL1.2.4	3	3		
		试验	DL1.2.5	18	7	11	6
		测量	DL1.2.6	2	1	1	1
		坝工及泄水建筑物	DL1.2.7	13	11	2	9
		引水发电	DL1.2.8	6	4	2	3
		过坝设施	DL1.2.9				
		水机	DL1.2.10	9	4	5	3
		电工	DL1.2.11	13	2	11	2
		金属结构	DL1.2.12	3	3		
		施工组织	DL1.2.13				
	水电工程（施工安装及验收部分）	水工及土建	DL2.1.1	84	19	65	18
		金属结构	DL2.1.2	9	4	5	1
		水轮机及辅机	DL2.1.3	22	7	15	4
		调试启动	DL2.1.4	4	1	3	
		电气	DL2.1.5	1		1	5
		施工机械	DL2.2.14	5	2	3	
	水电厂（生产运行及电网调度部分）	水工	DL3.1.1	9	1	8	1
		机电	DL3.1.2	8		8	

续表

层次		名称	标准编号	项目数	已制定	未制定	需修订
个性标准	水电厂设备	水工金属结构	DL4.1.1	9	6	3	6
		水工机械、仪器	DL4.1.2	18	9	9	3
		机电设备	DL4.1.3	25	8	17	5
		施工	DL4.2.9	1	1		1
	水电厂（检修调试部分）	水工	DL5.1.1	3		3	
		机电	DL5.1.2	13	2	11	
	节能管理	水电	DL7.2.1	3		3	
合计				400	131	269	86

（中国电力企业联合会　陈宗梁）

世界标准日

（一）世界标准日和有关的组织

1946年10月14～26日，中、美、英、法等25个国家代表在伦敦开会，商议成立国际标准化组织问题，1947年宣布正式成立该组织选定10月14日为世界标准日，每年在那天开展世界范围内的庆祝活动，广泛宣传标准化工作的重要意义，提高和重视做好标准化工作。

在1985年以前，世界标准日还没有明确每年的活动主题，重点是宣传标准化工作的意义和国际标准化的基础知识。1986年～1996年，每年世界标准日都提出了宣传主题，例如：国际标准化（1986年、1987年）、照明及照明设备的国际标准化（1988年）、保健技术标准（1989年）、环境（1990年）、安全（1991年）、世界贸易（1992年）、信息技术（1993年）、消费者（1994年）、运输（1995年）、服务（1996年）、世界贸易（1997年），围绕宣传主题开展世界标准日的活动。

世界标准化组织（ISO）共设有2856个技术机构，包括技术委员会（TC）185个、分技术委员会（SC）611个、工作组（WG）2022个、特别工作组38个，日常办事机构设在日内瓦的中央秘书处。世界标准化组织负责电工、电子领域以外的所有领域的标准化活动，已出版国际标准10300余本。这里所提的国际标准是由国际标准化组织和国际电工委员会（IEC）所制定的标准以及由它们公布的国际组织和其他国际组织规定的某些标准。国际电工委员会是1906年成立，设有技术委员会（TC）88个、分技术委员会（SC）111个，日常办事机构设在日内瓦的中央办公室。国际电工委员会负责电工、电子领域的标准化活动，已出版国际标准3580余本。

上述国际标准具有以下的基本特点：①重视基础标准的制定，例如术语标准，图形符号标准，量和单位及其字母符号标准等。②测试方法标准占有重要的位置，凡标准中制定了性能方面要求的，都规定了相应的测试方法。③突出安全、卫生标准，许多国家对安全标准通过立法程序或安全论证制度来使安全标准具有强制性，凡不符合安全标准者不准进口和在市场上销售。④注意发展产品标准。

（二）电力系统开展的活动

我国电力系统和全国其他行业一道开展世界标准日活动，最近两年具体活动内容如下：①参加各类庆祝会，报告会和座谈会。1995年电力部参加在京举办的庆祝会，在会上作了题为“电力工业与标准化”的发言。②广泛开展宣传活动，《中国电力报》介绍世界标准日的宣传主题内容和标准化工作的重要意义，《电力标准化信息》对世界标准日作了专题报道，《中国质量报》上发表了“标准有利于电力高质量地输送”的专题文章。③张贴大量世界标准日的宣传画。④在各类庆祝会上还专门组织文艺表演、放映有教育意义的电影等。

（中国电力企业联合会 陈宗梁）

1995年～1997年水电标准制订和修订及其颁布情况

（一）制定标准制订、修订计划的原则

①积极采用国际标准或国外先进标准。②优先选用电力标准体系表范围内的项目。③考虑有利于标准的实施、监督和高新技术的发展。④鼓励有经济能力的单位自筹经费承担制订、修订标准项目。

（二）制订、修订标准立项的重点

①采用国际标准或国外先进标准的项目。②吸收了科技新成果，有明显的社会效益和经济效益的项目。③对安全、节能、环保有重大意义，对提高电力生产运行效率有较大意义的项目。④为适应新技术的发展急需修订或发布时间较长而需要进行修订或确认的项目。

1995年～1997年水电标准制、修订项目共70项，详见表1，表中序号1～17为1995年的项目，序号18～43为1996年的项目，序号44～70为1997年经专家会议审定。

1995年～1997年电力工业部发布的水电标准（电力行业标准）共26项。详见表2。

1995年～1997年国家技术监督局发布与水电有关的部分国家标准列出18项，见表3。

表1 1995年～1997年水电标准制订、修订项目

序号	名称
1	水轮发电机试验方法
2	立式水轮发电机弹性金属塑料推力轴瓦技术导则
3	水轮机运行规程
4	水轮发电机组自动化元件及其系统运行维护检修试验规程
5	压力钢管安全检测技术规程
6	水利水电土建工程施工招标和合同文件范本
7	混凝土拱坝设计规范
8	水力发电厂计算机监控系统试验验收规程
9	水电工程建设监理
10	水电工程招标文件编制规程
11	水电站基本建设工程验收规范
12	水利水电工程岩石试验规程
13	水电站压力钢管设计规范
14	水轮机金属蜗壳组装焊接工艺导则
15	混流式水轮机分瓣转轮组装焊接工艺导则
16	电液伺服阀订货技术要求
17	混凝土大坝安全监测技术规范
18	水工隧洞设计规范
19	水利水电工程地下工程设计导则
20	水电水利岩土工程钻孔技术规程
21	水电工程预可行性研究报告编制规程
22	抽水蓄能电站规划选点编制暂行规定
23	水电水利工程移民安置规划编制规程
24	水利水电工程沉砂池设计规范
25	混凝土重力坝设计规范
26	水工建筑物荷载设计规范
27	抽水蓄能电站设计导则
28	水工建筑物地下开挖工程施工技术规范
29	水工混凝土试验规程
30	水工混凝土施工规范
31	水工隧洞预应力锚索混凝土衬砌施工导则
32	大中型碾压式土石坝施工技术规范
33	水工混凝土外加剂标准
34	水下不分散混凝土试验规程
35	聚合物改性水泥砂浆试验规程

续表

序号	名称
36	用于水工建筑物的橡胶止水带
37	水利水电工程金属结构安装国内招标合同标准格式
38	进口水轮发电机和发电电动机设备技术
39	水轮发电机转子现场装配工艺导则
40	水轮机检修规程
41	水轮发电机检修规程
42	水利水电工程金属结构防腐标准
43	水力发电厂电气试验设备配置标准
44	水电水利工程天然建筑材料勘察规程
45	水电工程环境影响评价规范
46	水电水利工程等级划分及设计标准
47	混凝土面板堆石坝设计规范
48	梯级水电厂集中监控工程设计规范
49	水电工程通信设计内容和深度规范
50	水力发电厂值班方式设计导则
51	水力发电厂工程管理设计导则
52	水力发电厂火灾报警设计导则
53	QP型卷扬式启闭机系列参数
54	QPKY水工平面快速液压启闭机基本参数
55	水工建筑物嵌缝止水材料技术标准
56	土工离心模型试验规程
57	水轮机电液调节系统及装置调整试验导则
58	水工碾压混凝土施工规范
59	面板堆石坝接缝止水材料施工规范
60	水电水利施工安全防护设施技术规范
61	水电水利施工爆破建设规范
62	水电水利基本建设工程单元工程质量等级评定标准（八）碾压混凝土工程
63	QPPY水工平面闸门液压启闭机基本参数
64	水工建筑物水泥灌浆施工技术规范
65	水电水利工程混凝土防渗墙施工技术规范
66	水力发电工程计算机辅助设计技术标准
67	水电厂非电量变送器（传感器）性能评定与运行管理及检验规程
68	混凝土面板堆石坝施工规范
69	溢洪道设计规范
70	水电工程液压启闭机设计规范

表2 1995年～1997年电力工业部发布的水电技术标准

序号	名称	标准编号
1	水轮机电液调节系统及装置技术规程	DL/T563—1995
2	水电厂计算机监控系统基本技术条件	DL/T578—1995
3	大中型水轮发电机静止整流励磁系统及装置技术条件	DL/T583—1995
4	水利水电工程钢闸门设计规范	DL/T5039—1995
5	河流水电规划编制规范	DL/T5042—1995
6	水利水电工程动能设计规范	DL/T5015—1996
7	水利水电工程坑探规程	DL/T5050—1996
8	水利水电工程水情自动测报系统设计规定	DL/T5051—1996
9	水工混凝土掺用粉煤灰技术规范	DL/T5055—1996
10	水工混凝土结构设计规范	DL/T5057—1996
11	水电站调压室设计规范	DL/T5058—1996
12	水利水电工程劳动安全与工业卫生设计规范	DL5061—1996
13	水电工程水库淹没处理规划设计规范	DL/T5064—1996
14	水力发电厂计算机监控系统设计规定	DL/T5065—1996
15	水力发电厂机械辅助系统设计技术规定	DL/T5066—1996
16	水电厂机组自动化元件及其系统运行维护与检修试验规程	DL/T619—1997
17	立式水轮发电机弹性金属塑料推力轴瓦技术条件	DL/T622—1997
18	水利水电工程测量规范（规划设计阶段）	SL197—1997（与水利部联合发文）
19	水轮机金属涡壳安装焊接工艺导则	DL/T5070—1997
20	混流式水轮机分瓣转轮组装焊接工艺导则	DL/T5071—1997
21	水工建筑物抗震设计规范	DL5073—1997
22	220kV架空送电线路水文勘测技术规范	DL/T5076—1997
23	水工建筑物荷载设计规范	DL5077—1997
24	水电站引水渠道及前池设计规范	DL/T5079—1997
25	水利水电工程通信设计技术规定	DL5080—1997
26	水力发电厂自动化设计技术规范	DL/T5081—1997

表3 1995年～1997年国家技术监督局发布与水电有关的部分国家标准

序号	名称	标准编号
1	水轮机基本技术条件	GB/T 15468—1995
2	反击式水轮机空蚀评定	GB/T 15469—1995
3	水轮机模型验收试验规程	GB/T 15613—1995
4	应变控制式直剪仪	GB/T 4934—1995
5	单杠杆固结仪	GB/T 4935—1995
6	电工术语、水轮机、蓄能泵和水泵水轮机	GB/T 2900.45—1996
7	地下建设氡及其子体控制标准	GB 16356—1996
8	水质、石油类和动植物油的测定红外光度法	GB 16488—1996
9	潜水员水下用电安全技术规范	GB 16636—1996
10	金属应力松弛试验方法	GB/T 10120—1996
11	设备及管道保冷技术通则	GB/T 11790—1996
12	水泥组分的定量测定	GB/T 12960—1996
13	纤维增强水泥及其制品术语	GB/T 16309—1996
14	粘土化学分析方法	GB/T 16399—1996
15	地震勘探电雷管	GB/T 16625—1996
16	水力机械振动和脉动现场测试规程	GB/T 17189—1997
17	水轮机调速器与油压装置技术条件	GB/T 9652.1—1997
18	水轮机调速器与油压装置试验验收规程	GB/T 9652.2—1997

（中国电力企业联合会　陈宗梁）

水电标准宣贯会

为了适应社会主义市场经济和当前水电建设的发展需要，1996年12月中电联标准化部举办了一期“水工混凝土掺用粉煤灰技术规范”宣贯会，这是水电标准首次组织的宣贯会，也是摸索经验，为今后办好标准宣贯会打下了基础。

举办这期标准宣贯会的目的是：①要求正确理解和掌握该规范，以便运用。②广泛推广水工混凝土掺用粉煤灰的技术，更好发挥经济效益和社会效益。③举办宣贯会本身也是加强标准化管理工作力度的一种方式。

这次宣贯会上着重讲了以下方面的专题，即粉煤灰在水利水电工程中的应用，编制该规范中的几个重大技术问题，如粉煤灰的技术要求、粉煤灰混凝土的质量检验、粉煤灰混凝土的物理结构特性、微观结构和水化机理等。

“水工混凝土掺用粉煤灰技术规范”宣贯会安排了两天，来自全国设计、科研、施工、运行、管理等专业技术人员共80余人，大家反映参加这期宣贯会在对标准的理解和掌握上是有收获的，宣贯会有成效，希望继续举办这类标准宣贯会。

我们在办好标准宣贯会方面主要有以下几点体会：①举办标准宣贯会是推广运用新技术、新成果、新经验的一个很好的方法，提供了一个学习和掌握标准的机会，对帮助提高工作和技术水平，对实施标准和取得更好经济和社会效益有促进作用。②要选好宣贯会宣讲的标准。水电每年都有新的标准发布，举办标准宣贯会需要选好标准，例如选用一些代表性强的标准、具有显著经济效益的标准、或者专业性很强较难掌握好的标准等。③要聘请好宣贯会的老师，这也是办好宣贯会的重要方面，要求所聘请的主要老师是亲自参加标准制、修订工作的专家，同时也可考虑聘请有实际经验的专家，但宣贯会的老师一般不宜过多。④准备好一些专题技术参考资料是有必要的。在“水工混凝土掺用粉煤灰技术规范”宣贯会上，我们准备了一定数量专题技术参考资料，深受到会者欢迎，可供会后学习，进一步拓宽了解技术标准的深度和广度。⑤为购买技术标准提供方便。在举办宣贯会期间，联系出版单位开展现场出售标准和有关技术书籍的服务工作，既方便了读者，也增加了售书的机会。

中国电力企业联合会标准化部自1993年成立以来，在水电标准方面做了大量工作，率先出版了《电力工业标准汇编》水电卷，在标准经费不足的困难情况下坚持开展水电标准的制、修订工作，每年陆续发布新的水电标准，同时加强水电标准的推广运用，举办标准宣贯会。1997年举办三期水电标准宣贯会，即《水工混凝土结构设计规范》、《水利水电工程劳动安全与工业卫生设计规范》、《水工建筑物抗震设计规范》的宣贯会。

（中国电力企业联合会　陈宗梁）

1995年～1997年水电勘测设计技术标准概况

根据1988年发布的《水利水电勘测设计技术标准体系》，到1997年底，已颁布（含已报批）的水利水电勘测设计技术标准有107项，还有在编修标准约40项。这些标准覆盖了水利水电工程各专业的主要技术内容，是勘测、设计、工程项目审查、咨询、评估、工程安全鉴定，以及工程施工、验收、运行的基本依据。

近三年来，水电勘测设计技术标准又有长足进步，现将主要成绩和大事记载如下。

（一）有影响的几件大事

(1) 能源部撤消，电力部成立以后，电力部发布《电力工业部标准化管理办法》。根据该办法，成立了部标准化领导小组，领导小组办公室设在中国电力企业联合会标准化工作部，负责标准化的日常管理工作。同时也明确了电力部有关司局和四个标准化技术归口单位的职责。

(2)原能源部、水利部两部领导的水利水电规划设计总院分为两院以后，水利水电勘测设计技术标准的管理出现复杂情况。

(3)电力部改革成立国家电力公司，以政府行为为主的标准化工作的管理体制、经费来源面临新的调整。

（二）发布一批新编修标准

三年先后新编修标准19项，它们是：水利水电工程地质勘察规范，岩石试验方法标准、水利水电工程钢闸门设计规范、水利水电工程制图标准、河流水电规划编制规范、水利水电工程动能设计规范、水利水电工程坑探规程、水利水电工程水情自动测报系统设计规定、水工混凝土结构设计规范、水电站调压室设计规范、水利水电工程安全生产与劳动卫生设计规定、水利水电工程水库淹没处理规划设计规范、水力发电厂计算机监控系统设计规定、水力发电厂自动化设计规范、水利水电工程通信设计技术规范、水力发电厂水力机械辅助设备系统设计技术规定、水工建筑物荷载设计规范、水工建筑物抗震设计规范、水利水电工程引水渠和压力前池设计规范等。

（三）标准制修订情况

1. 标准体系调整情况　经原能源部、水利部批准的《水利水电工程勘测设计技术标准体系》共列标准127项，在实际编修过程中略有增删。1995年发布的《电力标准体系》中，含有水电勘测设计标准120项。在原水利水电规划设计总院分家以后，为方便管理，对水电勘测设计技术标准进行了初步清理，结合近期发展需要，初步拟定水电勘测设计技术标准约150项，分为综合、勘测、规划、水库、水工、机电、施工、计算机软件、其他十类，每类下面又根据专业情况分若干子类。

2. 标准制、修订新项目　三年先后立项编制或修订项目共24项，每年编、修项目约50～60项。首先安排了标龄过长的标准进行修订，对生产急需的项目也优先安排编制。前者如《水利水电枢纽工程等级划分和设计标准》，后者如《水利水电工程招标文件编制规程》等。

3. 标准复审工作　1997年对5年以上标龄又未安排修订的标准，进行全面复审，分别按修改、修订、确认、废止四种情况处理，今后要经常这样做。

（四）标准制修订经费

长期以来，水电勘测设计规范的编修经费是在前期事业费中开支。最近三年，前期事业费渠道发生变化，在资金极为困难条件下，共拨款232.5万元投入标准制修订工作。

（五）管理体制及调整

水电水利规划设计总院是水电勘测设计技术标准的技术归口单位，在总院内部实行各专业处分工负责、科电处归口的体制。中国电力企业联合会标准化部下设专业标委会，负责组织编制和审查本专业的行业标准，并参加国家标准的编制和审查。与水电勘测设计技术标准有关的岩土工程、水电规划、水工建筑物、金属结构四个专业标委会，挂靠在水电规划设计总院，为统一和协调，具体挂靠在有关专业处，近年相继完成换届或组建成立工作。

（六）标准化信息网的活动

水利水电勘测设计标准化信息网有网员单位56个，定期召开网长、网员会议，出版网刊（季刊），在宣传国家有关标准化方针政策和交流标准制修订信息和技术问题讨论方面，发挥了积极作用。还组织了34个单位，在“自愿参加、自愿集资、联合运作、成果共享”的原则下，编写《水利水电勘测设计技术文件范本》（以下简称《范本》），内容包括设计大纲、设计报告、标书文件等170余项，约500万字。至1997年底，已完成129项初稿，正式发布71项。其成果对提高水利水电工程设计质量和效率有重要作用。《范本》具有准企业标准的性质，经二次开发，可以转换为一批企业标准。

如上所述，水电勘测设计技术标准取得显著成绩，但随着水利水电建设事业的日益发展和科学技术的飞快进步，特别是进入信息时代，技术标准作为基础和前提，需要加快更新步伐。相对于面临的繁重而紧迫的任务，还存在一些实际困难和问题需要解决，主要有：标准体系需要继续调整和完善；要建立稳定、充足的经费来源；建立稳定的标准化基本队伍；解决编修周期太长问题；管理体制需要理顺；管理办法需要改进。

（水电水利规划设计总院　沈义生）

新颁和修订的规程、规范和导则

《水利水电工程动能设计规范》

本规范为中华人民共和国电力行业标准。主编单位为电力工业部水电水利规划设计总院、中南勘测设计研究院，参加单位为成都、华东勘测设计研究院以及黄河水利委员会勘测规划设计院。1996年3月4日电力工业部发布，批准为推荐性标准，该标准自1996年8月1日起实施。本规范适用于水利水电工程的大、中型水电站。对规模较小的中型水电站可适当简化。今将水利水电工程动能设计规范的主要内容和规定介绍如下。

动能设计应以河流(或河段)规划和电网电源规划为基础，主要内容为：进一步协调综合利用各部门的要求，预测负荷，论证水电站供电范围，选择设计保证率及设计水平年，确定水电规模及其他特征值，研究水库和电站运行方式，阐明工程效益，论证工程修建的必要性，进行项目经济评价。

动能设计必须遵循国民经济建设总方针和各项技术政策，认真贯彻水资源综合利用和综合治理的原则，对所设计水电站应视作水资源系统和电力系统的一个组成部分，以总体效益最好为准则。妥善处理需要与可能、近期与远景、上游与下游等方面的关系，以求经济合理的开发利用水资源。

动能设计必须重视有关社会经济、自然资源、综合利用、电力系统、生态与环境保护等方面的调查研究与分析。所用资料精度应与设计阶段相适应。各比较方案所采用的基本资料和计算精度应一致。

水电站的特征值选择及其经济性必须经过经济比较。评价的准则是：在同等程度满足综合利用和电力系统需求的前提下费用最小，并应考虑各种难以用货币量计算的因素，进行综合分析论证。经济评价方法应按国家计委颁发的《建设项目经济评价方法与参数》、以及《水电建设项目经济评价实施细则》、《水利经济计算规范》和其他有关规范的要求进行。

特征水位选择包括以下三种水位选择。

(1)正常蓄水位选择，应根据电力系统和其他部门的要求及水库淹没、坝址地形、地质、水工布置、施工条件、梯级影响，生态与环境保护等因素，拟定不同方案，通过技术经济论证及综合分析比较确定。

选择正常蓄水位时，必须特别重视水库淹没。应将淹没损失的大小，移民安置的难易程度，作为方案比较的重要因素。

(2) 汛期限制水位为水库在汛期为满足防洪要求或控制泥沙淤积高程而确定的允许兴利蓄水的上限水位。其选择应根据洪水及泥沙特性，研究对防洪、发电和其他有关部门的影响，研究对水库淹没、泥沙冲淤与淤积部位、水库寿命、枢纽布置及水轮机运行条件等方面的影响，通过对不同方案的效益和费用的比较，综合分析确定。

(3) 死水位选择，应比较不同方案的电力、电量效益和费用，并应考虑其他部门对水位、流量的要求和泥沙冲淤、水轮机运行工况及闸门制造技术对进水口高程的约束条件，经综合分析比较确定。

设计水电站的装机容量，必须充分研究水库调节性能、综合利用要求、系统负荷及其特性、水电站的供电范围及其在系统中的作用、水火电比重、各类电站的运行方式等，进行各种代表年的电力、电量和调峰能力平衡，计算各装机方案的容量、电量效益与费用，通过方案比较合理确定。

水轮机额定水头应根据所设计水电站水头变化特性、电量加权平均水头、电力与电量平衡的要求进行选择，并宜与机型、台数、直径及额定转速同时选择，选择中还应研究水轮机机组水头预想出力降低对系统电力、电量平衡的影响。

水轮机机组机型与机组容量应根据电站的出力与水头变化特性、枢纽布置、设备制造水平和运输条件、电力系统的运行要求等因素，计算不同方案的容量、电量效益与费用，通过综合分析比较选择。为保证电力系统运行安全灵活，机组分数不宜少于两台。

引水式水电站输水道尺寸和日调节池容积的选择，应根据地形、地质、冰凌情况及电站的日运行方式，并结合电站装机容量和机组、机型选择，经过综合分析确定。

当水库蓄水时间较长时，应根据上游不同来水情况、工程施工和移民进度、各用水部门必需的用水要求等，研究初期用水分配与放水措施，选择初期蓄水方案。

水电站装机程序应根据水库蓄水进度，机电设备供应计划及其效益发挥过程，通过电力系统逐年电力、电量平衡和经济比较确定。

抽水蓄能电站动能设计应包括以下内容：

(1)阐明设计抽水蓄能电站在电力系统中的调峰、填谷、担任备用、改善系统运行条件等效益，论证其建设必要性、经济合理性和财务可行性。

(2)选择上、下水库库址与库容，确定相应特征水位。

(3) 选择装机容量和抽水电源。

(4) 选择机组、机型。

(5) 选择输水道尺寸。

(水电水利规划设计总院　朱铁铮)

《水利水电工程结构可靠度设计统一标准》

原能源部、水利部根据国家计委计综［1986］450号文的要求，编制《水利水电工程结构可靠度设计统一标准》(GB50199—94)(以下简称《水工统标》)。编制组由原水利水电规划设计总院担任主编单位，北京、华东、上海、西北、成都等勘测设计研究院为参编单位。编制《水工统标》的目的是为统一水工结构可靠度设计的基本原则和设计标准，用以指导各类水工结构设计规范的编制。《水工统标》遵守《工程结构可靠度设计统一标准》(GB50153—92)规定的基本原则，并考虑水工结构的特点进行编制。在总结水工结构设计经验的基础上，引进结构可靠度设计理论，以结构在规定的时间内，在规定的条件下，完成其预定功能的概率为结构可靠度的度量。结构应具有足够的可靠度。

(一)《水工统标》的编制情况

制定《水工统标》是一项开创性的工作，难度很大。在编制工作中得到建设部、原能源部、水利部的领导和有力支持；建筑、铁道、航运等部门的专家和河海大学、大连理工大学、天津大学、华北水电学院等院校的教授介绍了大量宝贵经验。

起草《水工统标》经历了试写稿、草稿、初稿、征求意见稿，送审稿、报批稿等阶段，每一稿都经过多次深入的讨论和修改。结合条文的主要内容，做了广泛的调查研究和专题论证。例如对设计基准期、安全级别、目标可靠指标、分项系数体系等做了充分的论证；对一些设计参数做了调查统计；对10座重力坝、6座水闸以及二滩拱坝、松涛土坝等已建成的水工建筑物进行了可靠度分析；对混凝土重力坝设计规范和水工钢筋混凝土结构设计规范进行了可靠度校准，基本摸清其可靠度水平；在上述工作的基础上，按《水工统标》的要求，编制了《重力坝可靠度分析和分项系数的确定》和《水工混凝土结构可靠度分析和分项系数的确定》两个附件。通过两个附件的应用检验，证明《水工统标》是行得通的。

《水工统标》在征求意见稿阶段广泛征求了国内权威专家的意见，并召开了审查讨论会，对专家的意见逐条做了研究和修改。1992年春由电力部总工程师、两院院士潘家铮主持审查会，通过了《水工统标》送审稿。1994年3月建设部以建标［1994］140号文批准《水工统标》为强制性国家标准，自1994年11月1日起施行。

(二)《水工统标》的主要内容

《水工统标》包括8章共77条和8个附录，各章的主要内容如下。

第一章总则，共9条。规定了编制的目的、适用范围、采用的设计原则和实用设计方法、结构的设计基准期和结构应满足的各项功能要求、结构安全级别等。“本标准采用概率极限状态设计原则，以分项系数极限状态设计为实用设计方法”这一规定是本标准的核心，与安全系数定值设计方法相比是一重大进步。

第二章基本符号。

第三章极限状态设计原则，共4节20条。第一节一般规定，规定了两种极限状态、两种破坏类型、三种设计状况等；第二节基本变量，规定应将各种设计参数做为随机变量进行统计分析；第三节极限状态方程，规定了功能函数和按极限状态设计的表达式等；第四节结构的可靠指标，规定结构可靠度宜用可靠指标度量，给出可靠指标与失效概率的关系、可靠指标的计算方法、有关目标可靠指标的各项原则规定，并在附录C中给出重力坝和混凝土结构在持久状况、承载能力极限状态的目标可靠指标。

第四章结构上的作用，共4节15条。第一节作用的分类；第二节作用的随机特性；第三节作用的代表值；第四节作用效应的组合。

第五章材料、地基、围岩性能和几何参数，共3节11条。规定了它们的随机特性和代表值（标准值）的确定方法。

第六章结构分析，共7条。规定了有关结构分析的各项要求。

第七章分项系数极限状态设计方法，共10条。规定在分项系数极限状态设计式中，以分项系数和基本变量的代表值反映功能函数中基本变量的不定性，并与规定的目标可靠指标相联系；同时规定采用五个分项系数，并给出它们的确定原则和方法，以及两种极限状态、各种作用效应组合的设计表达式。

第八章质量控制，共5条。提出对水工结构质量控制的各项要求。

(水电水利规划设计总院　董育坚)

《水工建筑物荷载设计规范》

《水工建筑物荷载设计规范》(以下简称《水工荷载规范》),由电力部中南勘测设计研究院主编,北京、西北、成都、华东、上海、东北勘测设计研究院及水利水电科学研究院参编。1997年完成。

长期以来,水工结构设计所采用的作用(荷载)值,均由各类水工结构设计规范作出规定,或参考其他工程由设计者自行确定,没有统一的标准和方法,致使结构的实际安全度并不一致,也不符合国家标准《水利水电工程结构可靠度设计统一标准》(GB50199—94)(以下简称《水工统标》)的要求,统一并规范水工建筑物的作用(荷载)取值,使水工结构设计符合安全可靠、经济合理的要求是十分必要的。

《水工荷载规范》的编制遵循了《水工统标》的设计原则和有关规定,主要是:结构设计计算采用概率极限状态设计,以分项系数极限状态设计为实用设计方法;视结构上的作用为随机变量,采用作用的标准值(或代表值)和相应的分项系数;作用的组合原则等。

由于作用在水工建筑物结构上的作用种类繁多,规范仅对常遇的主要作用的标准值和相应的分项系数作出了规定;对有足够统计资料的作用,采用概率统计的方法确定其标准值及分项系数,对资料欠缺的,统一规定了仍延用的计算公式,以确定其标准值。

《水工荷载规范》共分17章192条及10个附录,包括27项作用,主要内容如下所述。

第一~三章　依次为总则、主要符号、作用分类和作用效应的组合,分别阐述了规范适用范围、编制原则、依据及与其他行业有关规范的关系;对作用的分类、标准值与代表值、作用效应的组合原则作出了规定。

第四章　*建筑物自重及永久设备自重*。一些主要材料如混凝土和填筑料的重度,经大量实测资料统计后确定其标准值;其他常用材料的重度,当缺少统计资料时可按给出的参考表确定其标准值。并规定了自重作用的分项系数。

第五章　*静水压力*。枢纽建筑物及水工闸门的静水压力的标准值,按有关规范规定的特征水位计算确定;地下结构的外水压力,由于缺少实测资料,仍采用经验公式计算确定标准值;静水压力的作用分项系数均为1.0。

第六章　*扬压力*。作用在坝基面上的扬压力,根据大量已建工程的观测资料统计确定其标准值;水闸基础面上的扬压力,规定了标准值的计算方法;分别对浮托力和渗透压力的分项系数作出了规定。

第七章　*动水压力*。通过试验研究确定了时均压力、脉动压力、离心力及水锤压力等标准值的计算公式和相应的分项系数。

第八章　*地应力及围岩压力*。由于积累的资料有限,仍延用以往经验公式计算,分项系数为1.0。

第九章　*土压力及泥沙压力*。通过大量统计,确定了土压力计算中抗剪参数的取值标准,以及上埋式压力管道的土压力标准值的计算公式,及相应的分项系数。

第十章　*风荷载和雪荷载*。采用建筑结构的统计资料推算得出。

第十一章　*冰压力和冻胀力*。规定了静冰压力、动冰压力和墩柱、板型基础冻胀力标准值的计算公式,以及相应的分项系数。

第十二章　*浪压力*。规定了计算浪压力标准值的波浪要素的计算公式,以及风速的取值标准和分项系数。

第十三章　楼面及平台荷载。根据大量设计资料的统计,给出了水电站各层楼面及平台荷载的标准值和分项系数。

第十四章　桥机和门机荷载。统一标准值的计算公式,以及相应的分项系数。

第十五章　*温度作用*。规定了温度作用标准值的计算方法,并通过大量水库水温的统计分析,确定了坝前水温的计算公式。

第十六章　*地震作用*。属偶然作用,其分项系数采用1.0,按照作用效应的组合原则,抗震计算时的水库水位采用正常蓄水位。

第十七章　*灌浆压力*。其标准值采用设计值。但回填灌浆和接触的标准值应乘以小于1.0的系数,属短暂设计状况的作用。

上述27项作用的分项系数大多采用1.0~1.2,少数为1.3。

(水电水利规划设计总院　袁　玫)

《水工建筑物抗震设计规范》

我国第一本《水工建筑物抗震设计规范》(SDJ10—78)系根据原国家基本建设委员会1973年的通知,由中国水利水电科学研究院主持编制,于1978年由原水利电力部以(78)水电规字第111号通知颁布试行。该规范根据我国的具体情况,提出了水利水电工程的抗震设防要求,在动力理论基础上采用简化的拟静力法对主要水工建筑物规定了地震荷载,并对水工建筑物的场地选择、地基抗震和抗震结构及工程措施等都作了相应的规定。

按原能源部、水利部水利水电规划设计总院（91）水规设便字第35号文，自1991年起，中国水利水电科学研究院负责主持了《水工建筑物抗震设计规范》的修编工作。电力工业部昆明、西北勘测设计研究院，上海市水利工程设计研究院，大连理工大学，河海大学为协编单位。电力部于1997年以电综［1997］444号文颁布，编号为DL5073—1997（以下简称《新规范》）。《新规范》按建筑物类型分章节，分别给出抗震计算和抗震工程措施的格式。共11章27节200条和1个附录。其主要内容如下。

《新规范》规定在遭受设计地震烈度作用时，水工建筑物应能抗御、或虽有局部损坏但经一般处理后仍可正常运行为其设防目标。

《新规范》按建筑物的重要性、类型和基本烈度，新增划分了建筑物的抗震设防类别，以便分别不同情况选择抗震计算方法和采用相应的工程抗震措施。

《新规范》的设防依据采用了双轨制。即一般采用《中国地震烈度区划图》（1990）确定的基本烈度，而1级壅水建筑物则采用较基本烈度提高1度；对规定应进行专门的以概率为基础的地震危险性分析的重要工程，其壅水建筑物取100年期限内超越概率0.02，相当于5000年一遇的地震，而非壅水建筑物取50年期限内超越概率0.05，相当于950年一遇的地震。

水工建筑物的抗震设计仍采用针对设计烈度的单一计算水准。其地震作用效应计算方法采用以动力法为主、拟静力法为辅的双轨制。即对土石坝以外的大型水工建筑物采用更能反映地震动特性和结构动力性能的动力法，不再引入综合影响系数；对拟静力法则仅允许在一定限制条件下采用，并对各类建筑物的动态分布系数、动水压力计算等作了相应的调整，特别是对土石坝7、8、9设计烈度采用了不同的坝顶动态系数，以反映土石料在不同地震强度下的非线性变形特性。

在混凝土结构的震型分解反应谱法分析中，采用了场地相关反应谱，按场地土类型和覆盖层厚度将场地类别扩充划分成4类，并相应规定了反应谱不同的特征周期。为考虑远震对高度大、基频低的柔性结构的影响，规定设计烈度不高于8度、基本周期大于1.0s的结构，反应谱的特征周期宜延长0.05s。

《新规范》的抗震验算方法采用基于可靠度设计基本原则的分项系数极限状态设计表达式的实用设计方法。其结构系数，遵循“积极慎重、区别对待”的原则，在保持规范连续性的前提下，对现行采用确定性安全系数法的规范进行反演分析校准确定。在对满足现行抗震规范的22个典型重力坝断面和我国地震区10余座已建拱坝进行抗震可靠指标的校准和结构系数计算的基础上，确定混凝土重力坝的强度和稳定及拱坝的强度结构系数；对其他建筑物和按拟静力法作抗震验算的结构系数值则从传统的确定性安全系数“套改”求得。

《新规范》保持并强调了6、7、8、9设计烈度的设防范围。扩充了水工建筑物的类型，除土石坝、重力坝、拱坝和水闸外，增加了水工地下结构、进水塔、水电站压力钢管和地面厂房等种类的建筑物。并在深入研究高坝抗震性能的基础上，将规范的坝高适用范围从150m扩大到250m。

（中国水利水电科学研究院 侯顺载）

《防 洪 标 准》

中华人民共和国国家标准《防洪标准》（GB50201—94）是国家计委于1987年下达的任务，指定由原水利电力部负责主持编制。原水利电力部经研究，指定所属的原水利水电规划设计院为主编单位。由于机构变动，这项任务由原能源部、水利部水利水电规划设计总院接续，于1993年提出报批稿。1994年6月经建设部批准，由国家技术监督局和建设部联合发布，为强制性国家标准，自1995年1月1日起施行。

《防洪标准》（以下简称《标准》）由正文和条文说明两大部分组成。正文分为总则、城市、乡村、工矿企业、交通运输设施、水利水电工程、动力设施、通信设施、文物古迹和旅游设施九章。其中交通运输设施一章分铁路、公路、航运、民用机场、管道工程和木材水运工程六节；水利水电工程一章分水利水电枢纽工程的等别和级别、水库和水电站工程、灌溉、治涝和供水工程、堤防工程四节。总则一章阐明制定《标准》的目的、适用范围、选定防洪标准的共性要求和与有关标准、规范的关系，其他各章分别规定了各类防洪对象的等级划分和防洪标准。正文共计67条，按有关规定，对正文各条编写了相应的条文说明。

《标准》是在总结国内外防洪建设经验和防洪标准的基础上，根据各类防洪对象的重要性，分为不同的等、级，并统一以洪水的重现期规定其应达到的防洪标准。由于有防洪要求的防洪对象很多，防洪的性质不同，差异很大，《标准》既规定应达到的基本的防洪安全要求，又留有结合具体情况、灵活掌握、适当高于或低于规定标准的余地。

制定国家统一的防洪标准，在我国是第一次。《标准》规定的各类防洪对象的防洪标准，与现行我国各部门的标准基本协调，与国外比较标准适中。

洪水泛滥是一种危害很大的自然灾害，防御洪水，减免洪灾损失是国家的重要任务。《标准》规定了我国主要防洪对象应具有的防洪标准，对我国防洪工程建设，保障各类防洪对象的安全，具有重要的作用。

防洪标准不同于一般的技术标准和产品标准，在很大的程度上是如何合理处理防洪安全与经济的关系。《标准》是根据现阶段我国国民经济和社会发展水平，国家、地方和群众的承受能力，以具有一定的防洪安全度制定的。随着我国经济实力的增强，对防洪安全要求将不断提高，《标准》也应及时作必要适当的修改调整。

未来年发生的洪水的大小，目前还不可能确切预测。按照《标准》确定的各类防洪对象的防洪标准，都不可能保证不被超过，即均要承担一定的风险，特别是当防洪标准较低时，被超过的风险更大些。为减少遇超标准洪水时的损失，应有相应的对策和措施。对于防洪标准较低的对象，应有必要的非工程防洪设施，以保障人民生命的安全，尽可能减少财产的损失。

（水利部水利水电规划设计总院　陈清濂）

《水电工程水库淹没处理规划设计规范》

随着十多年来国家经济体制的改革和社会经济的发展，对水库移民工作的要求越来越高。国务院于1991年2月15日以第74号令发布了《大中型水利水电工程建设征地补偿和移民安置条例》，1992年3月25日以国发［1992］20号文批转了国家计委《关于加强水库移民工作的若干意见》；1994年12月22日电力工业部以电计［1993］567号文发出了《关于调整水电工程设计阶段的通知》，将原可行性研究、初步设计、技施设计三个阶段调整为预可行性研究、可行性研究（等同原初步设计）、招标设计、施工详图四个阶段，原规范内容已难以完全适应新形势下实际工作的需要，1992年原水利水电规划设计总院下达了修订此规范的任务，主要由水库处组织修订小组执行。将新规范名称定为《水电工程水库淹没处理规划设计规范》。

修订小组于1995年4月提出修订规范的“征求意见稿”，征求了有关设计院、省移民办共20个单位的意见。1996年初完成“送审稿”，4月由水电水利规划设计管理局召开了审查会，共有21个单位26名专家、代表参加审查，会议认为“送审稿”内容是基本可行的，建议根据审查意见修改后，可作为“报批稿”上报电力工业部审批颁发。修改的“报批稿”由水电水利规划设计总院报请中国电力企业联合会标准化部审查通过，电力工业部于1996年11月28日以电技［1996］807号文发布了“关于发布《水电工程水库淹没处理规划设计规范》电力行业标准的通知”（规范编号为DL/T5064—1996），批准为推荐性标准，自1997年5月1日起实施。

新规范分为11章，比原规范6章增加了5章。一是增设了“水库淹没实物指标调查”；二是将原规范第四章“移民安置和受淹专项的处理”分解为“移民安置规划”和“专业项目复建规划设计”两章；三是专列“防护工程规划设计”一章；四是增列了“库底清理技术要求”一章；五是将原规范中有关管理方面的内容相对集中，新增一章“附则”。由此可以看出，新规范包括了水库淹没处理前期工作的全部内容，具有较强的完整性。

新规范各章条款的表述和规定，既反映了当前国家对水库移民制定的方针政策，又总结了多年来的实际经验，同原规范相比，具有较强的可操作性，主要表现在：

（1）全面贯彻了前述《条例》、《意见》的指导思想和一系列政策规定。诸如：实行开发性移民方针：采取前期补偿、补助与后期生产扶持的办法；淹没补偿标准在本着原规模、原标准的原则下，要使移民搬迁安置后的生活达到或者超过原有水平。

（2）突出了加强移民安置规划的要求。规定移民安置规划包括农村移民安置规划和城镇（集镇）迁建规划两大类，同时，明确农村移民安置规划由生产安置规划、村庄规划和基础设施规划三部分组成。使移民生产有出路，生活有保障。

（3）为提高水库淹没实物指标的调查精度和移民安置规划的可靠性，规定在可行性研究报告阶段，对水库淹没区、移民集中安置区及城镇（集镇）迁建新址必须测设符合要求的地形地类图和进行必要的地质勘察工作。

（4）进一步明确了一些技术标准。例如：涉及确定水库淹没处理范围的洪水频率与泥沙淤积年限的采用、回水末端的取舍、回水影响不显著的坝前段的安全超高以及对通航河道船行波的考虑，都比原规范做出了更具体的规定。

（5）统一规定了淹没补偿投资概（估）算项目的分类分项。同时，根据近几年淹没处理实际的需要，增列了勘测规划设计费、农村移民技术培训费、监理费，并适当提高了实施管理费和基本预备费的费率。由于水电工程概（估）算已规定划分为枢纽建筑物和水库淹没处理两部分进行编制，本规范规定淹没补偿投资概（估）算应列出包括价差预备费和建设期贷款利息在内的总投资。

（6）对各个设计阶段的工作深度，分门别类地做出了规定。这是修订的新规范又一个特点。

（7）根据《水利水电技术标准编写规定》（SL01—92），对新规范的绝大部分条款，编写了比较详细的条文说明，增强其实用性。

（水电水利规划设计总院　刘兰桂）

《水利水电工程泥沙设计规范》

本规范为《水利水电勘测设计技术标准体系》中的一个行业标准，是为了总结水利水电工程处理泥沙问题的经验，统一工程泥沙设计的技术要求而编制。成都勘测设计研究院为主编单位，西北勘测设计研究院为协编单位。泥沙设计规范，国内首次编写，国外也未找到借鉴资料，因此编制单位进行了广泛的调查研究和争求意见，包括设计、运行、科研、高校和流域机构等单位。

本规范主要针对水利水电枢纽工程，包括库区、枢纽及下游影响河段，未涉及灌溉渠系、河道整治、水土保持、海涂围垦等泥沙问题。规范含正文及条文说明两部分。正文分8章70条。主要内容如下：

1. 总则 明确规范适用于大中型水利水电枢纽工程。强调泥沙设计必须重视基本资料，研究泥沙调度方式，合理选择计算方法。应根据泥沙对工程和环境的影响程度，工程泥沙问题应分为严重与不严重两类，并在设计中区别对待，既可满足工程设计的需要，又可提高泥沙设计的质量和效率。

2. 术语和符号

3. 基本资料的收集及评价 列举需要收集基本资料的内容和要求。强调对基本资料进行合理性检查和可靠性分析。

4. 入库输沙量计算 分悬移质泥沙和推移质泥沙两部分，并提出确定入库输沙量的要求和注意事项。当资料短缺时，推荐了估算方法。

5. 水库泥沙设计 提出水库泥沙设计的内容和需要研究的特殊水库泥沙问题，如通航河道修建水库，变动回水区泥沙冲淤对航运的影响；支流汇口拦门沙坎问题；抽水蓄能电站过机含沙量及颗粒级配等问题。

泥沙问题严重的水库，应研究排沙和泥沙调度方式，包括汛期控制水位排沙，采用异重流或敞泄排沙方式。

水库泥沙冲淤计算方法应根据设计阶段、水库类型、运行方式和资料条件选择，可采用数学模型、经验法或类比法，但强调各种方法需经过实测资料验证。

6. 枢纽防沙设计 枢纽防沙包括高坝和低闸电站进水口防沙及航运过坝设施上下游引航道防淤措施。对推移质泥沙严重的低闸，取水口应设置导沙坎、排沙闸等防沙设施。

7. 枢纽下游河道变形预测

大型水库、平原河道闸坝及河口挡潮闸都改变枢纽下游河道来水来沙过程，引起下游河道冲淤变化，设计要预估其对枢纽下游桥梁、堤防及取水口的影响，并采取必要措施。

8. 泥沙观测规划 泥沙问题严重的大、中型工程要求编制泥沙观测规划，提出观测内容、要求、设施和仪器设备，为工程运行提供基础资料。

关于泥沙问题严重与不严重，规范条文说明中列举九种情况进行判别，符合下列情况之一为严重，否则为不严重。

(1) 库容与入库年输沙量（体积）之比小于50。

(2) 水库回水末端淤积上延将影响重要城市、农业基地或交通干线安全时。

(3) 分汊水库泥沙淤积将出现拦门沙坎时。

(4) 坝（闸）的设计基准期（50～100年）内，坝（闸）前泥沙淤积可能影响取水口或泄流建筑物安全运行时。

(5)枢纽下游河道冲淤变化可能影响水利工程、交通干线或港口正常运行时。

(6)低闸引水泥沙将进入取水口造成机组磨损，影响电站正常运行时。

(7)水库变动回水区和船闸上下游引航道冲淤，明显影响航运时。

(8) 抽水蓄能电站过机含沙量和颗粒级配大于机组承受的限度时。

(9)平原河道或河口建闸，闸上下游淤积将影响河道行洪和闸的过水能力时。

（水利水电规划设计总院　唐友一）

《水利水电工程水情自动测报系统设计规定》

《水利水电工程水情自动测报系统设计规定》共分总则，设计内容，功能及主要技术指标，水情预报与遥测站网，通信设计，数据处理，电源、过电压保护和接地，土建工程等八个部分。

1. 总则 主要说明编制的依据，适用范围、各设计阶段的要求和深度，并且对设计的指导思想和原则及与相关技术规定的关系作出交待。

2. 设计内容 预可行性阶段主要是论证建立水情自动测报系统的必要性并进行测报系统的规划；可行性阶段编制水情自动测报系统总体设计；实施阶段（相当于技术设计）包括，①编制水情预报方案，确定遥测站网；②确定通信方式、工作体制、组网及通信电路方案；③确定电源、过电压保护和接地方案；④确定设备配置方案；⑤具体的施工图设计；⑥土建工程设计。

3. 功能及主要技术指标 主要说明水情自动测报系统的各种功能；遥测雨量计，遥测水位计，数据收集和处理，遥测站和中心站的设备、数据传输、设备环境等技术指标的要求。

4. 水情预报和遥测站 提出编制水情预报方案、布设遥测站网、采集水情数据的具体方法和要求。

5. 通信设计 目前水情自动测报通信方式主要有超短波、卫星、短波等，要根据工程所在地的地形、运行维护条件、工程的性质和管理的实际需要确定，并对各种通信方式的技术要求作出具体的设计规定。

6. 数据处理 提出数据收集、检查分类、建立数据库、水情预报成果输出、计算机选择配置软件等的要求。

7. 电源、过电压保护和接地 对电源的可靠性、蓄电池的容量等提出要求，遥测站、中继站、中心站的避雷设施，接地的技术要求等作出具体的规定。

8. 土建工程 对站房、水位测井、天线、交通道路提出具体的要求和规定。

《水利水电工程水情自动测报系统设计规定》1996年由电力部批准正式颁布。全国大型水电站设计基本都按规定的要求进行，在预可行性阶段都有水情自动测报系统规划的内容，可行性阶段都按规定进行总体设计，工程施工阶段都按规定的要求作出具体的设计。

（水电水利规划设计总院 赵深山）

《水工混凝土结构设计规范》

原SDJ20—78《水工钢筋混凝土结构设计规范》自1978年颁布以来，对指导水利水电工程钢筋混凝土结构的设计，起到了积极的作用。随着国内外科研试验和工程实践的不断发展，发现原规范中有些内容需作修改和补充，故由原水利水电规划设计总院组织进行全面修订。规范修订主编单位为西北勘测设计研究院，协编单位为河海大学、华北水利水电学院、郑州工业大学、武汉水利电力大学，并邀请大连理工大学赵国藩教授为技术顾问。

1995年12月，规范修订组全面完成了“报批稿”及其条文说明，由西北勘测设计研究院呈报水电水利规划设计总院。1996年2月，水电水利规划设计总院在北京召开了“报批稿”审核会，略加修改后即报送电力部审批。1996年9月经电力部审查后，以电技[1996] 576号文正式发布通知。1997年3月由中国电力出版社正式出版。

新规范共12章、59节、301条、11个附录，包括条文说明在内共计约25.2万字。新规范的主要内容如下：

(1) 新规范在《水工统标》规定的原则下，不再采用单一安全系数K，而改为采用以概率理论为基础的极限状态设计方法，并据此采用5个分项系数的设计表达式进行设计。

(2)取消了混凝土弯曲抗压强度指标，而直接采用轴心抗压强度f_c计算受弯和偏心受压构件的承载力。

(3)正截面承载力计算改为采用平截面假定，提高了计算方法的统一性和条理性。

(4) 对偏心距增大系数计算公式进行了修改。

(5) 对箍筋受剪承载力V_{sv}的系数由1.5调低为1.25，从而提高了斜截面承载力计算的可靠度。

(6) 对受扭承载力计算进行了修改和补充。

(7)重视对结构耐久性要求的考虑，将环境条件划分为4个等级。

(8) 对进行抗裂验算的范围加以限制。

(9) 对裂缝宽度验算公式进行了简化和改进。

(10) 对刚度计算公式作了很大的简化。

(11) 增列了预应力混凝土结构计算公式。

(12)对大尺寸构件的最小配筋率规定作了重大修改。

(13) 给出了深梁、短梁、厚板等深受弯构件的计算公式。

(14) 增加了弧形闸门支座设计的内容。

(15) 增加了“温度作用的设计原则”一章。

(16) 增加了“钢筋混凝土构件抗震设计”一章。

(17) 调整了按应力图形面积配筋的计算公式。

（西北勘测设计研究院 于 城）

《混凝土重力坝设计规范》

SDJ21—78《混凝土重力坝设计规范（试行）》及《SDJ21—78补充规定—84》的修订由华东勘测设计研究院和上海勘测设计研究院共同负责。修订工作遵循1994年国家标准（GB50199—94）《水利水电工程结构可靠度设计统一标准》所规定的原则和方法。

规范分正文及附录、条文说明、专题报告汇编3部分。正文共10章、7个附录；条文说明与规范正文的章、节、条顺序相对应，绝大部分的条文均作了说明，该规范现已提出送审稿。

规范的主要内容有：

1. 总则 阐明了规范修订原则，适用于岩基上坝高200m以下的常规混凝土重力坝和碾压混凝土重力坝，在本规范中未涉及的部分应执行本行业相应的其他设计规范和符合其他行业的设计规范等的规定，对高坝、中坝、低坝分档的标准作出了规定。

2. 重力坝布置 规定在选定重力坝坝型后方考虑其布置，重力坝布置应结合枢纽布置全面考虑，同时规定首先考虑泄洪建筑物位置并协调好其他综合利用建筑物的布置。根据不同坝型的特点、坝址所在河道宽、窄条件及河道洪水流量的大小，选定坝体、厂房及引水发电系统等建筑物的枢纽布置型式。规定溢流坝段前沿长度、孔口型式、尺寸等选择因素。对泄水孔、导流底孔、发电引水管道及工农业和城市生活供水取水口的设置条件及其布置作出了规定。

3. 坝体结构和泄水建筑物体型　规定溢流坝段、非溢流坝段的体型需满足功能要求；不同体型坝段上游面的外型应协调一致；非溢流坝段与溢流坝段下游面应分别保持一致，但两者可选用不同的下游坝坡；对布置在溢流坝段和非溢流坝段内的坝身泄水孔的消能设施作出了规定；有压泄水孔和无压泄水孔的体型规定了布置条件，泄水孔闸门的设置、型式应结合工程条件选定。

4. 泄水建筑物的水力设计　规定了水力设计的内容。泄洪建筑物应按照国家《防洪标准》(GB50201—94)划分的工程等级及规定的相应泄洪流量设计。消能防冲建筑物设计洪水标准可低于大坝泄水建筑物的泄洪标准，泄洪消能形式：挑流、底流、面流戽流和联合消能工应根据工程具体条件经技术经济比较选定。对泄水建筑物泄流能力及消能计算，高速水流的防蚀设计，下游水流衔接和消能防冲设施的设计作出了规定并有附录可作为设计参照。

5. 基本设计规定　本章规定了概率极限状态设计原则，列出了分项系数极限状态设计表达式。内容共分4节：一般规定、承载能力极限状态计算规定、正常使用极限状态计算规定与作用和材料性能标准值。规定了各类作用的分项系数、作用的标准值或代表值按照《水工建筑物荷载设计规范》(DL5077—1997)的规定确定。对材料性能的标准值及其分项系数作出了规定。

6. 坝体断面设计　包括主要设计原则、作用及其组合、坝体强度和稳定承载能力极限状态计算、坝体上下游面拉应力正常使用极限状态计算、有限元法计算、溢流坝闸墩结构设计6部分。坝体强度和稳定承载能力极限状态计算内容包括坝体及坝基强度计算、坝体与坝基接触面抗滑稳定计算、坝体层面抗滑稳定计算、坝基深层软弱夹层抗滑稳定计算。对有限元法计算应力控制标准作出了规定。

7. 坝基处理设计　共分6部分，即一般规定、坝基开挖、坝基固结灌浆、坝基防渗帷幕和排水、断层破碎带和软弱夹层处理、岩溶地区的防渗处理，防渗帷幕标准用透水率 (q) 表示，单位用吕荣。对坝基深层缓倾角软弱夹层处理和岩溶地区防渗处理的要求作出了规定。

8. 坝体构造　包括坝顶布置、坝内廊道及通道、坝体分缝、坝体止水和排水、大坝混凝土及材料分区5部分。所有规定适用于常规混凝土重力坝和碾压混凝土重力坝。对大坝混凝土强度等级、耐久性(包括抗渗、抗冻、抗冲耐磨、抗风化和抗侵蚀)以及低热性分别提出了规定的要求指标或应具有的材料特性。

9. 坝体防裂及温度控制　规定温控设计中对温度资料的收集内容和对分析、试验的要求，针对碾压混凝土坝施工特点，进行防裂及温度控制设计。规定了常规混凝土和碾压混凝土不同的基础容许温差标准，坝体灌浆温度规定一般需达到稳定温度。坝体混凝土防裂及温控措施中应优选混凝土原材料、外加剂、配合比以降低水泥用量及提高施工质量，并将之作为基本措施。对常规混凝土坝和碾压混凝土坝的分缝提出了不同的要求，除规定采用自然、人工降温措施以外，将坝面保温、采用氧化镁混凝土作为防裂措施。

10. 观测设计　规定了重力坝观测设备的项目及其布设原则。安全性观测项目可根据混凝土重力坝的安全等级提出不同的项目；专门性观测项目根据工程的安全等级、结构型式及地质条件等选设项目。观测设备布设原则要能反映大坝与基础的工作性状，应目的明确、重点突出，做到少而精、布点集中，观测方法简捷直观满足精度要求，重点部位观测值能互校，规定了观测点布设应具的工作条件。

自原规范颁布近20年来，混凝土重力坝建设技术取得了长足的进步，新规范体现了这些设计实践的经验，反映了我国在重力坝设计上已达到的水平。与原规范对比新规范具有以下特点：①用概率极限状态设计原则，用分项系数极限状态设计表达式的方法代替原规采用的定值设计方法；②纳入了碾压混凝土重力坝的设计经验；③增加了行之有效的联合消能设计运行成果；④增加了坝基深层软弱夹层抗滑稳定设计方法和处理规定；⑤制订了有限元法计算应力的控制标准；⑥放宽了坝体建基面岩石及帷幕灌浆体内岩体透水率的设计标准，新增了岩溶地区建坝的坝基处理的规定；⑦提出了混凝土强度等级标准及标准值。

(上海勘测设计研究院　苗琴生)

《水利水电混凝土面板堆石坝设计导则》

《水利水电混凝土面板堆石坝设计导则》(以下简称《导则》)由水利水电规划设计总院组织，昆明勘测设计院主编，经水利水电规划设计总院审定，电力部、水利部批准，于1993年3月31日颁发，同年7月1日起作为电力行业标准实行。该标准编号为DL5016—93。

(一) 主要内容

《导则》包括：总则、坝轴线、枢纽布置与坝体结构、筑坝材料及填筑标准、坝基处理、坝体计算、分期施工与坝体加高、原型观测七个部分，其主要内容如下。

(1)《导则》是对《碾压式土石坝设计规范》中有关混凝土面板堆石坝的有关条文进行修正和补充，因此相同的部分，如对堆石材料的要求、坝顶超高、灌浆设计的具体规定等，均未作论述，对混凝土工程如防浪墙、面板及趾板的混凝土设计亦未评述。因此，在总则中规定：对于本导则未作规定的问题，应按《碾压式土石坝设计规范》和其他有关规范执行。

(2) 坝体材料分区是混凝土面板堆石坝的特点之一，在《导则》中规定，一般从上游向下游依次分为垫层区、过渡区、主堆石区及下游堆石区。当地如有能满足工程需要的软岩，也可将其置于坝体断面下游堆石的干燥部位；并特别强调如坝体材料不能自由排水时，应在坝内偏上游设置竖向排水及水平排水，以利渗透水向下游排泄。

(3) 混凝土趾板、面板、防浪墙及其间的止水，是混凝土面板堆石坝的主防渗体，必要时，在面板上游面上设置土斜墙及盖重，作为加强的防渗措施。在《导则》中规定了面板和趾板尺寸的取用、混凝土标号及配筋率。

(4) 面板和趾板之间的周边缝以及面板之间的垂直缝又是混凝土面板堆石坝防渗体的关键之一。《导则》规定了中低坝的周边缝可设PVC和紫铜片两道止水，100m以上高坝和Ⅰ、Ⅱ级坝则增加表面塑性填料，共三道止水。必要时，应有增加周边缝自愈能力的措施。高坝张性垂直缝设两道止水，中低坝张性垂直缝和压性垂直缝仅设底部铜片止水。

(5) 对筑坝材料提出级配要求及填筑标准，是保证大坝质量及安全运行所必需的。《导则》中规定了含泥量、垫层料的级配等要求，并要求在施工过程中应采用碾压参数和孔隙率[或相对密度(对天然砂砾石料)]两种参数作为施工控制标准。为保证压实效果，还应提出坝料填筑时的加水要求，加水量可根据经验或试验确定。

(6) 对于坝体基础开挖标准及处理措施、坝体计算、分期施工以及原型观测等均作了原则的规定。

(二) 有待完善的问题

《导则》于1992年基本完稿之后，国内外有一些混凝土面板堆石坝陆续建成，或正在施工，有许多新经验值得借鉴。如：①趾板不设伸缩缝，改为连续浇筑。②防浪墙和面板之间的缝，应视为与周边缝同等重要，并设置相应的止水。③周边缝止水材料及设置各坝有所不同，主要是中间PVC止水是否保留，顶部填料是以增加缝的自愈能力为主还是以阻水为主。④用砂砾石作坝壳的坝，应设置排水设施，采取防止砾石集中和材料分离的措施。

(昆明勘测设计研究院　方大凤)

《水工混凝土掺用粉煤灰技术规范》

多年来，水工混凝土掺用粉煤灰得到了比较广泛的应用，积累了大量科研成果和工程实际应用经验。为了更正确、合理、广泛地应用粉煤灰，做到有章可循、有法可依，在总结水工混凝土掺用粉煤灰的成熟经验基础上，制订了比较全面细致的水工混凝土粉煤灰应用技术规范，对进一步推动我国水工混凝土掺用粉煤灰、节约水泥、提高水工混凝土的质量，都有重要意义。

本规范是为水利水电工程混凝土中掺用粉煤灰专门制订的。由于水工混凝土量大面广，与其他建筑工程混凝土相比又有某些不同的特点，因此，本规范仅适用于水利水电工程现浇混凝土掺用粉煤灰。

用于混凝土中的掺用粉煤灰按细度、烧失量、需水量比和三氧化硫四项指标数值，将掺用粉煤灰质量分为三个等级。细度以0.045mm方孔筛筛余量表示，采用的理由是①根据国内外试验资料表明，粉煤灰混凝土的强度与以0.045mm筛余量控制粉煤灰细度的相关性优于以0.080mm筛余量控制粉煤灰细度的相关性；②国外大多数国家都采用0.045mm筛余量表征粉煤灰的细度；③与新制订的粉煤灰质量国家标准和应用规范相一致。

水工混凝土结构物与建筑工程相比体积较大，钢筋保护层较厚、混凝土设计强度等级较低、水泥用量较少，结合水工混凝土的特点，为了经济、有效、合理使用粉煤灰，拓宽了Ⅱ级粉煤灰规定：当烧失量一项达不到规定，超出数值不大于指标要求的25%，可以用细度和烧失量两者的乘积进一步评定。细度和烧失量的乘积小于160×10^{-4}时，可视做Ⅱ级灰使用。

内容重点是规定了各类混凝土应采用粉煤灰的等级。根据水工结构物的重要性、混凝土所处的部位以及对性能指标要求的高低等条件，使用不同等级的粉煤灰，既保证混凝土所要求的质量，又要保证合理使用粉煤灰，做到物尽其用，达到良好的技术经济效果。因此，规定了重力坝水位变化区等要求较高的混凝土应掺用Ⅰ级或Ⅱ级粉煤灰；对于重力坝内部、碾压混凝土及迎水面以外的碾压混凝土等抗渗抗冻要求较低的混凝土应掺用Ⅱ级或Ⅲ级粉煤灰；对于用高标号水泥配制低标号混凝土以及临时建筑物的混凝土可掺用Ⅲ级粉煤灰。当确定粉煤灰等级有矛盾时，例如泵送混凝土又是高强度混凝土，应按较高的等级选用，即以高强度混凝土为准，应采用Ⅰ级或Ⅱ级粉煤灰。

由于水工混凝土建筑物不只是重力坝和碾压混凝土坝，还包括许多其他水工混凝土建筑物或结构物，只规定同一个龄期是不合适的，因此应全面考虑，既要考虑粉煤灰对混凝土后期贡献比较显著，又要考虑承载时间的不同。为了充分利用粉煤灰的后期性能，在保证设计要求条件下，尽可能采用较长龄期是合理的。因此，本条条文对龄期的规定作了全面综合考虑，既考虑一般常用情况，又考虑特殊应用情况，根据各种水工结构物的不同情况，既有常用龄期规定，又不规定过死，以满足不同情况的需要。本规范主要是在于应用，尽可能有利于取得最大掺用粉煤灰技术经济效果。

结合水工混凝土的特点，对不同坝型、不同部位、不同要求的混凝土，规定了粉煤灰最大掺量。本规范表3.0.4中的规定是指取代水泥的最大掺量，不包括用粉煤灰取代砂料的掺量。超量取代时，粉煤灰一部分是取代水泥、一部分是取代砂料，最大掺量是指粉煤灰取代水泥的部分。粉煤灰最大掺量的确定，各个工程要根据具体情况及所用的原材料进行混凝土配合比及性能试验，经过优化选定。

粉煤灰取代水泥的最大掺量的规定，除根据水泥品种外，尚应根据不同水泥标号，确定某一种混凝土的粉煤灰最大掺量。硅酸盐水泥一项也包括中热水泥，矿渣水泥一项也包括低热矿渣水泥。

当同一种混凝土处于两种规定掺量情况下，例如泵送钢筋混凝土，以较低的最大掺量为准，即以钢筋混凝土而不是以泵送混凝土控制粉煤灰最大掺量。

（中国水利水电科学研究院　杨德福）

《水轮机金属蜗壳安装焊接工艺导则》

《水轮机金属蜗壳安装焊接工艺导则》（以下简称《导则》）是根据电力工业部技综［1995］44号文“关于下达1995年制定、修订电力行业标准计划项目（第二批）的通知”要求，由中国水利水电工程总公司负责组织，中国水利水电第七工程局、中国水利水电工程总公司参加编写的电力行业标准。该标准于1997年11月1日起正式实施，其编号为DL/T5070—1997。本《导则》技术归口单位为电力工业部水电站水轮发电机标准化技术委员会。

本《导则》是水电站水轮发电机组安装一系列工艺导则的一部分。它的编写始于80年代，当时原水利电力部水电建设局提出了制订一系列水轮发电机组安装工艺导则的编制计划，并将各工艺导则的编制计划落实到有关单位。本《导则》与《混流式水轮机分瓣转轮组装焊接工艺导则》同时交由中国水利水电第七工程导编写。水电七局于1987年提出征求意见稿，曾分发有关单位征求意见。其编写依据是当时建成的龚嘴、刘家峡、丹江口、云峰等为代表的几个大型水电站的施工经验和实践。但由于新的水电工程开工建设，编写小组的成员又都是工程部门的施工负责人，使得编制工作中断。加之水电建设主管部门几经变动；其后主要编写人又因工作调动离开原编写单位，所以《导则》的送审稿一直没能够提交。1995年，挂靠在中国水利水电工程总公司的电力工业部水电站水轮发电机标准化技术委员会负责人提出报告，指出本《导则》属于施工技术标准，实践性强，从行政和技术归口管理的角度出发，该标委会有义务也有能力将其编写组织工作接手过来，不至于使已进行的前一阶段工作白白流逝。同时，按照《电力工业标准体系表》的要求，水轮发电机组安装系列工艺导则已基本制订、颁发齐全，仅剩下本《导则》和《混流式水轮机分瓣转轮组装焊接工艺导则》，应该在补充龙羊峡、五强溪、安康、岩滩、隔河岩、水口等水电站施工经验的基础上重新制订，使之早日颁发投入使用。中国电力企业联合会标准化部随即批复列入计划，重新恢复的编写工作由中国水利水电工程总公司负责组织。

本《导则》对水轮机金属蜗壳在现场的组装、安装、焊接和焊接检验的工艺方法、操作程序和技术要求作出了规定，主要包括以下基本内容：

（1）蜗壳安装、焊接的一般技术要求；

（2）蜗壳管节的组装与焊接；

（3）蜗壳安（挂）装与焊接；

（4）蜗壳焊接检验；

（5）蜗壳加固与变形监测；

（6）蜗壳的水压试验。

为了统一多年来施工中经常采用的技术名称和术语，赋予其真实的物理意义和工程含义，本《导则》给出了有关名词、术语的定义，同时规定了标准的适用范围。

本《导则》总结了近十年来投产的一批百万千瓦级水电站水轮机蜗壳安装焊接的经验和技术，在条文编写过程中注意归纳，采用了成熟的部分，并注入了新的工艺内容。例如：增加了近年来常采用的高强度合金结构钢材的焊接内容；蜗壳防腐、补漆；蜗壳二期混凝土浇筑之前的加固工艺和浇二期混凝土时的变形监测；蜗壳工地水压试验等有关内容。因此，它具有较强的实践性和实用性，是编制施工组织设计和指导现场施工的技术文件，对正在建设的水电工程如李家峡、莲花、万家寨、小浪底、二滩、三峡等水电工程具有一定的指导作用。

（中国水利水电工程总公司　傅元初　许松林）

《混流式水轮机分瓣转轮组装焊接工艺导则》

《混流式水轮机分瓣转轮组装焊接工艺导则》（以下简称《导则》）是根据电力工业部技综［1995］44号文“关于下达1995年制定、修订电力行业标准计划项目（第二批）的通知”要求，由中国水利水电工程总公司负责组织，中国水利水电第七工程局、中国水利水电工程总公司参加编写的电力行业标准。该标准于1997年11月1日起正式实施，其编号为DL/T5071—1997。本《导则》技术归口单位为电力工业部水电站水轮发电机标准化技术委员会。

本《导则》是水电站水轮发电机组安装一系列工艺导则的一部分。它的编写始于80年代，当时原水利电力部水电建设局提出了制订一系列水轮发电机组安装工艺导则的编制计划，并将各工艺导则的编制计划落实到有关单位。本《导则》与《水轮机金属蜗壳安装焊接工艺导则》同时交由中国水利水电第七工程局编写。水电七局于1987年提出征求意见稿，曾分发有关单位征求意见。其编写依据是当时建成的龚嘴、刘家峡、丹江口、白山一期等为代表的几个大型水电站的施工经验和实践。但由于新的水电工程开工建设，编写小组的成员又都是工程部门的施工负责人，使得编制工作中断。加之水电建设主管部门几经变动；其后主要编写人又因工作调动离开原编写单位，所以《导则》的送审稿一直没能够提交。1995年，挂靠在中国水利水电工程总公司的电力工业部水电站水轮发电机标准化技术委员会负责人提出报告，指出本《导则》属于施工技术标准，实践性强，从行政和技术归口管理的角度出发，该标委会有义务也有能力将其编写组织工作接手过来，不至于使已进行的前一阶段工作白白流逝。同时，按照电力工业部标准化体系表的要求，水轮发电机组安装系列工艺导则已基本制订、颁发齐全，仅剩下本《导则》和《水轮机金属蜗壳安装焊接工艺导则》，应该在补充龙羊峡、白山二期、安康、岩滩、漫湾、李家峡等水电站施工经验的基础上重新制订，使之早日颁发投入使用。中国电力企业联合会标准化部随即批复列入计划，重新恢复的编写工作由中国水利水电工程总公司负责组织。

本《导则》对大型混流式水轮机分瓣结构的转轮在施工现场的组装、焊接、热处理及加工的工艺方法、技术要求、操作程序和检验一般规则作出了规定，主要包括以下基本内容：

（1）转轮组装前的准备与检查；

（2）分瓣转轮组合工艺；

（3）转轮下环和叶片的焊接；

（4）焊缝局部热处理；

（5）焊缝探伤工艺及标准；

（6）止漏环安装及加工；

（7）转轮静平衡工艺及标准。

为了统一多年来施工中经常采用的技术名称和术语，赋予其真实的物理意义和工程含义，本《导则》给出了有关名词、术语的定义，同时规定了标准的适用范围。

本《导则》是对混流式水轮机对称或不对称分瓣转轮在现场组装焊接工艺的一种规定，是施工技术标准的一种形式。在条文编写过程中注意归纳，采用了最近建成的大型百万千瓦级水电站施工经验中成熟的部分，并注入了新的工艺内容。例如：对不对称分瓣转轮的组焊、对镍铬不锈钢类材质转轮的焊接和分割式叶片对接焊工艺，以及对传统的全断面试验片焊接试验、刚度试验的取消等，均作了明确的规定。在世界上目前还没有任何一个国家有与本《导则》相类似的标准，也没有如此之多的施工经验（我国已经成功地组焊了大型分瓣转轮近42台），所以本《导则》是施工经验和实践的总结和提高，具有较强的实践性和实用性，是编制施工组织设计和指导现场施工的技术文件。它与已颁发的其他一系列水轮发电机组安装工艺导则组成系列标准均作为推荐性标准在电力行业施工建设中使用。

（中国水利水电工程总公司　傅元初　许松林）

《立式水轮发电机弹性金属塑料推力轴瓦技术条件》

《立式水轮发电机弹性金属塑料推力轴瓦技术条件》（以下简称《条件》）是根据电力工业部技综［1995］15号文“关于下达1995年制定、修订电力行业标准计划项目（第一批）的通知”要求，由青海省电力工业局作为项目承担单位，自筹经费，由中国水利水电工程总公司负责组织编写的电力行业标准。该标准于1997年12月1日起正式实施，标准编号为DL/T622—1997，其技术归口单位为电力工业部水电站水轮发电机标准化技术委员会。

《条件》是根据90年代以来我国引进国外水轮发电机推力轴承弹性金属塑料推力轴瓦（亦称塑料瓦）的安装、试验、运行的实践和各使用单位在引进时技术谈判与合同条件的内容，结合国内各水电设备制造和研究部门在研制、试验、应用国产塑料瓦方面的经验和成果而制定的。是国内也是在国际上首次提出的关于塑料瓦的系统的技术标准。其编写规则符合DL/T600—1996《电力标准编写的基本规定》。

本《条件》作为设计、制造、设备采购或引进时对塑料瓦的基本要求，包括以下主要内容：

(1) 基本技术要求；

(2) 现场试验、验收；

(3) 供货范围、技术文件、现场服务；

(4) 技术保证和罚款；

(5) 包装、运输、标志。

为了统一因弹性金属塑料推力轴瓦的应用而出现的各种技术名称和术语。《条件》中给出了有关名称、术语的定义，并规定了标准的适用范围。

弹性金属塑料推力轴瓦是90年代以来在我国水电设备上采用的新技术，它的应用解决了长期以来影响和制约水轮发电机组运行可靠性的一个关键技术问题。所以，当这项新技术一出现，引进、研制、竟相采用的单位和部门风行整个行业。本《条件》的制定和颁发，第一次较全面、系统地对用于立式水轮发电机推力轴承的弹性金属塑料瓦的各项技术指标和产品条件作出了明确规定，从而结束了近8年来在引进、使用、生产塑料瓦行业内无统一标准可遵循的状态。随着塑料瓦这一新技术在今后研究和使用中不断地充实和提高，本《条件》将跟随技术进步，加以补充和修订，使之更趋完善。

本《条件》除正文外按规定提出了编制说明，编制说明与标准正文的章、条相对应，对技术规范中的主要条文作了详细地说明和解释，它反映了近8年来工程实践和科学研究中成熟的经验和总结，体现了我国在塑料瓦应用技术方面的水平。

本《条件》可以作为择优采购弹性金属塑料推力瓦时技术谈判的依据，也是运行、使用塑料瓦时应遵循的技术准则。

本《条件》由中国水利水电工程总公司主编，参加编写单位有青海省电力工业局、龙羊峡水电厂。

(中国水利水电工程总公司 傅元初)

教育与出版

18

水电教育改革与发展

1995年～1997年高校水电类专业教育改革与发展概况

（一）电力高等教育管理体制改革

根据《中国教育改革和发展纲要》及1994年电力教育工作会议精神，电力部决定对所属的15所高等学校实行分类管理。即，①将武汉水利电力大学和葛洲坝水电工程学院合并为新的武汉水利电力大学，华北电力学院和北京动力经济学院合并成立华北电力大学。这两所大学由电力部直接领导和管理，办成全国电力行业一流的起示范作用的重点大学，争取在本世纪末进入“211工程”。②其他本科学院从1995年起加入电力企业集团，实行部和企业集团共同领导，以企业集团管理为主的管理体制，企业集团要选择董事会或管理委员会及其他方式，密切学校和企业的关系，争取用两年的时间完成产、学、研合作办学模式的基本框架，走出电力企业办学的新路子。③电力高等专科学校仍由电力企业集团直接管理，电力部加强宏观业务指导。

各电力高等学校，还进行了以劳动、人事和工资改革为主要内容的内部管理体制改革。

在电力高等学校中，武汉水利电力大学和长春水利电力高等专科学校设有水电类专业。武汉水利电力大学于1996年11月经国家教委批准通过了“211工程”的部门预审，长春水利电力高等专科学校于1997年3月经国家教委批准列为示范性普通高等工程专科重点建设学校。

（二）水电类专业设置和调整

3年来，电力高等学校水电类专业为了适应社会主义市场经济和水利水电建设发展，跟上水利水电科学技术的进步，在专业设置上都作了不同程度的调整，加强了重点学科建设和专业综合改革的力度，以培养出高层次、复合型和适应能力强的水电技术人才。

1. 专业设置　专科专业有老专业水利水电建筑工程和水电站动力设备（即原水能动力装置），这两个专业均被国家教委批准为专业综合改革的试点专业；新设专业有水电工程概预算。本科专业有水利水电建筑工程（含水利水电工程建筑、水利水电工程施工和水利水电建设监理）。硕士专业有水工结构工程、土木、水利工程施工、水力发电工程、水文与水资源利用、结构力学和固体力学。博士专业有水工结构工程。

2. 重点学科和重点实验室建设　①水力学及河流动力学学科，是全国首批博士学科点，并有博士后流动研究站，其学科总体水平处国内同类学科前沿，承担着三峡、南水北调等10多个重大工程的研究项目。②水工结构工程学科是全国首批硕士、博士学科点，并设有博士后流动站，该学科在碾压混凝土高坝安全度设计新理论研究，水利水电施工导流、截流理论、施工水力学等方面的研究与应用属世界先进水平。③水力发电工程学科，该学科已培养5名博士生和94名硕士生，科研工作涉及全国各主要水电工程。④水文学及水资源学科，是全国首批博士学科点，并设有博士后流动站，承担有各类基金、国家科技攻关和省级项目38个。⑤岩土工程学科，是全国首批博士学科点。⑥工程泥沙实验室，是我国河流泥沙研究基地之一。⑦水电站仿真实验室，主要研究利用计算机仿真技术实现大中型水电站全过程、全范围数字仿真的有关技术。⑧岩土工程研究中心，主要研究核废料处理中，有关岩石力学问题，建设一套岩石力学、水热耦合试验系统。以上学科和实验室，均在1996年电力部组织的专家组立项审核中通过并定为重点建设学科和重点建设实验室。

（三）教育教学改革

1. 实行招生“并轨”制度　武汉水利电力大学于1995年进行招生“并轨”试点，从1997年起电力高等学校全部实行招生“并轨”，学生交费上学，学校建立各种奖、贷学金，用于支持贫困学生和奖励品学兼优的学生。

长春水利电力高等专科学校为适应“两个根本转变”，与吉林等省签订协议，为地方培养人才，增加学校的办学活力。

2. 调整教学计划　拓宽专业面，实行学分制，增强适应性。专科专业根据职业岗位的实际需要，加强了专业的实用性和针对性，突出专业技术应用能力的培养。本科专业从95级新生起实行学分制管理，教学计划具有较大弹性。特别注重加强基础，增加选修课程，拓宽专业面，因材施教，鼓励学生跨校、跨专业选课，促进拔尖人才和复合型人才的成长。各校在调整教学计划中，增加经济管理、法律和人文类课程，对学生加强素质教育，以达到全面提高教学质量的目的，促进学生全面发展。

3. 开展面向21世纪的教学内容和课程体系改革

的研究　为了改变教材和教学内容陈旧、教学手段落后的局面，跟上高新科学技术的发展，水电类专业的系和教研室，结合专业改革和课程建设，申报教学研究项目，开展教学研究，改革教学内容，优化课程结构。3年来，共获得电力部优秀教学成果奖8项；公开出版教材14部，其中被评为省部级优秀教材奖11部；课程建设成绩显著，建成省部级优质课程21门，校级优秀课程21门。

4. 加强实验课和实践教学环节　各校十分重视实验室和校内实习基地的建设，并利用行业优势，以企业为依托。建立校外实习基地。同时，重视制度建设，加强实验课和实习的考核管理，提高实验课、实习和毕业设计的质量，增强学生的动手能力、实际操作能力和综合应用理论知识的能力。

（四）办学规模

根据水电建设对人才的需求，近几年水电类专业压缩专科的招生量，相对稳定本科生规模，扩大研究生招生（详见表）。

1995年～1997年电力高校水电类专业发展规模

学校名称	年招生数			1997年在校生数	毕业生数				研究生招生数						研究生毕业数	
									1995年		1996年		1997年		1995年～1997年	
	1995年	1996年	1997年		1995年	1996年	1997年	合计	硕	博	硕	博	硕	博	硕	博
武汉水利电力大学	407	403	352	1504	267	342	357	966	64	27	79	34	76	37	207	59
武汉水利电力大学（宜昌校区）	392	722	648	2284	266	347	515	1128	—	—	—	—	—	—	—	—
长春水利电力高等专科学校	141	132	87	360	207	290	166	663	—	—	—	—	—	—	—	—
合　计	940	1257	1087	4148	740	979	1038	2757	64	27	79	34	76	37	207	59

（五）科研和科技成果

1995年～1997年，水电专业科研项目达384项，科研经费达8908万元。获省部级科技成果一等奖1项，二等奖14项，三等奖12项。属重大科研项目18项。科研成果转让8项，转让经费达50万元。

3年中，水电类科技产品取得了很大的经济效益和社会效益。如武汉水利电力大学的渣浆阀是根据两相流理论，在总结各种渣浆阀设计、制造经验的基础上研制而成的，并获得了国家的专利。该阀密封可靠、抗磨损、抗腐蚀、操作省力，结构合理，体积小，适用于电厂、造纸厂、矿山、排污工程等。该校研制的新型射流泵获国家专利，该设备具有氧利用率和充氧动力效率高、混合搅拌能力强，投资省，占地面积小，结构简单，工作可靠，操作简便等优点。又如长春水利电力高等专科学校研制的微机监控技术在东北二道河电厂、满台城水电厂和白龙水电厂应用取得了较好的经济效益。该校承担的六顶山水库、松月水库和河龙水电站等水工结构的模型实验，为工程提供了新技术和新结构，大大降低了工程造价。

（电力高等教育学会　周宗铸）

设置水电类专业部分高等学校情况表

学校名称	主管部门	专业名称	学制(年)	在校学生(1997年)	通信地址	邮政编码	电话号码
武汉水利电力大学(包括宜昌校区)	电力工业部	水利水电动力工程	4	3788人	武汉市武昌东湖南路8号	430072	(027)7884496
		水利水电工程	4				
		水利水电建筑工程	4				
		水利水电建筑工程(施工技术与管理)	4				
		水利水电建筑工程(工程监理)	4				
		水文与水资源利用(水资源规划及利用)	4				
		工程概预算	3				
河海大学	水利部	水利水电建筑工程 水利水电动力工程	4 4	640人 289人	南京市西康路1号	210098	(025)3713777—50236
华北水利水电学院	水利部			3400人	郑州市郑花路20号	450045	(0371)5727665
清华大学	国家教委	本科：水利水电建筑工程、流体机械与流体工程	5	543人	北京市海淀区清华大学水利水电工程系	100084	(010)62785566
		硕士研究生	3	94人			
		博士研究生	3～5	40人			
西安理工大学水利水电学院	电力部	水利水电工程建筑 水利水电工程施工 水电站动力设备 电力系统及自动化	4 4 4 4	243人 124人 155人 13人	西安市金花南路5号	710048	3239700—2780
长春水利水电高等专科学校	东北电力集团公司	水电站动力设备 水利水电建筑工程	3 3	360人	长春市宽平大路4号	130012	(0431)5955991
华北电力大学	电力部	自动控制　信息工程 管理工程　技术经济 会计学　审计学等	本科4年 专科3年	3205人 174人	北京市德胜门外朱辛庄	102206	(010)69732552
		技术经济　工业自动化 计算机应用等	研究生2.5年	229人			
			函授生	1526人			
大连理工大学土建学院	国家教委	水利水电建筑工程	4～6	123人	辽宁省大连市大连理工大学土木系	116024	(0411)4708500
福州大学	福建省教委	电力系统及其自动化 水利水电工程建筑	4 4	408人 219人	福建省福州市工业路523号	350002	(0591)3711929

续表

学校名称	主管部门	专业名称	学制（年）	在校学生（1997年）	通信地址	邮政编码	电话号码
南昌水利水电高等专科学校	水利部	水电站动力设备 电力系统及自动化	4 4	155人 93人	南昌市北康东路19号	330029	(0791) 8332940
南昌大学	江西省教委	水力发电工程	4	180人	南昌市北京东路61号南昌大学水利电力工程系	330029	(0791) 8304507 8304506
浙江大学	国家教委	电机电器及其控制 电力系统及其自动化	4 4	217人 280人	杭州市玉泉	310027	(0571) 7951377
云南农业大学	云南省教委	水利水电工程建筑	4	246人	昆明市北郊黑龙潭云南农业大学工程学院	650201	(0871) 5211168 —2767
华南理工大学	国家教委	水利水电建筑工程	本科4 专科3	140人 100人	广州市五山华南理工大学建筑工程系	510641	(020) 87114632 87111327
新疆农业大学水利与土木工程学院	新疆自治区教委	水利水电建筑工程 农田水利工程	4 4	240人 240人	乌鲁木齐市南昌路42号	830052	(0991) 4523001 —2801

（陈上奎汇集整理）

水电行业出版的科技图书与期刊

1995年～1997年全国出版水电图书一览表

书名	作者	出版者	出版年月
水轮机调节系统原理、试验及故障处理	常兆堂等编著	中国电力出版社	1995.9
中国水力发电年鉴（1992～1994）第四卷	本年鉴编委会	中国电力出版社	1995.12
中国电力年鉴·1993	本年鉴编委会	中国电力出版社	1995.12
中国电力百科全书·水力发电卷	本书编委会	中国电力出版社	1995.5
建设工程项目监理实务	孙锡衡等编著	中国电力出版社	1995.7
瓯江志	本书编委会	中国电力出版社	1995.3
建筑物抗震	陈俊、文良漢合编	中国电力出版社	1995.6
金属结构设计	杨达夫主编	中国电力出版社	1995.11
工程项目管理（高校教材）	倪书洪编	中国电力出版社	1995.5

续表

书名	作者	出版者	出版年月
防洪基金的实践与探索	赵鸣骥等编著	中国水利水电出版社	1995.1
水利电力物资经济管理（高校教材）	谢经瀛主编	中国水利水电出版社	1995.5
国际工程财会	[英] 普赖斯著，彭娜等译	中国水利水电出版社	1995.6
国际工程营销	[英] 迈尔斯著，马廷玺等译	中国水利水电出版社	1995.6
国际工程编标报价	[英] 鲍德温著，张文祺等译	中国水利水电出版社	1995.6
工程地质学（高校教材）	黄乃安主编	中国水利水电出版社	1995.6
农村水利水电经济运行（高校教材）	蒋水心主编	中国水利水电出版社	1995.5
水利水电管理系统工程（高校教材）	冯瑞莒主编	中国水利水电出版社	1995.6
水利水电工程环境评价（高校教材）	叶守泽主编	中国水利水电出版社	1995.4
水利计算及水资源规划（高校教材）	叶秉如主编	中国水利水电出版社	1995.4
水资源系统分析与规划（高校教材）	张永平等编	中国水利水电出版社	1995.9
水工设计图集（高校教材）	吴媚玲主编	中国水利水电出版社	1995.4
水利水电工程设计洪水计算手册	长江水利委员会水文局等	中国水利水电出版社	1995.10
水利水电施工技术规范汇编续编（上下册）	水利部建设司编	中国水利水电出版社	1995.1
葛洲坝工程丛书：			
·4·导流与截流	王家柱主编	中国水利水电出版社	1995.6
·5·闸、坝与电站建筑物	董士镛主编	中国水利水电出版社	1995.8
·11·施工组织与设计	贺修银主编	中国水利水电出版社	1995.5
·12·土石方工程施工	陈笑霖主编	中国水利水电出版社	1995.8
坝工技术史	朱诗鳌著	中国水利水电出版社	1995.5
闸坝工程水力学与设计管理	毛昶熙等编	中国水利水电出版社	1995.2
大坝事故与安全·拱坝	汝乃华等编著	中国水利水电出版社	1995.10
水电站控制理论基础（高校教材）	白家骢等编	中国水利水电出版社	1995.8
水轮发电机组的安装与检修（高校教材）	于兰阶主编	中国水利水电出版社	1995.9
水电站机组控制计算机仿真（高校教材）	徐枋同等编	中国水利水电出版社	1995.9
水电站调压室（高校教材）	刘启钊等编	中国水利水电出版社	1995.9
水力机组辅助设备（高校教材）	陈存祖等编	中国水利水电出版社	1995.9
水电站自动化（高校教材）	楼永仁等编	中国水利水电出版社	1995.10
隔河岩水电站	本书编委会	中国水利水电出版社	1995.3
抽水蓄能电站（高校教材）	李惕先等编	中国水利水电出版社	1995.8
典型层状岩体高边坡稳定分析与工程治理	邹成杰等编著	中国水利水电出版社	1995.5
中国江河防洪丛书·珠江卷	蒋建枫主编	中国水利水电出版社	1995.9
电力工业标准汇编·水电卷	中电联标准化部编	中国水利水电出版社	
·规划、工程造价			1995.7
·勘测（上下册）			1995.4
·水工（上下册）			1995.3
·施工			1995.4

续表

书名	作者	出版者	出版年月
·金属结构			1995.6
·环保与安全			1995.4
·机电及自动化（上下册）			1995.4
计算水力学	周雪漪	清华大学出版社	1995.9
弯道水沙运动理论及应用	王韦著	成都科技大学出版社	1995.7
水力机械流动理论	林汝长编著	机械工业出版社	1995.5
弯曲河道动力学	王平义著	成都科技大学出版社	1995.12
水资源核算	韩国刚等著	科学出版社	1995.7
钢管混凝土力学	韩林海等编著	大连理工大学出版社	1995.12
水工建筑材料常用配方（第2版）	姚治邦编著	河海大学出版社	1995.10
水工建筑物	左东启等编	河海大学出版社	1995.7
水工混凝土建筑物老化病害及防治	罗建群等主编	中国农业科技出版社	1995.9
水电站工程水文	王维弟等编著	河海大学出版社	1995.1
葛洲坝工程的决策	杨世华著	湖北科学技术出版社	1995.6
水电站机电设备运行与检修技术问答(上下册)	李启荣 编著	中国电力出版社	1996.9
水利水电工程施工伤亡事故案例与分析	中国水利水电工程总公司	中国电力出版社	1996.3
水文观测技术问答	华东电业管理局编	中国电力出版社	1996.10
水力发电技术知识丛书：			
第四分册·水电工程地质	俞克礼编	中国电力出版社	1996.8
第十四分册·土石工程和地下工程施工	董振华等编	中国电力出版社	1996.9
水工观测技术	甘肃省电力工业局编	中国电力出版社	1996.2
水轮发电机组运行技术	甘肃省电力工业局编	中国电力出版社	1996.3
小型水电站机电设计手册·电气一次	强尧臣主编	中国电力出版社	1996.6
中国电力年鉴·1994	本年鉴编委会	中国电力出版社	1996.7
中国电力年鉴·1995	本年鉴编委会	中国电力出版社	1996.12
地基处理经验集萃	本书编写组	中国电力出版社	1996.12
应用水力学基础	闵兆宏主编	中国电力出版社	1996.1
工程CAD技术基础（高校教材）	李钝主编	中国电力出版社	1996.9
电力工业标准汇编 水电卷1995	中国电力企业联合会标准化部编	中国电力出版社	1996.12
水利水电建设市场化机制与探索	王春元等著	中国水利水电出版社	1996.1
大坝强震安全监测	苏克忠等编著	中国水利水电出版社	1996.2
沟后水库砂砾石面板坝——设计、施工、运行与失事	国家防汛办等编	中国水利水电出版社	1996.4
土工原理与计算（第二版）	钱家欢、殷宗泽主编	中国水利水电出版社	1996.5
岩石力学模型试验及其在三峡工程中的应用与发展	龚召熊主编	中国水利水电出版社	1996.11
葛洲坝工程丛书（1）工程概况	董士镛主编	中国水利水电出版社	1996.1

续表

书　　名	作　　者	出 版 者	出版年月
水利水电工程施工组织设计手册·第一卷施工规划	水利水电建设总局编	中国水利水电出版社	1996.8
小水电水能设计简明手册	李茨　罗高荣主编	中国水利水电出版社	1996.8
中国水利年鉴·1995	本年鉴编委会编	中国水利水电出版社	1996.2
英汉水利水电技术词典（第二版重印）	张泽祯主编	中国水利水电出版社	1996.3
水电站建筑物（第二版重印，高校教材）	马善定、汪如泽主编	中国水利水电出版社	1996.10
水工建筑物专题·混凝土坝设计（高校教材）	吴媚玲主编	中国水利水电出版社	1996.6
水力机组故障分析（高校教材）	沈东主编	中国水利水电出版社	1996.10
水力机组暂态特性及参数优化（高校教材）	严亚芳主编	中国水利水电出版社	1996.5
水资源系统运行调度	李钰心主编	中国水利水电出版社	1996.5
水电站自动化（第二版）	刘忠源等编	中国水利水电出版社	1996.11
水库调度与运用（高校教材）	娄岳主编	中国水利水电出版社	1996.6
水轮机调节（高校教材）	田毅等编	中国水利水电出版社	1996.10
水轮机及其辅助设备（高校教材）	全玲琴主编	中国水利水电出版社	1996.5
水电站电气设备（中专教材）	尹厚丰等编	中国水利水电出版社	1996.9
水资源学概论	陈家琦 王浩著	中国水利水电出版社	1996.5
水资源综合利用	施嘉炀著	中国水利水电出版社	1996.1
中国江河防洪丛书·淮河卷	淮河水利委员会编	中国水利水电出版社	1996.2
·黄河卷	黄河水利委员会编	中国水利水电出版社	1996.8
水力学与水力机械	张广泰等编著	陕西科学技术出版社	1996.2
模糊数学在水科学与工程中的应用	王平义编著	成都科技大学出版社	1996.5
弯曲河道动力学	王平义编著	成都科技大学出版社	1996.12
黄河干流水库调度及智能决策	黄强等著	陕西科学技术出版社	1996.11
大中型水利水电工程施工招标文件实例	陈文强编	华中理工大学出版社	1996.4
水库移民系统规划理论与应用	施国庆等编著	河海大学出版社	1996.5
贵州乌江渡水电站灌浆帷幕老化问题的研究	刘再华著	广西师范大学出版社	1996.6
腹拱坝的研究与实践	刘光廷等著	清华大学出版社	1996.7
国外5座特大型水电站介绍	谷兆祺等编译	清华大学出版社	1996.8
抽水蓄能电站的水力过渡过程	张师华编著	华中理工大学出版社	1996.3
水工建筑物（上册）	左东启等主编	河海大学出版社	1996.1
水工建筑物（下册）	左东启等主编	河海大学出版社	1996.4
土的动力强度和液化特性	汪闻韶著	中国电力出版社	1997.3
中国水利水电技术发展与成就	本书编委会	中国电力出版社	1997.9
朱伯芳院士文选	朱伯芳著	中国电力出版社	1997.9
大坝安全监测（高校教材）	李珍照主编	中国电力出版社	1997.11
水电能源系统规划（高校教材）	万永华主编	中国电力出版社	1997.11
水电系统规划、管理决策方法论（高校教材）	王本德主编	中国电力出版社	1997.8

续表

书名	作者	出版者	出版年月
新型建筑材料（高校教材）	王立久主编	中国电力出版社	1997.4
国际工程承包与建设项目管理（高校教材）	吴之明等编	中国电力出版社	1997.10
经济合同法教程（高校教材）	周之豪等编	中国电力出版社	1997.10
工程流体力学	薛祖绳等编	中国电力出版社	1997.11
电力工业标准汇编 水电卷 1996	中国电力企业联合会标准化部编	中国电力出版社	1997.12
水利水电土建工程施工合同条件	电力工业部等编	中国电力出版社	1997.9
长江防洪系统实时调度研究	本书编委会编	中国水利水电出版社	1997.11
中国江河防洪丛书·辽河卷	松辽水利委员会	中国水利水电出版社	1997.11
水利经济运行探索	陈国樑	中国水利水电出版社	1997.8
福建省水利水电青年优秀论文集（1990～1996）	福建省水利学会	中国水利水电出版社	1997.7
BOT方式与水利建设	安中仁	中国水利水电出版社	1997.9
水工混凝土缺陷检测和处理	乔生祥等	中国水利水电出版社	1997.7
碾压混凝土坝施工（高校教材）	杨康宁等	中国水利水电出版社	1997.6
抽水蓄能电站规划及运行（高校教材）	万永华	中国水利水电出版社	1997.6
水利水电工程施工计算机模拟与程序设计（高校教材）	孙锡衡等	中国水利水电出版社	1997.6
水利水能规划（第二版，高校教材）	周之豪等	中国水利水电出版社	1997.5
水工建筑物（第三版，高校教材）	祁庆和等	中国水利水电出版社	1997.5
水轮机（第三版，高校教材）	刘大恺等	中国水利水电出版社	1997.10
水利水电工程施工技术（第二版，高校教材）	杨康宁等	中国水利水电出版社	1997.6
中国治水史鉴	顾浩等	中国水利水电出版社	1997.8
调速器的运行与故障分析（高校教材）	吴甲铃等	中国水利水电出版社	1997.10
水电站水力过渡过程（高校教材）	吴荣樵等	中国水利水电出版社	1997.10

（中国水利水电出版社　金　炎）

水电行业科技期刊的现状

水电行业现有科技期刊128种。其中具有国内统一刊号公开发行的48种，具有内部准印证的80种。这些科技期刊，作为宣传我国水利水电建设的窗口，及时报道我国水电建设的新技术、新工艺、新成果，取得较好的社会效益与经济效益。

在办刊中，这些科技期刊认真执行国家有关出版的标准，使期刊的出版逐步走向标准化与规范化，在1996年由中宣部、国家科委、新闻出版署联合举行的第二届全国优秀科技期刊的评比中，《中国水利》获得了一等奖；《水力发电》、《中国农村水利水电》、《人民长江》、《广西水利水电》、《岩土工程学报》获得了二等奖；《东北水利水电》、《红水河》获得了三等奖。

（水利部信息研究所　党　力　张　曼）

有国内统一刊号的水电科技期刊一览表

序号	刊名	主办单位	刊期	刊号	创刊年	负责人	编辑部地址	邮编
1	中国水利	水利部	月	CN11—1374/TV	1955	董自刚	北京宣武区白广路二条1号	100053
2	水力发电	电力部水电水利规划设计总院	月	CN11—1845/TV	1954	霍效光 马连城 常青	北京市安德路65号	100011
3	中国三峡建设	中国长江三峡工程开发总公司	月	CN42—1388/TV	1994	李先镇	湖北省宜昌市东山大道80号	443002
4	水利水电技术	水利部信息研究所	月	CN11—1157/TV	1959	张树泉	北京市德外六铺炕	100011
5	中国农村水利水电	水利部农水司、中国水利学会农水专业委员会	月	CN42—1419/TV	1950	邓淑珍	武昌珞珈山武汉水利电力大学	430072
6	人民黄河	黄河水利委员会	月	CN41—1128/TV	1979	王路平	郑州市顺河路黄委会综合楼12层	450003
7	人民长江	长江水利委员会	月	CN42—1202/TV	1955	李梅青	武汉汉口解放大道1155号	430010
8	东北水利水电	松辽水利委员会	月	CN22—1097/TV	1983	倪定非	长春市工农大路6号	130021
9	中国水利水电文摘	水利部信息研究所	双月	CN11—1932/TV	1993	张伟	北京市德外六铺炕	100011
10	治淮	淮河水利委员会	月	CN34—1030/TV	1952	丛安佐	安徽蚌埠市凤阳西路	233001
11	中国水土保持	黄河水利委员会	月	CN41—1144/TV	1980	黄宝林	郑州市顺河路黄委会综合楼12层	450003
12	水利水电科技进展	河海大学	月	CN41—1128/TV	1993	马敏峰	南京市西康路1号	210098
13	水利水电快报	长江水利委员会	半月	CN42—1142/TV	1980	李玉珍	武汉汉口解放大道1155号	430010
14	水利管理技术	水利部水管司	双月	CN11—3393/TV	1980	尹宏伟	北京市德外六铺炕水利部信息研究所	100011
15	水利渔业	水库渔业研究所	双月	CN42—1247/S	1983	陈文祥	武汉武昌卓刀泉小何村	430073
16	小水电	水利部农村电气化所	双月	CN33—1204/TV	1993	吴华君	杭州市西湖区教工三路20号	310012

续表

序号	刊　名	主办单位	刊期	刊　号	创刊年	负责人	编辑部地址	邮　编
17	武汉水利电力大学学报	武汉水利电力大学	双月	CN42—1377/TV	1957	杜士国	湖北武昌珞珈山	430072
18	河海大学学报	河海大学	双月	CN32—1117/TV	1957	张荣安	南京市西康路1号	210098
19	海河水利	海河水利委员会	双月	CN12—1064/TV	1984	俞大昌	天津市河东区龙潭路15号	300170
20	人民珠江	珠江水利委员会	双月	CN44—1037/TV	1986	张宇明	广州市天河北瘦狗岭	510611
21	岩土工程学报	中国水力发电学会等6个全国性学会	双月	1SSN1000—4548	1979	沈珠江	南京虎踞关34号	210024
22	大坝观测与土工测量	电力部电力自动化研究院	双月	CN32—1190/TV	1977	李怀刚	南京市323信箱	210003
23	水文	水利部水文司	双月	CN11—1814/TV	1978	陆建华	北京宣武区白广路二条1号	100761
24	水利电力机械	郑州机械设计研究院	双月	CN41—1150/TH	1994	高建生	郑州市陇海中路57号	450052
25	华北水利水电学院学报	华北水利水电学院	季	CN41—1249/TM	1979	温广红	郑州市郑花路20号	450045
26	长江科学院院报	长江科学院	季	CN42—1171/TV	1985	陈振铎	武汉市汉口赵家条九万方	430010
27	水利水运科学研究	南京水利科学研究院	季	CN32—1125/TV	1979	李国斌	南京市虎距关34号	210024
28	葛洲坝水电工程学院学报	葛洲坝水电工程学院	季	CN42—1373/TN	1995	邵鸿金	湖北宜昌市	443007
29	陕西水力发电	陕西省水力发电工程学会	季	N61—1110/TV	1985	赵修荣	西安市金花南路5号	710048
30	水利电力施工机械	电力部杭州机械设计研究所	季	CN33—1203/TH	1994	李以栓	杭州市教工三路18号	310012
31	水电站设计	成都勘测设计研究院	季	CN51—1382/TV	1985	郑文正	成都市青羊宫	610072
32	西北水电	西北勘测设计研究院	季	CN61—1260/TV	1993	吕祖珩	西安市南大街	710001
33	贵州水力发电	贵州省水力发电工程学会乌江水电开发公司	季	CN52—1100/TV	1990	张家琦	贵阳解放路32号	550002
34	红水河	广西电力工业局	季	CN45—1146/TV		彭文藻	南宁市建政路10号	530023

续表

序号	刊　名	主办单位	刊期	刊　号	创刊年	负责人	编辑部地址	邮　编
35	水电能源科学	华中理工大学水电能源研究所	季	CN42—1231/TV	1992	周凤菊	武汉市喻家山	430074
36	水能技术经济	全国水能技术经济信息网	季	CN43—1203/F	1993	胡葆英	长沙圭塘中南勘测设计研究院	410014
37	四川水力发电	四川省水力发电工程学会	季	CN51—1150/TV	1982	李远惠	成都市青羊宫、成都勘测设计研究院	610072
38	防渗技术	西北水科所、渠库防渗情报网	季	CN61—1277/TV	1991	吴培安	陕西省咸阳市杨陵区渭惠路23号	712100
39	水利水电工程设计	天津勘测设计研究院、天津水力发电学会	季	CN12—1246/TV	1994	张仲琪	天津市河西区洞庭路	300222
40	水利经济	水利经济研究会、河海大学	双月	CN32—1165/F	1983	徐　明	南京市西康路1号河海大学	210098
41	水土保持科技情报	辽宁省水土保持科研所	季	CN21—1159/S	1981	白　珂	辽宁省朝阳市	122000
42	西北水资源与水工程	西北水利科学研究所	季	CN61—1201/TV	1986	杨立业	陕西省咸阳市杨陵区渭惠路23号	712100
43	水资源保护	水利部水资源司、河海大学	季	CN32—1356/TV	1985	姚　琪	南京市西康路1号河海大学	210098
44	水力发电学报	中国水力发电工程学会	季	CN11—2241/TV	1982	张宪宏	北京市清华大学水电系	100084
45	水利技术监督	水利部信息研究所	双月	CN11—3918/TV	1993	程光明	北京市德外六铺炕	100011
46	水科学进展	南京水文水资源所	季	CN32—1309/P	1990	潘理中	南京市西康路1号河海大学	210098
47	福建水力发电	福建省水力发电学会 福建水利水电勘测设计研究院	半年	CN35—1153/TV	1988	陈一华	福州市东大路58号	350001
48	国际泥沙研究(英)	国际泥沙培训中心	季刊	CN11—2699/P	1986	王兆印	北京市车公庄西路20号	100044

（水利部信息研究所　党力　张曼
中国水力发电工程学会　赵政声）

有内部准印证的水电科技期刊一览表

序号	刊名	主办单位	刊期	刊号	创刊年	负责人	编辑部地址	邮编
1	国际水力发电(英刊中译本)	水利水电规划设计总院	月	11—1224 (Z)	1992	石瑞芳	西安市南大街、西北勘测设计研究院	710001
2	水利水电施工	全国水利水电施工技术情报网	季	鄂内刊字第642号	1982	周世明	湖北省宜昌市清波路11号	443002
3	水电工程	中国水利水电第九工程局	季	黔第02—K012	1987	刘颖	贵阳市瑞金北路48号	550001
4	金属结构	中国水力发电工程学会金属结构专委会等	双月	湖南省内部期刊准印证071号	1981	薛瑞宝	长沙市圭塘中南勘测设计研究院	410014
5	闽江水电科技	中国水利水电闽江工程局	半年	福建省内部期刊准印证113号	1983	王健亮	福州市湖东路82号	350003
6	土石坝工程	水利水电土石坝工程信息网	季	Z1931—97	1983	洪重光	北京市朝阳区定福庄北京勘测设计研究院	100024
7	华东水电技术	华东勘测设计研究院	季	浙字第04—1001号	1980	蒋效忠	杭州市上塘路	310014
8	面板堆石坝通讯	中国水力发电工程学会面板堆石坝专委会	季	鄂内刊字第731号	1989	傅志安	湖北省宜昌市樵湖二路8号	443002
9	水利水电勘测设计标准化	水利水电勘测设计标准化信息网	季	Z1933—97	1989	吴明	北京市朝阳区定福庄北京勘测设计研究院	100024
10	水电勘测设计	贵阳勘测设计研究院	季	黔第01—K166号	1993	王柏乐	贵阳市解放路78号	550002
11	中南水力发电	中南勘测设计研究院、湖南省水力发电工程学会	季	湖南省内部期刊准印证379号	1994	孙君森	长沙圭塘中南勘测设计研究院	410014
12	大坝监测技术	大坝安全监测信息网	季		1983		南京市323信箱	210003
13	云南水电	中国水利水电第十四工程局	半年				昆明市环城东路159号	650041
14	岷江水电	中国水利水电第十工程局	季	成字477号	1988	钟永为	四川省都江堰市蒲阳路	611830
15	水电工程技术	中国水利水电第六工程局	季	辽宁省内部报刊准印证06—1002/Z	1958	丛树祥	辽宁省丹东市太平湾	490081
16	葛洲坝水电	葛洲坝集团	季	鄂内刊字第0641号		饶世祥	湖北省宜昌市	443002

续表

序号	刊　名	主办单位	刊期	刊　号	创刊年	负责人	编辑部地址	邮　编
17	青海水力发电	青海省水力发电工程学会、中国水利水电第四工程局	季	青海省期刊准印证号Q—055	1982	王延举	西宁市互助西路136号中国水利水电第四工程局	810006
18	中州水电	中国水利水电第十一工程局	季	内资（三门峡）02号		王立达	河南省三门峡市	472000
19	水电技术信息	成都勘测设计研究院	双月	（川）第01—168号	1976	计家荣	成都市青羊宫	610072
20	水电电气设计	中国水力发电工程学会电气专委会、水利水电电气信息网	季		1980	余国铨	杭州市上塘路华东勘测设计研究院	310014
21	水电施工技术	中国水利水电第三工程局	季	陕第1559号（Z）	1981	周孝正	陕西省安康市张岭	725001
22	地下工程技术	成都勘测设计研究院、中国水力发电学会	季	蜀内第01—306号	1982	郑亮城	成都市青羊宫成都勘测设计研究院	610072
23	湖南水电	湖南省水力发电工程学会					长沙市圭塘中南勘测设计研究院	410014
24	水电厂自动化	南京自动化研究所	季	JSXK13—056/N		苏伯林	南京市鼓楼区长江新村4号	210003
25	水力机械技术	中南勘测设计研究院	双月	湘（95）076	1979		长沙市圭塘中南勘测设计研究院	410014
26	岩石混凝土断裂和强度	中南勘测设计研究院科研所、岩石断裂力学情报网					长沙市圭塘中南勘测设计研究院	410014
27	施工技术与管理	中国水利水电第一工程局					吉林省永吉县口前镇	132200
28	水电科研与实践	中南勘测设计研究院科研所	半年	湖南刊字第184号	1984		长沙市圭塘中南勘测设计研究院	410014
29	水电工程研究	成都勘测设计研究院					成都市青羊宫	610072
30	水电建设	中国水利水电第七工程局	季	川内字第12—14号	1987	潘新星	四川省乐山市17号信箱科研所	614907
31	混凝土坝技术	水利水电混凝土坝情报网	季	蜀内刊第02—155	1976		四川省成都市青羊宫、成都勘测设计研究院	610072

续表

序号	刊名	主办单位	刊期	刊号	创刊年	负责人	编辑部地址	邮编
32	水电暖道空调技术	水利水电暖道空调信息网	季				陕西省西安市南大街西北勘测设计研究院	710001
33	水利水电工程造价	水电水利规划设计总院	季	Z2614—97	1978	李治平 常青	北京市安德路65号	100011
34	华东水电	中国水利水电第十二工程局	季		1988	马育贞	浙江省金华市白龙桥	321027
35	中国水力发电史料	中国水力发电工程学会	3期/年	(Z)1854—971837	1987	王庭济	北京六铺炕电力部信息中心	100011
36	水电建设管理通讯	中国水力发电工程学会水电建设管理专委会	月	(Z)2360—971548	1991	张文达	北京府右街137号国家电力公司水电局	100031
37	上海水利水电技术	上海勘测设计研究院	季	上海市内部准印证第0191号	1989	王守德	上海市逸仙路180号	200434
38	水利水电勘测设计信息动态	水电水利规划设计总院、水利水电规划设计总院	双月	(浙)京第04—1015号	1987	陈永平	杭州市通江桥浙江省水利水电勘测设计院	310002
39	施工组织设计	水利水电工程施工组织设计信息网	季	吉字第02—002号	1983		长春市工农大路10号东北勘测设计研究院	130021
40	砌石坝技术	中国砌石坝信息网	季		1978	刘建生	济南市山东水利科研院	250013
41	云南水利水电	云南省水利水电厅、云南省水利学会	季	云期95号		贾良权	昆明市玉华山新北楼408室	650021
42	水利水电电工二次	长江水利委员会	季				武汉市解放大道1155号	430010
43	水利水电钻探	东北勘测设计研究公司、水利水电钻探信息网	季	吉林省内刊准印证01—014号	1983	杨仲汤	长春市春城大街30号	130062
44	水利水电测绘	水利水电测绘信息网	季	湖北省内刊准印证0808号	1983	徐菊华	武汉解放大道1155号	430010
45	水利水电环境	水电水利规划设计总院、水利水电环境信息网、中国水力发电工程学会环境保护专业委员会	半年	川内字第01—349号	1983	颜道本	成都市青羊宫浣花路1号成都勘测设计研究院	610072
46	水利水文自动化	南京水利水文自动化研究所	季	苏新编JSXK(94)检字第13009.N号	1983	姚永熙	南京中华门外铁心桥	210012
47	工程与冻土	吉林省水利科学研究所		吉林内刊第01—029号	1983		长春市斯大林大街140号	130022

续表

序号	刊名	主办单位	刊期	刊号	创刊年	负责人	编辑部地址	邮编
48	岩石力学	东北勘测设计研究院科研所					长春市北安路74号	130061
49	泥沙情报	黄河水利委员会水科所	季	豫直字064号			郑州市人民路	450003
50	水文科技信息	长江水利委员会水文局	季	内(0321)		王善序	武汉市解放大道1155号	430010
51	水利水电通讯技术	东北勘测设计研究院					长春市春城大街30号	130021
52	水电站压力管道	中国水利水电科学研究院	不定期		1985		北京市复兴路甲1号	100038
53	贵州水利水电	贵州省水电厅、贵州省水利学会	季	黔第01—K043	1984	胡绍旺	贵阳市西湖巷32号	550002
54	水利水电工程地质	长江水利委员会勘测局	季	内253号	1992	严沛漩	武汉市解放大道1155号	430010
55	水工混凝土和钢筋混凝土	河海大学	季			吴胜兴	南京市西康路1号	210098
56	四川水文	四川省水文水资源勘测局	季			田国安	成都市桂花巷60号	610015
57	水电科技信息	四川省水电厅科技信息中心	月	川内字01—316号	1993	陈儒伦	成都市新华东路401号	610017
58	水利施工技术	四川省水利电力工程局	季	内133号	1991	何荣凡	四川省资阳市外西街70号	641300
59	计算技术与计算机应用	中国水利水电科学研究院结构所	季		1986	朱伯芳	北京市复兴路甲1号	100038
60	岩石混凝土断裂与强度	中国水利水电科学研究院结构所	季				北京市复兴路甲1号	100038
61	混凝土建筑物及修补	同上	季				同上	100038
62	疏浚与吹填	水利水电机械疏浚信息网、中国水利学会、中国水力发电工程学会	季	山东省内部报刊准印证刊字185号	1987	李国勇	山东省德州市中国水利水电第十三工程局	253009
63	水利水电译文	水利水电规划设计总院	月	Z1852—97		董在志	北京市德外六铺炕	100011
64	水利规划	同上	季	Z1851—97		胡训润	同上	100011
65	水电站机电技术	水利部机电研究所	季	天津市准印证1156号	1978	郭士杰	天津市蓟县东关	301900

续表

序号	刊名	主办单位	刊期	刊号	创刊年	负责人	编辑部地址	邮编
66	工程物探	黄河水利委员会勘测规划设计院物探大队					河南省郑州市金水路11号	450003
67	泵站技术	全国泵站科技信息网	季	鄂内期刊准印证第0299号		丘传忻	武汉市珞珈山、武汉水利电力大学	430072
68	水利水电科技资料	东北勘测设计研究院					长春市北安路106号	130061
69	泄水工程与高速水流	同上	季	吉字02—015号	1983	栾 力	同上	130061
70	水利水电建设	湖南省水利厅科技情报中心站、湖南省水利水电勘测设计院					长沙市劳动路154号	410007
71	高边坡工程	中国水利水电科学研究院岩土所	半年刊			叶金汉	北京车公庄西路20号	100044
72	珠江现代建设	珠江水利委员会勘测设计研究院、科技信息研究所	季	GD—1226/K	1985	王德志	广州市林和路沾益直街	510611
73	基础处理技术	水利部地勘公司	季				天津市武清县杨村	
74	水工建设	长江水利委员会	月	鄂内刊字第0252号		朱振宏	武汉市汉口解放大道1155号	430010
75	甘肃电力	甘肃省电机工程学会、水力发电工程学会、电力试验所	季	甘内刊字第10102/Z	1981	李文忠	兰州市七里河西津东路甘肃省电力试验所	730050
76	湖北水力发电	湖北省水力发电工程学会、清江水电开发公司	季	湖北第0063号	1987	王开治	武汉市武汉水利电力大学	430072
77	东北水力发电学报	东北地区水力发电工程学会	季	辽宁1249	1985	李 岩	沈阳市宁波路18号东北电管局	110006
78	施工技术与管理	四川省水力发电工程学会	半年	内市（97）字第309号	1986	王民寿	四川省郫县成灌东路347号中国水利水电第七工程局	611730
79	观测技术	水工建筑物观测情报网					南京市鼓楼区长江新村	210003
80	万安水电	中国水力发电工程学会、武警水电二总队					江西万安	343800

（水利部信息研究所 党力 张曼
中国水力发电工程学会 赵政声）

学术团体及主要活动

19

中国水力发电工程学会主要活动

第四次全国会员代表大会纪要

中国水力发电工程学会于1995年10月16日至19日在四川省成都市召开了第四次全国会员代表大会。出席大会的有各省、自治区、直辖市地方学会，武警部队学会，全国学会各专业委员会工作委员会、编辑委员会和有关单位推荐的代表及特邀人士、四川省政府和有关单位领导、嘉宾共240多名。

大会开幕式由副理事长游吉寿同志主持，副理事长罗西北同志致开幕词。电力工业部副部长汪恕诚、四川省人大常委会主任杨析综、四川省副省长马麟、前中顾委委员李锐等同志应邀莅会并讲话，中国三峡工程开发总公司副总经理贺恭宣读了总经理陆佑楣的书面讲话。水利部、中国科协学会部、中国科协工程学会联合会和中国水利学会、中国电机工程学会等兄弟学会及有关单位发来贺信、贺电。名誉理事长施嘉炀、三届副理事长兼秘书长梁益华写信向大会表示了衷心的祝贺。

本次大会得到了全国会员的积极响应，各地方学会、专业委员会均派出代表参加，各省、自治区、直辖市地方学会、武警部队学会、全国学会专业委员会、工作委员会、编辑委员会均为“四大”提交了“三大”以来五年的工作汇报。三个地方学会，一个专委会，一个编委会在大会上发言，其他则通过分组或书面进行了交流。根据大会议程和内容，对三届理事会的工作进行了总结；选举了新的一届理事会成员及领导班子；与会代表听取了学会秘书长邹范湘作的第四次会员代表大会筹备工作报告和副秘书长邴凤山就学会规章、制度、办法修改作的说明，并一致通过了学会新的章程。审议通过的主要内容如下：

学会理事长李鹗鼎作题为《继续解放思想，深化改革步伐，开创学会工作新局面》的三届理事会工作报告，提请大会审议，报告全面回顾了“三大”以来的学会工作，充分肯定了学会健全的组织建设、有效的学会活动及所取得的成绩，并对改革开放新形势下的学会工作提出了更新更高的要求。全体与会代表对三届理事会的工作报告进行了认真的审议并一致举手通过。

学会副秘书长邴凤山就修改原学会规章、制度、办法作了说明。经过对各方面反馈意见的认真讨论、分析和采纳，最终决定修订17条主要内容以适应新形势的需要，使规章制度更加合理、更为规范、更具有可操作性。大会通过了修改后的《中国水力发电工程学会会章》。

学会秘书长邹范湘作了第四次会员代表大会筹备工作报告。会议代表审议讨论了第四届理事候选人名单，并以无记名投票方式选举产生了四届理事会理事150名（保留二名待补）。当晚，新的理事会召开了第一次会议，出席理事87名，选举了常务理事34名，选举李鹗鼎为理事长，陆佑楣、汪恕诚、朱尔明、张绍贤、贺毅、罗西北、游吉寿、高安泽、张基尧、王宝基、邹范湘为副理事长，邹范湘为秘书长。根据新会章，施嘉炀继续担任名誉理事长，聘请李锐、张铁铮、陈赓仪、张春园、徐洽时、潘家铮、梁益华、常流为顾问，聘请马经国等40名上届理事为名誉理事。新的一届理事会成员还讨论了四届理事会的工作要点。

另外，大会还组织了学术交流，共有十位同志作了学术报告：副理事长罗西北作了“落实优先发展水电方针有待解决的问题”的报告；电力部水农司司长张学知、计划司王信茂副司长联合作了关于水电建设管理体制改革和水电建设“九五”计划布局的报告，电力部水电水利规划设计总院院长高安泽作了“深化改革，强化管理，努力开创水电前期工作新局面”的报告；水利水电工程总公司总经理张基尧作了“努力提高施工水平，促进水电开发速度”的报告；三峡工程开发总公司副总经理贺恭作了“三峡工程建设与管理”的报告；四川省水电学会理事长王尊相作了“关于西电东送”的报告；国家开发银行电力信贷局副局长曾念作了“就水库，论轻重——浅议水电建设的一个重要制约的问题”的报告；广东抽水蓄能电站联营公司总经理罗绍基作了“抽水蓄能电站的经济评价”的报告；西北勘测设计研究院专家宋泽敏作了“适应市场经济需要，加快水电开发的论证”的报告；中国国际工程咨询公司专家何格高作了起草“关于把加快发展水电作为一项重大战略决策的建议”的报告。

在分组学术研讨中，会议代表围绕新时期如何加快水电建设的步伐的建议展开了热烈的讨论，会议决定会后进一步组织有关专家，吸收各方意见，进行修改补充，送常务理事会审议。另外，南方九省区联络会《关于促进水电建设的若干建议》及20多位理事撰写的学术论文共23篇印成《论文集》在会上交流。

学会副理事长罗西北主持了大会闭幕式，宣布四届理事会组成名单，通过了致各级学会挂靠部门的感谢信。表彰了86名从事水电五十年以上的会员，115名优秀学会工作者，8个先进学会和8个先进集体，并颁发了奖状和奖品。对“三大”以来表彰过的从事水电30年以上会员重新印发了名单，发了纪念品。最后由理事长李鹗鼎致闭幕词。

第四次全国会员代表大会向国务院呈送的“关于加快发展水电的建议”

40多年来，我国水电建设取得了较大的成绩，但从水力资源的开发利用程度和发展形势来看，仍然难以令人满意，甚至使人担扰。“七五”、“八五”水电建设规模由于受资金制约都未完成国家计划，1994年和1995年新开工的大中型水电项目很少，以致水电占整个电力的比重逐年下降。水电装机容量占电力装机总容量的比重已由“六五”前的30%以上降到目前的24%，年发电量的比重从原来的25%下降到19%。水电装机年增长率将从“八五”的7.6%下降到“九五”的5%。如不采取有力措施，水电的比重还将继续下降。根据我国“九五”计划和2010年远景目标，到2010年全国电力装机容量需达到5.53亿kW、年发电量需达到25000亿kW·h。按电力部的规划，2010年水电装机容量在2000年达到7000万kW的基础上翻一番，达到1.3亿～1.4亿kW，年发电量5000亿kW·h。届时，其余的4.2亿kW装机容量和2万多亿kW·h的年发电量，仍主要由火电来承担（在此期间，核电所占比重不会很大）。据此，则发电燃煤量将高达9亿多t。当前，我国发电用原煤约为4亿t左右，运输问题已日见困难。试想，15年内要求为发电供煤和运煤新增5亿多t，加上环境保护问题的困扰，其可行性令人怀疑。而丰富的水力资源空付东流，实在可惜。为此，建议国家要将加快发展水电、优化能源结构作为一项重大的战略决策。具体意见如下：

（一）优先发展水电，明确开发水电的战略地位。由于水电的总体效益非常显著，世界各工业发达国家和许多发展中国家在电力发展过程中，都把开发水电放在优先地位。工业发达国家水电开发程度一般都在50%以上，有的甚至达到99%以上，我国是社会主义国家，更有条件从提高全社会总体效益出发，确定水电在能源中的战略地位。建议国家在编制远景发展战略规划中，把开发水电放在能源开发中的优先地位。

（二）建议国家抓紧制定我国江河治理与水利水电综合开发的长远规划，确定分地区分时段的实施，以指导有关部门及地方中长期和年度计划的编制与实施。与此同时，为了做到电源合理布局、正确选点、适时建设，需要加强前期工作，储备充足的规划设计资料。当前，前期工作经费严重不足，前期工作已陷于半停顿状态，建议国家有关主管部门抓紧研究解决。

（三）建议国家加强对水电开发的宏观调控，给予水电合理的经济政策。

1. 加大政府投资力度，拓宽国内外投融资渠道，提高其在全社会固定资产中的比重。①对关系到国计民生的、跨地区开发的、综合效益特大的战略性水电项目，需以国家投资为主体，才能筹集到足够的建设资金；②要广泛地多方式地吸引外资建设大中型水电站，准予采用中外合资、合作和BOT方式。一般水电站还贷能力较强，运行时间很长，多用一些外资对我们还是有利的；③通过多渠道多方筹资，使全社会水电建设投资占电力建设总投资的比重恢复到“四五”、“五五”时期和水平，即不低于30%。

2. 运用国家的金融、财税杠杆，参照国外对电力建设采取轻税、免税、低利长期贷款和拨款的政策，并仿照国家对水利工程、煤炭开采的优惠政策，制定有利于加快我国水电建设的财税政策。如延长水电贷款偿还期、降低贷款利率；实行所得税先征后返或先挂后交、降低增值税率；降低大型水电设备（特别是我国制造水平还很低的高水头大容量的抽水蓄能机组和低水头大容量贯流式机组）的进口关税率；按照市场经济规律调整水电上网电价等等。

（四）改革水电建设管理体制。

1. 按照市场经济的原则和中央提出的“流域、梯级、滚动、综合”开发的方针组建的水电开发公司，实践证明这是符合客观要求的一条加快水电开发的新路子。当前需要根据我国不同的大中型河流和地区特点及开发现状，具体地研究它们的开发程度，理顺经济关系，给予合理政策，以调动中央、地方、企业的积极性，使之能逐步做到独立自主的滚动开发。对已组建的乌江、清江、二滩等水电开发公司，需按照国家已公布的现代企业制度的要求改组为有限责任公司或股份有限公司，使之真正成为产权清晰、权责明确、政企分开、管理科学，自主经营、自负盈亏，自我发展、自我约束的法人实体和市场竞争主体。

2. 水电开发涉及到电力工业、江河治理、综合利用、地区经济发展等复杂的社会经济关系。自1988年水利电力部撤销后，出现的不少问题不能得到有效、及时地协调解决，不利于水电、水利和电力的协调发展。为此，建议成立水电开发总公司（企业，目前可隶属于全国电力总公司），其职能是负责全国大、中型水电站的开发，是水电开发公司的控股公司。建议国务院授权它作为一级国有资产的代表，拥有部分已建和在建水电站的国有资产和一定数量的资本金，对水电行业实行管理职能，如：制定规程规范、招投标实施办法、技术政策和加强队伍建设等，并按照国民经济和电力工业发展的长期目标制定全国分地区、分时段的水电开发规划；组织水电的前期工作，施工建设和运行管理；开拓投资渠道，筹集建设资金；协调各有关方面（部门和地区）的经济利益关系，促进水电稳步、快速发展。

（五）今后水电开发的重点。

首先，要特别重视西南和西北的水电开发，中共中央的建议中明确指出：国家要采取有力措施，支持中西部不发达地区的资源开发。我国的水力资源最为丰富的地区是西南和西北（仅金沙江水电基地的开发即相当于4个三峡水电站）。把开发西部水力资源作为地区资源开发的先导，这对于繁荣我国西部经济，缩小东西部地区差距，确保社会长治久安，实现“西电东送”具有重大的社会经济意义。建议将其作为优先开发水电战略决策的重中之重来安排实施。

我国东部地区水力资源比较少，且开发程度已较高。今后除继续兴建一些条件较好的中小型水电站外，还要着力于改善电力系统运行调度条件，提高电网安全、经济的运行水平，适当开发一批各种规模的抽水蓄能电站。

第四届理事会名单

（一）正副理事长、常务理事

理事长：李鹗鼎

副理事长：陆佑楣　汪恕诚　朱尔明　张绍贤　贺　毅　罗西北　游吉寿　高安泽　张基尧　王宝基　邹范湘

常务理事：（按姓氏笔划为序）

马怀新　王作高　王宝基　王信茂　方　松
朱尔明　刘　英　李　岩　李鹗鼎　杨定原
杨祝辉　邴凤山　何　璟　何国忠　邹范湘
汪恕诚　沈崇刚　张绍贤　张学知　张基尧
张津生　陆佑楣　陆述远　罗西北　罗绍基
贺　毅　贺　恭　高安泽　高季章　高雪涛
黄克亮　曾　念　游吉寿　雷树萱

（二）理事：（按姓氏笔划为序）

丁尔谋　丁海松　马怀新　马树群　马洪琪
马积泉　王世文　王圣培　王成西　王光纶
王同生　王作高　王雨生　王宝基　王柏乐
王信茂　王庭济　王增录　王　冰　王　瑛
方　松　石瑞芳　冯浩生　边善庆　纪云生
朱尔明　朱志强　任继忠　刘文雪　刘汉忠
刘纪仁　刘连希　刘信真　刘　坚　刘　英
刘　颖　许可达　许百立　孙中弼　孙仲乐
孙守义　孙瑞兴　芦益增　李秀卿　李治平
李建中　李桂芬　李锦文　李鹗鼎　李　岩
李　荧　杨金栋　杨定原　杨建华　杨祝辉
杨惠芳　邴凤山　吴胜光　吴家林　吴新润
吴　澄　何文垣　何国元　何国忠　何格高
何根寿　何　璟　邹范湘　汪亮城　汪恕诚
汪　楞　沙锡林　沈祖诒　沈崇刚　沈德民
张云芗　张启舜　张学知　张绍贤　张津生
张宪宏　张家琦　张基尧　张超然　张博庭
张　挺　陆佑楣　陆述远　陈宗梁　陈彦钧
陈祖兴　陈　环　青长庚　林明华　罗西北
罗绍基　周保中　周炳章　周莫邦　郑仁侠
孟昭靖　赵政声　赵慧家　赵　俊　郝洪禄
胡金荣　段荣国　俞介刚　姚　仁　贺至刚
贺　恭　贺　毅　聂振伟　贾家麟　夏文泽
顾烈烽　顾煜麟　晏　勤　徐祖德　徐家鑫
翁义孟　高安泽　高季章　高雪涛　郭际康
谈国良　黄克亮　黄贤鉴　黄树棠　黄显泰
黄惠源　黄德明　曹楚生　崔　军　董述春
董哲仁　董毓新　蒋效忠　韩大伟　鲁定国
曾　念　游吉寿　谢邦泽　谢良华　雷树萱
谭艾幸　樊天龙　黎安田　潘国良　操香水

（三）正副秘书长

秘书长：邹范湘

副秘书长：邴凤山　黄克亮　赵政声　张博庭

（四）名誉理事长、顾问

名誉理事长：施嘉炀

顾　问：李　锐　张铁铮　陈赓仪　张春园　徐洽时　潘家铮　梁益华　常　流

（五）名誉理事（按姓氏笔划为序）

马经国　马钟珩　王宏硕　王寿昌　王初铭
王钟浩　王尊相　冯大彬　礼荣勋　乐耀曾
刘笃德　朱水林　朱成章　朱建业　陈望祥
杜修心　谷云青　李子铮　李文忠　沈　晋
沈维义　杨睦九　杨德晔　余光夏　张　实
张天存　张崇薰　张镜剑　邹思远　岳　强
岳荣寿　胡海涛　胡钧涛　赵佩钰　柴恭纯
康春生　董育坚　董槐三　彭文藻　谭靖夷

第四次全国会员代表大会表彰名单

（一）先进学会

天津市水力发电工程学会

东北地区水力发电工程学会

湖北省水力发电工程学会
湖南省水力发电工程学会
广西壮族自治区水力发电工程学会
陕西省水力发电工程学会
四川省水力发电工程学会
贵州省水力发电工程学会

(二) 先进集体

水库经济专业委员会
水力机械专业委员会
混凝土面板堆石坝专业委员会
大坝安全监测专业委员会
水电建设管理专业委员会
评优工作委员会
青年工作委员会
《水力发电年鉴》编辑部

(三) 从事水电工作50年周年受表彰会员名单

李 文 赵长海 王希锐 杨雪霖 刘秉俊
武 林 孟宪琪 张 灏 李学白 李名播
朱守谦 程良骏 钟 明 苏朝楝 谢庭滋
张明显 王 伟 王醒民 翁长溥 张长青
黄权彩 柳长祚 郑丙荣 李国润 王 甡
李全怡 徐开敏 涂肇伦 顾淦臣 王文修
蒋彭年 毛昶熙 李葆鉴 张赓绪 严镜海
朱维新 王应宪 周鸿石 傅敬熙 胡继贤
冯世京 石 青 李 旭 张兴仁 刘燕生
张 韧 程元赓 蒋毓龙 张祖翰 吕崇朴
邢观猷 郁云岗 曹阜南 曹敏永 李正春
蔡义仁 李汉法 李 益 贺 毅 崔 军
翟益涛 谭靖夷 岳 强 王庭济 蔡定一
庄德桢 龚鸿祺 黄宇齐 沈信祥 季诚龙
赵人龙 陈道周 许协庆 金泰来 杨秀英(女)
杨裕进 李毓芬 雷树萱 沈维义 徐祖德
罗西北 纪云生 唐集尹 林秉南 汪闻韶
赵佩钰

(四) 学会优秀工作者

北京市水力发电工程学会
王凤森 宋 毅(女)
天津市水力发电工程学会
刘 英 姜梦清 张鲁杰(女)
山西省水力发电工程学会
王大卫 李 柄
东北地区水力发电工程学会
李 岩 宋恩来 宋发俭 王宝萱
周永平 姚 建 郭春林 田 丰
江苏省水力发电工程学会
陈金鸿
浙江省水力发电工程学会
姜振锹 张 宇 章伯寿
福建省水力发电工程学会
唐汉铮 王大光 蔡玉华(女)
江西省水力发电工程学会
熊俊伟 杨 晓
河南省水力发电工程学会
张 挺 金瑞俊 徐福坤
湖北省水力发电工程学会
王宏硕 叶竹松(女) 张文昌 何开庆
余明凯
湖南省水力发电工程学会
杜修心 肖明生 李小湄(女)
广东省水力发电工程学会
艾相才 陈仁英
广西壮族自治区水力发电工程学会
李锦文 鲁定国 卢宝述 刘益祥
雷娴文(女)
四川省水力发电工程学会
王尊相 李远惠 樊增祥 黄敬信
熊道树 韩 健(女)
贵州省水力发电工程学会
张家琦 蒲正中 崔 燕(女)
云南省水力发电工程学会
吕仕智 聂贯一 颜荣生
陕西省水力发电工程学会
王宝基 王永昌 李起祥 沈珞珞(女)
彭素彬(女) 杨延谷(女)
甘肃省水力发电工程学会
卢晓华(女) 刘胜林(女) 杨敏慧 黄振春
青海省水力发电工程学会
袁 铭(女) 刘秀阁(女)
宁夏回族自治区水力发电工程学会
王寿昌 县自治 张 薇(女)
武警部队水力发电工程学会
方长铨(女) 杨道印 张恕慈 陈钦亮
水库经济专业委员会
曾 念 刘兰桂 姚少华 董述春(女)
环境保护专业委员会
顾洪宾 喻卫奇
地质及勘探专业委员会
朱建业 段文钰
水工水力学专业委员会
高季章 陈秀兰(女)
混凝土面板堆石坝专业委员会
纪云生 卢立生 吴 哲 藏 弘(女)
自动化专业委员会
胡 梅(女) 郭 懋

水力机械专业委员会

沙锡林　王明坦　端润生

水工金属结构专业委员会

薛瑞宝

水电站运行管理专业委员会

李文忠　杨承沪

水电建设管理专业委员会

张学知　张文达

计算机应用专业委员会

宋敬廷　敖　林

大坝安全监测专业委员会

施济中　池胡庆　李旦江

机械疏浚专业委员会

姚霭彬

抽水蓄能专业委员会

曹楚生

评优工作委员会

马君寿

青年工作委员会

许可达　丁留谦

《水力发电学报》编辑部

谷兆琪

《中国水力发电史料》编辑部

陆茂竹（女）

《中国水力发电年鉴》编辑部

王　波　张培基　陈上奎　安淑连（女）

中国水力发电工程学会秘书处

赵政声　冯密峡（女）

中国水力发电工程学会会章

（1995年10月17日第四次代表大会通过）

第一章　总　　则

第一条　中国水力发电工程学会（以下简称本会）是依法登记由全国水力发电科学技术工作者组成的学术性群众团体，是中国科学技术协会（以下简称中国科协）的组成部分，是党和政府联系科技工作者的纽带和发展科学技术事业的助手。本会英文名称为：Chinese Society for Hydroelectric Engineering 缩写为（CSHEE）。

第二条　本会的宗旨是：在建设有中国特色社会主义理论和党的基本路线指引下，坚持四项基本原则，坚持辩证唯物主义，坚持实事求是的科学态度。贯彻经济建设和社会发展必须依靠科学技术，科学技术工作必须面向经济建设和“百家争鸣”的方针，提倡奉献、创新、求实、协作的精神，充分发扬民主，开展学术活动、科技普及、继续教育和咨询服务，团结广大水力发电科技工作者，为促进我国水电事业发展，提高水力发电科学技术水平和生产管理水平，实现社会主义现代化做出贡献。

第三条　本会的主要任务：

一、对国家的能源政策、水力发电科学技术经济政策及加快水电建设的措施提出建议。

二、围绕水力发电开发、建设和生产管理中的问题，开展学术交流活动，组织重点学术课题和重大技术经济问题的探讨和科学考察活动，对水电开发战略和科技政策提出建议。

三、配合业务部门组织研究水电科技重大课题或攻关项目，开展咨询服务活动。组织和推动科技成果走向科技市场，尽快变成生产力。

四、编辑出版《水力发电学报》和其他水电书刊资料。

五、普及水电科学技术知识、推广先进生产技术经验。

六、开展国际学术交流活动，加强与国外、境外有关的科学技术团体和科学技术工作者的友好联系，促进国际间先进技术交流。

七、开展培训和继续教育工作，进行知识更新，提高科学技术和管理水平，培养和推荐水力发电科技人才。

八、加强同国内有关的科学技术团体、科学技术工作者的联系与协作，交流成果。

九、团结会员，反映会员意见和呼声，维护会员的合法权益，开展为水力发电科技工作者服务的活动。

第四条　本会会址设在北京，挂靠电力工业部和水利部。

第五条　本会会徽图案为两道水波纹与闪电用圆环联接。

第二章　会　　员

第六条　本会会员分为个人会员、团体会员和外籍会员。

第七条　凡承认本会会章，并具有下列条件之一者，可申请为会员。

一、从事水力发电工作的具有助理研究员、讲师、工程师、经济师、会计师等及以上技术职称的科技人员。

二、高等院校本科毕业，从事水力发电及有关专业科学技术工作三年以上，具有一定学术水平的人员；或有相当工作经验和学术水平的科技人员、管理人员、技师及技术革新能手。

三、从事或曾从事水力发电事业领导工作，热心和积极支持学会工作的干部。

四、在学术上有较高成就，对我国友好，愿意与我会联系、交往和合作的外籍水电科技工作者，可接纳为本会外籍会员。

五、从事水力发电有关专业，拥有一定数量的科技人员队伍，愿意参加本会有关活动，并支持学会工作的教育、科研、生产、行政管理等企业事业单位，可申请参加本会为团体会员。

第八条 会员入会须由本人填写申请表，本会会员介绍或单位推荐，经所在省、自治区、直辖市地方学会批准，报本会备案。尚未建立水力发电工程学会的地方，可由本人填写申请表，所在单位签署意见，直接报本会审批。

对于著名科学家或在水力发电科学技术工作中有一定贡献者，本会常务理事会可直接吸收为会员。

会员由本会统一发给会员证。

外籍会员须由本人填写申请表，经本会会员介绍，常务理事会批准，并报中国科协学会工作部备案。

团体会员，须填写团体会员入会申请表，可向本会或所在省、自治区、直辖市地方学会提出申请，经全国学会常务理事会批准后即为团体会员，并颁发团体会员证书。

第九条 会员的权利和义务

权 利：

一、有选举权和被选举权；

二、对本会工作有建议和批评权；

三、参加本会的学术活动及其他有关活动；

四、优先取得有关的学术资料。

义 务：

一、遵守本会会章；

二、执行学会决议，承担学会委托的工作；

三、缴纳会费。

第十条 团体会员的权利和义务

权 利：

一、可派代表参加学术交流和技术培训；

二、可得到本会优惠提供的技术服务、科技咨询；

三、取得学会有关的学术资料和科技信息。

义 务：

一、遵守本会会章；

二、执行学会决议，承担学会委托的工作；

三、缴纳会费。

第十一条 外籍会员的权利和义务

权 利：

一、得到本会出版的学术刊物和有关资料；

二、应邀参加学会主办的学术会议或纪念性活动。

义 务：

一、支持学会工作，沟通信息，寄赠学术资料；

二、完成学会委托的任务，推荐专家来华讲学；

三、缴纳会费。

第十二条 会员有申请退会自由。会员退会须提出申请并办理退会手续。

第十三条 各地方学会负责对本地区会员的会籍管理。个人会员工作调动，凭会员证在调出、调入所在学会办理转移登记手续。

第三章 组 织 机 构

第十四条 本会最高权力机构是全国会员代表大会。全国会员代表大会每五年召开一次。

会员代表大会的职责：

一、决定本会的工作方针和任务；

二、审查理事会工作报告；

三、制定和修改本会会章；

四、选举新的理事会。

第十五条 理事会是全国会员代表大会闭幕期间的领导机构。

理事会的职责：

一、执行全国会员代表大会的决议；

二、制订和审查工作计划；

三、领导所属机构开展活动；

四、总结学会工作，召开下届全国会员代表大会；

五、进行奖励和表彰活动，推荐优秀科技人才；

六、筹措和审计学会财务收支执行情况。

第十六条 理事会选举理事长1人、常务副理事长1人、副理事长若干人、秘书长1～2人及常务理事若干人，组成常务理事会。理事会任期五年，理事会二年左右召开一次全体会议。

在理事会休会期间，常务理事会负责行使理事会的职责。理事会聘任副秘书长若干人，协助秘书长主持日常工作。

理事会下设秘书处办理日常工作。

第十七条 本会根据工作需要，经常务理事会决定，设立相应的工作机构、编辑出版机构和专业学术机构，经中国科协审核备案，报有关部门批准登记，其成员由理事会聘任。

第十八条 本会设名誉理事长、名誉副理事长、名誉理事，任期一届。

离任理事长，即为下一届名誉理事长。

离任理事，由秘书长提名，经理事会或常务理事会通过为名誉理事。

第十九条 本会可聘请顾问，由秘书长提名，经理事会或常务理事会通过聘任，任期一届。

第四章 地方学会

第二十条 省、自治区、直辖市的水力发电工程学会为地方学会，是本会的组成部分，受当地科协领导。地方学会可参照本会会章及当地科协的学会工作条例，制定章程和实施条例。

第五章 经费

第二十一条 经费来源：

一、中国科协拨款；

二、挂靠单位、部门拨款；

三、学会举办的各种企事业或咨询服务等的收入；

四、会员会费；

五、单位或个人捐助。

第六章 附则

第二十二条 本会依照《社会团体管理条例》规定申请登记，经民政部核准为全国性社会团体。如改变名称、宗旨，或者其他原因停止活动或自行解散，应经全国会员代表大会或全体理事会讨论通过，报中国科协，向原登记管理机关按规定条例办理手续。

第二十三条 本会章经全国会员代表大会通过后生效，并报民政部及中国科协备案。

第二十四条 本会章的解释权属于本会理事会。

1995年～1997年主要学术活动的开展与效果

中国水力发电工程学会根据水电建设发展的需要已设置了24个专业委员会，1995年～1997年各专业委员会坚持以学术交流为主导，以促进科学技术进步为宗旨，以加快水电建设事业为目的，为促进学科发展和加快水电建设作出了贡献。初步统计，1995年～1997年共开展学术活动67次，参加人数为5717人次，发表论文2489篇。主要学术活动情况及其效果介绍如下。

（一）加快水电建设学术研讨会

于1995年10月在成都召开的中国水力发电工程学会第四次代表大会期间，召开了此会议，有200余人参加。在大会上有罗西北、张学知、王信茂、高安泽、张基尧、贺恭、王尊相、曾念、罗绍基、宋泽敏、何格高等同志作了学术专题报告。在分组的学术研讨中，围绕如何加快我国水电发展，代表们开展了热烈的讨论，向国务院提出了"关于加速我国水电发展的建议书"。对该项建议书，会后反复征求了有关专家意见，通过八次修改经常务理事会审议定稿向国务院上报。建议书认为：根据我国能源资源条件，今后相当长时期内，烧煤电厂的发展，越来越受到交通运输、环境要求的制约，而我国能源有得天独厚、十分丰富的水力资源，建国以来我国水电建设已积累了丰富的经验，只要政策措施得当，完全有能力加快水电开发进程，需要利用宏观调控手段优化资源配置，以求达到改善能源结构的目的。建议书呼吁把加快发展水电作为一项重大决策，把水电开发放在优先地位；制订优先开发水电的宏观调控政策，加大政府投资力度；并改革和加强对水电发展的全面规划和管理，强化水电事业管理机制；按照公司法建立完善各种模式的水电开发公司；根据当前情况需加快西南和西北水电开发。

（二）第四次全国水电中青年科技干部学术报告会

由中国水力发电工程学会青年工作委员会和中国水利学会青年科技工作委员会联合主办的"第四次全国水电中青年科技干部学术报告会暨第六届全国水利水电工程学青年学术讨论会"，有来自全国有关的科研、设计、施工、运行管理及高等院校等单位中青年科技人员70人参加，有168篇论文在会上交流。内容涉及：水工结构及材料，岩土工程，水力学、水环境、泥沙，水利经济、水利水电规划，电气及自动化，施工，测量，水力机械等水利水电科学、技术等专业领域。

（三）全国水电站机电设备技术改造研讨会

为推动水电站技术改造工作，中国水力发电工程学会和电力部安生司于1997年1月在四川成都联合召开了会议。到会代表180余人，发表论文50余篇。有22个单位在大会做典型发言，邀请6家外国和合资公司在会上介绍情况。会议基本内容为：

1. *总结交流了"八五"以来水电技术改造和技术进步的成就与经验* ①重点改造了一批老机组，增加了出力，提高了运行可靠性。至1996年底，已有16个水电站39台机组通过改造，出力由305.4万kW增加到347.5万kW，增加出力42.3万kW。②采用实用、成熟可靠的技术改造老机组取得实效。推行弹性金属塑料瓦，解决机组推力轴瓦因温升而烧瓦事故；变压器采用新型排沙型节能冷却器，减少了事故，提高了效益；不断改造调速器及励磁系统，采用电气制动装置，提高机组运行可靠性。③水电站综合自动化改造取得进展。基础自动化有了新突破，AGC、AVC已在水电站广泛采用；水电厂"无人值班"（少人值守）工作有了新进展，目前广蓄、长甸、葛洲坝二江电站均已实现这个目标。

2. *研究并明确了"九五"水电机组改造的重点和目标* ①计划对全国100台、容量457.8万kW的老旧机组实施改造，可增加出力46.5万kW。②继续推行水电站"无人值班"（少人值守），提高电站计算机监控系统的实用性，带动水电站自动化水平的提高，为增容创造条件。③扩机增容，增加电网调峰能力。

3. 探讨了加强水电技术改造的措施和手段 ①切实做好改造规划，做好改造方案的可行性研究，避免盲目性。②加强改造的前期工作，优化改造方案，实行改造以后评估制度。③优先安排技术改造的资金。④着手制订“水电站水轮机改造准则”，指导水机改造的全过程。

（四）抽水蓄能专委会学术研讨会

抽水蓄能专委会从1995年3月在滁州成立以来，已先后召开四次学术研讨会：1996年1月在哈尔滨召开的“抽水蓄能电站的发展及蓄能机组国产化研讨会”；10月在北京召开的“抽水蓄能电站建设学术交流会”；1997年6月在广蓄召开的“抽水蓄能电站经济效益研讨会。”这些会议活跃并充实了我国抽水蓄能电站的学术交流，促进了全国抽水蓄能电站的建设。

据不完全统计，在20余个省、市、自治区已开展抽水蓄能电站规划前期工作的站点有一百多个，规划设计装机容量超过9000万kW；已建、在建的大中小蓄能电站工程有11个，装机容量达553.5万kW。

随着潘家口、广蓄一期和十三陵等抽水蓄能电站的投产，我国在高水头、大容量抽水蓄能电站建设上实现了零的突破，取得了从规划选点、勘测设计、施工、设备安装调试、监测等方面的实践经验，在电网中显示了抽水蓄能电站的优越性。

针对抽水蓄能电站的经济效益的评价，专委会在广蓄召开的“抽水蓄能电站经济效益研讨会”作了专题探讨，认为，动态效益是蓄能电站的优势，而现行财务评价方法不能体现其动态特点，建议制订能正确反映蓄能电站特点的国民经济评价和财务评价方法。

（五）水能规划及动能经济专委会1995年学术年会

会议于10月10日至13日在成都召开，本次会议换届并开展学术交流。会议围绕以下几方面开展研讨：以福建、四川两省为重点研究市场经济条件下中型水电的开发；建议乌江、二滩、五凌、桂冠等公司研究乌江、雅砻江、沅水、红水河等流域梯级滚动开发；在经济体制转轨过程中，水能规划专业技术改革与开拓方向。

会议还对四川省水力资源复查及水力资源经济可开发量研究成果进行评议，认为这是具有开创性的一项工作，其成果为安排水电开发的战略部署，安排前期工作，安排四川省中小河流规划，中小水电站的勘测设计与开发建设起到了积极的促进作用。

（六）水库经济专委会1996年学术年会

于1996年5月4日至7日在广西北海召开学术年会，对新形势下就水库移民前期工作、新老移民反差、机构体制、土地经营体制等若干重要问题作了较深入讨论。会议共收到论文和课题研究报告50篇，有12位同志在大会上宣讲了论文。会议还介绍了长江三峡、福建棉花滩、浙江珊溪等水库在市场经济体制下的水库工作。

代表们认为，长委会为政府决策部门一向起着很好的参谋、咨询作用，如1994年完成的关于水库移民后期扶持发展的专题研究成果上报后，于1996年2月22日，已由“三部一委”联合发文，对“后期扶持发展生产”政策作了明文规定。应继续就下述问题深化研究：水库前期工作问题；库区分享工程折旧费、修理费问题；后期扶持基金的不平衡性问题；土地补偿价格计算问题；新老移民反差问题。

（七）水库经济专委会1997年学术年会

年会于11月18日至21日在福州召开，中国水力发电工程学会李鹗鼎理事长、电力工业部汪恕诚副部长和福建省黄小晶副省长等领导莅会。汪恕诚在会上作了“关于市场经济条件下水库移民工作的几点思考”的报告。强调指出：“从水电建设的发展看，水库移民更是一项具有战略意义的重要工作。衡量水库移民工作成功的标志可以简单归结为“三满意”：移民满意、业主满意、政府满意”。报告还就“建立适应中国国情的水库移民管理体制”作了重点阐述，强调“主要由政府负责制、投资包干制、移民监理制三部分内容组成，要求水库专委会在移民监理制上多发挥作用，并提议对棉花滩移民安置进行监理试点，通过实践逐步形成有中国特色的监理制度，不断完善水库移民管理体制。

提交会议的论文有40余篇。会议对专委会今后的研讨提出了四个课题：①开展水库经济研究；②研究建立有效的水库移民工作经济责任制；③认真围绕“两个根本性转变”，研究转变增长方式，注重经济效益；④组织有关课题研究和咨询服务，探索水库工作的新规律。

（八）中国混凝土面板堆石坝十年技术研讨会

会议于1995年6月20日至23日在北京昌平召开，到会的有主管部门、设计、施工、建设、科研、大专院校等方面的78个单位的158位代表，提供论文、成果、资料等71篇，其中53篇收入了“中国混凝土面板堆石坝十年学术研讨会论文集。”研讨会总结交流了十年来面板坝建设的经验和教训。

混凝土面板坝研究，被列为国家科技攻关课题，组织全国优势科技力量进行攻关。自1985年开始修建和推广现代混凝土面坝堆石坝，十年来，已建成的有20座，在建的有30座，正在设计阶段的有50多座。已建成的面板坝，多数已经受了实际运行的考验。至今，已形成了一套100m级面板坝的成套技术，并向200m级高坝努力。

（九）全国碾压混凝土筑坝技术交流研讨会

会议于1995年3月7日至11日由中国水力发电工程学会碾压混凝土筑坝技术专业委员会和广西水力

发电工程学会联合在桂林召开，是以碾压混凝土的设计理论为重点的一次大会。到会代表98人，提交会议论文报告30份。

初步统计，目前我国已建、在建的碾压混凝土坝达43座。建成了坝高75m普定碾压混凝土重力拱坝。在建坝数量、坝型、坝高、防渗技术等方面处于世界领先水平。

我国已建成17座碾压混凝土重力坝、重力拱坝、薄拱坝，摸索出了一套成熟的筑坝经验。修建100m以上的碾压混凝土高坝是国际上，也是我国今后碾压混凝土筑坝的主攻方向。对于高坝，将面临更多的问题，如高坝的抗滑稳定问题，施工机具配套问题，施工质量控制问题，高拱坝的分缝、温控、坝体排水型式和固结灌浆问题等等。

在会上对碾压混凝土的材料方面、技术问题、施工质量、施工机具等方面进行了研讨。①温度控制是碾压混凝土筑坝技术向150m以上高坝推广的关键。在制定温控标准时，应考虑到裂缝的发生类型、部位等因素。②坝体防渗，普遍认为二级配碾压混凝土防渗是可行的，关键取决于施工质量。③碾压混凝土的抗冻问题。只要配合比设计恰当，胶凝材料、引气剂参数合理，其抗冻指标R 200是可以达到的。④对水化热与绝热温升的关系有了更进一步的认识。认为：坝体碾压混凝土的温升速率、最高温升、最终绝热温升均明显低于常态混凝土。碾压混凝土的温升变化与入仓温度、水胶比、外加剂掺量等因素有关。⑤西班牙国家实行的对碾压混凝土的可碾性，采用气体代替水测定抗渗指标S值等方法，是值得我们研究和推行的方法。

（十）大坝安全监测技术学术交流会

1995年至1997年共召开三次学术交流会，1995年7月在西宁，与会人数100人，发表论文37篇；1996年10月在福建，与会人数99人，发表论文49篇；1997年10月在桂林，与会人数73人，发表论文44篇。综合三会代表们评价如下：我国已有较完善的大坝安全监察管理机构和大坝安全监测技术规范，在监测设计和施工技术、监测仪器和自动化技术，资料分析和信息处理技术等方面取得了丰硕成果，对大坝安全评估和信息反馈发挥了重要作用。并就大坝安全监测设计与施工技术方面有以下共识：①设计是龙头，必须重视大坝安全监测系统的设计工作，设计方案的好坏和设计水平的高低，直接影响大坝的安全运行管理和监测资料的整理分析。②施工是保证。良好的施工质量直接关系到大坝安全监测系统的成败。因此必须重视仪器、设备的安装、埋设，提高施工质量。③设备是关键。应做好监测系统仪器、设备的设计选型工作。精确可靠的监测资料来自性能优良的监测仪器和设备。

（十一）通航专委会1997年学术交流会

1997年12月11～13日在南京召开了学术交流会，参会人数73名，发表论文36篇，涉及通航船闸、升船机、航道、枢纽布置、泥沙、船模、航运规划和计算机应用等专业领域。其中有关三峡永久船闸的论文16篇，研究内容包括三峡船闸输水阀门大比尺模型非恒定流常压及减压设备设计和研制、阀门段通气防护措施、反弧门启闭力特性及阀门体形优化、阀门支铰荷载、阀门振动、输水系统布置、分流口型式优化、人字门液压启闭机运行方式优化、通航水流条件与通航建筑物布置优化、船模试验等，反映了近几年来在三峡永久船闸方面的最新研究成果。不少研究成果已通过了部级鉴定，有的成果总体已达到国际领先水平。其他工程通航问题研究有水口三级船闸输水系统设计研究、长江和珠江航运问题研究等。这些科研成果中，有工程应用研究，也有应用基础理论研究；有物理模型试验，也有数学模型计算等。会上交流的论文内容丰富、成果水平高，基本上反映了我国目前通航领域的研究现状，许多论文有很高的学术和推广应用价值，有的论文成果直接解决了工程关键技术难题。

（十二）第十二次中国水电设备学术讨论会

中国水力发电工程学会水力机械专委会、中国电机工程学会水电设备专委会、中国动力工程学会水轮机专委会和四川省水力发电工程学会，于1995年10月11日至15日，在重庆市联合召开了第十二次中国水电设备学术讨论会。共130余人出席了会议。本次会议共收到论文101篇，编入论文集85篇，论文内容概括有如下几个方面：①流动分析和水轮机水力设计优化方法的研究，与模型试验结果比较一致。②试验研究紧密与工程实际相结合，开发了可用于真机和模型试验的计算机辅助测试系统，开展了轴流式转轮加裙边空蚀防护的研究，提出了水轮机尾水管压力脉动允许值的建议。③针对三峡电站的特殊运行条件（水头变幅大）及可能引起的运行困难，提出了三峡机组参数选择及解决疑难问题的建议。这些建议具有很大的参考价值和实用意义。④讨论了贯流式水轮发电机组静动应力研究，以结构重量为目标函数开展大型水电机组结构刚强度整体优化设计、程序系统的研究，以可靠性理论为基础，针对冲击式水轮机受载特点，建立水轮机疲劳强度设计方法，使强度计算理论有了新的发展。⑤总结了对弹性金属塑料推力瓦运行经验，提出了弹性金属塑料推力轴瓦润滑理论分析方法。⑥在泥沙磨损研究方面，提出了磨损机理、泥沙粒径和不同模型沙、不同含沙量对磨蚀影响关系的研究。抗磨蚀新材料、新工艺及浑水试验方法的研究也进一步深入，这些将推动和促进我国泥沙磨损问题的解决。⑦通过广蓄机组的安装，十三陵、天荒坪抽蓄机组性能的模型验收，天荒坪发电电动机的运行特点及招标工作的总结分析，总结了引进设备的经验，有助于提高招标引进工作的水平。⑧在大机组制造方面探讨了三峡等电站过流部件的生产技术，大型混流式水轮机转轮制造设想，S—135高强度不锈钢特厚钢板在三峡中的应用。此外，对现场测试技术、机组选型中的发电机问题，机组飞逸及转速上升问题及长引水隧洞调压室的水力计算方面也都有新的见解，对设计工作颇有启发。

讨论会还邀请了苏尔寿公司、日立公司、克瓦纳公司、加拿大GE公司等外国厂商到会介绍新技术、新产品，这是学会工作对外开放的一种尝试。

（十三）水工金属结构专委会1997年学术年会

于1997年8月25～29日在昆明召开，有240多名代表与会，交流论文80余篇，其主要内容是：①高水头弧形闸门关键技术的交流。通过三峡、小浪底、万家寨、漫湾、东风、天生桥、二滩等大型水利水电工程高水头弧形闸门结构型式、止水结构型式、支承结构和水力学试验等关键技术的研究，使我国高水头弧形闸门的设计、制造和运行管理水平达到了国际先进水平。②大型启闭机关键技术的交流。通过五强溪、二滩、漫湾等一批大型表孔弧形闸门双缸液压启闭机的同步技术交流，不仅解决了近几年来弧形闸门液压启闭机同步问题的困扰，同时使我国液压启闭机的设计技术，无论在主机设计方面，还是液压系统设计方面均达到了国际先进水平。另外，天生桥一级放空洞定轮闸门2×4000kN高扬程启闭机，凌津滩水电站溢洪道定轮闸门2×2000kN盘香式启闭机，其设计水平和我国机械加工能力均体现了当今国际先进水平。③高水头通航建筑物的技术交流。交流了三峡工程和水口水电站的船闸金属结构设计和升船机设计技术，其中水口水电站垂直升船机关键技术的设计成功，不仅解决了卷扬机高扬程垂直升船机运行安全的问题，也使我国大型卷扬式垂直升船机的设计技术在关键技术方面已超过当今比利时在建的斯特勒比垂直升船机。

大会还交流了理论研究方面的课题，水力学试验的成果，计算机应用，防腐技术，新的支承结构及新材料和新工艺设备等，这些对提高水工金属结构专业的技术进步将有积极的作用。

（中国水力发电工程学会　叶丽秋）

评选优秀学术论文

1.1995年7月7日　中国水力发电工程学会第二届评优工作委员会举行第三次全体会议。会议由马君寿主任委员主持，从各地方学会，各专委会、工委会、编委会推荐来的85篇论文中，经过专家初审、专委会审查、评委评审，逐篇进行表决，共有62篇论文获奖。其中一等奖2篇、二等奖13篇、三等奖47篇。

2.1997年12月17日　中国水力发电工程学会第三届评优工作委员会第一次会议。会议由刘文雪主任委员主持，评定了1995年～1996年在学会主办的学术会议上和在学会主办的刊物上发表的优秀学术论文58篇，其中一等奖3篇，二等奖25篇，三等奖30篇。这是中国水力发电工程学会成立以来的第六次优秀论文评选活动。获奖比例比前四次有所增加，反映了论文水平有所提高。历次优秀论文评选结果如下：

序号	时段（年）	推荐数	获奖数	其中一等奖	其中二等奖	其中三等奖
1	1980～1986	143	42	1	12	29
2	1987～1988	99	26	0	8	18
3	1989～1990	61	31	0	8	23
4	1991～1992	148	53	3	11	39
5	1993～1994	85	62	2	13	47
6	1995～1996	95	58	3	25	30
合计		631	272	9	77	186

附表1　中国水力发电工程学会1993年～1994年优秀论文统计表

附表2　中国水力发电工程学会1995年～1996年优秀论文统计表

附表1　中国水力发电工程学会1993年～1994年优秀学术论文统计表

序号	论文题目	作者	作者单位	推荐单位	评选结果
1	建设西南水电能源基地战略研究	梁益华等	中国水电工程学会	学报编委会	一等奖
2	广州抽水蓄能电站建设中若干重大技术问题决策	罗绍基 叶冀升	广蓄联营公司	广东学会	一等奖
3	广东电源结构优化及西电东送	蔡瑶忠	广东电力局	广东学会	二等奖
4	FCHM结构与融雪模型 枝叶截蓄与蒸散发模型及界面水分效应 模型参数确定与计算实例 ——森林流域水文模型研究之一、二、三	陈祖铭 任守贤	四川联合大学	四川学会	二等奖
5	模糊数学法在水库长期径流预报中的应用	朱之蔡 王峨生 李慰如	山东工业大学	水电第十三工程局小组	二等奖

续表

序号	论文题目	作者	作者单位	推荐单位	评选结果
6	温泉堡碾压混凝土拱坝设计与施工	杨凤臣 高建中	河北水电勘设院	天津学会	二等奖
7	大坝施工混凝土质量的评价体系	王民寿 张玉齐	四川联合大学	四川学会	二等奖
8	WJ—88化灌技术在新安江大坝二、三坝段泥化页岩处理中的应用	杨道印	武警水电二总队	武警学会	二等奖
9	西北电网调峰形势分析和建议	乐耀曾	西北电管局	陕西学会	二等奖
10	单级船闸输水系统水力分析及数据库软件系统	宗慕伟 张瑞凯 宜国祥	南京水科院	通航专委会	二等奖
11	试论移民补偿与发展	傅秀堂	长江水利委员会	水库专委会	二等奖
12	开放式全分布计算机监控系统在水利水电工程中的应用	吴烈峰	南京自动化院	计算机专委会	二等奖
13	抽水蓄能电站的系统效率及其特性	唐英彪 曹维恒	太原工业大学	山西学会	二等奖
14	黄坛口水电站勘测设计中的经验教训	马君寿	水电水利规划设计总院	史料编委会	二等奖
15	我国土石坝工程施工的回顾	纪云生	水电水利规划设计总院	史料编委会	二等奖
16	西江水资源的协调开发	陈仁英	珠委设计院	广东学会	三等奖
17	浅议广西电网西电东送	张绍康	广西电力设计院	广西学会	三等奖
18	不完全Γ函数通用算法的研究及其应用	李世才	南宁水电设计院	广西学会	三等奖
19	航空遥感技术在库岸稳定性研究中的应用	欧作巍	昆明勘测设计研究院	云南学会	三等奖
20	梅山连拱坝右岸坝基渗流状况分析	张名琛 林永亮	安徽电力局 梅山水电站	安徽学会	三等奖
21	高扬程、长隧洞、大流量、远距离引水工程平面控制测量的几个重大问题	伍志刚	天津勘测设计研究院	地勘专委会	三等奖
22	分布裂缝模型的动弹模理论及其应用	路振刚 刘铭刚	东北电力研究院	东北学会	三等奖
23	大骨料水工混凝土断裂与强度特性的试验研究	涂传林 金庭节 陆忠明 牛焱州 李仲宜 唐传模	中南勘测设计研究院	湖南学会	三等奖
24	漫湾水电站厂、坝连接设计	罗世厚 傅树红 刘金堂	昆明勘测设计研究院	云南学会	三等奖
25	陈村重力拱坝设计复核安全评价	裘允执	安徽水电设计院	安徽学会	三等奖
26	考虑温度影响的混凝土损伤本构关系	李庆斌 王光纶 张楚汉	清华大学	青年工委会	三等奖
27	百色水利枢纽溢洪道分流墩消能工水力研究	吴彰敦 韦上环	广西大学	广西学会	三等奖
28	对龙滩碾压混凝土大坝断面设计的建议	吴胜光	岩滩建设公司	广西学会	三等奖

续表

序号	论文题目	作者	作者单位	推荐单位	评选结果
29	碾压混凝土坝渗流有限元分析	丁留谦	水利水电科学研究院岩土所	青年工委会	三等奖
30	万安溪混凝土面板堆石坝设计及其特点	陈玉暖 徐在民 刘复明 吴树延	福建水利水电设计院	福建学会	三等奖
31	软岩堆石料在混凝土面板坝中的应用	蒋国澄	水利水电科学研究院	面板坝专委会	三等奖
32	空间圆环面施工放样计算方法	刘肇村 田　丰	长春水利局 东北电管局	东北学会	三等奖
33	安康水电站建设的回顾	刘纪仁	水电三局	陕西学会	三等奖
34	预应力锚索在大山口拱坝坝肩加固中的应用	李　山	新疆水电设计院	新疆学会	三等奖
35	钢筋气压焊在水口工程中的应用	周中孚	华田联营公司	福建学会	三等奖
36	水口水电站施工中的新技术与新工艺	吕孟静 吴　澄	闽江工程局	福建学会	三等奖
37	新奥法在高海拔隧洞施工中的应用	周定勇	武警水电三总队	武警学会	三等奖
38	从碾压混凝土的施工过程看其温度特性	陈钦亮	武警水电一总队	武警学会	三等奖
39	天生桥二级水电站一号引水隧洞第二不良地质段化学灌浆介绍	方平德	武警水电一总队	武警学会	三等奖
40	大型水利水电工程动态投资控制方法	陈唯佳	清江开发公司	定额专委会	三等奖
41	国际模式分包工程投标浅析	刘学海	葛洲坝工程局	定额专委会	三等奖
42	土工膜防渗墙在水口主围堰的应用	周中孚	华田联营公司	福建学会	三等奖
43	白山发电厂引进弹性金属塑料瓦改造推力轴承机组增容试运行总结	陈占发	白山发电厂	东北学会	三等奖
44	论水电站防冰工程技术	铁　汉 朱瑞森	新疆水利水电设计院	新疆学会	三等奖
45	乌江渡水电站十年运行情况	王三一 陈霞林 李　森	中南勘测设计研究院	学报编委会	三等奖
46	小型水电站群水库优化调度	董明坤	德兴水电公司	学报编委会	三等奖
47	漫湾 250MW 水轮发电机 DFIQ—2500 型灭磁装置氧化锌电阻烧毁的原因	王永安	漫湾发电厂	运管专委会	三等奖
48	刘家峡主坝位移确定性模型研究	高　澜	甘肃电试所	甘肃学会	三等奖
49	我国混凝土面板堆石坝监测的若干成果	司洪洋	南京水科院	面板坝专委会	三等奖
50	苏南运河船行波特性试验研究	乔文荃 董凤林	南京水科院 南京水科院	通船专委会	三等奖
51	移民安置规划之浅见	王春云 石树滋	成都勘测设计研究院	四川学会	三等奖
52	城镇（集镇）迁建的规模、标准和补偿费用的综合研究	刘兰桂	水电水利规划设计总院	水库专委会	三等奖

续表

序号	论文题目	作者	作者单位	推荐单位	评选结果
53	论社会主义市场经济与水库农村移民	朱亚民	成都勘测设计研究院	水库专委会	三等奖
54	中国第一台10MW灯泡机组研制、试运行及现场试验	杨鸿年 祝荣甫	天津发电设备厂	天津学会	三等奖
55	水轮机相对效率试验双微机测试系统的研究	郑莉媛 陶铭和 贾　辉 刘启文	华中理工大学	学报编委会	三等奖
56	鲁布革引进机电设备的后评价	段世航	昆明勘测设计研究院	云南学会	三等奖
57	鲁布革水电站计算机监控系统	张建文	鲁布革发电厂	云南学会	三等奖
58	关于信息系统开发方法的简评与建议	古林涛 王显义	水利部信息中心	计算机专委会	三等奖
59	重力坝枢纽布置三维CAD	刘白玲 吴素文 金书琴	天津勘测设计研究院	计算机专委会	三等奖
60	小浪底水利枢纽上游围堰塑性混凝土防渗墙的施工	高钟璞 安致文 王国民	水利水电基础工程局	抽蓄专委会	三等奖
61	论抽水蓄能电站装机容量设计方法	李文杰	天津勘测设计研究院	抽蓄专委会	三等奖
62	水电规程发展历程的简要回顾	赵之蔺	水利部基建司	史料编委会	三等奖

（中国水力发电工程学会　赵政声）

附表2　　中国水力发电工程学会1995年～1996年优秀学术论文统计表

序号	论文题目	作者	作者单位	推荐单位	评选结果
1	浪压力荷载标准值和分项系数分析	苗琴生	上海勘测设计研究院	上海学会	一等奖
2	宽尾墩和阶梯式溢流坝联合消能新技术	谢省宗 李世琴 李铁洁	水利水电科学研究院	水力学专委会	一等奖
3	三门峡水库汛期浑水发电优化调度方式研究	张润亭 王桂娥	三门峡工程管理局	河南学会	一等奖
4	双剪统一强度理论的改进	刘树亚	武汉水利电力大学	湖北学会	二等奖
5	龙羊峡水库诱发地震的特征	孙洪斌 袁　铭 张　敏 庞希华	青海地震局 青海学会 青海地震局 海西地震办	青海学会	二等奖
6	中国混凝土面板堆石坝十年回顾	蒋国澄	水利水电科学研究院	面板坝专委会	二等奖
7	我国混凝土面板堆石坝施工技术的发展	傅志安 吴　哲	葛洲坝科研所	面板坝专委会	二等奖
8	漫湾水电站缩短射流冲击厂房顶时间的调洪计算	章福仪	水利水电科学研究院	学报编辑部	二等奖
9	三峡永久船闸阀门段廊道体型水力特性研究	李　云 陈泰春 张瑞凯 黄　岳 须清华	南京水利科学研究院	通航专委会	二等奖

续表

序号	论文题目	作者	作者单位	推荐单位	评选结果
10	云南水电建设的回顾与反思	李天柱	水电第十四工程局	史料编辑部	二等奖
11	河段洪峰传播时间预报的非线性演进与分段积分法	雷模华	西安理工大学	陕西学会	二等奖
12	加快金沙江开发是一次能源平衡的战略选择	王尊相	四川电力局	四川学会	二等奖
13	关于当前水库移民几个突出问题的反映	曾　念 姚少华 赵人骧	国家开发银行 陕西移民办 水利部移民办	水库专委会	二等奖
14	抽水蓄能电站的经济评价	罗绍基	广东抽水蓄能联营公司	抽蓄专委会	二等奖
15	抽水蓄能电站与火电站配合运行优化模型研究	徐得潜 韩志刚 翟国寿 刘新建 李世东	合肥工业大学 合肥工业大学 北京勘测设计研究院 北京勘测设计研究院 北京勘测设计研究院	抽蓄专委会	二等奖
16	CZF 系列冲击反循环钻机的研制与应用	张杭生 张志良	水电第二工程局	天津学会	二等奖
17	编制龙滩工程施工规划报告的体会	林鸿镁 殷　愈 石青春	中南勘测设计研究院	湖南学会	二等奖
18	试论水力发电工程投资增长原因及降低造价的措施	周尚洁 郭建欣	水电水利规划设计总院	定额专委会	二等奖
19	水电厂“无人值班”(少人值守)的运行管理	杨金栋 余卫国 周志清	电力部安生司	运管专委会	二等奖
20	混凝土坝安全监控原则和指标及识别某些坝的异常性态实测	庄万康	水利水电科学研究院	监测专委会	二等奖
21	小湾水电站区域构造稳定性研究	欧作羲	昆明勘测设计研究院	云南学会	二等奖
22	贵州碳酸盐岩残积红土风化壳稀土元素分布特征及成因探讨	李景阳 朱立军 陈　筠	贵州工业大学 中科院地球化学研究所 贵州工业大学	贵州学会	二等奖
23	90 年代水电工程地质科技研究课题的建议	朱建业 门光永 张性一	水电水利规划设计总院	地勘专委会	二等奖
24	真空断路器用作中小电站机组和大泵电机主开关的过电问题	李建国	天津勘测设计研究院	电气专委会	二等奖
25	500kV 干式电缆试验电压标准和探讨	魏炳漳 柯　宁	广东抽水蓄能联营公司	电气专委会	二等奖
26	多年调节水库补偿调节联合运行模型及人机对话算法	黄　强 解建仓 晏　毅 阎宗峰 范荣生 沈　晋	西安理工大学	陕西学会	二等奖
27	零动态多变量励磁控制在微机励磁调节器上的实现	胡嘉纯 许和平	南京自动化研究院	自动化专委会	二等奖

续表

序号	论文题目	作者	作者单位	推荐单位	评选结果
28	长江三峡水轮发电机组参数选择的几个问题及建议	商 舸 黄奋杰	鲁布革公司	云南学会	二等奖
29	佛子岭连拱坝的抗震验算	路观平 王晓泉 汪孟春	安徽水科所 安徽水科所 佛子岭水电站	安徽学会	三等奖
30	混凝土拱坝的变形和工作性态映射模型	王开治 徐明毅 王均星 费文才	武汉水利电力大学	湖北学会	三等奖
31	碾压混凝土的热学特性研究	方坤河 刘六晏	武汉水利电力大学	湖北学会	三等奖
32	面板坝几个技术问题的开发与研究	陈玉暖	福建水电设计院	面板坝专委会	三等奖
33	模型溢流反弧段紊流过渡区的边界层特性	张志昌 李建中 牛争鸣 杨永全	西安理工大学 西安理工大学 西安理工大学 四川联合大学	陕西学会	三等奖
34	阻抗差动式调压室的水力计算研究	鞠小明 陈家远	四川联合大学	四川学会	三等奖
35	船模航行试验技术的发展及其在港口、航道工程中的应用	王育林 李一兵 彭诗海 张殿萍	天津水运所	通航专委会	三等奖
36	水利水电科研工作的发展历程	陈椿庭	水利水电科学研究院	史料编辑部	三等奖
37	加快龙滩电站建设的意见与建议	吴胜光	龙滩筹备处	广西学会	三等奖
38	珊溪水利枢纽工程移民安置途径的探讨	狄乃云	温州市政府	水库专委会	三等奖
39	十三陵抽水蓄能电站枢纽布置及其有关的技术问题	刘连希	北京勘测设计研究院	抽蓄专委会	三等奖
40	水电工程建设投资控制与招标效益评价	陈宏宇	华北电力公司	北京学会	三等奖
41	UEA 膨胀剂在十三陵抽水蓄能电站工程中的应用	吴连玉 胡新民 李富友	北京水电公司 三峡利源公司 水电第一工程局	北京学会	三等奖
42	万家寨水利枢纽工程低热微膨胀水泥混凝土的研究与应用	郭 潇 吴正桥	天津勘测设计研究院	天津学会	三等奖
43	水口水电站土建工程推行项目法施工的实践与体会	赖爱宝 包洪其	闽江工程局	福建学会	三等奖
44	从成本分析角度控制水电工程投资	王建德	中南勘测设计研究院	定额专委会	三等奖
45	水利水电机械疏浚工程综述	张天存	水电第十三工程局	疏浚专委会	三等奖
46	整体卷制压力钢管焊接接头性能的研究	雷斌隆 李忠保	西南交通大学 水电第四工程局	青海学会	三等奖
47	尾水河道冲淤变形对发电影响的试验研究	陈壁宏 郭 勇 施惠福 谭小苹	大连理工大学	东北学会	三等奖
48	甘肃水电建设和已建水电站的挖潜改造	李文忠	甘肃电力局	运管专委会	三等奖

续表

序号	论文题目	作者	作者单位	推荐单位	评选结果
49	佛子岭连拱坝变形“异常”的物理成因解析	顾冲时 吴中如 郑东健 夏传明 蔡　新	河海大学	安徽学会	三等奖
50	水工建筑物观测数据概率分布的模糊识别方法研究	薛桂玉 李珍照 李　民 何金平	武汉水利电力大学	监测专委会	三等奖
51	大坝安全监测专业学术综述	储海宁 李光宗 池胡庆 叶丽秋 施济中	水利部水文所 四川电力局 大坝监察中心 中国水电工程学会 上海勘测设计研究院	监测专委会	三等奖
52	太平驿水电站引水隧洞岩爆研究与防治	陈卫东	成都勘测设计研究院	四川学会	三等奖
53	万家寨水轮发电机最大容量及相关问题的研究	李学勤	天津勘测设计研究院	天津学会	三等奖
54	蓄能机组利用阻尼绕组起动的一些问题	徐永方	上海勘测设计研究院	上海学会	三等奖
55	关于信息系统建设风险性和对策的探讨	古林涛 王显义 林成华 张亚力	水利部信息中心 水利部信息中心 水利部信息中心 水利水电科学研究院	计算机专委会	三等奖
56	广州蓄能水电厂运行管理探索——从少人值班到无人值班	黄国祯 刘国刚	广州抽水蓄能电厂	自动化专委会	三等奖
57	弹性金属塑料瓦推力轴承的润滑分析	马震岳	大连理工大学	东北学会	三等奖
58	含沙河流水电站水轮机吸出高度的试验研究	段生孝 党云平 闵占奎 程则久	甘肃电研所 甘肃电研所 甘肃电研所 水利水电科学研究院	学报编委会	三等奖

（中国水力发电工程学会　赵政声）

统　计　资　料

各省市自治区水力发电工程学会组织情况表

省、市、自治区水力发电工程学会	会员总数	会员分类					办事机构设置	学术机构设置	会刊学报
		教授级高工	高级工程师	工程师	助理工程师	其他			
北京水电学会	1226		1011	186	29		办公室、咨询服务部	工作委员会、水工建筑、水电站自动化、水电站发电运行等3个专委会	

续表

省、市、自治区水力发电工程学会	会员总数	会员分类					办事机构设置	学术机构设置	会刊学报
		教授级高工	高级工程师	工程师	助理工程师	其他			
天津市水电学会	1199	127	450	444	101	77	秘书处科技咨询服务部	水工、水电成套设备、大坝安全监测、基础处理及施工、勘测、水利水电动能经济、抽水蓄能、机电等8个专委会	《水利水电工程设计》(季刊)
河北省水电学会	143		10	114	19		秘书处、咨询服务部		《河北水电简报》(不定期)
山西省水电学会	657		197	394		66	秘书处，学术、工作、咨询、科普4个工作委员会	水文水能、水工、机电、施工机械等4个专委会	《山西水力发电》(不定期)、《山西晋电科普》(月刊)、《学会工作简讯》(季刊)
东北地区水电学会	2729	139	772	1730		88	秘书处《东北水力发电学报》编委会	学术、青年2个工作委员会，水电站运行管理、水工及水电站建筑物、施工技术与施工管理、机电与金属结构、小水电、水库经济、水能规划与动能经济等专委会	《东北水力发电学报》
上海市水电学会	260	59	151	21		29	秘书组	中小型水电，潮汐、风能，抽水蓄能3个专委会	《上海水利水电技术》
江苏省水电学会	753	60	328	314		51	秘书办公室，科普与学术、科技咨询、青年、组织等4个工作委员会	水工结构、水力机械及金属结构、水工水力学、小水电专业、水电站电气及自动化、仪器仪表、水能规划及动能经济等7个专委会	
浙江省水电学会	1248	46	384	627	133	58	秘书处，科普工作委员会	水能规划及动能经济、水工及水电站建筑、水电站运行管理、农村水电、施工、机电设备、地质与勘测、水工合成材料、大坝安全监测等9个专委会	《浙江省水力发电工程学会通讯》
安徽省水电学会	686	25	137	355	135	34	秘书处		《安徽省水电学会简报》(不定期)
福建省水电学会	2039	38	456	1008	491	46	秘书处，组织、科普、学术、咨询、编辑等5个工作委员会	水能规划与动能经济、水工建筑物、施工机械化与施工管理、水机与金属结构、电气自动化、工程勘察、农村电气化、水电站运行管理、水电建设管理、水库经济等10个专委会	《福建水力发电》(半年期) 《福建省水力发电工程学会简报》(不定期)
江西省水电学会	578		460	118			秘书处，咨询、科普教育工作部	小水电、水工、机电、施工、水库经济等5个专委会	《江西省水力发电工程学会简报》(不定期)
河南省水电学会	1025	65	180	550	180	50	秘书处，青年、评优工作委员会	水工金属结构、中小型水电、水能规划及动能经济、水工及水电站建筑物、水电站运行管理、地质、水电站电气及自动化、施工机械化及施工管理等8个专委会	河南省水力发电工程学会简报(季刊)

续表

省、市、自治区水力发电工程学会	会员总数	会员分类					办事机构设置	学术机构设置	会刊学报
		教授级高工	高级工程师	工程师	助理工程师	其他			
湖北省水电学会	2589	325	860	1120	274	10	秘书处、咨询服务部、办公室、编辑部、秘书联络网《湖北水力发电》编委会	水电站电气及自动化、水力机械、水工及水电站建筑物、水工水力学、水能规划及动能经济、水利水电工程施工、水电站运行管理等7个专委会	《湖北水力发电》《湖北省水力发电工程学会简报》(不定期)
湖南省水电学会	2451	153	722	1216	308	52	秘书处、科技咨询服务部、技术委员会、科普与培训委员会、组织委员会	水工与水电站建筑物、施工、勘测、计算机、环境保护、水电站设备、水电站运行管理、水能规划与动能经济、库区经济、小水电及农村电气化等10个专委会	《中南水力发电》(季刊)
广东省水电学会	907	16	289	433	56	113	评优工作委员会、咨询服务中心	水能规划及动能经济、水工及水电站建筑物、施工、水电站运行及自动化等4个专委员会	《广东省水力发电工程学会简报》(不定期)
广西壮族自治区水电学会	2429	76	1074	1023	227	29	秘书处、科技咨询工作部，学术、科普、青年、编辑工作委员会	水文水能、地质勘测、水工建筑、施工机械及管理、水力机械、电气及自动化、金属结构、计算机应用、工程经济及定额预算、水库经济、水电站运行管理、环境评估等12个专委会	《红水河》(季刊)、《广西水电学会简报》(季刊)
四川省水电学会	4044	286	843	2278	261	375	秘书处，学术工作委员会		《四川水力发电》《四川省水力发电工程验简报》
贵州省水电学会	1389	123	524	534	131	67	秘书处	水能规划及活动经济、地质与勘探、水工与水电建筑、工程经济与定额、水力机械及金属结构、施工机械及施工管理、水库经济专业、水电站电气及自动化、水电站运行管理、小水电技术、学术工作等11个专委会	《贵州水力发电》(季刊)
云南省水电学会	2272	131	679	1115	325	22	秘书处	水能规划及动能经济、水工及水电站建筑物、水电站电气及自动化、地质及勘探、水力机械及金属结构、水电站运行管理、施工机械化及施工管理、工程经济定额预算等8个专委会	《云南水力发电》(季刊)
陕西省水电学会	2093	206	751	877	259		办公室、科技咨询服务部、编委会、科普、青年工作委员会	水工及水电站建筑物、水能规划及动能经济、工程地质勘测、机电运行、小水电、水电施工、工程经济定额预算、通航、水电工程消防、自动化等10个专委会	《陕西水力发电》

续表

省、市、自治区水力发电工程学会	会员总数	会员分类					办事机构设置	学术机构设置	会刊学报
		教授级高工	高级工程师	工程师	助理工程师	其他			
甘肃省水电学会	930	21	293	572	44		秘书处、科技咨询部、地区学会、科普工作委员会	水电站运行管理、水电站水工建筑物与施工、水电站地质勘探、水电站动能经济与水库调度、水力机械与金属结构、小水电等6个专委会	《甘肃电力》(合办)
青海省水电学会	393	19	296	233	40	5	办公室、咨询服务部	小水电、水工管理、水电工程经济定额预算、水能经济等4个专委会	《青海水力发电》(季刊)
宁夏回族自治区水电学会	319	29	127	121	40	2	秘书处、科技咨询部、分会7个、会员小组5个	电气自动化、水能动能经济、水工水力学、水电站运行、水力机械汽蚀磨损、水电站施工、小水电等7个专委会	
新疆维吾尔自治区水电学会	1143	40	480	386	204	33	秘书组、科技咨询服务中心、青年工作委员会	水工及水电站建筑、水电站电气及自动化、水力机械金属结构及暖通、农村电气化、概预算、水电站运行管理等6个专委会	《新疆水利水电》(半年期)
中国水利水电第十三工程局会员小组	219	16	128	47	17	11	机械疏浚专业委员会办公室、技术咨询部		《疏浚与吹填》(季刊)
合 计	33908	2000	11602	15814	3274	1218			

(中国水力发电工程学会 王 玉)

中国水力发电工程学会分支机构情况表

名 称	成立年月	主任委员	副主任委员	秘书长	挂靠单位
水能规划及动能经济专业委员会	1980.12	董述春	朱铁铮 张家琦等	白以昕(女)	国家电力公司水电水利规划设计总院
水库经济专业委员会	1987.12	曾 念	刘兰桂 赵人骧等	董述春	国家电力公司水电水利规划设计总院
环境保护专业委员会	1993.12	杨惠芳	袁保平 邴凤山等	赵深山	国家电力公司水电水利规划设计总院
水文泥沙专业委员会	1995.9	何根寿	张启舜 白荣隆	朱鉴远	国家电力公司成都勘测设计研究院
地质及勘探专业委员会	1982.1	孙仲乐	张性一 吴火才等	张性一	国家电力公司水电水利规划设计总院
水工及水电站建筑物专业委员会	1980.11	刘文雪	许百立 王柏乐等	王伯禄	国家电力公司水电水利规划设计总院

续表

名　　称	成立年月	主任委员	副主任委员	秘书长	挂靠单位
水工水力学专业委员会	1986.10	李桂芬	高安泽　高季章等	刘之平	中国水利水电科学研究院水力学研究所
通航专业委员会	1982.12	张瑞凯	许百立　须清华等	宗慕伟	南京水利科学研究院
碾压混凝土坝专业委员会	1990.6	王圣培	陈宗梁　杨运祥等	孙玉琳（女）	中国电力企业联合会
混凝土面板堆石坝专业委员会	1997.4	纪云生	董育坚　蒋国澄等	卢立生 孙永娟（女）	国家电力公司水电水利规划设计总院
施工机械化及施工管理专业委员会	1981.10	方　松	康世荣　阮　琤		中国水利水电工程总公司
工程经济定额预算专业委员会	1984.2	高安泽	周尚洁　李治平等	周尚洁	国家电力公司水电水利规划设计总院
电气专业委员会	1995.7	黄贤鉴	袁达夫　姚宗干等	李定中	国家电力公司水电水利规划设计总院
自动化专业委员会	1995.6	王　冰	宋振沪　张德平等	叶钟黎	国家电力公司水电水利规划设计总院
水力机械专业委员会	1981.11	沙锡林	单　鹰　林汝长等	王明坦	水利部水利水电规划设计总院国家电力公司水电水利规划设计总院
水工金属结构专业委员会	1991.11	沈德民	林洲兰　田泳源	林洲兰　林朝晖	国家电力公司水电水利规划设计总院
水电站运行管理专业委员会	1981.11	杨金栋	韩大伟　蒲润等	余卫国　杨承沪	国家电力公司安全运行与发输电部
水电建设管理专业委员会	1991.9	张学知	张建贤　傅洪生等	张文达	国家电力公司水电与新能源开发局
计算机应用专业委员会	1988.4	张　科	王建平　朱伯芳等	张亚力	水利部水利信息中心
土工合成材料专业委员会	1989.10	陈　环	王正宏　杨灿文	王育人	河北省水利厅
大坝安全监测专业委员会	1990.6	马树群	施济中　许百立等	池胡庆　李旦江	国家电力公司大坝安全监察中心
机械疏浚专业委员会	1993.10	潘国良	李　森　姚浚明等	李国勇	中国水利水电第十三工程局
抽水蓄能专业委员会	1995.3	曹楚生	李　例　刘　英等	姜梦清　韩　立	水利部天津水电勘测设计院、北京勘测设计研究院
小水电专业委员会	1996.3	郑　贤	李　茨　童建栋等	罗高荣　刘仲民	水利部杭州农村电气化研究所
水利电力科技翻译工作委员会	1992.2	晏　勤	朱蕴培　刘惠斌等	朱蕴培	中国电力企业联合会外事部
青年工作委员会	1991.4	高季章	孔令兵　刘清朝	丁留谦	中国水利水电科学研究院
科普工作委员会	1987.3	吴舜龄			水利部信息研究所
水力发电学报编辑部	1982	张宪宏	刘颂尧　赵政声		清华大学水电系
史料征集编辑委员会	1991.1	张铁铮	罗西北　常流等	陆茂竹（女）	中国电力信息中心
中国水力发电年鉴编辑部	1981	陈叔康	陈上奎		国家电力公司水电水利规划设计总院
水力发电丛书编审委员会	1982	李鹗鼎	王宏硕　陈望祥	陈叔康	中国水力发电工程学会

（中国水力发电工程学会　王　玉）

中国水力发电工程学会1995年～1997年主要学术活动统计表

序号	名称	内容提要	地点	日期
1	加快勘测行业改革，提高勘测成果质量研讨会	研讨加快勘测行业改革的措施并换届	成都	1995.4.14～18
2	碾压混凝土筑坝设计经验交流会	以普定、大朝山、岩滩、桃林口、温泉堡、万安、观音阁、龙滩等高坝的设计为主题进行交流及研讨	桂林	1995.3.7～11
3	抽水蓄能专业委员会学术交流会	对琅琊山抽水蓄能电站设计问题进行讨论	滁州	1995.3.27～29
4	水电站运行管理专业委员会水文预报研讨会	对水库水文预报、水库优化调度、水情自动测报等方面进行研讨	安康	1995.4.1～3
5	中国混凝土面板坝十周年技术研讨会	总结和展望我国面板坝设计、施工、运行及科研等方面的经验和成果	昌平	1995.6.20～23
6	自动化专业委员会学术交流会	自动化专业学术交流并成立会	南京	1995.6.28～30
7	第十次疏浚与吹填施工技术经验交流会	疏浚与吹填施工技术经验交流	吴江	1995.5.22～25
8	大坝安全监测技术学术交流会暨专委会年会	学术交流	西宁	1995.7.5～10
9	加快水电建设学术研讨会	在学会“四大”开展加快水电建设学术交流	成都	1995.10.17～19
10	第四次全国中青年科技干部学术报告会	水利水电科学技术的各方面进行学术交流	北京	1995.11.13～17
11	电气专委会学术交流会	学术交流	郑州	1995.9.26～28
12	宽尾墩新型消能工运行总结学术讨论会	宽尾墩新型消能工学术讨论	岩滩	1995.8.29～9.1
13	水能专委会学术年会	学术交流及换届	成都	1995.10.10～13
14	第十二次中国水电设备学术讨论会	对高水头抽水蓄能机组、混流式机组和水力机械空蚀与泥沙磨损防护问题的技术讨论	重庆	1995.10.11～15
15	水工现代预应力技术学术交流会	水工闸墩和坝肩及大坝基础预应力技术学术交流	大连	1995.9.26～28
16	信息系统建设研讨会	信息系统开放设计方法论；网络技术；数据技术；信息系统开发中的管理问题	武夷山	1995.10.29～11.1
17	全国水力学与水工水力学学术讨论会	学术交流	乌鲁木齐	1995.10.11～15
18	水文泥沙专委会学术研讨会	学术研讨并成立会	成都	1995.8.29～31
19	水电建设管理专委会学术年会	学术交流	五强溪水电厂	1995.10.11～15
20	水电工程造价管理专题研讨会	水电建设管理专委会对水电工程造价管理专题研讨	厦门	1995.4.18～20
21	全国水利电力翻译研讨会	翻译工作委员会对水利电力翻译进行研讨	北京	1995.11.22～24

续表

序号	名称	内容提要	地点	日期
22	水利水电测量学术交流会	关于水利水电工程测绘学术和改革经验交流	北京	1996.6.5～8
23	面板坝技术经验交流会	面板坝技术经验交流	西宁	1996.7.7～10
24	’96水工水力学学术讨论会	河川冰冻冻融对水利水电工程的危害及防治；水灾问题（洪水、泥石流）；河流泥砂对水工建筑物的影响；地下水对水利水电工程的影响等	拉萨	1996.7.10～16
25	大坝安全监测学术交流会	有关监测新技术、资料分析等综合学术交流	福建	1996.10.9～12
26	通航专委会学术年会	结合水口三级船闸的升船机进行学术交流	福州	1996.12.9～13
27	水库专委会学术年会	在社会主义市场经济条件下水库移民问题的研讨	广西北海	1996.5.4～7
28	抽水蓄能电站建设学术交流会	抽水蓄能电站在勘测设计、施工、安装调试、原型观测等方面的经验，在电网中的作用及其经济评价	北京	1996.10.7～11
29	抽水蓄能电站的发展与机组国产化研讨会	蓄能电站发展形势与国产机组制造	哈尔滨	1996.1.13～15
30	环保专委会学术年会	有关环保方面的学术交流	杭州	1996.6.16～19
31	’96水电建设管理学术年会	关于按公司法要求推进水电项目与流域梯级开发建设；探索独立发电公司的项目建设、经营管理与合理的电价结构（制度）；加快相关配套改革，进一步理顺生产（甲乙方）关系；加强水电建设企业自身改革等方面研讨	隔河岩水电厂	1996.10.31～11.5
32	’96定额专委会学术年会	关于单价法和实物量的探讨和对完善水电工程造价管理体系的探讨	厦门	1996.8.26～31
33	大型水轮发电机及贯流式发电机学术研讨会	总结交流已投产的发电机在设计、制造、安装、运行的经验；新技术发展和应用	德阳	1996.11.26～30
34	水电厂自动化学术交流会	无人值班与水电厂自动化；基础自动化等的交流	北京	1996.6.11～14
35	计算机应用交流会	交流计算机技术在水利水电系统应用的经验；探讨应用中存在的问题和相应对策	景洪	1996.11.20～24
36	第四届全国土工合成材料学术会	土工合成材料学术交流	上海	1996.6.16～22
37	翻译经验交流会	英、俄语水电翻译经验交流	新疆	1996.8.29～9.1
38	加快发展地方小水电的策略并成立会	成立并学术交流	杭州	1996.3.3～5
39	中青年物探技术交流会	物探技术交流	张家界	1996.10.8～12

续表

序号	名称	内容提要	地点	日期
40	钻探学术交流会	钻探学术交流	张家界	1996.10.8～12
41	工程地质学术交流会	对高坝大库或深埋长隧洞工程地质问题进行交流	宜 昌	1996.10.16～20
42	岩土力学性质单位测试学术交流会	对岩体现场测试技术及仪器进行交流	成 都	1996.9.23～27
43	李家峡建设管理经验考察现场交流会	有关工程管理及质量控制	青 海	1996.5.6～10
44	招投标合同管理索赔专题研讨会	完善招投标合同的管理	青 海	1996.5.6～10
45	水电站运行管理专委会学术会	学术交流并换届	北 京	1996.4.22～26
46	国产中小型挖泥船开发、建造与改造经验交流会	中小型挖泥船开发、建造与改造经验交流	镇 江	1996.12.8～11
47	农村水电及电气化学术会	农村水电及电气化学术交流	郑 州	1996.12.6～8
48	全国水电站机电设备技术改造研讨会	开展关于已建水电站机电设备进行技术改造，提高出力，增加调峰的能力等研讨	峨嵋山市	1997.1.4～8
49	’97水电研讨会	水电站运行管理专委会，水机专委会和希科公司共同研讨技术改造问题	上 海	1997.12.3～5
50	水工及水电站建筑物专委会学术会	学术交流并换届	隔河岩水电厂	1997.1.9～11
51	混凝土面板堆石坝技术交流会	交流运行管理经验及观测资料整理分析成果	天生桥水电厂	1997.4.23～26
52	抽水蓄能电站经济效益研讨会	蓄能电站在系统中的经济效益（动、静态）及社会效益分析，蓄能电站的经营方式。财务评价及合资经营的受益分配问题等	广东从化	1997.6.4～6
53	水电水利工程水文泥沙技术总结研讨会	总结、交流水文泥沙技术成就和存在问题	宜 昌	1997.6.17～20
54	水工金属结构专委会学术年会	金属结构专业的技术经验交流及换届	昆 明	1997.8.25～27
55	水工专委会’97学术年会	结合三峡工程重大技术问题进行学术交流	三 峡水电站工地	1997.8.26～29
56	第十三次中国水力发电设备学术讨论会	水电设备学术研讨	哈尔滨	1997.9.2～6
57	水电建设管理专委会’97学术年会	水电开发建设与电力市场的趋势及对策	二 滩水电站工地	1997.9.20～22
58	大坝安全监测设计与施工学术讨论会	对监测设计的总体布置、监测系统自动化设计以及监测设施的埋设、安装、调试等有关问题，交流经验及深入的探讨	桂 林	1997.10.14～17
59	水库经济专委会学术年会	学术交流，10周年纪念、换届	福 州	1997.11.18～21
60	水轮发电机励磁系统学术研讨会	对水轮发电机励磁系统进行学术交流	海 南	1997.11.1～5
61	大中型新型消能工的设计、施工与管理运用技术研讨会	对大中型新型消能工的设计、施工、管理进行技术研讨	五强溪水电厂	1997.11.18～23
62	全国水电业主单位如何提高水电竞争能力发挥积极作用研讨会	对全国水电业主单位如何提高水电竞争能力发挥积极作用进行研讨	天荒坪蓄能电站工地	1997.5.20～25
63	通航专委会学术年会	学术交流并换届	南 京	1997.12.11～13
64	大坝安全注册试点研讨会	对大坝安全注册问题进行讨论	杭 州	1997.3

（中国水力发电工程学会　叶丽秋）

中国水力发电工程学会1995年～1997年培训班统计表

序号	主办单位	培训班名称	地点	日期
1	大坝安全监测专业委员会	《混凝土大坝安全监测技术规范》培训班	龙羊峡水电厂	1995.7.11～14
2	地质及勘探专业委员会	《岩土工程勘察规范》讲习班	杭州	1995.10.10～18
3	工程经济定额预算专业委员会	水电概算第二十五期培训班	富春江水电厂	1995.3～5
4	工程经济定额预算专业委员会	水电概算第二十六期培训班	成都	1995.9～11
5	混凝土面板堆石坝专业委员会	面板坝技术培训班	宜昌	15天
6	中国水力发电工程学会	期刊、主编研讨班	黄山	1995.7.20～26
7	自动化专业委员会	水轮机调速器培训班	武汉	1995.9.15～25
8	大坝安全监测专业委员会	大坝安全监测培训班	白山水电厂	1996.10
9	工程经济定额预算专业委员会	全国水利水电第27期概预算学习班	安康	1996.3～5
10	工程经济定额预算专业委员会	全国水利水电第28期概预算学习班	成都	1996.10～12
11	混凝土面板堆石坝专业委员会	面板坝技术培训班	浙江	1996.10
12	工程经济定额预算专业委员会	第29期概预算培训班	三峡水电站工地	1997.3～5
13	混凝土面板堆石坝专业委员会	全国新坝型新技术学习研讨班	三峡水电站工地	1997.11.4～10
14	电气专业委员会	六氟化硫封闭电器培训班	成都	1997.1
15	中国水力发电工程学会	秘书长培训班	大连	1997.9.2～6
16	大坝安全监测专业委员会	大坝安全监测资料分析与信息处理研讨班	沈阳	1997.12.15～20
17	自动化专业委员会	水电厂计算机监控开放系统培训班	南京	1997.8.4～15
18	水工水力学专业委员会	有限元自动生成系统培训班	北京	1997.9.23～28
19	混凝土面板堆石坝专业委员会	全国混凝土面板堆石坝技术研讨班	宜昌	1997.6.22～26

（中国水力发电工程学会　叶丽秋）

兄弟学会

中国水利学会

一、组织建设

中国水利学会会员人数已达9万余人。在全国各省、自治区、直辖市有32个地方水利学会，独立开展学术活动。学会有专业委员会(研究会)38个，工作委员会及基金委员会7个，国际组织中国委员会5个。上述机构中新成立的有水力发电、水利建设管理、泵及泵站、机械疏浚、水利劳动保险、水利工程造价管理、地基处理、工程爆破、混凝土面板堆石坝、施工组织设计、碾压混凝土坝及通信12个专业委员会。吸收了河海大学、中国长江三峡工程开发总公司为本会团体会员。本会现有六届理事会理事136名，常务理事20名。现任理事长严克强，秘书长郑连第，常务副秘书长黄林泉。

二、国内学术活动

1995年～1996年间，本会各专业委员会、研究会及工作委员会共组织和参与国内各种学术活动47次，参加人数达3351人次，提交论文1685篇（表1）。主要的会议有：

(1) 1995年，本会重点参与组织了由中国科协牵头的大型学术会议。派员参加了7月召开的“第二届青年学术年会”；参与筹办了11月召开的“长江沿江地区跨世纪持续发展学术讨论会”和1996年1月召开的“全国2000年农业发展学术研讨会”；12月主持召开了“科技进步与产业发展研讨会——水利专题分会”。

(2) 1996年，本会还作为发起单位之一，参与了中国科协组织的中国西部地区经济发展战略学术研讨会。

(3) 1997年，本会及其二级组织主要举办国内学术会议39次，参加人数2218人次，交流学术论文929篇。各专委会按照本会的统一部署和年度计划，根据各自学科发展的需要和领域特点，开展了形式多样的学术交流活动。例如，混凝土面板堆石坝专委会结合在建的天生桥一级水电站工程的混凝土面板堆石坝施工中存在的重大技术问题召开了学术讨论会，并现场进行技术咨询。泵及泵站专委会针对当前开展的泵站技术改造问题进行了学术研讨，并对泵站技术改造标准的修订提出了建议。此外还有勘测、量测、围涂、水文等专委会都相继开展了学术讨论会，取得了丰硕的成果。

三、国际学术交流活动

(1) 1995年3月，本会与国际泥沙培训中心在京举办了“第二届水科学与工程国际学术会议暨世界水日纪念大会”。7月，本会派员参加了在挪威奥斯陆召开的国际大坝会议第63届执行会议。9月，本会派员参加了在英国伦敦召开的第26届国际水利学研究协会大会。11月，本会的中国大坝委员会在京举办了“水库诱发地震专题国际研讨会”。

(2) 1996年，本会接待了加拿大土木工程学会代表团和日本土木协会及“海洋之空”访华团；应邀派员访问了日本；受加拿大方邀请，先后派出两个代表团分别参加了加方组织的国际学术年会和“可持续发展学术研讨会”；受加拿大方资助，本会派青年工程师去加拿大进修6个月。8月，本会的国际水利学协会在京主办了第十三届国际冰工程讨论会。9月，本会的国际灌排中国国家委员会派团参加了在开罗举行的国际灌排委员会第47届执行理事会及第16届大会。

(3)1997年举办国际学术会议2次，参加人数121人次，其中外方参加人数46人次，共交流学术论文58篇，其中外方论文23篇。

四、科普工作及人才举荐

(1) 本会与水利部科技司共同推荐了水利系统的全国先进科普工作集体和个人。本会推荐的中国灌排技术开发公司被命名为全国科普工作先进集体，黄河水利委员会李春荣和中国灌排技术开发公司宋广程被评为全国科普工作先进个人。

(2) 1996年间，本会与水利部科技司一起组织了水利部机关公务员和在京单位有关人员参加的水利科技讲座，共十讲。(见表2)，并配合讲座印发了教材。

(3) 本会作为中国科学院和中国工程院两院院士候选人推荐单位，从1994年9月起，按照程序和规定，在学会各专业委员会及水利部直属单位对候选人提名的基础上，经本会成立的推荐院士候选人工作小组按候选人条件、标准及人选范围进行评议，最后进行无记名投票产生了两院院士候选人，并将名单报送中国科协。水利学科方面的中国科学院院士现有11人（表3），中国工程院院士现有16人（表4）。

(4) 为中共中央组织部、人事部、中国科协举办的“中国青年科技奖”举荐了人才，本会推荐的倪晋仁、包小庆分别为第四届、第五届获奖者。

(5) 推荐全国优秀科技工作者。1997年推荐的两位候选人李松、李青山全部当选，于1997年12月受到中国科协的表彰。

(6) 为水利科技青年搭设学术舞台。1997年1月，本会参加筹办并组织了水利部首届青年学术交流会暨青年科技英才表彰大会。会议征集了1500多篇学术论文，其中80篇在会上交流，190多篇入选论文集。会上还表彰了10位全国水利系统青年科技英才（1996）和20位全国水利系统先进科技工作者（1996）。

(7) 组织全国青少年水利科技夏令营。1997年本会分别举办了两营全国水利科技青少年夏令营直属营。第一营由本会与北京市水利学会和天津市水利学会共同举办。共有87名中学生参加，其中包括来自安徽革命老区和北京偏远山区的15名学生。

(8) 1995年、1996年和1997年，分别评选奖励了水利优秀学生60名、61名和65名（表5），迄今累计评定奖励了505名。

表1　中国水利学会1995年～1996年国内主要学术活动情况一览表

序号	会议名称	参加人数（人）	时间	地点	举办和联合举办单位
1	泵及泵站专委会成立会暨'95学术年会	50	1995年4月	扬州	泵及泵站专委会、江苏省水利厅
2	第三届全国计算机应用联合学术讨论会	200	1995年4月	北京	中国科协组织，中国电子学会牵头，联合水利等25个全国性学会共同举办

续表

序号	会议名称	参加人数(人)	时间	地点	举办和联合举办单位
3	水文预报学术经验交流会	40	1995年5月	北京	水资源专委会
4	机械疏浚专委会成立会暨疏浚与吹填施工经验交流会	140	1995年6月	太湖	机械疏浚专委会
5	水中长期供求计划学术讨论会	100	1995年6月	石家庄	水资源专委会
6	中国科协第二届青年学术年会	700	1995年7月	北京	中国科协组织，联合水利等165个全国性学会及30个地方科协共同举办
7	’95水力学与水工水力学学术讨论会	80	1995年9月	新疆库尔勒	水力学专委会与水力发电工程学会水工水力学专委会、新疆水利学会、八一农学院合办
8	纪念潘季训逝世400周年——潘季训治河理论与实践学术讨论会	50	1995年9月	山东	水利史研究会与黄河水利委员会《黄河志》总编室合办
9	21世纪沿海水资源开发战略学术研讨会	50	1995年9月	上海	水资源专委会
10	第六届全国水利水电工程学青年学术讨论会	100	1995年10月	北京	青年科技工作委员会与水力发电工程学会青工委、国家自然科学基金委合办
11	淮河流域水资源中长期供需规划研讨会	40	1995年10月	蚌埠	淮河研究会与淮委会合办
12	淮河流域取水许可实施经验交流会	30	1995年11月	蚌埠	淮河研究会、淮委水政处
13	信息系统建设学术交流会	50	1995年12月	福建	中国水利学会计算机专委会与中国水力发电工程学会计算机专委会合办
14	量测技术交流会	50	1996年3月	宜昌	量测专委会
15	三门峡库区泥沙问题研讨会	40	1996年5月	三门峡	泥沙专委会黄河研究会等
16	中小型水利工程技术研讨会	31	1996年7月	乌兰浩特	水力学专委会、天津大学等
17	全国水力学与水工力学学术讨论会	48	1996年7月	拉萨	水力学专委会西藏水利学会等
18	它山堰及浙东水利史讨论会	60	1996年8月	宁波	水利史研究会、鄞县人民政府
19	优化水利工程调度改善水质及水环境	30	1996年9月	三峡	环境水利研究会，水利部水政水资源司等
20	’96水灾后反思及治水方略研讨会	60	1996年9月	蚌埠	蚌埠市水利局及水利学会、淮河研究会
21	全国水库网箱养鱼技术	107	1996年9月	大伙房水库	水管司、水管专委会
22	节水灌溉技术研讨会	70	1996年10月	济宁	淮委、淮河研究会等
23	水利水电工程钻探技术交流会	85	1996年10月	张家界	勘测专委会
24	第七届围海（围垦）信息技术交流会	94	1996年10月	东营	胜利石油管理局、山东省水利厅等

续表

序号	会议名称	参加人数(人)	时间	地点	举办和联合举办单位
25	水利水电工程地质学术讨论会	90	1996年10月	三峡	勘测专委会
26	水利水电工程测量学术讨论会	25	1996年11月	广州	勘测专委会
27	淮河河道管理改革发展战略研讨会	100	1996年11月	蚌埠	淮河河道管理局、淮河研究会
28	计算机学术交流会	40	1996年11月	云南	计算机专委会
29	全国农村水电暨电气化学术交流会	85	1996年12月	郑州	水力发电专委会、水利部农电司
30	国产中小型挖泥船设计建造经验交流会	153	1996年12月	镇江	胜利油田石油管理局、山东省水利厅
31	水库学组学术年会	50	1996年12月	海口	水库学组、防汛办

表2　1996年十大水利科技讲座一览表

序号	题目	讲授人	单位
1	古代水利与华夏文明	郑连第	水利部科技司
2	21世纪水危机与节水	张　岳	水利部农水司
3	南水北调工程	朱尔明	水利部
4	遥感、全球定位系统、地理信息系统及其在水利上的应用	曹述互	水利部遥感中心
5	现代防洪决策	胡四一	南京水文所
6	水土保持与生存环境	郭廷辅	水利部水保司
7	盾构技术及其应用	王守强	华水公司
8	中国泥沙问题及其治理方略	胡春宏	水利水电科学研究院
9	与国际接轨的现代化水利工程建设管理制度	何伯森	天津大学
10	关于对社会主义市场经济条件下水利事业发展若干问题的认识	郑垂勇	河海大学

表3　与水利有关学科的中国科学院院士一览表

姓名	出生年月	学科及专长	单位
严　恺*	1912.8	海岸工程	河海大学
汪闻韶	1919.3	土力学及土坝地基抗震	水利水电科学研究院
张光斗*	1912.5	水工及水力发电	清华大学
徐芝纶	1911.6	工程力学	河海大学
钱令希	1916.7	工程力学、结构力学	大连理工大学
黄文熙	1909.1	水工结构、岩土工程	清华大学
潘家铮*	1927.9	土木工程、水力发电	国家电力公司
林秉南	1920.4	水力学、河流动力学	水利水电科学研究院
窦国仁	1932.11	泥沙、河流动力学	南京水利科学研究院
沈珠江	1933.1	岩土力学	南京水利科学研究院
林　皋	1929.1	水利工程与地震工程	大连理工大学

* 表示同为中国工程院院士。

表 4 与水利有关学科的中国工程院院士一览表

姓　名	出生年月	学科及专长	单　位
严　恺	1912.8	海岸工程	河海大学
张光斗	1912.5	水工及水力发电	清华大学
潘家铮	1927.9	土木工程、水力发电	国家电力公司
文伏波	1925.8	水工设计	长江水利委员会
谢鉴衡	1925.1	港航与治河	武汉水利电力大学
朱伯芳	1928.10	水工结构	中国水利水电科学研究院
陈明致	1929.11	水利工程	松辽水利委员会
陈厚群	1932.5	水工结构	水利水电科学研究院
李鹗鼎	1918.3	水力发电工程	国家电力公司
周君亮	1925.2	土木、水利工程	江苏省水利厅
葛修润	1934.7	岩土力学水利工程	中科院武汉岩土力学所
关君蔚	1917.5	水土保持、生态控制系统工程	中国林业大学
钱正英（女）	1923.7		水利部、全国政协
郑守仁	1940.1	河川水工专业	长江水利委员会
吴中如	1939.10	水利水电工程	河海大学
张蔚榛	1923	水利工程	武汉水利电力大学

表 5 中国水利学会水利优秀学生获奖名额

序号	学校名称	各校各学年获奖人数			
		1993年～1994年	1994年～1995年	1995年～1996年	
1	河海大学	17	18	16	
2	武汉水利电力大学	8	8	8	
3	华北水利水电学院	6	7	8	
4	葛洲坝水电工程学院	5	5		
5	四川联合大学	4	4	4	
6	西安理工大学	5	5	4	
7	南昌水利水电高等专科学校	4	5	4	
8	清华大学	3	3	3	
9	大连理工大学	2	2	3	
10	浙江大学	1		1	
11	天津大学	2	2		
12	北京农业工程大学	2	2		
13	华中农业大学	1		1	
14	中国农业大学			2	
15	华南理工大学			1	
16	浙江水利水电高等专科学校			2	
17	长春水利电力高等专科学校			2	
18	黑龙江水利高等专科学校			2	

续表

序号	学校名称	各校各学年获奖人数		
		1993年～1994年	1994年～1995年	1995年～1996年
19	扬州大学水利学院			1
20	石河子大学			2
21	内蒙古农牧学院			1
22				
		60名	61名	65名

（中国水利学会 赵洁群）

中国电机工程学会

一、组织机构

中国电机工程学会于1993年11月25日至27日在北京召开了第六次全国会员代表大会。选举出中国电机工程学会第六届理事会理事98名。领导机构组成名单如下：

1. 名誉理事长名单

名誉理事长 丁舜年 王平洋

2. 理事长、副理事长及秘书长名单

理 事 长 张凤祥

副理事长 陆延昌 孙昌基 高景德 张绍贤

秘 书 长 郑企仁

常务副秘书长 曾庆禹

副秘书长 霍宏烈

二、1995年～1997年期间学会主要活动情况

这几年是中国电机工程学会持续发展的几年。学会在中国科协和电力部的领导下，团结广大电机工程科技工作者，研究和探索学会深化改革的思路和办法，积极开展国内外学术交流，加大普及科学技术的力度，在推动电机工程科技的繁荣和发展，促进跨世纪科技人才的成长，努力为广大科技工作者服务等方面，都取得了新的成绩，充分显示了中国电机工程学会的生机和活力。

学会及所属专委会组织召开的重点国内外学术会议每年有50次左右，参加会议人数超过4500人次。出版论文集20多种，印发6000多册。

（一）主要学术交流活动

1. 1995年8月17～19日我会组织的第二次空冷技术国际学术研究会在山西省五台山召开。会议主要针对我国北方与西部地区因严重缺水采用空冷机组的有关技术问题进行了研讨。出席会议的有中国、南非、德国、比利时、匈牙利等5个国家、30个单位、103名代表。会议发表论文47篇，出版了中英文论文集各一册。

8月，我会与中国电工技术学会组织召开了第二届中国国际电机会议。出席会议的有20个国家和地区的代表166人。会议收录论文229篇，其中国外的有65篇，出版英文论文集上下两册。会议总结和交流了大型电机设计、制造技术和运行管理经验等，探讨了世界上电机学科发展趋势，提出了今后电机学科的主要研究领域是电机和控制的结合，主攻方向是研究各种新的传动控制技术，并对学科出现的新领域如水轮发电机交流励磁变速运行、神经网络在传动系统中的应用，电动汽车、超声波电机等进行研讨。

10月，我会组团15人参加在日本东京举办的第四届中日发电厂水处理学术讨论会，会议发表论文28篇（中、日各14篇）。会议总结和交流了中日两国有关火力发电厂水处理的最新技术，双方都展示了在锅炉补给水、排水和排烟处理及水质管理自动化等方面的最新研究成果，展望了火电厂水处理技术的发展趋势。

11月7～9日，我会与中国电工技术学会联合组织召开了我国特/超高电压输电技术学术研讨会。会议重点对我国500kV以上更高一级输电电压等级的选择及其输电设备的前期科研进行了研讨。这是结合三峡工程建设、西南水电进一步开发和"三西"火电基地建设以及即将形成的"西电东送"、大容量远距离输电和全国联网格局而进行的学术交流。与会代表近100名，58个单位。会上发表论文51篇，出版论文集一册。

11月27～30日，我会与电力工业部科技司、国家电力调度中心联合主办的全国变电站综合自动化技术研讨会在南京召开。会议就共同关注的变电站综合自动化技术及变电站无人值班技术，进行了深入交流和研讨。参加单位90多个，185名代表。会议发表与交流论文84篇，出版论文集一册。

2. 1996年4月22日～26日，在成都召开了全国供热系统学术交流会，从事热电设计、运行、设备制造、

科研院校的团体会员代表参加了讨论，并交流了经验，使到会者开阔了视野，解决了一些疑难问题。4月27日～5月1日，学会组织内蒙、山西电力局等单位的科技人员参加了在伊朗举办的冷却塔及喷水池技术国际学术会议。我国发表论文8篇，在会上宣读了4篇，受到与会专家的重视。会议讨论的冷却系统设计、冷却系统运行经验等对我国今后在"三西"火电基地发展火电厂空冷技术有借鉴作用。

8月12～15日，我会与日本电气学会、韩国电气学会在北京召开了国际电机工程学术会议。电力部副部长陆延昌在开幕式上代表电力部致词。会议录取论文292篇，其中，国外和境外论文180篇。来自中、日、韩、美、德、加等20个国家与地区的专家和来宾近400人（其中外宾182人）参加了会议并开展了学术讨论。当前世界范围内电力工业管理体制和运营机制正面临深刻的变化，即逐渐由垄断经营向电力市场转变。面对这样一个形势，各国电力工程科技人员都在研究、探索新的技术对策，以适应21世纪电力工业发展的要求。各国专家就电力工程的关键技术及其最新发展，开展了讨论，交流了最新的技术成果。

10月11～15日，在南京召开了国际电力环境保护学术会议，配合会议的召开还举办了国际电力环保技术成果展览会。来自中、美、德、英、澳、瑞典等10个国家的专家共140人参加了学术会议，来自国内外40多个厂商（其中近30个为国外厂家）展示了电力环保及粉煤灰综合利用的最新技术和设备等。这次会议特别对火电厂烟气脱硫、脱氮及粉煤灰综合利用开展了深入讨论。

10月12～16日，我会城市供电专委会在烟台召开了学术年会，集中、深入地讨论了配电自动化、城网改造等问题，提出了不少好的建议。

11月5～8日，在武汉召开了第二届全国大型火电机组运行学术会议。会议紧紧围绕《电力工业"九五"科技发展纲要》中发展大容量、高效低污染的常规火电机组、洁净煤发电工程等目标和任务，结合我国目前大型火电机组的技术状况和运行水平进行了研讨。

11月19～22日，在广州召开了全国电力系统规划年会，围绕电力部提出的跨世纪工程之一——全国电网互联，以已取得的"全国电网互联经济效益分析研究"的初步结果为重点内容展开了讨论。

此外，4月，我会理论电工专委会配合上海交大100周年校庆，在上海交大的积极筹备下召开了电路与系统科学国际学术会议。6月，组织变电专委会有关专家赴台参加高压断路器及其负荷开关的设计应用专题讨论会。10月组织热电专委会对俄罗斯热电联产进行了考察，并进行了双边学术讨论，通过考查，借鉴国外经验，提出了我国热电联产发展的建议。

3.1997年 7月28日～8月1日，在日本松江市举行了电气工程国际学术研讨会。这是中国电机工程学会和韩国、日本电气学会三方从1994年商议决定每年联合举办一次电气工程国际学术会议以来的第三次会议。这次会议讨论的主要内容是：电力系统分析、运行、规划、控制、继电保护，变电站综合自动化，电力电子技术应用，电气设备及绝缘材料，电力通信，信息系统等。共收取论文182篇，其中我国论文77篇，基本代表了我国目前最新技术发展动态。我会根据实际情况组织有代表性的论文作者及有关人员20人代表团赴日参加会议。会后代表团参观了广岛核电站，东京电力公司，电力中央研究所等单位。

8月18～21日，在北京召开了IFAC/CIGRE电网与电厂控制国际学术会议。它是国际自动化联盟和国际大电网会议主持的重要系列国际学术会议之一。这次会议共录取论文131篇，其中中方47篇。到会专家学者240人，其中外宾96人，作者来自24个国家和地区。电力部陆延昌副部长在开幕式上讲了话。会议组织了以下四个专题讨论会：防止电力系统大面积停电的经验与措施；动态安全分析与控制；配电管理系统与配电自动化；大型水电厂的控制。每个专题会议邀请了4～5位专家作中心发言，另外还邀请了5位国际知名专家作大会发言，介绍国际上的最新成果。这次会议就电力系统控制、电厂控制、交流灵活输电系统(FACTS)、智能系统应用、电力市场等新技术进行了交流和讨论。

（二）科技咨询服务

1994年以来，在学术研究会的基础上，我会组织有关专家进行调查研究，提出了《变电站自动化技术政策与基本功能要求》讨论稿，此讨论稿已征求了专家们的意见，待进一步修改后将报送电力部科技司。另外，还写出了"全国电网互联技术经济分析研究"调查研究报告。

学会还精心组织了有关方面专家、工程技术人员对政府部门关注的重大技术决策、重大技术推广项目等进行了广泛的调查研究。学会开展的"电力工业以大代小更新改造和地方小火电发展政策研究"已于1996年初在专家评审的基础上提交了研究报告。学会与电力部电力科学研究院开展了"发电机自并激励磁有关政策研究"，并与电力部科技司、安生司、成套局联合召开了全国发电机自并激励磁技术讨论会，在调查研究、论证分析的基础上，形成了在全国推广发电机自并激励磁技术的建议。电力部已将会议纪要发往网、省电力局和部属各企、事业单位贯彻执行。对"30万、60万kW机组参数和容量匹配问题研究"是急需解决的重大技术问题。学会组织专家进行了广泛的调查研究，提出了研究报告，拟提交电力部、机械部审定后作为设备配套生产和运行的依据。各专委会配合政府部门和国有大、中型企业围绕规划、设计、生产、运行中出现的技术热点和难点问题，组织专家开展调查研究，进行技术咨询服务。城市供电专委会组织专家对电网电能损耗进行了调查研究，提出了“电力网电能损耗计算导则”修改稿，现已报有关部门审定，颁发执行。安全技术专委会协助电力部编制了《电业安全工作规程》，组织专家积极参与电力部发供电企业安全性评估工作。继电保护专委会受电力部委托组织专家编制并审定了《LFP—901A、902A 线路微机保护装置检验规程》、《大机组保护整定导则》和《变压器保护整定导则》。

（三）科普工作

1. 全国电力科普知识竞赛活动　此项活动从1995年6月开始，到1996年6月21日结束。据不完全统计，全国有37万余人参加，正确答卷184193份。选出优秀组织奖12名。经抽奖，产生特等奖1名，一等奖2名，二等奖10名，三等奖50名，优胜奖1000名。

2. 全国电力科学技术普及工作电话会议　6月21日由电力部主办、中国电机工程学会承办的全国电力科学技术普及工作电话会议在京召开。电力部部长史大桢、国家科委副主任黄齐陶、中国科协书记处书记常志海出席会议并讲话。陆延昌副部长作了“努力实施科教兴电，开创电力科普新局面”的工作报告。对全国先进科普工作集体和先进科普工作者进行了表彰。

（中国电机工程学会　陈　帆）

国际合作与交流

20

利用外资开发水电

沅水流域利用外资对水电进行梯级滚动开发

沅水发源于贵州省，干流总长1050km，总落差1033m，总流域面积9万km^2。

沅水可开发的水力资源总容量为712.2万kW，年发电量263.3亿kW·h，其中干流为451.1万kW，年发电量171.9亿kW·h，其余分布在7条较大支流上。截至1996年底，已开发224.7万kW，年发电量103亿kW·h。

沅水流域开发按照“流域、梯级、滚动、综合”开发方针，拟选技术经济指标较为优越的10个梯级电站，一次立项、分期建设、滚动开发。10个梯级电站总装机容量263.75万kW，年发电量87.46亿kW·h。其中沅水干流上游三板溪电站位于贵州省东南少数民族地区，中游河段8级：即托口、江市、洪江、安江、铜湾、清水塘、大洑潭、渔潭水电站以及支流酉水碗米坡水电站均位于湖南省西部地区。工程开发以发电为主，兼顾航运、防洪、灌溉及其他综合利用效益。

沅水开发机制已经形成。1995年，按照《公司法》和现代企业制度的要求，经电力部和湖南省政府批准，由湖南省电力公司、华中电力集团公司、湖南省经济建设投资公司组建了“湖南五凌水电开发有限责任公司”(以下简称五凌公司)。五凌公司作为业主，实行公司一级法人责任制，全面负责整个沅水流域梯级电站的开发、筹资、建设、经营、还贷和资产的保值增值。五凌公司目前拥有五强溪水电站和凌津滩水电站的资产所有权和经营权，总资产约为115亿人民币。两电站作为沅水滚动开发的“母体”电站，以其部分折旧、还贷后利润、资本金回报和股东新投入的资金作为滚动开发新项目的资本金。

“九五”期间，准备安排洪江、碗米坡、三板溪3座电站，分别于“九五”中、末期开工建设。为补充国内水电建设资金的不足，进口国内尚不能制造的水电建设所需的设备，并密切与引进先进水电设计、施工、运行技术和设备相结合，三个项目部分利用外资进行建设。其中洪江、碗米坡申请日本海外经济协力基金1998年度贷款176.6亿日元，三板溪电站拟申请日本海外经济协力基金2000年度贷款300亿日元。截至目前，沅水梯级开发建设中已有5个项目已经使用和准备利用外资进行建设。

一、五强溪水电站

五强溪水电站位于沅水下游湖南省境内，上距沅陵县城73km，下距常德市130km。

该电站是沅水干流上的关键性综合利用枢纽工程，以发电为主兼有防洪、航运等综合效益。总装机容量120万kW，保证出力25.5万kW，年发电量为53.7亿kW·h，并入华中电网，可得到补偿出力16.5万kW，使电网的供电质量得到改善，并能有效地控制沅水的洪水。

五强溪工程枢纽总投资为81.8亿元，其中利用日本海外经济协力基金贷款252.27亿日元，(包括电站至常德经娄底至株洲的500kV输变电工程)。第一台机组于1994年12月25日提前6个月投产，第二台机组于1995年9月8日投产，第三台机组于1995年12月21日投产，第四台机组于1996年6月22日投产，第五台机组于1996年12月21日投产，已成为华中电网的骨干电源，并为沅水梯级电站滚动开发打下了良好的基础。

二、凌津滩水电站

凌津滩水电站位于湖南省桃源县境内，下距常德市80km，上距五强溪水电站47.5km。

该电站是沅水干流最后一个梯级电站，以发电为主，兼有航运效益，并是五强溪水电站的反调节水库。工程建成后，将五强溪水电站15万kW基荷出力转为调峰出力。总装机容量27万kW，安装9台单机容量为3万kW的灯泡式水轮发电机组，年发电量12.15亿kW·h，保证出力5.66万kW，在电网中担任一定的调峰和事故备用。

凌津滩工程总投资为32.7亿元。其中利用亚洲开发银行贷款1.16亿美元(含建设期利息)。

该工程1996年开工建设，目前正在施工，计划1998年10月第一台机组发电，2000年全部建成投产。届时将作为“十五”期间滚动开发的“母体”电站，使沅水梯级滚动开发能力进一步加大。

三、洪江水电站

洪江水电站位于洪江市上游4.5km。该工程以发电为主，兼有航运等综合利用效益。电站总装机容量22.5万kW，安装5台单机容量为4.5kW的灯泡式水轮发电机组，保证出力5.47万kW，年发电量10.54亿kW·h。

电站总投资为20.86亿元，其中利用日本海外经济协力基金贷款108.3亿日元。

该工程计划1998年开工建设，目前正在进行前期工作，第一台机组发电工期为3.5年，总工期为4年零3个月。

四、碗米坡水电站

碗米坡水电站位于酉水中游，湖南保靖县城上游22.5km处。

该工程以发电为主，兼有通航过木效益。电站装机容量24万kW，安装3台单机容量8万kW的混流式水轮发电机组。

电站枢纽总投资19.63亿元，其中利用日本海外经济协力基金贷款68.3亿日元。

该工程计划1999年开工建设，第一台机组发电工期为2年零7个月，总工期4年。

五、三板溪水电站

三板溪水电站位于清水江中下游，贵州省锦屏苗族自治县境内，是沅水干流上的龙头电站。

该工程以发电为主，兼有航运、防洪、养殖等综合效益。电站建成后对下游13个梯级电站，可增加保证出力20.29万kW，增加年发电量15.9亿kW·h。电站总装机容量120万kW，安装4台单机容量30万kW水轮发电机组。

电站总投资为75.15亿元，其中拟利用日本海外经济协力基金贷款300亿日元。

该工程拟计划2001年开工建设，第一台机组发电工期为5.5年，总工期为7年。

（电力部国际司　陈玉芬）

开拓国际市场

水电施工企业开拓国际市场

70年代起，电力部所属的水电施工企业就参与了许多大中型援外工程项目的建设，从而，为90年代进入国际市场奠定了基础。

自1992年以来，水电施工企业，充分利用电力部和其他部委以及省属的有对外工程承包权的窗口，采取总包、分包和劳务输出等方式，积极开展国际工程承包业务，在开拓国际建筑业市场方面，取得了可喜的成绩。据不完全统计，近4年来，仅中国水利水电工程总公司的成员企业，就在东南亚、非洲的18个国家，承揽了大小项目37个，合同额为2亿多美元（见统计表）。这些项目除水利水电工程外，还有其他土木工程和设备出口。其中，土木工程有：公路、污水处理、供水、房建、工业园区建设、围海造地等等。通过这些项目的实施，与当地政府和有关部门建立了广泛的联系，沟通了渠道，积累了经验，取得了信誉，同时也锻炼和培养了一批懂得国际工程投标、合同及项目管理、熟悉当地市场情况的人才。

随着亚洲经济的迅速崛起，非洲经济的好转，国际建筑市场的重心已转向亚非一些经济发展较快的国家和地区。特别是东南亚的中国、印度、印尼、巴基斯坦、泰国等国，仅从亚洲开发银行（简称亚行）获得的工程建设贷款，每年就有50亿美元；非洲是国际援助的重点地区，仅非洲开发银行（简称非行）每年提供的贷款约15亿美元。因此，这些地区已被世界上一些知名的工程承包商视为竞争的主要目标之一。

我国是亚行、非行和世行（世界银行）的成员国，我们具备参与国际建筑市场竞争的基本条件。但是，水电施工企业要想在这场日趋激烈的竞争中，占据一席之地，并不断地拓宽业务范围，还需做出巨大的努力。虽说，水电施工企业是国有大型企业，但与国际上一些大的承包商相比，实力差距很大。突出表现在人才和财力的匮乏。要扩大承包业务，首先需要管理人才，特别是需要那些懂得对外经营、合同管理和施工索赔的复合型人才。因此，迅速培养人才乃是当务之急。另外，企业经济实力差，是一个重要的制约因素。具体表现在：前期投入少，外派人员有限，造成信息来源不足；没有融资和贷款能力，不仅失掉了许多项目的竞争机会，而且，对履行好合同十分不利，因为仅靠工程预付款，项目运作起来难度很大，特别是大型项目，在工程开工准备阶段，如果没有足够的流动资金，设备和材料的采购以及施工准备工作都要受到影响，项目一开工就出现被动局面，同时给以后的工程结算带来麻烦。

如何加强国际工程承包的协调，发挥行业的整体优势，是一个亟待解决的问题。目前，水电系统施工企业开展对外承包,仍然是各自为政,缺乏统一协调和管理,不可避免地出现了信息不通、竞相压价、一标多投等现象。其后果是:非本企业专长的项目勉强去干;超低价中标;或被取消投标资格。即使拿到项目,不是合同履约不良,就是项目亏损,不仅丢掉了企业利益,而且也失掉了信誉。

在劳务输出方面,我们仍然是弱项,仅占5%的份额。如果能打开这部分市场,不仅可以缓解水电职工相对过剩的矛盾,企业还能得到收益,这无疑是一条出路。应该适当加大投入,开创新局面。

1992年~1996年水电总公司系统承包国外工程统计表

序号	项目名称	所在国	合同金额	起止年月	承包形式	承包单位
1	鲍古昌水电站	俄罗斯	204.6万(瑞郎)	1992.4~1993.4	劳务输出	水电第一工程局
2	鲍古昌水电站	俄罗斯	46.8万(瑞郎)	1993.4~1994.4	劳务输出	水电第一工程局
3	TRISHULI水电站	尼泊尔	3.62万(美元)	1993.3~1994.6	劳务输出	水电第一工程局
4	卡拉乔伦水电站	土耳其	1.2万(美元)	1992.1~1993.6	劳务输出	水电第一工程局
5	阿布扎比污水处理	阿联酋	9万(第拉尔)	1994.10~1995.12	劳务总包	水电第三工程局
6	阿布扎比污水处理	阿联酋	1.08万(第拉尔)	1995.2~1995.5	劳务输出	水电第三工程局
7	迪什林水电站	叙利亚	800万(美元)	1995.12~2001.2	分包	水电第七工程局
8	MACAL水电站	伯利兹	37万(美元)	1992.10~1995.4	劳务输出	水电第九工程局
9	欧文水电站扩建	乌干达	6880万(美元)	1993.8~1997.7	劳务输出	水电第十工程局
10	南姆累克水电站	老挝	3594万(美元)	1996.12.1~1998.7	转包	水电第十工程局
11	巴格曼迪灌溉工程	尼泊尔	195万(美元)	1994.9~1996.5	转包	水电第十一工程局
12	伊拉姆水电站土建	尼泊尔	390万(美元)	1995.9~1997.12	转包	水电第十一工程局
13	莫迪电站尾水工程	尼泊尔	190万(美元)	1996.3~1998.5	转包	水电第十一工程局
14	雅坝修复工程	印尼	4894万(美元)	1995.7~1997.4	转包	水电第十一工程局
15	帕特菲特一期工程	巴基斯坦	2450万(美元)	1993.6~	分包	水电第十三工程局
16	帕特菲特二期工程	巴基斯坦	2174万(美元)	1994.6~	转包	水电第十三工程局
17	帕特菲特7A,7B	巴基斯坦	1045万(美元)	1995.12~	转包	水电第十三工程局
18	帕特菲特7D	巴基斯坦	500万(美元)	1996.3~	转包	水电第十三工程局
19	拉卡纳泵站	巴基斯坦	60万(美元)	1996.5~	分包	水电第十三工程局
20	沙劳越工业区	马来西亚	126万(美元)	1995.1~	转包	水电第十三工程局
21	沙劳越地区吹填工程	马来西亚	360万(美元)	1996.1~	转包	水电第十三工程局
22	沙劳越地区吹填工程	马来西亚	360万(美元)	1996.4~	转包	水电第十三工程局
23	巴帕南水闸	泰国	700万(美元)	1996.11~	分包	水电第十三工程局
24	恩岗德雷变电站	卡麦隆	55万(美元)	1991.8~1992.4	转包	水电第十四工程局
25	拉格都变电站扩建	卡麦隆	40万(美元)	1991.7~1992.4	转包	水电第十四工程局
26	线路塔基工程	卡麦隆	43万(美元)	1992.2~1992.3	转包	水电第十四工程局
27	雅温德药检局二期	卡麦隆	16.6万(美元)	1991.12~1992.4	转包	水电第十四工程局
28	28栋俱乐部工程	卡麦隆	13.5万(美元)	1992.5~1992.9	转包	水电第十四工程局
29	28栋房屋修理	卡麦隆	1.11万(美元)	1992.6~1992.6	转包	水电第十四工程局
30	28栋公路修补	卡麦隆	0.93万(美元)	1992.7~1992.8	转包	水电第十四工程局
31	零星劳务	卡麦隆	8.9万(美元)	1992.1~1992.9	转包	水电第十四工程局
32	槟城供水工程	马来西亚		1996.8~1997.9	劳务输出	水电基础工程局
33	TFW800/160调压阀	伊朗	56万(人民币)	1994.4~1994.12	分包	夹江水工厂

续表

序号	项目名称	所在国	合同金额	起止年月	承包形式	承包单位
34	混凝土骨料冷却罐	乌干达	75万（人民币）	1994.12～1995.2	分包	夹江水工厂
35	金属结构和门机	缅甸	62.3万（人民币）	1995.11～1996.6	分包	夹江水工厂
36	金属结构	泰国	353.4万（人民币）	1996.10～1998.5	分包	夹江水工厂
37	HB300混凝土泵	缅甸	48万（人民币）	1995.12～1996.2	分包	夹江水工厂

（中国水利水电工程总公司　杨则珂）

国际交流

1996年国际水电会议

由中国水力发电工程学会与中国长江三峡工程开发总公司主办，国际大坝委员会、中国水利学会等国内外有关机构共同协办的’96国际水电会议于1996年10月29日至11月2日在北京21世纪饭店召开。来自美国、加拿大、巴西、挪威、法国、日本、意大利以及中国等19个国家和地区的226名专家、学者（其中海外代表58名），就开发利用清洁的、可再生的水电能源的重要意义以及水电科学技术和水电工程的有关问题进行了广泛交流和探讨，并展望了下个世纪水电开发的美好前景。

会议开幕式由中国水力发电工程学会理事长李鹗鼎主持，中国长江三峡工程开发总公司总经理陆佑楣致开幕词。电力部副部长汪恕诚，中国电力企业联合会理事长张绍贤，中国工程院副院长、两院院士、中国大坝委员会主席潘家铮，两院院士、清华大学教授张光斗，以及国际大坝委员会名誉主席Veltrop（美国），原副主席Varma（印度）和国际水力学研究会秘书长Overbeek（荷兰）等知名中外专家出席了开幕式。汪恕诚代表电力部在祝词中指出："我国水电资源开发程度目前仅占可开发量的13%左右，水电发展的诸多外部环境仍需要不断改善。到本世纪末，我国水电装机总容量将达到7000万kW左右，预计到2010年将达到1亿kW以上。随着我国经济的不断发展，我国水电的崭新阶段必然在不久的将来到来，21世纪世界范围内水电开发的中心将出现在中国。"

开幕式后，潘家铮作了题为"1996年水力发电的回顾与21世纪展望"的总报告；陆佑楣就"三峡工程与环境保护"作了专题报告。会议的学术论文涵盖了水电工程项目规划与水力学问题、水电站的水力机械与电气设备、水电工程的环境与经济评价、水电项目设计与建设问题等四个方面内容。收录会议论文集的论文共143篇。

（一）有关水电站经济环境问题

报告会上，王家柱、罗绍基等9位中外代表就有关环境与经济等水电界热点问题宣读了论文。水电是清洁的可再生能源，水力发电不仅可以节约大量的能源资源，而且有利于环境保护，如减少了火电厂二氧化碳、二氧化硫和粉尘的排放量。但也有不利的一面，如水库淹没将减少耕地，产生移民，因绿地的减少，也会降低大自然把二氧化碳还原成氧的功能。然而，通过采取各种措施可以尽量缩小对生态环境的不利影响。所以，即使在发达国家也没有停止对水电资源的开发。据国际大坝委员会名誉主席、前美国哈扎公司总裁Veltrop先生介绍，尽管美国舆论对建坝的环境影响很挑剔，而仅1995年美国在建的水电大坝工程就有55个，另有一些抽水蓄能和更新改造工程在建设中。来自发展中国家的印度籍国际大坝委员会副主席、印度中央电力灌溉局局长Varma先生也强调说："开发水电是发展中国家走向繁荣的必由之路。几乎每个发达国家在经济腾飞的初期都是首先开发水电资源。"

中国三峡工程对生态环境的影响，一直引起国内外的广泛关注。从防洪、环保等方面全面衡量，与会大多数专家认为，在目前的国情下，三峡工程对总体环境的影响应该说是有利的。代表们普遍感到，目前发展中国家大多是由于资金不足而无能力大规模开发水电，中国在这方面应该是投入较大的发展中国家，但目前仍感到资金是制约水电发展的主要因素之一。

（二）关于水电站机电设备方面的学术交流

共有13位中外代表在大会上介绍了当前水电机械与设备的最新进展。水轮发电机组继续向着大型化、综合性能优良和高度自动化的方向发展。目前工程界对大型水轮发电机组的运行稳定性更为关注，对减轻含沙水流对水轮机过流部件的磨蚀的研究达到了新水平，对水电站机电设备的技术改造更为重视。为更好地开发利用水力资源，与会代表对采用大型灯泡贯流式水轮发电机组的低水头水电站的建设表示出了浓厚的兴趣。

（三）关于水电站规划和水力学问题

共有10位代表在大会上发言。水电站设计、建设与施工问题的学术交流，共有14位代表宣读论文。此次会议研讨涉及的有龙羊峡、白山、水口、漫湾、五强溪、天生桥、东江、棉花滩、小浪底、万家寨、查龙等工程的建设、运行及安全监测方面的经验和成就，并对龙滩、小湾、洪家渡、向家坝、溪落渡等工程前期工作作了介绍。同时展望了我国水电建设的前景。在抽水蓄能电站方面，除总结了广蓄、十三陵、天荒坪等工程的设计、施工、运行经验外，也对拟建的蒲石河、响水涧等电站作了介绍。国外代表也就本国当前的水电技术发展介绍了一些工程的情况。如印度的BAIRA SIUL电站、日本的KUKIYOTSU NO.2抽水蓄能电站和伊朗的FARIMAN千年古坝加固，以及巴西的大体积混凝土浇筑、大坝基础处理和德国的沥青混凝土等技术。

10月31日全体代表去建设中的十三陵抽水蓄能电站进行了技术参观。华北电力集团公司及十三陵电站的有关技术人员专门介绍了电站的建设和运行情况，并回答了代表提出的问题。会议期间还组织代表参观了同期举行的EP-China'96第六届国际能源电力设备展览会，并游览了八达岭长城。

会后组织了两条路线分别赴四川二滩水电站和长江三峡工程建设工地进行技术参观。中国长江三峡工程总公司和二滩水电开发公司全面地介绍了工程的有关情况，回答了外宾提出的有关问题。

在全体代表和在主办、协办的共同努力下，'96国际水电会议达到了预期的效果，出版了反映国际水电最新情况的英文版《1996年国际水电会议论文集》，为中外水电专家提供一次相互学习、交流的好机会。水电较发达的国家的专家介绍了他们在水电建设中的经验和最新成果，同时我们也向国外水电同行宣传了我国水电发展的巨大成就，阐述了三峡工程的重大意义，展示了今后我国水电开发的广阔前景。这些都为促进我国水电的更快发展和开展更广泛的国际合作奠定了坚实的基础。

（中国水力发电工程学会 张博庭）

中国代表团参加国际大坝委员会第65届年会和第19届大会

经国务院批准，由中国大坝委员会主席、中国工程院副院长潘家铮率领的中国代表团于1997年5月19日至31日参加了在意大利佛罗伦萨市召开的国际大坝委员会第65届年会和第19届大会。代表团由中国长江三峡工程总公司李永安、许可达、陈洪斌、胡亚益，电力部邴凤山、陈东平、李永立，水利部齐建华、矫勇，中国水利水电科学研究院沈崇刚、贾金生，电力部水电水利规划设计总院何根寿、王伯騄，中国水力发电工程学会张津生、张博庭，武汉水利电力大学李珍照，中国水利电力对外公司杨秀英、范为刚，水利部江河国际旅行社刘晓东等来自不同单位的20名成员组成。中国水利电力对外公司参加了大会举办的展览。

国际大坝委员会第65届年会于5月20日～24日举行。前两天分别由20个专业委员会召开各自的专委会会议。我国代表分别参加了地震、水力学、混凝土材料、工程造价、环境、洪水、大坝基础、大坝安全、大坝登记以及信息与策略和主席辅助等专业委员会的会议。由于经费等方面的原因，我国在这些委员会中任职的委员，大多未能出席会议，有几个专业委员会的会议是由代表团的其他人员临时代理出席，这种情况不利于宣传和交流我国的大坝建设经验，失去了我国专家在世界同行中展示水平的大好时机。有关专家建议今后应注意在选派专委会委员时既要考虑专业和外语水平，也应注意到能够具有长期进行国际交流的精力和财力。23日的国际大坝委员会第65届执委会会议共有59个国家出席，会上选举了新的（1997～2000年）国际大坝委员会主席，挪威籍的霍克（Hoerg）先生以41票当选。我国大坝委员会推荐的亚洲区副主席张津生经与伊朗等推荐的法尔罕奇（Farhangi）先生在竞争后以34票当选，成为国际大坝委员会中继李鹗鼎、沈崇刚之后第三位中国籍的副主席。美洲区的副主席由委内瑞拉的大坝委员会主席罗欧（H. Roo）无竞争对手全票当选。会议还就1999年第67届年会的会址进行了表决，通过2次投票，英国、葡萄牙和土耳其三个申办国中的土耳其获得第67届年会的主办权。5月24日是第65届年会的技术讨论会，根据大坝委员会的惯例，讨论内容可以是东道国有兴趣、其他国家可以参加的题目。本次年会讨论的是意大利海滨城市威尼斯的防潮工程和文明古城佛罗伦萨市的防洪问题。

国际大坝委员会第19届大会于5月26日上午9:30开幕，共有来自71个国家的1044名代表出席会议。下午开始进行专题讨论。大会共收到44个国家提交的论文212篇、通讯32篇。国际大坝委员会只容许我国提交4篇免费发表论文，增加其它论文需要交费。因此，论文集中只包括有我国大坝委员会推荐的三峡工程总公司、中国水利水电科学研究院、长江水利水电科学研究院和武汉水利电力大学提交的论文4篇。本次大会上安排的4个专题讨论分别为：

1. 第72题是大坝工程的资金筹措问题 分为：①大坝资金筹措的影响因素；②大坝工程的评估和投资风险分析；③私人筹措建坝资金的发起人和出资人的期望；④大坝工程项目、大坝运行管理的优化选择。会议收到本题目论文22篇，会上有来自世界银行、意大利电力公司、法国电力公司、德国Hochetief公司以及英国私家银行咨询等单位的14位代表发言。

2. 第73题是有关土坝的特殊问题 包括了以下几方面的内容：①土坝材料的力学特性、应力应变关系以及液化的影响；②土坝施工及水库运行的动、静态变形极限；③土坝的渗漏、饱和作用，孔隙压力、内蚀、水力学引发的断裂破坏以及土坝的横向、纵向开裂问题；④土坝中的管涌问题；⑤天气条件的影响。本题目共收录论文61篇，有16位论文作者在大会上发言。其中有我国专家张津生做了三峡二期围堰下新沉积砂的稳定性发言。

3. 第74题是水库及运行情况 包括水库的预测、监测和定期检查，水库的运行管理、事故预防以及破坏修复措施及有关土坝的经验教训。具体有以下几方面：①泥沙对水工结构、设备、水质及下游河段的影响；②水库边坡的稳定；③水库岸坡的渗漏；④水库表面蒸发损失；⑤水库诱发地震共有5个讨论内容。本题目会议论文79篇，有19位论文作者在大会上发言。

4. 第75题是大坝事故与失事 共有4方面内容：①大坝建设期间及首次蓄水的失事事故研究，水库事故的原因（包括缺乏经验造成的人为失事及事故的原因）、失事机理以及造成的后果和损失；②水库大坝的安全条例、非常情况事故应急措施、修复方法以及水库大坝的修理与废弃；③水库与公共安全问题（包括战争及恐怖活动对大坝影响以及事先的估计），事故预警系统以及紧急状态计划；④水库大坝业主的保险，包括责任险、第三者险。本题目共有50篇论文载入论文集，21位代表在大会上发言。

在大会的四次专题讨论中，还穿插举行了四次专题报告会。27日中午中国长江三峡工程总公司的李永安副总经理作了有关三峡工程的资金、移民、环境等问题的报告，并放映了最新的三峡工程进展的录像，受到了与会代表的关注。27日晚，马来西亚代表介绍了巴昆面板堆石坝的建设情况。28日中午，举行了摩洛哥的瓦达坝工程的专题报告。29日下午，意大利专家介绍了意大利的大坝水库与环境问题的现状与前景。

5月30日下午，会议举行了简单的闭幕式，新当选的国际大坝委员会主席霍克先生提出了在今后大坝委员会活动中加强发展中国家的作用和鼓励吸引更多的青年技术人员参与大坝委员会工作的设想。

会后我国代表分别在意大利各地参观了有关大坝工程，包括104m高的Emilia-Romagna混凝土双曲拱坝、设有周边缝的136m高的Cancano拱坝、96m高的San Giacomo混凝土支墩坝以及仅42m高的Bilancino心墙土坝等大坝。意大利现有591座大坝其中45座正在建设中，此外还有8000余座小坝。这些坝大部分建于二战以后，50至70年代是意大利建坝的高潮，期间共建坝265座，其中有百米以上的坝15座。意大利工程技术人员在建坝过程中率先采用了用振动锯切开软混凝土形成坝的横缝以及周边缝拱坝等新技术。意大利的大坝约60%主要用于发电，40%主要用于灌溉及城市供水，仅有少数的坝主要用于防洪。今后25年意大利还计划修建150座坝，主要用于供水、防洪和灌溉。

因为我国是下届（第20届）国际大坝会议的承办国，所以此次派出的代表人数较多，除技术交流外，参会的主要目的之一就是要观察、学习第19届国际大坝会议办会经验，并与之相衔接。意大利的佛罗伦萨市是有众多古迹的旅游城市，当地政府限制兴修现代化建筑，因此没有大型的宾馆饭店和大型会场，参加国际大坝会议的千余名代表被分别安排在分布于全城的几十家旅馆内，我国20名代表分住在6个不同的旅馆。大会会场及会议宴会餐厅都是由博物馆、厂房等其他建筑物临时装饰而成。这也从另一侧面反映了意大利方面在办会硬件不足的条件下，采用灵活的办法解决问题的积极态度。除此之外，第19届大会在计算机网络技术的应用，以及配备较多的英语和法语服务人员随时帮助代表们解决所遇到的问题等作法，都是值得我国借鉴的好经验。

（中国水力发电工程学会 张博庭）

水电厂技术改造的国际交流

水电厂的技术改造，在主机和辅助设备方面，以及自动化装置等，主要依靠国内的力量，进行了大量的改造工作，取得了很大的成效。为了扩大思路，学习国外在技术改造上的做法，加上外国公司要求，从1995年起，3年间，相继与加拿大GE公司，ABB公司，德国伏依特、西门子公司，奥地利依林公司等进行了技术交流，具体情况如下：

（一）举办水电站机组增容改造技术座谈会

座谈会于1995年5月9～11日在北京国际大厦GE公司北京代表处会议室进行，出席此次会议的中方有24个单位，其中有网（省、区）局7个、10个水电厂、2个公司、3个研究所等共38人。具体内容有水轮机技术、发电机技术、电站自动化、调速机技术以及融资等。其中调速机技术系由Hadro Vevey公司专门派专家来进行介绍的，他们是合作伙伴，说明加拿大

GE公司主要的力量在主机方面，他们在国内，基本上都已经改造了一遍。他们认为水轮机只要有1%的效率的提高，也是值得进行改造的。

（二）与ABB公司进行水电站发电机等技术交流

1996年4月22日在北京西苑饭店与ABB公司进行技术交流，主要内容有发电机技术、励磁系统和水轮机调速机、水电站控制系统以及ABB融资问题，其特别提出的发电机转子轮幅为斜支撑结构和定子线棒“Micador”绝缘材料是与众不同的。另外，问及关于水轮发电机的寿命评估，一般预测约35年左右，主要以机组可用率随运行年头下降的直线与维修费用随运行年头上升的直线相交的交点为界，说明该设备再运行下去，可用率将继续下降，而维修费用将继续上升，是极不经济的。

参加该交流会的主要为水力发电工程学会水电站运行管理专委会的委员成员共45人。

（三）与德国伏依特、西门子公司进行水轮机改造技术交流

1996年4月24～26日在北京希尔顿饭店由德国伏依特、西门子公司以及上海电机厂进行技术交流，该三个厂各为三分之一股份，合资成为“先科”公司，地点在上海闽行上海电机厂旁靠近黄浦江边。他们介绍了老电站改造的经济评估，水轮机以计算机辅助设计能够保证效率，技术改造不需进行模型试验，而新建的则需要进行模型试验，它们之间，仅有0.5%～1%的差别，因为模型试验的费用则比较昂贵；计算机辅助设计，具有流体动态分析，空蚀性能校核等功能，设计水平较七八十年代有了很大的提高，电机定子线棒绝缘的特点是很薄，老的为4mm厚，新的为2.4mm厚，提高了槽满率；另外还介绍了关于调速机和励磁系统技术等，参加此次交流会的约有140多人。

（四）奥地利依林公司关于水电站技术改造的介绍

1997年1月6日中国水力发电工程学会水电站运行管理专委会等，在四川峨嵋联合召开了“全国水电站机电设备技术改造研讨会”，奥地利依林公司向与会160多名代表介绍了他们关于水轮机、发电机、计算机监制系统、调速机以及励磁等方面的技术。

综合起来看，国外公司向我们介绍的一般都很粗浅，往往是一个大题目，很少有实质性的内容。在水轮机设计上，他们共同的一点就是计算机辅助设计，其操作软件由于起步早也比较成熟，能够作流体动态分析，精确度高，因此，大多数可不经模型试验就可确定，这样提高了效率，可作更多的方案进行比较和优化设计。他们显示的图片，水轮机改造，一般新转轮高度要比老转轮高，也就是增加了受水面积。其它如发电机、调速机、励磁、计算机控制系统等与国内相比，从介绍的情况看，无多大差异；从更新改造角度看，我们一般都可以立足于国内。不过水轮机的设计制造，从国内转轮与国外相比，运行工况不稳，振动区大、叶片裂纹、空蚀严重等，总不如人意，在这方面，差距较大。因此，各水电厂的代表，对水轮机的改造，都倾向于希望能从国外引进一台转轮，继而仿制，为本厂彻底改造打一个翻身仗，这是多次参加外国公司技术交流会的一点收获。

（国家电力公司安运部 周志清）

水利部与世界银行联合召开地方电力改革与发展研讨会

1995年10月12日～14日，水利部和世界银行联合组织在北京召开“中国水利地方电力改革与发展研讨会”。

这次会议的主要目的是，研究探讨在社会主义市场经济条件下，加快水利地方电力企业的改革与发展，解决水利地方电力企业在改革与发展中遇到的问题和面临的困难，以及有效利用发达国家的先进管理经验等。中外专家就以上内容进行了深入而广泛的交流和探讨。

会议期间，水利部张春园副部长，水电及农村电气化司郑贤司长和世界银行工业能源局STERN局长等高级官员出席了会议，来自世界银行、美国、加拿大等机构和国家的专家出席了会议，国务院有关部委，全国部分水利水电管理部门、地方电力生产企业的专家，以及新闻界的代表等近百人参加了三天的研讨会。

会上，水利部与世界银行能源管理项目计划（ESMAP）关于地方电力企业商业化运营试点项目单位，湖南怀化地区电力公司、四川雅安电力公司，浙江新昌电力公司的代表就试点情况作了汇报和经验交流，为地方电力企业的进一步改革提供了有益的经验。

会议期间，中外双方还就在今后中国水利地方电力企业的改革与发展方面的进一步合作交流做了探讨。

这次研讨会共有20余篇论文在会上进行了广泛的研讨与交流，许多论文受到中外专家的好评。

（水利部水电及农村电气化司 焦 勇 郭 健）

赴日水力发电自动化研修

根据中国教育国际交流协会与日本国际研修交流协会达成的协议，1996年5月21日水利部派出由5人组成的研修小组，赴日本东北电力株式会社进行为期四周的水力发电自动化研修。这次研修以日本东北电力系统为背景，从理论学习到现场实习，较全面地考

察了日本水力发电自动化的发展进程、发展水平和技术水平。

1. 日本水力发电自动化概况 日本水力发电自动化的实质是对发变电站进行远程自动监视控制，现场无人化运行。东北电力的水电自动化进程至今已有37年。1969年，东北电力经过详细的调查和研究，制订了“电力设备综合自动化基本计划”，其主要目的是为了减少电站运行管理人员，使复杂的操作程序简化，提高设备与技术的现代化水平。当时发变电站的无人化率仅为17.2%。随着控制用计算机和CRT监视控制方式的采用及综合自动化计划的不断完善，东北电力逐步实现了66kV、154kV、275kV变电站的控制自动化，电力系统与水系统运行自动控制实现一体化，到1980年发变电站无人化率达96.5%。目前，东北电力除500kV超高压变电站和极少数特意保留供学习用的水电站外，发变电站由设置的控制所进行远程监视控制，已全部实现无人化，无人化率达到99.6%。今后水电自动化的发展将向自动控制装置的完全自动化、多功能和标准化方向发展。

2. 无人化水电站运行管理控制系统的构成及主要内容 日本电力系统中无人化水电站运行管理控制系统构成包括中央给电指令所—给电指令所—控制所—发变电站。控制所是无人化系统的核心，通过远程监视控制装置，实时从水电站采集数据并分析处理，计算出系统运行参数，从而对电站机组及各种变电设备、闸门等实行远程操作，同时监视电站和大坝的运行状况。在自动控制系统中设置一整套自动保护措施；采用一些特殊装置和对策，如无油轴承、无刷励磁装置、电气式调速器、小动物对策、工业电视（ITV）及“侵入监视”系统等；新设备在不断研制和投入使用，如异常监测装置、直动型电动马达、小电站再启动装置、程控设备等。

大坝土木设备控制的主要对象包括大坝泄水闸门操作、电站取水闸门调整操作、清污设备的操作等。控制方式包括自动控制方式、远方监测控制方式、直接控制、机侧控制。在实际运行中，以前两种方式为主，但在洪水期、发生事故、检修及特殊情况下，可随时采用直接控制和机侧控制。土木设备采用的自动控制方式主要包括定流量控制、定水位控制、取水停开控制、设备再启闭控制、水位差控制、时间控制等。对于高坝（坝高15m以上）的管理，特别是洪水期的调度管理，日本《河川法》有严格规定，所以在自动化运行管理系统中特别重视建立洪水警报系统和气象情报系统。

水力发电自动化情报通信系统包括发变电所远方监视控制装置（TC）和通信传送方式。日本已开始研制并采用新型的远控装置ITC。通信传送方式采用微波无线通信、光缆通信及卫星通信。

3. 与我国农村中小水电自动化水平的对比 这次研修所考察的日本东北电力系统中，小水电站较多，分散在山区，有必要集中监控，推行无人值班。当地的人口密度与我国农村地区相近，供用电水平很高，人均装机达2～3kW，人均年用电量5000kW·h，用电结构以生活用电为主。与我国农村中小水电自动化水平相比，日本水力发电自动化控制技术先进，注重实用性和可靠性。自动化程度很高，我们较日本可能落后30～40年。由于日本人工费相当高，所以实现无人化运行的主要目的是为了减少运行人员，降低成本，而我国更强调运行人员的合理化，推行少人值班。日本土木设备的运行管理相对简单，我国则相对复杂。目前我国广大农村的中小水电站45000多座，其中大部分电站的自动化水平很低，技术老化，亟待改造。有关部门应制定符合我国农村中小水电特点的“自动化实施发展计划”，研制实用性技术，适当借鉴国外的先进技术，在中小水电较为集中的地区大力推广。

（水利部水电及农村电气化司 高敏凤）

机构与人物

21

水利水电行业的中国科学院并中国工程院院士

严　　恺

严恺，1912年8月10日出生，福建省闽侯县人。水利和海岸工程专家，中国科学院院士，中国工程院院士，河海大学名誉校长，水利部交通部南京水利科学研究院名誉院长，中国水利学会名誉理事长，中国海洋学会名誉理事长。

1933年严恺毕业于交通大学唐山工学院；1935年赴荷兰德尔夫特科技大学深造，专攻水利工程和海岸工程，1938年荣获荷兰土木工程师学位。

1938年严恺回国后，到云南省从事农田水利建设。1940年初任中央大学水利工程系教授，1943年参加治黄工作，先后任黄河水利委员会简任技正兼设计组主任、宁夏工程总队长、研究室主任等职。在这期间完成了“黄河下游治理计划”、“宝鸡峡水电站设计”和“宁夏灌区工程计划”等技术报告。1946年参加钱塘江海塘工程设计，提出一种新型的斜坡式海塘，60年代协助福建省修复遭台风严重破坏的海堤也采用了这种型式，均收到很好的效果。

50年代初，政务院任命严恺为塘沽新港建港委员会委员，参加塘沽新港（后改称天津新港）修复和扩建工作指导。1958年又主持国家重点科研项目“天津新港回淤研究”。

1958年～1959年，广东省中山县群众在珠江八大口门之一的泥湾门抛筑海堤堵海挡潮，导致这一海域的涨落潮流势发生变化，影响数十万亩农田的排灌。严恺受水利电力部委托，通过现场考察，提出了善后处理意见。现已建成“白藤湖”，成为旅游度假胜地。1975年为了协助广东省解决珠江三角洲综合治理规划问题，提出了“关于珠江三角洲整治规划问题的报告”。

严恺长期主持长江口治理的研究工作，取得了许多重要成果。最近他又会同有关专家研究提出12.5m入海深水航道的整治方案，并且通过国家计委组织的鉴定和验收。

70年代初，严恺作为技术顾问一直参加葛洲坝工程的建设工作。他还自1958年起就参加长江三峡工程的规划论证工作，现被聘为中国长江三峡工程开发总公司技术委员会顾问。

80年代初，严恺担任全国海岸带和海涂资源综合调查技术指导小组组长，对我国18000km海岸带进行的多学科综合调查研究，为开发利用我国海岸带和海涂资源提供了重要的科学依据，这项成果已被评为1992年度国家科学技术进步一等奖。

严恺在河道整治、洪水演算、海岸动力、海港建设，特别是淤泥质海岸开发利用等方面进行过很多重要研究工作，并发表不少学术论文和研究报告，选登在国内外专业期刊和国际会议论文集中。最近他又主编完成了《中国海岸工程》和《海港工程》两部专著，前者已被评选为第二届全国高校出版社优秀学术著作特等奖。1996年6月严恺还荣获首届中国工程科学技术奖。由于他在水利科学技术上的卓越成就，1995年被国际水利科学研究协会授予荣誉称号，这是我国水利科技工作者首次获此殊荣。

张　光　斗

张光斗，水利水电专家，中国科学院院士、中国工程院院士。1912年5月生于江苏省常熟县，1934年上海交通大学土木系毕业。1935年清华大学公费留美。1936年获加州大学土木工程硕士学位。1937年获哈佛大学土木工程硕士学位并攻读博士。1937年～1943年历任资源委员会龙溪河水电工程处设计课长和瀼渡河水电工程处主任。1943年～1945年在美国坦河流域局和垦务局任工程师。1945年～1949年任资源委员会全国水电工程总处设计组主任工程师、总工程师。1949年起历任清华大学水利系教授、系主任、副校长、校务委员会副主任，曾兼任中国科学院水工研究室主任，清华大学、水电部水利水电勘测设计院院长，水利水电研究院院长，国务院学位委员会副主任，黄河和长江两水利委员会技术顾问，中国水利学会副理事长，中国水电工程学会顾问。1955年被选聘为中国科学院院士（学部委员）。曾任中国科学院主席团成员、技术科学部副主任。1994年被选聘为中国工程院院士，主席团成员，并任墨西哥国家工程院国外院士，是美国加州大学国际哈斯奖获得者。负责修建我国第一批自建水电站，负责设计密云水库和渔子溪水电站，参加人民胜利渠、荆江分洪、丹江口工程、三门峡工程、葛洲坝工程、二滩水电站、小浪底工程和三峡工程等的设计，帮助解决复杂工程技术问题。在国内首创水工结构模型试验，提出空腹拱坝新坝型，长期从事拱坝坝肩岩体稳定研究和地震时拱坝与水库及地基的相互作用研究。90年代从事大型工程结构的安全性和耐久性研究。著有《水工建筑物》、《高等工程教育研究》论文集。他参加的葛洲坝工程设计成果获国家科技进步特等奖。曾获中国工程院科技成就奖和何梁何利科技进步奖。

（清华大学办公室）

潘 家 铮

潘家铮，1927年9月出生，浙江省绍兴市人。水力发电工程专家，教授级高级工程师，中国科学院院士、中国工程院院士。1950年毕业于浙江大学土木工程系。毕业后一直从事水电站的设计、开发和研究工作。1955年他主持设计了中国第一座在坝顶泄洪的流溪河薄拱坝。1957年负责新安江水电站的设计工作，采用了新颖的大宽缝重力坝、坝底抽挑降压和大底孔导流等先进技术。以后又参与、主持、审查和研究过富春江、乌溪江、龚嘴、乌江渡、东江、凤滩、安康、龙羊峡、二滩、三峡等大型水电站的建设工作。历任水利水电规划设计总院总工程师、水利电力部总工程师、能源部水电总工程师、水利部技术顾问、电力部技术顾问等职。曾任中国水力发电工程学会、中国大坝委员会、中国岩石力学和工程学会、中国水利学会等学会副理事长。1989年被授予中国设计大师称号。他是中国人民政治协商会议第八届全国委员会委员。主要著作有：《重力坝的弹性理论分析》(1958)、《水工结构分析丛书》(1958～1960)、《建筑物的抗滑稳定与滑坡分析》(1980)、《工程地质计算和基础处理》(1985)、《重力坝设计》(1987) 等18种。此外还发表学术论文80余篇。

（国家电力公司人事劳动局）

水利水电行业的中国科学院院士

汪 闻 韶

汪闻韶，1919年3月出生，江苏省苏州市人。岩土力学专家，教授级高级工程师，中国科学院院士。1943年7月中央大学水利工程学系毕业。1948年1月至1949年1月美国伊阿华大学水利学研究院硕士研究生。1949年1月至1952年2月美国伊利诺理工大学土木系研究院博士研究生。先后任甘肃水利林牧公司帮工程师、黄河水利委员会宁夏灌溉总队助理工程师、中央大学水利工程系助教、美国麻省理工学院副研究员、研究工程师、南京水利研究处工程师、水利水电科学研究院工程师、高级工程师、抗震所所长等职。在岩土力学方面有多项研究成果，他先后研究和阐明了电渗对饱和土中孔壁水压力和有效应力的影响。在饱和土液化问题的研究中，提出了有关液化机理、振动作用、孔隙水压力产生、扩散和消散等问题的独到见解，以及对液化患害预测和防治的方法（该项成果获1988年国家自然科学奖）。先后参加了黄河小浪底工程和南海北部湾围1101海区工程有关方面设计或技术报告的评审工作，还为岩土工程学报、水利学报等刊物和一些单位的论文及国家科学基金会作了大量的评审工作。他指导了多名硕士、博士研究生。还编写了《中国水利工程震害资料汇编(1961～1985)》、《中小型水工建筑物抗震知识》、《水工建筑物抗震设计规范》、《土的动力强度和液化特性》等著作。

（国家电力公司人事劳动局）

沈 珠 江

沈珠江，1933年1月出生于浙江省慈溪县，岩土工程学家，中国科学院院士。1953年毕业于华东水利学院。1956年赴莫斯科建筑工程学院留学，获副博士学位。现在南京水利科学研究院工作，教授级高工，岩土学报主编。

60年代初把苏联学者的静力分析理论和美国学者的运动分析理论结合起来，建立了土体极限分析理论，证明了两个极限分析原理；提出了软土地基稳定分析的有效固结应力法；在国内最早开发 Biot 固结理论的有限元分析方法和计算程序，并建立了新的计算模型。被用于大量软土工程的计算；把国外的一维有效应力法地震反应分析方法推广到二维问题，建立了相应的等价粘弹性模型并编制了计算程序；主持并参与了高土石坝设计计算方法的研究工作，参加了长江三峡围堰、黄河小浪底大坝及20余座高土石坝的设计计算。提出了多重屈服面、等价应力硬化理论和三剪切角破坏准则等新概念。在非饱和土领域进行了开创性的研究，提出了折减吸力和广义吸力等新概念，并建立了非饱和土统一变形理论。

获国家和水利部科技进步奖5项，撰写《计算土力学》专著一本，发表论文100余篇。

林秉南

林秉南，1920年4月出生，福建省莆田市人。水利河流动力学专家，教授级高级工程师，中国科学院院士。1946年就读于美国爱奥华大学，1947年获水利硕士学位，1951年获博士学位。1952年～1955年在美国科罗拉多州大学任教和从事科研工作。1956年回国，为开辟我国水力学、河流动力学的科学研究事业作出重大贡献。他先后在明渠不恒定流、高坝水利学及泥沙运动等领域取得了许多开创性成果。在不恒定流方面，率先在国内开展溃坝波的试验和理论研究，对大面积海湾和河口首先应用二维特征理论和破开算子法，建立了符合实测资料的快速计算方法，现破开算子法已在国内得到广泛应用。在高坝水力学方面，主要发展了收缩式新型消能工，为高坝泄洪消能，特别是高深峡谷建设高坝的泄洪消能提供了对两岸峭壁威胁较小的有效方法。新型消能工的研究和发展取得的成果，已在潘家口、安康、龙羊峡、东江、五强溪、岩滩等工程中应用，取得了显著的经济效益和社会效益。历任中科院水工研究室研究员、中国水利水电科学研究院水力学所所长、院长、名誉院长，美国科罗拉多州大学土木系客座教授、中国水利学会副理事长、三峡工程可行性论证泥沙专家组组长、国际泥沙研究中心顾问委员会主席、《国际泥沙研究》(英文版)总编、国际水利研究协会亚太地区分会主席等职，曾任五、六、七届全国政协委员。

(国家电力公司人事劳动局)

林皋

林皋，1929年1月出生，江西丰城人。大连理工大学教授，振动与强度中心主任，水利工程与地震工程专家，中国科学院院士。1951年清华大学土木系毕业，后到大连工学院任教。1962年任副教授，1980年任教授，1981年被国务院学位委员会审定为首批博士生导师。

林皋教授从1956年起在工程抗震，特别是大坝抗震这一学科领域进行了长期、系统的研究工作，在结构抗震理论、分析方法，模型试验技术，地下结构抗震以及混凝土结构动态断裂等方面均有所建树和发展。他先后承担过流溪河、以礼河、丰满、白山、龙羊峡、东风、凤滩、二滩、龙滩、拉西瓦、小湾等十多座大坝，大连港、秦皇岛港码头和岭澳核电站海域工程建筑物的抗震安全评价等研究工作，获国家科技进步一等奖，电力部科技进步一、二等奖，国家教委科技进步二等奖等10项省部级以上奖励。其中1956年进行的流溪河拱坝振动研究，解决了挑流引起的水流脉动规律，脉动振动产生的坝的动力响应的模型试验技术问题，为流溪河拱坝采用新型的挑流泄洪方案提供了充分的技术论证。1958年在地震多发地区建设以礼河土坝工程，当时他在土石坝抗震技术在我国接近空白的条件下开创了这项研究，水电部选为对外技术交流资料。1978年为丰满大坝所作的抗震研究，论证了在混凝土大坝近区进行大直径、大药量水下岩塞爆破对大坝的安全问题，设计顺利通过了水电部的审查，1979年5月水下岩塞爆破获得圆满成功，爆破中实测的坝的响应与计算预测值十分吻合，被委托单位誉为“应用科学直接为工程实践服务的典范”。

林皋教授作风朴实，治学严谨。发表研究论文160余篇，并培养博士、硕士研究生60余名。1988年被授予国家级有突出贡献专家称号，并曾获得全国高校先进科技工作者，辽宁省劳动模范，辽宁省优秀专家等称号。

(大连理工大学土木建筑学院)

钱令希

钱令希，工程力学专家，1916年7月出生于江苏省无锡市，现任大连理工大学教授，中国科学院院士。

1936年毕业于上海中法国立工学院(现上海理工大学)，1938年毕业于比利时布鲁塞尔自由大学，获最优等土木工程师学位。回国后历任云南川滇铁路桥梁工程师(1938～1942)，云南大学土木系教授(1942～1943)，浙江大学土木系教授、系主任(1943～1951)，大连理工大学(原大连工学院)教授、力学所所长、院长(1952至今)。1981年～1985年曾被选为中国力学学会理事长，1991年～1995年被选为中国科学院学部主席团成员。

钱令希从事工程力学的教学、科研和工程实践60年，为培养青年人才和科学进步做出了贡献。他在结构力学领域有丰硕的研究成果，特别是在极限分析、变分原理、结构优化设计等方面。他热心为工程服务，广泛参与桥梁、港工、水利、造船等工程建设的设计和研究工作。60年代,电子计算机冲击科技领域,钱令希倡导开创计算力学学科,并身体力行,更新知识,从事研究,在大连理工大学建立了一支活跃的科研队伍。

钱令希曾获国家自然科学奖二等奖(1991年);国家科技进步奖三等奖两次(1982年、1985年);国家教委科技进步奖一等奖(1990年);1988年比利时国立列日大学授予荣誉博士学位。1994年香港理工大学授予中国杰出访问学者奖;1995年获香港何梁何利基金科学与技术进步奖。

黄文熙

黄文熙,1909年1月生于上海,祖籍江苏省吴江县。水工结构和岩土工程专家,中国科学院院士,清华大学教授。

黄文熙于1929年毕业于中央大学,1933年考取清华大学第一届留美公费生,1937年在美国密执安大学获科学博士学位。早在1934年,他在当时的《工程》杂志上发表论文,介绍他所创造的“框架力矩直接分配法”,其计算工作量比克劳斯的力矩分配法少。他的博士论文《格栅法在拱坝、壳体和平板分析中的应用》开创了有限元法之先河。

1937年回国后,在中央大学水利系任教授和系主任,并先后兼任当时的水利部讲座、中央水利实验处特约研究员、水工实验室主任等职。在此期间,发表了《挡土墙土压力研究》和《水工建筑物的土壤地基的沉降量与地基中应力分布》等论文。

中华人民共和国成立后,黄文熙先后在南京大学、南京工学院和华东水利学院任教授,还兼任南京水利实验处处长。承担了治黄、治淮、华东地区水电工程等试验任务。1956年,任清华大学教授,兼任水利部水利科学研究院副院长,参加大量的工程研究、咨询工作。他引进和推广了砂井预压固结加固软土地基,用补偿基础原理建造不用桩的水闸,用混凝土防渗墙阻止砂砾地基的地下渗漏,建造水中填土坝和水坠坝等技术。他还参与黄河、淮河、海河和大西南、三峡等国家重大水利工程的咨询工作。

70年代,黄文熙提出从试验资料直接确定土的弹塑性模型的理论,建立了清华弹塑性模型,推动了土的本构关系研究在我国的发展。80年代以后,他率团出国考察,在我国建立了不同规模的土工离心试验装置,他也组织专人进行了渗透水力模型试验装置的研制。他组织开展了对水力劈裂试验和机理的研究,指明了水力劈裂的力学准则,力促土工合成材料在水利工程中的应用。

他在土力学试验和理论方面创建了地基沉降和应力分布的新的计算方法;建议用动三轴仪进行砂土动力特性的研究;首次提出用有效应力原理解释液化机理。他主持的“土的本构关系研究”项目获国家自然科学三等奖,主编了《土的工程性质》和《水工建设中的结构力学与岩土力学问题·黄文熙论文选集》两本专著。

徐芝纶

徐芝纶,1911年6月出生,江苏江都人,中国科学院院士。1934年毕业于清华大学土木工程系,1936年获美国麻省理工学院土木工程硕士学位,1939年获哈佛大学工程科学硕士学位。1939年回国后先后在浙江大学、中央大学和上海交通大学任教,并曾任上海交大水利系主任。1952年至今任河海大学教授、博士生导师,1956年~1983年曾任该校教务长、副校长。第三届全国人大代表,第五、六届全国政协委员,中国力学学会第一、二届理事,江苏省力学学会理事长。

早在30~40年代徐芝纶就对拱结构和刚架结构的应力分析进行研究,并发表了多篇学术论文。50~60年代他曾率领一批教师致力于基础梁、板计算方法的研究,并获得多项研究成果,例如:“基础梁的温度应力”、“边载荷作用下基础梁计算表”、“中厚度弹性地基上的梁分析”及“用逐步渐进法计算弹性地基上板的应力”等。70年代初,他在对双曲扁壳水压力作用下的内力分析研究基础上,撰写了《双曲扁壳闸门计算》一书。在我国,他是将有限元法应用到工程实践的先导之一。1974年他编著出版了我国第一部有限元法专著《弹性力学问题有限单元法》,书中论述了关于等渗单元分析、不稳定温度场计算和基础梁板计算等方面的研究成果。80年代以来,徐芝纶主要从事于“任意网格上的有限差分法”的研究。

他编著出版教材11种15册;翻译出版教材4种7册。其中,《工程力学教程》、《弹性理论》、《弹性力学》及《弹性力学问题的有限单元法》等五部专著被我国工科院校广泛采用。《弹性力学》一书获1977年~1981年全国优秀科技图书奖和1987年全国优秀教材特等奖。应高等教育出版社特约撰写的英文版专著《应用弹性力学》,于1991年在印度Wiley东方出版公司出版发行;继之,新加坡John Wiley and Sons有限公司也出版发行了此书。这是我国向国外推荐的第一本英文版工科教材。

(河海大学人事处)

窦国仁

窦国仁，1932年11月出生，满族，辽宁北镇人。中国科学院院士，著名河流泥沙专家。现任交通部技术顾问，南京水利科学研究院名誉院长。1956年毕业于原苏联列宁格勒水运学院，获优秀工程师称号，1959年获副博士学位，1960年获博士学位。回国后一直在南京水利科学研究院工作，历任工程师、高级工程师、副所长、副院长、院长等职，首批博士生导师，首批国家有突出贡献专家。现兼任国务院学位委员会土建水学科评议组召集人，国务院三峡建设委员会泥沙专家，中国国际工程咨询公司专家，江苏省科协副主席。

窦国仁主要从事泥沙、河流动力学及港口航道等方面的研究。自50年代起他就参加了钱塘江、长江口等泥沙淤积问题的研究，对河口治理，闸下淤积原因及解决措施等提出了高水平见解，取得重要成果。70年代，他负责长江葛洲坝工程泥沙研究工作，提出了全沙模型试验理论，使泥沙模型成为解决工程泥沙问题的有效手段，获得1978年全国科学大会奖。他通过模型试验研究了葛洲坝工程的河势规划、航道布置以及防淤减淤措施，解决了泥沙淤积问题，获得国家科技进步特等奖。80年代，他提出了河床紊流随机理论，纠正了一些传统观念，较全面系统地阐明了河床紊流和减阻流的脉动结构、时均结构和阻力规律，并使著名的尼库拉兹阻力系数图得到了理论上的全面概括，该项研究获得1987年国家自然科学二等奖。他提出的河道二维全沙数学模型获1989年交通部科技进步二等奖。他负责的国家“七五”攻关任务“长江三峡工程变动回水区长河段泥沙模型试验研究”，为三峡工程可行性论证提供了重要科学依据，此项成果，获得1992年度交通部科技进步一等奖。他将河道泥沙模型理论引入高含沙河流——黄河中，主持并完成了国家重点工程“黄河小浪底枢纽泥沙淤积研究”项目，并获1995年度水利部科技进步一等奖。目前，他参加指导长江口深水航道开发、三峡工程以及我国西煤东运大通道出海港——黄骅港等的泥沙研究工作。

窦国仁在国内外学术刊物上先后发表论文100多篇，其中有《论泥沙起动流速》、《潮汐水流中的泥沙运动及冲淤计算》、《全沙河工模型试验研究》、《河床紊流的随机理论》、《葛洲坝二江、三江泥沙问题的研究》和《高分子聚合物减阻流的紊流结构》等诸方面的学术论著，以及《泥沙运动理论》、《紊流力学》等专著。他曾3次获国家成果奖，8次获得部省级成果奖，当选为第六、七、八届全国人大代表，首批博士生导师，首批国家有突出贡献的中青年专家，被分别评为全国科技、交通、电力先进工作者，四次获得劳动模范或特等劳动模范称号。1991年被评为“七五”科技攻关中有突出贡献的专家，受到国家嘉奖。

朱显谟

朱显谟，江苏崇明(今上海崇明)人，1915年12月出生。1940年毕业于国立中央大学农学院。曾在中央地质调查所工作。1949年后，历任中国科学院南京土壤研究所研究员、中国科学院西北水土保持研究所研究员、室主任、所长、名誉所长等。中国土壤学会第4、5届常务理事、陕西省土壤学会理事长、陕西省第4、5届人民代表大会常务委员会委员，中国科学院学部委员。参编《中国土壤》一书，获1990年中国科学院自然科学一等奖；主编《黄土高原土地资源图片集》，获1989年中国科学院科技进步三等奖；参加《中国自然保护图集》编纂，获1991年中国科学院科技进步二等奖。1982年获陕西省劳动模范称号，1984年获中国科学院竺可桢野外工作奖。

(中国现代水利人物志)

汪胡桢

汪胡桢，浙江嘉兴人，1897年出生。1917年毕业于河海工程专门学校，1920～1923年毕业于美国康乃尔大学，获土木工程硕士学位。曾任河海工程专门学校、中央大学、浙江大学教授，导淮委员会设计主任工程师，钱塘江海塘工程师、总工程师兼副局长。1949年后，历任华东军政委员会水利部副部长，水利部北京勘测设计院、黄河三门峡工程局总工程师，北京水利水电学院院长，华北水利水电学院名誉院长，水利部顾问(副部级待遇)。中国水利工程学会第2～10届董事会董事，第7届副会长，中国水利学会第2届临时常务理事会副理事长，第3、4届名誉理事，中国土木工程学会第4届名誉理事，中国水力发电工程学会名誉理事、顾问。河南省第1届政协委员、第2届政协常委，第1～3、5届全国人大代表。第3届全国政协常委、第6届全国政协委员。中科院学部委员。1989年10月逝世。

(中国现代水利人物志)

水利水电行业的中国工程院院士

文伏波

文伏波，湖南省桃江县人，1925年8月出生。水利学专家，教授级高级工程师，中国工程院院士。1948年中央大学工学院水利工程系毕业。长期从事长江水利水电建设事业，先后参加了荆江分洪工程设计及施工、汉江杜家台分洪工程的设计、汉口丹江口水利枢纽初步设计等工程。他在长期的水利水电工程实践中积累了丰富的经验，在技术领导岗位上有较强的指导、决策重大技术方案和科技管理的能力。组织领导了丹江口、葛洲坝等大型水利枢纽工程的设计、施工、研究和“长江流域规划”的修订工作。在大江大河水资源综合开发利用规划、大型水利枢纽工程的设计、施工等方面经验丰富，知识领域广博，理论联系实际，能够利用专业理论知识解决和处理工程中复杂、重大的技术难题，为我国的水利水电工程建设事业做出了重大贡献。历任南京长江水利工程总局设计科技术员、汉口长江水利委员会规划设计处工程师、葛洲坝工程指挥部勘测设计局局长、长江流域规划办公室副总工程师、副主任、党组副书记、长江水利委员会技术委员会主任等职。先后组织编写《平原地区建闸设计手册》、《施工详图纲要》(丹江口水利工程)、《长江流域综合利用规划报告》等多篇总结报告。他的“葛洲坝二、三江工程及其水电机组”获国家科技进步特等奖，“葛洲坝大江截流设计”获国家优秀工程金质奖和优秀设计奖。曾任葛洲坝丛书编委会委员、长江委员会丛书编委会负责人。

(国家电力公司人事劳动局)

李鹗鼎

李鹗鼎，1918年3月出生，天津市人。水力发电工程专家，教授级高级工程师，中国工程院院士。1940年毕业于清华大学土木工程系，1943年5月至1946年6月赴英国留学。他从事水电工程技术工作五十多年，是新中国水电事业的开拓者。他对全国大江大河进行过查勘、选点和规划，在许多大中型水电工程的站址、坝址、坝型和枢纽布置的选定等开发建设事业中做了开创性工作。他主持的狮子滩、三门峡、刘家峡等一批水电工程施工技术工作，取得了很好的成果和显著的经济效益。他主持审查的乌江渡、二滩、小湾、龙滩等十几座大型、特大型水电工程，对其设计的完善优化有较大贡献。他主持研究解决过的重大技术难题有乌江渡岩溶渗漏处理、凤滩的空腹拱坝、丰满泄水洞进口的水下岩塞爆破、龙羊峡大坝基础处理、映秀湾闸坝基础液化和推移质过坝等问题。此外，他还参与了三峡三斗坪坝址的选定。历任燃料工业部水电总局勘测处工程师、燃料工业部水电总局勘测设计局副总工程师、黄河三门峡工程局总工程师、水利电力部水电建设总局副总工程师、电力工业部副部长、水利电力部总工程师、电力工业部咨询等职。曾任国际大坝委员会副主席、中国科学技术协会全国委员会委员、中国人民政治协商会议第七届全国委员会委员等。现任中国水力发电工程学会理事长、世界银行贷款大型水电工程特别国际咨询团团长、国际大坝会议中国委员会名誉主席。

(国家电力公司人事劳动局)

朱伯芳

朱伯芳，江西余江人，1928年10月出生，中国工程院院士，1951年毕业于上海交通大学土木系，后参加治淮工程，1958年调到中国水利水电科学研究院从事混凝土坝研究至今。现任教授级高级工程师、博士生导师。1951年～1957年参加佛子岭、梅山、响洪甸三座坝的设计工作。

他开辟了混凝土温度应力、混凝土徐变、拱坝优化等新的研究领域。①阐明了混凝土温度应力的基本规律，提出了基础梁、浇筑块、船坞、重力坝、拱坝等一系列温度应力研究成果。获国家自然科学三等奖，专著“水工混凝土结构的温度应力与温度控制”受到国内外高度重视，日本建设省坝工中心已将全书译成日文。②他建立的拱坝优化模型和方法已应用于60多个工程，可节省投资10%～25%。他参加优化的瑞洋拱坝工程是世界上第一座用优化方法设计的拱坝，节省投资30.6%，已竣工10年，运行良好，拱坝优化获国家科技进步二等奖，被列为国家重点新技术推广项目。③他提出两个定理，解决了徐变对非均质结构影响问题；提出并层算法和分区异步长算法，解决了分层施工对坝体应力影响这个十分困难的问题；提出的混凝土弹性模量、徐变度、应力松弛系数等计算公式均被我国水工混凝土结构规范采用。④70年代初他研制了我国第一个不稳定温度场程序、第一个混凝土温度徐变应力程序、第一个弹性厚壳程序等有限元程序，并著《有限单元法原理与应用》一书。⑤他以第一作者在国内外公开发表论文130余篇，出版专著5本，先后多次应邀到国外讲学，在国内外享有较高声誉。1993年起任全国政协委员。

（中国水利水电科学研究院人事处）

关君蔚

关君蔚，1917年5月生于辽宁省沈阳市，满族，中共党员，中国工程院院士。1941年毕业于日本东京农业大学林学科，获“技术士”学位。

关君蔚1942年7月受聘为北京大学农学院森林系副教授；1945年应聘北京大学第四分班；1949年7月应聘河北大学森林系；1952年北京林学院成立，任该院副教授、教授至今。50年来，关君蔚为我国水土保持学科做了许多奠基工作，主编过《水土保持学》(1961年)，《水土保持原理》(1996年)。1984年经国家教委评审通过了担任水土保持学科博士导师。1978年在全国科学大会上，其所著的《石洪的运动规律及其防治途径的研究》获奖。“六五”期间，他承担“宁夏西吉黄土高原农林牧综合发展水土流失综合治理试验基地县”的国家和林业部的重点攻关课题，1987年“宁夏西吉黄土高原水土流失综合治理的研究”获中国林学会梁希奖、林业部科技进步一等奖，1988年获国家二等奖。

张蔚榛

张蔚榛，河北省丰润县人，1923年出生，1945年8月毕业于北京大学土木工程系，1955年8月在前苏联科学院获农田水利副博士学位。现任武汉水利电力大学教授、农水专业博士生导师、国务院学位委员会学科评议组成员、清华大学兼职教授、中科院南京土壤研究所兼职研究员、水利部技术委员会委员。1997年11月当选为中国工程院院士。

张蔚榛教授长期从事水利工程的教学与科研工作，理论联系实际。在应用渗流理论、饱和非饱和土壤水运动和溶质运移理论解决农田排灌工程规划设计问题中取得了大量开拓性的研究成果。

张蔚榛教授的主要科学技术成就：①建立正确的地下水资源概念，发展了地下水资源评估理论和水井计算方法。②承担多项“六五”、“九五”国家重大攻关研究课题，其中“地下水盐运动预测预报”、“大气水、地表水、土壤水及地下水相互转化关系”等子课题研究成果经鉴定达国际先进水平。主持的国家自然科学基金及博士点基金项目取得了大量研究成果，有两项成果分获国家教委及水利部科技进步二等奖。1989年由于他在黄淮海平原综合治理工程中做出的重大贡献，被国务院授予二级嘉奖。③在农田地下排水设计的研究方面做出了开创性贡献。④在我国首先应用势能理论研究饱和非饱和土壤水运动及溶质运移问题，取得开拓性成果。

张蔚榛教授是第一、二届国务院学位委员会学科评审组成员；国家教委科技委员会土建及水利学科组成员；国家自然科学基金委二、三、四届水利学科组成员；水利部技术委员会委员，水利部地下水管理工作专家组组长。1984年～1990年他担任国际灌排委员会的灌排系统建设与运行委员会委员、排水工作组成员；第十二届及十五届国际灌排会议专题专家组成员；国际灌排委员会第42届执行理事会专门学术讨论会总报告人；曾任国际粮农组织农业水技术传输（WATT）咨询组成员，国际水文地质学家协会（LAH）会员。近年来，作为世界银行国内专家参加评估新疆、甘肃、山西、河南等省多项水利工程项目。

（武汉水利电力大学人事处）

张勇传

张勇传，汉族，1935年3月生于河南省南阳市，1953年进入华中理工大学水动专业学习，1957年毕业，获学士学位，毕业后留校任教至今，历任助教室副主任、讲师、室主任、副教授研究所所长、教授、博士生导师。

1997年被评选为中国工程院院士。

张勇传教授长期从事水电能源方面的教学和科研工作，培养了一大批学士、硕士、博士，出版《水电能源优化管理》、《水电系统最优控制》等11种著作，发表论文120余篇。曾主持多项重点科技开发与攻关项目（包括两项中—欧能源合作研究项目)，其中“水电站水库优化调度理论应用与推广”、“电力系统随机优化决策”、“水电站经济运行计算机实时控制”等在生产应用中取得了显著的经济效益。其研究成果获国家科技进步一、三等奖各一项，获部、省级一、二等奖10项。

张勇传教授从50年代末就开始水电能源的开发

规划、调度管理和实时控制的研究，1963年出版了《水电站水库调度》一书。他在水库运行基础理论、规划决策与风险管理、计算机实时控制等方面均有重要创新。他将水电能源理论、优化理论、控制理论、不确定性理论以及人工智能、神经网络、模糊分析等技术进行综合交叉为现代水电能源理论的创立和发展做出了重要贡献。

（华中理工大学人事处）

陈明致

陈明致，福建省福州市人，1929年1月出生。水工建筑工程专家，教授级高级工程师，中国工程院院士。1950年7月毕业于上海交通大学土木工程系，获工科学士学位。他先后主持领导了大伙房、清河、白山、红石、太平湾等50多座水利水电工程的设计和审定，其中镜泊湖水电站和丰满泄水洞进水口水下岩塞爆破设计分获全国科学大会奖和国家科技进步一等奖；白山水电站设计获国家优秀设计金牌奖2个、银牌奖1个；红石水电站和太平湾水电站设计获国家优秀设计银牌奖。近十年来，他领导了东北水利建设和管理工作，并主持编制《松花江流域规划》、《修订辽河流域规划》和《松辽水资源综合开发利用规划》，已经国务院批准，为东北江河治理、水资源开发利用保护绘出蓝图。他出版《土坝设计》、《堆石坝设计》等专著6部，发表论文30余篇，250余万字，为坝工及地下工程设计理论、水利规划和水利水电建设做出了贡献。陈明致曾任水利部松辽水利委员会教授级高级工程师、水利部松辽委员会主任、中国国际咨询公司能源项目部专家等职，当选第八届全国人大代表。曾被中组部表彰为优秀领导干部，被人事部授予有突出贡献的中青年专家称号。

（国家电力公司人事劳动局）

陈厚群

陈厚群，江苏省无锡市人，1932年11月出生。土木工程专家，教授级高级工程师，博士生导师，中国工程院院士。1950年清华大学肄业，1958年毕业于莫斯科动力学院水电系。他密切结合工程实际，在混凝土坝抗震研究方面做出了突出贡献；通过现场和室内试验及理论分析计算，切实解决了新丰江、二滩、小浪底等重大水利水电工程的抗震问题；主持编制和修编了我国水工抗震设计规范，在实际工程抗震中发挥了重要作用；负责建置了我国第一座三向六自由度大型模拟地震振动台等先进试验基地，为水电核电等工程抗震做出了重要贡献。他还经常深入现场作震害调查，积极推动创建水工抗震观测工作，努力探索水工抗震理论，开发动力分析软件，多次负责国际科研协作工作。他培养了博士、硕士研究生11名。先后获有突出贡献中青年专家、水电系统和水利系统特等劳动模范、全国先进生产者等称号和全国“五一”劳动奖章，13次获省部级科技成果奖。历任中国水利水电科学研究院抗震所所长、院学位委员会副主席、水利部技术委员会委员、中国科学院结构振动开放研究试验室主任等职。

（国家电力公司人事劳动局）

吴中如

吴中如，1939年10月出生，江苏宜兴人，1963年7月毕业于华东水利学院。现为河海大学水利水电工程学院教授、博士生导师，中国工程院院士。1963年8月～1969年10月在水利水电科学研究院豫北试验站工作，任技术员，1969年11月调至河南新乡地区水电局工作，任技术员；1974年7月～1978年12月工作于江苏省徐州电厂指挥部，任工程师；1979年1月至今在河海大学工作，期间于1988年1月～9月到葡萄牙国立土木工程研究院作高级访问学者。自1993年以来他一直担任中国水电站大坝监测委员会委员、大坝资料分析与信息处理分委副主任委员。

从事科研和高教工作34年来，吴中如为我国水利水电工程领域培养科技人才、提高科技水平、促进工程建设、保证工程安全运行、发展技术学科做出了突出贡献。1989年获水利部特等劳动模范，1992年被国家人事部授予有突出贡献中青年专家。在科研方面，他长期从事大坝安全监测、安全分析、反馈分析、综合评价和水工结构模型试验等方面的研究，先后主持了国家大型和重点科研工程项目，在国内外发表论文90余篇、专著3部和30多份科研报告，共获得8项国家级、省部级科技进步奖。

（河海大学人事处）

郑守仁

郑守仁，1940年1月出生，安徽省颍上县人，中国工程院院士。1963年毕业于华东水利学院河川系水工专业。历任水利部长江水利委员会施工处副处长、葛洲坝工程设计处副总工程师、处长，隔河岩工程设计代表处处长，长江水利委员会副总工程师、总工程师兼三峡工程代表局局长，教授级高级工程师。

郑守仁主持过乌江渡、葛洲坝导截流设计、隔河岩现场全过程设计，主持三峡工程单项技术设计、招标设计、施工图设计。对葛洲坝大江截流、二期高土石围堰设计技术上均有创新。葛洲坝大江截流工程获优秀设计金奖，葛洲坝二、三江工程获国家科技进步特等奖，他均是主要获奖者之一。在三峡工程一期土石横向围堰设计中，解决围堰基础 10～18m 厚的新淤沙层稳定、液化、防冲问题，较初设节省 6000 万元，优化混凝土纵向围堰上纵弯段的弧形布置，经水工模型试验验证后缩短 50m，节约混凝土 23 万 m^3。他长期驻守以上工程施工现场，不断研究施工中与设计有关的技术问题，并及时加以解决。他为隔河岩工程质量优良、提前一年发电和三峡一期工程施工、大江截流及二期围堰设计做出了突出贡献。

1984 年、1989 年两次被评为水利电力部、水利部特等劳模；1986 年获全国总工会“五一”劳动奖章；1989 年被国务院授予全国先进工作者称号；1994 年被人事部授予有突出贡献的中青年专家；1993 年被湖北省清江公司授予隔河岩工程特殊贡献者称号；1994 年被中国三峡总公司授予首批三峡工程优秀建设者称号。

（长江水利委员会新闻宣传中心）

周君亮

周君亮，江苏省锡山市人，1925 年 2 月出生，水工和航运建筑物设计专家，中国工程院院士。1946 年 6 月毕业于复旦大学土木工程系，先后在江苏省水利勘测设计院、江苏省水利厅、江苏省京杭运河续建工程指挥部任设计室主任、高级工程师、总工程师等职，现任江苏省水利厅教授级高级工程师。

周君亮长期从事工程设计工作，实践经验丰富，在理论上和方法上有所建树。他曾主持皂河抽水站设计，解决了位于地震高烈度区和采用目前世界最大口径 6m 斜流泵带来的技术难题，首创液压快速门断流装置，获国家优秀设计金质奖；主持江都抽水站三、四站设计，获国家 70 年代优秀设计金质奖；在无锡犊山水利枢纽设计中，首创下沉无臂弧形门，将工程与太湖风景融为一体，获国家优秀设计银质奖。60 年代他主持南京武定门抽水站设计，因地制宜，首次设计双向流道，节约土地，节省投资达千万元，该型式已被多座抽水站选用；主持蒋庄漫水闸改建，首创水力自动翻倒门，该型式已在山丘区广泛使用；主持高良涧和三河闸加固设计中采用了提高地基摩阻力的方法，该法已写入水闸设计规范。他主持京杭运河一期工程 7 座船闸设计，技术有创新，设计水平居国内领先；负责二期工程船闸设计审查和施工指导，其中 8 座获省设计优秀设计奖，1 座获国家优秀设计银质奖。

周君亮曾先后发表论文 20 余篇。1978 年江苏省科学大会，被授予在全省科技工作中做出显著贡献的先进工作者，1989 年被评选为中国工程设计大师。

（江苏省水利厅人事处）

钱正英

钱正英，女，1923 年 7 月生于上海，籍贯浙江嘉兴，大学文化。现任政协全国委员会副主席，中国红十字会会长。1997 年当选为中国工程院院士。1939 年～1942 年在上海大同大学土木工程系学习，1941 年 9 月参加工作，曾任学生团体党团宣传委员，大同大学工学院分党支部书记。1942 年～1944 年任中共淮北区党委机关文教教员，淮北泗五灵凤县中学浍南分校教员、训育员、教导员、分党支部书记。1944 年～1948 年任淮北行署建设处水利科科长、苏皖边区政府水利局工程科科长、运河南段工程处副处长、华东军区兵站部交通科副科长、前方工程处处长。1948 年～1952 年任山东黄河河务局副局长、党委书记，华东军政委会水利部副部长兼治淮委员会工程部副部长。1952 年起，历任中央水利部副部长（兼华东水利学院院长）、党组副书记，水利电力部部长、党组书记，水利部部长、党组书记，1988 年～1993 年任政协七届全国委员会副主席。1989 年被聘为河海大学教授。1993 年至今任政协八届全国委员会副主席。1994 年至今兼任中国红十字总会会长。中国共产党第十届、十一届、十二届、十三届、十四届中央委员。她对水利水电方面具体的贡献主要有以下四方面：

1. 组织制定和实施水利建设的方针、政策、法规和规划　50 年代起，钱正英主持研究、制定了一系列关于我国水资源开发利用管理及保护的方针、政策和管理办法，组织起草《中华人民共和国水法》、《中华人民共和国水土保持法》（均已颁布实施），使我国的水利工作逐步走上规范化、法制化的轨道，她主持编制了黄河、长江、淮河、海河等江河治理规划和全国水利建设长远发展纲要。

2. 在治黄事业中的贡献　钱正英针对黄河特点，组织专家全面研究治理问题，除工程措施外，她亲自部署狠抓流域的综合治理，特别是面上的水土保持工作，不断总结经验，修订治黄规划，选择了以粗沙区为水保治理重点，对减轻下游河道淤积起到一定作用，同时确定关键性大型工程建设步骤，40 余年黄河大堤安全，灌溉面积不断扩大。

三门峡水库是在建国初期委托前苏联设计的，由于缺乏经验，修建后，泥沙淤积严重，钱正英在深入调查总结经验教训的基础上，协助周恩来总理妥善完成了三门峡大坝的两次改建，获得成功。

3. 在葛洲坝和三峡工程中的贡献　葛洲坝工程由于开工后遇到挫折，于1971年10月被迫停工，重新修改设计，周恩来总理指示，起用林一山同志主持技术工作，钱正英作为技委会主要成员，深入现场，抓住重点，组织专家攻关，解决了一系列难题，如航道泥沙淤积、大江截流、软基处理、大流量消能等等，成功地修改设计，组织实施，使工程胜利建成。

80年代钱正英负责三峡工程的论证工作，组织全国400余位各领域的专家，进行历时三年的全面深入论证，完成论证任务，为三峡工程在全国人民代表大会获得通过并组织实施奠定了基础。

4. 总结经验，奖励人才　她于1990年组织全国20位专家编写《中国水利》百万字巨著，是新中国水利事业全面的总结，其中“中国水利的决策问题”系她亲笔撰写，其他各章均由她亲自统稿。钱正英先后发表论文、报告数十篇，并主编《中国大百科全书水利卷》。

赵国藩

赵国藩，山西汾阳人，1924年出生，大连理工大学土建学院教授、建筑结构工程博士生导师，著名的钢筋混凝土结构专家，中国工程院院士。1949年毕业于上海交通大学土木系，现任中国土木工程学会理事、国家科委攀登计划——工程技术重大基础研究项目“重大土木及水利工程安全性与耐久性的基础研究”专家委员会委员，混凝土及预应力混凝土学会理事等十多个学术职务，同时，兼任上海交通大学等20所院校的兼职教授、顾问教授或名誉教授。他曾任《土木工程学报》、《水利学报》编委，现任《建筑结构学报》等七种刊物的编委。他曾先后18次应邀担任国际学术会议的主席、主席团成员、分组会主席、委员等职务，《国际水泥制品与轻骨料混凝土学报》编委。1994年起还担任《亚洲混凝土模式规范》研究委员会国际委员，参加了国际桥梁及结构工程学会（IABSE）等国际学术组织，应邀12次去瑞士、日本、美国等大学讲学。他在钢筋混凝土结构基本理论、混凝土断裂力学、结构可靠度理论、高强混凝土、碾压混凝土、钢纤维混凝土等方面进行过系统的研究，承担并完成多项自然科学基金及“七五”、“八五”攻关项目，其研究成果分别获国家科技进步二等奖1项，三等奖1项，省部级科技进步一、二等奖共12项，国家教委优秀教材奖1项，水电部优秀教材奖1项，以及自然科学基金优秀成果、国防科工委光华科技基金会一等奖、规范工作一等奖等多项奖励。他主编、合编了6本规范，专著、合著著作12部，发表专著及合著论文280多篇。至今已培养博士生41名（毕业30名），硕士生70多名，博士后6名，访问学者2名。

（大连理工大学土木建筑学院）

饶芳权

饶芳权，1934年9月出生于广东省汕头市，中国工程院院士。1958年毕业于哈尔滨工业大学电机系，后即到哈尔滨大电机研究所、哈尔滨电机厂设计科工作，1966年转到四川德阳东方电机厂设计科工作。他在大学期间即参加了三峡水轮发电机的论证工作，毕业后长期从事水轮发电机设计工作，曾参与或主持了云峰100MW、刘家峡225MW、丹江口150MW、龙羊峡320MW及出口大型水轮发电机的设计。1983年任东方电机厂总工程师后，主要负责工厂的技术管理及技术开发工作，曾为推进具有中国特色的大型汽轮发电机的开发及新型冷却技术的推广应用作出了贡献。曾获四川省科技进步奖特等奖及国家科技进步奖一等奖，并获有特殊贡献中青年专家的荣誉称号。

饶芳权现为中国电机工程学会、中国电工技术学会及美国电机及电子工程学会高级会员。1995年被选为中国工程院院士，并担任机械运载工程学部常委。

（东方电机股份有限公司）

梁维燕

梁维燕，1929年10月生于北京，原藉山西襄陵。中国工程院院士。1951年毕业于天津北洋大学电机系，后到哈尔滨电机厂工作。历任车间技术组长、副主任、工厂副总工艺师兼工艺科长、副厂长、总工程师等职务。1988年调任哈尔滨电站设备集团公司总工程师、常务董事、咨询委员会主任。现任哈尔滨动力设备股份有限公司董事。任中国电机工程学会第四、五、六届常务理事，中国电工技术学会第二、三、四届常务理事，兼任机械工业部三峡装备办公室副主任。

1951年参加我国自行设计制造第一台800kW立式水轮发电机组，其后参加试制完成我国首台10、12、15、16、72.5MW等水电机组。负责工厂工艺工作期间，试制完成云峰水电站100MW水电机组，荣获国家质量银奖。1970年组织突破刘家峡225MW水轮发电机定子线棒防晕层电腐蚀技术关键，其后试制高压定子线棒防晕层与主绝缘一次模压成型新工艺，实现了制造、安装、运行长期无绝缘击穿的记录，保证发电机的可靠性。负责组织研制长江葛洲坝水电站125MW水电机组成功，1985年荣获国家科技进步特等奖和质量金奖。负责组织制造引进型600MW汽轮发电机荣获国家重大技术装备一等奖。

80年代开始，受聘三峡工程论证机电专家组成员，参加论证研究，极力主张主要依靠自己的力量，立足于国内制造。

（哈尔滨电机有限责任公司）

谢鉴衡

谢鉴衡，湖北省洪湖市人，1925年1月出生。港口航道及治河工程专家，教授，中国工程院院士。1950年6月毕业于武汉大学土木工程系。1955年11月在原苏联科学院技术科学部水利研究所获副博士学位。1961年11月～1963年5月赴越南水利学院、越南水利科学研究院任专家。谢鉴衡是国内外知名的泥沙专家，在河流泥沙运动力学、河床演变学、河流模拟等理论问题上卓有建树，为我国重大水电工程泥沙问题的解决做出了突出贡献，特别是为长江葛洲坝工程、三峡工程、黄河小浪底工程、黄河中下游及河口治理付出了艰辛的劳动。先后任原武汉水利电力学院河流工程系主任、副院长，历任中国水利学会理事，中国水利学会泥沙专业委员会主任，水利部技术委员会委员，国家科委、水电部三峡工程研究及论证泥沙专家组副组长，《泥沙研究》杂志主编，《国际泥沙研究》、《水利学报》、《人民黄河》杂志编委等职。曾多次受到国家、水电部及湖北省表彰。先后发表论文70多篇，专著9部。他是我国河流泥沙及治河工程专业的创始人之一，是国家首批博士研究生导师，培养了博士、硕士研究生50多人。编著的《河流泥沙工程学》、《河流演变及整治》、《河流模拟》等教材，广泛用于教学、研究等领域，其中《河流泥沙工程学》获国家优秀教材奖。

（国家电力公司人事劳动局）

葛修润

葛修润，1934年7月生于上海，现任中国科学院武汉岩土力学研究所教授，博士生导师，中国工程院院士，中国岩土工程研究中心技术委员会主任。他1952年考入清华大学水利系，1954年9月赴前苏联留学，就读于敖德萨建筑工程学院水利系，1959年7月毕业，回国后分配到中国科学院武汉岩土力学研究所工作。1981年～1983年在德国卡尔斯鲁厄大学土岩力学研究所从事研究工作。

30余年来葛修润一直从事岩石力学和重大岩土工程科研工作，是我国岩质边坡研究的学科带头人之一。60年代初期开始的大冶铁矿南邦边坡研究是我国最早的结合大型原位试验的著名工程，他独立主持完成了此项边坡工程的稳定分析报告和岩体力学试验总结，使大冶南邦边坡研究得以圆满结束。近年来他主持完成隔河岩水电站厂房边坡研究和铜绿山铜矿、永平铜矿、海南铁矿等大型矿山边坡工程，社会、经济效益显著。他主持的大冶北邦滑坡整治与监测工作获’94年度湖北省科技进步一等奖。

葛修润是最早将有限元法引入我国岩体工程的学者之一。1973年他主持的“511工程”地下厂房洞群非线性分析是我国大型地下工程应用有限元首例。1974年他主持葛洲坝工程二江泄水闸抗滑稳定非线性分析，为该工程做出贡献。清江隔河岩重力拱坝连同复杂岩基的三维非线性有限元分析获’90年度国家科技进步奖。近年来葛修润主持完成了三峡工程永久船闸高边坡三维弹—脆—塑性分析课题和三峡工程临时船闸和升船机之间隔墩岩体力学性状等研究课题。

葛修润主持研制成功由计算机控制的液压伺服岩石力学多功能试验机。此项国家级科研成果于1993年被鉴定为“在总体性能上达国际领先水平”。

葛修润在国际学术刊物及国际会议上发表论文20余篇，在国内发表的论文80余篇，专著、译著多本。自1985年来，他荣获国家科技进步奖及中国科学院和其他省部级的自然科学奖和科技进步奖13项。1978年全国科学大会授予他先进工作者称号。1988年国家授予他“有突出贡献的中青年专家”称号。现任武汉市科学技术协会副主席，香港大学名誉教授，清华大学、上海交通大学、同济大学兼职教授，《中国科学》和《科学通报》杂志编委会委员。

谭靖夷

谭靖夷，湖南省衡阳县人，中国工程院院士。1921年11月出生。1946年5月毕业于交通大学唐山工学院土木系。现在中国水利水电第八工程局工作，教授级高级工程师。曾任副局长、总工程师，现任局高级技术顾问和广蓄、二滩、龙滩、天生桥、大朝山等国家大型水电站国内、国际咨询专家组成员及组长，长江三峡工程专题论证及设计审查专家组专家、黄河小浪底水利枢纽工程技术委员会委员，中国国标工程咨询公司专家委员会委员。

谭靖夷是著名的水电施工专家，历任施工总工程师33年，他主持建成流溪河、柘溪、乌江渡、东江等大中型水电站大坝8座，水电站总装机163万kW，灌溉农田150万亩。其中高78m的流溪河拱坝，高165m的乌江渡拱型重力坝和高157m的东江双曲拱坝，均以质量优良著称，尤其是乌江渡坝址岩溶强烈，为防止水库漏水，经过严格的反复试验研究，首创了有我国特色的高压灌浆技术，用于该工程中取得了罕见的防渗效果，水库蓄水17年来，一昼夜渗水仅30m³，该项高压灌浆技术已在全国推广。1985年他因此获得了国家科学技术进步一等奖。近十余年他继续为包括长江三峡的十余座大型水电工程倾注心力，参与提交咨询报告70余份，做出了重大贡献。1996年湖南省科学技术协会命名他为“湖南科技之星”。

（中国水利水电第八工程局人事部）

水电行业机构

水电建设单位情况一览表

单位名称	主要领导人	1995年～1997年担负的主要工程项目	通信地址	邮编	电话
中国长江三峡工程开发总公司	总经理：陆佑楣	三峡工程1820万kW	湖北省宜昌市东山大道80号	443002	(0717)6738068
二滩水电开发责任有限公司	董事长：王文泽 总经理：刘俊峰	二滩水电站330万kW	成都市新华东路双林路98号 四川省攀枝花市方家沟	610061 617000	(028)431002—3413 (0812)3331216
小浪底水利枢纽建设管理局	局长：张基尧	小浪底水利枢纽	河南省济源市	454681	(0391)6095227
广东抽水蓄能电站联营公司	总经理：曾德安	广州抽水蓄能电站240万kW	广州市东风路757号 广东省从化县吕田镇	510600 510950	(020)87767888 (020)87836998
中国南方电力联营公司天生桥水电站建设管理局	局长：叶彩鹏	天生桥一级电站120万kW 天生桥二级电站132万kW	广西隆林县	533409	(0776)8460091
天荒坪抽水蓄能电站建设公司	总经理：高明华	天荒坪抽水蓄能电站180万kW	浙江省安吉县88号信箱	313302	(0572)5041772
李家峡水电有限责任公司	总经理：徐尚阁	李家峡水电站160万kW	西宁市五四西路43号	810008	(0971)6141701
水口水电站工程建设公司	总经理：王阳和	水口水电站140万kW	福州市火车站沁园路65号 福建省闽清县大溪	350013 350801	(0591)7578690 (0591)7578690
五凌水电开发有限责任公司	董事长：吴海青 总经理：刘运仁	五强溪水电站120万kW 凌津滩水电站27万kW	长沙市砂子塘梨子山6栋 湖南沅陵县五强溪	410007 419642	(0731)5533777 (0745)4712419
清江水电开发有限责任公司	董事长：汪定国 总经理：柳太康	隔河岩水电站120万kW 高坝洲水电站25.2万kW	湖北省宜昌市樵湖二路9号 湖北长阳县隔河岩	443002 443503	(0717)6752345 (0717)6752345
岩滩水电工程建设公司	总经理：李锦文	岩滩水电站121.25万kW	南宁市民主路6号 广西大化县岩滩镇	530023 530081	(0771)5692424 (0771)5692010

续表

单位名称	主要领导人	1995年～1997年担负的主要工程项目	通信地址	邮编	电话
大朝山水电有限公司	董事长：董述春 总经理：游万龙	大朝山水电站135万kW	昆明市小菜园江岸小区	650231	(0871)5152170
漫湾水电站工程管理局	局长：朱志强(兼)	漫湾水电站125万kW	昆明市小菜园江岸小区	620531	(0871)5151701
华能集团四川分公司	总经理：尹洪陆	太平驿水电站　东西关水电站　雨城水电站　铜头水电站	四川省成都市南府街新1号	610016	(028)6672406 6674952
十三陵抽水蓄能电厂	厂长：王越	十三陵抽水蓄能电厂80万kW	北京市昌平水关新村	102200	(010)69746982
宝珠寺水电建设管理局	局长：李洪	宝珠寺水电站70万kW	四川省广元市宝轮镇	628003	(0839)8592213
棉花滩水电有限责任公司	总经理：汪权国	棉花滩水电站60万kW	福州市火车站沁园路65号	350013	(0591)7584100
黑龙江省水电建设管理局		莲花水电站55万kW	黑龙江省牡丹江市市政路7—B	157000	(0453)6271905
小三峡水电有限责任公司	董事长：张道富	大峡水电站30万kW	兰州市西津东路306号	730050	(0931)2310144
桂冠电力股份有限公司		百龙滩水电站19.2万kW	南宁市民主路6号	530023	(0771)5621123
松江水电厂建设管理处			吉林省抚松县抚松镇南新区	134500	(0439)6211379
新疆电力局吉林台水电建设指挥部			乌鲁木齐市建设路5号	830002	(0991)2820281
南桠河流域水电开发有限责任公司			成都市紫东正街52号	610061	(028)4442937
张河湾蓄能电站项目办公室			石家庄市长安东路437号	050011	(0311)5654247
乌江水电开发公司	总经理：张家琦		贵阳市解放路32号	550002	(0851)5500792
黄河万家寨水利枢纽有限公司	王文珂		山西省偏关县万家寨	036412	(0350)7641086 京办：63205932

(水电建设管理专业委员会)

水电设计单位情况一览表

单位名称	主要领导人	1995年～1997年承担的主要工程项目	职工人数	通信地址	邮编	电话
国家电力公司水电水利规划设计总院	院长、党委书记：高安泽			北京市西城区安德路六铺炕	100011	(010) 64011177
水利部水利水电规划设计总院	院长、党委书记：高雪涛			北京市西城区安德路六铺炕	100011	(010) 62033377

续表

单位名称	主要领导人	1995年～1997年承担的主要工程项目	职工人数	通信地址	邮编	电话
华东勘测设计研究院	院长：范成贤 党委书记：何斌铨	福建水口电站、天荒坪抽水蓄能电站、黄坛口电站扩机、珊溪水利枢纽、青山殿水电站、江西东津电站	1700	杭州市上塘路	310014	（0571）8072824
中南勘测设计研究院	院长：廖家凯 党委书记：钟金涌	湖南五强溪电站、凌津滩电站、洪江水利水电工程、贵州东风水电站、湖北白水峪水电站、广东孟州坝电站、高塘电站、海南大广坝水利水电工程	2320	长沙市圭塘	410014	（0371）5582633
西北勘测设计研究院	院长：张庆堂 党委书记：薛传殿	李家峡电站、大峡电站、白龙江宝珠寺电站、黄河拉西瓦电站、公伯峡电站、积石峡电站	2615	西安市南大街	710001	（028）7210627
东北勘测设计研究院	院长、党委书记：管耀东	莲花电站、松江河梯级电站、蒲石河抽水蓄能电站、尼尔基水利枢纽、西藏满拉水利枢纽、荒沟抽水蓄能电站	2024	长春市工农大路10号	130021	（0431）5607261
北京勘测设计研究院	院长：程載文 党委书记：陈兴耀	十三陵抽水蓄能电站、西藏查龙电站、云南大朝山电站	850	北京市朝阳区定福庄西街1号	100024	（010）65765533
上海勘测设计研究院	党委书记：唐胜德 院长：王世民	长江口综合开发整治规划、天荒坪抽水蓄能电站、棉花滩电站、东庄水利枢纽、响水涧抽水蓄能电站、巴基斯坦里亚丽电站明台电站	430	上海市逸仙路180号	200434	（021）65427100
天津勘测设计研究院	院长：刘英 党委书记：古振和	万家寨水利枢纽、引黄入晋、石漫滩水库复建、马来西亚里瓦古电站、三门峡扩机改建	1601	天津市河西区洞庭路60号	300222	（022）8343991
成都勘测设计研究院	院长：胡敦渝 党委书记：张小庆	二滩、冷竹关、姚河坝、舍银台等16座电站技施设计，溪落渡、栗子坪、官地、福堂等12座电站可研项目，田湾河、尼日河、杂谷脑河等规划	2547	成都市浣花北路1号	610072	（028）7319023
贵阳勘测设计研究院	院长、党委书记：刘义洲	乌江东风电站、普定电站、思林电站、洪家渡电站、南盘江天生桥二级电站、北盘江光照电站	1020	贵阳市解放路78号	550002	（0851）5825974
昆明勘测设计研究院	院长：段荣国 党委书记：陈国强	天生桥一级电站、漫湾水电站、大朝山电站、小湾水电站、景洪水电站、金安桥水电站、糯扎渡水电站	1813	昆明市人民东路72号	650051	（0871）3162093

续表

单位名称	主要领导人	1995年～1997年承担的主要工程项目	职工人数	通信地址	邮编	电话
广西勘测设计研究院	院长：杨长宇 党委书记：刘益祥	广西岩滩水电站工程、百龙滩水电站工程	800	南宁市建政路10号	530023	(0771) 5623989
黄委会勘测规划设计研究院	院长：席家治	黄河小浪底工程，黄河碛口、西霞院、甘泽坡、李家河等水利工程，南水北调西线规划等	1905	郑州市金水路109号	450003	(0371) 6303520
珠委会勘测设计研究院	郑仁义	飞来峡水利枢纽工程、百色水利枢纽工程、白石窑水电站工程、广西红花水利枢纽工程、万家口子水电站工程，珠海、澳门供水工程、珠江河口治理规划、深圳河治理工程	435	广州市天河东路北段珠江水利委员会	510611	(020) 87117779

(国家电力公司人事劳动局)

水电施工单位情况一览表

单位名称	法人代表	1995年～1997年建主要工程项目	职工人数	通信地址	邮编	电话
中国水利水电工程总公司	孙玉才	资产总额达100亿元，1996年产值80亿元。目前承建三峡、小浪底等大型水利水电工程20多项	15万人	北京市西城区德外裕民东里甲20号	100029	(010) 62028792
中国葛洲坝水利水电工程集团公司	乔生祥	三峡、隔河岩、高坝洲、天生桥二级、漫湾、大朝山、小浪底、大广坝、二滩等水电站，海口美兰机场，尼泊尔波迪、科西水电站等，共有大中型水电站、水库、供水工程及机场等国内外工程40多项	48857	湖北省宜昌市清波路10号	443002	(0717) 6447953
中国水利水电第一工程局	林永强	莲花、松江河梯级、天荒坪抽水蓄能、十三陵抽水蓄能、大朝山、三峡等水电站工程，第一汽车厂扩建工程，碧流河引水工程	13194	吉林省长春市绿园区正阳街13号	130062	(0431) 7987316
中国水利水电第二工程局	程国清	水电：建设者之家工程、柳树湾坝区轻钢库、柳树湾坝Ⅱ.Ⅲ区物资仓库 水电站闸门：桃林口、莲花电站，小山电站2个闸门，万家寨尾水闸门，高坝洲电站 房建：计生委科研楼，中轴路搬迁楼，四〇二医院3号楼，东陶车间及设备安装，社会路5号楼，鲁谷小区7栋楼，吴家场小区4栋楼，文惠园小区5栋楼	2061	北京市西城区德外六铺炕一区	100011	(010) 62018014

续表

单位名称	法人代表	1995年～1997年建主要工程项目	职工人数	通信地址	邮编	电话
中国水利水电第三工程局	李友仁	安康、大峡、三甲、石板、白水峪、溪口抽水蓄能、小浪底、万家寨、江垭、三峡、大朝山、甲岗、渔潭等水利水电工程	16315	陕西省西安市龙首北路西段22号	710016	(029) 6261684
中国水利水电第四工程局	王增录	李家峡、万家寨、龙羊峡、水口、三峡、福清引水、黑泉水库、棉花滩、小浪底等水利水电工程及福建长乐机场	13322	青海省西宁市互助西路136号	810006	(0971) 8149917
中国水利水电第五工程局	杨锡纯	宝珠寺、十三陵抽水蓄能、天荒坪抽水蓄能、大桥水库、三峡、鱼背山水库、武都引水、大坳水库等水利水电工程的全部或部分项目	11934	四川省广元市宝轮镇	628003	(0839) 8522560
中国水利水电第六工程局	郑应显	丰满电站Ⅲ期工程，十三陵抽水蓄能电站，小浪底电站，莲花电站，万家寨水利枢纽，三峡对外交通工程，山西引黄入晋工程，荒沟抽水蓄能电站，桃林口砂石骨料，太平湾沿江护堤工程	7945	辽宁省丹东市振兴区人民街60号	118002	(0415) 6191612
中国水利水电第七工程局	张　野	天生桥一级电站C4标，大源渡工效A标，小浪底工效消力塘支护，东西关水电站，明台水电站，铜头水电站，三峡左岸厂坝开挖，热足水电站，羊湖水电站引水洞处理，铜街子电站，五强溪电站	15290	四川省成都市郫县成灌东路349号	611730	(0833) 2132346
中国水利水电第八工程局	湛世明	五强溪、凌津滩、白石窑、大朝山、二滩、三峡工程、大源渡工程，长沙华天大酒店工程，湖南邵阳公路，湖南冷水滩机场	19029	湖南省长沙市南大路2号	410007	(0731) 5563840
中国水利水电第九工程局	袁春炎	东风水电站，天生桥（一级）放空洞工程，天生桥（二级）调压井、压力管道工程，湖北咸丰朝阳寺水电站，三峡对外永久交通工程，湖北汉江王甫洲水利枢纽工程，湖南大源渡水利枢纽工程，云南红旗、易门、华宁、江川等工程，海南通什梯级电站，贵州大七孔水电站，贵州施秉水电站，贵州翁福磷矿，贵州鸭池河桥，贵州龙洞堡机场，贵州印江导流工程	7637	贵州省贵阳市瑞金北路48号	550001	(0851) 6851139
中国水利水电第十工程局	马世绵	华能雨城、西藏羊湖、荥经花滩、安徽响洪甸、西昌大桥水库、康定龙洞沟、理县红叶、卧龙龙潭、绵阳小木岭、凉山布拖、西藏丁青等电站工程	6316	四川省都江堰市蒲阳路177号	611830	(028) 7283411

续表

单位名称	法人代表	1995年～1997年建主要工程项目	职工人数	通信地址	邮编	电话
中国水利水电第十一工程局	王学鲁	小浪底分包工程，石漫滩复建工程，三门峡水利枢纽二期改建及扩机工程，新峪公路，三门峡西火电厂，济源五龙口大桥，三门峡涧河治理，后河水库，王甫洲泄水闸工程，三门峡市及三峡工程生活区建房，尼泊尔巴格曼迪复建工程，尼泊尔伊莱姆电站，印尼雅帝鲁霍工程	7404	河南省三门峡市湖东区	472000	(0398) 2822925
中国水利水电第十二工程局	张介中	珊溪水利枢纽、白溪水库、芹山水电站等工程	7207	杭州市环城北路6—6号	310004	(0571) 5195000
中国水利水电第十三工程局	童劲松	太湖流域疏浚工程，青海同卡电站工程，深圳河一期治理工程，柳桂高速公路工程，南北高速公路工程	5818	山东省德州市东风东路88号	253009	(0534) 2621400
中国水利水电第十四工程局	马洪琪	广州抽水蓄能电站、天荒坪抽水蓄能电站、天生桥一级电站、大朝山电站、三峡电站永久船闸输水隧洞工程和木鱼槽公路隧洞工程、小浪底工程、城底水利枢纽工程、宜良柴石滩水库、寻乌县斗晏电步县白云电站、涌溪三级水库、螺丝湾电站、茄子山水库、渔翁埠电站、天生桥二级电站、松达电站、户宋河电站、广州永和公路工程、小龙潭工程、忙海水库、龙江二级电站等	15457	云南省昆明市环城东路159号	650041	(0871) 3329000
闽江水电工程局	容加利	水口水电站、高砂水电站、金山水电站、孔头水电站、雍口水电站、厦门高崎国际机场二期扩建工程、泉州市宝州路市政工程、福州市长乐国际机场工程、浙江杭甬高速公路七合同段工程、PVC皇冠盖密封圈粒料（产品）	5038	福建省福州市湖东路82号	350003	(0591) 7821294
水电基础工程局	蒋振中	三峡Ⅰ期围堰上游右坝端液压铣试验及隔流堤防渗墙、天生桥电站2号隧洞不良地段处理、山东太河水库混凝土防渗墙工程；天津祥运大厦桩基、舟山岑港水库混凝土防渗墙工程、苍南调峰电厂灌注桩、小浪底水利枢纽国际、国内标灌浆工程	2402	天津市武清县杨村镇	301700	(022) 29341551

（中国水利水电工程总公司　俞　斌）

武警水电部队情况一览表

单位名称	主要领导人	1995年～1997年担负的主要工程项目	职工人数	通信地址	邮编	电话
中国人民武装警察部队水电指挥部	刘源 周大兵		250 (包括战士)	北京市广安门外水口子村51号	100055	(010) 63467799
中国人民武装警察部队水电第一总队	李光强 向贵富	天生桥一级水电站、天生桥二级水电站、三峡工程、桃林口水库	6740	广西隆林县天生桥	533409	(0776) 8460192
中国人民武装警察部队水电第二总队	陈业盛 梅锦煜	三峡工程、万安水电站、信江水利工程、泰和南车水库、江苏魏村水利工程、三明班竹溪水电站羊湖水电工程、西藏满拉水利工程、西藏沃卡水电站、新疆引额济克水利工程等	5738	江西新余市赣新西路9号	336525	(0790) 6443600
中国人民武装警察部队水电第三总队	冉贤厚 林振和	羊湖水电工程、西藏查龙水电站西藏满拉水利工程、西藏沃卡河一级水电站、新疆引额济克水利工程	3600	四川成都市茶店子横街	610036	(028) 7511134
中国人民武装警察部队水电三峡工程指挥部	张去北 范德明	三峡永久船闸一、二期土石方开挖工程	1700	湖北宜昌市三峡坝区	443000	(0717)6738068—5810
中国人民武装警察部队水电学校	郭靖初 汪玄龄		99	广西柳州市升官塘	545005	(0772) 3122558

(武警水电指挥部　张津生)

水电科研单位情况一览表

单位名称	主要领导人	1995年～1997年担负的主要工程项目	通信地址	邮编	电话
中国水利水电科学研究院	梁瑞驹	三峡、小浪底、二滩、万家寨等工程的科研项目	北京市海淀区车公庄西路20号	100044	(010) 68415522 68515511
南京水利科学研究院	周保中	高土石坝施工水力学问题研究、空蚀空化原型观测及反馈、水电站泄流雾化试验、三峡工程坝区泥沙淤积对通航、发电的影响及防治措施、长江口拦门沙航道演变规律与深水航道整治方案研究等20多项重大科研项目	南京市广州路223号	210029	(025) 3737178 3722439

续表

单位名称	主要领导人	1995年～1997年担负的主要工程项目	通信地址	邮编	电话
电力工业部大坝安全监察中心	范成贤	制定规章、编制规划、组织检查、实行监察、主持审查和验收、组织培训等	杭州市上塘路	310014	(0571) 8076860 8072824
中国电力信息中心	冯涪生	负责行业管理、编制计划标准和规范、收集国内外电力信息资源、负责电力系统的信息网络与国际信息网络的联网管理及监督、承担国际信息交流、负责《电力信息》编辑出版工作等	北京市宣武区白广路2条1号	100761	(010) 63415550
长江科学院	包承纲	三峡工程、南水北调工程、水布垭工程	武汉市黄浦路23号	430010	(027) 2829880
黄河水利科学研究院	李文学	黄河冰凌灾害研究、引进国外先进农业技术研究、小浪底水库运用方式研究、黄河下游挖沙模型试验、温孟滩移民安置区河道整治模型试验、小浪底工程土工实验	郑州市顺河路45号	450003	(0371) 6304525
电力部电力自动化研究院	院长、党委书记：顾煜麟	五强溪水电站、岩滩水电站、水口水电站、新安江水电站、大化水电站、青溪水电站大坝安全监控系统；葛洲坝水电站船闸安全监控系统；小浪底工程变形监控系统；李家峡电站、大峡电站监控系统；天生桥电站水情自动测报系统	南京市蔡家巷24号	210003	(025) 3429900
水利电力机电研究所	所长：黄景湖 党委书记：岳志钧	“八五”大型水电站机组基础自动化元件研制、大型电站机组技术供水自动控制装置研制、五强溪水电站船闸监控系统研制、推力轴瓦技术研究、水电机组塑料导及瓦取消轴承冷却水研究、涪陵石板水电站状态参数监测系统研制	天津蓟县兴华大街19号	301900	(022) 9142383
广西水电科学研究所	所长：朱洪芬 支部书记：李坤	广西岩滩水电站工程；百龙滩水电站工程整体、断面、导流、截流水工模型试验、碾压混凝土抗剪试验；大埔水电站工程整体、导流水工模型试验；恶滩电站断面、整体、导流水工模型试验	南宁市桃园路82—1号	530021	(0771) 5312402

（国家电力公司人事劳动局）

水电设备制造企业情况一览表

单位名称	法人代表	1995年～1997年承担的主要工程项目	职工人数	通信地址	邮编	电话
哈尔滨电机有限责任公司	盛树仁	水口、五强溪、莲花、丰满、江口、石盘滩、天生桥一级、大七孔、玉龙岩、满台城、团结、土尔基波尔登等水电站机组，二滩、日本汤川、日本神户等水电站水轮机	9388	哈尔滨市动力区大庆路71号	150040	(0451) 2102601
东方电机股份有限公司	陈卫建	李家峡、宝珠寺、江垭、大朝山、高坝洲、小浪底、迪斯林、二滩（分包）等水电站机组	7804	四川德阳市黄河西路13号	618000	
天津发电设备总厂	王庭琳	白石窑、潇湘、孟洲坝、西阳、永福、瓜州等水电站机组	1754	天津市北辰区北仓道	300400	(022)26392401—05
重庆水轮机厂	王春毅	高凤山、尼泊尔波迪科西、高岭等水电站机组	3993	重庆市巴南区李家沱马王坪正街10号	400054	(023) 62858156
上海电力环保设备总厂	范德兴	洗沙机、三轴剪力仪、D10026摇臂堆料机等	1095	上海市广中路1001号	200072	(021) 56650088
电力部吉林水工机械厂	李华朋	三峡工程MQ2000型高架门式机主机、巴基斯坦巴洛塔电站MQ1000型门机以及飞来峡电站、观音阁水库、凌津滩电站、莲花电站、万家寨电厂等启闭机、桥式起重机、底孔弧门、清污机等	1435	吉林省吉林市吉丰车路20号	132013	(0432) 4621781
电力部南京电力自动化设备总厂	蒋金华	毛阳河梯级电站计算机监控系统、沙田电站发电机及主变保护、大化水电总厂发电机及主变保护、长冈水电站发电机等	1626	南京市新模范马路38号	210003	(025) 3418700
水利部郑州水工机械厂	何百庭	三峡4×4.5m³、4×3m³混凝土搅拌楼；三峡临时船闸；小浪底导流洞、排沙洞工作门；小浪底400t坝顶门机、250t台车、400t启闭机；二滩过木机；高坝洲水工金属结构各类闸门等	1734	河南省郑州市棉纺路22号	450052	(0371) 7448366
夹江水工机械厂	刘均宏	三峡电站、二滩电站、高坝洲电站、泰国巴帕南电站、巴基斯坦巴洛塔电站、缅甸藏都电站等水工金属结构及启闭机等	1592	四川省夹江县西河路40号	614100	(0833) 5661611
富春江水电设备总厂	吕甲武	大峡水电站、三门峡水电站、百龙滩水电站、雍口水电站、三港水电站、温宿水电站、魏家堡水电站机组，小浪底水电站六套弧门等	2100	浙江省桐庐县富春江镇	311504	(0571) 4651111

（陈上奎）

大事记

22

中国水力发电大事记

（1995～1997）

1 9 9 5 年

1月1日 葛洲坝水力发电厂二江电厂实现机电运行集中值班，运行值班人员由原来的185人减少到目前的72人。

1月10日 电力工业部副部长汪恕诚在中国水力发电工程学会召开的新春座谈会上谈水电发展形势时指出：在全国大中型水电装机实现连续两年超300万kW的高水平后，1995年将直线下降，计划装机只170多万kW，原因很简单，就是资金不足。面对此形势，汪恕诚提出四项对策：①立项规划思想要调整，今后300万kW以上的水电站不要上得太多，争取多开工一些50万、100万kW的水电站；②加快现有电站技术改造，增容扩机；③国家对水电的投资应考虑新的政策，有同志提出一个思路，今后中央的投资只投水电和电网；④制订水电长远发展的经济政策。

1月10～14日 电力工业部科技进步奖评审委员会在京召开会议，评审出1994年度电力部科技进步奖项目142项，其中水电方面30项，计一等奖2项（应用性研究成果和理论性研究成果各1项），二等奖15项（应用性成果8项，理论性成果7项），三等奖13项（应用性成果8项，理论性成果5项）。“清江隔河岩电站引水隧洞预应力混凝土衬砌”（研究单位湖北清江水电开发总公司等）、“裂隙岩体中水的运动与水工建筑物的相互作用”（研究单位水利水电科学研究院等）分别获应用性研究成果和理论性研究成果一等奖。

1月16日 据《电力快讯》报道，国家计委批复了四川宝兴河梯级水电站工程的项目建议书。批复指出：同意将宝兴河梯级电站工程（含飞仙关和雨城）作为一个整体开发项目，以中国华能集团公司为主负责开发建设和经营管理。该梯级电站工程总建设规模暂定为87.5万kW，分三期开发：一期建设铜头和雨城水电站（在建），建设规模为14万kW；二期建设小关子、宝兴、飞仙关水电站，设计装机容量为40万kW；三期建设硗碛、民治、灵关水电站，规划装机容量33.5万kW。按1993年价格水平测算，一期工程动态总投资约为11亿元(含送出工程)，二期工程静态总投资为16.74亿元（不含送出工程）。

1月17～18日 西北电力集团管理委员会召开专门会议，就《黄河上游水电滚动开发方案》（讨论稿）进行了讨论，并达成共识。会议认为，龙羊峡至青铜峡的黄河上游河段，目前已建成投产和在建的水电站7座，总装机容量559万kW，尚有18座大中型水电站有待建设，应尽早实现滚动开发，以增强西北电网实力，逐步形成以水电为龙头的地区规模经济，促进西北经济发展，同时为西电东送创造条件。

2月6日 据《电力快讯》报道：电力部大坝安全监察中心对碧口等13座水电站大坝的安全检查报告进行了认真的审查，据此电力部提出了批复意见：同意将碧口、八盘峡、盐锅峡、龚嘴、渔子溪一级、罗湾、麻石、梅山、毛家村、安砂、池潭、太平湾等12座大坝评为正常坝，对其中需要改造或加固补强的问题，要求各主管局抓紧处理；对贵州修文大坝，因洪水设计标准不能满足现行规范要求，同意评为险坝，要求贵州省电力局加强洪水预报和调度，抓紧组织审定改造加固方案。

2月初 国家计委批复湖南凌津滩水电站利用外资可行性研究报告。批复指出：同意建设凌津滩水电站，建设规模为24万kW，安装8台3万kW灯泡贯流式机组；同意该项目利用亚洲开发银行贷款1.16亿美元(含建设期贷款利息1600万美元)，采购8台套灯泡贯流式机组及其附属设备和项目的有关材料、设备等，湖南省电力公司负责偿还贷款的本息费用。该工程电站部分静态总投资（按1993年9月底价格水平计算）为22.03亿元，动态总投资33.11亿元。

2月8～10日 电力工业部在成都召开了援藏重点工程会议。电力部副部长汪恕诚、西藏自治区常务副主席江措出席了会议。会议讨论研究了1995年要重点抓好的三项工作：一是确保查龙电站第一台机组于8月份投产发电；二是完成昌都电网的改造工程；三是确保羊湖电站第一台机组于年底投入试运行。会议还制订了援藏“九五”计划实施方案。

2月9日 二滩水电开发有限责任公司宣布成立，并举行了合资建设二滩电站协议签字仪式。责任公司有股本金40亿元。该公司负责二滩水电站的建设及建成后的经营管理，独立自主地实现雅砻江流域梯级电站的滚动开发。二滩水电站总投资约为210亿元人民币，世界银行贷款约占总数的1/3，其余配套内资由国家开发投资公司、四川省投资公司和四川省电力公司共同承担。计划目标为1998年6月第一台机组发电，2000年全部竣工。

2月11日 国内目前最大的三级船闸——五强溪船闸试航投运一次成功。该船闸本体长478m，闸室宽12m，总跨越水头60.9m，单级工作水头42.5m，设计年过坝货运量250万t，年过坝木材量45万m^3。

2月15日 原能源部、水利部水利水电规划设计总院宣布撤消，分别新组建成电力工业部水电水利规划设计总院（水电水利规划设计管理局）、水利部水利水电规划设计总院(水利水电规划设计管理局)两个总院（局)。电力部副部长汪恕诚在电力部总院成立会上谈了总院的发展前景问题。高安泽为电力部总院院长、管理局局长。

2月21～23日 水利部在河南三门峡市主持召开了“三门峡水电站汛期浑水发电试验研究”总结暨成果鉴定会，国家科委、国家经贸委、三峡建设委员会等45个单位的80名代表参加。鉴定认为，该项目为国家“八五”重点科技攻关项目，由于黄河汛期过机泥沙含量高，水轮机过流部件严重磨损，从1980年开始被迫停止汛期发电，每年要损失3亿～4亿kW·h电能。为此，三门峡枢纽管理局及10余所科研单位和大专院校，从1989年开始，经过6年的通力合作，第一次采用合金粉末喷焊材料和新型焊接材料，在完成水轮机的大面积保护后，汛期浑水发电累计达8335h，发电量达2亿kW·h，研究成果达到国际先进水平。

3月1日 世界银行正式批准用于中国二滩水电站送出工程贷款2.7亿美元。该工程预计要架设500kV超高压输电线路2542km，建设500kV变电站和开关站6座；第一条线路定于1998年投入商业运行，其余线路将于2000年投入商业运行。

3月2日 富春江富士电机有限公司在北京人民大会堂举行开业仪式，宣布正式开业。该有限公司是中国富春江水电设备总厂和日本富士电机株式会社合资兴建的水轮发电机组生产企业，总投资2500万美元，是目前中国水力发电设备制造投资规模最大的中外合资企业。

3月8日 贵州普定水电站最后一台容量2.5万kW机组并网发电，至此，电站总容量7.5万kW机组全部建成投产。该电站碾压混凝土拱坝自1993年5月蓄水到最后一台机组发电，经过一年多的监测，质量达到国际一流水平。负责该电站施工的中国水利水电第八工程局制订的《普定碾压混凝土拱坝施工法》申请了国家专利。

3月16日 由陕西省科委组织、西北电管局主持鉴定会，通过了对“安康水电站发电初期采用过水叠梁技术提高发电效益”科研成果的鉴定。安康水电站尾工施工期在表孔溢流堰未装弧门的情况下，采用过水叠梁封堵表孔溢流堰，从1992年7月至1994年3月水库多蓄水16.1亿m^3，多发电量6.62亿kW·h，创直接经济效益5300万元。鉴定认为，该成果属国内先进水平，为大中型水电站尾工期提高发电效益提供了成功经验。

3月22～28日 以贝瑞·金博斯为团长的世界银行水电项目考察一行6人，对乌江构皮滩水电站坝址进行了为期7天的考察。构皮滩电站位于贵州余庆县境内，设计装机容量200万kW，是乌江水电开发公司计划开发的最大的一个梯级水电站。世行考察团考察后认为，构皮滩水电工程是一个很好的项目，应该尽早开发，并建议扩大装机容量为250万kW。

3月23～26日 水利部在京召开了水电工作会议。会议中心议题是全面完成建设200个农村水电初级电气化县和“八五”水电建设任务，研究“九五”农村水电“123”扶贫工程及水电建设问题。会议要求认真做好第三批300个农村水电初级电气化县的选点和前期工作。

3月24～27日 国务院副总理吴邦国在三峡四川库区进行了为期4天的视察。

3月28～30日 中国水利水电工程总公司在京召开了1995年工作会议。会议就如何进一步促进水电施工企业外部环境的改善，加强内部管理，实施产业多元化发展战略，走企业集团化道路等问题，进行了广泛的讨论。会议还研究制订了1995年全系统（按国家确定的财务归口统计单位计）经营奋斗目标。

3月29日 “水电建设监理协会”成立会议在京召开。水电系统是全国最早的“八市二部”建设监理试点部门之一，自1982年鲁布革工程实行建设监理制以来，全系统目前已有监理人员3000多人，实行建设监理制的大中型水电工程50多个，占全部在建项目的90%，已初步形成监理体系。

3月30日 浙江黄坛口水电站继扩机工程5号机组（容量2.6万kW）于1994年底投产之后，6号机组（容量2.6万kW）又于本日并网发电。至此，该电站总容量已增至8.2万kW。

3月30日～4月4日 世界银行工业能源处官员贝瑞·全博斯率领的世界银行水电项目考察团一行7人，分工程和移民两组考察了龙滩水电站。考察团对考察结果表示满意，贝雷·全博斯团长表示：“对龙滩电站这样有高效益的工程我们愿意投资”。

4月4～7日 小浪底工程主坝混凝土防渗墙由验收委员会和咨询专家组进行了验收审查，认为施工质量符合施工技术规范要求，检测项目合格率达90%，一致通过验收。该防渗墙由中国水利水电基础工程局承担施工。

4月7日 电力工业部以电计〔1995〕198号文，对云南省计委、云南省电力局报送的《关于加快金沙江中游河段规划及金安桥水电站前期工作的请示》予以答复。部同意加快金沙江中游河段规划及加快金沙江水能资源开发的意见。金沙江中下游是我国最大的水电基地，为开展该河段的规划工作，电力部安排了资金；根据经费情况和工作安排，金沙江中游河段规划计划于1996年年底提出，支持共同出资加快河段规划的建议。关于集资共同进行中游河段规划及一期工程可行性研究的具体事宜，另行商定。关于金安桥水电站前期工作问题，应严格按照基本建设程序，待中游河段规划审定后再作安排。

4月8日 中、泰“云南景洪电站咨询有限公司”在昆明正式挂牌。该公司是云南省电力公司与泰王国MIX大众有限公司双方，为共同进行景洪水电站的开发，并向泰国输电而依法组建的中外合资企业。景洪电站规划装机150万kW（5×30万kW），在流域联合运行时，年发电量73.4亿kW·h。

4月10日 亚洲开发银行代表对乌江上游六冲河上的洪家渡水电站进行了考察。这是该行列入洪家渡工程2亿美元贷款项目之后对工程进行的具体考察，目的是进一步了解工程勘测设计等方面的进展情况。洪家渡水电站位于贵州省黔西县境内，是乌江水电开发公司负责开发的乌江梯级的“龙头”电站，由贵阳勘测设计研究院负责勘测设计。电站装机3台，总容量54万kW，年发电量15.9亿kW·h。亚行代表对该电站所进行的工作表示满意。

4月11～14日 国务院三峡工程移民工作会议在四川省万县市召开。国务院副总理邹家华在会上作了重要讲话，国务院三峡工程建设委员会副主任郭树言作了《关于三峡工程移民工作的若干问题的报告》。

4月14日 甘肃省省长、黄河“小三峡”开发领导小组组长张吾乐一行到黄河大峡水电站工地现场办公。在现场办公会上，张省长要求大峡电站第一台机组1996年发电的时间不能有丝毫动摇。省里一定尽快解决资金到位问题，以保证工程进度的需要。

4月17～23日 电力部副部长汪恕诚、国家开发投资公司总经理王文泽、电力部总工程师周小谦等一行考察了金沙江中下游的溪落渡和向家坝两水电站的坝址。他们在听取成都勘测设计研究院、中南勘测设计研究院负责人分别汇报两电站的地质情况和初步规划情况后，对坝址位置及有关技术问题进行了分析，并就两电站的建设问题进行了讨论。

4月18～20日 电力部组织专家在天津杨村召开了“混凝土防渗墙施工及检测技术研究”各子题成果鉴定会。该研究项目为国家“八五”科技攻关项目。经过承研单位中国水利水电基础工程局的4年攻关，研制成功了CEF-1200和CEF-1500两种新型冲击反循环钻机。鉴定会认为，CEF系列冲击式钻机、CEF型钻机配套机具、防渗墙施工工艺、防渗墙检测仪器等子题成果达到科技攻关的预期目标，其中CEF系列冲击式钻机达到了国际先进水平。

4月25日 中国科学院、中国工程院潘家铮、张维、严陆光、周孝信、彭士禄、蔡睿贤、钱皋韵、张宗祜等8位院士考察了广州抽水蓄能电站。他们认为广蓄电站是“先进的设计，优秀的施工，科学的管理，第一流的工程”。

4月27日 电力工业部水电水利勘测设计管理局会同四川省建委、计委，在成都共同主持审查会，通过了对桐子林水电站可行性研究报告的审查。桐子林电站系雅砻江最末的一个梯级，位于四川省攀枝花市境内，距上游二滩水电站18km，距雅砻江河口15km。电站以发电为主，兼有漂木等综合效益。最大坝高66.63m，库容0.91亿m^3，装机45万kW，年均发电量25.66亿kW·h。电站建成后，回水与二滩电站尾水相衔接，可承担二滩电站的反调节任务。

4月27日 最高人民法院公布了电力部闽江水电工程局原5名领导干部受贿案的审判结果。

5月1日 庆祝“五一”国际劳动节及全国劳动模范和先进工作者表彰大会在人民大会堂召开，全国电力系统59名同志被授予“全国劳动模范”和“先进工作者”光荣称号，其中水电方面有12名。

5月4～6日 电力部在四川省成都市召开了水电开发政策研讨会。会议认为，四川缺电局面严峻，而现在的水电开发利用率仅占该省水能资源的6%，其原因关键是资金和相关政策的问题。会议提出了组建江河流域开发公司，实行流域开发水能资源的思路。近期目标是组建大渡河流域开发公司，兴建瀑布沟水电站。

5月8日 黄河万家寨水利枢纽主坝第一块混凝土开盘浇筑。

5月8～11日 中国水利水电工程总公司在水电第七工程局召开了全系统多种经营工作会议。会议要求在1994年多种经营获得较大发展的基础上，1995年继续贯彻总公司关于“建筑施工、多种经营两个支柱协调发展”的方针，努力提高经济效益和社会效益。

5月9日 美国通用电气公司（GE公司）水电部门和我国12家大中型水电站及其他有关单位的40多位专家在北京联合举办了水电机组改造技术研讨会。

5月11日 国务院总理李鹏在听取水利部汇报“九五”计划和2010年远景目标规划时作了重要讲话，其中谈到水电电价问题时指出：“水电可以新电新价。以前水电电价的计算方法也不对头。计划经济时期，水电都是国家投资，算电价只考虑大坝和设备的折旧和运行费，折旧年限又特别长，所以水电价格定得很低。以后水电的上网电价要和火电价格相同。价格理顺了，水电就可以以电养电，滚动发展，完全具备自我发展能力”。

5月17～19日 国家计委和电力部联合在京召开了全国电价工作座谈会，来自全国物价部门和电力系统的100多名代表参加了会议。代表们就如何建立科学合理的电价机制和管理办法，全面推行峰谷分时电价，以及解决煤电价格矛盾等问题，进行了讨论。

5月23～26日 湘、鄂、赣、豫4省水力发电工程学会在江西柘林水电站联合召开了抽水蓄能研讨会。会议认为，华中电网水电比重约占40%，但调节性能差，丰、枯期发电出力相差300万kW以上；葛洲坝电站大容量径流发电，给电网调峰带来很大困难；正在兴建的三峡水电站，丰、枯期调峰作用相差悬殊，投产后也将对华中电网产生重大影响。据预测，到2000年华中电网最大峰谷差将达944万kW。因此，尽快修建抽水蓄能电站解决华中电网峰荷电源问题十分迫切。

5月25日 我国第一次淤泥下岩塞爆破在山西省汾河水库爆破成功。

5月25～26日 由电力工业部科技司主持的广州抽水蓄能电站一期工程建设科技成果鉴定会在现场召开。鉴定委员会由潘家铮、李鹗鼎等17位水电高级专家组成。经过会议评审，鉴定委员会确认："本工程建设全面实现了工期短、质量好、投资省、环境保护好、运行先进，在广东电网中发挥了重要作用，技术、经济、社会效益极为显著。本成果整体上达到90年代国际先进水平，其中高压长斜井和高压岔管勘测设计与施工，达到国际领先水平"。

5月27日 三峡工程建设中9支施工队伍分别在11份承包施工合同上签字，合同总金额为6.8亿元，创全国重大工程建设发包数量的新纪录。截至5月底，三峡工程已招标项目达361项，合同总金额达54亿元，已完成投资32亿元。

5月30日～6月1日 电力工业部在广东从化县主持召开广州抽水蓄能电站建设经验交流会，推广该蓄能电站二期工程建设经验。二期工程建设自1993年9月开工建设以来，实行全方位、全目标、全系统、全过程的项目管理，使工程建设、施工管理和经济效益都呈现出良性循环的发展态势，整个工程建设取得安全、优质、高效、低耗的明显效果，把我国水电建设推向了一个新的发展阶段。

5月31日 国务院总理李鹏在听取国家计委和电力工业部汇报"九五"计划和2010年远景目标规划时，作了《多家办电，多渠道筹资办电》的重要谈话。

6月5日 湖南五凌水电开发有限责任公司在长沙宣布成立。该公司系依据《中华人民共和国公司法》的规定，由湖南省电力公司、湖南省经济建设投资公司和华中电力集团公司共同发起组建的，其基本任务是进行沅水流域梯级的滚动开发。前期运作项目，投资近100亿元，分别在1996年和2000年以前全部建成五强溪水电站和凌津滩水电站，形成144万kW的生产能力。

6月14日 据《电力快讯》报道：电力工业部近日向各网省电力局、省计经委、华能集团下发了全国中型水电经验交流暨发展研讨会会议纪要，并附发了全国水电近期规划的电源点近150项、总装机容量约为1500万kW。

6月23日 广西岩滩水电站第4台机组正式并网发电，至此该电站总装机容量121万kW（4×30.25万kW）全部建成投产。该电站前3台机组于1992年～1994年陆续装机发电，截至6月23日，已累计发电73.8亿kW·h。

6月 由水电第四工程局李家峡施工局机械厂研制开发的巨型压力钢管整体卷制新技术，获联合国技术信息促进系统"发明创新科技之星"奖。该技术已为李家峡水电站生产内径8m、管壁20～40mm的压力钢管3000t，为企业节约资金200多万元，而且大大减轻了工人的劳动强度，改善了劳动条件。

6月23～26日 电力工业部在大连市召开了全国电力系统精神文明建设暨思想政治工作会议，讨论修订了《电力行业1995年～1997年精神文明建设规划纲要》、《关于当前加强和改进电力行业思想政治工作的若干意见》，并决定在全国电力行业开展创建文明单位活动。

6月25日 云南漫湾水电站第五台机组正式并网发电，至此该电站一期工程总装机容量125万kW（5×25万kW）全部建成投产。

6月29日 中国电力投资有限公司正式成立。它是国有独资公司，其主要任务是为电力工业开辟新的融资渠道，向外融资；其目的是在国际市场上为电力工业筹措融资成本较低、更具竞争力的资金。其全资子公司——中国电力国际有限公司已在香港注册，并于7月7日在香港举行了开业典礼。

7月1日 经国家有关部门批准，西北五省区全面实行峰谷分时电价，高峰、低谷电价按正常时新电价上下浮动50%，高峰电价为低谷电价的3倍。

7月2～8日 由中国科学院院士、中国工程院副院长潘家铮率领的中国大坝委员会代表团出席了在奥斯陆召开的国际大坝委员会第63次年会，中国长江三峡工程开发总公司总经理陆佑楣在会上作了关于长江三峡工程的专场报告。会议期间，中国和加拿大都提出举办2000年国际大坝会议的申请，经投票表决，中国以35票对24票，获得了2000年国际大坝会议的举办权。

7月7日 在中国工程院召开的第一次增选院士工作新闻发布会上，朱光亚院长宣布了全国新当选的216名院士名单，其中水利水电方面有李鹗鼎（现任中国水力发电工程学会理事长、电力工业部咨询）、谢鉴衡（现任武汉水利电力大学）、朱伯芳（中国水利水电科学研究院）、陈厚群（中国水利水电科学研究院）、严恺（河海大学）、陈明致（松辽水利委员会）、周君亮（江苏省水利厅）。

7月11日 云南大朝山水电站水库移民安置规划实施包干协议在昆明签字。大朝山水库区淹没包括两个县的各类耕地12390.5亩，涉及人口6100人，需迁建房屋面积137389.4m²。根据库区淹没主要实物指标和国家有关政策，移民安置包干协议规定：由大朝山有限责任公司提供8940.11万元作为征地补偿和移民安置的包干经费，由云南有政府移民办公室按电站建设公司施工总进度的要求，负责将移民迁出库外，并负责安置好移民的生产和生活。

7月12～13日 中共中央政治局常委、书记处书记胡锦涛于12日视察了龙羊峡水电站，并于13日听取了中国水利水电工程总公司总经理张基尧和水电第四工程局党委书记郭建堂关于水电施工企业情况的汇报。胡锦涛同志指出：全国20多万水电职工几十年来艰苦创业，为发展我国水电事业作出了巨大贡献。目前水电工程局所遇到的困难，有些是过去计划经济体制下积累下来的，如离退休职工费用负担问题、基地建设问题等，应通过统筹或从发电效益中划出一部分建立解困基金的办法解决；有些是改革中出现的新问题，则应通过深化改革去解决。

7月中旬～8月上旬 我国东北地区连降大雨和暴雨，造成洪水泛滥，水电第一工程局桦甸、白山、红石3个基地2800户职工房屋进水，208户全部被洪水淹没，生产生活设施被毁，经济损失达2842余万元；水电第六工程局太平湾基地90%的基地面积被淹，71%的楼房进水，879户平房全部被淹，566户平房被冲毁，加上其他被冲毁的生产生活设施，共造成经济损失达3977万元。

7月18日 广东大亚湾核电站1号机组跳闸，甩负荷96万kW，但由于滇、黔、粤、桂4省区联营电网（天生桥二级水电站为主）的及时支援，防止了广东省大面积停电事故的发生。

7月18日 西藏羊卓雍湖抽水蓄能电站的引水压力钢管全线贯通。该工程海拔4440m，落差840m，总长3100m，管壁厚60mm，总重量6050t。承担此项工程安装的为中国水利水电第四工程局，1993年开工，历时2年半完成。工程焊缝经超声波探伤检验，合格率为100%，优良率达97%。

7月20日 《中国电力报》报道：电力工业部发布了《贯彻中共中央国务院〈关于加速科学技术进步的决定〉的意见》，使电力工业切实转移到依靠科技进步和提高劳动者素质的轨道上来。

7月20日 钱正英等同志联名给国务院领导（李鹏总理，朱镕基、邹家华、吴邦国副总理）写了一封信，呼吁扭转水电前期工作的半停顿局面，并对如何解决当前水电前期工作经费问题，提出了4点意见和建议。

7月28日 电力工业部部长史大桢在国务院举办的新闻发布会上宣布了中国电力装机容量突破2亿kW，并就有关问题回答了中外记者的提问。在回答“九五”电力发展计划问题时，史大桢说：“九五”规划国家正在制订中，电力部的设想是：“九五”期间新增装机容量7000万～8000万kW，到2000年全国总装机容量达到2.9亿～3亿kW，发电量达到1.4万亿kW·h，平均年增长率分别为7.4%和7.2%。从能源结构看，希望水电发展的快一些，但基本格局不会有大的变化。史大桢等还回答了有关利用外资和外商到中国投资办电的问题。

8月1日 电力工业部以电建〔1995〕420号文印发了《控制电力工程造价的若干意见》的文件。文件重点强调从内部做起，并提出了46条具体措施，以期有效地控制工程造价。

8月1日 葛洲坝枢纽工程3号船闸下驶江渝107号时发生轮船撞坏左下人字门事故。事故发生后，交通部领导指示紧急抢修。在有关单位的积极努力下，抢修工作于8月10日完工，同日18时正式恢复昼夜通航。

8月1～2日 三峡工程水轮发电机组技术交流会在三峡工地召开。会议由三峡工程开发总公司主持，有关中国专家以及法国通用电气阿尔斯通公司和瑞士ABB发电有限公司的专家参加。会议中，中外专家就三峡水电站水轮机及调速系统、发电机及励磁系统的技术方案等问题进行了认真研讨；外方专家介绍了他们在伊泰普项目中的成功经验，并向中方提供了大量技术资料。

8月10～12日 世界银行龙滩水电站项目负责官员贝瑞·全博斯一行就龙滩水电站利用世界银行贷款事宜进行了第八次考察。考察就龙滩工程预评估、工程决策、水库移民和环评咨询工作安排、联营电网发展规划及其他一些双方感兴趣的问题进行讨论和交换意见。

8月16日 西藏查龙水电站第一台机组并网发电，从而结束了那曲地区无电的历史。该电站位于那曲以东30km的澜沧江上游的那曲河上，海拔4400m，拦河大坝长192m，坝高38.4m，水库库容1.05亿m³，电站装机容量1.08万kW(4×2520kW),1993年5月开工,由中央政府投资3.4亿元兴建。由武警水电三总队承担电站建设任务。

8月20日　国务院总理李鹏在考察辽宁省国有企业期间,考察了东北滨海水电大件加工厂。该厂是我国电站设备加工基地,曾为广西岩滩水电站等加工大型水电机组。李鹏与有关部门的领导和工程技术人员探讨了为三峡工程生产大型水轮发电机组的大件加工、运输和企业专项技术改造问题。李鹏要求我国两大水电设备制造企业(哈尔滨电站设备成套公司和东方电气集团公司),通过内外结合、联合设计、合作制造的途径,消化吸收引进新技术,提高我国水电设备的设计和制造水平,为三峡工程提供世界一流的特大型水电机组,提高我国大型电站设备的国际竞争力。

8月22～25日　水利部科学技术进步奖评审委员会在京召开会议,评出1995年度科学技术进步奖项目79项(一等奖6项,二等奖21项,三等奖52项),其中"三门峡水电站汛期浑水发电试验研究"、"微机重力坝CAD系统"、"黄河小浪底枢纽泥沙问题研究"、"三峡库区泥沙模型试验研究"获应用性成果一等奖。

8月23日　世界银行宣布:经该行董事会批准,决定向中国二滩水电站二期工程提供4亿美元贷款,其期限为20年,包括5年的宽限期。

8月24日　国务院副总理邹家华和国家计委副主任叶青在视察李家峡水电站建设工地时,表示赞同黄河上游水电资源实行滚动开发。邹副总理说,黄河上游青海段蕴藏着丰富的水电资源,梯级开发前景广阔,要按照流域梯级滚动开发的方针,尽快使资源优势转化为生产力优势,闯出一条滚动开发的新路。

8月26日　西藏满拉水利枢纽工程正式开工。该工程位于日喀则地区江孜县境内的年楚河上,是年楚河流域规划的一期工程。工程以灌溉、发电为主,兼有防洪、旅游等综合效益。水库总库容1.55亿m^3,装机容量2万kW,年发电量6100万kW·h;灌溉面积25.4万亩。工程总投资9.3971亿元,是国家62个援藏工程建设项目投资最大的工程。工程计划于1999年竣工。

8月　由河海大学与黄河水利委员会勘测规划设计院共同合作、历时3年完成的"黄河小浪底古洪水研究"课题通过专家验收。验收专家认为,该项研究调查工作细致严密,分析论证资料依据可靠,特别是推算出黄河小浪底河段距今2360年前后发生过流量约38000m^3/s的古洪水这一结论尤为可贵,为进一步复核黄河小浪底工程设计洪水提供了重要依据。

8月　电力工业部根据建设部的有关要求,对1994年部级优秀项目进行了评选,结果被评为优秀工程设计项目的有28项,其中水电方面有6个项目,它们是:安康水电站(北京勘测设计研究院)、太平驿水电站(成都勘测设计研究院)、普定水电站碾压混凝土拱坝(贵阳勘测设计研究院)、漫湾水电站500kV变电站(昆明勘测设计研究院)、漫湾水电站导流洞(昆明勘测设计研究院)、依萨河二级水电站(昆明勘测设计研究院);被评为部级优秀工程勘察项目的有12项,其中水电方面有2项,它们是:铜街子水电站工程地质勘察(成都勘测设计研究院)、沙溪口水电站工程地质勘察(华东勘测设计研究院)。

9月3日　西藏羊卓雍湖抽水蓄能电站第一台2.25万kW机组试运行。中共中央政治局委员、国务院副总理、庆祝西藏自治区成立30周年中央代表团团长吴邦国及副团长钱正英、张万年等,亲临电站现场,在高度评价羊湖电站建设重大意义的同时,高度赞扬了武警水电部队第三总队官兵在艰苦恶劣的"生命禁区"和高难度建设条件下奋战6载的大无畏精神。

9月5日　电力工业部部长史大桢在部机关会见了中国科学院、中国工程院部分院士,向他们介绍了我国电力发展的形势。他在谈到如何加快发展水电的问题时指出:要利用好水能资源,大力发展水电。三峡在2003年发电以后,逐步具有资金收支平衡和发展到再投入新项目的能力,可以滚动开发长江上游的水电站。在黄河上游,可以利用拨改贷变成拨改投的方式,在上游一、二个电站中尽量以国家资本金为主来核算电价,把电价中的多余利益用来开发上游水电。

9月中旬　中国水利水电科学研究院在京举行1995年中青年学术报告会,展示了近两年来中青年科技人员承担国家"八五"攻关项目等取得的50多项成果。该院最近破格晋升了29名35岁以下的科技人员为高级工程师,破格晋升了5名40岁以下的科技人员为教授级高工。会上还制订了在"九五"期间重点培养中青年科技骨干的计划,特别是学科带头人。

9月16日　中国科学院、中国工程院19名院士结束了为期12天的对电力系统的考察。院士们一行于9月5日首先考察了北京有关电力部门,接着经成都、重庆、宜昌到武汉等处进行了考察。在考察中,院士们就如何在依靠科技兴电上加大力度,充分发挥西南水能资源优势、加快西南水电发展,以及设备制造部门树立市场意识、提高发电设备质量等方面,提出了意见和建议。这些院士来自机械、航天、核能、地质、煤炭、石油等行业。

9月28日　以西藏电力建设总公司和中国水利水电第三工程局为股东的西藏水利电力工程有限责任公司在拉萨正式成立。这是西藏电力建设的首家外联企业。

10月7～14日　中国长江三峡工程开发总公司总经理陆佑楣率领总公司5人,参加由中国国际贸易促进委员会组织的100多人的中国企业家代表团，随同李鹏总理对加拿大、秘鲁等5国进行了访问。在访问加拿大期间，就三峡工程总公司与加拿大 Monenec AGRA公司合作建设三峡工程管理信息系统(TGBMS)签订了合同，其签字仪式于10月14日举行。

10月8日 由湖北清江投资公司、华中电力集团公司共同参股的"湖北清江水电开发有限责任公司"正式挂牌成立,它将按投资与开发相结合的方针,实行清江流域梯级滚动开发，是我国水电系统第一家按现代企业制度规范化运作的股份制企业。

10月8日 位于云南漫湾水电站左岸山体中、装机10.5万kW(1×10.5万kW)的田坝水电站并网发电。该电站是由国家参股和云南省电力职工集资为主兴建的,其厂房布置在漫湾电站废弃的2号导流洞内,系引水式电站。这座电站的土建及安装均由水电第十四工程局承担施工，建设工期为2年零9个月。

10月10日 全国人大常委会委员长乔石视察了华能四川太平驿水电站。

10月14日 第26届世界标准日，电力工业部发出通知,要求各单位做好电力工业标准的学习、宣传和贯彻工作。在此以前,中国电力企业联合会组织收集并编辑出版了《电力工业标准汇编》。其中"水电卷"计有"通用技术标准"、"规划及概预算定额"、"水工"、"金属结构"、"环保及安全"等8个分册。

10月13～16日 全国环保执法检查团到三峡工程工地检查环保工作。

10月16～18日 '95三峡工程技术国际研讨会在三峡工程坝区召开,来自瑞士、德国、法国、加拿大、美国、日本、巴西、俄罗斯、挪威、英国、丹麦、委内瑞拉、韩国、新加坡等14个国家的61名代表和中方代表共187人参加了会议。会议就"三峡工程大坝混凝土浇筑技术"和"三峡电站特大型水轮发电机组设备"两个议题,分组进行了讨论、交流,提出了许多有参考价值的方案和建议。会议收到论文42篇，其中中方24篇，外方18篇。

10月16～20日 中国水力发电工程学会第四次全国会员代表大会在成都召开，到会代表及特邀专家200余人。会议除审议了第三届理事会工作报告,交流了工作经验,修订通过了学会章程外,重点就如何加快水电建设步伐进行了讨论，并提出了关于加快发展水电的建议。

10月22日～11月10日 电力工业部水电水利规划设计总院和中国水利水电科学研究院在京主持召开了国家"八五"攻关85—208"高坝建设关键技术研究"成果鉴定会，共鉴定了15个专题，另外两个专题也分别于12月8日和9日在京和石漫滩工地通过鉴定验收。鉴定认为，17个专题中有3个达到整体国际领先水平，14个达到国际先进水平。

10月24日 国家计委组织电力工业部、中国电力企业联合会、国有资产管理局、财政部、国家税务总局、国家开发银行、中国国际工程咨询公司等单位讨论青海省人民政府向国务院报送的《关于黄河上游水电实行滚动开发的报告》(1995年9月10日)。在讨论中,各单位都表示赞成水电实行滚动开发的机制,并提出了如何实行滚动开发的建议。

10月24日 广西梧州地区农村电气化建设通过自治区政府组织的验收，各项指标均符合部颁地区电气化标准,成为全国第一个农村水电初级电气化地区。

10月25日 《经济日报》公布全国首批甲级工程咨询单位372个，其中水利水电行业有北京华源水利水电工程咨询公司等36个单位。这项评审是中国咨询协会受国家计委委托,根据国家计委1994年4月发布的第3号令进行的。

10月26日～11月7日 电力工业部水电水利规划设计管理局会同四川省建委、计委在成都共同主持召开了宝兴河流域梯级二期工程——宝兴、小关子、飞仙关3个水电站及灵关河水电站可行性研究报告审查会。宝兴、小关子、飞仙关及灵关河电站装机容量分别为16万kW、16万kW、10.4万kW和3.6万kW，审查会建议早日动工兴建。

10月27日 位于三峡工程右岸中堡岛右侧一期围堰坝身段开始浇筑，这是三峡大坝浇筑的第一方混凝土。该坝身段是混凝土纵向围堰与三峡大坝的交接部位，全长115m，宽68m，混凝土总量35.7万m^3，按合同要求，1997年大江截流前须浇至90m高程。

10月28日 水利部在安徽歙县召开全国水库移民工作会议，中心议题是研究如何搞好库区经济开发工作,探讨移民经济开发方面的新思路,寻找有效途径来发展库区经济。会议还提出1996年水库移民工作的总方针是:贯彻落实国家扶贫攻坚计划的政策措施,保持库区稳定,促进社会安定,提高移民生活水平,使库区经济有一个较大发展。

10月29日 上午5时至7时30分，湖北省巴东县城发生该县有史以来体积最大、灾害最严重的滑坡。滑体东西长500m，南北宽320m，厚度在8m以上。滑体面积2.25万m^2，体积12.8万m^3。灾害损坏209国道170m，码头公路200m，货场2500m^2，38户居民的110间房屋倒塌和损坏。滑体推入长江80m，在江中形成了约8万m^3的小岛。据有关专家现场勘测，这次滑坡系古滑坡体上浅表碎石土牵引式滑坡，不属基岩滑动,对长江通航没有大的影响,也不会对三峡工程造成威胁。

11月2日 河海大学庆祝建校80周年，党和国家领导人江泽民、李鹏、李岚清等分别题词祝贺。江泽民的题词是："面向未来，开拓前进，进一步发展水利教育事业。"李鹏的题词是："治水育人千秋业，河海创业80春。"该大学现有水利水电工程等10个学院、6个科研所，有教职工3000余名，本专科中外学生8000余名。从1952年起，该校共为国家输送了近4万名毕业生。

11月2～3日 国务院副总理姜春云视察了三峡工程现场和葛洲坝水电厂。

11月3日 电力工业部在北京召开了"1994年度全国电力行业优秀企业和企业家表彰电话会议"，10个电力企业和18位企业家获"光源奖"和"明珠奖"，其中水电方面获优秀企业称号的有葛洲坝水力发电厂和中国水利水电第八工程局；获优秀企业家称号的有乔生祥（葛洲坝工程集团公司）、林云龙（新安江水电厂）、武剑先（柘溪水电站）、段子印（中国水利水电第十一工程局）。

11月8～12日 国务院总理李鹏、副总理邹家华考察了三峡工程现场，并分别与湖北、四川两省领导同志，三峡工程总公司领导同志研究了与工程有关重大问题。李鹏总理要求广大工程建设者齐心协力，为实现1997年大江截流的目标而奋斗，并指示今后两年要把移民工作的重点放在完成大江截流所需要的移民任务方面。

11月10日 李鹏总理在国务院三峡工程建设委员会第五次会议上谈了关于三峡截流和库区移民等有关问题，其中谈到金沙江水电开发问题时指出：三峡上游有两个可以优先开发的坝址，是先上向家坝水电站，还是先上溪落渡水电站，要等专家充分论证后再作决定。现在可以肯定的是，三峡总公司将是这两个电站的业主，用三峡发电后的资金积累来进行滚动开发。目前三峡总公司即可拿出一部分资金为这两个电站开展必要的前期工作。

11月12～14日 由中国科协主办、国家自然科学基金委员会协办的"长江沿江地区跨世纪持续发展学术讨论会"在南京市召开，参加会议的有沿江7省市及13个全国学会、7个地方科协的有关专家、学者200人。会议讨论分析了长江沿江地区资源开发与经济发展在全国跨世纪发展中的战略地位及当前经济发展的大好形势和存在问题，包括建立大型水电能源基地和西电东送等战略问题，提出了《关于长江沿江地区跨地区持续发展若干重大问题的建议》，报送国务院。

11月12日 据《中国电力报》报道：水电专家潘家铮荣获1995年度"何梁何利基金科学与技术进步奖"。何梁何利基金是1994年初在香港注册成立的，其宗旨是通过对每年取得杰出成就的我国科技工作者进行奖励，促进我国科技进步。基金每年评选"科学与技术成就奖"不超过10名，各颁发奖励证书和100万港元奖金；评选"科学与技术进步奖"不超过50名，各颁发奖励证书和10万港元奖金。

11月16～17日 国务院副总理朱镕基在广西考察期间，听取了广西电力局领导关于龙滩水电站及其前期工作的专题汇报。听完汇报后，他就如何缩短工期、节省投资、按期还贷等问题发表了自己的看法，最后表示："我赞成龙滩水电站工程项目上马"。

11月17日 电力工业部以水电农〔1995〕690号文向电力系统各单位发出了《关于批准第三批水电工程监理工程师资格的通知》，确认1088人具备水电监理工程师的资格。

11月20～24日 电力工业部科技进步奖评审委员会在京举行会议，评审出1995年度电力工业部科技进步奖106项，其中有水电方面17项（应用性成果6项，理论性成果11项），"东江拱坝坝体库水地基动力相互作用现场试验研究"（中国水利水电科学研究院陈厚群等）获应用性研究成果一等奖，"浮力回流和浮力环流的工程湍流流动研究"（中国水利水电科学研究院倪浩青等）获理论性研究成果一等奖。

11月18日 湖北省清江水电投资公司在武汉正式成立。该公司代表湖北省政府负责对投到清江开发的国有资产的保值增值，享受投资收益权，并将继续用于清江的投入，形成借、用、还、收、投的良性资本循环，使流域滚动步伐加快。计划用15年时间，建成清江干流3个梯级电站，并以水电为先导，推进旅游、航运、矿产、养殖等行业的发展。这是全国水电行业第一家被授予国有资产经营权的公司。

11月29日～12月2日 电力工业部水电水利规划设计管理局会同贵州省计委、湖南省建委在北京召开审查会，通过了对三板溪水电站可行性研究的审查。该电站位于贵州省清水江中下游，是沅水干流梯级电站具有多年调节的"龙头"电站，由中南勘测设计研究院负责设计。大坝为混凝土面板堆石坝，最大坝高185.5m，水库总库容40.94亿m^3，装机容量100万kW，设计年发电量15.9亿kW·h。工程静态总投资50.6亿元，动态总投资73.8亿元。

11月30日 国务院副总理邹家华视察了四川华能太平驿水电站，对该电站在短短40个月时间里就基本建成的速度表示满意。他说：过去总认为水电投资大、周期长、回收慢，这种看法是不科学的，也是不公平的。他希望华能在取得成绩的基础上，进一步考虑组建岷江水电开发公司，加快走出一条流域、梯级、投资滚动开发的路子。

11月30日 《中国水力发电年鉴》第四卷（1992～1994）出版。本卷年鉴计22个篇目、1个附录，正文篇幅140万字。其中新增加的"水电建设管理"篇目，篇幅达9万字，进一步突出了水电体制改革的时代特色和行业特点。

12月10日 湖南五强溪水电站500kV输变电线路外送工程竣工。该线路全长300km，从五强溪经怀化、娄底至株洲；还新建和扩建了500kV变电站各1座。变电主设备由日本提供贷款，采用国际招标，分别从日、美、德、法、意等国进口。

12月12日 湖南凌津滩水电站水轮发电机组国际招标合同签字仪式在北京举行。该工程项目向亚洲开发银行贷款1.16亿美元，用于机组及其他机电设备的采购。经过竞争，最后以日本伊藤忠商社牵头，日本日立公司、中国哈尔滨电机责任有限公司、中国机电设备进出口公司和湖南机械进出口公司组织的联营体中标。国务院副总理邹家华出席了鉴字仪式。

12月18日 电力工业部在北京召开全国电力安全生产电话会议，通报批评了近一段时间发生的几起重大伤亡事故，其中水电方面有：水电第十工程局黄丹水电站工地于11月28日在拆除一台门型起重机时，严重违反规程要求，致使平台倾覆，造成3人死亡、2个受伤的严重事故。会议要求电力系统各单位领导吸取教训，迅速采取有效措施，切实搞好安全生产。

12月19～24日 电力工业部会同云南省人民政府主持在昆明市召开审查会，审查通过了由昆明勘测设计研究院设计的《澜沧江小湾水电站可行性研究报告》。小湾电站是澜沧江中下游河段的“龙头”水电站，最大坝高292m，水库总库容151.32亿m^3，装机容量420万kW，多年平均发电量188.9亿kW·h，电站建成运行后，可使下游漫湾、大朝山两电站增加保证出力78.2万kW，增加年发电量22.1亿kW·h。审查会建议国家尽早将电站纳入国民经济发展计划，及时安排开发建设。

12月20日 北京十三陵抽水蓄能电站第一台20万kW机组并网发电。国务院总理李鹏在副总理吴邦国、北京市委第一书记尉健行及电力工业部部长史大桢等人的陪同下，视察了十三陵蓄能电站，并亲自按下了控制台的启动键并网运行。该电站首台机组的并网成功，对调节北京的峰谷负荷，保证首都用电的可靠性，将起到十分重要的作用。

12月20～25日 国家计委、水利部联合在北京中国革命军事博物馆举办了“农村水电暨电气化县建设十年成就展”。国务院总理李鹏等参观了展览，并为展览题了词：“十年奋斗，辉旺九洲，再接再厉，造福千秋。”

12月21～23日 电力工业部在江西南昌市召开了水电工程移民工作座谈会。会议重点研究了水库移民工作如何适应国家由传统的计划经济体制向社会主义市场经济体制转变的问题。会议认为，当前水库移民工作遇到的最重要的课题是要实现由静态向动态的转变，即把原来静态的管理转变为动态的管理。因此要求广大水库移民工作者认清这个新特点，积极探索，为尽快建立一整套适应我国社会主义市场经济体制的水库移民办法而努力。会议还讨论了《水库移民补偿经费管理办法》等5个文件。

12月24日 三峡工程临时船闸及升船机二期工程正式开工，由土石方开挖进入混凝土浇筑阶段。该项目是三峡工程一期工程的控制工期项目，是实现1997年大江截流的关键项目。

12月26～29日 全国电力工作会议在北京召开。会议总结了“八五”电力工业取得的成绩和经验，提出了“九五”和2010年的发展规划。“九五”期间发展的主要指标是：到2000年，全国发电总装机容量达到3亿kW左右，其中水电7000万kW左右。电力工业发展的方针是：大力发展水电，继续发展火电，适当发展核电，积极发展新能源发电，同步发展电网，促进全国联网。继续深化体制改革，组建国家电力公司。会上，史大桢部长作了《认真贯彻党的十四届五中全会精神，为胜利实现电力“九五”计划和2010年目标而奋斗》的报告。国务院副总理吴邦国致信会议，要求把实现经济体制和经济增长方式两个具有全局意义的根本转变作为电力工业的主线，不断提高电力工业经济增长的质量和效益。

12月28日 《中华人民共和国电力法》在第八届全国人民代表大会常务委员会第十七次会议上获得通过，国家主席江泽民当天签署第60号主席令，颁布了这部法律。该法律将从1996年4月1日起正式施行。

12月29日 贵州东风水电站最后一台17万kW机组并网发电，至此该电站51万kW装机容量全部建成投产。该电站全部投产后，可使下游乌江渡水电站提高出力3.1万kW，年增加发电量0.8亿kW·h。

（王波编写　张培基　陈叔康　陈上奎审核）

1 9 9 6 年

1月4日 国家电网建设总公司在武汉召开三峡工程输变电系统设计概算编制会议，对已确定和批准的三峡输变电系统方案进行模拟分析计算。三峡水电站供电范围为华中、华东和四川，其输变电系统计划建线路9100km，其中直流输电线路2200km；交流变电容量2475万kVA；直流换流站为1200kW。总投资按50亿元人民币控制。

1月初 国务院发展研究中心市场经济研究所认定葛洲坝水泥厂为我国特种水泥最大生产基地。该厂目前年产水泥能力为135万t，其中生产“三峡牌”特种水泥100万t。

1月5日　江西万安水电站正式通过国家竣工验收。验收评定认为，该工程设计先进合理，质量优良，初期运行取得了明显经济效益和社会效益。

1月10日　黄河小浪底电站水轮机设备制造合同签字仪式在北京人民大会堂举行。中国进出口公司、水利部黄河水利水电开发总公司和美国伏伊特公司的代表分别在合同上签字。小浪底电站安装6台单机容量30万kW的混流式水轮机，采用国际招标，美国、加拿大、法国、瑞典、挪威等国6家世界驰名公司参加竞争，最后由美国伏伊特公司中标。

1月12日　广东省人大常委会第19次会议通过了《关于加快农村小水电建设的决议》。《决议》中对如何理顺小水电管理体制，提高小水电上网电价、增加小水电建设的投入等方面，均作了明确的规定。

1月13～15日　中国水力发电工程学会抽水蓄能专委会会同四川省水力发电学会水机专委会在哈尔滨召开了"抽水蓄能电站的发展及蓄能机组国产化研讨会"，有24个单位、54名代表参加。会议认为，当前我国发展抽水蓄能电站的主要问题是机电设备制造问题。国内尚属空白，引进机组价格昂贵（其投资约占工程总投资40%～50%），影响蓄能电站的立项建设。会议建议国家对此给予足够的重视和扶植，对于蓄能机组的研制和生产，从投融资功能、税收、电价等方面，给予一定的政策支持和优惠条件，以促进蓄能机组设备国产化的实现。

1月15日　据《电力快讯》1996年第2期报道：国务院根据工作需要和人事变动情况，决定调整国务院三峡工程建设委员会组成人员。调整后的主任委员仍为李鹏（国务院总理），副主任委员为邹家华（国务院副总理）、郭树言（国家计委副主任）、蒋祝平（湖北省省长）、肖秧（四川省省长）、陆佑楣（三峡工程开发总公司总经理），成员31人，均为国务院各有关部委负责人，大部分作了调整。

1月19日　据《中国三峡工程报》报道：由长江科学院牵头组织研究的"八五"国家科技攻关项目——"三峡深水高土石围堰关键技术研究"专题成果通过专家鉴定。三峡工程高土石围堰要在深水60m条件下，在一个枯水季9个月内完成高90m、总方量1300余万m^3的上下两座围堰，拦蓄库容20亿m^3，承担着保护主体建筑物施工长达6年之久的使命。长江科学院等国内15个单位近90名的专家，经过近两年的潜心研究和协同攻关，取得了一整套研究成果。鉴定认为，这些成果不仅对三峡工程二期围堰设计有重大实际意义，而且达到了国际先进水平。这次鉴定是由国家科委委托电力工业部科技司主持在汉口召开的。

1月24日　国务院副总理邹家华在听取了湖北省关于清江流域水电滚动开发的汇报后指出：电力发展是"九五"计划中的一个重点，而发展电力必须加快水电开发。清江第二梯级电站高坝洲要抓紧实施，尽快按程序办，早一点上马。邹副总理最后希望清江流域水电开发要按"流域、梯级、滚动、综合"八字方针走出一条路子，作出样板来。

1月29～31日　1995年国家科学技术进步奖授奖大会在北京召开。水电方面有3项获奖：天生桥二级水电站岩质高边坡稳定分析与治理研究、高坝安全监测技术及反馈获国家科技术进步奖二等奖，漫湾水电站左岸边坡稳定专题研究获国家科技进步奖三等奖。

2月2日　据《水利水电工程报》报道："广蓄项目法施工科学管理"荣获全国电力企业管理现代化优秀成果一等奖。该成果是以水电第十四工程局广蓄一期工程经验为基础、二期工程经验为主体的有机构成，其基本内涵是：以强化项目管理为根本，加强合同管理，规范施工行为；以快速优质施工为主导，推行目标管理，层层经济承包；以控制施工成本为核心，注重投入产出，建立调控机制；以现代生产方式为标准，追求均衡生产，坚持文明施工。

2月3日　四川华能太平驿水电站最后一台机组（4号机）并网发电。至此，该电站装机容量26万kW（4×6.5万kW）全部建成投产。工程由水电第十工程局中标承建，其1、2、3号机分别于1994年11月10日、12月28日、1995年1月6日发电，至1995年底，共发电12亿kW·h，取得近4亿元的经济效益。

2月13日　电力工业部副部长查克明、汪恕诚在听取了西北电管局关于黄河上游水电滚动开发方案的汇报后指出：建立黄河上游股份制开发机制，一定要真正滚动起来。龙羊峡水电站是黄河上游滚动开发的母体电站。要把电价促上去，使大家明白电价不理顺电力就无法发展。

2月15日　国务院副总理邹家华，国务委员、国家科委主任宋健，分别对中国科学技术协会呈报的《关于长江沿江地区跨世纪持续发展若干重大问题的建议》的报告上作了批示。邹家华的批示是："请国家计委阅研，三峡电厂建起来以后，对长江沿岸应增加水电供应，请电力部考虑。"宋健的批示是："请计委、科委、环保局认真研究科技界的建议"。

2月16日　广西百龙滩水电站第一台机组并网发电。该电站是红水河上10个梯级电站中的第七级，是全国第一家靠股份制集资兴建的水电站，装机容量19.2万kW，单机容量3.2万kW，为贯流式机组。

3月1～4日　水电水利规划设计总院在海南省三亚市召开了1996年水电勘测设计计划经营工作会议。会议主要就如何进一步实行"两个转变"、提高经济效益，开拓市场、搞活经营，以及在服务工作中如何确保国家重点工程、处理质量和效益、局部和整体关系等方面，进行了交流和讨论。会议还就1996年和“九五”期间水电前期工作计划及调整水电前期计划结构等问题交换了意见。

3月4日 全国政协委员、中国国际工程咨询公司副董事长罗西北在接受《中国电力报》记者采访时说：他去年在全国政协八届三次会议上提交了“建议加快开发金沙江水电能源”的提案，其内容是建议长江三峡工程开发总公司统筹安排金沙江梯级开发前期工作，并把溪落渡、向家坝两水电站作为三峡工程的后续工程来安排，同时负责解决两工程的前期费用。该提案已经国务院批准并付诸实施，即从1996年起每年由三峡建设委员会对溪落渡、向家坝两电站工程投入前期费5000万元，作为两工程可行性研究专用。

3月15日 《中国电力百科全书》首发式在北京举行。

3月17日 由第八届全国人民代表大会第四次会议批准的《中华人民共和国国民经济和社会发展“九五”计划和2010年远景目标纲要》全文公布，其中有关水电部分为：“积极研究和应用远距离超高压输变电技术，促进水电‘西电东送’和坑口电站跨区送电。水电要实行流域梯级滚动开发，大中小结合、高低水头并举、综合利用的原则。”要“集中力量建设一批对国民经济和社会发展具有全局性、关键性作用的工程”，“继续建设长江三峡、黄河小浪底、四川二滩等工程。”

3月20～21日 电力工业部在大连市召开了防汛和大坝安全工作会议。陆延昌副部长在报告中要求各单位全力以赴做好1996年防汛工作。会议提出了1996年防汛的重点有13个水电厂和8个在建水电工程，其中列为重中之重的为天桥、东风、天生桥一级、莲花电站。

3月28日 国务院办公厅发出《关于建设第三批农村水电初级电气化县有关问题的通知》，同意水利部申报的《建设第三批300个农村初级电气化县的安排意见》。《通知》强调，300个农村初级电气化县建设资金继续实行以地方投入为主，中央予以适当补助的政策；农村水电及电网企业继续执行缴纳6%增值税的政策。其他有关问题原则上仍执行第二批农村初级电气县建设的有关规定。

3月29日 国家防汛抗旱总指挥部发出紧急通知，要求刘家峡水电站水库，从4月1日起至15日加大泄量到800m³/s，以缓解黄河下游断流缺水之急。今年黄河下游断流比1995年又有提前，自2月中旬以来即有部分河段出现断流。《通知》要求宁夏、内蒙古两自治区不得超前引黄灌溉，以保证河南、山东两省在关键时期用上这部分水。

4月4日 据《中国水利报》报道：长江科学院承担的6项国家“八五”科技攻关专题成果已分别由国家科委组织了鉴定验收，认为这6项成果均达到了国际先进水平，其中部分成果达到国际领先水平。6项成果是：①长江三峡工程坝区泥沙淤积对通航和发电的影响及防治措施优选研究；②三峡工程深水高土石围堰关键技术研究；③三峡工程下游河道演变及重点河段整治研究；④三峡船闸陡高边坡关键技术专题研究；⑤三峡工程建设关键技术研究枢纽布置及建筑物优化与深化；⑥三峡工程施工期导流与通航问题研究。

4月8日 三峡工程永久船闸二期地面工程正式开工。该船闸工程土石方开挖量2100万m³，混凝土浇筑量320万m³，金属结构安装5600t，是三峡三大主体工程之一，是2003年发电控制工程施工进度的关键项目，也是目前世界上规模最大、水头最高、技术最复杂的船闸工程。工程总投资21.2亿元，由武警水电指挥部中标承建。

4月9日 由中国技术进出口总公司和二滩水电开发有限责任公司联合承办的二滩水电站500kV GIS（气体绝缘全封闭组合电气设备）国际招标合同在北京人民大会堂签字。该电器设备通过国际招标采购，由日本住友商事株式会社代理的三菱电机中标，合同金额为5500万美元。

4月5～10日 国务院副总理邹家华率国家计委、国家开发银行、电力工业部、水利部及湖南省政府等部门负责人对湖南沅水流域进行了系统考察，并对开发沅水的原则作了讲话。4月9日，邹家华在长沙主持会议，研究沅水流域水电开发问题。沅水在湖南境内可开发的水能资源总量达460万kW，年发电量206亿kW·h。会议认为，沅水流域水电开发的条件比较好，各部门应予积极支持，要按照“流域、梯级、滚动、综合”的开发方针，加强领导、统筹规划、分工合作、共同努力，搞好沅水流域梯级水电开发。会议经过讨论，形成了《关于研究沅水流域水电开发问题的会议纪要》，国务院办公厅于1996年5月8日以国阅〔1996〕76号文印发。

4月9～11日 电力工业部在成都召开了1996年西藏电力重点工程会议，研究了羊卓雍湖、查龙等重点工程建设中存在的问题，并提出“九五”计划期间西藏电力工业发展要坚持“大力发展水电，积极稳妥地开发地热，努力推进太阳能利用，适当发展风力发电，因地制宜，多能互补，大中小结合，电网建设与电源建设同步，建设与管理并重”的方针。会议还提出了到2000年西藏电力装机要实现35万kW目标的措施。

4月16～19日 中国水利水电工程总公司在京召开了1996年工作会议。会议在总结“八五”期间工作成绩和经验的基础上，确定“九五”期间的奋斗目标和基本任务，部署了1996年的主要工作。“九五”的奋斗目标是：到2000年，全系统企业总产值要达到140

亿元，固定资产达70亿元，全员劳动生产率达9万元/人年，企业经营净利润3500万元，职工人均收入12000元/人年，年增长率分别为15%，11%，15%，15%，13%。

4月20日　国务院副总理邹家华视察了黄河小浪底枢纽工程工地。他在听取建设管理局领导人的工作汇报后指出：工程管理要实行项目法人责任制、建设监理制，与国际管理模式接轨，工程概算应执行“静态控制，动态管理”的原则。

4月25日　李鹏总理在国务院三峡工程建设委员会办公会议上作了《关于三峡水轮发电机组的招标问题》的重要讲话。

4月25～26日　电力工业部水电农电司在湖北清江隔河岩水电厂主持召开了水电流域滚动开发研讨会。会上，清江水电开发有限责任公司董事长汪定国详细介绍了清江成功滚动开发的经验，湖南五凌公司、广西桂冠公司、贵州乌江公司和华能集团四川分公司也分别介绍了沅水、红水河、乌江和川江支流滚动开发的现状及存在的问题，并研究探索了加快实现水电流域梯级滚动开发的正确途径和方法。

4月25～29日　中国三峡工程总公司在三峡工程工地召开审查会，审查通过了三峡工程大江截流与二期围堰招标设计报告。设计要求1997年汛后开始大江截流施工。

4月29日　庆祝“五一”国际劳动节大会在北京人民大会堂举行，会上水电行业有7名个人获“五一劳动奖章”。他们是：熊兆钰（湖北清江水电开发有限责任公司副总工程师）、丁建国（中国水利水电第八工程局凌津滩施工局工程队长）、康利元（中国水利水电第八工程局乌江机械厂班长）、陈笑霖（女，葛洲坝集团公司三峡工程指挥部总工程师）、楼志强（浙江金华市水电工程处队长）、乐法文（浙江龙泉市水电局总工程师）、董明坤（江西德兴市水电公司技师）。

5月2日　电力工业部上报国家计委，提出了湖南凌津滩水电站利用外资增装1台机组的意见。该电站1992年9月初步设计审查时，同意安装8台单机容量3万kW的贯流式机组，鉴于该电站预计2000年竣工，其设计水平年宜推后至2005年，原初步设计报告装机容量论证基础发生了变化，故增装1台3万kW机组是适宜的，可提高电站的水量利用率的5%。

5月14～15日　中共中央政治局常委、全国政协主席李瑞环考察了长江三峡工程。他深入施工现场，听取有关同志汇报后指出：三峡工程建设开局不错，建设顺利，并指示要高度重视库区移民安置和环境保护工作。

5月14～16日　电力工业部在太湖召开了全国农村电气化工作会议。会议总结了农电“八五”成就和经验，讨论了“县为实体”的农电体制改革问题，明确了“九五”的目标和任务。“九五”的主要目标是：到本世纪末，解决最后16个无电县通电问题，实现全国县县通电；再解决4000万无电人口用电，实现全国农户通电率95%以上。2010年远景目标是：全国农村基本实现电气化。

5月14～23日　电力工业部会同四川、云南两省人民政府及中国长江三峡工程开发总公司在北京主持召开了“金沙江向家坝、溪落渡水电站预可行性研究报告审查会议”，审查通过了两电站的预可行性研究报告。向家坝水电站系金沙江下游河段规划的最末一个梯级，位于四川省屏山县和云南省水富县交界的金沙江干流上，最大坝高151m，初拟装机容量600万kW，年发电量307.4亿kW·h。溪落渡水电站位于四川省雷波县和云南省水善县交界的金沙江干流上，初拟装机容量1440万kW，年发电量621.6亿kW·h。向家坝、溪落渡两电站分别由中南勘测设计研究院、成都勘测设计研究院负责勘测设计工作。电力部副部长查克明和总工程师周小谦分别在开幕式和闭幕式上讲了话。

5月16日　国家教育委员会通知电力工业部，同意武汉水利电力大学和葛洲坝水电工程学院合并，校名定为武汉水利电力大学。合并后的武汉水利电力大学校部设在武汉，分设宜昌分部。该校实行电力工业部和湖北省人民政府双重领导，以电力工业部为主的管理体制。

5月21～23日　国家计委、水利部联合在北京召开了全国农村水电暨第三批初级电气化县建设工作会议。22日，李鹏总理在人民大会堂接见了到会全体代表。会议期间，姜春云副总理到会作了重要讲话，水利部副部长张春园作了工作报告。《报告》中认真总结了农村水电电气化县建设取得的成绩，分析了存在的主要矛盾和问题，确立了“九五”农村水电电气化县建设目标。主要目标是：完成第三批300个县农村水电初级电气化县建设任务，实现水利系统新增水电装机1000万kW。会议还对在全国第二批农村水电初级电气化县建设中有功的115个单位和899位同志进行了表彰，分别授予先进集体和先进工作者的称号。

5月31日　中国长江三峡工程开发总公司、华中电力集团公司和葛洲坝水力发电厂在武汉进行了移交工作，自6月1日零时起，原由华中电力集团公司代管的葛洲坝水力发电厂正式划归三峡工程总公司管理。

6月2日　据《中国电力报》报道：国家计委公布了1996年重点建设项目名单，其中水电项目有长江三峡枢纽工程、十三陵抽水蓄能电站、天荒坪抽水蓄能电站、水口水电站、五强溪水电站、天生桥水电站二级、二滩水电站、羊卓雍湖抽水蓄能电站、李家峡水电站等

9个。

6月3日 中共中央总书记、国家主席、中央军委主席江泽民视察黄河小浪底枢纽工程，称赞小浪底是进行爱国主义教育的好场所。

6月7日 由中国工程院士和中国科学院院士分别评选的首届中国科技奖和1995年度陈嘉庚奖揭晓，并在两院院士大会上举行了颁奖仪式。水电水利方面获工程科技奖的有张光斗和严恺教授。

6月初 武汉水利电力大学夺得三峡工程爆破科研项目标。该校自1995年至今，共承担三峡工程科研项目40余项，经费超过1000万元，居全国高校和科研单位之首。

6月9～13日 由电力工业部水电水利规划设计管理局会同安徽省计委在芜湖市召开了装机容量100万kW的响水涧抽水蓄能电站可行性研究报告审查会议，参加会议的有各有关单位代表130余人。会议认为其深度已达到本阶段的要求，基本同意该报告。

6月10日 电力工业部以电技〔1996〕361号文印发了《贯彻中共中央国务院〈关于加速科学技术进步的决定〉的实施细则》。《细则》共计17条，其中心内容是要促进全国电力行业设计、建设、施工、生产、制造和经营全过程地依靠科技进步，并规定要多层次多渠道增加科技经费，力争全行业科技投入不少于年销售收入的1%。

6月14～18日 中共中央政治局常委、全国人大常委会委员长乔石，副委员长倪志福、李锡铭、王丙乾、王光英、布赫、铁木尔·达瓦买提及秘书长曹志等，考察了长江三峡工程。他们先后考察万县市云阳新县城等移民点，访问了已经搬迁的部分移民户，实地察看了建设工地及荆江大堤，并听取了三峡工程建设委员会及川、鄂两省领导有关情况汇报。乔石等一再强调，三峡工程是百年大计、千年大计，是造福子孙后代的事情，一定要千方百计建设好。

6月15日 葛洲坝水力发电厂与二滩水电开发有限责任公司签订了协议，葛洲坝水电厂以人才输出方式，全方位承担二滩水电厂筹建、运行及维护工作。

6月18日 经国务院批准，国家电网建设有限公司在京正式成立。该公司作为电网建设的业主，负责三峡输变电工程的投资、建设和管理，并保证三峡输变电工程与三峡工程同步建设；负责协调有关电网建设，进行跨大区电网、跨独立省网的联网工程管理等。公司注册资本为25亿元人民币。国务院任命李世忠为该公司董事长，周小谦为总经理。

6月19日 中国水利水电工程总公司为落实电力工业部开展的安全生产“五查”活动，从今年5月初开始，由系统抽调了10名安全处长，分4个组，分别对10个在建水电工程项目进行了安全检查，至6月19日结束。今年系统共发生职工生产性事故12起，死亡12人，分别比去年同期的24起、死亡26人减少了100%和117%。

6月20日 由上海电机厂、德国伏依特公司和西门子公司共同投资组建的上海希科新技设备有限公司在沪落成。该公司一期投资3000万美元，开发生产具有世界先进水平的抽水蓄能机组、贯流式机组、数字调整器等水电产品。首期年产水电设备容量65万kW。

6月24日 水电水利规划设计总院院长高安泽荣获“1995～1996年中央国家机关优秀党员行政领导干部称号”。

6月24日 中国三峡工程开发总公司在北京人民大会堂湖北厅召开了“三峡首批水轮发电机组招标发布会”，将14台70万kW机组的购置推向国际市场。

7月4日 山东省援藏项目塘河水电厂改建工程通过专家验收并移交生产。该电站位于日喀则市西北47km处，装机容量6400kW，是日喀则地区目前最大的电站。改建后的水电站由径流引水式变成日调节引水式电站。改建工程总投资为7850万元。

7月15～17日 电力工业部在北京召开全国电力系统双文明单位表彰及经验交流会议，186个单位获首批“双文明单位”荣誉称号，其中水电方面有桓仁水电厂等35个单位。

7月19日 国家科委在京主持召开的“八五”国家重点科技攻关“三峡工程和长江治理开发科学技术研究成果汇报会”上，8名专家分别对7个专题的科技研究成果进行了汇报。在全部7个课题、38个专题、200多个子题的科学技术研究中，已有29个专题的成果通过鉴定、评审和计划验收，达到国际先进水平。

7月27日 电力工业部副部长汪恕诚在《中国电力报》上发表了《水电发展的出路何在?》的文章，分析了当前我国水电发展的现状和存在的主要问题，并从宏观政策上提出了自己对加快发展水电的思路、措施和建议，其中提出一个重大战略举措是争取按总发电量每千瓦时提取2分钱作为“中央水电建设专项基金”，用于发展水电和“西电东送”工程。

7月27日 湖南省委、省政府召开五强溪、柘溪水电站库区工作会议，会议高度评价了五强溪、柘溪、凤滩3座水电站职工在1996年抗洪抢险中所做的突出贡献。其中五强溪水电站，在7月中旬沅水流域连降暴雨时，库区最大暴雨量达400mm，最大洪水流量达40000m^3/s，水库拦洪20亿m^3，削减洪峰13600m^3/s，有效地减轻了沅水尾闾和洞庭湖区的洪水灾害，取得了巨大的社会效益和经济效益。

7月29日 电力工业部以电安生〔1996〕484号文颁发了《水电厂“无人值班”（少人值守）的若干规定

(试行)》,自颁发之日起试行。并明确白山、隔河岩、柘溪、鲁布革、万安、紧水滩、葛洲坝大江电厂、龚嘴、映秀湾等9座水电站为第二批“无人值班”(少人值守)试点单位。

7月30日 电力工业部以电技〔1996〕495号文印发了《电力工业“九五”科技发展纲要》。《纲要》中对电力科技“九五”发展的指导思想和基本原则、发展目标和任务、发展重点等方面，都作了全面的阐述和规定。

8月10日 三峡工程施工区交通要道——西陵长江大桥建成通车。大桥位于坝址下游4.5km处，跨越三峡枢纽的船闸引航道、隔流堤和长江主航道,全桥总长1118.66m。

8月15日 《水力发电》杂志1996年第8期出版，本期为《西北勘测设计研究院“八五”国家重点科技攻关成果专辑》。《专辑》全面介绍了西北院承担的“坝体、库水和坝基相互作用动静力分析研究”、“岩质高边坡开挖及加固措施研究”、“高水头、大流量泄洪消能研究”等3个专题62个子题的研究成果，其中“岩质高边坡开挖及加固措施研究”达到整体国际领先水平，另两个专题达整体国际先进、部分国际领先水平。

8月15日 为了提高水电建设工程验收工作质量,加快验收工作进程,电力工业部向有关单位印发了《水电建设工程竣工验收工作的改进意见》。

8月15～24日 以电力工业部副部长陆延昌为团长、武警水电指挥部政委刘源为副团长的电力部赴藏考察团,对西藏自治区的电力生产、建设、管理等进行了为期10天的全面考察。考察期间,与自治区党政领导就西藏电力发展的一些情况交换了意见，经过商谈，最后形成了《关于加快发展西藏电力工业商谈纪要》。《纪要》明确了“九五”期间西藏电力发展的方针和目标。

8月23日 电力工业部以电安生〔1996〕572号文颁发《电力行业一流水力发电厂考核标准》(试行)。

8月23日 青海尼那水电有限责任公司挂牌成立。该公司由青海省投资公司、青海电力公司、水电第四工程局、西北勘测设计研究院、黄河上游水电建设工程局等5个单位共同发起成立,注册资金3亿元。尼那水电站装机容量16万kW，动态投资12亿元，力争1996年12月开工，1999年第一台机组发电。

8月26日 电力工业部在京召开了全国电力建设暨控制造价工作会议。会议在全面总结“八五”电力建设基本经验的基础上,提出了《关于促进电力建设两个根本性转变,完成“九五”建设任务的若干意见》。在严格控制工程造价方面,要在实行静态控制、动态管理的基础上，逐步过渡到以上网电价为主来控制工程造价，并与限额设计和全过程招投标相配套的新的控制机制。

8月30日 青海大干沟水电站开工建设。该电站是格尔木河实行梯级、滚动开发的第三座电站,安装两台机组,总容量2万kW,年发电量1.17亿kW·h,工程总投资1.95亿元。格尔木河位于柴达木盆地，在其中游段布置7级水电站，总装机容量11.3万kW，年发电量6.1亿kW·h。青海省水利厅按照“流域、梯级、滚动、综合”开发的方针，组建了格尔木河水电综合开发公司。目前已建成两座水电站,总装机容量4.1万kW。

9月1日 全国政协副主席钱正英写信给国务院副总理邹家华并要求报李鹏总理，反映近年来水电比重不断下降、开工项目严重不足的问题,呼吁尽快扭转这种局面。

9月2日 电力工业部部长史大桢在部会议室会见了美国田纳西流域管理局(TVA)代表团，双方就电力合作与发展问题进行了交谈,并签订了《合作谅解备忘录》,由史大桢部长和田纳西流域管理局董事长克罗维尔分别在备忘录上签了字。

9月3日 电力工业部部长史大桢在“东北地区经济发展座谈会”上作了《我国电力工业规划与东北电力的发展》的发言。《发言》中在谈到东北地区水电的发展规划时说：要加快建设牡丹江及黑龙江支流的水电站和对现有水电站的扩机增容，适时建设抽水蓄能电站,远期水电主要对黑龙江干流进行滚动梯级开发。“九五”期内要继续建设松江河梯级、丰满扩机、牡丹江莲花等水电站，2000年要着手对黑龙江干流梯级进行优化后开发。

9月3～4日 中美“水、能源与机会”研讨会在北京举行。9月3日晚,中华人民共和国水利部与美利坚合众国田纳西流域管理局(TVA)合作谅解备忘录签字仪式在人民大会堂举行，由中国水利部部长钮茂生和田纳西流域管理局董事长克罗维尔分别在备忘录上签了字。双方将主要集中在汉江流域的规划与管理、水利部门现有水力发电厂设备的改造与自动化，以及水电管理人员培训等三个方面进行合作。

9月8日 目前世界上水利水电工程最大的人工碎石加工系统——三峡古树岭人工碎石加工系统建成投产。该系统座落在左岸永久船闸与临时船闸之间,承担三峡一、二期左岸1934万m^3混凝土所需粗骨料供应任务。系统处理能力为2540t/h。由葛洲坝工程集团用18个月时间建成。

9月11～12日 电力工业部在京召开“人才援藏工作总结表彰会”，表彰了自1984年以来对在人才援藏工作的组织、领导工作中做出重大贡献的先进单位和个人。水电方面获“人才援藏先进单位”称号的有丰满、太平哨发电厂，西北勘测设计研究院、成都勘测设计研究院，水电第七工程局、水电第十工程局，武汉水利电力大学，成都水力发电学校等。

9月17～18日 由原武汉水利电力大学与葛洲坝水电工程学院合并组建新的武汉水利电力大学分别在武汉市和宜昌市举行挂牌仪式。原武汉水利电力大学为武汉校区，原葛洲坝水电工程学院为宜昌校区，总部设在武汉。新组建的武汉水利电力大学的发展目标是：到2000年，通过深化改革，调整专业结构，加强水电、电力等重点学科和学科群的建设，提高办学水平，跻身国家“211”工程（即到21世纪在全国办好100个重点高等院校）。

9月22～23日 中国水利水电工程总公司在京召开了贯彻GB/T19000—ISO9000—94质量管理和质量保证标准研讨会，总公司所属工程局分管副局长、总工程师及有关部门人员参加了会议。通过研讨，与会代表就“贯标”工作的重要性等取得了共识。

9月24～26日 电力工业部在北京召开了水电建设工程质量管理工作会议，来自建设、设计、监理、施工单位的100多名代表参加了会议。汪恕诚副部长在会上的讲话中，列举了近年来几个工程暴露出的严重的质量问题。这些质量事故不仅增加了工程投资，而且造成了损失，应引为沉痛的教训。他提出要把工程质量当作水电事业的生命，坚持改革，加强管理，依靠科技，努力提高水电工程质量。会议还通过了《水电工程质量管理办法》、《水电机组移交生产达标考核评定办法》两个文件。

9月30日 四川石板水水电站第一台1万kW机组并网发电。该电站位于涪陵地区丰都县境内，是长江支流龙河流域开发的第七级电站。电站装机容量11.5万kW(3×3.5+1)。大坝为全断面碾压混凝土重力坝，最大坝高84m，比贵州普定碾压混凝土拱坝高9m。

10月3日 电力工业部以电安生〔1996〕658号文颁发《水电站大坝安全注册规定》。

10月5日 黄河小浪底枢纽导流洞开挖工程竣工。该工程由3条隧洞组成，全长3388m，开挖直径16.4m，洞身与3条大断层交汇，地质情况复杂，施工难度极大。承建该工程的中德意联营体（CGIC）由于种种原因，进度迟缓，自1994年开工至1996年1月的1年多时间里，竟拖后工期8个月，将影响1997年的工程截流。为了解决这一问题，从1996年2月8日开始，由中国水电第一、三、四、十四工程局组成的联营体（OTFF）对导流洞工程实行劳务总承包，经过采取措施，精心施工，提前实现了赶工计划。

10月7～10日 广州抽水蓄能电站一期工程经过国家验收委员会根据部颁规程对工程进行的全面检查后，正式通过验收。验收委员会认为，广蓄电站一期工程取得了工期短、质量好、投资省、效益高的成果，并创造了单机容量30万kW可逆式发电机组年安装4台、投产3台的全国纪录，多项工程技术达到了国际先进、国内领先水平。

10月11～14日 电力工业部在山东济南召开了全国电力工业技术改造与技术进步工作会议。会议总结了“八五”期间电力技术改造取得的成果，明确了“九五”期间的主要目标。“八五”期间在水电技术改造方面，已有40个水电厂的水库建立了水情自动测报系统，占水电厂总数的40%，水能利用率提高了3%。通过对水轮机和发电机的改造，水电厂增加出力42.3万kW，提高效率2%～4%。“九五”期间，对有季调节水库的水电厂要基本实现水情自动测报，部分水电厂达到无人值班（少人值守）的条件。

10月14～24日 中国科学院院士、中国工程院院士近30人，对北京、陕西、新疆等地的部分电力、水电部门进行了考察。通过考察认为，要加快西北地区经济发展，首先必须加快电力发展。并就电力系统科研人才培养、加快黄河中上游水电的滚动开发等问题提出了指导性的意见和建议。

10月17～20日 国务院总理李鹏先后在四川重庆、涪陵、万县，湖北秭归、宜昌和三峡工程工地进行考察，实地了解了几年来三峡库区移民工作进展情况和三峡工程进展情况，并多次召开座谈会，就有关问题进行了认真研究，其间于10月20日出席了在宜昌市召开的国务院三峡工程移民暨对口支援工作会议，就三峡工程移民问题发表了重要讲话。

10月20日 国家开发银行与中国长江三峡工程开发总公司300亿元人民币借款合同和三峡工程首批水轮发电机组对外融资委托协议书签字仪式在宜昌举行。此次所签300亿元借款合同，由国家开发银行自1994年起至2003年每年安排30亿元。另外，国家开发银行还承担三峡工程左岸电厂全部14台水轮发电机组的对外融资工作。

10月23～28日 电力工业部在北京召开科技进步奖评审委员会会议，评审出1996年度电力系统科技进步奖获奖项目103项（一等奖4项，二等奖29项，三等奖70项），其中水电方面获奖项目31项（一等奖2项，二等奖15项，三等奖14项），“普定碾压混凝土拱坝筑坝新技术研究”、“岩质边坡稳定分析方法和软件系统”获一等奖。

10月24日 富春江水电设备总厂经法国国际检验局和浙江质量体系审核中心的联合审核，获得了两张ISO9001质量体系认证证书。同时该厂还获得德国、荷兰、澳大利亚、新西兰等国的质量体系认证证书。

10月28日 电力工业部批复了安徽响水涧抽水蓄能电站可行性研究报告审查意见。该电站位于繁昌县境内，装机容量100万kW（4×25万kW），年发电量17.4亿kW·h，承担华东电力系统的调峰、填谷、调频等任务。

10月 水利部批准颁发《小型水电站施工技术规范》、《小型水电站建设工程验收规程》、《小型水电站初步设计报告编制规程》等3个行业标准，并批准于1996年11月1日、12月1日及1997年1月1日起施行。

10月28日 国务院副总理朱镕基视察四川二滩水电站时表示："我同意你们在雅砻江进行滚动开发。这里水能资源丰富，经济指标又这么优越，应该很好地开发利用。"这样一条河流一定要不断开发下去，实现这一点得靠大家努力。"

10月29日 浙江湖南镇水电站扩建的1台10万kW机组并网发电。湖南镇水电站原有装机容量17万kW（4×4.25万kW），加上这次扩建的10万kW，现装机总容量达27万kW。

10月29日～11月2日 由中国水力发电工程学会和中国长江三峡工程开发总公司联合主办的'96国际水电会议在北京召开，来自包括中国在内的19个国家和地区的近200名专家、学者参加了会议。会议收到论文143篇，就水电环境与经济发展、水力机械与电气设备、水电项目规划与水力学、水电项目设计与建设等各个方面进行了交流和研讨。

10月29日～11月2日 第六届国际能源（电力）及供应技术和设备展览会在北京国际展览中心举行，来自包括中国在内的20多个国家和地区的200多家公司和厂商参加了展览，主要展出水电、火电、核电、热电及风能、太阳能、潮汐能发电设备、输配电设备，以及技术、控制和测试设备、仪器等，展出面积近1万m^2。

11月1～3日 全国政协副主席钱正英视察了长江三峡工程工地。她充分肯定了几年来三峡工程建设所取得的成绩，并对今后工作提出了指导性的意见和建议。

11月2日 三峡二期工程大坝及厂房混凝土第二批主要施工设备合同签字仪式在北京举行，受委托的中国华润总公司与美国罗泰克公司签订了采购塔带机的合同，合同总金额为3000万美元。

11月2日 电力工业部副部长汪恕诚在清江隔河岩水电站召开的水电建设管理专业委员会'96年会上作了题为《坚定不移地把改革进行下去》的讲话。讲话较透彻地分析了我国电力工业体制改革的理论基础、特点、模式等，最后归结其核心是推行"独立电厂"(或称独立发电公司)。独立电厂是具有独立法人的经济实体，它与电网的关系是买电与售电的关系，从而为电力工业和水电建设体制深化改革指明了方向。

11月13～14日 电力工业部在广州抽水蓄能电站(简称广蓄电站)召开了水电站运行管理经验交流会议。会议对广蓄电站运行管理经验作出较高评价，目前该厂只有88人，平均每万千瓦0.8人，在我国水电厂行列中居首位，也达到了国际同类电厂的先进水平，并荣获国际五星级标准的"三星级"证书。会议号召全国各水电厂都要学习广蓄电站的管理经验，争取在本世纪内有更多的水电站进入一流企业的行列。

11月20日 湖南凌津滩水电站实现二期截流。其截流规模与五强溪水电工程相当，截流设计流量为600m^3/s，抛投强度为720m^3/h，截流于11月2日预进占，11月6日遭遇沅水突发洪水，流量达6300m^3/s，为设计截流量的10倍。施工单位为水电第八工程局。

11月29日 福建水口水电站7号20万kW机组通过72h试运行，正式并网发电。至此，该电站总容量140万kW（7×20万kW）全部建成投产。该电站自1987年3月9日开工以来，于1989年9月25日按合同日期实现大江截流，1993年8月8日第一台机组投产发电，1994年2月、8月、12月取得连续投产3台机组的可喜成绩，1995年11月、12月，5号、6号机组又相继投产，实现了高质量、高速度、高效益。承担电站全部机组安装任务的为水电第四工程局安装分局。

11月29日 国务院总理李鹏、副总理吴邦国视察了浙江天荒坪抽水蓄能电站工地，陪同视察的有电力工业部部长史大桢、国家开发银行行长姚振炎等有关部门负责人。

12月6日 二滩水电站工程在施工中，12月5日夜班和6日白班连续24h，一标混凝土日浇筑量达10324m^3，这是一标承包商意大利英波吉洛公司在世界各工程点上创下的最好记录。该电站工程1996年混凝土施工连创佳绩：10月份创月浇筑混凝土21.6005万m^3全国最高记录之后，11月份又创23.5190万m^3新的全国最高记录。

12月7日 国务院以国发〔1996〕48号文发出《关于组建国家电力公司的通知》。《通知》指出：国家电力公司由国务院出资设立，采取国家独资的形式，是经营跨区送电的经济实体和统一管理国家电网的企业法人，按企业集团模式经营管理。随《通知》还发出了《国家电力公司组建方案》和《国家电力公司章程》。

12月8日 黄河大峡水电站第一台7.5万kW机组通过72h试运行，比国家审定工期提前半年发电。该电站装机容量30万kW（4×7.5），是黄河上游"小三峡"(大峡、小峡、乌金峡）的龙头工程。1991年10月15日开工，在业主单位——甘肃小三峡水电开发有限责任公司和建设单位——大峡水电总厂的精心组织下，实施项目管理，施工单位——水电第三工程局按项目法组织施工，从而保证了工程建设计划的顺利进行。

12 月 12～13 日 亚洲开发银行澜沧江——湄公河区域电力论坛第三次会议在昆明市召开。来自泰国、柬埔寨、老挝、缅甸、越南及中国 100 余名代表参加了会议。电力部副部长汪恕诚在会上讲了话，表示欢迎各国与我国有关方面对以澜沧江——湄公河为中心的次区域进行合作开发，以达到互相促进，共同发展的目的。

12 月 14 日 电力工业部发出通知，命名广州抽水蓄能水电厂为“一流水力发电厂”，并向其颁发了奖牌和证书。这是我国目前唯一的获得此荣誉称号的水力发电厂。

12 月 15 日 四川东西关水电站最后一台 4.5 万 kW 机组并网发电，至此，华能集团在四川投资建设的一期水电工程 4 个项目——太平驿（26 万 kW）、东西关（18 万 kW）、铜头（8 万 kW）、雨城（6 万 kW），总装机容量 58 万 kW 全部建成投产。

12 月 17 日 国家科技进步奖奖励大会在京召开，水电方面有 4 个项目获奖，其中：“龙羊峡水电工程水库滑坡和坝基断层带破坏标准和安全预报方法”获二等奖；“高坝地基处理技术研究”、“天生桥二级水电站引水隧洞不良地质段高压固结灌浆和锚杆快速施工”、“清江隔河岩电站引水隧洞预应力混凝土衬砌”获三等奖。

12 月 18 日 电力工业部以电水农〔1996〕876 号文颁发了《水电工程建设经济合同争议调解暂行规则》，自颁发之日起施行。另电力部决定成立“水电工程建设经济争议调解中心”，业务上受电力部水电开发和农村电气化司领导。

12 月 19 日 中国年鉴研究会在北京国内贸易部三楼会议室举行了中央级年鉴评比颁奖大会，水电方面有两家年鉴获奖，其中《中国水力发电年鉴》第四卷（1992～1994）获一等奖，《中国三峡建设年鉴》获二等奖。

12 月 21 日 湖南五强溪水电站最后一台 24 万 kW 机组并网发电，至此，总装机容量 120 万 kW（5×24 万 kW）全部建成投产。五强溪电站于 1986 年 7 月复工建设，1994 年 12 月 25 日第一台机组投产，自第一台机组发电至全部建成投产仅 2 年时间，创造了高速、优质、高效的“成功范例”，并为沅水流域梯级滚动开发形成了有利态势。

12 月 22 日 国务院副总理吴邦国一行 46 人考察了长江三峡水电工程。

12 月 25 日 全国政协副主席钱正英再次就水电比重不断下降、开工项目严重不足问题给国务院副总理邹家华写了信。邹副总理批示国家计委领导研究，并要求计委汇报研究情况。

12 月 28 日 黑龙江莲花水电站第一台 13.75 万 kW 机组并网发电，比国家审定的计划工期提前两年。该电站装机容量 55 万 kW，位于牡丹江中游、北纬 45 度线上，属北方严寒地区，自然条件对工程施工不利，但自 1992 年 11 月 13 日开工至第一台机组投产仅用了 4 年时间，受到电力工业部和黑龙江省政府的高度评价。

12 月 29 日 四川宝珠寺水电站第一台 17.5 万 kW 机组并网发电。该电站装机容量 70 万 kW 是我国最后一个指令性水电建设项目，由水电第五工程局总承包施工，1985 年 1 月开工。

（王波编写 张培基 陈叔康 陈上奎审核）

1997年

1 月 8 日 国务院副总理邹家华听取了国家计委关于“九五”水电计划衔接设想的汇报，并研究了有关水电发展的问题。

1 月上旬 电力工业部在四川峨眉山市召开了全国水电厂机电设备改造研讨会，全国各水力发电厂和有关单位专家 170 余人参加会议。会议的议题是：依靠科技进步，运用新技术、新材料、新工艺，更新改造现有水电厂的机电设备，以确保安全，提高设备健康水平和出力。

1 月 14 日 国家计委副主任马凯等一行考察四川二滩水电站工地，高度评价二滩工程是“改革开放搞活的教科书”，是“现代企业制度改革和投资体制改革的样板”，提出要认真总结和推广二滩工程前进过程中运行机制的经验。

1 月 15 日 电力工业部以电安生〔1997〕25 号文颁发了《水电站大坝安全管理办法》。该办法共 7 章 46 条，规定了大坝安全实行业主（项目法人）责任制，并应在设计、施工、运行、管理全过程中得到保证，以及各有关单位对勘测、规划设计、工程建设、工程竣工后等阶段应负的责任。对大坝安全监察中心、主管单位、设计与施工单位及水电分厂等，也规定了主要职责。

1 月 16 日 国家电力公司成立大会在人民大会堂举行。江泽民主席、李鹏总理为国家电力公司题词。江泽民的题词是：“发展电力工业，为国民经济持续、快速、健康发展和社会进步做出新贡献。”李鹏的题词是：“组建国家电力公司，深化经济体制改革，促进电力工业发展，当好国民经济先行。”吴邦国副总理在公司成立大会上做了重要讲话。史大桢兼任国家电力公司总经理，赵希正、查克明、陆延昌、汪恕诚兼任副总经理。

1 月 16～18 日 全国电力工作会议在京召开。这次会议的中心议题是：认真贯彻落实党的十四届五中、六中全会和经济工作会议的精神，研究电力工业体制改革的性质，部署1997年电力系统的重点工作。史大桢部长在会上作了《推进“两个根本性转变”，加强精神文明建设，齐心协力完成电力工业管理体制的重大改革》的报告，赵希正副部长做了总结发言。

1月17日 电力工业体制改革座谈会在中南海国务院会议室举行，李鹏总理在会上作了重要讲话。他说：组建国家电力公司是深化经济体制改革的需要，有利于调动各方面的积极性，更好地发挥电力工业在国民经济中的先行作用。在谈到优化电力结构问题时，李鹏指出：“根据我国能源资源的分布状况，要逐步加大水电的比重和坑口电站的比重，为此，必须加强跨地区电网的建设”。

1月20日 电力工业部以电经(97)35号文批准，同意四川电力股份有限公司出资42615.12万元购置南桠河发电厂全部资产。南桠河电厂全部资产产权自1997年元月1日起划归四川省电力股份有限公司。南桠河电厂位于四川省石棉县境内，装机12万kW，年平均发电量5.4亿kW·h。

1月20～22日 电力工业部在京召开全国电力单位“青年文明号”表彰大会，表彰了40个“青年文明号”工程和40支“优秀青年突击队”。其中水电系统“十三陵抽水蓄能电站引水道上斜段压力钢管制作工程”等10个工程为全国电力“青年文明号”工程，水电第一工程局机电安装分局十三陵抽水蓄能电站压力钢管制造安装青年突击队被评为全国电力“优秀青年突击队”。

2月13日 黄河李家峡水电站1号40万kW机组并网发电。该电站位于青海省尖扎县和化隆回族自治县境内的黄河干流上，总装机容量200万kW（5×40万kW）。电站于1987年7月经国家计委批准兴建，1991年10月截流。工程静态投资（按1991年价格水平）为31.5亿元，由国家贷款80%，陕甘宁青4省（区）集资20%。电站业主单位为西北电管局，黄河上游水电工程建设局作为业主代表行使建设职能。设计单位为西北勘测设计研究院，中国水电第四工程局在招标中中标承担施工，经历了10年艰辛，于1996年12月26日下闸蓄水一次成功。

2月15日 电力工业部颁发《电力工业利用国际金融组织和外国政府贷款项目设备国际竞争性招标暂行办法》和《外商直接投资电力项目设备国际招标采购暂行办法》。

2月18日 武汉水利电力大学董事会成立，探讨了产、学、研结合之路。会上，华中电力集团公司与武汉水利电力大学签订了《科技合作协议书》，武汉水利电力大学所需的1018万元科研经费由华中电力集团公司提供。董事会名誉董事长是潘家铮、薛禹胜、文伏波、谢鉴衡，董事长是华中电力集团公司总经理林孔兴，常务副董事长是武汉水利电力大学校长龚洵洁，另有副董事长16位。

2月25日 国务院正式印发了《水利建设基金筹集和使用管理暂行办法》，决定建立中央和地方两级水利建设基金。随后，财政部、国家计委、水利部又出台了《中央水利建设基金预算管理暂行办法》，财政部印发了《中央水利建设基金财务管理暂行办法》。

2月底 电力工业部批转了东北太平湾电厂长甸水电站实行“无人值班”（少人值守）的验收意见，并对水电厂开展此项工作提出了具体要求。长甸水电站“无人值班”（少人值守）运行一年来，太平湾电厂远方控制该站两台机组，1号机组开停机成功率分别为99.57%和100%，2号机组开停机成功率分别为99.48%和100%，成为国产机组利用国内自行开发研制的计算机远方监控系统，第一个实现远方监控的“无人值班”（少人值守）水电站。

3月4日 福建棉花滩水电站项目利用外资协议签订。棉花滩水电站装机60万kW，由亚洲银行贷款1.7亿美元。此款经国家核准，由中国人民银行转贷给福建省电力局（项目贷款执行机构）。福建省人民政府为该项贷款提供担保，该项贷款再转贷给福建省棉花滩水电站开发有限公司。贷款期限为25年。

3月5日 八届全国人大五次会议、全国政协八届五次会议新闻中心举行“三峡工程”专题记者招待会，国务院三峡工程建委会负责人郭树言、陆佑楣、漆林就三峡工程的投资控制、移民安置、文物保护、环境影响、长江航运、大江截流等方面回答了中外记者提问。

3月5日 电力工业部发出《关于将电力工业部所属企事业单位划归国家电力公司的通知》。划入国家电力公司的水电系统单位有：中国水利水电工程总公司及其所属工程局，中国葛洲坝水利水电工程集团公司，水电电水利规划设计总院及其所属院、所，有关大学、学院。

3月6日 湖北省重点工程白水峪水电站下闸蓄水。该电站建在湖北省谷城县的汉江支流上，装机容量4.5万kW（3×1.5万kW）。

3月6～10日 黄河西霞院水利枢纽可行性研究报告在郑州进行了审查。审查会基本同意该可行性研究报告。该枢纽位于河南省境内黄河干流上，上距小浪底工程16km，下距花园口111.8km，控制流域面积69.46万km^2，是对小浪底电站进行反调节、以发电为主、兼顾供水、灌溉等综合效益的工程。水库正常蓄水位134m，总库房1.62亿m^3，坝高20m，装机容量21万kW，年发电量6.3亿kW·h，灌溉面积113.8万亩。

3月9日 “金沙江向家坝和溪落渡水电站综合比选阶段工作委托合同”签字仪式在北京举行。中国长江三峡工程开发总公司总经济师张宝声、水电水利规划设计总院院长高安泽在合同书上签字。向家坝和溪落渡水电站由中国长江三峡工程开发总公司负责滚动开发，目前由中南勘测设计研究院、成都勘测设计研究院分别进行前期工作。合同委托水电水利规划设计总院组织开展两电站的综合比选工作，其内容包括：比选阶段的勘测设计、两电站对三峡工程梯级补偿效益分析、两电站供电范围与送出工程及送电效益分析、滚动开发两电站的资金承受能力与筹资方案研究及综合比选等，权衡各种因素，合理安排建设的先后顺序。

3月13日 国家计委对基本建设大中型项目的开工条件作出规定。开工条件包括：项目法人已经设立、项目初步设计及总概算已经批复、项目资本金和其他建设资金已经落实、项目施工组织设计大纲已经编制完成、项目法人与项目设计单位已签订设计图纸交付协议、项目施工监理单位已通过招标选定、项目征地、拆迁和施工场地“四通一平”工作已经完成、项目建设需要的主要设备和材料已经订货等。

3月20日 电力工业部印发《关于外商投资电力项目的若干规定》。该规定是在《电力建设项目利用外资暂行规定》基础上制定的，分9章38条，其内容包括外商投资范围和方式、项目审查、设备采购和外汇、上网电价及电量、监督管理等。

3月20日 小浪底工程引进机电设备外资转贷协议由水利部与国际开发银行在京签订。小浪底工程利用世界银行贷款10亿美元，引进机电设备利用国外贷款和融资1.09亿美元，实行国际招标。计划电站第一台机组1999年底发电。由美国伏伊特公司中标的水轮机制造，已具备模型试验条件，引进电气设备的采购标书已经发售。

3月23日 我国首家被电力工业部授予“一流水力发电厂”的广州抽水蓄能水电厂举行揭牌仪式，电力工业部部长史大桢、广东省常务副省长张高丽等出席了仪式。

3月28日 国家计委下达了1997年国家重点建设项目名单，35项电力项目被列为1997年国家重点建设项目，其中水电重点工程有：长江三峡工程、北京十三陵抽水蓄能电站、浙江天荒坪抽水蓄能电站、天生桥水电站二级、四川二滩水电站、西藏羊湖抽水蓄能电站、青海李家峡水电站、四川宝珠寺水电站、广州抽水蓄能电站二期工程、天生桥水电站一级等10项。

4月4日 由昆明勘测设计研究院设计的南盘江红石岩电站在昆明通过了可行性研究报告审查。红石岩电站位于南盘江中游河段，设计水头38.8m，装机容量4×1万kW，年平均发电量1.4676亿kW·h。

4月17日 电力工业部在京单位精神文明建设等项工作受到表彰。电力部机关、水电水利规划设计总院和武警水电指挥部荣获“中央国家机关文明单位”和“首都文明单位”称号；北京勘测设计研究院等单位被评为中央国家机关文明单位和中央国家机关先进集体。

4月21日 电力工业部发布了《水力发电厂计算机监控系统设计规定》(DL/T5056—1996)、《水力发电厂水力机械辅助设备系统设计技术规定》(DL/T5066—1996)、《交流电气装置的过压电压保护和绝缘配合》(DL/T620—1997) 3项行业标准。

4月22日 电力工业部颁发了《水电建设工程质量管理暂行办法》，其主要内容包括：总则、建设各方职责、设计质量管理、施工质量管理、施工质量检查与工程验收、质量监督、工程质量事故、经济奖罚、附则等共9章63条。

同日电力工业部颁发了《水电建设工程安全监定暂行规定》。

4月22～25日 中国水利水电工程总公司1997年工作会议在京召开。电力工业部副部长汪恕诚出席会议并讲话，提出了水电施工企业改革的十个要点。总公司总经理孙玉才作了工作报告。1996年全系统完成总产值77亿元，全员劳动生产率达到50180元/(人·年)，实现净利润2512万元，全系统实现了连续三年无亏损单位的目标。会议提出，要增强市场观念，深化内部改革，1997年的主要经济技术指标是：企业总产值86亿元，全员劳动生产率达到56000元/(人·年)，职工平均收入8000元/(人·年)，实现利润总额2700万元，国有资产保值增值率不低于100.65%。

4月23～26日 混凝土面板堆石坝技术交流会在天生桥一级水电站工地举行，有41个单位92人参加了会议。天生桥一级水电站面板堆石坝的坝高和规模都居世界前列，到会代表听取了工程设计、施工、科学研究等方面的报告，参观了工地，进行了讨论，并对工程提出了许多意见。

4月30日 广东英德白石窑水电站首台机组并网发电。该电站位于北江干流中游，于1992年8月动工兴建。电站安装4台国产灯泡贯流式机组，总装机容量7.2万kW (4×1.8万kW)，平均年发电量2.78亿kW·h；同时渠化北江航道42.8km，使通航能力从50t级提高到200t级；并可灌溉农田11000亩。电站总投资6.8亿元，由中国水利水电第八工程局承建。

5月1日 长江三峡工程右岸导流明渠破堰过流。导流明渠轴线全长3410.3m，底宽350m，渠底高程58m，开挖土石方2238万m^3，其开挖量占三峡工程总开挖量1/3。它主要担负三峡二期主体工程施工期间导流和通航任务。大江截流后，它将承担江水下泄和

2万 m^3/s 以下流量时船舶的通航任务，使用期5年。

5月1日 天生桥一级水电站混凝土面板堆石坝第一期面板浇筑工程竣工。大坝整个面板分三期建设，第一期面积为 $28405.92m^2$。

5月2日 中央机构编制委员会发文，批准了《国家电力公司编制方案》及《电力工业部职能、机构、编制调整方案》。国家电力公司本部定员460人，机构设置为一厅四部九局一中心，即办公厅、直属机关党委（加挂企业思想政治工作办公室牌子）、计划投资部、财务与资产经营部、人事劳动局、政策与法律事务局、安全运行与发电输电部、工程建设局、农电发展局、水电与新能源开发局、科技教育局、国际合作局、审计局、国家电力调度通信中心、机关事务局。电力部定员60人，机构设置为办公厅，规划计划司，综合管理司，纪检、监察机构，人事司、国际合作司和农村电气化司保留名称和印章。

5月2～6日 溪落渡水电站坝线选择报告通过审查。经审查会综合分析，一致同意成都勘测设计研究院推荐的坝线作为选定坝线。

5月6～7日 ’97海峡两岸三峡工程技术研讨会在三峡工地召开。近百名海峡两岸学者、专家及工商界人士将45篇学术论文提交大会，围绕三峡工程长江截流技术、大坝混凝土浇筑和生态环境三个主题进行学术交流。港台学者、专家提出了不少有实用价值的建议。

5月8日 葛洲坝股份有限公司股票在上海证券交易所上市发行，发行数量为1.9亿股。这是中国水电建设行业的第一支股票。葛洲坝股份有限公司是1996年12月经电力工业部批准，由中国葛洲坝水利水电工程集团公司作为独家发起人，在湖北宜昌市设立的。该公司的总股本为4.9亿股，其中国有法人股3亿股，社会公众股1.9亿股。此次发行股票所募集的11亿余元资金将用于购置三峡工程建设所需的先进技术与设备。

5月9日 以中国工程院副院长潘家铮为组长的专家组一致通过武汉水利电力大学“211工程”立项审核。“211工程”是国家教委组织确定的一项重大教育工程，即到21世纪，全国建立100所国家级重点大学。根据武汉水利电力大学“211工程”建设项目可行性研究报告”，“九五”期间，该校“211工程”建设需投入4.8亿元，主要用于提高教学、科研的整体水平和基础设施建设，到本世纪末，争取2～3个学科接近或达到国际先进水平。

5月11日 原水利电力部副部长张彬同志因患癌症在北京逝世，终年85岁。张彬同志是江苏省松江县人，1938年2月参加革命，1938年7月加入中国共产党，曾任张家口下花电厂厂长，电力部建设总局局长，水利电力部副部长，电力工业部副部长、党组副书记，水利电力部顾问等职。1993年3月离职休养。

5月19～22日 中国能源研究会在湖北宜昌召开了工作会议，理事长黄毅诚主持了会议。参加会议的有33人。专家们认为，水电大发展势在必行。发展水电的关键是实行合理的电价，即水电火电都实行相同的上网电价。保障水电的发展是实行中国能源可持续发展战略的重要措施。

5月19～31日 由中国大坝委员会主席、中国工程院副院长潘家铮率领的中国代表团一行20人，参加了在意大利佛罗伦萨市召开的国际大坝委员会第65届年会和第19届大会，我国张津生被选为国际大坝委员会副主席，是继李鹗鼎、沈崇刚之后第三位中国籍的副主席。

5月24日 国家电力公司颁发了《电力安全生产奖惩规定》（试行），共4章24条。规定适用于国家电力公司从事电力设计、修造、基建、调试、发供电生产和多种经营的各子公司、分公司。

5月24日 目前两台世界最大缆机采购合同在湖北宜昌举行签字仪式。这两台摆塔式缆索起重机的跨度为1416.1m，塔架高度125m，最大起重量为25t，吊钩扬程为215m，由德国克虏伯PWH公司供货。它将用于三峡二期工程的混凝土浇筑和金属结构安装。

5月28日 湖南澧水下游石门县三江口水电站通过竣工验收。该电站共安装5台机组，总装机容量6.25万kW，是澧水流域梯级开发的骨干工程之一。于1976年10月动工，1979年6月停工缓建，1985年2月复工，1989年1月28日第一台机组并网发电，1992年3月19日最后一台机组建成投产。

5月28日 全国人大常委会委员长乔石视察了黄河小浪底工程，看望了为九七截流而日夜拼搏的万余名中外建设者。

5月29日 《经济日报》发表李鹏总理“中国的能源政策”的文章。在发展水电方面文章指出：“继续实行水火（电）并举的方针”，“发展水电的关键，是实行合理的电价政策，实行新电新价和同电同价，即水电与火电实行相同的上网电价，这样水电不但具有还款能力，而且可以做到滚动开发”，“要逐步提高水电的比重，逐步使水电的比重达到百分之三十左右”，“今后各级电力部门仍然要大力支持小水电建设，在小水电联网方面给予大力支持，双方按合同办事，以促进小水电事业进一步发展”。

5月31日 乔石委员长在山西省委书记胡富国等陪同下视察了黄河万家寨工程。他登上黄河左岸高地俯视了枢纽工程全貌，听取了万家寨工程进展情况的汇报。随后来到大坝基坑，察看了大坝主体和基坑的施工情况，并看望了现场施工的管理人员和施工一线的工人。

6月4日　国家电力公司发出通知，要求进一步规范设备招标工作。通知指出，设备招标必须坚持公开、公平、公正、择优和信用的原则，项目法人要自觉遵守上述原则，不得对具备资格的潜在的厂家持有任何偏见；各项目的招标文件要规范，在同一招标期内，设备性能、价格要与类似工程进行技术、经济和横向综合比较，以性能相同设备的最低价作为基价；招标评标文件要按照部颁《电力工程设备招标投标暂行办法》的规定进行规范，标底严格保密。

6月9日　电力工业部部长、国家电力公司总经理史大桢接受部分新闻单位记者联合采访，就电力工业投资融资等问题回答了记者提问。史大桢说，从1979年到1996年，电力工业实际利用外资金额占同期电力建设总投资的10%左右；投产容量为2500万kW，占同期新增大中型机组容量的23%左右。当前利用外资工作，不仅注重利用外资的数量，更要注重实际效果，尽量以最小的融资方式获取最大的效益。加大利用外资向中西部地区倾斜的力度。国际金融组织和外国政府等优惠贷款主要用于建设中西部水电基地和大型坑口电站。

6月12日　李鹏总理到二滩水电站工地考察。他提出，要把二滩电站建设成一流工程，为国家做出贡献，并为电站题了词："滚动开发雅砻江，富国兴川为人民"。

6月18日　国家计委以计投资〔1997〕830号文批准湖北省清江高坝洲水电站正式开工，这标志着清江"流域、梯级、滚动、综合"开发正式起步。该电站位于湖北枝城市境内，上距隔河岩水电站50km，是清江流域梯级开发最下游一个梯级，混凝土重力坝高57m，长439.5m，装机容量25.2万kW，年发电量8.98亿kW·h，动态总投资30.67亿元，计划1999年10月首台机组发电。

6月18日　电力工业部公布1996年度安全生产达标企业，其中水电厂有：潘家口蓄能电厂、白山水电厂、刘家峡水电厂、安康水电厂、太平驿水电厂、古田溪水电厂、漫湾水电厂、天生桥水力发电总厂。

6月20日　水利部副部长张基尧在《水利水电工程报》上发表题为"改革是中国水利水电事业的推进器——关于鲁布革、广蓄、小浪底三个水利水电工程建设管理体制改革的再认识"的文章。文章回顾了10年来中国水电建设管理体制改革的历程，提出了五个方面的认识，即：改革是建筑业发展的动力；改革的关键是观念；改革的龙头是机制；改革的中心是管理；改革的基础是人才。

6月23～25日　国家计委、水利部在北京召开《黄河治理开发规划纲要》审查会。会议原则同意《黄河治理开发规划纲要》，修改后将报国务院审批。会议期间，国务院副总理姜春云会见了与会代表并做了重要讲话。

6月24日　四川龚嘴、铜街子水电站自动化改造贷款项目引资合同正式生效。该合同共引进澳大利亚优惠贷款560万元，分别用于龚嘴水电站建立计算机监控系统和铜街子水电站自动化元件改造。

6月25日　西藏羊卓雍湖抽水蓄能电站首台机组正式并网发电。羊湖电站装有4台抽水蓄能发电机组和1台常规发电机组，单机容量2.25万kW，总容量11.25万kW，是我国目前海拔最高、水头最高、隧洞最长的抽水蓄能电站，也是西藏目前装机容量最大的水力发电厂。

6月26日　俄罗斯第一副总理涅姆佐夫应李鹏总理邀请考察了三峡工程，他称："这一共产主义的世纪工程给我留下了不可磨灭的印象"。

6月28日　北京十三陵抽水蓄能电站最后一台机组投产发电。至此，该电站4台机组，共80万kW全部投入运行。

6月29日　中国水利水电工程总公司与清华大学联合举办的水工结构研究生课程进修班举行结业典礼，32人全部考试合格。该班于1996年9月正式开学，旨在为水电施工企业培养高层次的工程管理人才，共学习12门课程。其中17人通过了工程硕士研究生入学考试，被清华大学研究生院录取为工程硕士研究生。

6月29日　广西梧州京南电站一号机组并网发电。京南电站建设在桂江下游的苍梧县境内，总装机容量6.9万kW，年发电量2.88亿kW·h，是广西壮族自治区部分利用外资（2.44亿奥地利先令，约合人民币1.6亿元）修建的，安装两台奥地利生产的灯泡贯流式机组，单机容量3.45万kW。该工程由中国水利水电第八工程局承担施工，于1993年9月开工。

6月30日　三峡工程导流明渠试航成功，上午10时，首批由平湖3号轮及12艘工程船组成的船队经过约1个小时的航行，上溯3410m，顺利通过了导流明渠。

7月4日　电力工业部向国家经贸委报送了白山抽水蓄能泵站工程技改项目建议书。该工程拟利用现有白山水库和红石水库作上、下库，安装两台15万kW水泵，总容量为30万kW，可增加火电40万kW调峰电力，白山水电厂全年可增发调峰电量5.1亿kW·h（水泵抽水用电量6.62亿kW·h）。

7月初　映秀湾——太平驿卫星水情自动测报系统，在映秀湾水力发电总厂和华能太平驿电厂投入使用。这套系统从卧龙的核桃坪到映秀湾再到茂县的较场坝，包括汶川县到理县，全程累计约260km，有水位测井21个，遥测站14个，中心站2个，不仅为映秀湾总厂、太平驿电厂机组安全发电提供了有力保证，而且可以对岷江流域的防洪度汛起到重要的保障作用。

7月9日 电力工业部第10号令发布了《电力知识产权管理暂行规定》，共5章36条。

7月14日 青海省地方重点建设项目雪龙滩水电站1、2号机投产发电。该电站位于门源县境内大通河中游，距西宁市138km，是大通河13座水电梯级开发的首座电站，共安装4台机组，总容量2万kW，年发电量1.1亿kW·h。电站于1994年5月开工，总投资1.78亿元。

7月16日 于1997年2月28日发行的总额为10亿元人民币的'96三峡债券在上海证券交易所正式上市，这是1997年批准上市的第一家企业债券，为三峡工程今后走向市场融资打下了基础。

7月17～22日 中国水力发电工程学会和北京水力发电工程学会联合举办了'97水电夏令营，共有50名北京中学生参加。营员们参观了十三陵抽水蓄能电站。工程技术人员向营员讲解了水电基本知识、我国水电的基本情况、举世瞩目的长江三峡工程和黄河小浪底工程的情况。

7月22日 国家计委批复了四川瓦斯沟河冷竹关水电站项目建议书。该电站建设规模为16.5万kW，安装3台5.5万kW的混流式水轮发电机组。电站工程静态总投资约5.46亿元，动态总投资约10.12亿元。项目法人为由华能集团公司四川分公司、甘孜州水电开发总公司和四川电力股份有限公司组建的四川华能康定水电开发有限责任公司。

7月22日 电力工业部发出通知，决定对1996年度电力工业部科学技术进步奖获奖项目(100项)给予奖励并通报表扬。其中水电获奖项目有28项，应用性成果一等奖2项，二等奖9项，三等奖6项；理论性成果二等奖6项，三等奖5项。获应用性成果一等奖的有普定碾压混凝土拱坝筑坝新技术研究、岩质高边坡稳定分析方法和软件系统2项。

8月4日 国家计委以计投资(97)1349号文批准云南大朝山水电站正式开工建设。大朝山水电站是澜沧江中游继漫湾电站之后在建的又一梯级电站，设计装机容量135万kW(6×22.5万kW)，建成后初期年均发电量59.31亿kW·h，最终年均可达70.21亿kW·h。动态投资88.7亿元。计划1997年11月截流，2001年首台机组建成发电，2003年6台机组全部投产。大朝山电站从1993年着手前期工程准备，1994年列入国家新开工预备项目。由国家开发投资公司、云南红塔实业有限责任公司、云南省开发投资有限公司、云南省电力公司按5∶3∶1∶1的比例出资建设，并组建了大朝山水电有限责任公司负责管理。

8月5日 青海龙羊峡水电厂遭受山洪袭击，水淹厂房，造成全厂停电。8月5日凌晨，青海龙羊峡水电厂地区突降暴雨，2h降水量达53mm，导致山洪爆发，北大山水沟的洪水形成的泥石流将330kV出线楼冲毁，砸塌进厂交通洞（门厅）顶部，沿进厂洞冲入厂房，当时3台机组（容量3×32万kW）运行，出力50万kW。厂房进水后，值班员手动解列机组，厂用电中断，排水泵停运，水淹至发电机层（2463m高程）地面以上500mm。6时恢复厂用电，两台深水排水泵恢复工作，厂房内水位开始下降。

8月11日 水利部、电力工业部联合批准发布了《水利水电工程测量规范》(规划设计阶段)强制性行业标准。该标准编号为SL197—97，自1997年10月1日起实施，原规范（SLJ3—81、DLJ202—81）同时废止。

8月8日和12日 马来西亚高峰控股KTAT公司与云南昆明柴石滩水库开发合作公司分别在昆明和吉隆坡签署了合作建设、经营、管理柴石滩水库坝后电站的《合同》、《章程》。该项目总投资2.18亿元人民币，马来西亚一方出资1.308亿元，占总投资的60%。柴石滩工程位于云南宜良县境内南盘江干流上，具有发电、灌溉、防洪、供水多项用途。坝后电站装机容量4万kW，年发电量1.74亿kW·h。工程已于1995年3月开工，于1997年10月截流，1999年第一台机组发电，2000年全部建成。

8月13日 《中国三峡工程报》发表了李鹏同志于1984年3月15日写给中央的报告《关于开展筹备三峡工程若干问题》。该报告提出了解决三峡工程建设一系列重大问题基本原则。共7个方面：第一，关于成立三峡水电站建设领导机构问题；第二，成立三峡工程开发总公司；第三，妥善解决库区移民问题是三峡工程成败的关键；第四，三峡资金的筹措；第五，三峡工程的建设程序；第六，1984年前期工作所需的经费；第七，关于起草三峡工程报告问题。

8月17日 山西省引黄工程总公司发出中标通知书，由中国水利水电第四工程局和意大利英波基洛公司、CMC公司组成的万隆联营体中标山西省引黄工程国际Ⅱ标、Ⅲ标工程，合同总金额16.12亿元。该两标工程为万家寨引黄入晋南干线（至太原），主要包括引水隧洞、渡槽和埋涵等工程，其中7号隧洞长42km。该工程总工期为4年半，计划2001年年底竣工，向太原供水。

8月18日 长江三峡二期工程三大标在湖北宜昌正式签字，合同总金额66亿元。经过全国范围内的招标投标，中标结果是：第一标段——泄洪坝段，由葛洲坝集团中标，合同金额30亿元；第二标段——左岸厂房坝段，由青云集团公司（水电第四工程局和第十四工程局）和葛洲坝股份公司分部位中标，合同金额22

亿元（其中葛洲坝股份公司为7亿元）；第三标段——左岸电站厂房由三七八联营总公司（水电第三、第七、第八工程局）中标，合同金额为14亿元。二期大坝和电站厂房工程是三峡工程的核心部分，整个施工期6年，共需完成土石方开挖796万 m^3，混凝土浇筑1239万 m^3，机电设备和金属结构安装14.87万t。

8月19日 由中国水利水电第四工程局、第十四工程局、第三工程局FFT联营体中标的小浪底工程机电安装标合同签字仪式在小浪底工地举行。机电安装标中标总价为13629.6万元。

8月22日 国家计委对潘家铮、钱正英、朱光亚等45位政协委员提出的关于“请建立国家水电建设基金加快水电开发”的第1453号提案给予答复，赞同设立国家水电专项基金的建议。为解决中央参与投资的水电项目的资本金来源，国家计委正在研究从1998年起到2010年止，在全国范围内每千瓦时征收一分钱，作为中央水电发展基金的可能性。

8月25日 由中国水利水电第八工程局和东方电气集团公司组建的“东方巴罗塔工程联营体”中标承建的巴基斯坦巴曼塔水电站发电厂房枢纽工程和厂房基础开挖工程破土动工。该电站装机容量145万kW，由世界银行等国际金融机构贷款，工程造价仅土建部分就有10多亿美元。

8月23～27日 电力工业部科技进步奖评审会评审出1997年度电力工业部科技进步奖项目118项，其中水电项目有30项：应用性研究成果奖78项，其中水电项目24项（二等奖8项，三等奖16项）；理论性研究成果奖40项，其中水电项目6项（二等奖3项，三等奖3项）。

8月27日 电力工业部将河南宝泉抽水蓄能电站项目建议书上报国家计委。宝泉抽水蓄能电站位于河南省辉县市境内。该电站上水库总库容813万 m^3，有效库容593万 m^3。下水库总库容5110万 m^3，其中，灌溉库容为3060 m^3，发电库容为620万 m^3。计划安装4台单机容量30万kW的立轴可逆混流式机组，总装机容量120万kW，年平均发电量16.08亿kW·h，年抽水用电量21.44亿kW·h，综合效率为0.75。下水库挡水建筑物为浆砌石重力坝，最大坝高106.5m，坝顶长度561m。

8月26～28日 水利部科学技术奖励评审委员会召开会议，评出1997年度水利部科技进步奖项目70项，其中一等奖5项，二等奖15项，三等奖50项。获一等奖的有：①黄河下游游荡性河段整治研究；②三峡HL240—4F300LB大型预冷混凝土搅拌楼；③黄河口演变规律及整治研究；④全天候实时航空遥感系统；⑤高水头多级船闸水力学及结构研究——三峡永久船闸水力学关键技术研究。

8月28日 河北省桃林口水库一期工程顺利下闸蓄水。桃林口水库工程位于滦河主要支流青龙河上，具有供水、灌溉、发电、养殖等综合效益。工程总投资18亿元，分两期建设。一期工程总库容8.59亿 m^3，装机2万kW。工程下闸蓄水后，每年可为秦皇岛市提供1.82亿 m^3 工业用水，为唐山、秦皇岛两市提供补充农业用水5.2亿 m^3，使120万亩农田灌溉条件大为改善。工程于1992年11月开工，大坝采用碾压混凝土方式施工。

8月29日 西藏羊卓雍湖电站1号机组水泵成功地把3万 m^3 雅鲁藏布江水抽入甘巴拉山上的羊湖。这标志着该电站抽水蓄能获得成功。

8月29日 中共中央政治局委员、国务院副总理邹家华视察了小浪底工程，并慰问了一线职工。他对工程进展表示非常满意。他指出，我们建设一项大工程，一定要保证质量，同时还要建立一套良好的机制，小浪底工程建管理局建设一流工程，总结一流经验，培养一流人才的路子走得很对。

8月29日 《中华人民共和国防洪法》由第八届全国人民代表大会常务委员会第二十七次会议通过，国家主席江泽民当天签发第八十八号令，自1998年1月1日起施行。防洪法共8章66条。

8月30日 青海黑泉水库工程一次性截流成功。黑泉水库位于青海省大通县内湟水支流北川河上游的宝库河上，距西宁市75km，是一座以灌溉和城市供水为主，兼有防洪、发电、环保等综合效益的水利工程。水库坝高123.5m，为混凝土面板堆（砂砾）石坝，总土石方量600万 m^3。水库总库容1.82亿 m^3。电站装机容量1.2万kW（3×0.4万kW）。扩大灌溉面积33万亩，改善灌溉面积30万亩，供应西宁市用水1.35亿 m^3。工程于1996年9月开工，总工期4年半。

8月29日～9月1日 国务院在陕北召开全国治理水土流失、建设生态农业现场经验交流会，传达贯彻江泽民总书记、李鹏总理关于治理水土流失、建设生态农业的重要批示，总结交流经验，动员全社会的力量，加快我国生态环境建设步伐。姜春云副总理在会上作了重要讲话。

9月1日 遭受山洪袭击停运26天的青海龙羊峡水电厂两台32万kW水轮发电机组和一条330kV输电线路恢复生产，分别比原计划提前16天和6天。国家电力公司致电慰问在抢险中做出突出贡献电力职工。10月16日，电力工业部发文决定表彰了7个单位和36人。

9月1日 建设部勘测设计司公布评定出的1996年全国综合指标前100名工程勘测设计单位，其中水电勘测设计院上榜的有6个单位：西北勘测设计研究院、成都勘测设计研究院、中南勘测设计研究院、昆明勘测设计研究院、华东勘测设计研究院、北京勘测设计研究院。这次排名是从各单位人员状况、营业收入、利润、完成勘测设计工作量、年末资产、其他经营活动情况、微机装备及应用情况7个方面进行综合评定的。

9月2日 三峡工程左岸电站水轮发电机组国际招标采购合同和贷款协议签字仪式在人民大会堂举行，国务院总理李鹏、副总理邹家华出席了签字仪式。三峡工程总共将安装26台单机容量70万kW水轮发电机组。首批14台机组合同总金额7.4亿美元，约合人民币60亿元。经过国际招标竞争，法国GEC ALSTHOM和瑞士ABB发电有限公司组成的中标集团中标份额为8台机组，中国哈尔滨电机有限责任公司和挪威KVAERNER能源公司为分包伙伴；中标的另一集团是由加拿大CGE和德国的VOITH、SIEMENS组成的VGS联营体，中标份额为6台机组，中国东方电机股份有限公司为分包伙伴。这批机组将于2003年～2006年期间陆续投产发电。

9月2日 电力工业部在京召开了领导干部会议，会上宣布了8月13日中共中央的通知：高严同志任电力工业部党组书记兼国家电力公司党组书记，史大桢同志不再担任电力工业部党组书记和兼国家电力公司党组书记职务。

9月2日 新疆乌鲁瓦提水利枢纽工程胜利截流。该工程位于新疆和田地区和田河支流喀拉喀什河中游河段，距和田市71km。喀拉喀什河多年平均径流量为21.9亿m^3，多年平均流量为69.5m^3/s。乌鲁瓦提工程是和田河流域规划确定的第一期开发梯级，具有灌溉、发电、防洪和改善生态环境等综合效益，坝高138m，总库容3.47亿m^3，装机6万km。工程完工后，可改善灌溉面积113万亩，扩大灌溉面积69万亩。工程于1993年底开始施工准备，1995年由国家计委确定为当年新开工项目，1996又被列为国家“九五”重点建设项目。工程总工期6年，总概算8.65亿元，其中国家投资3.4亿元，新疆自治区投资3.35亿元，生产建设兵团投资1.9亿元。

9月2日 黄河小浪底3号导流洞完工（此前，1号、2号导流洞分别于8月20日、31日完工），为保证工程10月底截流奠定了坚实的基础。3条导流洞每条长约1100m，衬砌成型后洞径14.5m，完成导流任务后，将长期承担泄洪任务。此3条导流洞是水电第十四、第四、第三工程局于1996年2月8日分别从外商手中分包过来的施工项目，是在工程拖延11个月工期的情况下接手的，他们用18个月完成了原来承包商计划33个月才能完成的任务。

9月3～4日 中国水利水电第八工程局收到法国、德国、加拿大外商关于三峡左岸电站14台机组水轮机埋件制造中标函。这些埋件制造主要有：中墩护头、尾水肘管、尾水锥管、基础环、蜗壳、机坑里衬等部件，总量约18300t，要求1998年第一批交货，至2002年3月全部制造完成。

9月4日 国家计委批复了利用外资建设福建棉花滩水电站的可行性研究报告。该电站位于福建永定县汀江上游，建设规模为60万kW，共安装4台15万kW的混流式水轮发电机组。该电站由福建省电力局、福建投资开发总公司、龙岩地区水电开发有限公司三方组建的棉花滩水电开发有限公司负责建设、运行和经营管理。电站静态总投资37.48亿元（1996年价格水平），动态总投资51.55亿元。其中项目资本金14.475亿元，由上述三方分别按60%、22%和18%的比例出资。该项目利用亚洲开发银行贷款1.7亿美元。

9月4日 电力工业部以电综〔1997〕500号文颁发《水电站大坝安全监测工作管理规定》。规定共5章、30条，包括总则、设计和施工、运行管理、监测设施的更新改造和附则。

9月5日 电力工业部、水利部、国家工商行政管理局联合以电办〔1997〕359号文颁发了《水利水电土建工程施工合同条件》。《合同条件》自1997年10月1日起施行。规定：凡列入国家或地方建设计划的大中型水利水电土建工程应使用本《合同条件》。小型水利水电土建工程可参照使用。

9月6日 由中华全国总工会组织开展的长江三峡工程劳动竞赛活动在三峡工程工地启动。竞赛的目的在于进一步调动三峡工程广大建设者的积极性和创造性，确保1997年大江截流、2003年首批机组发电、2009年全面竣工。竞赛的总目标是实现李鹏总理提出的创造“一流的工程质量、一流的工程管理、一流的文明施工”。

9月9日 天生桥二级水电站2号引水隧洞实现通水。该电站共有3条引水隧洞，直径8.7～9.8m，平均长9.6m。2号引水隧洞从1986年7月开始施工，1992年4月全线贯通，1997年6月洞身混凝土全部浇完。

9月10日 长江三峡二期工程建设监理委托合同在建设工地签字。由西北勘测设计研究院三峡工程建设监理中心，长江水利委员会三峡工程建设监理部和中南勘测设计研究院三峡建设监理中心分别为三峡二期工程担任监理。

9月10日 电力工业部印发了《水力发电工程可行性研究报告设计概算编制办法及费用标准》。原能源部、水利部颁发的《水利水电工程初步设计概算编制办法》、《水利水电工程设计概（估）算费用构成及计算标准》及电力工业部颁发的《水电工程设计概（估）算编制若干具体问题的处理意见》同时废止。

9月10日 电力工业部颁发了《水力发电建筑工

程概算定额》、《水力发电设备安装工程概算定额》和《水力发电工程施工机械台时费定额》三项规定。电力部文件指出，此三项规定从发文之日起执行，以前颁发的同类型规定同时废止。本套定额适用于大、中型水力发电工程建设项目。

9月16日 清华大学为施嘉炀教授举办了95岁祝寿活动。施嘉炀生于1902年，1923年毕业于清华学堂留美预备学校。1924～1928年留学美国。1927年获康乃尔大学土木工程硕士学位，1928年获麻省理工大学机械工程学士、硕士学位，电机工程学士学位。曾任清华大学土木系副教授、教授兼系主任，工学院院长，西南联合大学工学院院长。后曾到莫斯科动力学院研修两年，回国后历任清华大学水利系水文及水能利用教研室主任、一级教授。他是中国水力发电工程学会的创始人，曾任第一届理事长，第二、三、四届名誉理事长。主要论著有《施嘉炀论文选》、《水资源综合利用》。

9月19日 西藏羊卓雍湖抽水蓄能电站4台机组全面投入运行，国务院为此发出了贺电。羊湖电站的勘测设计工作始于1973年。1989年8月，羊湖电站正式批准建设，被列为国家“八五”重点建设项目。羊湖电站水头落差高达840m，引水隧洞长5600多m，是我国目前海拔最高、水头最高的抽水蓄能电站，是西藏装机容量最大的发电站。电站主要担负拉萨电网、拉泽电网乃至藏中电网的调峰、调频任务。在长达8年的建设过程中，承担羊湖电站设计和建设的成都勘测设计研究院，武警水电三总队、二总队，水电第四、第七、第十工程局等设计、施工人员，克服高寒缺氧、自然条件差、施工难度大等困难，完成了电站建设任务。

9月19日 电力工业部发文，同意湖南省沅水洪江水电站可行性研究报告审查意见。该电站位于湖南省怀化地区洪江上游4.5km处，是沅水干流梯级开发中的第8个梯级。工程开发任务以发电为主，兼有航运、灌溉等综合效益。电站装机容量22.5万kW，年平均发电量9.7亿kW·h。工程总投资19.99亿元。

9月22日 电力工业部将江西柘林水电站扩建工程项目建议书上报国家计委待批。柘林水电站现装机4台4.5万kW水轮发电机组。扩建工程将安装2台12万kW混流式水轮发电机组，使电站容量达到42万kW，平均发电量为6.9亿kW·h。扩建工程动态投资8.56亿元。

9月25日 雅砻江流域综合考察队历经艰辛，终于将“雅砻江源头”的标牌竖立在巴颜喀拉山脚下的溪流旁。雅砻江考察队是由二滩水电开发公司、中央电视台、成都勘测设计研究院、攀枝花市委宣传部等单位的13人组成。于9月16日开始自源头至江口全面对流域的水能资源、矿产资源、生物资源、人文地理、民族风情进行综合考察，24日到达江源区海拔4800m处，25日下午4时10分到达源头。

9月25日 水电第七工程局中标承担建设的白禅寺水电站举行开工典礼。该电站位于四川省隧宁市境内，是涪江主流上第17级中型水电工程，以发电为主，兼有航运、防洪、灌溉等综合效益。电站装机3台，总装机容量为5.1万kW，年平均发电量为2.32亿kW·h，计划总投资1.5亿元。首台机组将于1999年11月发电，2000年上半年竣工。

9月29日，姜春云副总理邀请有关方面专家举行座谈会，商讨黄河断流的对策措施。在座谈会上，20多位水利、生态专家，分析了黄河断流的情况、原因，以及对经济社会发展、人民生活造成的困难，提出了解决这一问题的对策建议。姜春云根据专家和有关部门建议，提出了6条措施：①加强管理，科学调度；②增强全社会的水忧患意识；③积极开辟水源，增加供水量；④广泛深入地开展节水活动；⑤大搞农田水利基本建设；⑥深化水利改革，合理确定水价。

9月28～30日 国务院三峡工程建设委员会大江截流前验收领导小组会议在三峡工地召开。验收组由全国知名专家和有关部门负责人组成，从9月18日起，验收组分工程枢纽组和库区移民组对三峡工程进行全面验收。

9月30日 担负国家重点工程天生桥一级水电站建设任务的武警水电第一总队，于9月份共完成大坝填筑117.93万m^3，突破了由墨西哥阿瓜密尔巴电站保持的月大坝填筑68万m^3的世界纪录。日最高填筑量达4.45万m^3。

10月6日 新华社电：辽宁省白石水库举行开工暨截流典礼，邹家华副总理为工程奠基。白石水库建于辽宁西部大凌河的干流上，水库库容为16.4亿m^3。建成后，大凌河的防洪标准可由20年一遇提高到50年一遇。水库每年还能向阜新、锦州等城市提供工业用水2亿m^3，向辽宁三角洲地区提供农业用水2.6亿m^3，并兼顾发电、养鱼。白石水库全部工程预算为20.7亿元人民币，其中辽宁自筹资金14亿元，利用日本海外经济协力基金贷款近80亿日元。

10月6日 长江三峡工程导流明渠正式通航。原来在位于中堡岛左侧长江主航道航行的船舶全部改由导流明渠航行，直至2003年三峡工程永久船闸投入运行。

10月6～8日 小浪底工程截流前预验收委员会经过为期3天预验收工作，一致认为，小浪底水利枢纽工程已经具备截流条件，可以按预定计划实施截流。

10月9～10日 中国水利水电工程总公司在水电第八工程局召开工程项目管理经验交流会。项目法施工1985年从鲁布革水电站开始，目前全系统在建的大型项目近百个，均实行全方位、多层次项目法施工的目标管理，取得了均衡生产、文明施工、提高质量、减人增效的成果，1996年完成产值77亿元，工程质量合格率100%，优良率突破80%。

10月10日　由中国西北电力集团公司和瑞士苏尔寿水电公司共同组建黄河喷涂中心的签字仪式在北京举行。苏尔寿公司的水轮机组喷涂技术是利用高速火焰将高抗磨粉末熔解并加速到3倍音速喷射到基材表面，形成一个密闭、完整的结构层。结构层的硬度约为普通钢材的100倍，从而可有效地抵抗泥沙磨蚀，使机组效率提高3%，大修周期延长一倍。

10月14日　李鹏总理主持召开了国务院第63次常务会议。国务院三峡工程建设委员会副主任郭树言汇报了三峡工程大江截流前验收情况。会议批准于1997年11月8日实现长江大江截流。此前于10月13日，李鹏总理在北京主持召开了国务院三峡工程建设委员会第六次会议，验收领导小组组长郭树言在会上就验收情况作了详细汇报。会议审议并批准了验收报告。

10月15日　由夹江水工机械厂和航天工业总公司二院210所共同承制的，广西岩滩水电厂250t垂直升船机通过出厂验收。该升船机最大提高度为68.5m，年货运量可达180万t。

10月16日　国家电力公司、四川省计委、四川省阿坝藏族羌族自治州联合开发杂谷脑河流域意向协议在成都签字。杂谷脑河为岷江一级支流，河道全长168km，天然落差3092m，可开发量60万kW。目前已开发的下庄、甘堡、理县3个电站共7.87万kW。尚待开发的还有9个电站，总容量50万kW。按照协议，近期将先开发5个电站，共36万kW。

10月21日　李鹏总理主持会议听取国家计委和水利部关于黄河小浪底水利枢纽工程截流准备工作汇报，并批准了该工程截流前验收报告。经国务院同意，黄河小浪底工程定于10月28日截流。

10月23日　葛洲坝二江电厂“无人值班”（少人值守）正式通过了国家电力公司主持的专家验收，成为继广州蓄能电站之后全国第二家实现“无人值班”（少人值守）的百万千瓦级水力发电厂。该厂运行人员由投产初期的180多人减少到60人左右。

10月28日　黄河小浪底工程胜利截流。国务院总理李鹏、副总理姜春云、河南省委书记李长春、全国政协副主席马万祺、水利部部长钮茂生出席了截流仪式。截流是26日下午4点开始龙口进占的，当时龙口宽106m，平均流速为2.5m/s，落差1.3m。经过42个小时的顽强拼搏，向龙口抛填石料9.12万m^3，于28日上午10时28分龙口正式合龙。当天黄河流量为190m^3/s。

10月28日　由国家开发银行承担对外融资工作的长江三峡工程左岸电站14台水轮发电机组国际招标第二笔国际银团贷款协议、法国出口信贷协议以及转贷协议在北京正式签字。此次签署的银团贷款协议贷款金额为2.2亿美元，由14家著名的亚洲、欧洲银行提供，贷款期15年（其中宽限期9年）。法国出口信贷协议贷款金额为9481.5万美元，贷款期21年（其中宽限期9年）。

10月29日～11月1日　中共中央政治局常委、书记处书记胡锦涛考察了长江三峡工程，并同设计、施工、监理单位负责人进行了座谈。胡锦涛说，我也曾是一名水电建设者，面对如此宏大的施工场面，耳闻目睹同志们在三峡工程建设中取得的成就，感到十分振奋，很受鼓舞。胡锦涛称赞长期奋战在水电建设战线上的这支队伍，不愧为一支能够吃大苦、耐大劳、打硬仗、经得起各种考验的好队伍。

10月29日～11月2日　国务院总理李鹏、副总理邹家华考察了三峡库区移民情况。李鹏强调指出，大江截流后，三峡工程建设将进入一个新阶段，移民工作的任务将更为繁重，要下大力气认真细致做好移民工作。

10月28日　国务院批准颁布《水利产业政策》。共5章35条。第一章总则，第二章项目分类和资金筹集，第三章价格、收费和管理，第四章节水、水资源保护和水利技术，第五章实施。总则中明确规定“水利是国民经济的基础设施和基础产业。本政策适用于江河湖泊综合治理、防洪除涝、灌溉、供水、水资源保护、水力发电、水土保持、河道疏浚、海堤防建设等开发水利、防治水害的所有活动。”

11月1日　浙江省珊溪水利枢纽工程顺利截流，江水改道从左岸573m长的导流洞流入下游河道。珊溪工程位于浙江省文成县境内飞云江干流中游河段，水库总库容18亿m^3，电站装机5台，总容量22万kW，是一项集灌溉、供水、发电、防洪于一体的工程。设计工期为5年，动态投资43亿元，1997年4月经国家计委批准列入国家重点工程项目。

11月7日　李鹏总理在宜昌召开的国务院三峡工程移民暨对口支援工作会议上发表讲话，他强调指出三峡工程成败的关键在于移民。

11月7日　三峡工程大江截流前夜。应邀出席三峡工程大江截流仪式的电力工业部领导史大桢、高严在三峡工地接见了参加三峡工程施工和工程监理的电力系统各单位的代表。参加接见的有葛洲坝集团公司、武警水电指挥部、中国水利水电工程总公司、水电第一工程局、水电第三工程局、水电第四工程局、水电第七工程局、水电第八工程局、水电第十一工程局、水电第十四工程局、基础工程局、华东勘测设计研究院、西北勘测设计研究院、中南勘测设计研究院的负责人和劳动模范、先进工作者代表。

11月8日 万家寨工程临时导流底孔下闸封堵完成。它标志着枢纽建设已开始使用坝体直接挡水。

11月8日 长江三峡工程大江截流胜利实现。江泽民、李鹏、丁关根、邹家华、罗干、王丙乾、曾庆红、陈俊生、钱正英等领导参加了截流仪式，江泽民发表了重要讲话。参观截流的群众和三峡工程建设者达4万多人，中央电视台作了截流全过程的实况转播。截流最大水深60m，龙口最大流速为4.22m/s，最大落差0.66m，截流流量为8480～11600m^3/s。长江90%以上的流量由导流明渠分流。截流当天，上游围堰龙口宽40m，下游围堰龙口宽50m。从上午9点开始龙口进占，400多辆巨型装载设备从4个堤头向龙口抛投巨石和沙土共6.5万多m^3，上游龙口于15时30分截流成功，下游围堰于18时30分合龙。截流任务由葛洲坝集团承担。

11月10日 云南省大朝山水电站截流成功。大朝山位于澜沧江中游，装机容量135万kW，年均发电量59亿kW·h，最终发电量可达年均70亿kW·h。截流预进占是从10月28日开始的。11月9日上午截流正式开始，龙口宽49m。11月10日龙口合龙惊险壮观，最高流速达6.6m/s，最大落差为3.5m，在龙口处冲出一个巨大的深坑，把数千吨铅丝石笼和水泥块迅速投下，终于制服了澜沧江，上午10时15分围堰合龙。该电站将于2001年第一台机组建成发电，2003年全部建成。

11月10日 《瞭望》新闻周刊第45期载，长江三峡工程实现大江截流前夕，三峡开发总公司总经理陆佑楣宣布：三峡一期工程计划投资310亿元，实际只用270亿元，比概算节省40亿元。

11月11日 《中国水利报》载，三门峡电站水轮机抗泥沙磨蚀合作研究列入中德两国政府1997年科技合作协议后，德国已承诺向中国提供400万马克赠款，水轮机将于1999年上半年制造完成。中德合作研究制造的抗磨蚀水轮机达到90年代国际先进水平，机组效率可提高到94%左右，一台机组年发电量至少可增加6000万kW·h。

11月12日 中国水利水电第七工程局八分局，中标承建渝黔高速公路重庆至綦江段工程10.4km，总投资1.03亿元，工期3年，于11月20日开工。

11月12日 经过电力工业部、长江水利委员会等单位10多名专家的认真检查，清江隔河岩水电站工程枢纽专项通过国家验收。

11月14日 国家电力公司批准甘肃刘家峡水电厂3、4号机组改造项目。3、4号机改造后，机组容量均由22.5万kW增加到25.5万kW，各增加容量3万kW，同时可提高电厂的调峰能力，减少调峰弃水，缩短机组检修时间，降低检修维护费用，延长机组服务年限。3、4号机组改造共需资金9980万元。

11月14日 四川紫兰坝水电站合资建设经营协议在成都签订。该电站位于四川广元境内，系白龙江干流梯级开发的最后一级，设计装机容量10.2万kW，水库总库容3500万m^3。该电站为宝珠寺的反调节电站，可使其上游14km的宝珠寺水电站增加出力8万～15万kW，调峰作用明显。该电站总投资8亿元左右，工期预计3～4年。由四川省电力公司、国家开发投资公司国投中型水电公司、四川省投资集团公司合资建设经营。

11月15日 西藏甲岗水电站首台机组发电。从此，西藏申扎县告别了无电县的历史。甲岗水电站装机1500kW，总投资7173万元，是国家62个援藏项目之一。位于藏北高原，其坝顶海拔高程4751m，居世界第一位。由水电第三工程局五处承建，于1996年7月开工。

11月18～22日 美国田纳西流域管理局董事会主席克罗维尔一行来华访问。克罗维尔与电力工业部部长史大桢、水利部部长钮茂生进行了会谈。中美两国今后将在人员培训、流域开发、中小水电改造和水利发展战略研究等方面开展广泛的交流与合作。

11月24日 电力工业部做出决定，表彰奖励电力援藏工程有功单位及个人。其中，武警水电二总队羊湖机电安装指挥部、北京勘测设计研究院查龙电站勘测设计集体、成都勘测设计研究院羊湖工程设计代表组等26个单位获“电力工业部援藏工程先进集体”，刘平等94位同志获“电力工业部援藏工程先进个人”称号。

11月29日 重庆市黔江大河口水电站3号机组（2.5万kW）投产发电，同时进行了3台机组整体联动运行，12月3日全部移交业主接管。

12月4日 黄河上游李家峡水电站2号水轮发电机组（40万kW）投产发电。

12月9日 财政部和电力工业部联合印发了《三峡电网建设基金使用监督管理暂行办法》，以加强三峡电网建设基金使用管理，保证基金合理和有效使用。

12月11日 三峡工程左岸厂房坝段开始浇筑第一块混凝土，这标志着三峡工程二期建设正式开始。

12月12日 国家经贸委批准白山抽水蓄能泵站技改项目建议书。原则同意建设白山抽水蓄能泵站，安装2台15万kW的水泵，项目总投资72590万元。项目资本金14518万元，占20%，由东北电力集团公司以自有资金解决；资本金以外的资金58072万元，由中国工商银行安排技改贷款46000万元，其余12072万元由东北电力集团公司筹措解决。

12月12日　福建芹山水电站截流成功。该电站位于周宁县境内的穆阳溪中下游，是福建省"九五"重点工程之一，装机6万kW，由中国水电第十二工程局负责施工。

12月12日　四川省宝珠寺水电厂3号机组(17.5万kW)投产发电。

12月12日　国家电力公司通报天池"九·一一"重大死亡事故。9月11日，中国水电建设工程咨询公司在新疆天池进行抽水蓄能电站项目可行性地质勘测时，发生4人在平洞内中毒窒息死亡的重大事故。通报公布了处理结果，总结了事故教训，提出了防范措施。

12月14日　天生桥一级水电站导流洞下闸蓄水。在此以前，11～13日，以国家电力公司水电及新能源开发局副局长毛亚杰为主任委员的验收委员会进行了验收。

12月16日　广东怀集县白水河梯级水电站合作项目在广州签约。该项目总装机容量12万kW，总投资10亿元人民币，由香港中华电力有限公司、新鸿基中国发展基金出资50%，怀集县汇联水电企业（集团）有限公司出资50%建设。

12月16日　松江河小山电站首台机组正式并网发电。松江河梯级水电站位于中朝交界的长白山脚下，由小山、双沟、石龙3座水电站和2个引水工程共5部分组成。原设计总装机容量为51万kW。小山电站是松江河梯级的龙头工程，总装机容量16万kW。该工程于1994年6月28日开工，由水电第一工程局担负施工。

12月22日　由中国科协组织的首次"全国优秀科技工作者"评选活动揭晓，水电水利规划设计总院院长高安泽荣获全国优秀科技工作者称号。他在主持二滩水电站初步设计中的水工专业的设计时，优化方案，使工程投资节约了4.7亿元，工期缩短一年。

12月23日　黄河上游大峡水电站4号机组(7.5万kW)并网发电，实现了该电站一年完成两台机组共15万kW投产的目标。

12月26日　黑龙江莲花水电站2号机组(13.75万kW)正式投产发电。

12月26日　全国水电完成国家1997年装机计划，共投产17台机组，装机容量252.5万kW。

12月26日　中国水利投资公司正式成立，国务院副总理邹家华出席揭牌仪式。该公司是由原中国江河水利水电开发公司更名而建成的，为水利部出资的部属国有投资公司。该公司经水利部授权对水利部出资建设的项目行使股权管理，享有投资主体和经营主体的权益，承担保值增值责任。

12月26日　国家电力公司水电前期工作周转金管理中心揭牌仪式在京举行。6月3日，财政部以财工字〔1997〕118号文件，印发了《水电前期工作周转金管理办法》；8月1日，电力工业部以电综〔1997〕441号文通知，授权国家电力公司管理水电前期工作周转金；9月12日，国家电力公司以国电人劳函〔1997〕15号通知，决定成立国家电力公司水电前期工作周转金管理委员会和国家电力公司水电前期工作周转金管理中心。周转金管理委员会由汪恕诚任主任委员。周转金管理中心挂靠水电规划设计总院，由高安泽任主任。

12月29日　国家电力公司在京召开了生产经营报告会。国家电力公司确定了1998年工作重点和2000年前的主攻方向。重点是抓住电力市场供需暂时缓和的有利时机，抓紧实施电力结构的战略性调整，使电力结构从速度、数量型向质量、效益型转变。为实现到2000年国家电力公司所属80%的企业初步建立起现代制度的目标，公司内部要理顺产权关系，建立资本纽带，搞好资本运营，实现资本增值。要深化电价改革，加大融资力度，拓宽资金渠道；强化管理，培育新的效益增长点。

12月28～30日　全国电力工作会议在北京召开。李鹏总理、吴邦国副总理到会，李鹏总理作了重要讲话。史大桢作了工作报告，高严作了总结讲话。史大桢部长在报告中谈到电力工业发展战略目标：到2000年全国发电装机总容量达到2.9亿kW，发电量达到1.4万亿kW·h；到2010年全国发电装机总容量达到5亿kW，三峡水电站向华中、华东、四川和重庆送电，全国形成北、中、南三个跨大区互联电网的格局，农村基本实现电气化；2020年，我国发电装机总容量达到7亿～8亿kW，形成全国联合电网；到2050年建立起与富强、文明、民主社会主义现代化国家相适应的电力工业体系。

12月30日　李鹏总理在全国电力工作会议上发表讲话，他强调说，今后电力工业发展要坚持优化火电结构，大力发展水电，适当发展核电，因地制宜地发展各种新能源发电，切实加强电网建设，开发与节约并重，把节约放在优先地位。要进一步深化电力工业体制改革，积极有序地推进政企分开，加快经济增长方式的转变。

12月30日　国家计委批准山东泰安抽水蓄能电站一期工程利用外资项目建议书。泰安抽水蓄能电站建设规模为80万kW(4×20万kW，可逆式抽水蓄能机组)；静态投资31.07亿元，动态投资47.88亿元，其中利用外资1.34亿美元，初步安排利用第四批日本协力基金贷款；电站资本金按其动态总投资的30%考虑，由山东省电力公司、山东省国际信托投资公司、泰安市分别按60%、35%和5%的比例出资。

12月31日 国家电力调度中心统计，1997年全国累计发电量完成11054亿kW·h，比上年同期增长4.78%，其中水电完成1863亿kW·h，比上年同期增长2.93%。

（陈上奎编写 张培基 陈叔康审核）

附　录

国外水电发展水平

世界水能资源开发概况

据1996年《国际水力发电和坝工建设手册》统计的数据，全世界理论水能资源蕴藏量共413095亿kW·h/年，其中技术可开发水能资源为117549亿kW·h/年。全世界水电装机容量1995年底为6.9亿kW，年发电量21491.2亿kW·h，开发利用程度为18.3%。多数发达国家一般都优先开发水电，至70年代末水电开发利用程度已较高；80年代以来，继续开发水电的潜力已不大，如瑞士、法国、奥地利、西班牙、英国、美国、意大利、日本等，这些国家的水能开发利用程度均在50%以上，最高达74%。发展中国家过去由于政治、经济等原因，水能资源开发较缓慢，水电开发利用程度长期不高，但近二三十年来，尤其是80年代中期，一些国家水电开发速度大大加快，水能资源利用程度迅速提高，如巴西、巴拉圭、墨西哥、委内瑞拉、土耳其、中国等。目前，世界上水电总装机容量超过1000万kW的有16个国家，水电装机容量排在前5位的国家分别为美国、加拿大、中国、巴西和俄罗斯。水电总装机容量超过100万kW的国家水能资源利用情况见下表。

世界一些国家1996年水能资源开发统计表

（总装机容量≥100万kW）

国　家	理论水能蕴藏量（亿kW·h/年）	技术可开发水能资源（亿kW·h/年）	技术可装机容量（万kW）	装机容量（万kW）	年发电量（亿kW·h）	水电比重（%）
亚　洲						
中国	59221.8	19233.0	37850.0	5218.36	1668.0	18.0
俄罗斯	28960.0	16700.0		3998.6	1628.0	26.8
印度	26378.0	6000.0	8404.0	2057.6	722.8	25.0
印度尼西亚	21470.0	4016.5	7562.5	304.6	123.9	13.7
伊朗	2004.7万kW	560.0*	1600.0	195.2	75.2	12.9
日本	7176.0	1342.0	3282.8	2117.1	913.0	9.2
朝鲜				460.0	291.0	59.4
韩国	517.8	263.9	301.2	150.3	42.3	4.2
马亚西亚	2300.0	720.0		180.0	58.0	30.0
巴基斯坦	1500.0	1200.0*	2400	482.5	228.6	45.5
菲律宾	474.6	203.3	1215.3	227.8	61.4	26.0
泰国	177.5	81.5	324.2	285.8	66.9	20.0
越南	3000.0	900.0		283.6	100.0	72.1
欧　洲						
阿尔巴尼亚	130.0	105.8		143.7	52.0	87.5
奥地利	1500.0	750.0		1140.0	390.0	68.0
保加利亚	264.1	150.0	281.4	240.7	25.1	6.0
克罗地亚	213.0	118.0		193.2	51.9	42.0
芬兰	460.0	197.0		287.5	134.6	23.2
法国	2660.0	720.0		2310.0	655.0	15.4
德国	1200.0	250.0		438.9	175.0	4.2
希腊	840.0	200.0		252.4	44.9	9.3
意大利	1500.0	690.0		1292.5	414.3	18.6
挪威	5500.0	2000.0*		2600.0	1126.8	99.6
葡萄牙	325.0	245.0		412.5	124.2	25.6
西班牙	1380.0	700.0		1480.3	320.0	20.0
瑞典	2000.0	1300.0		1645.0	635.0	52.0
瑞士	1440.0	410.0		1011.8	356.0	59.0
土耳其	4330.0	2150.0	3530.9**	993.3	363.5	38.0
英国	（苏格兰）			106.4	32.0	28.8
前南斯拉夫	842.0	501.0		271.1	122.0	35.4

续表

国　家	理论水能蕴藏量（亿 kW·h/年）	技术可开发水能资源（亿 kW·h/年）	技术可装机容量（万 kW）	装机容量（万 kW）	年发电量（亿 kW·h）	水电比重（%）
中南美洲						
阿根廷	5350.0	1720.0	4450.0**	812.3	300.0	44.7
巴西	30204.0	11666.0	26849.4	5110.0	2500.0	97.4
智利	2272.5	1622.3	2604.6**	351.5	173.0	86.9
哥伦比亚	12900.0	5207.7	9300.0	670.0	242.2	78.2
厄瓜多尔	8185.0	5238.4	2152.0	147.4	50.8	72.7
墨西哥	1547.3	450.0	5353.0**	1003.4	262.4	28.8
巴拉圭	507.2		2500.0**	732.0	290.0	100.0
秘鲁	18396.0	10915.4	7400.0**	380.0	110.0	78.0
乌拉圭	320.0	100.0	1764.4	135.6	61.9	88.0
委内瑞拉	3350.0	2772.0	7000.0**	1099.1	365.3	59.7
北美洲						
加拿大	9767.8	6317.1	16280.4	6477.0	3306.9	62.0
美国	5285.0	3760.0*	14725.4	7485.6	2963.8	9.9
大洋洲						
澳大利亚	2640.0	300.0*		740.0	159.4	11.0
新西兰	1520.8	772.0	1762.0	498.0	244.0	66.0
非洲						
埃及		500.0		270.0	97.0	20.5
加纳	106.0			107.2	61.0	97.0
莫桑比克		720.0	1250.0	236.0	13.3	43.8
尼日利亚	910.0	380.0	600.0	190.0	22.2	27.5
扎伊尔	13970.0	7740.0	10000.0	251.0	63.1	99.7
赞比亚		287.5	1200.0	167.3	89.1	99.9

*　经济可开发水能资源。

**　经济可装机容量。

本表采用 Water Power & Dam Construction〈HANDBOOK〉1996 和 Hydropower & Dams World Atlas 1997 提供的统计数据。

（中国电力信息中心　吴　冰）

世界 1995 年～1997 年完工和在建的大型常规水电站

80 年代以来，发展中国家水能资源的开发利用迅速提高，水电开发速度大大加快，据《国际水力发电和坝工建设手册》统计，1996 年世界在建各种水坝 500 余座，其中装机容量超过 100 万 kW 的大型常规水电站有 33 座（见下表），阿根廷、加拿大、伊拉克、巴拉圭和立陶宛各 1 座，印度、伊朗、日本、委内瑞拉各 2 座，巴西 3 座，独联体 4 座，中国 13 座。目前在高坝建设中，混凝土坝仍是主要坝型，但土石坝也占有相当大的比例。据不完全统计，高度在 150m 以上的高坝中，土石坝占 40%以上，世界上已建的最高坝为坝高 300m 的土石坝，前苏联努列克坝。混凝土面板堆石坝由于填筑量小、设计施工简单，对材料要求低等优越性，正在被越来越多的国家所采用。

近年来，世界上在建的大型水电工程主要集中在中国，在建的二滩水电站，高 240m 的混凝土抛物线双曲拱坝，其坝高在同类型坝中目前居世界第四位；在建的天生桥Ⅰ级，坝高 178m，是当今世界上最高的混凝土面板堆石坝。目前，中国水电建设已经具有相当高的技术水平，有能力在各种复杂的条件下，自行设计和修建各种类型的水电站。三峡、二滩、天生桥Ⅰ级等大型水电工程的兴建，标志着中国水电建设已逐步迈向世界先进行列。

国外1995年～1997年完工和在建的大型常规水电站
（装机容量≥100万kW）一览表

水电站名称	国家	河流	坝型	坝高/顶长(m)	坝体积(万 m^3)	总库容(亿 m^3)	装机容量(万kW)	备注
亚基雷诺（Yacyreta）	阿根廷/巴拉圭	巴拉那河	土坝/重力坝	43/69600	6770.0	210.0	270.0	1993年开始运行，计划1997年完工
伊塔（Ita）	巴西	乌拉圭河	混凝土面板堆石坝	128/880	990.0	51.0	162.0	1988年开工，1998年开始运行，计划1998年完工
塞拉达（Serra Da Mesa）	巴西	托坎挺斯	堆石坝	159/1544	1270.0	544.0	120.0	1987年开工，1998年开始运行，计划1998年完工
欣戈（Xingo）	巴西	圣弗朗西斯科	混凝土面板堆石坝	150/850	1390.0	38.0	300.0	1987年开工，1994年开始运行
拉格朗德Ⅰ级（La Grandel）	加拿大	拉格朗德河	土坝/重力坝	60/3175	150.0	12.0	136.8	1994年开始运行
本尼特（Bennett）	加拿大	皮斯河	土石坝	183/2042	4313.3	703.1	241.6	1996年开始运行
布列亚（Bureya）	独联体	布列亚河	重力坝	140/765	344.0	209.4	170.0	1994年开始运行
坎巴拉津（Kambaratinsk）	独联体	纳伦河	土坝/重力坝	255/560	11220.0	46.5	160.0	
卡通（Katun）	独联体	卡通河	土坝/堆石坝	179/755	474200.0	58.0	157.0	
塔什莱克（Tashlyk）	独联体			/			180.0	
萨尔达萨罗瓦（Sardar Sarovar）	印度	纳尔默达河	重力坝	163/1202	747.2	95.0	145.0	1993年开始运行
代赫里（Tehri）	印度	帕吉勒提河	土坝/堆石坝	261/575	2703.2	35.4	240.0	计划1997年完工
戈达尔兰德—尼罗加(Godar)	伊朗	凯伦河	堆石坝	164/480	1370.0	2.3	100.0	1994年开工，计划2001年完工
夏赫比谢（Siah Bishe）	伊朗	恰卢斯河	堆石坝	128/420		43.0	100.0	1994年开工，1996年投入运行
贝克赫米（Bekhme）	伊拉克	大扎卜河	土坝/堆石坝	204/600	3400.0	330.0	156.0	
卡宗诺加瓦（Kazunogawa）	日本	宿奇牟罗	重力坝	105/251	62.1	0.12	160.0	1994年开工，计划1999年投入运行
富里（Tomisato）	日本	岛前河	重力坝	111/250	60.0	0.5	199.3	1991年开工，1998年开始运行，计划1999年完工
凯萨多里斯（Kaishadory）	立陶宛	涅曼河		/		0.4	160.0	
卡鲁阿奇（Caruachi）	委内瑞拉	卡罗尼河	堆石坝/重力坝	44/4320	1200.0	35.2	242.4	1989年开工，2001年开始运行，计划2003年完工
马卡瓜Ⅱ级（Macagua Ⅱ）	委内瑞拉	卡罗尼河	混凝土面板堆石坝	20/2806	133.3	3.6	237.6	1985年开工，1995年开始运行，计划1996年完工
巴昆	马来西亚	巴卢依河	混凝土面板堆石坝	20.5/610		192（有效）	252	1996年开工

本表采用 Water Power & Dam Construction〈HANDBOOK〉1996 提供的统计数据。

（中国电力信息中心 吴 冰）

国外几条河流的开发概况

(一) 美国田纳西河

田纳西河位于美国的东南部，河流全长 1046km，流域面积 10.63 万 km^2。30 年代初期，在该河流域未开发前，与美国其他地区相比，该地区工农业生产均很落后。为了对田纳西河流域的水电资源进行开发，促进地区经济向前发展，1933 年，美国国会通过“田纳西流域管理局法案”，成立田纳西流域管理局（以下简称管理局），授权该局拥有规划、开发、利用和保护流域内各种自然资源的广泛权力，主要包括航运、防洪及水力资源的开发等。据 1991 年底统计，该流域已建大小水电站 55 座，装机容量 386 万 kW，年发电量 163 亿 kW·h。其中大于 10 万 kW 的水电站 17 座，装机容量和年发电量分别占 82%和 84%。登记可开发的大小水电站 84 座，共计装机容量 487 万 kW，年发电量 184 万 kW·h，现已开发数分别占可开发水能资源的 79%和 88%，开发利用程度很高。

田纳西流域管理局为美国联邦一级的机构，其领导机构是由 3 人组成的董事会，董事长由总统任命，董事会只对总统和国会负责，具有很大的独立性和自主权。自管理局成立以后，开展以综合利用流域内水力资源为基础，对各种资源统一规划，协调发展，经过几十年的开发治理，田纳西河流域的面貌发生了根本性的变化。田纳西河流域干流上设有船闸和水坝，可全年通航，并与美国的内陆水系及五大湖相通。在干支流上已建的 31 座水库，对水流进行拦蓄调节，大大减轻了洪灾对流域的危害。流域内水力资源的开发程度达 87%，干支流上水电站的总装机容量为 330 万 kW。除水电之外，管理局还发展了火电和核电。流域内的农业、林业、旅游业等也得到了全面的发展，从而使这一地区从落后的以农业为主发展成为工农业相当发达的地区。同时管理局也在对流域的开发治理中不断地发展，逐渐成为一支包括规划、设计、施工、生产、科研等方面的专业队伍。

从 1933 年到 1959 年，管理局的资金来源主要依靠政府拨款，但要对拨款作某种程度的偿还。1959 年以后，美国政府的拨款并不多，管理局主要依据有关法案规定，发行债券、借贷及依靠电力和其它综合经营部门的利润来筹资。因为管理局的国有形式提高了企业的信誉，使投资者有安全感。其原因是，管理局与政府的紧密联系，投资者和信用机构相信它有“政府的无形相助”，而这种所谓的“无形相助”就使得管理局得以打入国际和国内的金融市场，并形成稳定的低利率融资机构。另外，管理局也为投资者提供了有力的财政支持。自开始自筹资金后，管理局便采用了有名的“电力债券决议”。这是一个法律文件，详细地规定了管理局公共市场颁发债券的保证条款和条件。该文件为股东们提供了经济担保，文件规定：①管理局董事会有权自行规定电价；②管理局必须遵守有关财政及审查方面的规定；③对公共债券的支付应优先于国家贷款的偿还。曾发行的债券分长期和短期两种，长期债券的偿还期为 25～30 年，年利率 60 年代 4.4%～8.25%，70 年代 7.0%～10.5%，80 年代 11%～14%。

(二) 法国罗讷河

罗讷河是法国的一条主要河流，全长 812km，在法国境内 517km。1936 年法国成立了罗讷河国有公司，负责开发罗讷河干流。1945 年起对罗讷河进行规划，综合考虑发电、航运及沿岸农业的发展。

罗讷河公司在上罗讷河上兴建的第一座水电站是热尼西亚水电站，装机 40 万 kW，年发电量约 17 亿 kW·h。不久为解决热尼西亚电站因调峰下泄流量的不稳定状态，又在其下游 10 多 km 处修建了低水头的塞赛尔工程进行反调节，装机 4 万 kW，年发电 1.6 亿 kW·h。到 80 年代中期，罗讷河公司共在上罗讷河上建成了 38 座水电站，共装机 88.9 万 kW，年发电 40.1 亿 kW·h。

对下罗讷河的开发始于 1947 年，第一座水电站是车载尔水电站，装机 33 万 kW。到 80 年代下罗讷河共建成了 12 座梯级水电站。在中间一级的水电站厂房内安装了大型计算机，将各梯级电站通过计算机相连，统一调度 12 个梯级水电站，使其运行更加经济合理。此外，经过梯级开发，下罗讷河的航运条件得到了较大改善，包括原来通航困难的河段也全部渠系化。由于有罗讷河公司统一规划，对工程全面安排，因此下罗讷河上各工程的建设工期都较短，收效较快。

(三) 奥地利多瑙河

多瑙河是一条多国河流，在奥地利境内长 350km，比降为 4/10000，总落差 150m。奥地利于 1947 年成立了多瑙河水电公司，综合开发奥地利境内的多瑙河段。由于多瑙河在奥地利境内大部分是宽阔平坦的河谷，人口稠密，文物古迹较多，不适宜修建高坝大库。因此规划中的梯级水电站都是 8～16m 的低水头径流式水电站，在干流上共规划 11 级水电站，装机容量从 15 万 kW 到 36.6 万 kW，总装机容量 259.9 万 kW，年发电量 153.7 亿 kW·h。

多瑙河是欧洲的重要国际河流，著名的国际航道，在奥地利全境均可通航，因此多瑙河的开发，除发电以外，还必须满足通航要求。此外，多瑙河水电公司在建设水电站的同时，十分重视环保及旅游资源的开发。

在开发多瑙河的过程中，多瑙河水电公司的主要经验是：①在水电站建设中注意缩短工期，尽快投产，发挥效益;②尽量采用标准设计方案,在一个河段上相继建设相似形式的工程,以利于各种施工专业队伍和施工机械的陆续转移并采用高度机械化施工。③由设计、咨询公司、工程承包公司、投资银行、制造厂家及多瑙河水电公司等单位组成的董事会共同开发多瑙河,相互之间用经济合同方式约束,形成梯级连续滚动开发。

(中国电力信息中心　张钦芝)

马来西亚巴昆水电工程(1996年12月开工)

巴昆坝位于巴卢依河上。坝址区年降水量4500mm,年蒸发量1300mm,年平均温度25℃。坝址处河流多年平均流量1314m³/s,月平均最小流量872m³/s(8月),最大流量1720m³/s(12月)。坝基为泥质和硅质砂岩、粉砂岩和页岩。坝址处地震震级为里氏6.3级。

该工程包括1座高205m、长610m的混凝土面板堆石坝,6条直径为9m、平均长度645m的混凝土衬砌压力隧洞,1条斜槽式溢洪道和1座发电厂房。水库有效库容192亿m³。堆石坝坝坡为1∶1.4,堆石体体积为1560万m³,混凝土面板总面积为12万m²,面板厚度30～93cm,含筋量0.3%。

溢洪道设计标准:①经调算的可能最大洪水的最大流量不超过15000m³/s;②若在最高运行水位因事故开启全部闸门,通过溢洪道的下泄流量不超过10250m³/s;③若因故1孔闸门都不能开启,经溢洪道预留的孔口安全下泄经调算的万年一遇的洪水流量;④为确保可能进入溢洪道引水前池的漂浮物能安全下泄,每孔溢流闸门宽度不小于15m。

巴昆水电站将安装6台单机额定出力为420MW的机组,总装机容量为2520MW。发出的电力将输至马来半岛,而且90%的出力输送距离超过1330km。为输送大电流及保证运行的可靠性,计划设置3个500kV单极变流器和2条双极的长655km的高架输电线及3条长670km的高压海底电缆,与具有最新科技水平的瑞典和德国之间的波罗的海海底电缆(电压为450kV,铜导线截面积1600mm²,线路长250km)相比有所突破。巴昆海底电缆电压500kV,铜导线截面积2000mm²,线路长670km。

巴昆水电工程于1996年12月2日开工,总投资达130亿马币,将在2003年完工并投入商业运行。该工程将创造几项世界纪录:一是混凝土面板堆石坝高达205m(超过目前在建的混凝土面板堆石坝的最高纪录——墨西哥187m高的阿瓜密尔帕坝);二是海底电缆最长,达到670km;三是它是由私人投资的规模最大的水电站工程。

(水利部信息研究所　冉崇辉)

国外水电站更新改造

目前,世界各地许多水电站已运行了50～80年以上。随着经济的发展和技术的进步,这些早期建设的水电站愈来愈多地出现了各种问题:有的是设备和设施老化;有的是建设时标准和设备容量较低;有的是由于当时的技术和资金条件没有建成最优化的水电站;有的是当时没有考虑诸如环境之类的问题。这些水电站大多数位于技术经济相对比较发达的国家和地区,近10多年来,其中不少电站已进行或正在进行更新改造,有的拟进行扩建或更新改造。

大规模的水电站更新改造出现在80年代末和90年代初,更新改造的电站规模较小,多为中小型水电站。更新改造主要考虑以下几个因素:①发电经济。通过扩机增容,提高机组的效益。②发电机定子和转子线圈状况。由于时代的不同,线圈和线芯材料已发生很大变化,现代的塑料绝缘材料比以前用的材料更加有效,可以使发电机额定功率提高约25%。③运行状况。常见的运行问题是水轮机效率低、空蚀严重和产生振动,以及部件疲劳或开裂等。④建筑结构问题。长期的运行使基础混凝土遭受严重损坏,导致基础沉陷,造成机组错位。

按现代建设水电站的标准,对已建的许多水电站需要进行更新改造,为了有效地利用资金和已建工程,部分国家建立了水电站更新改造优先次序标准,把优先次序分析作为规划设计的一部分。优先次序分析时主要考虑的因素一般包括技术状况、运行难度和电站的重要性,采用系统分析方法。除对水轮机和发电机两大部件进行分析外,还应对进水口、拦污栅、闸门和叠梁、进水阀门、输电线路、土建工程、调速器等进行分析。但水电站更新改造的重点是水轮机和发电机。

水轮机改造包括:更新转轮;更换水轮机零部件;修理旧转轮;更换全套水轮机等。

发电机改造包括:重绕定子绕组(必要时重绕磁极绕组);重新堆叠定子铁芯和重绕磁极绕组(必要时包括磁极的铁芯和绕组);更换全套发电机组等。位于瑞士中部的隆格恩湖水电站,包括凯撒施图尔和温特拉2座发电厂房,已运行70多年。由于温特拉厂房内的设备运行状况恶化,业主决定对电站实施改造,在比较了几种改造方案后,最后确定增加凯撒施图尔电站的水头并把两座厂房合并成一座发电厂房,改造工程进展顺利,新厂房于1994年春天开始运行,技术经济效益可观。斯洛文尼亚的法拉径流式水电站，建于20年代，尽管当时采用良好的设备并进行了常规的维护，但到了80年代，设备运行变得不稳定。因此决定对电站实施改造，从1987年开始，用2台机组替代旧厂房的7台机组，增加了电站的发电量。日本中部电力公司大部分水电站已运行50年以上，该公司从1978年开始有计划地对这些电站的老设备进行改造，到1990年，已更新设备的水电站有56座，由此增加出力1.6万kW，年发电量增加1.25亿kW·h。该公司对老设备的改造并不改变电站的原用水量和总水头，而是通过选用最适合的水轮机、减少水轮机的台数，尽量采用混流式水轮机，采用轻荷载转轮等措施来增加水电站的出力和发电量。

（水利部信息研究所　姜　斌）

国外部分在建抽水蓄能电站

（一）美国霍普山抽水蓄能电站

霍普山抽水蓄能电站位于美国新泽西州，距纽约约56km，装机6台、总容量204万kW，仅次于美国第一大抽水蓄能电站巴斯康蒂抽水蓄能电站（装机210万kW）。本电站工程1992年8月获得联邦能源管理委员会（FERC）颁发的许可证，1993年开工。工程的特点是：①不靠近河流，而是靠近新泽西多佛镇一个居民区约3.2km的霍普山上。②上、下水库分别在霍普山的台地上挖出一个面积为22.3hm^{2}的水池和利用地下约760m深处已废弃的矿井形成，其有效库容均为620万m^3。③不是利用江河水发电，而是采用一个闭合循环水系发电。上库初次蓄水靠抽取附近霍普山湖的湖水和矿坑水，以后则靠降雨补充水的蒸发损失。④电站的输水道、施工洞和交通洞都是垂直向的竖井，共有5条。⑤厂房深埋于地下900m处，长137m，宽22.6m，高44m，水头810m。变压器廊道长110m，宽15m。二者有隧洞与施工竖井和交通竖井相通，以利于施工和运行时通风。⑥电站具有频繁快速的工况变化能力，可适应一天之内作20次工况变化。机组从停止状态转为发电状态只需1min，从旋转备用到满负荷的80%状态只需10s。机组由挪威公司制造。预计1999年底完工，总费用为18亿美元。

（二）日本葛野川抽水蓄能电站

日本东京电力公司正在修建一座高落差（有效落差714m，引水流量280m^3/s）、大容量（最大发电出力为4×40万kW）的纯抽水蓄能电站——葛野川抽水蓄能电站。该电站横跨山梨县大月市和盐山市，靠近秩父多摩国立公园。上、下水库分别位于分水岭两侧的不同水系上，其间以隧洞连接；地下厂房处在中间，距上库5km，距下库3km。上库坝高87m，系粘土心墙堆石坝，坝体体积406万m^3。下库坝高105m，系碾压混凝土重力坝，坝体体积62万m^3。隧洞，特别是斜井压力管道，主要采用隧洞掘进机施工。地下厂房施工用3台大钻机向地表500m以下掘进。地下洞室岩石有自远古蓄积的初始地应力和围岩节理相互作用，因此在周围基岩内布置1300个观测点，形成庞大的现场施工监测系统，进行地应力测试。该电站利用上、下库抽水蓄能，用于调节日负荷变化，以保证峰荷稳定。整个工程采用一系列先进技术，分10个工区组织施工，参加建设的人员约有2000人，电站预计1999年开始投入运营。

（三）俄罗斯扎戈尔斯克抽水蓄能电站

扎戈尔斯克抽水蓄能电站位于俄罗斯莫斯科近郊，设计装机容量120万kW，目前还在建设中，部分机组从1993年起已陆续投产。该电站的主要工程技术特点是：①上库总库容3200万m^3，有效库容2200万m^3，大坝高40m，长9km，用冰碛粘土填筑；下库总库容2800万m^3，由拦截库尼亚河谷的两座大坝形成。②厂房尺寸为138m×73m×50m（长×宽×高），安装6台可逆混流式机组。水泵水轮机设计水头100m，额定出力20万kW；扬程96～115m，额定功率21.7万kW。轮轮直径6.3m，额定转速150r/min。水泵水轮机型号为POHT 115/812—B—630，由列宁格勒金属工厂制造。压力钢管共6条，每条长764m，直径2.7～7.5m。③发电电动机由乌拉尔重型电机厂研制，型号为BTЦC—1025/245—40Y4。发电电动机额定容量为23.6万kVA，电压15.75kV，转速150r/min，飞逸转速240r/min。电动发动机为伞式结构，其推力轴承支架置于水轮机顶盖上，上导轴承装在上机架上。推力轴承采用偏心为零的单列液压支撑推力轴承，定子为整体结构，转子铁芯采用整体磁极形式。机组以可控硅变频器的频率起动法为主，以直接异步起动作为事故起动方法。

（四）伊朗夏赫比谢抽水蓄能电站

夏赫比谢抽水蓄能电站位于伊朗恰鲁斯河上，总装机容量100万kW，是伊朗的第一座抽水蓄能工程。按原计划电站于1996年建成，最后一台机组投产。电站的工程技术特点是：①上、下库的大坝都是混凝土面板堆石坝，最大坝高分别为85m和128m，坝顶长分别为420m和380m。下库大坝总体积约490m^3，是上库大坝的3倍多。每座大坝都有两条用混凝土衬砌的泄洪洞，内径分别为2.95m和4m，最大流量分别为80m^3/s和360m^3/s。上、下库大坝的左岸各有一座溢洪道，泄洪能力分别为170m^3/s和810m^3/s。②电站有两个独立的进水口，分别向两条引水隧洞供水。发电时每个进水口最大流量为130m³/s，抽水时为100m³/s。两条引水隧洞相距25m，每条总长2000m，前1500m用混凝土衬砌，内径5.7m；后500m用钢板衬砌，内径5.2m。引水隧洞尾部设一座阻抗式调压井；调压井后是两条倾斜65°的钢板衬砌压力竖井。每个岔管分成两支，分别与两个球形阀相连。厂房下游，每两条尾水管与一个尾水洞相连，两条尾水隧洞分别长170m和230m。③地下厂房长126m，宽27m，高46.5m。4台机组分别布置在安装间两侧，每个机组段长17.5m。变压器位于厂房下游50m处，与厂房平行。变压器室长172m，宽14m，高20.2m，布设有13台单相18/410kV变压器，额定容量10万kVA；2台18/6.3kV、容量2.0万kVA的厂用变压器。④4台可逆混流式水泵水轮机的水泵扬程范围为450～515m，水轮机净水头范围为440～505m，额定转速428.6r/min，在最小扬程时水泵最大输入功率为23.5万kW，水轮机最大出力为28.5万kW。发电机为立轴式，发电时额定出力为30万kVA；电动机额定入力为24万kW。定、转子绕阻为空冷，转子上下侧各装有1个用油冷却的自润滑导轴承。励磁系统包括1台静止稳压励磁机，1台自动电压调节器和2台励磁变压器。用1台静止变频器将发电电动机切换到抽水工况。

(五) 日本大河内抽水蓄能电站

大河内抽水蓄能电站位于日本本岛西南部的兵库县，装机容量128万kW，工程于1987年动工，第一台机组1993年投入运行，工程总投资约1700亿日元。电站上库位于小田原河支流大田川，由5座心墙堆石坝形成，坝高从23.5m到55.5m，总库容931万m³，有效库容866万m³。下库位于市川水系大实川，大坝为混凝土重力坝，坝高102m，总库容960万m³，有效库容826万m³。电站每天调峰6h。过水系统主要包括3条压力引水隧洞和4条尾水隧洞。发电厂房为地下式，尺寸为134.5m×24m×(45.6～46.6)m(长×宽×高)，岩石开挖量约12万m³。厂房距地面280m，厂房洞室断面为子弹头式。厂房内安装4台混流式可逆式机组，三菱和日立公司各生产两台。三菱机组水轮机最大出力32.9万kW，最大水头415.6m，最大流量98m³/s；水泵最大功率34万kW，最大扬程428.3m，额定转速360r/min。日立机组水轮机最大出力32.9万kW，最大水头415.9m；水泵最大扬程429.2m，最大流量84.3m³/s，额定转速360r/min。4台机组中，2台采用变速机组，是该工程电力设备的一个主要特征，通过调节发电电动机转速可以改变抽水功率。

(六) 日本冲绳本岛海水抽水蓄能电站

为了充分利用沿海自然条件的优势，进一步开拓解决电力调峰问题的途径，日本通产省从1981年开始就组织国内科研机构和电力公司共同研究修建海水抽水蓄能电站的有关的技术课题。1991年通产省正式委托日本电源开发公司组织兴建世界上第一座海水抽水蓄能电站。该电站位于日本冲绳本岛北部。上池与海平面的有效落差为136m，使用流量为26m³/s，最大输出功率为3万kW。上池从开始蓄水到蓄满为止需6h，可供8h发电用，发电效率接近70%。电站工程包括研究开发经费在内总共300亿日元，全部由国家出资，预计1999年3月投入试运行。在开始试运行的前5年，电站发出的电力将无偿提供给冲绳电力公司，交换条件是无偿使用该公司的电力抽水。在此以后的电价如何计算，目前尚在研究中。

电站建设过程中的关键技术问题：①上池采用防水性能好的EPDM (Ethylene Propylene Diene Monomers)橡胶板衬砌防渗。当橡胶防渗板一旦出现问题时，设置在过渡层检查廊道内排水管处的盐分监测仪和压力计就会检查出海水泄漏情况并向控制所发出警报，以便及时向上池补给海水。②水压管中有300m的直线部分，采用的是具有耐磨蚀性和不易附着水生物的强化玻璃钢管。排水管采用防腐性能好的环氧树脂喷涂钢筋混凝土管，排水口则采用具有良好耐磨和耐腐蚀性的特殊陶瓷喷涂材料。③水轮机转轮和导流叶片采用耐气蚀和耐腐蚀的特殊不锈钢材料。电站采用可变速的抽水发电系统，以适应发电和抽水工况的高效转换。

(张培基 综合整理)

国外岩土锚固技术水平及发展方向

近年来一些国家在大力发展岩土锚固技术，尤其是在德、法、美、瑞典、奥地利等国，锚固技术的发展相当迅速，锚固技术水平不断提高，积累了许多新经验。

(一) 锚杆结构与工艺

国外锚杆结构与工艺在不断革新，到目前为止已开发出缝管、胀管、让压、自钻、可扩孔、高压灌浆和可拆式等各类锚杆，从而改变了锚杆结构和锚固工艺的单一化状况，提高了锚杆在不同条件下的适应性。近几年来，在开发新型锚杆的同时，锚固工艺也日趋完善。

瑞典阿特拉斯·科普柯公司生产的胀管锚杆，是由一根凹形断面的钢管组成，钢管放入钻孔后用高压水使其膨胀。在膨胀过程中，膨胀锚杆与钻孔的不规则孔壁完全贴合，由于沿整个锚杆全长产生了摩擦力和机械自锁力，因而加固了岩体。实践证明，这种锚杆适用于从砂和粘土到最坚硬的花岗岩各种不同地层的条件。高压灌浆锚杆是在第一次灌浆完成后，采用高压浆液使已凝固的浆体压裂并渗入土层形成加固体，从而提高锚杆的承载力。法国索留旦斯（Soletanche）公司的IRP高压灌浆锚杆利用密封袋和特殊注浆管进行高压灌浆，能够取得很好的锚固效果。

（二）锚固机具

据不完全统计，目前国外约有30%的岩石锚杆用手持式轻型凿岩设备安装；用半机械化（凿岩台车钻眼、手工安装）安装锚杆的占60%；用全机械化安装的达到10%，这个比例仍在逐年增加。瑞典、芬兰、法国、澳大利亚等国研制和生产的岩石锚固机具非常先进，例如，瑞典的阿特拉斯、科普柯公司研制了两种类型的全机械化锚杆安装机：一种是Boltec型标准锚杆安装机，可实现从钻孔、灌浆或注入水泥卷到插入锚杆的连续作业，施工速度快，效率高；另一种是Swellbolter型胀管锚杆安装机，专门用于安装胀管锚杆。芬兰Tam rock公司也研制了多用途的Robolt PC型锚杆安装机，可安装胀壳锚杆、树脂或水泥卷预应力锚杆、灌浆锚杆，如将其工作头略加改进，还可安装胀管锚杆。该公司是世界上全机械锚杆安装机的唯一制造厂家。

国外土锚钻机比较先进，性能优良。目前，日、德、意、美等国均采用全液压多功能履带钻机。其操作系统多为液压集中控制，有些还可实现远距离控制，操作方便，能保证操作人员的安全。钻进方式一般采用冲击钻进、回转钻进、回转冲击钻进、螺旋钻进、潜孔锤钻进和双动力头钻进。

（三）锚固技术的发展方向

锚固技术的发展主要体现在以下几个方面：

(1) 锚杆结构和锚固工艺日益简单化、多样化。

缝管、胀管等锚杆结构简单，安装方便，将会广泛用于地下洞室和边坡等岩层的加固。自钻、让压两种锚杆在松散地层、地层变形较大等情况下将有广阔的应用前景。二次灌浆高压锚杆、端部扩大型锚杆由于具有较高的承载力，在基坑支护、坝基加固等工程中将发挥越来越大的作用。

随着新型锚杆的使用，锚固工艺也将得到完善。例如，使用自钻锚杆时，锚杆本身既可作锚杆，也可作为钻杆和灌浆管，钻孔、灌浆、锚杆固定一次完成，工艺简单。为了提高锚杆的承载能力，各种扩孔锚杆的使用将逐渐增多，扩孔工艺将不断得到完善。

(2) 锚固施工机械趋向系列化、多功能化。一种岩石锚固安装机，不仅可以安装不同类型的锚杆，而且可以安装不同长度的锚杆，甚至可以进行机械撬顶、喷射混凝土等作业，将是今后的发展方向。土层锚固钻机仍将以全液压全方位多功能履带式钻机为主要发展方向。同时小型、轻型、可拆性强的锚固钻机将会不断涌现。

(3) 今后的研究方向。锚杆的设计取决于钢索和灌浆及灌浆体与钻孔壁交接面的结合应力的作用，今后需进一步研究应力沿固定锚杆段的分布，这一研究工作应集中于结合力逐渐丧失方面的研究。

（水利部信息研究所　冉崇辉）

国外灌浆新技术

进入90年代后，国外在灌浆材料和灌浆工艺方面，取得了令人瞩目的进展，开发出许多实用的灌浆方法，例如FDC灌浆法（Fracture Direction Controlled Method）、添加湿胀剂的水泥膨润土灌浆、用灌浆强度值法控制灌浆量等等。

FDC灌浆法即控制割裂缝灌浆法，是在地基中与河流方向直交的垂直面上人为地造成割裂缝之后，灌入浆液，使浆液进入裂缝、孔隙，形成蜘蛛网状的浆液脉络。

添加湿胀剂的水泥膨润土灌浆，是利用专门开发的湿胀剂进行水泥膨润土灌浆的方法。掺加湿胀剂的浆液可以获得与使用事先泡软的膨润土的浆液相同的或更好的稳定性。上述两种灌浆方法都是由日本卄发的。

灌浆强度值(GIN)法是采用灌浆强度值控制灌浆的方法。在一定的灌浆段内，能量的消耗近似等于最终灌浆压力 P_f 和灌注体积 V_f 的乘积即 P_fV_f，就称为灌浆强度值，简称GIN。GIN法是由瑞士隆巴迪博士提出的，在国外灌浆界引起了广泛的关注。这种灌浆技术已被引入到阿根廷、奥地利、厄瓜多尔、墨西哥、土耳其和瑞典等国，并在许多大坝中应用，如墨西哥正在建设的坝高187m的阿瓜密尔帕混凝土面板堆石坝和奥地利的柯恩布莱因坝的施工中应用，取得了很好的效果。这项新技术的特点可以归纳为以下几点：

(1) 保持GIN为一常数。GIN法要求在全部灌浆段的整个灌浆过程中保持GIN为一常数值。GIN常数值当画成压力—灌注量曲线时，得出一条双曲线，由GIN曲线和限制灌注量及限制压力就可绘出灌浆组合限制包络线。在灌浆过程中，当一个灌浆段的灌注量达到了特定的限制量，或当灌浆压力达到事先选择的限制值，或者用事先选定的GIN曲线判断在低于限制压力或灌注量的中间位置达到了给定的灌浆强度值时，停止灌浆。

(2) 浆体设计。GIN法只采用稳定的、单一的、中等稠度的浆体，使用高效塑化剂和保水剂以改善浆体特性。

(3) 灌浆孔的布置。采用常规的第一次序到第三或第四次序的对称布置方法。

(4)现场控制。灌浆过程的控制要借助于现场电子计算机用GIN曲线和可灌性曲线($q/P—V$ 曲线)来实现，对灌浆过程进行实时监测，根据可灌性曲线的下降和 $P—V$ 灌浆过程线向GIN控制曲线逼近。

用GIN法控制灌浆量要取得最好的效果，关键是选择一个最佳的GIN值。1997年，隆巴迪博士又提出了三种可行的选择GIN的方法：第一种方法是数学方法，它是从对岩层中裂隙分布的情况进行精确的或简化的描述着手，并以此为基础模拟灌浆过程。这种方法只能用于理论上构造比较简单的岩层，所得的结果只能为进一步调查和研究作首次粗略估计。第二种方法是试验方法，这需要在灌浆过程中，进行现场试验，测量浆液扩散半径 R 以得出 R 与GIN值的函数关系。这样就可以按照所需要的浆液扩散半径 R 和浆液的实际粘聚系数来选择GIN。第三种方法是观测法，灌浆过程可根据以前的经验，从先假定一个临时的GIN值开始，然后根据灌浆过程中得出的结果对该值加以调整。在大坝帷幕灌浆中常用此方法。实际灌浆过程中，上述三种方法可以结合使用。

(水利部信息研究所　冉崇辉)

内 容 索 引

内 容 索 引

A

安全、文明生产达标 …… 493,497
安全裕度 …… 378

B

8000kN 级锚索结构 …… 467
8000kN 预锚的施工工艺流程 …… 467
80 年代钱正英负责三峡工程的论证工作 …… 648
B301—2 型补气装置 …… 417
BC—30 液压铣槽机 …… 443
BE—500 泥浆净化站 …… 443
“八五”湖北水电建设基本情况 …… 86
“八五”湖南水电完成情况 …… 84
“八五”湖南在建和新建的大、中型水电项目 …… 84
“八五”福建水电发展较快的原因 …… 87
“八五”江西水电建设概况 …… 88
“八五”期间广东水电建设的主要做法 …… 82
“八五”水电投产情况 …… 81
“八五”水电指标和完成情况 …… 64
坝基处理 …… 570
坝基砂层透镜体在设计地震烈度下的抗震稳定性评价 …… 318
坝面预留浅槽 …… 341
坝身、坝外分区联合分散消能布置,坝身泄洪布置 …… 527
坝体的防渗结构设计 …… 354
坝体断面 …… 570
坝体断面分区和设计 …… 346
坝体堆石料供应规划仿真模拟软件系统 …… 528
坝体防裂 …… 570
坝体构造 …… 570
坝体加固措施 …… 358
坝体结构 …… 570
坝体设计 …… 348
坝型和坝的分区设计 …… 342
白山梯级水电站 …… 152
白云坝体基本尺寸及堆石分区 …… 354
百龙滩水电站 …… 433
宝兴河 …… 239
保护配置双重化 …… 396
报价原则 …… 123
边坡数据处理预报软件系统 …… 533
边坡预锚快速施工试验 …… 532
变频器起动 …… 427
标准化信息网 …… 562
标准宣贯会 …… 561
冰压力 …… 565
槟榔江干流(胆扎至松山河口)水电规划报告 …… 301
丙烯酸盐灌浆 …… 464

C

CSM 公司斜井直段模板 …… 465
CZF 系列冲击反循环钻机 …… 529
财务管理网络 …… 126
财务评价 …… 261,262
测算基价 …… 247
层析成像技术 …… 533
查龙水电站 …… 130
掺气减蚀设施 …… 527
掺气坎后水流稳定特性的研究 …… 528
长江防洪系统研究 …… 537
长江三峡工程坝区泥沙研究报告集 …… 308
长江三峡工程泥沙研究文集 …… 308
长江三峡工程泥沙与航运关键技术研究 …… 308
长江三峡工程泥沙与航运关键技术研究专题研究报告集 …… 308
厂房位置选择 …… 360
超远距离技术 …… 225
潮汐能资源及其开发 …… 70
成本控制 …… 134
承船厢 …… 370
程序锁闭锁系统 …… 410
抽水蓄能电站 …… 602
抽水蓄能电站的主要泥沙问题 …… 307
抽水蓄能电站水文计算的特点和方法 …… 304
初级电气化县 …… 53
船闸输水系统的特点 …… 368
磁翻柱式液位计 …… 417

D

DB891 大坝观测数据处理分析软件 …… 534
大坝安全监测 …… 508
大坝安全监测、监控和安全评价成套技术 …… 526
大坝地基岩体 …… 167
大坝工程 …… 179
大朝山导流洞开挖施工方法 …… 470
大朝山截流设计特点 …… 186
大朝山截流施工 …… 186
大朝山水电有限责任公司 …… 113,73
大广坝水电站水库移民监测与评估工作大纲 …… 281
大河口水电站 …… 214
大江大河的河流水电规划工作 …… 297
大七孔水电站 …… 216
大体积混凝土物理力学特性仿真研究 …… 527
大峡水电站 …… 128
大型滑坡(包括位移边坡)调查总结及相应的数据库 …… 532
贷款偿还期 …… 223,230
贷款利率 …… 223
贷款利息 …… 49

单相变压器组 …… 389
导截流建筑物设计 …… 181
导流洞永久利用采用突扩式
孔板洞研究 …… 531
导水机构 …… 377
导叶和操作机构 …… 376
导轴承 …… 375
德国BW系列振动碾 …… 534
灯泡贯流式机组 …… 433
低功率保护 …… 402
地下厂房开挖施工及设备 …… 448
地下厂房岩石支护 …… 449
地下洞室群布置 …… 360
地应力 …… 565
地应力测试与分析新技术
研究 …… 530
地震破坏判别准则 …… 530
地震透射层析成像技术
研究 …… 530
地震遥测传输技术 …… 316
地震作用 …… 565
地震作用效应 …… 566
第三批300个农村水电初级
电气化县 …… 202
滇黔桂粤互联电网 …… 161
电磁配压阀 …… 418
电动发电机 …… 431
电力工业标准化 …… 557
电力工业体制改革 …… 50
电力建设与湿地保护和合理
利用行动的内容 …… 288
电力市场 …… 51
电力系统稳定器 …… 403
电力有限责任公司 …… 50
电力债券决议 …… 696
电量效益 …… 152,157
电气闭锁系统 …… 411
电气制动 …… 387
电网负荷预测 …… 228
电涡流型传感器 …… 397
电源切换 …… 410
电站自动化 …… 396
蝶阀与压力钢管的联接 …… 422
定额法 …… 247
定子 …… 383,386,388
定子绕组 …… 383,387
定子组装 …… 428
东北地区的水电开发 …… 228
东北电网 …… 46
东风水电站工程地质评价 …… 322
东江水电站环境影响 …… 283
动能设计 …… 563
动水压力 …… 565
动态投资 …… 248,250
动压油膜 …… 414
冻胀力 …… 565
"独立电厂" …… 50
对筑坝原材料进行了优选
研究 …… 534
多变量非线性最优控制 …… 403
多家集资办电的典型特例 …… 75
多人值班 …… 394
多微机型励磁调节器 …… 403
多元化经营 …… 131
多种经营 …… 108,144

E

额定水头 …… 563
二滩地下厂房开挖爆破主要
参数及设备 …… 448
二滩工程的料场开采 …… 451
二滩工程人工砂石骨料生产厂
的特点 …… 451
二滩拱坝施工方法 …… 449
二滩联营体(EJV)截流
设计 …… 184
二滩联营体(EJV)截流
施工 …… 184
二滩双曲拱坝工程的特点 …… 449
二滩双曲拱坝混凝土主要
参数指标 …… 450
二滩水电开发有限责任
公司 …… 113,73
二滩水电站 …… 120
二滩水电站地下厂房系统 …… 448
二滩水电站工程静态总
投资 …… 183
二滩水电站建设工期 …… 183
二滩水电站水库淹没处理
补偿投资概算 …… 275
二滩水电站《水库淹没处理
和移民安置规划报告》 …… 275
二滩水电站水轮发电机 …… 382
二滩水电站水轮发电机组 …… 429
二滩水轮机 …… 375
二元格局 …… 131

F

FIDIC合同机制 …… 121
FZLQ型自动滤水器 …… 417
发电成本 …… 261
发电机安装 …… 428,431,432
发电机舱 …… 434
发电机出口断路器 …… 389
发电机定子 …… 434
发电机灭火系统 …… 388
发电机转子 …… 434
发电设施 …… 181
发电效益 …… 157
发展中型水电存在的问题和
建议 …… 68
发—变组接线 …… 396
反应谱法 …… 566
防洪标准 …… 566
防洪效益 …… 152
防渗墙和心墙的多种连接
型式 …… 529
防渗墙柔性材料的改进 …… 440
防渗墙施工程序 …… 443
防渗墙施工技术的突破 …… 439
防误技术 …… 410
非电量变化 …… 396
非电量监测装置 …… 418
非碱性水玻璃灌浆 …… 464
分包 …… 37
分析法 …… 247
汾河水库岩塞爆破工程 …… 461
粉煤灰 …… 571
风荷载 …… 565
峰谷分时电价 …… 3
福鼎桑园水库电站 …… 217
福建电网"九五"计划(水电
部分)概要 …… 88
福建电网水电现状 …… 87
富春江富士电机有限公司 …… 411

G

改造增容 …… 505
概算的核查 …… 247
刚强度分析计算 …… 412
钢筋混凝土面板防渗 …… 458

高坝洲坝基岩体 …………… 169
高坝洲水电站枢纽通航设施 …………… 170
高坝洲水电站枢纽 …………… 169
高坝洲水电站枢纽施工 …………… 170
高边坡爆破开挖动力响应测试 …………… 532
高边坡稳定及处理技术研究 …………… 525
高堆石坝优化设计软件系统 …………… 528
高堆石坝智能计算机辅助设计微机软件系统 …………… 536
高拱坝关键技术研究 …………… 525
高精度大地测量监测自动化系统研究 …………… 533
高碾压混凝土重力坝应力与稳定分析研究 …………… 535
高土石坝粗颗粒填筑材料的动力工程性质及其测试技术 …………… 529
高土石坝的工程抗震措施 …………… 530
高土石坝动力分析中几个关键技术问题 …………… 530
高土石坝防渗体材料的动力特性及其测试技术 …………… 529
高土石坝关键技术研究 …………… 525
高土石过水围堰护坡研究 …………… 531
高压岔管计算 …………… 362
高压定向喷灌施工技术 …………… 472
高压灌浆试验 …………… 473
高压水工隧洞设计 …………… 362
隔河岩水电枢纽工程 …………… 260
隔河岩水电站建设中的环保工作 …………… 286
隔河岩水库诱发地震可能性问题 …………… 317
葛洲坝水力发电厂 …………… 151
耕地占用税 …………… 224
工程分标 …………… 128
工程建设监理制 …………… 121,128
工程进度控制 …………… 129
工程竣工验收 …………… 21
工程可行性论证 …………… 20
工程投资控制 …………… 129
工程验收 …………… 37
工程应用和经济、社会效益 …………… 554
工程造价咨询单位 …………… 9
工程招投标制 …………… 128
工程质量控制 …………… 128
工程质量事故 …………… 38
工程咨询单位 …………… 34
工况转换 …………… 432
工效挂钩 …………… 101
工作票钥匙系统 …………… 411
公伯峡坝体设计 …………… 353
公司法 …………… 120
拱坝非线性拱梁分载法和三维非线性有限元法全过程分析系统 …………… 526
拱坝抗震计算分析系统 …………… 526
拱坝可靠度分析系统 …………… 526
拱坝体形优化系统 …………… 526
古洞口坝体设计 …………… 349
骨干培训 …………… 134
《关于设立水电站和水库库区后期扶持基金的通知》 …………… 271
观测设计 …………… 570
管理线路 …………… 118
贯标 …………… 107
灌浆强度值 …………… 700
灌浆压力 …………… 565
广东“八五”水电完成情况 …………… 82
广东“九五”水电计划概要 …………… 82
广西“八五”水电工程项目及投产情况表 …………… 83
广西“八五”水电完成情况 …………… 83
广西桂冠电力股份有限公司 …………… 72
广西桂冠电力股份有限公司的组建 …………… 76
广西桂冠公司办电经营机制的特点 …………… 77
广西“九五”水电计划设想 …………… 83
广西岩滩水电厂 …………… 153
广蓄电站的环保工作 …………… 287
广蓄电站斜井滑模的主要技术特点 …………… 466
广蓄电站斜井滑模设备 …………… 466
广蓄隧洞围岩覆盖比和地应力场最小主应力 …………… 362
广州抽水蓄能电站 …………… 122,263
广州抽水蓄能电站联营公司 …………… 73
贵州地方水电建设 …………… 80
贵州“九五”期间地方水电发展 …………… 80
贵州乌江水电开发公司 …………… 73
桂冠电力股份有限公司 …………… 112
国际招标 …………… 257
国家电力公司 …………… 50
国民经济评价 …………… 261,262

H

H9000 系列水电站计算机监控系统 …………… 391
海损事故 …………… 152
合理确定,有效控制 …………… 258
合同范本 …………… 113
合同管理 …………… 119
合同管理制 …………… 121
河流水电规划编制规范 …………… 297
黑起动 …………… 433
洪家渡水电站坝址工程地质评价 …………… 323
后期扶持基金 …………… 13
湖北省清江水电开发有限责任公司 …………… 73
湖南五凌水电开发有限责任公司 …………… 73 ,238
华东电网 …………… 46
华东三省一市 …………… 226
华能太平驿水电站有限责任公司 …………… 113
华中电网 …………… 46
滑波的工程处理措施 …………… 330
滑坡的稳定性分析 …………… 329
还本付息电价 …………… 236
还贷能力 …………… 229
环保竣工验收报告 …………… 284
环境影响报告书编制完成并经过预审的工程名称表 …………… 282
环氧树脂灌浆 …………… 463
缓凝型防渗墙混凝土 …………… 444
黄丹水电站 …………… 238
黄河上游水电建设 …………… 233
黄河上中游 1922 年～1932 年连续枯水段问题的调查 …………… 306
黄河下游断流 …………… 162
混流式水轮机 …………… 373
混凝土垂直运输、定点下料、仓面监视新技术 …………… 526

混凝土的动态强度特性研究 …… 527
混凝土防渗墙检测仪器的研制 …… 529
混凝土防渗墙施工工艺的研究 …… 529
混凝土面板设计 …… 355
混凝土配合比优化设计研究 …… 527
混凝土损伤断裂特性研究 …… 527
火溪河水电规划报告 …… 299
获国家科技进步奖的水电科技成果表 …… 538

J

J31 型智能灌浆记录仪 …… 464
机械设备闭锁 …… 411
机械制动 …… 387
机组的自动控制 …… 432
机组调试 …… 432
基本烈度 …… 566
基本养老保险基金 …… 142
基本养老金 …… 142
基础处理设计 …… 343
基地建设 …… 135
集资办电 …… 63
集资办水电的新举措与特点 …… 74
计算分析系统 …… 536
计算机监控系统 …… 390,392,394
技术改造工程 …… 47
技术可开发量 …… 79
技术转让 …… 257
加权平均效率 …… 375
监理制 …… 124
检测评定结果 …… 534
建立风险分析制度 …… 259
建设项目管理制 …… 176
建设项目环境保护设施竣工验收管理规定 …… 284
建筑物自重 …… 565
建筑业企业资质管理规定 …… 137
江厦潮汐试验电站的机组特性 …… 71
江厦潮汐试验电站及其运行情况 …… 71
江垭水库的补偿投资 …… 278
江垭水库移民安置的指导思想 …… 278
浆体设计 …… 700
交流输电 …… 225
交直流混合输电 …… 225
接地保护 …… 396
接力器不动时间 …… 410
节理密集带对地下洞室开挖成形的不利影响 …… 326
节能节电工程 …… 46
截流设计 …… 177
截流施工 …… 182
金沙江水电送华东 …… 225
“金沙江水电送华东研究” …… 224
金沙江送电华东 …… 226
金属蜗壳安装焊接 …… 572
锦屏大河湾以下河段的梯级开发方案 …… 297
锦屏河段的开发方案 …… 297
进口关税 …… 50
近坝库段安全监测技术 …… 533
经济合同争议调解 …… 23
经济奖罚 …… 38
经济可开发量 …… 79
经济评价 …… 262
经济效益 …… 156
经济运行机制 …… 133
静水压力 …… 565
静态控制,动态管理 …… 258
静态投资 …… 247,249
静态转速死区 …… 408
静止变频装置 …… 402
“九五”发展目标 …… 81
“九五”湖北水电建设规划 …… 86
“九五”湖南水电计划概况 …… 85
“九五”江西水电建设规划安排 …… 89
“九五”期间广西拟新开工的水电项目 …… 83
“九五”水电和 2010 年水电远景规划概要 …… 66
“九五”云南水电计划概要 …… 81
局部放电监测装置 …… 400
聚氨酯灌浆 …… 463
绝对振动监测 …… 398
均衡生产 …… 134

K

KB8070 全液压冲击钻 …… 449
开都河中游河段水电规划报告 …… 301
开挖爆破对锚固设施影响的试验 …… 532
抗震设计 …… 566
抗震验算 …… 566
可逆式抽水蓄能机组 …… 401,426
空冷发电机 …… 385
空冷水轮发电机 …… 382
空气间隙监测装置 …… 398
空蚀性能 …… 378
空载转速摆动值 …… 410
孔板泄洪洞 …… 365
控制理论 …… 403
控制投资 …… 122
库岸失稳的类型 …… 328
库岸稳定对移民迁建的影响 …… 328
快速地质编录系统 …… 323

L

LIBHERR 塔吊 …… 446
缆机微机自动控制关键技术 …… 526
琅琊山抽水蓄能电站 …… 303
浪压力 …… 565
劳动生产率 …… 426
李家峡电站导流洞主要施工措施 …… 469
李家峡电站水轮机 …… 376
李家峡工程 …… 265
李家峡库区移民安置指导思想 …… 276
李家峡水电站坝后Ⅲ号滑坡 …… 329
李家峡水电站坝前Ⅱ号滑坡 …… 329
李家峡水电站水库淹没处理补偿投资 …… 276
李家峡水电站有限责任公司 …… 73
理论蕴藏量 …… 79
励磁调节器 …… 403
励磁装置 …… 401
利用外资办水电的情况 …… 75

沥青混凝土面板施工 …………… 458
莲花水电站 …………………… 123
莲花水电站大坝各种填筑料
技术要求 …………………… 456
莲花水电站混凝土面板堆
石坝 ………………………… 455
莲花水电站水库淹没补偿静态
投资 ………………………… 275
凌津滩枢纽 …………………… 167
凌津滩水电站施工导流
方式 ………………………… 168
流域滚动开发公司 …………… 52
流域、梯级、滚动、综合开发 … 202
柳山河间地块岩溶渗漏
问题 ………………………… 331
龙滩水电站主要水能参数的
选定 ………………………… 302
龙羊峡水电厂 ………………… 157
溇水干流淋溪河以上河段
规划报告 …………………… 300
露顶弧形闸门 ………………… 420
罗家坳河间地块岩溶渗漏的
封闭条件 …………………… 334
罗泰克皮带机的应用情况 …… 479
罗泰克输送设备的技术
性能 ………………………… 478
罗泰克塔带机 ………………… 440

M

马边河河流规划简况 ………… 238
马边河开发总公司 …………… 238
埋件的安装 …………………… 432
满拉水利枢纽 ………………… 130
漫湾发电厂 …………………… 156
锚杆结构与工艺 ……………… 699
锚固技术的发展方向 ………… 700
美姑河水电规划报告 ………… 299
美姑河一库五级开发方案 …… 299
密集地震台网强化观测 ……… 316
棉花滩水电开发有限责任
公司 ………………………… 113
棉花滩水电站 ………………… 324
棉花滩水电站枢纽 …………… 171
面板坝在技术上的发展 ……… 457
面板堆石坝坝体过流保护 …… 455
面板堆石坝填筑施工 ………… 454
面板混凝土接缝止水施工 …… 459
模拟屏 ………………………… 393
目标管理 ……………………… 122

N

南方四省互联电网 …………… 46
南桠河流域水电开发有限
责任公司 …………………… 113
内部技术市场 ………………… 126
内部劳务及人才市场 ………… 125
内部设备租赁市场 …………… 126
内部资金市场 ………………… 126
能量性能 ……………………… 377
泥沙观测规划 ………………… 568
泥沙压力 ……………………… 565
年装机投产强度 ……………… 425
碾压混凝土大坝的防渗 ……… 453
碾压混凝土拱坝仿真全过程
应力分析计算进行研究 …… 535
碾压混凝土拱坝技术研究 …… 525
碾压混凝土拱坝结构设计
研究 ………………………… 533
碾压混凝土施工工艺 …… 440,452
碾压混凝土施工机械设备
配备 ………………………… 441
碾压混凝土原材料 …………… 440
碾压混凝土运输 ……………… 440
碾压混凝土筑坝材料特性
研究 ………………………… 535
农村初级电气化验收规程 …… 211
农村水电初级电气化县 … 14 ,15

P

排水垫层和钢筋混凝土面板
施工 ………………………… 459
排架结构的设计假定 ………… 369
潘家口抽水蓄能电站 ………… 159
喷锚支护设计 ………………… 361
平抛垫底 ……………………… 178
“普定模式”的筑坝方法 ……… 533
普定碾压混凝土拱坝施工
方法和质检技术 …………… 534

Q

QC 小组 ……………………… 104
企业法人责任制 ……………… 120
企业行为 ……………………… 232
前期工作费 …………………… 224
浅层反射地震勘探技术
研究 ………………………… 530
浅层折射勘探技术研究 ……… 530
清江 …………………………… 234
清江水电开发有限责任
公司 ………………………… 113
清江水电投资公司 …………… 235
求取原位岩土体密度的
常用方法 …………………… 313
球阀 …………………………… 421
球阀与压力钢管的联接 ……… 421
球面滑动轴承 ………………… 420
取得的主要成果 ……………… 525
全长二次粘结式预应力
锚索 ………………………… 446
全厂计算机监控系统 ………… 401
全国中型水电资源情况 ……… 67
全空冷 ………………………… 381
全双微机型励磁调节
器 ……………………… 403,403
全员培训 ……………………… 134
群锚机理现场试验 …………… 532

R

RISER250-H 钻机 …………… 449
ROTEC 塔带机 ……………… 446
ROTEC 胎带机 ……………… 446
容量计价的租赁经营模式 …… 263
容量效益 ……………………… 152
溶洞段管桥施工技术 ………… 473
融资额度 ……………………… 256
乳化炸药混装车 ……………… 462
乳化炸药混装车技术 ………… 462
入库输沙量计算 ……………… 568

S

三板溪混凝土面板坝设计 …… 351
三级检查制度 ………………… 37
三控两管一协调 ……………… 124
“三控制”管理 ………………… 128
三峡坝址基岩 ………………… 341
三峡大坝组成 ………………… 341
三峡工程地质与地震及长江
开发重点地段环境地质问
题研究 ……………………… 537
三峡工程电力系统规划和
电站运行关键技术研究 …… 537

三峡工程建设关键技术
研究 …… 537
三峡工程建设委员会 …… 117
三峡工程截流戗堤施工 …… 177
三峡工程"九五"重点泥沙
专题科研计划 …… 308
三峡工程库区环境保护的
主要措施及实施情况 …… 289
三峡工程泥沙问题研究成
果汇编(160～180m 蓄水
方案) …… 308
三峡工程泥沙与航运问题
研究 …… 537
三峡工程碾压混凝土纵向
围堰 …… 440
三峡工程施工区的环境保护与
管理 …… 290
三峡工程一期土石围堰 …… 439
三峡工程永久船闸 …… 441
三峡工程与长江开发的综合
研究 …… 537
三峡机组招标 …… 253
三峡库区和沿江地区的环境
与生态建设研究 …… 537
三峡水电站水轮机 …… 373
三峡水电站通航建筑物 …… 418
三峡水利枢纽工程泥沙问题
研究成果汇编(150m 蓄水
方案) …… 308
三峡移民安置规划遵循的
指导思想和基本原则 …… 279
三峡永久船闸一期工程施工
特点 …… 442
三相变压器 …… 389
三相组合变压器 …… 389
沙牌水电站漩涡式竖井溢
洪道 …… 363
砂卵石层取样技术研究。…… 530
山东、福建等电网 …… 46
珊溪水电站 …… 173
上机架 …… 384
上网电价 …… 224,260
上网电价、贷款偿还能力和
还款期 …… 261
上网电量 …… 260
少人值班 …… 394
少人值守 …… 395
设备管理保障体系 …… 133
设计质量管理 …… 36
深槽高速皮带机运输系统 …… 534
深厚覆盖层坝基坝肩渗漏及
渗透变形稳定问题 …… 320
深厚覆盖层建闸工程地质
问题 …… 319
深埋发电引水隧洞 …… 359
渗流分析和渗控设计优化
研究 …… 535
升船机主要技术特性 …… 367
省级移民管理机构 …… 270
狮泉河水电站 …… 298
施工导流标准研究 …… 531
施工导流底孔 …… 420
施工导流洞体型优选及数学
模型研究 …… 531
施工导流方式的风险分析与
优化 …… 531
施工管理 …… 132
施工机械管理工作的进展 …… 477
施工质量管理 …… 37
施工质量检查 …… 37
施工综合管理系统 …… 526
十三陵抽水蓄能电站 …… 427
十三陵抽水蓄能电站工程地
质问题 …… 336
十三陵抽水蓄能电站压力
钢管 …… 424
石板水大坝混凝土分区 …… 452
石板水重力坝 …… 452
示流信号器 …… 417
世界标准化组织(ISO) …… 558
世界标准日 …… 558
事故分析 …… 391
事故责任 …… 38
收缩式消能工 …… 171
输出处理系统 …… 536
数据处理 …… 569
双层防腐自由张拉锚索 …… 446
水电厂安全文明生产达标 …… 497
水电厂创一流工作 …… 498
水电厂防汛 …… 495
水电厂生活基地建设 …… 504
水电厂水情自动测报系统 …… 499
水电厂"无人值班" …… 496
水电发展中存在的主要问题 …… 63
水电工程监理工程师资质
管理办法 …… 28
水电工程建设监理单位资质
管理办法 …… 28
水电工程建设监理规定 …… 31,28
水电工程建设经济合同争议
调解 …… 265
水电工程竣工验收的六个
专项 …… 284
水电工程水库移民工作领导
机构 …… 270
水电工程造价分析 …… 248
水电工程造价制度改革 …… 246
水电滚动开发 …… 223
水电机组移交生产达标
考核评定办法 …… 477
水电监理的范围 …… 29
水电监理合同与监理程序 …… 29
水电建设工程安全鉴定暂行
规定 …… 477
水电建设工程质量管理 …… 35
水电建设工程质量管理暂行
办法 …… 476
水电建设工程质量监督总站 …… 35
水电建设管理体制 …… 63
水电建设体制改革 …… 52
水电建设资本金 …… 223
水电开发基金 …… 223
水电流域梯级滚动综合开发 …… 63
水电前期工作 …… 231
水电前期工作周转金 …… 101
水电前期经费筹措 …… 231
水电、水利行业计算机制图
的技术手段 …… 552
水电站大坝安全定期检查 …… 507
水电站大坝安全注册 …… 509
水电站的特征值 …… 563
水垫塘优化研究 …… 527
水工建筑物荷载设计规范 …… 565
水工统标 …… 564
水口水电厂 …… 155
水口水电站 2×500t 垂直
升船机 …… 367
水口水电站工程移民独立
评估工作大纲 …… 280
水口水电站三级船闸 …… 366
水口水电站移民独立评估

报告 …………………………… 280
水口水力发电厂 ………………… 154
水库调度自动化 ………………… 498
水库泥沙设计 …………………… 568
水库淹没处理设计信息系统
总体结构及主要功能 ……… 273
水库淹没实物指标 ……… 3,567
水库淹没实物指标调查
精度 ………………………… 272
水库移民 ………………………… 232
水库移民后期生产扶持
工作 ………………………… 269
水库移民前期工作 ……………… 269
水库移民实施管理工作 ………… 269
水库诱发地震预测 ……………… 317
水利水电土建工程施工
合同条件 …………………… 115
水利水电系统设计单位及流
域机构环评单位情况表 …… 282
水流稳定性 ……………………… 378
水轮发电机 ………… 413,380,387
水轮发电机组制造 ……………… 412
水轮机 ……………………… 412,431
水轮机安装 ………… 428,429,432
水轮机分瓣转轮组装焊接 …… 573
水轮机埋件安装 ………………… 428
水轮机设计 ……………………… 379
水轮机双排布置 ………………… 376
水轮机效率 ……………………… 380
水内冷 …………………………… 381
水情预报 ………………………… 569
水弹性模型 ……………………… 527
水淹厂房 ………………………… 493
税后还贷 ………………………… 230
税金 ……………………………… 260
死水位 …………………………… 563
四川华能水电开发公司 ……… 73
四川省地方电力“八五”建设
情况 ……………………… 78
四川省地方电力“九五”计划
安排 ……………………… 79
塑性混凝土防渗墙材料 ……… 528
所得税 …………………………… 230

T

太平驿水电站 …………………… 262
弹性金属塑料推力轴瓦 ……… 574
探洞地震横波速度测试
方法 ………………………… 314
探洞横波测试数字处理和资料
整理 ………………………… 314
探洞横波激震器具 ……………… 314
探洞涌水的封堵 ………………… 334
桃林口水库 ……………………… 453
桃林口水库大坝碾压混凝土
配合比表 …………………… 453
天荒坪抽水蓄能电站 …………… 431
天荒坪抽水蓄能电站高压灌
浆试验 ……………………… 472
天荒坪上库沥青混凝土面板
工程 ………………………… 458
天生桥一级大坝坝基开挖
标准 ………………………… 460
天生桥一级电站河槽开挖
方法 ………………………… 460
天生桥一级水电站混凝土
面板堆石坝 ………………… 454
调峰效益 ………………………… 157
调解机制 ………………………… 116
调频调峰运行 …………………… 159
调速器动态性能 ………………… 410
调速装置 ………………………… 402
贴壁螺旋流式内消能工 ……… 531
通风冷却系统 …………………… 384
通信设计 ………………………… 569
同电同价 ………………………… 49
同网同质同价的原则 …………… 209
铜街子水电站 …………………… 158
筒形阀 …………………………… 379
投入产出比 ……………………… 19
投资偿还期 ……………………… 260
投资体制改革 …………………… 209
图形数据库 ……………………… 553
土工离心模型试验成套
技术 ………………………… 528
土建合同条件红皮本 …………… 115
土压力 …………………………… 565
推力释放装置 …………………… 380
推力轴承… 413,425,384, 386,388
推力轴承安装 …………………… 429

W

外压设计水头 …………………… 363
万家寨水库移民安置的指导
思想 ………………………… 277
万家寨水利枢纽水库的补偿
投资 ………………………… 278
微机保护 ………………………… 396
微机调速器 ……………………… 408
微机励磁调节器 ………………… 403
微机型元件保护装置 …………… 397
微机重力坝 CAD 系统 ………… 553
微机重力坝 CAD 系统适用
范围 ………………………… 553
微机重力坝 CAD 系统特点 … 553
微机重力坝 CAD 系统主要
成果 ………………………… 554
微型水电 ………………………… 218
围岩压力 ………………………… 565
围堰防渗结构的创新 …………… 439
尾水管 …………………………… 376
尾水清渣 ………………………… 506
温度报警 ………………………… 418
温度控制 ………………………… 570
温度作用 ………………………… 565
涡壳 ……………………………… 377
蜗壳 ……………………………… 375
蜗壳安装 ………………………… 428
我国已建的潮汐电站 ………… 70
沃卡一级水电站 ………………… 130
“无人值班” ……………………… 395
无人值班 ……… 391,394,394,395
五凌水电开发有限责任
公司 ………………………… 113
五强溪船闸布置的特点 ………… 368
五强溪水电站 …………… 237,377
五强溪水电站船闸 ……………… 367
五强溪水电站船闸主要技术
特性 ………………………… 367
五强溪水电站水库淹没处理
补偿投资 …………………… 274
五强溪水力发电厂 ……………… 156
物资采购供应市场 ……………… 126

X

XDM—8.5 型多功能模板 …… 465
XHM—7 型斜井滑模 ………… 465
西电东送 ………………… 226,48
西普水电站 ……………………… 215
下导轴承 ………………… 384,386
下机架 …………………………… 384

下游河道变形预测 …… 568
夏布曲干流水电规划报告 …… 298
现场整装叠片和压紧 …… 425
现地控制装置 …… 391
相对振动监测 …… 397
向心磁极绕组 …… 413
项目安全质量管理 …… 127
项目财务管理 …… 126
项目成本管理 …… 126
项目法管理 …… 125
项目法人 …… 112,35 ,16
项目管理 …… 119
项目施工管理 …… 133
项目业主责任制 …… 128
项目招投标管理 …… 126
项目争议评审 …… 23
小浪底工程地下厂房开挖 …… 446
小浪底环境管理工作 …… 288
小浪底截流工程设计 …… 182
小浪底进水口工程 …… 444
小浪底水利枢纽引水发电系统 …… 360
小浪底水利枢纽工程移民 …… 276
小浪底泄水建筑物布置 …… 364
小浪底主坝混凝土防渗墙 …… 443
小水电电价 …… 209
小水电网电能损耗计算导则 …… 211
小湾坝体设计 …… 345
小型水电站初步设计报告编制规程 …… 211
小型水电站建设工程验收规程 …… 211
小型水电站施工技术规范 …… 211
泄洪工程 …… 180
泄洪排漂孔 …… 420
泄洪深孔 …… 419
泄水建筑物体型 …… 570
泄水建筑物闸门 …… 419
新型的变温相似材料 …… 535
新型混凝土防渗墙墙体材料 …… 528
信号调制器 …… 397
蓄丰补枯 …… 162
蓄能泵安装 …… 432
蓄能电站建成后水库综合调度方式 …… 303
雪荷载 …… 565
汛期限制水位 …… 563

Y

1994 年获电力工业部科技进步奖的水电科技成果表 …… 539
1995 年获电力工业部科技进步奖的水电科技成果表 …… 541
1996 年获电力工业部科技进步奖的水电科技成果表 …… 542
1996 年水电建设工程质量调查情况 …… 475
1997 年获电力工业部科技进步奖的水电科技成果表 …… 545
YHS 型油混水监测仪 …… 417
压力(差压)变送器 …… 417
压力(差压)开关 …… 417
岩臂梁施工 …… 447
岩溶探测新技术 …… 530
岩滩升船机的提升系统 …… 370
岩滩升船机液压均衡与调平系统 …… 370
岩滩水电站工程的环保工作情况 …… 285
岩滩水电站升船 …… 369
岩滩水库库区岩溶洼地内涝区 …… 332
岩体结构特征与力学特性的研究 …… 531
岩体裂隙结构面的计算机处理系统 …… 530
岩体裂隙网络渗流场与应力场耦合的拱坝整体稳定分析系统 …… 525
岩心定向技术研究 …… 530
岩质边坡施工合理顺序及加固措施配套技术 …… 532
岩质高边坡地质素描快速摄像成图技术 …… 533
岩质高边坡控制爆破和减震措施配套技术 …… 532
岩质高边坡失稳破坏机理及分析方法的研究 …… 531
岩质高边坡稳定评价和分析设计的计算机软件综合系统 …… 532
扬压力 …… 565
羊湖设计特点 …… 174
羊湖施工情况 …… 175
羊卓雍湖抽水蓄能电站 …… 421,422,129,432
遥测站 …… 569
药卷式锚杆粘结剂 …… 475
业主负责制 …… 124
业主责任制 …… 112
液压蝶阀 …… 417
液压启闭机 …… 421
移峰填谷 …… 159
移民安置规划 …… 567
以电养电政策 …… 78
议标评标 …… 256
引水隧洞断面设计 …… 359
永久设备自重 …… 565
用常规混凝土浇筑大仓面混凝土(1500m²)的综合施工工艺 …… 526
优化设计的数学模式 …… 536
优化设计的主要内容 …… 536
优化枢纽布置 …… 535
优秀工程勘察项目 …… 103
优秀工程设计项目 …… 103
尤溪街面水电站分溪开发方案 …… 302
酉水规划 …… 237
诱发地震台网的设置 …… 315
预应力锚索和锚杆群的大规模测试 …… 468
预应力锚索锚固机理及施工配套技术 …… 532
预应力群锚加固机理研究 …… 468
沅水流域规划 …… 237
原位岩土体密度测试的技术要点 …… 313
圆盘式转子 …… 413
圆盘式转子支架 …… 413
远景目标纲要 …… 13

Z

ZDF—2 型直动式电磁阀 …… 417
ZJ—XY 型振动监视仪 …… 417

在建水电工程质量现状 ········ 476
在建水电项目水库淹没处理
投资调增结构表 ············ 273
在建水电项目水库淹没处理
投资调整因素分项表 ········ 272
增值税 ···················· 230,49
增值税率 ·························· 224
闸门的振动 ······················· 421
张河湾抽水蓄能电站的工程
地质条件分析评价 ·········· 327
招标 ······························ 257
招投标制 ························· 124
赵山渡引水工程 ················· 173
振动监测装置 ··················· 397
争议调解委员会 ················· 23
争议评审 ························· 116
争议评审团 ······················ 121
蒸发冷却发电机 ················· 386
正常蓄水位 ······················ 563
证书管理 ························· 12
政府行为 ························· 232
政企分开 ························· 51
直接横波测井装置 ·············· 533
直流输电 ························· 225
职工个人帐户 ··················· 142
职工养老保险 ··················· 142
趾板及面板施工 ················· 455
质量保证体系 ··················· 135
质量管理 ·················· 107,119
质量监督 ························· 37
质量检测中心 ··················· 37
质量巡视员 ······················ 37
智能操作票 ······················ 391
智能初步设计系统 ·············· 536
中标 ······························ 257
中国长江三峡工程开发总
公司 ···················· 117,73
中国混凝土面板堆石坝
10周年学术研讨会··········· 457
中国南方电力联营公司 ········ 73
中国水力发电工程
学会 ··················· 595,599
中华人民共和国水法 ··········· 647
中华人民共和国水土保
持法 ························· 647
中泰景洪电站咨询公司 ········ 82
中小水电技术改造 ·············· 210
中心试验室计量认证 ··········· 141
中型河流水电规划工作 ········ 297
中型水电的发展经验 ··········· 68
中型水电的开发现状 ··········· 67
中型水电的开发优势和作用 ··· 67
重大设备损坏 ··················· 493
重点攻关课题 ··················· 20
重力坝布置 ······················ 569
主接线 ··························· 400
主轴 ······························ 375
专家系统 ························· 391
转包 ······························ 37
转轮 ······················ 375,377
转轮安装 ························· 428
转子 ················ 384,386,388
转子支架 ························· 387
转子组装 ························· 429
装机程序 ························· 563
装机容量 ························· 563
锥形导水机构 ··················· 433
锥形冷却套 ······················ 434
资本金 ···················· 235,49
资源税 ··························· 49
资质标准 ························· 137
资质管理 ························· 10
资质核定 ························· 12
资质监督 ························· 12
资质评审机构 ··················· 11
资质审批 ························· 10
资质证书 ························· 10
“自建,自管,自用”的“三自”
方针 ························· 208
自振法抽水试验方法研究 ····· 531
综合发电控制装置 ·············· 391
综合利用效率 ··················· 156
综合评价 ························· 263
综合效益 ························· 157
总量控制,合理调整 ············ 258
总体设计单位 ··················· 36
总线型网络系统 ················· 391
组合式内消能工研究 ··········· 531
组织制定和实施水利建设
的方针、政策、法规和
规划 ························· 647
钻孔彩色电视孔壁成像
系统 ························· 533
钻孔多点渗压仪(系统) ········ 533
最大掺量 ························· 572
座环 ······················ 375,377
座环组焊 ························· 428

中国长江三峡工程开发总公司

中国长江三峡工程开发总公司总经理陆佑楣

经国务院批准，中国长江三峡工程开发总公司(简称“中国三峡总公司”)成立于1993年9月27日。中国三峡总公司是独立核算、自负盈亏、自主经营、具有法人地位的国有企业，享有国务院批准的计划单列权。中国三峡总公司是三峡工程的项目法人，全面负责三峡工程建设、资金筹集和偿还、建成后的经营管理。葛洲坝水力发电厂为其组成部分。中国三峡总公司还将从事和参与长江流域水力资源开发，开展水利水电科学研究和技术咨询及其他多种经营活动。三峡工程竣工后，中国三峡总公司将拥有2091.5万kW的发电能力，年发电达1000亿kW·h，其巨大经济效益使中国三峡总公司有足够的能力偿还三峡工程建设期的一切债务。三峡工程建成之后，中国三峡总公司还将利用其强大的经济实力继续开发长江上游的干支流，建设溪落渡、向家坝等一系列巨型水电站。

三峡工程建设实行项目法人负责制、招标承包制、建设监理制、合同管理制，工程建设所需物资、设备的采购采取国家计划统配采购和招标采购相结合的办法。

西陵长江大桥

中国三峡总公司实行总经理负责制。总公司分决策层、管理层、实施层三个层次进行管理。总公司总经理一人，副总经理五人，组成最高决策层，现任总经理为原能源部副部长、著名水电专家陆佑楣，副总经理为李永安、袁国林、贺恭、王家柱、秦中一；设总工程师、总经济师、总会计师协助总经理工作；设立由国内著名工程专家组成的高层次技术委员会，负责重大工程技术问题的研究和审查。总公司下设机关职能机构和工程项目管理机构，成立了物资、设备等专业公司和实业、利能、利源等经营公司及葛洲坝水力发电厂；在大坝施工区设有工程建设部，进行工程施工的总体协调和实施项目法人管理制；成立了三峡国际招标有限责任公司，全面负责三峡工程国际招标采购业务；开设了专门服务于长江三峡工程建设的非银行金融机构——三峡财务有限责任公司，旨在筹集和融通资金。此外，还在北京设立了代表处，在上海、武汉、重庆、广州等地设立了办事处。公司还创办了全国统一发行的《中国三峡工程报》、《中国三峡建设》杂志和《中国三峡建设年鉴》。

长江三峡工程是举世瞩目的跨世纪的宏伟工程。中国三峡总公司全体职工将同参与工程建设的施工、设计、监理等全体建设者一道，团结一致，发扬创新、求实、高效和奉献的精神，把三峡工程建设成为世界一流工程。

三峡工程碾压混凝土纵向围堰

地址：湖北省宜昌市东山大道80号
邮编：443002
电话：0717-6738068
传真：0717-6734495

二滩水电开发有限

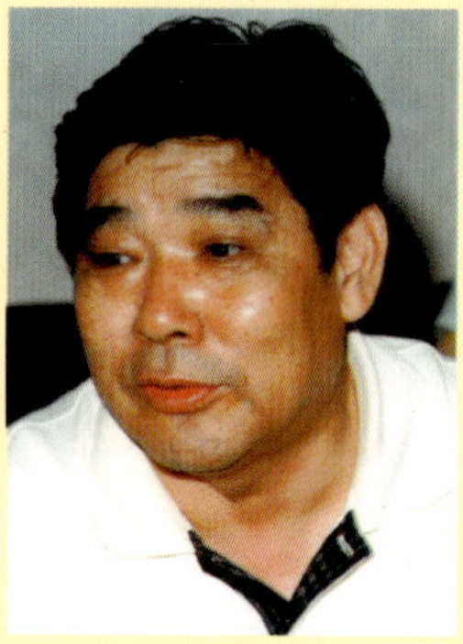

公司董事长：王文泽

公司总经理：刘俊峰

二滩水电开发有限责任公司于1995年2月组建，本部设在四川省成都市，其前身是二滩水电开发公司。1995年2月，国家开发投资公司、四川省投资集团公司、四川省电力公司，本着利益共享、风险共担的原则，通过友好协商，按照《公司法》的要求，将原二滩水电开发公司改组为二滩水电开发有限责任公司，注册资金46亿元人民币。二滩公司主营范围是二滩水电站的开发建设，电厂投运后的经营管理，以及雅砻江水能资源的滚动开发；兼营水电站工程建设咨询，水电工程建设监理，水电设备安装，机械设备租赁，以及水产养殖和旅游资源开发等。公司员工总数548人，责任董事长王文泽。公司的宗旨是：“流域规划、梯级开发、建管结合、滚动发展”，建设好雅砻江水电能源基地。公司实行董事会聘任下的总经理负责制，项目建设实行“四制”管理，即：法人责任制、招标投标制、工程建设监理制和合同管理制。公司在工程建设及电站管理上全方位与国际接轨，努力按照现代企业制度规范企业行为。公司在建设二滩电站的同时，已投入大量资金对雅砻江上锦屏一级、锦屏二级、官地、桐子林等电站进行前期勘测工作，为雅砻江流域的滚动开发奠定基础。

责任公司

二滩水电站地下厂房，长×宽×高为280.3m×25.5m×69.3m，居全国第一、世界第二。图为地下厂房一角。

二滩电站导流洞，宽×高为17.5m×23m，其断面为世界之最。图为右岸导流洞。

二滩电站总装机容量330万kW，居全国第一，单机容量55万kW，为全国之首。图为机电安装现场。

地址：成都市双林路九十八号

邮编：610061

电话：（028）4310002（总机）

传真：（028）4311511

二滩水电站工程

二滩水电开发有限责任公司目前建设的工程是二滩水电站。该电站位于四川省攀枝花地区的雅砻江上，距攀枝花市区约46km。水电站装机总容量330万kW，单机容量55万kW，多年平均发电量为170亿kW·h，保证出力100万kW，年利用小时5162h。二滩水电站从1987年9月开始进行前期准备工作，1991年9月14日主体工程正式开工，计划1998年7月第一台机组投产，10月投入商业运行，之后每隔4个月投入一台机组，2000年全部竣工。二滩水电站大坝为溢流式双曲拱坝，坝高240m，居世界双曲拱坝高度第三，是国内第一高坝。工程仅需淹没32700多亩耕地，迁移人口4万多人。电站竣工投产后每年可上缴各种税金20亿元左右。二滩水电站是我国“九五”具备投产条件的最大水电站，电站建成后是四川省电网的大型骨干电源点，其容量将占四川省电网容量的30%，电量占电网总电量的25%，对缓解四川省电力紧张的局面，保证四川国民经济的持续快速发展有着重大作用，并为雅砻江的滚动开发创造极为有利的条件。

二滩水电站溢流式双曲拱坝，坝高240m，居世界双曲拱坝高度第三，是国内第一高坝。图为正在建设中的二滩大坝。

地址：四川省攀枝花市
邮编：617000
电话：（0812）3331555
传真：（0812）3331333

法人代表：张基尧

小浪底建管局简介

水利部小浪底水利枢纽建设管理局系水利部直属企业，法人代表张基尧，注册资金12336万元。建管局承担小浪底水利枢纽的建设管理任务。工程建设实行项目业主负责制、招标投标制、建设监理制。施工、监理、移民工程等各环节普遍实行合同管理。工程管理实现了全面与国际惯例接轨。局总部设在郑州市，并在北京市、洛阳市设有办事处。全局现有职工583人，其中高级职称90人，中级职称155人。

小浪底建管局培养了一大批优秀的国际工程管理人才和技术人才，积累了丰富的国际工程管理和监理经验，乐意为其他水利工程建设提供管理、监理、咨询服务。小浪底建管局积极进行多方位开拓，有能力承担工程施工和进行设备租赁业务。

目前小浪底水利枢纽建设管理局正进行公司制改造，改造后的小浪底水利水电有限责任公司为国有独资公司，公司除继续承担小浪底工程建设管理任务外，将积极介入水电建设管理市场、咨询市场，并开展多元化经营。

局长、党委书记:	张基尧(教高)
常务副局长、党委副书记:	陆承吉(教高)
副局长:	孙景林(教高)
副局长:	李其友(教高)
副局长:	王咸儒(教高)
党委副书记:	张善臣(政工师)
副局长:	张光钧(教高)
副局长(兼):	李国英(高工)
总经济师:	何有源(教高)
总工程师:	曹征齐(教高)
总会计师:	朱卫东(高级会计师)

水利部小浪底水利枢纽建设管理局

工地地址：河南省济源市　邮编：454681
电话：(0379) 3905221　传真：(0379) 3905222

小浪底工程简介

小浪底水利枢纽位于河南省洛阳市以北40km的黄河干流上，是一座以防洪、防凌、减淤为主，兼顾供水、灌溉和发电的特大型水利工程。

工程由大坝、泄洪建筑物及发电系统组成。大坝为粘土斜心墙堆石坝，最大坝高154m、库容126.5亿m^3；泄洪建筑物由集中布置的进水塔、泄洪排沙隧洞等组成；发电系统由引水隧洞和地下厂房、主变室、尾闸室等组成。总装机容量180万kW，多年平均发电量51亿kW·h。

小浪底工程采用国际招标选择承包商，按FIDIC条款进行严格管理。

1991年9月1日小浪底前期工程开工；1994年9月12日主体工程开工；1997年10月28日胜利实现大河截流；计划1999年首台机组发电、2001年底主体工程竣工。

小浪底工程泄洪系统进水塔和大坝右岸填筑

发电系统施工中的地下厂房

小浪底工程咨询有限公司

总经理：李其友

小浪底工程咨询有限公司作为国有独资有限责任公司成立于1992年9月30日，为水利部第一批甲级水利工程建设监理单位，并成为FIDIC协会和中国工程咨询协会的正式会员，1997年9月中国工程咨询协会批准成为甲级咨询单位。

公司业务经营范围：水利水电工程、工业与民用建筑工程、公路、桥梁、涵洞、涵闸工程、机电设备安装工程等项目的工程监理；水利水电工程的编建议书、招标咨询、投产后咨询等服务。

公司现有正式职工156人，其中教授级高工9人，高级工程师31人，工程师50人，助理工程师50人；有77人获得了水利部颁发的监理工程师证书。

公司现有技术设备：测量仪器设备35台套，混凝土和土工试验仪器设备有100余台套，原型观测和检测仪器设备29台套，交通车辆65部，办公自动化微机70台套，复印机10台，照相机30部。

公司宗旨：以公正、科学、求实、廉洁的“工程师”精神，以各类专业技术人员和现代化的技术设备，以及丰富的水利水电建设经验和智力技术密集型的企业优势，竭诚为国内外水利水电工程建设和土木工程建设领域的客户提供符合国际工程师咨询协会标准和中国工程咨询协会规定的工程监理和技术咨询服务。

目前，公司主要承担的工程监理和咨询项目，为世界上最具挑战性的、最复杂的黄河小浪底水利枢纽土建国际标和机电金属结构标工程的现场监理和技术咨询服务。

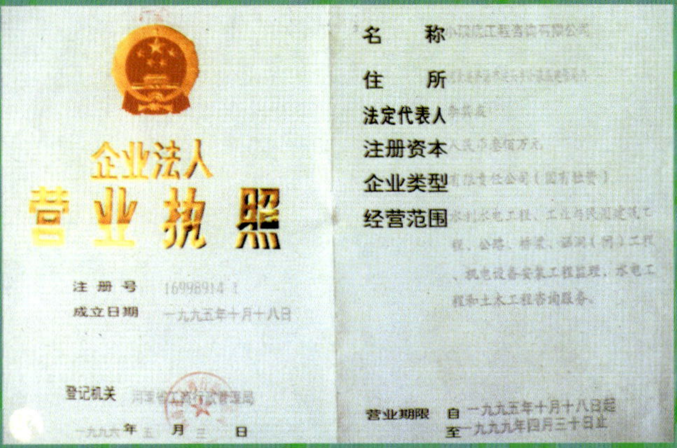

地址:河南省洛阳市小浪底建管局　　电话:(0379)3905469

邮编:471003　　传真:(0379)3905395

局长兼党委书记 杨建华

黄河上游水电工程建设局

地址:青海省西宁市五四西路43号　邮编:810008　电话:(0971)6146538　电挂:1499

黄河上游水电工程建设局，经原水利电力部批准，于1987年4月正式成立。本局受西北电力局的委托，行使水电建设管理职能和工程监理职能，属企业性质的经济实体。为了加快黄河水电资源的开发，适应建筑市场的需要，目前负责青海境内的李家峡水电站工程招标、工程监理等工作。本局现有正式职工93人，其中各类专业技术人员81人，具有高级专业技术职称的20人，中级专业技术职称的47人。

局临时办公大楼

李家峡水电站是黄河上游梯级开发规划中的第三级，位于青海省境内尖扎县与化隆县交界处。电站坝型为三心圆双曲拱坝，最大坝高165m，采用坝后式厂房，双排机组布置，在国内尚属首例。电站总装机容量为200万kW(5×40万kW)，保证出力为58.1万kW。多年平均发电量为59亿kW·h。李家峡水电站工程于1991年10月实现截流，1993年4月主坝混凝土开盘浇筑，1996年12月下闸蓄水，1997年2月13日1号机组并网发电，被电力部誉为水电建设第二批“五朵金花”中的第三朵。

本局按照社会主义市场经济的需要，经过10年的探索和实践，形成了一套适合大中型水电站工程实际的建设管理和建设监理模式，为西北水电开发做出了应有的贡献。

建设中的黄河李家峡水电站大坝

发电厂房施工

局长：赵三其（右三）和天生桥电站建设管理局领导班子

天生桥电站建设管理局

引水口拦污栅施工

天生桥电站建管局，负责天生桥一级电站的建设管理。天生桥一级水电站位于贵州和广西交界的红水河上游干流南盘江上，是红水河上十个梯级的“龙头”电站，总装机120万kW，年发电量52.26亿kW·h。电站由混凝土面板堆石坝、开敞式溢洪道、放空隧洞、引水系统、地面发电厂房等枢纽建筑物组成。大坝高178m，是我国当今同类型第一高坝。电站建成后，将形成总库容102.6亿m^3，具有多年调节性能的“龙头”水库，为下游已建的大化、岩滩和天生桥二级电站提高保证出力88.39万kW，年发电量40.77亿kW·h。

为实现区域经济协调发展，逐步缩小地区差距，国家将南盘江天生桥电站列入第一个利用东南沿海经济发达地区资金开发西南地区丰富资源，优势互补的“西电东送”能源战略工程。由广东、广西、贵州及国家电力公司出资并利用国家开发银行和日本海外协力基金部分日元贷款兴建。

地址：广西隆林县天生桥镇　　邮编:533409
电话：(0776)8460091、(0859)3223388

正在浇筑的大坝二期面板

电站工程建设实行业主负责制、工程监理制、投标招标制。

在电站建设中，经过监理、设计、施工各方面的艰苦奋斗，工程取得了长足进展，成效显著。至1997年底，大坝已完成填筑1178万m^3，已开始浇筑746m高程以下二期面板，右岸趾板混凝土浇筑上升到753m高程，左岸上升到725m高程，固结灌浆13106m，帷幕灌浆18357m。

1997年9至12月份，大坝填筑月平均强度达到100万m^3，最高117.93万m^3，超额年度计划，创造了大坝填筑以来的新纪录。溢洪道开挖总量已完成了1285万m^3，挑流鼻坎浇筑混凝土1.96万m^3。

12月15日，电站导流洞已顺利下闸蓄水。

天生桥电站建设管理局的领导，本着对国家负责、对人民负责的宗旨“重信誉、重质量”，坚持“服务、协调、督促、管理”八字方针，与参建单位密切配合，团结协作，共创工期短、质量好、投资省的国际一流工程，为民造福，为国争光。

全国同类型水头最高的
放空洞闸门施工

引水系统复杂地质洞段安全施工措施

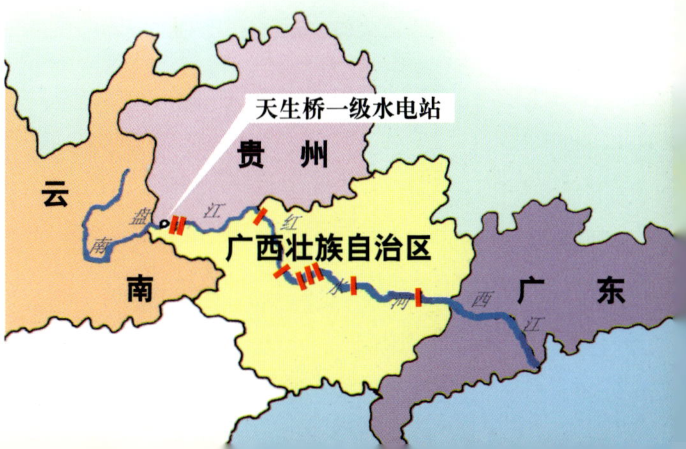

湖北清江水电开发有限责任公司

董事长:汪定国

总经理:柳太康

湖北清江水电开发有限责任公司是开发清江水力资源各梯级工程的建设管理单位。其任务是建设隔河岩水电站，负责电站的经营和管理，并依靠隔河岩水电站的发电收入，逐步开发清江其他梯级工程和资源。本公司现拥有高坝洲工程建设公司、水布垭工程筹建处、清江发电公司和工程监理有限公司、物资设备有限公司、清江通信有限公司、深圳贸易公司等3个分公司、13个子公司，年发电收入12亿元。

公司办公大楼

本公司现有职工1061人，各类专业技术干部608人，其中具有高级职称的87人，中级职称的215人，有8人享受“国务院特殊津贴”，有4人荣获“湖北省政府专项津贴”。隔河岩电厂1996年被电力工业部授予“安全文明生产达标电厂”称号，1997年，本公司被授予“湖北省五一劳动奖状”。

清江流域开发按照“首战隔河岩、再战高坝洲、会战水布垭”的战略目标，计划将隔河岩水电站建成为全国一流电厂；高坝洲水电站力争3年发电，5年建成；水布垭水电站开工后10年建成。通过10～15年的艰苦奋斗，本公司将成为以电为主，跨行业、跨地区，年产值60亿元以上的流域性企业集团；同时，以水电梯级开发为龙头带动清江流域矿产、水产、林木、航运、旅游和中小城镇建设的综合开发，实现流域经济的全面腾飞。

隔河岩水电站大坝

董事长、党委书记、法人代表: 汪定国
总经理、党委副书记、董事: 柳太康
公司地址: 湖北省宜昌市樵湖二路9号
邮编:443002

邮编: 443002
电话: (0717)6752345转
传真: (0717)6737775

松江河发电厂建设管理处负责建管的

松江河梯级水电站

松江河发电厂建设管理处
主任　吕辅君

法人代表:吕辅君
地址:吉林省抚松县抚松镇新区
邮编:134500

梯调中心大楼

松江河梯级水电站位于吉林省第二松花江上游抚松县境内，由小山（2×8万kW）、双沟（2×14万kW）、石龙（2×3.5万kW）3座水电站和松山、三道松江河两个引水工程共5部分组成。总装机容量51万kW，多年平均发电量8.4亿kW·h。工程动态总投资16.7亿元（1990年复核概算数）设计总工期6年9个月。

松江河梯级水电站以发电为主，在东北电网中主要承担调峰及事故备用任务并担负部分基荷。电站投产后，还有水产养殖、旅游等综合经济效益，对促进吉林省东南部抚松、靖宇、长白等边远山区经济建设具有重要意义。

松江河梯级水电站由国家和吉林省合资建设，国家承担70%，吉林省承担30%，委托吉林省电力局组织建设。工程建设实行业主责任制、招标投标制和工程监理制。由于加强合同管理、控制工程造价，同时采用先进施工方法，大大加快了工程进度。正在建设的小山水电站，1992年7月开始“五通一平”前期准备工作，1993年11月1日国家正式批准开工；1994年11月实现截流，1995年工程安全渡过大汛；1996年末大坝达到设计高程，厂房基本具备装机条件；1997年12月16日首台机组投产发电。

松江河梯级水电站实行“建管结合”管理模式，松江河发电厂建设管理处行使业主职能,在电站建设期间负责工程建设管理，电站投产以后负责电厂生产经营，电厂运行管理实行“无人值班”（少人值守）。

小山电站大坝

电力工业部贵阳勘测

法人代表：刘义洲

院址：贵阳市解放路78号
电话：（0851）5825974
传真：（0852）5825974
邮编：550002

电力工业部贵阳勘测设计研究院（中国水利水电工程咨询贵阳公司）是我国大型综合甲级勘测设计研究单位之一。本院成立于1958年，经过近40年的发展壮大，已成为专业配套、门类齐全、经营业务广泛的经济实体。院下设19个专业部门和经营单位，在职职工1015人，其中工程技术人员557人，具有高中级职称的技术人员392人。拥有自有资金3500万元以上，固定资产3100万元。

本院持有国家颁发的水利水电工程设计、工程勘测(含岩土工程)、工程咨询、工程监理、工程承包、环境评价、工业与民用建筑、建材试验等8个甲级资格证书；还持有交通工程勘测设计(含公路和水运)、电力工程设计(110kV以下送变电)、压力容器设计(中、低压容器)、消防设备等乙级资格证书及城市规划设计丙级资格证书。

建院以来,完成了乌江等30余条大中型河流的水能开发规划和107座大中型水电站(总装机1750万kW)的勘测设计。猫跳河梯级的成功开发,在国内率先突破了岩溶地区筑坝建库的禁区，为在岩溶地区进行水电开发积累了丰富的勘测设计经验；7座梯级电站的坝型各异，设计先进,被誉为大坝博览馆。南盘江天生桥二级水电站(装机132万kW)3条长9.56km、内径9.5～10m的引水隧洞和高达380m的厂区高边坡工程的成功处理，成为复杂地质条件下解决深埋长引水有压隧洞和大型高边坡的各种技术难题的典范。乌江东风水电站(装机51万kW)大坝是我国现今兴建的厚高比最小、最薄的高拱坝；其适应峡谷泄洪布置需要所采取的大流量高速水流的薄拱坝坝身泄洪攀上国内外同类工程的又一高峰。普定水电站(装机7.5万kW)大坝，坝高75m，采用碾压混凝土拱坝的工程设计，为我国首座、世界目前最高的碾压混凝土拱坝,形成的工程设计和施工技术达到了国际领先水平。

本院自“七五”以来还结合工程实践承担了“高混凝土坝裂缝及其防治研究”、“普定碾压混凝土拱坝筑坝新技术研究”及“岩质高边坡稳定分析及防治研究”等国家和部的科技攻关项目，取得了显著成绩，其成果经专家鉴定达到了国际领先或国际先进水平。

数十年来，本院先后获得省部级科技进步奖30余项，国家科技进步二等奖3项，国家和部级重大科技成果3项，国家优秀工程设计金、银奖各1项。

在深化改革中，本院还承担了多项工业与民用建筑、公路、桥梁、隧洞、机场、水厂、环保及排污等方面的勘测设计任务，开展了技术咨询、工程监理、工程承包岩土工程等业务。

本院勘测工作，除常规岩芯钻探外，还开展了小口径金刚石钻探、大口径水文地质与工程地质钻探，正倒垂孔钻探，引进了SM胶及绳索取芯技术，能进行大型隐蔽工程、复杂工程基础的常规和高压灌浆。拥有BC2解析成图仪、陆地摄影仪、激光测距仪等先进测量仪器，能用航、陆摄影照片成1：500～1：10000各类地形图，可承担Ⅱ等及其以下各级平面控制及水准测量。地球物理勘探设备和技术水平均居全国同行业前列，拥有SIR—10型地质雷达(美)、LCR—D型微伽重力仪(美)等先进设备。应用各种地球物理仪器和数据处理技术,可为水利电力工程、铁路、桥梁、机场、工业与民用建筑地基等探测断裂构造、软弱夹层、岩溶洞穴,测试岩体质量；可寻找地下水；可监测地下水、地表水及土壤的污染。岩土科研设备先进、技术力量雄厚，能承担各类工程的土质和岩石物理力学指标测试及桩基动、静态测试，工程地基边坡、地下洞室的稳定性测试分析，新型建筑材料的研制，灌浆材料研究,水、土、金属的化学分析，环境评价和氡分析、水力学试验等。

本院还与美国、日本、挪威、瑞典等十几个国家进行了技术交流和合作。

本院愿竭诚为国内外客户服务

设计研究院(中国水利水电工程咨询贵阳公司)

天生桥(二级)水电站厂房后高边坡

高380m,整治面积40万m²,其工程设计获第七届全国优秀工程设计银质奖.

东风水电站高薄拱坝

最大坝高162m,顶宽6m,拱冠底厚25m.于1994年建成,为目前亚太地区已建成的最高薄拱坝.

天生桥(二级)水电站枢纽

通过三条各长9.56km直径10.8～9.7m引水隧洞，并利用14km洞段中181m水位落差发电，装机6台共132万kW.

普定碾压混凝土拱坝

坝高75m,1995年建成,为世界上迄今最高的RCC拱坝,该拱坝的设计获第七届全国优秀工程设计金质奖.

电力工业部水利部

北京勘测设计研究院

北京勘测设计研究院办公大楼

电力工业部、水利部北京勘测设计研究院是国家批准的甲级勘测设计院，拥有工程总承包甲级证书、勘测设计甲级证书、建筑设计甲级证书、环境影响评价甲级证书、测绘甲级证书和对外经济技术合作经营权，是集工程勘测、设计、科研、基础处理、工程总承包及工程监理等业务于一体的综合性单位。下属振冲工程公司为国家一级施工企业，华可实预应力岩土锚固工程公司在国内技术领先。本院通过了ISO-9001质量体系认证，是“中国勘察设计单位综合实力百强单位”之一。建院40多年来已承担60余座大型水利水电工程的勘测设计工作，总库容376亿m^3，总装机容量1300万kW，已建成600万kW。抽水蓄能电站设计技术水平处在国内领先行列。特别是近年来，在承担的项目中有北京十三陵抽水蓄能电站和西藏查龙水电站先后建成投产发电，云南大朝山电站正式开工并截流成功。

十三陵抽水蓄能电站 位于北京市昌平县，电站装机容量为80万kW，装设4台单级混流可逆式水泵水轮机组，年发电量12亿kW · h，1995年11月正式投产发电。该电站的建成对改善首都电网的供电质量，保证电网安全稳定运行起到了重要作用。下图为上水库全景。

大朝山水电站 位于云南澜沧江中游，电站装机135万kW，总库容9.33亿m^3。拦河坝为碾压式混凝土重力坝，最大坝高115m。年发电量59.31亿kW · h。该电站于1997年8月国家批准正式开工兴建，11月10日胜利截流。

查龙水电站 位于藏北高原，装机1.08万kW。电站所在地区气候寒冷，低压缺氧，海拔高程在4350～5000m之间。该电站于1996年8月竣工，结束了藏北那曲地区无电的历史，被誉为“藏北高原上的一盏明灯”。

地址：北京市朝阳区定福庄西街1号
邮政编码：100024
电话：（010）65765533
传真：（010）65761204
电报挂号：1091

水利部 电力工业部 上海勘测设计研究院

上海勘测设计研究院办公楼

院长：王世民

上海勘测设计研究院（SIDRI）是水利部、电力工业部直属的甲级工程设计研究院，创建于1954年，拥有国家甲级工程总承包资格证书以及建设监理等级证书、甲级工程咨询证书和甲级环境影响评价证书。

现有各类专业人员400多人，其中高级工程师160人（含教授级高工57人），专业齐全，设备先进，经验丰富，力量雄厚。具有承担大中型水利水电工程、工业与民用建筑、公路、桥梁、码头、隧道、送变电工程、泵站、水闸、城市防洪等方面的勘测、规划、设计、科研、监理和总承包以及环境影响评价及环境保护设计的资格和能力。

本院从50年代建院以来，先后为浙、闽、赣、皖、川、粤、琼等省完成了新安江等30余座大、中型水电站的勘测、设计，总装机容量达1000万kW，并为阿尔巴尼亚、缅甸等国完成了水电站等工程项目的勘测设计，在国内外具有良好的企业形象和声誉。

80年代以后，又承担和完成了福建棉花滩水电站（60万kW）、安徽响水涧抽水蓄能电站（110万kW）、陕西东庄水利枢纽（库容12.4亿m^3）等大型工程的规划设计；太湖流域太浦河治理、望虞河立交工程的规划设计；长江口综合开发整治规划；黄浦江综合治理规划和上海市第二水源研究；广东东深（向香港）供水工程、上海市人民广场地下变电站、吴淞路苏州河挡潮闸、陈行水库、精武大厦等工程的规划设计。承担和完成了浙江天荒坪抽水蓄能电站、广东天堂山水利枢纽工程、望虞河河口枢纽、上海外高桥造修船基地吹填、浦东新区931围堤工程、上海青松城、东方花园等工程的建设监理。还完成了巴基斯坦、孟加拉、土耳其等国的水电站、变电站、城市电缆工程等设计。同美国、荷兰等国就长江口开发整治建立了长期技术协作关系。

1983年以来获得国家、部、市的科技进步奖、优秀设计奖34项。

本院及所属的东华工程咨询公司、建筑分院、浦东分院、上海前进水利水运高科技中心，愿竭诚为社会各界服务，欢迎业务往来，加强联系和合作。

地址：上海市逸仙路180号
邮政编码：200434
电话：021-65427100
传真：021-65420093

院长：王世民
副院长：何国忠　施济中
总工程师：肖贡元
党委书记：唐胜德
党委副书记：王世民　潘培坤

四川华能明台水电站枢纽工程全景

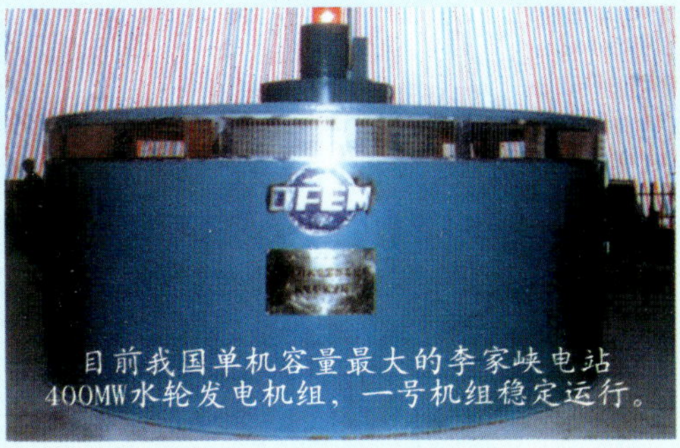

目前我国单机容量最大的李家峡电站400MW水轮发电机组，一号机组稳定运行。

东方电机股份有限公司是我国最大的发电设备制造厂之一。公司位于四川省德阳市区，南距成都市仅59km，交通十分方便，通信发达。

公司生产3~550MW水轮发电机组，1.5~600MW汽轮发电机和1000MW级的核电，0.5~0.8MW大中型交直流电机，以及与水电、火电配套的各类控制设备。公司占地123万m^2，职工8000余人，属国家大型一级企业。自1958年公司(原东方电机厂)建立以来，产品畅销全国各地，并出口北美、东欧、中东以及东南亚等世界各地。其中有荣获国家优质产品金奖的龙羊峡320MW水轮发电机组和300MW汽轮发电机，荣获国家科技进步特等奖的葛洲坝170MW水轮发电机组。300MW汽轮发电机并于1993年获四川省名牌称号，1994年获国家名牌产品称号，1996年获机械部优等品称号;320MW水轮发电机组并于1994年获国家名牌产品称号。1994年公司获华信技术检验有限公司颁发的质量体系(GB/T19001-ISO9001)认证合格证书。1995年7月和1996年3月又两次通过了华信技术检验有限公司的两次监督检查，1997年11月再次通过华信技术检验有限公司认证复查(换证)。

本公司坚持为用户提供适用性强、质量优良、安全可靠、经济实用、成套性好的产品。公司重合同守信用，提供优质售前售中售后服务，竭力为电力事业做贡献。

荣获国家科技进步特等奖
葛洲坝电站170MW水轮发电机组

荣获国家优质产品金奖，名牌产品称号，
龙羊峡电站320MW水轮发电机组

东方电机股份有限公司

地址：四川省德阳市　　邮编：618000
电话：(0838)2409377、2410020　　传真：(0838)2409048　　电挂：3055

AGN可根据您的项目要求，提供全方位的咨询服务！

AGN-在中国

自1984年到1989年，AGN作为第一批外国土建专家为鲁布革水电工程咨询。由于AGN的丰富经验和先进的咨询服务，使鲁布革工程设计得以改进，缩短了工期，降低了造价，取得了非常显著的经济效益。

自1992年至2000年，AGN被聘为二滩项目全部地下工程的顾问专家，并为建成世界上最高的调压井做咨询服务。

Advisory Group of Norway
Vestfjordgaten4,N-1301 Sandvika,Norway
Tel:+47 67 57 17 00,Fax:+47 67 56 55 33
E-mail:admin@agn.no

ADVISORY GROUP OF NORWAY 挪威顾问集团

挪威顾问集团(AGN)是世界上最富有经验的水利电力和地下工程专家集团，集累了100多年的水电建设经验和拥有5000多名训练有素的专家。AGN在世界范围内，已完成了对200多个水电项目的设计和咨询服务，建成了150多个地下式水电站和2000多公里的隧洞。

AGN为亚洲地区具有最高单级水头、最大单机容量的抽水蓄能电站—天荒坪项目地下工程提供咨询服务。

从1995年以来，AGN已同三峡开发总公司签订了对其永久性船闸和茅坪溪防护工程提供技术咨询服务协议，AGN已选派了三名经验丰富、资历深的土建工程专家工作在三峡工地上。

中国水利水电工程总公司　　总经理：孙玉才

中国水利水电工程总公司

中国水利水电工程总公司是我国大型水利水电工程建设综合企业。资产总额达100亿元，1997年总产值83.46亿元。本公司配备有各类建筑施工以及机械加工设备,总值41.5亿元，具有年完成土石方5000万m³，混凝土1000万m³，发电机组安装500万kW，钢结构制作安装6.5万t的能力。

本公司下辖15个水电施工企业及两个水电设备制造厂，在职员工15万人。拥有既懂现代管理、又有丰富实践经验的工程技术人员和经营管理人员及科研、教学人员3.3万人,其中高级技术人员3200人，中级技术人员1.2万人，并有一支技术熟练的工人队伍,其中高级技师及技师1200余人。

本公司实力雄厚，经营方式多样,具有设计、施工、机电设备和工程机具制造、构配件生产等能力。可以承接国内外各类大型和特大型水利、水电、火电、港口、机场、公路、桥梁、河道疏浚、市政建设、工业民用建筑、基础处理等工程。

本公司承建了葛洲坝、龙羊峡、水口等大中型水电站80余座，总装机容量3500多万kW，并参加了黄河、长江、淮河、海河等江河治理及灌溉工程,多次获得国家及地方政府部门颁发的金质奖、银质奖、优秀工程奖。目前正承建包括长江三峡工程及黄河小浪底水利枢纽等特大型、大型水利水电工程20余项。

本公司施工经验丰富，机械设备优良，所属企业曾分别在俄罗斯、赤道几内亚、乌干达、喀麦隆、中非、尼泊尔、伊朗、伊拉克、印度尼西亚、老挝、泰国、马来西亚、缅甸等10多个国家建设过水电站、水坝、排灌渠、吹填造地及船闸等工程,受到所在国的好评。目前,本公司在巴基斯坦、尼泊尔、马来西亚、印度尼西亚等国承揽的工程正在紧张的施工中。

法人代表、总经理、党组书记:孙玉才

公司地址:北京市西城区德胜门外裕民东里甲20号　　邮政编码:100029

电话号码:(010)62028792　　传真:62047657

葛洲坝股份有限公司

葛洲坝股份有限公司办公大楼

葛洲坝股份有限公司是经中华人民共和国电力部和国家体改委批准，由中国葛洲坝水利水电工程集团公司独家发起，采取社会募集方式而设立的上市公司。公司注册资本4.9亿元人民币，总资产近26亿元。

葛洲坝集团是经国务院批准确立的全国第56家大型试点企业集团，集团总资产逾50亿元，年综合产值近30亿元，是具有工程总承包国家一级资质，水利水电建设国家一级资质和对外承包工程资质的多元化大型企业集团，被国家经贸委列入国家重点扶持的1000家企业中的前500家。集团曾成功地兴建了举世闻名的长江葛洲坝水利枢纽，并先后在国内、外承建了1700多项工程，累计签约达160多亿元。

三峡导流明渠破堰进水

湖北隔河岩电站

云南漫湾电站大坝

股份公司聚集了集团的优良资产和骨干力量，由三峡建设承包公司、清江建设承包公司、澜沧江建设承包公司、水泥厂、机电安装公司等11家企业组成，以建筑工程承包、建材生产为主业，并以流域滚动开发，多元化经营作为长期发展目标。公司凭借雄厚的资金、技术、管理、设备及人才实力，成为建设举世瞩目的三峡水利枢纽工程的主力军。公司水泥厂是全国最大特种水泥生产基地，年产水泥135万t，是三峡工程最大的水泥供应商。公司已签订三峡工程承包合同200余项，合同金额达90亿元。1997年大江截流的三大控制项目(右岸一期工程、左岸临时船闸和升船机、大江上、下游围堰截流工程)均由本公司独家承担，继葛洲坝水利枢纽后，葛洲坝股份公司于1997年11月8日再次截断长江，重现葛洲坝人之风采。

本公司发展战略是:以三峡工程建设为契机，强化水利水电建设工程承包主业，不断优化产业结构，带动相关产业发展，实现多元化经营，以追求利润最大化为目标，带动流域滚动开发。力争在十年内达到国际同行业先进水平，使股份公司成为国际一流的跨国公司。

企业法定代表人:乔生祥

公司地址:湖北省宜昌市清波路10号

邮政编码:443002

电话:(0717)6737908

传真:(0717)6447953

中国人民武装警

指挥部代主任
周大兵 大校

政委：刘源 少将

中国人民武装警察部队水电指挥部(中国安能建设总公司
领导成员合影。

中国人民武装警察部队水电指挥部，原为中国人民解放军基本建设工程兵水电指挥部，1985年根据国务院中央军委的决定，由中国人民解放军转入中国人民武装警察部队序列。现辖武警水电一总队、武警水电二总队、武警水电三总队、武警水电三峡工程指挥部和武警水电学校。现有专业技术干部1957人，其中有高级职称的232人，中级职称的363人，初级职称的1362人。他是一支组织军事化、执行人民解放军条例条令，以水利水电工程建设为主的部队，还承担维护社会稳定的任务。武警水电部队组建于1966年，他的前身是50年代承担狮子滩水电站和治淮工程等任务的队伍。30余年来，这支部队，南征北战，足迹遍及北京、上海、河北、安徽、四川、山西、湖北、江西、贵州、广西、广东、江苏、浙江、福建、海南、新疆、青海、吉林、辽宁、西藏等20个省、市、自治区，为祖国的社会主义现代化建设事业做出了重大贡献，先后建成了四川映秀湾水电站，安徽陈村水电站、纪村水电站，河北省潘家口水利枢纽一、二期工程，江西万安水电站，福建良浅水电站，新疆大山口水电站，西藏羊卓雍湖抽水蓄电站、西藏那曲查龙电站、广东深圳岭澳水库，江苏魏村水利枢纽，江西信江航运枢纽，以及引滦的部分输水工程等。完成了雅砻江二滩、桐子林、龙滩选坝和向家坝、白鹤滩、溪落渡等水电规划选点的地勘工作，以及西藏林芝、加查水电站各阶段的地勘和设计工作。目前正在施工的项目有天生桥一级和二级水电站，三峡水利枢纽永久船闸，以及西藏满拉、沃卡，江西南车，福建斑竹溪，河北省桃林口，新疆引额济克等水利水电工程。30余年来，累计完成投资132.5亿元，土石方开挖和填筑11315万m^3，混凝土浇筑989万m^3，挖衬隧洞71.87km，修筑公路750km，自建铁路45km，装机226.87万kW。改革开放以

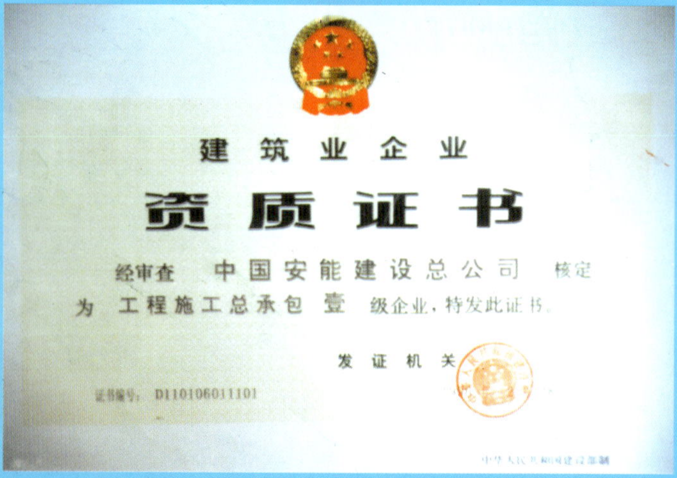

建筑业企业

资质证书

经审查 中国安能建设总公司 核定

为 工程施工总承包 壹 级企业，特发此证书。

发证机关

证书编号：D110106011101

武警水电指挥部资质证书

察部队水电指挥部（中国安能建设总公司）

地址：北京广外六里桥水口子51号　　邮编：100055
电话：(010)63467799　　传真号：(010)63467799-8331

天生桥一级水电站
武警水电部队承建的天生 桥一级水电站，是红水河开发的龙头工程，装机120万kW，大坝采用混凝土面板堆石坝，坝高178m，坝高在同类坝型中居世界第二位。

万安水电站
武警水电部队承建的万安水电站，是江西省最大的水电站，装机50万kW，这是万安水电站全景。(盛良山摄)

来，武警水电部队参加了厦门、深圳、上海等特区建设。通过投标，除承建了水利水电工程任务外，还承建了道路、桥梁、房屋、火电厂土建和商品砂石料及混凝土生产等20多项工程，在参与社会主义市场经济竞争中，取得了可喜成绩。天生桥一级水电站混凝土面板堆石坝月上坝强度达到117.4万m^3，受到业主和有关方面好评。通过逐步积累，武警水电部队具有雄厚的技术装备实力，现有设备原值5.5亿元，净值3.56亿元，各类大中型设备近5000台套，总功率达35万kW。

武警水电指挥部为建设部核准的工程施工总承包壹级企业，所属部队均为水利水电一级施工企业 。

现在领导成员为：

周大兵	代主任	大校
汪恕诚	政委(兼)	
刘　源	第二政委	少将
陈方枢	副主任	少将
杨进国	副政委	大校

查龙水电站
位于藏北高原的查龙水电站海拔4383m，装机容量1.08万kW，它的建成，结束了那曲地区无电的历史。(杨声成摄)

岭澳水库
武警水电部队承建的岭澳水库是广东岭澳核电站的生产和生活水源，在施工中创造了日上坝4.5万m^3和月上坝74万m^3广东核电站建设史上的奇迹。
(周真明摄)

中国人民武装警察部队 水电第三总队

总队长：冉贤厚

总队政委：林振和

中国人民武装警察部队水电第三总队是根据国务院、中央军委国函[1991]30号文，于1991年5月在原武警水电工程指挥所基础上改建组成的。部队的主要任务是承担国家能源开发，尤其是祖国西南特别艰苦地区的能源建设任务和其它突击性任务。经过几年来的建设，西藏羊卓雍湖抽水蓄能电站已建成发电，并建成了西藏那曲查龙水电站和成都安蓉大厦一期工程。目前部队承担的在建工程主要是西藏满拉水利枢纽工程、沃卡河一级水电站工程、成都安蓉大厦二期工程以及重庆新华商厦工程等。部队资质为水利水电建筑施工一级企业，水利水电勘测乙级单位，可承担各类型水利水电工程及辅助生产设施的建筑、安装和基础工程施工，以及中小型水利水电工程的勘测设计；可承担30层以下、30m跨度以下的建筑物，高度100m以下的构筑物的建筑施工；可承担高速公路路基，一级标准以下公路和独立大桥工程的施工。总队下辖四个支队和水利水电勘测设计院 。

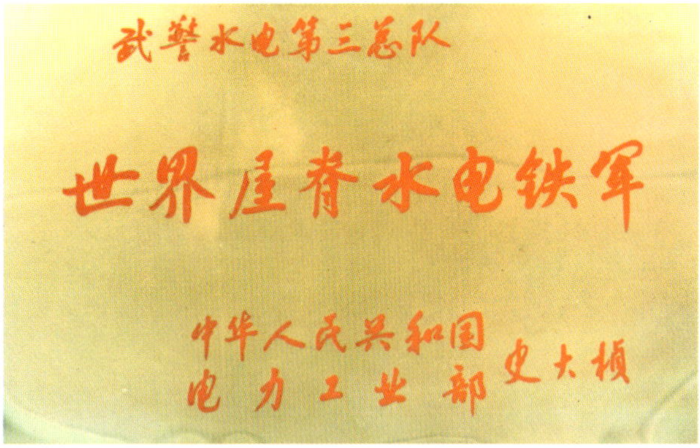

武警水电三总队是一支以军事组织形式、实行企业管理、具有独特经营和管理方式的施工队伍。总队技术力量雄厚，有一大批既有现代管理知识又有丰富实践经验的工程技术人员和各类经营管理人员。在册人员总数3600人，其中具有技术经济职称的人员410人，中、高级技术职称的人员146人。他们大都具有从事水利水电建筑施工与管理30年以上的经验，分别参加过狮子滩、回龙寨、大马、南桠河、映秀湾、葛洲坝、陈村、万安、潘家口、天生桥二级等大中型水电站及引滦工程的建设以及雅砻江上的二滩、桐子林、金沙江上的向家坝、溪落渡等大型水电站的地质勘探工作。总队拥有配套齐全的大中型施工机械，尤其配备有从美国、德国、瑞典、日本等国进口的多臂钻、推土机、震动压路机、25~28t汽车吊、挖掘机、大吨位自卸车、自动化混凝土拌和楼、混凝土运输设备等具有世界先进水平的施工机械，具有年土石方开挖100万m^3、浇筑混凝土30万m^3的生产能力。

武警水电三总队1991年7月被原能源部授予先进施工企业称号。1995年总队又被电力工业部授予"世界屋脊水电铁军"的光荣称号。西藏查龙电站钢筋混凝土面板堆石坝被共青团、国家计委、建设部评为全国青年文明号工程。

总队于1993年成立安蓉建设总公司，下设安蓉水电科技开发公司、安蓉房地产开发公司、安蓉宾馆、医院、年产50万m^3的大型砂石料场、商品混凝土预制件厂等。

总队长： 冉贤厚　　政委：林振和　孟凡富
总工程师：周昭强　　总会计师：范守明
总经济师：何永佳
地址：四川省成都市茶店子
邮编：610036　　电话：(028)7511134
传真：(028)7511134　　电挂：6156

中国水利水电第四工程局

企业法人：王增录 局长

经营范围

可承担各类型工业、能源、交通、民用等工程建设项目的施工总承包；可承担各类型的地基与基础工程施工；可承担各类型的建设项目中预应力专项工程的施工。

技术专长

大型开挖岩锚；砂石、混凝土系统机械安装运转；钢筋混凝土浇筑；水泥、化学、沥青灌浆；各种高水头金属结构、闸门安装；大型压力钢管制作安装；大型水轮发电机机组安装。

中国水利水电第四工程局是国家工程施工总承包一级企业。本局拥有雄厚的技术力量、先进的施工设备、科学的监测手段和现代化的施工管理能力。对百万千瓦大型电站、百米以上混凝土高坝、钢筋混凝土面板堆石坝、大断面隧洞、大型地下厂房开挖、复杂地质工程处理、预应力锚固工程、大型机组安装和金属结构制作安装均有雄厚的施工能力、丰富的经验和良好的社会信誉。

本局自1958年10月成立以来，先后承建了刘家峡、盐锅峡、八盘峡、龙羊峡、李家峡、万家寨等大中型水电站。近年来，先后中标承建了贵州东风水电站基岩灌浆和预应力岩锚工程；甘肃"引大入秦"渠首工程；青海小干沟水电站钢筋混凝土面板堆石坝和输水涵管工程；黑泉水库工程；三峡水利枢纽对外专用交通公路隧洞开挖工程，以及福建水口、广西岩滩等水利枢纽机电安装工程。

本局安装过的机组总容量达618万kW，刘家峡水电站获国家科技进步奖和优质工程奖；龙羊峡水电站偏心铰弧形门安装工艺、李家峡水电站引水压力钢管整体卷制新技术、高强抗磨蚀硅粉混凝土研究及应用等获联合国科技之星奖；李家峡水电站导流洞、西藏羊卓雍湖水电站引水压力钢管制安获优良工程奖；龙羊峡水电站上游围堰获水电系统科技二等奖。

本局现有职工13000余人，其中高级职称236人，中级职称917人，工程技术人员1061人。拥有国有资本金1.67亿元，设备装备总额5.47亿元，主要设备7999台(套)。年施工能力为：石方挖填500万m^3；金属结构制安8000t；混凝土浇筑120万m^3；岩锚500万t · m；基岩钻灌10万m；水轮发电机组安装120万kW。

我局重合同，守信誉，保质量，保工期，愿竭诚为国内外单位提供最佳服务

龙羊峡水电站

企业法人、局长：王增录
地址：青海省西宁市互助西路136号
电话：(0971) 8140656
邮编：810006
传真：(0971) 8149160
所有制：全民

中国水利水电第六工程局

企业法人代表：郑应显

中国水利水电第六工程局创建于1958年，是以大中型水利水电工程建设施工、机电设备安装为主，兼营工业民用、道路桥梁、市政建设、引水供电等土木工程建筑和安装的综合性一级施工企业，曾多次荣获电力工业部、辽宁省政府的先进企业命名和表彰。1992 1994年均名列“中国500家最大经营规模和500家最佳经济效益建筑业企业”行列。在“堤坝、电站、码头建筑行业100家最大经营规模企业”居第28位。1996年，再次被辽宁企业信誉评级委员会评为特等“AAA”级信誉企业单位。

本局是由8个施工、经营、设计、监理公司组成的集团公司，现有职工8000名，其中具有高中级职称的人员843人，拥有施工设备2494台套，设备净值10638万元，具有每年土石方挖填300万m^3、100m^2以上断面的洞挖5000m、混凝土浇筑100万m^3、金属结构制安1万t、安装大中型水轮发电机组和送变电工程的施工能力。并有中小型水电工程、建筑工程的设计资格和国内外承包商独立实施工程建设监理的能力。

39年来，本局成功地建设了鸭绿江云峰电站、四川渔子溪水电站、辽宁太平哨电站、鸭绿江太平湾电站及长甸电站工程，并先后支援了映秀湾电站、下马岭电站、石泉电站、清河电厂扩建、红石电站等工程的施工建设。1985年初，本局在水电行业率先步入了工程投标竞争先列，先后承包建设了国内外20多个工程项目。其中：国内主要有云峰大坝补强；丰满大坝加固及Ⅱ、Ⅲ期机组扩建；察尔森水库复建工程；观音阁水库开挖工程及砂石料系统；十三陵地下厂房及尾水系统；小浪底导流洞群、电站尾水渠开挖及场内二级公路修建前期工程项目，并与法国杜美思公司、德国霍尔茨曼公司组成联营体中标发电系统工程(LOT－3标)；莲花电站砂石筛分系统及混凝土生产系统；万家寨水利枢纽工程发电厂房及机组安装工程，万家寨枢纽工程净水厂、大坝开挖及引黄工程地下泵站；三峡进场公路、隧洞、桥涵、船闸等工程。国外承包建设了尼泊尔马相迪水电站工程和伊拉克巴士拉1号船闸工程。按期保质地完成了各项施工任务，赢得了业主和设计等有关方面的赞誉。由本局北方水利水电咨询公司实施监理的山西引黄入晋主干线工程，以丰富的管理经验赢得了业主和社会的广泛赞誉。

十三陵抽水蓄能电站地下厂房，装机80万kW，六局承建的地下厂房宽23m(顶拱27.6m)，高46.4m。

太平湾水电站，装机容量19.1万kW，年发电量7.7亿kW·h，大坝为混凝土重力坝，长1185m，高36.5m。

地址：辽宁省丹东市人民街60号　　邮编：118002
电话：(0415)6191612　　传真：(0415)6191600

中国水利水电第七工程局

THE SEVENTH WATER CONSERVANCY AND HYDROPOWER ENGINEERING BURAU OF CHINA

法人代表、局长：张野

中国水利水电第七工程局始建于1965年，是具有独立法人地位的水利水电建筑总承包一级大型综合施工企业。1991年在全国500家最大建筑企业中名列第43位，1992年列四川省全民所有制建筑施工企业100强的前四名，曾先后荣获能源部、四川省和中国水利水电工程总公司授予的“水电质量管理先进单位”、“优秀建筑企业”、“科技开发应用先进企业”等称号。现有职工14000余人，其中高级专业技术人员近400人，中级专业技术人员2000余人。拥有各类大中型机械设备4956台套，固定资产净值3亿元。年主要生产能力为：土石方挖填500万m^3，混凝土浇筑120万m^3，金属结构制作安装15000t，大型水轮发电机组安装4台。

本局主营范围：各类型工业 、能源、交通、民用等工程建设项目的施工总承包，各类型钢结构、网架工程的制作与安装，各类型基础处理、隧道工程的施工，各类型等级的大爆破工程、拆除爆破及其他爆破工程的施工等。兼营各类施工设备安装、拆除、转运及维修保养、物资仓储、中小型电站及房屋建筑设计、汽车运输与维修、输电和通讯线路的架设与维护、建材生产与销售、通用零配件制作、宾馆旅游服务等。

42年来，本局已独立建成龚嘴、铜街子、南桠河Ⅲ级等3个国家大中型水电站，以及谭家堰、黄葛灏、南津驿、安居、槽渔滩、铜头、东西关等30余座地方中小型水电站，总装机容量近400万kW。参加了五强溪、二滩、太平驿、羊湖等水电站的施工。还承建了成都双流国际飞机修理库，成渝、德绵、绵（阳）三（台）高速公路等工民建项目40多个。目前正在承建的工程有三峡厂坝工程、小浪底消力塘与洞群工程、天生桥Ⅰ级水电站引水发电工程、湖南大源渡电航工程、云南徐村电站XC／C2标、四川东西关船闸和丁村坝水电站、成乐高速公路等。经过多年的工程实践，积累了丰富的经验，其碾压混凝土筑坝技术、特大型钢网架整体提升等方面居国内领先地位。

在国际合作与交流中，参与了叙利亚、几内亚、索马里、伊拉克、朝鲜、泰国等国家的水电工程建设，并与德国、法国、意大利和巴西的建筑承包商在二滩、小浪底、天生桥Ⅰ级电站施工中合作，取得了较好的效果。

龚嘴水电站全景

铜街子水电站全貌

地址：成都市郫县成灌东路347号　邮政编码：611730　电话：(028)7866314

成都办事处地址：成都市人民北路二段50号　邮政编码：610081

电话：(028)3331527　3342342　3336453　传真：(028)3335410

中国水利水电第十四工程局

法人代表、局长：马洪琪

中国水利水电第十四工程局成立于1954年5月，具有国家外经贸部批准的对外经营权，国家建设部审批的工程总承包一级企业资质，交通部核定的公路施工一级企业资质。现有员工14324人，具有高级职称的204人，中级职称的548人，有资质的项目经理125人。

企业总资产8亿元，各种机械设备4000余台，总功率19万kW。企业具有的生产能力：年开挖填筑土石方700万m^3(其中洞挖150万m^3)，混凝土浇筑60万m^3，金属结构制作安装5000t，安装300MW水轮发电机组6台。

本局自建局以来，在全国各省区建成大中小型水电站120多座，承建各类型永久公路400余km。其中大型电站主要有：以礼河梯级电站、绿水河梯级电站、西洱河梯级电站、鲁布革电站、漫湾电站、广州抽水蓄能电站一期工程、广西天生桥二级电站。在国外承建了喀麦隆拉格都电站、中非姆巴里水利枢纽。

广州抽水蓄能电站地下厂房

黄河小浪底工程1号导流洞

长江三峡工程永久船闸地下工程开挖

本局在鲁布革电站建设中，全面引进国外先进技术、设备和管理经验，锐意改革进取，使整个电站提前108天全面建成，创造了闻名全国的“鲁布革经验”。所承建装机总容量2400MW的广州抽水蓄能电站创国内快速优质施工水平，一期工程从开工到4台机组全部投产发电，仅用54个月工期，二期施工水平再上新台阶，成功地探索了“科学管理、均衡生产、文明施工”的项目法施工经验。

本局科技成果丰硕，已获全国科学大会奖6项，国家科技奖4项，国家三委一部奖6项，部、省科技奖33项。企业被评为“能源部先进施工企业”，连续五年被昆明市人民政府评为“重合同、守信誉单位”，连续三年列云南百强建筑施工企业第二名，跻身中国500家最大经营规模建筑业企业前60名。

目前在建的工程项目主要有：长江三峡永久船闸地下工程、黄河小浪底工程、广州抽水蓄能电站二期工程、浙江天荒坪抽水蓄能电站、广西天生桥一级电站溢洪道工程、云南苏帕河电站、螺丝湾电站、柴石滩工程等。

法人代表、局长：马洪琪
地址：昆明市环城东路159号
邮编：650041
电话：(0871)3335216
传真：(0871)3333460

广西岩滩水电站工程建设公司

广西岩滩水电站工程建设公司是业主广西电力工业局授权，经电力部批复，代业主行使职权、履行合同和义务，经营和管理岩滩水电站建设的单位。

岩滩水电站总装机容量121万kW，年发电量56亿kW·h。1985年3月导流工程动工，1987年11月截流，1992年9月第一台机组提前9个半月投产发电，1995年6月4台机组全部竣工投产。整个电站建设历经10年，取得了高速度、高质量、低消耗的好成绩。这是本公司积极推行水电建设管理体制改革，实行项目法人责任制、招投标制和建设监理制的结果；是强化水电建设管理，依靠科技进步的结果。

本公司现有职工120人，其中有高级职称的34人，中级职称的48人，初级职称的17人；有建设部颁证的监理工程师13人，电力部颁证的监理工程师33人。

本公司现在还担负龙滩水电站的筹建工作。

公司职工喜庆香港回归(潘炳康摄)

公司总经理：李锦文

副总经理：戴先俊　孙国森

地址：广西南宁市民主路电力大厦

邮编：530023

电话：(0771) 5629193　传真：5625675

红水河上的明珠——岩滩水电站(潘炳康摄)

岩滩电厂领导班子　左起:总工程师唐培甲　副厂长陈保健　厂长刘静波
厂党委书记马彩强　工会主席陆建秋

企业法人代表、厂长
刘静波

广西岩滩水力发电厂

地址:广西大化县岩滩镇　邮编:530811　电话:(0778)5618235　传真:(0771)5692051

广西岩滩水力发电厂位于红水河中游的广西壮族自治区大化瑶族自治县境内，是国有特大型企业，也是广西目前已建成投产的最大水力发电厂。

本电厂共安装4台单机容量为30.25万kW的混流式水轮发电机组，总装机容量为121万kW，年设计发电量56亿kW·h。第一台机组于1992年9月并网发电，2、3、4号机组相继于1993、1994、1995年投产运行，截至1997年12月31日已累计发电203亿多kW·h。强大的电力能源通过两回500kV超高压输电线路，既可近送全国最大的平果铝业基地，又可通过华南电网远送广州直至香港和澳门地区。

本电厂于1995年6月成立，在广西电力行业率先推行新厂新办法管理。1996年底，全厂有职工285人，其中女职工81人，大中专毕业生占职工总数的64%，青年职工占职工总数的90%。

经过全厂职工努力，1997年完成发电量53.25亿kW·h，比1996年多发4.20亿kW·h，比广西电力局下达计划超额完成4.25亿kW·h。厂用电率为0.477%(局下达计划为0.8%)。全年杜绝了人身死亡和设备重大责任事故，主设备完好率为100%，实现了厂坝安全渡汛和安全生产三个100天，其中连续安全生产296天。发电成本为55.64元/千kW·h。实现全员劳动生产率146.40万元/(人·年)。其他考核指标也控制在广西电力局下达计划之内。并荣获广西电力局和河池地区1996年度思想政治工作优秀单位称号。1997年，我厂由广西电力局批准为局级安全文明生产达标单位，双文明达标单位。

岩滩水力发电厂全景

(图文　莫建忠)

广西桂冠电力股份有限公司

GUANGXI GUIGUAN ELECTRIC POWER COMPANY LIMITED

公司领导在百龙滩机组安装现场指导工作。（左四为董事长马远骕、左二为常务董事李锦文、右二为总经理沈文亨）

广西桂冠电力股份有限公司(Guangxi Guiguan Electric Power Company Limited)，是1992年8月12日经广西壮族自治区经济体制改革委员会桂体改股字[1992]6号文件批准，由广西电力工业局、广西建设投资开发公司(现广西开发投资有限责任公司)、中国工商银行广西分行信托投资公司(现工行广西分行)、交通银行南宁分行共同发起组建的定向募集股份有限公司。四家发起人共出资27000万元，并向社会法人和内部职工定向募集25000万元，每股面值1.00元，并按面值发行，共计总股本52000万股。

本公司主营：开发建设、经营管理水电站。兼营：开发建设和管理火电厂和输变电工程，独资、联营开办与本公司主营有关的项目，电力金融方面的经济技术咨询，兴办宾馆、饮食、娱乐业，日用百货、通用机械、电子产品、电子器材的销售。

1994年，为壮大公司规模，增强公司滚动开发红水河的实力，经电力工业部、广西壮族自治区人民政府批准，红水河上已运行多年装机40万kW的大化水电厂经营性资产正式入股公司。至此公司总股本达到169608.91万股。

公司首期开发项目为红水河上装机容量6×3.2万kW的百龙滩水电站工程，工程自1993年2月18日动工兴建至1996年2月16日仅花了3年时间，就实现了首台机组投产发电，创造了国内中型水电站建设的最快速度。百龙滩水电站全部工程将于1998年完成。

1996年底国务院证券委以证委发[1996]88号文批准确立本公司为第四批境外上市预选企业，1997年国家电力部又以电计[1997]405号文下达了关于公司国内A股发行计划指标的通知，至此，本公司已拿到了境内外上市的两张入场券。

继百龙滩水电站之后，本公司将不断滚动开发红水河流域的其他水电站和其他电力项目。

大化水电站外景

百龙滩水电站夜景

法人代表、董事长：马远骕

地址：广西南宁市民主路6号

邮编：530023

电话：（0771）5692525

传真：5625675

（文　李歌）

年轻有朝气、讲团结、开拓务实的领导班子

广西大化水力发电总厂下辖大化电厂和百龙滩电厂，总装机容量59.2万kW。总厂现有职工970人，拥有门类齐全的各类专业技术人员和丰富的水电生产经验，是一个技术密集型企业。

大化电厂是红水河梯级开发最早建设的大型水电站，是广西电网的主要调频厂，它位于大化瑶族自治县县城西。电站于1975年10月28日开始兴建，坝长1166m，坝高83.28m，是国内最大的河床式封闭式厂房之一，总装机容量40万kW，多年平均发电量18亿kW·h。该厂1983年12月1日正式并网发电，1985年6月电站一期工程竣工。10多年来，该厂狠抓基础建设，两个文明同步发展，通过达标活动不断提高企业的整体素质，并因地制宜有计划有步骤地对发电设备进行技术更新改造，使安全文明生产和经济效益不断提高。该厂先后荣获自治区职工思想政治工作优秀单位、自治区级先进企业、国家二级企业和电力工业部“安全文明生产达标企业”等称号。

百龙滩电厂位于大化电厂下游27km的马山县百龙滩镇，是我国第一个股份制中型水电企业，电站工程于1993年2月18日开工，大坝长710m，最大坝高34m。电站安装单机容量3.2万kW的灯泡贯流式水轮机6台，是目前国内同类型电站装机容量最大的水电站。1996年2月16日1号机组并网发电，目前已投产3台，1998年将全部竣工。

大化水电总厂发展第三产业，成立了“广西金达实业开发有限责任公司”，在水力、电力机电设备维修、安装、园林美化绿化、种养业以及建筑设计、施工，编织袋、水泥生产，旅游业等方面有所发展。

红水河畔民俗纯朴，大化库区风光秀丽，有“八十里画廊”之美誉，四季可泛舟观赏两岸的奇山秀水，壮村瑶寨，红花翠竹等。电站大坝、门机、泄洪闸、高压输电塔等人文景观独特，使人赏心悦目，惊叹不已。

广西大化水力发电总厂

总厂厂长：庞汉亮　党委书记：李明生
地址：广西大化县　邮政编码：530800
电话：（0778）5812235　传真：（0771）5692011

红水河上的一道风景——大化电厂全貌

图文　黄伟权　韦伟武

广西电力工业勘察设计研究院

地址：广西南宁市建政路10号；邮编：530023；电话：(0771) 5623989；传真：(0771) 5622655

广西电力工业勘察设计研究院创建于1958年，是水电、电力合一的勘察设计单位、广西规模最大的勘察设计院。本院下设一个勘察分院、两个监理处、南宁桂能工程咨询公司、海南桂能监理公司、宏达公司、昌桂公司、通用电脑公司等。全院现有职工800余人，其中具有高级专业技术职称的170名，中级专业技术职称的312名，初级职称的200余名。各种专业人才齐全，层次配置合理，并经过各类大、中、小型工程实践的锻炼，素质优良。

建设部等评定的资质：水利水电、火电、送变电、电力系统规划、通信工程的勘察设计、环境影响评价、水文水资源调查评价、工程勘察、工程总承包、工程监理等均为甲级证书，建筑、交通工程、水运工程勘察设计为乙级证书。本院是广西计算机领导小组授予的CAD、MIS培训中心。

本院技术装备先进，拥有VAX-11/750、HP9000/827计算机各1套，CAD工作台APOLLO-DN3500、HP9000/700 20台，微机120台，各类软件400多个，MIS局域网已初具规模；勘测设备有光电联合测定仪、无线电波测定仪、岩土工程综合测试仪、1200mm大口径钻机等96台；印制设备有方正电脑排版系统2套，施乐-5080大型复印机、大气监测、水分析整套设备等。

39年来，本院先后完成了红水河、郁江、柳江、桂江等河流的综合利用规划和广西电网规划，完成各类水电、电力工程项目500多项。主要有：西津、青狮潭、洛东、大化、岩滩等水利水电工程60余项，装机2227MW，灌溉面积200余万hm^2；大、中、小型火电工程60余项，装机容量约1770MW；110~500kV送电线路170条，总长7500km;110～500kV变电站90座，总容量约11000MVA；民用建筑约20万m^2。多年来本院还承担了越南、布隆迪和卢旺达等国的6项国外工程。

本院设计的全国大型水电站之一的岩滩水电站，坝高110m，装机1216MW，是目前国内混流式机组尺寸最大的电站，4台机组已全部发电。本院设计的百龙滩水电站（192MW），是目前全国最大的在建的6×32MW灯泡贯流式水力发电机组。此外，已完成初步设计的大、中型工程还有长洲水电站（621.3MW，采用19×32.7MW贯流式水力发电机组）；贵港航运枢组，红水河的恶滩水电站（560MW）及桂林市黄沙跨流域引水落差533m的3座梯级电站。同时又开展了南盘江下游瓦村电站初研工作。目前正在设计、施工的电力工程项目有：大、中、小型火电工程7项，装机容量1850MW，担任国内首次BOT工程——2×360MW来宾火电厂的广西自治区政府技术顾问，并主办标书编制、评标及初设审查工作；500kV输电线路一条，长150km；500kV变电所一座，容量750MVA。担任监理的工程有：海口市海南省电力中调、中试大楼及红水河百龙滩电站、柳州银都大厦等

本院自1978年以来，先后获得国家级、省部级优秀设计奖、优秀勘察奖、科技进步奖共114项。其中国家级奖有16项。近年来，该院先后与美国、英国、意大利、法国、加拿大、挪威、日本等国家的有关公司建立了技术交流与业务合作关系。1993年，广西壮族自治区人民政府授予本院"重点工程建设先进单位"。

院长	杨长宇
党委书记	刘益祥
副院长	李健宗 于贵海 胡建东
总工程师	卢宝述
副总会计师	吴万昌
副总经济师	葛许斌

（广西电力工业勘察设计研究院　李启杰）

中国水力发电年鉴编辑部
向广大读者致以衷心的感谢！

编辑部全体同志（自左至右为安淑莲、陈上奎、陈叔康、张培基、吕玉英）